L'AUTO 2009

LES ÉDITIONS
LA PRESSE

Catalogage avant publication de
Bibliothèque et Archives nationales du Québec
et Bibliothèque et Archives Canada

Duval, Jacques, 1934
L'auto 2009
ISBN 978-2-923194-85-1

1. Automobiles - Achat - Guides, manuels, etc. 2. Automobiles -
Spécifications - Guides, manuels, etc. I. LeFrançois, Éric, 1965- . II.
Guay, Jean-François. III. Titre.

TL162.D88 2008   629.222029   C2008-941957-X
Cat

**LES ÉDITIONS
LA PRESSE**

7, rue Saint-Jacques
Montréal (Québec) H2Y 1K9
514 285-4428

Président : André Provencher

Directeur de l'édition : Martin Balthazar

Éditeur délégué : Richard Prieur

Collaborateurs : Jacques Duval
               Jean-François Guay
               Éric LeFrançois

Et :   Daniel Charrette
             Jean Chartrand
             Bruno Labrie
             Jean Pendleton
             Michel Poirier-Defoy
             Stéphane Quesnel
             Sylvie Rainville
             Claude Rémillard
             Louis-Alain Richard
             François Viau

Révision linguistique et correction :
Gilbert Dion

Conception graphique :
Cyclone Design Communications
Direction artistique : Caroline Desrosiers, Benoit Marion
Mise en page : Catherine Cloutier, Estelle Cuillerier, Amélie Fleurant,
Bruno Paradis

Photos :
Alexandre Beaulne, François Bourque, Daniel Charrette, Michel
Cloutier, Jacques Duval, Jean-François Guay, Éric LeFrançois, Tobie
Légaré, Stéphane Quesnel, Yves Tremblay

Dépôt légal – Bibliothèque et Archives nationales du Québec, 2008
Dépôt légal – Bibliothèque et Archives nationales du Canada, 2008
3e trimestre 2008
ISBN 978-2-923194-85-1

L'éditeur bénéficie du soutien de la Société de développement des
entreprises culturelles du Québec (SODEC) pour son programme
d'édition et pour ses activités de promotion.

L'éditeur remercie le gouvernement du Québec de l'aide financière
accordée à l'édition de cet ouvrage par l'entremise du Programme de
crédit d'impôt pour l'édition de livres, administré par la SODEC.

Nous reconnaissons l'aide financière du gouvernement du Canada par
l'entremise du Programme d'aide au développement de l'industrie de
l'édition (PADIÉ) pour nos activités d'édition.

**Des remerciements sont de mise pour les
personnes et organismes suivants :**

Autodrome de Napierville :
Ronald et Nicolas Brunet
Autodrome Saint-Eustache : Allan et Jason
Labrosse, Jack Gramas, Denis Lecours
CKAC Sport 730 : Michel Tremblay
Cohn & Wolfe : Alexandra Cygal, Rebecca
Lucas, Robert Lupien
Hélibellule : Valérie Delorme, Christian
Hassad
L'équipe d'ICAR : Marc Arsenault,
Louis-Philippe Gélinas, Gilles Villeneuve
Le Canada Français : Renel Bouchard et
Gilles Lévesque
Passport Helico : Yves Leroux
Photohelico : Yves Tremblay
Seitz Communication : Paul Seitz, Normand
Primeau
Service Spenco : Steve Spence

Alexandre Beaulne, Marc-André Bertrand,
Robert Bois, François Bourque,
Paolo Catania, Jocelyne Chalifoux,
Michel Cloutier, Blanche Cyr, Benoît Descent,
Francine Drouin, Dominique Fillion,
Richard Fournier (Delmar), Dr. Pierre Girard,
Roland Granger, René Guay,
Cory Klinkenburg, Geneviève Lacasse,
Yvon Lanthier, Gilles Lépine, Sophie Lussier,
Mario Miscioscia, Pierre Paquet,
Jean Pendleton, Mario Petit, Claude
Rémillard, Michel Rémillard, Véronique
Robert, Stéphane Therrien, Isabelle
Vaillancourt, François Viau, Mathieu Westgate

Les concessionnaires :
Arbour Volkswagen : Jacinthe Rioux
Auto Bugatti : Joe Visconti
Automobiles John Scotti : Bernard Durand
Automobiles Lauzon
BMW Laval : Terry Grant
Coupal & Brassard Auto : Dominique Brassard
Dery Toyota
Des Sources Chrysler : Stéphanie Viger
Dupont Ford : Jacques Plante
Groupe Gravel : Jean-Claude Gravel
Haut-Richelieu VW : Denis et Alexandre
St-Pierre
Hymus Suzuki : M. Croft
Hyundai Auto Seray
Les Moteurs Décarie : Joel Segal
Park Royal Auto : Johnny et Phil D'Agostino
Plaza Chevrolet : Pierre Sirois, Stéphane
Narbonne
Premier Chrysler : Denis et Sacha Gosselin
Rondeau PBC Ltée : Jean-Jacques Girard,
Pierre BraultSeray Automobiles
Silver Star-Automobiles Mercedes-Benz
Subaru Laval
Volvo Laval : Christine Flynn

Les constructeurs :
Audi Canada : Cort Nielsen, Roberto Orüna
Aston Martin : Anh Platt
BMW Canada : Jochen Frey, Alex Yandle
Chrysler Canada : Daniel Labre, Shelley
Keenan
Ford Canada : Christine Hollander
Ferrari Québec : Joey Spineti, Umberto Bonfa
General Motors Canada : Robert Pagé,
Tony LaRocca
Honda Canada : Nadia Mereb, Richard Jacobs
Hyundai Canada : Barbara Pitbaldo,
Josée Marin
Jaguar – Land Rover : Barbara Barrett
Kia Canada : Sixto Fernandes
Mazda Canada : Rania Guirguis, Lynn
Callaghan, Kim Ricard, Theresa Murphy, Alain
Desrochers, Mathieu Fournier, Greg Young
Mercedes-Benz : Jo Anne Caza, Karen Zlatin,
Denis Bellemare
Mitsubishi Canada : Sophie Desmarais,
Josianne Bétit, Susan Elliott
Nissan Canada : Donna Trawinski, Jean-Luc
Lemire
Porsche Canada : Laurance Yap
Subaru Canada : Elaine Griffin, Marie-Claude
Simard, Nicole Chambers, Richard Fabien
Suzuki Canada : André Beaucage, Nadine
Barhouche
Toyota Canada : Rose Hasham
Volkswagen Canada : Patrick Saint-Pierre,
John White
Volvo Canada : Erin Farquharson, Chad Heard
ZENN : Gilles Allard

Jacques
Duval

Jean-François
Guay

Éric
LeFrançois

L'AUTO
2009

LES ÉDITIONS
LA PRESSE

TABLE DES MATIÈRES

ACURA

CSX Base	26 990 $
CSX Tech	29 990 $
CSX Type-S	33 400 $
MDX Base	52 500 $
MDX Tech	57 200 $
MDX Elite	62 200 $
RL Premium	63 900 $
RL Elite	69 500 $
RDX Base	41 400 $
RDX Tech	45 100 $
TL	n.d.
TSX Base	32 900 $
TSX Premium	36 200 $
TSX Tech	39 000 $

ASTON MARTIN

DB9	192 800 $
DBS	290 000 $
V8 Vantage	131 500 $

AUDI

A3 Base FWD	31 800 $
A3 Premium FWD	35 000 $
A3 2.0T Quattro	36 900 $
A3 2.0T Quattro Premium	39 950 $
A3 3.2 Quattro	45 000 $
A4 berline	n.d.
A4 Avant familiale	n.d.
A4 2.0T FWD	52 900 $
A4 2.0T Quattro cabriolet	55 800 $
A4 3.2 Quattro cabriolet	64 900 $
A5 3.2 Quattro 3.2	51 850 $
A6 berline	n.d.
A6 Avant familiale	n.d.
A8 4.2 Quattro	95 000 $
A8 4.2 Quattro L	100 000 $
A8 W12 Quattro L	166 400 $
Q5	n.d.
Q7 3.6 Quattro	54 200 $
Q7 3.6 Quattro Premium	59 300 $
Q7 4.2 Quattro	75 100 $
R8 4.2 Quattro	141 000 $
S4 4.2 Quattro cabriolet	75 500 $
S4 4.2 Quattro	65 900 $
S6 5.2 Quattro	n.d.
S8 5.2 Quattro	127 000
TT 2.0T FWD Coupe	46 900 $
TT 2.0T Quattro Coupe	49 350 $
TT 3.2 Quattro Coupe	55 500 $
TT 2.0T FWD Roadster	49 900 $
TT 2.0T Quattro Roadster	52 350 $
TT 3.2 Quattro Roadster	59 800 $
TTS	n.d.

BENTLEY

Brooklands	378 690 $
Continental GT	193 400 $
Continental GTC	n.d.
Flying Spur	n.d.

BMW

Série 1	n.d.
Série 3	n.d.
Série 5 528xi berline	62 500 $
Série 5 535xi familiale	73 500 $
Série 5 550i berline	82 900 $
Série 6 650i coupé	101 500 $
Série 6 650i cabriolet	111 500 $
Série 7	n.d.
M5	113 300 $
M6 coupé	128 300 $
M6 cabriolet	138 300 $
X3	n.d.
X5	n.d.
X6	63 900 $
Z4	n.d.

BUICK

Allure CX	26 995 $
Allure CXL	29 295 $
Allure Super	38 995 $
Enclave FWD CX	41 595 $
Enclacve FWD CXL	48 995 $
Enclave AWD CX	44 595 $
Enclave AWD CXL	51 995 $
Lucerne CX	31 995 $
Lucerne CXL	34 995 $
Lucerne Super	47 995 $

CADILLAC

CTS 3.6 RWD	39 365 $
CTS 3.6 AWD	43 690 $
CTS-V	n.d.
DTS Base	53 995 $
DTS Performance	66 725 $
Escalade Base	81 320 $
Esacalde ESV	84 905 $
Escalade EXT	76 530 $
SRX V6 RWD	46 910 $
SRX V6 AWD	49 125 $
SRX V8 RWD	60 725 $
SRX V8 AWD	62 940 $
STS V6 RWD	59 055 $
STS V6 AWD	62 225 $
STS V8 RWD	68 365 $
STS V8 AWD	70 505 $
XLR Base	100 315 $
XLR-V	115 870 $

CHEVROLET

Avalanche 4x2 LS	40 470 $
Avalanche 4x2 LT	41 995 $
Avalanche 4x4 LS	43 715 $
Avalanche 4x4 LT	45 240 $
Avalanche 4x4 LTZ	55 285 $
Aveo LS	13 270 $
Aveo LT	15 770 $
Aveo5 LS	13 270 $
Aveo5 LT	15 770 $
Cobalt LS	15 225 $
Cobalt LT	17 895 $
Cobalt SS	25 045
Cobalt coupé LS	15 225 $
Cobalt coupé LT	17 895 $
Cobalt coupé SS	25 045 $
Colorado cabine régulière 4X2	22 665 $
Colorado cabine allongée 4X2	24 735 $
Colorado cabine multiplace 4X2	30 035 $
Colorado cabine régulière 4X4	26 470 $
Colorado cabine allongée 4X4	28 540 $
Colorado cabine multiplace 4X4	35 035 $
Corvette coupé Base	63 795 $
Corvette cabriolet	76 370 $
Corvette Z06	92 365 $
Corvette ZR1	125 195 $
Equinox LS FWD	26 870 $
Equinox LT FWD	29 620 $
Equinox Sport FWD	33 045 $
Equinox LS AWD	29 625 $
Equinox LT AWD	32 320 $
Equinox Sport AWD	35 745 $
HHR LS	19 855 $
HHR LT	21 185 $
HHR SS	28 240 $
Impala LS	25 995 $
Impala LT	27 495 $
Impala LTZ	29 995 $
Impala SS	35 995 $
Malibu LS	23 395 $
Malibu LT	24 995 $
Malibu LTZ	31 250 $
Malibu Hybride	27 595 $
Silverardo 1500 LT cab. rég. (119") 4X2	28 660 $
Siverado 1500 LT cab. rég. (119") 4X4	32 810 $
Silverado 1500 LT cab. rég. (133,9") 4X2	28 960 $
Silverado 1500 LT cab. rég. (133,9") 4X4	33 100 $
Silverado 1500 LT cab. all. (133,9") 4X2	32 045 $
Silverado 1500 LT cab. all. (133,9") 4X4	36 195 $
Silverado 1500 LS cab. all. (143,5") 4X4	34 770 $
Silverado 1500 LT cab. all. (157,5") 4X4	37 700 $
Silverado 1500 LT cab. multi. (143,5") 4X4	36 260 $
Tahoe 4x2 LS	46 110 $
Tahoe 4x2 LT	47 810 $
Tahoe 4x2 Hybride	66 765 $
Tahoe 4x4 LS	50 095 $
Tahoe 4x4 LT	41 865 $
Tahoe 4x4 LTZ	65 995 $
Trailblazer 4x4 LT1	39 795 $
Trailblazer 4x4 LT3	44 795 $
Trailblazer 4x4 SS	52 750 $
Traverse	n.d
Uplander LS	24 390 $
Uplander LT1	26 460 $
Uplander LT2	29 490 $
Uplander LS (allongé)	27 620 $
Uplander LT1 (allongé)	28 775 $
Uplander LT2 (allongé)	32 615 $

CHRYSLER

300 Touring RWD	32 095 $
300 Limited RWD	35 695 $
300 Touring AWD	36 395 $
300 Limited AWD	39 795 $
300C Base RWD	45 595 $
300C Base AWD	49 045 $
300 SRT8 RWD	53 695 $
Aspen Limited	49 995 $
Aspen Limited Hybride	55 995 $
PT Cruiser LX	21 995 $
Sebring LX	22 995 $
Sebring Touring	26 495 $
Sebring Limited	29 295 $
Sebring cabriolet LX	29 995 $
Sebring cabriolet Touring	34 595 $
Sebring cabriolet Limited	40 995 $
Town & Country Touring	36 995 $
Town & Country Limited	42 995 $

DODGE

Avenger SE	21 995 $
Avenger SXT	24 295 $
Avenger R/T	29 895 $
Caliber SE	15 995 $
Caliber SXT	18 195 $
Caliber SRT-4	24 995 $
Challenger SE/SXT	24 995 $
Challenger R/T	34 995 $
Challeneger SRT8	45 995 $
Dakota ST cab. allongée (131,3") 4X4	29 295 $
Dakota SXT cab. allongée (131,3") 4X4	32 095 $
Dakota SXT cab. multi. (131,3") 4X4	34 695 $
Dakota SXT cab. multi. (131,3") 4X4	37 395 $
Durango 4x4 SLT	44 995 $
Charger Base RWD	29 095 $
Charger SXT RWD	32 595 $
Charger SXT AWD	35 095 $
Charger R/T RWD	39 745 $
Charger R/T AWD	41 845 $
Charger SRT8 RWD	46 595 $
Grand Caravan SE	26 595 $
Journey SE FWD	19 995 $
Journey SXT FWD	23 995 $
Journey R/T FWD	27 995 $
Journey SXT AWD	26 595 $
Journey R/T AWD	29 995 $
Nitro 4x2 SE/SXT	24 995 $
Nitro 4x4 SE/SXT	27 995 $
Nitro 4x4 SLT/RT	30 995 $
Ram 1500 SLT cab. rég. (120") 4X2	28 395 $
Ram 1500 SLT cab. rég. (120") 4X4	31 695 $
Ram 1500 SLT cab. rég. (140") 4X2	28 695 $
Ram 1500 SLT cab. rég. (140") 4X4	31 995 $

Ram 1500 SLT Quad Cab (140") 4X2	32 695 $
Ram 1500 SLT Quad Cab (140") 4X4	35 995 $
Ram 1500 SLT Crew Cab (140") 4X2	34 190 $
Ram 1500 SLT Crew Cab (140") 4X4	37 490 $
Viper Coupe SRT10	99 600 $
Viper Roadster SRT10	98 600 $

FERRARI

599 GTB Fiorano	302 584 $
F430	186 925 $
Scaglietti	263 519 $

FORD

Edge SEL FWD	33 499 $
Edge Limited FWD	36 999 $
Edge SEL AWD	35 499 $
Edge Limited AWD	38 999 $
Escape FWD XLT 2.5	23 999 $
Escape FWD XLT 3.0	26 699 $
Escape FWD Hybrid	32 399 $
Escape 4x4 XLT 2.5	27 499 $
Escape 4x4 Hybrid	34 799 $
Escape 4x4 Limited 2.5	33 299 $
Escape 4x4 Limited 3.0	34 899 $
Expedition SSV	38 379 $
Expedition XLT	39 499 $
Expedition Eddie Bauer	47 799 $
Expedition Limited	51 499 $
Expedition King Ranch	55 399 $
Expedition Max SSV	41 129 $
Expedition Max Eddie Bauer	50 299 $
Expedition Max Limited	53 999$
Expedition Max King Ranch	57 899 $
Explorer 4x4 XLT V6	35 999 $
Explorer 4x4 Eddie Bauer V6	42 399 $
Explorer 4x4 XLT V8	37 499 $
Explorer 4x4 Eddie Bauer V8	43 899 $
Explorer AWD Limited V8	48 299 $
F150 XLT cab. rég. (126") 4X2	26 899 $
F150 XLT cab. rég. (126") 4X4	32 099 $
F150 XLT cab. rég. (145") 4X2	27 199 $
F150 XLT cab. rég. (145") 4X4	32 399 $
F150 XLT cab. all. (133") 4X2	31 399 $
F150 XLT cab. all. (133") 4X4	35 599 $
F150 XLT cab. all. (145") 4X2	31 399 $
F150 XLT cab. all. (145") 4X4	35 599 $
F150 XLT cab. all. (163") 4X2	33 399 $
F150 XLT cab. all. (163") 4X4	37 599 $
F150 XLT cab. multi. (145") 4X2	33 399 $
F150 XLT cab. multi. (145") 4X4	37 499 $
F150 XLT cab. multi. (157") 4X2	33 199 $
F150 XLT cab. multi. (157") 4X4	37 499 $
Flex FWD SEL	34 999 $
Flex FWD Limited	40 999 $
Flex AWD SEL	36 999 $
Flex AWD Limited	42 999 $
Focus S	14 799 $
Focus SE	16 199 $

Focus SES	18 999 $
Focus SEL	18 399 $
Focus coupé SE	16 499 $
Focus coupé SES	18 799 $
Fusion SE I4	21 499 $
Fusion SEL I4	23 999 $
Fucsion SEL 3.0	27 499 $
Fusion SEL 3.0 AWD	29 499 $
Mustang coupé V6	24 799 $
Mustang coupé GT	33 999 $
Mustang coupé Shelby GT500	54 299 $
Mustang cabriolet V6	28 899 $
Mustang cabriolet GT	38 099 $
Mustang cabriolet Shelby GT500	58 399 $
Sport Trac 4x2 XLT 4.0	32 099 $
Sport Trac 4x2 XLT 4.6	33 599 $
Sport Trac 4x2 Limited 4.0	36 399 $
Sport Trac 4x2 Limited 4.6	37 899 $
Sport Trac 4x4 XLT 4.0	35 199 $
Sport Trac 4x4 XLT 4.6	36 699 $
Sport Trac 4x4 Limited 4.0	39 499 $
Sport Trac 4x4 Limited 4.6	40 999 $
Sport Trac AWD Limited 4.6	42 699 $
Taurus SE FWD	30 499 $
Taurus SEL FWD	30 999 $
Taurus SEL AWD	33 499 $
Taurus Limited AWD	39 199 $
Taurus X SEL FWD	34 999 $
Taurus Limited FWD	40 499 $
Taurus SEL AWD	36 999 $
Taurus Limited AWD	42 499 $
Ranger cabine régulière XL (111") 4X2	15 899 $
Ranger cabine régulière XL (125,7") 4X2	16 999 $
Ranger cabine allongée XL 4X4	19 999 $
Ranger cabine allongée Sport 4X4	22 299 $
Ranger cabine allongée XLT 4X4	25 599 $
Ranger cabine allongée FX4 4X4	24 799 $

GMC

Acadia FWD SLE	36 695 $
Acadia FWD SLT	42 995 $
Acadia AWD SLE	39 695 $
Acadia AWD SLT	45 995 $
Canyon SL cabine régulière 4x2	22 665 $
Canyon SL cabine allongée 4x2	24 735 $
Canyon SL cabine multiplace 4X2	30 035 $
Canyon SL cabine régulière 4X4	26 470 $
Canyon SL cabine allongée 4X4	28 540 $
Canyon SL cabine multiplace 4X4	35 035 $
Envoy SLE	40 695 $
Envoy SLT	45 195 $
Envoy Denali	51 950 $
Sierra 1500 LT cab. rég. (119") 4X2	28 660 $

Sierra 1500 LT cab. rég. (119") 4X4	32 810 $
Sierra 1500 LT cab. rég. (133,9") 4X2	28 960 $
Sierra 1500 LT cab. rég. (133,9") 4X4	33 100 $
Sierra 1500 LT cab. all. (133,9") 4X2	32 045 $
Sierra 1500 LT cab. all. (133,9") 4X4	36 195 $
Sierra 1500 LS cab. all. (143,5") 4X4	34 770 $
Sierra 1500 LT cab. all. (157,5") 4X4	37 700 $
Sierra 1500 LS cab. multi. (143,5") 4X4	36 260 $
Yukon 4x2 SLE	46 575 $
Yukon 4x2 SLT	52 375 $
Yukon 4x2 Hybride	67 545 $
Yukon 4x4 SLE	50 935 $
Yukon 4x4 SLT	56 995 $
Yukon AWD Denali	69 300 $
Yukon 4x4 Hybride	70 530 $
Yukon XL 4x2 SLE	49 505 $
Yukon XL 4x2 SLT	55 345 $
Yukon XL 4x4 SLE	53 795 $
Yukon XL 4x4 SLT	59 795 $
Yukon XL AWD Denali	72 740 $

HONDA

Accord	n.d.
Civic DX	16 990 $
Civic DX-A	18 290 $
Civic DX-G	19 480 $
Civic Sport	21 580 $
Civic EX-L	23 480 $
Civic Si	26 680 $
Civic Hybride	n.d.
Civic coupé DX	17 190 $
Civic coupé DX-A	18 490 $
Civic coupé DX-G	19 780 $
Civic coupé LX SR	21 580 $
Civic coupé EX-L	24 980 $
Civic coupé Si	26 680 $
Pilot FWD LX	36 820 $
Pilot 4X4 LX	39 820 $
Pilot 4X4 EX	42 220 $
Pilot 4X4 EX-L	44 520 $
Pilot 4X4 Touring	49 920 $
Ridgeline DX	34 490 $
Ridgeline VP	35 790 $
Ridgeline EX-L	40 790 $
S2000	n.d.

HUMMER

H2 SUV	72 295 $
H2 SUT	70 395 $
H3 SUV	40 995 $

HYUNDAI

Accent L 3-portes	13 595 $
Accent GL 3-portes	15 295 $
Accent GL Sport 3-portes	16 995 $

Accent L	14 295 $
Accent GL	15 745 $
Accent Edition 25e anniversaire	17 395 $
Accent GLS	18 645 $
Azera	n.d.
Elantra L	15 845 $
Elantra GL	18 095 $
Elantra GL Sport	21 395 $
Elantra GLS	20 595 $
Elantra Limited	23 795 $
Elantra Touring	n.d.
Entourage	n.d.
Genesis 3.8	37 995 $
Genesis 4.6	43 995 $
Santa FE	n.d.
Sonata GL	21 995 $
Sonata Limited	27 995 $
Sonata GL V6	27 795 $
Sonata Limited V6	31 495 $
Tiburon (2008) GS	18 995 $
Tiburon (2008) GT	25 595 $
Tiburon (2008) GTP	29 095 $
Tucson FWD L	21 195 $
Tucson FWD GL	22 995 $
Tucson FWD GL V6	26 495 $
Tucson FWD Édition 25e anniversaire	25 295 $
Tucson FWD Limited	28 895 $
Tucson 4x4 GL V6	28 795 $
Tucson 4x4 Limited	30 995 $
Veracruz	n.d.

INFINITI

EX35	40 400 $
FX 35	50 700 $
FX 50	58 900 $
G37	n.d.
M35x Luxury	53 700 $
M45 Sport	67 950 $
M45x	67 750 $
QX56 Base	69 700 $

JAGUAR

XF luxury	59 800 $
XF Premium	65 800 $
XF Suralimenté	77 800 $
XJ8	80 500 $
XJ Vanden Plas	89 600 $
XJR	98 500 $
XJ Super V8	110 000 $
XK	n.d.

JEEP

Commander Sport 4X4	42 395 $
Commander Limited 4X4	53 895 $
Compass FWD Sport/North	17 995 $
Compass FWD Limited	23 195 $
Compass AWD Sport/North	19 995 $
Compass AWD Limited	25 195 $
Grand Cherokee Laredo 4X4	40 995 $
Grand Cherokee Limited 4X4	52 595 $
Grand Cherokee Overland 4X4	56 995 $

Grand Cherokee SRT8 AWD	49 995 $	MKZ AWD	40 299 $
Liberty Sport 4X4	28 995 $	Navigator Ultimate	64 300 $
Liberty Limited 4X4	32 995 $	Navigator L Ultimate	67 300 $
Patriot FWD Sport/North	16 995 $	Town Car Signature Limited	58 699 $
Patriot FWD Limited	22 795 $	Town Car Signature L	65 699 $
Patriot AWD Sport/North	18 995 $	Town Car Executive	58 099 $
Patriot AWD Limited	24 795 $	Town Car Executive L	63 799 $
Wrangler X 4X4	19 995 $		
Wrangler Sahara 4X4	26 995 $	**LOTUS**	
Wrangler Rubicon 4X4	29 995 $	Elise (2008)	54 500 $
Wrangler X Unlimited 4X4	24 995 $	Exige (2008)	73 995 $
Wrangler Sahara Unlimited 4X4	28 995 $		
Wrangler Rubicon Unlimited 4X4	31 995 $	**MASERATI**	
		Gran Turismo	115 500 $
KIA		Quattroporte	120 435 $
Amanti Base	29 995 $		
Amanti Luxury	37 195 $	**MAYBACH**	
Borrego LX-V6	36 995 $	57	348 000 $ (US)
Borrego EX-V6	40 995 $	57S	387 000 $ (US)
Borrego LX-V8	39 495 $	62	399 000 $ (US)
Borrego EX-V8	43 495 $	62S	438 000 $ (US)
Rondo LX (5 passagers)	19 995 $	Landaulet	1 380 000 $ (US)
Rondo EX (5 passagers)	22 095 $		
Rondo EX Premium (7 passagers)	24 095 $	**MAZDA**	
Rondo EX-V6 (5 passagers)	23 095 $	CX-7 FWD GS	29 995 $
Rondo EX-V6 Luxury (7 passagers)	26 095 $	CX-7 AWD GS	31 995 $
Spectra LX	15 995 $	CX-7 AWD GT	35 695 $
Spectra LX Commodité	19 195 $	CX-9 FWD GS	37 795 $
Spetra LX Premium	20 525 $	CX-9 AWD GS	38 795 $
Spectra5 berline LX	16 495 $	CX-9 AWD GT	44 395 $
Spectra5 berline LX Commodité	18 695 $	Mazda3 berline GX	14 895 $
Spetra5 LX Premium	21 175 $	Mazda3 berline GS	18 085 $
Sportage FWD LX	21 695 $	Mazda3 berline GT	20 945 $
Sportage FWD LX-V6	27 235 $	Mazda3 Sport GX	15 895 $
Sportage AWD LX Commodité	25 895 $	Mazda3 Sport GS	20 195 $
Sportage AWD LX-V6	29 235 $	Mazda3 Sport GT	21 495 $
Sportage AWD Luxuruy	30 935 $	MazdaSpeed3	29 360 $
		Mazda5 GS	23 295 $
LAMBORGHINI		Mazda5 GT	19 995 $
Gallardo	190 600 $	Mazda6 GS-I4	22 495 $
Murciélago	339 400 $	Mazda6 GT I-4	27 395 $
		Mazda6 GS-V6	27 495 $
LAND ROVER		Mazda6 GT-V6	33 095 $
LR2 HSE	44 900 $	RX-8 GS	37 295 $
LR3 SE V6	53 900 $	RX-8 R3	40 780 $
LR3 SE V8	57 900$	RX-8 GT	42 395 $
LR3 HSE V8	64 200$	Tribute FWD GX I4	22 550 $
Range Rover HSE	92 900$	Tribute FWD GS V6	25 445 $
Range Rover Suralimenté	110 800 $	Tribute FWD GX V6	26 995 $
Range Rover Sport HSE	71 600 $	Tribute AWD GX I4	26 245 $
Range Rover Sport Suralimenté	85 500 $	Tribute AWD GX V6	27 845 $
		Tribute AWD GS V6	29 395 $
LEXUS		Tribute AWD GT V6	32 150 $
RX350	42 950 $		
		MERCEDES-BENZ	
LINCOLN		B B200	29 900 $
MKS FWD	45 599 $	B B200 Turbo	34 400 $
MKS AWD	47 799 $	C230	35 800 $
MKX AWD	42 200 $	C230 4MATIC	39 500 $
MKZ FWD	36 499 $	C300	41 200 $
		C350	48 200 $
		C350 4MATIC	50 400 $

C63 AMG	63 500 $	**NISSAN**	
E300 4MATIC	65 800 $	Armada LE 4X4	53 298 $
E320 BlueTEC	68 100 $	Frontier King Cab (126 '') L4 4X2	22 598 $
E350 4MATIC	74 500 $	Frontier King Cab (126 '') SE-V6 4X2	26 248 $
E350 4MATIC Familiale	77 300 $	Frontier Crew Cab (139,9'') SE-V6 4X2	30 048 $
E550 4MATIC	85 300 $	Frontier King Cab (126'') SE-V6 4X4	28 148 $
E63 AMG	121 100 $	Frontier King Cab (126'') PRO-4X 4X4	37 998 $
G500	111 900 $	Frontier Crew Cab (139,9'') SE-V6 4X4	32 048 $
G55 AMG	152 450 $	Frontier Crew Cab (139,9'') LE-V6 4X4	39 198 $
R320 BlueTEC 4MATIC	65 000 $	Murano S AWD	37 648 $
R350 4MATIC	63 500 $	Murano SL AWD	39 348 $
S450 4MATIC	108 000 $	Murano LE AWD	47 498 $
S550 4MATIC	123 500 $	Pathfinder S 4X4	36 298 $
S600	187 000 $	Pathfinder SE 4X4	40 698 $
S63 AMG	150 000 $	Pathfinder LE 4X4	46 098 $
S65 AMG	234 000 $	Quest S	32 598 $
CL550 4MATIC	130 500 $	Quest SL	37 398 $
CL600	189 500 $	Quest SE	46 998 $
CL63 AMG	159 000 $	Rogue S	23 798 $
CL65 AMG	241 000 $	Rogue SL	26 398 $
CLK coupé 350 Edition AMG	69 500 $	Rogue S AWD	26 598 $
CLK coupe 550 Edition AMG	82 400 $	Rogue SL AWD	28 398 $
CLK cabriolet 350 Edition AMG	78 400 $	Titan King Cab XE 4X2	31 498 $
CLK cabriolet 550 Edition AMG	91 400 $	Titan King Cab SE 4X2	35 098 $
GL	n.d.	Titan King Cab SE 4X4	38 498 $
ML320 BlueTEC 4 MATIC	61 400 $	Titan King Cab PRO-4X 4X4	40 498 $
ML350 4MATIC	59 900 $	Titan King Cab LE 4X4	45 298 $
ML550 4MATIC	75 300 $	Titan Crew Cab XE 4X4	37 498 $
ML63 AMG	97 500 $	Titan Crew Cab SE 4X4	41 198 $
SLK300	57 500 $	Titan Crew Cab PRO-X 4X4	43 198 $
SLK350	63 500 $	Titan Crew Cab LE 4X4	48 998 $
SLK55 AMG	84 800 $	Xterra S 4X4	32 598 $
SLR	495 000 $ (US)	Xterra Off Road 4X4	35 098 $
		Xterra Se 4X4	36 398 $
MINI			
Cooper (2008) Classic	22 800 $	**PONTIAC**	
Cooper (2008) Base	24 800 $	G3 Wave hayon Base	13 270 $
Cooper (2008) S	29 900 $	G3 Wave hayon SE	15 770 $
Cooper cabriolet (2008) Base	31 600 $	G3 Wave berline Base	13 270 $
Cooper cabriolet (2008) S	36 600 $	G3 Wave berline SE	15 770 $
Clubman (2008) Base	26 400 $	G5 coupé Base	15 645 $
Clubman (2008) S	31 500 $	G5 coupé SE	18 295 $
		G5 coupé GT	22 385 $
MITSUBISHI		G6 berline SE	23 995 $
Eclipse GS	25 998 $	G6 berline GT	27 995 $
Eclipse GT-P	34 798 $	G6 berline GXP	35 995 $
Eclipse Spyder GS	32 298 $	G6 coupé GT	27 995 $
Eclipse Spyder GT-P	37 798 $	G6 coupé GXP	35 995 $
Evolution (2008) GSR	41 498 $	G6 cabriolet GT	35 995 $
Evolution (2008) MR	47 498 $	G8 Base	31 995 $
Endeavor (2008) FWD SE	35 998 $	G8 GT	36 995 $
Endeavor (2008) AWD SE	39 298 $	Montana SV6 (régulière) 1SA	25 060 $
Endeavor (2008) AWD Limited	43 298 $	Montana SV6 (régulière) 1SB	29 490 $
Galant ES	23 998 $	Montana SV6 (allongée) 1SA	27 300 $
Galant GT	27 998 $	Montana SV6 (allongée) 1SB	28 775 $
Galant Ralliart	32 998 $	Montana SV6 (allongée) 1SC	32 465 $
Lancer DE	16 598 $		
Lancer SE	19 998 $		
Lancer GT	21 998 $		
Lancer GT-S	22 998 $		
Outlander	n.d.		

Torrent Base	27 575 $	Outlook XE AWD	38 010 $
Torrent GT	30 265 $	Outlook XR AWD	42 140 $
Torrent GXP	33 665 $	Vue XE L4	26 910 $
Torrent AWD Base	30 295 $	Vue XR V6	31 385 $
Torrent AWD GT	32 975 $	Vue Red Line V6	36 085 $
Torrent AWD GXP	36 375 $	Vue AWD XE V6	31 245 $
Solstice Base	28 365 $	Vue AWD XR V6	33 970 $
Solstice GXP	35 995 $	Vue AWD Red Line V6	38 670 $
Vibe Base	15 995 $	Vue Hybride	31 075 $
Vibe GT	24 995 $	Sky Base	33 210 $
Vibe AWD Base	21 270 $	Sky Red Line	39 660 $

PORSCHE

911	94 800 $
Boxter	58 100 $
Cayenne	55 200 $
Cayman	63 500 $

ROLLS-ROYCE

Drophead	407 000 $
Phantom	340 000 $
Phantom coupe	n.d.

SAAB

9-3 berline Base	35 950 $
9-3 berline Aero	43 990 $
9-3 berline AWD Base	37 550 $
9-3 berline AWD Aero	45 690 $
9-3 SportCombi Base	37 550 $
9-3 SportCombi Aero	45 690 $
9-3 SportCombi AWD Base	40 025 $
9-3 SportCombi AWD Aero	48 665 $
9-3 cabriolet Base	54 390 $
9-3 cabriolet Aero	58 990 $
9-5 berline Base	43 900 $
9-5 berline Aero	44 800 $
9-5 SportCombi Base	45 500 $
9-5 Sport Combi Aero	46 400 $
9-7X Base	49 295 $
9-7X V8	52 805 $
9-7X Aero	54 950 $

SATURN

Astra XE 4 portes	17 910 $
Astra XR 4 portes	20 550 $
Astra XR 2 portes	21 250 $
Aura XE	24 710 $
Aura XR L4	27 565 $
Aura XR V6	31 965 $
Aura Hybride Green Line L4	27 575 $
Aura Hybride 3.6	28 215 $
Outlook XE	35 010 $
Outlook XR	39 140 $

SUBARU

Forester 2.5X	25 795 $
Forester 2.5X Touring	27 995 $
Forester 2.5X Limited	32 395 $
Forester 2.5XT Limited	34 895 $
Impreza	n.d.
Legacy berline PZEV	26 995 $
Legacy berline 2,5i Touring	29 495 $
Legacy berline 3.0R Limited	36 995 $
Legacy berline 3.0R Premier	38 995 $
Legacy berline 2.5GT spec. B	41 995 $
Legacy familiale PZEV	27 995 $
Legacy familiale 2.5i Touring	30 495 $
Legacy Outback familiale 2.5i	30 995 $
Outback PZEV	34 145 $
Outback 2.5i Limited	39 245 $
Outback 3.0R Premier	43 595 $
Tribeca Base (5 passagers)	39 995 $
Tribeca Limited (7 passagers)	45 195 $
Tribeca Premier (7 passagers)	48 195 $

TOYOTA

4Runner	n.d.
Avalon	n.d.
Camry LE	23 400 $
Camry SE	25 435 $
Camry LE V6	28 235 $
Camry SE V6	31 350 $
Camry XLE V6	35 020 $
Camry Hybride	30 660 $
Camry Hybride Navigation	34 780 $
Corolla CE	14 565 $
Corolla S	18 930 $
Corolla LE	19 990 $
Corolla XRS	21 665 $
FJ Cruiser	n.d.
Highlander	n.d.
Matrix Base	15 705 $
Matrix XR	19 180 $
Matrix XRS	25 220 $
Matrix Base AWD	22 300 $

Prius	n.d.
RAV4	n.d.
Sequoia	n.d.
Sienna CE (7 passagers)	28 990 $
Sienna CE (8 passagers)	29 975 $
Sienna LE (7 passagers)	33 380 $
Sienna LE (8 passagers)	33 810 $
Sienna CE AWD (7 passagers)	33 895 $
Sienna LE AWD (7 passagers)	37 420 $
Sienna Limited AWD (7 passagers)	47 770 $
Tacoma Accès Cabine Base L4 4X2	20 215 $
Tacoma Accès Cabine X-Runner V6 4X2	29 775 $
Tacoma Accès Cabine Base L4 4X2	24 855 $
Tacoma Accès Cabine Base V6 4X2	27 240 $
Tacoma Double Cab (127,8 ") V6 4X4	31 470 $
Tacoma Double Cab (140,6 ") V6 4X4	30 700 $
Tundra	n.d.
Yaris	n.d.

VOLKSWAGEN

Golf City	15 300 $
Jetta City	16 900 $
Eos Trendline	35 975 $
Eos Comfortline	40 375 $
GLi	29 975 $
GTi	28 975 $
Jetta Trendline 2.5	21 975 $
Jetta 2.0 TDI Trendline	24 275 $
Jetta 2.5 Comfortline	24 475 $
Jetta 2.0 TDI Confortline	26 775 $
Jetta 2.5 Highline	27 475 $
Jetta 2.0 TDI Highline	29 775 $
Jetta 2.0T Trendline	29 775 $
Jetta 2.0T Comfortline	30 475 $
Jetta 2.0T Highline	31 800 $
Jetta familiale 2.5 Trendline	23 475 $
Jetta familiale 2.0 TDI Trendline	25 775 $
Jetta familiale 2.5 Comfortline	25 975 $
Jetta familiale 2.0 TDI Comfortline	28 275 $
Jetta familiale 2.5 Highline	29 375 $
Jetta familiale 2.0 TDI Highline	31 675 $
New Beetle 2.5 Trendline	21 975 $
New Beetle 2.5 Comfortline	23 635 $
New Beetle 2.5 Highline	24 885 $
New Beetle 2.5 cabriolet Trendline	26 975 $
New Beetle 2.5 cabriolet	

Comfortline	28 450 $
New Beetle 2.5 cabriolet Highline	29 970 $
Passat 2.0T Trendline	27 475 $
Passat 2.0T Comfortline	29 975 $
Passat 2.0T Highline	34 975 $
Passat familiale 2.0T Trendline	28 975 $
Passat familiale 2.0T Comfortline	31 475 $
Passat familiale 2.0T Highline	36 475 $
Passat familiale AWD 3.6 Comfortline	44 675 $
Passat familiale AWD 3.6 Highline	47 675 $
Rabbit Trendline 2 portes	19 975 $
Rabbit Comfortline 2 portes	20 950 $
Rabbit Trendline 4 portes	20 975 $
Rabbit Comfortline 4 portes	21 950 $
Routan	27 975 $
Tiguan 2.0T Trendline FWD	27 575 $
Tiguan 2.0T Trendline AWD	30 975 $
Tiguan 2.0T Highline AWD	33 975 $
Tiguan 2.0T Exceline AWD	38 375 $
Touareg V6 Comfortline	44 975 $
Touareg V6 Highline	53 975 $
Touareg V6 Execline	58 675 $

VOLVO

C30 2.4i	32 195 $
C70 T5	52 095 $
S40 2.4i FWD	31 695 $
S40 T5 FWD	37 695 $
S40 T5 AWD	40 195 $
S60 2.5T FWD	36 395 $
S60 2.5T AWD	41 395 $
S80 3.2 FWD	56 495 $
S80 T6 AWD	56 495 $
S80 V8 AWD	64 995 $
V50 2.4i	33 195 $
V50 FWD T5	39 195 $
V50 AWD T5	41 695 $
V70 3.2	42 495 $
XC70 3.2	44 095 $
XC70 T6	51 595 $
XC90 3.2 (5 passagers)	48 595 $
XC90 3.2 (7 passagers)	54 495 $
XC90 V8 (5 passagers)	63 595 $
XC90 V8 (7 passagers)	65 895 $
XC90 3.2 R (5 passagers)	56 545 $
XC90 3.2 R (7 passagers)	58 995 $
XC90 V8 R (5 passagers)	68 295 $
XC90 V8 R (7 passagers)	70 595 $

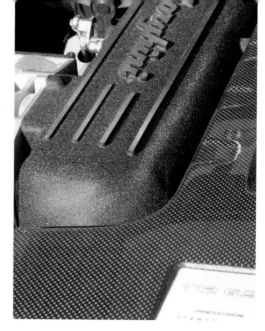

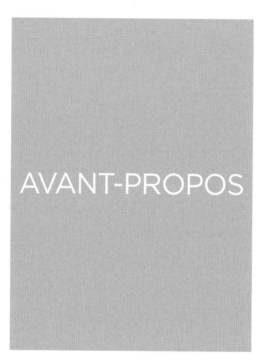

AVANT-PROPOS

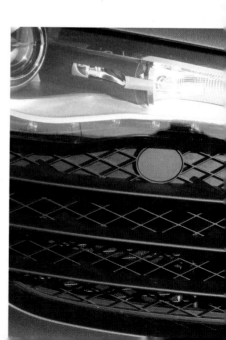

LA RENAISSANCE

Je ne peux pas me prononcer à votre place, mais, en ce qui me concerne, vous m'avez beaucoup manqué au cours des cinq dernières années. Cinq années d'abstinence, c'est un jeûne affreusement long quand l'amour du métier dépasse largement le poids des ans. Permettez-moi de vous souhaiter la bienvenue dans cette nouvelle aventure qu'est celle d'Auto 2009. Avec un nouvel éditeur et autour d'une nouvelle équipe, je vous propose un visage tout neuf dans l'univers de l'information automobile annuelle. Avec le même souci de rigueur que dans le passé, je reprends ce voyage entamé il y a maintenant 43 ans dans l'espoir que vous ferez route avec nous pour célébrer cette renaissance.

NON CENSURÉ

De nos jours, sous le prétexte d'être politiquement correct, il faut ménager les réputations, les susceptibilités et les liens commerciaux. La satisfaction de dire ce qu'on pense, d'émettre une opinion et, pire encore, de critiquer est, plus que jamais, remise en question. C'est une façon de faire à laquelle je suis incapable d'adhérer.

Ce nouveau répertoire automobile auquel je m'associe a pour but de diffuser une information juste, intègre et sans détour. En somme, l'équipe n'a pas écrit le livre que les constructeurs souhaitent lire, mais celui que les automobilistes veulent lire.

Pour cette nouvelle aventure, je me suis joint à des collaborateurs qui partagent ce besoin d'informer sans détour. Celui-là même qui assume le rôle de rédacteur en chef, Éric LeFrançois, est déjà bien connu pour ses essais et ses billets publiés dans les journaux du Groupe Gesca (dont La Presse) à travers le Québec.

Cela comprend naturellement les essais comparatifs, les meilleurs achats, des dossiers sur l'actualité, une porte ouverte sur le rêve, tout cela dans une prose à la fois rigoureuse et divertissante, du moins je le crois.

L'automobile d'aujourd'hui est très loin de celle qu'on imaginait il y a une quarantaine d'années quand j'ai commencé à m'intéresser à ce milieu. On rêvait alors de voitures volantes, dont l'aérodynamisme leur donnait l'apparence de fusées ou de capsules extraterrestres.

Quatre décennies plus tard, c'est un peu l'inverse de ces prévisions qui se réalisent. La planète souffre d'une présence automobile trop considérable qui soumet notre habitat à l'effet nocif des gaz à effet de serre.

NOS PRÉOCCUPATIONS

Adieu voitures volantes et autres insanités du genre. L'heure est aux solutions de rechange, des solutions qui passent par l'hybridation de plus en plus nombreuse du parc automobile et éventuellement par la voiture totalement électrique. C'est un aspect qui nous préoccupe au point d'y avoir consacré un espace important dans ce vade-mecum de l'automobile. En attendant la vraie solution de remplacement, nous avons défriché le marché de la petite voiture frugale et fringante en comparant six modèles qui donnent beaucoup pour peu.

ÉQUIPE D'ÉTOILES

En plus d'Éric LeFrançois, notre équipe d'étoiles comprend des journalistes automobiles chevronnés comme Jean-François Guay, un fidèle associé qui en connaît un bout sur l'univers très spécial des véhicules utilitaires de tous crins en plus de gérer le reste de son temps entre l'organisation d'essais comparatifs et l'animation d'émissions de radio, à CKAC, notamment, où son humour s'affirme. Ajoutons, à notre trio offensif, des valeurs sûres telles les Michel Poirier-Defoy, Jean Chartrand, Stéphane Quesnel et la touche féminine de Sylvie Rainville, une fille qui est allée à la bonne école de son père, Jacques. Finalement, je ne voudrais pas oublier nos recrues Daniel Charrette, Louis-Alain Richard et Bruno Labrie ainsi que les photographes Michel Cloutier, Tobie Légaré, François Bourque et Alexandre Beaulne.

Notre objectif à tous est de vous présenter une oeuvre écrite dans une langue de qualité, des photos pour la plupart exclusives et des opinions directes et franches que vous ne trouverez nulle part ailleurs.

Je vous remercie à l'avance de votre appui et de votre fidélité tout en vous souhaitant comme je l'ai toujours fait auparavant : bonne route.

JACQUES DUVAL

LES GRANDES QUESTIONS DE L'HEURE

Le cimetière de l'auto

Les pneus d'hiver

Le meilleur économiseur d'essence

COMME ÇA, ON REBRANCHE ?

On ne l'entendait plus. On ne l'attendait plus. Et voilà que le véhicule électrique retrouve les feux des projecteurs. Sur le plan environnemental, c'est la solution rêvée : zéro émission. Doit-on rebrancher le véhicule électrique pour autant ?

Le prix du pétrole et le réchauffement climatique redonnent un coup de jeune à une très vieille idée : le véhicule tout électrique. Le contexte actuel fera-t-il pour autant redémarrer le marché alors que la voiture électrique est aussi ancienne que l'automobile ?

Il faut savoir qu'au début du XXe siècle, le plus célèbre constructeur américain s'appelle... l'Electric Vehicle Company. Pour mémoire, rappelons qu'au premier Salon de l'automobile de New York, en 1900, les visiteurs ont fait de la voiture électrique leur premier choix. C'est fou, hein ! À l'époque, la voiture électrique comportait d'indéniables avantages face aux moteurs à essence. Elle était silencieuse, facile à conduire, propre, dénuée de vibrations et facile à démarrer. Même au Canada.

Le développement du démarreur électrique, les progrès du moteur à explosion et l'instauration de la chaîne de montage chez Ford, ont contribué à reléguer la voiture électrique au musée des inventions sans avenir. Très récemment encore, les tentatives ont échoué. En Californie notamment, où la voiture électrique a connu un bref retour en grâce lorsque le California Air Resources Board (CARB) a obligé les constructeurs à vendre des véhicules non polluants. De 1998 à 2003, 5600 véhicules électriques furent mis en circulation, essentiellement sous forme de location. Après leur victoire en justice contre le CARB, les constructeurs ont rappelé leurs véhicules électriques pour les détruire, suscitant la colère des consommateurs. Il en reste à peine 1400 aujourd'hui, sauvés à grand-peine par leurs propriétaires, qui forment une communauté très militante.

DES INCONVÉNIENTS MAJEURS

Techniquement parlant, le véhicule électrique est longtemps demeuré au niveau d'une voiture à essence des années 1920. Il s'est heurté et se heurte toujours à des inconvénients majeurs : la faible autonomie et le coût des batteries, ainsi que le temps de recharge important. Bref, à moins de trouver le moyen de le faire circuler avec un fil à la roue, on voit mal comment le véhicule tout électrique peut s'imposer. Surtout qu'il est peu compatible avec l'idée qu'on se fait d'un transport individuel, toujours disponible, fort d'un rayon d'action et de performances que tout le monde peut acquérir à prix raisonnable.

ELLE ATTEND SON HEURE ?

Chose certaine, la voiture électrique a été jusqu'ici aussi silencieuse sur la route que discrète sur le marché. Mais les choses vont changer. C'est du moins l'avis de certains analystes. Bob Lutz, vice-président de GM, reconnaît aujourd'hui qu'il y a 10 ans, le véhicule électrique était en panne. « Le projet EV1 a été interrompu parce que le véhicule avait une faible autonomie, peu d'espace pour les passagers ou les bagages, qu'il ne pouvait monter une colline ou faire fonctionner le système de climatisation sans vider la batterie et qu'il n'y avait aucun dispositif pour vous ramener à la maison lorsque la batterie s'affaiblissait », a-t-il rappelé avant de soulever le voile sur la Volt, le véhicule électrique du futur. Contrairement à l'EV1, celle-ci peut être branchée dans une prise de courant domestique de 110 volts. Suffit de relier le véhicule à votre résidence avec un fil

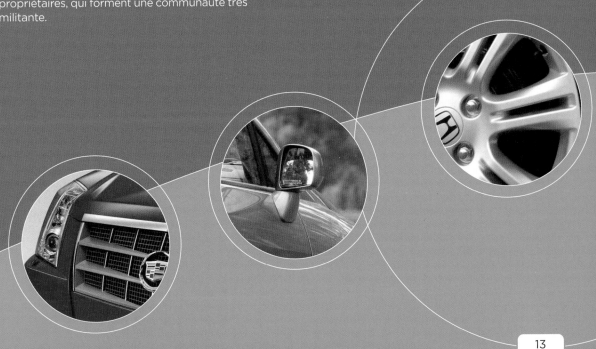

prolongateur et le tour est joué. Six heures plus tard, la batterie est complètement chargée et la Volt peut parcourir 67 km. Alors, où est le progrès ? Dans le moteur thermique qui l'accompagne. Celui-ci, un trois cylindres suralimenté par turbocompresseur fonctionnant au E85 (85 % d'éthanol et 15 % d'essence) veille à générer de l'électricité pour recharger la batterie en cours de route. Ah, la technologie ! Il y a un écueil à surmonter cependant. La grosse batterie lithium-ion nécessaire à la concrétisation de la Volt et des autres véhicules électriques vient à peine d'être créée et sera prête pour une production de masse d'ici deux ou trois ans.

Mais la Volt n'est pas la seule dans la course du tout-électrique. Tous les autres constructeurs y participent aussi. Auront-ils plus de chance de l'imposer cette fois? La technologie a évolué, insistent ses défenseurs. Les performances générales (accélérations, reprises et vitesse de pointe) s'améliorent et l'autonomie permet presque de faire le trajet Montréal-Québec sans s'inquiéter. En outre, le véhicule électrique est plus propre que l'hybride, notamment au Québec, mais le bilan environnemental est beaucoup moins favorable dans d'autres pays. Il est même franchement

catastrophique. Surtout là où les centrales à charbon fournissent la majeure partie de l'électricité.

La technologie évolue, le prix baisse, mais ce n'est pas demain la veille. Et même si c'était, inutile de se raconter des histoires tant qu'il restera une goutte d'essence.

Le véhicule tout électrique plaira avant tout aux entreprises et aux individus dotés d'une énorme fibre écologique. Les autres ? Il faudra les convaincre. Les convaincre qu'ils retrouveront un véhicule aux performances équivalentes (autonomie, tenue de route, sécurité, etc.) à ceux qu'ils conduisent présentement. Car une voiture écologique qui marche, c'est d'abord une voiture qui se vend. Dans ce contexte, la voiture propre de demain, c'est un peu comme l'idée de maintenir un poids santé : tout le monde est d'accord pour admettre que c'est nécessaire à notre bien-être, mais c'est la raison qui parle. Le cœur, lui, réagit à d'autres sollicitations : on succombe aux plaisirs de l'Aston-Martin DBS présentée en couverture de cet ouvrage comme on faiblit devant un sac de croustilles. Ce qui attire serait donc néfaste pour la santé ?

LA ZENN
La voiture branchée

Oui, on vous le concède, le jeu de mots est facile et il ne dit pas grand-chose de cette fameuse Zenn que certains voient comme l'orgueil du Québec alors qu'elle a été conçue en Ontario. Chose certaine, ce n'est pas une voiture branchée au sens figuré du terme. Ce serait plutôt son contraire, puisque nous ne sommes pas loin d'une voiturette de golf endimanchée.

Le vrai coup d'envoi de la Zenn a été le décret gouvernemental lui donnant accès aux voies publiques urbaines où la vitesse ne dépasse pas 50 km/h. Dès qu'un panonceau annonce 70 km/h, il faut faire demi-tour. Notre voiture électrique se retrouve alors dans une sorte de « no man's land ». En plus de sa lenteur et de son format lilliputien, la Zenn se reconnaît à son triangle orange indiquant qu'il s'agit d'un véhicule à basse vitesse. Ni laide, ni belle, la carrosserie deux places est en matière plastique et ses six batteries reposent en dessous du coffre et du compartiment arrière. Dans sa configuration actuelle, ce véhicule est très basique même si les glaces latérales sont à commande électrique.

On s'est amusé à conduire la Zenn et on n'hésiterait pas à remonter à son bord pour le plaisir qu'on ressent à rouler

dans un silence qui serait encore plus impressionnant s'il n'était perturbé par le sifflement des organes de transmission, le tapement des pneus et, surtout, le tintamarre de la suspension. On se tape sur l'épaule en sachant également que la pollution que l'on génère est nulle. À moins bien sûr qu'on ramène à la surface tout le processus qui a mené à l'élaboration d'une telle voiture.

De là toutefois à faire de la Zenn mon véhicule de chaque jour, il y a une marge qu'on ne sera prêt à franchir que le jour où tout le monde fera de même. Et davantage le jour où l'on aura vaqué à en corriger toutes les lacunes.

On ne parle pas tant de cette symphonie de bruits de carrosserie (on finira bien par resserrer les boulons) que de ses freins régénérateurs qui exigent une longue adap-

tation avant d'empêcher que leur soudaineté d'action vous précipite vers le pare-brise. On a aussi été estomaqué par le fait qu'on ne puisse pas profiter des descentes pour faire progresser la vitesse « gratuitement ». En effet, on reste accroché à 25 mph (40 km/h) même si l'on descend une côte, ce qui s'explique, selon Gilles Arcand, le responsable des relations publiques, par un respect des limites de la voiture. Autrement dit, dès que l'on excède une vitesse préprogrammée, tout s'arrête et il faut repartir à zéro pour continuer.

Pour le reste, rien de bien malin. On monte dans cet engin format de poche, on tourne la clef sans qu'on entende le moindre bruit et on sélectionne ensuite le D de la transmission en appuyant sur le petit levier placé au centre. Le D est vers le haut, le N au milieu et le R vers le bas. C'est aussi simple que cela. Ensuite, le couple énorme du moteur vous précipite à 45 km/h, ce qui devient votre vitesse de croisière. Un rappel : une charge vous donne une autonomie de 80 km, mais ce chiffre diminue s'il y a des côtes à monter. L'hiver, c'est une tout autre histoire qu'il vaut mieux oublier.

Les automobilistes endurcis vous diront que la Zenn a encore un très long parcours devant elle avant de devenir autre chose qu'une curiosité, tandis que les écolos verront la Zenn comme nous, c'est-à-dire comme un petit pas en avant pour le bien-être de la planète. Un rayon d'espoir, quoi !

P.-S. Il faut maintenant souhaiter que nos dirigeants gouvernementaux mettent la main dans leurs poches (ce sont les nôtres de toute façon) et consacrent, sous forme de subventions, les sommes nécessaires à l'éclosion d'une industrie de la voiture électrique dont le Québec se doit d'être le berceau. On chuchote d'ailleurs que le gouvernement se fait tirer l'oreille et qu'il irait même jusqu'à bloquer tout projet visant à mettre au point une auto québécoise 100 % électrique. Regarderons-nous passer la parade une autre fois, nous dont l'électricité est la grande richesse ?

Les automobilistes endurcis vous diront que la Zenn a encore un très long parcours devant elle avant de devenir autre chose qu'une curiosité, tandis que les écolos verront la Zenn comme nous, c'est-à-dire comme un petit pas en avant pour le bien-être de la planète.

LE CIMETIÈRE DE L'AUTO

La chronique du déshonneur
par l'équipe de *L'Auto 2009*

Malgré une technologie de plus en plus poussée, l'automobile continue, bon an mal an, à nous livrer sa série de ratages : des voitures, des accessoires et même des personnalités qui servent à alimenter la chronique du cimetière de l'auto. Certains discuteront nos choix, et c'est exactement le but recherché. Et, bien sûr, il faut y mettre un brin d'humour parce qu'il n'y a vraiment pas de quoi sortir vos mouchoirs.

▶1 VOLKSWAGEN CITY

Serait-ce la Volkswagen des démunis ou celle qui, après tant d'années, a finalement trouvé le chemin de la fiabilité dans le style « vingt fois sur le métier remettez votre ouvrage » ? Autres points de vue : comment apprêter les restes ou la Lada des années 2000. Type de voiture habituellement réservée aux pays du Tiers Monde.

▶2 LE DÉTECTEUR DE CHANGEMENT DE VOIE

Un autre accessoire aux vertus discutables qui s'ajoute à la liste des innovations plus agaçantes qu'utiles. Il ira rejoindre les voitures parlantes dans l'armoire aux bébelles superflues.

▶3 BMW X6

Les designers de la marque allemande continuent de sévir. Après la série 7 et son postérieur à deux étages, voici le bossu de Notre-Dame réincarné en véhicule multifonction. Surnommé aussi « l'Aztek de Munich ».

▶4 MERCEDES-BENZ CLASSE R

Plus grossier que ça, tu meurs. Une mauvaise imitation d'un autobus Greyhound qui prouve que la marque de Stuttgart peut concurrencer celle de Munich au rayon des atrocités.

5 LE SYSTÈME I DRIVE DE BMW ET SES SEMBLABLES

Un centre d'informations destiné aux jeunes de 14 à 20 ans dans des voitures achetées par des prévieillards. Les autres constructeurs l'ont imité, mais jamais avec la même complexité.

6 MAZDA3 2005 ET 2006

L'enfant chérie des acheteurs voit ses tôles changer de couleur, adoptant une teinte brune qui ressemble hideusement à de la corrosion. À sa décharge, le constructeur répare les modèles fautifs sans frais en l'imputant à un manque d'entretien. Vite à vos chiffons.

7 LE HUMMER

Le symbole de la démesure et de tout ce qu'on ne veut plus voir ou tolérer sur nos routes. Passe encore en Irak, mais pas dans ma rue.

8 LES DÉTECTEURS DE PLUIE

À mettre au rang des accessoires damnés. Rien de mieux pour donner du travail aux squeegees. Un automobiliste intelligent n'aurait pas la vilaine idée d'actionner ses essuie-glaces quand le pare-brise est incrusté de moustiques écrabouillés et sanglants. Ces essuie-glaces supposés intelligents, eux, s'actionneront à la moindre gouttelette d'eau sur le pare-brise. Un désastre.

9 PNEUS PIRELLI P ZÉRO ROSSO

Le pneu qui lit les anfractuosités de la route et qui rend la voiture aussi stable qu'une Buick 1955 aux amortisseurs déglingués. Ce n'est plus le conducteur qui dirige son auto, ce sont les pneus. À fuir au grand galop.

10 LE MINISTÈRE DES TRANSPORTS DU QUÉBEC

Et ceux qui le dirigent, qui, plutôt que de former les conducteurs — le vrai problème —, mettent en place une série de mesures pour les détrousser. On pourrait aussi leur faire remarquer qu'il est bien beau de mettre de la pression sur les automobilistes qui ne portent pas leur ceinture de sécurité, mais quand vont-ils légiférer sur le port de chaussures, de gants et de vêtements de sécurité pour les motocyclistes ? Pourquoi cette réflexion ? Au moment d'écrire ces lignes, je viens juste de croiser sur l'autoroute 10 un motocycliste conduisant une grosse Harley Davidson roulant torse nu et en sandales ! On peut s'imaginer l'état du malheureux s'il est victime d'un simple accrochage ou d'une glissade. Eh non, chers représentants du ministère, ce n'est pas un cas isolé, regardez autour de vous et vous verrez. À quand une législation ?

11 L'INDUSTRIE AUTOMOBILE AMÉRICAINE

Pour avoir mis 25 ans (minimum) à comprendre les attentes de son ex-clientèle.

12 NOS ÉLUS

Qui cassent du sucre sur le dos de l'automobile pour se donner bonne presse et masquer leurs incapacités à trouver des solutions durables à notre mobilité.

13 TOUS LES CONSTRUCTEURS

Qui, sous prétexte de rendre la vie à bord plus agréable, garnissent les habitacles de systèmes de « divertissement » qui détournent l'automobiliste de son unique responsabilité : conduire.

14 NOS ÉLUS (ENCORE)

Pour avoir accordé le droit à de vulgaires voiturettes électriques (bonjour le progrès !) d'emprunter les voies de circulation.

15 TRANSPORTS CANADA

Qui refuse le visa d'entrée à de jolies automobiles sous prétexte qu'elles ne sont pas conformes à ses normes particulières.

16 LES DIRIGEANTS ET LES RELATIONNISTES DE L'INDUSTRIE AUTOMOBILE CANADIENNE

Pour être aussi serviles à l'égard de leurs homologues américains.

17 NOS ÉLUS DE LA VILLE DE MONTRÉAL

Ils se retrouvent au cimetière avant leur temps pour leur obstination à refuser aux automobilistes la permission de tourner à droite à un feu rouge. Il faut rouler dans l'est et l'ouest de l'île pour réaliser toute l'absurdité qui règne à Montréal. D'un côté, nos élus nous incitent à adopter un mode vie environnementaliste, c'est noble en soi, mais d'un autre côté, ils obligent des milliers d'automobilistes, à tout instant de la journée, à polluer et à gaspiller de l'essence.

18 LES PÉTROLIÈRES : À QUI PROFITE LE CRIME ?

Le prix de revient de la production et de la distribution des produits pétroliers n'a évolué que de quelques pour cent. Où va donc la marge colossale dégagée entre prix payés par le consommateur et le coût réel de ces produits ? Qui s'acquiert cette marge financière qui écrase l'économie réelle ? Les bénéfices financiers faramineux qu'apporte la marge actuelle entre prix de revient et prix de vente des produits pétroliers assassinent carrément l'économie. À qui profite ce crime ? La réponse officielle est : « les spéculateurs boursiers ». Si tel est le cas, alors tout État, se déclarant respecter des principes démocratiques, devrait donc, en simple logique, déclarer la guerre aux spéculateurs et faire en sorte d'anéantir leurs profits immoraux. Logique n'est pas politique puisque nos élus avec leurs taxes profitent et abusent des excès provoqués par les spéculateurs !

19 LES CONSTRUCTEURS AUTOMOBILES ENCORE

Enfin, le cimetière réserve une place de choix à l'ensemble des constructeurs automobiles pour une politique de prix qui favorise considérablement les acheteurs américains au détriment des consommateurs canadiens. Malgré de timides corrections, il en coûte toujours moins cher d'acheter un véhicule outre frontière, ce qui est inacceptable, voire malhonnête. À quand un boycottage ?

À VOUS MAINTENANT, CHERS LECTEURS, DE REMPLIR LE CIMETIÈRE DE TOUT CE QUI MÉRITE D'Y ABOUTIR.

Vous savez probablement que les pneus quatre saisons perdent leur élasticité à -15 °C et le reste de leurs propriétés à -7 °C. Les pneus d'hiver, eux, demeurent actifs jusqu'à -40 °C. Rouler sans pneus d'hiver est aussi irresponsable que de ne pas mettre sa ceinture de sécurité ou de rouler avec un taux d'alcoolémie dépassant le 0,08. On joue avec ses limites.

LA NOUVELLE LOI SUR LES PNEUS D'HIVER :

MICHEL POIRIER-DEFOY ET JEAN-FRANÇOIS GUAY

Plus de 85 % des véhicules chaussent déjà des pneus d'hiver au Québec. En région, la question ne se pose même pas. C'est dans les grands centres qu'on trouve le plus de ces irréductibles qui rouleront hiver comme été sur la même monte : personnes âgées et conducteurs jeunes ou téméraires ou encore sans le sou. Les premiers sont propriétaires de leur véhicule, qu'ils gardent plus de dix ans. Ils invoquent comme arguments qu'ils sortent peu, jamais par mauvais temps, qu'ils n'ont jamais eu d'accident, et qu'il s'agit après tout de leurs droits fondamentaux. Voilà qui ressemble aux raisonnements avancés à l'époque par certains pour ne pas porter la ceinture de sécurité. Quelle solution adopteront-ils pour se conformer à la nouvelle loi ? Les premiers, ceux qui conservent leur véhicule au-delà de dix ans, vont user deux jeux de pneus pendant cette période : un pour l'hiver, un pour l'été. Quant aux seconds, sans le sou, ils sont plus à risque, avouons-le, et chercheront des pneus d'hiver moins coûteux, conformes à la loi, quitte à les conserver l'été suivant !

Dans le cas où on veut conserver un véhicule pendant plus de trois ans, il vaut mieux se procurer des roues d'acier et les changer — ou les faire changer — vers le 15 octobre et vers le 15 avril. Les crampons sont toujours permis au Québec, et partout au Canada ; à éviter dans les zones urbaines, ils améliorent sérieusement la traction sur des routes secondaires, sont plus bruyants et peuvent généralement être conservés une saison hivernale supplémentaire.

Comme une paire de patins

Les 4x4, les utilitaires, bref, tout ce qui offre une traction intégrale — leur degré d'efficacité varie largement —

procure un faux sentiment de sécurité. Il est vrai que la tenue de route de ces véhicules est supérieure, que les pneus ont des sillons plus larges pour dégager les éléments comme la gadoue, mais dans l'éventualité où on perd le contrôle, le résultat n'en est que plus désastreux. Un gros joueur de hockey, bien équipé, s'enfoncera encore plus vite dans la bande... si ses patins ne sont pas aiguisés !

La loi 55 est claire : seuls les pneus identifiés avec le picto-gramme d'approbation ou les mentions *arctic*, *blizzard*, *ice*, *LT*, *stud*, *winter* et *snow* (mais pas *mud and snow*), seront considérés. Sauf exception, la presque totalité des pneus vendus au Québec arbore le pictogramme de la montagne et du flocon. Ne pas se conformer à cette loi entraînera une amende de 200 $ à 300 $, mais aucune perte de point d'inaptitude.

Les exemptions

Ceux qui sont exemptés le sont toujours pour des mesures temporaires : un marchand autorisé qui déplace un véhi-cule, un véhicule neuf qui sort du concessionnaire, un véhicule qui sort du Québec où qui y revient après des vacances, ou un véhicule de location immatriculé hors Québec. Le certificat temporaire est de sept jours et s'obtient auprès de la SAAQ. Donc, les *snowbirds* n'auront pas à s'inquiéter, d'autant plus que la limite est reportée au 15 décembre. Il y a un maximum de quatre exemptions par hiver.

Les manufacturiers ont prévu le coup. Étant donné que le projet de loi a été élaboré avant la mise en production, des commandes plus importantes ont été passées aux usines. Les pneus d'hiver sont toujours produits au printemps en nombre limité. Il y a aussi la possibilité d'en obtenir en fin de saison en provenance des surplus de certains pays. Les marchands devraient être en mesure de faire face à la demande. Cependant, quelques véhicules de luxe récemment arrivés sur le marché seront peut-être victimes de pénurie dans certaines tailles. Le cas échéant, les marchands seront en mesure de trouver un produit de remplacement adéquat. Mais certaines voitures seront laissées pour compte : il vaut mieux prévenir.

Les statistiques sont éloquentes : moins de 20 % des véhicules n'avaient pas de pneus d'hiver ces dernières années, mais ils étaient impliqués dans près de 40 % des accidents. Les pneus d'hiver ont une semelle sculptée, une gomme et une technologie tout à fait différentes des boudins d'origine. Et ils ne sont pas plus chers que les quatre saisons. Magasinage en vue, donc, cet automne ! Mais pas de panique, on va tous arriver à Noël en même temps...

Quelques notes rapides, en rafale :

▸ On a repoussé la date limite du 15 novembre au 15 décembre, non pas pour accommoder les *snowbirds*, mais pour donner plus de temps aux automobilistes de se conformer à la loi en cette première année de sa mise en vigueur. Sachez qu'après le 15 octobre, quand les températures baissent, les pneus d'hiver ne s'usent pas plus rapidement en attendant la neige. Soyez donc prêts.

▸ Pour la sécurité de tous, il faut monter quatre pneus identiques en tout temps. Que ce soit d'été, d'hiver ou quatre-saisons.

▸ Le nombre de kilomètres parcourus, l'âge ou l'état de la voiture n'ont rien à voir. D'ailleurs, si la voiture n'est pas en bonne condition, il est préférable d'avoir de bons pneus.

▸ Tout marchand qui vous a dit que des pneus quatre saisons neufs peuvent passer le premier hiver sans tracasserie est un fieffé menteur. Un patin neuf mal aiguisé ne fait pas mieux qu'un vieux patin en bon état. Même un pneu d'hiver usé à 60 % est mieux qu'un pneu quatre saisons neuf.

▸ Garder des pneus d'hiver en été n'est pas interdit. Il faut savoir cependant que la cote de vitesse peut être inférieure à celle d'origine et que les pneus d'hiver modifieront la tenue de route. Par temps chaud, ils s'useront démesurément vite et vous aurez à vous en procurer d'autres. Un bon conseil consiste à monter ses pneus d'hiver sur des jantes en acier.

▸ Les pneus LT sont exemptés de la nouvelle loi parce qu'ils ont une structure de six, huit ou dix plis qui convient seulement aux camionnettes d'une tonne et plus (2500 à 4500) et que les pneus d'hiver dans ce créneau sont rares pour le moment. Dans le cas de ces véhicules, comme pour les camions et les poids lourds, il n'y a pas de pneus à neige à proprement parler, mais seulement des pneus avec des semelles plus dynamiques. Les véhicules récréatifs sont tous munis de pneus de type LT ou de pneus de poids lourds.

▸ Un véhicule immatriculé hors Québec pourra circuler pendant l'hiver sans être inquiété. Vous pourrez donc accueillir la famille aux fêtes. Il en est de même si vous avez des crampons et que vous allez en Ontario où c'est partiellement interdit. Vous ne sera pas pénalisé.

▸ La SAAQ se réserve le droit d'accorder une exemption pour certains véhicules sur lesquels il est impossible de monter des pneus d'hiver. Cette liste sera modifiée chaque année selon le parc automobile.

▸ La limite d'usure tolérée pour un pneu d'hiver est la même que pour les pneus toutes-saisons : 1,6 mm ou 2/32ᵉ. Tous les pneus ont des indicateurs d'usure incorporés dans la semelle qui indique leur limite.

▸ Le marché secondaire des jantes en acier est en progression. Il y en a maintenant de 13 à 18 pouces. Recourir à des jantes en acier permet de conserver ses jantes d'alliage en bon état en hiver, d'économiser sur les frais de montage chaque saison et de laisser un pneu de secours de pleine dimension dans le coffre en cas de crevaison.

▸ Vous pouvez monter des pneus d'hiver dont la cote de vitesse est moindre que celle des pneus d'été. Si vous voulez changer la dimension des pneus de votre véhicule, vous pouvez revenir à la dimension d'origine pour le modèle d'entrée de gamme et respecter la hauteur totale du pneu à plus ou moins 3 %. Dans tous les cas, il vaut mieux prendre avis auprès de marchands et de techniciens compétents.

Le commentaire de l'un de nos collaborateurs :

J'ai été convaincu du bienfait des pneus d'hiver quand les freins antiblocage ont fait leur apparition. À l'époque, même les meilleurs pneus toutes-saisons du moment n'arrivaient pas à immobiliser le véhicule. Quand on sait que quelques mètres peuvent faire la différence entre la vie et la mort, c'est important. Un des arguments mis de l'avant aujourd'hui concerne les aides à la conduite : contrôle de la stabilité et de la traction, contrôle de la répartition du freinage, et quoi encore. Jusqu'au jour où je me suis retrouvé dans cinq centimètres de neige dans mon entrée de garage avec une voiture de fort prix munie de tous ces artifices... et de pneus d'origine. Je n'arrivais même pas à monter une petite côte tellement les systèmes hésitaient à répartir la puissance et gardaient la voiture immobile ! Pour avoir fait des essais de pneus depuis plus de vingt ans et les avoir essayés dans toutes les conditions imaginables, pour avoir fait du rallye automobile pendant plus de vingt-cinq ans, je ne peux qu'approuver la décision d'obliger les automobilistes à monter de vrais pneus d'hiver.

Michel Poirier-Defoy

Comme la très grande majorité de mes semblables, je suis compétitif. Cela signifie que dès que l'occasion se présente, je veux pulvériser tous les records, autant vers le haut que vers le bas. C'est d'ailleurs dans cet énoncé que réside tout le secret des voitures hybrides.

LE MEILLEUR ÉCONOMISEUR D'ESSENCE

Ou les sept péchés capitaux de la consommation

Dès qu'on s'installe aux commandes d'un tel engin, notre seul but devient de « battre » l'ordinateur qui surveille constamment les moindres petits mouvements de l'accélérateur en affichant le nombre de litres aux 100 km en temps réel (ou en moyenne) que vous consommez.

Sans vraiment s'en rendre compte, on commence alors à conduire le pied léger afin de pouvoir clamer bien haut qu'on a obtenu la mirifique moyenne de 3,9 litres aux 100 entre tel et tel endroit. Bien sûr, on ne dira pas que la route est en pente descendante, mais ça, c'est une autre histoire. La morale qu'on peut en tirer est qu'en faisant attention, on peut abaisser substantiellement sa consommation de carburant et qu'il suffit de se fixer des objectifs pour les atteindre. Au volant d'une automobile hybride, la conduite économique nous vient tout naturellement, mais c'est une chose à laquelle on pense beaucoup moins dans une voiture ordinaire avec un moteur à essence. C'est d'ailleurs ce qui permet d'affirmer que l'économie des hybrides est un peu surfaite. Si on met en pratique la même méthode au volant de son propre véhicule, on obtiendra des résultats surprenants pouvant aller jusqu'à 20 % d'économie. C'est comme si soudainement le litre d'essence coûtait environ 1,05 $ au lieu de 1,28 $ (le prix au moment où ces lignes sont écrites).

Voici donc, tel qu'élaboré par notre collègue Jean Chartrand, les sept péchés à éviter pour conduire votre voiture plus économiquement. **JACQUES DUVAL**

L'AVARICE

Être avare de ses sous quant à l'entretien de sa voiture peut infailliblement augmenter votre facture à la pompe. Une fois le péché avoué, rendez-vous dans un centre d'entretien spécialisé et faites faire un véritable nettoyage des injecteurs de votre voiture. Je ne parle pas ici de la petite cannette pas chère des magasins à grande surface (encore l'avarice). Je vous parle d'un véritable nettoyage de tout le système d'injection et d'admission d'air de votre moteur. **Économie autour de 3 à 5 %.**

LA COLÈRE

Elle se traduit en 2008 par la rage au volant. Particulièrement dans la circulation urbaine dense, entre deux feux rouges. Il ne sert à rien d'accélérer pour gagner une ou deux places au prochain arrêt. Essayez à la place le jeu des feux synchronisés. En parcourant toujours le même trajet et avec un certain sens de l'observation, vous serez capable d'estimer la vitesse à laquelle vous devriez rouler pour ne pas avoir à vous arrêter à chaque feu rouge.

Sachez aussi que le plus grand ennemi de la consommation d'essence est la pédale de frein. On devrait l'utiliser le moins possible en profitant de l'élan de la voiture, que ce soit dans une pente ou à l'approche d'un feu rouge. En maintenant le pied sur l'accélérateur à l'approche d'un feu rouge, vous devrez freiner pour immobiliser votre véhicule. Un bon conducteur doit être capable d'estimer la distance qu'il peut parcourir sans avoir recours à l'accélérateur.

L'ENVIE

Envier le propriétaire de la voiture devant vous sur l'auto-route vous fait souvent le suivre de trop près. Vous devez donc freiner plus brusquement pour éviter la collision, ce qui occasionne, à la reprise, une plus grande consommation d'essence. Allongez vos distances et dites-vous qu'un jour, ce sera votre tour de posséder une telle bagnole. Économies à long terme garanties par une conduite préventive plus zen.

LA GOURMANDISE

Votre voiture est gourmande ? Hum... Saviez-vous qu'en réduisant votre vitesse sur l'autoroute de 120 km/h à 100 km/h vous allez sauver au bas mot 10 % d'essence ? Essayez toujours de conserver le régime de votre moteur au-dessous des 3000 tours/minute. Si jamais votre auto est munie d'un ordinateur mesurant la consommation, faites un trajet de 10 à 20 km à 120 km/h et un autre de même durée à 100 km/h. Vous serez surpris de voir la différence. Lorsque j'ai fait ce test moi-même, j'étais au volant d'une Audi A4 à moteur 2 litres et boîte manuelle. La différence entre les deux trajets fut de 20 %, en faveur de celui à 100 km/h. L'économie sera encore plus sentie si vous effectuez vos changements de vitesse sous la barre des 3000 tours.

LA LUXURE

C'est le seul péché capital qui, à mon grand dam, pourrait servir votre souci d'économie. Je m'explique. Si vous gon-flez vos pneus au maximum de la pression recommandée par le manufacturier, la bande de roulement sur la chaussée sera plus petite, avec comme première conséquence de réduire la friction. Ça va rouler plus dur, mais... en gonflant vos pneus à l'azote, gaz exotique par excellence, la pression des pneus sera plus stable malgré les écarts de tempé-rature. **Économie réalisée, entre 2 et 5 %.**

L'ORGUEIL

Vous êtes orgueilleux de montrer vos biceps bronzés par la fenêtre ouverte de votre coupé sport ? Il vous en coûtera plus que de laisser les fenêtres fermées et d'utiliser l'air conditionné de temps en temps pour rafraîchir l'atmos-phère. Il en va de même pour le toit ouvrant, qui cause suffisamment de turbulence pour diminuer le coefficient de pénétration dans l'air de votre véhicule.

LA PARESSE

Les porte-bagages sur le toit sont parfaits pour transporter les bagages supplémentaires lors des vacances familiales. Mais certainement pas pour aller au bureau la semaine venue. Prenez le temps de les retirer quand ils ne vous servent pas. Je sais, vous allez les utiliser à nouveau la fin de semaine suivante. Mais entre-temps, vous grugez votre consommation d'un autre 5 %, selon les fabricants de ces équipements. Videz aussi le coffre arrière de tout ce qui n'est pas absolument nécessaire, et cela, autant pour des raisons d'économie que de sécurité. En alourdissant inutilement une auto, on augmente la puissance nécessaire pour la faire avancer, surtout lors des accélérations. En plus, en cas d'accident, un objet lourd ou métallique pourra se retrouver dans l'habitacle et vous blesser, particuliè-rement si vous conduisez une familiale, un modèle à hayon, une minifourgonnette ou un VUS.

Si on fait le décompte des économies réalisées en prenant conscience de ces sept péchés capitaux, on arrive à un total encourageant d'environ 20 % à 25 %. Pas mal, pour un retour au petit catéchisme... **JEAN CHARTRAND**

LES PROTOTYPES

DU RÊVE À LA RÉALITÉ

On les surnommait
« dream cars ».
Et avec raison.

Ces prototypes réalisés en un
seul exemplaire et sans la moindre
contrainte industrielle avaient pour
seul objectif de nous faire rêver.
Les temps ont changé. Aujourd'hui,
ils collent davantage à la réalité.
Alors, à quoi servent-ils au juste ?
À nous faire rêver toujours,
mais encore ?

À n'en point douter, les prototypes font les délices des visiteurs de grands-messes automobiles. Peu importe qu'on les élève sur des plateformes ou qu'on les ceinture de barrières métalliques, les prototypes s'imposent en conjuguant au présent le futur des véhicules de série qui les entourent. En fait, chacun à sa manière ouvre une fenêtre sur l'avenir de l'automobile et nous laisse entrevoir le jour où elle deviendra aussi profilée qu'une goutte d'eau, aussi rassurante qu'une poignée de main et aussi verte que prétend l'être le chef du Parti libéral du Canada, Stéphane Dion. Mais aujourd'hui, ils permettent surtout de tester des solutions techniques ou esthétiques, car une étude conceptuelle est à la voiture de série ce que la haute couture est au prêt-à-porter. En somme, un moyen de lancer de nouvelles idées et de provoquer l'émotion chez les automobilistes à l'égard de la marque et de ses produits existants, voire de soulever un pan du voile sur ses futurs produits.

Assurément, dans la forme sous laquelle ils nous sont présentés parfois, les prototypes donnent matière à rêver. Toujours spectaculaires, ils se font cependant, au fil des années, plus terre-à-terre. Cette tendance à concevoir des prototypes plus réalistes suscite des réactions variées chez les observateurs de l'industrie.

Certains l'attribuent au fait que plusieurs constructeurs d'automobiles ont compris que, si les prototypes ont la faculté de faire oublier un moment la réalité, ils peuvent aussi la rendre bien terne par comparaison. En effet, le public n'accepte plus toujours de bon cœur qu'un prototype — surtout s'il plaît — n'obtienne pas le feu vert à une production de masse. Il accepte encore moins que ses concepteurs soient allés trop loin et fassent descendre dans la rue un produit qui n'a pratiquement plus rien à voir avec le prototype qui les a tant fait rêver.

D'autres avancent plutôt que les prototypes d'aujourd'hui se veulent beaucoup plus près de la production de masse que le laissent parfois supposer leurs concepteurs. C'est ce qui expliquerait pourquoi l'authentique *dream car* visionnaire, inédit, expérimental ou tout à la fois, est une espèce en voie de disparition. La très (trop) grande liberté prise par les stylistes impliqués sur ces projets-là — ils n'ont pas trop à se soucier de vla faisabilité industrielle, des coûts de production ou de la conformité aux législations — amuse peut-être, mais ne fait plus rêver comme avant.

Bien sûr, il y a toujours des exceptions. Il fallait voir certaines

créations japonaises au dernier Tokyo Motor Show pour se rappeler que toutes les études de style présentées dans un salon de l'automobile ne sont pas nécessairement drôles ou intéressantes. Elles sont parfois futiles aussi.

Voilà pourquoi les études conceptuelles visent main?tenant à préparer le public à des changements déjà programmés et s'intègrent dans de savantes stratégies de communication. Il y a les « PreView » qui soulèvent le voile, un ou deux ans à l'avance, sur la direction technique ou esthétique d'un constructeur, et il y les « Advanced Design » ou « Advanced Technology » souvent très décalés et qui ne poseront vraisemblablement jamais une roue dans une salle d'exposition. Il y a enfin les « faux concepts », car ce ne sont que de vraies nouveautés dévoilées avec quelques mois d'avance afin de maintenir sous les feux de la rampe un constructeur pauvre en innovations… et d'adresser un discret message à la clientèle pour la convaincre de patienter encore quelques mois. Une catégorie que vous ne retrouverez naturellement pas dans ces pages.

VOUS AVEZ LE DERNIER MOT
Fous ou raisonnables, les véhicules concepts ont tous un rôle à jouer. Si certains quittent la moquette des salons pour celle des concessionnaires, d'autres sont condamnés au musée ou, pire, sont destinés au fracas du pilon. Peu importe le sort qui leur est réservé, il arrive fréquemment que les prototypes prêtent aux modèles de série certains de leurs éléments ou annoncent une nouvelle direction. Il arrive même qu'on retienne leur nom.

Chose certaine, les prototypes continuent d'exercer leur fascination, et, entre le rêve et la réalité, il n'y a souvent qu'un pas. Au public de choisir, car l'accueil que celui-ci leur réserve conditionne en grande partie la décision du constructeur de les produire ou non. Donc, la prochaine fois que vous irez dans un salon de l'automobile, ne manquez pas de le leur dire…

D'ici là, nous vous invitons à retrouver les prototypes les plus marquants de la dernière année. Chacun a quelque chose à dire. Saurez-vous décoder le message ?

PROTOTYPE
DODGE ZEO

Elle arbore la même teinte extérieure que la plus photogénique des Challenger, mais la Zeo, elle, est politiquement correcte. En effet, cette étude profilée comme un coupé est équipée d'un moteur électrique alimenté par des batteries au lithium-ion qui lui assurent selon Chrysler une autonomie de 400 km. Après, suffit de la brancher sur n'importe quelle prise électrique.
Selon son constructeur toujours, ses performances sont exceptionnelles. Jugez-en vous-même ? 268 chevaux sous le pied droit, 210 km/h en vitesse de pointe et 100 km/h, à la suite d'un départ arrêté, en six secondes. Tout cela dans un silence moteur absolu.

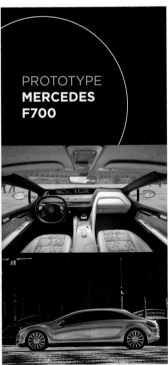

PROTOTYPE
MERCEDES F700

Une Mercedes de plus de cinq mètres (la taille d'une Classe S) presque aussi sobre qu'une Toyota Yaris ! Impossible ? C'est pourtant le résultat auquel est parvenu le constructeur allemand avec le moteur expérimental DiesOtto qui équipe la F700, un prototype de voiture de luxe du futur. Cette mécanique révolutionnaire, combinant diésel et essence, est dotée du meilleur des technologies disponibles, comme le taux de compression variable. Le DiesOtto emporte la F700 à 100 km/h en 7,5 secondes et ne rejette que 127 grammes de carbone au kilomètre. Exceptionnel pour un moteur de seulement 1,8 litre de cylindrée !

À en juger par cette étude, Nissan croit encore à la fourgonnette. Le constructeur japonais a visiblement le moyen de révolutionner le genre. La Quest, avec son design radical, démontrait bien cette préoccupation. Mais Nissan va encore plus loin avec le Forum. Ce dernier conserve les caractéristiques traditionnelles d'une fourgonnette, à commencer par la portière coulissante. Toutefois, celle-ci est dépourvue de rail. On l'a plutôt équipée de charnières spéciales. Le pilier B a été éliminé pour faciliter l'accès aux deuxième et troisième rangées de sièges. L'habitacle sort aussi de l'ordinaire. Pour preuve, on a intégré à la console centrale un four à micro-ondes... À table, les enfants !

Créée par une équipe placée sous la direction d'Anthony Lo, directeur du design avancé pour General Motors Europe, la 9-X Bio Hybrid se présente sous les traits d'une compacte à hayon ouvrant.

Le dessin enveloppant de la ligne de vitrage, la carrosserie lisse comme un fuselage – dépourvue de toute poignée ou même de rétroviseurs proéminents — et l'éclairage décliné sous le thème du « bloc de glace » tirent leur inspiration des racines scandinaves de la marque et de son passé aéronautique. Les valeurs scandinaves sont également présentes dans la motorisation soucieuse de l'environnement — une association novatrice d'hybride et de bioéthanol.

Une voiture qui est à la fois petite et de bonne qualité. Voilà les deux principaux critères aujourd'hui recherchés par les Japonais et qu'Audi s'applique à satisfaire avec le Metroproject Quattro. Dévoilée naturellement au Tokyo Motor Show, cette sous-compacte est plus courte que l'actuelle Fit. Sous son minuscule capot se glissent pourtant deux moteurs : un électrique, l'autre à essence. Ce dernier prend la forme d'un quatre cylindres 1,4 litre TFSI bon pour 150 chevaux.
Selon plusieurs observateurs, cette étude annonce la venue d'un modèle de série (A1?, A2?).

PROTOTYPE
AUDI METRO PROJECT

Cette étude de style présentée au salon de Francfort 2007 devait renouer avec l'architecture mise au point par Ferdinand Porsche pour la VW originelle : moteur à l'arrière et espace pour quatre personnes. Ce n'était qu'un souhait. Cette architecture favorise l'espace intérieur, mais complique grandement le refroidissement du moteur. À cette problématique s'en ajoute une autre : le dessin de la carrosserie. Cette architecture favorise en effet l'élaboration d'une carrosserie à hayon, mais non d'une berline classique. Alors, Volkswagen vire capot et décide d'asseoir le moteur de la future concurrente de la Smart à l'avant et non à l'arrière. La Up ! devrait donc être commercialisée en 2011.

PROTOTYPE
**CHRYSLER
ECO-VOYAGER**

L'Eco-Voyager est une réinterprétation, aux formes adoucies, de la fourgonnette du futur, qui abandonnera ses disgracieuses portes coulissantes au profit de portes antagonistes sans montant pour faciliter l'accès à bord.

L'Eco-Voyager est un véhicule électrique dont les batteries, logées sous le plancher, peuvent être suppléées par une pile à combustible. Son architecture particulière, qui reprend en partie une idée avancée il y a quelque temps par GM avec son concept Autonomy, permet une plus grande liberté aux stylistes chargés de la conception intérieure.

Le C-Cactus se revendique dans l'esprit comme la fille de la 2CV dont c'était le soixantième anniversaire en 2008 et témoigne des ambitions de Citroën en matière de véhicules écologiques. Légère et simple comme l'était la 2 CV, la C-Cactus renonce à certains équipements non essentiels pour les occupants. Ainsi, les glaces sont remplacées par des lucarnes coulissantes et le tableau de bord a disparu. Le moyeu fixe du volant (une lubie chez le constructeur français) récupère toutes les commandes qui y sont désormais regroupées. Le C-Cactus est équipé d'un moteur hybride HDI de 70 chevaux affichant une consommation de 3,4 L/100 km et des émissions de CO_2 record, 78 grammes au kilomètre.

Si cette étude devait voir le jour, peut-être bien que l'Explorer surferait de nouveau au sommet des ventes. Chose certaine, cette étude préfigure le nouvel utilitaire éponyme que Ford compte offrir dans quelques années. Fini le robuste (et lourd) châssis à échelle et place à une structure monocoque, comme sur une automobile. Pour réduire la consommation en carburant, talon d'Achille du modèle actuellement en production, Ford songe aux mécaniques suralimentées (Eco-Boost) de 2 litres et 3,5 litres. On est loin des huit cylindres...

Et si le Z était en fait un X ? On a le droit de rêver, non ? Chose certaine, cette étude qui semble en apparence la digne héritière de la regrettée CRX (une biplace commercialisée dans les années 1980 sur une base de Civic) est promise, dit-on, à connaître une carrière commerciale d'ici deux ans. Ses formes suggèrent qu'elle sera aussi espiègle et agile que pouvait l'être la CRX, mais avec une conscience écologique plus poussée. En effet, la CR-Z bénéficiera d'un groupe motopropulseur hybride.

PROTOTYPE
HUMMER HX

La forme et la couleur tonitruante de cette Hummer HX calmeront-elles un peu les environnementalistes ? Chose certaine, ce HX n'a rien d'un mastodonte (il est à peine plus long que la nouvelle Honda Fit) même si ses lignes conquérantes et ses énormes roues de 20 pouces laissent penser le contraire. Capable de grimper aux arbres ou de traverser un cours d'eau (c'est un Hummer, non ?), ce HX fait également preuve d'une certaine sobriété à la pompe. Pas d'hybride, pas de diésel, seulement un V6 3,6 litres pouvant fonctionner au bioéthanol. C'est un début.

Des trois concepts de véhicules propres (alimentation électrique, pile à combustible, hybride) présentés cette année par Chrysler, le Jeep Renegade est sans contredit le plus concevable. Avec ses faux airs de Meyers Manx, un Dune Buggy sur base Coccinelle très prisé dans les années 1960 aux États-Unis, ce Jeep campe sur des pneus de 20 pouces et pèse 1420 kg. Disposant d'un petit moteur diesel 3 cylindres de 1,5 litre destiné uniquement à recharger les batteries lithium-ion logés sur chaque essieu, le Renegade peut parcourir près de 650 kilomètres avant de s'arrêter faire le plein.

PROTOTYPE
KIA KOUPE

À en juger leurs créations, les stylistes de Kia préféraient la photocopieuse à la table à dessin. C'était vrai jusqu'au jour où le constructeur sud-coréen s'est attaché les services de Peter Shreyer, ex-Audi, pour coordonner le travail des centres de style. Le Coupe provient de l'un d'eux, celui des États-Unis pour être plus exact. Présenté au sous-sol du Jacob Javits Centre lors du passage du salon automobile le printemps dernier, le Coupe descendra dans la rue de son marché local, mais Kia songe, par la suite, à le faire voyager.

Si Tata, le nouveau propriétaire de Land Rover, valide le projet LRX, tous les aficionados de la marque anglaise seront à ses pieds. Jolie et de taille humaine, cette étude annonce un LR2 trois portes. Son regard menaçant n'est qu'une façade derrière laquelle se cache une mécanique hybride (mi-essence, mi-électricité) dont on ne connaît pas la composition et encore moins les origines. Pour Land Rover, l'intérêt du LRX se trouve ailleurs dans son dessin. En effet, il s'agit d'une évolution des éléments visuels qui font qu'un Land Rover est un Land Rover. Lesquels ? Nous vous invitons, par exemple, à jeter un coup d'œil à la forme nouvelle des ouïes latérales ou encore au fondu du capot sur les optiques.

PROTOTYPE
**RENAULT
MEGANE
COUPE**

Les portes en élytre ne sont qu'un prétexte pour mieux nous faire découvrir l'intérieur totalement irréaliste (pour le moment) de ce concept dont la version définitive sera présentée au Mondial de l'auto 2008. L'objectif visé ici par Renault est de préparer la clientèle aux nouveaux codes esthétiques qu'arboreront ses produits. Parmi ceux-ci : la calandre. Le reste, comme la poupe sculptée pour accentuer l'épaulement des ailes, c'est pour un autre demain.

À l'œil, le Flextrem de Saturn n'a rien pour mettre les poils des avant-bras au garde-à-vous. C'est que vous n'avez pas encore vu les deux transporteurs personnels électriques Segway logés sous le plancher du coffre. Pratique lors d'un tour de ville. Après, une fois rangés, ils peuvent recharger leurs batteries à partir des batteries du véhicule. Celui-ci, pour se mouvoir de sa position statique, adopte le système E-Flex de GM qui se sert d'un moteur électrique alimenté par une batterie lithium-ion promettant d'offrir une autonomie de 55 km en mode tout électrique. La batterie peut être rechargée en seulement trois heures en la branchant à une prise domestique conventionnelle.

PROTOTYPE
**SCION HAKO
COUPE**

Plaisanterie ou simple caricature, le concept Hako Coupé de Scion (la filiale « jeune » de Toyota, aux États-Unis) ressemble étrangement aux « Matchbox » de nos jeunes années. À moins que vous ne lui trouviez une ressemblance avec un hot-rod ? Chose certaine, son pare-brise à 90 degrés ne favorise en rien l'obtention d'un bon coefficient de traînée aérodynamique (Cx) et doit certainement faire siffler le vent. Ce genre d'étude est à classer dans la catégorie futile, avec l'auto qui pleure lorsque vous la laissez seule ou l'autre qui aménage sa console centrale pour permettre à toutou de prendre place à côté de son maître.

Le GINA Light Visionary est sans doute le plus inusité qui soit. Ce roadster à deux places a été un exercice de style pour l'équipe de dessinateurs de l'entreprise. La voiture a des lignes fuyantes mais fortement sculptées. La « carrosserie » de l'auto est en fait un tissu tendu sur une structure de tubes métalliques. Cette toile se retire pour démasquer certaines fonctions, par exemple les phares avant, qui sont cachés derrière le tissu lorsqu'ils ne sont pas utilisés. Le déflecteur arrière se soulève pour créer plus d'appui sur le train arrière à haute vitesse. La GINA s'anime d'un moteur V8 de 4,4 litres auquel s'arrime une boîte automatique à six rapports.

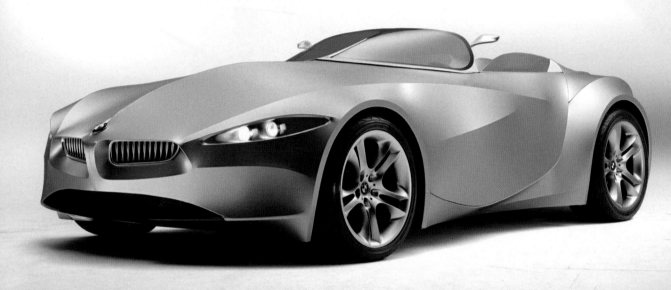

Oubliez la décevante Verona, voulez-vous ? Cette étude de style préfigure la future berline intermédiaire de Suzuki. Baptisé Kizashi, ce prototype en est à sa troisième (et ultime ?) évolution. La première fut dévoilée à Francfort, la seconde à Tokyo et la troisième à New York, le printemps dernier (nos photos). Dans sa version conceptuelle, cette intermédiaire appelée à terme à rivaliser avec les Accord, Camry, Altima et 6, s'anime d'un moteur V6 de la XL-7. La version définitive de ce modèle sera présentée sous peu et entreprendra une carrière commerciale d'ici un an tout au plus, sous une appellation encore inconnue.

LE PLUS BEL ÉTÉ DE MA VIE AU VOLANT DE 12 VOITURES D'EXCEPTION

Par Jacques Duval
Photos : Michel Cloutier, François Bourque, Alexandre Beaulne

Alors que tout le Québec passait l'été dernier abrité sous un parapluie et pestait contre les conditions atmosphériques, je n'ose pas vous dire que j'ai vécu le plus radieux des étés qu'un passionné de voitures puisse souhaiter. Pendant 12 semaines, j'ai en effet fréquenté tout ce que l'automobile a de plus sublime à offrir, et ceci, dans un environnement libre, sans le moindre regard dans le rétroviseur. Pour lâcher le morceau, j'ai conduit pas moins de 12 voitures d'exception pour la production d'un DVD qui sera mis en vente vers la fin de l'automne 2008 par Imavision en collaboration avec Race DV. Afin que tout se déroule sans encombre, j'avais choisi le tout nouveau circuit routier ICAR aménagé sur le site des anciennes pistes de l'aéroport Mirabel. Loin des regards, loin des radars, je me suis amusé comme jamais auparavant.

Imaginez un seul instant que votre agenda vous signale qu'entre le début mai et la fin juillet, vous piloterez sans ménagement 12 voitures réputées pour leurs performances hors du commun et qui représentent le *nec plus ultra* de l'industrie automobile. Bref, un scénario de rêve.

Laissez-moi vous titiller les neurones en vous énumérant les stars de ce grand festival du son et de la vitesse. Par ordre alphabétique, la liste comprend la dernière-née des Aston Martin, la DBS, la sportive la plus convoitée de l'année, l'Audi R8, la méchante Dodge Viper GTS, l'incomparable Ferrari F430, l'inoubliable Ford GT, la spectaculaire Lamborghini Murciélago LP 640, l'étonnante Lexus IS F, l'espiègle Lotus Exige S, la fulgurante Mercedes-Benz C63 AMG, la stupéfiante Nissan GT-R, l'indétrônable (?) Porsche 911 GT2 et, finalement, la jouissive Saleen Mustang. Une fichue belle douzaine, vous en conviendrez.

Pour satisfaire tout de suite votre curiosité, cela représente 5710 chevaux-vapeurs prêts à dévorer littéralement le macadam de Mirabel dans des accélérations encore plus dévastatrices que les avions qui avaient autrefois droit de cité dans cet aéroport. En raison de problème d'espace, je m'abstiendrai de passer en revue chacune de ces voitures, d'autant plus que l'ouvrage que vous tenez entre les mains s'attarde déjà longuement sur quelques-unes d'entre elles. Voici donc, en vrac, quelques impressions de conduite des voitures qui ont embelli mon été avec, en addenda, quelques photos de circonstance.

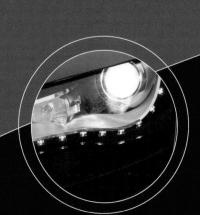

LA LAMBO DE PAOLO

J'aurais pu opter pour la Gallardo, sans doute plus agile sur un circuit serré, mais hélas beaucoup plus courante que l'impressionnante Lamborghini Murciélago LP 640 qui m'a gracieusement été offerte par Paolo Catania. C'était ma troisième prise en main du porte-étendard de la marque de Sant'a Agata que j'avais préalablement essayée sur les petites routes italiennes ainsi que sur le circuit de Saint-Eustache lors d'une petite course improvisée auto-moto avec mon alter ego Bertrand Gahel, l'homme à la moto. Sauf en Italie, où les chemins étroits avaient intimidé la Murciélago, la voiture m'a surpris les deux fois suivantes par une maniabilité qui est loin de sauter aux yeux quand on zieute cette Lamborghini dans toute sa masse. À l'arrêt, elle fait son petit spectacle avec ses deux portes papillon, tandis qu'une fois en piste, le regard se porte sur les deux énormes extracteurs d'air latéraux, qui, sous l'effet de la chaleur, s'ouvrent comme la gueule d'un requin.

Même libérée de toutes ses assistances au pilotage, la LP 640 garde sa trajectoire avec une ténacité impressionnante, le boni d'une traction intégrale particulièrement efficace. C'est une performance notable, puisque la répartition du poids de 42/58 est loin d'être idéale. En fait, sur la piste d'ICAR, c'est l'une des seules voitures ayant refusé de se mettre en travers pour afficher ses limites. Quant au moteur central, les chronos sont d'une rare éloquence, établissant un 0-200 km/h réalisé en 11 secondes. Avec 640 chevaux au travail, il n'y a rien d'étonnant à ces chiffres.

SALEEN MUSTANG S 281 SUPERCHARGED

Pourquoi consacrer un essai à une voiture qui n'est qu'un dérivé de la Ford Mustang ? Permettez-moi tout de suite de répondre à cette question, ce qui vous en dira un peu plus long sur le parcours de cette américaine naturalisée canadienne. Pour l'amateur de vitesse et de haute performance, rien n'est jamais assez rapide et la puissance n'est jamais assez élevée. C'est ce besoin inaltérable de chevaux-vapeur qui fait les beaux jours des préparateurs, ces petites firmes qui se spécialisent dans l'amélioration des performances de modèles de série. Ainsi, Steve Saleen, un ancien pilote de course, s'est consacré à faire aller plus vite cette icône américaine qu'est la Ford Mustang. Sa création occupe désormais un créneau bien particulier dans l'univers automobile. Elle revendique en effet un lien direct avec le Québec, puisqu'elle est assemblée ici dans les ateliers de Saleen Canada, à Dorval, une filiale d'Auto Bugatti.

À ce titre, et sachant que le club des amis de la Mustang compte de nombreux membres enthousiastes, nous avons décidé de faire l'essai de l'un des cinq modèles proposés sous l'emblème Saleen, la S 281 à compresseur, afin de voir jusqu'à quel point elle se démarque du modèle d'origine. Évidemment, c'est sous le capot que la distinction est la plus frappante, puisque le V8 de 4,6 litres s'affranchit de 465 chevaux (assortis d'un couple de 425 livres-pieds à 4000 tours) grâce à l'ajout d'un compresseur secondé par un refroidisseur d'air de suralimentation et un système d'échappement central de 2,5 pouces de diamètre. À cela s'ajoute une transmission manuelle ou automatique à cinq rapports avec un pont arrière 3,31. La suspension conserve son essieu arrière rigide, mais s'inspire des paramètres appliqués en course

automobile, tandis que les montes pneumatiques sont des Pirelli P Zéro Rosso de 20 pouces. Enfin, la Saleen bénéficie de retouches esthétiques, telle la présence d'un capot en aluminium ainsi que d'un bouclier avant et arrière complété par des jupes latérales en thermoplastique.

Dès qu'on monte dans la voiture, on se rend bien compte qu'il ne s'agit pas de la Mustang de monsieur Tout-le-monde. Les sièges sport offrent un très bon appui et l'instrumentation à six cadrans est faite pour que le conducteur scrute à l'occasion l'état de la mécanique. En piste, les accélérations semblent moins emportées que sur la route et ce n'est qu'à mi-régime que le moteur s'anime vraiment. Ayant conduit la Bullit le week-end précédent, j'ai constaté que les chevaux supplémentaires sont au rendez-vous, mais sans la brutalité d'un

> Pour l'amateur de vitesse et de haute performance, rien n'est jamais assez rapide et la puissance n'est jamais assez élevée. C'est ce besoin inaltérable de chevaux-vapeur qui fait les beaux jours des préparateurs, ces petites firmes qui se spécialisent dans l'amélioration des performances de modèles de série.

moteur de plus forte cylindrée. On m'avait dit que la Saleen était sous-vireuse et avare de freinage, ce qui est à moitié vrai. Les deux épingles du circuit ICAR lui ont donné du fil à retordre, tandis que les courbes moins prononcées se négocient peinard dans une Saleen tout à fait stable. Les deux épingles redeviennent un lourd fardeau pour le freinage si la balade en piste excède deux ou trois tours.

Cette Mustang d'une tout autre cuvée est, somme toute, une belle découverte.

L'AUDI R8, UN TROUBLE-FÊTE

La grande vedette du millésime automobile 2008, l'Audi R8, a sans doute été la révélation de ma douzaine d'essais de voitures d'exception. Considérée en quelque sorte comme une demi-exotique, tant à cause de son prix que des origines grande série de sa mécanique, on ne s'attendait pas à la voir surgir tout près de la tête du peloton à l'épreuve du chronomètre. Elle s'est même permis de faire mordre la poussière à la censée invincible Ferrari F430 Spyder ainsi qu'à la brillante Aston Martin DBS 2009. Voilà vraiment ce qu'on appelle jouer les trouble-fête.

Ce que l'Audi R8 doit concéder à ses rivales, soit une puissance légèrement en retrait, elle le rattrape grâce à sa traction intégrale qui lui fait économiser de précieuses secondes dans les virages, quelle que soit leur amplitude. Un autre avantage majeur de la voiture est son freinage qui est absolument étincelant. Au bout d'une ligne droite, je pouvais reporter de quelques précieux mètres le moment de plonger sur les freins, ce qui, à une vitesse d'environ 200 km/h, permet de rogner encore quelques miettes au chrono. Ce que j'ai particulièrement apprécié aussi, c'est la grande facilité de conduite de cette R8, une qualité qui n'est pas courante dans les sportives de cette classe. Le moteur qui s'exhibe fièrement sous un panneau vitré est le même V8 de 4,2 litres amplement utilisé dans divers modèles Audi. Il est crédité de 420 chevaux qui, dans la voiture mise à ma disposition, s'étalaient sur les six rapports de la boîte de vitesses manuelle. Puisqu'il est question de doter la R8 du moteur V10 de la Gallardo, je serais très inquiet si mon boulot était de vendre des voitures exotiques à 250 000 $ et plus.

LA QUÉBÉCOISE TRIPOSTO

Construite chez nous grâce à la passion de ses créateurs, Clyde et Hugh Kwok, la Triposto ne vieillit pas. Dévoilée il y a une décennie sous les exclamations des fanatiques de l'automobile, cette voiture mi-route, mi-course est encore et toujours d'une rare beauté. Dans sa dernière évolution, elle remplit encore mieux sa double vocation. Il n'y a toujours pas de toit (on fournit un parapluie! souligne le sympathique Stephan, qui a collaboré à sa conception), mais un petit saute-vent tient désormais lieu de pare-brise. Le poste de pilotage de cette trois places (d'où son nom) est toujours au centre et toujours aussi dur d'accès pour un vieux routier comme moi.

Les plus importants changements sont du côté mécanique. En lieu et place du moteur et de divers éléments de l'ancienne Porsche 928, on utilise désormais la plateforme et les composantes mécaniques de la Boxster. Il s'agit donc désormais d'une vraie voiture à moteur central dont le six cylindres à plat de 3,6 litres développe 295 chevaux. On pourra croire que c'est peu pour une automobile à la silhouette aussi avant-gardiste, mais les performances sont bonifiées par le poids qui n'excède pas les 1050 kg. La carrosserie en aluminium, kevlar et fibre de verre contribue largement à la légèreté du véhicule.

Au prix de multiples contorsions, me voilà maintenant assis inconfortablement dans le prototype de cette future Triposto. J'ai l'impression d'être dans une formule 1 avec un levier de vitesses très rapproché du siège et dont la course est incroyablement courte. Une fois en piste, je prends deux tours pour me familiariser avec un engin qui m'était jusque-là inconnu en matière de pilotage. Gagnant en confiance, j'étais de plus en plus impressionné par le freinage incroyablement puissant de cette voiture, attribuable en grande partie au poids minime de sa carrosserie. La puissance du six cylindres à plat bénéficie également de cet atout, de sorte qu'après six ou sept tours d'acclimatation,

je me hissais parmi les voitures les plus rapides ayant participé à mon marathon de vitesse en circuit. Et cela, sans même avoir atteint la limite d'une tenue de route qui inspire une très grande assurance. Je ne peux que dire bravo à Kwok et cie pour avoir réalisé une telle voiture qui, malgré son attrait, tarde à se faire connaître.

PORSCHE GT2

Parmi les nombreuses voitures de course Porsche que j'ai pilotées dans ma carrière, aucune ne possédait un climatiseur et des glaces électriques. C'était jusqu'à ce que j'aie le rare privilège de conduire la sensationnelle Porsche GT2 qui fut, incontestablement, le point culminant de mon été de rêve à Mirabel. Je ne vous cacherai pas que j'ai un certain parti-pris quand je parle des créations de cette marque allemande. Cela dit, la GT2 est beaucoup plus chez elle sur une piste de course que dans les rues dévastées du Québec pour la simple raison qu'elle a été conçue comme un engin de compétition qu'on peut, à l'occasion, conduire au supermarché ou à la Place des Arts. Vous vous ferez un peu secouer, mais c'est le prix à payer pour vous moquer d'à peu près tout ce qui roule au Québec. Avec 530 chevaux dans le derrière, croyez-moi, ça déménage. C'est sans doute un peu cru comme description, mais la GT2 ne fait pas dans la dentelle non plus.

La seule exigence à son volant est d'être très familiarisé avec les Porsche, ce qui n'est pas toujours le cas de certains pilotes professionnels engagés par des magazines pour évaluer des modèles concurrents. Pour mener une GT2 en des temps records, il faut en connaître toutes les subtilités. Je ne vendrai pas la mèche en vous donnant le temps qu'elle a enregistré sur la piste d'ICAR face à ce que l'industrie a de plus véloce à nous proposer. Sachez seulement que la lutte a été intense, incroyablement intense.

La GT2 est beaucoup plus chez elle sur une piste de course que dans les rues dévastées du Québec pour la simple raison qu'elle a été conçue comme un engin de compétition qu'on peut, à l'occasion, conduire au supermarché ou à la Place des Arts.

Certaines séquences ont été tournées
du haut des airs, mais les images prises au sol,
comme celle-ci montrant l'hélico survolant
la Lotus Exige S, sont de Michel Cloutier,
François Bourque et Alexandre Beaulne.
Le pilote Christian Hassad, de la firme Hélibellule,
a épaté la galerie par ses prouesses aux commandes
de la Gazelle. Chapeau !

LES MATCHS

MATCH - RALLYE

AUDI UR-QUATTRO
MITSUBISHI EVO
SUBARU STI

QUERELLE DES GÉNÉRATIONS

par Éric LeFrançois

Là où trois bolides échappés du championnat du monde des rallyes entreprennent une ultime étape pour mesurer le temps qui les sépare...

Portrait de famille. N'eût été du coupé qui pose de profil, là, au fond, sur la photo, les deux autres n'auraient sans doute jamais vu le jour. Le coupé en question, c'est l'Audi Ur-Quattro. Son passage en compétition (1981-1986) se passe de tout commentaire : 23 victoires et quatre Championnats du monde (deux pilotes et deux constructeurs). Son palmarès sportif fut assurément plus brillant que sa carrière à l'extérieur des circuits où seulement 11 000 unités « civilisées » de cette bête de rallye ont vu le jour. Même si elle n'a pas connu de descendance chez Audi, son legs aura été d'avoir inspiré la concurrence... Celle-ci, peu nombreuse, veille à bonifier ce concept né d'une manière un peu fortuite dans les années 1970. Aujourd'hui, au tour des Mitsubishi Evo et Subaru Impreza WRX STi de suivre les em?preintes laissées par cet ancêtre qui, en son temps, était redouté et redoutable.

Apparue au salon automobile de Genève 1980, l'Ur-Quattro allait marquer un tournant décisif dans l'histoire de la marque aux anneaux. Anguleuse, presque pataude, c'est pourtant un chef-d'œuvre technique. Les performances de son cinq cylindres suralimenté par turbocompresseur conjuguées à la fabuleuse tenue de route due à son rouage intégral permanent soulèvent l'admiration de la profession et renforcent le positionnement souhaité par Audi dans le segment du haut de gamme.

Près de 25 années les séparent, mais nous avons voulu comparer les mérites de l'instigatrice de ce mouvement avec ses descendantes, infiniment plus modernes, mais confrontées à des restrictions d'usage qui confinent au supplice, ce qui, dans le cadre d'un usage normal, nivelle en quelque sorte le niveau de performances. Soit, mais en alignant une Audi Ur-Quattro dont l'année de fabrication remonte à 1985 aux côtés des très actuelles Mitsubishi Evolution et une Subaru Impreza WRX STi, nous nous attaquons à deux époques automobiles bien distinctes. Pourtant, elles ont plusieurs points en commun, dont un rouage intégral et un moteur suralimenté par turbocompresseur.

À l'instar des bons vins et des bons cigares, les bonnes idées évoluent et s'améliorent souvent avec le temps. Mais face à l'Ur-Quattro, les Evo et STi innovent-elles ? Pas vraiment. Elles ont seulement bonifié un concept à la base très performant. Aujourd'hui, le cinq cylindres Audi supporte mal la comparaison avec les deux « jeunots ». À cet égard, le parallèle entre les rendements des moteurs est édifiant, puisque le 2,1 litres d'Ingolstadt ne fournit que 165 chevaux, tandis que Mitsubishi parvient avec une cylindrée légèrement inférieure à en extraire près de 300. À la décharge de

L'empreinte laissée par les pneumatiques de l'Ur-Quattro trahit encore, si besoin est, son âge. Alors que Mitsubishi et Subaru gomment leurs montures de 18 pouces, l'Audi compte sur des modestes 15 pouces pour la suspendre entre ciel et terre.

l'Ur-Quattro, mentionnons que la version européenne —moins étouffée, à l'époque, par la législation antipollution sur son territoire — en livrait 200, ce qui correspond plus ou moins à la puissance réelle de l'exemplaire essayé dans ces pages. En effet, cette dernière a été légèrement bricolée par son propriétaire.

AH L'ÉLECTRONIQUE !

Si on devait faire entrer l'Ur-Quattro dans notre grille d'essai actuelle, elle ne parviendrait pas à soutenir la comparaison avec les deux japonaises, plus modernes, mieux équipées et surtout beaucoup plus performantes.

Fabuleux en son temps, le rouage intégral de l'Ur-Quattro est loin d'offrir la même flexibilité d'usage que celui élaboré par Mitsubishi et Subaru. Ces dernières, assistées de la fée électronique, ont concocté un système extrêmement sophistiqué qui permet notamment de répartir le couple sur les roues en fonction de l'adhérence ou des transferts de charge. Sur l'Evo par exemple, le dispositif S-AWC (Super-All Wheel Control) supervise une foule d'aides à la conduite et réduit l'effet de lacet d'une voiture dont la répartition de couple est à la base de 50/50 entre les trains. Le différentiel central ACD répartit électroniquement le couple aussi en fonction des accélérations longitudinales et transversales, de la position de l'accélérateur, de l'angle du volant et tutti quanti. Mieux encore, il repère les freinages appuyés pour éviter le déphasage entre les trains. De plus, une commande permet de sélectionner trois lois de passage selon qu'on roule sur l'asphalte, sur le gravier ou sur la neige. Celui proposé sur la STi n'est pas en reste, et son rouage est lui aussi infesté de puces... électroniques et autorise le conducteur à ajuster manuellement différents paramètres, comme sur une console de jeux. L'Ur n'aura rien connu de tout cela. Au mieux, a-t-elle bénéficié au cours de ses onze années de carrière, de l'ABS et d'un différentiel Torsen moins encombrant et plus adaptable, permettant une répartition de la motricité de 75/25 à 25/75 entre les deux trains plutôt que de 50/50, comme c'est le cas de l'exemplaire utilisé dans le cadre de cette confrontation.

L'empreinte laissée par les pneumatiques de l'Ur-Quattro trahit encore, si besoin est, son âge. Alors que Mitsubishi et Subaru gomment leurs montures de 18 pouces, l'Audi compte sur des modestes 15 pouces pour la suspendre entre ciel et terre.

En revanche, s'il y a un domaine où la « vieille » tient encore son bout, c'est au chapitre de la boîte de vitesses. Elle ne compte que cinq rapports, c'est vrai, mais une EVO GS-R n'en a pas davantage. C'est mieux, beaucoup mieux, si vous optez pour la boîte séquentielle, mais pour l'obtenir, il faut s'emparer de la MR, ce qui naturellement entraîne un déboursé supplémentaire assez substantiel.

VOYAGER DANS LE TEMPS

Avec le respect dû à son rang et à ses services passés, l'Ur-Quattro est la première à explorer le parcours sinueux que nous avions élaboré pour ce match. Sur papier, donc avant même d'avoir mis la clé dans le contact, il est incontestable que cette Ur n'a pas les ressources nécessaires pour affoler les chronos. La Subaru et la Mitsubishi, si. Et en dépit d'un rapport poids-puissance un brin moins favorable (voir tableau récapitulatif), la Mitsubishi atteint la première les 100 km/h après un départ arrêté, devançant d'un battement de cils la Subaru. « Grand-mère » n'est pas dans le coup et passe ici (comme ailleurs) pour une enclume. À cet exercice, elle se fait coller près de deux secondes...

Durant toute la durée de ce match, l'Audi sera à la traîne. Écrire que les deux japonaises atomisent les prestations de l'ancêtre est anecdotique. En revanche, force est de reconnaître que le seul exploit des deux « nouveautés » est qu'elles ne réclament aucun talent particulier pour soutenir des allures inaccessibles à l'époque d'une Michèle Mouton ou d'un Walter Rhörl.

Cela posé, la beauté d'une ancienne redonne ici du piquant, aux allures autorisées, à une conduite devenue insipide avec les modernes, pourvues de raffinements qui pourraient passer en cette période actuelle de répression pour un luxe superflu de précautions. Même si elle fut en son temps un instrument de précision et de vitesse, l'Ur a beaucoup vieilli. Son niveau des performances n'est plus à la hauteur de l'effort nécessaire pour les obtenir. À ses commandes, on travaille à la dure, on mouille sa chemise aussi. À dire vrai, au terme d'une journée de conduite au volant de l'Ur, les sens et les nerfs à vif à force de s'être concentré sans relâche pour la dominer, on se sent épuisé — et le portefeuille plus léger aussi, puisque cette Audi avale à ce rythme tout le contenu de son réservoir (90 litres de super) à la vitesse d'un gros utilitaire.

Privée d'anges gardiens (ABS, correcteur de stabilité, anti-patinage), l'Ur-Quattro n'est pas docile. Par exemple, la maîtrise des trajectoires à vitesse élevée n'est pas une opération de tout repos et à son bord, les trous et les bosses sont durement ressentis, ce qui n'en fait pas une compagne de voyage très confortable. Notez que les deux autres non plus.

Cela dit, ce qui serait catalogué comme défaut à bord d'une automobile moderne contribue au contraire à rendre cette Ur-Quattro plus attachante encore. Et plus encore en empruntant une route tortueuse, là où tous les défauts qui contribuent à rendre sa marche maladroite (sensibilité aux vents, tenue de cap perfectible) sur autoroute deviennent des éléments de son adresse. Même si elle n'est plus tout à fait une jeunesse, il faut voir sa vivacité à jaillir des épingles, il faut ressentir la force pas du tout tranquille qu'elle dégage lorsque le turbo se met — finalement — en colère. Et il y a aussi sa motricité presque surnaturelle. Certes, la transmission n'est pas un modèle de rapidité et la tenue de cap est loin d'être irréprochable, mais ça met du piment dans la conduite, non ?

Audi Ur-Quattro

Mitsubishi Lancer Evolution

Subaru WRX Sti

FICHES TECHNIQUES

	Audi Ur-Quattro	Mitsubishi Lancer Evolution	Subaru WRX Sti
CE QU'IL FAUT RETENIR			
Prix	49 500 $ (1985)	47 498 $	44 995 $
Consommation obtenue lors du match	14,2 L/100 km	12,2 L/100 km	11,6 L/100 km
CO_2 sur une base annuelle - tonne métrique[1]	9,8	8,3	7,9
SURVOL TECHNIQUE			
Moteur	L5 SACT 2,1 litres suralimenté	L4 DACT 2 litres suralimenté	H4 DACT 2,5 litres suralimenté
Puissance (ch. à tr/mn)	165 ch à 5 500 tr/mn	291 ch. à 6 500 tr/mn	305 ch. à 6 000 tr/mn
Couple (li.-pi. à tr/mn)	181 lb-pi à 3 000 tr/mn	300 lb-pi à 4 000 tr/mn	290 lb-pi à 4 000 tr/mn
Poids (kg)	1287 kg	1595 kg	1530 kg
Rapport poids/puissance	7,8 kg/ch	5,48 kg/ch	5,01 kg/ch
Mode	Intégral	Intégral	Intégral
Transmission de série	Manuelle 5 rapports	Séquentielle 6 rapports	Manuelle 6 rapports
Autres transmissions	Aucune	Manuelle 5 rapports (GS-R)	Aucune
Direction - diamètre de braquage (mètres)	Crémaillère - 10,3 mètres	Crémaillère - 11,8 mètres	Crémaillère - 11 mètres
Freins (av -arr) - ABS	Disque-Disque - non	Disque-Disque - oui	Disque-Disque - oui
Pneus (de série)	215/55R15	245/40R18	245/40R18
Capacité du réservoir – essence recommandée	90 litres – super	55 litres – super	65 litres – super
PERFORMANCES			
Accélération 0-100 km/h	7,26 secondes	5,04 secondes	5,23 secondes
Freinage 100 km/h-0	40,4 mètres	36,8 mètres	35,7 mètres
Vitesse de pointe	205 km/h	260 km/h	250 km/h

(1) : Mesures gouvernementales

Après avoir essoré nos chemises, glissons-nous aux commandes des « modernes ». La Mitsubishi d'abord, qui ne tarde pas à faire étalage de son efficacité, ce qui incite, la confiance venant, à varier les trajectoires afin d'observer les réactions du châssis. Sous ce rapport, la Mitsubishi se montre progressive et communicative. Bref, elle se fait assez vite oublier pour que, prenant confiance dans les possibilités manifestement très grandes de l'engin, on passe au vrai pilotage. Assistée d'une boîte séquentielle d'une redoutable efficacité, on joue de l'élasticité du moteur quatre cylindres turbocompressé de 291 chevaux et 300 livres-pieds de couple en exploitant une tenue de route diabolique.

Des trois, le châssis de la Mitsu est de loin le plus cassant (pour nos vertèbres s'entend) à basse vitesse. Il devient plus tolérant ensuite, mais sans rien laisser échapper en matière de contrôle de l'amortissement. Agile comme un kart, mais soudée au sol comme une formule 1, l'Evo est clairement la plus sauvage et la plus habile du groupe. En présence d'une transmission intégrale aussi sophistiquée, on ne voit pas très bien ce qui peut la décontenancer. Plutôt tonique, elle vous catapulte littéralement d'un virage à l'autre. Manifestement, cette voiture aime à être brusquée lorsqu'on en possède le mode d'emploi, procurant une adhérence de haut niveau.

De son côté, la STi s'est beaucoup assagie depuis sa refonte. Visuellement d'abord, en supprimant plusieurs de ses appendices « m'as-tu-vu », et sportivement ensuite, malgré une sensible augmentation de sa puissance. Habillé d'une carrosserie cinq portes très fonctionnelle, la STi n'exprime plus sa rage avec la même ferveur qu'autrefois. Plus souple et moins exigeante qu'alors, la Subaru demeure tout de même une sacrée référence, même si dans le cadre de cette confrontation, elle a trouvé en l'Evo une rivale plus rageuse. Pourtant, le couple titanesque de son moteur à plat impressionne tout autant que la réserve de puissance qui se trouve sous notre pied droit. Les accélérations et les reprises demeurent aussi remarquables, mais gagneraient encore si la commande de boîte à six rapports était plus vive et plus agréable. Chose certaine, si la STi avait été opposée à une Evo GS-R (boîte manuelle à cinq rapports), elle aurait assurément inscrit son nom en tête de notre classement performances. Hélas pour elle, la boîte séquentielle de l'Evo MR est beaucoup plus rapide que la main (et le pied droit) de l'homme (ou de la femme, c'est selon).

Mitsubishi Lancer Evolution

Le moment est venu de redescendre sur terre. La Mitsubishi s'en sort avec maestria et tient, sur la route, beaucoup de ses promesses, ce qui lui vaut la première place de notre classement subjectif.

La Subaru ne démérite pas et se révèle même dans le cadre d'un usage quotidien plus agréable que sa consœur et non moins rivale. Elle le serait encore davantage si Subaru consentait à offrir, elle aussi, une boîte séquentielle qui permettrait de faire face à la circulation sans nous épuiser le mollet.

> La Mitsubishi s'en sort avec maestria et tient, sur la route, beaucoup de ses promesses. La Subaru ne démérite pas et se révèle même dans le cadre d'un usage quotidien plus agréable que la Mitsubishi. Et l'Audi ? Sa conduite n'a rien à voir avec les deux autres : c'est dans le contact physique, quasi musculaire avec cette « vieille » allemande, qu'on tire le plus de satisfaction.

Et l'Audi, dans tout cela ? Sa conduite n'a rien à voir avec les deux autres. Le temps de réponse du turbo, le poids de la direction qui augmente avec le degré de braquage, le freinage qui nécessite une godasse de plomb pour qu'il consente à entrer en service, tout cela compose un tableau suranné qui va devenir attachant, seulement si on rejette cette conception très actuelle de l'automobile (hyper) assistée. Et c'est dans ce contact physique, quasi musculaire avec cette « vieille » allemande, qu'on tire le plus de satisfaction.

subishi Lancer Evolution

Subaru WRX Sti

Subaru WRX Sti

MERCEDES C63 AMG
CHEVROLET CORVETTE Z06
NISSAN GT-R
PORSCHE 911 TURBO

MATCH - SPORT

LES OLYMPIADES DE LA HAUTE PERFORMANCE

LA NISSAN GT-R EN QUÊTE DE LA MÉDAILLE D'OR

par Jacques Duval

Avec l'entrée en scène en Amérique de la prodigieuse Nissan GT-R, les fanatiques de l'automobile n'ont qu'une question en tête : est-elle véritablement la voiture la plus performante sur cette planète, comme son constructeur le laisse entendre ? En plus de 40 ans de carrière, jamais encore je n'avais vu un tel branle-bas autour d'un nouveau modèle.

Chez les jeunes principalement, la GT-R est littéralement un aimant qui suscite admiration et curiosité. Un soir à la sortie d'un restaurant, trois adolescents ont attendu pendant 30 minutes pour mieux voir l'intérieur et entendre le son du moteur. Sans oublier le braquage incessant de ces caméras incorporées aux cellulaires d'aujourd'hui.

Même Nissan entretient un climat de mystère autour de cette voiture, vous obligeant à signer un engagement stipulant que vous n'irez pas vous défouler sur une piste de course, que personne d'autre que vous ne conduira l'auto et que celle-ci passera ses nuits sous la protection d'un garage verrouillé. Un garde armé, peut-être, avec ça ? Bref, une sorte d'hystérie collective gonflée à bloc par le baise-main des médias.

Que croyez-vous qu'il nous restait à faire après un enthousiasme aussi délirant ? Si vous avez répondu « organiser un match comparatif », passez en tête de la classe. Je me suis donc porté « volontaire » comme chef d'orchestre de cet affrontement, en espérant que Nissan finira par lever ses interdits.

LA RUÉE VERS L'OR

La deuxième étape ne fut pas moins compliquée que la première. Quelles voitures opposer à la GT-R, sachant que ce duel doit s'organiser en deux temps, trois mouvements ? Mon ami Gilles Lépine, propriétaire entre autres d'une Porsche 911 Turbo 2008, nous a été d'un précieux secours en nous offrant sa voiture personnelle. On répliquera tout de suite qu'elle ne devrait pas être dans la course, puisqu'elle coûte environ deux fois plus cher que la Nissan GT-R. Or mon but n'était pas de comparer des prix, mais des performances. Tant qu'à s'y mettre, aussi bien viser le plus haut possible, ce dont le nouveau missile japonais est pleinement capable.

Quant aux deux autres voitures de ce quatuor, elles s'alignent parfaitement sur la Nissan dans l'échelle de prix tout en ayant la réputation de ne pas être avares de performances. Vendue environ 15 000 $ plus cher que sa

rivale nippone, la Corvette Z06 a été portée aux nues par tous les magazines de la terre lors de son mémorable tour chronométré en 2005 sur le circuit allemand du Nurburgring. C'est là en effet qu'elle avait battu de sérieuses aspirantes

Les quelques curieux qui assistaient à notre olympiade de la performance se sont gratté la tête lorsqu'ils ont vu arriver en piste une humble Mercedes de Classe C sans savoir que cette supposée intruse était quand même tout à fait à sa place au sein d'une si digne assemblée. Elle a même failli saccager notre journée dans son accoutrement sportif C 63 AMG.

pour finalement s'incliner uniquement devant la Porsche Carrera GT d'un demi-million de dollars. Deuxième meilleur chrono devant Ferrari (F430) et Lamborghini (Murciélago), c'est tout de même une référence. Évidemment, il eût été souhaitable de mettre le grappin sur la nouvelle ZR1 2009 qui anticipe de reprendre sa place au sommet grâce à ses 638 chevaux. Malheureusement, GM n'a fait aucun effort pour nous faciliter la tâche, prétendant que cette énigmatique Corvette ZR1 du millésime 2009 n'était pas disponible à la date prévue. Par contre, M. Jean-Claude Gravel s'est montré très coopératif en nous prêtant sa voiture personnelle, une ZO6 d'un rouge flamboyant.

Finalement, les quelques curieux qui assistaient à notre olympiade de la performance se sont gratté la tête lorsqu'ils ont vu arriver en piste une humble Mercedes de Classe C sans savoir que cette supposée intruse était quand même tout à fait à sa place au sein d'une si digne assemblée. Elle a même failli saccager notre journée dans son accoutrement sportif C 63 AMG. En effet, elle n'a jamais démérité face à ses rivales plus célèbres, et nous nous sommes inquiétés à un certain moment de voir une berline quatre portes remporter les honneurs d'un match destiné à couronner la sportive la plus

Nissan GT-R

Quand on parle de vitesse, on a tendance à croire que Ferrari trône tout fin seul au sommet de cette hiérarchie. Or les connaisseurs vous diront que pour 100 000 $ de moins, vous pouvez vous offrir une Porsche 911 Turbo, qui demeure la voiture la plus respectée dans la catégorie.

performante du monde. Pendant que les jeunes s'apprêtaient à lui lancer des cailloux, la petite berline à l'étoile à trois pointes les a fait reluquer de drôle de façon. Cette modeste quatre portes se propulsait dans les virages et les lignes droites comme la plus pure des voitures pièges.

4 VOITURES ET 1916 CHEVAUX À LA LIGNE DE DÉPART

Voyons brièvement l'aspect technique de cette compétition. L'aspirante, la GT-R, est un coupé deux places pouvant compter sur quatre roues motrices et un fabuleux moteur V6 double turbo de 3,8 litres pour une puissance de 480 chevaux. Une boîte de vitesses robotisée d'une rapidité foudroyante est au service de cette brillante mécanique. Faisant usage de fibre de carbone et d'aluminium à profusion, la voiture affiche un poids de 1750 kg.

Quand on parle de vitesse, on a tendance à croire que Ferrari trône tout fin seul au sommet de cette hiérarchie. Or les connaisseurs vous diront que pour 100 000 $ de

moins, vous pouvez vous offrir une Porsche 911 Turbo, qui demeure la voiture la plus respectée dans la catégorie qui nous intéresse. Si la Nissan arrivait à se hisser à sa hauteur, ce serait une sorte de consécration fort honorable. Les deux ont plusieurs points communs : la même puissance (480 chevaux), le même nombre de cylindres (six), une paire de turbocompresseurs et la traction intégrale. En revanche, la GT-R revendique une plateforme classique avec moteur avant, tandis que la 911 Turbo fait confiance à un moteur implanté à l'arrière et dont les cylindres sont placés horizontalement.

Finalement, celle que personne n'attendait, la C63 AMG, penche du côté de la Corvette avec sa propulsion et son gros V8 de 6,2 litres et 451 chevaux pilotés par une transmission robotisée *Speedshift.*

LA GT-R ANNONCE SES COULEURS

Je vous préviens tout de suite que ce match comparatif ne s'attardera pas au nombre de porte-verres, à la grandeur du coffre ou à la visibilité de trois quarts arrière. Il a été réalisé sur piste et uniquement sur piste dans l'espoir de départager les concurrentes en matière d'accélérations, de remises en vitesse, de freinage, de tenue de route et de précision de conduite. Mon seul but était d'apprivoiser le comportement

CATÉGORIE VOITURE SPORT
FICHES TECHNIQUES COMPARATIVES

MERCEDES C63 AMG

V8 6,2 litres

451 chevaux à 6 800 tours-minute

443 livres-pied de couple à 5 000 tours-minute

1640 kilogrammes

3,6 kilos par cheval-vapeur

TEMPS

1:03:667

1:03:621

1:03:848

Mercedes C63 AMG

CHEVROLET CORVETTE Z06

V8 7 litres

505 chevaux à 6 300 tours-minute

470 livres-pied de couple à 4 800 tours-minute

1442 kilogrammes

2,8 kilos par cheval-vapeur

TEMPS

1:01:935

1:03:935

1:01:650

Chevrolet Corvette Z06

NISSAN GT-R

V6 3,8 litres suralimenté par deux turbocompresseurs

480 chevaux à 6 400 tours-minutes

430 livres-pied de couple entre 3 200 et 5 200 tours-minute

1750 kilogrammes

3,6 kilos par cheval-vapeur

TEMPS

1:00:425

1:00:176

1:00:842

Nissan GT-R

PORSCHE 911 TURBO

H6 3,6 litres suralimenté par deux turbocompresseurs

480 chevaux à 6 000 tours-minute

460 livres-pied de couple entre 1 950 et 5 000 tours-minute

1585 kilogrammes

3,3 kilos par cheval-vapeur

TEMPS

1:00:150

1:00:344

1:00:251

Porsche 911 Turbo

des opposantes et de chronométrer chacune de leurs sorties afin de couronner une gagnante.

Je me suis d'abord précipité sur la GT-R, qui était pour moi la seule inconnue du groupe. Personnellement, sa silhouette ne m'emballe pas terriblement et la présentation intérieure ne peut cacher son origine japonaise. Pour conduire vite et

Porsche 911 Turbo

bien, il faut être assis confortablement, ce que les sièges de cette Nissan ne permettent pas, du moins pour moi. Quand j'aurai fait le tour de notre quatuor de participantes, je pourrai même ajouter que la GT-R se classe dernière à ce chapitre. Le bouton Stop-Start est placé bien en vue sur le volant et, une fois le moteur lancé, j'arrive difficilement à déverrouiller le levier de vitesses de sa position P et je dois m'y prendre à trois reprises. Une fois la manœuvre réussie, je tire la palette de droite sous le volant et me voilà en piste sur le tracé de

Les premiers ne peuvent pas se reposer sur leurs lauriers bien longtemps et la Corvette Z06 en est un excellent exemple. La supériorité dont elle avait fait preuve il y a deux ans contre une Ford GT est chose du passé et elle est soudainement devenue très exigeante au point de vue du pilotage.

l'Autodrome Saint-Eustache. Le tour de réchauffement laisse deviner de belles surprises, et dès mon second passage, l'extase creuse son chemin. On est loin d'une 350 Z et la pous?sée du moteur est tout simplement vertigineuse. Jamais encore je n'avais ressenti la même accélération dans une voiture de route, qu'elle s'appelle Ferrari ou Lamborghini. Serais-je sur une autre planète ? À l'approche du long virage à gauche à l'autre bout du circuit, je plonge sur les freins peut-être un peu tard, mais la GT-R décélère encore plus vite qu'elle accélère. Tour après tour, le même freinage mordant, et quoi

que je fasse, la voiture refuse de se mettre en travers pour une photo. En optant pour le mode extrême de la suspension réglable, la chose devient possible, mais seulement en défiant les forces de la nature. La voiture est de loin la plus à l'aise dans les changements de cap et la moins déstabilisée par l'énorme bosse à l'endroit où le circuit routier rejoint la piste ovale. Seul bémol, la boîte de vitesses refuse de temps à autre de rétrograder en seconde et le moteur sort de sa zone de couple la plus favorable.

En quittant la GT-R, je savais déjà que ses chronos seraient difficiles à battre.

LA 911 TURBO DIFFICILE À DÉLOGER

Avec la 911 Turbo, c'était pratiquement des retrouvailles avec une vieille amie et, pour cette raison, la voiture partait avec un léger avantage. C'est sans doute ce qui m'amène à dire qu'elle est la plus accueillante et la plus confortable. L'accélération, si impressionnante sur la route, paraît tout de suite moins convaincante après une dizaine de tours dans la GT-R. C'est le châssis parfaitement peaufiné qui permet de reprendre le terrain perdu. Avec ses quatre roues motrices, la 911 Turbo refuse de rompre son adhérence, et cela, même sans aucune (ou presque) assistance électronique. Curieusement, c'est en plaçant la boîte Tiptronic en position « automatique » au lieu de « manuel » que je réussis les meilleurs temps. Le tour où je décide de prendre la bosse du circuit de plein fouet, la voiture décolle d'une dizaine de centimètres, bien que le saut semble plus important dans le cockpit. Les freins céramique-carbone me permettent de plonger sur la pédale *in extremis*, ce qui grignote encore quelques dixièmes de seconde. Sera-t-elle première ou deuxième ?

LA CORVETTE DÉFEND SA RÉPUTATION

La Corvette est loin d'avoir dit son dernier mot et on aurait tort de la compter pour battue. Mais j'allais me rendre compte que le temps file vite dans le monde de l'automobile. Les premiers ne peuvent pas se reposer sur leurs lauriers bien longtemps et la Corvette Z06 en est un excellent exemple. La supériorité dont elle avait fait preuve il y a deux ans contre une Ford GT est chose du passé et elle est soudainement devenue très exigeante au point de vue du pilotage. Survirage excessif, surchauffe des freins et une conduite qui exige une attention de tous les instants. La puissance, guidée par une boîte manuelle à six rapports, est certes impressionnante, mais les freins et la suspension ne suivent pas, vous obligeant à baisser le rythme en approche de virage. Les chronos demeurent honorables, mais la GT-R peut dormir tranquille... jusqu'à l'arrivée de la ZR 1 Blue Devil 2009.

Notre temps de référence au circuit de Saint-Eustache était celui d'une BMW M3 de série qui avait décroché la première place aux qualifications d'une épreuve récente. Ce chrono de 67 secondes met en relief de façon assez spectaculaire les performances de la nouvelle Mercedes C63 et de ses rivales d'un jour.

Chevrolet Corvette Z06

L'IMPRESSIONNANTE MERCEDES C 63 AMG

Dès que je suis monté dans cette C 63 AMG, je savais qu'elle créerait la surprise. Ses accélérations sont juste aux portes de celles de la GT-R, ce qui n'est pas tellement étonnant quand il y a 451 chevaux qui ruent sous le capot, issus d'un gigantesque V8 de 6,3 litres. « There is no substitute for cubic inches », disait mon gourou de l'époque, et il avait raison. Avec un régime qui lui ferait perdre quelque 100 kg, cette Mercedes pourrait relever le défi en étant moins lourde (ou lente) à ralentir, tandis qu'une suspension surbaissée l'empêcherait de trop se déporter en virage. Qu'importe, c'est celle qui propose les meilleurs sièges sport et qui est la plus agréable à vivre au quotidien. Une double personnalité qui se veut une attaquante féroce ou un îlot de tranquillité, à votre goût.

Mercedes C63 AMG

ET LA GAGNANTE EST...

La fiche technique et les chronos relevés à Saint-Eustache parlent à leur façon, mais ils ne disent pas tout. Ils ne disent pas par exemple qu'avec un peu plus de familiarité avec la GT-R, j'aurais pu abattre le 26 millième de seconde qui lui manque pour égaler, sinon battre la 911 Turbo. Le blâme revient à Nissan, qui nous aurait assassiné s'il avait fallu qu'une petite sortie de piste vienne endommager légèrement son carrosse doré. L'autre chose que les performances chiffrées ne disent pas est que la Porsche 911 Turbo coûte presque deux fois plus cher qu'une GT-R, quoique le prix de cette dernière a tendance à se gonfler sous les pressions spéculatives. En optant pour le prix de détail suggéré cependant, il est bien évident que la gagnante n'est autre que la Nissan GT-R, une merveille de laboratoire qui, souhaitons-le, ne sera pas qu'un coup d'épée dans l'eau.

MATCH - SOUS-COMPACTES

LA BANDE DES SIX

par Éric LeFrançois

Les nouveaux acheteurs qui ne roulent pas sur l'or ou qui cherchent tout simplement des économies à la pompe finissent inévitablement par considérer l'une des six sous-compactes de notre match. Les arguments en faveur de ces six voitures ne manquent pas. Mais il faut choisir...

Sur le thème de la petite voiture, deux mondes s'opposent. Naguère citadine, la petite voiture a pris ses aises, laissant la Smart exploiter seule le créneau urbain. Les petites grossissent, prennent du poids, se dotent d'équipements qui se rencontraient auparavant sur le haut de gamme et tentent de rassembler un maximum de commodités. Le clivage entre catégories se faisait hier par omissions de techniques, il se fait aujourd'hui par addition de sens.

Peu importe leur taille contemporaine, le fait est que nos six protagonistes offrent les qualités attendues d'une voiture moderne : économique, sûre, polyvalente et agréable en ville. Grâce à un gabarit très court, une direction assistée douce et des suspensions à l'avenant, ces six voitures y font merveille. Naturellement, certaines sont plus talentueuses que d'autres. Leurs missions favorites sont de conduire madame ou monsieur au travail, de faire les courses ou encore d'aller chercher les enfants à l'école. Pour cela, elles offrent globalement des places arrière décentes, un coffre suffisamment accueillant (sauf celui de la Chevrolet et de la Toyota) et modulable grâce au dossier rabattable. Elles ne craignent pas non plus de prendre la route, où elles démontrent, dans certains cas, d'étonnantes aptitudes. En outre, leur moteur produit plus de 100 chevaux. De quoi offrir, considérant leur poids respectif, des accélérations honnêtes et des reprises suffisantes pour assurer des dépassements sécurisants. Bref, elles se disent bonnes à tout faire... et s'annoncent difficiles à départager.

PETITES ET GRANDES À LA FOIS

À bord de la Nissan et de la Volkswagen, austérité n'est pas un vain mot. Les commandes sont de qualité et ergonomiques et les rangements, bien pensés et bien placés. Cependant, l'ambiance générale est plutôt tristounette. Mais il y a pire : l'Aveo. Malgré un effort bien senti de son géniteur, la présentation générale est plutôt vieillotte. Dans ce domaine, l'Accent fait mieux, sans toutefois

atteindre la même qualité que celle exhibée par Honda et Toyota. Cette dernière exhibe sa différence avec son bloc et ses rangements songés. Quant à la toute nouvelle Fit, son tableau moucheté d'appliques cherche, comme ses nombreux rangements, à nous en mettre plein la vue. Et c'est plutôt réussi, surtout que le grand pare-brise apporte un peu de clarté à une présentation autrement bien sombre.

Mais pour se démarquer de ses rivales, la Honda mise avant tout sur sa modularité. Dans ce domaine, rarement a-t-on vu un véhicule offrant un habitacle aussi bien aménagé. Un poussoir permet d'escamoter la banquette arrière bien à plat contre le plancher, sans se soucier des appuie-têtes qui se glissent sous les sièges avant. Ensuite, il suffit de

Peu importe leur taille contemporaine, le fait est que nos six protagonistes offrent les qualités attendues d'une voiture moderne : économique, sûre, polyvalente et agréable en ville. Grâce à un gabarit très court, une direction assistée douce et des suspensions à l'avenant, ces six voitures y font merveille.

repositionner les dossiers des baquets avant, et vous disposez d'un volume de chargement record, pour une voiture de ce format s'entend. De plus, la Honda offre une garde de toit qui permet de charger facilement les objets volumineux et l'angle d'ouverture accru de ses portières antérieures facilite l'accès et la sortie. Si l'Accent a l'excuse d'être seulement offerte en format trois portes (une quatre portes existe, mais sans le hayon), les autres ne font pas aussi bien, à l'exception de la Versa.

Naturellement, la Nissan tire profit de sa longueur hors tout supérieure. D'ailleurs, même si une fois les dossiers de la banquette rabattus, l'espace utile n'est pas parfaitement plat, la Versa a le mérite d'offrir un volume utilitaire supérieur à la Fit, mais seulement lorsque la banquette

CHEVROLET AVEO

reprend ses fonctions. La Golf City se débrouille bien, mieux en fait que la Yaris et surtout l'Aveo, avec lesquelles il vaut mieux oublier l'idée de jouer les déménageurs. Dans tous les cas, on regrette de ne pas trop savoir quoi faire de l'encombrante tablette de coffre, une fois les places arrière sacrifiées. Une idée comme ça : pourquoi ne pas concevoir un rideau coulissant dans le sens de la largeur ?

Au chapitre de l'habitabilité, la Versa propose, et de loin, les places arrière les plus spacieuses, surtout pour les jambes. La Fit fait mieux maintenant qu'elle revêt un manteau plus ample, mais la surprise vient de l'Aveo, qui n'est pourtant plus une jeunesse. Une autre qui ne l'est pas — une jeunesse — s'en tire moins bien. En effet, malgré un volume habitable supérieur à la Yaris, le dégagement intérieur de la Golf City trahit irrémédiablement son âge, comme en font foi ses places arrière passablement étriquées.

VIE À BORD

Chevrolet Aveo	★ ★ ✶
Honda Fit	★ ★ ★ ★
Hyundai Accent	★ ★ ★
Nissan Versa	★ ★ ★ ★
Toyota Yaris	★ ★ ★ ★
Volkswagen Golf City	★ ★ ★

DE LA VILLE À LA CAMPAGNE
Agile, dotée d'une direction légère et d'un moteur généreux à bas régime, la Toyota adore la ville plus que les cinq autres. Son diamètre de braquage inférieur et son format de poche en font la reine des rues étroites et des espaces de stationnement réduits. Cependant, et c'est tant

HONDA FIT

mieux, la Yaris conserve une certaine assurance au moment de quitter la ville et peut aujourd'hui être qualifiée de routière tout à fait fréquentable. Bien sûr, elle se laisse toujours un peu intimider quand Éole lui souffle dessus, mais c'est beaucoup moins dramatique que l'Aveo, qui en plus le laisse siffler sur les montants de son pare-brise. Agaçant lors d'un long périple.

La Fit, la Golf City et l'Accent se montrent aussi très à l'aise sur les boulevards et artères achalandés. La Fit surtout, dont la direction vive et rapide ne manquera pas de surprendre un peu. Celle-ci contribue grandement à l'agilité de l'auto qui, comme la Yaris, se gare sur un mouchoir de poche. Les autres sont agiles aussi, mais attention avec la Versa : ses panneaux de custode gênent quelque peu la visibilité au moment des manœuvres en marche arrière.

C'est sur la route que la Versa fait étalage de tout son talent. Confortable et silencieuse, cette Nissan semble appartenir à la catégorie supérieure et fait mentir ceux qui considèrent encore aujourd'hui les petites voitures comme de véritables des caisses de résonance. La Versa enchaîne bien les virages, mais pas avec autant de naturel et d'aisance que la Fit, qui s'est avérée la « plus l'fun à conduire » auprès de notre groupe d'essayeurs. Plus calme, plus posée, la Golf City est moins joueuse, mais elle apporte un confort de conduite indéniable. Cependant, la Versa est celle qui filtre le mieux les irrégularités. Les pires : la Yaris et l'Aveo.

Animée d'un puissant 1,8 litre de 122 chevaux, la Nissan bombe le torse et fournit des performances supérieures au reste du plateau. Mieux étoffée en couple et équipée d'une boîte à variation continue (CVT), la Versa fait preuve d'une aisance peu commune pour un véhicule de cette

TOYOTA YARIS

catégorie. Surtout par rapport à l'Aveo et la Yaris qui, en dépit de leur rapport poids-puissance avantageux, éprouvent de la difficulté à suivre le tempo de leur rivale. L'Accent, la City et surtout la Fit parviennent avec plus d'aisance à soutenir le rythme imposé par la Nissan. Cependant, le moteur Honda exige qu'on le fasse grimper dans les tours et c'est pourquoi nous lui préférons le couple de la City en ville, surtout lorsque celle-ci retient les services de la boîte semi-automatique à six rapports, une exclusivité dans ce segment.

Le brio dont fait preuve le moteur City en ville est cependant assombri par sa consommation élevée, nettement supérieure à celle des autres. Il est vrai que la Yaris possède un appétit d'oiseau qu'aucune autre voiture inscrite à ce match n'arrive à surpasser dans des conditions d'utilisation réelles. Pas même la Fit, pourtant toute fraîche cette année. Qu'à cela ne tienne, la Honda fait tout de même mieux que la Versa, qui paie pour son poids élevé, et que l'Aveo. L'Accent se classe pour sa part en milieu de peloton.

SUR LA ROUTE

Chevrolet Aveo	★ ★ ★
Honda Fit	★ ★ ★ ★ ★
Hyundai Accent	★ ★ ★ ★
Nissan Versa	★ ★ ★ ★
Toyota Yaris	★ ★ ★ ★
Volkswagen Golf City	★ ★ ★ ★

FICHES TECHNIQUES

	Chevrolet Aveo5	Honda Fit	Hyundai Accent 3 portes
Ce qu'il faut retenir			
Fourchette de prix	13 270 $ - 15 770 $	14 980 $ -19 280 $	13 595 $ - 16 995 $
Frais de transport et de préparation	1 125 $	1 295 $	1 345
Garantie de base (an/000 km)	3/60 000	3/60 000	5/100 000
Consommation obtenue lors du match	8,3 L/100 km *	7,9 L/100 km	8,1 L/100 km *
Survol technique			
Moteur	L4 DACT 1,6 litre	L4 SACT 1,5 litre	L4 DACT 1,6 litre
Puissance (ch. à tr/mn)	106 ch à 6 400 tr/mn	117 ch à 6 600 tr/mn	110 ch à 6 000 tr/mn
Couple (li.-pi. à tr/mn)	106 lb-pi à 3 800 tr/mn	106 lb-pi à 4 800 tr/mn	106 lb-pi à 4 500 tr/mn
Poids (kg)	1170 kg	1129 kg	1136 kg
Rapport poids/puissance	11,03 kg/ch	9,64 kg/ch	10,3 kg/ch
Mode	Traction	Traction	Traction
Transmission de série	Manuelle 5 rapports	Manuelle 5 rapports	Manuelle 5 rapports
Autres transmissions	Automatique 4 rapports	Automatique 5 rapports	Automatique 4 rapports
Direction - diamètre de braquage (mètres)	Crémaillère - 10,1 mètres	Crémaillère - 10,4 mètres	Crémaillère - 10,1 mètres
Freins (av -arr) - ABS	Disque-Tambour	Disque-tambour	Disque-tambour
Pneus (de série)	185/55R15	185/55R16	185/65R14
Capacité du réservoir /essence recommandée	45 /Ordinaire	40 litres /Ordinaire	45 litres /Ordinaire

* véhicules en période de rodage

ET LA GAGNANTE EST ...

Au final, la Fit l'emporte. Sans défaut majeur et pleine de qualités, la Fit s'impose en raison de sa polyvalence, de son économie d'utilisation, de son agrément de conduite et de sa sécurité tant active que passive.

Très aboutie, spacieuse, fonctionnelle et confortable comme pas une, la Versa représente une excellente affaire aussi. En revanche, sa consommation déçoit.

La troisième marche du podium accueille la Yaris. Citadine accomplie, la petite Toyota pèche par un coffre décevant, une modularité restreinte et des groupes d'options coûteux.

Au quatrième rang on retrouve l'Accent, même si elle compte deux portes en moins. Homogène, équilibrée, fiable et bénéficiant d'une couverture de garantie généreuse, la petite sud-coréenne est offerte à des tarifs très avantageux.

N'eût été du doute qui entache toujours sa réputation de fiabilité, la VW aurait fait meilleure figure. Hélas pour elle, ce n'est pas son seul point sombre. Il faut également tenir compte de son habitacle étriqué et de ses lacunes d'équipements.

L'Aveo5 ferme la marche, et ce, malgré le fard qui recouvre ses joues. Tout comme la Yaris, son coffre est étriqué, son aérodynamisme peu étudié et son agrément de conduite à peu près nul. De plus, ses faibles performances ne trouvent hélas pas justification à la pompe.

FICHES TECHNIQUES

	Nissan Versa 5 portes	Toyota Yaris 5 portes	Volkswagen Golf City
Ce qu'il faut retenir			
Fourchette de prix	13 598 $ - 16 498 $	14 245 $ - 18 335 $ (2008)	15 300 $ - 16 700 $
Frais de transport et de préparation	1 325 $	1 090 $	1 335 $
Garantie de base (an/000 km)	3/60 000	3/60 000	4/80 000
Consommation obtenue lors du match	8,4 L/100 km	7,2 L/100 km	9,4 L/100 km
Survol technique			
Moteur	L4 DACT 1,8 litre	L4 DACT 1,5 litre	L4 SACT 2 litres
Puissance (ch. à tr/mn)	122 ch. à 5 200 tr/mn	106 ch à 5 000 tr/mn	115 ch à 5 200 tr/mn
Couple (li.-pi. à tr/mn)	127 lb-pi à 4 800 tr/mn	103 lb-pi à 4 200 tr/mn	122 lb-pi à 2 600 tr/mn
Poids (kg)	1242 kg	1059 kg	1277 kg
Rapport poids/puissance	10,1 kg/ch	9,99 kg/ch	11,1 kg/ch
Mode	Traction	Traction	Traction
Transmission de série	Manuelle 6 rapports	Manuelle 5 rapports	Manuelle 5 rapports
Autres transmissions	Automatique 4 rapports ou CVT	Automatique 4 rapports	Automatique 6 rapports
Direction - diamètre de braquage (mètres)	Crémaillère - 10,4 mètres	Crémaillère 9,4 mètres	Crémaillère 10,9 mètres
Freins (av -arr) - ABS	Disque - tambour	Disque - tambour	Disque - disque
Pneus (de série)	185/65R15	185/60R15	195/65R15
Capacité du réservoir /essence recommandée	50 litres /Ordinaire	42 litres /Ordinaire	55 litres /Ordinaire

MATCH - GROS CUBES

PLACE À LA BOUCANE !

par Jean-François Guay

Dodge Challenger SRT-8

Ford Mustang Shelby GT500

Malgré ses déboires, l'industrie automobile américaine prouve, une fois de plus, qu'elle n'a rien perdu de son sens de la démesure. Après avoir fait couler beaucoup d'encre avec la série des SRT-8 (300, Magnum et Charger), Chrysler revient à la charge en 2009 en ressuscitant la Dodge Challenger.

Ce retour coïncide avec celui de la Chevrolet Camaro en 2010. Dans le passé, certains puristes se sont souvent moqué des gros V8 conçus au pays de l'Oncle Sam. « Tout dans les bras et rien dans la tête », plaisantaient-ils. Il est vrai que les V8 américains n'ont pas toujours été des modèles de technologie. Mais, ils ont un cœur gros comme ça, avec en prime une sonorité de *muscle cars*. Cette expression, apparue dans le langage populaire des années 1960, désigne une catégorie de voitures américaines à propulsion équipées de moteurs V8 de grosse cylindrée dont le couple est la priorité afin de tracer le quart de mille en un temps record.

LA FIN D'UNE ÉPOQUE

Qualifiées de dangereuses à l'époque, non pas en raison de leur puissance démesurée, mais plutôt à cause de leur conception « tout à l'avant et rien à l'arrière », ces bestioles ne collaient tout simplement pas à la route. L'excédent de poids que provoquait leur grosse cylindrée sur l'essieu avant déséquilibrait la répartition des masses avant/arrière. Conséquence : le taux d'accident sur les routes était très élevé, d'où une importante augmentation des primes d'assurance au début des années 1970. Ajoutez à cela le fameux Clean Air Act, cette loi votée en 1970 par le Congrès américain qui exigeait une réduction importante des émissions polluantes et prévoyait des amendes sévères pour les constructeurs qui ne s'y conformaient pas, et vous comprenez pourquoi les ventes de *muscle cars* ont commencé à chuter à partir de 1971, pour s'éteindre définitivement en 1974. Enfin, il ne faudrait pas négliger non plus les conséquences de la crise de l'OPEP à l'hiver 1973-1974. Quoique la débandade avait débuté quelques années auparavant.

Résultat, les trois grands (GM, Ford et Chrysler) ont vu leurs protégés disparaître les uns après les autres. Vous vous souvenez des Pontiac GTO, Mercury Cougar, Plymouth Barracuda, Ford Fairlane GT, AMC Javelin, Chevrolet Chevelle SS, Ford Mustang Mach 1 et Boss, Dodge Charger, Plymouth Roadrunner, Oldsmobile 4-4-2, Dodge Challenger, etc. Quelle époque, n'est-ce pas ?

LE DUEL

Cela dit, la Dodge Challenger SRT-8 s'est présentée à la piste d'accélération de Napierville dans sa couleur fétiche des années 1970 : orange Hemi. Sur place l'attendait sa rivale de toujours, la Mustang, qui pour les circonstances avait sorti son artillerie lourde en revêtant sa combinaison de combat extrême appelée Shelby GT500. Habillée cette journée-là en rouge Colorado, cette Mustang est assurément l'un des secrets les mieux gardés de Ford. Capable d'humilier des propriétaires de Ferrari, Lamborghini et Porsche sur le quart de mille, elle attendait de pied ferme la nouvelle étoile de Chrysler. Toutes les deux sont équipées de moteurs V8 qui n'ont rien à voir et à envier à leurs aïeules des années 1960 et 70. Les Challenger et Mustang d'aujourd'hui sont plus fonctionnelles, plus confortables, plus performantes, plus maniables, et surtout plus sécuritaires qu'autrefois.

Comme nous nous retrouvons sur une piste d'accélération (vous entendez les ronronnements ?), nous n'allons pas vous faire perdre votre temps à décortiquer leur habitacle ou à vous faire part de nos impressions de conduite sur la rue Principale. Si cela vous intéresse, nous vous invitons plutôt à aller lire les analyses des prochaines sections pour en savoir plus. Pour le reste, allons au vif du sujet. Laquelle est la plus rapide sur une ligne droite ?

LES FORCES EN PRÉSENCE

Dévoilée en 2007 pour répondre aux 505 chevaux de la Corvette Z06, la Mustang Shelby GT500 est propulsée par un V8 de 5,4 litres — le même que la défunte Ford GT — dont le compresseur lui permet de développer une horde de 500 chevaux et un couple de 480 livres-pieds. Hormis son capot surgonflé, et ses cobras rivetés sur les ailes et la calandre, la GT500 se reconnaît ou plutôt s'entend à la sonorité typique de son double échappement. De plus, la suspension avait été abaissée de quelques millimètres par le propriétaire, de quoi donner des sueurs froides à la Challenger avant même que commence le duel.

Dodge Challenger SRT-8

FICHE TECHNIQUE

	Dodge Challenger SRT-8	Ford Mustang Shelby GT500
Prix du modèle	45 995 $	54 299 $
Frais de transport et préparation	1300 $	1300$
Garantie de base	3 ans / 60 000 km	3 ans / 60 000 km
Garantie groupe motopropulseur	3 ans / 60 000 km	5 ans / 100 000 km
Moteur	V8 6,1 litres	V8 5,4 litres (suralimenté)
Puissance	425 ch. à 6200 tr/min	500 ch. à 6000 tr/min
Couple	420 lb-pi à 4800 tr/min	480 lb-pi à 4500 tr/min
Transmission (essayée)	semi-automatique 5 rapports	manuelle 6 rapports
Autre transmission	manuelle 6 rapports (à venir)	aucune
Mode	propulsion	propulsion
Rapport de pont	3.06	3.31
Suspension (av.-arr.)	indépendante - indépendante	indépendante - essieu rigide
Freins (av. - arr.)	disques	disques
Capacité du réservoir	72 litres	60,6 litres
Carburant recommandé	super	super
Volume du coffre	459 litres	348 litres
Pneus (av.-arr.)	245/45ZR20 - 255/45ZR20	255/45ZR18 - 285/40ZR18
Poids	1892 kg	1778 kg

PERFORMANCES
Accélérations		
0-50 km/h	2,4 s	2,1 s
0-75 km/h	4,2 s	3,4 s
0-100 km/h	5,3 s	4,8 s
0-125 km/h	7,3 s	6,7 s
0-160 km/h	11,9 s	10,4 s
1/4-mille	13,8 à 173 km	12,9 à 180 km/h
Vitesse de pointe	274 km/h	242 km/h
Freinage (100-0 km/h)	37,5 mètres	36,7 mètres

À vrai dire, il faut être drôlement culotté pour relever le défi d'une GT500. Avec ses prises d'air sur le capot, ses roues de 20 pouces, et son échappement double, la Dodge Challenger impressionne tout autant et ne s'en laissera pas imposer par personne. En soulevant le capot, on retrouve un gros V8 de 6,1 litres développant une puissance de 425 chevaux et un couple de 420 livres-pieds. Moins puissant sur papier que la Mustang, il était évident que la Challenger n'avait pas le meilleur des deux rôles à jouer. Surtout que la transmission n'était pas la boîte manuelle à six rapports Tremec TR-6060 incluant le groupe Track Pak et son rapport de pont de 3,91. Il s'agissait plutôt de la boîte semi-automatique à cinq rapports avec un rapport de pont de 3,06.

Plus légère de 114 kg, la Mustang propose un rapport poids-puissance plus avantageux que la Challenger. À peine audible au ralenti, le V8 de 5,4 litres fait preuve d'une belle linéarité. Dès que le pied droit écrase l'accélérateur, ce moteur répond instantanément. Volontaire, il procure une remarquable vivacité à cette Mustang dont la boîte manuelle à six rapports Tremec (la même que la Challenger Track Pak) se manie au doigt et à l'œil. Elle ne donne aucun répit à la Challenger, ce qui se traduit par les meilleurs temps de nos mesures chronométrées.

SIX PIASTRES !

Le V8 de 6,1 litres de la Challenger, malgré toute sa bonne volonté, n'y peut rien. Même en sélectionnant manuellement les rapports du levier de vitesses, la Mustang est restée devant à chaque sprint, et ce, même au freinage... En effet, la Challenger prend un mètre supplémentaire pour s'immobiliser. À ce chapitre, on peut conclure que les deux américaines sont à égalité. Est-ce que la donne aurait changé si la Challenger avait profité du groupe Track Pak ? Sans aucun doute. En contrepartie, la Challenger l'emporte haut la main en vitesse de pointe. Mais qui s'en soucie, personne ne peut rouler à 274 km/h sur les autoroutes. Mieux vaut aller s'éclater sur un circuit fermé. Ça coûte cher, dites-vous ? Seulement six piastres ! Le prix d'une sortie au cinéma les mardis soirs. Alors, on se donne rendez-vous l'an prochain avec la Camaro SS ?

Cette Mustang est assurément l'un des secrets les mieux gardés de Ford. Capable d'humilier des propriétaires de Ferrari, Lamborghini et Porsche sur le quart de mille, elle attendait de pied ferme la nouvelle étoile de Chrysler.

Ford Mustang Shelby GT500

MATCH - HYBRIDES

L'HYBRIDATION DEMEURE
LE SAVOIR-FAIRE DES JAPONAIS

par Jean-François Guay

Même si la récente crise du pétrole ne passera pas à l'histoire, comme celle de l'OPEP en 1973, il n'en reste pas moins qu'elle a lancé l'idée que les véhicules hybrides n'étaient pas un fantasme des constructeurs automobiles, mais plutôt une nouvelle réalité. Le carnet de commandes pour la Prius déborde, et ce n'est pas demain la veille que Toyota va ralentir sa production, puisqu'une nouvelle usine est en construction aux États-Unis. En attendant le lancement de la future Prius et de sa nouvelle technologie, voyons ce que nous réservent les berlines hybrides actuelles : la Toyota Camry, la Nissan Altima et la Chevrolet Malibu.

Pour commencer, il faut savoir que la motorisation hybride combine deux systèmes de propulsion, le plus souvent un moteur thermique et un moteur électrique. On classe les différents systèmes en fonction de leur degré d'hybridation. Selon la technologie existante, il existe actuellement trois degrés d'hybridation. Le premier, appelé *light hybrid*, permet de mettre en veille le moteur thermique lors d'un arrêt obligatoire par exemple, ou à un feu rouge. Vient ensuite le *mild hybrid*, qui récupère l'énergie du freinage pour recharger les batteries, et qui peut faire appel uniquement au moteur électrique lors des accélérations, jusqu'à environ 35 km/h. Le dernier niveau d'hybridation, dit *full hybrid*, n'est pas encore tout à fait au point, mais à son arrivée prochaine sur le marché, plus précisément lors de l'introduction de la Chevrolet Volt par exemple, il permettra de fonctionner en mode électrique pur.

LE TEST

Ainsi, il faut savoir que le degré d'hybridation de nos trois protagonistes n'est pas le même pour chacune. Sans entrer dans des détails trop techniques, puisque le but du match était de vérifier la consommation des véhicules et non pas de vous livrer une leçon technique d'hybridation 101, disons pour faire court que le système de GM se trouve à la remorque de celui de Toyota et Nissan, lequel en passant a acheté la technologie de Toyota.

À vitesse stabilisée de 100 km/h sur l'autoroute avec le régulateur de vitesse, la consommation des trois concurrentes s'est retrouvée presque nez à nez. Cependant, dès que les véhicules ont suivi le flot de circulation, en roulant à des vitesses de pointe non constantes variant de 80 à 118 km/h, la consommation a augmenté. Dans ces conditions, la Malibu Hybride et l'Altima Hybride ont ingurgité près de 9 L/100 km comparativement à un peu plus de 7 L/100 km pour la Camry Hybride.

En ville, l'écart s'est creusé davantage alors que la Malibu n'avait pas assez de « batteries » pour que le moteur à essence s'éteigne complètement à un feu rouge. Il suffisait de mettre en marche le climatiseur pour entendre le moteur à essence redémarrer quelques secondes plus tard. Dans les mêmes conditions, la motorisation de la Camry et celle de l'Altima restaient pratiquement toujours en mode électrique. Qui plus est, à moins d'enfoncer l'accélérateur à fond, dès que le feu de circulation passait au vert, il était possible de rouler jusqu'à environ 35 km/h sur la seule puissance des batteries. Une prouesse que l'actuelle Malibu et sa cousine Saturn Aura Hybride sont incapables d'accomplir. Il faudra attendre le dévoilement de la technologie bimode de GM, déjà offerte dans les Cadillac Escalade, GMC Yukon et Chevrolet Tahoe pour espérer voir la Malibu rivaliser avec les japonaises.

Dans quelques mois, le Saturn Vue Hybride II inaugurera une motorisation bimode dont la base du système sera un V6 de 3,6 litres, deux moteurs électriques de 55 kilowatts chacune, et un ensemble de batteries d'une puissance de 300 volts. Il serait intéressant de voir les performances d'une Malibu équipée d'une telle technologie.

MÉFIEZ-VOUS DES ORDINATEURS DE BORD, ET DE L'ODOMÈTRE...

Complétons ce chapitre sur la consommation en soulignant qu'il ne faut pas nécessairement se fier aux ordinateurs de bord de nos trois adversaires. D'accord, ce ne sont certainement pas les seuls à procurer des informations erronées, mais nous nous attendions tout de même

Nissan Altima Hybride

Chevrolet Malibu Hybride

Toyota Camry Hybride

FICHES TECHNIQUES

	Chevrolet Malibu Hybride	Nissan Altima Hybride	Toyota Camry Hybride
Prix du modèle	27 595 $	32 298 $	30 660 $
Frais de transport et préparation	1 300 $	1 400 $	1 240 $
Garantie de base	3 ans / 60 000 km	3 ans / 60 000 km	3 ans / 60 000 km
Garantie groupe motopropulseur	5 ans / 160 000 km	3 ans / 60 000 km	3 ans / 60 000 km
Garantie système hybride	8 ans / 160 000 km	8 ans / 160 000 km	8 ans / 160 000 km
Moteur à essence	L4 2,4 litres	L4 2,5 litres	L4 2,4 litres
Puissance	164 ch. à 6000 tr/min	158 ch. à 5200 tr/min	147 ch. à 6000 tr/min
Couple	159 lb-pi à 4400 tr/min	162 lb-pi à 2800 tr/min	138 lb-pi à 4400 tr/min
Moteur électrique	n.d.	40 ch. à 1500 tr/min	40 ch. à 1500 tr/min
Puissance totale	n.d.	198 ch.	187 ch.
Transmission de série	automatique 4 rapports	à variation continue	à variation continue
Capacité du réservoir	61,7 litres	75,7 litres	65 litres
Carburant recommandé	ordinaire	ordinaire	ordinaire
Volume du coffre	427 litres	286 litres	300 litres
Pneus	215/55R17	215/60R16	215/60R16
Poids	1604 kg	1591 kg	1650 kg

PERFORMANCES

Autoroute 20 (Montréal-Québec)

Distance parcourue à l'odomètre	316,8 km	325,5 km	315,6 km
Vitesse sur autoroute (avec régulateur)	100 km/h	100 km/h	100 km/h
Consommation selon l'ordinateur de bord	6,6 L / 100 km	5,3 L / 100 km	6,5 L / 100 km
Consommation réelle obtenue	?6,63 L / 100 km	6,53 L / 100 km	6,19 L / 100 km

Autoroute 20 (Québec-Montréal)

Vitesse sur autoroute (flux de la circulation)	90 à 118 km/h	90 à 118 km/h	90 à 118 km/h
Distance parcourue à l'odomètre	325,8 km	335,1 km	324,3 km
Consommation selon l'ordinateur de bord	8 L / 100 km	7,3 L / 100 km	6,5 L / 100 km
Consommation réelle obtenue	8,88 L / 100 km	8,77 L / 100 km	7,43 L / 100 km

Centre-Ville de Montréal

Distance parcourue à l'odomètre	53,2 km	53,3 km	52,2 km
Vitesse de croisière	30 à 50 km/h (avec arrêts fréquents)	30 à 50 km/h (avec arrêts fréquents)	30 à 50 km/h (avec arrêts fréquents)
Consommation selon l'ordinateur de bord	7,5 L / 100 km	6,5 L / 100 km	5,9 L / 100 km
Consommation réelle obtenue	8,18 L / 100 km	7,77 L / 100 km	6, 87 L / 100 km

AU FIL D'ARRIVÉE

Consommation selon l'ordinateur de bord	7,36 L / 100 km	6,37 L / 100 km	6,3 L / 100 km
Consommation moyenne réelle obtenue	7,89 L / 100 km	7,69 L / 100 km	6,83 L / 100 km

à un peu plus de rigueur de la part des constructeurs. Même chose dans le cas des odomètres, alors que la distance parcourue affichée n'était pas la même pour toutes les concurrentes, et ce, même si les véhicules faisaient le même parcours. En terminant, soulignons que les informations que l'on retrouve sur l'ordinateur de bord de la Camry, concernant le fonctionnement de son système hybride, sont fort complètes par rapport à celles fournies par la Malibu et l'Altima.

SUR LA ROUTE

L'ajout du système hybride ne change en rien le comportement routier de nos trois concurrentes. Elles sont certes un peu plus lourdes, mais le comportement est sensiblement le même que celui des modèles dits « normaux ». On ne saurait clore ce match sans évoquer le freinage qui, dans tous les cas, manquait de progressivité. Sur le plan de l'efficacité, celui de la Malibu a été plus performant que celui des japonaises. La technologie plus évoluée et complexe du système de récupération d'énergie des Camry et Altima visant à recharger les batteries est y sans doute pour quelque chose.

Par ailleurs, soulignons que le coffre à bagages des japonaises, en raison de la présence des batteries, est passablement étroit. Celui de la Malibu demeure de bonne taille.

LE BUDGET

Sur le plan de l'efficacité énergétique, la Camry remporte toutes les manches alors que l'Altima termine bonne deuxième devant la Malibu. Toutefois, lorsque viendra le temps de conclure le contrat de vente, on aura raison d'être hésitant. Pourquoi ? Parce la Malibu est offerte à bien meilleur prix (un écart de 4703 $ avant taxes avec l'Altima, et de 3065 $ par rapport à la Camry), soit l'équivalent de 57 pleins d'essence à 83 $ chacun dans le cas de l'Altima, et de 37 pleins d'essence pour la Camry. Ça se complique, n'est-ce pas ? En contrepartie, sachez que la Camry et l'Altima sont admissibles à un rabais gouvernemental écoAUTO de 1500 $ jusqu'à la fin de 2008.

Toyota Camry Hybride

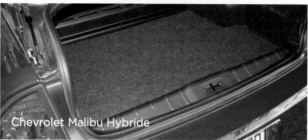
Chevrolet Malibu Hybride

Nissan Altima Hybride

À vitesse stabilisée de 100 km/h sur l'autoroute avec le régulateur de vitesse, la consommation des trois concurrentes s'est retrouvée presque nez à nez.

MATCH - MULTISEGMENTS COMPACTS

PRIME À LA JEUNESSE ?

par Éric LeFrançois

Honda CR-V

Nissan Rogue

Ils ont belle allure et invitent, à la ville comme à la campagne, à l'aventure. Mais à l'usage, ces multisegments compacts sont-ils aussi agréables et polyvalents qu'ils le prétendent ? Pour le savoir, nous avons confronté six de ces créatures, dont trois portent le sceau de la nouveauté. Victoire de la jeunesse ou de l'expérience ?

Ça bouillonne chez les multisegments compacts. Et comment ! Seulement l'an dernier, plus de 132 000 unités ont trouvé refuge dans une entrée de garage au pays. Et elles seront plus nombreuses encore cette année si la croissance enregistrée au cours des six premiers mois de 2008 se maintient jusqu'au réveillon du Nouvel An. Le Québec aussi est friand de ce type de véhicule. Très friand même, puisqu'en 2007, ce segment représentait près du tiers de tous les camions vendus dans la province et pointait au quatrième rang général, toutes catégories confondues.

Considérant son importance, il n'est pas étonnant que maintenant tous les constructeurs généralistes y aient inscrit un représentant. Dernier en liste : Volkswagen, qui nous propose depuis peu son Tiguan, la nouvelle coqueluche des Européens. Fera-t-il autant de vagues de ce côté-ci de la grande mare ?

TOUT DOUX
Assez polyvalents pour la ville, la route et les vacances, ces véhicules à la garde au sol surélevée acceptent aussi de nous conduire sur des routes en gravier ou en terre ; ils craignent cependant, pour la plupart, de s'enliser hors des sentiers balisés. Mais est-ce réellement leur raison d'être ? Pas du tout. En revanche, pour ceux et celles qui doivent transporter des objets volumineux ou se rendre à un chalet éloigné, il est tentant d'acheter un utilitaire plutôt qu'une berline, *because* le hayon.

Les multisegments essayés durant ce match n'ont rien de rustique. Ils se comportent comme des autos et profitent, comme elles, de toutes ces petites attentions qui rendent les balades agréables : sellerie de cuir, baquets chauffants, chaîne stéréo, etc. Cela n'a rien d'étonnant dans la mesure où toutes nos candidates reprennent à peu de choses près les composants d'une automobile.

Dans ce contexte, vous ne nous en voudrez pas de ne pas avoir cherché à les faire grimper aux arbres ou encore de les noyer dans une clairière. L'objectif était plutôt de mesurer leurs performances dans des conditions normales, c'est-à-dire un mélange de route, de ville et de campagne.

Cela dit, vous regretterez sans doute l'absence de certains ténors, comme le Ford Escape, le plus vendu de cette catégorie, ou encore le Saturn Vue, rénové il y a tout juste un an ou encore le Santa Fe de Hyundai, pour ne nommer que ces trois-là. Vous avez raison, mais sans vouloir chercher d'excuse, nous ne pouvions bénéficier au moment de ce match d'un Escape animé de son nouveau quatre cylindres ou encore du Vue de Saturn. Quant au Santa Fe, son exclusion s'explique par l'absence d'une mécanique quatre cylindres à son catalogue.

Ouvrons les hostilités avec le nouveau convive. Joli et juste assez musclé, le Tiguan paraît massif, et pourtant il ne l'est pas. En fait, du groupe, il est celui qui occupe le moins d'espace dans la rue, il fait à peine 4,5 mètres de long et dans la ciel, le Rogue est plus grand d'un millimètre... Plus ramassé peut-être, mais lourdaud quand même, puisqu'avec l'Outlander de Mitsubishi, il est le seul à franchir la barre des 1600 kg. Nous y reviendrons.

En ouvrant les portières, ce Tiguan nous refait le coup de l'illusionniste. La mixtion de teintes intérieures claires au toit panoramique produit une sensation de bien-être et d'espace. Pourtant, ruban à mesurer en main, l'allemande n'a pas de leçons à donner. Son volume intérieur confirme si besoin est que cette Volkswagen repose sur l'empattement le plus court. À l'exception du dégagement pour les jambes à l'arrière, où le Rogue termine bon dernier, le Tiguan se trouve en déficit de millimètres partout ailleurs. Y compris face au Forester de Subaru qui, on le sait (voir notre section analyses) n'a pas épaissi exagérément après son remodelage au printemps dernier.

Mais il ne faut pas accorder une importance démesurée aux chiffres. Ces multisegments sont tous prétentieux. Dans le monde réel, aucun n'offre une banquette suffisamment large pour y asseoir trois personnes. De jeunes enfants peut-être, mais pas des adultes. Alors, parlons des vraies affaires. Tous sont en mesure d'héberger quatre personnes sous leur toit. Certaines plus confortablement que d'autres cependant. C'est le cas du Tiguan, mais aussi du RAV4, dont le moelleux de la banquette contraste avec la rigidité de celle grimpée

Toyota RAV4

Subaru Forester

à bord de la Honda ou encore de la Nissan. En revanche, à l'avant, c'est une autre histoire. Certains de nos essayeurs, les plus costauds surtout, ont reproché au Tiguan d'offrir des baquets trop étriqués, tandis que d'autres avaient à redire sur leur « trop grande fermeté ». Selon les commentaires recueillis, ceux du RAV4 et de l'Outlander passent pour les plus confortables.

Côté volume du coffre, le RAV4 se révèle, de peu, le plus « déménageur » du groupe, surtout lorsque sa banquette arrière est complètement rabattue. Mais aussi vaste soit-il, le coffre du Toyota est peu pratique. Son ouverture latérale s'ouvre du mauvais côté de la rue... À ce chapitre, les

essayeurs ont préféré l'Outlander et son battant inférieur sur lequel il est possible de s'asseoir ou de déposer un objet lourd (c'est idéal pour reprendre son souffle). En dépit de ses dimensions extérieures compactes, le Forester en a étonné plus d'un. Le volume de son coffre est largement supérieur à celui du Rogue et du Tiguan. Après examen, la qualité d'assemblage du Tiguan s'est avérée, avec celle du Forester, la plus soignée. Suivent dans l'ordre le RAV4, le CR-V et l'Outlander.

Au chapitre des espaces de rangement, le RAV4 se classe, là encore, bon premier, mais le Honda a plus d'un compartiment dans son habitacle lui aussi. Jeu égal alors ! Le

FICHES TECHNIQUES

	Honda CR-V	Mitsubishi Outlander	Nissan Rogue	Subaru Forester	Toyota RAV4	VW Tiguan
CE QU'IL FAUT RETENIR						
Prix ($)	27 790 - 35 190	24 998 - 33 698	24 998 - 29 598	26 995 - 37 795	26 050 - 32 400	27 575 - 38 375
Frais de transport et de préparation ($)	1 540	1 345	1 400	1 495	1 390	1 550
Garantie de base mois / km	36 / 60 000	60 /100 000	36 / 60 000	36 / 60 000	36 / 60 000	48 / 60 000
Consommation obtenue lors du match	10,3 L/100 km	10,9 L/100 km	9,8 L/100 km	10,7 L/100 km	10,6 L/100 km	10,9 L/100 km
CO_2 sur une base annuelle - tonne métrique [1]	7,2	7,6	6,9	7,6	7,6	8,3

(1) Mesures gouvernementales

	Honda CR-V	Mitsubishi Outlander	Nissan Rogue	Subaru Forester	Toyota RAV4	VW Tiguan
SURVOL TECHNIQUE						
Moteur	L4 DACT 2,4 litres	L4 DACT 2,4 litres	L4 DACT 2,5 litres	H4 DACT 2,5 litres	L4 DACT 2,4 litres	L4 turbo DACT 2 litres
Puissance (ch. à tr/mn)	166 ch à 5 800 tr/mn	168 ch à 6 000 tr/mn	170 ch à 6 000 tr/mn	170 ch à 6 000 tr/mn	166 ch à 6 000 tr/mn	200 à 5100 tr/min
Couple (li.-pi. à tr/mn)	161 lb-pi à 4 200 tr/mn	167 lb-pi à 4 100 tr/mn	175 lb-pi à 4 400 tr/mn	170 lb-pi à 4 400 tr/mn	165 lb-pi à 4 000 tr/mn	207 à 1700 tr/min
Poids (kg)	1604	1540	1554	1496	1562	1647
Rapport poids/puissance	9,6 kg/ch	9,1 kg/ch	9,1 kg/ch	8,8 kg/ch	9,4 kg/ch	8,2 kg/ch
Mode	Traction ou 4rm	Traction ou 4rm	Traction ou 4rm	4rm	4rm	Traction ou 4rm
Transmission de série	Automatique 5 rapports	Automatique CVT	Automatique CVT	Automatique 6 rapports	Automatique 4 rapports	Automatique 6 rapports
Autres transmissions	Aucune	Aucune	Aucune	Automatique 4 rapports	Aucune	manuelle 6 rapports
Direction - diamètre de braquage (mètres)	Crémaillère 11,5 m	Crémaillère - 10,6 m	Crémaillère - 11,3 m	Crémaillère - 10,4 m	Crémaillère - 11,2 m	Cémaillère - 11,2 m
Freins (av -arr) - ABS	Disque-Disque - de série	Disque-Disque - de série	Disque-Disque - de série	Disque-Disque - de série	Disque-Disque - de série	Disque-Disque - de série
Pneus (de série)	225/65R17	215/70R16	215/70R16	215/65R16	225/65R17	235/55R17
Capacité du réservoir / essence recommandée	58 litres / Ordinaire	63 litres / Ordinaire	60 litres / Ordinaire	60 litres / Ordinaire	60 litres / Ordinaire	63,5 litres / Super
Capacité de remorquage	680 kg	680 kg	454 kg	1088 kg	680 kg	998 kg

Forester est pas mal du tout, l'Outlander aussi, mais on attendait mieux, beaucoup mieux de Nissan et de Volkswagen (surtout), considérant son retard à faire son entrée dans ce créneau. La firme allemande n'a-t-elle pas eu suffisamment de temps pour innover ?

ON PREND LA ROUTE

Nos six protagonistes sont issus d'une architecture automobile, donc monocoque. À l'exception du Forester, celle-ci est associée à un rouage intégral temporaire, c'est-à-dire qui passe en continu de deux (avant) à quatre roues motrices selon les conditions d'adhérence de la chaussée. Précision utile, Toyota et Subaru sont les seuls constructeurs du groupe à ne pas vous laisser le choix du nombre de roues motrices. C'est quatre ou rien. Tous les autres inscrivent une version tractée à leur catalogue.

Soulevons le capot maintenant. Chez Volkswagen, on ne lésine pas. L'excellent 2 litres suralimenté par turbocompresseur est de service. Souple, énergique et puissant (200 chevaux et 207 livres-pieds de couple), il permet au Tiguan de signer les meilleures accélérations et les meilleures reprises sans consommer outre mesure. En revanche, cette mécanique s'abreuve exclusivement de super.

Le RAV4 confie à un quatre cylindres 2,4 litres de 166 chevaux (la prochaine version du RAV4 bénificiera d'un 2,5 litres de 179 chevaux) le soin de le remuer de sa position statique. Souple et discret, ce moteur aurait sans doute pu faire mieux encore si on ajoutait un rapport de plus à sa boîte automatique. Idem pour le Forester, qui retient pour sa part les services d'un moteur à plat aux performances plutôt ternes, considérant sa cylindrée et son rapport poids-puissance.

D'une cylindrée identique à celui du Subaru, le moteur du Nissan, aidé par une boîte à variation continue (CVT) fort bien adaptée, s'est révélé le plus vif des moteurs à aspiration naturelle de ce match. Le plus économique aussi, puisqu'il est le seul à être parvenu à descendre sous la barre des 10 L/100 km. Le moteur Honda est passé bien près d'en faire tout autant et se classe ici bon deuxième. Une position honorable par rapport à l'Outlander, qui consomme près d'un litre aux 100 km de plus. Sa boîte CVT est sans doute la grande responsable de cette contre-performance en raison d'une gestion électronique trop lente.

On savait le RAV4 doué sur le plan dynamique, mais cette épithète, il doit maintenant la partager avec le Rogue. De l'avis de nos essayeurs, le Nissan procure plus d'agrément au volant encore que le Toyota, ce qui n'est pas peu dire. Le Tiguan se débrouille pas mal, mais n'est pas parvenu à faire l'unanimité au sein de notre groupe d'essayeurs pour l'élever au premier rang. Moins sportif peut-être que le Rogue, voire que l'Outlander, le Tiguan se révèle cependant le plus homogène du groupe, le plus agréable à vivre, quoi. Il devance dans ce domaine le Forester qui, en outre, se révèle le plus facile à garer dans les espaces restreints, grâce à son rayon de braquage très court. Dynamiquement parlant, le CR-V n'a rien véritablement à envier à ses rivaux, mais la sécheresse de ses éléments suspenseurs et son toucher de la route un brin artificiel l'éloignent des favoris.

Ces multisegments sont tous prétentieux. Dans le monde réel, aucun n'offre une banquette suffisamment large pour y asseoir trois personnes.

Bien que plus élitiste dans sa tarification que les autres, le Tiguan mérite considération pour son homogénéité. S'il y a lieu de saluer ses dimensions humaines, on est en droit d'être déçu par l'absence d'avancées innovatrices pour justifier son retard à rejoindre cette catégorie déjà fortement encombrée. À ces ombres, il convient d'en ajouter une autre : la fiabilité. À peine avions-nous rangé notre matériel de mesures et nos appareils photo que le Tiguan s'est mis à faire des free game (le bloc d'instrumentation scintillait comme un arbre de Noël, la radio ne captait aucune onde, etc.), pour tomber en panne. Le lendemain, refusant de démarrer, il a quitté prématurément le match harnaché à une dépanneuse. Origine de la panne : une couette de fils mal fixée dans la colonne de direction. Incident isolé ou perpétué à la chaîne ? Allez savoir. Chose certaine, mieux vaut attendre que des consommateurs (moins avisés que vous) essuient les plâtres. D'ici là, consacrons pour l'heure le RAV4, meilleur multisegment de sa catégorie devant le Rogue (solide deuxième) et le Forester. Le CR-V et l'Outlander complètent ce classement devant un Tiguan forcé à l'abandon avant la fin de l'épreuve.

Mitsubishi Outlander

VW Tiguan

MATCH - VERT

DIÉSEL, HYBRIDE, ESSENCE...

par Jean-François Guay

Avec la crise pétrolière, il y a lieu de se demander si l'existence des gros véhicules utilitaires sport a toujours sa raison d'être ! Toutefois, comme le dit si bien leur étiquette, ils continuent d'être utiles dans une société comme la nôtre où la capacité de remorquage et le transport de « troupes » demeurent une nécessité de tous les jours.

Certains constructeurs croient que la réduction de la consommation consiste à greffer des motorisations hybrides à leurs mastodontes. Soit ! Mais qui est prêt à payer plusieurs milliers de dollars de plus pour sauver quelques dollars à la pompe ?

Pour d'autres constructeurs, la solution passe par les moteurs s'alimentant au diésel. Mais encore là, des écarts de prix importants les séparent des modèles à essence.

En effet, il faut magasiner une camionnette américaine « d'une tonne » pour réaliser que l'option d'un moteur turbodiésel représente environ 10 000 $... Malgré tout, certains constructeurs, comme Mercedes, ne désespèrent pas. La commercialisation d'un carburant diésel plus propre, à faible teneur en soufre, a permis au constructeur allemand de dévoiler sa technologie Bluetec. Mais ce n'est pas tout, puisque le moteur turbodiésel consomme toujours moins de carburant que le moteur à essence ! Beaucoup ? Cela

Mercedes GL320

Mercedes GL450

dépend de la mécanique et du conducteur, bien sûr. Alors, est-ce qu'un moteur turbodiésel consomme moins qu'une motorisation hybride fonctionnant à l'essence et à l'électricité ? C'est à voir. Nos tests antérieurs ont démontré qu'un Lexus RX400h pouvait se moquer d'un Mercedes ML320. Est-ce que son grand frère, le GL320, peut faire mieux que son nouveau rival de GMC, le Yukon Hybride ? C'est ce que nous avons tenté de déterminer lors d'un match à quatre impliquant ces deux nouveaux modèles et leurs semblables, également à quatre roues motrices, en

CLASSEMENT

	GMC Yukon Hybride	GMC Yukon (à essence)	Mercedes GL320 (au diésel)	Mercedes GL450 (à essence)
Autoroute 10 (Montréal-Sherbrooke)				
Distance parcourue à l'odomètre	162 km	162 km	162,6 km	162,6 km
Vitesse sur autoroute (avec régulateur)	100 km/h	100 km/h	100 km/h	100 km/h
Consommation selon l'ordinateur de bord	9,6 L / 100 km	12,1 / 100 km	8,8 L / 100 km	11,4 L / 100 km
Consommation réelle obtenue	8,92 L / 100 km	12,57 L / 100 km	9,25 L / 100 km	11,92 L / 100 km
Autoroute 10 (Sherbrooke-Montréal)				
Vitesse sur autoroute (flux de la circulation)	90 à 118 km/h	90 à 118 km/h	90 à 118 km/h	90 à 118 km/h
Distance parcourue à l'odomètre	166,4 km	166,4 km	167,1 km	167,1 km
Consommation selon l'ordinateur de bord	9 L / 100 km	13,7 L / 100 km	10,3 L / 100 km	13,1 L / 100 km
Consommation réelle obtenue	12,12 L / 100 km	14,11 L / 100 km	11,93 L / 100 km	15,26 L / 100 km
Centre-ville de Montréal				
Distance parcourue à l'odomètre	51,4 km	53 km	53,2 km	53,2 km
Vitesse de croisière	30 à 50 km/h (avec arrêts fréquents)	30 à 50 km/h (avec arrêts fréquents)	30 à 50 km/h (avec arrêts fréquents)	30 à 50 km/h (avec arrêts fréquents)
Consommation selon l'ordinateur de bord	13,8 L/ 100 km	24,9 L / 100 km	13,2 L / 100 km	15,5 L / 100 km
Consommation réelle obtenue	15,17 L / 100 km	23,13 L / 100 km	16,4 L / 100 km	18,8 L / 100 km
AU FIL D'ARRIVÉE				
Consommation selon l'ordinateur de bord	10,8 L / 100 km	16,9 L / 100 km	10,76 L / 100 km	13,33 L / 100 km
Consommation moyenne réelle obtenue	12,07 L / 100 km	16,6 L / 100 km	12,52 L / 100 km	15,32 L / 100 km

	GMC Yukon Hybride	GMC Yukon	Mercedes GL320	Mercedes GL450
Prix du modèle	70 530 $	56 995 $	71 500 $	82 500 $
Frais de transport et préparation	1 300 $	1 300 $	650 $ (préparation en sus)	650 $ (préparation en sus)
Garantie de base	3 ans / 60 000 km	3 ans / 60 000 km	4 ans / 80 000 km	4 ans / 80 000 km
Garantie groupe motopropulseur	5 ans / 160 000 km	5 ans / 160 000 km	4 ans / 80 000 km	4 ans / 80 000 km
Garantie système hybride	8 ans / 160 000 km	n.a.	n.a.	n.a.
Motorisation	V8 6 litres	V8 5,3 litres	V6 turbodiésel 3 litres	V8 4,6 litres
Puissance	332 ch. à 5100 tr/min	310 ch. à 5200 tr/min	215 ch. à 4000 tr/min	335 ch. à 6000 tr/min
Couple	367 lb-pi à 4100 tr/min	335 ch. à 4400 tr/min	398 lb-pi à 1600 tr/min	339 lb-pi à 2700 tr/min
Transmission de série	à variation continue	automatique 4 rapports	automatique 7 rapports	automatique 7 rapports
Capacité du réservoir	92,7 litres	98 litres	100 litres	100 litres
Carburant recommandé	ordinaire	ordinaire	diésel	super
Volume du coffre (min/max)	478 / 3084	478 / 3084	200 / 2300	200 / 2300
Pneus	265/65R18	265/70R17	265/60R16	275/55R19
Poids	2647 kg	2511 kg	2410 kg	2395 kg
Capacité de remorquage	2721 kg	3720 kg	3402 kg	3402 kg

version à essence : un Yukon à moteur V8 de 5,3 litres et un Mercedes GL450.

PARE-CHOCS À PARE-CHOCS

Sous une chaleur de 30° C, il aura fallu rouler pendant presque quatre heures pour parcourir un peu plus de 50 kilomètres dans le centre-ville de Montréal. À notre grand étonnement, le GL320 a dû s'avouer vaincu par une marge de 1,2 litre aux 100 km face à la motorisation hybride du Yukon. En vertu d'un itinéraire différent, ou d'un autre flux de la circulation, le Mercedes aurait pu l'emporter. Ce n'est donc que partie remise. Somme toute, le GL320 n'a pas à rougir de sa performance. Ainsi, le GMC a maintenu une consommation moyenne de 15,17 litres aux 100 km, alors que le GL320 brûlait 16,4 litres de diésel aux 100 km. De même, les résul-

tats auraient pu être autres par temps froid, puisqu'une motorisation hybride est handicapée en hiver par le froid intense, des routes glissantes et le surplus d'énergie qu'exige, notamment, le fonctionnement de la ventilation, des essuie-glaces, du dégivreur et des sièges chauffants.

SUR L'AUTOROUTE DES CANTONS-DE-L'EST

Sur l'autoroute 10, entre Montréal et Sherbrooke, on croyait que le GL320 prendrait une douce revanche. Mais non, à une vitesse constante de 100 km/h, le GL320 a vu sa consommation diminuer à 9,25 litres aux 100 km, alors celle du Yukon Hybride s'est élevée à 8,92 litres aux 100 km. Une différence d'à peine 0,33 litre aux 100 km. Ce n'est donc que partie remise pour proclamer un véritable gagnant, car la victoire aurait pu aller, encore une fois, dans un sens comme dans l'autre. De plus, des facteurs comme le froid, le vent, la pluie, la neige, le relief de la route, le comportement du conducteur ou le poids en charge auraient pu changer complètement la donne. Sur le chemin du retour, à une vitesse « plus normale » variant de 90 à 118 km/h, le GL320 a cependant remporté une petite victoire en réalisant une consommation de 11,93 litres aux 100 km comparativement à 12,12 litres aux 100 km pour le Yukon Hybride. Somme toute, le moteur diésel de Mercedes a encore des progrès à faire pour être un bon citadin ; toutefois, il a démontré qu'il était au mieux de sa forme en tant que banlieusard sur l'autoroute. La grande surprise de ce match est incontestablement le Yukon Hybride, dont la consommation est également 34 % moindre qu'un Yukon « ordinaire » en ville, et 21 % de moins sur l'autoroute.

EN CONCLUSION

Aucun doute que le meilleur des compromis serait, si nos hivers le permettent, de combiner un moteur électrique à un moteur diésel. On sait que différents constructeurs européens travaillent actuellement à développer cette nouvelle technologie fort prometteuse. Mais en attendant, une chose est sûre, à court ou moyen terme, le moteur turbodiésel a sa place chez nous. À preuve, l'un des leaders dans le domaine de l'hybride, Honda, se prépare à introduire un moteur diésel. Et il ne faudrait pas oublier que le vieillissement des batteries d'un hybride laisse croire que la consommation augmentera avec le temps, tandis que l'usure des pièces d'un moteur diésel aura l'effet contraire.

GMC Yukon

GMC Yukon Hybride

NOS ESSAIS

LA FOURCHETTE DE PRIX

À moins d'indication contraire, tous les prix contenus dans ce guide portent sur les véhicules de l'année 2009. Ceux-ci peuvent varier à tout moment. Le prix le plus bas fait référence à la somme que commande le modèle d'entrée de gamme, et le plus élevé réfère à la version la plus chère. À noter que ces montants n'incluent pas les frais de transport et de préparation, ni les accessoires offerts en option, ni les taxes applicables.

LA MARGE DE PROFIT DU CONCESSIONNAIRE

La marge de profit fait référence à celle du concessionnaire et non à celle du constructeur. Les chiffres indiqués représentent le pourcentage de profit que le concessionnaire peut encaisser par rapport à une vente conclue selon le prix de détail suggéré par le constructeur. À noter que ce pourcentage peut varier selon la livrée et les équipements choisis. Cette information a pour unique objectif de vous permettre de négocier adéquatement l'achat de votre prochain véhicule.

TRANSPORT ET PRÉPARATION

Dans le cas de certaines marques exotiques, nous avons choisi délibérément d'inscrire non disponible (n.d.), car selon qui vous êtes (?), ou selon vos rapports avec le concessionnaire, les frais de transport et préparation peuvent être différents d'un client à l'autre.

CONSOMMATION

Les cotes de consommation inscrites dans chacun de nos tableaux sont basées sur le modèle d'entrée de gamme, équipé de la motorisation et de la transmission inscrites entre parenthèses, dans le cadre d'une utilisation en ville et sur route.

CYCLE DE REMPLACEMENT

Le cycle de remplacement indique le millésime ou l'année où le constructeur entend apporter des changements importants à un modèle. Par changement important, on entend l'une ou l'autre de ces transformations : modèle entièrement refondu ou remodelage important de la carrosserie et des motorisations.

VALEUR RÉSIDUELLE

Pour établir la valeur résiduelle, les données utilisées et analysées proviennent en grande majorité de la firme californienne ALG, dont l'une des principales activités est d'établir la valeur résiduelle de chaque véhicule vendu au Canada (et au Québec). À noter que les constructeurs ont la liberté de l'augmenter pour rendre les mensualités plus intéressantes lorsqu'il s'agit d'une location à long terme.

FIABILITÉ PRÉSUMÉE

Pour établir la fiabilité présumée des véhicules analysés, nous avons tenu compte de diverses études réalisées auprès de consommateurs, de concessionnaires, et de lecteurs du cahier « L'Auto » de *La Presse*.

PROTECTION COLLISION

Cette évaluation est établie en fonction des tests de collision effectués par le réputé organisme américain NHTSA (National Highway Traffic Safety Administration).

NOUVEAUTÉS 2009

Les principales transformations dont chaque modèle fait l'objet cette année.

VOLUME INTÉRIEUR

Il s'agit strictement de l'espace réservé aux passagers avant et arrière à l'intérieur du véhicule. Cette donnée ne tient pas compte du volume du coffre.

VOLUME DU COFFRE

Il s'agit de l'espace alloué aux bagages à l'intérieur du coffre. Cette donnée mesurée en litres tient compte du volume minimal, banquette arrière en place si celle-ci est escamotable, et du volume maximal, une fois celle-ci rabattue.

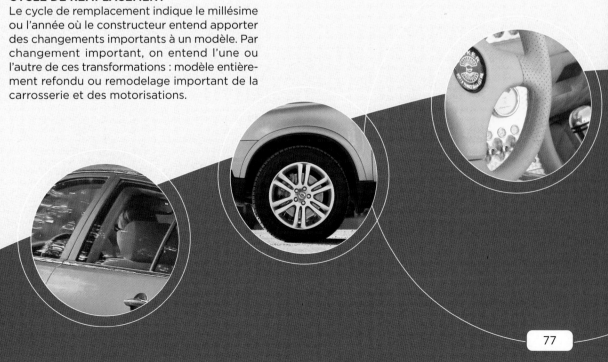

FOURCHETTE DE POIDS

À moins d'indication contraire, le poids le plus bas fait référence au modèle d'entrée de gamme, et le plus élevé réfère à la version haut de gamme. À noter que ces poids n'incluent pas les accessoires offerts en option.

PERFORMANCES

Cette section indique le principal modèle essayé par le chroniqueur ainsi que le groupe motopropulseur (moteur et transmission) équipant ledit modèle. On précise également les performances réalisées lors de l'essai. Concernant les temps d'accélération et de reprises, les distances de freinage et le niveau sonore, à moins d'indication contraire, les chiffres mentionnés ont été mesurés par nos soins à l'aide d'équipements électroniques.

CONSOMMATION RÉALISÉE AU COURS DE L'ESSAI

La cote inscrite indique les résultats obtenus lors d'un essai routier réalisé par l'un des membres de l'équipe *L'Auto 2009*. Les tests ont été effectués dans un contexte réaliste, dans un usage au quotidien sur un parcours mixte (ville-route). La cote de consommation peut varier d'un modèle à l'autre selon certaines conditions : le type de conduite, l'état de la chaussée, la température extérieure, le relief de la route, la vitesse, et la mixité (ou pourcentage) du parcours ville-route.

GAZ À EFFET DE SERRE

Les gaz à effet de serre sont des gaz qui contribuent par leurs propriétés physiques à augmenter, par leur concentration dans l'atmosphère terrestre, le réchauffement climatique.

CAPACITÉ DE REMORQUAGE

À moins d'indication contraire, le chiffre le plus bas fait référence au poids que peut tracter le modèle d'entrée de gamme (avec le groupe motopropulseur le moins puissant), et le chiffre le plus élevé réfère au poids maximal que le véhicule peut remorquer avec le groupe motopropulseur le plus puissant.

DIAMÈTRE DE BRAQUAGE

Il s'agit du plus petit cercle que peut décrire un véhicule en roulant lorsque le volant est braqué au maximum.

ICÔNES

 Pictogramme **étoile** : le nombre d'étoiles varie selon l'appréciation ou l'évaluation accordée au véhicule. Plus le nombre d'étoiles est élevé plus la cote est bonne, moins le nombre d'étoiles est élevé plus la cote est mauvaise, la meilleure note étant cinq étoiles.

 Pictogramme **niveau sonore** : le nombre varie selon l'appréciation ou l'évaluation accordée au véhicule. Plus le nombre de symboles est élevé plus le véhicule est silencieux, moins le nombre de (pictogramme) est élevé plus le véhicule est bruyant, la meilleure note étant cinq (pictogramme).

 Pictogramme **pastille verte** : ce symbole indique que le véhicule est écoénergétique, puisqu'il émet selon Transports Canada moins de 3500 kilogrammes par année de CO_2.

Pictogramme **cheminée** : le nombre de cheminées varie selon les émissions polluantes produites par le véhicule essayé, plus précisément en vertu de la consommation réalisée lors de l'essai. Plus le nombre de cheminées est élevé plus le véhicule est polluant, moins le nombre de cheminées est élevé plus le véhicule est écoénergétique, la pire note étant 5 cheminées.

LES ABBRÉVIATIONS

aut.:	signifie transmission automatique
av.:	signifie avant, par exemple la taille des pneus montés sur l'essieu avant
arr.:	signifie arrière, par exemple la taille des pneus montés sur l'essieu arrière
AWD:	rouage à 4 roues motrices
BA:	transmission à boîte automatique
BM:	transmission à boîte manuelle
ch.:	chevaux
CVT:	transmission automatique à variation continue
FWD:	traction
kg:	kilogramme
km/h:	kilomètre à l'heure
ind.:	indépendante
L:	litre
L/100 km:	litres aux 100 kilomètres
L4:	moteur à 4 cylindres en ligne
L5:	moteur à 5 cylindres en ligne
lb-pi:	livres-pieds
Hyb.:	modèle à motorisation hybride
m:	mètre
mm:	millimètre
min.:	minimum
max.:	maximum
n.d.:	signifie que l'information est non disponible
n.a.:	signifie non applicable, dans le cas par exemple où un modèle n'était pas offert lors des années 2007 ou 2006 dans la rubrique « Ventes 2007 »
n.r.:	signifie non recommandé par le constructeur, par exemple dans le cas du remorquage
tr/min:	tours par minute
V6:	moteur à 6 cylindres en position V
V8:	moteur à 8 cylindres en position V
V10:	moteur à 10 cylindres en position V
V12:	moteur à 12 cylindres en position V
W12:	moteur à 12 cylindres en position W
2rm:	2 roues motrices
4rm:	4 roues motrices
4x4:	4 roues motrices

HONDA CIVIC

La compacte de Honda n'a jamais été la moins chère, c'est vrai ; mais la qualité et la tranquillité d'esprit, ça se paie

DIMENSIONS ET VOLUMES

Empattement (mm)	2650 (coupé), 2700 (berline)
Longueur (mm)	4440 (coupé), 4449 (berline)
Largeur (mm)	1751 (coupé), 1752 (berline)
Hauteur (mm)	1358 (coupé), 1430 (Hyb), 1435 (berline)
Volume intérieur (L)	2350 (coupé), 2502 (berline)
Volume du coffre (min./max.) (L)	294 (Hyb) / 327 (coupé) / 340 (berline)
Capacité du réservoir de carburant (L)	46,6 (Hyb) / 50
Fourchette de poids (kg)	1193 - 1340

CHÂSSIS

Mode	traction
Suspension av. - arr.	indépendante
Freins av. - arr.	disques - tambours, disques (EX-L, Si)
Capacité de remorquage min. - max. (kg)	non recommandé
Direction - diamètre de braquage (m)	crémaillère - 10,6 / 10,86 (EX-L, Si)
Pneus	195/65R15 (DX, DX-G, Hyb)
	205/55R16 (LX, EX-L), 215/45R17 (Si)

PERFORMANCES

Modèle à l'essai	Civic EX-L
Moteur	L4 DACT 1,8 litre
Puissance (ch. à tr/min)	140 - 6300
Couple (lb-pi à tr/min)	128 - 4300
Transmission	automatique 5 rapports
Autres transmissions	manuelle 5 rapports / 6 rapports (Si), à variation continue (Hyb)
Accélération 0-100 km/h (sec.)	9,26
Reprises 80-115 km/h (sec.)	5,45
Distance de freinage 100-0 km/h (m)	40,9
Niveau sonore à 100 km/h	
Vitesse maximale (km/h)	195
Consommation réalisée au cours de l'essai (L/100 km)	9
Gaz à effet de serre	
Autres moteurs	L4 2 litres (197 ch.)
	L4 1,3 litre + moteur électrique (110 ch.)

CE QU'IL FAUT SAVOIR

Fourchette de prix ($)	16 990 - 26 680 (2008)
Marge de profit du concessionnaire (%)	6,38 - 7,53
Transport et préparation ($)	1295
Consommation ville - route (L/100 km)	9 - 7 (man. 1,8 l)
	9,5 - 6,5 (aut., 1,8 l)
	11,4 - 8,4 (man. 2 l)
	5,9 - 5,3 (Hyb)
Essence recommandée	ordinaire, super (2 l)
Versions offertes	DX, DX-G, LX, EX-L, Si, Hybride
Carrosserie	berline 4 portes, coupé 2 portes
Lieu d'assemblage	Canada, États-Unis
Valeur résiduelle	* * * * *
Garanties : de base - motopropulseur (an/km)	3/60 000 - 5/100 000
Fiabilité présumée	* * * *
Cycle de remplacement	2011
Ventes 2007 ↗ 1 %	Québec : 23 055
Protection collision	
frontale conducteur/passager	* * * * * / * * * * *
latérale avant/arrière	* * * * / * * * * *
retournement 2rm/4rm	* * * * / n.a.

À RETENIR

Nouveautés 2009	retouches esthétiques à la calandre, prise USB/Ipod, volant sport, sièges optionnels en cuir (Hyb), Bluetooth
Principales concurrentes	Acura CSX, Chevrolet Cobalt, Ford Focus, Hyundai Elantra, Mazda3, Mitsubishi Lancer, Nissan Sentra, Pontiac G5, Toyota Corolla

+ • Son tableau de bord
  • Les performances de la Si
  • Sa boîte à six rapports

− • Pas de motorisation hybride sur le coupé
  • La consommation de la berline automatique
  • Le tandem pneus-suspension de l'hybride

269

CE QU'IL FAUT SAVOIR

Fourchette de prix ($)	46 575 - 72 740
Marge de profit du concessionnaire (%)	12,17 à 13,18
Transport et préparation ($)	1300
Consommation ville - route (L/100 km)	16,7 - 11,7 (5,3 l)
	19,7 - 12,5 (6,2 l)
	12,9 - 10,3 (Hyb)
Essence recommandée	ordinaire
Versions offertes	SLE, SLT, Denali, Hybride, XL 1500/2500
Carrosserie	utilitaire 5 portes
Lieu d'assemblage	États-Unis
Valeur résiduelle	* * *
Garanties : de base - motopropulseur (an/km)	3/60 000 - 5/160 000
Fiabilité présumée	* * * *
Cycle de remplacement	2012
Ventes 2007 ↗ 2%	Québec : 205
Protection collision	
frontale conducteur/passager	* * * * * / * * * * *
latérale avant/arrière	* * * * * / * * * * *
retournement 2rm/4rm	n.a. / * * *

À RETENIR

Nouveautés 2009	système hybride Bimode, boîte automatique 6 rapports (5,3 l/6 l), caméra de recul, volant électrique
Principales concurrentes	Chevrolet Tahoe, Ford Expedition, Mercedes GL, Nissan Armada, Toyota Sequoia

+ • Motorisation hybride
  • Capacité de remorquage
  • Habitacle polyvalent

− • Consommation élevée
  • Véhicule encombrant
  • Faible valeur de revente

265

LA CIVIC DES QUARTIERS CHICS

ACURA
CSX

Sœur siamoise de la Honda Civic de tous les jours côté technique, mais radicalement opposée dans la pratique, l'Acura CSX joue aux petites voitures chic et bon genre. Exclusive au marché canadien, la CSX refuse d'être étiquetée comme une Civic du dimanche, comme l'a été sa devancière. Mais en la regardant, la tentation est grande de lui accoler la même vignette.

On ne pourra jamais écrire que la CSX bouleversera les canons de l'industrie automobile. En revanche, force est de reconnaître que l'emballage de la génération actuelle est plus réussi et les arguments de vente plus convaincants que pour toutes les générations précédentes de cette compacte tirée à quatre épingles. Mais sont-ils suffisants pour vous inciter à dépenser quelque 2000 $ de plus que la somme exigée pour la plus chic des Civic ? Tout bien considéré, la réponse est oui.

D'abord, il y a la garantie de base enfin plus généreuse offerte par Acura (quatre ans/80 000 km contre trois ans/ 60 000 km pour la Honda). Sortez la calculette. Cette couverture additionnelle vaut bien 1000 $, n'est-ce pas ?

Ensuite, bien que la technique soit parfaitement interchangeable chez Honda, la CSX parvient tout de même à se distinguer de la berline Civic en adoptant une mécanique spécifique. Cette affirmation est partiellement vraie, puisque la marque au grand H commercialise depuis peu une berline Si offrant les mêmes caractéristiques techniques. En revanche, cela n'en fait pas une Civic plus chic pour autant et plusieurs accessoires de luxe demeurent la chasse gardée d'Acura. Alors, si vous êtes douillet, peut-être bien que l'offre d'Acura vous charmera.

PAS D'EXCLUSIVITÉ SOUS LE CAPOT

Cela dit, contrairement aux Civic régulières mettons, la petite Acura retient les services du 2 litres de 155 chevaux de la défunte RSX, des freins plus costauds à l'avant, des éléments suspenseurs subtilement retouchés, dont une barre stabilisatrice plus grasse et des pneumatiques à la semelle plus adhérente. On y ajoute des palettes au volant pour permettre au conducteur de sélectionner manuellement les cinq rapports de la boîte automatique (en option) et une pléthore d'accessoires, dont un système de navigation avec reconnaissance vocale. Autant de particularités propres à ce modèle. Le souffle du quatre cylindres 2 litres ne laisse planer aucune ambiguïté. La CSX aime les défis et répond sans regimber à l'appel du pied droit. Le train avant endigue sans effort tout débordement intempestif de puissance. Les chevaux sont bien là, mais pas à vous plaquer aux dossiers toutefois. Bref, on pouvait attendre mieux en la matière. Cette CSX apprécie monter dans les tours et se faire baratter le levier (de vitesses).

Une fois qu'on s'est acclimaté à cette étrange position de conduite (on a l'impression d'être assis au beau milieu du véhicule), la confiance s'installe elle aussi. Une fois apprivoisée, la CSX paraîtra alors aussi facile à maîtriser qu'un go-kart. Plutôt sous-vireuse si on ne la bouscule pas hardiment, elle fait néanmoins preuve d'une étonnante agilité.

Mais la vraie CSX ne se révélera (et se détachera du même coup de la berline Civic « normale », on s'entend) que bien au-delà, à des allures de passage en courbes plus élevées. C'est à la cravache et en entrant jusqu'au point de corde sur les freins que la CSX se révèle la plus enthousiasmante.

Elle se place alors sur son train avant, et par le jeu subtil du transfert de masse en fin de freinage, s'éjecte de la courbe avec une belle efficacité. Voiture terriblement aboutie, trop parfaite pour rester vivante en toutes circonstances, la CSX cadre bien (lire mieux que la défunte EL) avec la direction que veut se donner Acura, mais il faudra se détacher encore plus de la Civic pour être en mesure de s'attaquer au beau linge de sa catégorie.

Pour l'heure, à la condition bien sûr de ne pas céder à la tentation des livrées Technologie et Type-S, franchement trop coûteuses, la CSX représente un choix à considérer pour qui veut rouler chic à bon prix.

C'est une bonne voiture qui comporte un petit supplément d'âme qui manque un peu à la Civic. Elle peut aisément être comparée à une Jetta de Volkswagen, mais pas aux Audi A3 et Volvo S40 qu'elle prétend avoir pour cibles. Ces dernières ont un blason mieux établi et leur appartenance à la grande série (Jetta pour l'Audi et Focus pour la S40) est beaucoup mieux masquée. Donc, mieux vaut l'écrire deux fois plutôt qu'une : privilégiez la livrée de base aux deux autres — trop coûteuses — inscrites au catalogue. ▐
JEAN-FRANÇOIS GUAY

Les arguments de vente de la CSX sont plus convaincants que pour toutes les générations précédentes. Mais est-ce suffisant ?

ACURA CSX

DIMENSIONS ET VOLUMES

Empattement (mm)	2700
Longueur (mm)	4544
Largeur (mm)	1752
Hauteur (mm)	1435
Volume intérieur (L)	2502
Volume du coffre (min./max.) (L)	341
Capacité du réservoir de carburant (L)	50
Fourchette de poids (kg)	1292 - 1338

CHÂSSIS

Mode	traction
Suspension av. - arr.	indépendante
Freins av. - arr.	disques
Capacité de remorquage min. - max. (kg)	non recommandée
Direction - diamètre de braquage (m)	crémaillère - 10,78
Pneus	215/45R17

PERFORMANCES

Modèle à l'essai	CSX Type-S
Moteur	L4 DACT 2 litres
Puissance (ch. à tr/min)	197 - 7800
Couple (lb-pi à tr/min)	139 - 6200
Transmission	manuelle 6 rapports
Autres transmissions	manuelle automatique 5 rapports (Base)
Accélération 0-100 km/h (sec.)	6,51
Reprises 80-115 km/h (sec.)	4,68
Distance de freinage 100-0 km/h (m)	39,4
Niveau sonore à 100 km/h	✗ ✗ ✗
Vitesse maximale (km/h)	225 (Type-S), 200 (Base)
Consommation réalisée au cours de l'essai (L/100 km)	10,2
Gaz à effet de serre	
Autres moteurs	L4 2 litres (155 ch.)

CE QU'IL FAUT SAVOIR

Fourchette de prix ($)	**26 990 – 33 400 (2008)**
Marge de profit du concessionnaire (%)	8,69
Transport et préparation ($)	1370
Consommation ville - route (L/100 km)	**9,5 - 7,5 (Base)** **11,5 - 8,2 (Type-S)**
Essence recommandée	ordinaire, super (Type-S)
Versions offertes	Base, Technologie, Type-S
Carrosserie	berline 4 portes
Lieu d'assemblage	Canada
Valeur résiduelle	✱ ✱ ✱ ✱
Garanties : de base - motopropulseur (an/km)	4/80 000 – 5/100 000
Fiabilité présumée	✱ ✱ ✱ ✱ ✰
Cycle de remplacement	2011
Ventes 2007 ↘ 23%	Québec : 1103
Protection collision frontale conducteur/passager latérale avant/arrière retournement 2rm/4rm	✱ ✱ ✱ ✱ ✱ / ✱ ✱ ✱ ✱ ✱ ✱ ✱ ✱ ✱ / ✱ ✱ ✱ ✱ ✱ ✱ ✱ ✱ ✱ / n.a.

À RETENIR

Nouveautés 2009	retouches esthétiques, jantes de 17 pouces, phares antibrouillard et Bluetooth de série
Principales concurrentes	Chevrolet Cobalt/SS, Honda Civic/Si, Subaru Impreza/2.5GT

- Garantie supérieure à Honda
- Accessoires distinctifs
- Agrément de conduite

- Position de conduite étrange
- Moteur qui s'exploite dans le haut du compte-tours
- Similarités avec la Civic

Pour égayer des consommateurs de plus en plus blasés, l'industrie automobile s'est largement employée au cours des dernières années à multiplier les catégories, la dernière en liste étant les multisegments.

À n'en point douter, ce créneau est devenu un segment à part entière. Il affiche un taux de croissance dont les ventes finiront par dépasser celles combinées des VUS et des fourgonnettes. Hormis les portières coulissantes, les multi-segments proposent, eux aussi, un habitacle taillé pour les voyages en famille : toit panoramique, système de divertissement, hayon à commande électrique, et on en passe. Qui plus est, cette catégorie de véhicules reprend à son compte les bonnes idées des fourgonnettes et des utilitaires : position de conduite surélevée, transmission intégrale, capacité de remorquage, etc. Bref, les multisegments s'approprient et concilient ce qu'il y a de mieux de ces deux mondes.

UN PHYSIQUE D'ATHLÈTE

Le volume bien proportionné du MDX ne laisse pas deviner sa taille réelle. Même en retenant son souffle, le MDX a toutes les misères du monde à se faufiler dans un garage sous-terrain. Malgré son physique d'athlète olympique, l'accès à bord ne pose pas véritablement de problème et personne ne se plaindra de ne pas profiter de marchepieds. L'espace à bord se révèle très généreux. Toutefois, comme la plupart des multisegments, la troisième rangée en est une de dé-pannage. Qui plus est, pour gagner cette troisième rangée, il faut presque l'agilité d'une gymnaste. Même si tout est mis en oeuvre pour faciliter l'accès ou la sortie de cette obscure section du véhicule, reste que l'exercice est loin d'être aussi commode qu'à bord de son cousin Honda Pilot.

La portion médiane du véhicule, ou si vous préférez la deuxième rangée de sièges, est nettement plus accueillante et confortable, à la condition toutefois d'être limitée à deux adultes seulement. Comme dans la trop grande majorité des véhicules, la place centrale est un peu limite en matière

de dégagement pour les jambes. Bref, il vaut mieux n'être pas plus que deux personnes à l'arrière pour apprécier les longs voyages. Dans le coffre, l'espace cargo est honnête, sans plus. Par ailleurs, le MDX réalise pratiquement un sans-faute au chapitre de la qualité de la présentation intérieure. Même s'il a encore du mal à définir son identité face à ses rivaux japonais et allemands, le MDX propose des espaces de rangement pratiques et un équipement de série relevé.

UN MOTEUR TYPIQUEMENT ACURA

Très vifs, les 300 chevaux du V6 de 3,7 litres s'élancent avec beaucoup d'aisance. Toutefois, comme la plupart des mo-teurs signés Acura, il produit son couple à un régime de rotation passablement élevé (5000 tours/minute). Résultat : la boîte automatique réagit mal en s'empressant trop rapidement d'escalader ses cinq rapports. Malgré tout, ce moteur permet au MDX d'offrir l'un des meilleurs temps d'accélération et de reprises avec la consommation la plus raisonnable de la catégorie, à moteur V6 bien sûr.

Sur la route, son châssis particulièrement rigide, sa trans-mission intégrale et sa direction à l'assistance correctement dosée en font un redoutable joueur de coin sur le bitume. Même s'il propose une certaine douceur de roulement quand la route est lisse, la dureté des amortisseurs trahit son caractère sportif lorsque la chaussée se dégrade. Par contre, les réglages de la suspension maîtrisent les mouvements de caisse avec un aplomb étonnant et contribuent large-ment au plaisir de se retrouver derrière son volant. Comprenons-nous bien, le MDX n'affiche pas le même dynamisme qu'un Porsche Cayenne ou un BMW X5, mais il n'en est pas très loin. En conduite coulée, pour ne pas dire détendue, le MDX est rarement décevant. Mais un moteur plus énergique à bas régime pourrait lui faire gagner des points. Malgré ses gommes collantes de 18 pouces, il faut quand même apprendre à respecter les limites du MDX, et ses 2000 kg ont tôt fait de nous rappeler à l'ordre. Heureusement, les systèmes d'aide à la conduite veillent au grain. Sans oublier la sophistication de son rouage intégral qui est dérivé du système SH-AWD de la berline RL. Ce mécanisme répartit le couple non seulement entre les roues avant et arrière, mais également entre les roues arrière gauche et droite afin de maintenir une tenue de route plus précise.

En conclusion, le MDX propose une fourchette de prix serrée et un rapport prix-accessoires des plus attrayant. En tout cas, il semble plus avantageux de se procurer ce multi-segment japonais que des modèles concurrents allemands dont le jeu des options fait grimper la facture trop rapidement. ▌▌▌ **JEAN-FRANÇOIS GUAY**

Le MDX n'affiche pas le même dynamisme qu'un Porsche Cayenne ou un BMW X5, mais il n'en est pas très loin

ACURA MDX

DIMENSIONS ET VOLUMES

Empattement (mm)	2750
Longueur (mm)	484
Largeur (mm)	1994
Hauteur (mm)	1733
Volume intérieur (L)	4023
Volume du coffre (min./max.) (L)	424 / 2362
Capacité du réservoir de carburant (L)	79,5
Fourchette de poids (kg)	2057 - 2082

CHÂSSIS

Mode	intégral
Suspension av. - arr.	indépendante
Freins av. - arr.	disques
Capacité de remorquage min. - max. (kg)	2269
Direction - diamètre de braquage (m)	crémaillère - 11,46
Pneus	255/55R18

PERFORMANCES

Modèle à l'essai	MDX Technologie
Moteur	V6 SACT 3,7 litres
Puissance (ch. à tr/min)	300 - 6000
Couple (lb-pi à tr/min)	275 - 5000
Transmission	automatique 5 rapports
Autres transmissions	aucune
Accélération 0-100 km/h (sec.)	8,33
Reprises 80-115 km/h (sec.)	5,37
Distance de freinage 100-0 km/h (m)	38,8
Niveau sonore à 100 km/h	✖ ✖ ✖ ✎
Vitesse maximale (km/h)	200
Consommation réalisée au cours de l'essai (L/100 km)	13,8
Gaz à effet de serre	
Autres moteurs	aucun

CE QU'IL FAUT SAVOIR

Fourchette de prix ($)	**52 500 – 62 200 (2008)**
Marge de profit du concessionnaire (%)	8,70
Transport et préparation ($)	1855
Consommation ville - route (L/100 km)	**15,8 – 11,9**
Essence recommandée	super
Versions offertes	Base, Technologie, Elite
Carrosserie	multisegment 5 portes
Lieu d'assemblage	Canada
Valeur résiduelle	✶ ✶ ✶ ✶
Garanties : de base - motopropulseur (an/km)	4/80 000 – 5/100 000
Fiabilité présumée	✶ ✶ ✶
Cycle de remplacement	2012
Ventes 2007 ↗ 45 %	Québec : 919

Protection collision
frontale conducteur/passager ✶ ✶ ✶ ✶ ✶ / ✶ ✶ ✶ ✶ ✶
latérale avant/arrière ✶ ✶ ✶ ✶ ✶ / ✶ ✶ ✶ ✶ ✶
retournement 2rm/4rm n.a. / ✶ ✶ ✶ ✶

À RETENIR

Nouveautés 2009	**aucun changement majeur**
Principales concurrentes	**Audi Q7, Infiniti FX, Lexus RX, Volkswagen Touareg, Volvo XC90**

• Sa tenue de route
• La vivacité de son moteur
• Son rapport équipement-prix

• Sa suspension sèche
• L'arrivée tardive du couple moteur
• À quand une boîte à 6 rapports ?

UN CAS DÉSESPÉRÉ

Pas la peine de tourner autour du pot : la RL ne fait pas le poids face aux ténors de sa catégorie. Et elle ne le fera pas davantage en 2009, malgré les retouches apportées par ses concepteurs visiblement contraints de faire flèche de tout bois.

Chose certaine, la direction d'Acura n'a visiblement pas tiré de leçons des expériences passées et doit aujourd'hui composer avec une RL qui se trouve à des kilomètres des attentes de la clientèle en matière de volume intérieur. Sceptique ? Voici des chiffres susceptibles de vous confondre. Par rapport à une berline Accord (Honda), la RL est physiquement plus courte, plus étroite et plus basse. À l'intérieur, hormis le dégagement pour la tête à l'arrière où elle fait jeu égal avec l'Accord, la RL est éclipsée dans tous les autres domaines. Y compris le volume du coffre. Pis encore, impossible d'empiéter dans l'habitacle, puisque le dossier de la banquette de la RL refuse de s'escamoter pour accroître l'espace utilitaire. Au mieux, pourrez-vous glisser vos skis (vous faites du ski, n'est-ce pas ?) dans l'interstice pratiqué derrière l'accoudoir central.

De l'espace, vous en trouverez par contre dans votre portefeuille, puisque la RL coûte cher, très cher. À ce prix, vous êtes assuré de bénéficier de tous les accessoires qui rendent la vie quotidienne plus agréable, mais est-ce suffisant ? Sans doute pas, puisque pour 2009, la RL adopte de nouvelles technologies de connectivité (reconnaissance de voix améliorée, par exemple), un régulateur de vitesse intelligent (il veille à maintenir une distance de sécurité avec le véhicule qui vous précède), des appuie-têtes actifs et un volant « type F1 » avec sélecteurs au volant pour ne nommer que ceux-là. De multiples sparadraps, mais la plaie est trop grande. Ces transformations intérieures s'expriment également de l'extérieur, puisque la RL adopte autant que faire se peut les nouveaux codes esthétiques de la marque, comme en témoigne sa calandre « guillotine ».

INTÉGRALEMENT VÔTRE

En dépit de qualités routières bien réelles et de sa conception qui reflète « le gros bon sens » (absence de V8) des dirigeants d'Acura, la RL a du mal à jouer les trouble-fête dans la catégorie des berlines de luxe.

Pour attirer votre attention (et vos dollars), la RL mise sur l'innovation technologique. Les ingénieurs ont apporté certaines modifications au système à rouage intégral SH-AWD (Super Handling-All Wheel Drive) afin de rendre son temps de réaction encore plus rapide. Pour mémoire, rappelons que ce dispositif a la prétention de considérablement atténuer le sous-virage parfois chronique qui affecte les véhicules dotés d'un rouage intégral à prise temporaire. C'est-à-dire ? Les dispositifs qui « balancent » une partie du couple aux roues adhérentes. De plus, le dispositif développé par Acura permet, à l'aide de capteurs électroniques, de mesurer l'angle de braquage du volant, la vitesse du véhicule et l'accélération latérale pour diriger le couple à bon escient. Enfin, le différentiel arrière est doté d'une fonction additionnelle qui permet d'augmenter, dans les virages, la vitesse de rotation de la roue extérieure (jusqu'à concurrence de 5 %) pour permettre d'augmenter la vitesse de passage. Compliqué, tout ça, mais l'important à retenir est que ça fonctionne superbement bien.

Au volant, les virages sont abordés en toute confiance et la RL maintient le cap sans nécessiter la moindre correction de trajectoire. Ses pneus plus performants (des 18 pouces plus agressifs que les 17 autrefois offerts), sa direction plus précise et ses éléments suspenseurs plus raffinés font la part encore plus belle à la tenue de route. Vive, facile à prendre en main, rapide et sûre, quel que soit le rythme adopté par le conducteur, la quiétude règne à bord. Silence (on perçoit à peine le ronronnement du V6) et confort embellissent la vie des passagers.

Le V6 d'une cylindrée de 3,7 litres (dérivé du 3,5 offert l'an dernier) fait sans doute tourner un seul arbre à cames dans sa tête, mais livre désormais 300 chevaux et 271 livres-pieds de couple. C'est 10 chevaux et 15 livres-pieds de plus que sur la mécanique antérieure. Des gains obtenus en augmentant la cylindrée bien sûr, mais en adoptant aussi un dispositif de calage des soupapes et en augmentant le taux de compression. C'est plus de puissance et de couple que ceux livrés par les moteurs six cylindres concurrents, mais cet avantage ne se traduit pas par de meilleurs temps d'accélération. En outre, ce moteur retient toujours les services d'une transmission semi-automatique à cinq rapports, au rendement irréprochable certes, mais tout de même en déficit par rapport à la concurrence qui en compte six, parfois même sept.

Sur papier, les multiples retouches apportées cette année impressionnent, mais ne suffisent pas à projeter la RL à l'avant-scène de cette catégorie pour autant. Meilleure chance la prochaine fois. ❚❚❚ **ÉRIC LEFRANÇOIS**

Talentueuse à plusieurs égards, la RL n'est jamais parvenue à frayer avec le beau linge de la catégorie

DIMENSIONS ET VOLUMES

Empattement (mm)	2800
Longueur (mm)	4973
Largeur (mm)	1847
Hauteur (mm)	1455
Volume intérieur (L)	2803
Volume du coffre (min./max.) (L)	371
Capacité du réservoir de carburant (L)	73,7
Fourchette de poids (kg)	1852 - 1864

CHÂSSIS

Mode	intégral
Suspension av. - arr.	indépendante
Freins av. - arr.	disques
Capacité de remorquage min. - max. (kg)	non recommandé
Direction - diamètre de braquage (m)	crémaillère - 12,1
Pneus	245/45R18

PERFORMANCES

Modèle à l'essai	RL Technologie
Moteur	V6 SACT 3,7 litres
Puissance (ch. à tr/min)	300 - 6300
Couple (lb-pi à tr/min)	271 - 5000
Transmission	semi-automatique 5 rapports
Autres transmissions	aucune
Accélération 0-100 km/h (sec.)	7 (estimé)
Reprises 80-115 km/h (sec.)	4,5 (estimé)
Distance de freinage 100-0 km/h (m)	39,6
Niveau sonore à 100 km/h	✗ ✗ ✗ ✗
Vitesse maximale (km/h)	225
Consommation réalisée au cours de l'essai (L/100 km)	n.a.
Gaz à effet de serre	
Autres moteurs	aucun

CE QU'IL FAUT SAVOIR

Fourchette de prix ($)	**63 900 – 69 500 (2008)**
Marge de profit du concessionnaire (%)	8,70
Transport et préparation ($)	1825
Consommation ville - route (L/100 km)	**14,9 - 10,8 (2008)**
Essence recommandée	super
Versions offertes	Base, Technologie, Elite, Elite Technologie
Carrosserie	berline 4 portes
Lieu d'assemblage	Japon
Valeur résiduelle	★ ★ ★
Garanties : de base - motopropulseur (an/km)	4/80 000 - 5/100 000
Fiabilité présumée	★ ★ ★ ★
Cycle de remplacement	2010
Ventes 2007 ↘ 31 %	Québec : 30
Protection collision frontale conducteur/passage	★ ★ ★ ★ ★ / ★ ★ ★ ★ ★
latérale avant/arrière	★ ★ ★ ★ ★ / ★ ★ ★ ★ ★
retournement 2rm/4rm	n.a. / ★ ★ ★ ★ ★

À RETENIR

Nouveautés 2009	**nouvelle génération présentée en cours d'année**
Principales concurrentes	**Audi A6, BMW Série 5, Cadillac STS, Lexus GS, Infiniti M, Mercedes Classe E, Volvo S80**

+
- L'efficacité et l'intelligence de son rouage intégral
- Le silence qui règne dans l'habitacle
- L'équilibre général de son comportement

−
- La valeur de revente peu élevée
- Le volume intérieur et du coffre
- L'important diamètre de braquage

BAS LES MASQUES

Acura est-elle réellement une marque de luxe ? Avant même d'en avoir conduit une, plusieurs puristes ont déjà décidé que non. Ceux-là ne considèrent encore aujourd'hui les produits frappés d'un A stylisé que comme des Honda ennoblies. Et les origines plébéiennes du RDX leur donnent en partie raison : sous la carrosserie du RDX se camoufle l'architecture du Honda CR-V. Doit-on s'en offusquer et le qualifier d'entrée de jeu de faux noble ?

Son rouage intégral sophistiqué ainsi que ses accessoires de luxe font du RDX le sportif en crampons de la marque japonaise. Cela se confirme par la présence d'un moteur quatre cylindres suralimenté par turbocompresseur. Avec 240 chevaux, le RDX possède, sur papier, assez de puissance pour déboulonner le X3 de BMW, sa cible avouée. Mais le prix ? Pas aussi compétitif que souhaité.

Alors, ne nous laissons pas endormir par les beaux discours d'Acura : le RDX manque de noblesse et a du mal à s'élever au-dessus de certaines concurrentes roturières (Mazda CX-7 et Nissan Murano) plus qui ne craignent pas la comparaison avec lui. En d'autres mots, si le RDX vous intéresse, n'allez pas la comparer à des utilitaires de la haute : ce serait injuste. Les portières — dépourvues de toute protection extérieure — s'ouvrent sur un habitacle au mobilier un peu lourd (intégralement noir sur notre véhicule d'essai, avec quelques accents de chrome), qui a pour seul avantage, dans l'esprit de certains de nos passagers à tout le moins, de faire sérieux. Dans l'ensemble, l'exécution et le choix des matériaux ne prêtent flanc à aucune critique, mais « l'acné juvénile », la surabondance d'accessoires dont sont atteints le tableau de bord et le volant désoriente un peu. Pas parce qu'il y en a plus que d'habitude : parce qu'il y en a toujours trop.

Trois cylindres inégaux accueillent les instruments de bord. Le conducteur (ou la conductrice) contemplera ce tableau impressionniste confortablement assis dans un baquet très invitant et dont les réglages sont nombreux. Un bonheur que le passager pourra maintenant pleinement partager : son baquet est cette année muni des réglages électriques. À l'arrière, il faut retenir son souffle pour se glisser sur la banquette, sous peine de salir ses vêtements contre les puits de roues. Une fois installé, le dégagement vous paraîtra suffisant pour voyager à deux sans devoir jouer du coude. Sur une note plus utilitaire, le hayon du RDX s'élève, mais pas la lunette arrière qui, en tout temps, demeure fixe. Le seuil peu élevé permet un bon accès au coffre.

RESPIRATEUR ARTIFICIEL

Pour nous vendre ses produits, la marque de luxe de Honda a régulièrement abordé des questions que la concurrence préfère souvent esquiver. Comme la consommation d'essence, thème incontournable pour justifier la présence d'un quatre cylindres suralimenté et non d'un V6. L'idée se défend très bien ; et même si le RDX ne s'abreuve que d'essence super, les économies à la pompe seront appréciables au fil des kilomètres, à condition de ne pas trop abuser. Car à fond la caisse, ce quatre cylindres en prend une pleine tasse.

Cela dit, au chapitre des performances générales, le RDX ne peut rivaliser en onctuosité avec un six cylindres. Plutôt linéaire, la montée en puissance du quatre cylindres s'accompagne d'une sonorité métallique assez désagréable. Les temps d'accélération sont dans la bonne moyenne, tout comme les reprises, mais il manque à cette mécanique une âme, une rondeur. La boîte semi-automatique à cinq rapports qui l'accompagne n'y change rien.

La direction extrêmement rapide et dont l'assistance est bien dosée permet de prendre les virages avec une précision étonnante — pour un utilitaire sport, s'entend. Une vivacité réjouissante qui contribue à l'agrément de conduite. Solidement accroché au bitume, le RDX met vite son conducteur en confiance, et il faut réellement pousser très fort pour mettre les aides à la conduite en état d'alerte et avoir une idée des bienfaits associés à ce rouage intégral.

La suspension veille, avec succès, à ce que la caisse ne se désunisse pas lorsque le pied droit se fait plus pressant sur l'accélérateur. Bien vu. En revanche, les incessantes trépidations observées à moins de 70 km/h sur une chaussée à peine déformée finissent par agacer, et le confort général en pâtit. D'autant plus que les pneus filtrent difficilement les bruits de roulement.

Au final, le RDX avance des arguments convaincants, mais ils ne suffisent pas à faire oublier aux habitués de BMW, Land Rover, Lexus, voire Infiniti, le manque de noblesse de la mécanique et le manque d'image de la marque. Peut-être fera-t-il réfléchir les acheteurs potentiels de Nissan Murano ou Mazda CX-7. ▌▌▌ **ÉRIC LEFRANÇOIS**

Son rouage sophistiqué et ses accessoires de luxe font du RDX un sportif en crampons

DIMENSIONS ET VOLUMES

Empattement (mm)	2650
Longueur (mm)	4590
Largeur (mm)	1870
Hauteur (mm)	1655
Volume intérieur (L)	2871
Volume du coffre (min./max.) (L)	788 / 1716
Capacité du réservoir de carburant (L)	68
Fourchette de poids (kg)	1782 - 1787

CHÂSSIS

Mode	intégral
Suspension av. - arr.	indépendante
Freins av. - arr.	disques
Capacité de remorquage min. - max. (kg)	680
Direction - diamètre de braquage (m)	crémaillère - 11,94
Pneus	235/55R18

PERFORMANCES

Modèle à l'essai	RDX Technologie
Moteur	L4 turbo DACT 2,3 litres
Puissance (ch. à tr/min)	240 - 6000
Couple (lb-pi à tr/min)	260 - 4500
Transmission	semi-automatique 5 rapports
Autres transmissions	aucune
Accélération 0-100 km/h (sec.)	7,82
Reprises 80-115 km/h (sec.)	4,82
Distance de freinage 100-0 km/h (m)	40,6
Niveau sonore à 100 km/h	✕ ✕ ✕
Vitesse maximale (km/h)	210
Consommation réalisée au cours de l'essai (L/100 km)	12,4
Gaz à effet de serre	⚒ ⚒ ⚒
Autres moteurs	Aucun

CE QU'IL FAUT SAVOIR

Fourchette de prix ($)	41 400 - 45 100 (2008)
Marge de profit du concessionnaire (%)	8,7
Transport et préparation ($)	1825
Consommation ville - route (L/100 km)	10,7 - 13,8
Essence recommandée	super
Versions offertes	Base, Technologie
Carrosserie	multisegment 5 portes
Lieu d'assemblage	États-Unis
Valeur résiduelle	✳ ✳ ✳
Garanties : de base - motopropulseur (an/km)	4/80 000 - 5/100 000
Fiabilité présumée	✳ ✳ ✳ ✳
Cycle de remplacement	2011
Ventes 2007 ↗ 170%	Québec : 717

Protection collision
frontale conducteur/passager	✳ ✳ ✳ ✳ / ✳ ✳ ✳ ✳ ✳
latérale avant/arrière	✳ ✳ ✳ ✳ / ✳ ✳ ✳ ✳ ✳
retournement 2rm/4rm	na / ✳ ✳ ✳ ✳

À RETENIR

Nouveautés 2009	siège passager avant électrique, nouvelles couleurs
Principales concurrentes	BMW X3, Land Rover LR2, Mercedes GLK, Volvo XC60

- Le rapport qualité-prix-équipements-performance
- La direction rapide et incisive
- Le confort des baquets avant

- L'acné du tableau de bord et du volant
- Les sautillements des suspensions sous les 70 km/h
- Le manque de noblesse mécanique

MÊME LES FAUVES PERDENT LEURS DENTS

À en juger par les lignes de la nouvelle TL, la quatrième du nom, les stylistes d'Acura ont repris goût à la planche à dessin. Cette carrosserie découpée au ciseau enveloppe une architecture qui, pour la première fois, permet d'accueillir un rouage à quatre roues motrices identique à celui que l'on retrouve dans sa grande sœur RL.

La dernière refonte remontait à 2004. À l'époque, la TL n'avait pas traîné pour devenir la référence des berlines sport japonaises. Alors que Lexus cherchait sa voie avec l'IS et qu'Infiniti tardait à offrir un rouage intégral sur la G35, la TL, malgré l'effet de couple provoqué par ses roues avant motrices, représentait la plus sérieuse rivale des BMW Série 3 et Mercedes Classe C du temps. Cette troisième génération avait permis, notamment, à Acura d'imposer sa nouvelle signature visuelle avec une calandre inspirée des belles italiennes d'Alfa Romeo. Depuis, on retrouve cette calandre taillée au couteau sur tous les modèles Acura. Une calandre si atypique qu'elle permet de reconnaître un véhicule Acura à cent lieux.

DES DIMENSIONS ACCRUES

En 2009, le design de la nouvelle TL va plus loin avec des formes encore plus cisaillées. En reprenant et en accentuant davantage les éléments visuels de sa petite sœur TSX, récemment remodelée, les lignes de la TL donnent un bon aperçu des futurs modèles Acura. Plus longue et plus large que la génération antérieure, la nouvelle TL offre un meilleur dégagement aux occupants de la banquette arrière et un coffre digne de ce nom. Ces dimensions accrues lui permettent de se positionner entre les Série 3 et Série 5 de BMW. Bonne ou mauvaise décision ? Cela dépend de la vision de chacun. De leur côté, les représentants d'Acura semblent satisfaits de ce virage puisque la grande habitabilité de la TL lui permet de ratisser plus large et de laisser plus de place à la TSX. Par contre, la TL prend du poids, ce qui se traduit par un comportement routier moins dynamique, voire plus aseptisé. En effet, il nous a semblé que la nouvelle mouture a perdu un peu de son bouillant caractère pour plaire à un plus grand public. Même chose avec la TSX, qui a délaissé les espadrilles de course pour des souliers à talons.

UNE MÉCANIQUE DU DIMANCHE

Avant le dévoilement de la TL et de la TSX, on désignait, sans hésitation, les produits Acura comme étant les plus sportifs de l'industrie japonaise, alors que ceux de Lexus étaient jugés les plus pantouflards. Quant à Infiniti, disons que la marque de luxe de Nissan, mi-figue mi-raisin, a longtemps cherché son orientation pour enfin la trouver. Cette année, il semble que c'est au tour d'Acura de chercher son chemin en dévoilant des modèles plus empesés dont la ligne rouge des moteurs VTEC ne débute plus à 7500 tours/minute mais à 6000 ! Une donnée qui en dit long sur le remords des motoristes Honda. Trop souvent critiqué pour le manque de couple de ces moteurs à bas régime, Acura (et Honda) s'est plié aux demandes du marché en redirigeant le compte-tours vers le bas. La nouvelle TL est sur le point d'être commercialisée, et déjà on commence à s'ennuyer des bonnes vieilles motorisations stratosphériques d'Acura. Mais bon, il ne s'agit que d'une opinion, et c'est finalement la clientèle qui aura le dernier mot.

Côté mécanique, la TL reprend le rouage intégral de la RL. Baptisé SH-AWD, ce mécanisme alourdit la TL d'une centaine de kilos, mais il permet d'exploiter pleinement les 305 chevaux du moteur V6 de 3,7 litres qui l'accompagne de série. Moins puissantes, les versions tractées (à roues avant motrices) font appel aux services d'un V6 de 3,5 litres et 280 chevaux. Peu importe la mécanique, seule une boîte semi-automatique à cinq rapports est offerte. La direction d'Acura entend offrir une boîte manuelle, à compter de 2010, dont l'introduction devrait coïncider avec le dévoilement d'une version Type-S de 330 chevaux ou plus.

SUR LA ROUTE

Il n'y a aucun doute que la nouvelle TL est le compromis des compromis. Autant le comportement de l'ancienne génération était pointu, autant celui de la nouvelle livrée est d'une douceur exemplaire. On pourrait se fermer les yeux et croire qu'on roule en Lexus. Les ajustements de la suspension filtrent en silence et avec finesse les aspérités de la chaussée. De même, la direction est plus légère qu'auparavant, alors que l'effet de couple a pratiquement disparu. Seules la forme du volant et la présentation du tableau de bord, avec son envahissante console centrale où les commandes l'audio et de la ventilation s'entremêlent, nous rappellent que l'on conduit bien une Acura.
▌▌▌ JEAN-FRANÇOIS GUAY

En accentuant davantage les éléments visuels de sa petite sœur TSX,
les lignes de la TL donnent un bon aperçu des futurs modèles Acura

DIMENSIONS ET VOLUMES

Empattement (mm)	2775
Longueur (mm)	4961
Largeur (mm)	1880
Hauteur (mm)	1452
Volume intérieur (L)	n.d.
Volume du coffre (min./max.) (L)	371
Capacité du réservoir de carburant (L)	70
Fourchette de poids (kg)	1682 - 1808

CHÂSSIS

Mode	traction, intégral
Suspension av. - arr.	indépendante
Freins av. - arr.	disques
Capacité de remorquage min. - max. (kg)	non recommandé
Direction - diamètre de braquage (m)	crémaillère - 11,72
Pneus	245/50R17, 245/45R18 (SH-AWD) 245/40R19 (option)

PERFORMANCES

Modèle à l'essai	TL SH-AWD
Moteur	V6 SACT 3,7 litres
Puissance (ch. à tr/min)	305 - 6200
Couple (lb-pi à tr/min)	275 - 5000
Transmission	semi-automatique 5 rapports
Autres transmissions	aucune
Accélération 0-100 km/h (sec.)	7,55 (chrono manuel)
Reprises 80-115 km/h (sec.)	5,15 (chrono manuel)
Distance de freinage 100-0 km/h (m)	non mesurée
Niveau sonore à 100 km/h	✗ ✗ ✗ ✗
Vitesse maximale (km/h)	230
Consommation réalisée au cours de l'essai (L/100 km)	11,5
Gaz à effet de serre	
Autres moteurs	V6 3,5 litres (280 ch.)

CE QU'IL FAUT SAVOIR

Fourchette de prix ($)	non disponible
Marge de profit du concessionnaire (%)	8,7
Transport et préparation ($)	1825
Consommation ville – route (L/100 km)	13,1 - 8,6 (3,5 l) 13,9 - 9,1 (3,7 l)
Essence recommandée	super
Versions offertes	Base, Technologie, SH-AWD, SH-AWD Technologie
Carrosserie	berline 4 portes
Lieu d'assemblage	États-Unis
Valeur résiduelle	✶ ✶ ✶ ✶
Garanties : de base – motopropulseur (an/km)	4/80 000 – 5/100 000
Fiabilité présumée	inconnue
Cycle de remplacement	nouveau modèle 2009
Ventes 2007 ↘ 18 %	Québec : 792
Protection collision frontale conducteur/passager latérale avant/arrière retournement 2rm/4rm	non évaluée non évaluée non évaluée

À RETENIR

Nouveautés 2009	nouvelle génération plus spacieuse et plus confortable
Principales concurrentes	Audi A4, BMW Série 3, Cadillac CTS, Infini G35, Mercedes Classe C

+ • Sa suspension plus confortable
• Son habitabilité accrue
• Enfin un rouage intégral

− • Certaines commandes trop complexes
• Son caractère trop doux
• Sa silhouette discutable

DE MAL EN PIS

C'est avec une piété quasi filiale que la nouvelle TSX, deuxième du nom, copie les traits dominants de son aînée. Mais nous nous attendions à plus et à mieux. Toujours déficitaire côté image, la TSX agacera encore les puristes qui, depuis son entrée en scène en 2004, ne voient en elle qu'une Accord d'apparat. Une Accord « mais d'origine européenne », a réagi la direction d'Acura qui entend, dans un avenir prochain, « prendre ses distances » face aux créations de son bailleur de fonds.

Entre-temps, Acura, la marque de prestige de Honda, manque encore d'assurance et remplit avec plus ou moins de succès sa mission initiale, c'est-à-dire frayer avec l'élite automobile et susciter la convoitise des consommateurs désireux d'obtenir plus que « quatre roues et un volant ».

BONJOUR LES OPTIONS

Pour des usagers convaincus que les autos modernes offrent les mêmes performances techniques, la TSX avait des arguments à faire valoir. Acura a doté sa voiture d'un équipement digne d'elle, à condition d'y mettre le prix. En effet, contrairement à sa devancière, l'offre d'Acura se complique. Explications : à ses débuts, la TSX nous avait notamment séduits par son équipement complet et son prix unique. Les clients pouvaient même échanger sans frais la boîte manuelle (de série) contre une boîte automatique. Aussi bien faire notre deuil de cette époque, puisque la nouvelle se décline maintenant en trois livrées (Base, Premium et Technology). Le prix d'attaque est certes plus intéressant (32 900 $) que celui du modèle antérieur (36 200 $), mais ces économies se traduisent par l'abandon de certains équipements, dont les phares au xénon, le changeur de disques compacts et la sellerie de cuir, pour ne nommer que ceux-là. Donc, pas d'économies à faire avec cette nouvelle version. On n'a donc pas le choix de se tourner vers la livrée Premium (vendue au même prix que le modèle 2008) et de bénéficier des mêmes équipements ; on obtiendra en prime une boussole...

Dès qu'on ouvre les portières, on ne peut faire autrement qu'éprouver des sentiments contradictoires. D'un côté, on apprécie immédiatement la qualité de fabrication irréprochable, le soin apporté aux détails. De l'autre, on se désole que les stylistes n'aient encore fait que du conventionnel. Une fois cette déception passée, on découvre une position de conduite irréprochable, des baquets joliment dessinés et une instrumentation à la fois complète et facile à consulter. Et si le volume intérieur a progressé (+ 110 litres), la capacité du coffre, elle, a diminué. De 374 litres, elle est passée à 357, soit 17 de plus qu'une Civic...

UN DIÉSEL EN COURS D'ANNÉE

Comme c'est souvent le cas chez Acura, la mécanique séduit par son brio et sa souplesse. Moins puissant (201 par rapport à 205 chevaux), le quatre cylindres de 2,4 litres donne envie de faire grimper l'aiguille du compte-tours qui, elle, ne demande que cela. Tant mieux, puisque ce ne sont pas les 8 livres-pieds de couple supplémentaires qui font une différence. Surtout que la TSX pèse une cinquantaine de kilos de plus. C'est donc dire que sous les 3000 tours/minute, ce moteur peine toujours à se relancer, forçant le pilote à rétrograder d'un rapport ou deux pour maintenir le rythme. Par chance, le levier de la boîte manuelle à six rapports se laisse guider avec beaucoup d'aisance. Un — petit — exploit digne de mention : cette nouvelle mouture de la TSX consomme moins d'essence que son aînée. Sur un combiné ville-route, la nouvelle consomme 8,75 L/100 km, comparativement à 9 L/100 km pour l'ancienne.

Sur le plan dynamique, le châssis de la TSX est habilement réglé. Sain, équilibré, prévisible : autant de qualificatifs qui collent au comportement routier de cette Acura. Si elle ne demande qu'à être menée à bonne allure, cette berline se garde bien de nous faire vivre pleinement les sensations qui vont avec. Mais peut-on véritablement dire qu'il s'agit là d'un défaut, dans la mesure où la tendance actuelle dans ce segment est aux berlines plus bourgeoises, plus faciles à conduire ? Dans ce domaine, le dispositif de stabilité électronique fait de l'excellent travail et chaque intervention se fait avec souplesse et rapidité. Pour plus d'émotions, il est toujours possible de mettre cet « ange gardien » hors d'usage en appuyant sur une touche au tableau de bord. Ce faisant, peut-être allez-vous réaliser que les pneumatiques manquent un peu de mordant dans les virages négociés rapidement, et regretter l'absence d'un rouage intégral qui ne viendra probablement jamais. D'ailleurs, même si sa direction permet de prendre les virages avec précision, elle ne transmet cependant pas d'informations qui permettraient de bien sentir l'adhérence. Par contre, la TSX vous invite parfois à vous y reprendre pour la garer en raison de son rayon de braquage plus grand que celui de certaines fourgonnettes.

Au final, Acura fabrique de bons véhicules, parfois astucieux, souvent raisonnés, mais visiblement ne sait plus les rendre aussi craquants qu'autrefois. À moins qu'une TSX type-S... **⫶⫶⫶ ÉRIC LEFRANÇOIS**

DIMENSIONS ET VOLUMES

Empattement (mm)	2705
Longueur (mm)	4726
Largeur (mm)	1840
Hauteur (mm)	1440
Volume intérieur (L)	2677
Volume du coffre (min./max.) (L)	357
Capacité du réservoir de carburant (L)	70
Fourchette de poids (kg)	1549 - 1581

CHÂSSIS

Mode	traction
Suspension av. - arr.	indépendante
Freins av. - arr.	disques
Capacité de remorquage min. - max. (kg)	454
Direction - diamètre de braquage (m)	crémaillère - 11,2
Pneus	225/50R17

PERFORMANCES

Modèle à l'essai	TSX Technologie
Moteur	L4 DACT 2,4 litres
Puissance (ch. à tr/min)	201 - 7000
Couple (lb-pi à tr/min)	172 - 4300
Transmission	manuelle 6 rapports
Autres transmissions	semi-automatique 5 rapports
Accélération 0-100 km/h (sec.)	7,52
Reprises 80-115 km/h (sec.)	5,17
Distance de freinage 100-0 km/h (m)	41,9
Niveau sonore à 100 km/h	✖ ✖ ✖
Vitesse maximale (km/h)	210
Consommation réalisée au cours de l'essai (L/100 km)	8,75
Gaz à effet de serre	
Autres moteurs	aucun

CE QU'IL FAUT SAVOIR

Fourchette de prix ($)	**32 900 - 39 000**
Marge de profit du concessionnaire (%)	8,7
Transport et préparation ($)	1725
Consommation ville - route (L/100 km)	**10,9 - 7,6 (aut.)** **11,7 - 8,5 (man.)**
Essence recommandée	super
Versions offertes	Base, Premium, Technologie
Carrosserie	berline 4 portes
Lieu d'assemblage	Japon
Valeur résiduelle	★ ★ ★ ★ ★
Garanties : de base - motopropulseur (an/km)	4/80 000 - 5/100 000
Fiabilité présumée	★ ★ ★ ★
Cycle de remplacement	nouveau modèle 2009
Ventes 2007 ↘ 30%	Québec : 398
Protection collision frontale conducteur/passager latérale avant/arrière retournement 2rm/4rm	★ ★ ★ ★ ★ / ★ ★ ★ ★ ★ ★ ★ ★ ★ ★ / ★ ★ ★ ★ ★ ★ ★ ★ ★ ★ / n.a.

À RETENIR

Nouveautés 2009	nouvelle génération, plus spacieuse et confortable, puissance à bas régime
Principales concurrentes	Lincoln MKZ, Nissan Maxima, Saab 9-3, VW Passat, Volvo S40

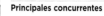

- Bonne habitabilité
- Finition sérieuse
- Moteur diésel à venir

- Volume du coffre
- Diamètre de braquage
- Embonpoint

SOIS BELLE ET TAIS-TOI ?

En 2004, elle fut la première de toute une nouvelle génération d'Aston Martin à voir le jour. Encore plus suave et plus jolie que sa devancière la DB7, la DB9 a vitement rejoint la courte liste des plus belles voitures du monde. Même les plus célèbres designers lui accordaient toujours une place de choix dans les palmarès consacrés aux plus belles réalisations automobile.

ASTON MARTIN
DB9/VOLANTE

Fort heureusement, la DB9 n'était pas du genre « sois belle et tais-toi » et savait faire monter le taux d'adrénaline de n'importe quel passionné de voitures d'exception. Cinq ans plus tard, j'ai renoué avec cette Aston qui m'avait tant impressionné à ses débuts. Le style évidemment n'a pas changé d'un iota, mais sous son enveloppe, la voiture a suivi le progrès avec un certain nombre de mises à jour.

Rappelons en premier lieu que la DB9 a inauguré la nouvelle usine Aston Martin à Gaydon, dans le Warwickshire, ouvrant la porte aux DBS et V8 Vantage aussi décrites dans ce livre. Tant au point de vue des performances que du prix, la DB9 se situe en milieu de gamme, au-dessus de la V8 Vantage, mais sous la récente DBS. Je vous avoue bien humblement que je suis incapable de mémoriser la différence entre la DB9 et la V8 Vantage tellement elles se ressemblent. Le renouvellement de voitures aussi bien tournées ne sera pas facile pour les stylistes d'Aston Martin. Mais, n'anticipons pas et voyons ce à quoi on doit s'attendre de la voiture en titre.

L'ÉQUILIBRE PARFAIT

Le moteur V12 de 6 litres et 470 chevaux a tout ce qu'il faut pour se faire aimer : une puissance relativement impressionnante, un couple qui déboule dès les 1500 tours/minute et une sonorité exquise. Que demander de plus à une GT comme la DB9 ! Car c'est d'abord à une GT qu'on a affaire, et pour le sport, il est recommandé de se tourner vers la V8 Vantage. La DB9 ne manque pas d'agilité, ce dont elle a grandement besoin avec des dimensions assez terrifiantes dans des stationnements serrés. C'est sa légèreté attribuable à l'usage d'aluminium (châssis et carrosserie) et de matériaux composites (ailes et capot avant) qui donnent à la voiture sa surprenante maniabilité. Elle bénéficie du même coup d'une répartition du poids (50-50) idéale et d'un châssis très rigide. Le fait d'avoir placé la boîte de vitesses à l'arrière tout en utilisant un arbre de transmission en fibre de carbone a permis ce parfait équilibre des masses.

Je me souviens de l'avoir poussé à près de 150 mph (240 km/h) sur une route rectiligne de la Californie près de la frontière mexicaine, un geste sans doute illégal, mais qui est parfaitement dans les cordes de la DB9, tant sur le plan des performances que de la sécurité.

ASTON À L'ÉCOUTE

Quelques mois après ma première rencontre avec cette Aston Martin, j'avais voulu en acheter une d'occasion pour me rendre compte qu'après seulement 8000 km, la voiture souffrait de bruits de caisse et autres petits bobos qui avaient refroidi mon enthousiasme. Cinq ans plus tard, il est facile de se rendre compte que la DB9 a subi les correctifs qui s'imposaient. Même les sièges que j'avais trouvés indûment fermes ont été remodelés et la console centrale affiche une meilleure ergonomie des commandes. La boîte de vitesses manuelle à six rapports s'est aussi ajoutée à la transmission automatique traditionnelle dont les rapports peuvent néanmoins être sélectionnés au moyen de palettes « faire semblant ». Le seul détail qui a échappé aux responsables de la DB9, c'est son coffre arrière de seulement 186 litres qui vous obligera à abandonner le golf au profit du tennis tellement l'espace s'y fait rare. Et c'est loin d'être mieux dans le cabriolet dont j'allais oublier de vous entretenir. Sous l'étiquette Volante, cette Aston Martin est également proposée en version découverte avec des arceaux de sécurité qui se déploient advenant un capotage. Et sachez que son toit souple peut être ouvert ou fermé en seulement 17 secondes pendant que la voiture roule sous les 30 km/h. Bref, tout se fait rapidement dans une Aston Martin. ||| **JACQUES DUVAL**

Le parfait équilibre des masses repose sur la boîte de vitesses placée à l'arrière et reliée à un arbre de transmission en fibre de carbone

DIMENSIONS ET VOLUMES

Empattement (mm)	2745
Longueur (mm)	4710
Largeur (mm)	1875
Hauteur (mm)	1270
Volume intérieur (L)	n.d.
Volume du coffre (min./max.) (L)	350 (coupé)
Capacité du réservoir de carburant (L)	80
Fourchette de poids (kg)	1760 (coupé)

CHÂSSIS

Mode	propulsion
Suspension av. - arr.	indépendante
Freins av. - arr.	disques
Capacité de remorquage min. - max. (kg)	non recommandé
Direction - diamètre de braquage (m)	crémaillère - 12
Pneus	235/40R19 (av.) - 275/35R19 (arr.)

PERFORMANCES

Modèle à l'essai	DB9
Moteur	V12 DACT 6 litres
Puissance (ch. à tr/min)	470 - 6000
Couple (lb-pi à tr/min)	443 - 5000
Transmission	manuelle 6 rapports
Autres transmissions	semi-automatique 6 rapports
Accélération 0-100 km/h (sec.)	4,97
Reprises 80-115 km/h (sec.)	2,16
Distance de freinage 100-0 km/h (m)	34,8
Niveau sonore à 100 km/h	
Vitesse maximale (km/h)	306
Consommation réalisée au cours de l'essai (L/100 km)	19,5
Gaz à effet de serre	
Autres moteurs	aucun

CE QU'IL FAUT SAVOIR

Fourchette de prix ($)	195 000
Marge de profit du concessionnaire (%)	n.d.
Transport et préparation ($)	n.d.
Consommation ville - route (L/100 km)	23,7 - 15,2 (man.) 21,5 - 13,5 (aut.)
Essence recommandée	super
Versions offertes	Coupé, Volante
Carrosserie	coupé 2 portes, cabriolet 2 portes
Lieu d'assemblage	Angleterre
Valeur résiduelle	non évaluée
Garanties : de base - motopropulseur (an/km)	3/illimité - 3/illimité
Fiabilité présumée	non évaluée
Cycle de remplacement	inconnu
Ventes 2007 n.d.	Québec : n.d.
Protection collision frontale conducteur/passager	non évaluée
latérale avant/arrière	non évaluée
retournement 2rm/4rm	non évaluée

À RETENIR

Nouveautés 2009	moteur plus puissant (+ 20 ch.), châssis plus rigide, boîte automatique améliorée, calandre légèrement retouchée
Principales concurrentes	Jaguar XK, Ferrari 612 Scaglietti, Maserati Granturismo, Mercedes CL, Porsche 911

+ • Tout pour séduire
  • Accent sur le confort
  • V12 sublime

– • Belle, mais chère
  • Coffre minuscule
  • Un V12 assoiffé

À UNE MARCHE DE FERRARI

En cédant son auréole qu'était Aston Martin à un consortium privé au sein duquel on retrouve notamment l'ancien patron de l'écurie BAR de F1, David Richards, Ford a laissé partir ce qu'elle avait de plus précieux. Pour une poignée de dollars, le constructeur américain s'est départi d'une marque qui pourrait bien, à plus ou moins brève échéance, rejoindre Ferrari sur le podium des voitures sport et Grand Tourisme les plus désirables du monde.

ASTON MARTIN

ASTON MARTIN
DBS

C'est du moins l'impression que j'ai eue en prenant le volant du dernier joyau de la marque, la DBS. C'est, de très loin, la meilleure Aston Martin jamais construite, une opinion qui n'est pas le fait d'une brève randonnée en rase campagne, mais d'essais intensifs aussi bien sur route que sur piste. J'ai vécu quatre jours et 1000 km de pur bonheur au volant de ce coupé deux places qui prend la relève de la Vanquish au sommet de la gamme du petit constructeur britannique. Mon coup de cœur pour la DBS tient non seulement à sa beauté, mais aussi à l'absence chez elle de fautes majeures.

Pourtant, tout en les trouvant irrésistibles, je n'avais jamais vraiment craqué pour une Aston Martin. Je les trouvais fragiles, sujettes aux bruits de caisse et d'une fiabilité aléatoire. J'ignore ce qui attend la nouvelle DBS à ce dernier chapitre, mais elle semble sur la bonne piste.

La qualité maîtresse de cette Aston est son châssis solidifié par l'utilisation d'aluminium, de magnésium et de fibre de carbone, des matériaux qui trouvent également place dans la carrosserie, aussi bien à l'extérieur qu'à l'intérieur. En faisant appel à de telles composantes, la DBS prêche la légèreté, et, si l'on tient compte des disques de freins en céramique carbonés, l'économie de poids atteint les 60 kg. Au volant, il en résulte une tenue de route sublime et une rigidité qui, sur des revêtements délabrés, sont égales, sinon supérieures, aux normes allemandes en la matière. Bref, c'est du solide, un mot dont l'industrie automobile anglaise ne connaissait sans doute pas la signification avant aujourd'hui. Je blague, bien sûr.

Certains disent que les Aston commencent à avoir un air de famille trop prononcé, ce qui est à demi vrai, puisque la DBS est une parfaite réussite au plan aérodynamique. Témoin, cette façon dont les prises d'air et les galbes fluides s'intègrent au design sans jamais le mutiler.

EN AVANT LA MUSIQUE

La fête commence dès qu'on a inséré la clef surmontée d'un saphir (1500 $) dans la petite fente de la console centrale. Il suffit de la pousser pour entendre les premiers accords du V12 de 6 litres à quatre arbres à cames en tête qui réside sous le capot en position centrale avant. Il s'agit d'une version assagie du moteur de plus de 600 chevaux utilisé dans les DBR9 de compétition. Sur appel de l'accélérateur, ses 510 chevaux suffisent à vous enfoncer vigoureusement dans votre siège tout en faisant entendre une symphonie qui ne déplairait pas à l'oreille d'un mélomane averti comme Claude Gingras. Sous le capot encore, on admirera la barre anti-rapprochement, qui contribue elle aussi à la belle tenue en virage de cette Aston.

Détail anodin sans doute, il est arrivé à quelques reprises au moment de fermer le contact que la précieuse clé s'extirpe vivement de son logement pour venir choir sur la belle plaque d'aluminium qui encercle le levier de vitesses, y laissant de déplaisantes égratignures. En plus, selon l'angle du soleil, cette même plaque crée un effet miroir, causant des reflets aveuglants pour le conducteur. Parions que cette lacune sera corrigée rapidement. À cause d'abus antérieurs, dont un rôle

LA QUALITÉ MAÎTRESSE DE CETTE ASTON EST SON CHÂSSIS SOLIDIFIÉ PAR L'UTILISATION D'ALUMINIUM, DE MAGNÉSIUM ET DE FIBRE DE CARBONE. DES MATÉRIAUX QUE L'ON TROUVE AUSSI À L'EXTÉRIEUR ET À L'INTÉRIEUR DE LA CARROSSERIE.

de doublure dans le dernier James Bond, l'embrayage de ma voiture d'essai était en fin de course et difficile à moduler. Cela dit, le couple arrive en trombe autour de 3000 tours/minute et il suffit de 2,4 secondes pour être catapulté de 80 à 115 km/h. En début de production, seule la boîte manuelle à six rapports sera offerte, mais on aurait tort de s'en plaindre tellement son maniement est aisé. À vrai dire, je suis un peu las des boîtes robotisées, et c'est une mode qui, à mon avis, tire à sa fin.

La suspension multimode propose automatiquement cinq réglages différents, chacun correspondant à divers paramètres liés à votre façon de conduire. Il y a même un bouton pour la conduite sur piste *(track)*, celui que je me suis empressé d'enfoncer avant de m'engager sur le circuit du complexe ICAR à Mirabel. Malgré quelques sauts de mouton causés par les joints d'expansion après le premier virage, la DBS s'est montrée bourrée de talent après sept ou huit tours de piste. La direction permet de découper les virages au centimètre près, les accélérations en seconde sont foudroyantes, tandis que la tenue de route ne cesse de surprendre. Dans les longs virages à vive allure, il suffit de maintenir l'accélérateur à demi enfoncé pour voir l'arrière s'adonner à un pas de survirage tout simplement jouissif. Pour négocier l'épingle, il faut y aller d'un freinage en catastrophe afin de ralentir de 200 à environ 50 km/h en quelques mètres. C'est ici que l'endurance et l'efficacité des immenses disques céramique et carbone enfermés dans leurs roues de 20 pouces sont impressionnantes. Contrairement à une Maranello 575 essayée le jour précédent, le tangage m'a semblé mieux contrôlé et l'arrière a moins tendance à s'affaisser sous l'effet de fortes accélérations.

UN HABITACLE RICHEMENT POURVU

Une fois de retour dans la civilisation des contrôles radar, le débranchement du mode « course » de la suspension se traduit par un amortissement beaucoup plus souple qu'on note sans tarder. Le confort a alors droit de cité même si la voiture est un peu bruyante à une vitesse de croisière.

L'habitacle étale sa galerie de matériaux raffinés avec un pavillon et des contre-portes habillés d'Alcantara, une sellerie surpiquée, des boutons en aluminium véritable et, comble de tout, de la vraie fibre de carbone dans les accoudoirs ainsi que sur la console centrale.

Quelqu'un a déjà dit que la Porsche 911 était une voiture adorable justement à cause de ses petits défauts. On peut en arriver au même constat avec la nouvelle Aston Martin DBS ; elle vous donne un tel agrément de conduite qu'on arrive à lui pardonner ses petits travers, comme le bouton de mise en marche du moteur qui ne fonctionne pas toujours du premier coup, l'emplacement ultrasecret du bouton servant à déverrouiller la trappe du réservoir d'essence, l'illisibilité des petites fenêtres d'information situées dans les cadrans principaux tout comme la complexité du GPS et de ses nombreux complices. D'autres seront dérangés par des « anglaiseries » tels les boutons de lave-glaces qui fonctionnent à l'envers du bon sens (vers le haut pour abaisser les vitres et vers le bas pour les remonter), l'aiguille du compte-tours qui tourne vers la gauche ou les lave-phares qui débitent autant d'eau que les chutes du Niagara. Tout cela vous rappellera qu'il s'agit bel et bien d'une voiture anglaise, avec ses grandes qualités et ses petites incommodités. ▌▌ **JACQUES DUVAL**

DIMENSIONS ET VOLUMES

Empattement (mm)	2740
Longueur (mm)	4721
Largeur (mm)	1905
Hauteur (mm)	1280
Volume intérieur (L)	1414
Volume du coffre (min./max.) (L)	198
Capacité du réservoir de carburant (L)	79
Fourchette de poids (kg)	1695

CHÂSSIS

Mode	propulsion
Suspension av. - arr.	indépendante
Freins av. - arr.	disques
Capacité de remorquage min. - max. (kg)	non recommandé
Direction - diamètre de braquage (m)	crémaillère - 11,5
Pneus	245/35R20 (av.) - 295/30R20 (arr.)

PERFORMANCES

Modèle à l'essai	DBS
Moteur	V12 DACT 6 litres
Puissance (ch. à tr/min)	510 - 6500
Couple (lb-pi à tr/min)	420 - 5750
Transmission	manuelle 6 rapports
Autres transmissions	aucune
Accélération 0-100 km/h (sec.)	4,36
Reprises 80-115 km/h (sec.)	2,37
Distance de freinage 100-0 km/h (m)	36,4
Niveau sonore à 100 km/h	✗ ✗ ✗
Vitesse maximale (km/h)	307
Consommation réalisée au cours de l'essai (L/100 km)	20,9
Gaz à effet de serre	

Pour un essai son et images de cette voiture, procurez-vous le DVD
Prenez le volant de 12 voitures d'exception avec Jacques Duval.

CE QU'IL FAUT SAVOIR

Fourchette de prix ($)	**309 270**
Marge de profit du concessionnaire (%)	n.d.
Transport et préparation ($)	n.d.
Consommation ville - route (L/100 km)	**25,4 – 16,4**
Essence recommandée	super
Versions offertes	DBS
Carrosserie	coupé 2 portes
Lieu d'assemblage	Angleterre
Valeur résiduelle	★ ★ ★ ★ ★
Garanties : de base - motopropulseur (an/km)	3/illimité – 3/illimité
Fiabilité présumée	inconnue
Cycle de remplacement	nouveau modèle 2009
Ventes 2007 n.a.	Québec : n.a.
Protection collision frontale conducteur/passager	non évaluée
latérale avant/arrière	non évaluée
retournement 2rm/4rm	non évaluée

À RETENIR

Nouveautés 2009	**nouveau modèle**
Principales concurrentes	**Ferrari 599 GTB Fiorano, Lamborghini Murcielago, Mercedes McLaren SLR**

+ • Son et performances du V12 envoûtant
• Rigidité remarquable
• Bon équilibre confort-tenue de route

− • Certains accessoires déroutants
• Moteur goulu
• Coffre à usage restreint

97

L'ATHLÈTE DE LA FAMILLE

ASTON MARTIN
V8 VANTAGE

Si une Aston Martin à 300 000 $ vous rebute, que diriez-vous de payer la moitié moins pour rouler dans un coupé deux places ou un roadster du même constructeur ? C'est possible avec la nouvelle V8 Vantage, qui se pose en rivale directe d'une Porsche 911. Et ce n'est pas la sportivité qui lui fait défaut. C'est même l'athlète de la famille, celle au volant de laquelle on a envie de faire les pires folies.

On eût dit un flash-back, comme au cinéma. J'avais 20 ans, j'étais délinquant, fataliste et irresponsable, et je défiais les forces de l'ordre comme celles de la nature. Rivé au pare-chocs arrière d'une Aston Martin V8 coupé sur une route californienne où la plus longue ligne droite n'avait pas 100 m, je cherchais la moindre occasion de doubler mon collègue au volant de la version cabriolet de la même voiture. Tantôt à 100 km/h, tantôt à 200, le moteur de mon Aston se déchaînait tandis que la transmission Sportronic ne cessait de faire rebondir le compte-tours pour exploiter pleinement la moindre étincelle des 420 chevaux réfugiés sous le capot avant de ma monture.

Après 20 minutes de ce jeu dangereux, j'avais appris que la V8 Vantage est une des voitures sport les plus stimulantes qu'il m'a été donné de conduire. Pas question ici de grand tourisme, comme dans une DB9 ou une DBS. La petite Aston est une sportive accomplie qui, au cours du petit galop raconté ci-dessus, a fait un bond spectaculaire dans mon estime. En effet, mon premier essai avait été décevant ; les 380 chevaux promis semblaient avoir pris congé et le couple donnait l'impression d'être dosé à la petite cuillère. Il semble bien qu'Aston Martin en ait pris conscience, puisque son moteur V8 a vu sa cylindrée passer de 4,3 à 4,7 litres et la puissance de 380 à 420 chevaux. Quant au couple, il a progressé de 15 % à 346 livres-pieds. La liste des révisions est cependant beaucoup plus longue, de sorte qu'entre un modèle 2006 et 2009, c'est comme le jour et la nuit.

LA LÉGENDE RENAÎT

Quand on pense que la prestigieuse marque anglaise était au bord de l'abîme il y a sept ans avec une production d'une centaine de voitures à peine, il faut applaudir sa résurrection marquée par les 7300 voitures fabriquées l'an dernier. Sachant très bien que la ligne hautement appréciée des Aston actuelles devra un jour faire l'objet d'un restylage, la nouvelle direction a construit récemment un nouveau studio de design à Gaydon, en Angleterre, près de son usine. Sous une robe inchangée pour l'instant, la V8 reçoit en plus d'un surcroît de puissance, une boîte robotisée recalibrée et une suspension légèrement raffermie.

À une agilité incroyable, la voiture ajoute une précision de conduite exceptionnelle qui permet de conduire comme je l'ai raconté plus haut avec beaucoup d'aisance. Le contrôle de la traction n'intervient qu'en toute dernière instance, ajoutant au plaisir de négocier des virages serrés à vive allure. La rapidité de la boîte séquentielle est aussi fort appréciée dans ces conditions. La Vantage bondit littéralement d'un virage à l'autre avec célérité malgré la légère pause qu'accuse la transmission bimode. Et si jamais on traverse un tunnel, il faut s'empresser d'abaisser une fenêtre pour profiter de cet amplificateur naturel du son rageur du moteur V8. Notons au passage que le cabriolet, avec sa suspension adoucie qui abaisse d'un cran la précision de conduite, est carrément moins sportif que le coupé.

Comme tous les châssis en aluminium très rigides, les difformités de la route s'entendent davantage au volant de cette Aston Martin et la direction télescope aussi les inégalités du revêtement. Malgré une conduite débraillée, jamais les freins n'ont lâché prise.

LE REVERS DE LA MÉDAILLE

Au revers de la médaille, j'ai trouvé le starter un peu lent et la petite fenêtre de gauche incorporée à l'indicateur de vitesse est trop petite pour être lisible. La nationalité britannique de l'engin se manifeste aussi dans les commutateurs de glaces électriques qui fonctionnent à l'envers de la normale. Le confort des sièges ne conviendra pas non plus à tout le monde, et surtout, ils sont implantés beaucoup trop bas. Quant à la consommation moyenne de 14,6 litres aux 100, elle est strictement imputable à une conduite immodérée. Pour en prendre bonne note, Aston a prévu un joli stylo qui s'éjecte du tableau de bord près des nombreux espaces de rangement. Finalement, le pare-soleil est trop étroit pour être utile et le petit miroir sans rabat au revers vous renvoie la face d'un conducteur ébloui.

Même si je suis un porschiste engagé, je serais prêt à commettre une infidélité avec cette Aston Martin V8 coupé. Elle est aussi passionnante à conduire et sa ligne est irrésistible. Quant à la fiabilité, on verra... ▌▌▌ **JACQUES DUVAL**

Et en traversant un tunnel, ouvrez vite une fenêtre pour profiter de cet amplificateur naturel du son rageur du moteur V8

ASTON MARTIN V8 VANTAGE

DIMENSIONS ET VOLUMES

Empattement (mm)	2600
Longueur (mm)	4380
Largeur (mm)	1865
Hauteur (mm)	1255 (coupé)
Volume intérieur (L)	n.d.
Volume du coffre (min./max.) (L)	144 (cabriolet) / 300 (coupé)
Capacité du réservoir de carburant (L)	80
Fourchette de poids (kg)	1630 (coupé)

CHÂSSIS

Mode	propulsion
Suspension av. – arr.	indépendante
Freins av. – arr.	disques
Capacité de remorquage min. - max. (kg)	non recommandé
Direction - diamètre de braquage (m)	crémaillère - 11,1
Pneus	235/40R19 (av.) - 275/35R19 (arr.)

PERFORMANCES

Modèle à l'essai	Vantage V8
Moteur	V8 DACT 4,7 litres
Puissance (ch. à tr/min)	420 - 7000
Couple (lb-pi à tr/min)	346 - 4500
Transmission	manuelle 6 rapports
Autres transmissions	semi-automatique 6 rapports
Accélération 0-100 km/h (sec.)	5,2 (chrono manuel)
Reprises 80-115 km/h (sec.)	2,2 (chrono manuel)
Distance de freinage 100-0 km/h (m)	non mesurée
Niveau sonore à 100 km/h	
Vitesse maximale (km/h)	298
Consommation réalisée au cours de l'essai (L/100 km)	14,6
Gaz à effet de serre	
Autres moteurs	aucun

CE QU'IL FAUT SAVOIR

Fourchette de prix ($)	139 535
Marge de profit du concessionnaire (%)	n.d.
Transport et préparation ($)	n.d.
Consommation ville - route (L/100 km)	**n.d.**
Essence recommandée	super
Versions offertes	Coupé, Roadster
Carrosserie	coupé 2 portes, cabriolet 2 portes
Lieu d'assemblage	Angleterre
Valeur résiduelle	non évaluée
Garanties : de base - motopropulseur (an/km)	3/illimité - 3/illimité
Fiabilité présumée	non évaluée
Cycle de remplacement	inconnu
Ventes 2007 n.d.	Québec : n.d.
Protection collision frontale conducteur/passager latérale avant/arrière retournement 2rm/4rm	non évaluée non évaluée non évaluée

À RETENIR

Nouveautés 2009	la cylindrée du moteur passe de 4,3 à 4,7 litres, la puissance augmente de 380 à 420 chevaux, version RS à moteur V12 de 600 chevaux à venir
Principales concurrentes	Cadillac XLR, Chevrolet Corvette, Dodge Viper, Ferrari F430, Lamborghini Gallardo, Mercedes SL, Porsche 911

+ • Performances de haut niveau
 • Excellent comportement routier
 • Agrément de conduite garanti

− • Cabriolet moins sportif
 • Châssis en aluminium bruyant
 • Sièges trop bas

C'EST LOIN L'EUROPE ?

Audi

AUDI
A3

Par la faute d'un gouvernement trop tatillon au chapitre des normes de collision, l'Amérique du Nord ne sera pas témoin de la bataille qui oppose Audi à BMW sur le terrain des compactes haut de gamme. Snif ! Alors qu'en Europe, l'A3 se décline aussi en cabriolet et en trois portes — dont une version S pas piquée des vers —, seule la cinq portes rempile en Amérique du Nord pour 2009, non sans avoir fait l'objet de certaines transformations qui, au final, paraîtront bien minces par rapport à l'offre faite aux Européens.

Plusieurs des innovations apportées à cette compacte de la haute seront interdites de séjour de ce côté-ci de la grande mare. On pense notamment à ce dispositif mécanique, le Park Assist, lui permettant de se garer toute seule ou bien encore à la boîte à double embrayage à sept rapports. Il y a cependant une bonne nouvelle : le rouage

intégral est enfin offert sur la version 2,0 T. Cette « nouvelle association » devrait non seulement améliorer sa diffusion auprès des amateurs de la marque, mais aussi valoriser son image face à des rivales propulsées (Série 1) ou tractées (Jetta, GTi, CSX) plus douées sinon plus accessibles ($$$). D'autant plus que le modèle d'entrée d'Audi bénéficie cette année d'une suspension pilotée (Magnetic Ride) exclusive.

Ces améliorations, toutes offertes contre supplément, s'enveloppent dans une carrosserie légèrement retouchée. Les ailes, le capot, les optiques et la calandre trapézoïdale ont tous été finement rectifiés et les rétroviseurs intègrent désormais chacun un rappel des clignotants. À l'intérieur, le coup de plumeau est plutôt léger. Quelques appliques de nickel ici et là, des boutons plus gros et un bloc d'instruments au graphisme renouvelé. Hélas, que du fard. Les rangements demeurent toujours aussi petits et le volume intérieur (coffre compris), tout juste pour une utilisation familiale. Mais le volume n'est pas la principale motivation de ses acheteurs. En revanche, la présentation d'ensemble inspire le respect. Entre les matériaux de haute tenue, l'assemblage frisant le sans-faute et un mobilier si bien arrimé qu'il paraît taillé dans la masse, l'A3 a, ne serait-ce que dans ce domaine, ce qu'il faut pour justifier son prix.

AVIS DE TEMPÊTE

Même s'il n'a pas la rondeur du six en ligne de BMW ou le caractère explosif du cinq cylindres suralimenté de Volvo, le 2 litres de l'A3 n'a pas à rougir de la comparaison. Surtout lorsqu'il s'assure des services de la boîte à double embrayage à six rapports. Rapide et parfaitement étagée, cette boîte est supérieure à tous points de vue à la boîte manuelle.

Aussi salutaire soit cette boîte à l'agrément de conduite, reste que le pilotage de l'A3 ne distille pas le même bonheur qu'avec une Série 1, voire une Clubman S. Par chance pour Audi, il y a l'hiver et les nombreux pièges que cette saison nous tend. Et c'est ici que le rouage intégral fait toute la différence en offrant un meilleur équilibre sur une chaussée à faible coefficient d'adhérence que ses deux rivales précitées. À ce talent d'équilibriste toutes saisons, l'A3 ajoute une suspension pilotée nettement plus efficace pour lisser les imperfections de la route et gomme totalement les sautillements observés avec la suspension « classique » sur les petites déformations et les raccords d'autoroutes.

À l'essai, tous ces éléments conjugués (rouage intégral, suspension pilotée et boîte DSG) font de l'A3 une compacte très stable et d'une rassurante neutralité sur voie rapide. Mais tout le potentiel des améliorations apportées se manifeste dès que la route tournicote. Bien suspendue au-dessus du bitume et dotée d'une monte pneumatique généreuse, la petite Audi fait la part belle à l'agrément de conduite, surtout lorsque les conditions sont difficiles. La tenue de route est rigoureuse, les prises de roulis parfaitement maîtrisées et la direction, à assistance électrique, autorise une bonne précision. Bref, l'efficacité et la facilité sont au rendez-vous et permettent de tenir un bon rythme en toute décontraction.

En poussant un peu plus loin, l'Audi finit par perdre de son homogénéité et peut glisser brusquement de l'arrière. Mais il s'agit d'un cas extrême, et le dispositif de stabilité électronique (ESP) intervient alors avec assez de finesse pour remettre le véhicule sur la bonne trajectoire. Ah! L'électronique !

C'est bien beau tout cela, mais, faut-il le rappeler, le consommateur aura à fouiller le fond de ses poches pour pleinement profiter des bienfaits de cette timide refonte. Comme ça, hors de la boîte, il lui manquera toujours quelque chose : la polyvalence d'une Classe B (Mercedes) ou bien le tempérament de feu d'une Série 1 (BMW). En revanche, avec la transmission intégrale, l'A3 a une carte à jouer, même si elle peut paraître bien timide aux yeux de la masse et de certains propriétaires d'Impreza WRX... ▐▐▐ **ÉRIC LEFRANÇOIS**

DIMENSIONS ET VOLUMES

Empattement (mm)	2578
Longueur (mm)	4285
Largeur (mm)	1765
Hauteur (mm)	1422
Volume intérieur (L)	2696
Volume du coffre (min./max.) (L)	370 / 1546
Capacité du réservoir de carburant (L)	55
Fourchette de poids (kg)	1480 - 1660

CHÂSSIS

Mode	traction, intégral
Suspension av. - arr.	indépendante
Freins av. - arr.	disques
Capacité de remorquage min. - max. (kg)	non recommandé
Direction – diamètre de braquage (m)	crémaillère - 10,7
Pneus	225/45R17, 225/40R18 (option)

PERFORMANCES

Modèle à l'essai	A3 3.2 S-Line
Moteur	V6 DACT 3,2 litres
Puissance (ch. à tr/min)	250 - 6300
Couple (lb-pi à tr/min)	236 - 2800
Transmission	semi-automatique 6 rapports
Autres transmissions	manuelle 6 rapports (2.0T)
Accélération 0-100 km/h (sec.)	6,59
Reprises 80-115 km/h (sec.)	4,46
Distance de freinage 100-0 km/h (m)	38,5
Niveau sonore à 100 km/h	✖ ✖ ✖
Vitesse maximale (km/h)	209
Consommation réalisée au cours de l'essai (L/100 km)	11,3
Gaz à effet de serre	
Autres moteurs	L4 turbo 2 litres (200 ch.)

CE QU'IL FAUT SAVOIR

Fourchette de prix ($)	**31 800 - 45 000**
Marge de profit du concessionnaire (%)	8,77 à 9,89
Transport et préparation ($)	800 (préparation en sus)
Consommation ville - route (L/100 km)	**10,8 - 8,3 (2 l)** **13,1– 9,6 (3,2 l)**
Essence recommandée	super
Versions offertes	2.0T, 3.2 S-Line
Carrosserie	hayon 5 portes
Lieu d'assemblage	Allemagne
Valeur résiduelle	★ ★ ★
Garanties : de base – motopropulseur (an/km)	4/80 000 – 4/80 000
Fiabilité présumée	★ ★ ★
Cycle de remplacement :	2011
Ventes 2007 ↘ 26 %	Québec : 309
Protection collision frontale conducteur/passager latérale avant/arrière retournement 2rm/4rm	non évaluée non évaluée non évaluée

À RETENIR

Nouveautés 2009	retouches à la carrosserie et à l'habitacle, système Quattro offert dans la version 2.0T
Principales concurrentes	Mercedes Classe B, Subaru Impreza, VW Jetta familiale

+
- Performante en toutes saisons
- Boîte DSG
- Qualité des matériaux et de la finition

−
- Arguments familiaux plutôt minces
- Innovations facturées au prix fort
- Version 3,2 trop coûteuse

MUNICH N'A JAMAIS ÉTÉ AUSSI PRÈS

AUDI
A4

Après la Série 3 (BMW) et la Classe C (Mercedes), au tour de l'A4 d'en promettre encore plus pour séduire une clientèle de plus en plus pointilleuse. Le droit à l'erreur est proscrit, tout comme un succès en demi-teinte, puisque le tiers des ventes du constructeur d'Ingolstadt repose sur ce modèle. Voilà une statistique qui en dit beaucoup sur l'importance de ce renouvellement.

L'A4 gagne 117 mm en longueur et 53 mm en largeur, mais perd 2,5 mm en hauteur. Du coup, les proportions changent totalement, ce qui permet à l'A4 d'afficher des traits beaucoup plus frondeurs que ceux de la version antérieure. Ces transformations profitent peu à l'espace intérieur, mais beaucoup à la répartition des masses (55-45 % par rapport à 61-39 % précédemment) grâce à une implantation mécanique repoussée à son extrême limite derrière le train avant et une batterie nichée sous le plancher du coffre en lieu et place de la roue de secours (cette dernière a été remplacée par une bombe anti-crevaison). Cette redistribution nouvelle des masses a pour but de dynamiser le comportement routier, mais aussi d'assurer une meilleure protection des piétons en cas de choc, en créant un très court porte-à-faux avant.

La marque aux anneaux a également converti le transfert de couple entre les trains roulants des versions Quattro (quatre roues motrices) pour mieux singer les réactions de ses concurrentes, toutes des propulsions (roues arrière motrices). Ainsi, au lieu de 50-50, le train arrière « encaisse » dorénavant 60 % du couple.

LA BONNE FÉE ÉLECTRONIQUE

Soucieuse de déboulonner la Série 3 de son piédestal, l'A4 fait largement appel à la fée électronique pour améliorer son efficacité sportive. Ainsi, cette berline proposera un dispositif baptisé *Drive Select*, qui permet d'optimiser son efficacité sur route tortueuse. Ce dispositif agit simultanément sur plusieurs paramètres (amortissement, assistance de direction, rapidité des changements de vitesse, etc.). A priori, on serait tenté de croire qu'il s'agit là d'un — autre — gadget, mais la présence d'un mode individuel (il y en a trois autres) chasse cette impression. Comme son nom l'indique, il permet de personnaliser les réglages en fonction du terrain ou de votre coup de volant. À ce propos, la direction active, dispositif introduit par BMW sur sa Série 5 il y cinq ans, est

offerte en option. Cette direction à gestion électronique dotée d'une démultiplication variable donne la sensation de piloter une automobile très maniable et agile à faible vitesse et procure une stabilité accrue sur l'autoroute. Concrètement, elle permet de négocier les virages les plus serrés qui soient sans qu'on ait à déplacer les mains sur le volant, comme avec une voiture de course. Enfin presque. À haute vitesse, en revanche, la démultiplication de la direction augmente pour privilégier la stabilité. Et comme elle communique avec le contrôle de stabilité électronique, elle corrige parfois d'elle-même la trajectoire pour éviter les mouvements de lacet.

D'ailleurs, lors de la présentation, les journalistes étaient conviés à serpenter autour des cônes au volant d'une A4 équipée de ce dispositif, puis d'une autre qui en était dépourvue. La différence était carrément saisissante. Cette option paraît essentielle, même si on regrette un peu que l'agrément de conduite de cette nouvelle mouture soit enchaîné à l'épaisseur de notre portefeuille. Comme sur ses rivales...

À cette kyrielle d'innovations (dans ce niveau de gamme chez Audi, s'entend) s'ajoute un détecteur de présence d'un autre véhicule dans l'angle mort (oui, comme sur les Volvo), un avertisseur « viiiiiiiibrant » d'écart involontaire de file (vous n'en voudrez pas, croyez-moi !), un régulateur de vitesse intelligent et une aide au stationnement.

L'A4 amorcera sa carrière au Canada avec le V6 de 3,2 litres. C'est sensiblement le même moteur que celui offert sur l'A4 autrefois, à la différence qu'il compte 10 chevaux de plus, nécessite des régimes de rotation plus élevés pour exprimer ses 243 livres-pieds de couple et consomme 10 % moins d'essence. Un quatre cylindres 2 litres suralimenté par turbocompresseur apparaîtra dans quelques mois et, à mon avis, ses prestations sont suffisamment convaincantes pour le préférer au V6. Et tant qu'à attendre, pourquoi ne pas opter pour la version Avant (familiale), dont la sortie est prévue au cours de l'hiver. Cette Avant est l'une des familiales les plus élégantes, toutes catégories confondues, même si elle est aux antipodes des fonctions originelles de ce type de véhicule. D'une accessibilité facilitée par les formes homogènes de sa carrosserie, l'Avant comporte un coffre doté de quelques secrets de modularité : filet de séparation, rails télescopiques et hayon motorisé. De bien bonnes idées. Mais attention, le constructeur germanique les proposera vraisemblablement toutes en option.

Ce n'est pas tout à fait une Série 3, mais l'écart est à peine perceptible. Impériale dans toutes les situations, elle prend même le dessus sur sa rivale allemande, côté confort et satisfaction de la clientèle. ||| **ÉRIC LEFRANÇOIS**

L'A4 n'est pas tout à fait une Série 3, mais l'écart est à peine perceptible

DIMENSIONS ET VOLUMES

Empattement (mm)	2808, 2648 (RS4), 2654 (cabriolet)
Longueur (mm)	4703, 4589 (RS4), 4573 (cabriolet)
Largeur (mm)	1826, 1816 (RS4), 1777 (cabriolet)
Hauteur (mm)	1427, 1436 (Avant), 1391 (cabriolet)
Volume intérieur (L)	n.d.
Volume du coffre (min./max.) (L)	480
	490 /1430 (Avant)
	287 (cabriolet), 380 (RS4)
Capacité du réservoir de carburant (L)	64
Fourchette de poids (kg)	1555 - 1935

CHÂSSIS

Mode	traction, intégral
Suspension av. - arr.	indépendante
Freins av. - arr.	disques
Capacité de remorquage min. - max. (kg)	non recommandé
Direction - diamètre de braquage (m)	crémaillère - 11,4
Pneus	225/50R17 (2.0T), 245/45R17 (3.2), 235/40R18 (S4), 255/35R19 (RS4)

PERFORMANCES

Modèle à l'essai	3.2 Quattro
Moteur	V6 DACT 3,2 litres
Puissance (ch. à tr/min)	265 - 6500
Couple (lb-pi à tr/min)	243 - 3000
Transmission	semi-automatique 6 rapports
Autres transmissions	manuelle 6 rapports
	CVT (mode traction)
Accélération 0-100 km/h (sec.)	6,45 (chrono manuel)
Reprises 80-115 km/h (sec.)	4,24 (chrono manuel)
Distance de freinage 100-0 km/h (m)	non mesurée
Niveau sonore à 100 km/h	✕ ✕ ✕ ✕
Vitesse maximale (km/h)	250, 210 (2.0T)
Consommation réalisée au cours de l'essai (L/100 km)	10,9
Gaz à effet de serre	
Autres moteurs	L4 turbo 2 litres (211 ch.) V8 4,2 litres (340 ch. / 420 ch.)

CE QU'IL FAUT SAVOIR

Fourchette de prix ($)	**35 350 - 94 200 (2008)**
Marge de profit du concessionnaire (%)	9,07 à 9,56
Transport et préparation ($)	800 (préparation en sus)
Consommation ville - route (L/100 km)	**11,5 - 7,7 (2 l), 13,2 - 8,7 (3,2 l) 18 - 11,9 (4,2 l)**
Essence recommandée	super
Versions offertes	2.0T, 2.0T Quattro, 2.0T Quattro Avant, 3.2 Quattro, S4, RS4
Carrosserie	berline 4 portes, familiale 5 portes, cabriolet 2 portes
Lieu d'assemblage	Allemagne
Valeur résiduelle	★ ★ ★ ★ ★
Garanties : de base - motopropulseur (an/km)	4/80 000 - 4/80 000
Fiabilité présumée	★ ★ ★
Cycle de remplacement	nouveau modèle 2009
Ventes 2007 ↘ 7 %	Québec : 1251
Protection collision frontale conducteur/passager	non évaluée
latérale avant/arrière	non évaluée
retournement 2rm/4rm	non évaluée

À RETENIR

Nouveautés 2009	**nouvelle génération de A4, habitacle plus vaste, moteurs plus puissants, cabriolet et S4/RS4 inchangés**
Principales concurrentes	**Acura TSX/TL, BMW Série 3, Mercedes Classe C, Saab 9-3, Volvo S40/V50**

➕
- Le comportement plus dynamique (Drive-Select)
- Le système Quattro
- Le sérieux de la construction

➖
- Moteurs qui manquent encore de velouté
- Nombreuses et coûteuses options
- Places arrière encore limitées

LA BEAUTÉ PASSE AVANT TOUT

Si l'emplacement d'une maison est ce qui détermine sa valeur et son attrait, c'est incontestablement le design qui fait foi de tout dans le segment automobile consacré aux coupés. On a déjà tout dit et tout écrit sur la vitalité des lignes des coupés Audi A5 et S5, acclamés pour leur esthétique sans faute. Ces coupés ne déméritent certes pas face à une concurrence dans laquelle on doit inclure le Mercedes-Benz CLK 550, le BMW 335i et même l'Infiniti G37. Look mis à part, comment se débrouillent les A5-S5 devant un trio aussi séduisant ?

AUDI
A5/S5

Du strict point de vue du prix et de la puissance, c'est l'Infiniti G37 qui l'emporte, dont les chevaux sont les moins chers avec des chiffres de 330 chevaux et de 49 950 $ au moment où ces lignes sont écrites. Le plus puissant en revanche (384 chevaux), le Mercedes-Benz CLK 550, est de loin aussi le plus coûteux avec une facture de 82 700 $. Plus près de l'Infiniti se classe le BMW 335i, le moins fringant du groupe, avec 300 chevaux et estimé à 51 600 $. Enfin, chez Audi, on vous réclamera 65 900 $ pour les 354 chevaux du S5 et 51 850 $ pour le A5 et ses 265 chevaux. Voyons maintenant ce que les chiffres ne disent pas.

PLUS PRÈS D'UNE PROPULSION

Comme tout coupé qui se respecte, la S5 donne l'impression d'être scotchée à la route, et il faut dépasser la limite du bon sens pour lui faire avouer un peu de roulis. Ce comportement exemplaire est en bonne partie attribuable à la nouvelle distribution du couple moteur dirigé vers les quatre roues motrices de la traction intégrale Quattro. Alors que cette répartition était autrefois de 50-50, elle a été portée à 40-60 afin que ce coupé se rapproche davantage d'une propulsion que d'une traction. Ajoutez à cela une quasi-absence de porte-à-faux à l'avant ainsi qu'un moteur implanté six pouces de plus vers l'arrière et vous obtenez une des premières Audi au comportement plutôt neutre, une qualité partagée par la A5. Si vous désirez vous convaincre de l'efficacité des quatre roues motrices avant l'arrivée de la neige, dénichez une petite route non asphaltée, caillouteuse de préférence, et, en poussant un peu, vous verrez que cette Audi dévie rarement de sa trajectoire. La peur vous empêchera sans doute d'en exploiter les limites.

Pour revenir au moteur, il s'agit du très commun V8 de 4,2 litres et 354 chevaux que la firme allemande dépose sous le capot d'un trop grand nombre de voitures, de la S4 à la R8. Même constatation pour le V6 3,2 litres de 265 chevaux, lui aussi apprêté à bien des sauces.

HARO SUR LA BOÎTE MANUELLE

En plus d'une direction qui manque carrément d'autocentrage (qui ne revient pas aussi rapidement qu'on le souhaiterait en position centrale après une épingle) et qui s'alourdit désagréablement quand la vitesse augmente, c'est la boîte manuelle à six rapports qui m'a surtout déçu dans la S5. Le levier est coriace, rendant l'enclenchement des rapports laborieux. D'ailleurs, j'ai rarement fait l'essai de voitures à moteurs V8 dont la boîte manuelle fonctionnait sans effort. Et que dire de l'embrayage de plomb qui exige des mollets bien tendus ? Personnellement, j'opterais pour une A5 à transmission automatique afin de profiter des attributs de ces coupés sans en subir les inconvénients. J'attendrai deux bonnes secondes de plus pour atteindre la vitesse légale au Québec, et puis après ? Le freinage est hautement efficace, quoi qu'on peut se demander pourquoi on a opté pour un frein d'urgence électronique commandé par un bouton au lieu du bon vieux levier qui me semble mieux adapté à une voiture de caractère sportif.

Selon la tradition Audi, le tableau de bord et la console centrale embellissent un aménagement intérieur très invitant, à la condition de ne pas trop compter sur les places arrière où l'espace est mesuré. Au-dessus de 1,80 m, s'abstenir ! À l'avant, les sièges très bas sont fermes, au point d'être inconfortables pour quelqu'un qui, comme moi, a vu son dos charcuté par un neurologue peu compétent. Quant au coffre, on sera étonné de son généreux volume de chargement. L'ordinateur de bord est aussi déplaisant et complexe que les autres, bien qu'il soit possible d'accéder aux diverses fonctions en le contournant. Pour ce qui est du toit dit ouvrant, il ne se soulève que de l'arrière, le rendant pratiquement inutile.

Si la beauté est votre principal critère d'achat, vous pourrez vous rincer l'œil à admirer ces coupés Audi. Comme pour une jolie femme, il faut toutefois être prêt à accepter ses petits travers et à faire de légers compromis. Si l'esthétique vous laisse de glace, vous auriez intérêt à jeter un coup d'œil aux concurrentes des A5 et S5 avant de faire votre choix. **JACQUES DUVAL**

*Le tableau de bord et la console centrale embellissent
un aménagement intérieur très invitant*

DIMENSIONS ET VOLUMES

Empattement (mm)	2751
Longueur (mm)	4625 (A5), 4636 (S5)
Largeur (mm)	1854
Hauteur (mm)	1372 (A5), 1369 (S5)
Volume intérieur (L)	2379
Volume du coffre (min./max.) (L)	340
Capacité du réservoir de carburant (L)	64 (A5), 63 (S5)
Fourchette de poids (kg)	1695 -1765

CHÂSSIS

Mode	intégral
Suspension av. – arr.	indépendante
Freins av. – arr.	disques
Capacité de remorquage min. – max. (kg)	non recommandé
Direction – diamètre de braquage (m)	crémaillère – 11,4
Pneus	245/40R18 (A5), 255/35R19 (S5)

PERFORMANCES

Modèle à l'essai	S5
Moteur	V8 DACT 4,2 litres
Puissance (ch. à tr/min)	354 - 6800
Couple (lb-pi à tr/min)	325 - 3500
Transmission	manuelle 6 rapports
Autres transmissions	semi-automatique 6 rapports
Accélération 0-100 km/h (sec.)	5,25
Reprises 80-115 km/h (sec.)	3,19
Distance de freinage 100-0 km/h (m)	36,7
Niveau sonore à 100 km/h	✕ ✕ ✕
Vitesse maximale (km/h)	250 (S5), 210 (A5)
Consommation réalisée au cours de l'essai (L/100 km)	14,9
Gaz à effet de serre	
Autres moteurs	V6 3,2 litres (265 ch.)

CE QU'IL FAUT SAVOIR

Fourchette de prix ($)	**51 850 – 65 900**
Marge de profit du concessionnaire (%)	9,28 à 9,41
Transport et préparation ($)	800 (préparation en sus)
Consommation ville – route (L/100 km)	**14,9 – 9,4 (3,2 l)** **17,1 – 11,7 (4,2 l)**
Essence recommandée	super
Versions offertes	A5, S5
Carrosserie	coupé 2 portes
Lieu d'assemblage	Allemagne
Valeur résiduelle	✱ ✱ ✱ ✱
Garanties : de base – motopropulseur (an/km)	4/80 000 – 4/80 000
Fiabilité présumée	✱ ✱ ✱
Cycle de remplacement	inconnu
Ventes 2007	Québec : 10
Protection collision frontale conducteur/passager latérale avant/arrière retournement 2rm/4rm	non évaluée non évaluée non évaluée

À RETENIR

Nouveautés 2009	nouveaux groupes d'options
Principales concurrentes	BMW Série 3, Infiniti G37, Mercedes CLK

- Très bon comportement routier
- Performances notables (S5)
- Freinage exceptionnel
- Immense coffre et élégance de bon aloi

- Un V8 assoiffé
- Boîte manuelle détestable
- Direction discutable
- Places arrière exiguës

UN DERNIER COUP DE PLUMEAU

Même si le renouvellement de l'A4 s'annonce l'événement de la rentrée chez Audi, il ne faut pas sous-estimer les rénovations dont a fait l'objet sa « grande sœur », l'A6, qui cherche à s'éloigner de sa cadette et à ne pas se laisser trop distancer par ses rivales de chez BMW (Série 5) et Mercedes (Classe E) qui flageolent, elles aussi, sur de vieux os. Pour convaincre, l'A6 ne manque pas d'atouts, mais est-ce que cela sera suffisant pour occuper la tête du peloton ?

AUDI
A6

Profitant de la nouvelle année-modèle, la marque allemande revoit sa copie pour permettre à l'A6, la pierre angulaire de sa gamme, d'aborder la dernière ligne droite de son existence en toute sérénité et de mieux résister aux assauts d'une concurrence de plus en plus vive. Pour ce faire, Audi a décidé de bousculer les traditions. Les siennes à tout le moins, puisque la firme aux anneaux glissera sous le capot de l'A6 une mécanique suralimentée par compresseur... Ce n'est pas très tendance à une époque où l'industrie cherche à économiser le moindre hectolitre.

Subtilement redessinée, la partie avant intègre des phares enjolivés d'un filet de perles lumineuses (nouvelle signature de la marque). À l'intérieur, les commandes de l'ordinateur de bord central (MIME) ont été simplifiées et le graphisme du bloc d'instrumentation revu.

Sur le plan mécanique, le V6 de 3 litres suralimenté par compresseur fait 290 chevaux, 309 livres-pieds de couple et consomme moins de 10 L/100 km, selon le constructeur. Un peu optimiste, cette donnée, vous ne trouvez pas ? Plutôt que de vous tricoter des impressions fantaisistes sur le V6 suralimenté par compresseur que nous ne conduirons qu'au moment où cet ouvrage se trouvera dans les rayons des libraires, nous vous invitons à monter à bord de l'A6 Avant 3,2 atmosphérique. En voiture.

BAGAGES DE LUXE

Il y a des coffres qu'on charge sans prendre de précautions et ceux qu'on ose à peine salir tant leur standing impressionne. Celui de l'A6 Avant appartient naturellement à la seconde catégorie. Belle moquette épaisse, superbes rails en aluminium qui permettent de régler au plus juste les attaches du filet à bagages, génial rideau de retenue à en-

rouleur pour empêcher les bagages de pénétrer dans l'habitacle et robuste poutre en aluminium pour compartimenter l'espace utilitaire : les bagages sont ici traités comme des objets précieux. Une soute de luxe, faite davantage pour accueillir un sac de golf ou quelques grands crus que pour trimballer des bûches de bois ou des cartons poussiéreux. Votre chien ? D'accord, s'il ne perd pas trop ses poils et ne bave pas sur le cuir des sièges. Malgré ses généreuses mensurations, cette familiale n'est pourtant pas la reine du volume.

Au chapitre de la présentation intérieure, la familiale diffère très peu de la berline. On retrouve — avec plaisir — la même qualité exceptionnelle de fabrication, le même raffinement. Un luxe auquel on s'habitue d'autant plus aisément qu'il se double d'une excellente ergonomie. Côté position de conduite, rien à redire : elle se trouve aisément et rapidement grâce aux réglages électriques. Malgré l'imposant tunnel de transmission, l'espace pour deux personnes à l'arrière est généreux. Et si on veut y faire monter un troisième passager, il devra composer avec la vilaine bosse qui se trouve à ses pieds et avec la rigidité du dossier, dont la partie centrale dissimule notamment un accoudoir.

Tout comme la berline, l'A6 Avant a un comportement rigoureux, maîtrise bien ses mouvements de caisse et se veut tout à fait rassurante dans les grandes courbes. En un mot, elle est équilibrée. De plus, sa transmission intégrale (Quattro) est d'une redoutable efficacité lorsque le coefficient d'adhérence est à la limite. Pourtant, tout n'est pas parfait pour cette allemande : elle manque d'agilité sur parcours sinueux. Sur ce type de tracé, elle ne présente pas une forme olympique. Elle a du mal à faire oublier son poids et avoue de l'inertie en virage.

Sa direction un peu lourde en appui et manquant de rappel à basse vitesse est également irritante, tout comme le rayon de braquage assez imposant. Mais le plus gênant à bord tient au manque de confort de ses suspensions. Son amortissement assure un bon maintien de caisse, mais il est ferme et parfois trépidant sur une chaussée endommagée. Il n'offre pas le moelleux attendu de la part d'une automobile aussi raffinée. Pour pallier cet inconvénient, le constructeur allemand propose une suspension pneumatique pilotée électroniquement.

Si son confort déçoit, cette familiale n'affiche pas non plus des performances de référence. Son moteur V6 de 3,2 litres (3123 cm^2) de 255 chevaux n'a rien de si extraordinaire. À ce chapitre, l'apport d'un compresseur volumétrique devrait forcément aider, mais il faudra sans doute faire fi de sa consommation. ▌▌▌ **ÉRIC LEFRANÇOIS**

Pour permettre à l'A6, la pierre angulaire de sa gamme, d'aborder la dernière ligne droite de son existence en toute sérénité, Audi revoit sa copie

AUDI A6

DIMENSIONS ET VOLUMES

Empattement (mm)	2843
Longueur (mm)	4916 (berline), 4933 (familiale)
Largeur (mm)	2012 (avec rétroviseurs)
Hauteur (mm)	1459 (berline), 1478 (familiale)
Volume intérieur (L)	2724 (berline), 2739 (familiale)
Volume du coffre (min./max.) (L)	450 (berline), 960 / 1806 (familiale)
Capacité du réservoir de carburant (L)	80
Fourchette de poids (kg)	1750 -1935

CHÂSSIS

Mode	intégral
Suspension av. - arr.	indépendante
Freins av. - arr.	disques
Capacité de remorquage min. - max. (kg)	non recommandé
Direction - diamètre de braquage (m)	crémaillère - 11,9
Pneus	245/45R17 (3.2, 4.2), 245/40R18 (option) 255/35R19 (option), 265/35R19 (S8)

PERFORMANCES

Modèle à l'essai	A6 3.2 Quattro (berline)
Moteur	V6 DACT 3,2 litres
Puissance (ch. à tr/min)	255 - 6500
Couple (lb-pi à tr/min)	243 - 3000
Transmission	semi-automatique 6 rapports
Autres transmissions	CVT (2rm)
Accélération 0-100 km/h (sec.)	8,12
Reprises 80-115 km/h (sec.)	5,19
Distance de freinage 100-0 km/h (m)	39,9
Niveau sonore à 100 km/h	✖ ✖ ✖ ✖
Vitesse maximale (km/h)	210, 250 (S8)
Consommation réalisée au cours de l'essai (L/100 km)	12,2
Gaz à effet de serre	
Autres moteurs	V6 3 litres (290 ch.) V8 4,2 litres (350 ch.), V10 5,2 litres (435 ch.)

CE QU'IL FAUT SAVOIR

Fourchette de prix ($)	**59 900 - 96 900 (2008)**
Marge de profit du concessionnaire (%)	9,13 à 9,42
Transport et préparation ($)	800 (préparation en sus)
Consommation ville - route (L/100 km)	**13,1 - 8,7 (2rm, 3,2 l)** **13,9 -9,5 (4rm, 3,2 l)** **15 - 10,5 (4rm, 4,2 l)** **17 - 12,8 (5,2 l)**
Essence recommandée	super
Versions offertes	3.2, 3.0 TFSI, 4.2, S6
Carrosserie	berline 4 portes familiale 5 portes (Avant)
Lieu d'assemblage	Allemagne
Valeur résiduelle	★ ★ ★
Garanties : de base - motopropulseur (an/km)	4/80 000 - 4/80 000
Fiabilité présumée	★ ★ ★ ★
Cycle de remplacement	nouveau modèle 2009
Ventes 2007 ↘ 30 %	Québec : 203
Protection collision frontale conducteur/passager latérale avant/arrière retournement 2rm/4rm	non évaluée non évaluée non évaluée

À RETENIR

Nouveautés 2009	parties avant et arrière redessinées, nouvelles jantes, habitacle réaménagé, nouveau V6 de 3 litres (290 ch.), nouvelle génération du système MMI
Principales concurrentes	Acura RL, BMW Série 5, Cadillac STS, Infiniti M, Lexus GS, Lincoln MKS, Mercedes Classe E, Saab 9-5, Volvo S80

- Raffinement de sa présentation intérieure
- Sentiment de sécurité qu'elle dégage
- Garantie complète

- Consommation du moteur suralimenté par compresseur?
- Poids gênant
- Sécheresse de ses suspensions

QUE RESTE-T-IL ?

« Pour convaincre, l'A8 ne manque pas d'appâts : châssis en aluminium, rouage intégral et six coussins de sécurité gonflables, de quoi inciter la concurrence à faire preuve de plus d'humilité quand elle parle de technologie d'avant-garde. » C'était il y a cinq ans, aux débuts de la génération qui se trouve là, sous vos yeux. Que reste-t-il aujourd'hui ? Pas grand-chose.

AUDI
A8

Le vaisseau amiral d'Audi s'enveloppe d'une carrosserie au graphisme clair, faite de larges surfaces galbées aux contours parfaitement tracés. La partie avant planant au-dessus d'une calandre nickelée et le porte-à-faux extrêmement court relié à une poupe en altitude font d'elle un concentré de dynamisme et masquent en partie les dimensions imposantes de cette berline offerte en deux formats : ordinaire ou allongé.

L'habitacle de l'A8 nous fait voir des étoiles dès le premier coup d'œil : tableau de bord élégant, finition minutieuse, sièges avant confortables avec fonction massage en option. Les dimensions extérieures généreuses de l'A8 se retrouvent évidemment à l'intérieur. Le coffre offre une capacité appréciable, et surtout l'habitacle est spacieux et confortable... pour quatre. La banquette arrière est en effet davantage conçue pour deux personnes que pour trois avec, au centre, un dossier très raide qui cache un accoudoir avec une trousse de premiers soins et un imposant tunnel qui peut recevoir une climatisation indépendante. Pour le reste, le confort est royal, mis à part un niveau sonore un peu élevé pour une voiture de ce standing. Mais vous ne risquez pas de vous en rendre compte, puisqu'en glissant votre disque compact favori, la chaîne audio transforme l'habitacle en une véritable salle de concert.

Fidèle à sa réputation, Audi a apporté un soin particulier à la qualité et à la finition. Le conducteur et son voisin de droite profitent de sièges électriques en cuir. Grâce au volant réglable électriquement en hauteur et en profondeur, la position de conduite idéale se trouve facilement. Pour simplifier l'ergonomie et faciliter l'accès à de nombreuses commandes, Audi propose son terminal MMI (interface multimédia) dont l'utilisation est, et de loin, plus intuitive que

le I-Drive de BMW. Positionné en arrière du levier de vitesses, ce qui oblige à quitter trop longtemps la route des yeux, ce dispositif permet d'accéder facilement à la majorité des fonctions. L'autoradio, les suspensions et la hauteur de caisse, ou encore le GPS peuvent se régler en un clin d'œil. Plus étonnant sur une voiture de ce niveau, l'A8 ne bénéficie pas des petites attentions qui sont pourtant offertes dans des segments moins exclusifs. Par exemple, le nécessaire pour la connexion de votre iPod figure au catalogue des options, tout comme le contrôle de pression des pneus. Pour les obtenir, il faut ressortir le porte-monnaie.

MACHINE À VOYAGER

L'A8 en condensé: imperturbable et souveraine. Pourtant, son V8 de 4,2 litres est empreint de discrétion (les gains enregistrés en misant sur l'aluminium ne sont pas aussi spectaculaires qu'on veut nous le laisser croire) et la transmission automatique enfile mollement et parfois avec une certaine confusion ses rapports. Mais il y a mieux encore que le 4,2 litres : le racé V10 5,2 litres ou le soyeux W12 de 6 litres. Et puisqu'il faut choisir, optons pour le V10, qui distille un peu de panache à cette opulente berline et nous fait pratiquement oublier ses dimensions et son poids.

Nous aurions pu croire que l'A8 manquerait d'air sur les parcours sinueux ou urbains. Loin de là. Sa direction est en effet d'une grande précision, et son assistance, bien dosée, lui assure une agilité qu'on ne lui soupçonnait pas. Cela dit, bien que cette Audi s'inscrive avec une certaine aisance dans les virages, elle nous fait tout de même sentir que nous sommes aux commandes d'un véhicule assez lourd.

Équipée de série d'une suspension pneumatique, l'A8 permet, par l'entremise de la molette MMI, de régler le degré d'amortissement, voire de surélever le véhicule de 25 mm pour franchir un trottoir un peu haut. Adorable. Qui plus est, sans l'intervention du conducteur cette fois, cette même suspension s'abaisse de 25 mm au-delà de 120 km/h afin de favoriser la tenue de route et d'accroître l'efficacité aérodynamique. Mais cela ne l'empêche pas, à faible allure, d'avoir maille à partir avec les saignées qui cisaillent la chaussée.

Coûtant près de 100 000 $, l'A8 ne redéfinit plus les critères d'une berline de prestige. En fait, elle n'y est jamais parvenue. Qu'à cela ne tienne, elle demeure encore aujourd'hui exclusive, confortable et raffinée. Mais il y a un prix à tout cela, et les réparations qui s'imposent à la suite d'un accident (châssis et carrosserie en aluminium abîmés) risquent d'être aussi onéreuses que longues. Mais vous avez de l'argent, n'est-ce pas ? ▌▌▌ **ÉRIC LEFRANÇOIS**

DIMENSIONS ET VOLUMES

Empattement (mm)	2944, 3074 (L)
Longueur (mm)	5062, 5192 (L, W12)
Largeur (mm)	1894, 1897 (S8)
Hauteur (mm)	1444 (Base), 1424 (S8), 1455 (L, W12)
Volume intérieur (L)	2839, 3026 (L, W12)
Volume du coffre (min./max.) (L)	413
Capacité du réservoir de carburant (L)	90
Fourchette de poids (kg)	1960 - 2145

CHÂSSIS

Mode	intégral
Suspension av. – arr.	indépendante
Freins av. – arr.	disques
Capacité de remorquage min. - max. (kg)	non recommandé
Direction – diamètre de braquage (m) (S8)	crémaillère - 12,1
	12,5 (Base) 12,7 (L, W12)
Pneus	255/45R18 (Base, L), 255/40R19 (W12)
	265/35R20 (S8)

PERFORMANCES

Modèle à l'essai	S8
Moteur	V10 DACT 5,2 litres
Puissance (ch. à tr/min)	450 - 7000
Couple (lb-pi à tr/min)	398 - 3500
Transmission	semi-automatique à 6 rapports
Autres transmissions	aucune
Accélération 0-100 km/h (sec.)	5,58
Reprises 80-115 km/h (sec.)	2,41
Distance de freinage 100-0 km/h (m)	34,7
Niveau sonore à 100 km/h	✕ ✕ ✕ ✕
Vitesse maximale (km/h)	250 (S8), 209 (A8, W8)
Consommation réalisée au cours de l'essai (L/100 km)	15,9
Gaz à effet de serre	
Autres moteurs	V8 4,2 litres (350 ch.)
	W12 6 litres (450 ch.)

CE QU'IL FAUT SAVOIR

Fourchette de prix ($)	**95 000 - 166 400**
Marge de profit du concessionnaire (%)	8,70 – 9,89
Transport et préparation ($)	800 (préparation en sus)
Consommation ville - route (L/100 km)	15,2 - 10,5 (4,2 l)
	18 - 12 (5,2 l)
	18,5 - 12,5 (6 l)
Essence recommandée	super
Versions offertes	A8, A8L, S8, W12
Carrosserie	berline 4 portes
Lieu d'assemblage	Allemagne
Valeur résiduelle	✳
Garanties : de base – motopropulseur (an/km)	4/80 000 - 4/80 000
Fiabilité présumée	✳ ✳ ✳ ✳
Cycle de remplacement	2010
Ventes 2007 ↘ 24 %	Québec : 60
Protection collision frontale conducteur/passager latérale avant/arrière retournement 2rm/4rm	non évaluée non évaluée non évaluée

À RETENIR

Nouveautés 2009	nouveaux groupes d'options
Principales concurrentes	BMW Série 7, Jaguar XJ, Lexus LS, Maserati Quattroporte, Mercedes Classe S

+ • L'ambiance intérieure
• Le confort souverain
• Le souffle du V10

– • Coût des réparations à la suite d'un accrochage
• Ergonomie imparfaite
• Transmission peu réactive

AVIS DE TEMPÊTE

Fin de la récréation pour le X3 de BMW qui, à ce jour, n'a pratiquement jamais eu d'opposition. Avec la venue prochaine de la GLK (Mercedes), de la XC60 (Volvo) et de la Q5 (Audi), la marque à l'hélice a du souci à se faire car la riposte s'annonce musclée.

AUDI
Q5

*Naturellement plus ramassé et plus sobre qu'un Q7,
mais étrangement pas aussi léger que nous l'avions espéré*

Moins pachydermique que le Q7, le Q5 ? Et comment. Mieux proportionné surtout, même si ses formes ne révolutionnent rien : ailes fortement prononcées, face avant agressive avec une énorme calandre d'un seul tenant et des fesses râblées et musclées, comme on aime.

Plus ramassé, plus sobre, mais étrangement — malgré un capot et un hayon en aluminium — pas aussi léger que nous l'avions espéré. Qu'à cela ne tienne, la direction européenne d'Audi martelait durant son lancement que le Q5 allait se fondre dans le paysage automobile avec des émissions de CO_2 toujours inférieures à 200 grammes au kilomètre et quelle que soit la motorisation, à essence ou diésel. Puisqu'il en est question de cette mécanique alimenté au mazout, réglons ici son sort : elle ne vient pas en Amérique du Nord. Du moins pas tout de suite, s'empresse d'ajouter le responsable des communications de la marque au Canada. Pas de diésel, pas de quatre cylindres non plus — « on laisse celui-là à VW », de dire mi-rieur, mi-sérieux, l'un des motoristes — ne se glisseront sous le capot du Q5 que la marque aux anneaux nous promet au printemps 2009. De ce côté-ci de l'Atlantique, nous n'aurons droit qu'au six cylindres 3,2 litres qui, hélas, laisse l'excellente boîte S-Tronic à double embrayage à sept rapports derrière elle au profit d'une six vitesses. Partie remise, a-t-on appris, mais dommage tout de même que nous nous retrouvions, une fois de plus, à la traîne. D'autant plus que cette boîte permet des économies de carburant appréciables selon les données transmises par

son constructeur et qu'à l'essai sa rapidité d'exécution est tout simplement irréprochable. Seule ombre au tableau : les palettes de commande solidaires du volant interdisent les changements de vitesse en virage.

Mais revenons sur ce 3,2 litres. Souple, efficace et puissant, ce moteur est partiellement handicapé par le poids important du véhicule. Moins joueur que le six en ligne de BMW, moins rageur aussi, ce moteur bien qu'efficace manque d'âme et « l'audiiste » (ah, si le terme existait) qui sommeille en vous se met à regretter la belle époque où la marque produisait des cinq cylindres à la personnalité beaucoup mieux trempée. Mais c'est autre histoire. Rendement sans histoire donc pour cette mécanique qui s'entend comme larron en foire avec la boîte semi-automatique à six rapports.

Le comportement dynamique du Q5 apporte plus de satisfactions. Les suspensions classiques de notre version réalisent un habile compromis entre confort et tenue de route et maîtrise correctement les mouvements de caisse. Dès lors, l'option Audi Drive Select qui permet de moduler la dureté de la suspension, la réponse de la direction au volant ou la courbe d'accélération nous est apparue ici moins intéressante que sur la nouvelle A4. Alors, un conseil d'ami, gardez vos sous. En effet, même sans ces béquilles électroniques, le Q5 n'aura aucun mal à soutenir le rythme d'une X3 en plus de ménager un plus grand confort à ses occupants, talon d'Achille de la BMW.

UNE LONGUE LISTE D'ACCESSOIRES : UN TOIT VITRÉ PANORAMIQUE, UN GPS PRÉSENTANT L'ENVIRONNEMENT EN TROIS DIMENSIONS, UNE CHAÎNE HI-FI BANG & OLUFSEN, DES PORTE-GOBELETS CLIMATISÉS, LE LANE ASSIST, LA CAMÉRA DE RECUL...

Les ingénieurs de la marque aux anneaux ont beaucoup travaillé sur la qualité de la filtration des bruits roulants et ça parait. Malgré son poids (encore lui), ce Q5 conserve un comportement relativement agile considérant sa taille.

Au volant, c'est le confort ainsi que la sensation de sécurité (tenue de route remarquable) qui auront attiré notre attention. Audi prouve qu'elle maîtrise bien son sujet sur une route asphaltée, mais qu'en est-il sur la terre, le gravier ou le sable ? Sur papier, c'est tout bon, mais nous n'avons pas pu tester les aptitudes du Q5 en dehors des chemins bitumés de l'Espagne... En revanche, la transmission intégrale (répartition AV/AR de 40/60 %) autorise une conduite très enjouée. Pas de boutons inutiles et compliqués à enclencher, c'est l'électronique embarquée qui gère en permanence le comportement de la voiture sur la route.

COMMENT FONT-ILS ?

Génétiquement parlant, le dernier rejeton de la famille Audi est de la même portée que la berline A4 et le coupé A5. Comprenez qu'il repose sur la même plateforme. Le Q5 est aussi 70 mm plus large qu'une berline A4, au bénéfice de l'habitabilité. À ce sujet, le Q5 offre à ses occupants une habitabilité intéressante même si les places arrière (accueillantes pour deux) ne dégagent pas un espace extraordinaire pour de grandes jambes. C'est pourquoi Audi propose (de série ou en option ?) une banquette arrière inclinable et coulissante. Côté pratique, le coffre propose 540 litres de volume utile, soit 60 litres de plus que celui du BMW X3, sa cible avouée. C'est bien, pas extraordinaire pour autant. En revanche sa modularité fait plaisir — le siège avant droit peut se replier — pour faciliter le transport de longs objets. Ajoutons en outre que le seuil

est assez haut, mais le rebord est, lui, limité ; tandis que le plancher est presque plat lorsque l'on rabat les dossiers de banquette.

La qualité perçue à bord du Q5 est au standard des productions de la marque, c'est-à-dire excellente. Mais comment font-ils, même en Hongrie où le Q5 voit le jour pour reproduire une si belle qualité ?

Au chapitre des accessoires, on recense (accrochez-vous la phrase est longue) : un toit vitré panoramique, en partie ouvrant, un GPS présentant l'environnement en trois dimensions (spectaculaire, nous vous prions de le croire), une chaîne hi-fi Bang & Olufsen, et des porte-gobelets climatisés (Merci Chrysler !), le Lane Assist (qui avertit le conducteur s'écartant de sa bande de circulation), le Side Assist (qui détecte les angles morts), le régulateur de vitesse adaptatif (qui maintient une distance de sécurité avec le véhicule précédant), la caméra de recul. Ouf ! Combien pour tout cela ? Mystère. La direction canadienne de la marque fera connaître les tarifs seulement quelques semaines avant son lancement en mars ou avril. Il faudra s'attendre à ce que les prix soient à la hauteur de ses concurrentes. C'est-à-dire ? En Europe, au moment d'écrire ces lignes, le prix d'entrée fixé par Audi était similaire à celui exigé par son voisin de Munich pour le X3... Et il est combien, le GLK de Mercedes, au juste ? ||| ÉRIC LEFRANÇOIS

DIMENSIONS ET VOLUMES

Empattement (mm)	2809
Longueur (mm)	4628
Largeur (mm)	1880
Hauteur (mm)	1656
Volume intérieur (L)	n.d.
Volume du coffre (min./max.) (L)	540 / 1560
Capacité du réservoir de carburant (L)	75
Fourchette de poids (kg)	n.d.

CHÂSSIS

Mode	intégral
Suspension av. – arr.	indépendante
Freins av. – arr.	disques
Capacité de remorquage min. – max. (kg)	1588
Direction – diamètre de braquage (m)	crémaillère – 11,6
Pneus	235/55R19

PERFORMANCES

Modèle à l'essai	Q5 3.2
Moteur	V6 DACT 3,2 litres
Puissance (ch. à tr/min)	270 - 5000
Couple (lb-pi à tr/min)	243 - 3000
Transmission	semi-automatique 6 rapports
Autres transmissions	aucune
Accélération 0-100 km/h (sec.)	7 (estimé)
Reprises 80-115 km/h (sec.)	4,5 (estimé)
Distance de freinage 100-0 km/h (m)	non mesurée
Niveau sonore à 100 km/h	✗ ✗ ✗ ✎
Vitesse maximale (km/h)	209
Consommation réalisée au cours de l'essai (L/100 km)	10,9
Gaz à effet de serre	

Autres moteurs	aucun

CE QU'IL FAUT SAVOIR

Fourchette de prix ($)	**n.d.**
Marge de profit du concessionnaire (%)	n.d.
Transport et préparation ($)	800 (préparation en sus)
Consommation ville - route (L/100 km)	**n.d.**
Essence recommandée	super
Versions offertes	3.2 Quattro
Carrosserie	multisegment 5 portes
Lieu d'assemblage	Allemagne
Valeur résiduelle	non évaluée
Garanties : de base – motopropulseur (an/km)	4/80 000 - 4/80 000
Fiabilité présumée	non évaluée
Cycle de remplacement	nouveau modèle 2009
Ventes 2007　n.a.	Québec : n.a.
Protection collision frontale conducteur/passager	non évaluée
latérale avant/arrière	non évaluée
retournement 2rm/4rm	non évaluée

À RETENIR

Nouveautés 2009	**nouveau modèle**
Principales concurrentes	**Acura RDX, BMW X3, Land Rover LR2, Mercedes GLK, Volvo XC60**

- Qualité de fabrication irréprochable
- Système Quattro
- Compromis confort et tenue de route

- Le manque de couleurs de son V6
- La boîte 7 rapports toujours en attente
- Drive-select, une option dont on peut aisément se priver

LE DIÉSEL CHANGE LA DONNE

Audi

AUDI
Q7

C'est sûr, si on veut demeurer discret en cette ère de rectitude écologique, mieux vaut éviter de se faire voir au volant d'un véhicule aussi intimidant que le Q7. C'est à cause de la calandre. Sertie des quatre anneaux de la marque, elle est à ce point gigantesque que l'on a peine à voir le pare-brise très incliné et la cambrure du pavillon qui se trouve au bout du long capot pratiquement plat. On dirait presque qu'elle a la taille de celle d'un camion semi-remorque.

Mais si, derrière cette calandre, le Q7 dissimulait une mécanique économique, comme ce turbodiésel de 3 litres ? Ça change la donne, non ? Nous verrons bien, puisque ce nouveau modèle du constructeur allemand ne se matérialisera que l'hiver prochain et à un prix que nous ne connaissons toujours pas. Sans doute avons-nous encore amplement de temps pour économiser l'argent nécessaire pour bénéficier de ce moteur qui sera l'ultime évolution de ce modèle appelé à changer de peau d'ici un an (Europe) ou deux (Amérique). En effet, c'est à ce moment qu'Audi commercialisera une nouvelle mouture de ce modèle qui partagera, de nouveau, son architecture avec Porsche (Cayenne) et Volkswagen (Touareg). Qu'en est-il de la version hybride (à essence-électrique) du Q7 promise il y a trois ans au Salon de Francfort ? Elle est toujours au labo et elle n'en sortira vraisemblablement jamais, aux dires de certains responsables de la marque qui jugent cette technologie trop coûteuse.

Le moteur conçu par Audi produit 221 chevaux et — tenez-vous bien — 406 livres-pieds de couple entre 1750 et 2750 tours/minute. Excusez, mais wow ! C'est assez costaud pour déplacer avec suffisamment de vigueur les quelque 2400 kilos du Q7. Grâce à ce V6 fort comme un buffle et silencieux comme une cathédrale (à 100 km/h, il tourne à un régime de 1800 tours/minute), les performances sont pour le moins impressionnantes, surtout en reprises. Suffit d'une caresse sur la pédale de droite et de regarder droit devant. Ce moteur a indéniablement le souffle nécessaire pour compenser l'embonpoint du Q7. Mais les kilos en trop se manifestent quand même à la pompe (13,6 L/100 km, selon l'ordinateur de bord), ainsi qu'à l'abord des virages... Chose certaine, cela nous fera

sans peine oublier la moyenne de 19,2 L/100 km obtenue au volant de la version huit cylindres de 4,2 litres. Bien entendu, il y aussi le V6 essence, mais celui-ci a un peu de mal à mouvoir ce véhicule de plus de deux tonnes.

Sur la route, le train avant s'accroche bien au bitume et l'arrière suit fidèlement, mais non sans quelques trépidations agaçantes sur chaussée déformée. Et il y a aussi la sensation de lourdeur, bien présente dans le volant, qui n'incite pas à jouer avec les courbes. Mais qu'à cela ne tienne, la Q7 surclasse ses cibles avouées (XC90 et Classe R). Cette Audi fait preuve d'une imperturbable stabilité sur l'autoroute et d'une singulière aisance sur les routes à faible coefficient d'adhérence, où sa transmission intégrale permanente la colle littéralement au bitume.

UN TOIT OUVRANT SUR LES ÉTOILES

Malgré son gabarit sumo, le Q7 ouvre ses portières sur un environnement réellement confortable pour quatre personnes. Et la troisième banquette, dites-vous ? Ses deux places s'adressent à de véritables funambules ne dépassant pas 1,60 m. Quant à la banquette médiane, sa partie centrale est partiellement tronquée et oblige à voyager sur la pointe des fesses. Tout comme vos bagages, lorsque la configuration à sept places est adoptée. À cet effet, le chiffre à retenir ici est 28. C'est le nombre d'aménagements possibles du coffre. Hélas, nous en aurions préféré 29. Le dossier du baquet du passager avant ne se replie pas sur lui-même pour favoriser le transport de très longs objets.

Bien équipé, le Q7 s'entoure (hélas généralement en option) de tous les accessoires rêvés : climatisation quatre zones, caméra de recul, système de navigation et toit en verre de 1700 mm de long qui, à lui seul, vaut le déboursé supplémentaire. Ce dernier comporte trois sections : la première ouvrante, la deuxième fixe et la dernière inclinable. Au premier abord, c'est complet. Mais, à l'usage, on regrette l'absence de sièges ventilés ou d'un système de divertissement autre que la contemplation des étoiles ou la détection de formations de cellules orageuses.

Au moment de rendre les clés, on est encore étonné par les performances, mais dubitatif quant à l'utilité d'un tel véhicule et à son prix, une fois toutes les options comptabilisées. L'offre du constructeur allemand est-elle raisonnable ? Non, mais avec le diésel, il y a un argument à faire valoir. ‖ **ÉRIC LEFRANÇOIS**

Un V6 TDI fort comme un buffle
et silencieux comme une cathédrale

DIMENSIONS ET VOLUMES

Empattement (mm)	3002
Longueur (mm)	5086
Largeur (mm)	1983
Hauteur (mm)	1737
Volume intérieur (L)	3772
Volume du coffre (min./max.)) (L)	308 / 2512
Capacité du réservoir de carburant (L)	100
Fourchette de poids (kg)	2280 -2390

CHÂSSIS

Mode	intégral
Suspension av. - arr.	indépendante
Freins av. - arr.	disques
Capacité de remorquage min. - max. (kg)	2495
Direction – diamètre de braquage (m)	crémaillère - 12
Pneus	255/55R18 (3.6), 275/45R20 (4.2), 235/60R18 (TDI 3.0)

PERFORMANCES

Modèle à l'essai	Q7 TDI 3.0
Moteur	V6 Turbodiésel 3 litres
Puissance (ch. à tr/min)	221 - 3700
Couple (lb-pi à tr/min)	406 - 1750
Transmission	semi-automatique 6 rapports
Autres transmissions	aucune
Accélération 0-100 km/h (sec.)	8,5 (chrono manuel)
Reprises 80-115 km/h (sec.)	5,5 (chrono manuel)
Distance de freinage 100-0 km/h (m)	non mesurée
Niveau sonore à 100 km/h	✗ ✗ ✗ ✎
Vitesse maximale (km/h)	208
Consommation réalisée au cours de l'essai (L/100 km)	13,6
Gaz à effet de serre	
Autres moteurs	V6 3,6 litres (280 ch.) V8 4,2 litres (350 ch.)

CE QU'IL FAUT SAVOIR

Fourchette de prix ($)	**54 200 - 75 100**
Marge de profit du concessionnaire (%)	9,10 à 9,28
Transport et préparation ($)	800 (préparation en sus)
Consommation ville - route (L/100 km)	**16,7 –12,7 (3,6 l) 21,9 – 16,6 (4,2 l)**
Essence recommandée	super
Versions offertes	Premium 3.2/4.2, Off Road 3.2/4.2, TDI 3.0
Carrosserie	multisegment 5 portes
Lieu d'assemblage	Slovaquie
Valeur résiduelle	✶ ✶ ✶
Garanties : de base - motopropulseur (an/km)	4/80 000 - 4/80 000
Fiabilité présumée	✶ ✶ ✎
Cycle de remplacement	2012
Ventes 2007 ↗ 75 %	Québec : 245
Protection collision frontale conducteur/passager latérale avant/arrière retournement 2rm/4rm	✶ ✶ ✶ ✶ ✶ / ✶ ✶ ✶ ✶ ✶ ✶ ✶ ✶ ✶ ✶ / ✶ ✶ ✶ ✶ ✶ n.a. / ✶ ✶ ✶ ✶

À RETENIR

Nouveautés 2009	moteur TDI, radio satellite, caméra de recul, équipement de série plus complet
Principales concurrentes	Acura MDX, BMW X5, Cadillac SRX, Mercedes ML, Volvo XC90

- L'arrivée du diésel
- La qualité soignée de la présentation
- Le comportement rassurant

- Les trépidations du train arrière
- Les options nombreuses et coûteuses
- La consommation (essence)

FEMME FATALE

Qu'est-ce qu'une Ferrari F430 de 260 000 $ a de plus qu'une Audi R8 coûtant la moitié moins cher? Livrons-nous à une sorte de match comparatif express pour essayer de trouver la réponse à cette délicate interrogation sur deux voitures ayant plusieurs traits en commun.

Audi

AUDI
R8

J'accorde 10 points à chaque voiture qui domine dans l'un des cinq points de comparaison. Apparence (qu'on pourrait appeler aussi « pouvoir d'attraction ») : R8, 10 points, F430, 9 ; sportivité : F430, 10, R8, 8,5 points ; budget : R8, 10, F430, 8 ; plaisir d'utilisation (ville et route) R8, 10, F430, 8 ; agrément de conduite (performances) : F430, 10, R8, 8. Total : Ferrari 45 points, Audi 46,5 points. L'Audi gagne par un nez. Les chiffres ont beau être éloquents, ils ne sont pas toujours d'une incontournable vérité. Il m'aurait suffi d'ajouter le prestige de la marque et la valeur de revente pour que l'Italie triomphe de l'Allemagne.

Pendant que vous débattez sur le sujet, permettez-moi de vous présenter la provocante Audi R8, à la fois exubérante et un tantinet exhibitionniste. Bref, elle affiche ses courbes comme une authentique femme fatale. Même son moteur central fera la joie des voyeurs sous son panneau de verre translucide.

COUSINE DE LA GALLARDO

Fort heureusement, elle n'a pas seulement la silhouette d'une exotique et son architecture est semblable à celle d'une Lamborghini Gallardo avec laquelle elle partage notamment son châssis en aluminium de type *space frame*. Celui-ci a d'ailleurs une particularité plus ou moins souhaitable ; il diffuse les fortes inégalités du revêtement sous forme de claquements secs ou de bruits de caisse insolites.

Descendre dans une R8 n'est pas ce que l'on appelle une sinécure, surtout pour des vieux os fatigués. Une fois installé face à un volant qui ne s'ajuste que manuellement (chiche), on découvre que les instruments les plus importants sont bien en vue tandis que les sièges enveloppants garantissent une bonne position de conduite. Autre signe d'économie, ces sièges ne possèdent pas de mise en mémoire. L'ambiance est néanmoins moderne avec ce prolongement du

tableau de bord dans la portière côté conducteur. En levant la tête, on constate que la visibilité vers l'avant est parfaite (sauf en fin de journée à cause d'un pare-soleil qui ne pare pas grand-chose) grâce à un capot très court qui abrite une sorte de réduit pour transporter une trousse (j'ai bien dit une trousse) de voyage. En regardant vers l'arrière, on arrive à se débrouiller, tandis que la visibilité de trois quarts arrière est carrément abominable. Passez outre à l'écran central qui est censé tout faire et qui ne fait que vous mettre en rogne, comme la majorité de ces systèmes indûment complexes. Vitement, soulignons que l'intérieur s'habille de beaux matériaux assemblés avec soin, contrairement à l'allure artisanale de certaines voitures de ce rang.

UN FREINAGE AHURISSANT

Curieusement, mes trois essais de la R8 ont été réalisés avec la boîte manuelle à six rapports dont le levier se laisse guider dans une petite grille à encoches à la Ferrari qui nous sert ce petit claquement métallique si doux à l'oreille. La R8 préconise des rapports de boîte très longs qui ne l'empêchent toutefois pas d'expédier le 0-100 km/h en 4,9 secondes ou le 0-160 en 11,2 secondes. Par contre, en cinquième ou en sixième, on sent souvent le besoin de rétrograder pour dépasser un traînard sur la route.

Ce que j'ai surtout aimé de cette Audi, c'est sa très grande facilité d'adaptation. Après un tour du circuit ICAR à Mirabel, j'étais prêt à exploiter les 420 chevaux du moteur V8 de 4,2 litres et l'adhérence redoutable assurée par les quatre roues motrices. En général, la R8 exhibe un comportement assez neutre en conduite sportive. À l'extrême limite, le sous-virage finit par se manifester, ce qui pourrait être contrariant si ce n'était du caractère parfaitement civilisé de cette R8 qui, malgré une suspension qui résiste au roulis, reste toujours confortable. La direction mérite un accessit pour sa rapidité et son excellent diamètre de braquage qui facilite le stationnement.

Et que dire du freinage qui est sans aucun doute la qualité maîtresse du nouveau fer de lance d'Audi. Il suffit d'effleurer la pédale pour avoir l'impression qu'un parachute s'est ouvert à l'arrière ou qu'on vient de jeter l'ancre. J'irais même jusqu'à dire qu'il est supérieur à celui d'une Porsche 911, sa rivale avouée. À ce jeu des comparaisons, j'ajouterai que la R8 s'est adjugé un meilleur temps au tour que la suprême Aston Martin DBS lors de mes essais à ICAR pour un nouveau DVD.

Que peut-on demander de plus à une voiture qui monopolise l'attention partout où elle passe, qui coûte 150 000 $ de moins qu'une Ferrari F430, qui passe devant une Aston Martin à moteur V12 et qui freine mieux qu'une Porsche 911 ? Rien, à mon avis. ▐▐▐ **JACQUES DUVAL**

La R8 préconise des rapports de boîte très longs qui ne l'empêchent toutefois pas d'expédier le 0-100 km/h en 4,9 secondes ou le 0-160 en 11,2 secondes

DIMENSIONS ET VOLUMES

Empattement (mm)	2650
Longueur (mm)	4431
Largeur (mm)	1904
Hauteur (mm)	1252
Volume intérieur (L)	n.d.
Volume du coffre (min./max.) (L)	99
Capacité du réservoir de carburant (L)	90
Fourchette de poids (kg)	1635 - 1640

CHÂSSIS

Mode	intégral
Suspension av. - arr.	indépendante
Freins av. - arr.	disques
Capacité de remorquage min. - max. (kg)	non recommandé
Direction - diamètre de braquage (m)	crémaillère - 11,8
Pneus	235/35R19 (av.) - 295/30R19 (arr.)

PERFORMANCES

Modèle à l'essai	R8 4.2
Moteur	V8 DACT 4,2 litres
Puissance (ch. à tr/min)	420 - 7800
Couple (lb-pi à tr/min)	317 - 4500
Transmission	manuelle 6 rapports
Autres transmissions	semi-automatique 6 rapports
Accélération 0-100 km/h (sec.)	4,90
Reprises 80-115 km/h (sec.)	2,74
Distance de freinage 100-0 km/h (m)	37,3
Niveau sonore à 100 km/h	⌘ ⌘ ⌘
Vitesse maximale (km/h)	300
Consommation réalisée au cours de l'essai (L/100 km)	16,1
Gaz à effet de serre	🏭🏭🏭🏭🏭
Autres moteurs	aucun

Pour un essai son et images de cette voiture, procurez-vous le DVD
Prenez le volant de 12 voitures d'exception avec Jacques Duval.

CE QU'IL FAUT SAVOIR

Fourchette de prix ($)	**141 000**
Marge de profit du concessionnaire (%)	8,7
Transport et préparation ($)	1500
Consommation ville - route (L/100 km)	**18,4 – 13,3 (aut.)** **19,7 – 12,6 (man.)**
Essence recommandée	super
Versions offertes	4.2
Carrosserie	coupé 2 portes
Lieu d'assemblage	Allemagne
Valeur résiduelle	★ ★ ★
Garanties : de base - motopropulseur (an/km)	4/80 000 – 4/80 000
Fiabilité présumée	n.d.
Cycle de remplacement	inconnu
Ventes 2007	Québec : 8
Protection collision frontale conducteur/passager latérale avant/arrière retournement 2rm/4rm	 non évaluée non évaluée non évaluée

À RETENIR

Nouveautés 2009	changeur 6 DC de série, Bluetooth, Homelink de série
Principales concurrentes	Lamborghini Gallardo, Nissan GT-R, Porsche 911

- Beauté non désespérée
- Confort inespéré
- Utilisation quotidienne envisageable

- Coffre risible
- Longue liste d'attente
- Bruits insolites

EN QUÊTE DE RECONNAISSANCE

AUDI
TT

Aussi bien l'admettre, cette Audi TT séduit davantage par son style et sa présentation léchée que par le tempérament fébrile de ses mécaniques, V6 compris. D'ici le printemps 2009, elle promet de se fâcher en ajoutant le suffixe S à son patronyme et une mécanique suralimentée de 265 chevaux sous son capot. Mais cela suffira-t-il à nous mettre les poils des avant-bras au garde-à-vous ? Et à quel prix ?

Deux questions auxquelles nous n'avons pas trouvé de réponse. La direction canadienne d'Audi a préféré différer la présentation de ce modèle épicé aux médias du pays, préférant investir ses dollars sur le lancement de modèles à plus fort volume (A4, A6 et Q5). Qu'à cela ne tienne, au cours d'un séjour en Europe, nous avons eu l'occasion de mettre la main sur un exemplaire pour une courte période de temps, histoire de voir si l'attente de ce nouveau modèle risquait de déboulonner la concurrence. Hélas, pour les amateurs d'opinions tranchées, il est nécessaire ici d'apporter une réponse nuancée à cette question. Oui, les performances de ce 2 litres suralimenté décoiffent et peuvent soutenir la comparaison avec une Z4, voire une Boxster. En revanche, les puristes

risquent de tirer la langue sur la façon un peu artificielle dont s'y prend Ingolstadt pour tirer autant de chevaux d'une mécanique à la cylindrée aussi modeste. Était-ce propre au véhicule essayé, toujours est-il que ce moteur « tourne carré » et que le temps de réponse du turbocompresseur était presque aussi rapide que le service à la clientèle de Bell.

Sans être aussi noble et racé que le six en ligne de BMW, nous préférons le 3,2 litres. Efficace en bas du compte-tours, linéaire dans ses montées en régime et, surtout, doté d'une sonorité grave, ce V6 flatte les sens. Et même si ses 250 chevaux ne sont pas aussi démonstratifs que le 2 litres suralimenté, il promet des performances plus qu'honorables. En fait, il se veut presque aussi rapide qu'une Porsche Boxster (non pas de la S) et permet d'atteindre 250 km/h en vitesse de pointe, limitée électroniquement.

LE SECRET EST DANS LA BOÎTE

Mais le plus bel élément de cette TT est sans contredit sa transmission mécanique séquentielle DSG à double embrayage. Son fonctionnement est convaincant quel que soit

le mode choisi : automatique, automatique sport ou manuel séquentiel avec commandes au volant ou au levier. Ainsi, les changements de vitesse s'effectuent « sans trou » — et sans à-coups — grâce au double embrayage, donc sans aucune rupture d'accélération. Mentionnons que cette boîte se fait davantage apprécier en mode manuel (en actionnant le levier ou les petites palettes greffées au volant) qu'en mode automatique, dont la gestion nous est apparue discutable par moments. Bref, cette boîte s'accorde donc parfaitement à l'esprit grand tourisme (ou roadster, puisque celui-ci y a également droit) de la TT, qui se montre aussi très bien équipée, efficace en « tout temps » grâce à ses quatre roues motrices. Le mode traction (roues avant motrices) se trouve toujours au catalogue, mais soyez prévenu : il faut composer avec quelques effets de couple dans la direction, au demeurant précise et incisive dans les changements de cap.

On peut également reprocher à cette Audi son manque de confort sur mauvais revêtement et peut-être aussi son comportement pataud (version tractée), de même que son dispositif antidérapage, jamais totalement déconnectable, car il redevient actif au freinage. Si, sur une chaussée sèche, la TT a du mal à prendre l'ascendant sur ses rivales, sur une chaussée à faible coefficient d'adhérence, cette allemande se révèle une compagne redoutable et fait la lumière sur le manque d'assurance de ses rivales dans la neige. D'accord, l'hiver n'est qu'une saison, mais la sécurité accrue que procure cette TT durant la saison blanche est indéniable.

Si le comportement de cette seconde mouture se révèle plus efficace que la précédente, l'habitacle, lui, est toujours dans l'air du temps. Pourtant, à l'intérieur, la sensation de confinement demeure. D'abord, il faut toujours faire preuve d'une certaine souplesse pour se glisser dans son baquet. Par chance, la jante du volant est aplatie dans sa partie basse, comme à bord d'une F1.

La finition est impeccable, les commandes toujours aussi astucieusement placées et dessinées. En fait, on trouve seulement à redire sur le confort des sièges (un peu plus de moelleux n'aurait pas fait de tort), les places étriquées à l'arrière (mais on s'en doutait vu le format de l'auto) et la ceinture de caisse passablement élevée qui donne aux glaces latérales une allure de meurtrières. Claustrophobes, prière de vous abstenir ! Par contre, soulignons qu'en dépit d'un seuil passablement élevé, le coffre offre un rangement tout à fait acceptable, d'autant plus que son volume peut être augmenté en rabattant en tout ou en partie les dossiers de la banquette arrière. ▌▌▌ **ÉRIC LEFRANÇOIS**

D'accord, l'hiver n'est qu'une saison, mais la sécurité accrue que procure cette TT durant la saison blanche est indéniable

DIMENSIONS ET VOLUMES

Empattement (mm)	2468
Longueur (mm)	4178
Largeur (mm)	1842
Hauteur (mm)	1352
Volume intérieur (L)	2093 (coupé)
Volume du coffre (min./max.) (L)	371 (coupé)
Capacité du réservoir de carburant (L)	55 (2.0T), 60 (3.2)
Fourchette de poids (kg)	1345 - 1565

CHÂSSIS

Mode	intégral
Suspension av. - arr.	indépendante
Freins av. - arr.	disques
Capacité de remorquage min. - max. (kg)	non recommandé
Direction – diamètre de braquage (m)	crémaillère - 10,96
Pneus	225/50R17 (2.0T), 245/45R17 (3.2) 245/40R18 (option), 255/35R19 (option)

PERFORMANCES

Modèle à l'essai	TT 3.2 (coupé)
Moteur	V6 DACT 3,2 litres
Puissance (ch. à tr/min)	250 - 6300
Couple (lb-pi à tr/min)	236 - 3250
Transmission	séquentielle 6 rapports
Autres transmissions	manuelle 6 rapports
Accélération 0-100 km/h (sec.)	6,27
Reprises 80-115 km/h (sec.)	3,66
Distance de freinage 100-0 km/h (m)	36,1
Niveau sonore à 100 km/h	✖ ✖ ✎
Vitesse maximale (km/h)	209
Consommation réalisée au cours de l'essai (L/100 km)	10,8
Gaz à effet de serre	
Autres moteurs	L4 turbo 2 litres (200 ch. / 265 ch.)

CE QU'IL FAUT SAVOIR

Fourchette de prix ($)	**46 900 - 59 800**
Marge de profit du concessionnaire (%)	8,95 à 9,53
Transport et préparation ($)	800 (préparation en sus)
Consommation ville - route (L/100 km)	**10,7 - 7,9 (2 l) 11,4 - 8,3 (3,2 l)**
Essence recommandée	super
Versions offertes	2.0T, 2.0T Premium, 3.2
Carrosserie	coupé 2 portes cabriolet 2 portes
Lieu d'assemblage	Hongrie
Valeur résiduelle	★ ★ ★ ★
Garanties : de base - motopropulseur (an/km)	4/80 000 - 4/80 000
Fiabilité présumée	★ ★ ✰
Cycle de remplacement	inconnue
Ventes 2007 ↗ 191 %	Québec : 105
Protection collision frontale conducteur/passager latérale avant/arrière retournement 2rm/4rm	non évaluée non évaluée non évaluée

À RETENIR

Nouveautés 2009	version TTS à moteur 2 litres de 265 chevaux
Principales concurrentes	BMW Z4, Honda S2000, Lotus Elise, Mercedes SLK, Nissan 350Z, Porsche Boxster/Cayman

+
- Agrément que procure la boîte DSG
- Excellente motricité
- Caractère de son moteur V6

−
- Fermeté des suspensions
- Tempérament qui manque un peu de sportivité (L4 atmo)

POUR GENTLEMEN NOSTALGIQUES

À une certaine époque, il faisait aussi bon rouler dans une automobile au moteur énorme qu'il l'était avec une carrosserie habillée de chromes étincelants et un intérieur garni des matériaux les plus nobles. Malgré le vent de renouveau qui souffle sur Bentley depuis son acquisition par le groupe Volkswagen en 1998, certains modèles comme la limousine Arnage, le cabriolet Azure et le coupé Brooklands sont des vestiges de l'époque où Bentley était la marque sœur de Rolls-Royce.

BENTLEY
ARNAGE/AZURE/
BROOKLANDS

C'est l'Arnage qui prête sa plateforme aux deux autres variantes qui diffèrent de configuration malgré que toutes trois partagent visuellement la partie avant. L'exclusivité déjà propre à toute Bentley est haussée d'un cran dans le cas du coupé, puisque la Brooklands ne sera produite qu'à 550 exemplaires. Inspirée des exploits de la marque en course automobile dans les années 1920, elle prend des airs à la fois musclés et classiques tout en proposant le plus puissant moteur jamais produit par la firme britannique.

UNE PUISSANCE GÉNÉREUSE

Avec une longueur hors tout à faire rougir d'envie une fourgonnette et un poids dépassant celui d'un VUS pleine grandeur, la Brooklands nécessite une bonne dose de puissance pour se déplacer allègrement. Comme en témoigne un chrono de 5,3 secondes pour atteindre les 100 km/h à partir de l'arrêt, le monstrueux V8 de 6,75 litres de cylindrée est en pleine forme et remplit pleinement ce mandat. Malgré ses origines lointaines, ce V8 assemblé à la main ne développe pas moins de 530 chevaux à tout juste 4000 tours/minute et 774 livres-pieds de couple à 3250 tours/minute grâce à l'ajout notamment d'une paire de turbocompresseurs, à des paramètres de gestion nouvellement revus ainsi qu'à des systèmes d'admission et d'échappement moins restrictifs. Adieu aussi à la vétuste transmission qui équipait l'Arnage, puisque la Brooklands bénéficie d'une toute nouvelle boîte automatique à six rapports qui relie le moteur aux roues motrices arrière.

Qu'à cela ne tienne, il est peu probable que le propriétaire de ce type de voiture soit tenté de faire du slalom à son volant. Si toutefois il connaît un débordement d'enthou-

siasme, comme cela arrive à l'occasion aux amis du Sultan du Brunei, il pourra compter sur d'énormes disques de freins ventilés de 420 mm à l'avant et 356 mm à l'arrière travaillant de concert avec des étriers à huit pistons. Très bien adaptée au véhicule, puisque conçue expressément pour ce dernier, la monte pneumatique Pirelli P Zero fait un excellent travail pour garder sur la chaussée ce salon de thé roulant. D'ailleurs, bien que les jantes puissent paraître d'un diamètre plutôt traditionnel, il s'agit de l'effet des proportions et il faut être à proximité de la voiture pour réaliser qu'elles sont d'un diamètre de 20 pouces. Pour ce châssis renforcé en plusieurs points pour permettre à la fois un confort royal et un comportement routier sain, on a prévu des amortisseurs électrohydrauliques. Ceux-ci, contrôlés par ordinateur, varient continuellement et indépendamment de fermeté pour minimiser le roulis et le tangage.

La Brooklands roule vite et bien de façon à ce que quatre personnes puissent prendre leur aise dans le somptueux habitacle. Bentley souligne d'ailleurs que l'espace réservé aux passagers arrière est le plus généreux jamais offert dans un coupé. À l'avant comme à l'arrière donc, on pourra pleinement apprécier son voyage et au besoin incliner son siège, pardon, son fauteuil, de manière à contempler les boiseries exotiques et le cuir qui couvre même le plafond. À l'avant, les baquets sont issus du cabriolet Azure plutôt que de l'Arnage et proposent entre autres des coussins lombaires électriques et une fonction massage.

DU TRAVAIL SUR MESURE

Si vous êtes sur le point de faire l'acquisition d'un exemplaire de cette Bentley, vous serez heureux d'apprendre qu'elle est dans les limites du possible entièrement personnalisable. En effet, si aucun des 45 coloris extérieurs ou des 25 teintes de cuir offerts ne vous plaît, il est toujours possible de vous accommoder moyennant un léger supplément. La lettre B ailée trônant au-dessus de la calandre figure elle aussi sur la liste des options et est rétractable de surcroît afin que cet ornement demeure le vôtre.

Davantage des symboles de réussite roulants que de véritables automobiles, l'Arnage, l'Azure et la Brooklands sont des modèles certes exclusifs, mais dépassés autant par leur format que par leur conception. À moins d'avoir un fort penchant pour le rétro, la série des Continental et Flying Spur s'avère un bien meilleur choix, et ce, à meilleur prix, quoiqu'à ce stade, ce ne sont pas quelques dizaines de milliers de dollars qui feront la différence. ||| **JACQUES DUVAL - DANIEL CHARRETTE**

À moins d'avoir un fort penchant pour le rétro, la série des Continental et Flying Spur s'avère un bien meilleur choix, et à meilleur prix

DIMENSIONS ET VOLUMES

Empattement (mm)	3116
Longueur (mm)	5411
Largeur (mm)	2078
Hauteur (mm)	1473
Volume intérieur (L)	2744
Volume du coffre (min./max.) (L)	311
Capacité du réservoir de carburant (L)	95,8
Fourchette de poids (kg)	2655

CHÂSSIS

Mode	propulsion
Suspension av. – arr.	indépendante
Freins av. – arr.	disques
Capacité de remorquage min. – max. (kg)	non recommandé
Direction – diamètre de braquage (m)	crémaillère – 12,5
Pneus	255/40R20

PERFORMANCES

Modèle à l'essai	Brooklands
Moteur	V8 biturbo ACC 6,7 litres
Puissance (ch. à tr/min)	530 – 4000
Couple (lb-pi à tr/min)	774 – 3250
Transmission	semi-automatique 6 rapports
Autres transmissions	aucune
Accélération 0-100 km/h (sec.)	5,3
Reprises 80-115 km/h (sec.)	2,5 (estimé)
Distance de freinage 100-0 km/h (m)	non mesurée
Niveau sonore à 100 km/h	✗ ✗ ✗ ✗ ✎
Vitesse maximale (km/h)	296
Consommation réalisée au cours de l'essai (L/100 km)	19
Gaz à effet de serre	
Autres moteurs	aucun

CE QU'IL FAUT SAVOIR

Fourchette de prix ($)	378 690
Marge de profit du concessionnaire (%)	n.d.
Transport et préparation ($)	n.d.
Consommation ville – route (L/100 km)	**24 – 16**
Essence recommandée	super
Versions offertes	Brooklands
Carrosserie	coupé 2 portes
Lieu d'assemblage	Angleterre
Valeur résiduelle	inconnue
Garanties : de base – motopropulseur (an/km)	3/illimité – 3/illimité
Fiabilité présumée	inconnue
Cycle de remplacement	inconnu
Ventes 2007 n.d.	Québec : n.d.
Protection collision frontale conducteur/passager	non évaluée
latérale avant/arrière	non évaluée
retournement 2rm/4rm	non évaluée

À RETENIR

Nouveautés 2009	nouveau modèle au pays
Principales concurrentes	Ferrari 612 Scaglietti, Mercedes Classe CL 600/65 AMG, Rolls-Royce Phantom Coupé

- • Exclusivité assurée
- • Confort de haut niveau
- • Choix du sur mesure

- • Fiabilité britannique
- • Consommation démesurée
- • Conception d'une autre époque

PLUS ALLEMANDE QUE BRITANNIQUE

En se portant acquéreur de cette reine déchue qu'était la marque Bentley au début des années 2000, Volkswagen connaissait déjà l'avenir qu'on réservait à l'ancienne consœur de Rolls-Royce. Emprisonnée dans un style immuable de berlines de haut standing, cette dernière ne pouvait se donner une vocation populaire. Par ailleurs, la notoriété et le passé sportif de Bentley offraient une certaine souplesse à ses nouveaux propriétaires. Celle de créer une voiture telle la Bentley Continental GT, la GTC sa cousine décoiffée et, plus récemment, l'audacieuse GT Speed avec ses 600 chevaux et une caisse un brin allégée.

Malgré un prix qui frise le quart de million de dollars (taxes incluses), la GT « de base » ne s'adresse pas particulièrement à la classe populaire ; il se situe néanmoins bien au-dessous de la facture qu'on doit acquitter pour s'offrir une Rolls-Royce.

Chez Volkswagen, lors du lancement de l'extravagante VW Phaeton, j'étais très sceptique sur les chances de succès d'une voiture du peuple à près de 100 000 $. J'avais donc demandé au réputé Ferdinand Piech, qui présidait alors les destinées de VW, ce qu'il allait faire si la voiture était un échec. Et c'est là qu'il m'avait lancé sur un ton un peu moqueur : « Nous en ferons une Bentley. » Et c'est précisément ce qui est arrivé. La Phaeton a été un bide et elle revoit le jour sous les traits des divers modèles de la gamme Continental.

Tout ce branle-bas explique pourquoi ces Bentley ont du sang allemand dans les veines. C'est ainsi que le châssis et le moteur proviennent de la Phaeton. Le moteur n'est pas le dernier venu puisqu'il s'agit d'un W 12 biturbo de 6 litres développant 552 chevaux et un couple de 479 livres-pieds. On a même eu recours à la traction intégrale Quattro héritée de l'appartenance d'Audi au groupe VW.

BIENVENUE AU SALON

Si les lignes extérieures sont proprement ravissantes, le charme n'est pas rompu quand on prend place à l'intérieur, où on a l'impression de se retrouver dans un salon particu-

lier avec des cuirs surpiqués, des boiseries en ronce de noyer (ou en fibre de carbone dans la Speed) et une abondance de chrome vif argent. On trouve même une montre Bretling au milieu du tableau de bord et une pléthore d'accessoires de grand luxe. Malheureusement, ma voiture d'essai était affligée d'une profusion de bruits de frottement provenant de la région du tableau de bord.

Le moteur s'anime en émettant une sonorité fort agréable, et les accélérations sont absolument foudroyantes si on tient compte des deux tonnes et demie de ce quasi-poids lourd. Ce moteur est aussi performant qu'il est affamé et constitue une véritable usine à gaz avalant autour de 20 litres aux 100 sans même trop s'exciter. On dit que la Speed est moins vorace, mais j'ai aperçu 80 litres aux 100 km sur l'ordinateur de bord lors d'un départ pied au tapis. La flotte entière des voitures de livraison de St-Hubert doit consommer moins.

Sur la route, la Bentley Continental est trahie par ses pneus de 20 pouces qui rendent la suspension un peu sèche sur mauvaise route. On peut cependant compenser en variant les réglages à l'aide d'une mollette sur la console centrale. Pour le reste du comportement routier, rien à redire. La tenue de route est celle d'une GT bien élevée et les freins sont à la hauteur de la tâche. Dans le cas de la version de 600 chevaux, les quatre disques ventilés sont rehaussés de l'option « céramique » assurant une endurance remarquable et une force de décélération supérieure aux freins ordinaires en acier. L'agrément de conduite est au rendez-vous, mais il n'est pas ici dans le même registre qu'une MX-5 (Miata).

CHEVEUX AU VENT

Les versions découvertes étant une tradition chez Bentley, la GT devient la GTC en perdant son couvre-chef en acier. Elle le troque pour une capote triple épaisseur qui, par rapport à ces nouveaux toits durs escamotables, a l'avantage d'être offert en des couleurs contrastant avec la carrosserie. Ce cabriolet figure parmi les plus lourds du marché, affichant presque 2500 kg à la balance. En revanche, ces Bentley n'iront jamais se colleter avec une piste de course et se contentent d'afficher la réussite de leurs conducteurs dans les artères riches et branchées des quatre coins de la planète. Il ne vous reste qu'à évaluer si tout cela vaut le prix d'entrée. Passionnément vôtre... ▐▐▐ **JACQUES DUVAL**

Le moteur s'anime avec une sonorité fort agréable et les accélérations sont foudroyantes vu les deux tonnes et demie de ce quasi-poids lourd

BENTLEY CONTINENTAL GT/GTC/SPEED

DIMENSIONS ET VOLUMES

Empattement (mm)	2745
Longueur (mm)	4804
Largeur (mm)	1965
Hauteur (mm)	1390 (GT), 1390 (Speed), 1398 (GTC)
Volume intérieur (L)	n.d.
Volume du coffre (min./max.) (L)	260 (GTC)/ 370 (GT, Speed)
Capacité du réservoir de carburant (L)	90
Fourchette de poids (kg)	2350 - 2485

CHÂSSIS

Mode	intégral
Suspension av. - arr.	indépendante
Freins av. - arr.	disques
Capacité de remorquage min. - max. (kg)	non recommandée
Direction - diamètre de braquage (m)	crémaillère - 11,3
Pneus	275/40R19 (GT/GTC), 275/35R20 (Speed)

PERFORMANCES

Modèle à l'essai	
Moteur	W12 biturbo DACT 6 litres
Puissance (ch. à tr/min)	552 - 6100
Couple (lb-pi à tr/min)	479 - 1600
Transmission	semi-automatique 6 rapports
Autres transmissions	aucune
Accélération 0-100 km/h (sec.)	4,8
Reprises 80-115 km/h (sec.)	2,0 (estimé)
Distance de freinage 100-0 km/h (m)	36,2
Niveau sonore à 100 km/h	✗ ✗ ✗ ✗ ✎
Vitesse maximale (km/h)	318 (GT), 326 (Speed), 312 (GTC)
Consommation réalisée au cours de l'essai (L/100 km)	18
Gaz à effet de serre	
Autres moteurs	W12 biturbo 6 litres (600 ch.)

CE QU'IL FAUT SAVOIR

Fourchette de prix ($)	**199 100 - 226 100**
Marge de profit du concessionnaire (%)	n.d.
Transport et préparation ($)	n.d.
Consommation ville - route (L/100 km)	**23,5 -14,5 (GT)**
Essence recommandée	super
Versions offertes	GT, GT Speed, GTC
Carrosserie	coupé 2 portes, cabriolet 2 portes
Lieu d'assemblage	Angleterre
Valeur résiduelle	non évaluée
Garanties : de base - motopropulseur (an/km)	3/illimité - 3/illimité
Fiabilité présumée	non évaluée
Cycle de remplacement	inconnu
Ventes 2007 n.a.	Québec : n.a.
Protection collision frontale conducteur/passager latérale avant/arrière retournement 2rm/4rm	non évaluée non évaluée non évaluée

À RETENIR

Nouveautés 2009	**version Speed de 600 chevaux, régulateur de vitesse adaptatif**
Principales concurrentes	**Aston Martin DBS, Ferrari F599 GTB Fiorano, Mercedes CL, Mercedes SL 600/65 AMG, Mercedes McLaren SLR**

- Traction intégrale
- Confort assuré
- Performances exceptionnelles

- Consommation scandaleuse
- Poids monumental
- Freinage très sollicité (GT)
- Bruits de l'habillage intérieur

RIEN POUR SE PÂMER

Malgré sa pompeuse appellation, son poids colossal, sa taille imposante et ses excès en tout genre, la Bentley Continental Flying Spur ne m'a pas impressionné outre mesure. Son ascendance est pourtant très digne, tant il est vrai qu'il s'agit plus ou moins d'une version berline du fastueux coupé Continental, l'une des plus belles automobiles sur terre. Les deux ont malgré tout des origines plus modestes, puisqu'ils héritent de la mécanique et de plusieurs composantes de la Volkswagen Phaeton, boudée par la clientèle et aujourd'hui disparue de notre marché.

BENTLEY
CONTINENTAL
FLYING SPUR

Si VW et Bentley sont aussi près, c'est tout simplement que la firme allemande a racheté la marque agonisante qu'était Bentley pour l'ajouter à son portfolio. Du même coup, on a plus ou moins délaissé l'étroit créneau des limousines pour se consacrer à des modèles visant un public plus étendu. Malgré tout, la BCFS n'est pas donnée, et quand une voiture coûte aussi cher qu'une maison de banlieue confortable, on est en droit de se montrer exigeant, sinon intransigeant envers cette anglaise naturalisée allemande.

UNE FINITION RELÂCHÉE

Au premier coup d'œil, la Flying Spur n'est pas de celles qui font craquer. Comparativement au coupé Continental qui ne cesse de faire tourner les têtes, la berline arbore des lignes rabougries et, somme toute, assez banales. Heureusement que l'intérieur sauve la mise grâce à un amalgame de bois, de cuir, de chrome, qui dégage une opulence indiscutable. S'il faut se montrer pointilleux, soulignons que la finition de ma voiture d'essai avait raté l'inspection ; une bande de caoutchouc était décollée sur la porte arrière droite tandis que la garniture de l'agrafe d'un des pare-soleils était mal arrimée. Ce genre de détail dérange dans une simple Volkswagen, alors essayez d'imaginer la déconvenue du propriétaire de cette Bentley qui vient d'aligner un quart de million de dollars pour rouler au sommet. Et ce n'est malheureusement pas tout ce qui n'allait pas dans ce palace roulant. Malgré un kilométrage peu élevé, les symboles sur la clé de contact (*lock*, *unlock*, etc.) étaient déjà effacés. Bref, la Flying Spur a du Volkswagen dans les talons, comme on peut le constater. Si la finition mérite un peu plus de rigueur, la qualité des matériaux est quant à elle sômptueuse, comme elle se doit de l'être.

La panoplie d'accessoires est spectaculaire, surtout depuis qu'on a eu la bienséance d'y ajouter une caméra de recul. Si vous voulez faire appel à un chauffeur et vous prélasser à l'arrière, vous aurez tout le loisir de le faire en ayant l'assurance d'un maximum d'espace pour la tête et les jambes. Sans oublier la petite tablette en bois qui ne vous servira sans doute à rien compte tenu de la dégradation de nos routes et de la dureté des pneus qui entraînent des secousses désagréables au passage de trous ou de bosses sur la chaussée.

IMPOSANTE, RIEN DE PLUS

Sur la route, là aussi, on est tantôt aux anges, tantôt désenchanté, selon les circonstances. Les deux palettes sous le volant sont quasiment de la fausse représentation tellement elles ne correspondent nullement aux commandes d'une vraie boîte de vitesses robotisée. On a plutôt affaire à une vulgaire transmission automatique à six rapports avec un mode Tiptronic. Cette dernière est au service du fameux moteur W12 6 litres de Volkswagen qui est ici gavé par deux turbos haussant sa puissance à 552 chevaux. Un moteur encore plus expressif de 600 chevaux équipe la nouvelle version Speed, accompagné de freins plus puissants, d'une suspension revue et de tout ce qui sied à des voitures aussi extrêmes.

Avec quatre roues motrices en permanence, la voiture n'est pas sujette aux queues de poisson ou autres déhanchements propres à un tel déferlement de puissance. En tout temps, ce moteur plaît à l'oreille et dégage une force remarquable malgré le poids de la masse. Comme la Continental, la BCFS n'a rien d'écolo en raison d'une consommation qui dépasse aisément les 18 litres aux 100. Le comportement routier souffre d'abord d'une direction sans vie, peu communicative et derechef mal isolée des chocs de la route. L'autre faille de cette Flying Spur tient à un châssis dont la rigidité peut être mise en doute à cause des bruits divers se manifestant sur mauvaise route. Le confort ne s'en trouve pas altéré, mais une voiture de ce rang ne devrait pas prêter le flanc à la critique sur ce plan.

Pour son prix et son standing, la Continental Flying Spur se doit d'être jugée sévèrement en raison même de la case spéciale qu'elle occupe dans le marché automobile. Vue sous cet angle, elle impressionne peu et il faudrait faire preuve d'une condescendance hypocrite pour se pâmer devant une telle réalisation. ▌▌▌ **JACQUES DUVAL**

*Quand une voiture coûte aussi cher qu'une maison
de banlieue confortable, on est en droit de se montrer exigeant*

DIMENSIONS ET VOLUMES

Empattement (mm)	3065
Longueur (mm)	5290
Largeur (mm)	1916
Hauteur (mm)	1479, 1465 (Speed)
Volume intérieur (L)	n.d.
Volume du coffre (min./max.) (L)	473
Capacité du réservoir de carburant (L)	91
Fourchette de poids (kg)	2440, 2475 (Speed)

CHÂSSIS

Mode	intégral
Suspension av. - arr.	indépendante
Freins av. - arr.	disques
Capacité de remorquage min. - max. (kg)	non recommandé
Direction - diamètre de braquage (m)	crémaillère - 11,5
Pneus	275/49R19, 275/35R20 (Speed)

PERFORMANCES

Modèle à l'essai	Flying Spur
Moteur	W12 biturbo DACT 6 litres
Puissance (ch. à tr/min)	552 - 6100
Couple (lb-pi à tr/min)	479 - 1600
Transmission	semi-automatique 6 rapports
Autres transmissions	aucune
Accélération 0-100 km/h (sec.)	5,07
Reprises 80-115 km/h (sec.)	3,23
Distance de freinage 100-0 km/h (m)	37,2
Niveau sonore à 100 km/h	✗ ✗ ✗ ✗ ✎
Vitesse maximale (km/h)	312, 322 (Speed)
Consommation réalisée au cours de l'essai (L/100 km)	18,7
Gaz à effet de serre	
Autres moteurs	W12 6 litres (600 ch.)

CE QU'IL FAUT SAVOIR

Fourchette de prix ($)	**193 400 - 220 500**
Marge de profit du concessionnaire (%)	n.d.
Transport et préparation ($)	n.d.
Consommation ville - route (L/100 km)	**24 - 15**
Essence recommandée	super
Versions offertes	Base, Speed
Carrosserie	berline 4 portes
Lieu d'assemblage	Angleterre
Valeur résiduelle	non évaluée
Garanties : de base - motopropulseur (an/km)	3/illimité - 3/illimité
Fiabilité présumée	non évaluée
Cycle de remplacement	inconnue
Ventes 2007 n.d.	Québec : n.d.
Protection collision frontale conducteur/passager	non évaluée
latérale avant/arrière	non évaluée
retournement 2rm/4rm	non évaluée

À RETENIR

Nouveautés 2009	version Speed à moteur V12 biturbo de 600 chevaux, insonorisation améliorée, système audio de 1100 watts à 15 haut-parleurs
Principales concurrentes	Audi A8L W12, BMW 750Li, Mercedes Classe S600/ 65 AMG

+ • Noblesse des matériaux
  • Habitabilité
  • Performances de haut niveau
  • Traction intégrale

− • Finition perfectible
  • Châssis dépassé
  • Consommation contre nature
  • Rapport qualité-prix discutable

WILLKOMMEN BEI MÜNCHEN

BMW
SÉRIE 1

À chaque renouvellement d'un modèle, il est difficile pour un constructeur d'offrir moins que la version précédente. C'est pourquoi les voitures gagnent généralement en volume, en sophistication et en équipement. Mais l'effet pervers est que les prix augmentent, et que la fidèle clientèle des débuts se voit exclue. Pour pallier cette croissance, un constructeur doit généralement introduire un nouveau modèle au bas de sa gamme, de façon à attirer de nouveaux acheteurs moins fortunés. BMW a suivi à la lettre cette technique commerciale en introduisant la série 1, plus abordable et plus près de ses racines de constructeur de berlines sportives.

Certains y verront une réédition de la fameuse 2002,
et ce n'est pas totalement faux

La Série 1 propose une configuration unique dans cette gamme de voitures : un moteur en long et des roues arrière motrices. Tous les autres constructeurs ont fait l'inverse en mettant à l'avant des moteurs en travers qui entraînent directement les roues motrices. Si tout cela profite à l'habitabilité, deux problèmes en découlent : la répartition des masses devient inégale avec un train avant trop chargé, et la double fonction directrice et motrice génère des effets parasites qui nuisent à la perception du conducteur. Chez BMW, les roues avant dirigent et les roues arrière propulsent. Les moteurs sont installés et centrés derrière les roues avant, proches du centre de gravité.

UN CŒUR GROS COMME ÇA

Pour l'amateur, le vrai, pour qui s'installer derrière un volant et caresser du pied droit une mécanique de race demeure un plaisir absolu. Pour tous ceux qui font ce rêve pas du tout raisonnable, BMW propose la 135i, dont le six cylindres en ligne s'accompagne d'une paire de turbos. Un gros six cylindres de 300 chevaux sous le capot d'une automobile de la taille d'une Mazda 3, c'est évidemment très alléchant. Mais ce n'est pas très rationnel par les temps qui courent.

Avant de lâcher la bride aux 300 chevaux de la 135i, attardons-nous à ses compétences « familiales ». Une formalité, à vrai dire. À 100 km/h, le six cylindres ronronne à peine au-dessus de 2000 tours/minute sans agresser les oreilles. Et sur revêtement lisse, la suspension ne pose pas réellement de problème côté confort. Les petites déformations sont aisément polies, mais les grosses donnent du fil à retordre en malmenant sèchement la caisse. Un désagrément, tout petit, largement compensé par les redoutables qualités dynamiques du châssis.

Guidée de l'intérieur par un volant à la jante bien pourvue, comme on les aime, la direction hyper incisive de cette BMW permet de ressentir la route d'une façon qui donne, à mon humble avis, une idée assez fidèle de la perfection. Cabrage, roulis, équilibre, adhérence, tout y est subtilement maîtrisé avec en plus une agilité formidable. Si on ajoute un freinage incisif, endurant et puissant, cette Série 1 semble appartenir à la classe des surdouées. C'est vrai tant que le soleil brille sur une chaussée parfaitement sèche. Sur une surface mouillée (et sur la neige ?), c'est moins jojo, et la 135i se révèle plus délicate à conduire. Deux solutions possibles : lever le pied avant que le correcteur de stabilité électronique coupe autoritairement les gaz, ou débrancher l'antipatinage (ce qui recule le seuil d'intervention de l'antidérapage), à condition de maîtriser parfaitement l'art du contre-braquage...

Si la 135i vous touche déjà au coeur, attendez de voir la magie de son six cylindres de 300 chevaux. La disponibilité et l'élasticité de ce moteur vous laissera pantois. Le feulement raffiné et mélodieux de ce moteur est un joyau. Les performances sont à l'unisson de cette qualité sonore. Pas plus de 5,5 secondes pour atteindre les

MALGRÉ UNE ERGONOMIE EXCELLENTE ET UNE BONNE VISIBILITÉ, L'HABITACLE MANQUE DE COULEUR MAIS SOUFFRE AUSSI DE LA PRÉSENCE DE PLASTIQUES BIEN ORDINAIRES ET D'UNE SELLERIE QUI L'EST TOUT AUTANT.

100 km/h et des reprises dignes des meilleures voitures diésel avec 300 livres-pieds de couple dès 1400 tours/minute. Il suffit d'effleurer la pédale de droite sans se préoccuper de rétrograder tant sa poussée et ses ressources semblent inépuisables à tous les régimes. Le bonheur serait sans doute plus grand encore si la course du levier de vitesses était plus courte, l'embrayage plus facile à doser ou si le réservoir d'essence permettait une meilleure autonomie compte tenu de sa consommation parfois élevée.

Vous jugez ce 3 litres déraisonnable ? Alors, jetez votre dévolu sur la 128i et son moteur 3 litres atmosphérique. Ce moteur aussi adore grimper dans les tours, sans émettre la moindre vibration parasite, sans faire sentir qu'il arrive à bout de souffle. En fait, comme la version suralimentée, c'est le rupteur qui freine les envolées sur les premiers rapports tellement il est volontaire. Le couple à très bas régime est, lui, modeste, mais par la suite, il suffit de garder le régime en haut des 3000 tours/minute, et la magie opère. La sonorité du moteur est envoûtante, gutturale et rauque à l'admission, alors que l'échappement émet de sympathiques borborygmes à la décélération.

UNE BMW, UNE VRAIE

Modèle d'entrée de gamme ? Peut-être. Mais la Série 1 n'est pas construite avec des pièces réformées. Le tableau de bord aux formes tourmentées (comme ses lignes extérieures) ne rajeunit pas l'habitacle, qui non seulement manque de couleur, mais souffre aussi de la présence de plastiques d'une qualité bien ordinaire vu le prix demandé et d'une sellerie (128i) qui l'est tout autant. En revanche, l'ergonomie, elle, est excellente et la visibilité bonne sous

tous les angles grâce à une surface vitrée généreuse et aux fins piliers de toit, typiques de la marque. Recul du siège (manuel) et du volant ; ajustements en hauteur et inclinaison du siège sport (offert avec le groupe M à 1600 $), on retrouve les yeux fermés l'excellente position de conduite à l'allemande. Les occupants des places avant ne trouveront rien à redire, mais à l'arrière, c'est une autre histoire. Malgré son empattement généreux (pour une compacte), les places arrière sont handicapées par son architecture (roues arrière motrices). L'accès est très étroit et il faut ensuite glisser les pieds sous les sièges. Des enfants s'en satisferont, mais avec des adultes, on fera du dépannage. On a envie de faire le même reproche au coffre, dont la contenance est, disons-le, très moyenne. À ce sujet, il est dommage, comme pour le choix de moteurs, que BMW refuse de nous proposer la version à hayon — commercialisée en Europe — qui serait sans doute plus pratique et plus fonctionnelle que le coupé et le cabriolet, les seules versions au catalogue en Amérique du Nord.

Plusieurs clients se laisseront tenter par cette voiture qui rehaussera leur standing. Une bonne affaire pour BMW, qui réalisera alors sans doute son objectif de grossir les rangs de ses adeptes. Cela dit, au-delà des qualités dynamiques exceptionnelles de ce véhicule (sur chaussée sèche), reste son coût qui prend aisément de l'altitude une fois additionnées quelques options. On se retrouve alors avec une facture extrêmement salée pour une automobile peu fonctionnelle, peu économique (à la pompe), peu efficace dans la neige. Et il convient d'ajouter une satisfaction à la clientèle en deçà des attentes, du moins si on prête foi au dernier sondage de J.D. Powers sur la qualité initiale. ▌▌▌ **LOUIS-ALAIN RICHARD - ÉRIC LEFRANÇOIS**

DIMENSIONS ET VOLUMES

Empattement (mm)	2660
Longueur (mm)	4373
Largeur (mm)	1748
Hauteur (mm)	1423 (coupé), 1411 (cabriolet)
Volume intérieur (L)	n.d.
Volume du coffre (min./max.) (L)	370 (coupé), 260 / 305 (cabriolet)
Capacité du réservoir de carburant (L)	53
Fourchette de poids (kg)	1475 - 1660

CHÂSSIS

Mode	propulsion
Suspension av. - arr.	indépendante
Freins av. - arr.	disques
Capacité de remorquage min. - max. (kg)	non recommandé
Direction - diamètre de braquage (m)	crémaillère - 10,7
Pneus	205/50R17 (128i), 215/40R18 - 245/35R18 (135i)

PERFORMANCES

Modèle à l'essai	135i
Moteur	L6 biturbo DACT 3 litres
Puissance (ch. à tr/min)	300 - 5800
Couple (lb-pi à tr/min)	300 - 1400
Transmission	manuelle 6 rapports
Autres transmissions	automatique 6 rapports
Accélération 0-100 km/h (sec.)	5,5
Reprises 80-115 km/h (sec.)	3,75
Distance de freinage 100-0 km/h (m)	36,5
Niveau sonore à 100 km/h	✖ ✖ ✖
Vitesse maximale (km/h)	210
Consommation réalisée au cours de l'essai (L/100 km)	11,4
Gaz à effet de serre	
Autres moteurs	L6 3 litres (230 ch.)

CE QU'IL FAUT SAVOIR

Fourchette de prix ($) :	**33 900 - 47 200 (2008)**
Marge de profit du concessionnaire (%)	8,69
Transport et préparation ($)	700 (préparation en sus)
Consommation ville - route (L/100 km)	**12,7 - 8,5 (3 l)** **13,5 - 9,2 (biturbo 3 l)**
Essence recommandée	super
Versions offertes	128i, 135i
Carrosserie	coupé / cabriolet 2 portes
Lieu d'assemblage	Allemagne
Valeur résiduelle	* * * * *
Garanties : de base - motopropulseur (an/km)	4/80 000 - 4/80 000
Fiabilité présumée	inconnue
Cycle de remplacement	inconnu
Ventes 2007	Québec : n.a.
Protection collision	
frontale conducteur/passager	non évaluée
latérale avant/arrière	non évaluée
retournement 2rm/4rm	non évaluée

À RETENIR

Nouveautés 2009	**aucun changement majeur**
Principales concurrentes	**Audi A3, Mini Cooper S, Volvo C30**

+
- Le plaisir de la conduire
- Le tempérament du moteur
- Le châssis équilibré

–
- Les choix de BMW (motorisations...)
- Le prix qui n'en finit pas de grimper
- Sa consommation et la faible capacité de son réservoir

DU BON ET DU MOINS BON

Importante, la série 3 ? Et comment. Elle assure à elle seule 40 % du chiffre d'affaires du constructeur bavarois et parade en tête des ventes de sa catégorie. Mais la pression exercée par ses rivaux allemands n'a jamais été aussi forte pour la déboulonner de son socle. BMW riposte et renouvelle la berline et la familiale dès cet automne. Les coupés et cabriolets demeurent inchangés.

BMW
SÉRIE 3

Au premier coup d'œil, on a peine à identifier les éléments nouveaux de la carrosserie. En fait, entre la nouvelle et l'ancienne, c'est un peu le jeu des sept erreurs. La ressemblance est troublante, mais un examen plus attentif permet de relever les subtilités de la nouvelle signature esthétique de la marque. L'important à retenir est que plusieurs des coups de crayon des stylistes visent à souligner l'augmentation des voies avant et arrière du véhicule.

La présentation intérieure demeure sensiblement la même aussi, mais BMW promet une meilleure qualité des matériaux (on demande à voir) et un assemblage plus rigoureux. Le controversé dispositif I-Drive est de retour, mais ses concepteurs assurent qu'il sera dorénavant beaucoup plus convivial à manier.

Au chapitre de la mécanique, on retient la venue en Amérique du Nord du six cylindres en ligne de 3 litres turbo-diésel (335d). Libérant 286 chevaux, ce moteur met selon son constructeur tout juste six secondes pour atteindre 100 km/h à la suite d'un départ arrêté. Le diésel s'en vient, mais pas la boîte à sept rapports avec double embrayage. Cette dernière est actuellement réservée à l'Europe pour quelque temps encore.

M3, LA REINE DÉCHUE

Autrefois reine et maîtresse de la catégorie des berlines sport, la BMW M3 n'est plus la titulaire inébranlable de ce titre tant convoité. Pas moins de trois concurrentes sont apparues sur le marché et menacent drôlement son hégémonie. Je dirais qu'elle est encore celle qui tient le haut du pavé en matière de tenue de route, grâce à la ténacité de ses suspensions et, surtout, à une direction qui est d'une remarquable fidélité. Mais, à quel prix par contre ? Entre

une Lexus IS F et une Mercedes-Benz C 63, elle est sûrement celle qui vous fait payer le plus cher un tel exploit. Ce qui veut dire que la suspension est d'une sécheresse qui rend la circulation en territoire québécois absolument exécrable. Ses deux rivales arrivent à assouplir un peu mieux les trous et les bosses qui sont le lot de notre réseau routier.

Si la M sauve la mise dans les virages au prix d'un confort inexistant, elle doit s'incliner dans l'autre domaine qui caractérise une berline sport, soit la puissance. Son V8 de 4 litres ne fait évidemment pas le poids face au 6,3 litres de sa contrepartie de Stuttgart. Le couple du V8 de la Mercedes est magistral tandis qu'il faut jouer du levier de vitesses pour aller chercher les chevaux de la M3 logés au-delà des 5000 tours. En revanche, le « petit » V8 de Munich est servi par une souplesse qui lui permet de passer de 1200 à 8000 tours sur le sixième rapport de la boîte manuelle sans protester. Le dernier avantage des nouvelles venues est évidemment leur prix d'aubaine. Par rapport à la Lexus IS F ou la Mercedes C63, on peut retrancher autour de 20 000 $ à la facture de la M. Moins d'argent, plus de confort et de performances, je suis preneur.

LA VERSION SURALIMENTÉE ALORS ?

Puisque BMW n'a pas du tout l'intention de réduire le prix de la M, nous vous suggérons alors de jeter un coup d'œil aux versions 330. Elles s'animent toutes d'un six cylindres en ligne de 3 litres qui livre 300 chevaux et le même nombre de livres-pieds de couple à 1400 tours/minute. Pas de temps de réponse, aucun sifflement, juste le timbre grave et profond des échappements. Attention de ne pas vous laisser trop envoûter par les sensations de souplesse et de force de cette mécanique ou par sa musicalité. En moins de deux, elle plonge le plus distrait des conducteurs dans l'allégresse et, il faut le dire, dans l'illégalité. Et c'est là sans doute son plus grand défaut.

Cette propulsion (un précieux rouage intégral est offert) est parfaitement équilibrée grâce à la répartition idéale de ses masses, de son train avant incisif qui permet de l'inscrire avec autant de précision dans les virages. Cependant, tout comme les M3, les modèles réguliers demeurent handicapés par des suspensions trop rigides et une monte pneumatique trop agressive. Les petites irrégularités nuisent à la précision de la conduite, tandis que les grosses menacent d'abîmer les jantes. Est-il nécessaire de vous rappeler que vu l'état de nos routes, le groupe Sport est contre-indiqué ?
⦀ JACQUES DUVAL - ÉRIC LEFRANÇOIS

Il faut jouer du levier de vitesses pour aller chercher les chevaux de la M3 logés au-delà des 5000 tours

DIMENSIONS ET VOLUMES

Empattement (mm)	2760
Longueur (mm)	4526 (berline), 4588 (coupé), 4615 (M3)
Largeur (mm)	1782 - 1804
Hauteur (mm)	1418 - 1421
Volume intérieur (L)	2633 (berline), 2506 (coupé)
Volume du coffre (min./max.) (L)	460 (berline), 440 (coupé), 460 / 1385 (familiale)
Capacité du réservoir de carburant (L)	61, 63 (M3)
Fourchette de poids (kg)	1510 - 1710

CHÂSSIS

Mode	propulsion, intégral
Suspension av. - arr.	indépendante
Freins av. - arr.	disques
Capacité de remorquage min. - max. (kg)	non recommandé
Direction - diamètre de braquage (m)	crémaillère - 11 / 11,8 (xi) / 11,7 (M3)
Pneus	205/55R16 (323/328), 225/45R17 (335), 245/40R18 - 265/40R18 (M3)

PERFORMANCES

Modèle à l'essai	M3 (cabriolet)
Moteur	V8 DACT 4 litres
Puissance (ch. à tr/min)	414 - 8400
Couple (lb-pi à tr/min)	295 - 3900
Transmission séquentielle	7 rapports
Autres transmissions	manuelle 6 rapports, semi-automatique 6 rapports
Accélération 0-100 km/h (sec.)	5,14
Reprises 80-110 km/h (sec.)	3,17
Distance de freinage 100-0 km/h (m)	36,9
Niveau sonore à 100 km/h	* * *
Vitesse maximale (km/h)	250
Consommation réalisée au cours de l'essai (L/100 km)	14,5
Gaz à effet de serre	
Autres moteurs	L6 2,5 litres (200 ch.), L6 3 litres (230 ch.), L6 biturbo 3 litres (300 ch.), L6 turbodiésel 3 litres (286 ch.)

CE QU'IL FAUT SAVOIR

Fourchette de prix ($)	**35 900 - 81 900 (2008)**
Marge de profit du concessionnaire (%)	n.d.
Transport et préparation ($)	700 (préparation en sus)
Consommation ville - route (L/100 km)	**12,8 - 8,5 (3 l) 13,7 - 9,1 (biturbo, 3 l) 17 - 12 (4 l)**
Essence recommandée	super
Versions offertes	323i, 328i, 328xi, 335i, 335xi, 335d, M3, Touring 328xi
Carrosserie	berline 4 portes, coupé 2 portes, cabriolet 2 portes, familiale 5 portes
Lieu d'assemblage	Allemagne
Valeur résiduelle	* * *
Garanties : de base - motopropulseur (an/km)	4/80 000 - 4/80 000
Fiabilité présumée	* * * *
Cycle de remplacement	inconnu
Ventes 2007 ↗ 10 %	Québec : 2615
Protection collision	
frontale conducteur/passager	* * * * / * * * *
latérale avant/arrière	* * * * * / * * * * *
retournement 2rm/4rm	* * * * / * * * *

À RETENIR

Nouveautés 2009	**moteur turbodiésel (berline), retouches esthétiques au capot et à la calandre (berline)**
Principales concurrentes	**Acura TSX/TL, Audi A4, Cadillac CTS, Infiniti G37, Lexus IS, Mercedes Classe C, Saab 9-3, Volvo S40/V50/C70**

+
- Le velouté de la mécanique suralimentée
- La disponibilité d'un moteur diésel
- Le mordant du freinage

−
- Performances en retrait de la M
- Sécheresse de la suspension
- Coût des options

LE CASSE-TÊTE CHINOIS

BMW
SÉRIE 5

L'achat (ou la location) d'une BMW de Série 5 n'est pas une sinécure. C'est même un véritable casse-tête chinois tellement l'offre dans cette gamme est considérable. Pas moins de sept modèles figurent au catalogue avec un choix de quatre moteurs différents et une fourchette de prix qui s'étale de 60 000 $ à plus de 110 000 $. Pendant que vous vous grattez la tête, passons en revue cette cavalcade bavaroise en nous arrêtant plus sur la 535i, qui est probablement le modèle le plus vendu et, selon moi, le plus intéressant.

Réglons d'abord le cas de la réputée M5, celle-là même qui propulse le prix de ces BMW dans la stratosphère. Son moteur V10 et ses 500 chevaux peuvent faire des ravages à l'ego de conducteurs de plusieurs sportives aguerris, mais leur exploitation présente deux désavantages majeurs : la sévérité nouvelle des lois contre les excès de vitesse et la transmission robotisée SMG à sept rapports qui, par sa brusquerie, fait reculer l'agrément de conduite habituellement associé aux voitures BMW. Beaucoup d'utilisateurs ont simplement accepté de perdre plusieurs milliers de dollars en retournant leur M5 chez le concessionnaire, se disant insatisfaits de leur achat. Si vous y tenez absolument, optez pour la bonne vieille boîte manuelle à six rapports, qui demeure toujours à mon sens le synonyme du plaisir de conduire. On la dit fragile toutefois et propice à la surchauffe quand elle est malmenée.

UNE SURALIMENTATION INSTANTANÉE

Tout au bas de la gamme, la 528 doit composer avec 230 chevaux durement sollicités dans une voiture d'un tel format. Juste au dessus, la 535i mise à l'essai peut compter sur l'addition d'une paire de turbocompresseurs au merveilleux six cylindres en ligne de 3 litres apparu préalablement dans la série 3. Performant, discret et d'une grande douceur, ce moteur est l'atout majeur de la Série 5. Le 100 km/h est bouclé en moins de 7 secondes, et si jamais l'envie vous prend d'aller vérifier le chrono d'un 0 à 160 km/h sur une piste de course, le résultat se situera autour de 13,8 secondes. En doublant, l'exposition au trafic venant en sens inverse ne sera que de 4,1 secondes, soit le temps requis pour passer de 80 à 115 km/h. Autre détail important, la suralimentation du moteur par l'entremise des deux turbos

passe totalement inaperçue en raison de l'absence de temps de réponse. La boîte automatique à six rapports fait très bon ménage avec le six cylindres en ligne qui tourne en douceur sous le capot, sauf que le petit levier de vitesses paraît inutilement compliqué à manipuler.

La rigidité du châssis ne fait aucun doute, et la voiture essayée, malgré ses 10 000 km, ne faisait entendre aucun bruit suspect. Le freinage m'a cependant moins impressionné, sinon déçu, par son manque de mordant et des ralentissements indûment longs. Bien que la tenue de route soit à l'abri de la critique, la suspension gâte un peu le bilan par ses réactions sèches sur les trous et les bosses du macadam québécois. Cela vient assombrir un tantinet le plaisir que procure le magnifique moteur de la 535.

VIVEMENT DE NOUVELLES FRINGUES

À l'intérieur, on est d'abord accueilli dans des sièges bien galbés, mais dont le réglage se prête à un tel nombre de possibilités qu'on n'en finit plus de déterminer où se situe la meilleure position de conduite. Il devient alors impératif de la mettre en mémoire, au cas où quelqu'un viendrait la modifier. Une fois bien installé, on découvre que la disposition des pédales ne convient pas à tous et à toutes à cause de la trop grande proximité de l'accélérateur et du frein. Cela dit, la finition soignée et tous les accessoires de luxe souhaitables nous font baigner dans une ambiance de qualité, à condition d'avoir coché maintes options. Par exemple, notre 535 était équipée de l'affichage dit tête haute, qui réfléchit dans le pare-brise l'indicateur de vitesse et d'autres informations de l'instrumentation principale. Les places arrière sont généreuses et le coffre à bagages, impressionnant.

Il suffit de se rappeler qu'on a affaire à une propulsion qui ne sera pas toujours amusante dans la neige. BMW a prévu le coup en offrant des versions Xi de la 528, des 535 et des 535 Touring (familiale).

Terminons en soulignant que cette gamme de modèles a un pressant besoin d'un remaniement complet afin de la mettre au goût du jour. Après la Série 7, ce sera sans doute son tour l'an prochain, ce qui ne sera pas trop tôt. **▌▌▌ JACQUES DUVAL**

Beaucoup d'utilisateurs ont accepté de perdre plusieurs milliers de dollars en retournant leur M5 chez le concessionnaire, se disant insatisfaits

DIMENSIONS ET VOLUMES

Empattement (mm)	2888
Longueur (mm)	4841 (berline), 4842 (familiale)
Largeur (mm)	1846
Hauteur (mm)	1468 (berline), 1491 (familiale)
Volume intérieur (L)	2806 (berline)
Volume du coffre (min./max.) (L)	520 (berline)
	500 / 1650 (familiale)
Capacité du réservoir de carburant (L)	70
Fourchette de poids (kg)	1590 - 1820

CHÂSSIS

Mode	propulsion, intégral
Suspension av. - arr.	indépendante
Freins av. - arr.	disques
Capacité de remorquage min. - max. (kg)	non recommandé
Direction - diamètre de braquage (m)	crémaillère - 11,4 / 11,9 (xi) / 12,4 (M5)
Pneus	225/50R17, 245/40R19 - 275/30R19 (550i)
	255/35R19 - 285/35R19 (M5)

PERFORMANCES

Modèle à l'essai	535xi
Moteur	L6 biturbo DACT 3 litres
Puissance (ch. à tr/min)	300 - 5800
Couple (lb-pi à tr/min)	300 - 1400
Transmission	semi-automatique 6 rapports
Autres transmissions	manuelle 6 rapports
	séquentielle 7 rapports (V10)
Accélération 0-100 km/h (sec.)	6,38
Reprises 80-115 km/h (sec.)	4,15
Distance de freinage 100-0 km/h (m)	37,5
Niveau sonore à 100 km/h	✖ ✖ ✖ ✖
Vitesse maximale (km/h)	240, 250 (V10)
Consommation réalisée au cours de l'essai (L/100 km)	12
Gaz à effet de serre	

Autres moteurs	L6 3 litres (230 ch.)
	V8 4,8 litres (360 ch.), V10 5 litres (500 ch.)

CE QU'IL FAUT SAVOIR

Fourchette de prix ($)	**59 900 - 113 300 (2008)**
Marge de profit du concessionnaire (%)	n.d.
Transport et préparation ($)	700 (préparation en sus)
Consommation ville - route (L/100 km)	**13 - 8,5 (3 l)**
	14 - 9,8 (biturbo 3 l),
	16 - 10,5 (4,8 l), 21,5 - 14 (5 l)
Essence recommandée	super
Versions offertes	528i, 528xi, 535i, 535xi, 550i, M5, Touring 535xi
Carrosserie	berline 4 portes, familiale 5 portes
Lieu d'assemblage	Allemagne
Valeur résiduelle	★ ★ ★ ★
Garanties : de base - motopropulseur (an/km)	4/80 000 - 4/80 000
Fiabilité présumée	★ ★ ★ ★ ✦
Cycle de remplacement	2010
Ventes 2007 ↗ 1 %	Québec : 518
Protection collision frontale conducteur/passage	★ ★ ★ / ★ ★ ★ ★ ★
latérale avant/arrière	★ ★ ★ ★ ★ / ★ ★ ★ ★ ★
retournement 2rm/4rm	★ ★ ★ ★ / ★ ★ ★ ★

À RETENIR

Nouveautés 2009	**aucun changement majeur**
Principales concurrentes	**Audi A6, Cadillac STS, Infiniti M, Jaguar XF, Lexus GS, Mercedes Classe E, Volvo S80**

- D'admirables moteurs
- Tenue de route soignée
- Finition soignée
- Grand coffre

- Silhouette caduque
- Transmissions contestables
- Freinage très moyen
- Suspension inconfortable

Il y a des coupés chauds, comme la Jaguar XK, qui, au premier regard, inspire des sentiments brûlants et vous rend tout feu tout flamme. Et il y a des coupés froids, comme la Série 6, qui suscite le respect, l'admiration. On se sent impressionné par son aspect monolithique, dense et massif, par sa silhouette athlétique d'une perfection glacée, par ses passages de roue et ses boucliers musclés qui suggèrent un caractère inflexible et un tempérament brutal. Une impression, puisque la Série 6 est beaucoup plus docile qu'elle le paraît.

À bord de la 650, le luxe se joint à la qualité de la conception pour assurer au voyageur un confort exceptionnel. Immergé dans un océan de cuir odorant, profondément calé dans un baquet qu'on jurerait avoir été moulé sur soi, à vue et à distance idéales des commandes et cadrans, on se sent prêt à traverser un continent juste pour le plaisir, à déguster chaque kilomètre avec volupté, comme autant de grains de caviar. Vous aimez le caviar, non ?

La Série 6 s'habille de matériaux de grande qualité et on lui doit d'avoir rétabli la console centrale légèrement inclinée vers le conducteur. Tout comme les autres BMW, ce coupé adopte, pour notre plus grande joie, la version simplifiée du controversé système I-Drive, lequel permet de régler la climatisation et la chaîne audio, et de profiter des multiples informations colligées par l'ordinateur de bord.

À l'arrière, on s'en doute, le dégagement est compté. Certes, c'est mieux qu'une XK, mais il vous sera tout de même difficile de convaincre deux adultes de tenir là plus de 100 kilomètres. Le coffre, en revanche, est nettement plus accueillant et permet, une fois les beaux jours revenus, de caser deux sacs de golf sans problème.

LA PLUS EFFICACE DES GT

En ce qui a trait au comportement routier proprement dit, la Série 6 mérite des compliments. La qualité du châssis ne fait qu'exalter ses exceptionnelles qualités de stabilité et d'équilibre. Lorsqu'on prend l'autoroute au volant d'une voiture comme celle-ci, les limitations de vitesse paraissent farfelues. À plus de 225 km/h, votre attention n'est requise que pour surveiller le paysage. La 650, elle, file vite et bien et vous procure une sensation d'absolue sécurité.

Sur un parcours plus sinueux, l'équilibre des masses combiné à la précision et au judicieux temps de réponse de la direction — dotée du génial dispositif AFS à démultiplication variable — ainsi qu'à la qualité de l'équipement pneumatique, détermine un comportement sinon agile, du moins complètement sain. À l'opposé d'une Jaguar XK toujours, la Série 6 réagit avec une rassurante progressivité. Elle ne surprend jamais son conducteur, les multiples aides à la conduite veillant à maintenir la trajectoire idéale. Évidemment, à l'attaque, on ne retrouve pas la merveilleuse vélocité ni l'efficacité d'une voiture sport pur jus, ni les frissons ressentis au volant de la première série 6 (1977-1989). En revanche, nul besoin d'être un expert de la conduite automobile pour tirer un excellent parti de cette grande routière aux manières (trop) exemplaires.

Le moteur se met en branle au quart de tour, mais son grondement sourd et étouffé ressemble à celui entendu sur le pont d'un gros yacht dont le moteur est enfoui au fond de la cale. Impression de puissance certes, mais feutrée, filtrée. Et pourtant, ce gros V8 respire, là devant vous, avec la calme assurance d'un fauve au repos. Dès que le pied droit effleure l'accélérateur, la Série 6 bondit d'un trait, le système antipatinage veillant à ce que le transfert de puissance ne fasse pas crier les roues arrière. À défaut de vous plaquer sauvagement au dossier de votre baquet, ce V8 a de quoi vous étonner par sa souplesse et sa disponibilité. Malheureusement, on tirerait meilleur parti de la générosité de cette mécanique si celle-ci était accouplée à une boîte manuelle plus rapide et à une grille de sélection plus serrée. Mais ne soyons pas trop sévère, puisque dans sa catégorie, ce coupé est le seul à ne pas nous imposer seulement une boîte automatique. Cette dernière, offerte moyennant supplément, fonctionne admirablement bien et enfile ses six rapports avec justesse et précision. C'est d'ailleurs elle qui sied le mieux au tempérament de l'auto.

Le « béèmiste » sportif préférera connaître l'ivresse sans le flacon au volant de la version M dopée par un moteur V10 5,5 litres de 500 chevaux. Mais le grand voyageur trouvera dans la Série 6 de base une machine presque idéale : la voiture de grand tourisme moderne par excellence, et en tout cas la plus homogène d'entre elles. Rien de moins.
Ц ÉRIC LEFRANÇOIS

La série 6 file vite et bien et vous procure une sensation d'absolue sécurité

DIMENSIONS ET VOLUMES

Empattement (mm)	2780, 2781 (M6)
Longueur (mm)	4831, 4871 (M6)
Largeur (mm)	1855
Hauteur (mm)	1373, 1372 (M6)
Volume intérieur (L)	n.d.
Volume du coffre (min./max.) (L)	450 (coupé)
	300 / 350 (cabriolet)
Capacité du réservoir de carburant (L)	70
Fourchette de poids (kg)	1730 - 1995

CHÂSSIS

Mode	propulsion
Suspension av. - arr.	indépendante
Freins av. - arr.	disques
Capacité de remorquage min. - max. (kg)	non recommandé
Direction - diamètre de braquage (m)	crémaillère - 11,4 / 12,5 (M6)
Pneus	245/40R19 - 275/35R19 (650i)
	255/35R19 - 285/35R19 (M6)

PERFORMANCES

Modèle à l'essai	650Ci (coupé)
Moteur	V8 DACT 4,8 litres
Puissance (ch. à tr/min)	360 - 6300
Couple (lb-pi à tr/min)	360 - 3400
Transmission	automatique 6 rapports
Autres transmissions	manuelle 6 rapports
	séquentielle 7 rapports (M6)
Accélération 0-100 km/h (sec.)	5,78
Reprises 80-110 km/h (sec.)	3,81
Distance de freinage 100-0 km/h (m)	37,8
Niveau sonore à 100 km/h	✕ ✕ ✕ ✎
Vitesse maximale (km/h)	240, 250 (M6)
Consommation réalisée au cours de l'essai (L/100 km)	13,4
Gaz à effet de serre	
Autres moteurs	V10 5 litres (500 ch.)

CE QU'IL FAUT SAVOIR

Fourchette de prix ($)	**101 500 – 138 300 (2008)**
Marge de profit du concessionnaire (%)	n.d.
Transport et préparation ($)	700 (préparation en sus)
Consommation ville - route (L/100 km)	**16 - 10,5 (4,8 l)**
	21,5 - 14 (5 l)
Essence recommandée	super
Versions offertes	650i, M6
Carrosserie	coupé 2 portes,
	cabriolet 2 portes
Lieu d'assemblage	Allemagne
Valeur résiduelle	★ ★ ★ ★ ★
Garanties : de base - motopropulseur (an/km)	4/80 000 - 4/80 000
Fiabilité présumée	★ ★ ★ ★
Cycle de remplacement	2010
Ventes 2007 ↘ 20 %	Québec : 62
Protection collision frontale conducteur/passager	non évaluée
latérale avant/arrière	non évaluée
retournement 2rm/4rm	non évaluée

À RETENIR

Nouveautés 2009	nouveaux groupes d'options, nouvelles couleurs
Principales concurrentes	Aston Martin V8 Vantage, Cadillac XLR, Jaguar XK, Mercedes Classe CL/SL, Porsche 911

- Voiture de grand tourisme par excellence
- Coffre généreux
- Châssis permissif

- Places arrière décevantes
- Sensations édulcorées
- Nombreuses et coûteuses options

CHIRURGIE ESTHÉTIQUE RÉUSSIE

Personne ne va pleurer la disparition de la dernière Série 7 de BMW qui sévissait déjà depuis trop longtemps. Fortement critiquée dès son entrée en scène pour son design incongru, cette grande BMW s'est sans doute vendue beaucoup plus sur la réputation de la marque qu'à cause de sa silhouette dont le profil arrière était une calamité. Oublions les erreurs passées et tournons plutôt les feux de la rampe sur une toute nouvelle Série 7 dessinée cette fois par Adrian van Hooydonk au lieu de l'Américain Christopher Bangle.

La nouvelle voiture, qui représente la cinquième génération de ce modèle, s'est départie de son postérieur inélégant pour le remplacer par un design moins dérangeant. Les phares avant ont aussi troqué leurs yeux cernés et tristes pour un éclairage au regard plus souriant.

Finalement, les deux grilles de la calandre sont d'une dimension qui excède tout ce qui s'est vu sur un modèle BMW jusqu'ici. Le châssis comme la longueur hors tout ont fait un saut de quelques centimètres alors que la hauteur a été abaissée de 1,4 cm. Pour mieux maîtriser son poids, la voiture reçoit des portières, un capot et un toit en aluminium. Avec un centre de gravité à la baisse, la nouvelle Série 7 affiche un meilleur aérodynamisme ainsi qu'un profil plus dynamique.

LUXE ET ÉLÉGANCE

À l'intérieur, ceux qui ont épuisé leur vocabulaire de jurons contre le discutable système I Drive seront heureux d'apprendre que celui-ci est, paraît-il, plus facile à maîtriser. Dans un habitacle où l'élégance et le luxe se côtoient, on trouve notamment non seulement une caméra de recul, mais deux caméras (une option, évidemment) permettant de voir les côtés de la voiture afin de faciliter le stationnement. Et ce n'est pas tout. L'acheteur (ou le locataire) peut commander comme chez Mercedes un système d'éclairage nocturne ainsi qu'une caméra qui repère les panneaux de signalisation et les affiche à l'écran. Si votre facture n'est pas encore assez élevée, vous pourrez ajouter le détecteur de changement de voie ainsi que le régulateur de vitesse doté d'un radar pour ralentir la voiture si un obstacle survient devant vous. Finalement, à l'arrêt, la nouvelle Série 7 peut naviguer sur Internet, mais cette fonction est seulement offerte en Europe.

Il est possible que d'autres équipements ne soient pas proposés au Canada, puisque BMW n'a pas cru bon de nous inviter au lancement de la voiture pour nous fournir des informations spécifiques.

Ce qu'on sait par ailleurs, c'est que la Série 7 alignera parmi ses groupes propulseurs le populaire V8 de 4,4 litres assisté de deux turbocompresseurs. Il affiche une puissance de 407 chevaux, une augmentation de 6 % par rapport à son prédécesseur, ce qui ne l'empêche pas de proclamer une réduction de la consommation de l'ordre de 9 %.

UNE SUSPENSION ACTIVE UNIQUE

L'innovation principale de la Série 7 2009 est un système appelé ICM (Integrated Chasis Management) qui prend en charge tous les paramètres reliés à la conduite du véhicule. Cela comprend l'amortissement, le contrôle actif des mouvements de caisse, la direction à démultiplication variable, le changement des rapports de vitesses et l'accélérateur. Le conducteur n'a qu'à appuyer sur un bouton pour choisir entre les réglages (confort, normal, sport et sport +) et tous les paramètres de chacun des programmes vont s'ajuster automatiquement. Ainsi, en optant pour sport +, seul le différentiel autobloquant reste en fonction et il est loisible de conduire sportivement avec de belles glissades du train arrière. La présence d'un essieu arrière en aluminium jumelé avec la direction active donne à la Série 7 une incroyable stabilité sur la route. En mode confort, la voiture est d'une douceur inconnue jusqu'ici dans une BMW.

Notre correspondant en Europe, Juergen Zoellter, a assisté à l'avant-première de ce modèle et son compte rendu est assez flatteur, si on fait exception d'une lacune importante en matière d'économie. En effet, la Série 7 n'est proposée qu'avec une boîte automatique à six rapports dans un marché où la concurrence fait beaucoup mieux. Ainsi, Mercedes possède désormais une transmission à sept rapports tandis que Lexus va encore plus loin avec ses huit rapports. BMW travaille à la mise au point de sa propre transmission multirapports, qui fera vraisemblablement son apparition en 2010.

Pendant que les modèles de Série 3 de BMW se vendent à un rythme soutenu, la Série 7 n'arrive pas à fidéliser sa clientèle, ce qui se reflète dans sa valeur de revente. Son nouveau style sera-t-il en mesure d'y changer quoi que ce soit ? C'est à suivre. **JACQUES DUVAL**

Ceux qui ont épuisé leurs jurons contre le système I Drive seront heureux d'apprendre que celui-ci semble plus facile à maîtriser

DIMENSIONS ET VOLUMES

Empattement (mm)	3070 (i), 3210 (Li)
Longueur (mm)	5072 (i), 5212 (Li)
Largeur (mm)	1902
Hauteur (mm)	1479 (i), 1478 (Li)
Volume intérieur (L)	n.d.
Volume du coffre (min./max.) (L)	500
Capacité du réservoir de carburant (L)	82
Fourchette de poids (kg)	2020 - 2055

CHÂSSIS

Mode	propulsion
Suspension av. - arr.	indépendante
Freins av. - arr.	disques
Capacité de remorquage min. - max. (kg)	non recommandé
Direction - diamètre de braquage (m)	crémaillère - 12,2 (i) / 12,7 (Li)
Pneus	225/50R18

PERFORMANCES

Modèle à l'essai	750i
Moteur	V8 biturbo DACT 4,4 litres
Puissance (ch. à tr/min)	407 - 5500
Couple (lb-pi à tr/min)	441 - 1750
Transmission	automatique 6 rapports
Autres transmissions	aucune
Accélération 0-100 km/h (sec.)	5,5 (estimé)
Reprises 80-115 km/h (sec.)	3,5 (estimé)
Distance de freinage 100-0 km/h (m)	non mesurée
Niveau sonore à 100 km/h	non mesuré
Vitesse maximale (km/h)	250
Consommation réalisée au cours de l'essai (L/100 km)	14 (estimé)
Gaz à effet de serre	
Autres moteurs	aucun

CE QU'IL FAUT SAVOIR

Fourchette de prix ($)	**108 000 - 174 500 (2008)**
Marge de profit du concessionnaire (%)	n.d.
Transport et préparation ($)	700 (préparation en sus)
Consommation ville - route (L/100 km)	**n.d.**
Essence recommandée	super
Versions offertes	750i, 750Li
Carrosserie	berline 4 portes
Lieu d'assemblage	Allemagne
Valeur résiduelle	n.d.
Garanties : de base - motopropulseur (an/km)	4/80 000 - 4/80 000
Fiabilité présumée	inconnue
Cycle de remplacement	nouveau modèle 2009
Ventes 2007 ↘ 24 %	Québec : 76
Protection collision	
frontale conducteur/passager	non évaluée
latérale avant/arrière	non évaluée
retournement 2rm/4rm	non évaluée

À RETENIR

Nouveautés 2009	**nouvelle génération**
Principales concurrentes	Audi A8, Jaguar XJ, Lexus LS, Mercedes Classe S

- Apparence moins rébarbative
- Bon comportement routier
- Luxe de bon aloi
- Plus de 400 chevaux

- La foire des gadgets
- Transmission 6 vitesses seulement
- Grande dépendance électronique

LA CONCURRENCE SE FAIT SENTIR

BMW
X3

Sans être aussi sexy que son grand frère X5, le X3 est le genre de véhicule qui provoque quelques palpitations sur son passage. Un peu comme le X5 à ses débuts en 2000, le X3 a été en 2004 la bougie d'allumage d'une catégorie appelée à se développer. Ainsi, le X3 a été rejoint au cours des dernières années par l'Acura RDX, le Land Rover LR2, et bientôt les Mercedes-Benz GLK et Volvo XC60.

Jouer ce rôle de précurseur n'a jamais effrayé le moins du monde la marque de Munich, qui trouve avec le X3 une passerelle logique entre sa familiale de Série 3 et son X5. Ce dernier, qui a fait l'objet d'une refonte l'an dernier en épousant des dimensions plus généreuses et en proposant l'option d'une troisième banquette, permet au X3 de mieux cibler sa clientèle. Une décision qui a du sens dans la mesure où celle-ci le positionne plus clairement au sein de la famille BMW. Malgré tout, le X3 risque quand même de continuer de faire de l'ombre à son grand frère X5 3.0si avec lequel il partage sa cylindrée de trois litres.

Le X3 accueillera aisément quatre personnes. Toutefois, le cinquième passager devra s'attendre à être un peu moins bien installé au centre de la banquette (qui se rabat sans même avoir à enlever les appuie-têtes). Si monter à bord ne pose pas de problème, on ne peut en dire autant lorsque vient le temps de descendre. Les marchepieds métalliques (une option) qui garnissent le bas des portières sont un véritable casse-gueule et permettront à votre blanchisserie du coin d'augmenter son chiffre d'affaires tellement vos bas de pantalons seront sales en hiver ! Si le coffre à bagages pouvait se vanter d'être plus logeable que celui de l'ancienne génération du X5, il perd maintenant quelques plumes par rapport à ce dernier et aux soutes de ces rivaux RDX et LR2, dont l'accès et le volume de chargement sont meilleurs.

POSITION DE CONDUITE DÉROUTANTE
L'aménagement intérieur est typique à la marque bavaroise. Sous la petite casquette qui repousse les rayons du soleil, on découvre une instrumentation complète et parfaitement lisible. Toutefois, selon le gabarit du conducteur, il est difficile d'harmoniser la position du siège à celui du volant. En effet, selon la position de conduite de chacun, il arrive que le boudin du volant empêche une lecture rapide de l'indicateur de vitesse et du compte-tours (attention aux contraventions !). De même, les petites flèches vertes des clignotants peuvent être obstruées par le volant et seul leur tic-tac vous fera savoir qu'ils sont enclenchés.

Comme tous les BMW, le X3 propose un vaste catalogue d'options. Le toit ouvrant, le changeur à six CD avec lecteur MP3, les phares adaptatifs, les sièges chauffants à l'arrière, le volant chauffant, le système de navigation ou même les peintures métallisées, entre autres, feront grimper rapidement le prix d'achat. Non seulement faut-il avoir les poches creuses pour s'offrir un X3, mais il faut aussi fermer les yeux sur la qualité douteuse de la finition. Par rapport à la concurrence, la texture et la couleur de certains matériaux paraissent un peu moches. Heureusement que la boiserie se charge d'ajouter un peu de chaleur dans l'habitacle. Quant aux couinements qui se font entendre (surtout au printemps quand les poules ont fait leur nid !), ils font mal paraître un véhicule de ce prix.

UN VRAI BMW
Avant d'être un utilitaire, le X3 est d'abord un BMW. Impossible de l'oublier. Tourner le volant, accélérer et freiner ; c'est à peu près tout ce que demandera au conducteur le X3, dont la panoplie d'aides électroniques se chargera de trouver la meilleure adhérence. Équipé de série d'un six cylindres de 3 litres, cette motorisation est offerte en deux livrées. Dans la version de base 3.0i, le moteur génère une puissance de 215 chevaux alors que la puissance atteint 260 chevaux dans la 3.0si. Peu importe la livrée, les deux moteurs sont adaptés à la taille et au poids du véhicule. Par ailleurs, le X3 est l'un des rares VUS sur le marché, sinon le seul, à proposer une boîte manuelle. Toutefois, si vous préférez l'automatique, la boîte Steptronic à six rapports lisse admirablement bien les accélérations et autorise à jouer du sélecteur.

Pas de doute, grâce à son comportement routier, le X3 demeure bien en selle face à des concurrents pourtant plus modernes et plus logeables. S'il évite les remises en question grâce à sa touche sportive signée BMW, encore faut-il avoir les moyens de se l'offrir, puisque la facture peut dépasser les 50 000 $. **JEAN-FRANÇOIS GUAY**

Des options nombreuses et coûteuses et une finition
un peu légère assombrissent son bilan

BMW X3

DIMENSIONS ET VOLUMES

Empattement (mm)	2795
Longueur (mm)	4569
Largeur (mm)	1524
Hauteur (mm)	1674
Volume intérieur (L)	2551
Volume du coffre (min./max.) (L)	480 / 1560
Capacité du réservoir de carburant (L)	67
Fourchette de poids (kg)	1820 - 1845

CHÂSSIS

Mode	intégral
Suspension av. - arr.	indépendante
Freins av. - arr.	disques
Capacité de remorquage min. - max. (kg)	1700
Direction - diamètre de braquage (m)	crémaillère - 11,7
Pneus	235/55R17 (3,0i), 235/50R18 (3,0is) 235/45R19 (option)

PERFORMANCES

Modèle à l'essai	X3 3.0si
Moteur	L6 DACT 3 litres
Puissance (ch. à tr/min)	260 - 6600
Couple (lb-pi à tr/min)	225 - 2750
Transmission	automatique 6 rapports
Autres transmissions	manuelle 6 rapports
Accélération 0-100 km/h (sec.)	7,78
Reprises 80-115 km/h (sec.)	5,23
Distance de freinage 100-0 km/h (m)	37,5
Niveau sonore à 100 km/h	✹ ✹ ✹
Vitesse maximale (km/h)	210
Consommation réalisée au cours de l'essai (L/100 km)	12,1
Gaz à effet de serre	
Autres moteurs	L6 3 litres (215 ch.)

CE QU'IL FAUT SAVOIR

Fourchette de prix ($)	**45 300 – 51 100 (2008)**
Marge de profit du concessionnaire (%)	8,7 à 9,89
Transport et préparation ($)	700 (préparation en sus)
Consommation ville - route (L/100 km)	**13,7 - 9,7 (aut. 3.0is) 14,6 - 10,1 (man. 3.0is)**
Essence recommandée	super
Versions offertes	3.0i, 3.0si
Carrosserie	multisegment 5 portes
Lieu d'assemblage	Allemagne
Valeur résiduelle	✷ ✷ ✷
Garanties : de base - motopropulseur (an/km)	4/80 000 - 4/80 000
Fiabilité présumée	✷ ✷ ✷
Cycle de remplacement	2010
Ventes 2007 ↘ 8 %	Québec : 563
Protection collision frontale conducteur/passager	non évaluée
latérale avant/arrière	non évaluée
retournement 2rm/4rm	non évaluée

À RETENIR

Nouveautés 2009	**aucun changement majeur**
Principales concurrentes	**Acura RDX, Audi Q5, Land Rover LR2, Mercedes GLK, Volvo XC60**

- Sa tenue de route bavaroise
- Sa ligne indémodable
- La douceur et la nervosité du moteur 3 litres

- Sa longue et coûteuse liste d'options
- Son habitacle austère
- La sécheresse de ses suspensions

LE MÊME ADN QU'UNE BERLINE SPORT

BMW
X5

Pour éviter de perdre des ventes, BMW a décidé l'an dernier de rajeunir son X5. Certes, le constructeur bavarois aurait pu prolonger la carrière de son utilitaire sport, toujours dans le coup malgré son cycle avancé. Toutefois, sa conception remontant à 1999, les ingénieurs n'avaient pas prévu que les lois du marché exigeraient l'ajout d'une troisième banquette ! Utile ou pas, cette troisième rangée permet au X5 de se démarquer encore davantage des Porsche Cayenne, Lexus RX, Mercedes ML et Volkswagen Touareg, qui n'offrent pas cette option.

Afin de permettre l'installation de cette fameuse banquette (au coût de 1900 $!), la longueur a été allongée de 187 mm alors que l'empattement a gagné 113 mm. De même, la largeur a progressé de 61 mm. Malgré ces dimensions accrues, les passagers, hormis ceux de la troisième banquette, n'auront pas l'impression que l'habitacle est plus vaste. En effet, les concepteurs ont plutôt utilisé cet espace pour accroître le volume du coffre de 465 à 620 litres. Qui plus est, en sculptant davantage les flancs de la carrosserie, les stylistes ont grugé de précieux millimètres dans la cabine. Même si les retouches extérieures paraissent minimes, il faut voir le X5 à côté d'un ancien modèle pour réaliser tout le travail accompli.

Fidèle à la tradition de BMW, l'habitacle est l'un des plus cossus de la catégorie. Le confort des sièges et de la moquette, et la texture des boiseries, des garnitures et des plastiques sont dignes du château de Neuschwanstein en Bavière. Comme dans le bon vieux temps, la console centrale déroge à la nouvelle école stylistique de BMW en orientant les systèmes de navigation, de l'audio et de la climatisation vers le conducteur.

Si tous les matériaux de l'habitacle sont nobles, le levier de vitesses style « joystick » détonne dans un décor aussi classique. Qui plus est, le fonctionnement est compliqué et il faut un certain temps pour s'y habituer. Même chose avec le système iDrive, qui, en raison de sa trop grande complexité, peut causer certains ennuis. Bref, prenez garde aux accidents !

Comme tous les modèles de la gamme BMW, les options sont nombreuses et coûteuses. L'acheteur devra débourser 1800 $ pour un toit ouvrant, 1200 $ pour la climatisation arrière automatique et 900 $ pour un radar de recul. Quant au système DVD aux places arrière (1950 $), il est dispendieux mais novateur, puisque l'écran de huit pouces fixé sur l'accoudoir entre les sièges avant permet de le faire pivoter dans la direction voulue.

SUR LA ROUTE

En dépit de son gabarit et de son poids, le X5 s'avère presque aussi maniable qu'une berline sport. Pour augmenter l'agrément de conduite (et gonfler la facture de 4700 $), le groupe d'options « conduite dynamique » améliore la démultiplication de la direction en fonction de la vitesse, de l'angle des roues et des forces latérales. Ainsi, grâce à des capteurs, le système ajuste automatiquement les suspensions pour améliorer l'agilité et le confort du véhicule. De même, le conducteur appréciera le soutien apporté par le contrôle dynamique de la stabilité en virage, le contrôle de la stabilité de remorquage (le cas échéant) et les phares adaptatifs en virage.

Par ailleurs, même si le X5 semble conçu pour décoller l'asphalte plutôt que de labourer les champs, il propose une panoplie de béquilles électroniques servant à la conduite hors route. Ainsi, le contrôle de logique en pente et le frein de stationnement électromagnétique seront utiles pour escalader ou descendre des sentiers boueux. Toutefois, on peut se demander si un acheteur de X5 est du genre à abîmer ses jantes sur un rocher ou dans une ornière.

Sous le capot, le moteur V8 de 4,8 litres offre des montées en régime enivrantes sans pour autant consommer l'essence de façon exagérée grâce à ses systèmes Valvetronic et double Vanos. Même chose dans le cas du six cylindres en ligne de 3 litres dont la technologie exige moins d'arrêts à la pompe.

Par ailleurs, malgré la hausse du prix du carburant diésel, un moteur à six cylindres de 3 litres et double turbo devrait être commercialisé en cours d'année. Développant une puissance estimée de 286 chevaux et un couple de 425 livres-pieds (en Europe), cette motorisation accélérera de 0 à 100 km/h en 7,5 secondes tout en réduisant la consommation de 15 à 20 %.

Pour ceux qui désirent le prestige associé à BMW, avec en prime un rouage intégral, une position de conduite surélevée et de l'espace pour sept passagers, le X5 représente une sérieuse solution de remplacement aux berlines Série 5 et Série 7. **▐▐ JEAN-FRANÇOIS GUAY**

DIMENSIONS ET VOLUMES

Empattement (mm)	2933
Longueur (mm)	4854
Largeur (mm)	1933
Hauteur (mm)	1766
Volume intérieur (L)	2900
Volume du coffre (min./max.) (L)	620 / 1750
Capacité du réservoir de carburant (L)	85
Fourchette de poids (kg)	2200 - 2360

CHÂSSIS

Mode	intégral
Suspension av. - arr.	indépendante
Freins av. - arr.	disques
Capacité de remorquage min. - max. (kg)	2722
Direction - diamètre de braquage (m)	crémaillère - 12,8
Pneus	255/55R18, 255/50R19 (option)
	275/40R20 (option)

PERFORMANCES

Modèle à l'essai	X5 4.8i
Moteur	V8 DACT 4,8 litres
Puissance (ch. à tr/min)	350 - 6300
Couple (lb-pi à tr/min)	350 - 3400
Transmission	automatique 6 rapports
Autres transmissions	aucune
Accélération 0-100 km/h (sec.)	6,57
Reprises 80-115 km/h (sec.)	4,15
Distance de freinage 100-0 km/h (m)	39,4
Niveau sonore à 100 km/h	✗ ✗ ✗
Vitesse maximale (km/h)	210
Consommation réalisée au cours de l'essai (L/100 km)	14,9
Gaz à effet de serre	
Autres moteurs	L6 3 litres (260 ch.)
	L6 Turbodiésel 3 litres (286 ch.)

CE QU'IL FAUT SAVOIR

Fourchette de prix ($)	**61 900 – 73 500 (2008)**
Marge de profit du concessionnaire (%)	9,89
Transport et préparation ($)	700 (préparation en sus)
Consommation ville - route (L/100 km)	**14,8 - 10,4 (3.0si)**
	16,8 - 12,4 (4.8i)
Essence recommandée	super, diésel (35d)
Versions offertes	3.0si, 4.8i, 35d
Carrosserie	multisegment 5 portes
Lieu d'assemblage	États-Unis
Valeur résiduelle	★ ★ ★
Garanties : de base - motopropulseur (an/km)	4/80 000 - 4/80 000
Fiabilité présumée	★ ★ ★
Cycle de remplacement	inconnu
Ventes 2007 ↗ 106 %	Québec : 684
Protection collision frontale conducteur/passager	non évaluée
latérale avant/arrière	non évaluée
retournement 2rm/4rm	non évaluée

À RETENIR

Nouveautés 2009	**L6 turbodiésel de 3 litres (35d)**
Principales concurrentes	**Audi Q7, Cadillac SRX, Mercedes ML, Porsche Cayenne, Volvo XC90**

- Son comportement routier
- Son choix de motorisations
- Sa finition

- Ses coûts d'entretien élevés
- Ses trop nombreuses options
- L'inutilité de sa troisième banquette

L'AZTEK DE MUNICH

BMW
X6

Anguleux, insolite avec son épaulement latéral très prononcé et sa calandre incurvée, le style du X6 alimente bien des conversations. L'Aztek vu de Munich ? Pour certains esprits caustiques oui, mais BMW, contrairement à Pontiac, semble avoir atteint son objectif, à en juger par la réaction des consommateurs croisés sur la route.

Qualifié de coupé par son constructeur malgré ses quatre portes, le X6 est un engin imposant. Son toit, fuyant vers l'arrière, donne toute la place à un immense pare-brise qui contraste avec la toute petite lunette arrière. Le galbe de ses ailes, ses voies très larges et ses roues de 19 pouces renforcent le côté athlétique de la bête.

Malgré son gabarit imposant, ses portes s'ouvrent sur un habitacle conçu pour quatre occupants seulement. Quant au hayon, comme tout le reste, il surplombe le sol de très haut, ce qui oblige à hisser les bagages dans le coffre. Ce dernier est très profond et capable d'emporter quatre sacs de golf sous un cache rigide qu'on peut ranger sous le plancher. Pratique. En revanche, BMW a prévu, pour les parkings au plafond bas, une double hauteur d'ouverture du hayon, réglable par les vérins de compensation. Ce hayon nous a d'ailleurs donné beaucoup de fil à retordre parce qu'il a refusé de s'ouvrir une fois sur deux.

UN AMÉNAGEMENT... BMW

L'aménagement intérieur ressemble au style BMW, au X5 surtout, dont dérive naturellement le X6. Avec un tableau de bord aux lignes épurées et une console centrale légèrement tournée vers le conducteur, comme dans le bon vieux temps, l'ensemble plaît.

À cela s'ajoute un équipement encore plus complet, à condition d'ouvrir son chéquier. Et c'est là que ça devient carrément abusif. Sur le plan de la qualité, il n'y a rien à redire, sinon que le levier de vitesse façon joystick paraît non seulement très fragile, mais aussi très dépareillé par rapport à l'habitacle très sobre. Enfin, il y a la visibilité vers l'arrière qui est également problématique et qui invite pratiquement à s'offrir, moyennant supplément toujours, une caméra de recul, même si celle-ci ne résout pas tous les maux.

UN X5 EXCENTRIQUE

Côté boulons et rondelles, rappelons que le X6 dérive techniquement de l'actuel X5, qui partage avec lui la même chaîne d'assemblage à Spartanburg, en Caroline du Sud. Le X6 est équipé de série de la transmission intégrale intelligente BMW xDrive, qui assure une répartition variable du couple entre l'essieu avant et l'essieu arrière.

Sous le capot, on trouve un moteur à six cylindres en ligne de 3 litres gavé par deux turbos dont la puissance s'établit à 300 chevaux et qui catapulte avec force ce X6 qui n'est pas exactement un maigrelet avec ses 2200 kg. Pourtant, ce six cylindres répond toujours présent et la boîte semi-automatique à six rapports, la seule offerte, se charge de relayer en vitesse les immenses ressources de ce moteur. En revanche, le maniement de son levier devient agaçant et il faut plusieurs centaines de kilomètres de vie commune pour l'apprivoiser et savoir s'il faut ou non appuyer sur un bouton pour engager la marche arrière ou pour l'immobiliser.

Chose certaine, ce groupe motopropulseur tire plus calmement l'essence de son immense réservoir que le V8 4,4 litres « Twin Turbo » que BMW propose depuis peu. Ce moteur à huit cylindres n'impressionnera pas seulement par sa vivacité exceptionnelle, mais aussi par sa compacité et la rapidité à laquelle il avale tout le contenu de son réservoir.

Au volant, l'aisance du X6 laisse songeur, car il ménage le confort (encore faut-il que la chaussée soit en bon état) et le silence si on observe une conduite coulée. Il va de soi que sa puissance peut être titillée ; le BMW fait alors preuve d'une certaine agilité que son encombrement ne laissait pas supposer. En fait, il ne reste à son pilote qu'à gérer une chose : les freinages. La hauteur du poste de pilotage masque un peu les sensations de vitesse, et l'optimisme est proscrit dans cet exercice. Malgré leur taille imposante, les quatre disques ont fort à faire; mais ils le font, avec énergie et détermination.

Rapide et agile compte tenu de sa taille, le X6 impressionne par sa ligne et ses bonnes manières sportives. En revanche, son encombrement, sa consommation et le nombre de personnes invitées à son bord en font une offre anachronique en cette période où l'automobile est appelée à trouver des solutions collectives et individuelles de mobilité plus respectueuses de l'environnement. Hormis les « happy few » qui pourront se l'offrir, le X6 a pour seul intérêt un style plus décalé encore que le FX d'Infiniti — son concurrent le plus direct — qui, pour beaucoup moins cher, en offre autant sinon plus à plusieurs égards. ▌▌▌ **ÉRIC LEFRANÇOIS**

DIMENSIONS ET VOLUMES

Empattement (mm)	2933
Longueur (mm)	4877
Largeur (mm)	1983
Hauteur (mm)	1690
Volume intérieur (L)	2767
Volume du coffre (min./max.) (L)	570 / 1450
Capacité du réservoir de carburant (L)	85
Fourchette de poids (kg)	2220 - 2390

CHÂSSIS

Mode	intégral
Suspension av. - arr.	indépendante
Freins av. - arr.	disques
Capacité de remorquage min. - max. (kg)	2722
Direction - diamètre de braquage (m)	crémaillère - 12,8
Pneus	255/50R19, 275/50R20 (option)

PERFORMANCES

Modèle à l'essai	X6 xDrive35i
Moteur	L6 biturbo 3 litres
Puissance (ch. à tr/min)	300 - 5800
Couple (lb-pi à tr/min)	300 - 1400
Transmission	semi-automatique 6 rapports
Autres transmissions	aucune
Accélération 0-100 km/h (sec.)	7,16
Reprises 80-115 km/h (sec.)	4,93
Distance de freinage 100-0 km/h (m)	39,1
Niveau sonore à 100 km/h	✕ ✕ ✕
Vitesse maximale (km/h)	210
Consommation réalisée au cours de l'essai (L/100 km)	14
Gaz à effet de serre	
Autres moteurs	V8 biturbo 4,4 litres (400 ch.)

CE QU'IL FAUT SAVOIR

Fourchette de prix ($)	**63 900 (2008)**
Marge de profit du concessionnaire (%)	9,89
Transport et préparation ($)	700 (préparation en sus)
Consommation ville - route (L/100 km)	**15,9 - 12 (3 l)**
Essence recommandée	super
Versions offertes	xDrive35i, xDrive50i
Carrosserie	multisegment 5 portes
Lieu d'assemblage	États-Unis
Valeur résiduelle	★ ★ ★ ★
Garanties : de base - motopropulseur (an/km)	4/80 000 - 4/80 000
Fiabilité présumée	inconnue
Cycle de remplacement	nouveau modèle 2009
Ventes 2007 n.a.	Québec : n.a.
Protection collision frontale conducteur/passager latérale avant/arrière retournement 2rm/4rm	non évaluée non évaluée non évaluée

À RETENIR

Nouveautés 2009	**nouveau modèle**
Principales concurrentes	**Infiniti FX, Land Rover RR Sport, Porsche Cayenne**

+
- Le courage de BMW à imposer un style pareil
- Le dynamisme de son comportement
- Le poste de pilotage taillé sur mesure

−
- Le nombre de places (4)
- La visibilité vers l'arrière
- Le maniement du levier de vitesses

EN ATTENDANT LA RELÈVE

BMW
Z4

Au moment où sont écrites ces lignes, nombre de photos non autorisées circulent déjà sur le Web laissant présager l'arrivée à court terme d'une remplaçante à la Z4 qu'on connaît. Si on prête foi à la rumeur, la nouvelle venue fera ses débuts au Mondial de l'auto de Paris où elle s'afficherait avec un toit rigide rétractable et des moteurs plus puissants. Il est également mention de l'existence d'une version équipée d'un toit souple, plus légère, pour satisfaire les tenants de la tradition. Trêve de papotage, voyons ce qu'il en est de la gamme actuelle qui perd dans le dernier droit un membre : le coupé M.

Lancée il y a plus de cinq ans afin de remplacer la vieillissante Z3, la Z4, d'abord proposée en seule version cabriolet, affiche des proportions dignes de la belle époque des roadsters anglais avec un long capot et un arrière tronqué lesquels, jumelés à l'assise très basse des baquets sport, donnent l'impression d'être assis directement sur l'essieu arrière. Fidèle à sa devancière pour ce qui est de la configuration, la Z4 se voit toutefois habillée d'une robe portant la griffe du très controversé styliste Chris Bangle. Baptisé *flame surfacing*, ce design a fait couler beaucoup d'encre avec ses lignes tendues, ses flancs torturés et ses surfaces tantôt concaves, tantôt convexes. Qu'on aime ou pas reste une question de goût, mais l'important est le style singulier du roadster BMW.

À vouloir atteindre l'équilibre parfait entre l'agilité d'une Boxster et le confort feutré d'une SLK, ses deux principales rivales, la Z4 nage en plein compromis. Un compromis tout compte fait agréable, puisque la voiture est facile à vivre au quotidien et suffisamment performante pour pouvoir s'offrir du bon temps à son volant. Avec 255 chevaux tirés d'un six cylindres atmosphérique de 3 litres, la Z4 n'est pas avare du côté des accélérations et des reprises qui ont du mordant, surtout que le couple maximal de 220 livres-pieds est obtenu à tout juste 2750 tours/minute. Selon votre tempérament, vous aurez le choix entre une boîte mécanique ou automatique, comptant six rapports dans les deux cas. À cette belle vivacité se joint une tenue de route sans histoire grâce entre autres à une répartition de poids bien étudiée et à des béquilles électroniques sophistiquées. Pour la simple balade décapotée, c'est un engin de choix. Pour se faire décoiffer plus vite, il y a aussi le 3 litres suralimenté de 300 chevaux.

ARTIFICE, ARTIFICIEL

La vitesse de pointe est limitée électroniquement à 250 km/h. Pour l'atteindre, mieux vaut avoir les cheveux bien enracinés sur la tête et une bonne réserve de sang-froid, car la direction perd de sa précision à haute vitesse, ce qui nécessite de nombreuses corrections au volant pour garder le cap. Cette direction, justement, adopte une assistance électrique et non plus hydraulique. Ce choix a permis de gagner quelques kilos, d'améliorer la sobriété (de l'ordre de 0,2 litre aux 100 km) et d'éliminer certaines remontées parasites dans le volant.

Franchement, les sensations de conduite y perdent un peu, même en pressant la touche Sport sur la console centrale près du levier de vitesse, qui raffermit la direction et rend la pédale d'accélérateur plus sensible. Cette fonction baptisée DDC (pour Dynamic Drive Control), se présente surtout comme un moyen artificiel d'accentuer le tempérament sportif de ce roadster.

L'équilibre de ce châssis est à la mesure de cette mécanique fougueuse. Ainsi, la Z4 dévoile tout son potentiel dans les enchaînements de virages. Contrairement à une Boxster plus délicate à l'approche des limites pour un conducteur inexpérimenté, la Z4 apparaît plus sécurisante en raison de son architecture classique. Et côté confort, la Z4 manque un peu de moelleux par rapport à une SLK.

TRISTE TABLEAU

Peu importe la variante, l'habitacle de la Z4 est tout ce qui a de plus BMW grâce à son élégante sobriété germanique. Si vous cherchez un peu de gaieté ou des chromes clinquants, vous n'êtes pas au bon endroit. Hormis quelques appliques d'aluminium ici et là, tout est sombre, bien agencé et adroitement assemblé avec des matériaux de qualité. L'ensemble dégage une impression de solidité qui sied parfaitement à l'allure costaude de la carrosserie. Outre la mélodie émanant de l'échappement, la chaîne audio optionnelle a elle aussi de quoi caresser l'ouïe. Certifiée THX, cette dernière fait appel à un amplificateur numérique à 10 canaux ainsi qu'à des haut-parleurs calibrés et positionnés de façon à obtenir une acoustique exceptionnelle malgré la petitesse de l'habitacle. Il est également possible de recréer au choix l'ambiophonie d'un concert en plein air ou d'une représentation en salle close, gracieuseté d'un processeur numérique sophistiqué.

Évidemment, comme dans la plupart des roadsters du même type, il est préférable de voyager léger, puisque la soute à bagages n'est pas digne de ce nom. Qu'à cela ne tienne, l'utilité n'étant pas dans le cahier des charges de la Z4, l'agrément de conduite fait rapidement oublier les quelques petits irritants. ▌▌ **DANIEL CHARRETTE**

À vouloir atteindre l'équilibre parfait entre l'agilité d'une Boxster et le confort feutré d'une SLK la Z4 nage en plein compromis

DIMENSIONS ET VOLUMES

Empattement (mm)	2495
Longueur (mm)	4091
Largeur (mm)	1781
Hauteur (mm)	1299
Volume intérieur (L)	n.d.
Volume du coffre (min./max.) (L)	200 / 300
Capacité du réservoir de carburant (L)	55
Fourchette de poids (kg)	1400 -1465

CHÂSSIS

Mode	propulsion
Suspension av. – arr.	indépendante
Freins av. – arr.	disques
Capacité de remorquage min. – max. (kg)	non recommandé
Direction – diamètre de braquage (m)	crémaillère – 9,8
Pneus	225/45R17 (3.0si), 225/40R18 (3.5si)

PERFORMANCES

Modèle à l'essai	Z4 3.0si
Moteur	L6 DACT 3 litres
Puissance (ch. à tr/min)	255 - 6600
Couple (lb-pi à tr/min)	220 - 2750
Transmission	manuelle 6 rapports
Autres transmissions	semi-automatique 6 rapports
Accélération 0-100 km/h (sec.)	6,24
Reprises 80-115 km/h (sec.)	4,51
Distance de freinage 100-0 km/h (m)	36,8
Niveau sonore à 100 km/h	✂ ✂
Vitesse maximale (km/h)	250
Consommation réalisée au cours de l'essai (L/100 km)	10,9*
Gaz à effet de serre	🏭🏭🏭
Autres moteurs	L6 biturbo 3 litres (300 ch.)

CE QU'IL FAUT SAVOIR

Fourchette de prix ($)	**55 400 (2008)**
Marge de profit du concessionnaire (%)	9,89
Transport et préparation ($)	700 (préparation en sus)
Consommation ville - route (L/100 km)	**12,5 – 8,5 (aut. 3 l)** **13,2 – 8,4 (man. 3 l)**
Essence recommandée	super
Versions offertes	3.0si, 3.5si
Carrosserie	décapotable / coupé 2 portes
Lieu d'assemblage	États-Unis
Valeur résiduelle	✱ ✱ ✱ ✱
Garanties : de base – motopropulseur (an/km)	4/80 000 – 4/80 000
Fiabilité présumée	✱ ✱ ✱
Cycle de remplacement	2010
Ventes 2007 ↘ 6 %	Québec : 30

Protection collision		
frontale conducteur/passager	✱ ✱ ✱ ✱	/ ✱ ✱ ✱ ✱
latérale avant/arrière	✱ ✱ ✱	/ n.a.
retournement 2rm/4rm	✱ ✱ ✱ ✱ ✱	/ n.a.

À RETENIR

Nouveautés 2009	**moteur biturbo de 3 litres et 300 chevaux, version M abandonnée**
Principales concurrentes	**Audi TT, Honda S2000, Mercedes SLK, Nissan 350Z, Porsche Boxster/Cayman**

- Agrément de conduite
- Chaîne THX optionnelle
- L6 turbo

- Habitacle terne
- Lignes discutables
- Modèle en fin de carrière

BIENTÔT UNE PAGE D'HISTOIRE ?

Il y a plus d'un siècle, David Dunbar Buick concoctait ses premières berlines pour les nantis. Une Chevrolet pour le col bleu, une Buick pour le col blanc et la Cadillac pour le patron ! C'est dans ce modèle d'affaires que les manufacturiers américains ont excellé.

BUICK
ALLURE

Même si les nouveaux acheteurs sont plus ou moins attirés par la marque séculaire malgré les efforts de GM pour revitaliser ses produits, il faut reconnaître que la valeur qualité-prix est encore au rendez-vous quand on regarde l'Allure de plus près. Mais il se fait tard... Au rythme où les marques et les modèles disparaissent chez General Motors, elle pourrait en être à sa dernière génération.

Pendant des années, les statistiques révélaient que les acheteurs de Buick avaient plus de 50 ans et qu'ils recherchaient d'abord et avant tout le confort d'une grosse berline. Mission accomplie à l'époque, mais le nombre d'acheteurs s'amenuise et ceux-ci se préoccupent davantage de ses pré-arrangements que de renouveler la Buick qui dort dans le garage. Voici donc que GM a voulu rajeunir l'image de la marque, tout comme celle de Cadillac, afin d'attirer la génération X, mais tarde à concocter la bonne potion qui saura attirer la sympathie des 30-45 ans.

DES ÉLÉMENTS ÉPROUVÉS

Si le moteur 3,6 litres a fait une brève apparition l'an dernier, il a vite été réquisitionné pour d'autres modèles (l'Enclave, le Cadillac, entre autres) et il faudra se rabattre sur un groupe propulseur qui n'a plus besoin de présentation : le vénérable 3,8 litres avec ses 200 chevaux jumelé à la boîte à quatre rapports 4T65. Un combo qui existait déjà il y a vingt ans ! Ce moteur remonte aux années 1960 quand il était un V8 : il fut amputé d'une paire de cylindres et on lui a ajouté l'injection, mais il demeure à ce jour le V6 le plus utilisé dans l'histoire du manufacturier. Même profil pour cette boîte automatique à quatre rapports qui, à ce jour, a propulsé des millions de berlines. Ils ont l'avantage d'être sans reproche

et faciles à entretenir, mais ils ont une sérieuse pente à remonter quand on considère ce que la compétition offre de moulins à injection directe et de boîtes à cinq ou six rapports. Bref, rien pour titiller de nouveaux preneurs.

En option, Buick offre pour la version Super le plus récent 5,3 litres en aluminium. Avec ses 300 chevaux, la berline devient des plus véloce et même économique de carburant avec la désactivation des cylindres. Mais on a l'impression qu'on vient de transplanter un coeur de vingt ans à un quinquagénaire. La pompe est excellente, mais les articulations sont trop sollicitées. De plus, il y a une différence de près de 10 000 $ pour accéder à cette version.

LE TRAITEMENT TAPIS MAGIQUE

Là ou l'Allure réussit le mieux, c'est d'offrir une tenue de route aseptisée et très confortable. Le passage à la suspension indépendante, il y a deux ans, y est pour beaucoup et le silence dans l'habitacle est au rendez-vous : aménagement feutré avec appliques en similibois, sièges confortables et ajustables, climatisation automatique, généreux volumes pour les passagers et quelques ajouts technologiques, telle la commande Bluetooth au volant. En option, on peut désormais abaisser la banquette arrière 60/40 pour accommoder de longs objets. De l'extérieur, le design est classique avec sa calandre distinctive, des roues d'alliage de série et un arrière surélevé pour augmenter le volume cargo. Mais c'est la douceur de roulement qui prime et qui caractérise toujours l'Allure, héritière de la notoriété des Le Sabre et autres Park Avenue.

Avec le temps, GM a bonifié les garanties pour porter celle de base à quatre ans et 80 km alors que le groupe propulseur sera protégé pendant cinq ans et 160 km, question de faire jeu égal avec le reste de l'industrie et surtout des fabricants coréens, plus agressifs. En version CX de base, on peut mettre la main sur une Allure pour 27 000 $ mais aussi payer 2000 $ de plus pour la version CXL. Si on veut rester fidèle au manufacturier américain, il vaut mieux se rabattre sur une Cadillac de base à 39 000 $ plutôt que de débourser à peine moins pour la version Super.

En ces temps troubles, GM est confronté à deux réalités du marché : augmenter ses prix pour assurer sa profitabilité ou les réduire et assurer un certain volume de ventes. D'autant plus que le géant se retire du marché de la location.

Gageons qu'il y aura encore des occasions de conclure une bonne affaire pour une Allure. ||| **MICHEL POIRIER-DEFOY**

*Si on est fidèle à GM, il vaut mieux se rabattre
sur une Cadillac que sur cette Buick*

DIMENSIONS ET VOLUMES

Empattement (mm)	2807
Longueur (mm)	5031
Largeur (mm)	1853
Hauteur (mm)	1458
Volume intérieur (L)	2815
Volume du coffre (min./max.) (L)	406 (Super) / 453
Capacité du réservoir de carburant (L)	66,2
Fourchette de poids (kg)	1585 - 1710

CHÂSSIS

Mode	traction
Suspension av. - arr.	indépendante
Freins av. - arr.	disques
Capacité de remorquage min. - max. (kg)	454
Direction - diamètre de braquage (m)	crémaillère - 12,3 / 12,2 (Super)
Pneus	225/60R16 (CX), 225/55R17 (CXL) 235/R50R18 (Super)

PERFORMANCES

Modèle à l'essai	CXL
Moteur	V6 ACC 3,8 litres
Puissance (ch. à tr/min)	200 - 5200
Couple (lb-pi à tr/min)	230 - 4000
Transmission	automatique 4 rapports
Autres transmissions	aucune
Accélération 0-100 km/h (sec.)	9,16
Reprises 80-115 km/h (sec.)	6,95
Distance de freinage 100-0 km/h (m)	41,5
Niveau sonore à 100 km/h	✕ ✕ ✕ ✎
Vitesse maximale (km/h)	190 km/h
Consommation réalisée au cours de l'essai (L/100 km)	11,1
Gaz à effet de serre	
Autres moteurs	V8 5,3 litres (300 ch.)

CE QU'IL FAUT SAVOIR

Fourchette de prix ($)	**26 995 - 38 995**
Marge de profit du concessionnaire (%)	10,68
Transport et préparation ($)	1300
Consommation ville - route (L/100 km)	**13,5 - 8,5 (3,8 l) 14,8 - 9,9 (5,3 l)**
Essence recommandée	ordinaire
Versions offertes	CX, CXL, Super
Carrosserie	berline 4 portes
Lieu d'assemblage	Canada
Valeur résiduelle	★ ★
Garanties : de base - motopropulseur (an/km)	4/80 000 - 5/160 000
Fiabilité présumée	★ ★ ★ ★ ✰
Cycle de remplacement	2010
Ventes 2007 ↘ 15 %	Québec : 1708
Protection collision frontale conducteur/passager latérale avant/arrière retournement 2rm/4rm	★ ★ ★ ★ / ★ ★ ★ ★ ★ ★ ★ ★ / ★ ★ ★ ★ ★ ★ ★ ★ / n.a.

À RETENIR

Nouveautés 2009	**rétroviseurs chauffants de série, Bluetooth, jantes de 16 po couleur aluminium de série**
Principales concurrentes	**Chevrolet Malibu, Chrysler Sebring, Hyundai Azera, Lincoln MKZ, Lexus ES350, Volkswagen Passat**

- Bonne valeur prix-qualité
- Longue liste d'équipements
- Coffre généreux
- Motorisation éprouvée

- Ligne par trop anonyme
- Valeur de revente
- Motorisation avec V8 dispendieuse

OPULENCE ET CONFORT AU RENDEZ-VOUS

BUICK
ENCLAVE

Quand Ford a annoncé la fin de production de la fourgonnette Freestar pour faire place au multisegment Flex, plusieurs observateurs étaient sceptiques. Puis, tout le monde a compris que c'était du sérieux quand GM a décidé d'arrêter la production des fourgonnettes Saturn Relay et Buick Terraza pour les remplacer par les multisegments Saturn Outlook et Buick Enclave.

Or, avec la hausse du prix du carburant, on peut s'interroger sur la sagesse des décisions de Ford et GM, surtout que Chrysler fait encore des affaires d'or avec la Dodge Grand Caravan.

UN CHÂSSIS MONOCOQUE

Pour réduire les coûts, il est coutume chez GM que les divisions se partagent leurs éléments. Ainsi, l'Enclave est basé sur la même plateforme Lambda que les GMC Acadia, Saturn Outlook et Chevrolet Traverse. Pour ceux qui seraient déçus de la fin des fourgonnettes, il est réjouissant de savoir que la plateforme Lambda avait été conçue à l'origine pour développer une nouvelle génération de fourgonnette. Ce qui laisse supposer que GM peut encore revenir sur sa décision, quoiqu'il serait surprenant que Buick ou même Saturn replonge dans ce secteur d'activités qui serait plutôt réservé à Chevrolet et Pontiac.

La commercialisation d'un multisegment chez Buick n'est pas nouvelle. Le RendezVous a vécu des jours heureux entre 2002 et 2007. De même, Buick a offert de 2004 à 2007 le Rainier, un utilitaire sport élaboré à partir du GMC Envoy. À l'instar du RendezVous, l'Enclave n'a pas la force de remorquage du Rainier. Il a cependant le mérite de consommer (un peu) moins de carburant et surtout d'offrir un habitacle plus convivial et encore plus pratique que le défunt RendezVous. Capable d'accueillir jusqu'à huit passagers (tiens, tiens, comme une fourgonnette !), la puissance du V6 de 3,6 litres paraît toutefois un peu juste pour transporter autant de poids. En effet, il est facile de penser que le V6 sera rapidement à bout de souffle dans les régions montagneuses de Charlevoix ou de la Gaspésie. Ainsi, il vaut mieux voyager léger, et de toute façon, qui voudrait prendre place sur la troisième banquette, plus symbolique que fonctionnelle ? Surtout que le volume de chargement du coffre passe de 1951 litres à 535 litres lorsque celle-ci est relevée. Malgré tout, l'Enclave propose un volume de chargement plus important que ses rivaux Mazda CX-9 et Hyundai Veracruz. Même si les motoristes ont rehaussé la puissance de 275 à 288 chevaux, il ne faudrait pas croire que l'option d'un moteur V8 est complètement écartée. Si le prix de l'essence se maintient à un niveau psychologiquement acceptable (!), il y a fort à parier que l'idée d'un moteur à huit cylindres revienne hanter les tables à dessin de Buick. L'arrivée d'une telle motorisation permettrait notamment à la Buick Enclave de se mesurer à des multisegments de luxe, comme l'Audi Q7 4.2 et le Volvo XC90 V8. Il serait aussi possible d'augmenter la capacité de remorquage, qui plafonne à 2045 kg.

CONFORTABLE MAIS SOUS-VIREUR

Sur la route, l'Enclave propose un comportement routier moins sportif que ses rivaux Acura MDX et Mazda CX-9. Dans les virages, il a tendance à sous-virer et la direction manque de précision. En contrepartie, la mollesse des suspensions et le silence de roulement se classent au-dessus de la moyenne. À ce chapitre, il est évident que les pneus de 18 pouces (255/65R18) offrent un roulement plus doux que ceux de 19 pouces (255/60R19). Même si on peut reprocher au V6 de 3,6 litres de manquer de pep sous le soulier, il est moderne, comme en font foi sa distribution variable du calage des soupapes et ses deux arbres à cames. Jumelé à la boîte automatique à six rapports de série, il permet un chrono de 8,94 secondes lors du 0 à 100 km/h. Toutefois, ce temps est réalisé quand le véhicule est allégé de toute charge ! Lorsque les passagers et les bagages devront s'entasser dans l'habitacle, les 288 chevaux peineront à la tâche.

À l'intérieur, la texture des plastiques, des tissus et des cuirs est supérieure aux anciennes normes de GM. Le tableau de bord est joli et les principales commandes sont faciles d'accès. De même, les sièges n'ont rien à voir avec la dureté des anciens bancs d'église qui ornaient la Terraza et le Rainier. Ainsi, la position de conduite est agréable et les espaces de rangement sont nombreux. À l'arrière, le dégagement pour les jambes des passagers de la deuxième rangée est limité mais suffisant, et celui de la troisième rangée convient essentiellement à de jeunes enfants. Parmi les astuces, le système Smart Slide vise à faciliter l'accès à la troisième rangée. Toutefois, ce mécanisme n'est pas facile à manipuler et demande une certaine force physique.

Il est vrai que les multisegments sont appelés à jouer un rôle majeur dans l'industrie automobile. Mais, à cause de la crise pétrolière, il est faux de croire que ces derniers vont signer l'arrêt de mort des fourgonnettes. Les VUS traditionnels sont encore plus en péril. ▌▌▌ **JEAN-FRANÇOIS GUAY**

Pour éviter de voir la manne lui échapper encore une fois, GM a concocté un quatuor de multisegments dont l'avenir semble prometteur

DIMENSIONS ET VOLUMES

Empattement (mm)	3023
Longueur (mm)	5118
Largeur (mm)	2006
Hauteur (mm)	1842
Volume intérieur (L)	4361
Volume du coffre (min./max.) (L)	535 / 3259
Capacité du réservoir de carburant (L)	83,3
Fourchette de poids (kg)	2168 - 2261

CHÂSSIS

Mode	traction, intégral
Suspension av. - arr.	indépendante
Freins av. - arr.	disques
Capacité de remorquage min. - max. (kg)	2045
Direction – diamètre de braquage (m)	crémaillère - 12,3
Pneus	255/65R18 (CX), 255/60R19 (CXL)

PERFORMANCES

Modèle à l'essai	CXL TI
Moteur	V6 DACT 3,6 litres
Puissance (ch. à tr/min)	288 - 6300
Couple (lb-pi à tr/min)	270 - 3400
Transmission	automatique 6 rapports
Autres transmissions	aucune
Accélération 0-100 km/h (sec.)	8,94
Reprises 80-115 km/h (sec.)	6,35
Distance de freinage 100-0 km/h (m)	41,5
Niveau sonore à 100 km/h	✹ ✹ ✹ ✹
Vitesse maximale (km/h)	210
Consommation réalisée au cours de l'essai (L/100 km)	13
Gaz à effet de serre	
Autres moteurs	aucun

CE QU'IL FAUT SAVOIR

Fourchette de prix ($)	**41 595 - 51 995 (2008)**
Marge de profit du concessionnaire (%)	10,68
Transport et préparation ($)	1250
Consommation ville - route (L/100 km)	**13,8 - 9,6 (2rm)** **15 - 11 (4rm)**
Essence recommandée	ordinaire
Versions offertes	CX, CXL
Carrosserie	multisegment 5 portes
Lieu d'assemblage	États-Unis
Valeur résiduelle	✴ ✴ ✴
Garanties : de base – motopropulseur (an/km)	4/80 000 – 5/160 000
Fiabilité présumée	✴ ✴ ✴ ✴
Cycle de remplacement	inconnu
Ventes 2007　　　n.a.	Québec : n.a.
Protection collision	
frontale conducteur/passager	✴ ✴ ✴ ✴ ✴ / ✴ ✴ ✴ ✴ ✴
latérale avant/arrière	✴ ✴ ✴ ✴ ✴ / ✴ ✴ ✴ ✴ ✴
retournement 2rm/4rm	✴ ✴ ✴ ✴　/ ✴ ✴ ✴ ✴

À RETENIR

Nouveautés 2009	**moteur plus puissant (+13 ch.), Bluetooth, sièges climatisés en option**
Principales concurrentes	**Acura MDX, Mazda CX-9, Subaru Tribeca, Volvo XC90**

- • Sa belle silhouette ornée de chrome
- • La richesse et la finition intérieures
- • Le confort des suspensions (pneus de 18 po)

- • Véhicule lourdaud
- • Groupe motopropulseur mal adapté
- • Sa consommation qui s'apparente à un utilitaire

CROIS OU MEURS

Lucerne. En Suisse, c'est une vieille ville cantonale située au bord du lac des Quatre-Cantons. En Amérique, Lucerne désigne le porte-étendard d'une vieille marque américaine qui peine à justifier sa raison d'être au sein de l'empire General Motors.

BUICK
LUCERNE

Sherpa de la signature esthétique de Buick, la Lucerne a, de l'aveu de ses concepteurs, toujours eu suffisamment de talents pour soutenir la comparaison face à une Avalon de Toyota, un autre produit presque aussi ennuyant. Sur le plan technique, on a du mal à le croire. La Lucerne fait pâle figure comparée à la plus luxueuse des Toyota, qui retient les services d'une mécanique (beaucoup) plus puissante, plus économe, plus écologique et surtout plus sophistiquée. Qu'à cela ne tienne, la Lucerne a d'autres arguments à faire valoir, à commencer par son prix plus avantageux, sa garantie plus généreuse et sa vocation familiale accomplie. Voilà de quoi alimenter les débats au sein de la clientèle.

Cependant, les concepteurs de cette Buick aimeraient bien mettre tout le monde d'accord sur la qualité de la fabrication. Sur la Lucerne, la volonté de bien faire est effectivement palpable, que ce soit à l'œil ou au toucher, même si la qualité ne s'élève pas au même rang que sa rivale japonaise. Ainsi, sur notre modèle d'essai, les pièces étaient soigneusement imbriquées les unes aux autres, sans la moindre trace d'une tête de vis réfractaire ou d'un trait de colle mal ébavuré.

Aussi valorisante soit-elle, la qualité de fabrication ne peut faire totalement oublier le manque de créativité des stylistes affectés à la décoration intérieure. Malgré quelques rondeurs, on a l'impression d'avoir vu 100 fois ce tableau de bord strié d'une lame de similibois, duquel émerge une colonne de direction seulement inclinable et toujours incapable de plier le cou.

Une curiosité pour nos plus jeunes lecteurs, mais un doux clin d'œil pour les plus âgés : la proposition de déboulonner baquets et console au profit d'une banquette pleine largeur pouvant accueillir « inconfortablement » un troisième passager à l'avant. À l'arrière, la Lucerne vous fait sentir comme un roi. Ou une reine. L'espace alloué pour les jambes ne manque pas. Même chose pour le coffre, dont la capacité frôle les 500 litres d'espace utile.

SUPER, MAIS SEULEMENT DE NOM

Bien entendu, la livrée Super est celle qui fait le plus saliver les amateurs (est-ce que cela existe ?) de Lucerne, bénéficiant du souffle bien senti du moteur V8 4,6 litres d'origine Cadillac. Hélas, il est privé d'un système de désactivation des cylindres. Ce moteur assure à la Lucerne des performances autrement plus irrésistibles que le V6 3,9 litres, qui met une éternité à atteindre les 100 km/h après un départ arrêté, comparativement à une Avalon. Et les reprises de la Buick ne sont guère plus convaincantes, pas plus que sa consommation en hydrocarbures. En revanche, ce moteur a la réputation d'être solide comme du roc et s'entend comme larrons en foire avec la boîte automatique à quatre rapports (oui, seulement quatre) qui l'accompagne. En optant pour le V8, vous corrigerez plusieurs de ces lacunes, mais attendez-vous à une consommation d'essence supérieure et, naturellement, à un bilan environnemental moins reluisant.

Le moteur (la boîte de vitesses demeure toujours la même) n'est pas le seul élément à brouiller les cartes au moment de choisir une Lucerne. Les éléments suspenseurs varient aussi d'une version à l'autre. Et encore une fois, la meilleure combinaison se trouve du côté des versions les plus chères. Le modèle d'entrée (CX) est doté de la suspension dite « standard », qui conviendra sans doute à ceux qui regrettent encore l'époque où les Buick « flottaient » sur la chaussée. La CXL fait mieux. Beaucoup mieux. Plus ferme, elle maîtrise mieux les mouvements de caisse, prend peu de roulis, et la monte pneumatique est plus performante. Mais le meilleur se trouve du côté de la Super.

Résumons : la Lucerne propose une tenue de route sûre, une suspension équilibrée, mais une direction qui manque un brin de fermeté, de rapidité et de précision, ce qui la fait paraître plus empotée qu'elle est censée l'être. Sur un long ruban d'asphalte ou dans les grandes courbes, la Lucerne excelle. En ville, c'est une autre histoire : son diamètre de braquage est médiocre et rend les manœuvres éreintantes.

Le prix attrayant est un argument de poids, tout comme la qualité de la fabrication. Mais dans sa version CXL, elle ne peut prétendre offrir une homogénéité comparable à une Avalon. La version Super souffre sans doute moins de la comparaison, mais à quel prix ? Préférez-lui une CTS, plus homogène et mieux finie. ▮▮▮ **ERIC LEFRANÇOIS**

La qualité de fabrication ne peut faire oublier le manque de créativité des stylistes affectés à la décoration intérieure

DIMENSIONS ET VOLUMES

Empattement (mm)	2936
Longueur (mm)	5161
Largeur (mm)	1874
Hauteur (mm)	1473
Volume intérieur (L)	3058
Volume du coffre (min./max.) (L)	481
Capacité du réservoir de carburant (L)	70
Fourchette de poids (kg)	1707 - 1816

CHÂSSIS

Mode	traction
Suspension av. - arr.	indépendante
Freins av. - arr.	disques
Capacité de remorquage min. - max. (kg)	454
Direction - diamètre de braquage (m)	crémaillère - 12,9 / 13,3 (Super)
Pneus	235/55R17, 245/50R18 (Super)

PERFORMANCES

Modèle à l'essai	Lucerne CXL
Moteur	V6 ACC 3,9 litres
Puissance (ch. à tr/min)	227 - 5700
Couple (lb-pi à tr/min)	237 - 3200
Transmission	automatique 4 rapports
Autres transmissions	aucune
Accélération 0-100 km/h (sec.)	9,9 (chrono manuel)
Reprises 80-115 km/h (sec.)	6,9 (chrono manuel)
Distance de freinage 100-0 km/h (m)	non mesurée
Niveau sonore à 100 km/h	✕ ✕ ✕ ✕
Vitesse maximale (km/h)	190
Consommation réalisée au cours de l'essai (L/100 km)	11,6
Gaz à effet de serre	
Autres moteurs	V8 4,6 litres (292 ch.)

CE QU'IL FAUT SAVOIR

Fourchette de prix ($)	**31 995 - 47 995**
Marge de profit du concessionnaire (%)	10,68
Transport et préparation ($)	1300
Consommation ville - route (L/100 km)	13,9 - 9,3 (3,9 l)
	15,8 - 10,8 (4,6 l)
Essence recommandée	ordinaire
Versions offertes	CX, CXL, Super
Carrosserie berline	4 portes
Lieu d'assemblage	États-Unis
Valeur résiduelle	✱ ✱
Garanties : de base - motopropulseur (an/km)	4/80 000 - 5/160 000
Fiabilité présumée	✱ ✱ ✱ ✱
Cycle de remplacement	2011
Ventes 2007 ↘ 16 %	Québec : 358
Protection collision	
frontale conducteur/passager	✱ ✱ ✱ ✱ ✱ / ✱ ✱ ✱ ✱ ✱
latérale avant/arrière	✱ ✱ ✱ ✱ / ✱ ✱ ✱ ✱
retournement 2rm/4rm	✱ ✱ ✱ ✱ ✱ / na

À RETENIR

Nouveautés 2009	V6 3,9 l remplace le 3,8 l, équipement de série plus complet (CX), calandre chromée (CXL), Bluetooth
Principales concurrentes	Chrysler 300, Ford Taurus, Hyundai Azera, Kia Amanti, Toyota Avalon

- Les places arrière, spacieuses
- La garantie alléchante
- Les progrès réalisés en matière de qualité

- Des innovations moyennant supplément
- Le V6 techniquement désuet
- Le diamètre de braquage désastreux et pénalisé par le poids

CHAPEAU !

L a liste des voitures qui m'ont véritablement emballé au cours de ma carrière est relativement courte : on y trouve de superbes réussites, comme le coupé Fiat 124 des années 1960, la BMW 2002 du début des années 1970, la première Dodge Charger et la Toyota Supra de seconde génération. À cette brève liste de coups de cœur, on peut désormais ajouter la nouvelle Cadillac CTS, parce qu'il s'agit du plus bel exemple de l'esprit de renouveau qui anime la marque de prestige de General Motors.

Voilà une voiture hautement respectable pouvant figurer honorablement dans le créneau où se conjuguent le sport et le luxe et au sein duquel on retrouve des modèles comme l'Audi A4, la BMW de Série 3, la Mercedes de Classe C, l'Infiniti G35 ou la Lexus IS 350. Ce sont là des berlines dites sportives que la presse automobile tient en très haute estime, principalement en raison de leur agrément de conduite.

Bien sûr, on se demandera ce que vient faire une Cadillac dans un aussi digne panthéon. Dans sa livrée originale, la CTS s'était déjà rapprochée de ces créations germaniques ou nippones. Avec la plus récente version, non seulement a-t-on rejoint la concurrence, mais on l'a peut-être dépassée à certains égards.

FINI LES PRÉJUGÉS

Pour tout dire, cette voiture est une très grande réussite qui n'a rien à voir avec tous les préjugés qu'on entretient sur cette marque longtemps enchaînée à un traditionalisme obtus qui a fait fuir les baby-boomers. Par rapport à la première CTS, le modèle de l'an dernier présente des lignes moins baroques, mais la chirurgie esthétique qu'elle a subie ne se remarque pas au premier coup d'œil. Quant à l'intérieur, on dit que son tableau de bord est assez réussi, un avis que je ne partage pas totalement. Les matériaux sont relevés et la finition correcte, mais l'ensemble manque de symétrie. Par exemple, la bande de garniture imitant la fibre de carbone qui traverse le tableau de bord serait davantage mise en valeur par un revêtement pâle au lieu du noir qui tue l'effet désiré.

L'écran central qui loge les données informatiques est par ailleurs trop massif pour ne pas déparer l'apparence de la présentation intérieure. J'avouerai aussi que, n'ayant pas consulté le manuel d'instructions, j'ai été incapable de pro-

grammer une destination quelconque dans le système de navigation par satellite. Sa prétendue facilité d'utilisation est fallacieuse, une tare que Cadillac partage avec toutes ces berlines allemandes que la CTS veut concurrencer.

UN BOUQUET DE FLEURS

Arrêtons-nous chez le fleuriste afin d'offrir un joli bouquet à cette voiture pour la qualité de ses sièges, la beauté de son volant à trois branches (et huit fonctions), la modernité de sa console garnie de métal brossé et le joli rideau de nylon qui sert d'écran à un soleil trop ardent que le toit ouvrant à double vitrage pourrait rendre gênant à certains moments. À l'arrière, deux personnes trouveront place, bien que les plus grands ne seront pas loin de faire connaissance avec le plafond. En faisant le tour du propriétaire, n'oubliez pas de vérifier la visibilité de trois quarts arrière qui n'est pas terrible, et le coffre à bagages, dont la capacité est plutôt moyenne.

Sur la route, la dernière-née des Cadillac est difficile à prendre en défaut. Munie du V6 3,6 litres à injection directe de 304 chevaux (le V6 3,6 de base se contente de 263 chevaux) et d'une transmission automatique à six rapports qui ne tarde jamais à répondre aux sollicitations de l'accélérateur, la CTS ne traîne pas à vous emmener à 100 km/h (6,4 secondes) ou de 80 à 115 km/h (4,1 secondes) au moment de doubler. Docile et beaucoup moins rétif que celui d'une G35, le moteur étire les passages à la pompe en se contentant de 10,9 litres aux 100 km, une moyenne qui est d'un litre inférieure à celle d'une Mercedes-Benz C 350 4 Matic. À propos de traction intégrale, la CTS sera aussi offerte avec cette police d'assurance hivernale.

Bien campée sur ses roues de 18 pouces, la voiture attaque les virages comme si elle était sur le circuit du Nurbürgring, là justement où on lui a appris à s'agripper à la route avec ténacité. En cas d'excès, le système de stabilité se chargera de calmer vos ardeurs. Épargnée d'un roulis excessif, cette Cadillac ne souffre que d'un léger tangage lors de freinages intensifs. À ce dernier chapitre, la voiture passe aussi l'examen sans coup férir et la direction bénéficie d'un très bon dosage. Ajoutez à cela la présence de phares adaptatifs (ils tournent avec le volant) pour la conduite nocturne, et vous comprendrez que la CTS s'occupe de votre sécurité. Malgré sa raideur, garante d'une bonne tenue de route, la suspension sait se montrer confortable, même sur nos chemins dévastés où la carrosserie a prouvé qu'elle était bien boulonnée.

J'ai beau fouiller dans mon calepin de notes, je ne trouve rien à redire au sujet du comportement routier de la CTS. Si la fiabilité est fidèle au rendez-vous, il sera juste de conclure que cette berline sport n'a rien à envier à ses rivales, sauf peut-être une auréole moins abîmée. ‖ **JACQUES DUVAL**

Une voiture hautement respectable pouvant figurer dans le créneau où se conjuguent le sport et le luxe

CADILLAC CTS

DIMENSIONS ET VOLUMES

Empattement (mm)	2880
Longueur (mm)	4866
Largeur (mm)	1842
Hauteur (mm)	1472
Volume intérieur (L)	2775
Volume du coffre (min./max.) (L)	385
Capacité du réservoir de carburant (L)	68
Fourchette de poids (kg)	1744 - 1868

CHÂSSIS

Mode	propulsion (Base, V), intégral (TI)
Suspension av. - arr.	indépendante
Freins av. - arr.	disques
Capacité de remorquage min. - max. (kg)	454
Direction - diamètre de braquage (m)	crémaillère - 10,9 /, 11,1 (TI) / 11,5 (V)
Pneus	235/55R17, 235/50R18 (option), 255/40R19 - 285/35R19 (V)

PERFORMANCES

Modèle à l'essai	CTS (injection directe)
Moteur	V6 DACT 3,6 litres (ID)
Puissance (ch. à tr/min)	304 - 6400
Couple (lb-pi à tr/min)	273 - 5200
Transmission	semi-automatique 6 rapports
Autres transmissions	manuelle 6 rapports
Accélération 0-100 km/h (sec.)	6,41
Reprises 80-115 km/h (sec.)	4,12
Distance de freinage 100-0 km/h (m)	36,9
Niveau sonore à 100 km/h	✖✖✖✖
Vitesse maximale (km/h)	230
Consommation réalisée au cours de l'essai (L/100 km)	10,9
Gaz à effet de serre	
Autres moteurs	V6 3,6 litres (263 ch.) V8 6,2 litres (556 ch.)

CE QU'IL FAUT SAVOIR

Fourchette de prix ($)	**38 900 - 46 655**
Marge de profit du concessionnaire (%)	9,64
Transport et préparation ($)	1420
Consommation ville - route (L/100 km) 1	**3,2 - 9,1 (V6 base) 13,9 - 9,3 (V6 ID), 14,7 - 9,4 (man.)**
Essence recommandée	ordinaire, super (V)
Versions offertes	Base, TI, V
Carrosserie	berline 4 portes
Lieu d'assemblage	États-Unis
Valeur résiduelle	✶✶✶
Garanties : de base - motopropulseur (an/km)	4/80 000 - 5/160 000
Fiabilité présumée	✶✶✶
Cycle de remplacement	2012
Ventes 2007 ↘ 5%	Québec : 846
Protection collision	
frontale conducteur/passager	✶✶✶✶ /✶✶✶✶✶
latérale avant/arrière	✶✶✶✶✶/✶✶✶✶✶
retournement 2rm/4rm	✶✶✶✶ /✶✶✶✶

À RETENIR

Nouveautés 2009	**CTS-V à moteur V8 de 6,2 litres et 556 chevaux**
Principales concurrentes	**Acura TL, Audi A4, BMW Série 3, Infiniti G35, Mercedes Classe C**

\+
- Agrément de conduite assuré
- Traction intégrale offerte
- Prix réaliste

\−
- Incidence de l'image de marque à la revente
- Places arrière mesurées
- Visibilité arrière médiocre

UN RELENT D'AUTREFOIS

Autant je me suis laissé séduire par les dernières créations de Cadillac que sont les CTS et STS, autant la plus récente interprétation de la DTS m'a laissé de glace. Les CTS et STS ont brisé le moule traditionnel de la marque de prestige de GM et transportent avec elles un vent de fraîcheur. Dans le cas de la DTS toutefois, on est presque de retour à la case départ avec une voiture qui dégage un relent d'autrefois ou, si vous aimez mieux, des souvenirs qu'on croyait à jamais enterrés à Détroit.

D'abord, je ne comprends absolument pas la décision des ingénieurs de Cadillac d'avoir fait porter tout le fardeau de son V8 sur le train avant. Même si l'effet de couple n'est pas dramatique, on sent le travail des 292 chevaux qui se bousculent entre les roues avant, ne sachant jamais très bien à laquelle faire confiance. Même le superbe moteur Northstar s'en trouve pénalisé et donne l'impression d'avoir abandonné deux de ses huit cylindres sur le banc de l'atelier. En somme, il n'arrive pas à se faire justice dans un tel environnement, et ça, les ingénieurs de GM le savent.

Pourquoi s'être soudainement arrêté à la DTS dans la conversion de la gamme à la propulsion ? Dans cette optique, on comprendra que cette grosse Cadillac ne soit pas une sinécure quand vient le temps de lui trouver un coin pour se garer en ville. Son diamètre de braquage rejoint presque celui d'un autobus Greyhound, c'est tout dire.

Paradoxalement, notre DTS a dévoilé un paradigme de stabilité à grande vitesse, un territoire qu'elle ne risque pas d'explorer souvent si on tient compte de la clientèle qu'elle privilégie.

UNE SOIF MODÉRÉE

Au rayon des performances, la voiture aligne des temps d'accélération convenables, mais surtout des reprises dignes des meilleures berlines sport. Le 80 à 115 km par exemple se boucle en 5,2 secondes, un temps inférieur à celui de voitures pourtant plus adulées. Son V8, sans être au régime sec, est plus frugal en se satisfaisant de 12,4 litres aux 100 km. L'une des raisons de cette excellente moyenne est une résistance de roulement quasi inexistante. Dès qu'on

relâche l'accélérateur, la voiture est portée par son élan sur des distances incroyables. Signalons qu'une version un peu moins puissante (275 chevaux) du V8 Northstar est également proposée pour la DTS. Entre les deux toutefois, la différence est minime à tous points de vue.

Dans ma voiture d'essai, le freinage laissait transparaître d'assez fortes vibrations qui m'ont paru anormales et qui étaient sans doute attribuables à une utilisation abusive de cette DTS. La tenue de route, quant à elle, a fait de réels progrès sans que le confort en prenne pour son rhume.

AMÉNAGEMENT

Si la DTS ne semble pas s'être alignée sur la nouvelle orientation de la marque, son aménagement intérieur a bien meilleure mine qu'auparavant. Toutes les attentes d'un propriétaire de Cadillac sont respectées grâce à de très bons fauteuils, à une présentation agréable, une finition soignée et des matériaux qui ne semblent pas issus d'un quelconque fournisseur à bas prix. Il en va de même pour l'espace arrière et le coffre qui peuvent engouffrer trois personnes et tout leur bagage pour une semaine. Pour l'acheteur, les options se limitent à des choix de finition et d'équipement. Le modèle le plus cher offre entre autres un avertisseur de changement de voie, un gadget que je trouve plus agaçant que sécuritaire.

Inutile d'en rajouter, puisque les inextirpables partisans de la DTS (autrefois De Ville) achèteront cette voiture quoi qu'on dise ou écrive. Il est certain que General Motors aurait pu se montrer plus créatif avec cette berline de luxe à l'ancienne, mais parions qu'on a dû faire des compromis pour ne pas trop s'aliéner la clientèle traditionnelle de la marque.

En revanche, ce n'est pas de cette façon qu'on piquera la curiosité des conducteurs de BMW, d'Audi ou de Mercedes-Benz. Il faut faire preuve d'un peu plus de courage et foncer, quoi qu'il advienne, comme on l'a fait très adroitement avec l'impressionnante CTS. **||| JACQUES DUVAL**

General Motors aurait pu se montrer plus créatif avec cette berline de luxe à l'ancienne

DIMENSIONS ET VOLUMES

Empattement (mm)	2936
Longueur (mm)	5274
Largeur (mm)	1901
Hauteur (mm)	1589
Volume intérieur (L)	2987
Volume du coffre (min./max.) (L)	532
Capacité du réservoir de carburant (L)	70
Fourchette de poids (kg)	1818

CHÂSSIS

Mode	traction
Suspension av. - arr.	indépendante
Freins av. - arr.	disques
Capacité de remorquage min. - max. (kg)	454
Direction - diamètre de braquage (m)	crémaillère - 12,8
Pneus	235/55R17 (Base), 245/50R18 (Platinum)

PERFORMANCES

Modèle à l'essai	DTS Platinum
Moteur	V8 DACT 4,6 litres
Puissance (ch. à tr/min)	292 - 6300
Couple (lb-pi à tr/min)	288 - 4500
Transmission	automatique 4 rapports
Autres transmissions	aucune
Accélération 0-100 km/h (sec.)	7,79
Reprises 80-115 km/h (sec.)	5,20
Distance de freinage 100-0 km/h (m)	42,2
Niveau sonore à 100 km/h	✹ ✹ ✹ ✎
Vitesse maximale (km/h)	200
Consommation réalisée au cours de l'essai (L/100 km)	12,4
Gaz à effet de serre	
Autres moteurs	V8 4,6 litres (275 ch.)

CE QU'IL FAUT SAVOIR

Fourchette de prix ($) :	**53 995 – 66 725**
Marge de profit du concessionnaire (%) :	10,19
Transport et préparation ($) :	1420
Consommation ville - route (L/100 km)	**15,6 – 10 (Base)**
	16 – 10,8 (Platinum)
Essence recommandée :	super
Versions offertes :	Base, Platinum
Carrosserie :	berline 4 portes
Lieu d'assemblage :	États-Unis
Valeur résiduelle :	✹ ✹
Garanties de base - motopropulseur (an/km) :	4/80 000 – 5/160 000
Fiabilité présumée :	✹ ✹ ✹ ✹ ✎
Cycle de remplacement :	inconnu
Ventes 2007 ↘ 50%	Québec : 113

Protection collision		
frontale conducteur/passager	✹ ✹ ✹ ✹	✹ ✹ ✹ ✹
latérale avant/arrière	✹ ✹ ✹ ✹	✹ ✹ ✹ ✹
retournement 2rm/4rm	✹ ✹ ✹ ✹	n.a.

À RETENIR

Nouveautés 2009	nouvelles jantes de 17 pouces, limitateur de vitesse, traitement anticorrosif des freins
Principales concurrentes	Buick Lucerne, Lexus LS460, Lincoln Town Car

- Comportement routier louable
- Consommation modérée
- Vaste banquette arrière

- Traction avant
- Grand diamètre de braquage
- Absence d'agrément de conduite

UN ÉLÉPHANT DANS LA VILLE

Montée sur d'impressionnantes roues de 22 pouces enveloppées d'une carrosserie fluide (Cx 0,36) sur laquelle ont été dessinées des prises d'air factices et une immense calandre nickelée qui rappelle le sourire carnassier de l'étude Sixteen (Detroit 2003), l'Escalade ne demande qu'à se pavaner sous les projecteurs. Pour le bon peuple qui avait du mal à s'extasier devant une telle mécanique, GM propose depuis peu une version hybride susceptible de calmer les environnementalistes. Encore faut-il que ceux-ci parviennent à décoder les subtiles transformations qui la distinguent de la gourmande Escalade tout-essence.

Dès l'ouverture des portes, aucun doute ne plane sur sa mission. Même si elle puise dans la garde-robe des modestes Yukon et Tahoe pour habiller son intérieur, cette Cadillac parvient tout de même à jouer sa petite musique personnelle. Les applications de bois vernis, la qualité des matériaux employés et la méticulosité des ajustages surprennent agréablement. L'ambiance est manifestement très haut de gamme, supérieure à la mouture précédente. Beaucoup répugneront, après cette entrée en matière, à frotter ce bijou aux ornières des chemins de campagne.

Sans crier à l'originalité, force est de reconnaître que tout y est bien exécuté. Enfin presque. On s'explique mal que les vitres ne remontent pas d'elles-mêmes alors que des compactes de moins de 20 000 $ le font, que la colonne de direction ne s'articule — manuellement surtout — que sur un seul axe (celui de la hauteur) ou encore l'absence d'une poignée de maintien pour permettre au conducteur de monter sur le trône (pardon sur le baquet). Que dire aussi de cette troisième rangée de sièges qui, au lieu de disparaître sous le plancher pour nous faire profiter d'une aire de chargement totalement plane, nous force à la retirer ? Pourquoi, aussi, devoir débourser une somme additionnelle pour profiter d'un siège à commande électrique rabattable à la deuxième rangée et ainsi nous éviter de devoir nettoyer les petits pieds laissés sur le cuir glacé par des enfants pressés de s'assurer une place sur la minuscule banquette de troisième rangée ?

À défaut de nous satisfaire dans tous les domaines, l'Escalade multiplie tout de même les petites attentions, comme cette lunette qui s'ouvre indépendamment du hayon, ce pédalier électrique ou encore ce démarreur à distance adaptatif. Est-ce suffisant pour emporter la décision ? Non. Mais c'est une Cadillac.

LA MODÉRATION ?

Sous le capot, imposant comme un autel de cathédrale, trône un V8 6,2 litres. Avec lui, la messe est dite et les grandes orgues tonnent à chaque coup d'accélérateur. Mais avec une « tank » (réservoir en langage texan) pleine de son hectolitre, on acquiert vite ses gallons de *persona grata* auprès du gérant de la station-service la plus proche. Chose certaine, cette Cadillac peut faire mieux, comme en fait foi la version hybride. Pour en savoir plus, nous vous invitons à consulter notre analyse du GMC Yukon, mais sachez que l'hybridation représente, à notre avis, un atout, ou plutôt la planche de salut de ce mastodonte. Et lui permet surtout de faire la nique à ses concurrentes, à l'exception sans doute du GL diésel proposé par Mercedes-Benz.

Cela dit, le V8 essence s'accompagne d'une boîte de vitesses à six rapports et se révèle très douce, y compris dans son fonctionnement séquentiel manuel, qui ne fait que flatter l'ego du conducteur. Celui-ci laissera bien vite l'initiative au système parfaitement rôdé.

On prend du plaisir à son volant, sidéré d'avaler à pareille allure et à une telle hauteur des courbes faites, pensions-nous, pour des voitures tapies au ras du sol. La rigidité de sa plateforme combinée à la robustesse des points d'ancrage de sa suspension et de la précision de la direction à crémaillère rend la conduite plus agréable. Et pour ajouter à la confiance, mentionnons un freinage costaud auquel se marie une fonction antirevirement du système Stabilitrak.

Bien armée pour affronter les longs parcours, l'Escalade se révèle équilibrée et sûre. Cependant, l'usage de cette Cadillac doit, en raison de son gabarit et de son poids, être réservé plus aux grands espaces qu'aux chemins creux ou étroits. Ses dimensions de colosse entravent sa mobilité urbaine, où l'Escalade joue volontiers les éléphants dans les magasins de porcelaine.

En toute honnêteté, l'Escalade est loin de représenter un choix rationnel et responsable. Néanmoins, force est de reconnaître que vous tomberez aisément sous le charme de ce mastodonte tant et aussi longtemps que vous parviendrez à esquiver des yeux les reçus d'essence qui s'empilent dans les vide-poches et les regards des environnementalistes... Bonne chance. **ııı ÉRIC LEFRANÇOIS**

En toute honnêteté, l'Escalade est loin de représenter un choix rationnel et responsable

DIMENSIONS ET VOLUMES

Empattement (mm)	2946 (Base, Hybride), 3302 (ESV, EXT)
Longueur (mm)	5144 (Base), 5662 (ESV), 5639 (EXT)
Largeur (mm)	2007 (Base, Hybride), 2009 (ESV, EXT)
Hauteur (mm)	1887 (Base, Hybride), 1916 (ESV), 1892 (EXT)
Volume intérieur (L)	3084 (Base, Hybride, EXT)
Volume du coffre (min./max.) (L)	478 / 3084 (Base) 1298 / 3891 (ESV)
Capacité du réservoir de carburant (L)	98,4 (Base) 92,7 (Hybride), 117,3 (ESV, EXT)
Fourchette de poids (kg)	2570 - 2648

CHÂSSIS

Mode	intégral
Suspension av. - arr.	indépendante - essieu rigide
Freins av. - arr.	disques
Capacité de remorquage min. - max. (kg)	3447 - 3538
Direction – diamètre de braquage (m)	crémaillère - 11,9
Pneus	265/65R18, 285/45R22 (option, Hybride de série)

PERFORMANCES

Modèle à l'essai	Escalade (base)
Moteur	V8 ACC 6,2 litres
Puissance (ch. à tr/min)	403 - 5700
Couple (lb-pi à tr/min)	417 - 4300
Transmission	automatique 6 rapports
Autres transmissions	aucune
Accélération 0-100 km/h (sec.)	7,34
Reprises 80-115 km/h (sec.)	4,54
Distance de freinage 100-0 km/h (m)	49,7
Niveau sonore à 100 km/h	✹ ✹ ✹ ✹
Vitesse maximale (km/h)	190
Consommation réalisée au cours de l'essai (L/100 km)	18,6
Gaz à effet de serre	

Autres moteurs	V8 6 litres Bimode (332 ch.)

CE QU'IL FAUT SAVOIR

Fourchette de prix ($)	**76 530 - 84 905**
Marge de profit du concessionnaire (%)	12,03 à 12,68
Consommation ville - route (L/100 km)	**19,6 - 16,8 (Base)** 19,7 - 16,8 (ESV) 11,8 - 11,2 (Hybride)
Essence recommandée	super
Versions offertes	Base, Hybride, ESV, EXT
Carrosserie	utilitaire 4 portes, camionnette 4 portes (EXT)
Lieu d'assemblage	États-Unis, Mexique (EXT)
Valeur résiduelle	✷ ✷ ✷
Garanties : de base - motopropulseur (an/km)	4/80 000 - 5/160 000
Fiabilité présumée	✷ ✷ ✷ ◗
Cycle de remplacement	2012
Ventes 2007 ↗ 22 %	Québec : 143 (base) 47 (ESV), 49 (EXT)

Protection collision frontale conducteur/passager	✷ ✷ ✷ ✷ ✷ / ✷ ✷ ✷ ✷ ✷	
latérale avant/arrière	✷ ✷ ✷ ✷ ✷ / ✷ ✷ ✷ ✷ ✷	
retournement 2rm/4rm	n.a. / ✷ ✷ ✷	

À RETENIR

Nouveautés 2009	**modèle hybride, volant électrique, caméra de recul, moteur E85**
Principales concurrentes	**Infiniti QX56, Lincoln Navigator, Mercedes GL**

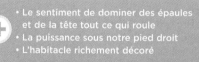

- Le sentiment de dominer des épaules et de la tête tout ce qui roule
- La puissance sous notre pied droit
- L'habitacle richement décoré

- Difficile d'atteindre la 3ᵉ rangée de sièges
- Les gros yeux des environnementalistes
- De maigres efforts pour diminuer la consommation

MOURIR POUR MIEUX CHANGER

CADILLAC
SRX

On voit rarement une SRX sur nos routes. Mais lorsqu'on en voit une, impossible de la manquer. Taillée à la serpe, cette Cadillac détonne par rapport à ses rivales allemandes et suédoises qui cherchent, elles, à arrondir les angles de leur carrosserie. Originalement présentée sous la forme d'un prototype (Vizion), cette Cadillac retient les services de la plateforme Sigma, une architecture à roues arrière motrices partagée par l'ensemble des produits Cadillac vendus en Amérique du Nord, exception faite de la XLR, qui dérive étroitement de la Corvette.

En examinant son profil, on se questionne : « Est-ce un utilitaire ou une familiale ? » En montant à bord, vous aurez l'impression qu'il s'agit d'une familiale. En fait, les sièges sont plus près du sol que sur une Explorer (Ford), voire un X5 (BMW), ce qui rend l'accès à bord aisé. Partiellement rénové ces dernières années, l'habitacle affiche une présentation plus valorisante et plus chic. La finition est très correcte, mais la qualité de certains plastiques laisse toujours à désirer, surtout considérant le prix où gravite la version V8 qu'on nous a confiée pour cet essai. Le volant se règle uniquement en hauteur, mais pour compenser l'absence d'un réglage télescopique, le pédalier se déplace à l'aide d'une commande électrique. Pour retenir ses services, il faudra cependant débourser une somme additionnelle.

De série, la SRX accueille théoriquement cinq personnes sous son toit. Théoriquement, puisque la vilaine bosse, celle-là même qui a gêné plusieurs générations d'amoureux, prive le troisième occupant de la banquette arrière d'une position confortable, et les deux autres de voir correctement l'écran du DVD appuyé au sommet de l'accoudoir central et d'accéder librement aux commandes du lecteur, qui se trouve juste en dessous. Votre famille est plus nombreuse ? Alors, Cadillac propose d'ajouter, moyennant bien sûr un déboursé additionnel, une deuxième banquette que seuls des enfants en bas âge prendront plaisir à occuper. Mais le véritable ennui est que les occupants de ladite banquette ne sont pas protégés par des rideaux gonflables, comme c'est le cas de ceux qui se trouvent assis aux deux premières rangées. De plus, ces derniers peuvent, par ailleurs, prendre un bain de soleil si le propriétaire coche l'option Ultra View, un immense toit vitré. Celui-ci s'ouvre en un peu moins de 20 secondes.

DÉCONTRACTION ET FERMETÉ

On accède au coffre uniquement par le hayon, puisqu'il est impossible de soulever seulement la lunette. La surface de chargement est pratiquement plane et la troisième banquette s'efface complètement sous le plancher. Tant mieux, puisque celle-ci limite considérablement le volume du coffre.

Nonobstant une garde au sol respectable, la belle américaine arbore des dessous chics qui ne dépareraient pas sur une grande routière : moteurs forts en muscles (V6 et V8), boîtes automatiques raffinées (mode sport, commande séquentielle) sans blocage ni réduction, trains roulants à bras multiples, suspension à amortissement piloté et roues de 18 pouces.

La SRX sait se tenir. Bien entendu, quand on est en proie à une crise d'incivisme aigu, on force un peu la cadence, et cette américaine se révèle alors plus pataude en virage qu'un BMW X5, mais bien plus rigoureuse cependant qu'une Volvo XC90. Quant à la gestion des excès d'optimisme de son conducteur, l'ESP Cadillac, rebaptisé Stabilitrak, présente l'originalité de fonctionner de concert avec l'amortissement piloté, ce qui accroît encore son efficacité. La direction guide les roues avec rapidité et précision, mais elle est toutefois apparue un peu trop ferme. En d'autres termes, elle fait, comme la BMW X5, travailler exagérément les muscles des avant-bras et donne l'impression que vous êtes aux commandes d'un véhicule plus lourd qu'il l'est véritablement.

La conduite du Cadillac SRX est d'autant plus décontractée que ses sièges revêtus de cuir assurent un excellent maintien et que le silence qui règne à bord permet de profiter pleinement de l'installation audio signée Bose. En prêtant l'oreille, on distingue seulement, à haute vitesse, quelques bruits aérodynamiques en provenance des rétroviseurs.

Sa mécanique aussi se fait étonnamment discrète. Les montées en régime du moteur huit cylindres sont franches mais linéaires et la douceur de passage des rapports contribue également à diluer les sensations durant les phases d'accélération. Efficace et effacé, le V8 Northstar s'avère cependant très gourmand sur le plan de la consommation, ce qui, avec un réservoir de seulement 76 litres, n'autorise guère plus de 400 km d'autonomie.

Le SRX ne corrigera aucune des lacunes décrites plus haut. Au contraire, dans les prochains mois, elle s'effacera au profit d'un tout nouveau véhicule inspiré de l'étude Provoq, présenté au salon automobile de Detroit 2008. Alors, Lamartine avait raison : « Mourir n'est pas mourir ; mes amis ! C'est changer ! » ||| **ÉRIC LEFRANÇOIS**

*La belle Américaine arbore des dessous chics
qui ne dépareraient pas sur une grande routière*

DIMENSIONS ET VOLUMES

Empattement (mm)	2957
Longueur (mm)	4950
Largeur (mm)	1844
Hauteur (mm)	1722
Volume intérieur (L)	3505
Volume du coffre (min./max.) (L)	238 / 1968
Capacité du réservoir de carburant (L)	76
Fourchette de poids (kg)	1916 - 2015

CHÂSSIS

Mode	propulsion, intégral
Suspension av. - arr.	indépendante
Freins av. - arr.	disques
Capacité de remorquage min. - max. (kg)	907 - 1928
Direction - diamètre de braquage (m)	crémaillère - 12,1
Pneus	255/60R17 (V-6), 255/55R18 (V-8)

PERFORMANCES

Modèle à l'essai	SRX V-8 TI
Moteur	V8 DACT 4,6 litres
Puissance (ch. à tr/min)	320 - 6400
Couple (lb-pi à tr/min)	315 - 4400
Transmission	automatique 6 rapports
Autres transmissions	automatique 5 rapports (V-6)
Accélération 0-100 km/h (sec.)	7,88
Reprises 80-115 km/h (sec.)	5,75
Distance de freinage 100-0 km/h (m)	39,9
Niveau sonore à 100 km/h	✖ ✖ ✖ ✖
Vitesse maximale (km/h)	225
Consommation réalisée au cours de l'essai (L/100 km)	15,2
Gaz à effet de serre	
Autres moteurs	V6 3,6 litres (255 ch.)

CE QU'IL FAUT SAVOIR

Fourchette de prix ($)	49 320 - 62 925
Marge de profit du concessionnaire (%)	10,26 à 10,50
Transport et préparation ($)	1420
Consommation ville - route (L/100 km)	17,1 – 10,8 (3,6 l) 18,5 – 12 (4,6 l)
Essence recommandée	super
Versions offertes	V-6, V-8
Carrosserie	multisegment 5 portes
Lieu d'assemblage	États-Unis
Valeur résiduelle	★ ★
Garanties : de base - motopropulseur (an/km)	4/80 000 – 5/160 000
Fiabilité présumée	★ ★ ★ ⊣
Cycle de remplacement	2010
Ventes 2007 ↘ 7 %	Québec : 299

Protection collision
frontale conducteur/passager ★ ★ ★ ★ / ★ ★ ★ ★
latérale avant/arrière ★ ★ ★ ★ ★ / ★ ★ ★ ★ ★
retournement 2rm/4rm ★ ★ ★ / ★ ★ ★ ★

À RETENIR

Nouveautés 2009	aucun changement majeur
Principales concurrentes	Audi Q7, BMW X5, Infiniti FX, Mercedes R, Volvo XC90

+
- Profil unique
- Suspension pilotée confortable
- Fiabilité éprouvée

−
- Direction lourde
- Poids et encombrement élevés
- Sécurité passive (pas de coussins pour la 3ᵉ rangée optionnelle)

RENDEZ-VOUS MANQUÉ

CADILLAC
STS

Cadillac se défait progressivement de sa réputation exécrable, mais il lui faut beaucoup de temps pour tout reconstruire. Mais la marque de prestige est pressée. C'est pourquoi, incapable de concrétiser les rêves et les ambitions de son constructeur, la STS ne connaîtra pas de descendance. Pas plus que la DTS d'ailleurs. Ainsi en a décidé la direction de Cadillac, qui planche déjà sur une nouvelle berline à roues arrière motrices susceptible — cette fois — de soutenir la comparaison avec la reine de la catégorie : la Série 5 de BMW.

D'ici là, Cadillac n'a d'autre choix que de faire avec et nous propose une STS pratiquement inchangée pour 2009.

DEUX, C'EST MIEUX

La STS confirme que de généreuses dimensions extérieures ne se traduisent pas toujours par un volume intérieur (et utilitaire) sensationnel. Au premier coup d'œil, la STS semble pourtant se comparer avantageusement à ses rivales, mais à l'usage, c'est une autre histoire. D'abord, son coffre affiche rapidement complet et l'habitacle également. Comme ses rivales, la STS est gênée par cette « grosse bosse » (le tunnel de transmission, si vous préférez) qui divise l'habitacle et rend pratiquement impensable la présence d'une troisième personne. Alors, deux c'est mieux, et surtout plus confortable, même si on ne sait trop où caser nos doigts de pied (la quincaillerie logée sous les sièges prend toute la place) et que nos genoux flirtent avec nos oreilles à cause du coussin ancré trop bas. À l'avant, rien à redire. Les baquets sont moelleux et offrent un bon support, et la colonne de direction accepte de se déplacer en hauteur et en profondeur.

Le tableau de bord, rehaussé d'appliques de bois (du faux, mais la ressemblance est troublante) ou de chrome selon la livrée retenue, intègre un bloc d'instrumentation complet et facile à consulter. Les principales commandes logent dans l'environnement du conducteur et se révèlent faciles à utiliser. En revanche, l'écran tactile logé au centre de la console est plus difficile à apprivoiser.

Beaucoup de menus et de sous-menus avant d'arriver à l'essentiel. On regrettera aussi cet accoudoir central qui gêne le mouvement de va-et-vient nécessaire pour sélectionner manuellement les rapports de la boîte semi-automatique. Si la tranchée supplémentaire avait été faite à gauche et non à droite du levier, la manœuvre n'en aurait été que plus agréable.

IL Y A AUSSI UN V6

À tout seigneur, tout honneur, intéressons-nous en premier lieu au cœur même de cette berline de luxe : le moteur V8 Northstar qui génère désormais 320 chevaux (4,6 litres) ou 469 chevaux (4,4 litres suralimenté). De belles mécaniques, mais reste que c'est le V6 3,6 litres (302 chevaux) à injection directe qui équipe le modèle d'entrée de gamme, lequel demeure le chouchou du public (et le nôtre aussi). D'abord, il consomme peu et s'abreuve d'essence ordinaire sans que son constructeur fasse de gros yeux. Ensuite, sa puissance est largement suffisante en cette ère de répression et il s'accompagne, moyennant supplément, à un précieux rouage à quatre roues motrices.

Cela dit, sur la route, la STS surprend agréablement. Les mouvements de caisse sont parfaitement maîtrisés et le train avant fait preuve de ténacité dans les enchaînements de lacets. Bien sûr, en poussant un peu, un « zeste » de sousvirage apparaît, mais rien d'inquiétant. La direction précise permet de découper les virages avec assurance.

La douceur constitue également l'une des grandes qualités de cette voiture. Cela tient tout d'abord au silence de marche, à la boîte automatique qui enfile ses cinq rapports dans un fondu enchaîné très délicat et, surtout, à la qualité de ses éléments suspenseurs.

À l'évidence, la STS profite pleinement du dispositif Magnetic Ride qui l'équipe en option. Ce système adapte automatiquement et instantanément le niveau de fermeté des amortisseurs aux conditions de la route. Ainsi, le comportement routier de la STS est caractérisé par une faible prise de roulis et une motricité pratiquement jamais en défaut sur un sol sec (le contrôle de stabilité électronique et l'antipatinage livrés de série veillent au grain).

Bref, la STS brille par sa tenue de route et son homogénéité. En revanche, les nids-de-poule assèchent fortement les suspensions qui réagissent alors assez durement, comme sur une bonne berline européenne. En revanche, le diamètre de braquage équivaut à celui d'un gros utilitaire. Et la direction est aussi affectée, en position centrale surtout, d'un flou agaçant. Sur le plan du freinage, la pédale est facile à moduler et les étriers embrassent les plaquettes sans les faire rougir.

Certains diront que la barre n'était pas très haute ; la STS est assurément la plus compétitive des Cadillac jamais offertes dans ce segment. Hélas, cela ne suffit pas. ▐▐▐
ÉRIC LEFRANÇOIS

Cadillac planche déjà sur une nouvelle berline susceptible de soutenir la comparaison avec la Série 5 de BMW

DIMENSIONS ET VOLUMES

Empattement (mm)	2956
Longueur (mm)	4986, 5019 (V)
Largeur (mm)	1844
Hauteur (mm)	1463, 1478 (V)
Volume intérieur (L)	2914
Volume du coffre (min./max.) (L)	391
Capacité du réservoir de carburant (L)	66,2
Fourchette de poids (kg)	1750 - 1948

CHÂSSIS

Mode	propulsion, intégral
Suspension av. - arr.	indépendante
Freins av. - arr.	disques
Capacité de remorquage min. - max. (kg)	454
Direction - diamètre de braquage (m)	crémaillère - 11,5 (17 po) / 11,8 (18 po)
Pneus	235/50R17, 255/45R17, 235/50R18, 255/45R18, 255/45R18 - 275/40R19 (V)

PERFORMANCES

Modèle à l'essai	STS V-8
Moteur	V8 DACT 4,6 litres
Puissance (ch. à tr/min)	320 - 6400
Couple (lb-pi à tr/min)	315 - 4400
Transmission	semi-automatique 6 rapports
Autres transmissions	aucune
Accélération 0-100 km/h (sec.)	6,66
Reprises 80-115 km/h (sec.)	4,34
Distance de freinage 100-0 km/h (m)	39,6
Niveau sonore à 100 km/h	✗ ✗ ✗ ✗
Vitesse maximale (km/h)	250 (V8), 220 (V6)
Consommation réalisée au cours de l'essai (L/100 km)	12,8
Gaz à effet de serre	
Autres moteurs	V6 3,6 litres (302 ch.) V8 suralimenté 4,4 litres (469 ch.)

CE QU'IL FAUT SAVOIR

Fourchette de prix ($)	59 055 – 103 210
Marge de profit du concessionnaire (%)	10,37 à 10,48
Transport et préparation ($)	1402
Consommation ville - route (L/100 km)	13,7 - 9,1 (3,6 l) 15,5 - 10,1 (4,6 l) 18,6 - 12,5 (4,4 l)
Essence recommandée	ordinaire, super (4,4 l)
Versions offertes	V-6, V-8, V
Carrosserie	berline 4 portes
Lieu d'assemblage	États-Unis
Valeur résiduelle	✱ ✱
Garanties : de base - motopropulseur (an/km)	4/80 000 – 5/160 000
Fiabilité présumée	✱ ✱ ✱ ✱
Cycle de remplacement	inconnu
Ventes 2007 ↘ 31 %	Québec : 102
Protection collision frontale conducteur/passager latérale avant/arrière retournement 2rm/4rm	✱✱✱✱ / ✱✱✱✱ ✱✱✱✱ / ✱✱✱✱✱ ✱✱✱✱✱ / ✱✱✱✱✱

À RETENIR

Nouveautés 2009	aucun changement majeur
Principales concurrentes	Audi A6, BMW Série 5, Infiniti M, Jaguar XF, Lincoln MKS, Mercedes Classe E, Volvo S80

- Souci apporté aux détails
- Choix des groupes propulseurs
- Disponibilité d'un rouage à quatre roues motrices

- Image à rebâtir
- Direction légère au centre
- Accès et volume du coffre

EXCENTRIQUE, MAIS ENCORE

La XLR devait envoyer un signal fort et clair quant à la volonté de Cadillac d'intégrer la caste, la « noblesse de roue » formée par les plus grandes marques européennes de la planète. Ce message n'a pas été entendu des acheteurs potentiels qui lui préfèrent la SL de Mercedes, voire la SC de Lexus.

CADILLAC
XLR

Cadillac, symbole de la berline de luxe américaine, produisant un roadster... C'était difficile à imaginer et pourtant, la XLR issue de l'étude conceptuelle Evoq présentée en 1999 connaît depuis maintenant cinq ans les joies de la production en (petite) série. Vu la somme exigée pour l'acquérir et la capacité d'assemblage de l'usine de Bowling Green, berceau de l'immortelle Corvette, cela n'a rien d'étonnant.

Sa rareté, sans doute, fait oublier son âge, puisqu'avec son fuselage d'avion de chasse, la XLR dévisse encore bien des cous sur son passage. Selon les canons de la beauté classique, admirablement illustrés par la XK de Jaguar, par exemple, la XLR ne peut être qualifiée de belle. Mais fascinante, ça oui !

Et ce pouvoir de fascination ne s'arrête pas à la longue porte dépourvue de poignée de la XLR. Contrairement à la Corvette, nul besoin de talents de contorsionniste pour s'enfoncer dans les deux baquets dont les paumes en cuir vous accueillent avec la chaleur d'une poignée de main. La cabine est large, et même si la console centrale marque une scissure entre le conducteur et son passager, on ne se sent nullement à l'étroit. Derrière le — trop grand — volant réglable en hauteur comme en profondeur, l'instrumentation est complète et lisible. La présentation est sobre en raison d'un cachet plus luxueux que sportif avec ses appliques de bois et d'aluminium.

AU FIL DES KILOMÈTRES

Contact. Le V8 s'anime discrètement. Puis, une pression sur l'un des boutons montés sur la console centrale, et le toit fait son cinéma. Extraordinaire. On se régale à chaque présentation de cette chorégraphie de vitres et de panneaux se pliant savamment pour se glisser comme une feuille sous une porte dans le coffre. Le V8 Northstar de la XLR est sans doute l'un des moteurs les plus sophistiqués produits actuellement par General Motors. Souple, docile, ce moteur engloutit allègrement près de 15 litres aux 100 km.

Cela donne sur la route un roadster performant, efficace en reprises. Si ce V8 possède une sonorité agréable (grave et caverneuse), sa poussée n'est pas démoniaque. Avec 1726 kg à pousser pour 320 chevaux, le rapport poids-puissance de la XLR ne lui permet pas de rivaliser avec une XKR par exemple. Par contre, elle surclasse aisément une SC430. Le moteur a beau ne pas être très démonstratif, il sait tout de même animer joyeusement cette Cadillac. Et surtout, il file le parfait bonheur grâce à la transmission semi-automatique qui l'accompagne. Pour plus de sensations « sport », on peut toujours s'employer à baratter le levier pour enfiler manuellement les rapports, mais à quoi bon, la XLR n'aime pas être malmenée à moins d'avoir le suffixe V (443 chevaux) planté dans la calandre.

Sur une chaussée mal pavée, le châssis s'avère suffisamment rigide pour éviter au volant et au rétroviseur intérieur de souffrir de la tremblote. La prise de roulis est inexistante et les trous et les bosses sont fermement amortis sans être pour autant être inconfortables. La XLR séduit par sa facilité de conduite et parvient à faire oublier ses dimensions extérieures imposantes. En ville, un radar de stationnement arrière permet de la garer sans devoir sortir la tête du cockpit, mais attention tout de même, sa carrosserie est dépourvue de toute structure protectrice périphérique. Une fois la ville dans le rétroviseur, tout va bien au rythme de la promenade.

Outre son dispositif de correction de la trajectoire (Stabilitrak), qui bride ses élans, il y a la monte pneumatique qui privilégie le confort de roulement à l'adhérence à tout crin. Mais la direction est sans doute l'aspect le plus décevant de cette XLR. Les réglages d'assistance ont pour effet de gommer les sensations transmises par les roues directrices et nous privent d'indications utiles sur l'adhérence. L'autre déception touche le freinage ou plus précisément la distance nécessaire pour immobiliser l'engin. Même si la pédale est facile à moduler et conserve sa progressivité, reste qu'elle met quelques mètres de trop pour s'immobiliser. On a déjà vu mieux.

Plus performante et plus extravertie qu'une SC430, la XLR est cependant plus coûteuse et offre une valeur de reprise moindre que sa rivale japonaise. Qui plus est, elle n'a pas encore l'aura de fiabilité de Lexus. Par rapport à la Mercedes SL, la Cadillac est financièrement plus accessible, mais n'a pas la même qualité (matériaux, assemblage, etc.), ni une image aussi forte que l'allemande. Reste la XK, dont le seul charme suffit à repousser les attaques d'une XLR vieillissante.

⫶ ÉRIC LEFRANÇOIS

La XLR ne peut être qualifiée de belle.
Mais fascinante, ça oui !

DIMENSIONS ET VOLUMES

Empattement (mm)	2685
Longueur (mm)	4513
Largeur (mm)	1836
Hauteur (mm)	1279
Volume intérieur (L)	n.d.
Volume du coffre (min./max.) (L)	328
Capacité du réservoir de carburant (L)	68,1
Fourchette de poids (kg)	1654 - 1726

CHÂSSIS

Mode	propulsion
Suspension av. - arr.	indépendante
Freins av. - arr.	disques
Capacité de remorquage min. - max. (kg)	non recommandé
Direction – diamètre de braquage (m)	crémaillère – 11,9
Pneus	235/59R18 (av.) - 235/45R19 (arr.)

PERFORMANCES

Modèle à l'essai	XLR Platinum
Moteur	V8 DACT 4,6 litres
Puissance (ch. à tr/min)	320 - 6400
Couple (lb-pi à tr/min)	310 - 4400
Transmission	semi-automatique 6 rapports
Autres transmissions	aucune
Accélération 0-100 km/h (sec.)	6,24
Reprises 80-115 km/h (sec.)	3,61
Distance de freinage 100-0 km/h (m)	39,3
Niveau sonore à 100 km/h	✹ ✹ ✹
Vitesse maximale (km/h)	250
Consommation réalisée au cours de l'essai (L/100 km)	14,9
Gaz à effet de serre	
Autres moteurs	V8 4,4 litres (443 ch.)

CE QU'IL FAUT SAVOIR

Fourchette de prix ($)	**100 315 - 115 870**
Marge de profit du concessionnaire (%)	10,10 à 10,19
Transport et préparation ($)	1420
Consommation ville - route (L/100 km)	**16 - 10,4 (4,6 l)** **17,3 - 10,7 (4,4 l)**
Essence recommandée	super
Versions offertes	cabriolet 2 portes
Carrosserie	Platinum, V
Lieu d'assemblage	États-Unis
Valeur résiduelle	✶ ✶ ✶ ✶
Garanties : de base - motopropulseur (an/km)	4/80 000 - 4/80 000
Fiabilité présumée	✶ ✶ ✶ ✶
Cycle de remplacement	2012
Ventes 2007 ↘ 50 %	Québec : 7
Protection collision frontale conducteur/passager latérale avant/arrière retournement 2rm/4rm	non évaluée non évaluée non évaluée

À RETENIR

Nouveautés 2009	**parties avant et arrière retouchées, nouvelle jantes, bloc d'instrumentation recouvert en cuir, intérieur Alcantara (V), OnStar version 8.0**
Principales concurrentes	**Aston Martin Vantage V8, BMW Série 6, Jaguar XK, Maserati Granturismo, Mercedes SL, Porsche 911**

- Version V
- Équipement complet
- Bel équilibre et belle rigidité

- La direction qui manque de sensations
- Coffre minimaliste
- Distance de freinage longuette

PAS DE PÉTROLE ? QUELLE IDÉE !

J'en connais qui, comme moi, ne comprenaient rien aux motivations qui poussaient chaque année des millions de consommateurs à prendre le volant d'une camionnette ou d'un utilitaire. Pour nous convaincre, impies que nous étions, la direction de Chevrolet a créé l'Avalanche : un curieux (et heureux) métissage entre une camionnette, un utilitaire et une berline qui nous invite à laisser nos préjugés au vestiaire et nos billets à la station-service.

L'Avalanche réunit les principaux attributs (pas tous cependant) du véhicule parfaitement adapté à nos besoins : sécurité, polyvalence, robustesse, puissance, convivialité et j'en passe. Le hic, c'est qu'il consomme. Trop. C'est cher, un Avalanche, mais le client n'achète-t-il pas ici deux véhicules pour le prix d'un ? En quelques secondes, et sans outils spéciaux, une personne peut reconfigurer l'Avalanche, passant d'un utilitaire sport six places à une camionnette grand format trois places avec une benne de huit pieds.

Comment est-ce possible ? En rabattant la banquette arrière tout simplement. Dans l'Avalanche, contrairement à une camionnette traditionnelle, la benne et la cabine ne sont pas juxtaposées l'une à l'autre, ils forment un bloc. Voilà qui permet non seulement de rigidifier encore davantage la plateforme, mais aussi de chasser les bruits et autres vibrations parasites qui, normalement, troublent la quiétude des occupants d'une camionnette. De plus, cette architecture permet, comme dans une automobile, de rabattre la banquette arrière dans le but de maximiser l'espace de la benne. Ainsi, contrairement aux camionnettes « traditionnelles », qui doivent parfois composer avec une benne trop courte, l'Avalanche nous fait profiter d'un plancher de chargement suffisamment long (et plat) pour y déposer une feuille de contreplaqué, sans avoir recours au traditionnel « chiffon rouge ».

En un tournemain, non seulement la banquette arrière s'escamote (en tout ou en partie), mais également la lunette arrière (dotée d'un dégivreur électrique, faut-il préciser) se retire pour agrandir l'espace de rangement. Ainsi configurée, la benne de l'Avalanche peut aussi bien contenir le buffet de grand-mère que la pétaradante motocyclette du voisin. Magique ! Pour une sortie plus chic, il suffit de couvrir la benne des trois panneaux. Pour ajouter à la fonctionnalité du véhicule, deux espaces de rangement, avec verrous, ont été taillés dans les parois de la benne pour y recevoir de menus articles.

AGILITÉ URBAINE LIMITÉE

Aujourd'hui l'Avalanche laisse le choix à l'acheteur : V8 de 5,3 litres ou 6 litres. Deux mécaniques robustes et fiables, d'accord, mais si j'étais vous, mon choix se porterait sur le 5,3 litres. C'est en fait le seul à s'associer à un système de désactivation des cylindres susceptible de vous faire économiser (un peu) à la pompe. Pour vous aider encore à préserver le précieux liquide qui baigne dans l'immense réservoir de cette camionnette, Chevrolet accroche à ses moteurs une boîte automatique à six rapports et révise le rapport de pont. Ça ne peut qu'aider, mais à quand une mécanique turbodiésel ou hybride? Pas pour demain. D'ici là, Chevrolet s'entête à nous proposer un V8 6 litres inutile.

Compte tenu de son gabarit et de son rayon de braquage important, l'agilité de l'Avalanche en milieu urbain s'apparente davantage à celle d'un rhinocéros qu'à celle d'une gazelle. Donc, à moins de vouloir escalader les trottoirs et faucher quelques piétons, les petites rues étroites sont à éviter. En revanche, les manœuvres de stationnement dans les espaces restreints sont plus aisées si vous avez eu la bonne idée de cocher l'option « caméra de recul ».

En revanche, l'Avalanche fait bien meilleure figure sur les autoroutes, son terrain de prédilection. La suspension assure un confort de roulement étonnant. Autre motif d'enchantement, la rigidité et la qualité d'assemblage des modèles essayés. Aucun bruit de caisse, pas la moindre vibration.

Le système à quatre roues motrices est un rouage éprouvé qui, sur simple pression d'un bouton sur le tableau de bord, permet de sélectionner la plage de rapports classiques. À la position auto, un capteur électronique entre en fonction pour diriger le couple aux roues (avant ou arrière) ayant le plus d'adhérence en cas de perte de motricité. Ce n'est certes pas le rouage le plus sophistiqué de l'heure, mais au moins a-t-il l'avantage de permettre des excursions hors route sans craindre de caler jusqu'aux portières.

À l'intérieur, peu de surprises. L'Avalanche reprend en gros le même mobilier que les Silverado, Tahoe et autres Suburban. C'est-à-dire, un habitacle correctement exécuté, lumineux et doté d'accessoires dernier cri : connectivité Bluetooth, baquets chauffants et réfrigérés. Vous avez peine à le remarquer ? Normal ! Difficile de détourner le regard de cette foutue jauge à essence qui ne fait que descendre et descendre encore. ▐▐▐ **ÉRIC LEFRANÇOIS**

DIMENSIONS ET VOLUMES

Empattement (mm)	3302
Longueur (mm)	5621
Largeur (mm)	2009
Hauteur (mm)	1946
Volume intérieur (L)	n.d.
Volume du coffre (min./max.) (L)	1537 / 2859
Capacité du réservoir de carburant (L)	117
Fourchette de poids (kg)	2605 - 2659

CHÂSSIS

Mode	propulsion - 4 roues motrices
Suspension av. - arr.	indépendante - essieu rigide
Freins av. - arr.	disques
Capacité de remorquage min. - max. (kg)	3674 - 3720
Direction - diamètre de braquage (m)	crémaillère - 13,1
Pneus	265/70R17 (LS, LT), 265/65R18 (option), 275/55R20 (LTZ)

PERFORMANCES

Modèle à l'essai	Avalanche LT (4rm)
Moteur	V8 ACC 5,3 litres
Puissance (ch. à tr/min)	320 - 5200
Couple (lb-pi à tr/min)	340 - 4200
Transmission	automatique 6 rapports
Autres transmissions	aucune
Accélération 0-100 km/h (sec.)	9,44
Reprises 80-115 km/h (sec.)	5,87
Distance de freinage 100-0 km/h (m)	48,3
Niveau sonore à 100 km/h	✷ ✷ ✷
Vitesse maximale (km/h)	185
Consommation réalisée au cours de l'essai (L/100 km) 1	5,1
Gaz à effet de serre	
Autres moteurs	V8 6 litres (366 ch.)

CE QU'IL FAUT SAVOIR

Fourchette de prix ($)	**43 715 - 55 285**
Marge de profit du concessionnaire (%)	13,18
Transport et préparation ($)	1300
Consommation ville - route (L/100 km)	**16,8 - 12,4 (5,3 l)** **19,6 - 13,8 (6 l)**
Essence recommandée	ordinaire
Versions offertes	LS, LT, LTZ
Carrosserie	camionnette 4 portes
Lieu d'assemblage	Mexique
Valeur résiduelle	✶ ✶ ✶ ✶
Garanties : de base - motopropulseur (an/km)	3/60 000 - 5/160 000
Fiabilité présumée	✶ ✶ ✶ ✶
Cycle de remplacement	2012
Ventes 2007 ↗ 6 %	Québec : 554
Protection collision frontale conducteur/passager latérale avant/arrière retournement 2rm/4rm	non évaluée non évaluée non évaluée

À RETENIR

Nouveautés 2009	**boîte 6 rapports, sièges climatisés, rapport de pont 3,08**
Principales concurrentes	**Cadillac EXT, Ford Sport Trac, Honda Ridgeline, Hummer H3T**

- Sa polyvalence
- Son confort de roulement
- Sa rigidité et sa robustesse

- Son manque d'agilité en milieu urbain
- Sa consommation d'essence
- L'absence d'une mécanique plus sobre

SIMPLICITÉ VOLONTAIRE

Elle n'est ni très talentueuse ni très sophistiquée. D'accord, et après ! Son dossier de fiabilité comporte très peu de taches et il est difficile de ne pas tendre l'oreille lorsqu'un constructeur annonce un véhicule à si bas prix. Est-ce une bonne affaire, alors ?

CHEVROLET
AVEO

Après la berline, au tour maintenant du modèle à hayon de faire l'objet d'une timide métamorphose sur le plan esthétique. Chose certaine, les stylistes étaient mieux inspirés que le jour où ils ont été appelés à revoir la berline. Que voulez-vous, il en est des voitures comme des gens. Certains ne sont franchement pas photogéniques. L'Aveo paraît mal sur papier. Mais elle est comme ça : simple et sans chichi.

Avec ou sans hayon, l'Aveo est une sous-compacte sans âme, conçue pour plaire aux premiers acheteurs, mais aussi à ceux et celles pour qui l'automobile se résume à quatre roues et à un volant. Qu'à cela ne tienne, en matière de personnalisation, cette Chevrolet se prête volontiers aux exigences de la clientèle, comme en fait foi son catalogue d'accessoires. Le futur propriétaire peut ainsi ajouter au modèle de base un groupe de sécurité, lequel comprend un dispositif antiblocage ABS et des coussins de sécurité latéraux avant, un toit ouvrant, un changeur de disques compacts, une boîte automatique et un climatiseur. Mais attention, la petite voiture de 13 000 $ peut aisément vous en coûter plus de 20 000 $ (taxes, transport et préparation inclus). Dès lors, la tentation est alors très grande de lorgner du côté de la catégorie supérieure (compacte).

La finition reste simple mais pas minimaliste, et les assemblages sont très corrects. L'intérieur est noir mais pas triste, grâce à ce faux fini nickelé. Le siège conducteur, un peu mince mais confortable, se règle en hauteur, ainsi que le volant. À l'arrière, les places sont très convenables pour deux adultes. C'est un peu serré au niveau des épaules, mais pour les jambes et les hanches, ça va. Signalons de plus que l'assise de la banquette est d'un moelleux étonnant pour cette catégorie, et que le dossier est couronné par

deux appuie-têtes réglables. Les espaces de rangement ne sont pas légion, et hormis l'accoudoir amovible du baquet du conducteur, l'Aveo ne comporte aucune astuce ou innovation.

ÉCONOMIES DIFFICILES À RÉALISER

Malgré les révisions apportées ces dernières années aux trains roulants, ceux-ci ne transfigurent pas le comportement de l'Aveo pour autant. Les suspensions se révèlent bruyantes sur route dégradée et atténuent difficilement les mouvements de caisse.

Sur les petites routes vallonnées où nous l'avons essayée, l'Aveo est tout de suite à son aise. La suspension, campée sur des pneus à taille relativement haute, est confortable, même sur les routes déformées que nous avons parcourues. La caisse semble prendre, au passage d'un dos d'âne par exemple, une courte autonomie planante par rapport aux roues, rivées au sol. La voiture n'est pas désagréable ; elle est plutôt efficace sur le réseau secondaire, à condition de respecter scrupuleusement les limites de vitesse. La tenue de route est correcte, mise à part une petite légèreté du train arrière lors d'un freinage en courbe par exemple. Les freins font ce qu'on leur demande à condition de ne pas les solliciter sévèrement.

Les trois premiers rapports de la boîte « tirent court » si l'on souhaite transporter famille et bagages ; les deux derniers sont plutôt longs en ce qui concerne l'économie. Mais cela n'est guère gênant, car la voiture est somme toute assez légère. La boîte accroche un peu et le verrouillage des rapports manque de fermeté. En revanche, l'embrayage est doux et facile à moduler, ce qui ne sera pas pour déplaire aux premiers acheteurs. Mais sur l'autoroute ou dans les faux plats, le moteur — un quatre cylindres de 1,6 litre — n'est pas plus vaillant qu'il le faut au chapitre des accélérations et des reprises ; les bruits qu'il produit troublent la quiétude ambiante.

Le manque de tonus de la mécanique ne serait pas une tare si l'Aveo consommait moins vite les 45 litres de son réservoir d'essence. Le calage variable de soupapes nouvellement intégré à son moteur le rend plus sobre, mais il est encore loin de figurer parmi les plus sobres de la catégorie.

Tout compte fait, l'achat d'une Aveo se justifie assez mal. À elles seules, les retouches apportées ne peuvent masquer les limites et l'âge (de conception) de cette auto. Il se fait mieux ailleurs, et souvent cela ne coûte pas plus cher, surtout si on tient compte de la faible valeur résiduelle de ce produit. ▌▌▌ **ÉRIC LEFRANÇOIS**

*L'Aveo est une sous-compacte sans âme,
conçue pour plaire aux premiers acheteurs*

DIMENSIONS ET VOLUMES

Empattement (mm)	2480
Longueur (mm)	4310 (Aveo), 3938 (Aveo5)
Largeur (mm)	1710
Hauteur (mm)	1505
Volume intérieur (L)	2554 (Aveo), 2574 (Aveo5)
Volume du coffre (min./max.) (L)	351 (Aveo)
	201 / 1189 (Aveo5)
Capacité du réservoir de carburant (L)	45
Fourchette de poids (kg)	1065- 1153

CHÂSSIS

Mode	traction
Suspension av. - arr.	indépendante - semi-indépendante
Freins av. - arr.	disques - tambours
Capacité de remorquage min. - max. (kg)	non recommandé
Direction – diamètre de braquage (m)	crémaillère - 10,06
Pneus	185/60R14 (SVM, LS), 185/55R15 (LT)

PERFORMANCES

Modèle à l'essai	Aveo LT
Moteur	L4 DACT 1,6 litre
Puissance (ch. à tr/min)	106 - 6400
Couple (lb-pi à tr/min)	106 - 3800
Transmission de série	automatique 4 rapports
Autres transmissions	manuelle 5 rapports
Accélération 0-100 km/h (sec.)	11,25
Reprises 80-115 km/h (sec.)	8,11
Distance de freinage 100-0 km/h (m)	49,9
Niveau sonore à 100 km/h	✖ ✖
Vitesse maximale (km/h)	170
Consommation réalisée au cours de l'essai (L/100 km)	8,2
Gaz à effet de serre	
Autres moteurs	aucun

CE QU'IL FAUT SAVOIR

Fourchette de prix ($)	**13 270 – 15 770**
Marge de profit du concessionnaire (%)	9,46
Transport et préparation ($)	1095
Consommation ville – route (L/100 km)	**8,7 – 6,9 (man.)** **9,4 – 6,9 (aut.)**
Essence recommandée	ordinaire
Versions offertes	SVM, LS, LT
Carrosserie	berline 4 portes hayon 5 portes
Lieu d'assemblage	Corée du Sud
Valeur résiduelle	✱
Garanties : de base – motopropulseur (an/km)	3/60 000 – 5/160 000
Fiabilité présumée	✱ ✱
Cycle de remplacement 2011	
Ventes 2007 ↗ 2 %	Québec : 4756
Protection collision frontale conducteur/passager latérale avant/arrière Aveo5 retournement 2rm/4rm Aveo5	✱✱✱✱✱ / ✱✱✱✱✱ ✱✱✱✱✱ / ✱✱✱✱ ✱✱✱✱ / ✱✱✱✱

À RETENIR

Nouveautés 2009	**Aveo5 redessinée, Ecotec 1,6 litre amélioré, XM radio, OnStar, essuie-glaces intermittent**
Principales concurrentes	**Honda Fit, Hyundai Accent, Nissan Versa, Toyota Yaris, VW Golf City**

 • Retrouver à son bord les commodités
d'une grande
• Rouler sans se ruiner
• Profiter de cette refonte, même partielle

 • Freiner nos ardeurs sur le choix des options
• Fermer les yeux sur l'agrément
de conduite
• Ravitailler fréquemment en ville

10, 9, 8, 7...

CHEVROLET
COBALT

Devenue SS après avoir troqué ses escarpins contre des espadrilles, cette Cobalt vise les acheteurs qui aiment faire du bruit, mais dont les poches ne sont pas suffisamment creuses pour s'offrir l'ultime machine à sensations. Vous laisserez-vous séduire avant que Chevrolet ne la dirige vers le musée ?

Ne boudons pas notre plaisir. La Cobalt figure pour la première et dernière fois (croisons les doigts !) dans cet ouvrage. En effet, la marque au nœud papillon entend laisser ce modèle sans descendance au terme de la prochaine campagne pour le remplacer par le Cruze, une compacte que la marque américaine destine à une carrière internationale. D'ailleurs, sa commercialisation débutera dans la foulée du Mondial de l'automobile de Paris, en octobre 2008, en sol européen. Mais d'ici là, pour ce dernier tour de piste, nous avons pris rendez-vous avec la livrée la plus aboutie et la plus extrême du groupe : la SS. Aucun intérêt pour cette version ? Nous vous invitons à consulter notre analyse de la Pontiac G5, plus sage, plus loin dans cet ouvrage.

Avouons qu'avant de se glisser au volant, on ne peut s'empêcher de sourire. Né Cobalt, une compacte pacifique, il arbore les initiales Super Sport (SS), mais surtout enfile une robe écarlate très « SS look » avec ses accessoires qui flirtent avec le *tuning*. Pour intimider, cette Cobalt se pare de jantes de 18 pouces, boulonne un aileron « gros comme ça » sur son coffre, affiche une sortie d'échappement proéminente et des estampilles SS, pour ne nommer que ces éléments visuels. Ce qu'il faut pour aimanter les regards des jeunes, soit la clientèle visée.

À l'intérieur, la Cobalt en met plein la vue : baquets en cuir deux tons, insertions nickelées sur la planche de bord et pression de suralimentation agrafée au pilier A (c'est celui du pare-brise !). Malheureusement, la présentation n'est pas au diapason. Certains plastiques ont peu de valeur et certains ajustements mériteraient d'être faits. De plus, les baquets pourraient mieux nous soutenir.

À l'arrière, on tique. Il faut dire que l'accessibilité aux places arrière n'a jamais été le point fort d'un coupé. Et cette version ne fait pas exception à la règle. On penche la tête, on courbe le dos, on plie les genoux, bref on a intérêt à faire preuve de souplesse pour atterrir dans cette banquette ou s'en arracher.

Malheureusement, ne vous attendez pas à être récompensé pour vos efforts, le confort y est décent, sans plus. Le dégagement pour les jambes manque et la hauteur est comptée. De plus, comme tous les coupés, les glaces latérales arrière demeurent regrettablement fixes. Par contre, le dossier de la banquette se rabat en tout ou en partie pour faciliter le transport d'objets longs et encombrants.

À L'IMPOSSIBLE, NUL N'EST TENU

À la mise en route, le quatre cylindres de 2 litres suralimenté émet un doux feulement prometteur dans un coupé à la musculation ostentatoire. Espoir vite déçu, car cette mécanique est desservie par sa boîte manuelle à cinq rapports (pourquoi pas six pour épater la galerie ?) accrocheuse et son embrayage peu progressif dont les à-coups se multiplient dans les bouchons de circulation. Et puisque nous sommes dans la circulation, deux mots sur l'aileron arrière et sur le diamètre de braquage qui compliquent les manœuvres en ville. Dès lors, pas étonnant qu'on se mette à rêver d'une ligne droite déserte pour lâcher les 260 chevaux. Là, les accélérations promises par la fiche technique impressionnent effectivement. Ce 2 litres dopé par un turbocompresseur est volontaire certes, mais nous l'aurions souhaité plus souple, plus doux, en un mot « moins mécanique ». Néanmoins, ses temps d'accélération et de reprises ne sont guère compatibles avec un permis limité à 15 points.

En usage intensif, la Cobalt SS ne comble pas tout à fait les attentes. Certes, elle fait preuve d'une bien meilleure efficacité qu'une Dodge SRT-4 ou qu'une MazdaSpeed3, dont les châssis se tordent de douleur dans les virages et exigent un solide coup de volant ou une très grande témérité pour conserver le rythme. Moins spectaculaire sans doute et assurément moins pointue à conduire que les deux véhicules précédemment nommés, la Cobalt SS n'en est pas moins rapide sur une route qui lace et délace le bitume sur plusieurs kilomètres. Étonnamment toutefois, la conduite de cette Chevrolet « aux gros bras » ne parvient pas à séduire. Pas aussi joueuse qu'elle le prétend, la Cobalt SS est apparue également moins sereine : elle danse sur la pointe des roues, accuse trop les imperfections de la chaussée et ses énormes pneus semblent parfois préférer suivre le profil de la route que la trajectoire inscrite au volant. Mais cette Cobalt n'est jamais malsaine. Mis à part le déclenchement inopiné de l'ABS sur mauvais revêtement, pas de patinage à craindre en sortie de courbe serrée.

Sûre, à défaut d'être totalement rassurante et amusante, la Cobalt SS n'est ni une grande sportive ni un rendez-vous avec le plaisir de conduire. Et considérant le prix demandé, il y a d'autres voitures qui procurent plus de satisfaction.
⫶⫶⫶ ÉRIC LEFRANÇOIS

La marque au nœud papillon entend laisser ce modèle sans descendance pour le remplacer par le Cruze, une compacte destinée à faire une carrière

CHEVROLET COBALT

DIMENSIONS ET VOLUMES

Empattement (mm)	2629
Longueur (mm)	4567
Largeur (mm)	1714
Hauteur (mm)	1412
Volume intérieur (L)	2469 (berline), 2350 (coupé)
Volume du coffre (min./max.) (L)	394
Capacité du réservoir de carburant (L)	49
Fourchette de poids (kg)	1261 - 1349

CHÂSSIS

Mode	traction
Suspension av. – arr.	indépendante
Freins av. – arr.	disques – tambours, disques (SS)
Capacité de remorquage min. – max. (kg)	n.r. (SS) - 454
Direction – diamètre de braquage (m)	crémaillère – 11,4 / 12 (SS)
Pneus	195/60R15, 205/55R16, 205/55R17, 225/40R18

PERFORMANCES

Modèle à l'essai	Cobalt SS
Moteur	L4 turbo 2 litres
Puissance (ch. à tr/min)	260 - 5300
Couple (lb-pi à tr/min)	260 - 2000
Transmission	manuelle 5 rapports
Autres transmissions	automatique 4 rapports
Accélération 0-100 km/h (sec.)	6,36
Reprises 80-115 km/h (sec.)	4,07
Distance de freinage 100-0 km/h (m)	37,8
Niveau sonore à 100 km/h	✹ ✹
Vitesse maximale (km/h)	240
Consommation réalisée au cours de l'essai (L/100 km)	9,3
Gaz à effet de serre	

Autres moteurs	L4 2,2 litres (155 ch.)

CE QU'IL FAUT SAVOIR

Fourchette de prix ($)	**15 225 – 25 045**
Marge de profit du concessionnaire (%)	9,46 à 9,47
Transport et préparation ($)	1125
Consommation ville - route (L/100 km)	9,4 – 6,9 (man. 2,2 l) 9,9 – 7,2 (aut. 2,2 l) 10,8 – 7,9 (man. 2 l)
Essence recommandée	ordinaire, super (2 l)
Versions offertes	LS, LT, SS
Carrosserie	berline 4 portes coupé 2 portes
Lieu d'assemblage	États-Unis
Valeur résiduelle	✦ ✦
Garanties : de base – motopropulseur (an/km)	3/60 000 – 5/160 000
Fiabilité présumée	✦ ✦ ✦
Cycle de remplacement	2010
Ventes 2007 ↗ 3 %	Québec : 9192
Protection collision frontale conducteur/passager latérale avant/arrière retournement 2rm/4rm	✦ ✦ ✦ ✦ / ✦ ✦ ✦ ✦ ✦ ✦ ✦ ✦ / ✦ ✦ ✦ ✦ ✦ ✦ ✦ ✦ / n.a.

À RETENIR

Nouveautés 2009	**moteur 2,2 litres amélioré, berline SS, OnStar de série, Bluetooth, prise USB/iPod, nouvelles jantes**
Principales concurrentes	**Ford Focus, Honda Civic, Hyundai Elantra, Mazda3, Mitsubishi Lancer, Nissan Sentra, Pontiac G5, Saturn Astra, Subaru Impreza, Suzuki SX4, Toyota Corolla**

- Rapport prix-performances
- Équipement complet (peu d'options au catalogue)
- Reprises énergiques

- Agrément de conduite « à l'américaine »
- Boîte d'embrayage qui freine nos élans (SS)
- Diamètre de braquage équivalent à celui d'un gros camion (SS)

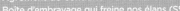

169

HONNÊTES, SANS PLUS

Sans prétendre remplacer les camionnettes de grandes tailles, le Chevrolet Canyon et son alter ego le GMC Canyon peuvent sûrement devenir une option à envisager. Considérés à juste titre comme des camionnettes intermédiaires, avec un plancher de benne de 6 pieds et 1 pouce sur toutes les versions, ils pourraient devenir la solution pour les acheteurs qui hésitent, à juste titre d'ailleurs, devant le spectre de la consommation des camionnettes pleine grandeur. Bref, ai-je réellement besoin d'un véhicule aussi gros ?

Pour 2009, vous aurez un autre élément majeur à ajouter à vote réflexion, soit la venue d'un V8 de 5,3 litres de 300 chevaux avec un couple impressionnant de 320 livres-pieds. Encore la course à la puissance ? Peut-être pas complètement dans le cas de duo de camionnettes. Rappelons-nous que les autres moteurs proposés ont toujours fait l'objet de critiques tant sur le plan de la puissance que de la consommation. Ils sont toujours présents au catalogue, soit le quatre cylindres de base Vortec de 2,9 litres, qui développe 185 chevaux avec un couple de 190 livres-pieds et le rugueux cinq cylindres de 3,7 litres qui fournit 242 chevaux avec un couple de 242 livres-pieds. Pour du léger travail de livraison, en milieu urbain, ou pour le gentleman-farmer et ses deux cordes de bois, probablement que le quatre cylindres serait adéquat. Mais pour des travaux plus sérieux, l'option du V8 paraît effectivement appropriée, considérant que le cinq cylindres est très gourmand à la tâche. Quant à la consommation, c'est sur le quatre cylindres que GM a mis le plus d'effort, la réduisant d'environ 14 % en intégrant au moteur un nouveau module de contrôle de l'admission d'essence.

Côté boîte de vitesses, pour amener cette puissance aux roues, deux choix sont offerts, la manuelle cinq rapports et la légendaire, mais combien vieillotte automatique à quatre rapports. Et c'est là où GM aurait pu innover et se distinguer encore plus, c'est-à-dire en nous proposant une boîte automatique à au moins cinq rapports ou pourquoi pas à six. Encore une occasion ratée ? Cela étant dit, les capacités de remorquage sont intéressantes, même avec le quatre cylindres, à condition d'opter justement pour la boîte automatique. Elles varient dans ce cas de 1300 à 2721 kg avec le nouveau V8.

AU CHOIX DE L'ACHETEUR

Les versions offertes en 2009 sont les mêmes que par les années passées. À l'acheteur de faire son choix : cabine régulière, cabine allongée ou Crew Cab, laquelle peut accueillir cinq personnes, selon les dires du constructeur. Soyons prudent, seulement deux personnes normalement constituées trouveront confortablement place à l'arrière. Le système à quatre roues motrices proposé avec la boîte manuelle ou automatique s'engage à la demande du conducteur par une commande électronique sur le tableau de bord, et ce, peu importe la vitesse à laquelle on roule.

Quand arrive le temps d'immobiliser l'un ou l'autre de ces deux véhicules, ce sont les freins à disques à l'avant qui fournissent le plus gros de l'effort. À l'arrière, on retrouve encore des freins à tambour. Pour 2009, le système a été amélioré par le fabricant en grossissant les pistons des étriers et en améliorant le système ABS de série, pour éliminer en partie l'effet de plongeon en freinage d'urgence. Soulignons également le retour de la suspension sport, plus ferme de l'ordre de 30 %, selon les chiffres fournis par le constructeur, et proposée exclusivement avec le V8. Modernité oblige, le contrôle électronique de stabilité fait partie des équipements de série sur tous les modèles.

PAS DE SURPRISES

Une fois sur la route, le châssis rigide de ce véritable camion fait sentir sa présence sur les aspérités de la chaussée. Cela dit, l'expérience de conduite est tout à fait correcte et dans les normes pour un tel véhicule. Bref, on n'a pas de mauvaises surprises : c'est simplement une camionnette à propulsion, avec une direction relativement précise, plus lourde en mode quatre roues motrices, on s'en serait douté, et un confort global tout à fait acceptable.

En conclusion, dans les conditions actuelles du marché, c'est-à-dire avec des constructeurs américains qui peinent à vendre leurs camionnettes, le Colorado et le Canyon pourraient très bien représenter une occasion à saisir. Moins talentueuses sans doute que leurs rivales japonaises, ces camionnettes américaines peuvent très bien se tirer d'affaire et s'acquitter adéquatement de leur tâche. C'est en tout cas, selon nous, un bon exemple d'une véritable camionnette intermédiaire, honnête et fiable. ▌▌▌ **JEAN CHARTRAND**

Le choix accru de motorisations pourrait contribuer à relancer la carrière de ces deux camionnettes

DIMENSIONS ET VOLUMES

Empattement (mm)	2826, 3200
Longueur (mm)	4886, 5260
Largeur (mm)	1717, 1742
Hauteur (mm)	1649, 1656, 1718, 1723
Volume intérieur (L)	n.d.
Volume du coffre (min./max.) (L)	n.a.
Capacité du réservoir de carburant (L)	74,2
Fourchette de poids (kg)	1527 - 1913

CHÂSSIS

Mode	propulsion, 4 roues motrices
Suspension av. - arr.	indépendante - essieu rigide
Freins av. - arr.	disques - tambours
Capacité de remorquage min. - max. (kg)	1088 - 2721
Direction - diamètre de braquage (m)	crémaillère - 12 / 12,4 / 13,5
Pneus	235/75R16, 265/70R17, 235/65R18

PERFORMANCES

Modèle à l'essai	Colorado LT 4X4 (allongée)
Moteur	L5 DACT 3,7 litres
Puissance (ch. à tr/min)	242 - 5600
Couple (lb-pi à tr/min)	242 - 4600
Transmission	automatique 4 rapports
Autres transmissions	manuelle 5 rapports
Accélération 0-100 km/h (sec.)	8,89
Reprises 80-115 km/h (sec.)	5,14
Distance de freinage 100-0 km/h (m)	42,8
Niveau sonore à 100 km/h	✲ ✲
Vitesse maximale (km/h)	185
Consommation réalisée au cours de l'essai (L/100 km)	13,2
Gaz à effet de serre	
Autres moteurs	L4 2,9 litres (185 ch.) V8 5,3 litres (300 ch.)

CE QU'IL FAUT SAVOIR

Fourchette de prix ($)	**22 665 – 35 035**
Marge de profit du concessionnaire (%)	10,64 à 10,68
Transport et préparation ($)	1200
Consommation ville - route (L/100 km)	13 – 9,9 (2rm, 2,9 l) 14,7 – 10,7 (2rm, 3,7 l) 13,7 – 10,8 (4rm, 2,9 l) 15,7 – 11,3 (4rm, 3,7 l)
Essence recommandée	ordinaire
Versions offertes	LS, LT (cabine régulière, allongée ou double)
Carrosserie	camionnette 2 ou 4 portes
Lieu d'assemblage	États-Unis
Valeur résiduelle	✲ ✲ ✲
Garanties : de base - motopropulseur (an/km)	3/60 000 – 5/160 000
Fiabilité présumée	✲ ✲
Cycle de remplacement	2012
Ventes 2007 ↗ 3 %	Québec : 1953
Protection collision frontale conducteur/passager latérale avant/arrière retournement 2rm/4rm	✲✲✲✲✲ / ✲✲✲✲✲ ✲✲✲✲ / ✲✲✲✲✲ ✲✲✲✲ / ✲✲✲✲

À RETENIR

Nouveautés 2009	moteur V8 5,3 litres
Principales concurrentes	Ford Ranger, Mazda Série B

+
- Construction robuste
- Freinage amélioré
- Choix de modèles

−
- Prix trop élevé face à ses rivaux américains
- L'arrivée du V8 pour masquer l'anémie des autres moteurs
- Gabarit inadéquat

171

ATTENTION, C'EST CHAUD

La Corvette parmi les pur-sang ? Pouah ! Je vois d'ici la moue dédaigneuse des puristes. Et pourtant, elle appartient sans l'ombre d'un doute à la lignée des meilleures sportives de sa génération. Sacrée ? Peut être pas. Mais monstrueuse, assurément, surtout dans sa livrée ZR1.

CHEVROLET
CORVETTE

Rien à faire. Quoi qu'il advienne, pour les petits nez retroussés, la Corvette sera toujours une éternelle caricature de la voiture sport. Mais que lui reproche-t-on, au juste ? D'être ce qu'elle est ? C'est-à-dire plus abordable, plus fiable, mieux finie et moins coûteuse à l'entretien que ses rivales italiennes ou anglaises ? Un conseil à ses détracteurs : épiez-la moins et regardez-la mieux ; dépensez moins et investissez mieux. Cette Corvette ZR1 est une véritable sportive, du calibre des meilleures réalisations, et ce, au tiers du prix...

Physiquement, aucune chance de se méprendre, il s'agit bien d'une Corvette. La partie avant, fluide, tout en rondeurs rappelle vaguement celle d'une Ferrari ou d'une Viper avec ses lentilles transparentes. La ZR1 conserve sans doute les formes de la Corvette, mais elle s'en distingue notamment avec son capot et ses ailes en fibre de carbone, son aileron escamotable et, bien sûr, ses estampilles spécifiques qui rappellent que derrière sommeille une mécanique suralimentée de 638 chevaux. C'est beaucoup de chevaux pour mouvoir 1507 kg...

LA PLUS SAUVAGE

Résumons : plus chère, plus distincte et plus légère, cette Corvette tout en muscles est également la plus sauvage de sa lignée. Le moteur de la ZR1 ne manque pas de pédale, ni de cœur. D'une cylindrée de 6,2 litres, ce V8 tout aluminium a sans doute beaucoup à envier aux mécaniques européennes sur le plan de la sophistication technique, mais quel rendement tout de même avec compresseur. Et quel souffle surtout ! Il génère 638 chevaux et déploie sa puissance avec aisance tout en demeurant alerte à faible régime. Associé exclusivement à une boîte manuelle à six rapports (étonnamment souple en regard du couple), ce moteur se plaît à faire cirer les deux gros Michelin de 20 pouces montés à l'arrière. Heureusement, le contrôle de traction veillera à ménager vos pneus. Avec ses immenses pneumatiques qui

collent au bitume et la puissance disponible, la montée en vitesse est phénoménale et vous plaque contre le dossier de votre siège. Jugez-en : moins de quatre secondes pour passer de l'arrêt à 100 km/h sans même avoir déplacé le levier de vitesse. Et si on continue sur sa lancée, on atteint 330 km/h au bout de l'horizon où les forces de l'ordre vous attendent pour vous enfiler les menottes...

Mais ces chiffres, si faramineux soient-ils, ne peuvent rendre compte de l'efficacité de son châssis que certains puristes (encore eux !) jugeront sans doute un peu aseptisé par la présence de — trop — nombreuses aides à la conduite. En effet, cette Corvette de l'extrême retient toujours les services du dispositif de stabilité Active Handling, qui s'ajoute à l'antipatinage et à l'antiblocage. Ce système possède même un mode performance qui désactive seulement l'antipatinage. Le système fonctionne à merveille et il est fortement recommandé de le laisser actif pour la conduite sur chaussée détrempée ou glissante. Dans ces conditions, la motricité apparaît moyenne et le couple surabondant du gros V8 exige du conducteur une attention totale et une maîtrise certaine, sans quoi ils vous joueront de vilains tours.

VIVE LES GRANDS ESPACES

Lorsque la chaussée est sèche et que le soleil brille, cette ZR1 se révèle impérieuse et sereine. Solidement ancrée au sol, la Corvette procure un sentiment — bien réel — de sécurité et de stabilité. Finement réglé, le châssis de la Corvette demande tout de même un temps d'adaptation : long museau, large croupe bien posée au sol, position de conduite au ras du sol. Cette Corvette peut vous mettre le cœur sur trampoline, mais demande avant toute chose de se faire apprivoiser avant de vous faire goûter aux plaisirs interdits. Son équilibre et son adhérence sont impressionnants, mais pour aller chercher la limite, la vraie, de solides notions de pilotage sont exigées. Surtout si les aides à la conduite sont inactives.

Comme des voitures de son espèce, la ZR1 a horreur de la ville. Son diamètre de braquage s'apparente à celui d'un camion, à cause de son encombrement important pourrait-on dire, mais aussi par la peur d'une vilaine rayure sur sa carrosserie, vierge de toute protection. Attention aussi au déflecteur avant qui mange toute une raclée à chaque ondulation du terrain.

Cette ZR1 démontre la fabuleuse somme de passion, d'acharnement et de talent de son équipe de concepteurs. Ceux-ci ont réalisé une voiture sport remarquablement complète et raffinée, qui offre sans doute le meilleur rapport qualité-prix-performances que l'on puisse trouver actuellement sur cette planète. Rien de moins. ▌▌▌ **ÉRIC LEFRANÇOIS**

Quoi qu'il advienne, pour les petits nez retroussés, la Corvette sera toujours une éternelle caricature de la voiture sport

DIMENSIONS ET VOLUMES

Empattement (mm)	2685
Longueur (mm)	4435, 4460 (Z06), 4476 (ZR1)
Largeur (mm)	1844, 1928 (Z06, ZR1)
Hauteur (mm)	1244
Volume intérieur (L)	1475
Volume du coffre (min./max.) (L)	634 (coupé)
	212 –295 (cabriolet)
Capacité du réservoir de carburant (L)	68,1
Fourchette de poids (kg)	1459 (coupé), 1461 (cabriolet)
	1442 (Z06), 1507 (ZR1)

CHÂSSIS

Mode	propulsion
Suspension av. - arr.	indépendante
Freins av. - arr.	disques
Capacité de remorquage min. - max. (kg)	non recommandé
Direction – diamètre de braquage (m)	crémaillère – 12
Pneus	245/40R19 - 285/35R19 (Base)
	275/35R19 - 325/30R19 (Z06)
	285/30R19 - 335/25R20 (ZR1)

PERFORMANCES

Modèle à l'essai	Corvette ZR1
Moteur	V8 ACC 6,2 litres
Puissance (ch. à tr/min)	638 - 6500
Couple (lb-pi à tr/min)	604 - 3800
Transmission	manuelle 6 rapports
Autres transmissions	semi-automatique
	6 rapports (Base, Z06)
Accélération 0-100 km/h (sec.)	3,4
Reprises 80-115 km/h (sec.)	non chronométrées
Distance de freinage 100-0 km/h (m)	non mesurée
Niveau sonore à 100 km/h	✹ ✹
Vitesse maximale (km/h)	330
Consommation réalisée au cours de l'essai (L/100 km)	n.d.
Gaz à effet de serre	n.d.
Autres moteurs	V8 6,2 litres (430 ch.)
	V8 7 litres (505 ch.)

CE QU'IL FAUT SAVOIR

Fourchette de prix ($)	**63 795 – 125 195**
Marge de profit du concessionnaire (%)	17,16
Transport et préparation ($)	1420
Consommation ville - route (L/100 km)	14,9 – 9,1 (man., 6,2 l)
	15,9 – 9,6 (aut., 6,2 l)
	16,1 – 10 (man., 7 l)
Essence recommandée	super
Versions offertes	Base, Z06, ZR1
Carrosserie	coupé 2 portes
	cabriolet 2 portes
Lieu d'assemblage	États-Unis
Valeur résiduelle	★ ★ ★ ★
Garanties : de base - motopropulseur (an/km)	3/60 000 – 5/160 000
Fiabilité présumée	★ ★ ★ ⭒
Cycle de remplacement	2013
Ventes 2007 ↘ 27%	Québec : 86
Protection collision frontale conducteur/passager	non évaluée
latérale avant/arrière	non évaluée
retournement 2rm/4rm	non évaluée

À RETENIR

Nouveautés 2009	version ZR1, volant ajustable avec commandes audio de série, nouvelles jantes (Z06), Bluetooth
Principales concurrentes	Aston Martin V8 Vantage, Audi R8, Cadillac XLR, Dodge Viper, Ferrari F430, Lamborghini Gallardo, Mercedes SL, Porsche 911

- La facilité de conduite au quotidien
- Les performances à couper le souffle
- Le rapport prix-performances

- Le châssis aseptisé par l'électronique
- La réputation traînée par ce modèle
- Le manque apparent de raffinement sur le plan mécanique

173

Dans la foulée des multisegments, cette dernière trouvaille des constructeurs au tournant du millénaire, General Motors devait trouver des solutions rapides pour toutes ses divisions. Il fut donc décidé d'utiliser la plateforme Theta du Saturn Vue d'alors et de l'étirer d'une quinzaine de centimètres pour qu'elle serve de base à trois nouveaux produits : le Chevrolet Equinox, le Pontiac Torrent et le Suzuki XL-7 pour le partenaire de longue date.

Tout le monde était servi : Chevrolet et Pontiac obtenaient une solution rapide et économique ; Suzuki décrochait un beau contrat, puisque les véhicules seraient assemblés à son usine en Ontario. Et la division Saturn continuait son petit bonhomme de chemin avec des spécifications bien à elle : quatre cylindres, hybride et V6. Pour le consommateur qui regarde le marché de l'extérieur, quatre véhicules lui étaient offerts.

DEUX GROUPES PROPULSEURS

Avant de nous attarder à l'Equinox, il faut spécifier que le modèle Suzuki a bénéficié dès le départ du superbe V6 de 3,6 litres jumelé à une boîte automatique à six rapports. Même que c'est le petit constructeur japonais qui a insisté pour assembler ce moulin jumeau de celui du Cadillac. Pour l'Equinox, et par extension le Torrent, on y est allé à l'économie en imposant le V6 3,4 litres de 185 chevaux et 210 livres de couple : un V6 assemblé en Chine de fiabilité moyenne, un peu bruyant et rugueux, accouplé à une boîte automatique japonaise à cinq rapports dont le dernier rapport n'est pas surmultiplié. Le prix était à l'avenant pour cette motorisation ; l'an dernier, une édition Sport s'est ajoutée à la gamme avec le fameux 3,6 litres de 264 chevaux et 250 livres de couple.

Peu importe ce qui se trouve sous le capot, la traction intégrale est offerte pour quelques milliers de dollars de plus. Il s'agit d'un système réactif, c'est-à-dire qu'il s'enclenche lorsqu'une roue avant patine. Généralement, on peut se tirer d'une situation fâcheuse ou attaquer les routes hivernales en toute confiance avec le système StabiliTrak de série — une traction asservie utilisant l'antiblocage. Le StabiliTrak procure une aide supplémentaire avec le contrôle électronique du balancement de remorque. Il détecte tout louvoiement d'une remorque ou d'un véhicule récréatif et réagit automatiquement en pinçant les freins pour stabiliser le convoi. Si le mouvement de pendule s'accentue, c'est le régime moteur qui est réduit afin de stabiliser le tout. Dans la majeure partie des cas, le poids tracté ne fera pas perdre le contrôle au conducteur.

Comme il s'agit d'un multisegment avec châssis monocoque, la suspension est indépendante aux quatre coins et favorise le confort des cinq personnes qui peuvent y prendre place. Pas question de troisième banquette qui serait proprement inutile, difficile à rejoindre et qui ne ferait que gruger l'espace des 997 litres de cargo disponibles. Pour sa part, Suzuki a allongé la caisse pour permettre une troisième banquette.

Dommage, pour un véhicule qui frôle les deux tonnes avec son conducteur et le plein d'essence, qu'on en soit encore aux freins à disques à l'avant et à tambour à l'arrière. Même sur le modèle Sport, un impair quand on doit allonger jusqu'à 35 000 $ pour se le procurer!

POLYVALENCE DE L'INTÉRIEUR

C'est dans l'habitacle que les designers de GM ont bien fait. On peut obtenir une foule de combinaisons qui s'adapteront aux besoins du moment. Le siège du passager avant peut s'abaisser et devenir un plateau. La banquette arrière peut s'avancer, se rabattre à hauteur de 60/40, en tout ou en partie, et accommoder l'espace cargo accessible via le large hayon. Finalement, un plateau à l'arrière peut se placer à différentes hauteurs, servant de cache pour des bagages ou de tablette lors d'un pique-nique. Toutefois, le tableau de bord, au demeurant assez ergonomique, et la console centrale manquent de ces petits rangements où on peut déposer à portée de vue une boisson, son cellulaire, un porte-monnaie, etc. Question de comportement routier, L'Equinox ne brille pas plus qu'il le faut, il procure un rendement sain qui s'inscrit bien dans sa vocation d'origine. Sa version Sport aurait pu se nommer Premium ou Luxe, puisque les ajouts sont cosmétiques, hormis le moteur 3,6 litres et les pneus de 18 pouces.

Cette plateforme devrait être révisée pour le prochain millésime et on peut s'attendre à une version hybride si GM donne suite aux efforts consentis à ce véhicule depuis quelques années, comme la version hybride chez Saturn. Le 3,4 litres est en fin de carrière et son remplacement ne pourra qu'être bénéfique. ▌▌▌ **MICHEL POIRIER-DEFOY**

*Dommage pour un véhicule qui frôle les deux tonnes qu'on en soit
encore aux freins à disques à l'avant et à tambour à l'arrière*

DIMENSIONS ET VOLUMES

Empattement (mm)	2858
Longueur (mm)	4816
Largeur (mm)	1814
Hauteur (mm)	1726
Volume intérieur (L)	3013
Volume du coffre (min./max.) (L)	997 / 1943
Capacité du réservoir de carburant (L)	77,6 (2rm), 62,8 (4rm)
Fourchette de poids (kg)	1678 - 1776

CHÂSSIS

Mode	traction, intégral
Suspension av. - arr.	indépendante
Freins av. - arr.	disques - tambours
Capacité de remorquage min. - max. (kg)	1588
Direction - diamètre de braquage (m)	crémaillère - 12,75
Pneus	235/65R16 (LS, LT), 235/60R17 (option) 235/50R18 (Sport)

PERFORMANCES

Modèle à l'essai	Equinox LT
Moteur	V6 ACC 3,4 litres
Puissance (ch. à tr/min)	185 - 5200
Couple (lb-pi à tr/min)	210 - 3800
Transmission	automatique 5 rapports
Autres transmissions	semi-automatique 6 rapports (3,6 l)
Accélération 0-100 km/h (sec.)	10,2
Reprises 80-115 km/h (sec.)	7,14
Distance de freinage 100-0 km/h (m)	43,4
Niveau sonore à 100 km/h	✂ ✎
Vitesse maximale (km/h)	180
Consommation réalisée au cours de l'essai (L/100 km)	11,9
Gaz à effet de serre	
Autres moteurs	V6 3,6 litres (264 ch.)

CE QU'IL FAUT SAVOIR

Fourchette de prix ($)	**29 625 - 35 745**
Marge de profit du concessionnaire (%)	9,47
Transport et préparation ($)	1200
Consommation ville - route (L/100 km)	**13,8 - 9,8 (3,4 l) 14,7 - 9,8 (3,6 l)**
Essence recommandée	ordinaire
Versions offertes	LS, LT, Sport
Carrosserie	utilitaire 5 portes
Lieu d'assemblage	Canada
Valeur résiduelle	✶ ✶
Garanties : de base - motopropulseur (an/km)	3/60 000 - 5/160 000
Fiabilité présumée	✶ ✶
Cycle de remplacement	2010
Ventes 2007 ↘ 12 %	Québec : 2730
Protection collision frontale conducteur/passager latérale avant/arrière retournement 2rm/4rm	✶✶✶✶✶ / ✶✶✶✶✶✶ non évaluée ✶✶✶✶ / ✶✶✶✶

À RETENIR

Nouveautés 2009	rideaux gonflables latéraux de série, Bluetooth
Principales concurrentes	Hyundai Santa Fe, Mitsubishi Outlander, Saturn Vue, Toyota RAV4

- Habitacle polyvalent
- Prix de départ intéressant
- 3,6 litres et boîte auto 6 vitesses

- Motorisation 3,4 litres vieillotte
- Intérieur un peu terne
- Modèle à sa dernière saison

Stratégiquement, Chevrolet s'est accordé cinq longues années de réflexion avant de répliquer à la PT Cruiser. Ce qui paraît être une éternité dans le monde de l'automobile. À vrai dire, il faut être un sacré connaisseur pour savoir en quelle année exactement la commercialisation de la HHR a débuté. En effet, il faut poser la question à des représentants de GM, et constater leur hésitation pour comprendre que le long laps de temps entre la naissance de la PT en 2001 et celle de la HHR en 2006 a brouillé les esprits.

Cette attente fut si longue qu'on a l'impression que la HHR est presque aussi âgée que la Chrysler. Malheureusement, GM nous a trop souvent habitués à ces interminables tergiversations, et la Chevrolet Camaro est en le dernier exemple.

La HHR, comme la PT Cruiser, on aime ou on déteste. Ça tombe bien, car c'était exactement le but recherché par le styliste Bryan Nesbitt, qui a été chargé de dessiner les deux modèles ! Même designer sans doute, mais pas la même inspiration cependant. Si la ligne de la PT rappelle vaguement les fourgons de livraison des années 1940, celle de la HHR s'inspire du premier Suburban, né en 1949.

LE PT POUR RÉFÉRENCE

Comparativement à la PT, la position de conduite est plus basse et s'apparente davantage à une berline conventionnelle. Si la présentation de la planche de bord n'a pas la touche des fifties, l'instrumentation est complète et son originalité repose sur la juxtaposition du compte-tours à l'indicateur de vitesse. Il est surprenant de constater que les espaces de rangement à l'avant sont peu nombreux. Heureusement, au sommet de la console centrale, sous un couvercle, il y a un compartiment pour y mettre quelques menus objets. À l'arrière, il n'y a pas lieu de se plaindre. L'accès est facile et les glaces se glissent complètement dans les portières, une rareté de nos jours. Le dégagement pour les passagers est similaire à celui de la PT Cruiser. Toutefois, la modularité de la banquette est classique, non amovible comme celle de la PT, et les dossiers divisés 60-40 se rabattent pour former une aire de chargement

parfaitement plane. S'il manque d'espace, il est possible de rabattre le dossier du baquet avant, côté passager, pour embarquer une échelle ou des madriers.

AVEC OU SANS ÉPICES ?

La HHR repose sur la même plateforme Delta que les Chevrolet Cobalt et Pontiac G5. Il existe un modèle vitré à hayon cinq portes et un autre dit à panneau, de nature plus commerciale. La livrée LS s'anime d'un moteur à quatre cylindres de 2,2 litres alors que la version LT a droit à un 2,4 litres. Ce dernier représente, à notre avis, le meilleur choix, considérant le poids et la vocation du véhicule. Quant à la livrée SS, elle propose un bouillant moteur turbo de 2 litres qui développe 260 chevaux. Cette puissante cavalerie propose des accélérations hors du commun mais n'a aucune aptitude pour le remorquage (non recommandé). Pour tracter une petite remorque, il faut opter pour un des deux moteurs atmosphériques dont la capacité est de 453 kg. Bonne nouvelle, toutes les motorisations, même la turbo, peuvent s'alimenter à l'essence ordinaire.

Les roues motrices avant sont entraînées par une boîte manuelle à cinq vitesses dont le guidage est à la fois doux et précis. Cette boîte assure des performances honnêtes et une économie de carburant appréciable. Une boîte automatique à quatre rapports est aussi au catalogue. Sur la route, le comportement diffère selon la version. En effet, trois types de suspension sont proposés : tourisme, sport et performance. La première, dotée de réglages plus souples, campe sur des pneumatiques de 16 pouces alors que la seconde adopte des éléments suspenseurs plus rigides et une monte de 17 pouces. Quant à la troisième, elle permet à la SS de garder le cap avec ses pneus de 18 pouces. Le freinage est assuré dans les LS et LT par une paire de disques et de tambours. L'antiblocage est offert moyennant supplément. De son côté, la SS confie ses arrêts à quatre disques.

Comme la PT Cruiser, la HHR est un véhicule porté par l'enthousiasme et la mode des années 2000. Même si les ventes ont baissé en 2007 et 2008, il se pourrait que le vent tourne à cause du prix de l'essence. Qui sait, les Américains vont peut-être délaisser leurs gros VUS pour un multisegment compact au style rétro ! Certes, la HHR ne séduira pas tout le monde, mais elle aura le mérite de ne pas épuiser votre compte de banque. ▌▌▌ **JEAN-FRANÇOIS GUAY**

Oui, la HHR est à Chevrolet ce que la PT Cruiser est à Chrysler

CHEVROLET HHR

DIMENSIONS ET VOLUMES

Empattement (mm)	2629
Longueur (mm)	4474, 4483 (SS)
Largeur (mm)	1755
Hauteur (mm)	1491
Volume intérieur (L)	2750
Volume du coffre (min./max.) (L)	638 / 1634, 1787 (Panel)
Capacité du réservoir de carburant (L)	49
Fourchette de poids (kg)	1431 - 1524

CHÂSSIS

Mode	traction
Suspension av. - arr.	indépendante - semi-indépendante
Freins av. - arr.	disques - tambours (LS, LT), disques (SS)
Capacité de remorquage min. - max. (kg)	n.r. (SS) - 454 (LS, LT)
Direction - diamètre de braquage (m)	crémaillère - 11 / 11,5 / 12
Pneus	215/55R16 (LS, LT), 215/50R17 (option), 225/45R18 (SS)

PERFORMANCES

Modèle à l'essai	HHR Utilitaire SS
Moteur	L4 turbo DACT 2 litres
Puissance (ch. à tr/min)	260 - 5300
Couple (lb-pi à tr/min)	260 - 2000
Transmission	manuelle 5 rapports
Autres transmissions	automatique 4 rapports
Accélération 0-100 km/h (sec.)	6,59
Reprises 80-115 km/h (sec.)	3,99
Distance de freinage 100-0 km/h (m)	41,3
Niveau sonore à 100 km/h	✖ ✖ ✖
Vitesse maximale (km/h)	230 (SS), 180
Consommation réalisée au cours de l'essai (L/100 km)	10,3
Gaz à effet de serre	
Autres moteurs	L4 2,2 litres (155 ch) L4 2,4 litres (172 ch.)

CE QU'IL FAUT SAVOIR

Fourchette de prix ($)	**19 855 - 28 240**
Marge de profit du concessionnaire (%)	9,47
Transport et préparation ($)	1125
Consommation ville - route (L/100 km)	10,7 - 7,4 (2,2 l) 10,7 - 7,8 (2,4 l) 11,2 - 8,1 (2 l)
Essence recommandée	ordinaire
Versions offertes	LS, LT, SS (Utilitaire, Panel)
Carrosserie	multisegment 5 portes
Lieu d'assemblage	Mexique
Valeur résiduelle	✷ ✷
Garanties : de base - motopropulseur (an/km)	3/60 000 - 5/160 000
Fiabilité présumée	✷ ✷ ✷
Cycle de remplacement	2011
Ventes 2007	↘ 7 % Québec : 1132
Protection collision frontale conducteur/passager latérale avant/arrière retournement 2rm/4rm	✷✷✷✷ / ✷✷✷✷✷ ✷✷✷✷✷ / ✷✷✷✷✷ ✷✷✷✷ / na

À RETENIR

Nouveautés 2009	modèle Panel SS, Ecotec 2,2 l plus puissant, antidérapage et antipatinage de série, ABS de série, commandes des glaces électriques repositionnées
Principales concurrentes	Chrysler PT Cruiser, Pontiac Vibe, Suzuki SX4, Toyota Matrix

+ • Espace cargo intéressant
• Choix de modèles
• Prix et consommation raisonnables

− • Espace de rangement déficient
• Nombreux angles morts
• Bruit éolien à haute vitesse

177

UN DERNIER « TOUR DE MACHINE »

Curieuse démarche que celle qui consiste à montrer que tout change et à conserver, sur un modèle largement bouleversé, le nom et surtout l'image qu'on a de lui. La dernière Impala à roues avant motrices aurait mérité mieux, considérant la somme de travail abattue par ses concepteurs, qui nous proposent une mouture aujourd'hui très aboutie. Seul ennui : la Malibu est parvenue à faire mieux encore.

CHEVROLET
IMPALA

Osons le dire : l'Impala doit son succès à son rapport prix-habitabilité qui lui vaut de se retrouver en tête de liste des gestionnaires de parcs automobiles. Vendue pour le prix d'une compacte fort bien équipée, cette berline inter-médiaire ouvre ses portes à un habitacle (et à un coffre) grand comme une cathédrale. Une solution de rechange pour les chefs de famille nombreuse qui frissonnent à l'idée de se retrouver un jour au volant d'une fourgonnette.

Si la présentation intérieure est d'une très grande sobriété, la vie à bord d'une Impala peut avoir du bon. Surtout que les sièges, partiellement redessinés, offrent désormais un plus grand confort et un meilleur maintien. On regrettera cependant que les curseurs pour régler la température de l'habitacle manquent de précision, que la prise auxiliaire soit aussi inaccessible ou que les rangements soient aussi menus.

Peu importe la version retenue, il règne à bord de cette Chevrolet une impression de grands espaces où vos pas-sagers peuvent prendre place sans trop avoir à jouer du coude. La cigogne vous livre des triplets ? Chevrolet prétend, avec raison, que la banquette peut aligner trois sièges d'enfant ! Mieux encore, en optant pour la banquette avant pleine largeur (avec le sélecteur de la boîte de vitesses monté sur la colonne), cette Chevrolet se targue de pouvoir accueillir six personnes à son bord. Et le coffre? Des plus vaste, avec en prime la possibilité d'empiéter sur l'habitacle pour en accroître le volume en rabattant en tout ou en partie le dossier de la banquette. De plus, cette Chevrolet autorise au coussin de la banquette de basculer (de l'arrière à l'avant) dans le but

d'exposer une série de crochets pour arrimer vos sacs d'épicerie. Toujours est-il que cette fonctionnalité s'offre de série sur les livrées les plus huppées, sinon il faut consentir à alléger son portefeuille.

LES VERTUS DU RAFFINEMENT

Vrai, l'Impala n'en beurre pas épais sur le plan technique : elle mise plutôt sur des éléments connus et maîtrisés par GM. Les LS et LT adoptent le moteur six cylindres de 3,5 litres alors que la LTZ opte pour un 3,9 litres. Quant à la SS, elle n'y va pas avec le dos de la cuillère : un V8 5,3 litres, rien de moins.

L'offre mécanique abonde, mais il faut choisir. D'accord, mais quel moteur ? Le 3,9 litres est assurément le mieux adapté des trois. Assez souple, ce moteur assure à l'Impala de solides accélérations et de franches reprises. L'ennui est que si vos déplacements s'effectuent habituellement sur les voies rapides, ce 3,9 litres se révèle le plus coûteux des trois à la pompe. Si l'on prête foi aux mesures effectuées par le constructeur, le 3,9 litres et le 5,3 litres se retrouvent pratiquement nez à nez au combiné ville-route. Consé-quemment, le 3,5 litres représente le choix le plus respon-sable tant sur les plans énergétique qu'écologique. Et considérant la vocation première de cette berline, les per-formances ne devraient pas nécessairement figurer au sommet de vos priorités. Alors, on y va pour le 3,5 ?

Hélas, le choix mécanique ne dicte pas à lui seul le comportement de l'Impala. En effet, pratiquement chaque livrée a droit à une suspension spécifique. La bonne nouvelle, c'est que le modèle d'entrée, la LS, propose doré-navant le même rapport de démultiplication que les autres modèles de la gamme. Fini les directions engourdies et imprécises. De plus, les mouvements de caisse sont mieux contrôlés par l'utilisation de ressorts mieux étudiés et d'une barre stabilisatrice plus grasse. Ces quelques transfor-mations font de l'Impala une automobile beaucoup plus agréable à conduire. Et elle l'est encore davantage lors-qu'elle chausse une monte pneumatique de 17 pouces. La suspension de la version SS fait mieux encore dans ce domaine, mais au détriment du confort de roulement. Pour savourer les kilomètres qui s'étirent devant vous, mieux vaut privilégier les autres versions, plus confortables.

L'Impala n'a sans doute pas le charisme d'une Chrysler 300, pas plus que le raffinement technologique d'une Ford Taurus. Sans doute la prochaine génération, promise avec ses roues arrière motrices à l'horizon 2010, corrigera-t-elle ce déficit d'image. ▌▌▌ **ÉRIC LEFRANÇOIS**

Une berline qui doit essentiellement son succès à son rapport prix-habitabilité

DIMENSIONS ET VOLUMES

Empattement (mm)	2807
Longueur (mm)	5090
Largeur (mm)	1852
Hauteur (mm)	1491
Volume intérieur (L)	2959
Volume du coffre (min./max.) (L)	526,7
Capacité du réservoir de carburant (L)	66,2
Fourchette de poids (kg)	1613 - 1683

CHÂSSIS

Mode	traction
Suspension av. - arr.	indépendante
Freins av. - arr.	disques
Capacité de remorquage min. - max. (kg)	454
Direction - diamètre de braquage (m)	crémaillère - 11,6 /12,2 (SS)
Pneus	225/60R16 (LS), 225/55R17 (LT), 235/50R18 (LTZ, SS)

PERFORMANCES

Modèle à l'essai	Impala LTZ
Moteur	V6 ACC 3,9 litres
Puissance (ch. à tr/min)	224 - 5700
Couple (lb-pi à tr/min)	235 - 3200
Transmission	automatique 4 rapports
Autres transmissions	aucune
Accélération 0-100 km/h (sec.)	7,93
Reprises 80-115 km/h (sec.)	5,56
Distance de freinage 100-0 km/h (m)	39,1
Niveau sonore à 100 km/h	✖ ✖ ✖
Vitesse maximale (km/h)	185
Consommation réalisée au cours de l'essai (L/100 km)	12
Gaz à effet de serre	
Autres moteurs	V6 3,5 litres (211 ch.), V8 5,3 litres (303 ch.)

CE QU'IL FAUT SAVOIR

Fourchette de prix ($)	**25 995 - 35 995**
Marge de profit du concessionnaire (%)	10,68
Transport et préparation ($)	1250
Consommation ville - route (L/100 km)	**13,1 - 8,1 (3,5 l)** **13,8 - 8,7 (3,9 l)** **14,7 - 9,8 (5,3 l)**
Essence recommandée	ordinaire
Versions offertes	LS, LT, LTZ, SS
Carrosserie	berline 4 portes
Lieu d'assemblage	Canada
Valeur résiduelle :	✱ ✱
Garanties : de base - motopropulseur (an/km)	3/60 000 - 5/160 000
Fiabilité présumée	✱ ✱ ✱ ✱
Cycle de remplacement	2011
Ventes 2007 ↘ 32 %	Québec : 890
Protection collision	
frontale conducteur/passager	✱ ✱ ✱ ✱ ✱ / ✱ ✱ ✱ ✱ ✱
latérale avant/arrière	✱ ✱ ✱ ✱ ✱ / ✱ ✱ ✱ ✱
retournement 2rm/4rm	✱ ✱ ✱ ✱ / na

À RETENIR

Nouveautés 2009	**antidérapage et ABS de série, coussins latéraux de série, nouvelles roues 18 po (SS), Bluetooth**
Principales concurrentes	**Dodge Charger, Ford Taurus, Pontiac G8**

+
- Son habitacle accueillant
- Sa fourchette de prix
- Son prix compétitif

−
- Sa silhouette banale
- Son raffinement
- Sa disparition imminente dans sa forme actuelle

ENTRE DEUX EAUX

Ai-je pigé le mauvais numéro, celui d'une voiture peu représentative de son espèce ? Où ai-je mal décodé les propos exhaustifs tenus par des collègues reconnus comme compétents et sérieux ? Toujours est-il que je n'arrive pas à partager entièrement les commentaires dithyrambiques lancés à la récente Chevrolet Malibu par de nombreux camarades du métier. Je m'attendais à tellement plus...

J'étais surtout sûr que ce modèle de la gamme intermédiaire de General Motors suivrait à peu près le même cheminement que la Saturn Aura. Or ce n'est pas tout à fait la même route européenne qu'a empruntée la Malibu. On se retrouve devant une voiture indécise, partagée entre son désir de plaire à des acheteurs qui sont aux antipodes les uns des autres. GM n'a pas réussi aussi bien qu'avec l'Aura (qui s'appuie sur la même base mécanique) à gérer le délicat exercice de ne pas s'annihiler sa clientèle usuelle tout en ralliant ceux et celles pour lesquels conduire est un plaisir qui leur était fourni jusqu'ici par des voitures venues d'ailleurs.

Ce n'est pas une mauvaise voiture, tant s'en faut. Le fait est qu'on aurait pu faire beaucoup mieux en serrant les vis davantage et en la privant d'une bonne dizaine de centimètres qui rendent la voiture plus pataude et difficile à garer qu'elle devrait l'être. Bien sûr, les chauffeurs de taxi n'auront pas à se plaindre de cet état de choses, mais peut-on s'entendre pour dire que ce n'est pas la vocation que visait GM avec la nouvelle Malibu ? Curieusement, ses dimensions rejoignent celles d'une Honda Accord, mais on a l'impression de conduire une grosse voiture, pas aussi maniable qu'on le souhaiterait et surtout pas sportive pour deux sous. Avec le diamètre de braquage d'un autobus scolaire, il est vrai que le contraire serait étonnant. Par contre, l'insonorisation est particulièrement soignée, grâce entre autres à la présence d'un verre acoustique pour le pare-brise et les glaces latérales.

4 CYLINDRES, C'EST SUFFISANT

Mon évaluation de la « voiture de l'année » (selon un regroupement de journalistes nord-américains) s'est déroulée au volant d'une LT2 dotée d'un groupe performance qui avait pour effet de faire enfler la facture et donnant droit notamment à une transmission automatique six vitesses bigrement plus efficace que l'antédiluvienne boîte à quatre rapports des versions d'entrée de gamme. Elle rehausse la puissance relativement modeste du quatre cylindres Ecotec de 2,4 litres et 169 chevaux en lui fournissant d'honorables statistiques, telles un 0-100 km/h bâclé en 7,8 secondes assorti d'un 80-115 en 5,8 secondes. Mieux encore, l'économie est au rendez-vous avec une moyenne de consommation quasi similaire à la version hybride de la Malibu. Beau travail. Les plus pressés peuvent s'offrir le V6 de 3,6 litres et 252 chevaux. Quant à la version hybride, vaudrait mieux passer son tour étant donné que le moteur électrique n'est jamais mis à contribution et qu'il mise essentiellement sur un dispositif BAS (Belt Alternator Starter) utilisant la courroie de l'alternateur pour relancer le moteur après un arrêt momentané. C'est peu pour justifier un investissement supplémentaire à l'acheteur d'une Malibu.

Les tares de cette Chevrolet proviennent principalement des réglages de suspension. L'amortissement est rarement à la hauteur des tâches qui lui incombent ; trop flasque dans les virages et d'une fermeté inconfortable sur ces chemins délabrés que nous osons appeler des autoroutes. Il suffirait donc de très peu pour que la Malibu s'élève au niveau d'une Saturn Aura.

Je me suis légèrement réconcilié avec la voiture en examinant son coffre, ses places arrière et son tableau de bord bicolore rappelant les celui des premières Corvette. Dommage que l'ergonomie succombe à quelques fautes, comme le bouton de réglage du rétroviseur qui se trouve trop loin du conducteur et celui des sièges chauffants qui jouent à cache-cache avec les conducteurs au postérieur surgelé.

Nouvelle de l'an dernier, la Chevrolet Malibu ne s'adonne qu'à de très petites modifications en 2009. On retient surtout que les roues de 17 pouces et le système de stabilité sont désormais en équipement de série.

Cette voiture ne s'attaque pas à une concurrence légère et il est certain que même avec un score parfait, elle aurait fort à faire pour diminuer les parts de marché des Accord et Camry de ce monde. En dépit de certaines des qualités indéniables de la Malibu, il reste que GM aurait pu mettre la barre encore plus haut. ▌▌▌ **JACQUES DUVAL**

*Une voiture indécise, partagée entre son désir de plaire
à des acheteurs qui sont aux antipodes les uns des autres*

DIMENSIONS ET VOLUMES

Empattement (mm)	2852
Longueur (mm)	4872
Largeur (mm)	1785
Hauteur (mm)	1451
Volume intérieur (L)	2766
Volume du coffre (min./max.) (L)	427
Capacité du réservoir de carburant (L)	61,7
Fourchette de poids (kg)	1549 - 1655

CHÂSSIS

Mode	traction
Suspension av. - arr.	indépendante
Freins av. - arr.	disques
Capacité de remorquage min. - max. (kg)	n.r. (L4) - 454 (V6)
Direction - diamètre de braquage (m)	crémaillère - 12,3
Pneus	225/50R17 (LS, LT), 225/50R18 (LTZ), 215/55R17 (Hyb)

PERFORMANCES

Modèle à l'essai	Malibu LT2
Moteur	L4 DACT 2,4 litres
Puissance (ch. à tr/min)	169 - 6400
Couple (lb-pi à tr/min)	160 - 4500
Transmission	automatique 6 rapports
Autres transmissions	automatique 4 rapports
Accélération 0-100 km/h (sec.)	7,87
Reprises 80-115 km/h (sec.)	5,76
Distance de freinage 100-0 km/h (m)	40,1
Niveau sonore à 100 km/h	✱ ✱ ✱ ✱
Vitesse maximale (km/h)	185
Consommation réalisée au cours de l'essai (L/100 km)	8,7
Gaz à effet de serre	
Autres moteurs	V6 3,6 litres (252 ch.) L4 hybride 2,4 litres (164 ch.)

CE QU'IL FAUT SAVOIR

Fourchette de prix ($)	**23 395 - 31 250**
Marge de profit du concessionnaire (%)	8,28 à 10,68
Transport et préparation ($)	1300
Consommation ville - route (L/100 km)	**10,7 - 7,8 (2,4 l) 13,8 - 9 (3,6 l) 9 - 6,9 (Hyb)**
Essence recommandée	ordinaire
Versions offertes	LS, LT, LTZ, Hybride
Carrosserie	berline 4 portes
Lieu d'assemblage	États-Unis
Valeur résiduelle	✱ ✱
Garanties : de base - motopropulseur (an/km)	3/60 000 - 5/160 000
Fiabilité présumée	✱ ✱ ✱ ✱ ✱
Cycle de remplacement	2012
Ventes 2007 ↘ 37 %	Québec : 2638
Protection collision frontale conducteur/passager latérale avant/arrière retournement 2rm/4rm	✱ ✱ ✱ ✱ / ✱ ✱ ✱ ✱ ✱ ✱ ✱ ✱ ✱ / ✱ ✱ ✱ ✱ ✱ ✱ ✱ ✱ / n.a.

À RETENIR

Nouveautés 2009	**jantes de 17 pouces et antidérapage de série, Bluetooth**
Principales concurrentes	**Chrysler Sebring, Ford Fusion, Honda Accord, Hyundai Sonata, Mazda6, Nissan Altima, Toyota Camry**

- Mécanique éprouvée
- Insonorisation poussée
- Bonne habitabilité

- Suspension mal étudiée (voir texte)
- Diamètre de braquage énorme
- Une bonne voiture taxi

ICI, TOUS LES RÊVES SONT PERMIS

CHEVROLET
SILVERADO

On n'achète pas bêtement un camion. On le commande après avoir passé en revue autant ses besoins de consommateur que le catalogue des équipements. S'il fallait qu'un concessionnaire tienne en stock toutes les possibilités de versions, de motorisations et d'équipements inscrits au catalogue, il lui faudrait un terrain quatre fois plus grand.

D'habitude, on gardera un modèle de base, blanc, pour l'entreprise qui cherche un véhicule de livraison. On gardera un diésel moins bien équipé pour les gars de la construction. Et quelques modèles parmi les plus populaires pour les amateurs de véhicules récréatifs. Quand vous aurez l'impression que vous avez déniché ce qui vous convient, votre représentant laissera miroiter d'autres options ; alors, le doute s'installera et tout sera à recommencer. Il n'y a pas de méthode spécifique pour bâtir la camionnette de ses rêves, mais il y a des étapes à franchir : le type de cabine, la motorisation, la capacité de traction, le niveau de luxe, les équipements supplémentaires et... la couleur !

Qui plus est, il est difficile de vous donner un aperçu des prix, puisqu'au départ une camionnette de base est offerte autour des 25 000 $, mais on peut facilement doubler le cap des 60 000 $ également. Finalement, avec les rabais consentis par le constructeur à la suite de l'appréciation du huard canadien face à la devise américaine, le coût de l'énergie et le fait que GM veut conserver sa place dans un marché au ralenti, c'est vous qui aurez la partie belle quand vous irez construire et négocier votre prochain Silverado.

LE NERF DE LA GUERRE

Quelle brochette, au départ : sept moulins et quatre boîtes de vitesses automatiques. Un choix à faire allant du petit V6 Vortec de 4,3 litres de 195 chevaux aux 365 chevaux du 6,6 litres turbodiésel Duramax et un ronflant 660 livres de couple. Il y a aussi le 4,8 litres de 295 chevaux, le 5,3 de 315 forces avec gestion des cylindres, les puissants 6 et 6,2 litres avec plus de puissance et des couples jusqu'à 417 livres. Certains peuvent fonctionner à l'essence E85. Même choix pour les transmissions, toutes automatiques, puisqu'il y a des robustes quatre et des six rapports, sans

compter la superbe Allison 1000 qu'on retrouve aussi dans des véhicules récréatifs. On ne peut faire n'importe quelle combinaison, mais les couples possibles sont assortis au type de carrosserie choisie.

Trois cabines sont offertes selon vos besoins : la simple à saveur commerciale que seul GM conserve quand les autres s'en départissent ; l'habitacle allongé avec des portes suicide à grand débattement à l'arrière et son espace dévolu au cargo ou à des passagers ; finalement, la cabine double à quatre portières pour les équipes de travail ou les familles. Même exercice pour la caisse, qu'on choisira courte ou longue en fonction de l'empattement et de la vocation du véhicule.

Il faudra ensuite choisir le niveau de luxe, de la simple banquette avec les tapis en caoutchouc et l'insonorisation à sa plus simple expression dans le WT, à la finition LT qui propose le grand luxe, du siège chauffant au lecteur de DVD en passant par l'éclairage d'appoint sous les miroirs.

LA CAPACITÉ DE REMORQUAGE

Le total de poids cargo et tractable devrait être une des plus importantes préoccupations dans le choix d'une camionnette. Doit-on livrer des ballots de styromousse ou de l'acier en vrac? Est-ce qu'on veut tracter une remorque d'ébéniste ou une caravane à sellette de 38 pieds ? Le choix de la suspension, du rapport du différentiel et de l'autobloquant, voire du châssis une tonne avec roues doubles devient une priorité. Une simple erreur dans une des ces données peut entraîner une incongruité: quand on sait que le maximum embarqué et tractable atteint les 10 000 kg, mieux vaut avoir tous les bons maillons de la chaîne.

Pour certains, le choix sera relativement facile : on veut partir en week-end avec la famille et le bateau, se rendre à la chasse avec une caravane légère ou tracter une remorque de chantier. Pour d'autres, il faudra y mettre le paquet pour se rendre à sept ou huit tonnes de VR. Il faut savoir que les concessionnaires ont des spécialistes en ventes de camionnettes et que ces derniers seront en mesure de bien cerner les besoins du client et déterminer quels organes seront requis pour bien les servir. Au fait, on offre aussi une version hybride, dont nous parlons dans l'essai du GMC Sierra.

Les Trois Grands ont toujours lutté pour mériter le titre du Camion de l'année : cette nouvelle génération du Silverado a obtenu l'aval de la presse spécialisée l'an dernier. ▌▌▌
MICHEL POIRIER-DEFOY

*Le total de poids cargo et tractable devrait être une
des plus importantes préoccupations dans le choix d'une camionnette*

DIMENSIONS ET VOLUMES

Empattement (mm)	3023 - 3645
Longueur (mm)	5222 - 5844
Largeur (mm)	2031
Hauteur (mm)	1868 - 1880
Volume intérieur (L)	n.d.
Volume du coffre (min./max.) (L)	n.a.
Capacité du réservoir de carburant (L)	98, 128
Fourchette de poids (kg)	2068 - 2496

CHÂSSIS

Mode	propulsion, 4 roues motrices
Suspension av. - arr.	indépendante - essieu rigide
Freins av. - arr.	disques - tambours, disques
Capacité de remorquage min. - max. (kg)	3720 - 4853
Direction – diamètre de braquage (m)	crémaillère - 12,1 à 16,8
Pneus	245/70R17, 265/70R17, 265/65R18, 275/55R20

PERFORMANCES

Modèle à l'essai	Silverado 1500 SLT 4X4
Moteur	V8 ACC 5,7 litres
Puissance (ch. à tr/min)	315 - 5200
Couple (lb-pi à tr/min)	338 - 4400
Transmission	automatique 6 rapports
Autres transmissions	automatique 4 rapports
Accélération 0-100 km/h (sec.)	9,5
Reprises 80-115 km/h (sec.)	7,5
Distance de freinage 100-0 km/h (m)	42
Niveau sonore à 100 km/h	✕ ✕ ✕
Vitesse maximale (km/h)	190
Consommation réalisée au cours de l'essai (L/100 km)	15,2
Gaz à effet de serre	
Autres moteurs	V6 4,3 litres (195 ch.)
	V8 4,8 litres (295 ch.)
	V8 6 litres (367 ch.)
	V8 6,2 litres (403 ch.)

CE QU'IL FAUT SAVOIR

Fourchette de prix ($)	**23 240 - 46 405**
Marge de profit du concessionnaire (%)	13,19
Transport et préparation ($)	1300
Consommation ville - route (L/100 km)	16,8 - 13,1 (4rm, 4,3 l)
	16,8 - 13 (4rm, 4,8 l)
	16,8 - 12,5 (4rm, 5,3 l)
	18 - 13,9 (4rm, 6 l)
Essence recommandée	ordinaire
Versions offertes	WT, LS, LT, LTZ (cabine simple, allongée ou double)
Carrosserie	camionnette 2 ou 4 portes
Lieu d'assemblage	États-Unis, Canada, Mexique
Valeur résiduelle	★ ★ ★ ★
Garanties : de base - motopropulseur (an/km)	3/60 000 - 5/100 000
Fiabilité présumée	★ ★ ★ ⋆
Cycle de remplacement	
Ventes 2007 ↗ 15 %	Québec : 4898
Protection collision frontale conducteur/passager latérale avant/arrière retournement 2rm/4rm	★★★★★/★★★★★ ★★★★★/★★★★★ ★★★★★/★★★★★

À RETENIR

Nouveautés 2009	**motorisation hybride, boîte automatique 6 rapports, insonorisation améliorée, nouvelle jantes de 18 po, Bluetooth**
Principales concurrentes	**Dodge Ram, Ford F-150, GMC Sierra, Nissan Titan, Toyota Tundra**

- Choix de moteurs et de transmissions
- Design et look intéressant
- Aménagement des habitacles
- Capacité de remorquage et de cargo

- Consommation inéluctable
- Planche de bord inégale
- Boîte régulière encore offerte

183

GROS-PORTEUR DES TEMPS MODERNES

Quand son fief a été menacé, il a fallu que GM ajoute de gros modèles de sport utilitaire : à l'époque, le consommateur nord-américain qui recherchait le gros-porteur idéal pour déplacer sa famille, sa roulotte et tout le matériel imaginable se procurait un Suburban et le tour était joué.

CHEVROLET
TAHOE
(SUBURBAN)

Le bon vieux Suburban était seul dans sa catégorie et n'était inquiété par personne. On se souviendra aussi d'un moteur de 7,4 litres qui consommait autant qu'un char d'assaut. Puis la mode des VUS a déferlé : ils vinrent de toutes les tailles et de toutes les marques et la forteresse fut attaquée. GM a répliqué avec d'autres combattants, comme le Tahoe, le Yukon chez GMC et l'Escalade chez Cadillac. Le véhicule a pris du coffre, le luxe est évident et les capacités en passagers et en cargo sont demeurées aussi démesurées. Mais les motorisations ont tellement évolué qu'il serait difficile de les balayer du revers de la main. En 2009, un hybride est venu se greffer aux nombreux choix. Avec le facteur énergie qui ajoute une dimension inquiétante au choix d'un véhicule, le consommateur sera plus méticuleux dans sa quête, mais n'allez pas le montrer du doigt s'il le fait.

DE SUBURBAN À TAHOE

C'est vrai que la réputation d'un véhicule le suit pendant plusieurs années, bonne ou mauvaise, et influence ses ventes. Dans le cas du Tahoe, on pense à sa lourdeur, à son volume, à son luxe et à sa consommation. Il y a des ensembles qui sont moins exhaustifs et qui donnent une fonction plus utilitaire à la Suburban. D'autres sont d'un luxe démesuré — comme pour le LTZ — avec une foule d'équipements. Pourtant, les qualités de base sont les mêmes.

Le Tahoe possède la structure en échelle d'une camionnette demi-tonne : il peut obtenir la traction intégrale, sinon le pont autobloquant Eaton est une excellente solution. Il peut tirer quatre tonnes, rien de moins. Son moteur de base est un robuste V8 en fonte de 320 chevaux et 340 livres de couple, capable de rouler avec de l'éthanol. L'autre est un

V8 tout alu de 6,2 litres de 395 forces et 417 livres de couple, une force de la nature, surtout si on lui greffe les quatre roues motrices.

Pour utilisation urbaine, la consommation est importante. Sinon, sur grande route, on peut s'en tirer à 11 litres au 100 km. Le secret de ce régime minceur, toutes proportions gardées, est la nouvelle boîte automatique à six rapports, dont les deux derniers rapports sont surmultipliés: résultat, 100 km/h et un moulin qui dort à 1700 tours/minute. Le 5,3 litres est assorti de la désactivation des cylindres, autre mesure dite économique.

HYBRIDE EN PLUS

Pour ceux qui ont le volant vert, mais qui ont des besoins à combler, le nouvel hybride bimode est offert depuis 2008 : le cœur à carburant fossile est le moderne 6 litres à gestion des cylindres et un moteur électrique (avec un jeu de batteries de 300 volts) capable de propulser le monstre à plus de 40 km/h dans un parfait silence ! On peut opter pour le quatre roues motrices et tirer encore quelque trois tonnes.

Le bonheur dans ces grands espaces est le confort qu'on ressent sur de longs parcours. On peut y loger huit occupants — sinon neuf — même si la troisième banquette demande un peu plus d'effort pour l'atteindre. La douceur de roulement des moteurs, l'insonorisation et le confort sont au rendez-vous. Selon le niveau de luxe, de LS à LTZ, on profitera des sièges chauffants à l'arrière, d'essuie-glaces automatiques, de lecteur DVD, de la connexion Bluetooth, du sonar et de la caméra de recul, de la climatisation centrale, des roues de 20 pouces : la liste est longue.

Ce qu'on reproche le plus à ces méga-VUS, c'est peut-être cette obstination à être aussi volumineux, luxueux et énergivores. S'il faut répondre aux besoins de base — déplacement de plusieurs occupants, capacité de cargo et de traction —, on accepte la présence de ces béhémoths sur nos routes. Quand il s'agit de permettre à un individu de se déplacer en ville seulement pour se sentir en pleine sécurité, on tire à boulets rouges.

Avec un prix de départ oscillant autour de 46 000 $, on s'aperçoit qu'il faudra investir une bonne partie de ses économies. Quand on annonce 70 000 $ pour le haut de gamme ou l'hybride, le volant vert prend un plomb dans l'aile. Vivement des rabais, sinon ces VUS vont encombrer les chaînes de montage. ||| **MICHEL POIRIER-DEFOY**

Ce qu'on reproche le plus à ce méga-VUS, c'est peut-être cette obstination à être si volumineux, luxueux et énergivore. Par chance, il y a une version hybride

DIMENSIONS ET VOLUMES

Empattement (mm)	2946 (Tahoe), 3302 (Suburban)
Longueur (mm)	5130 (Tahoe), 5648 (Suburban)
Largeur (mm)	2007 (Tahoe), 2010 (Suburban)
Hauteur (mm)	1955
Volume intérieur (L)	n.d.
Volume du coffre (min./max.) (L)	479 / 3084 (Tahoe) 1297 / 3891 (Suburban)
Capacité du réservoir de carburant (L)	98 (Tahoe) / 92,7 (Hyb) / 117-148
Fourchette de poids (kg)	2387 - 2924

CHÂSSIS

Mode	propulsion, 4 roues motrices
Suspension av. - arr.	indépendante - essieu rigide
Freins av. - arr.	disques
Capacité de remorquage min. - max. (kg)	2721 - 3810
Direction - diamètre de braquage (m)	crémaillère - 11,9 (Tahoe) / 13,1 - 13,8
Pneus	245/75R16, 265/70R17, 265/60R17 265/65R18, 275/55R20

PERFORMANCES

Modèle à l'essai	Tahoe LT
Moteur	8 ACC 5,3 litres
Puissance (ch. à tr/min)	320 - 5200
Couple (lb-pi à tr/min)	340 - 4200
Transmission	automatique 6 rapports
Autres transmissions	BA 4 rapports (4,8 l), bimode à rapport continu et 4 engrenages fixes (Hyb)
Accélération 0-100 km/h (sec.)	9,16
Reprises 80-115 km/h (sec.)	5,94
Distance de freinage 100-0 km/h (m)	44,4
Niveau sonore à 100 km/h	✗ ✗ ✗ ◖
Vitesse maximale (km/h)	180
Consommation réalisée au cours de l'essai (L/100 km)	14,2
Gaz à effet de serre	
Autres moteurs	V8 4,8 litres (295 ch.) V8 6 litres (366 ch.) V8 6,2 litres (395 ch.) V8 6 litres bimode (332 ch.)

CE QU'IL FAUT SAVOIR

Fourchette de prix ($)	**45 455 – 69 765**
Marge de profit du concessionnaire (%)	12,51
Transport et préparation ($)	1300
Consommation ville - route (L/100 km)	**16,7 – 11,7 (5,3 l) 19,7 – 12,5 (6,2 l) 12,9 – 10,3 (Hyb)**
Essence recommandée	ordinaire
Versions offertes	LS, LT,LTZ, Hybride, (Suburban 1500 / 2500)
Carrosserie	utilitaire 5 portes
Lieu d'assemblage	États-Unis
Valeur résiduelle	✴ ✴ ✴
Garanties : de base - motopropulseur (an/km)	3/60 000 – 5/160 000
Fiabilité présumée	✴ ✴ ✴ ◗
Cycle de remplacement	2012
Ventes 2007 ↗ 14 %	Québec : 188
Protection collision frontale conducteur/passager latérale avant/arrière retournement 2rm/4rm	✴ ✴ ✴ ✴ ✴ / ✴ ✴ ✴ ✴ ✴ ✴ ✴ ✴ ✴ ✴ / ✴ ✴ ✴ ✴ ✴ ✴ ✴ ✴ / ✴ ✴ ✴

À RETENIR

Nouveautés 2009	**système hybride Bimode, boîte automatique 6 rapports, Bluetooth, caméra de recul, 3e banquette de série**
Principales concurrentes	**Dodge Durango, Ford Expedition, GMC Yukon, Nissan Armada, Toyota Sequoia**

- Moteurs et boîte 6 rapports
- Habitacle spacieux
- Capacité de remorquage et de cargo
- Hybride offert

- Consommation à considérer
- Les roues de 20 pouces
- Valeur de revente
- Gros investissement (hybride)

185

OÙ EST L'INTÉRÊT ?

Où est l'intérêt du TrailBlazer au sein de la gamme Chevrolet qui accueille — ne l'oublions pas — cet automne un Traverse plus moderne et mieux adapté aux besoins du commun des mortels ? Certains craqueront pour sa capacité de remorquage supérieure, d'autres pour sa version SS équipée d'un moteur six litres de 390 chevaux, mais combien seront-ils ? Peu nombreux.

À ceux (et celles) qui aiment rendre régulièrement visite au pompiste, sachez que le TrailBlazer vous revient pratiquement inchangé. Bien sûr, une connectivité BlueTooth est désormais proposée, tout comme un chauffe-moteur, mais ici s'arrêtent les nouveautés.

Aidé d'un pratique marchepied (en option), vous grimperez aisément à bord et, ce qui ne gâte rien, pour le conducteur ou la conductrice, la position de conduite est correcte, sans plus. Les portières antérieures, encore étroites, rendent l'accès et la sortie problématiques, mais les deux passagers qui se glisseront sur la banquette ne se sentiront pas coincés comme des sardines. Une troisième personne ? Elle est condamnée à voyager les genoux repliés et à ne pas pouvoir compter, comme les autres, d'un appuie-tête. Derrière la banquette arrière (qui s'escamote en tout ou en partie) se trouve un coffre aux dimensions généreuses. L'ennui, c'est d'y accéder. Le hayon est lourd à soulever (la lunette se manœuvre indépendamment) et le seuil de chargement est assez élevé en raison de l'architecture de la suspension arrière (essieu rigide), ce qui rend pénible le chargement d'objets lourds. Y a de la place dans la remorque ?

Maintenant, retournez à l'avant pour jeter un coup d'œil (un seul) au tableau de bord, d'une tristesse sans nom. Un amas de plastique gris (la couleur chêne également proposée est-elle moins triste ?). Nos yeux rougis se consolent — un peu ? — à la vue du bloc d'instrumentation, au demeurant complet, qui se double sur les livrées les plus coûteuses d'un ordinateur de bord.

Pour conclure ce tour du propriétaire, un mot sur la qualité de fabrication : inégale. Des joints d'étanchéité mal fixés, des panneaux de carrosserie mal ajustés, des plastiques grossièrement taillés montrent toute la place laissée à l'amélioration.

VOUS AIMEZ LE RODÉO ?

Le TrailBlazer ne se déhanche peut-être plus sur la chaussée comme avant, ni ne nous déracine la tête des épaules à la moindre imperfection de la chaussée. Son comportement routier est plus civilisé, certes, mais ne vous méprenez pas, il s'agit toujours d'un camion.

C'est donc dire qu'il faut, comme tous les autres véhicules de cette catégorie d'ailleurs, ranger au vestiaire tout excès de témérité, dans les courbes notamment. De plus, lorsque la condition de la chaussée se dégrade (c'est-à-dire à peu près partout sur nos routes), la suspension arrière se met à danser le Achy Breaky Dance. Ses immenses pneus croquent la chaussée avec autant de force que des gencives dans une pomme et le centre de gravité se trouve, comme vous, haut perché. Heureusement, la direction fait preuve d'une certaine précision (ou une précision certaine) en dépit de sa légèreté et le rayon de braquage est suffisamment court pour favoriser les balades en ville sans trop chialer. Il y a pire et il y a un peu mieux aussi dans le « merveilleux monde des utilitaires ».

Si vous avez les poches creuses et considérez que la planète ne s'en portera pas plus mal, considérez alors la SS qui, en toute franchise, accélère presque aussi vite qu'elle vide son réservoir. Grimpée sur d'énormes pneus de 20 pouces, cette version bénéficie d'un rouage intégral plus sophistiqué mais moins aventurier que les livrées ordinaires et d'un correcteur d'assiette pour maîtriser ses mouvements de caisse avec beaucoup d'assurance. Un très bel exercice de la part des ingénieurs et des motoristes, mais comme le disait bien Yvon Deschamps : « Kosse ça donne ? » Rien.

La beauté ou la force, c'est selon, du TrailBlazer, se trouve sous son capot. Soulevez-le et dites bonjour au moteur six cylindres en ligne de 4,2 litres. Une mécanique qui fait galoper sous sa culasse en aluminium à double arbre à cames en tête. Il promet de bonnes accélérations, affiche de solides reprises, est capable de tracter des charges de près de 3000 kg, et — quelle chance ! — consomme modérément (c'est relatif) l'essence qui se trouve dans son réservoir. Tout un exploit, considérant le poids de cet utilitaire.

Si le prix de baril de pétrole continue de prendre de l'altitude, comme il l'a fait ces derniers mois, le TrailBlazer sera, d'ici peu, considéré pour ce qu'il est : un dinosaure, un vestige d'une époque — heureusement — révolue. ▐▐▐
ÉRIC LEFRANÇOIS

Il y a pire et il y a un peu mieux aussi
dans le « merveilleux monde des utilitaires »

DIMENSIONS ET VOLUMES

Empattement (mm)	2870
Longueur (mm)	4872
Largeur (mm)	1897
Hauteur (mm)	1892 (LT), 1723 (SS)
Volume intérieur (L)	n.d.
Volume du coffre (min./max.) (L)	1161 / 2268
Capacité du réservoir de carburant (L)	83,3
Fourchette de poids (kg)	2052 (LT), 2115 (SS)

CHÂSSIS

Mode	4 roues motrices (LT), intégral (SS)
Suspension av. - arr.	indépendante - essieu rigide
Freins av. - arr.	disques
Capacité de remorquage min. - max. (kg)	2586 - 2994
Direction - diamètre de braquage (m)	crémaillère - 11 /11,1 (SS)
Pneus	245/65R17 (LT1), 245/60R18 (LT3), 255/50R20 (SS)

PERFORMANCES

Modèle à l'essai	Trailblazer SS
Moteur	V8 ACC 6 litres
Puissance (ch. à tr/min)	390 - 6000
Couple (lb-pi à tr/min)	400 - 4000
Transmission de série	automatique 4 rapports
Transmission optionnelle	aucune
Accélération 0-100 km/h (sec.)	6,27
Reprises 80-115 km/h (sec.)	3,62
Distance de freinage 100-0 km/h (m)	38,1
Niveau sonore à 100 km/h	✗ ✗
Vitesse maximale (km/h)	210 (SS), 175 (LT),
Consommation réalisée au cours de l'essai (L/100 km)	17,6 (SS)
Gaz à effet de serre	
Autres moteurs	L6 4,2 litres (285 ch.)

CE QU'IL FAUT SAVOIR

Fourchette de prix ($)	**39 795 - 52 750**
Marge de profit du concessionnaire (%)	10,46
Transport et préparation ($)	1220
Consommation ville – route (L/100 km)	**16,8 - 11,8 (4,2 l)** **19,6 - 14,7 (6 l)**
Essence recommandée	ordinaire
Versions offertes	LT, SS
Carrosserie	utilitaire sport 4 portes
Lieu d'assemblage	États-Unis
Valeur résiduelle	✷
Garanties : de base - motopropulseur (an/km)	3/60 000 – 5/160 000
Fiabilité présumée	✶ ✶ ✶ ✦
Cycle de remplacement	2010
Ventes 2007 ↘ 11 %	Québec : 365
Protection collision frontale conducteur/passager latérale avant/arrière retournement 2rm/4rm	✶ ✶ ✶ / ✶ ✶ ✶ ✶ ✶ ✶ ✶ ✶ ✶ / ✶ ✶ ✶ ✶ ✶ ✶ n.a. / ✶ ✶ ✶ ✶

À RETENIR

Nouveautés 2009	**abandon du V8 de 5,3 litres, Bluetooth, nouvelles couleurs**
Principales concurrentes	**Ford Explorer, Jeep Grand Cherokee, Toyota 4Runner**

- Ses moteurs souples et puissants
- Sa polyvalence (capacité de remorquage, aptitudes tout-terrain)
- Ses accélérations et ses reprises

- Sa suspension arrière sautillante sur une chaussée dégradée
- Sa finition inégale
- Son appétit en hydrocarbures

SUR LES CHEMINS DU TRAVERSE

L a chanson de Francis Cabrel s'intitulait *Les chemins de traverse*... Est-ce que le nouveau multisegment de Chevrolet mènera GM sur le chemin de la rentabilité ? On en doute. Mais, une chose est sûre, la venue du Traverse fera en sorte que les différentes marques de GM devront apprendre davantage à manger à la même table, alors que les GMC Acadia, Buick Enclave, Saturn Outlook et nouveau Traverse devront se partager la même tarte.

CHEVROLET
TRAVERSE

Si la grosseur des pointes de tarte (ou de marché, c'est selon) ont rapetissé depuis cinq ans, ou même par rapport à l'an dernier à pareille date, on comprendra que la récente crise du pétrole risque de se transformer en un régime au pain sec et à l'eau pour les gros multisegments.

LE NOUVEAU DESIGN CHEVROLET

La silhouette toute fraîche du Traverse n'est pas sans rappeler le faciès de la belle et récente Malibu ; les lignes de côté sont simples et sa partie arrière est profilée à la japonaise. Les proportions extérieures donnent l'impression d'un plus petit véhicule qu'il l'est en réalité. Ce qui accentue la sensation de conduire un gros véhicule, mais de gabarit moyen. Bref, on peut dire que c'est moderne et bien réussi. Offert en trois versions, LS, LT et LTZ, le Traverse est livrable avec la traction de série ou la traction intégrale en option.

Tout comme l'extérieur, l'intérieur conjugue modernisme et sobriété. La disposition des cadrans et des commandes respecte la tradition Chevrolet, alors que les deux cockpits, celui du conducteur et du passager, sont séparés par une immense console centrale. Le tout est assemblé avec minutie et les concepteurs n'ont pas lésiné sur la qualité des matériaux. Une fois derrière le volant, le conducteur, peu importe son gabarit, n'aura pas vraiment de difficulté à trouver une position confortable.

Comme ses cousins de la famille GM, deux configurations de rangées de sièges permettent d'accommoder sept ou huit passagers. Ce qui représente maintenant la nouvelle norme des multisegments de grande taille. Le modèle à sept passagers est le plus confortable en raison des sièges baquets de deuxième rangée, séparés par une gigantesque console de rangement. Du côté de l'espace de chargement, la troisième banquette, les deux sièges baquets et même la console se rabattent à plat pour permettre l'accès à un espace cargo très respectable. Par ailleurs, il faut savoir que cette multitude de multisegments ne pourra jamais remplacer le côté pratique des fourgonnettes. Certes, pour le conducteur, le Traverse sera plus intéressant à conduire qu'une Chevrolet Uplander par exemple. Toutefois, les passagers de la troisième banquette devront faire quelques sacrifices sur le plan du confort. Les parents devront donc se questionner sur les priorités: le plaisir de conduire ou le confort des ados ?

MEILLEURE CAPACITÉ DE REMORQUAGE

Lors de son arrivée sur le marché, le Traverse sera animé par un V6 de 3,6 litres dont la puissance sera de 281 ou 288 chevaux selon la configuration des tuyaux d'échappement (simple ou double). C'est presque autant de puissance que certains V8 sur le marché. De série, le V6 est couplé à une boîte de vitesses automatique à six rapports, dont le premier est très court pour des démarrages en force et le sixième très long pour une plus grande économie d'essence sur l'autoroute. L'an dernier, si on reprochait aux GMC Acadia et Saturn Outlook leur capacité de remorquage limité à 2041 kg, celle-ci augmente à 2358 kg avec la venue du Traverse. C'est amplement suffisant pour la plupart des besoins reliés aux loisirs (et même au travail). Particularité intéressante du couple de ce moteur, il est disponible à partir de 2500 tours/minute.

Comme la plupart des véhicules de cette catégorie, le Traverse bénéficie de systèmes modernes de contrôle de la traction, particulièrement pour la répartition de la puissance aux quatre roues motrices. Une attention toute particulière a également été apportée au système de freinage qui profite, en plus de l'ABS de série, d'un système de répartition dynamique des pressions en fonction des conditions d'adhérence sur la chaussée. Côté sécurité, six sacs gonflables ont été répartis aux endroits stratégiques de l'habitacle. On y va même d'une caméra de recul dont l'écran est situé dans le rétroviseur ou dans la console de navigation, selon le modèle. Est-ce le design et la taille de la lunette arrière qui a obligé le constructeur à ajouter cet équipement de série ? Ça reste à voir sur la route.

En conclusion, le Traverse arrive peut-être en retard, mais il attirera sûrement l'attention. Ses lignes extérieures sont modernes et attrayantes, la motorisation est puissante, il reste juste à évaluer la consommation d'essence. L'espace intérieur est pratique et généreux, surtout si vous rabaissez la troisième banquette pour faire place à vos bagages. Trois banquettes c'est bon pour l'équipe de soccer de votre enfant, mais oubliez les ballons, la glacière et tout le tralala dans le coffre, un autre parent devra s'en charger !

▌▌▌ JEAN CHARTRAND - JEAN-FRANÇOIS GUAY

Toute cette multitude de multisegments à sept ou huit passagers sur le marché ne pourra jamais remplacer le côté pratique des fourgonnettes

CHEVROLET TRAVERSE

DIMENSIONS ET VOLUMES

Empattement (mm)	3019
Longueur (mm)	5206
Largeur (mm)	1991
Hauteur (mm)	1770 - 1846
Volume intérieur (L)	4361
Volume du coffre (min./max.) (L)	691 / 3296
Capacité du réservoir de carburant (L)	83,3
Fourchette de poids (kg)	2141 - 2234

CHÂSSIS

Mode	traction, intégral
Suspension av. - arr.	indépendante
Freins av. - arr.	disques
Capacité de remorquage min. - max. (kg)	2358
Direction - diamètre de braquage (m)	crémaillère - 12,3
Pneus	245/70R17, 255/65R18, 255/55R20

PERFORMANCES

Modèle à l'essai	Traverse LT
Moteur	V6 DACT 3,6 litres (échappement double)
Puissance (ch. à tr/min)	288 - 6300
Couple (lb-pi à tr/min)	270 - 3400
Transmission	automatique 6 rapports
Autres transmissions	aucune
Accélération 0-100 km/h (sec.)	8,5 (estimé)
Reprises 80-115 km/h (sec.)	6 (estimé)
Distance de freinage 100-0 km/h (m)	non mesurée
Niveau sonore à 100 km/h	✖ ✖ ✖ ✎
Vitesse maximale (km/h)	210
Consommation réalisée au cours de l'essai (L/100 km)	n.d.
Gaz à effet de serre	n.d.
Autres moteurs	V6 3,6 litres (281 ch.)

CE QU'IL FAUT SAVOIR

Fourchette de prix ($)	35 000 - 42 000 (approximatif)
Marge de profit du concessionnaire (%)	10,68
Transport et préparation ($)	1250
Consommation ville - route (L/100 km)	13,6 - 9,5 (2rm) 15,2 - 11,3 (4rm)
Essence recommandée	ordinaire
Versions offertes	LS, LT, LTZ
Carrosserie	multisegment 5 portes
Lieu d'assemblage	États-Unis
Valeur résiduelle	✲ ✲ ✲
Garanties : de base - motopropulseur (an/km)	3/60 000 - 5/160 000
Fiabilité présumée	✲ ✲ ✲ ✲
Cycle de remplacement	nouveau modèle 2009
Ventes 2007 n.a.	Québec : n.a.
Protection collision frontale conducteur/passager latérale avant/arrière retournement 2rm/4rm	✲✲✲✲✲ / ✲✲✲✲✲ ✲✲✲✲✲ / ✲✲✲✲✲ ✲✲✲✲ / ✲✲✲✲

À RETENIR

Nouveautés 2009	**nouveau modèle**
Principales concurrentes	**Ford Taurus X, Honda Pilot, Hyundai Veracruz, Mazda CX-9, Mitsubishi Endeavor, Subaru Tribeca, Suzuki XL-7, Toyota Highlander**

- Sa silhouette inspirée
- Sa polyvalence et son habitacle
- Sa puissance de remorquage et son espace de chargement

- Sa consommation
- L'étroitesse du coffre avec la 3ᵉ banquette relevée
- Son champ de vision

L'ART DE SE TIRER DANS LE PIED...

I l y a quelques années, deux des Trois Grands avaient annoncé que les fourgonnettes n'avaient plus la cote, que la faveur était dorénavant dévolue aux VUS et aux multisegments, et qu'à court terme, ce créneau autrefois fort prisé serait de l'histoire ancienne. Chrysler ne pouvait emboîter le pas, elle qui avait lancé la mode avec sa Caravan. Ford a tenu parole : exit la Freestar. Mais GM a persévéré avec l'Uplander, descendante des lointaines Venture, Silhouette, etc.

CHEVROLET
UPLANDER

En pénétrant dans la salle d'exposition d'un concessionnaire Chevrolet, on vous proposera effectivement des VUS et des multisegments ; mais si vous y regardez à deux fois, vous trouverez peut-être, dans un coin, un Uplander (ou Montana SV6 chez Pontiac). L'Uplander poursuivra donc sa carrière un millésime de plus et conservera rigoureusement la présentation de la dernière cuvée.

Les deux empattements, avec 22,8 cm de différence, se traduisent par une caisse courte et une longue qui hérite de 593 litres cubes de plus de cargo. La structure monocoque est assortie de longerons pour y loger le groupe propulseur. Mais pas question de dissimuler les banquettes sous le plancher afin d'obtenir une plateforme pour les gros objets. À ce chapitre, cette génération traîne de la patte sur la concurrence. Cependant, pour les personnes à mobilité réduite, le système Sit N Lift est en option.

TROIS BANQUETTES

Pas question de réinventer la roue pour l'Uplander en installant sous son capot des organes propulseurs de dernier cri. Le 3,5 litres n'a pas été remplacé par le 3,6 que toutes les divisions s'arrachent : il a plutôt été trafiqué pour passer à 3,9 litres et générer 240 chevaux et autant de livres-pieds de couple. Un peu bruyant, un peu gourmand d'après les nouvelles normes, mais endurant à souhait. À preuve, la capacité de tractage est de 1588 kg, assez pour tirer caravane, bateau ou VTT. La boîte 4T65 est un autre monument à la longévité ; vous l'aurez deviné, le 4 fait référence au nombre

de rapports. Heureusement, les systèmes Stabilitrak et de traction asservie sont de série et vous sortiront d'impasse lors de chutes de neige.

Peu importe la version, vous aurez droit aux trois rangées de sièges pouvant accueillir sept passagers. Si on fait abstraction de la mode qui n'en a que pour les multisegments, l'accès aux places arrière est beaucoup plus facile dans ce type de carrosserie. Combien plus propice pour transporter la moitié de l'équipe de soccer ou de hockey... avec son équipement ! De plus, pour transformer l'intérieur en conteneur, il faudra abaisser les banquettes pour obtenir l'équivalent d'un plancher surélevé.

PRINCIPAL ATTRAIT : LE PRIX

Rien de flamboyant dans la présentation, intérieure comme extérieure : le tableau de bord est fonctionnel, les sièges confortables, les matériaux encore acceptables et la gueule du véhicule passera bien le temps. La troisième banquette convient mieux aux enfants à cause de l'espace réduit entre les puits d'ailes : au fait, combien de fois verra-t-on sept adultes dans un Uplander ? Quand on y pense à deux fois, si les ventes étaient si bonnes il y a trois ans, pourquoi soudainement faudrait-il qualifier ce type de véhicule de rétro ou de périmé ?

Il reste en fin de compte à GM un argument massue pour s'attirer encore des hordes de clients : les prix. La version de base se prend à moins de 25 000 $ et la plus dispendieuse, en version allongée et toute équipée, à 32 000 $. Sans oublier les rabais occasionnels que le manufacturier propose et la réduction possible des prix à la suite de l'appréciation du huard sur le billet vert. Les consommateurs canadiens n'ont pas récupéré à ce jour le manque à gagner depuis que le dollar américain bat de l'aile. Finalement, il faudra voir comment la décision de GM de délaisser la location jouera sur les chiffres de ventes, car il est prévisible que les prix pourraient encore être réduits.

Les Chevrolet Uplander et autres Montana SV6 de ce monde sont la preuve que l'industrie américaine est allée très vite et que le virage vers le multisegment a cannibalisé des véhicules au demeurant pratiques et fonctionnels. Ces fourgonnettes intermédiaires risquent de disparaître sans avoir reçu les organes mécaniques dernier cri ou un aménagement intérieur rafraîchi parce que leur taux de pénétration dans le marché sera trop faible. Reste à savoir si ces dernières survivront à la tempête qui déferle sur le monde automobile nord-américain. ▌▌▌ **MICHEL POIRIER-DEFOY**

CHEVROLET UPLANDER

DIMENSIONS ET VOLUMES

Empattement (mm)	2870 - 3077
Longueur (mm)	4851 - 5191
Largeur (mm)	1830
Hauteur (mm)	1790 - 1830
Volume intérieur (L)	n.d.
Volume du coffre (min./max.) (L)	501 / 3401 (régulière)
	762 / 3866 (allongée)
Capacité du réservoir de carburant (L)	75 (régulière), 94 (allongée)
Fourchette de poids (kg)	1853 - 2028

CHÂSSIS

Mode	traction
Suspension av. - arr.	indépendante – semi-indépendante
Freins av. - arr.	disques
Capacité de remorquage min. - max. (kg)	1587
Direction – diamètre de braquage (m)	crémaillère – 12 / 12,5 (allongée)
Pneus	225/60R17

PERFORMANCES

Modèle à l'essai	LT
Moteur	V6 ACC 3,9 litres
Puissance (ch. à tr/min)	240 - 6000
Couple (lb-pi à tr/min)	240 - 4800
Transmission	automatique 4 rapports
Autres transmissions	aucune
Accélération 0-100 km/h (sec.)	9,75
Reprises 80-115 km/h (sec.)	7,74
Distance de freinage 100-0 km/h (m)	43,3
Niveau sonore à 100 km/h	✖ ✖ ✖
Vitesse maximale (km/h)	180
Consommation réalisée au cours de l'essai (L/100 km)	12,2
Gaz à effet de serre	
Autres moteurs	aucun

CE QU'IL FAUT SAVOIR

Fourchette de prix ($)	**24 390 – 32 615**
Marge de profit du concessionnaire (%)	10,68
Transport et préparation ($)	1350
Consommation ville - route (L/100 km)	**14,5 – 10**
Essence recommandée	ordinaire
Versions offertes	LS, LT1, LT2 (régulière / allongée)
Carrosserie	fourgonnette 5 portes
Lieu d'assemblage	États-Unis
Valeur résiduelle	✳
Garanties : de base – motopropulseur (an/km)	3/60 000 - 5/160 000
Fiabilité présumée	✳ ✳
Cycle de remplacement	2010
Ventes 2007 ↘ 3 %	Québec : 3927
Protection collision frontale conducteur/passager latérale avant/arrière retournement 2rm/4rm	✳✳✳✳ / ✳✳✳✳✳ ✳✳✳✳ / ✳✳✳✳✳ ✳✳✳ / n.a.

À RETENIR

Nouveautés 2009	aucun changement majeur
Principales concurrentes	Dodge Grand Caravan, Honda Odyssey, Hyundai Entourage, Nissan Quest, Toyota Sienna

• Prix de base alléchants
• Loge sept passagers
• Système Stabilitrak
• Bonne capacité de traction

• Moteur rugueux et bruyant
• Assemblage inégal
• Vraiment en fin de carrière ?

191

UNE AMÉRICAINE PUR JUS

Ne nous racontons pas d'histoire, n'eût été de Daimler, Chrysler n'aurait sans doute jamais eu les ressources financières pour nous offrir une 300 aussi aboutie. Si elle est calquée partiellement sur l'architecture technique de l'ancienne génération de la Mercedes Classe E, les points en commun entre les deux berlines s'arrêtent là. Pour le reste, cette Chrysler est une américaine pur jus.

Avec ses glaces taillées comme des meurtrières, son nez enfoncé de boxeur et ses flancs aussi lisses que des galets, la 300 n'a jamais fait l'unanimité sur le plan visuel. Qu'on aime ou pas, on ne peut pas écrire que la 300 manque de caractère ni de prestance. Avant de regarder par son étroit pare-brise, jetons un œil sur la présentation intérieure, ou plutôt sur l'ambiance qui s'en dégage. Tableau de bord massif, volant à quatre branches, instrumentation à fond blanc, la 300 fait une bonne première impression. Mais dans le détail, on est encore loin d'une Mercedes. Ainsi, les portières s'ouvrent et se referment non pas comme le coffre de la Deutsche Bank, mais plutôt comme celui d'une petite banque américaine ! Néanmoins, force est de constater que la qualité a beaucoup progressé, même si on peut encore débusquer ici ou là quelques fautes de finition.

UN ÉQUIPEMENT RELEVÉ

Même si la structure des baquets avant est d'origine Mercedes, ceux-ci offrent un faible maintien. En revanche, la position de conduite, elle, est facile à trouver, grâce, notamment, à la présence d'un pédalier électrique et d'une colonne de direction réglable dans les deux sens. Au chapitre des accessoires, cette Chrysler, qui n'est pas peu fière, nous fait défiler une longue liste d'équipements. Parmi les éléments de confort et de sécurité, on retient les essuie-glaces avec capteur de pluie, les phares au xénon, mais aussi son système audio à 13 haut-parleurs et son système de divertissement DVD dont l'écran est monté sur l'accoudoir de la console centrale. Par chance, l'imposant gabarit extérieur de la 300 se reflète à l'intérieur. À l'arrière par exemple, le dégagement ne pose aucun problème et la banquette vous accueille confortablement. Le coffre est tout aussi vaste pour vos bagages. Large et profond, le volume de chargement peut même être accru en rabattant en tout ou en partie les dossiers divisés 60/40 de la banquette arrière.

UN HEMI DE 370 CHEVAUX

Avant d'aller plus loin, soulevons le capot. Sous celui des versions Touring et Limited, on découvre le moteur V6 3,5 litres de 250 chevaux, lequel est jumelé à une transmission automatique à quatre rapports. La 300 C dont il est question ici boulonne sur son support moteur un V8 Hemi 5,7 litres dont la puissance atteint 370 chevaux et le couple 398 livres-pieds en 2009. De quoi vous mettre les poils des avant-bras au garde-à-vous, et avec raison. Jugez-en : moins de 6 secondes pour atteindre les 100 km/h après un départ arrêté et des reprises tout aussi enivrantes grâce au couple monstrueux délivré par cette mécanique. Seul ennui, surtout par les temps qui courent : la consommation grimpe en flèche, jusqu'à 16 litres aux 100 km, si on s'amuse trop avec l'accélérateur. Toutefois, si vous réussissez à garder le contrôle sur votre pied droit, il est possible de faire 12 litres aux 100 km. Cette année, des améliorations apportées au très original système de désactivation des cylindres devraient permettre de réduire la consommation d'environ 5 %. La coupure de quatre cylindres sur huit est totalement imperceptible et il suffit d'enfoncer l'accélérateur pour récupérer toute la puissance des cylindres.

En ce qui concerne son rouage intégral optionnel, les ingénieurs ont installé un mécanisme qui permet de désactiver l'essieu avant quand les conditions routières n'exigent pas un rouage permanent. Au même titre que la désactivation des cylindres, ce dispositif est une autre façon de réduire la consommation de carburant. Malgré tout, il sera intéressant de voir la réaction des consommateurs face au nouveau Hemi compte tenu du prix de l'essence.

SUR LA ROUTE

Malgré son surplus de poids, cette grosse américaine reste facile à conduire, même si la tenue de cap manque de rigueur. Cette 300 C nous fait toutefois payer son embonpoint si le ruban d'asphalte se met à zigzaguer. La suspension peine alors à tenir la voiture en ligne droite. Comme le laisse deviner son diamètre de braquage, la 300 C manque d'agilité en ville, mais la direction, suffisamment légère, permet aux plus habiles de se tirer d'affaire. Pour faciliter les stationnements en parallèle, le radar de stationnement n'est pas du luxe. Quant à la SRT-8, elle est de retour et propose quelques retouches à sa calandre et à sa suspension. ▌▌▌ **JEAN-FRANÇOIS GUAY**

Si on s'amuse trop avec l'accélérateur, la consommation peut dépasser 16 litres aux 100 km, mais il est possible de la réduire à 12 litres aux 100 km

DIMENSIONS ET VOLUMES

Empattement (mm)	3048
Longueur (mm)	4999
Largeur (mm)	1881
Hauteur (mm)	1483, 1471 (SRT-8)
Volume intérieur (L)	3018
Volume du coffre (min./max.) (L)	442
Capacité du réservoir de carburant (L)	68, 72 (TI)
Fourchette de poids (kg)	1693 - 1938

CHÂSSIS

Mode	propulsion, intégral
Suspension av. - arr.	indépendante
Freins av. - arr.	disques
Capacité de remorquage min. - max. (kg)	n.r. (SRT-8) - 907
Direction – diamètre de braquage (m)	crémaillère - 11,9
Pneus	215/65R17 (Touring)
	225/60R18 (Touring, Limited, 300C)
	245/45R20 (SRT-8)

PERFORMANCES

Modèle à l'essai	300C TI
Moteur	V8 ACC 5,7 litres
Puissance (ch. à tr/min)	370 - 5000
Couple (lb-pi à tr/min)	398 - 4000
Transmission	semi-automatique 5 rapports
Autres transmissions	aucune
Accélération 0-100 km/h (sec.)	5,9
	(chronomètre manuel)
Reprises 80-115 km/h (sec.)	3,9 (chronomètre manuel)
Distance de freinage 100-0 km/h (m)	non mesurée
Niveau sonore à 100 km/h	✖ ✖ ✖
Vitesse maximale (km/h)	240 (300C), 250 (SRT-8)
	210 (V6)
Consommation réalisée au cours de l'essai (L/100 km)	12 (estimé)
Gaz à effet de serre	
Autres moteurs	V6 2,7 litres (178 ch.)
	V6 3,5 litres (250 ch.), V8 6,1 litres (425 ch.)

CE QU'IL FAUT SAVOIR

Fourchette de prix ($)	**32 695 – 53 695**
Marge de profit du concessionnaire (%)	9,84 à 11,65
Transport et préparation ($)	1300
Consommation ville – route (L/100 km)	13,7 - 9,7 (2rm, 3,5 l)
	15,6 - 10,2 (2rm, 5,7 l)
	14,9 - 10,5 (4rm, 3,5 l)
	15,7 - 10,7 (4rm, 5,7 l)
	18 - 13,5 (6,1 l)
Essence recommandée	ordinaire, super (SRT-8)
Versions offertes	LX, Touring, Limited, C, SRT-8
Carrosserie	berline 4 portes
Lieu d'assemblage	Canada
Valeur résiduelle	✱ ✱ ✱
Garanties : de base – motopropulseur (an/km)	3/60 000 - 5/100 000
Fiabilité présumée	✱ ✱ ✱
Cycle de remplacement	2012
Ventes 2007 ↘ 18 %	Québec : 2277
Protection collision frontale conducteur/passager	✱ ✱ ✱ ✱ / ✱ ✱ ✱ ✱ ✱
latérale avant/arrière	✱ ✱ ✱ ✱ / ✱ ✱ ✱ ✱ ✱
retournement 2rm/4rm	✱ ✱ ✱ ✱ / ✱ ✱ ✱ ✱

À RETENIR

Nouveautés 2009	moteur Hemi plus puissant et moins énergivore (300C), retouches esthétiques (SRT-8), système antipatinage recalibré
Principales concurrentes	Buick Lucerne, Dodge Charger, Ford Taurus, Hyundai Azera, Kia Amanti, Nissan Maxima, Pontiac G8, Toyota Avalon

- Véhicule typiquement américain
- Son habitacle spacieux
- Les améliorations apportées au V8 de 5,7 litres

- Sa direction un peu trop légère
- Sa consommation élevée
- À quand la motorisation hybride ?

TOUT COMME HULK

CHRYSLER
ASPEN

S'il y a un véhicule qui s'apparente à ce célèbre personnage, c'est bien le Chrysler Aspen dans sa livrée hybride, puisqu'il est à la fois fort et vert. Il ne fait pas de compromis pour ce qui est de ses capacités à effectuer de gros travaux, tandis que sa consommation en hydrocarbures est raisonnable toute proportion gardée. Bien entendu, si vous possédez une sous-compacte fonctionnant uniquement à l'essence, n'allez pas croire que l'achat d'un Aspen Hybride vous permettra d'économiser à la pompe.

Même s'il peut paraître étrange que le premier véhicule à utiliser cette technologie chez Chrysler soit un gros VUS, ce n'est pas tout à fait dénué de sens. Certains ont un réel besoin d'un véhicule de ce genre, mais peut-être aimeraient-ils tout de même faire leur part pour la planète ou tout simplement économiser sur l'essence, et c'est exactement à eux que le Aspen Hybride s'adresse. La technologie hybride bimode qui l'équipe a été développée conjointement avec General Motors et BMW, et c'est au populaire V8 Hemi de 5,7 litres qu'elle est accolée dans le cas présent. Il est possible dans un premier temps d'atteindre une vitesse de 40 km/h exclusivement à l'aide du moteur électrique. Il faut toutefois faire preuve de retenue sur la pédale d'accélérateur pour y parvenir, et même si tel est le cas, le moteur à essence entre rapidement en action, puisque la jauge de niveau de charge des batteries descend à vue d'œil. Le moteur Hemi est, pour sa part, équipé de la technologie de désactivation des cylindres qui, grâce au moteur électrique, lui permet de fonctionner régulièrement sur quatre cylindres uniquement. Il est réconfortant de savoir qu'on a toujours une bonne réserve de puissance et que, lorsque nécessaires, 375 chevaux et presque autant de couple peuvent répondre à l'appel de solides accélérations et reprises.

DISCRÉTION TOUS AZIMUTS

Hybride ou non, le Chrysler Aspen affiche, contrairement à son frère le Dodge Durango, un air sophistiqué, voire chic. Bien qu'il possède les aptitudes d'une véritable brute, il se présente avec classe, et ce, sans tomber dans la démesure pour ce qui est du chrome et de la dimension des jantes,

de sorte que votre voisinage ne vous prendra pas nécessairement pour un trafiquant de drogue. L'habitacle abonde dans le même sens pour créer un heureux mélange de luxe et de robustesse qui en fait un excellent outil de travail la semaine et un véhicule agréable au moment des sorties de fin de semaine. Le tableau de bord aux formes équarries abrite en son centre un ordinateur qui, sur la version hybride, propose une divertissante fonction d'affichage en temps réel des informations concernant le groupe propulseur. Comme sur une console de jeu, on se surprend alors à tenter de battre des records de consommation en demeurant le plus longtemps possible en mode électrique ou, à tout le moins, en faisant fonctionner le moteur à essence sur seulement quatre de ses huit cylindres. Les nombreuses appliques au fini bois tendent également à égayer l'ensemble, au même titre que la pendulette analogique qui trône au sommet de la console centrale. Si les sièges garnis de cuir sont confortables au premier contact, il en est autrement après quelques heures de conduite sur des routes sinueuses, puisque l'absence de support latéral oblige le conducteur à se courber en tous sens pour demeurer en place. Hormis ce détail, la vie à bord se fait dans le grand confort et les occupants profitent amplement d'espace, pour autant qu'ils ne soient pas prisonniers de la dernière rangée de sièges.

La douceur de roulement vous abrite passablement de l'environnement extérieur, mais l'insonorisation, aussi poussée soit-elle, laisse tout de même place de temps à autre à un grondement provenant du moteur Hemi. Les bagages sont également choyés, et une fois rabattue, la banquette arrière agrandit considérablement l'espace disponible qui se montre déjà généreux comparativement à certains autres VUS de format similaire.

UNE BONNE AFFAIRE

À défaut de soulever les passions, l'Aspen ne présente aucun irritant majeur. C'est un véhicule avant tout pratique et robuste qui se présente avec élégance et la version hybride accomplit tout cela en plus de faire preuve d'une rassurante sobriété. Le freinage régénératif qui accompagne cette dernière n'est pas dérangeant outre mesure et on s'y habitue rapidement. Étant donné que le déboursé supplémentaire de 5000 $ pour un Aspen hybride comparativement à la version régulière n'a pas trop d'impact sur un véhicule de ce prix, il s'agit d'une bonne affaire, surtout que les composantes de ce système bénéficient d'une garantie de huit ans ou 160 000 km. ▐▌▌ **DANIEL CHARRETTE**

*Comme sur une console de jeu, on se surprend à tenter
de battre des records de consommation en mode électrique*

DIMENSIONS ET VOLUMES

Empattement (mm)	3027
Longueur (mm)	5101
Largeur (mm)	1930
Hauteur (mm)	1887
Volume intérieur (L)	4392
Volume du coffre (min./max.) (L)	538 / 2896
Capacité du réservoir de carburant (L)	102
Fourchette de poids (kg)	2327 - 2557

CHÂSSIS

Mode	intégral
Suspension av. - arr.	indépendante - essieu rigide
Freins av. - arr.	disques
Capacité de remorquage min. - max. (kg)	2721 (Hyb) - 3946 (Ltd)
Direction - diamètre de braquage (m)	crémaillère - 12,2
Pneus	265/65R18, 265/50R20

PERFORMANCES

Modèle à l'essai	Aspen Hybride
Moteur	V8 bimode ACC 5,7 litres (+ moteur électrique)
Puissance (ch. à tr/min)	345 - 5300 (+ 87 ch.)
Couple (lb-pi à tr/min)	380 - 4200 (+ 235 lb-pi)
Transmission	à variation continue et 4 engrenages fixes (CVT)
Autres transmissions	automatique 5 rapports (Limited)
Accélération 0-100 km/h (sec.)	7,9 (estimé)
Reprises 80-115 km/h (sec.)	4,5 (estimé)
Distance de freinage 100-0 km/h (m)	non mesurée
Niveau sonore à 100 km/h	non mesuré
Vitesse maximale (km/h)	190
Consommation réalisée au cours de l'essai (L/100 km)	12 (estimé)
Gaz à effet de serre	
Autres moteurs	V8 5,7 litres (375 ch.)

CE QU'IL FAUT SAVOIR

Fourchette de prix ($)	43 745 - 55 995
Marge de profit du concessionnaire (%)	11,43
Transport et préparation ($)	1350
Consommation ville - route (L/100 km)	17,8 - 13,2 (5,7 l) 12 -12 (Hyb)
Essence recommandée	ordinaire
Versions offertes	Limited, Hybride
Carrosserie	utilitaire 5 portes
Lieu d'assemblage	États-Unis
Valeur résiduelle	*
Garanties : de base - motopropulseur (an/km)	3/60 000 - 5/100 000
Fiabilité présumée	* * *
Cycle de remplacement	inconnu
Ventes 2007 ↗ 274 %	Québec : 217
Protection collision frontale conducteur/passager latérale avant/arrière retournement 2rm/4rm	* * * * * / * * * * * non évaluée n.a. / * * * *

À RETENIR

Nouveautés 2009	motorisation hybride, V8 Hemi 5,7 litres plus puissant et moins énergivore
Principales concurrentes	Cadillac Escalade, Infiniti QX56, Lexus GX/LX, Lincoln Navigator, Mercedes GL

- Version hybride
- Équilibre général
- Silhouette élégante

- Encombrement
- Position de conduite
- Sièges inconfortables

VIEILLIR ET ATTENDRE LA FIN

La PT Cruiser arbore des flancs galbés, des poignées chromées, et un arrière tronqué. Derrière les portières, l'habitacle est aussi imaginatif que coloré. Bref, il ne manque que la musique d'Elvis pour revivre les belles années Rock and Roll de nos parents!

Comme nulle autre, la PT Cruiser est celle qui se rapproche le plus des voitures qui ont marqué les jeunes années des babyboomers. Mais, pour les nostalgiques, elle n'a que l'air. Pas la chanson. Ainsi, oubliez le moteur V8 à carburateurs, les suspensions abaissées et les roues arrière motrices. La plate-forme mécanique de cette Chrysler est plutôt banale, voire similaire aux autres berlines de la marque. Il s'agit donc d'une voiture à traction et moteur quatre cylindres de 2,4 litres. Développant 150 chevaux dans sa livrée atmosphérique, la puissance grimpe à 180 chevaux avec le turbocompresseur. Si ce dernier peut être couplé uniquement à une boîte automatique à quatre rapports, le moteur de base propose également une boite manuelle à cinq vitesses.

ELLE A L'ÂGE DE SES ARTÈRES

Certes, la concurrence fait mieux avec des cylindrées plus petites. Mais là où le bât blesse, c'est lorsqu'on établit le rapport poids-puissance de cette compacte à hayon. À ce titre, le PT Cruiser n'est pas un modèle de légèreté. Un handicap qui a des répercussions sur les performances. Mais, il serait injuste de pointer le poids comme l'unique responsable de ce manque de dynamisme. Autant l'étagement de la transmission manuelle que celle de l'automatique nuisent aux performances. Mais qui s'en plaindra dans le contexte actuel, puisque le nerf de la guerre n'est plus le temps chronométré pour abattre le 0 à 100 km/h mais bien le nombre de litres consommé aux 100 km. Et à ce chapitre, la PT Cruiser s'en tire honorablement bien.

Campée sur des pneus de 16 pouces (la LX de base est encore chaussée de pneus de 15 pouces, la PT Cruiser vire à plat et son comportement routier est très prévisible. Par contre, même si ses dimensions la prédisposent à une certaine agilité, tous les modèles souffrent d'un trop long rayon de braquage pour une compacte. Ce qui oblige, à l'occasion, à s'y reprendre à deux fois pour se stationner. Heureusement, cette Chrysler peut compter sur une direction précise dont l'assistance est correctement dosée. Sur la route, la suspension est assez ferme, mais pas inconfortable. Selon la qualité du bitume, il arrive que le train arrière constitué, notamment, d'un essieu rigide à poutre de torsion oscille outrageusement. Pour ce qui est du freinage, l'ensemble turbo comprend deux paires de disques avec, en prime, un antiblocage et un dispositif antipatinage, alors que les autres modèles ont droit à des tambours à l'arrière.

AMBIANCE RÉTRO

Pour que le ramage rime avec le plumage, les stylistes ont pris soin de concevoir un habitacle qui rappelle les années *fifties*. Ainsi, trois cadrans à fond blanc ornent l'une des deux faces laquées (de la même couleur que la carrosserie) du tableau de bord où se fondent le bloc d'instruments (indicateur de vitesse, jauge à essence, compte-tours) et une série de voyants lumineux. Plus au centre, on retrouve les commandes des glaces électriques et, plus en bas, celles de la climatisation et de la radio. En ce qui concerne la finition, on ne se surprend plus à l'égard de certains produits Chrysler de maugréer à la vue de garnitures mal assemblées, ou encore devant la fragilité de certains accessoires. Par contre, on pardonne moins facilement à cet habitacle de cacher sous ses tapis une trop mince couche de matériaux isolants qui filtre mal les bruits de la route.

Malgré ses dimensions réduites, la PT Cruiser est plutôt hospitalière. À l'avant, le dégagement pour la tête est si important qu'une paire de joueurs de basketball pourrait y faire quelques paniers. Idem pour les deux passagers arrière qui n'auront pas à craindre de se frotter le cuir chevelu contre le plafond. L'habitacle est pratique, et on estime qu'il y a 26 configurations possibles : le siège du passager avant est rabattable à plat, la banquette est rabattable et escamotable, en tout ou en partie, ou peut se retirer complètement (attention, chaque siège pèse environ 30 kg) pour accroître le volume du coffre et former un plancher presque plat. Toutefois, l'astuce la plus originale demeure, même après tant d'années (la PT a été dévoilée en 2001), la tablette « multiposition » qui s'installe à la verticale pour diviser le coffre ou horizontalement pour servir de table à pique-nique. Bref, il faut reconnaître que malgré son âge avancé, la PT Cruiser demeure l'une des compactes les plus fonctionnelles de la catégorie. ▌ **JEAN-FRANÇOIS GUAY**

Malgré ses rides, elle est aussi fonctionnelle qu'une Toyota Matrix

DIMENSIONS ET VOLUMES

Empattement (mm)	2616
Longueur (mm)	4290
Largeur (mm)	1705
Hauteur (mm)	1601
Volume intérieur (L)	2801
Volume du coffre (min./max.) (L)	610 / 1780
Capacité du réservoir de carburant (L)	57
Fourchette de poids (kg)	1392 - 1461

CHÂSSIS

Mode	traction
Suspension av. - arr.	indépendante
Freins av. - arr.	disques - tambours (LX, Touring), disques (Ltd)
Capacité de remorquage min. - max. (kg)	454
Direction - diamètre de braquage (m)	crémaillère - 11,2 / 12,3 / 12,8
Pneus	195/65R15 (LX), 205/55R16 (Touring), 205/50HR17 (Ltd)

PERFORMANCES

Modèle à l'essai	PT Cruiser Touring
Moteur	L4 DACT 2,4 litres
Puissance (ch. à tr/min)	150 - 5100
Couple (lb-pi à tr/min)	165 - 4000
Transmission	automatique 4 rapports
Autre transmission	manuelle 5 rapports
Accélération 0-100 km/h (sec.)	10,98
Reprises 80-115 km/h (sec.)	8,37
Distance de freinage 100-0 km/h (m)	42,2
Niveau sonore à 100 km/h	✕ ✕
Vitesse maximale (km/h)	175, 195 (turbo)
Consommation réalisée au cours de l'essai (L/100 km)	10,2
Gaz à effet de serre	
Autres moteurs	L4 2,4 litres turbo (180 ch.)

CE QU'IL FAUT SAVOIR

Fourchette de prix ($)	**21 995**
Marge de profit du concessionnaire (%)	11,51
Transport et préparation ($)	1200
Consommation ville - route (L/100 km)	**11,2 - 9,1 (2,4 l) 13,1 - 9,8 (turbo 2,4 l)**
Essence recommandée	ordinaire, super (turbo)
Versions offertes	LX, Touring, Limited
Carrosserie	multisegment 5 portes
Lieu d'assemblage	Mexique
Valeur résiduelle	✱ ✱
Garanties : de base - motopropulseur (an/km)	3/60 000 – 5/100 000
Fiabilité présumée	✱ ✱ ✱ ✱ ✰
Cycle de remplacement	inconnu
Ventes 2007 ⬂ 20 %	Québec : 1132
Protection collision frontale conducteur/passager latérale avant/arrière retournement 2rm/4rm	non évaluée non évaluée non évaluée

À RETENIR

Nouveautés 2009	**cabriolet discontinué**
Principales concurrentes	**Chevrolet HHR, Pontiac Vibe, Suzuki SX4, Toyota Matrix**

+
- Habitacle polyvalent
- Prix compétitif
- Bonne routière
- Style rétro et moderne

−
- Finition inégale et mauvaise insonorisation
- Absence d'une boîte automatique à 5 rapports
- Disparition du cabriolet

POUR LES PETITS PLAISIRS DE LA VIE

CHRYSLER
SEBRING

Avec la disparition de la Toyota Solara, la Sebring demeure, avec la Pontiac G6 et la Volkswagen Eos, l'une des rares voitures offertes en plusieurs formats. Certes, il y a les Audi A4, BMW Série 3, Saab 9-3 qui sont proposées en plusieurs configurations, mais elles se classent dans une autre fourchette de prix.

On pourrait s'étaler longuement sur la berline Sebring, mais attardons-nous plutôt au cabriolet, puisque les informations sur la berline risquent de recouper celles de son clone, la Dodge Avenger.

LA SEBRING CABRIOLET

Peu importe la marque, la voiture cabriolet donne l'impression qu'on est en vacances 12 mois par année. De plus, le cabriolet nous fait apprécier la route sans avoir à dépasser les limites de vitesse et risquer de perdre son permis à tout moment. En fait, le vent seul suffit à redonner, à des vitesses bien inférieures aux limites imposées, des sensations fortes. Quel plaisir également pour l'odorat de rouler dans un sous-bois après la pluie ou traverser un champ l'été lors de la coupe des foins ! Hum ! La Sebring s'inspire de l'époque des grands cabriolets américains : vaste habitacle, suspension molle, instrumentation sur fond blanc et couleurs de carrosserie des années 1950 et 60. Bref, vous pensez qu'il manquait juste la musique d'Elvis ? Non justement, lors de l'essai, nous nous sommes fait un devoir de rouler sur la musique du roi du rock-and-roll.

La qualité perçue à bord de cette belle américaine n'est malheureusement pas à la hauteur de celle offerte sur les cabriolets allemands ou suédois. Encore une fois, la piètre qualité des matériaux utilisés par Chrysler est en cause. À cette lacune s'en ajoute une autre : un assemblage un peu maladroit par endroits (plastiques mal taillés, garnitures mal collées ou joint d'étanchéité mal fixé). À ce chapitre, la Sebring peut se consoler, car d'autres cabriolets américains font pire.

Depuis des décennies, la Sebring est l'un des cabriolets les plus vendus. Tous ceux qui aiment parader trouveront des aptitudes à cette voiture qui s'avère extrêmement confortable pour les sorties en tenue de soirée ou les brunchs du dimanche. Par contre, ceux qui préfèrent piloter

resteront sur leur faim. Ils trouveront le train avant peu incisif, la direction trop légère et le freinage peu endurant en usage soutenu. Ils trouveront également à redire sur le manque de verve du V6 de 3,5 litres qui en a lourd à traîner. Mais bon, comme on disait, les cabriolets de ce segment ne sont pas des roadsters allemands et ils servent plutôt à profiter bonnement de la vie, sans stress et sans rendez-vous. La solution : ralentir. Oui, levez le pied. Dès lors, les quelque neuf secondes nécessaires au 0-100 km/h ne vous paraîtront plus aussi longues. La transmission semi-automatique égrènera ses cinq rapports avec douceur et la discrétion du moteur vous permettra d'entendre les oiseaux chanter ! La Sebring demeure l'un des plus confortables cabriolets sur le marché, et ce, tant et aussi longtemps que la chaussée ne se met pas à ressembler à une rue printanière de Montréal ! Alors là, les suspensions vibrent, la caisse craque, la direction s'affole. Heureusement, il y a Elvis ! Montez le son !

Considérant l'état actuel du réseau routier, nous vous recommandons de bouder les pneus de 18 pouces et de vous en tenir aux pneumatiques de 16 ou 17 pouces. Malheureusement, en suivant notre recommandation, vous vous privez du moteur 3,5 litres de la version Limited et d'une foule d'accessoires susceptibles de vous intéresser. Méchant dilemme, n'est-ce pas ? Mais, si pour vous, rouler sans toit, c'est savourer l'été le nez au vent et le coude à la portière, aucun doute que la Sebring vous comblera. Par ailleurs, ce cabriolet est le seul à offrir le choix entre un toit dur ou un toit souple. Nous préférons le toit dur, mieux isolé et plus étanche aussi. Comme pour la berline, Chrysler offre également un V6 de 2,7 litres et un quatre cylindres de 2,4 litres. Selon votre budget et votre type de conduite, ces deux motorisations sont capables de traîner cette mouture sans problème, à condition bien sûr de ne pas être pressé.

LA BERLINE

Que pensez-vous de la berline ? Pas grand-chose, si ce n'est que son cahier des charges devait être pas mal confus au départ. À ce chapitre, c'est malheureux à dire, mais la Dodge Avenger remplit mieux son mandat. Pour rivaliser avec les ténors japonais, Chrysler avait l'obligation de développer un véhicule mieux abouti. Mais bon, ce sera pour la prochaine génération. Qu'à cela ne tienne, il faut mentionner que la berline Sebring est l'une des intermédiaires qui consomment le moins dans sa catégorie. Ce qui mérite notre considération par les temps qui courent.

▌▌▌ JEAN-FRANÇOIS GUAY - JEAN PENDLETON

Elle s'inspire de l'époque des grands cabriolets américains : vaste habitacle, suspension molle et couleurs de carrosserie des années 1950 et 60

DIMENSIONS ET VOLUMES

Empattement (mm)	2765
Longueur (mm)	4842 (berline), 4922 (cabriolet)
Largeur (mm)	1808 (berline), 1816 (cabriolet)
Hauteur (mm)	1498 (berline), 1485 (cabriolet)
Volume intérieur (L)	2902 (berline)
Volume du coffre (min./max.) (L)	385 (berline)
	186 / 370 (cabriolet)
Capacité du réservoir de carburant (L)	64
Fourchette de poids (kg)	1552 - 1745

CHÂSSIS

Mode	traction
Suspension av. - arr.	indépendante
Freins av. - arr.	disques
Capacité de remorquage min. - max. (kg)	454 - 680
Direction - diamètre de braquage (m)	crémaillère - 11,13
Pneus	215/65R16 (LX), 215/60R17 (Touring)
	215/55R18 (Limited)

PERFORMANCES

Modèle à l'essai	Sebring Limited (cabriolet)
Moteur	V6 DACT 3,5 litres
Puissance (ch. à tr/min)	235 - 6400
Couple (lb-pi à tr/min)	232 - 4000
Transmission	automatique 6 rapports
Autres transmissions	automatique 4 rapports
	(2,4 l / 2,7 l)
Accélération 0-100 km/h (sec.)	8,59
Reprises 80-110 km/h (sec.)	5,24
Distance de freinage 100-0 km/h (m)	42,6
Niveau sonore à 100 km/h	
Vitesse maximale (km/h)	210, 180 (2,4 l / 2,7 l)
Consommation réalisée au cours de l'essai (L/100 km)	12,3
Gaz à effet de serre	
Autres moteurs	L4 2,4 litres (173 ch.)
	V6 2,7 litres (186 ch.)

CE QU'IL FAUT SAVOIR

Fourchette de prix ($)	**22 995 - 40 995**
Marge de profit du concessionnaire (%)	7,28 à 11,54
Transport et préparation ($)	1300
Consommation ville - route (L/100 km)	**11,1 - 7,9 (2,4 l)**
	12,3 - 8,8 (2,7 l)
	14,7 - 9 (3,5 l)
Essence recommandée	ordinaire
Versions offertes	LX, Touring, Limited
Carrosserie	berline 4 portes
Lieu d'assemblage	États-Unis
Valeur résiduelle	✱ ✱ ✱
Garanties : de base - motopropulseur (an/km)	3/60 000 - 5/100 000
Fiabilité présumée	✱ ✱ ✱
Cycle de remplacement	2010
Ventes 2007 ↗ 25 %	Québec : 2583
Protection collision frontale conducteur/passager latérale avant/arrière retournement 2rm/4rm	✱✱✱✱✱/✱✱✱✱✱✱ ✱✱✱✱✱/✱✱✱✱ ✱✱✱✱ / n.a.

À RETENIR

Nouveautés 2009	freins à disques aux 4 roues avec ABS de série, rouage intégral abandonné
Principales concurrentes	Ford Fusion, Honda Accord, Hyundai Sonata, Mazda6, Nissan Altima, Pontiac G6, Toyota Camry, Volkswagen Eos

- Sa douceur de roulement
- Son vaste habitacle pour 4 adultes (cabriolet)
- Les nombreux modèles et motorisations

- Sa finition plutôt bâclée par endroits
- Le manque de verve du 2,4 litres
- Sa faible valeur de revente (berline)

L'IMPÉRIALE DE SA CLASSE

Quand vous avez été à l'origine d'un véhicule qui a fait époque et qui vous a sorti de la faillite, que toute l'industrie vous a copié pour prendre sa part de marché, il serait inconvenant de quitter ce marché quand il bat de l'aile.

CHRYSLER
TOWN &
COUNTRY

Il faut se rendre à l'évidence que le trio Caravan, Voyager et Town & Country a toujours innové dans le segment des minifourgonnettes ; si la fiabilité n'a pas toujours été au rendez-vous, n'empêche que des millions d'unités sillonnent encore nos routes et que l'attrait pour ces *Autobeaucoup* persiste. Il n'y a plus qu'une seule usine d'assemblage (pendant que d'autres délaissent le segment), mais la réduction des prix assurera sa survie pour un moment.

Après les années de rondeurs des dernières générations, voici les années plus athlétiques de la cinquième vague qui a été lancée l'an dernier : l'effet Dodge Magnum ou Chrysler 300 s'est fait sentir dans le design et Chrysler voulait que le Town & Country se distingue vraiment de la Caravan.

Dans le cas de cette dernière, la plateforme est nouvelle, mais les organes mécaniques de base sont demeurés les mêmes : le 3,3 litres de 175 chevaux poursuit sa carrière, jumelé à une boîte classique à quatre rapports. Rien de neuf, mais un ensemble qui est raisonnablement fiable et performant, surtout pour les prix qu'on en demande. On a même conservé la version utilitaire pour les entreprises.

UN TOWN PLUS PUISSANT

La vocation du T & C a toujours été d'offrir le grand luxe aux utilisateurs, ordinairement plus âgés. Des portières et un hayon électriques, des sièges chauffants de cuir, la climatisation automatique et une foule de petites attentions. Il avait fallu attendre quelques années lors des premières versions pour qu'on installe un V6 de 3,8 litres plus musclé et même la traction intégrale. Pour ce qui est de la nouvelle cuvée, ne comptez plus sur l'intégrale — qui ne devait trouver de preneurs que dans la zone enneigée du continent. Le système Stow 'n Go qui permet de loger les sièges dans le plancher occupe dorénavant la place que réquisitionnaient l'arbre de couche et le pont arrière. Cependant, avec la traction asservie et le contrôle de la stabilité, le véhicule se débrouillera assez bien dans les éléments. Le moteur de 3,8 litres de 197 chevaux équipe la version Touring alors qu'un nouveau 4 litres de 251 étalons est dédié à la version Limited. Enfin, un peu plus de puissance pour tenir tête aux V6 japonais et coréens. C'est toutefois la boîte à six rapports, un héritage de l'ancien maître des lieux Daimler, qui rend ce combo intéressant. Quand on voit les coûts du carburant, on a hâte que la boîte passe au dernier rapport et vous laisse rouler sur la grande route avec un compte-tours sous les 2000 tours/minute. On aurait souhaité la désactivation des cylindres ou le 3 litres diésel du Grand Cherokee, mais il faudra repasser.

ON S'AMUSE À L'INTÉRIEUR

Après le Stow 'n Go, un système innovateur qui fait disparaître les sièges dans le plancher, et dans le cas du Town & Country, avec commande électrique, voici le Swivel 'n Go : il permet aux sièges du milieu de pivoter comme dans un véhicule récréatif ou dans l'ancien Weekender de VW et de faire face à la troisième banquette. On peut également monter une petite table qui servira au jeu vidéo, à l'ordinateur ou pour prendre une collation. Dans le cas du Swivel, à cause du mécanisme requis, les sièges ne peuvent se dissimuler dans le plancher, mais on peut les retirer du véhicule pour faire plus de place cargo.

On se souviendra que dans les années fastes du Town & Country, la facture finale pouvait friser les 50 000 $. Chrysler a fortement révisé ses prix à la baisse, puisque le T & C Touring est offert à un prix de départ tout juste au-dessus des 30 000 $. Pour le luxueux Limited, il faudra investir sept gros billets de plus.

Tout compte fait, la nouvelle mouture des fourgonnettes Chrysler fait encore mouche et son modèle haut de gamme est mieux équipé pour rivaliser avec la concurrence qui avait depuis un bon moment des moulins plus puissants. L'habitacle est polyvalent et silencieux, la tenue de route acceptable pour un véhicule de ce gabarit, et son look bien typique des produits du Pentagone étoilé.

█ MICHEL POIRIER-DEFOY

Bonne nouvelle, Chrysler a révisé le prix du Town & Country à la baisse

DIMENSIONS ET VOLUMES

Empattement (mm)	3078
Longueur (mm)	5143
Largeur (mm)	1953
Hauteur (mm)	1750
Volume intérieur (L)	4420
Volume du coffre (min./max.) (L)	914 / 3964
Capacité du réservoir de carburant (L)	76
Fourchette de poids (kg)	1950 - 1977

CHÂSSIS

Mode	traction
Suspension av. – arr.	indépendante – essieu rigide
Freins av. – arr.	disques
Capacité de remorquage min. - max. (kg)	907 - 1633
Direction – diamètre de braquage (m)	crémaillère – 11,92
Pneus	225/65R16 (Touring), 225/65R17 (Limited)

PERFORMANCES

Modèle à l'essai	Town & Country Limited
Moteur	V6 SACT 4 litres
Puissance (ch. à tr/min)	251 - 6000
Couple (lb-pi à tr/min)	259 - 4100
Transmission	automatique 6 rapports
Autres transmissions	aucune
Accélération 0-100 km/h (sec.)	8,67
Reprises 80-115 km/h (sec.)	6,69
Distance de freinage 100-0 km/h (m)	42,5
Niveau sonore à 100 km/h	✕ ✕ ✕ ✎
Vitesse maximale (km/h)	180
Consommation réalisée au cours de l'essai (L/100 km)	12,7
Gaz à effet de serre	
Autres moteurs	V6 3,8 litres (197 ch.)

CE QU'IL FAUT SAVOIR

Fourchette de prix ($)	**36 995 – 42 995**
Marge de profit du concessionnaire (%)	10,07 à 10,38
Transport et préparation ($)	1350
Consommation ville - route (L/100 km)	**13,8 – 9,6 (3,3 l)** **14,8 – 10,3 (3,8 l)** **14,9 – 10,4 (4 l)**
Essence recommandée	ordinaire
Versions offertes	Touring, Limited
Carrosserie	fourgonnette 5 portes
Lieu d'assemblage	États-Unis
Valeur résiduelle	★ ★
Garanties : de base – motopropulseur (an/km)	3/60 000 - 5/100 000
Fiabilité présumée	★ ★ ★
Cycle de remplacement	2011
Ventes 2007 ↗ 160%	Québec : 250
Protection collision frontale conducteur/passager latérale avant/arrière retournement 2rm/4rm	 ★ ★ ★ ★ ★ / ★ ★ ★ ★ ★ ★ ★ ★ ★ ★ / ★ ★ ★ ★ ★ ★ ★ ★ ★ / n.d.

À RETENIR

Nouveautés 2009	**écran DVD de 9 po, essuie-glace automatique, détecteur d'angle mort**
Principales concurrentes	**Honda Odyssey, Nissan Quest, Toyota Sienna, Volkswagen Routan**

- Polyvalence de l'habitacle
- V6 de quatre litres et boîte six rapports
- Confort et luxe de l'aménagement

- Véhicule lourd
- Consommation du 3,8 litres
- Espace arrière calculé avec la table

PASSER SON TOUR

Tout comme Ford, Dodge, la plus diffusée des marques du groupe américain Chrysler, a (trop) longtemps tourné le dos aux routières au profit des véhicules utilitaires. Les temps changent, et sans renier ses choix passés, la marque au bélier s'évertue à retrouver sa place dans le créneau automobile. Elle ose des créations au style souvent décalé. L'ennui, c'est que ça ne fonctionne pas. L'Avenger est un bide et la direction de Dodge, qui ne le sait que trop bien, charge ses concepteurs d'accélérer le développement de sa remplaçante.

Dans les circonstances, le développement de la version actuelle est gelé, comme en font foi les maigres transformations dont elle fait l'objet cette année. En effet, ce n'est pas avec un déflecteur sur le couvercle de malle, des phares anti-brouillard (c'est passé de mode, non ?) et de nouveaux groupes d'options qui vont soudainement vous inciter à lui passer la bague au doigt.

EXERCICE DE STYLE

Pourtant, la volonté de marquer les esprits d'une clientèle présumée plus masculine et extravertie est perceptible. Visiblement inspirée de la Charger, l'Avenger avance un style plutôt percutant avec sa calandre en croix et ses ailes dont le galbe est accentué par un trait qui surélève la ceinture de caisse à l'arrière. Une Charger en réduction ? Oui, et mieux encore, dans un format plus équilibré. Intégrant sans doute l'ADN de Dodge en matière de style, l'Avenger dissimule toutefois sous sa carrosserie une architecture en tout point identique à celle de la Sebring, l'autre bide de Chrysler.

Les ingrédients étaient réunis, et pourtant, mis à part les agences de location et propriétaires de flottes, personne ne se bouscule aux portes des concessions pour en acquérir une. Passons sous un silence les versions d'entrée de gamme dont le seul attrait — et encore — est leur prix attractif pour nous concentrer sur la plus intéressante (et la moins diffusée) livrée R/T.

UNE CHANCE QU'IL Y A LA R/T

Fermement suspendue au-dessus de la route, l'Avenger R/T se laisse aisément guider par une direction correctement assistée et un train avant accrocheur. À son volant, elle nous

fait rapidement oublier l'ennui ressenti au volant des deux autres livrées qui non seulement sous-virent terriblement mais s'animent de moteurs à bout souffle. Le quatre cylindres surtout. En revanche, ils consomment avec plus de modération l'essence qui baigne dans leur réservoir et, ne serait-ce que pour cette raison, ils méritent une certaine forme de considération.

Sans être un foudre de guerre, le V6 3,5 litres (exclusif à la R/T) déménage vite et bien. On s'étonne cependant du refus de ses concepteurs de lui accoler une boîte manuelle pour cristalliser encore davantage son image sportive. En lieu et place, on trouve une boîte semi-automatique à six rapports, la seule offerte. Correctement étagée, cette boîte ne duplique malheureusement pas ses commandes au volant et oblige toujours son conducteur à secouer de gauche à droite et de droite à gauche le sélecteur pour enclencher le rapport désiré. Pas très naturel comme mouvement. Pas très sportif non plus !

VOUS AIMEZ LE PLASTIQUE ?

Si la présentation extérieure diffère, l'aménagement intérieur de l'Avenger est en tout point identique à celui de la Chrysler Sebring. C'est-à-dire qu'elle est moche et guère valorisante. Aux fautes de goût, il convient de mentionner, sur une note plus objective, la position de conduite, qui ne plaira pas forcément aux gens de petite taille (la ceinture de caisse et le tableau de bord sont élevés), et des portières antérieures étroites qui rendent l'accès et la sortie difficiles. À cela, il faut ajouter un coffre pas très hospitalier. Par chance, le dossier de la banquette est escamotable (de l'habitacle seulement) et le baquet avant se recroqueville pour permettre le transport de longs objets.

Toujours comme la Sebring, l'Avenger cherche à épater le chaland avec ses caractéristiques innovatrices. Parmi celles-ci on retient des porte-gobelets qui chauffent ou refroidissent vos boissons, un lecteur DVD à l'arrière, le système multimédia MyGIG auquel est rattachée notamment la navigation par GPS et le bac réfrigéré au-dessus du coffre à gants. De bonnes idées qui se trouvent toutes inscrites au rayon des accessoires et qui ne contribuent en rien à en faire vendre davantage.

Alors, on efface (presque) tout et on recommence. D'accord ? ▌▌▌ **ÉRIC LEFRANÇOIS**

L'Avenger est un bide et la direction de Chrysler n'a qu'une idée en tête : accélérer le développement de sa remplaçante

DIMENSIONS ET VOLUMES

Empattement (mm)	2765
Longueur (mm)	4848
Largeur (mm)	1824
Hauteur (mm)	1496
Volume intérieur (L)	2845
Volume du coffre (min./max.) (L)	379
Capacité du réservoir de carburant (L)	64
Fourchette de poids (kg)	1522 - 1618

CHÂSSIS

Mode	traction
Suspension av. - arr.	indépendante
Freins av. - arr.	disques - tambours (SE), disques (SXT, R/T)
Capacité de remorquage min. - max. (kg)	454 - 909
Direction - diamètre de braquage (m)	crémaillère - 11,13
Pneus	215/65R16 (SE), 215/60R17 (SXT), 255/55R18 (R/T)

PERFORMANCES

Modèle à l'essai	Avenger R/T
Moteur	V6 SACT 3,5 litres
Puissance (ch. à tr/min)	235 - 6400
Couple (lb-pi à tr/min)	232 - 4000
Transmission	semi-automatique 6 rapports
Autres transmissions	automatique 4 rapports (SE, SXT)
Accélération 0-100 km/h (sec.)	8,12
Reprises 80-115 km/h (sec.)	5,34
Distance de freinage 100-0 km/h (m)	40,9
Niveau sonore à 100 km/h	✖ ✖ ✖
Vitesse maximale (km/h)	210 (R/T), 180 (SE, SXT)
Consommation réalisée au cours de l'essai (L/100 km)	12,1
Gaz à effet de serre	
Autres moteurs	L4 2,4 litres (173 ch.), V6 2,7 litres (186 ch.)

CE QU'IL FAUT SAVOIR

Fourchette de prix ($)	**21 995 – 29 895**
Marge de profit du concessionnaire (%)	8,56 à 10,49
Transport et préparation ($)	1300
Consommation ville – route (L/100 km)	**11,2 – 7,8 (2,4 l)** **12,4 – 8,7 (2,7 l)** **14,7 – 9 (3,5 l)**
Essence recommandée	ordinaire
Versions offertes	SE, SXT, R/T
Carrosserie berline	4 portes
Lieu d'assemblage	États-Unis
Valeur résiduelle	★ ★
Garanties : de base - motopropulseur (an/km)	3/60 000 - 5/100 000
Fiabilité présumée	★ ★
Cycle de remplacement	2010
Ventes 2007 n.a.	Québec : n.a.
Protection collision frontale conducteur/passager latérale avant/arrière retournement 2rm/4rm	★ ★ ★ ★ ★ / ★ ★ ★ ★ ★ ★ ★ ★ ★ ★ / ★ ★ ★ ★ ★ ★ ★ ★ / n.a.

À RETENIR

Nouveautés 2009	modèle à traction intégrale discontinué, ABS de série (SXT, R/T), Groupe performance (2,7 l)
Principales concurrentes	Ford Fusion, Kia Magentis, Mitsubishi Galant, Pontiac G6

- Prix séduisants
- Physique musclé
- Vie à bord agréable grâce à des innovations

- Position de conduite délicate à trouver
- Consommation importante (V6 3,5)
- Qualité de fabrication inégale

203

VARIÉTÉ DE SAVEURS

Avec du caractère, une orientation un tantinet utilitaire (une transmission intégrale est offerte en option) et un design très tendance, la Caliber ne manque pas d'atouts pour faire sa marque dans le segment très disputé des compactes. Et pourtant, elle se trouve à des kilomètres derrière les ténors de la catégorie.

DODGE
CALIBER

Cinq versions sont inscrites au catalogue des concessionnaires. Fermons les yeux sur le modèle SE, qui ne vise qu'à vous attirer avec son prix canon : en parcourant sa liste d'accessoires pleine de trous, vous conclurez, tout comme les dirigeants de Dodge, que la SXT représente LA meilleure affaire de toutes.

Hormis la version SE, le niveau d'équipement n'oublie rien d'essentiel. Des rangements ont été aménagés au tableau de bord, entre les sièges avant et dans les portières, comme chez ses rivales. En prime, elle propose un réceptacle dans le tableau de bord qui permet d'aligner quatre bouteilles de 591 ml. Par contre, à l'arrière, rien. Ni pochette ni bac de rangement dans les portières. En revanche, les places arrière reçoivent dignement deux adultes, mais considérant les dimensions extérieures de l'auto, nous nous attendions à mieux.

La finition apparaît sérieuse, mais la Caliber s'habille hélas toujours de plastiques durs et banals que Chrysler promet de changer d'ici un an. Dans l'attente, il y l'option Sport, les sièges et la console prennent la même teinte que les panneaux extérieurs, de quoi égayer cet habitacle autrement bien triste. Consolation aussi : la bonne position de conduite, avec siège et volant réglable en hauteur ainsi que l'ergonomie simple et bien pensée, permettant cependant de trouver facilement ses marques.

LE SECRET EST DANS LA BOÎTE
Côté technique, la Caliber en beurre épais. Toutes les mécaniques offertes sont dotées des plus récentes innovations techniques, dont un dispositif de calage variable des soupapes. De plus, celles-ci s'arriment, de série sur certaines versions, à une transmission CVT (variation continue).

Sur le plan de la sécurité active, la liste laisse pantois : ABS avec assistance au freinage d'urgence, antidérapage, moniteur de pression des pneus et rouage à quatre roues motrices « sur demande ». C'est-à-dire ? Dans des conditions normales d'utilisation, seules les roues avant sont motrices. Ce n'est que lorsque celles-ci se mettent à patiner, à perdre de l'adhérence, que la bonne fée électronique redirige une partie du couple aux roues arrière. Hélas, il y a un revers à la médaille : le surpoids. Celui-ci se fait sentir dès les premiers tours de roue. Sur route, le 2 litres se révèle particulièrement discret. Par sa sonorité, mais aussi... son manque de vitalité. À quoi bon se vanter d'offrir un moteur moderne et brillant s'il est étouffé par une boîte manuelle mal étagée — le deuxième rapport surtout. L'automatique, alors ? Guère mieux gérée. Sur les routes pentues, à la sortie des épingles ou à la réaccélération, il est trop souvent nécessaire de repasser un rapport inférieur pour venir à bout de la relancer.

Il n'y a pas que les performances pures de la SXT qui déçoivent. Sa direction, imprécise au point milieu, ses suspensions trépidantes sur une chaussée déformée et l'impression de lourdeur ressentie dans les changements de trajectoire l'empêchent d'offrir un comportement aussi dynamique qu'une Mazda 3 Sport. Ces critiques s'effacent partiellement dès qu'on prend le volant de la version R/T, qui bénéficie, il est vrai, d'un moteur de plus forte cylindrée (2,4 litres), mais aussi de meilleures liaisons au sol (suspensions et pneus) et d'une direction moins démultipliée.

FAIS-MOI PEUR
En manque de frissons ? Alors, il y a la SRT-4, la plus décalée des Caliber. Mais soyez prévenu, elle est extrêmement pointue à conduire (près de 300 chevaux sur les seules roues avant) et exige une vigilance de tous les instants pour en tirer toute la quintessence. Ne jouant sur aucun compromis, la SRT-4 est du genre à « casser » les dos fragiles et à réagir très sèchement à la moindre irrégularité. Et c'est épuisant à la fin. Bien sûr, elle n'a aucun mal à lacer et délacer le ruban de bitume qui se dessine devant elle, mais il existe sur le marché des véhicules plus équilibrés, plus homogènes et, il est vrai, un peu plus chers. Sûre, à défaut d'être totalement rassurante et amusante, cette Caliber en marge de la série n'est ni une grande sportive ni un rendez-vous avec le plaisir de conduire. Toutefois, considérant le prix demandé, peu de voitures incitent à ce genre de quart d'heure de défoulement qu'elle procure, mais avez-vous envie d'enfiler votre casque et vos gants de conduite tous les jours ? Pensez-y ! ||| **ÉRIC LEFRANÇOIS**

Après avoir salivé devant sa ligne atypique et ses technologies, on est frustré de conduire la Caliber

DIMENSIONS ET VOLUMES

Empattement (mm)	2635
Longueur (mm)	4414
Largeur (mm)	1747
Hauteur (mm)	1533
Volume intérieur (L)	2697
Volume du coffre (min./max.) (L)	525 /1360
Capacité du réservoir de carburant (L)	51,5
Fourchette de poids (kg)	1345 - 1501

CHÂSSIS

Mode	traction
Suspension av. - arr.	indépendante
Freins av. - arr. disques - tambours, disques (R/T, SRT4)	
Capacité de remorquage min. - max. (kg)	n.r. (SRT4) - 454
Direction - diamètre de braquage (m)	crémaillère - 10,8 / 12 (SRT4)
Pneus 205/70R15, 215/60R17 (SXT), 215/55R18 (R/T)	225/45R19 (SRT4)

PERFORMANCES

Modèle à l'essai	Caliber SRT-4
Moteur	L4 turbo DACT 2,4 litres
Puissance (ch. à tr/min)	285 - 6000
Couple (lb-pi à tr/min)	265 - 2000
Transmission	manuelle 6 rapports
Autres transmissions	manuelle 5 rapports - CVT (SE, SXT, R/T)
Accélération 0-100 km/h (sec.)	6,26
Reprises 80-115 km/h (sec.)	3,91
Distance de freinage 100-0 km/h (m)	40,9
Niveau sonore à 100 km/h	✹ ✹
Vitesse maximale (km/h)	235
Consommation réalisée au cours de l'essai (L/100 km)	12,1
Gaz à effet de serre	

Autres moteurs L4 1,8 litre (148 ch.), L4 2 litres (158 ch.)	L4 2,4 litres (172 ch.)

CE QU'IL FAUT SAVOIR

Fourchette de prix ($)	**15 995 - 24 995**
Marge de profit du concessionnaire (%)	7,26 à 9,39
Transport et préparation ($)	1300
Consommation ville - route (L/100 km)	9,9 -8,2 (1,8 l) 10,3 - 8,6 (2 l) 11,1 - 9,2 (2,4 l) 14 - 10,2 (turbo 2,4 l)
Essence recommandée	ordinaire, super (SRT4)
Versions offertes	SE, SXT, R/T, SRT4
Carrosserie	hayon 5 portes
Lieu d'assemblage	États-Unis
Valeur résiduelle	✭ ✭ ✭
Garanties : de base - motopropulseur (an/km)	3/60 000 - 5/100 000
Fiabilité présumée	✭ ✭ ✩
Cycle de remplacement 2012	
Ventes 2007 ↘ 8 %	Québec : 4343
Protection collision frontale conducteur/passager latérale avant/arrière retournement 2rm/4rm	✭✭✭✭✭ / ✭✭✭✭✭ ✭✭✭✭✭ / ✭✭✭✭✭ ✭✭✭✭ / n.d.

À RETENIR

Nouveautés 2009	**ABS de série (SXT), nouveaux groupes d'options**
Principales concurrentes	**Chevrolet HHR, Mazda3 Sport, Pontiac Vibe, Suzuki SX4, Toyota Matrix, VW Rabbit/GTi**

- La sécurité passive
- L'ingéniosité de certains accessoires
- Les prix attractifs

- L'étagement de la boîte manuelle
- La qualité des matériaux utilisés pour décorer l'habitacle
- Les performances empesées (2 litres)

ET SI ELLE N'AVAIT PAS DIT SON DERNIER MOT ?

DODGE
DODGE GRAND CARAVAN

Plusieurs observateurs en doutaient, mais ils devront aujourd'hui se raviser. Au cours des cinq premiers mois de l'année 2008, les fourgonnettes Chrysler ont été les véhicules les plus vendus au Canada. À titre de comparaison, elles se classaient au troisième rang des ventes au pays au cours de la même période douze mois plus tôt. Voilà pourquoi l'initiateur des « Autobeaucoup », n'entend pas lâcher le « morceau », qui concrètement représente 1,1 million d'unités vendues par année. Trop précieux, surtout si on est le leader. Surtout si on s'appelle Chrysler.

Certes, la formule plaît moins aujourd'hui avec l'arrivée de plusieurs crossover, mais Chrysler a quelques atouts dans sa manche, comme en font foi les nombreuses caractéristiques inédites de ses fourgonnettes (faut pas oublier la Town & Country). Parmi celles-ci, mentionnons le Swivel N GO, un dispositif qui permet la rotation à 180 degrés des sièges ancrés dans la section médiane du véhicule, mais aussi de dresser une table. Original. Pour 2009, le constructeur américain redouble d'efforts et propose deux nouveaux dispositifs de sécurité pour souligner le 25e anniversaire de sa fourgonnette : BSM (Blind Spot Monitoring System) et RCP (Rear Cross Path). Le premier, le BSM, détecte la présence d'un véhicule dans l'angle mort des rétroviseurs extérieurs et prévient le conducteur par un signal lumineux, alors que le second, RCP, indique l'arrivée d'un véhicule lorsque vous quittez en marche arrière un espace de stationnement.

D'un point de vue ergonomique, la surélévation du levier de vitesses est appréciée et la centralisation des commandes se révèle rationnelle. La finition est en progrès, mais la qualité des matériaux désole (oui, encore une fois) et nous fait craindre qu'elle soit à l'origine de bien des craquements insolites au terme de quelques milliers de kilomètres d'utilisation. Mais, question modularité, le Grand Caravan est un roi avec une dépose facile des banquettes laissant apparaître un vaste plancher plat. Ces petites attentions... en option. En fait, beaucoup d'accessoires pour séduire, mais très peu offerts de série.

POUR L'AGRÉMENT, ON REPASSERA

Lui donner du tonus et lui procurer un agrément de conduite supérieur à celui d'un autobus figuraient en tête du cahier des charges du Grand Caravan nouveau. Une tâche complexe, considérant l'âge de la structure actuelle et les moyens mis à la disposition des ingénieurs, mais ces derniers sont parvenus tout de même à bonifier certains éléments, sans véritablement causer de très grandes surprises toutefois. Et même si, pour 2009, la version 4 litres s'offre une suspension à la géométrie révisée et les autres versions bénéficient d'un système de freinage plus costaud, nos impressions demeurent sensiblement les mêmes.

De tous les moteurs proposés pour animer cette fourgonnette, le V6 de 3,8 litres se tire le mieux d'affaire, surtout lorsque toute la petite famille est à bord. Pas très raffinée, il est vrai, cette mécanique n'a rien d'un foudre de guerre. Cependant, en matière d'accélérations et de reprises, ce moteur affiche plus de réserve que le 3,3 litres, dont la consommation est à peine moins élevée dans des conditions normales d'utilisation tout en se révélant mieux adapté pour tracter une charge.

À ces atouts qui nous incitent à plaider en faveur du 3,8 litres, ajoutons celui-ci : il est le seul à s'arrimer à une boîte automatique à six rapports. Celle qui accompagne le 3,3 litres n'en compte que quatre.

Sur la route, le comportement un peu pataud de l'engin demeure, mais cela n'a pas beaucoup d'importance en comparaison des services qu'il rendra. La souplesse de ses suspensions et l'amortissement ménagent un meilleur confort qu'une bonne résistance au roulis.

Chrysler y a ajouté un contrôle dynamique de trajectoire gérant en particulier les phénomènes de sous-virage. Sans chercher à l'épargner, le châssis du Grand Caravan nous a paru très sain et capable de se passer, sur le sec, de cette gestion électronique qu'on peut court-circuiter. Évidemment, ce n'est guère dans l'esprit d'un propriétaire de fourgonnette, qui préférera se reposer sur cette veille de sécurité et goûter sans arrière-pensée le comportement très honnête de ce Grand Caravan.

En fait, inutile de brusquer le Grand Caravan : ce serait une faute de goût pour un véhicule conçu pour la famille. Avec lui, il vaut mieux demander au disque dur de concocter un grand décompte de vos chansons préférées, glisser un DVD dans le lecteur pour les enfants et laisser défiler les kilomètres sans autre souci que celui du ravitaillement en boissons gazeuses et croustilles. Il sera un parfait serviteur si on n'a pas trop de routes sinueuses à pratiquer.
III ÉRIC LEFRANÇOIS

Beaucoup d'accessoires pour séduire, mais peu offerts de série

DIMENSIONS ET VOLUMES

Empattement (mm)	3078
Longueur (mm)	5143
Largeur (mm)	1952
Hauteur (mm)	1750
Volume intérieur (L)	n.d.
Volume du coffre (min./max.) (L)	920 / 4069
Capacité du réservoir de carburant (L)	76
Fourchette de poids (kg)	1961 - 2047

CHÂSSIS

Mode	traction
Suspension av. - arr.	indépendante - essieu rigide
Freins av. - arr.	disques
Capacité de remorquage min. - max. (kg)	818 - 1633
Direction - diamètre de braquage (m)	crémaillère - 11,92
Pneus	225/65R16, 225/65R17 (SXT)

PERFORMANCES

Modèle à l'essai	Grand Caravan SXT
Moteur	V6 ACC 3,8 litres
Puissance (ch. à tr/min)	197 -5200
Couple (lb-pi à tr/min)	230 - 4000
Transmission	automatique 6 rapports
Autres transmissions	automatique 4 rapports (3,3 l)
Accélération 0-100 km/h (sec.)	10,07
Reprises 80-115 km/h (sec.)	7,28
Distance de freinage 100-0 km/h (m)	43,9
Niveau sonore à 100 km/h	�֍ ✖ ✖ ➴
Vitesse maximale (km/h)	175
Consommation réalisée au cours de l'essai (L/100 km)	12,5
Gaz à effet de serre	
Autres moteurs	V6 3,3 litres (175 ch.)
	V6 4 litres (251 ch.)

CE QU'IL FAUT SAVOIR

Fourchette de prix ($)	**26 595 (SE)**
Marge de profit du concessionnaire (%)	8,5
Transport et préparation ($)	1350
Consommation ville - route (L/100 km)	**13,8 - 9,6 (3,3 l)**
	14,8 - 10,3 (3,8 l)
	14,9 - 10,4 (4 l)
Essence recommandée	ordinaire
Versions offertes	Ensemble Valeur Plus, SE, SXT
Carrosserie	fourgonnette 5 portes
Lieu d'assemblage	États-Unis, Canada
Valeur résiduelle	✲ ✲
Garanties : de base - motopropulseur (an/km)	3/60 000 - 5/100 000
Fiabilité présumée	✲ ✲
Cycle de remplacement	inconnu
Ventes 2007 ↗ 3%	Québec : 13 468
Protection collision frontale conducteur/passager	✲ ✲ ✲ ✲ ✲ / ✲ ✲ ✲ ✲ ✲
latérale avant/arrière	✲ ✲ ✲ ✲ ✲ / ✲ ✲ ✲ ✲ ✲
retournement 2rm/4rm	✲ ✲ ✲ ✲ / n.a.

À RETENIR

Nouveautés 2009	banquette « Stow'n Go » de série dans la SE, équipement de série plus complet, suspension sport avec V6 de 4 litres
Principales concurrentes	Chevrolet Uplander, Honda Odyssey, Hyundai Entourage, Nissan Quest, Toyota Sienna

- Les bonnes idées pour voyager sereinement
- La qualité de l'insonorisation
- Les bienfaits de la boîte à six rapports

- La qualité des matériaux intérieurs (résisteront-ils au poids des années ?)
- La consommation importante
- Les innovations ont un prix

LE RÉTRO À LA MODE D'AUJOURD'HUI

Je ne vais pas m'étendre sur la pertinence de faire revivre une des icônes de la belle époque des voitures pétantes de chevaux-vapeur qui ont marqué les années 1960 et 70. Arborons à la place un sourire empreint de cette nostalgie qui ne peut manquer de s'emparer de tous ceux et elles qui ont eu le bonheur de vivre ces années fastes, ces babyboomers familiers aux noms de Mustang Boss ou Shelby, Pontiac Firebird Trans Am, Chevrolet Camaro Z28, Javelin et Plymouth Barracuda, sans oublier celle que l'on célèbre cette année, la Dodge Challenger.

DODGE CHALLENGER

Pour le vrai plaisir, il faudra ajouter 8000 $ afin de s'emparer de la R/T, qui sera vraisemblablement le modèle le plus demandé, sans être le plus achevé

À l'ombre de la statue de la Liberté, Chrysler a dévoilé l'entièreté de la gamme des modèles 2009, du plus modeste au plus féroce. L'objectif est clair : rallier les boomers, les fanatiques qui rayonnent à la seule mention du nom de Tony Stewart et la Génération X tout en recrutant cette clientèle qui hésite entre une Mustang GT et la future Camaro qui tarde à voir le jour. Pour ce faire, on a évidemment retenu quelques éléments de design propre à la version originale afin de créer un emballage moderne à tendance rétro. Immense, le capot avant à lui seul annonce ce qu'il cache : double prise d'air (non fonctionnelle) pour la SE, rehaussée de la présence du mot HEMI en lettres chromées pour la R/T et ajout d'un liséré central imitant la fibre de carbone pour la SRT8. En passant, seule cette dernière nécessite que ses prises d'air soient réelles. À ces trois versions officielles s'ajoute une mouture canadienne appelée SXT, qui n'est rien d'autre qu'un modèle de base SE auquel on a greffé des jantes de 18 pouces, un antipatinage, un antidérapage, des antibrouillards, des pneus plus costauds ainsi qu'un pommeau de levier de vitesses et un volant gainé de cuir. Tout cela pour 2000 $ de plus qu'une SE.

SRT8 CONTRE SHELBY GT 500

Pour le vrai plaisir, il faudra aligner 8000 $ supplémentaires afin de s'emparer de la R/T, qui sera vraisemblablement le modèle le plus demandé, sans être le plus achevé. Cette définition appartient à la SRT8 dont les jantes de 20 pouces renferment des freins de 14 pouces de diamètre, soit la grosseur des roues de la Challenger de 1970. Construite en petite série, la SRT8 s'attaque à la Shelby Mustang GT 500 (500 chevaux) armée d'un V8 à culasse hémisphérique de 6,1 litres de 425 chevaux offert avec la boîte manuelle à six rapports extraite de la toute puissante Viper. Contrôlée par un levier appelé « pistol grip » d'une parfaite ergonomie, cette transmission est un charme à utiliser comparativement à celle de la Mustang dont la commande est plus rétive et l'embrayage plus raide.

En matière de puissance ou d'accélérations, je dirais que les deux rivales se situent pratiquement à égalité, et cela, malgré un déficit de 75 chevaux de la Dodge. Dans les deux voitures, ma piètre habileté dans le domaine ne m'a pas permis de dupliquer les temps affichés par les constructeurs et l'ordinateur de bord de la SRT8 m'a gratifié d'un médiocre 5,76 secondes entre 0 et 100 km/h. Le bruit du V8 en revanche m'a largement consolé, plus net que celui de la Shelby GT 500 dont le sifflement du compresseur fausse la tonalité.

Même si personne n'achète une Challenger R/T ou SRT8 en pensant à l'économie, il est intéressant de savoir que les V8 Chrysler bénéficient d'une désactivation partielle des cylindres (de huit à quatre) sur la route lorsque le moteur est faiblement sollicité. Pour en finir avec ces formalités techniques, soulignons brièvement que le châssis provient des Dodge Charger/Chrysler 300 qu'on a raccourci de quatre pouces, au détriment des places

L'AUTOMATIQUE ENLÈVE UNE BONNE PARTIE DE SON CARACTÈRE À LA R/T QU'IL FAUT ABSOLUMENT ACHETER AVEC LA BOÎTE MÉCANIQUE. C'EST AVEC UN TEL ÉQUIPEMENT QU'ON REPLONGE DANS LES ANNÉES 1970.

arrière. Pour exprimer sa modernité, la SRT8 se pare d'étriers de freins Brembo, d'amortisseurs Bilstein et d'un différentiel autobloquant.

LA R/T DU JUSTE MILIEU

La R/T constitue selon moi le modèle le plus intéressant en raison de ce V8 de 5,7 litres dont la puissance varie selon la transmission choisie : 372 chevaux avec l'automatique et 376 avec la boîte manuelle six rapports. Je vous confie tout de suite que l'automatique enlève une bonne partie de son caractère, sinon de son agrément de conduite à la R/T qu'il faut absolument acheter avec la boîte mécanique. C'est avec un tel équipement qu'on replonge dans les années 1970. Seul le sixième rapport est un peu superflu tellement la surmultiplication est énorme. Le moteur meurt littéralement à un régime aussi faible réservé exclusivement à l'autoroute. Il faut tout de même se méfier des reprises et s'assurer de rétrograder en cinquième ou en quatrième pour doubler un « dimanchard ». C'est d'ailleurs un plaisir de le faire, tellement le moteur affiche sa bonne volonté.

Sur le petit circuit où Chrysler a procédé au lancement des Challenger 2009 (ne pas confondre la SRT8 2008 moins équipée), la R/T m'a donné beaucoup de plaisir jusqu'à ce que je commette l'erreur de monter dans la SRT8. Dans les deux, j'avais condamné toute assistance à la conduite et je me suis amusé à faire de la glisse dans chaque virage au grand plaisir du cameraman présent. Le survirage était davantage au poste dans la R/T et les freins résistaient beaucoup moins longtemps à cette conduite sportive. Dans les deux cas cependant, la facilité avec laquelle j'arrivais à faire des dérapages contrôlés était

notable. On peut créditer dans une certaine mesure le bon maintien des sièges et la position de conduite très correcte que la Challenger nous offre.

MADE IN CANADA

Dans les trois voitures essayées, la qualité de construction, émanant d'une usine de Brampton, en Ontario, était fort correcte, la seule exception étant ce couvercle de coffre dont l'intérieur dénudé fait bon marché. L'instrumentation sur fond blanc mérite aussi une note meilleure que l'accès à la banquette arrière, qui se pratique seulement du côté passager en manipulant laborieusement le verrou du dossier. Une fois installé, on constate que la Challenger est fidèle à sa vocation initiale de coupé deux portes avec un espace arrière restreint.

La même remarque s'applique évidemment aux versions SE et SXT qui, avec un V6 de 250 chevaux, ne peuvent que jouer aux sportives. Le prix est alléchant, mais les accélérations sont longuettes et le plaisir de conduire inexistant. C'est que la masse à véhiculer est de 3720 livres par rapport aux 3200 livres de la Challenger dont j'avais fait l'essai en 1969. Où sont les économies de poids dont on parle tant ? Ma R/T de 1969 atteignait le 60 mph en 6 secondes même si elle devait se contenter de 335 chevaux. Et dire que j'avais traité le modèle de lourdaud.

La nouvelle gamme de Challenger m'aura au moins permis de me rappeler de bons souvenirs. Est-ce assez pour que je me précipite chez le premier concessionnaire venu pour revivre le passé ? Je ne suis pas sûr que je le retrouverais intégralement. ▌▌▌ **JACQUES DUVAL**

DIMENSIONS ET VOLUMES

Empattement (mm)	2946
Longueur (mm)	5022
Largeur (mm)	1923
Hauteur (mm)	1449, 1448 (SRT-8)
Volume intérieur (L)	2659
Volume du coffre (min./max.) (L)	459
Capacité du réservoir de carburant (L)	68,1 (V6) – 71,9 (V8)
Fourchette de poids (kg)	1687 - 1892

CHÂSSIS

Mode	propulsion
Suspension av. – arr.	indépendante
Freins av. – arr.	disques
Capacité de remorquage min. – max. (kg)	non recommandé
Direction – diamètre de braquage (m)	crémaillère – 11,9
Pneus	215/65R17 (SE, SXT), 235/55R18 (R/T), 245/45R20 (SRT-8)

PERFORMANCES

Modèle à l'essai	Challenger SRT-8
Moteur	V8 ACC 6,1 litres
Puissance (ch. à tr/min)	425 - 6200
Couple (lb-pi à tr/min)	420 - 4800
Transmission	manuelle 6 rapports
Autres transmissions	automatique 5 rapports
Accélération 0-100 km/h (sec.)	5,76
Reprises 80-115 km/h (sec.)	3,5 (estimé)
Distance de freinage 100-0 km/h (m)	non mesurée
Niveau sonore à 100 km/h	
Vitesse maximale (km/h)	250
Consommation réalisée au cours de l'essai (L/100 km)	15
Gaz à effet de serre	
Autres moteurs	V6 3,5 litres (250 ch.) V8 5,7 litres (372 ch. / 376 ch.)

CE QU'IL FAUT SAVOIR

Fourchette de prix ($)	**24 995 – 45 995**
Marge de profit du concessionnaire (%)	6,91 à 9,43
Transport et préparation ($)	1300
Consommation ville – route (L/100 km)	**n.d.**
Essence recommandée	ordinaire, super
Versions offertes	SE, SXT, R/T, SRT-8
Carrosserie	coupé 2 portes
Lieu d'assemblage	Canada
Valeur résiduelle	✶ ✶ ✶ ✶
Garanties : de base – motopropulseur (an/km)	3/60 000 - 5/100 000
Fiabilité présumée	inconnu
Cycle de remplacement	nouveau modèle 2009
Ventes 2007 n.a.	Québec : n.a.
Protection collision frontale conducteur/passager	non évaluée
latérale avant/arrière	non évaluée
retournement 2rm/4rm	non évaluée

À RETENIR

Nouveautés 2009	**nouveau modèle**
Principales concurrentes	**Ford Mustang, Mazda RX-8, Mitsubishi Eclipse**

+
- Modèle R/T plus homogène
- Excellente boîte manuelle
- Confort adéquat

−
- Freinage manquant d'endurance (R/T)
- Moteur V6 chétif
- Format imposant

À TOUTES LES SAUCES

DODGE
CHARGER

Une vraie américaine, dirait un certain Bob Gratton. Un look dépareillé qu'on réserverait à des voitures assemblées en petit nombre, une présence sur la route comme à nulle autre pareille, une gamme de moteurs pour plaire à tous les styles de conduite : en un mot comme en mille, la berline Charger ne laisse personne indifférent. On peut trouver plein de raisons pour ne pas l'acheter, mais le contraire est aussi vrai.

Si Chrysler ne s'est jamais distingué pour la fiabilité de ses produits, il faut reconnaître qu'au chapitre du design, ce constructeur a donné un sérieux coup dans les dents à la concurrence par son audace et son originalité. Pensez-y un instant : Viper, PT Cruiser, Prowler, 300, Caliber et, plus près de nous, la berline Charger et le coupé Challenger. Pendant ce temps, GM prend au moins quatre ans à produire une Camaro !

Il faut se rappeler que la Charger a été concoctée pendant que Daimler était le maître de céans. On a donc laissé une équipe américaine travailler sur un look rétro qui plairait aux baby-boomers et leurs descendants pendant qu'une autre plancherait sur la structure. Et c'est une plateforme, des suspensions, une boîte automatique à cinq rapports et quelques autres éléments de Mercedes-Benz qui dorment là-dessous. Ça vous remonte un taux de fiabilité ! Et vous qui pensiez que tout ce qui était visible de Mercedes était le régulateur de vitesse.

QUELLE BROCHETTE DE MOULINS !

Il y en a pour tous les goûts, selon que vous recherchez un simple moyen de transport ou le grand frisson. D'entrée de gamme, on retrouve le V6 multisoupapes de 2,7 litres de 190 chevaux accouplé à une boîte automatique (il n'y a aucune manuelle) à quatre rapports. Un intérieur au minimum et un prix tout juste au-dessus des 20 000 $. On a le look mais pas les prétentions athlétiques. Pour un peu plus de prestations, il faut passer au 3,5 litres de 250 forces : un V6 qui accomplit un boulot raisonnable avec une boîte Autostick, cette fois à cinq rapports. Des accélérations bien senties, un intérieur mieux aménagé et même la

traction intégrale en option porteront la facture autour des 30 000 huards. De plus en plus intéressant, mais il faudra prévoir une allocation de dépenses pour l'essence.

Passons aux choses sérieuses : que diriez-vous d'un V8 de 5,7 litres de 370 chevaux afin de mettre votre permis en péril à chaque sortie ? C'est ici que vous apprendrez qu'il y a des endroits spécifiques pour vous exprimer sans mettre la vie de quiconque en danger : nous vous conseillons quelques visites à ces soirées où des accélérations sont au menu dans un cadre des plus sécuritaire. Il vous en coûtera quelques gros billets de plus, et ici, on ne parle plus de facture d'essence, mais de prime au plaisir.

Reste le nirvana de la performance, le SRT-8, avec un ronflant moulin de 6,1 litres dans la plus pure tradition Hemi, un indécent 425 forces et 430 livres de couple. La même cylindrée que dans le Challenger. Le taux de torticolis sur votre passage sera impressionnant. Sans vouloir vous faire la morale, relisez le paragraphe précédent si vous voulez éviter le doigt accusateur et les gyrophares. La principale différence entre la Charger d'autrefois et les nouvelles, si puissantes, c'est qu'il y a maintenant des pneus radiaux accrocheurs — jusqu'à 20 pouces —, des freins Brembo mordants, une suspension indépendante qui garde le véhicule au sol et une traction intégrale qui pardonnera dans bien des cas et vous sortira d'embarras en hiver.

UN INTÉRIEUR BÂCLÉ

Si c'est ce qu'on appelle respecter la Charger originale, les designers ont fait aussi dénudé que dans les années 1970 : les panneaux de plastique et l'aménagement intérieur laissent l'acheteur éventuel sur sa faim. Similaire au modèle police, qui doit être aménagé après l'achat. Hormis quelques appliques dans les modèles haut de gamme, on aimerait un peu plus d'esthétique. Une bonne note toutefois pour les passagers arrière qui auront suffisamment d'espace en raison de la hauteur du pavillon. La hauteur de ceinture laisse entrevoir un coffre de bonne taille.

Le Charger est du genre qu'on loue pour quelques années, le temps que la mode de ces modèles rétro passe. Comme la Magnum, qui n'est déjà plus au catalogue. Et fiez-vous à Chrysler et Dodge pour vous impressionner avec un nouveau modèle accrocheur. ▌▌▌ **MICHEL POIRIER-DEFOY**

*Que diriez-vous d'un V8 de 5,7 litres de 370 chevaux
afin de mettre votre permis en péril à chaque sortie ?*

DIMENSIONS ET VOLUMES

Empattement (mm)	3048
Longueur (mm)	5082
Largeur (mm)	1891
Hauteur (mm)	1479, 1466 (SRT-8)
Volume intérieur (L)	2945
Volume du coffre (min./max.) (L)	459
Capacité du réservoir de carburant (L)	68, 76 (TI), 72 (SRT-8)
Fourchette de poids (kg)	1694 - 1940

CHÂSSIS

Mode	propulsion, intégral
Suspension av. - arr.	indépendante
Freins av. - arr.	disques
Capacité de remorquage min. - max. (kg)	454 - 907
Direction - diamètre de braquage (m)	crémaillère - 11,9 (2rm) / 11,8 (4rm)
Pneus	215/65R17 (SE), 225/60R18 (SXT, R/T)
	245/45R20 (SRT-8)

PERFORMANCES

Modèle à l'essai	Charger R/T
Moteur	V8 ACC 5,7 litres
Puissance (ch. à tr/min)	370 - 5800
Couple (lb-pi à tr/min)	398 - 4200
Transmission	semi- automatique 5 rapports
Autres transmissions	automatique 4 rapports
Accélération 0-100 km/h (sec.)	6,1 (chrono manuel)
Reprises 80-115 km/h (sec.)	3,7 (chrono manuel)
Distance de freinage 100-0 km/h (m)	41
Niveau sonore à 100 km/h	✖ ✖ ✖
Vitesse maximale (km/h)	240 (R/T), 210 (SE, SXT)
	250 (SRT-8)
Consommation réalisée au cours de l'essai (L/100 km)	13 (estimé)
Gaz à effet de serre	
Autres moteurs	V6 2,7 litres (190 ch.)
	V6 3,5 litres (250 ch.)
	V8 6,1 litres (425 ch.)

CE QU'IL FAUT SAVOIR

Fourchette de prix ($)	**20 095 - 46 595**
Marge de profit du concessionnaire (%)	8,44 à 9,43
Transport et préparation ($)	1300
Consommation ville - route (L/100 km)	**13 - 9 (2,7 l)**
	14 - 9,9 (2rm, 3,5 l)
	15,7 - 10,7 (4rm, 3,5 l)
	15,8 - 10,4 (5,7 l)
	18,3 - 13,3 (6,1 l)
Essence recommandée	ordinaire, super (SRT-8)
Versions offertes	SE, SXT, SXT TI, R/T, R/T TI, SRT-8
Carrosserie	berline 4 portes
Lieu d'assemblage	Canada
Valeur résiduelle	✱ ✱ ✱
Garanties : de base - motopropulseur (an/km)	3/60 000 - 5/100 000
Fiabilité présumée	✱ ✱ ✱
Cycle de remplacement	2012
Ventes 2007 ↗ 27 %	Québec : 1404
Protection collision	
frontale conducteur/passager	✱ ✱ ✱ ✱ ✱ / ✱ ✱ ✱ ✱ ✱
latérale avant/arrière	✱ ✱ ✱ ✱ / ✱ ✱ ✱ ✱ ✱
retournement 2rm/4rm	✱ ✱ ✱ ✱ / ✱ ✱ ✱ ✱

À RETENIR

Nouveautés 2009	moteur Hemi moins énergivore et plus puissant (370 ch.), rouage intégral pouvant être désactivé, feux arrière retouchés, freins ABS et système antidérapage recalibrés (SRT-8)
Principales concurrentes	Chevrolet Impala, Chrysler 300, Nissan Maxima, Pontiac G8

- Design fidèle à l'ancien modèle
- Nombreux groupes propulseurs
- Bon comportement routier
- Traction intégrale disponible

- Intérieur bien ordinaire
- Consommation du 5,7 Hemi
- SRT-8 dispendieux

L'ENTRE-DEUX

Dodge a toujours été plutôt innovateur avec ses produits, et ses camionnettes n'ont pas fait exception. Le Ram a inspiré lors de son lancement l'intérieur des camionnettes qui allaient suivre ; il a aussi développé le premier V10. Quant au Dakota, il a été le premier intermédiaire à son époque et a fait longtemps cavalier seul avant que GM et Toyota ne l'imitent.

Jusqu'à cette année, il était aussi le seul à offrir un V8 dans sa gamme de motorisations quand GM a fait de même avec ses intermédiaires. Avec le coût de l'énergie qui inquiète le consommateur, ce dernier voudra-t-il se contenter d'une camionnette plus petite ou optera-t-il plutôt pour un Dakota ? Renouvelé l'an dernier alors que la concurrence directe devra recevoir une chirurgie salvatrice l'an prochain, le Dakota a les atouts qu'il faut pour maintenir sa base de fidèles.

UNE CLIENTÈLE DIFFÉRENTE

Sauf exception, le Dakota n'a pas une vocation vraiment commerciale. Tout d'abord, il n'est pas offert avec une cabine ordinaire, ce que recherchent les entreprises. Seulement la cabine allongée et la cabine double sont proposées, en propulsion et en traction intégrale, avec un V6 ou un V8. L'acheteur classique est un individu qui n'a pas besoin d'une camionnette pleine grandeur, qui recherche une bonne capacité de travail et de cargo, dont le véhicule récréatif convient à un tel gabarit — VTT, bateau ou petite caravane — et qui n'a pas de famille à déplacer.

En effet, la cabine allongée peut accueillir jusqu'à six occupants, mais les places arrière demeurent assez serrées et des adultes n'y sont pas à l'aise sur de longs parcours. La banquette avant divisée 40/20/40 est un bon choix, puisqu'elle permet d'ajouter une personne, sinon d'abaisser le dossier pour en faire une console de rangement. La plupart du temps, les bancs arrière 50/50 sont relevés pour servir d'espace cargo grâce aux panneaux qui s'ouvrent vers l'arrière à 170 degrés. Il y a même des bacs à cette intention. Seul impair, si on veut laisser monter ou descendre un passager à l'arrière, il faut ouvrir la porte avant. C'est le défaut des portières suicide. Il faut sinon opter pour le quatre portes, ce qui réduit la longueur de la caisse, mais

qui favorise l'habitabilité aux dépens de la capacité de charge (boîte de 5,5 pieds au lieu de 8).

BONNE TENUE DE ROUTE

Parmi les véhicules présents dans ce segment, le Dakota est celui qui offre le meilleur compromis au chapitre de la tenue de route et de la douceur de roulement : pas trop sèche pour que l'essieu arrière sautille et survire, et pas trop mollassonne pour s'appuyer en virage et devenir sous-vireur ou donner une impression de perte de contrôle quand la caisse est chargée.

Si les deux moulins, le 3,7 litres de 210 chevaux ou le V8 de 302 chevaux, n'ont pas la réputation d'être les moins gourmands de l'industrie, Dodge leur a donné des boîtes plus économiques : la manuelle offre six rapports, dont les deux derniers sont surmultipliés. On pourra donc atteindre une vitesse de croisière et réduire les tours-minute. Quant à l'autre, c'est une automatique à quatre rapports bien étagés d'une génération récente qu'on avait vu dans le Liberty. Finalement, on peut choisir le deux roues motrices ou le quatre roues motrices classique avec les deux motorisations. Pour ceux qui trouvent que la quincaillerie de la traction intégrale est trop lourde, trop exigeante à la consommation ou inutile pour leurs besoins, un pont arrière autobloquant est en option. Une bonne idée pour ceux qui habitent en région éloignée.

DES PRIX DÉJÀ HARMONISÉS

Dodge est le constructeur qui a le plus rapidement harmonisé ses prix avec ceux du marché américain. Les autres constructeurs, plutôt que d'abaisser leurs prix, ont, de façon détournée, créé des rabais, accordé des bonus à l'achat ou réduit de beaucoup les frais de financement. Dodge a plus simplement abaissé son offre de service. De plus, sachant que ses moulins sont un peu plus gourmands que la moyenne, il a ajouté une prime en essence pendant un certain temps : sa façon de faire oublier qu'il n'a pas encore d'hybride dans ses camionnettes.

Si elle devait être disponible, une motorisation qui vaudrait la peine d'être ajoutée à la liste actuelle est le magnifique 3 litres turbodiésel qu'on retrouve seulement dans le Grand Cherokee. Peut-être que les conditions actuelles du marché donneront un élan insoupçonné au Dakota ? ▮▮▮
MICHEL POIRIER-DEFOY

Parmi les véhicules présents dans ce segment, le Dakota est celui qui offre le meilleur compromis quant à la tenue de route et à la douceur de roulement

DIMENSIONS ET VOLUMES

Empattement (mm)	3335
Longueur (mm)	5549
Largeur (mm)	1822
Hauteur (mm)	1741 -1743
Volume intérieur (L)	2670 - 2897
Volume du coffre (min./max.) (L)	n.a.
Capacité du réservoir de carburant (L)	83
Fourchette de poids (kg)	1949 - 2080

CHÂSSIS

Mode	propulsion, 4 roues motrices
Suspension av. - arr.	indépendante - essieu rigide
Freins av. - arr.	disques - tambour
Capacité de remorquage min. - max. (kg)	1452 - 3221
Direction - diamètre de braquage (m)	crémaillère - 13,42
Pneus	245/70R16 (ST), 265/65R17 (SXT) 265/60R18 (SLT)

PERFORMANCES

Modèle à l'essai	Dakota ST Quad (4X4)
Moteur	V6 SACT 3,7 litres
Puissance (ch. à tr/min)	210 - 5200
Couple (lb-pi à tr/min)	235 - 4000
Transmission	automatique 4 rapports
Autres transmissions	BM 6 rapports (V6) / BA 5 rapports (V8)
Accélération 0-100 km/h (sec.)	10,64
Reprises 80-115 km/h (sec.)	non chronométrées
Distance de freinage 100-0 km/h (m)	43,6
Niveau sonore à 100 km/h	✖ ✖ 🔧
Vitesse maximale (km/h)	175, 180 (V8)
Consommation réalisée au cours de l'essai (L/100 km)	14,3
Gaz à effet de serre	
Autres moteurs	V8 4,7 litres (302 ch.)

CE QU'IL FAUT SAVOIR

Fourchette de prix ($)	**25 695 - 37 395**
Marge de profit du concessionnaire (%)	10,77 à 11,65
Transport et préparation ($)	1350
Consommation ville - route (L/100 km)	**15,7 - 11,9 (2rm, 3,7 l) 16,5 - 12,5 (2rm, 4,7 l) 16,5- 13,1 (4rm, 3,7 l) 16,6 - 12,7 (4rm, 4,7 l)**
Essence recommandée	ordinaire
Versions offertes	ST, SXT, SLT (cabine Club / Quad)
Carrosserie	camionnette 4 portes
Lieu d'assemblage	États-Unis
Valeur résiduelle	✱ ✱ ✱
Garanties : de base - motopropulseur (an/km)	3/60 000 - 5/100 000
Fiabilité présumée	✱ ✱ ✱
Cycle de remplacement	inconnu
Ventes 2007 ↗ 2 %	Québec : 1271
Protection collision frontale conducteur/passager latérale avant/arrière retournement 2rm/4rm	✱ ✱ ✱ ✱ / ✱ ✱ ✱ ✱ ✱ ✱ ✱ ✱ ✱ / ✱ ✱ ✱ ✱ ✱ ✱ ✱ ✱ / ✱ ✱ ✱ ✱

À RETENIR

Nouveautés 2009	**aucun changement majeur**
Principales concurrentes	**Nissan Frontier, Honda Ridgeline, Suzuki Equator, Toyota Tacoma**

- Belle présentation de la dernière génération
- Aménagement intéressant de l'habitacle
- V6 moins gourmand

- Espace arrière pour passagers – portières suicide
- Consommation du 4,7 litres
- Version 4RM lourde à manœuvrer

RECOMMANDÉ PAR VOTRE POMPISTE...

DODGE
DURANGO

On peut détester les utilitaires, reste que certains automobilistes en ont réellement besoin. Gros, ce Durango ? Ça oui, mais ne vous fiez pas aux apparences. Il est beaucoup plus compact que ses rivaux (Tahoe, Expedition) et se laisse apprivoiser par des moins costauds que moi. N'empêche qu'il fait aussi les p'tits bonheurs des stations-service sur son passage. Dommage que la version hybride concoctée par Chrysler soit réservée aux États-Uniens.

Le Durango cherche toujours à offrir davantage que les concurrents : plus d'espace, plus de puissance et une plus grande capacité de remorquage. Il est à l'image du discours qui, hier encore, plaisait aux Américains : « Un utilitaire intermédiaire qui pense comme un grand. »

Il faut avoir certaines notions d'alpinisme pour accéder à l'habitacle du Durango. Une solution, une seule pour prendre congé de cette gymnastique quotidienne : le marchepied offert moyennant supplément. Il vous faudra aussi un escabeau pour déneiger le toit ou encore être en mesure d'y arrimer vos skis.

CONFORT ET ESPACE

Le Durango peut transporter sept personnes sur des sièges tendus de cuir glacé (des éléments chauffants sont offerts à l'avant moyennant un déboursé supplémentaire), somnolant dans la quiétude d'un habitacle lumineux et correctement insonorisé pour un camion... En fait, ce n'est qu'à des vitesses interdites sur nos routes que le vent fait siffler (timidement) le pare-brise.

Ceux qui se trouveront aux premières loges contempleront un tableau de bord aux formes banales. Le bloc d'instrumentation est facile à consulter et la plupart des commandes se trouvent dans l'environnement immédiat du conducteur. Ce dernier profite aussi d'un siège confortable, facile à régler, d'une colonne de direction inclinable et d'un pédalier électrique pour s'installer dans une position de conduite à son goût.

Comme sur la vaste majorité des utilitaires, la troisième banquette du Durango s'adresse avant tout à des personnes de petite taille. En revanche, même relevée, il y a suffisamment

d'espace derrière la troisième banquette pour y glisser deux sacs de hockey sans compromettre la sécurité des occupants. Le seuil de chargement est élevé, mais le hayon ne nécessite pas des bras forts pour être manipulé. Même si elle a été améliorée, la procédure pour rabattre d'une traite la troisième banquette est loin d'être facile.

TRÈS AGILE MALGRÉ SA TAILLE

Pachyderme au milieu de la porcelaine de nos cités, le Durango ? Au risque de vous surprendre, non. Le Durango est d'une déconcertante facilité à prendre en main. La direction, par exemple, est étonnamment précise et pas aussi légère que celle d'un Trailblazer, alors que les changements de trajectoire se font avec beaucoup plus de souplesse qu'avec un Explorer. Les nouveaux éléments suspenseurs développés pour cette seconde génération se révèlent parfaitement étudiés. Les mouvements de caisse sont bien contenus, et contrairement à bien des utilitaires, il ne se dandine pas en cadence. Même s'il met rapidement en confiance, le Durango, avec son centre de gravité élevé, n'est pas une voiture sport. Stable, bien campé sur ses roues, il nous fait déchanter sur la virulence passagère de son freinage malgré la présence de quatre disques et d'un dispositif antiblocage.

Si le Durango bénéficie d'un rouage à quatre roues motrices suffisamment performant, reste que son physique et son poids se prêtent davantage aux grands espaces qu'aux chemins creux. Surtout que ses pneumatiques le font résister à l'appel des cimes. Son domaine, c'est plutôt la route.

Un moteur V8 de 4,7 litres (approchez votre escabeau pour mieux voir !) l'anime, mais il est possible de retenir, moyennant supplément toujours, les services du V8 de 5,7 litres à culasses hémisphériques.

Cela dit, le 5,7 litres Hemi fait bonne figure et meut le Durango sans effort. La courbe de puissance est linéaire et les reprises, convaincantes. Moins sans doute que le V8 Vortec de GM, mais assurément plus que le V8 Triton proposé par Ford. Seul ennui, ce moteur n'a pas la soif du bossu, coureur du désert, mais celle de l'ogre qui s'apprête à engloutir près de 16 litres aux 100 km en régime standard. Au moins accumulerez-vous des « pétro-points » plus rapidement. Quelle que soit la mécanique retenue (4,7 ou 5,7 litres), la puissance transite toujours via une boîte automatique à cinq rapports dont le rendement s'est avéré sans histoire.

Une nécessité, un utilitaire ? Alors, il faut retenir que cette génération est l'une des plus abouties. Votre pompiste partage aussi cet avis. ▌▌▌ **ÉRIC LEFRANÇOIS**

*Il faut avoir certaines notions d'alpinisme
pour accéder à l'habitacle du Durango*

DIMENSIONS ET VOLUMES

Empattement (mm)	3028
Longueur (mm)	5100
Largeur (mm)	1930
Hauteur (mm)	1864
Volume intérieur (L)	4395
Volume du coffre (min./max.) (L)	569 / 2897
Capacité du réservoir de carburant (L)	102
Fourchette de poids (kg)	2275 - 2321

CHÂSSIS

Mode	4 roues motrices
Suspension av. - arr.	indépendante - essieu rigide
Freins av. - arr.	disques
Capacité de remorquage min. - max. (kg)	2631 - 3947
Direction - diamètre de braquage (m)	crémaillère – 11,4
Pneus	245/70R17 (SE), 265/60R18 (SLT) 265/50R20 (limited)

PERFORMANCES

Modèle à l'essai	Durango SLT
Moteur	V8 ACC 5,7 litres
Puissance (ch. à tr/min)	356 - 5600
Couple (lb-pi à tr/min)	390 - 4200
Transmission	automatique 5 rapports
Autres transmissions	aucune
Accélération 0-100 km/h (sec.)	7,9 (chrono manuel)
Reprises 80-115 km/h (sec.)	4,8 (chrono manuel)
Distance de freinage 100-0 km/h (m)	44,7
Niveau sonore à 100 km/h	✗ ✗ ✎
Vitesse maximale (km/h)	190
Consommation réalisée au cours de l'essai (L/100 km)	15,5 (estimé)
Gaz à effet de serre	
Autres moteurs	V8 4,7 litres (303 ch.)

CE QU'IL FAUT SAVOIR

Fourchette de prix ($)	**44 995**
Marge de profit du concessionnaire (%)	11,41
Transport et préparation ($)	1350
Consommation ville – route (L/100 km)	**18 - 13,8 (4,7 l)**
Essence recommandée	ordinaire
Versions offertes	SXT, SLT, Limited
Carrosserie	utilitaire 5 portes
Lieu d'assemblage	États-Unis
Valeur résiduelle	✱
Garanties : de base - motopropulseur (an/km)	3/60 000 - 5/100 000
Fiabilité présumée	✱ ✱ ✐
Cycle de remplacement	2011
Ventes 2007 ↘ 64 %	Québec : 213
Protection collision frontale conducteur/passager latérale avant/arrière retournement 2rm/4rm	✱✱✱✱✱ / ✱✱✱✱✱ n.d. / n.d. ✱✱✱ / ✱✱✱✱

À RETENIR

Nouveautés 2009	V8 Hemi plus puissant et moins énergivore, modèle Hybride disponible seulement aux États-Unis
Principales concurrentes	Chevrolet Trailblazer, Ford Explorer, Jeep Commander, GMC Envoy, Nissan Pathfinder, Toyota 4Runner

- Son étonnante agilité en dépit de ses dimensions
- Son confort et son silence de roulement
- Son rapport qualité-prix-dimensions

- La consommation élevée
- La version hybride réservée aux Américains
- La qualité de certains matériaux

PAS D'ARGENT, MAIS DES IDÉES

DODGE

DODGE
JOURNEY

On avait la tête ailleurs sans doute, mais toujours est-il que le Journey pourrait très bien représenter l'un des grands *success stories* de l'année et l'un des meilleurs exemples d'un croisement réussi entre une fourgonnette et un utilitaire. Sceptique ? Cinq mois après sa mise en marché, cet astucieux multisegment pointait en deuxième place avec une avance de 2274 unités sur son plus proche poursuivant. On a vu pire début.

La direction de Chrysler est tout sauf avare de superlatifs à l'égard de sa création. On peut comprendre. Après être passé par toutes les couleurs de l'arc-en-ciel, et surtout s'être payé des angoisses après son divorce d'avec Mercedes-Benz, le constructeur américain retrouve son souffle et se remet à faire, même les poches vides, ce que jadis il faisait de mieux : créer.

Voiture familiale, utilitaire, fourgonnette et quoi encore, le Journey répond par l'optimisme au désarroi actuel du marché qui ne sait trop à quel saint se vouer. Sans pour autant lancer une révolution dans son créneau, cette Dodge, à n'en pas douter, fera école et pourrait à la limite suppléer avantageusement à la fourgonnette, dont les dimensions sont de moins en moins humaines.

En fait, que reste-t-il aux grandes quand un Journey sept places réalise un peu la quadrature du cercle ? Les sièges du deuxième rang se basculent pour améliorer le volume de charge, coulissent pour mieux moduler l'espace et se replient en portefeuille pour permettre l'accès aux deux sièges du troisième rang. Et ce n'est là que quelques-uns des nombreux attributs de ce véhicule dont la beauté n'est pas tant dans ses innovations — toutes déjà vues ailleurs —, mais plutôt dans sa capacité à (presque) toutes les rassembler sous un même toit. En soi, cela est unique. Parmi les nombreuses astuces, on trouve (accrochez-vous, la liste est longue) : un coffre à gants réfrigéré, des porte-gobelets illuminés, un rehausseur pour siège d'enfant, un système de divertissement, deux cavités dans le plancher dans lesquelles il est possible de remiser 24 canettes de boissons gazeuses et une cachette secrète sous le coussin du siège du passager avant. Ouf ! Mais l'américaine ne peut être qualifiée pour autant de véritable sept places. Les deux places « du fond » sont, comme chez la concurrence, pratiques lors des situations d'urgence,

comme lorsqu'on veut emmener tous les enfants du voisinage à l'école, mais trop étroites et fermes pour envisager autre chose que des trajets de fortune.

Par rapport à plusieurs créations récentes de Chrysler, la présentation intérieure du Journey flatte, mais à la condition de ne pas trop s'y attarder. Car un examen plus attentif, et voilà qu'on relève que la qualité des garnissages ou quelques accostages mériteraient encore un effort et une réalisation moins légère. Et que dire du bloc d'instruments au graphisme vieillot et à son rétroéclairage (vert) qui l'est autant. Autre irritant — un petit cette fois —, l'ergonomie de certaines commandes. Des exemples ? En voici un qui devrait faire l'affaire : n'aurait-il pas été préférable d'inverser l'emplacement de la climatisation et celui de la sono ?

FAIRE FLÈCHE DE TOUT BOIS

Bien sûr, pour réduire le coût de conception du Journey et être en mesure de proposer des prix attrayants, Chrysler a puisé la majorité de ses éléments mécaniques dans sa banque d'organes. Ainsi, une plateforme modifiée d'une berline intermédiaire (en l'occurrence celle du duo Sebring-Avenger) fournit la structure et les moteurs. Au pluriel ? En effet, puisque la livrée de base (SE) s'anime du quatre cylindres 2,4 litres, alors que les versions SXT et R/T retiennent les services du V6 3,5 litres auquel s'arrime, en exclusivité, une boîte semi-automatique à six rapports. Mentionnons que la version quatre cylindres épouse une transmission traditionnelle à quatre rapports. Ce groupe motopropulseur entraîne uniquement les roues avant (motrices) du Journey, alors que les SXT et R/T nous offrent le privilège d'opter pour un rouage intégral.

Le Journey est certes astucieux et agréable à vivre, mais il n'est pas parfait : son moteur quatre cylindres un peu juste (et bruyant surtout) et une consommation somme toute décevante. Qui plus est, ce déficit de brio qui, soyez prévenu, s'accentuera quand les places assises et le plancher du coffre seront pleinement utilisés. N'est-il pas préférable alors de pencher pour le V6, dites-vous ? Oui, pour les performances, mais attention, cette mécanique consommera près de 2 L/100 km de plus.

À cette zone d'ombre, il convient d'ajouter une visibilité réduite vers l'arrière, qui impose pratiquement l'acquisition d'une caméra de recul, un agrément de conduite somme toute très moyen et un rayon de braquage digne d'une fourgonnette. Le Journey séduit pour sa polyvalence et ses prix attrayants. La combinaison V6 et rouage intégral est assurément celle qui suscite la convoitise, mais sa consommation importante et son coût plus élevé invitent à la réflexion. ||| **ÉRIC LEFRANÇOIS**

Avec le Journey, le constructeur américain démontre qu'il n'a rien perdu de son énergie créatrice

DIMENSIONS ET VOLUMES

Empattement (mm)	2890
Longueur (mm)	4887
Largeur (mm)	1834
Hauteur (mm)	1693 - 1766
Volume intérieur (L)	n.d.
Volume du coffre (min./max.) (L)	303 / 1921
Capacité du réservoir de carburant (L)	81
Fourchette de poids (kg)	1724 -1920

CHÂSSIS

Mode	traction, intégral
Suspension av. - arr.	indépendante
Freins av. - arr.	disques
Capacité de remorquage min. - max. (kg)	450 (L4) - 1588 (V6)
Direction - diamètre de braquage (m)	crémaillère - 11,7 / 11,9
Pneus	225/70R16 (SE), 225/65R17 (SXT) 225/55R19 (R/T)

PERFORMANCES

Modèle à l'essai	Journey R/T
Moteur	V6 DACT 3,5 litres
Puissance (ch. à tr/min)	235 - 6400
Couple (lb-pi à tr/min)	232 - 4000
Transmission	automatique 6 rapports
Autres transmissions	automatique 4 rapports (L4)
Accélération 0-100 km/h (sec.)	8,66
Reprises 80-115 km/h (sec.)	5,86
Distance de freinage 100-0 km/h (m)	42,4
Niveau sonore à 100 km/h	✹ ✹ ✹
Vitesse maximale (km/h)	190 (V6),175 (L4)
Consommation réalisée au cours de l'essai (L/100 km)	12,9
Gaz à effet de serre	
Autres moteurs	L4 2,4 litres (173 ch.)

CE QU'IL FAUT SAVOIR

Fourchette de prix ($)	**19 995 - 29 995**
Marge de profit du concessionnaire (%)	8,37 à 11,70
Transport et préparation ($)	1300
Consommation ville - route (L/100 km)	**12,4 - 9,4 (2rm, 2,4 l) 14,8 - 10,4 (2rm, 3,5 l) 15,8 - 10,9 (4rm, 3,5 l)**
Essence recommandée	ordinaire
Versions offertes	SE, SXT, R/T
Carrosserie	multisegment 5 portes
Lieu d'assemblage	Mexique
Valeur résiduelle	✶ ✶ ✶
Garanties : de base - motopropulseur (an/km)	3/60 000 - 5/100 000
Fiabilité présumée	non évaluée
Cycle de remplacement	nouveau modèle 2009
Ventes 2007 n.a.	Québec : n.a.
Protection collision frontale conducteur/passager latérale avant/arrière retournement 2rm/4rm	✶ ✶ ✶ ✶ ✶ / ✶ ✶ ✶ ✶ ✶ ✶ ✶ ✶ ✶ / ✶ ✶ ✶ ✶ ✶ ✶ ✶ ✶ ✶ / ✶ ✶ ✶ ✶

À RETENIR

Nouveautés 2009	**nouveau modèle**
Principales concurrentes	**Kia Rondo, Mazda5**

- Polyvalence et astuces
- Prix très compétitifs
- Choix de modèles

- Diamètre de braquage important
- Consommation décevante
- Présentation vieillotte

PÉTARD MOUILLÉ

Premier tout-terrain de taille moyenne conçu par Dodge, le Nitro mise beaucoup sur la forme et pas assez sur le fond. Dynamite ou pétard mouillé ? Pétard mouillé.

Taillé exactement comme le fourgon de la Brink's de mon enfance, le Dodge Nitro apparaît plus imposant qu'il ne l'est. De fait, il est à peine plus long que le CR-V. On ne dirait pas. Cette seule caractéristique devrait l'aider à se départir de l'image de démesure souvent associée aux 4x4 américains. Menton fort et front carré, le Dodge Nitro affiche un caractère dominant. Son costume convient particulièrement aux véhicules de loisir, dont l'allure compte pour beaucoup dans la décision de les acheter.

Sur le plan de la modularité, le Nitro innove avec le LOAD N GO (littéralement « chargez et roulez »). Ce dispositif, déjà vu sur certaines familiales haut de gamme, permet à la banquette divisible de libérer une zone de chargement plane, combinée à un plancher hydraulique coulissant sur près de 46 cm (18 pouces). Elle peut ainsi supporter un poids allant jusqu'à 181 kg (400 livres). Hélas, cette option n'est offerte que sur les livrées les plus coûteuses.

Puisqu'il est question des livrées, signalons qu'elles sont au nombre de quatre : SE, SXT, SLT et R/T. Cette dernière est non seulement la plus coûteuse, la mieux équipée, mais aussi la plus « sportive ». Du groupe, elle est la seule à offrir le V6 4 litres de 260 chevaux, la boîte automatique à cinq rapports, la suspension typée sport avec jantes de 20 pouces.

Les places avant sont plutôt accueillantes, et le tableau de bord est étonnamment mince. Malgré le graphisme des instruments et le faux nickel de certaines commandes, il est difficile d'oublier la pauvreté des plastiques utilisés. La finition est également apparue inégale sur le modèle essayé. À ces doléances, il convient d'ajouter une position de conduite délicate à trouver en raison du manque de relief du baquet et l'absence de colonne de direction télescopique. Sur une note plus positive, soulignons que les principales commandes tombent (au sens figuré, rassurez-vous) sous

la main. Certains éprouveront de la difficulté face à l'étroitesse des portières antérieures, mais le dégagement à l'arrière est suffisant pour convaincre vos ados de prendre la route des vacances en votre compagnie.

UNE QUESTION DE STYLE

Le Nitro propose deux versions : à deux et à quatre roues motrices. Le fonctionnement de cette dernière variait selon la transmission choisie. Avec la boîte manuelle, la transmission intégrale n'était pas permanente, c'est-à-dire qu'elle se limitait à transférer le couple d'un essieu à l'autre selon l'adhérence. La boîte manuelle est retirée cette année. Avec la boîte automatique, le rouage intégral est toujours en fonction. Cette dernière, moins efficace, permet au Nitro de risquer quelques acrobaties hors piste, de se sortir des ornières dans lesquelles demeureront séquestrés bon nombre de ses concurrents, mais sans plus. Sans boîte de transfert (plage de rapports courts) et des semelles dentées, inutile de s'obstiner. Le Nitro refuse de grimper aux arbres. Comme certains de ses congénères, il se limite à jouer le costaud sur routes balisées.

Au rayon des moteurs, toutes les livrées hormis la R/T (6-cylindres 4 litres) bénéficient du six cylindres de 3,7 litres de 210 chevaux. Associé à la boîte automatique à quatre rapports, ce 3,7 litres fait mentir le nom du véhicule. Difficile alors de justifier la rapidité avec laquelle son réservoir s'assèche.

Tout de même, le Nitro équipé du 3,7 litres se révèle agréable à vivre au quotidien, mais nous lui préférons le 4 litres, à peine plus gourmand. La direction transmet avec acuité le travail des roues directrices. Il n'y a que dans les virages bosselés que le Nitro perd de sa superbe et de son équilibre, ce qui aura pour effet de refroidir l'ardeur des moins téméraires. En fait, le Nitro paraît au mieux lorsque la chaussée est belle. Il semble alors d'une stabilité rassurante et s'avère fort plaisant à conduire pour un camion. Les bruits de roulement sont nombreux et les formes équarries de la carrosserie freinent la progression du vent, qui se met alors à siffler.

À cela s'ajoute une suspension qui tente un compromis pas toujours facile (vu l'état de nos routes) entre confort et tenue de route. La belle surprise vient du freinage. Sûr, mordant, il résiste bien à l'échauffement et permet d'immobiliser le Nitro sur une courte distance.

Malgré des lignes décapantes et atypiques, une fourchette de prix étudiée et attrayante, le Nitro n'enflamme ni n'émoustille. D'ailleurs, dans un an, grandes sont les chances que les deux pages qui lui sont dédiées ici seront allouées à un autre véhicule. ■■■ **ÉRIC LEFRANÇOIS**

Menton fort et front carré, le Dodge Nitro affiche un caractère dominant

DIMENSIONS ET VOLUMES

Empattement (mm)	2763
Longueur (mm)	4544
Largeur (mm)	1857
Hauteur (mm)	1776
Volume intérieur (L)	n.d.
Volume du coffre (min./max.) (L)	900 / 2100
Capacité du réservoir de carburant (L)	73,8
Fourchette de poids (kg)	1801 - 1906

CHÂSSIS

Mode	propulsion - 4 roues motrices
Suspension av. - arr.	indépendante - essieu rigide
Freins av. - arr.	disques
Capacité de remorquage min. - max. (kg)	907 - 2268
Direction - diamètre de braquage (m)	crémaillère - 11,1
Pneus	225/75R16 (SE), 235/65R17 (SLT)
	245/50R20 (R/T)

PERFORMANCES

Modèle à l'essai	Nitro SLT (4rm)
Moteur	V6 SACT 3,7 litres
Puissance (ch. à tr/min)	210 - 5200
Couple (lb-pi à tr/min)	235 - 4000
Transmission	automatique 4 rapports
Autre transmission	automatique 5 rapports (4 l)
Accélération 0-100 km/h (sec.)	10,12
Reprises 80-115 km/h (sec.)	7,25
Distance de freinage 100-0 km/h (m)	44,3
Niveau sonore à 100 km/h	✄ ✄ ✄
Vitesse maximale (km/h)	185, 195 (4 l)
Consommation réalisée au cours de l'essai (L/100 km)	13,7
Gaz à effet de serre	
Autres moteurs	V6 4 litres (260 ch.)

CE QU'IL FAUT SAVOIR

Fourchette de prix ($)	**24 995 – 30 995**
Marge de profit du concessionnaire (%)	7,65 à 7,90
Transport et préparation ($)	1300
Consommation ville - route (L/100 km)	**15,9 - 11,4 (3,7 l)**
	16,3 - 12 (4 l)
Essence recommandée	ordinaire
Versions offertes	SE, SXT, SLT, R/T
Carrosserie	utilitaire 5 portes
Lieu d'assemblage	États-Unis
Valeur résiduelle	✱ ✱ ✱
Garanties : de base - motopropulseur (an/km)	3/60 000 – 5/100 000
Fiabilité présumée	✱ ✱
Cycle de remplacement	2011
Ventes 2007 ↗ 450 %	Québec : 1560

Protection collision
frontale conducteur/passager ✱✱✱✱✱ / ✱✱✱✱✱
latérale avant/arrière ✱✱✱✱✱ / ✱✱✱✱✱
retournement 2rm/4rm ✱✱✱ / ✱✱✱

À RETENIR

Nouveautés 2009	boîte manuelle discontinuée, suspension plus sportive, système DVD arrière
Principales concurrentes	Chevrolet Equinox, Jeep Liberty, Hummer H3, Nissan Xterra, Suzuki Grand Vitara, Toyota FJ Cruiser

+
- La musculature de sa carrosserie
- L'aspect pratique de son plateau coulissant
- Les expéditions hors route

−
- La suspension rodéo sur chaussée déformée
- Le sourire du pompiste
- L'idée de salir notre beau linge contre les puits de roues arrière

UNE BENNE D'INNOVATIONS

L e Dodge Ram ne sera jamais en mesure de rivaliser avec les ventes des Ford F-150, GMC Sierra et Chevrolet Silverado. Malgré tout, le Ram ne cesse, génération après génération, de donner des leçons de créativité en matière de style et de fonctionnalité aux ingénieurs de Ford et GM.

DODGE
RAM

Après son étonnante métamorphose, il y a déjà 16 ans, le Ram est parvenu à séduire ceux qui avaient juré fidélité aux F-150, Sierra et Silverado de ce monde. Contre toute attente, les ventes du Ram avaient alors pratiquement quintuplé en Amérique du Nord. Toutefois, il serait surprenant qu'on assiste un jour à pareille remontée. Dans le contexte actuel, où l'or noir se transige à des sommets inégalés, le mot d'ordre du nouveau Ram n'est pas de conquérir de nouvelles parts de marché, mais plutôt de les conserver.

L'achat d'un Ram se révèle, comme pour toutes les autres camionnettes pleine grandeur, une expérience étourdissante. Il faut choisir la version : ST, SLT, Sport ou Laramie ? Le type de cabine : standard, allongée ou double ? La longueur de la benne : 5 pieds et 7 pouces, 6 pieds et 4 pouces ou 8 pieds ? Deux ou quatre roues motrices ? La transmission manuelle ou automatique ? Et ce n'est pas tout. Il y a aussi une longue liste d'accessoires à consulter. Bref, il est plus simple d'opter pour un Ram dans la cour du concessionnaire.

DES ESPACES DE RANGEMENT

Inutile de sortir le ruban à mesurer, l'habitacle du Ram est effectivement l'un des plus spacieux de la catégorie. On ne s'y sent pas à l'étroit et les baquets ont fait quelques progrès sur le plan du maintien latéral. En soulevant le coussin de la banquette, on découvre, sur les modèles à cabine allongée ou double, des compartiments de rangement dans le plancher. On trouve également d'ingénieux bacs de rangement appelés « RamBox » dans les ailes arrière. Verrouillables et hermétiques, on peut déposer dans ces espaces des outils, des sacs de golf ou même des skis. Par ailleurs, l'immense accoudoir central à usages multiples, installé entre les baquets, est toujours aussi utile qu'encombrant. L'histoire retiendra que le Ram en 1994 a été la première camionnette à jouer la carte de l'ergonomie. Cette nouvelle mouture fait encore honneur à son ancêtre. Les commandes sont parfaitement accessibles et l'instrumentation parfaitement lisible. La colonne de direction est réglable et le pédalier s'avance ou recule (une option) pour trouver une position de conduite idéale.

Outre son espace intérieur mieux aménagé, on retient également de cette nouvelle génération que la plateforme est plus rigide en torsion et en flexion. Toutefois, la grande nouveauté est incontestablement la suspension arrière, qui abandonne les traditionnelles lames pour une suspension multibras avec ressorts hélicoïdaux. Ce dispositif assure un meilleur roulement, et ce, sans sacrifier la charge utile et la capacité de remorquage. Pour vous assurer de monter à bord sans problème vous et vos passagers, il est important de cocher la case qui propose une paire de marchepieds, surtout si votre Ram est chaussé de pneus de 20 pouces. Certes, il est possible de les endommager en conduite hors route ou sur un chantier, mais ils permettront tant aux grands qu'aux petits d'accéder plus facilement à l'habitacle.

UN NOUVEAU HEMI

Si on jette un coup d'œil sous le capot, on reconnaît dans le modèle d'entrée de gamme l'éternel V6 de 3,7 litres. Économique à l'achat, il convient essentiellement aux camionnettes de livraison à deux roues motrices. Le V8 de 4,7 litres est aussi de retour. La grande nouveauté est cependant la dernière livrée du V8 Hemi de 5,7 litres. Développant 390 chevaux et un couple de 407 livres-pieds, il est censé consommer moins de carburant que l'ancienne génération grâce à un système évolué de désactivation des cylindres. Les deux V8 sont couplés à une boîte automatique à cinq rapports, alors que le V6 s'en remet à une boîte automatique à quatre rapports. Selon le constructeur, le nouveau Hemi devrait consommer 4 % moins d'essence qu'auparavant. C'est peu, très peu, dans le contexte actuel. Espérons qu'un moteur turbodiésel sera bientôt offert, et ce, à un prix raisonnable. L'avènement d'une motorisation hybride n'est pas écarté non plus.

Même si le système à quatre roues motrices proposé par le Ram n'est pas le plus sophistiqué sur le marché, il est facile d'utilisation. En dépit de ses dimensions imposantes, le Ram se conduit pratiquement comme une automobile. L'assistance de la direction est bien dosée et son rayon de braquage est suffisamment court en circulation urbaine.

En conclusion, on doit reconnaître que le Ram a progressé dans plusieurs domaines, qu'il est toujours aussi impressionnant à regarder et qu'il est offert dans une fourchette de prix inférieure à la concurrence. Par contre, sa consommation d'essence risque de désenchanter ceux qui n'ont pas à transporter quotidiennement des outils pour se rendre au travail.

JEAN-FRANÇOIS GUAY - CLAUDE RÉMILLARD

L'histoire retiendra que le Ram, il y a 16 ans, a été la première camionnette à jouer la carte de l'ergonomie. Cette nouvelle mouture fait honneur à son ancêtre

DIMENSIONS ET VOLUMES

Empattement (mm)	3048 - 3556
Longueur (mm)	5308 - 5816
Largeur (mm)	2017
Hauteur (mm)	1861 - 1900
Volume intérieur (L)	1812 (cab. simple), 3276 (Quad) 3424 (Crew)
Volume du coffre (min./max.) (L)	n.a.
Capacité du réservoir de carburant (L)	98, 121
Fourchette de poids (kg)	n.d.

CHÂSSIS

Mode	propulsion, 4 roues motrices
Suspension av. - arr.	indépendante - semi-indépendante
Freins av. - arr.	disques
Capacité de remorquage min. - max. (kg)	1565 - 4128
Direction - diamètre de braquage (m)	crémaillère - 13,69 / 13,74 / 13,81 / 14,09
Pneus	245/70R17,265/70R17, 265/70R17, 275/60R20

PERFORMANCES

Modèle à l'essai	Ram SLT Quad (4X4)
Moteur	V8 ACC 5,7 litres
Puissance (ch. à tr/min)	390 - 5600
Couple (lb-pi à tr/min)	407 - 4000
Transmission	automatique 5 rapports
Autres transmissions	automatique 4 rapports (V6)
Accélération 0-100 km/h (sec.)	8,5 (estimé)
Reprises 80-115 km/h (sec.)	4 (estimé)
Distance de freinage 100-0 km/h (m)	non mesurée
Niveau sonore à 100 km/h	✖ ✖ ✎
Vitesse maximale (km/h)	190
Consommation réalisée au cours de l'essai (L/100 km)	15,5 (estimé)
Gaz à effet de serre	
Autres moteurs	V6 3,7 litres (215 ch.) V8 4,7 litres (310 ch.)

CE QU'IL FAUT SAVOIR

Fourchette de prix ($)	**25 995 - 45 490**
Marge de profit du concessionnaire (%)	10,29 à 11,70
Transport et préparation ($)	1350
Consommation ville - route (L/100 km)	**16,7 – 12,5 (2rm, 3,7 l)** **18 – 13,8 (4rm, 4,7 l)** **18,1 – 13,9 (4rm, 5,7 l)**
Essence recommandée	ordinaire
Versions offertes	ST, SLT, Sport, Laramie (cab. simple, Quad, Crew)
Carrosserie	camionnette 2 ou 4 portes
Lieu d'assemblage	États-Unis
Valeur résiduelle	✱ ✱
Garanties : de base - motopropulseur (an/km)	3/60 000 – 5/100 000
Fiabilité présumée	✱ ✱
Cycle de remplacement	nouveau modèle 2009
Ventes 2007 ↗ 12 %	Québec : 5085
Protection collision frontale conducteur/passager latérale avant/arrière retournement 2rm/4rm	non évaluée non évaluée non évaluée

À RETENIR

Nouveautés 2009	**nouvelle génération**
Principales concurrentes	**Chevrolet Silverado, Ford F-150, GMC Sierra, Nissan Titan, Toyota Tundra**

- Son comportement routier amélioré
- Ses nombreux espaces de rangement
- Son apparence de dur à cuire

- Sa consommation d'essence
- L'absence d'un moteur turbodiésel
- La finition et la texture de certains matériaux

GARE AUX MORSURES

DODGE
VIPER SRT-10

Attention ! Bête méchante. La compagnie Chrysler aurait intérêt à apposer cet avis au tableau de bord de la Dodge Viper SRT-10. Je suis arrivé à cette conclusion après avoir contourné tous les pièges que pareil engin peut vous tendre lorsqu'on frôle la limite de ses performances carrément indécentes. En clair, voilà une voiture à ne pas mettre en toutes les mains et qu'il faut prendre avec des pincettes tellement l'animal peut vous mordre douloureusement à la moindre distraction. Sans contrôle de la traction, sans système de stabilité et 600 chevaux fous furieux sous le pied droit, elle commande le RESPECT.

Née en 1992 sous la forme d'un roadster, la Viper est apparue l'année d'après sous les traits d'un coupé plus aérodynamique. Malgré son peu de raffinement et un confort primitif, elle s'est taillé une place auprès des purs et durs de l'automobile qui tournaient le dos à la Corvette.

Sa conception est d'une autre époque avec un volumineux V10 à soupapes en tête (deux par cylindre) et arbre à cames central. Dans sa dernière évolution, on a malgré tout réussi à extraire 600 chevaux de son effarante cylindrée de 8,4 litres. Comme pour le premier modèle, le roadster est arrivé en premier suivi du coupé qui fait l'objet de cet essai, une gracieuseté de Benoît Descens, de Repentigny.

Outre une surabondance de puissance, la Viper se dote d'une seule boîte de vitesses manuelle à six rapports (Tremtec) en raison de l'inexistence chez Chrysler d'une transmission automatique assez costaude pour encaisser les 560 livres-pieds de couple du moteur. Fort heureusement, on a eu la sagesse de doter la voiture d'un différentiel autobloquant et, depuis peu, d'un système de freinage ABS. À part la présence d'un gigantesque quatuor de pneus Michelin Pilot PS2 conçus expressément pour elle, là s'arrête la fantaisie chez la SRT-10.

D'ABORD, SON UNICITÉ
Cela ne signifie pas pour autant qu'on a affaire à une vulgaire imitation de voiture sport émettant un bruit de camion et destinée à une clientèle préhistorique. Pour plusieurs, la Viper est unique et rien ne lui est comparable. Il n'est pas faux en effet de dire qu'elle néglige toutes les civilités pour se rapprocher davantage d'une voiture de course. Inutile de relever que l'accès au poste de pilotage est difficile, que la visibilité est quasi nulle ou que le coffre

à bagages est plus près d'un coffre à gant. Les fanatiques n'en ont que faire de ces détails, mais ils seront certes contents d'apprendre que les tuyaux d'échappement latéraux près des seuils de porte ne risquent plus de cuire les jambes de leur blonde. Ils sont maintenant isolés dans un bas de caisse moulé et ne demandent plus de faire le grand écart avant de monter à bord.

Une fois installé, j'ai été renversé par le confort des sièges, tandis que le pédalier ajustable permet d'adopter la position de conduite idéale. Le levier de vitesses n'est pas le plus commode au monde et il arrive souvent que l'on passe la cinquième au lieu de la troisième, ce qui peut gâcher le petit sprint improvisé dans un lieu sûr.

Oublions ces menus détails pour dire qu'à l'heure où j'écris ces lignes, soit avant la riposte de GM avec sa nouvelle Corvette ZR1, la Viper porte bien haut le flambeau de la voiture américaine à moteur atmosphérique de série la plus puissante. Malgré tout, son V10 est moins vorace que le V12 de l'Aston Martin DBS testée la même semaine, et cela, même s'il doit concéder 90 chevaux à la britannique.

Mes deux précédents essais de la Dodge Viper avaient été strictement axés sur la vitesse de pointe. Par exemple, en 1997, le coupé GTS m'avait permis de toucher les 299,7 km/h sur l'anneau de Blainville. En tentant de battre ce record, cinq ans plus tard, l'éclatement d'un pneu avait contrecarré tout espoir. Sur le tracé d'ICAR, à Mirabel, la SRT-10 a prouvé que les virages intimidaient davantage le pilote que la voiture. Ainsi, en seconde ou en troisième, il ne faut surtout pas enfoncer l'accélérateur à fond en sortie de virage si la voiture n'est pas parfaitement en ligne droite. Autrement, le tête-à-queue vous attend, et pourquoi pas les rails de sécurité.

Les accélérations sont foudroyantes et le couple si imposant qu'on peut limiter le régime à 5000 tours et obtenir pratiquement les mêmes résultats qu'en le poussant à 6500 tours/minute, comme cela est permis. À Mirabel, c'est tout juste si on n'entendait pas la Viper jusqu'à Dorval tellement le bruit du moteur est percutant. Avec la raideur de la suspension, le confort ne fait pas partie des attributs de ce modèle.

En revanche, quand on a réussi à faire un tour parfait sur le fil du rasoir, on est envahi d'une sensation d'accomplissement qu'on ne retrouve plus dans les autos d'aujourd'hui. Non, ce n'est pas une Ferrari, mais c'est aussi rapide. **||| JACQUES DUVAL**

La Viper porte bien haut le flambeau de la voiture américaine à moteur atmosphérique de série la plus puissante

DIMENSIONS ET VOLUMES

Empattement (mm)	2510
Longueur (mm)	4459
Largeur (mm)	1911
Hauteur (mm)	1210
Volume intérieur (L)	n.d.
Volume du coffre (min.-max.) (L)	240 / 415
Capacité du réservoir de carburant (L)	70
Fourchette de poids (kg)	1561 - 1567

CHÂSSIS

Mode	propulsion
Suspension av. - arr.	indépendante
Freins av. - arr.	disques
Capacité de remorquage min. - max. (kg)	non recommandé
Direction – diamètre de braquage (m)	crémaillère – 12,34
Pneus	275/35R18 (av.) - 345/30R19 (arr.)

PERFORMANCES

Modèle à l'essai	Viper SRT10
Moteur	V10 ACC 8,4 litres
Puissance (ch. à tr/min)	600 - 6100
Couple (lb-pi à tr/min)	560 - 5000
Transmission	manuelle 6 rapports
Autres transmissions	aucune
Accélération 0-100 km/h (sec.)	3,97
Reprises 80-115 km/h (sec.)	2,92
Distance de freinage 100-0 km/h (m)	35,9
Niveau sonore à 100 km/h	✂
Vitesse maximale (km/h)	325
Consommation réalisée au cours de l'essai (L/100 km)	16
Gaz à effet de serre	🏭🏭🏭🏭🏭
Autres moteurs	aucun

Pour un essai son et images de cette voiture, procurez-vous le DVD
Prenez le volant de 12 voitures d'exception avec Jacques Duval.

CE QU'IL FAUT SAVOIR

Fourchette de prix ($)	**98 600 - 99 600**
Marge de profit du concessionnaire (%)	10,68
Transport et préparation ($)	1300
Consommation ville – route (L/100 km)	**19,1 – 10,9**
Essence recommandée	super
Versions offertes	SRT10 Roadster, SRT10 Coupé
Carrosserie	cabriolet / coupé 2 portes
Lieu d'assemblage	États-Unis
Valeur résiduelle	★ ★ ★ ★ ★
Garanties : de base – motopropulseur (an/km)	3/60 000 km – 5/100 000
Fiabilité présumée	n.d.
Cycle de remplacement	inconnu
Ventes 2007 ↘ 30 %	Québec : 7
Protection collision frontale conducteur/passager	non évaluée
latérale avant/arrière	non évaluée
retournement 2rm/4rm	non évaluée

À RETENIR

Nouveautés 2009	**jantes, console réaménagée pour les commandes des glaces électriques, châssis plus rigide**
Principales concurrentes	**Chevrolet Corvette, BMW M6, Ferrari F430, Lamborghini Gallardo, Mercedes SL, Nissan GT-R, Porsche 911**

- 325 km/h pour 100 000 $
- Freins résistants
- Excellents sièges

- Accès pénible
- Aucune assistance électronique
- Conduite délicate

225

TROP, C'EST TROP

Ferrari

FERRARI
F599 GTB
FIORANO

Trop, c'est trop ! Seriez-vous surpris si je vous disais qu'un bon nombre des riches automobilistes qui ont fait l'acquisition de l'ultime Ferrari de route, la 599, l'ont revendue quelques mois plus tard ? Eh bien, c'est la pure vérité, et cela n'a rien à voir avec la qualité du produit. C'est même tout le contraire, et c'est précisément parce que notre « belle province » ne se prête pas du tout à l'utilisation d'une telle voiture que ses acheteurs s'en sont départis.

Débourser près d'un demi-million de dollars pour une automobile et avoir à circuler sur des routes tiers-mondistes à des vitesses fortement limitées et sanctionnées tient du supplice de Tantale. Il suffit d'essayer cette F599 GTB Fiorano (de son vrai nom) pour mieux comprendre le dilemme.

La dynamite qu'abrite le capot avant prend la forme d'un moteur V12 comme seul Ferrari peut en construire. Étroitement dérivé de celui de la célèbre Enzo, ce groupe réunit 620 chevaux qui hennissent de bonheur à 7600 tours/minute. La 599 tient son appellation numérique de la cylindrée de son moteur, qui est précisément de 5999 cm³ ou 6 litres. En réalité, cette GTB n'abandonne que 40 chevaux à une Enzo, un quasi-prototype construit en très petite série. Or ici on parle d'une vraie grand tourisme propre à satisfaire la fougue du plus passionné des conducteurs. Ajoutons que la puissance phénoménale du V12 est gérée par une boîte de vitesses robotisée dont les six rapports s'enclenchent à la vitesse record de 110 millièmes de seconde. La progression de la vitesse est à ce point fulgurante que les lignes droites les plus longues fondent à vue d'œil.

Je dois mener une bonne vie parce que je n'ai croisé aucun flic pendant toute la durée de ce galop d'essai. Toute une chance ! Ce qui est le plus surprenant avec ce genre de voiture, c'est qu'on n'a pas l'impression d'aller vite jusqu'au moment où on se rend compte qu'on a largement dépassé les 200 km/h sans s'en apercevoir. Ce n'est qu'à une telle allure qu'on commence à entendre le moteur dont la discrétion dans l'habitacle est un gage de confort à des vitesses bien au-delà de ce qu'il faut pour faire scintiller les gyrophares. Un bon point pour l'insonorisation.

Une autre caractéristique qui fait dresser le poil sur les bras, c'est l'abondance du couple moteur (448 livres-pieds) auquel on a droit, et ce, sur toute la plage de puissance. C'est bien évident que plus le régime moteur est élevé, plus ça pousse. J'ai toujours aimé les décollages en avion, mais là, je peux dire que j'ai autant de plaisir sur quatre roues.

DES AFFINITÉS AVEC LA CORVETTE

La tenue de route à haute vitesse, surtout dans des virages serrés de routes campagnardes, est très rassurante, mais il faut éviter d'attaquer trop fort, au risque de provoquer un sous-virage. Cette Italienne de haute noblesse n'hésite pas à emprunter à la Corvette et à quelques autres créations américaines cette suspension magnétorhéologique ou à assistance magnétique. Son principal avantage est d'entraîner une variation de la viscosité de l'huile dans les amortisseurs par champ magnétique. Les résultats sont étonnants, sauf à basse vitesse sur des routes légèrement bosselées, où elle provoque certaines trépidations désagréables. En d'autres circonstances, on sent cet effet de correction surtout dans une courbe à rayon variable où il faut jouer du volant. La voiture se comporte alors de façon neutre, et avec une suspension qui s'ajuste dans des temps extrêmement rapides (on parle de 1 à 10 millisecondes), on n'a vraiment pas à se soucier de l'aspect technique de la conduite. Pour revenir à la Corvette, certains sont d'avis que la partie avant de la Ferrari 599 vue de profil a une étrange ressemblance avec la sportive américaine. Quel blasphème, diront les autres !

0-160 KM/H EN 7 SECONDES

Quand on voit une voiture comme la GTB 599 Fiorano franchir le 0-100 km/h pratiquement à la vitesse du son (3,2 secondes) et poursuivre son galop jusqu'à 330 km/h, on s'imagine que seul un parachute pourrait freiner sa course. En lieu et place, Ferrari a opté pour d'énormes disques de 355 mm de diamètre qui ont prouvé leur efficacité lorsqu'un camion s'est dressé devant la 599 au sommet d'une petite pente. Comme il bloquait la moitié de la route, il a fallu réagir vite et fort afin d'éviter un big bang. Mille Grazie Brembo ! Si jamais vous décidez de bien profiter de votre Fiorano et de la conduire sur circuit, il serait prudent d'opter pour les freins optionnels en carbocéramique.

En prenant place au volant du porte-étendard de la gamme Ferrari, la passion et l'excitation atteignent véritablement leur paroxysme pour le fanatique d'automobiles. Dès que nos mains touchent au volant, que notre odorat hume l'intérieur en cuir, que nos yeux s'attardent aux multiples détails du tableau de bord, le plaisir des sens et de la séduction est déjà entamé ; ne reste qu'à essayer de se faire une raison ! ▐▐▐ JACQUES DUVAL - PIERO FACCHIN

Cette Italienne n'hésite pas à emprunter à la Corvette et autres créations américaines cette suspension magnétorhéologique ou à assistance magnétique

FERRARI F599 GTB FIORANO

DIMENSIONS ET VOLUMES

Empattement (mm)	2751
Longueur (mm)	4666
Largeur (mm)	1961
Hauteur (mm)	1336
Volume intérieur (L)	n.d.
Volume du coffre (min./max.) (L)	320
Capacité du réservoir de carburant (L)	104,8
Fourchette de poids (kg)	1689

CHÂSSIS

Mode	propulsion
Suspension av. - arr.	indépendante
Freins av. - arr.	disques
Capacité de remorquage min. - max. (kg)	non recommandé
Direction – diamètre de braquage (m)	crémaillère – 11,5
Pneus	245/40R19 (av.) - 305/35R20 (arr.)

PERFORMANCES

Modèle à l'essai	F599 GTB Fiorano
Moteur	V12 DACT 6 litres
Puissance (ch. à tr/min)	620 - 7600
Couple (lb-pi à tr/min)	448 - 5600
Transmission	séquentielle 6 rapports
Autres transmissions	manuelle 6 rapports
Accélération 0-100 km/h (sec.)	3,22
Reprises 80-115 km/h (sec.)	1,35
Distance de freinage 100-0 km/h (m)	33,3
Niveau sonore à 100 km/h	✗
Vitesse maximale (km/h)	330
Consommation réalisée au cours de l'essai (L/100 km)	19,8
Gaz à effet de serre	
Autres moteurs	aucun

CE QU'IL FAUT SAVOIR

Fourchette de prix ($)	**302 584 – 312 395**
Marge de profit du concessionnaire (%)	n.d.
Transport et préparation ($)	n.d.
Consommation ville – route (L/100 km)	**22 - 16**
Essence recommandée	super
Versions offertes	unique
Carrosserie	coupé 2 portes
Lieu d'assemblage	Italie
Valeur résiduelle	★ ★ ★ ★ ★
Garanties : de base – motopropulseur (an/km)	3/illimité – 3/illimité
Fiabilité présumée	non évaluée
Cycle de remplacement	inconnu
Ventes 2007 n.d.	Québec : n.d.
Protection collision frontale conducteur/passager latérale avant/arrière retournement 2rm/4rm	non évaluée non évaluée non évaluée

À RETENIR

Nouveautés 2009	**volant à ajustement électrique, climatisation à deux zones**
Principales concurrentes	**Aston Martin DBS, Bentley Continental GT/Speed, Chevrolet Corvette ZR1, Dodge Viper SRT10, Lamborghini Murciélago, Mercedes McLaren SLR**

- Limites inexploitables sur route
- Moteur éblouissant
- Finition plus attentive

- Allergique aux limites et routes québécoises
- Suspension quelquefois sautillante
- Ligne quelconque

UNE VALEUR SÛRE

Si on peut s'offrir une Ferrari neuve ou même d'occasion, c'est généralement qu'on a posé des gestes parfaitement calculés dans sa vie. La F430 et, à plus forte raison, la F430 Spyder, font partie de ces biens qui remplissent parfaitement leur mandat ; dans ce cas-ci, faire vivre un certain état d'euphorie ou plutôt, un état d'euphorie certain à son propriétaire et qui, advenant le cas où il s'en lasserait, trouve aisément preneur, et ce, à fort prix.

FERRARI
F430

Alors que la 360 Modena semblait au sommet de son art, la firme de Maranello a su, une fois de plus, se surpasser en mettant au point la F430, une remplaçante supérieure en tous points sans pourtant reléguer la première aux rayons des oubliettes. Une Ferrari reste une Ferrari et demeure la championne incontestée de la valeur de revente.

UN MOTEUR AVANT TOUT

Comme toute Ferrari digne de ce nom, la F430 a de quoi vous en faire voir et entendre de toutes les couleurs grâce à son moteur, toujours hurlant de bonheur. Elle tire d'ailleurs son nom de la cylindrée de ce dernier, soit 4,3 litres, ce qui, de concert avec une puissance de 490 chevaux, permet de passer la frontière magique des 100 chevaux par litre, un exploit pour un moteur atmosphérique. Puisque cette mécanique est une véritable œuvre d'art, le capot en plexiglas est tout désigné pour l'exposer à la vue de tous. Toujours esthétiquement parlant, tous les goûts sont dans la nature, mais force est d'admettre qu'il est plutôt difficile de ne pas détourner le regard de la personne qui nous parle lorsqu'une F430 passe par là. Vue de l'avant, la bête conjugue une finesse à la Aston Martin avec un air féroce digne d'un bolide de course. L'allure compétition est rehaussée d'un cran avec la version Scuderia qui se veut l'ultime F430, à la façon de la Superleggera pour la Lamborghini Gallardo, sa plus grande rivale, mais jamais son égale. La partie arrière reprend des traits de la sublime Enzo, avec ses quatre feux circulaires, tandis que l'extracteur témoigne du sérieux porté au rayon de l'aérodynamique.

Les m'as-tu-vu de ce monde seront déçus d'apprendre que l'intérieur de la voiture a été conçu d'abord et avant tout dans un esprit de fonctionnalité. Les commandes sont adroitement disposées et exemptes de fioritures, au plus grand bonheur des puristes. On serait en droit de s'attendre à un peu plus de luxe, ou du moins à des composantes moins Fiat, pour une voiture de ce prix, mais cela ne fait pas partie du mandat de la F430. La version Spyder a au moins l'honneur de se décoiffer électriquement en tout juste 20 secondes, un privilège toutefois cher payé. Bien calé dans le poste de pilotage, le Schumacher qui sommeille en nous s'éveille à la vue de la fibre de carbone apparente ça et là et du tachymètre jaune. Le volant, à défaut d'être élégant, comporte d'un côté une commande permettant de régler la dynamique du véhicule et de l'autre, le fameux bouton Engine Start.

AU GALOP !

Si au démarrage le son du moteur fait frémir, à 8500 tours/minute lorsqu'il développe sa puissance maximale de 490 chevaux (510 en version Scuderia), il fait littéralement dresser tous les poils du corps. C'est avec cette magnifique symphonie qu'on atteint les 100 km/h à partir de l'arrêt en tout juste 4 secondes. Plus exaltante encore que l'accélération, la tenue en virage générant une force de plus de 1 g a de quoi rassasier en sensations fortes les plus blasés. Contrairement à la 360 Modena, la F430 ne requiert pas la même dextérité et se laisse plus facilement piloter à la limite. Bien que des notions approfondies de conduite sportive soient bienvenues, l'électronique joue ici un rôle de premier plan et est assez permissive pour faire quelque peu patiner les roues à l'aide de l'accélérateur. Les freins sont également puissants et endurants, surtout depuis que Ferrari a eu la générosité de supprimer de la liste des options le duo carbone-céramique pour les offrir en équipement de série. Ils sauront se rembourser quand viendra le moment de les remplacer au coût de 15 000 $. La boîte mécanique traditionnelle à six rapports est fidèle au catalogue malgré la popularité de plus en plus grande de la transmission robotisée F1 optionnelle. Celle-ci a beaucoup évolué ces dernières années et demeure d'une redoutable efficacité tout en offrant des changements de rapport hyper rapides débarrassés des à-coups désagréables qui se manifestaient dans les 360 F1.

Tout compte fait, peu importe la version et les options cochées, la F430 se présente comme une solide candidate au titre de la voiture de route le plus près d'un engin de course. Avec quelques modifications, la Scuderia, quant à elle, est prête pour jouer ce rôle à la perfection. ▐▐▐ **JACQUES DUVAL - DANIEL CHARRETTE**

*Une Ferrari reste une Ferrari et demeure
la championne incontestée de la valeur de revente*

DIMENSIONS ET VOLUMES

Empattement (mm)	2600
Longueur (mm)	4512
Largeur (mm)	1923
Hauteur (mm)	1214
Volume intérieur (L)	n.d.
Volume du coffre (min./max.) (L)	250
Capacité du réservoir de carburant (L)	95
Fourchette de poids (kg)	3197

CHÂSSIS

Mode	propulsion
Suspension av. - arr.	indépendante
Freins av. - arr.	disques
Capacité de remorquage min. - max. (kg)	non recommandé
Direction - diamètre de braquage (m)	crémaillère - 10,8
Pneus	225/35R19 - 285/35R19

PERFORMANCES

Modèle à l'essai	F430
Moteur	V8 DACT 4,3 litres
Puissance (ch. à tr/min)	490 - 8500
Couple (lb-pi à tr/min)	343 - 5250
Transmission	manuelle 6 rapports
Autres transmissions	séquentielle 6 rapports
Accélération 0-100 km/h (sec.)	4,07
Reprises 80-115 km/h (sec.)	1,81
Distance de freinage 100-0 km/h (m)	34,1
Niveau sonore à 100 km/h	✂
Vitesse maximale (km/h)	315
Consommation réalisée au cours de l'essai (L/100 km)	17,9
Gaz à effet de serre	
Autres moteurs	V8 4,3 litres (510 ch.)

*Pour un essai son et images de cette voiture, procurez-vous le DVD
Prenez le volant de 12 voitures d'exception avec Jacques Duval.*

CE QU'IL FAUT SAVOIR

Fourchette de prix ($)	**186 925 – 257 456**
Marge de profit du concessionnaire (%)	n.d.
Transport et préparation ($)	n.d.
Consommation ville - route (L/100 km)	**21 - 15**
Essence recommandée	super
Versions offertes	Base, Spider, Scuderia
Carrosserie	coupé 2 portes, cabriolet 2 portes
Lieu d'assemblage	Italie
Valeur résiduelle	★ ★ ★ ★ ★
Garanties : de base - motopropulseur (an/km)	3/illimité - 3/illimité
Fiabilité présumée	non évaluée
Cycle de remplacement	inconnu
Ventes 2007 n.d.	Québec : n.d.
Protection collision frontale conducteur/passager latérale avant/arrière retournement 2rm/4rm	non évaluée non évaluée non évaluée

À RETENIR

Nouveautés 2009	aérodynamisme plus poussé, matériaux plus légers, suspension et différentiel « E-Diff » recalibrés
Principales concurrentes	Audi R8, Aston Martin Vantage V8, BMW M6, Chevrolet Corvette Z06, Lamborghini Gallardo, Mercedes SL63 AMG, Porsche 911 Turbo

- Moteur mélodieux
- Performances enivrantes
- Excellente valeur de revente

- Prix déconcertant
- Habitacle spartiate
- Usage strictement estival

LA GRANDE OUBLIÉE

FERRARI
612 SCAGLIETTI

Si on tombe en pâmoison devant la GTB Fiorano 599 et qu'on vendrait son âme au diable pour rouler dans la F430, la 612 Scaglietti, qui arbore aussi l'emblème jaune du cheval cabré, ne suscite pas tout à fait les mêmes émotions. Affligé d'un poids très conséquent, d'un prix prodigieux et de dimensions qui excluent d'emblée toute velléité de maniabilité, ce coupé GT 2+2 n'a pas non plus la même présence sur la route que ses congénères.

Pour ceux qui ne le sauraient pas, l'utilisation du nom Scaglietti est un hommage à un carrossier célèbre qui savait marteler l'aluminium mieux que quiconque et qui réalisa de petits chefs-d'œuvre pour la maison de Maranello. Un tel nom peut prêter à confusion, mais c'est bel et bien Pininfarina qui dessine encore et toujours les Ferrari modernes, même si la 612 n'est pas sa plus grande réussite. Cela n'a pas empêché le maître à penser du Cirque du Soleil, le génial Guy Laliberté, d'en ajouter une à sa collection, probablement comme voiture « familiale ». Avec sa peinture bicolore (noir-bourgogne), ses sièges avec coutures contrastantes et quelques autres accessoires personnalisés, cette 612 est unique, tout comme son prix.

MANIABILITÉ ÉTONNANTE

Cela dit, la moins répandue des Ferrari ne signifie pas nécessairement qu'on est en face d'une quantité négligeable. J'ai insisté pour en faire l'essai l'été dernier à Mont-Tremblant et je suis revenu de cette balade laurentienne avec une opinion différente de ce que j'aurais cru de prime abord. Même avec le poids de deux passagers en sus des deux tonnes qu'accuse la 612, celle-ci ne souffre pas indûment de son embonpoint et, sans être un parangon d'agilité, elle n'est pas aussi démunie qu'on pourrait le croire en agglomération urbaine. Il faut dire qu'avec 540 chevaux sous le pied et 434 livres-pieds de couple, on a tôt fait de déjouer à peu près toutes les embûches. Le moteur de 5,7 litres est monté en position centrale avant, ce qui signifie qu'il repose directement sur l'essieu avant et non pas partiellement en porte-à-faux. Il en découle une belle harmonie dans l'équilibre des masses qui garde la voiture solidement rivée au sol.

BAISSEZ LA FENÊTRE PREGO

Présenté comme un quatre places, ce coupé peut accueillir deux passagers à l'arrière sans que ceux-ci crient délivrance. Le moteur, si on prend soin d'ouvrir une fenêtre, nous fait découvrir cette mélodie exquise qui est le propre de tous les V12 de la marque. En revanche, en roulant, le bruit est tamisé, pour ne pas dire imperceptible, en raison d'un habitacle peut-être trop insonorisé, même si la 612 tient à mettre en valeur des qualités de confort peu courantes dans cette catégorie de voitures. Cela ne vous empêchera pas de sprinter de 0 à 100 km/h sous les 5 secondes tout en ayant le loisir de rouler à plus de 310 km/h. En voilà assez pour faire la manchette des journaux !

Un inventaire rapide de l'aménagement intérieur permet d'admirer la qualité du cuir beige clair qui tapissait les sièges et la plupart des surfaces visibles de l'habitacle de notre voiture d'essai bleue. Le tableau de bord est dominé à gauche par l'indicateur de vitesse et le compte-tours ainsi que par un écran carré réunissant la plupart des informations essentielles au conducteur. L'an dernier, cette Ferrari a fait l'objet d'une légère révision portant avant tout sur les réglages mécaniques. On peut notamment se prévaloir désormais de freins en céramique et carbone et d'une transmission semi-automatique de type F1 avec palettes sous le volant et, surtout, la petite montée en régime au moment de rétrograder. Il en résulte des passages de vitesses moins brusques. Un *manettino* permet également de modifier les divers paramètres de la voiture pour une conduite plus sportive ou si on désire rouler sur un circuit. Une boîte manuelle à six rapports est aussi offerte, mais rarement demandée.

Pour rassurer les sceptiques, précisons que les Ferrari actuelles sont beaucoup plus fiables qu'elles l'étaient au temps des 328, une époque où n'importe quel Office de la protection du consommateur l'aurait décrite comme « peu recommandable ».

Personnellement, j'ai trouvé la direction à assistance variable un brin trop légère à basse vitesse. Quant au comportement routier, il est, disons, rassurant, surtout depuis que la 612 Scaglietti est devenue la première Ferrari à offrir une suspension active avec un dispositif automatique de contrôle de la stabilité. Ne criez pas au scandale et sachez qu'il est au moins réglé pour intervenir tardivement, à un moment où la sortie de route est imminente.

Je conclurai en disant que même si la 612 est le numéro négligé de la famille Ferrari, je serais prêt à m'en contenter n'importe quand. ▌▌▌ **JACQUES DUVAL**

Le nom Scaglietti est un hommage à un carrossier célèbre
qui réalisa des chefs-d'œuvre pour la maison de Maranello

DIMENSIONS ET VOLUMES

Empattement (mm)	2949
Longueur (mm)	4902
Largeur (mm)	1956
Hauteur (mm)	1344
Volume intérieur (L)	n.d.
Volume du coffre (min./max.) (L)	240
Capacité du réservoir de carburant (L)	107,9
Fourchette de poids (kg)	1840

CHÂSSIS

Mode	propulsion
Suspension av. - arr.	indépendante
Freins av. - arr.	disques
Capacité de remorquage min. - max. (kg)	non recommandé
Direction – diamètre de braquage (m)	crémaillère - 12
Pneus	245/45R18 - 285/49R19

PERFORMANCES

Modèle à l'essai	612 Scaglietti
Moteur	V12 DACT 5,7 litres
Puissance (ch. à tr/min)	540 - 7250
Couple (lb-pi à tr/min)	434 - 5250
Transmission	manuelle 6 rapports
Autres transmissions	séquentielle 6 rapports
Accélération 0-100 km/h (sec.)	4,82
Reprises 80-115 km/h (sec.)	1,87
Distance de freinage 100-0 km/h (m)	33,9
Niveau sonore à 100 km/h	✂ ✎
Vitesse maximale (km/h)	316
Consommation réalisée au cours de l'essai (L/100 km)	21
Gaz à effet de serre	
Autres moteurs	aucun

CE QU'IL FAUT SAVOIR

Fourchette de prix ($)	**263 519 – 399 550**
Marge de profit du concessionnaire (%)	n.d.
Transport et préparation ($)	n.d.
Consommation ville - route (L/100 km)	**25 - 16**
Essence recommandée	super
Versions offertes	unique
Carrosserie	coupé 2 portes
Lieu d'assemblage	Italie
Valeur résiduelle	★ ★ ★ ★ ★
Garanties : de base - motopropulseur (an/km)	3/illimité – 3/illimité
Fiabilité présumée	non évaluée
Cycle de remplacement	inconnu
Ventes 2007 n.d.	Québec : n.d.
Protection collision frontale conducteur/passager	non évaluée
latérale avant/arrière	non évaluée
retournement 2rm/4rm	non évaluée

À RETENIR

Nouveautés 2009	nouvelles palettes de la boîte robotisée F1A montés au volant, freins en céramique, toit en verre teinté électrochromatique
Principales concurrentes	Aston Martin DB9, Bentley Brooklands, Mercedes CL65 AMG, Rolls-Royce Phantom Coupé

- Le chant du V12
- Agilité surprenante
- Places arrière adéquates

- Ligne peu inspirée
- Le poids de 2 Honda Fit
- Agrément de conduite mitigé

SURTOUT, NE CHANGEZ RIEN !

Pensez-y juste un instant. Le véhicule le plus vendu au Canada, en Amérique du Nord et même à travers le monde depuis 25 ans... est un Ford, le F-150. Signe que les gars de l'Ovale bleu sont capables de concocter un produit gagnant. Quand on s'applique à bien faire les choses en matière de camionnettes et d'utilitaires chez ce manufacturier, on charme le consommateur et on prend sa part de marché.

FORD
EDGE

C'est ainsi qu'autour de 2004, la direction de Ford a décidé de liquider ses fourgonnettes et de préparer un multisegment attrayant, en traction et en intégrale, qu'on pourrait retrouver aussi dans la filière Mazda (CX9) et chez Lincoln (MKX). La réponse sous le nom de Edge débarquait dans les salles de vente en 2007 et le succès fut instantané. Dommage que le plus ancien des trois Grands n'ait pas le vent dans les voiles comme il le souhaiterait, sinon il faudrait plus que la chaîne de montage d'Oakville, en Ontario, pour suffire à la tâche.

UN INTERMÉDIAIRE BIEN NÉ

Les principaux organes du Edge sont de qualité. Une plateforme CD3 plutôt rigide capable de recevoir un gros V6 et susceptible d'être grevé de lourds éléments. De cette base, on a fait plus volumineux avec le CX 9 de Mazda et plus pesant avec le MKX. À tel point que le moteur du Mazda est légèrement plus gros cette année — un 3,7 litres de 275 forces — alors que celui du Edge (et de la Lincoln) est toujours le même, un V6 de 3,5 litres Duratec bien vivant de ses 265 chevaux. Et son 250 livres de couple : un moulin bien moderne qui redonne un peu de lustre à la gamme Duratec. Mais la fluidité passe par leur boîte automatique à six rapports, dont le dernier est surmultiplié. Cette boîte 6F est le fruit d'une association entre Ford et GM et se retrouve dans une quinzaine de produits chez les deux vieux concurrents. Les nouvelles vedettes dans les deux catalogues en sont toutes munies.

Libre à l'acheteur d'opter pour la traction ou l'intégrale, mais chaque modèle équipé du système Advance Trac vous donnera une tenue de route sécuritaire. Question de remorquage, la limite est fixée à 1588 kg (3500 lb), ce qui comprend caravane légère et autres véhicules récréatifs du genre.

UN NOUVEAU MODÈLE SPORT

En plus des versions SEL et Limited, en traction ou en intégrale, voici qu'on ajoute le Sport en 2009. Des éléments de suspension plus accrocheurs et une direction plus courte procureront un rendement routier supérieur, surtout que l'on complète l'ensemble avec des pneus de 22 pouces. Un pensez-y-bien quand on constate qu'un jeu de galoches ira chercher facilement deux mille dollars. Parfait cependant pour le tape-à-l'œil. Sachez que des roues d'acier de 17 pouces feront l'affaire pour la saison froide avec les pneus à neige dorénavant obligatoires. Toutefois, comme la puissance demeure la même, on a beau ajouter des éléments athlétiques, il n'en demeure pas moins que le Edge est plutôt lourd avec ses deux tonnes et on ne fera qu'augmenter sa facture d'essence en mettant ses performances à l'épreuve. Malgré les chiffres du manufacturier, il faudra de la patience et un œuf sous la pédale d'accélérateur pour obtenir moins de dix litres sur la route et moins de treize en ville.

CINQ PLACES, C'EST SUFFISANT

L'habitacle est demeuré le même depuis son lancement : deux banquettes, rabattables à une proportion de 50/50, pour accommoder cinq adultes. Jusqu'à maintenant, il ne semble y avoir aucune intention chez le constructeur d'y ajouter une dernière rangée, tel qu'on le voit sur la CX-9, plus volumineuse. Pour le Edge, l'accès arrière ne serait pas évident et l'espace cargo annihilé. Aussi bien s'en tenir à l'harmonie originale.

Question d'intérieur, le niveau sonore est excellent, les banquettes confortables et les des commandes ergonomiques bien réparties dans le tableau de bord. Rien à envier à la concurrence. Si vous ajoutez le fait que le design extérieur, aux lignes épurées, est unique et simple, et ne ressemble en rien à tout ce que Ford propose, vous avez là un VUS intermédiaire qui se distingue dans son groupe. Même un toit vista de presque 0,6 mètre carré est offert et enluminera tout l'habitacle. Le Edge se démarque autant ces années-ci que le faisait le Murano lors de son lancement.

Reste le prix, qui se situe dans la bonne moyenne du créneau. Espérons que l'harmonisation des prix avec ceux pratiqués chez l'Oncle Sam sera plus évidente en 2009, sous forme de rabais ou de taux réduits. ||| **MICHEL POIRIER-DEFOY**

Vous avez là un VUS intermédiaire
qui se distingue dans son groupe

DIMENSIONS ET VOLUMES

Empattement (mm)	2824
Longueur (mm)	4717
Largeur (mm)	1925
Hauteur (mm)	1702
Volume intérieur (L)	3067
Volume du coffre (min./max.) (L)	911 / 1952
Capacité du réservoir de carburant (L)	72
Fourchette de poids (kg)	1850 / 1946

CHÂSSIS

Mode	traction, intégral
Suspension av. – arr.	indépendante
Freins av. – arr.	disques
Capacité de remorquage min. – max. (kg)	588
Direction – diamètre de braquage (m)	crémaillère – 11,74
Pneus	235/65R17 (SEL), 245/60R18 (Limited) 245/50R20 (Sport), 265/40R22 (option)

PERFORMANCES

Modèle à l'essai	Edge Limited
Moteur	V6 DACT 3,5 litres
Puissance (ch. à tr/min)	265 - 6250
Couple (lb-pi à tr/min)	250 - 4500
Transmission	automatique 6 rapports
Autres transmissions	aucune
Accélération 0-100 km/h (sec.)	8,75
Reprises 80-115 km/h (sec.)	5,42
Distance de freinage 100-0 km/h (m)	46,8
Niveau sonore à 100 km/h	✻ ✻ ✻
Vitesse maximale (km/h)	185
Consommation réalisée au cours de l'essai (L/100 km)	12,9
Gaz à effet de serre	
Autres moteurs	aucun

CE QU'IL FAUT SAVOIR

Fourchette de prix ($)	**33 499 – 38 999**
Marge de profit du concessionnaire (%)	9,86 – 10,11
Transport et préparation ($)	1250
Consommation ville – route (L/100 km)	**14,6 – 9,9 (2rm) 14,8 – 10,2 (4rm)**
Essence recommandée	ordinaire
Versions offertes	SEL, Limited, Sport
Carrosserie	multisegment 5 portes
Lieu d'assemblage	Canada
Valeur résiduelle	✻ ✻ ✻
Garanties : de base – motopropulseur (an/km)	3/60 000 - 5/100 000
Fiabilité présumée	✻ ✻ ✻ ✻
Cycle de remplacement	2011
Ventes 2007 ↗ 350 %	Québec : 1584
Protection collision frontale conducteur/passager latérale avant/arrière retournement 2rm/4rm	✻ ✻ ✻ ✻ ✻ / ✻ ✻ ✻ ✻ ✻ ✻ ✻ ✻ ✻ / ✻ ✻ ✻ ✻ ✻ ✻ ✻ ✻ ✻ / ✻ ✻ ✻ ✻

À RETENIR

Nouveautés 2009	version Sport avec artifices de carrosserie, jantes de 20 po de série ou de 22 po en option
Principales concurrentes	Chevrolet Equinox, Hyundai Santa Fe, Mazda CX-7, Mitsubishi Endeavor, Nissan Murano, Pontiac Torrent

• Présentation de bon goût
• Excellent confort
• Comportement acceptable

• Consommation d'un véhicule lourd
• Garde au sol un peu élevée
• Roues de grandes dimensions

AS-TU DU CŒUR ?

À tous ceux qui ont fait l'achat d'un Ford Escape 2008 : je compatis avec vous. Car si vous ne le saviez pas, Ford vous a joué un vilain tour. Après avoir offert à son populaire VUS une chirurgie esthétique majeure pour l'année modèle 2008 et des raffinements mécaniques, le constructeur lui fait subir une opération à cœur ouvert pour 2009. Cette intervention majeure améliore considérablement ses performances ainsi que sa consommation et lui permet de mieux rivaliser avec les jeunes recrues de cette catégorie.

FORD
ESCAPE

Si vous vous attendiez à un remaniement important de l'Escape pour l'année modèle 2008, vous avez peut-être été déçu. Chose certaine, les transformations apportées étaient loin d'être suffisantes pour que l'utilitaire sport soit bien armé pour conserver sa position de meneur dans ce segment. Malgré sa mine rajeunie, ses moteurs tiraient de la patte à côté de ses compétiteurs. Le vieux V6 de 3 litres avec lequel il a démarré sa carrière était toujours au menu, ainsi que le quatre cylindres de 2,3 litres introduit sur le modèle 2005. Et sachant que le constructeur avait tout juste développé une boîte automatique à six rapports, il était désolant de constater que le modèle 2008 était toujours affublé de son archaïque boîte automatique à quatre rapports.

Pour 2009, Ford s'attaque donc au cœur même du véhicule. Un tout nouveau moteur pour la version à quatre cylindres, des révisions importantes au V6, une toute nouvelle boîte de vitesses automatique à six rapports et des raffinements aérodynamiques contribuent à le rendre plus vigoureux, mais aussi plus économique. Et, bonne nouvelle, la boîte manuelle à cinq rapports — exclusive au marché canadien — est de retour sur la version à quatre cylindres.

Un quatre cylindres moderne de 2,5 litres à distribution variable à l'admission remplace le 2,3 litres. Il est aussi rapide à l'accélération 0-100 km que la version à six cylindres de 2008. Cela pour satisfaire les acheteurs qui auraient, avant la flambée des prix de l'essence, opté pour la puissance du V6. Celui-ci produit plus de chevaux et plus de couple que l'ancien, mais grâce aux nouvelles technologies dont il dispose et à la boîte automatique à six rapports, sa consommation en carburant est réduite. Au volant du véhicule, on le sent plus robuste, plus rapide à réagir, mais aussi beaucoup plus doux et moins bruyant. La nouvelle boîte automatique,

qui permet un rapport de démultiplication final plus long, offre des passages en douceur. Le nouveau moteur a aussi été adapté à la version hybride — la première à incorporer la distribution variable à l'admission. Mais sur le modèle écolo, on l'a plutôt couplé à une CVT (transmission à variation continue). L'Escape Hybride profite également d'autres améliorations, quoique très subtiles

FAIRE DU NEUF AVEC DU VIEUX

Le V6 de 3 litres est toujours au catalogue, mais les perfectionnements dont il profite — nouveau système à injection, nouveaux pistons et nouvelles culasses —, couplés à la boîte à six rapports, lui donnent un nouveau souffle. Sa cavalerie gagne 30 chevaux supplémentaires. Si vous vous demandez pourquoi le constructeur ne l'a tout simplement pas remplacé par le V6 de 3,5 litres qui équipe certains de ses modèles, la raison est simple : celui-ci ne peut être adapté à la plateforme actuelle du véhicule.

D'autres mesures ont été prises pour diminuer la consommation en carburant. On a amélioré l'aérodynamisme par l'ajout d'une jupe de bouclier avant et de déflecteurs de pneus arrière. De nouveaux pneus Michelin à plus faible résistance de roulement contribuent également à une plus grande économie de carburant. Ils rehaussent aussi le comportement routier général du véhicule. Par ailleurs, le système de remplissage sans bouchon Easy Fuel prévient l'évaporation des émissions de carburant.

Des révisions à la suspension et une nouvelle barre stabilisatrice arrière se traduisent sur la route par une dynamique de conduite supérieure. L'Escape 2009 est beaucoup plus stable que le modèle sortant et plus habile dans les virages. Cependant, les freins manquent de mordant. On a malheureusement conservé la configuration disque-tambour, alors que ses principaux rivaux profitent de freins à disques aux quatre roues.

L'intérieur, redessiné en 2008, demeure pratiquement inchangé. Les ingénieurs ont modifié les sièges avant pour les rendre plus confortables, mais l'assise est à mon avis trop courte. Autre détail ennuyant, il faut retirer les appuie-têtes des sièges pour replier la banquette arrière.

Avec toutes les interventions que l'Escape a subies durant les deux dernières années, les ingénieurs et concepteurs ont carrément poussé les limites du véhicule au maximum. On peut donc s'attendre à une toute nouvelle plateforme pour la génération à venir et à une nouvelle famille de moteurs. D'ici là, l'Escape pourra encore maintenir le rythme dans ce segment de plus en plus populaire. ▌▌▌ **SYLVIE RAINVILLE**

L'ultime stade de développement de ce véhicule est désormais atteint

DIMENSIONS ET VOLUMES

Empattement (mm)	2619
Longueur (mm)	4437
Largeur (mm)	1806
Hauteur (mm)	1722 - 1778
Volume intérieur (L)	2815
Volume du coffre (min./max.) (L)	827 / 1877, 787 / 1869 (Hyb)
Capacité du réservoir de carburant (L)	57 / 62 (Hyb)
Fourchette de poids (kg)	1503 -1736

CHÂSSIS

Mode	traction, intégral
Suspension av. - arr.	indépendante
Freins av. - arr.	disques - tambours (XLT), disques
Capacité de remorquage min. - max. (kg)	454 - 1588
Direction - diamètre de braquage (m)	crémaillère - 11,18
Pneus	235/70R16, 225/65R17

PERFORMANCES

Modèle à l'essai	Escape 2.5 Limited
Moteur	L4 DACT 2,5 litres
Puissance (ch. à tr/min)	171 - 6000
Couple (lb-pi à tr/min)	171 - 4500
Transmission	automatique 6 rapports
Autres transmissions	manuelle 5 rapports (2.5) CVT (Hyb)
Accélération 0-100 km/h (sec.)	9,9 (chrono manuel)
Reprises 80-115 km/h (sec.)	non chronométrées
Distance de freinage 100-0 km/h (m)	non mesurée
Niveau sonore à 100 km/h	✕ ✕ ◐
Vitesse maximale (km/h)	170
Consommation réalisée au cours de l'essai (L/100 km)	10
Gaz à effet de serre	
Autres moteurs	V6 3 litres (240 ch.) L4 hybride 2,5 litres (153 ch.)

CE QU'IL FAUT SAVOIR

Fourchette de prix ($)	**23 999 – 34 899 (2008)**
Marge de profit du concessionnaire (%)	9,24 à 10,20
Transport et préparation ($)	1300
Consommation ville - route (L/100 km)	**10,9 - 8,5 (2,5 l) 13,2 - 9,1 (3 l) 6,8 - 7,7 (Hyb)**
Essence recommandée	ordinaire
Versions offertes	XLT 2.5 / 3.0, Limited 2.5 / 3.0, Hybride
Carrosserie	utilitaire 5 portes
Lieu d'assemblage	États-Unis
Valeur résiduelle	✱ ✱
Garanties : de base - motopropulseur (an/km)	3/60 000 – 5/100 000
Fiabilité présumée	✱ ✱ ✱ ✱
Cycle de remplacement	inconnu
Ventes 2007 ↗ 16 %	Québec : 4847
Protection collision frontale conducteur/passager latérale avant/arrière retournement 2rm/4rm	non évaluée ✱✱✱✱✱ / ✱✱✱✱✱ ✱✱✱ / ✱✱✱

À RETENIR

Nouveautés 2009	retouches esthétiques, L4 2,5 l remplace le 2,3 l, V6 3 l plus puissant (+40 ch.), boîte automatique 6 rapports
Principales concurrentes	Chevrolet Equinox, Hyundai Tucson, Jeep Compass, Pontiac Torrent, Suzuki Grand Vitara

+ • Nouvelle boîte automatique à 6 rapports
  • Suspension améliorée
  • Moteur quatre cylindres plus vigoureux

− • Des appuie-têtes qu'il faut ranger pour rabattre la banquette
  • Assises de siège trop courtes
  • Des tambours à l'arrière

C'EST POUR QUAND LE PLAN VERT ?

À cause de leur taille, de leur appétit et de leur prix, on comprend que les VUS grand format ne feront pas recette au Québec en 2009. Mais, peu importe, Ford souhaite ne plus être à la remorque de GM qui, avant la crise du pétrole, faisait la pluie et le beau temps dans ce segment dominé par les constructeurs américains. Toutefois, les ventes s'annoncent difficiles pour l'Expedition cette année, puisque contrairement à GM, avec sa technologie hybride bimode, Ford n'a pas prévu de plan vert pour son gros porteur.

FORD
EXPEDITION/
EXPEDITION MAX

Refondu en 2007, l'Expedition a plus ou moins les mêmes dimensions que son prédécesseur. Ainsi, il est plus long et plus haut que son principal concurrent, le Tahoe. Un avantage qui profite directement aux occupants de la troisième banquette et aux bagages. Et c'est tant mieux. Puisque rappelez-vous qu'à une certaine époque, cette troisième rangée était ridicule. Non seulement les places étaient inconfortables, mais elles empiétaient sérieusement sur le coffre, qui n'était jamais assez grand pour les bagages. Cela dit, il est toujours possible de sacrifier la troisième banquette de manière à augmenter le volume du coffre. Si tel est votre dessein, sachez que vous n'aurez pas à forcer, puisqu'elle s'escamote complètement à l'aide d'une commande électrique. Même si cette troisième rangée est plus accueillante pour ceux et celles qui ont passé l'âge des culottes courtes, reste qu'il faut être prêt à faire des acrobaties pour l'atteindre. Cependant, lorsque la troisième banquette est rabattue, le Tahoe offre plus d'espace de chargement. Par ailleurs, si on compare le volume intérieur de l'Expedition Max au Chevrolet Suburban, ce dernier est légèrement plus long et propose donc plus d'espace aussi.

DE BEAUX RESTES

La plateforme a beau ne pas être toute nouvelle, ses concepteurs lui ont tout de même apporté d'importantes transformations au fil des ans. Ainsi, la conduite est plus agréable et plus sûre, sans pour autant altérer les qualités qui ont jusqu'ici fait la force de cet utilitaire grand format. De plus, comme l'Expedition n'est pas destiné à transporter des balles de foin, la suspension arrière a abandonné depuis longtemps le traditionnel essieu rigide au profit d'une suspension entièrement indépendante. Cette dernière améliore la tenue de route de ce gros véhicule qui est beaucoup plus agile qu'il

le paraît. On propose même une suspension pneumatique qui a pour fonction d'injecter de l'air comprimé dans les amortisseurs afin de rehausser le confort de roulement et d'ajuster l'assiette du véhicule lorsqu'il est lourdement chargé.

Le capot s'ouvre sur un V8 de 5,4 litres à trois soupapes par cylindre, qui produit 300 chevaux et un couple de 365 livres-pieds. Passe-partout dans les camions Ford, cette motorisation est la seule offerte et se sent bien seule pour satisfaire tous les besoins des acheteurs. À ce chapitre, le Tahoe et le Suburban servent mieux leur clientèle avec un choix de trois motorisations, dont une hybride (dans le Tahoe). Dans le contexte actuel, il serait approprié que Ford propose promptement la nouvelle génération du V8 de 4,6 litres (à 24 soupapes) qui équipe le nouveau F150. De même, il est pressant que la boîte automatique à six rapports profite des réglages apportés à la transmission du F150, qui s'avère plus vive et agréable à utiliser.

Quant au rouage intégral Control Trac (de série), il a le bon sens de rediriger, sur une surface à faible coefficient d'adhérence, le couple aux roues ayant la meilleure emprise au sol. De plus, le système antidérapage Advance Trac a le mérite de rendre la conduite plus sûre et plus stable en corrigeant, à l'aide de capteurs électroniques, le survirage ou le sous-virage.

Sans qu'elle prétende à l'originalité, force est d'admettre que la présentation intérieure est bien exécutée et que cela nous change de la désuétude du mobilier qui ornait la génération précédente. On retient également une direction plus précise, plus ferme, et aussi plus informative. De plus, le rayon de braquage est maintenant comparable à celui d'une automobile et non à un camion semi-remorque. Le confort de roulement est au rendez-vous et il est plus aisé de maîtriser les mouvements de caisse, même si par moments ses réactions paraissent empesées. Autant de qualités auxquelles la génération précédente ne pouvait que rêver. Et, comble de bonheur, à condition de ne pas trop les solliciter, les freins font preuve d'une efficacité et d'un aplomb remarquables.

Somme toute, l'Expedition a repris du poil de la bête face au Tahoe et se révèle un choix à considérer si l'équation « prix-dimensions-efficacité » figure encore au sommet de vos critères d'achat. ▌▌▌ **JEAN-FRANÇOIS GUAY**

Rien de mieux pour accumuler les bonis
offerts par les pétrolières

DIMENSIONS ET VOLUMES

Empattement (mm)	3023, 3327 (Max)
Longueur (mm)	5227, 5621 (Max)
Largeur (mm)	2002
Hauteur (mm)	1961, 1974 (Max)
Volume intérieur (L)	4539, 4766 (Max)
Volume du coffre (min./max.) (L)	527 / 3064, 1206 / 3704 (Max)
Capacité du réservoir de carburant (L)	106, 129 (Max)
Fourchette de poids (kg)	

CHÂSSIS

Mode	4 roues motrices
Suspension av. - arr.	indépendante
Freins av. - arr.	disques
Capacité de remorquage min. - max. (kg)	3946 - 4082
Direction – diamètre de braquage (m)	crémaillère - 12,45 / 13,39 (Max)
Pneus	265/70R16, 255/70R18, 275/55R20

PERFORMANCES

Modèle à l'essai	Expedition Limited
Moteur	V8 SACT 5,4 litres
Puissance (ch. à tr/min)	300 - 5000
Couple (lb-pi à tr/min)	365 - 3750
Transmission	automatique 6 rapports
Autres transmissions	aucune
Accélération 0-100 km/h (sec.)	9,08
Reprises 80-115 km/h (sec.)	5,92
Distance de freinage 100-0 km/h (m)	43,8
Niveau sonore à 100 km/h	✖ ✖ ✖ ◣
Vitesse maximale (km/h)	190
Consommation réalisée au cours de l'essai (L/100 km)	17,6
Gaz à effet de serre	
Autres moteurs	aucun

CE QU'IL FAUT SAVOIR

Fourchette de prix ($)	**39 499 – 57 899**
Marge de profit du concessionnaire (%)	13,60 à 14,36
Transport et préparation ($)	1300
Consommation ville - route (L/100 km)	**20,7 - 14,5**
Essence recommandée	ordinaire
Versions offertes	XLT, Eddie Bauer, Limited, King Ranch
Carrosserie	utilitaire 5 portes
Lieu d'assemblage	États-Unis
Valeur résiduelle	★ ★ ★
Garanties : de base - motopropulseur (an/km)	3/60 000 - 5/100 000
Fiabilité présumée	★ ★ ★ ◗
Cycle de remplacement	2012
Ventes 2007 ↘ 27 %	Québec : 146
Protection collision frontale conducteur/passager latérale avant/arrière retournement 2rm/4rm	★ ★ ★ ★ / ★ ★ ★ ★ ★ ★ ★ ★ ★ / ★ ★ ★ ★ ★ ★ ★ ★ / ★ ★ ★ ★ ★

À RETENIR

Nouveautés 2009	aucun changement majeur
Principales concurrentes	Chevrolet Tahoe, GMC Yukon, Nissan Armada, Toyota Sequoia

- Confort de roulement
- Tenue de route
- Sécurité passive et active

- Un seul moteur
- Transmission toujours hésitante
- Consommation gargantuesque

AVENIR INCERTAIN

FORD
EXPLORER

Il n'aura fallu que quelques années pour que le Ford Explorer, reconnu comme un des utilitaires sport les plus populaires sur le marché, devienne un laissé pour compte et un véhicule dont l'avenir est hypothéqué par une économie vacillante et des coûts de carburant qui ont explosé. Il a été un des fers de lance du créneau des VUS qui ont accaparé tant de place sur le marché au cours des derniers 15 ans quand l'essence était abordable.

Descendant du petit Bronco II, l'Explorer avait dès 1991 donné le ton à ce secteur grandissant en proposant un intérieur plus feutré et une motorisation plus moderne. Il devait être mis à jour ou renouvelé à trois reprises, prenant chaque fois quelques kilos et proposant des motorisations plus ronflantes. Malgré sa forte consommation, les ventes ont été soutenues par une économie nord-américaine qui montrait petit à petit des signes d'essoufflement. Puis, en moins de deux ans, la morosité s'est installée, le pétrole s'est emballé et les VUS ont été traités de tous les noms. Ford, au même titre que les autres manufacturiers, n'a pas eu le temps de réagir et devra jouer d'imagination pour écouler ses Explorer, le temps de faire un examen de conscience et refaire ses devoirs.

TOUT N'ÉTAIT PAS ROSE

Ces dernières années, on a reproché à l'Explorer de mal vieillir : il a pris de l'embonpoint, même lors de sa révision il y a deux ans, ses motorisations sont demeurées énergivores et les prix ont continué d'être anormalement élevés malgré l'appréciation du huard. On a accusé, non sans vérité, les VUS de tous les manufacturiers de la plupart des maux de la terre et tous sans exception ont encaissé un ralentissement des ventes. Mais ce que l'Explorer a perdu, l'Ovale bleu l'a repris avec l'Escape, qui n'a jamais été si populaire et abordable. Celui-ci s'avère un des hybrides les plus recherchés dans notre marché alors que les ajouts verts n'ont jamais été envisagés pour l'Explorer.

UN CHEVAL DE TRAIT

Mais faisons abstraction des considérations actuelles et attardons-nous aux qualités de ce VUS intermédiaire. Des motorisations classiques avec deux moteurs susceptibles de durer une éternité : le V6 allemand de 4 litres, présent depuis les débuts, fait 210 chevaux mais souffre un peu à déplacer plus de deux tonnes. Il est maintenant jumelé à une boîte à cinq rapports, mais utilisera le dernier seulement sur l'autoroute. Le second est le réputé V8 de 4,6 litres de 292 chevaux et sa transmission à six rapports : un choix mieux ciblé, puisque la différence de prix est minime entre les deux groupes propulseurs.

L'Explorer excelle dans le transport de troupes et de cargo. On peut obtenir en option une troisième banquette et porter le nombre de passagers à sept au prix d'un confort relatif sur cette dernière. Sinon, l'espace cargo derrière la seconde rangée est de 1271 litres. Puis, ce VUS s'avère un outil de choix pour tracter une caravane, un bateau ou tout autre équipement récréatif. Sa capacité de traction passe de 2320 à plus de 3200 kg selon la configuration du véhicule et l'équipement requis. L'option d'attelage de remorque est un préalable.

UN HABITACLE CONFORTABLE

Pour le consommateur qui n'a pas vraiment besoin d'une camionnette pleine grandeur, le choix de l'Explorer au détriment d'un F-150 serait indiqué. On peut tracter une roulotte commerciale de jour et véhiculer la petite famille le week-end dans un environnement plus près de l'automobile. Les capacités avoisinent celles d'un F150, mais le confort et la douceur de roulement sont davantage au rendez-vous.

Parions que des ensembles et des options feront partie des offres promotionnelles, car il semble exagéré d'exiger de l'acheteur mille dollars de plus pour la troisième banquette, deux ou trois mille pour le système de navigation et un autre gros billet pour la climatisation arrière. On reprochait déjà à l'Explorer de ne pas être une aubaine à l'achat, la conjoncture le rend encore plus inaccessible.

L'industrie nord-américaine, pour ne pas dire mondiale, est à un carrefour, et qui sait comment les manufacturiers traverseront la présente crise. Il nous semble qu'il y a un bon moment qu'on remet à plus tard des changements qui étaient devenus criants. L'Explorer fait partie de cette remise en question au même titre qu'une foule de ses concurrents. La loi naturelle veut que les plus forts survivent. Ceux qui ont une approche hybride ont une longueur d'avance. Les autres devront justifier leur présence dans le marché par d'autres vertus. **MICHEL POIRIER-DEFOY**

Faisons abstraction des considérations actuelles :
l'Explorer excelle dans le transport de troupes et de cargo

DIMENSIONS ET VOLUMES

Empattement (mm)	2888
Longueur (mm)	4915
Largeur (mm)	1867
Hauteur (mm)	1849
Volume intérieur (L)	n.d.
Volume du coffre (min./max.) (L)	1271 / 2398 (5 pass.)
	388 / 2368 (7 pass.)
Capacité du réservoir de carburant (L)	85
Fourchette de poids (kg)	2141 - 2181

CHÂSSIS

Mode	4 roues motrices, intégral
Suspension av. - arr.	indépendante
Freins av. - arr.	disques
Capacité de remorquage min. - max. (kg)	2320 - 3228
Direction - diamètre de braquage (m)	crémaillère - 11,21
Pneus	245/45R17 (XLT)
	235/65R18, 255/50R20 (Limited)

PERFORMANCES

Modèle à l'essai	Explorer Limited
Moteur	V8 SACT 4,6 litres
Puissance (ch. à tr/min)	292 - 5750
Couple (lb-pi à tr/min)	300 - 3750
Transmission	automatique 6 rapports
Autres transmissions	automatique 5 rapports (V6)
Accélération 0-100 km/h (sec.)	8,30
Reprises 80-115 km/h (sec.)	5,55
Distance de freinage 100-0 km/h (m)	40,9
Niveau sonore à 100 km/h	✷ ✷ ✷
Vitesse maximale (km/h)	195
Consommation réalisée au cours de l'essai (L/100 km)	15,9
Gaz à effet de serre	
Autres moteurs	V6 4 litres (210 ch.)

CE QU'IL FAUT SAVOIR

Fourchette de prix ($)	**35 999 - 48 299**
Marge de profit du concessionnaire (%)	11,06 - 11,70
Transport et préparation ($)	1300
Consommation ville - route (L/100 km)	**18 - 12,5 (4 l)**
	18,3 - 12,7 (4,6 l)
Essence recommandée	ordinaire
Versions offertes	XLT V6, XLT V8, Eddie Bauer V6, Eddie Bauer V8, Limited (5 à 7 passagers)
Carrosserie	utilitaire 5 portes
Lieu d'assemblage	États-Unis
Valeur résiduelle	★ ★ ★
Garanties : de base - motopropulseur (an/km)	3/60 000 - 5/100 000
Fiabilité présumée	★ ★ ★ ★
Cycle de remplacement	2011
Ventes 2007 ↘ 32 %	Québec : 666
Protection collision	
frontale conducteur/passager	★ ★ ★ ★ ★ / ★ ★ ★ ★ ★
latérale avant/arrière	★ ★ ★ ★ ★ / ★ ★ ★ ★ ★
retournement 2rm/4rm	★ ★ ★ / ★ ★ ★

À RETENIR

Nouveautés 2009	système de remorquage antilouvoiement
Principales concurrentes	Dodge Durango, GMC Envoy, Jeep Grand Cherokee, Kia Borrego, Nissan Pathfinder, Toyota 4Runner

- Capacité passagers et cargo
- Motorisation V8 et boîte 6 rapports
- Habitacle plus confortable qu'une camionnette

- Consommation à considérer
- Sachez attendre les rabais
- Garde au sol un peu élevée

SACRIFIÉ SUR L'AUTEL DES PÉTROLIÈRES

À ses débuts il y a huit ans, le Sport Trac nous était présenté comme le couteau suisse des utilitaires sport. Ou était-ce des camionnettes ? Qu'importe. Le Sport Trac avait, nous semblait-il, réponse à tous nos problèmes de transport et donnait naissance à une génération de véhicules multifonctionnels. Aujourd'hui, que reste-t-il de son pouvoir d'attraction face à une concurrence qui montre de plus en plus les dents et à un baril d'essence de plus en plus cher ?

FORD
EXPLORER
SPORT TRAC

Même si les dimensions extérieures du Sport Trac ont été accrues lors de la dernière refonte, la benne fait toujours figure de boîte à lunch aux yeux des amateurs de camionnettes. En revanche, elle est plus fonctionnelle. Trois coffrets de rangement ont été intégrés dans le plancher, mais ils ne sont pas tous aisément accessibles. Deux d'entre eux l'auraient sans doute été davantage si le battant acceptait aussi de s'ouvrir à l'horizontale, comme c'est le cas du Honda Ridgeline par exemple.

MOQUETTE EN CAOUTCHOUC

Tandis que votre chéquier est encore ouvert, aussi bien y aller d'un déboursé supplémentaire pour obtenir des marchepieds latéraux destinés à faciliter l'ascension des passagers à bord (surtout celle des tout-petits). D'ailleurs, au cours de votre escalade, vous remarquerez sans doute que le revêtement du plancher est en caoutchouc... Moins élégant qu'une moquette, j'en conviens, mais infiniment plus pratique, puisque ce revêtement est non seulement lavable (rassurez-vous, le tissu des sièges est imperméable), mais se révèle par ailleurs un isolant de première qualité contre les bruits de la route, ce qui rend l'habitacle du Sport Trac des plus silencieux. De plus, pour obtenir une impénétrable discrétion et un silence absolu, comme dirait Maupassant, les ingénieurs de Ford ont soigné l'acoustique en appliquant de l'isolant à plusieurs endroits dits stratégiques et en utilisant de l'acier feuilleté. Silencieuse, alors ? Assurément, mais n'y avait-il pas d'autres solutions que de rogner sur la surface des rétroviseurs (étonnamment minuscules pour un véhicule de cette taille) pour ne pas embarrasser le passage du vent ?

Les baquets avant, joliment dessinés, rendent les longs périples agréables, mais sans plus. La banquette arrière n'est pas mal non plus (l'angle d'ouverture des portières facilite l'accès) et peut accueillir trois personnes sans trop de difficulté. Si la présentation intérieure ne manque pas d'allure, il y a tout lieu cependant de remettre en question l'ergonomie des commandes intérieures d'ouverture des portières, lesquelles sont nichées au sommet des accoudoirs de portes. Et c'est sous ces derniers que vous trouverez imbriquées les poignées, guère plus accessibles. À revoir.

PLUS SÛR ET PLUS RIGIDE

L'Explorer Sport Trac repose sur la même architecture technique (modifiée, il va sans dire) que l'Explorer de dernière génération.

On trouve également des surprises sous le capot. À commencer par le bon vieux moteur V6 de 4 litres, toujours au poste. Mais il est désormais possible de lui substituer un V8 de 4,6 litres auquel s'arrime, en exclusivité, une boîte automatique à six rapports. Cette dernière enfile les rapports sans secousse.

Costaud et réputé fiable, ce V8 capable de tracter de lourdes charges s'est toutefois avéré décevant à bas et à moyen régimes. En fait, ce n'est qu'à près de 4000 tours/minute qu'il prend réellement son envol. Donc, pour signer de solides performances, il est impératif de lester sa chaussure droite de plomb. Par contre, attendez-vous à vivre une déception à la station-service: ce V8 vide son réservoir d'essence (85 litres) à la vitesse grand V. Avec le V6, vous pouvez espérer une consommation moindre (environ 1 litre de moins aux 100 km), de quoi vous consoler de son manque d'entrain à chaque sollicitation de l'accélérateur.

Le Sport Trac se révèle nettement plus agréable à vivre au quotidien que son prédécesseur. Les mouvements de suspension sont désormais (mieux) contrôlés. Nul besoin de faire provision de Gravol pour entreprendre un voyage à son bord. Le confort de roulement a grandement progressé, mais ce Ford demeure un camion, un vrai. Il n'a pas le petit côté émasculé de certains de ses concurrents. Sachez aussi que le pignon ne se traîne plus les savates sur la crémaillère et permet désormais des changements de cap relativement rapides. Aussi, son court diamètre de braquage lui permet de faire preuve d'agilité en milieu urbain. Le capteur de proximité est un « must », mais il est en option.

Ce qu'il faut retenir de cette deuxième mouture du Sport Trac ? Qu'il est de beaucoup supérieur à l'original sur les plans du comportement routier et de la sécurité active et passive. Malheureusement, il n'est pas parvenu à pousser plus loin en matière de polyvalence, un segment qu'il avait pourtant inventé. ▌▐ ÉRIC LEFRANÇOIS

Que reste-t-il de son pouvoir d'attraction face à la concurrence et à la hausse des prix de l'essence ?

DIMENSIONS ET VOLUMES

Empattement (mm)	3315
Longueur (mm)	5339
Largeur (mm)	1872
Hauteur (mm)	1826
Volume intérieur (L)	3004
Volume du coffre (min./max.) (L)	1062
Capacité du réservoir de carburant (L)	85
Fourchette de poids (kg)	2079 - 2196

CHÂSSIS

Mode	propulsion, 4 roues motrices, intégral
Suspension av. - arr.	indépendante
Freins av. - arr.	disques
Capacité de remorquage min. - max. (kg)	2305 - 3171
Direction - diamètre de braquage (m)	crémaillère - 11,21
Pneus	245/65R17 (2rm), 235/65R18 (4rm) 255/55R20 (intégral)

PERFORMANCES

Modèle à l'essai	Sport Trac Limited (2rm)
Moteur	V8 DACT 4,6 litres
Puissance (ch. à tr/min)	292 - 5000
Couple (lb-pi à tr/min)	315 - 4000
Transmission	automatique 6 rapports
Autres transmissions	automatique 5 rapports (4 l)
Accélération 0-100 km/h (sec.)	8,19
Reprises 80-115 km/h (sec.)	5,23
Distance de freinage 100-0 km/h (m)	43,8
Niveau sonore à 100 km/h	✖ ✖ ✖
Vitesse maximale (km/h)	200
Consommation réalisée au cours de l'essai (L/100 km)	15,4
Gaz à effet de serre	
Autres moteurs	V6 4 litres (210 ch.)

CE QU'IL FAUT SAVOIR

Fourchette de prix ($)	**30 427 – 39 579**
Marge de profit du concessionnaire (%)	10,87 – 11,54
Transport et préparation ($)	1300
Consommation ville – route (L/100 km)	**16,7 – 11,7 (2rm, 4 l) 18,1 – 11,9 (2rm, 4,6 l), 18,4 – 12,4 (4rm, 4 l / 4,6 l)**
Essence recommandée	ordinaire
Versions offertes	XLT 4.0 / 4.6, Limited 4.0 / 4.6, Limited TI
Carrosserie	camionnette 4 portes
Lieu d'assemblage	États-Unis
Valeur résiduelle :	✳ ✳ ✳
Garanties : de base - motopropulseur (an/km)	3/60 000 – 5/100 000
Fiabilité présumée	✳ ✳ ✳ ✳
Cycle de remplacement	inconnu
Ventes 2007 n.d	Québec : 516
Protection collision frontale conducteur/passager latérale avant/arrière retournement 2rm/4rm	✳ ✳ ✳ ✳ ✳ / ✳ ✳ ✳ ✳ ✳ ✳ ✳ ✳ ✳ ✳ / ✳ ✳ ✳ ✳ ✳ ✳ ✳ / ✳ ✳ ✳ ✳

À RETENIR

Nouveautés 2009	système antilouvoiement pour remorquage
Principales concurrentes	Chevrolet Avalanche, Honda Ridgeline

+
- Sens pratique de sa conception
- Boîte automatique
- Sécurité active et passive

−
- Ergonomie de certaines commandes
- Petitesse des rétroviseurs extérieurs
- Manque de souffle des mécaniques

ET SI LA CLUBMAN DEVENAIT OBÈSE

S'il était possible de gonfler une Mini Clubman à l'hélium, il y a fort à parier qu'elle celle-ci finirait par ressembler au Flex que Ford nous proposera cet été. Cet étrange véhicule présenté sous une forme conceptuelle (Fairlane) il y a un peu plus de trois ans est parvenu — contre toute attente, « car cela ne marchera jamais » selon certains confrères — à obtenir un laissez-passer pour la grande série.

FORD
FLEX

C'est vrai, ce véhicule à l'esthétique audacieuse et discutée a de quoi faire écarquiller les yeux. En rupture totale avec tout ce qu'on a pu voir et conduire jusque-là, il se marie pourtant à merveille avec la modernité friquée des édifices de verre et d'acier de New York où nous étions conviés à le découvrir. Le Flex vient chapeauter la gamme multisegment du constructeur américain qui comptait jusqu'ici deux représentantes : la Taurus X, née Freestyle, et le Edge. Toujours contre toute attente, la Taurus X demeure en poste, mais il y a fort à parier que son constructeur réévaluera son avenir dès qu'il lui sera possible de mesurer l'accueil que le public réservera au Flex. À ce sujet, mentionnons que la fourchette de prix du Flex est identique à celle du Taurus X.

POUR LE PLAISIR DE VOYAGER

Chose certaine, le Flex rendra un très grand service à Ford. Il permettra à la marque à l'ovale bleue de colmater la brèche laissée ouverte depuis l'arrêt de production de sa fourgonnette Freestar. Avec ses sept places et plusieurs fonctionnalités communément associées au monde de la fourgonnette, le Flex a de nombreux arguments à faire valoir auprès des voyageurs. Il y a, bien sûr, le réfrigérateur, un vrai, planté entre les baquets de la rangée médiane ou encore — plus commun — le système de divertissement ou l'immense toit vitré, mais le plus fascinant est le volume habitable. Immense. Les occupants de la banquette sont certainement les plus choyés de tous avec beaucoup de dégagement pour les jambes. La troisième banquette ne représente pas, comme certains rivaux, une torture pour autant, et hormis un dégagement un peu serré au niveau

des hanches, le Flex ne craint aucune comparaison avec ses rivaux. À cette impression favorable s'en ajoute une autre : la qualité. La présentation s'avère soignée et le souci du détail omniprésent. Bien vu.

Au Canada, le Flex se déclinera en deux livrées : SEL et Limited. Toutes deux seront entraînées par un rouage intégral à quatre roues motrices (prise temporaire). La version à roues avant motrices (traction) ne sera pas offerte au Canada, mais seulement aux States où ce véhicule connaîtra sa meilleure diffusion

L'ENNEMI, C'EST LE POIDS

Cela dit, il faut laisser de côté les a priori pour goûter les plaisirs réels d'un Flex. Ce n'est pas le moindre de ses paradoxes que de réussir à virer à plat, à bien freiner sans plonger et à obéir sans délai au coup de volant tout en proposant une vision surélevée de la route. Sensations étranges, inconnues de plusieurs et qui ne feront certes pas vibrer les amateurs de conduite sportive, mais qui peuvent séduire des automobilistes anesthésiés par trois ou quatre générations de fourgonnettes. En revanche, cette plateforme que nous avons régulièrement critiquée pour sa suspension arrière trop sonore est désormais beaucoup plus discrète. L'explication tient à deux choses : au repositionnement du combiné ressorts-amortisseurs et au renforcement de la structure pour permettre, avec l'équipement approprié, de tracter une charge pouvant atteindre 2041 kg.

Son centre de gravité étonnamment bas lui assure un comportement stable et sans histoire. Le problème est que le Flex dépasse 2100 kg et que ses 262 chevaux ne sont pas de trop avec la boîte six vitesses pour lui fournir la dynamique nécessaire pour amener toute la famille au bord de la mer, mais nous persistons à croire qu'un mode manuel (semi-automatique) aurait facilité les relances. La bonne volonté du V6 est évidente, sa consommation moyenne et son autonomie tout juste raisonnable en raison de son réservoir d'une capacité de 72 litres. D'ailleurs, aussi bien vous prévenir tout de suite avant de faire le plein : le Flex est dépourvu de bouchon de remplissage. Une caractéristique pratique s'il en est, mais qui a surtout l'avantage d'assurer une meilleure étanchéité et de réduire les émissions de vapeurs génératrices de smog.

Audacieux par son style et compagnon de voyage agréable, le Flex témoigne bien de l'audace dont est capable Ford par moments. Hélas, le cran du constructeur automobile américain a rarement été récompensé à sa juste valeur, et le Flex ne sera vraisemblablement pas l'exception qui confirmera cette règle. ▌▌▌ **ÉRIC LEFRANÇOIS**

Grand voyageur, le Flex doit nécessairement inclure un réfrigérateur et un système de navigation

DIMENSIONS ET VOLUMES

Empattement (mm)	2994
Longueur (mm)	5125
Largeur (mm)	1927
Hauteur (mm)	1726
Volume intérieur (L)	4411
Volume du coffre (min./max.) (L)	415 / 2355
Capacité du réservoir de carburant (L)	72,7
Fourchette de poids (kg)	2026 - 2105

CHÂSSIS

Mode	traction, intégral
Suspension av. - arr.	indépendante
Freins av. - arr.	disques
Capacité de remorquage min. - max. (kg)	2041
Direction - diamètre de braquage (m)	crémaillère - 12,4
Pneus	235/60R18, 235/55R19, 255/45R20

PERFORMANCES

Modèle à l'essai	Flex TI
Moteur	V6 DACT 3,5 litres
Puissance (ch. à tr/min)	262 - 6250
Couple (lb-pi à tr/min)	248 - 4500
Transmission	automatique 6 rapports
Autres transmissions	aucune
Accélération 0-100 km/h (sec.)	8,45
Reprises 80-115 km/h (sec.)	6,23
Distance de freinage 100-0 km/h (m)	44,6
Niveau sonore à 100 km/h	❋ ❋ ❋
Vitesse maximale (km/h)	180
Consommation réalisée au cours de l'essai (L/100 km)	12,7
Gaz à effet de serre	
Autres moteurs	aucun

CE QU'IL FAUT SAVOIR

Fourchette de prix ($)	**34 999 - 42 999**
Marge de profit du concessionnaire (%)	9,87 à 10,33
Transport et préparation ($)	1300
Consommation ville - route (L/100 km)	**13,9 - 9,7 (2rm)** **14,9 - 10,6 (4rm)**
Essence recommandée	ordinaire
Versions offertes	SEL, Limited
Carrosserie	multisegment 5 portes
Lieu d'assemblage	États-Unis
Valeur résiduelle	★ ★ ★
Garanties : de base - motopropulseur (an/km)	3/60 000 - 5/100 000
Fiabilité présumée	inconnue
Cycle de remplacement	nouveau modèle 2009
Ventes 2007 n.a.	Québec : n.a.
Protection collision frontale conducteur/passage latérale avant/arrière retournement 2rm/4rm	★ ★ ★ ★ ★ / ★ ★ ★ ★ ★ ★ ★ ★ ★ ★ / ★ ★ ★ ★ ★ ★ ★ ★ ★ / ★ ★ ★ ★

À RETENIR

Nouveautés 2009	**nouveau modèle**
Principales concurrentes	**Ford Taurus X, Honda Pilot, Saturn Outlook, Volvo XC90**

- Style audacieux
- Vie à bord
- Comportement rassurant

- Autonomie décevante
- Moteur ankylosé
- Transmission étagée en fonction de l'économie

SEULE CONTRE LE MONDE !

On a tout dit sur la Focus. Qu'elle était la seule à représenter Ford dans le créneau des voitures compactes, qu'elle était un des secrets les mieux gardés de l'Ovale bleu, que sa valeur qualité-prix était évidente depuis que Ford avait révisé son offre de service, que ses versions (trois, quatre ou cinq portes, coupé ou familiale) convenaient à la plupart des exigences des consommateurs. Que son design était résolument moderne et résistait bien aux affres du temps. Bref, un produit passe-partout, une réponse universelle, quelque chose comme un Modèle T des temps modernes.

FORD
FOCUS

On a aussi dit qu'un design rafraîchi plus fréquemment l'aiderait à charmer le client, que l'Amérique n'avait jamais eu droit aux versions nettement plus intéressantes de l'Europe, où la marque est championne des rallyes WRC, que des versions sportives attireraient le jeune public, qu'elle devait à la fois être une petite et une grosse voiture et que la venue d'une sous-compacte serait salvatrice. Bref, comme dans une pizzeria, il faut différentes grandeurs et plusieurs ingrédients.

DES RETOUCHES TIMIDES

Peu de consommateurs ont remarqué que la Focus avait été restylisée en 2008. Des retouches cosmétiques qui ont laissé une plateforme encore assez performante mais vieillissante recevoir des phares et des feux plus à la mode à l'extérieur et un intérieur révisé plus confortable. Pour la nouvelle cuvée, des retouches aux calandres avant et arrière, un joli petit becquet au bout du pavillon et des roues de 17 pouces pour le modèle SES.

Il ne reste au menu que deux modèles, le coupé deux portes et la berline quatre portes. Toujours pas de hayon pour en faire des trois ou cinq portes. Encore moins une familiale. Oubliez le cabriolet. Il faudra attendre un autre millésime pour allonger la gamme, alors qu'on a l'impression qu'un éventail complet serait de mise pour affronter tout ce que les autres offrent de modèles et de versions. D'autant plus que la sous-compacte Fiesta fera un retour sur le marché nord-américain dans un an seulement — cependant, on pourrait la voir dès la fin du printemps. Entre-temps, il suffit de regarder ce que le voisin Mazda propose pour imaginer quelques transplantations possibles. Tiens, une Focus

Speed avec turbo ou moteur 2,3 litres, une Focus 5... Ce serait un juste retour d'ascenseur pour les dérivés du Ranger et de l'Escape.

Parmi les additions mécaniques, le contrôle de la stabilité qui s'opère à partir des capteurs de l'antiblocage en option et des phares d'appoint de série. Le système de communication SYNC est aussi une commodité de série.

POUR QUELQUES CHEVAUX DE PLUS

Autre nouveauté en 2009, quelques chevaux de plus pour le 2 litres Duratec à 16 soupapes avec boîte manuelle offerte avec deux étagements différents, un pour le modèle de base et l'autre pour les SE et SES, plus nerveuses. Mais qu'on y trouve 140 ou 143 poneys, on y remarquera la même fiabilité et une belle longévité. Des performances et un rendement routier acceptables sans plus. Les pneus plus sportifs de 16 et maintenant de 17 pouces rendront la tenue de route plus accrocheuse. Pas de surprises du côté de la boîte automatique à quatre rapports : il faudra attendre les CVT qui viendront de Nissan dans les années à venir. Dommage aussi que Ford ne puise pas dans ses cartons pour proposer tout de suite des groupes propulseurs innovateurs : on parle de plus petite cylindrée, de turbo et de mazout jumelés avec des boîtes à six rapports. Et pourquoi pas une hybride...

DE BONS CHIFFRES DE VENTES

Bon an mal an, Ford affiche de bonnes statistiques pour le Focus. Il est toujours seul comme sous-compacte et compacte, et le consommateur qui visite une salle d'exposition d'un concessionnaire n'aura que ce choix, à défaut de quoi il devra passer à la Fusion. Avec l'appréciation du dollar canadien face à la devise américaine, peu de constructeurs ont fait profiter la différence de prix au consommateur. La majorité d'entre eux ont préféré offrir un meilleur financement, un congé pour certains ensembles ou des rabais substantiels. Pour Ford, ce fut l'arrivée du prix familial, une autre façon de rattraper une bonne partie de la différence avec le prix demandé outre frontière. ▮▮
MICHEL POIRIER-DEFOY

La Focus : un produit passe-partout, une réponse universelle, quelque chose comme un Modèle T des temps modernes

DIMENSIONS ET VOLUMES

Empattement (mm)	2614
Longueur (mm)	4445
Largeur (mm)	1694
Hauteur (mm)	1488
Volume intérieur (L)	2642 (coupé), 2645 (berline)
Volume du coffre (min./max.) (L)	391
Capacité du réservoir de carburant (L)	51
Fourchette de poids (kg)	1174 - 1199

CHÂSSIS

Mode	traction
Suspension av. - arr.	indépendante
Freins av. - arr.	disques - tambours
Capacité de remorquage min. - max. (kg)	non-recommandé
Direction – diamètre de braquage (m)	crémaillère – 10,42 / 11,12
Pneus	195/60R15 (S, SE), 205/50R16 (SE coupé, SES/SEL berline), 215/45R17 (SES coupé)

PERFORMANCES

Modèle à l'essai	Focus SES (coupé)
Moteur	L4 DACT 2 litres
Puissance (ch. à tr/min)	143 - 4250
Couple (lb-pi à tr/min)	132 - 6000
Transmission	automatique 4 rapports
Autres transmissions	manuelle 5 rapports
Accélération 0-100 km/h (sec.)	9,96
Reprises 80-115 km/h (sec.)	5,95
Distance de freinage 100-0 km/h (m)	42,7
Niveau sonore à 100 km/h	✖ ✖
Vitesse maximale (km/h)	180
Consommation réalisée au cours de l'essai (L/100 km)	9
Gaz à effet de serre	
Autres moteurs	aucun

CE QU'IL FAUT SAVOIR

Fourchette de prix ($)	14 799 – 18 999
Marge de profit du concessionnaire (%)	6,22 à 10,07
Transport et préparation ($)	
Consommation ville - route (L/100 km)	9,8 – 6,7 (man.) 10,2 – 7,4 (aut.)
Essence recommandée	ordinaire
Versions offertes	S, SE, SEL, SES
Carrosserie	berline 4 portes, coupé 2 portes
Lieu d'assemblage	États-Unis
Valeur résiduelle	★ ★ ★
Garanties : de base – motopropulseur (an/km)	3/60 000 - 5/100 000
Fiabilité présumée	★ ★ ★
Cycle de remplacement	2010
Ventes 2007 ↘ 21%	Québec : 5553
Protection collision frontale conducteur/passager latérale avant/arrière retournement 2rm/4rm	★ ★ ★ ★ / ★ ★ ★ ★ ★ ★ ★ ★ / ★ ★ ★ ★ ★ ★ ★ ★ / n./d.

À RETENIR

Nouveautés 2009	moteur plus puissant (+ 3 ch.), retouches aux parties avant et arrière du coupé
Principales concurrentes	Chevrolet Cobalt, Hyundai Elantra, Mazda3, Mitsubishi Lancer, Nissan Sentra, Pontiac G5, Toyota Corolla, VW Rabbit

- Habitacle confortable
- Motorisation fiable
- Prix familial

- Style qui a peu changé
- Sièges manquant d'appui
- Plastiques de qualité douteuse

FORD FABRIQUE AUSSI DES VOITURES !

FORD
FUSION

Par les temps qui courent, les consommateurs reconnaissent Ford comme étant avant tout un constructeur de camions. Les succès de la marque dans ce segment démontrent que cette perception n'est pas loin de la vérité. Mais, au cas où les plus jeunes ne le sauraient pas, Ford fabrique aussi des automobiles !

Il est vrai que la division des voitures Ford vivote un peu depuis un certain temps. On n'a qu'à regarder ce qu'on nous propose comme véhicules au cours des dernières années pour comprendre que la situation n'est pas rose. Et ce n'est certainement pas en demeurant incognito, me direz-vous, que Ford réussira à relancer les ventes de ses automobiles. Et malgré qu'on ait donné une ligne intéressante à la Fusion lors de son départ canon en 2006, elle est tombée peu à peu dans l'anonymat. Heureusement, une nouvelle génération sera dévoilée en 2010.

Avec sa calandre à trois barres horizontales au milieu de laquelle trône l'ovale bleu, la Fusion a été le premier modèle à arborer la nouvelle signature visuelle de Ford. Le numéro deux américain ne cache pas que pour concevoir la Fusion, il a dû emprunter à sa filiale japonaise la plateforme CD3 de la Mazda6. Une sage décision à l'époque, puisque l'ancienne génération de la Mazda6 était une voiture équilibrée et surtout bien agréable à conduire. Pour tabler sur sa propre personnalité et satisfaire sa clientèle, Ford avait dû apporter quelques amendements à la suspension de la Fusion pour la rendre plus conviviale, plus douce en usage quotidien que la Mazda.

UNE BONNE AFFAIRE, MALGRÉ TOUT

L'actuelle Fusion n'est pas nécessairement le genre de véhicule qui fera tourner les têtes. Mais en noir, avec ses jantes chromées caractéristiques, laissez-moi vous dire qu'elle a réussi à faire ralentir sur son passage. Si, de prime abord, elle se présente avec une image simple, mais de bon goût, il faut monter à l'intérieur pour se retrouver dans un environnement plutôt fade, sans aucun artifice et sans couleur. Bref, ça manque un peu de punch ! En revanche, l'espace disponible pour les occupants est vaste, et au volant, il se dégage une sensation de voiture solide et bien assemblée. La rigidité de son châssis la rend exempte de tout bruit de caisse.

En matière d'équipement, peu importe la version, la Fusion se tire quand même bien d'affaire. De série, elle est équipée d'un moniteur de la pression des pneus, d'un système de communication et de divertissement Sync et d'un clavier de déverrouillage sans clé (SEL seulement). Outre ces gadgets électroniques, on a également droit au climatiseur, au siège électrique du conducteur, à des rétroviseurs électriques, au télédéverrouillage sans clé, aux essuie-glaces sensibles à la vitesse du véhicule ainsi qu'à la radio satellite avec lecteur de CD et fichiers MP3. La SEL ajoute les jantes en alliage de 17 pouces, le climatiseur automatique, le changeur de six CD, l'ordinateur de bord, l'allumage automatique des phares, la boussole, le volant en cuir, les commandes audio sur le volant et une foule d'autres accessoires tout aussi utiles. Enfin, la Fusion a un avantage sur ses concurrentes japonaises, puisque la SEL offre une transmission intégrale. Un mécanisme fort précieux si on se fie aux accumulations de neige de l'hiver dernier !

Parmi les points forts de la Fusion, on remarque sa bonne tenue de route, son roulement confortable et son prix de départ des plus concurrentiel ; et c'est peut-être là son plus gros argument de vente. Au chapitre de la sécurité, dotée de freins ABS, de coussins et de rideaux de sécurité gonflables, la Fusion n'est pas en reste.

Même si dans les faits la Fusion peut se comparer aux autres modèles américains, comme les tandems Chevrolet Malibu / Saturn Aura ou Dodge Avenger / Chrysler Sebring, elle n'a pas l'étoffe pour rivaliser à armes égales avec les grandes de ce monde que sont les Honda Accord, Toyota Camry, Nissan Altima, toutefois plus chères. Curieusement, le système électronique de contrôle de la stabilité est totalement absent de l'équipement. De même, le système antipatinage n'équipe que les modèles mus par le V6. À propos de ce dernier, la Fusion ouvre son capot à deux motorisations : un quatre cylindres de 2,3 litres développant 160 chevaux et un V6 de 3 litres fort de 221 chevaux. Mais ce n'est pas avec ces mécaniques d'une autre époque et quelque peu anémiques, surtout dans le cas du V6, qu'on va casser la vaisselle. Par contre, la consommation de carburant est raisonnable pour le gabarit du véhicule grâce, notamment, à sa boîte automatique à six rapports. Et, fait assez rare dans la catégorie, le quatre cylindres est offert avec une boîte manuelle à cinq rapports.

En conclusion, on ne peut qu'espérer la venue éventuelle du V6 Duratec de 3,5 litres ou celle, encore plus inespérée, d'un quatre cylindres turbo dans la prochaine Fusion. ▮▮▮
STÉPHANE QUESNEL

La Fusion a été le premier modèle à arborer la nouvelle signature visuelle de Ford

DIMENSIONS ET VOLUMES

Empattement (mm)	2727
Longueur (mm)	4831
Largeur (mm)	1833
Hauteur (mm)	1453
Volume intérieur (L)	2835
Volume du coffre (min./max.) (L)	447
Capacité du réservoir de carburant (L)	66
Fourchette de poids (kg)	1445/1511

CHÂSSIS

Mode	traction, intégral
Suspension av. - arr.	indépendante
Freins av. - arr.	disques
Capacité de remorquage min. - max. (kg)	non recommandé
Direction – diamètre de braquage (m)	crémaillère - 11,87
Pneus	205/60R16 (SE), 225/50VR17 (SEL) 225/45R18 (option)

PERFORMANCES

Modèle à l'essai	Fusion SEL V6
Moteur	V6 DACT 3 litres
Puissance (ch. à tr/min)	221 - 6250
Couple (lb-pi à tr/min)	205 - 4800
Transmission	automatique 6 rapports
Autres transmissions	manuelle 5 rapports automatique 5 rapports (L4)
Accélération 0-100 km/h (sec.)	8,34
Reprises 80-115 km/h (sec.)	5,19
Distance de freinage 100-0 km/h (m)	40,2
Niveau sonore à 100 km/h	✖ ✖ ✖
Vitesse maximale (km/h)	210
Consommation réalisée au cours de l'essai (L/100 km)	11,2
Gaz à effet de serre	
Autres moteurs	L4 2,3 litres (160 ch.)

CE QU'IL FAUT SAVOIR

Fourchette de prix ($)	**21 499 - 29 499**
Marge de profit du concessionnaire (%)	9,14 - 9,99
Transport et préparation ($)	1300
Consommation ville - route (L/100 km)	**11,6 - 8 (2,3 l) 13,2 - 9 (2rm, 3 l) 13,7 - 9,3 (4rm, 3 l)**
Essence recommandée	ordinaire
Versions offertes	SE, SEL, SEL V6, SEL AWD
Carrosserie	berline 4 portes
Lieu d'assemblage	Mexique
Valeur résiduelle	★ ★ ★
Garanties : de base - motopropulseur (an/km)	3/60 000 - 5/100 000
Fiabilité présumée	★ ★ ★ ★
Cycle de remplacement	2010
Ventes 2007 ↘ 19 %	Québec : 2867
Protection collision frontale conducteur/passager latérale avant/arrière retournement 2rm/4rm	★ ★ ★ ★ ★ / ★ ★ ★ ★ ★ ★ ★ ★ ★ / ★ ★ ★ ★ ★ ★ ★ ★ ★ / ★ ★ ★ ★ ★

À RETENIR

Nouveautés 2009	**le nouveau modèle 2010 est attendu pour 2009**
Principales concurrentes	**Chevrolet Malibu, Chrysler Sebring, Honda Accord, Hyundai Sonata, Mazda6, Nissan Altima, Pontiac G6, Toyota Camry**

- Son équipement de série complet
- La solidité de la caisse
- Sa gamme de prix

- Son habitacle tristounet
- L'absence d'un système antidérapage
- La rusticité de ses mécaniques

LA CONCURRENCE LA RATTRAPERA-T-ELLE ?

FORD
MUSTANG

Contre vents et marées, la Ford Mustang a survécu à toutes les intempéries d'un marché automobile qui n'est pas à court de soubresauts. Certaines versions (notamment l'abominable Mustang II) ne sont pas à citer en exemple, mais il reste que le premier « poney car » apparu en 1964 n'a jamais, contrairement à ses concurrentes, abandonné sa place dans le catalogue Ford.

On l'apprête depuis quelques années à toutes les sauces, Saleen, Roush ou Shelby, quand il ne s'agit pas simplement d'éditions spéciales visant à mousser les ventes et à faire feu de tout bois. La Bullit est un bel exemple de cette commercialisation tous azimuts.

Il ne m'a fallu qu'un terrain légèrement bosselé en virage pour que les ruades du train arrière me ramènent 40 ans plus tôt à l'époque où Steve McQueen survolait les rues de San Francisco dans une Mustang GT particulièrement rageuse. En somme, la voiture n'a pas perdu sa suspension arrière à pont rigide et le comportement routier d'aujourd'hui ressemble étrangement à ce qu'il était en 1968. Ainsi le veulent les fanatiques de cette icône automobile qu'est la Mustang.

DE 210 À 500 CHEVAUX

Des trois moteurs offerts dans la Mustang, le V6 4 litres de base et ses 210 chevaux est destiné à la parade alors que le V8 de 500 chevaux de la GT500 s'adresse aux purs et durs prêts à acquitter le prix pour la plus puissante Mustang de série à ce jour. Il reste que le compromis idéal est le V8 de 4,6 litres qui se glisse sous le capot des modèles GT. Ce moteur de 300 chevaux permet de s'amuser ferme au volant de la Mustang sans avoir à débourser une fortune. Pour ceux et celles qui adorent le look de la Mustang et qui boivent leur café faible, le V6 n'est pas dépourvu d'intérêt. Par contre, la version cabriolet dégage une infinité de bruits de carrosserie qui disparaissent une fois la capote abaissée. Avec la suspension sport, on roulera dans un tape-cul peu agréable, ce qui signifie qu'il est préférable d'oublier cette option. Moteur et transmission ne sont pas ici les meilleurs amis du monde. Légèrement sollicité, le V6 fait entendre des râlements qui font penser à un moteur de camion. Quant à la boîte manuelle à cinq rapports, son levier est laborieux à déplacer. Pour terminer sur une note positive, j'ai réussi à contenir la consommation à 11 litres au 100 km, et cela, en roulant sans ménagement. Avec un 0-100 km/h en 8,47 secondes, ce sont là des chiffres honorables.

PLACE À LA GT

Avec la GT, on retrouve la vraie Mustang des belles années avec sa tenue de route archiprévisible ; poussez-la un peu trop et le train arrière se mettra à valser dans une véritable leçon de survirage. Les 300 chevaux sont alors suffisants pour vous aider à redresser la voiture avec quelques coups d'accélérateur. Comme les très anciennes Ford, cette Mustang se conduit à coups de pied et vous devez constamment lui rappeler qui est le maître à bord. Autrement, elle vous mènera en marche arrière tout droit dans le premier fossé. Les performances sont de la partie quand on constate qu'elle peut bondir de 0 à 100 km/h en 5,6 secondes même si les rapports de la boîte de vitesses manuelle sont excessivement longs. À titre d'exemple, on arrive à dépasser les 160 km/h sur le troisième rapport. Quant au levier de vitesse, c'est l'inverse, et le fait qu'il soit si court peut vous amener à vous coincer les doigts entre le levier et le rebord de la console. Contrairement au cabriolet V6, seule la marche arrière est quelquefois ardue à sélectionner. La bonne nouvelle est que la consommation oscille autour de 13,4 litres aux 100, une belle surprise pour un V8 de 300 chevaux.

Après deux heures au volant, les sièges deviennent inconfortables, un détail à vérifier si vous souffrez d'un dos sensible. La suspension très dure n'aide évidemment pas les choses non plus. Quant au freinage, il faut prévoir ses ralentissements, car le système n'est pas toujours à la hauteur de la situation.

La qualité de construction n'a jamais été parmi les points forts de la Mustang, et le dernier modèle essayé nous l'a prouvé par la présence de pièces détachées en plastique traînant sur le plancher et provenant d'on ne sait où. Il serait sage aussi de prendre note que la Mustang est vicieuse sous la pluie et que ses essuie-glaces flottent au-dessus du pare-brise à grande vitesse. Oubliez de même les places arrière, qui sont peu accommodantes. N'empêche que malgré tout le négativisme qu'elle inspire, la Mustang est agréable à fréquenter pour s'éclater quelques heures sans avoir à débourser une fortune. Il sera intéressant de suivre la lutte qui s'engage entre elle et ses concurrentes, qu'elles se nomment Challenger ou Camaro, une histoire qui sent le déjà-vu. **▐▐▐ JACQUES DUVAL**

Ses ruades du train arrière nous ramènent 40 ans plus tôt quand Steve McQueen survolait les rues de San Francisco dans une rageuse Mustang GT

DIMENSIONS ET VOLUMES

Empattement (mm)	2720
Longueur (mm)	4765 (coupé), 4775 (cabriolet, GT500)
Largeur (mm)	1877
Hauteur (mm)	1407 (coupé), 1415 (cabriolet), 1384 (GT500)
Volume intérieur (L)	2396 (coupé), 2309 (cabriolet)
Volume du coffre (min./max.) (L)	275 (cabriolet) / 371 (coupé)
Capacité du réservoir de carburant (L)	61
Fourchette de poids (kg)	1521 - 1833

CHÂSSIS

Mode	propulsion
Suspension av. - arr.	indépendante - essieu rigide
Freins av. - arr.	disques
Capacité de remorquage min. - max. (kg)	454
Direction - diamètre de braquage (m)	crémaillère - 10,2 (V6) / 11, 5 (V8)
Pneus	215/65R16 (V6), 235/55R17 (V8), 235/50R18 (option), 255/45R18 - 285/40R18 (GT500)

PERFORMANCES

Modèle à l'essai	V8 GT
Moteur	V6 SACT 4 litres
Puissance (ch. à tr/min)	210 - 5300
Couple (lb-pi à tr/min)	240 -3500
Transmission	manuelle 5 rapports
Autres transmissions	automatique 5 rapports manuelle 6 rapports (GT500)
Accélération 0-100 km/h (sec.)	8,47
Reprises 80-115 km/h (sec.)	5,62
Distance de freinage 100-0 km/h (m)	40,1
Niveau sonore à 100 km/h	✖ ✖ ✎
Vitesse maximale (km/h)	210, 230 (GT), 242 (GT500)
Consommation réalisée au cours de l'essai (L/100 km)	11
Gaz à effet de serre	
Autres moteurs	V8 4,6 litres (300 ch./315 ch.) V8 5,4 litres (500 ch.)

CE QU'IL FAUT SAVOIR

Fourchette de prix ($)	**24 799 - 58 399**
Marge de profit du concessionnaire (%)	9,47 à 14,73
Transport et préparation ($)	1300
Consommation ville – route (L/100 km)	**13,2 – 8,9 (4 l) 15,9 – 10,7 (4,6 l) 17 – 12 (5,4 l)**
Essence recommandée	ordinaire, super (GT500)
Versions offertes	V6, GT, Bullitt, Warriors in Pink, GT500
Carrosserie	coupé 2 portes, cabriolet 2 portes
Lieu d'assemblage	États-Unis
Valeur résiduelle	★ ★ ★ ★
Garanties : de base - motopropulseur (an/km)	3/60 000 - 5/100 000
Fiabilité présumée	★ ★ ★ ★
Cycle de remplacement	2010
Ventes 2007 ↘ 19 %	Québec : 1422
Protection collision frontale conducteur/passager latérale avant/arrière retournement 2rm/4rm	★ ★ ★ ★ ★ / ★ ★ ★ ★ ★ ★ ★ ★ ★ / ★ ★ ★ ★ ★ ★ ★ ★ ★ / n/d

À RETENIR

Nouveautés 2009	**toit panoramique en verre (option), habitacle mieux insonorisé, Édition 45e anniversaire**
Principales concurrentes	**Chevrolet Corvette, Dodge Challenger, Mazda RX-8, Mitsubishi Eclipse, Nissan 350Z, Pontiac G6**

- Tenue de route amusante
- Un V6 décent et un V8 éclatant
- Prix intéressant

- Freinage longuet
- Qualité de construction inégale
- Sièges désagréables
- Dangereuse sous la pluie

SECOND DÉBUT ?

Celui qu'on considère à juste titre comme le vétéran du parc automobile nord-américain va probablement se voir accorder un autre sursis pour quelques années encore. Dix-sept ans, rien de moins, qu'il est au catalogue et poursuit une belle carrière. Si la longévité d'une camionnette est généralement de 12 ans, la conjoncture économique a contribué à garder le Ranger dans les salles d'exposition.

FORD
RANGER

Tous les concurrents directs ont reçu une bonne dose de stéroïdes qui les a fait grossir (Canyon, Tacoma) ou sont tout simplement disparus (S10, Sonoma), laissant le vieillissant Ranger seul dans son coin. Mais la hausse du pétrole a fait tourner la table et redonné un second souffle à ce valeureux soldat dont les lettres de noblesse sont acquises depuis des lustres.

UNE RECETTE CONNUE
Le Ranger est l'exemple parfait d'une recette bien née et qui a peu évolué avec le temps : deux modèles de caisse, deux groupes propulseurs et deux modes de traction. Pas de diésel. Si les combinaisons étaient plus nombreuses il y a une dizaine d'années, on a rescindé le tout et gardé les versions les plus populaires. Le V6 de 3 litres Duratec n'est plus au catalogue parce qu'on le trouvait trop gourmand.

Les deux motorisations restantes sont bien connues : le classique quatre cylindres de 2,3 litres de 143 chevaux et 154 livres-pieds de couple est d'une fiabilité reconnue et sa consommation demeure très acceptable. Dommage qu'on ne consente pas au Ranger, pour le moment, le nouveau 2,5 litres de 171 chevaux qui se retrouvera sous le capot de l'Escape en 2009 ; on pourrait ainsi jumeler à nouveau la traction intégrale à ce joyeux moulin. Gardons espoir pour un prochain millésime, puisque le Ranger risque d'égaler le nombre d'années du légendaire Modèle T en 2011.

Pour le moment, le petit 2,3 litres sera offert avec les deux modèles de caisse en propulsion seulement. On poursuit avec la cabine régulière et la SuperCab allongée avec les portières suicide et les petits strapontins à l'arrière. Une caisse de six pieds est de série, mais peut faire place à une de sept pieds en option. L'autre motorisation est le V6 de quatre litres de 207 chevaux, d'origine allemande, proprement indestructible, mais un peu gourmand selon le nouvel ordre pétrolier. Seule la cabine allongée est offerte et une version FX4 Hors Route est proposée.

Deux boîtes de vitesses à cinq rapports sont au catalogue : une classique manuelle bien étagée ou une automatique dont le rapport final abaissera la consommation. Il faut s'attendre à ce que la combinaison SuperCab avec quatre cylindres et boîte automatique soit la plus populaire. Seul ajout esthétique pour 2009, la calandre a été retouchée afin d'améliorer le coefficient de traînée aérodynamique (Cx). Les intervalles d'entretien sont désormais à 12 000 km, ce qui en fait un des véhicules les plus économiques à entretenir sur le marché.

QUELQUES OPTIONS
Outre les choix de cabines, de boîte et de mode, l'acheteur pourra aussi choisir le rapport du pont arrière en fonction du poids à tracter ou de l'économie de carburant souhaitée. En effet, tous les modèles 2009 sont munis d'une attache-remorque de classe III et la capacité du Ranger passera de 717 à 2658 kg selon le pont et la motorisation choisie. Un ensemble de traction avec des freins à tambour plus volumineux à l'arrière est aussi offert. On peut donc bâtir son Ranger un peu comme un F-150, à la différence que la mosaïque de combinaisons est beaucoup moins exhaustive.

ENCORE UNE QUESTION DE PRIX
Depuis quelques années, question de faire rouler la chaîne de montage, les gourous du marketing de l'Ovale bleu ont orchestré campagnes de rabais et autres motivations pour attirer le consommateur. Au point que le Ranger est devenu une bonne affaire. Quand on peut se procurer une camionnette pour 15 ou 16 000 $, on fait assurément mouche, sachant que le véhicule pourra nous donner une dizaine d'années de loyaux services. Pour ce qui est de la version intégrale, son prix de départ est encore sous les 20 gros billets. Cela dit, faut-il préférer la Série B de Mazda au Ranger de Ford ? Le mieux est encore de négocier entre les deux marques, puisqu'il y a de légères différences entre les versions et les équipements.

Les garanties demeurent sensiblement les mêmes avec trois ans, certes la norme minimum dans l'industrie, mais quand on connaît la fiabilité du Ranger, il n'y a pas de quoi s'inquiéter outre mesure. ▌▌▌ **MICHEL POIRIER-DEFOY**

En 2011, Le Ranger aura égalé le record de longévité du Modèle T

DIMENSIONS ET VOLUMES

Empattement (mm)	2832 - 3197
Longueur (mm)	4810 - 5171
Largeur (mm)	1760 - 1811
Hauteur (mm)	1681 - 1720
Volume intérieur (L)	n.d.
Volume du coffre (min./max.) (L)	513 / 629 (cabine allongée)
Capacité du réservoir de carburant (L)	64 / 74 / 76
Fourchette de poids (kg)	1392 -1633

CHÂSSIS

Mode	propulsion, 4 roues motrices
Suspension av. - arr.	indépendante - essieu rigide
Freins av. - arr.	disques - tambours
Capacité de remorquage min. - max. (kg)	717 -2658
Direction - diamètre de braquage (m)	crémaillère - 11,49 /13,1
Pneus	225/70R15 (Base), 255/70R16

PERFORMANCES

Modèle à l'essai	Ranger XL 4X2
Moteur	L4 DACT 2,3 litres
Puissance (ch. à tr/min)	143 - 5250
Couple (lb-pi à tr/min)	154 - 3750
Transmission	manuelle 5 rapports
Autres transmissions	automatique 5 rapports
Accélération 0-100 km/h (sec.)	12,3
Reprises 80-115 km/h (sec.)	non chronométrées
Distance de freinage 100-0 km/h (m)	non mesurée
Niveau sonore à 100 km/h	
Vitesse maximale (km/h)	165
Consommation réalisée au cours de l'essai (L/100 km)	10,5
Gaz à effet de serre	
Autres moteurs	V6 4 litres (207 ch.)

CE QU'IL FAUT SAVOIR

Fourchette de prix ($)	**15 899 - 25 599**
Marge de profit du concessionnaire (%)	7,50 - 11,33
Transport et préparation ($)	1250
Consommation ville - route (L/100 km)	**11,7 - 9 (man. 2,3 l) 12,7 - 10 (aut. 2,3 l) 17 - 14 (aut, 4 l)**
Essence recommandée	ordinaire
Versions offertes	XL, Sport, XLT, FX4
Carrosserie	camionnette (cabine régulière ou allongée)
Lieu d'assemblage	États-Unis
Valeur résiduelle	★ ★ ★
Garanties : de base - motopropulseur (an/km)	3/60 000 - 5/100 000
Fiabilité présumée	★ ★ ★
Cycle de remplacement	2012
Ventes 2007 ↗ 58 %	Québec : 4513
Protection collision frontale conducteur/passager latérale avant/arrière retournement 2rm/4rm	★ ★ ★ ★ ★ / ★ ★ ★ ★ ★ ★ ★ ★ ★ ★ / n.d. ★ ★ ★ / ★ ★ ★ ★

À RETENIR

Nouveautés 2009	abandon du moteur V6 de 3 litres
Principales concurrentes	Chevrolet Colorado, GMC Canyon, Mazda Série B

- Mécanique facile à entretenir
- Longévité du véhicule
- Cabine SuperCab préférable

- V6 4 litres quand même gourmand
- Essieu rigide arrière et sautillant
- Strapontins pour enfants seulement

LE PAIN ET LE BEURRE

Depuis des décennies, Ford vit le fantasme de tout constructeur automobile, soit d'assembler, bon an mal an, près de 800 000 unités de son F-150. Presque entièrement vendu sur le continent nord-américain, il n'est pas dit que le rêve de Ford ne va pas se transformer en cauchemar avec les hauts et les bas de la crise pétrolière.

Certes, on serait porté à penser que les travailleurs de la construction ne vont pas, du jour ou lendemain, cesser d'acheter des camionnettes. Toutefois, il faut savoir, aux dires même de Ford, que la majorité des F-150 qui sillonnent nos routes ne transportent ni madriers, ni blocs de béton, ni coffres à outils. Étonnant, non ? Somme toute, on peut se demander si les acheteurs traditionnels vont délaisser leur pick-up pour des véhicules moins énergivores. En tout cas, c'est la question que Ford doit se poser, et seul l'avenir nous le dira. Mais une chose est sûre, cette nouvelle génération a tout pour séduire et c'est sur elle que repose, sans exagérer, l'avenir du numéro deux américain.

Avant d'entreprendre le tour du propriétaire, il convient de rappeler que le F-150 est une machine à imprimer de l'argent et que Ford compte beaucoup sur les profits qu'il génère pour mener à terme le développement de ses autres produits. On comprend mieux alors pourquoi chaque remodelage de ce modèle est réalisé avec minutie et stratégie. Qui plus est, il faut avouer que le F-150 ne l'a pas eu facile au cours des dernières années, puisque la concurrence ne s'est pas gênée pour copier ses innovations.

Encore une fois, la série F joue la carte de la continuité et de la discrétion. Bien entendu, sur le plan esthétique, le F-150 diffère de la génération précédente qui avait pris quelques rides face au Toyota Tundra et aux récents GMC Sierra et Chevrolet Silverado. Cela dit, s'il y a longtemps que vous n'avez pas pris place dans une camionnette, vous serez agréablement surpris par le F-150, qui n'a rien de rustique. Dans ses livrées les plus cossues, le F-150 a de quoi faire rougir une automobile de luxe. Tout y est pour rendre les heures passées à bord agréables : système de divertissement, sellerie de cuir, sièges baquets chauffants, etc.

UNE CABINE ASTUCIEUSE

La liste des configurations de châssis, de cabines, de bennes et de motorisations n'en finit plus, on compte plus de 35 différents modèles. Quant à la liste des accessoires, elle est aussi longue et il vous faudra plusieurs heures pour les passer en revue. Véhicule plus moderne et convivial que jamais, les portières s'ouvrent sur un environnement où la qualité des matériaux et de l'assemblage nous change des anciennes camionnettes. Les baquets sont convenablement sculptés, la position de conduite est sans reproche, le tableau de bord est élégant, l'instrumentation est complète et les commandes bien disposées.

Des reproches ? À part sa consommation et son encombrement en ville, il est difficile d'en trouver. Si le coussin de la banquette arrière était autrefois ancré trop bas, sa hauteur est maintenant acceptable. La même remarque s'applique à l'espace de chargement qu'on découvre une fois la banquette arrière repliée. Précédemment, la surface de plancher n'était pas complètement plate et l'outillage servant au remplacement d'une crevaison encombrait l'habitacle. La nouvelle génération efface ces irritants et l'espace de chargement est maintenant plus que convenable. Lors de la présentation, il a été surprenant de constater qu'une boîte de téléviseur à écran plat de 52 pouces pouvait s'y glisser en un tour de main. Mais l'intérêt d'une camionnette, n'est-ce pas sa benne ? Celle du F-150 promet d'être plus pratique grâce à de nombreuses astuces, dont le marchepied repliable intégré au hayon inauguré sur la Série Super Duty (ce qui évite de s'égratigner les genoux) et les marchepieds repliables positionnés sous la caisse, devant les roues arrière, permettant d'accéder plus facilement à des objets dans la benne.

TROIS MOTEURS

Pour être franc, il est impossible de passer en détail toutes les combinaisons proposées par la Série F, et encore moins de porter un jugement définitif compte tenu des multiples configurations possibles. Petit conseil : le V8 de 5,4 litres, plus puissant cette année, se révèle toujours le plus efficace des trois motorisations offertes si vous optez pour le mode à quatre roues motrices. Toutefois, la nouvelle version du V8 de 4,6 litres, à trois soupapes par cylindre, n'est pas piquée des vers non plus et nous a agréablement impressionné. La nouvelle boîte automatique à six rapports devrait permettre de réduire la consommation, alors que le système anti-louvoiement pour le remorquage augmente la sécurité de tous les usagers de la route. La rigidité du châssis a encore fait des progrès et il faut comparer sa méthode de construction et les matériaux de qualité employés à ceux de ses rivaux pour comprendre toute l'importance du F-150 dans l'histoire moderne de Ford. **JEAN-FRANÇOIS GUAY**

La liste des configurations de châssis, cabines, bennes et motorisations n'en finit plus : plus de 35 combinaisons différentes. Sans parler de la Série Super Duty

DIMENSIONS ET VOLUMES

Empattement (mm)	3200 - 4140
Longueur (mm)	5364 - 6310
Largeur (mm)	2004
Hauteur (mm)	1867 -1944
Volume intérieur (L)	1846 - 3449
Volume du coffre (min./max.) (L)	487 - 1631 (banquette rabattue)
Capacité du réservoir de carburant (L)	98, 136
Fourchette de poids (kg)	2052 - 2680

CHÂSSIS

Mode	propulsion, 4 roues motrices
Suspension av. - arr.	indépendante - essieu rigide
Freins av. - arr.	disques
Capacité de remorquage min. - max. (kg)	1048 - 4218
Direction - diamètre de braquage (m)	crémaillère - 12,74 / 15,6
Pneus	235/70R17, 255/65R17, 275/65R18, 275/55R20

PERFORMANCES

Modèle à l'essai	F-150 Lariat
Moteur	V8 SACT 5,4 litres
Puissance (ch. à tr/min)	310 - 4750
Couple (lb-pi à tr/min)	370 - 4000
Transmission	automatique 6 rapports
Autres transmissions	automatique 4 rapports
Accélération 0-100 km/h (sec.)	n.d.
Reprises 80-115 km/h (sec.)	n.d.
Distance de freinage 100-0 km/h (m)	n.d.
Niveau sonore à 100 km/h	n.d.
Vitesse maximale (km/h)	n.d.
Consommation réalisée au cours de l'essai (L/100 km)	n.d.
Gaz à effet de serre	n.d.
Autres moteurs	V8 5,4 litres (320 ch.) E85 V8 4,6 litres (292 ch. / 248 ch.)

CE QU'IL FAUT SAVOIR

Fourchette de prix ($)	**24 199 – 46 699**
Marge de profit du concessionnaire (%)	12,5 – 14,29
Transport et préparation ($)	1300
Consommation ville – route (L/100 km)	16,5 – 12,5 (2rm, 4,6 l) 18 – 14 (2rm, 5,4 l) 18 – 14 (4rm, 4,6 l) 19 – 14,7 (4rm, 5,4 l)
Essence recommandée	ordinaire
Versions offertes	XL, XLT, Lariat, King Ranch, Platinum, STX, FX4
Carrosserie	camionnette 2 ou 4 portes
Lieu d'assemblage	États-Unis
Valeur résiduelle	★ ★ ★ ✦
Garanties : de base - motopropulseur (an/km)	3/60 000 - 5/100 000
Fiabilité présumée	★ ★ ★
Cycle de remplacement	nouveau modèle 2009
Ventes 2007 ⤴ 4 %	Québec : 9615
Protection collision frontale conducteur/passager latérale avant/arrière retournement 2rm/4rm	non évaluée non évaluée non évaluée

À RETENIR

Nouveautés 2009	**nouvelle génération**
Principales concurrentes	**Chevrolet Silverado, Dodge Ram, GMC Sierra, Nissan Titan, Toyota Tundra**

- L'aménagement de son habitacle
- Son châssis rigide
- Sa suspension et son freinage

- Sa consommation
- Son surplus de poids
- L'absence d'un moteur diésel et d'un V6 à essence

253

LIMOUSINE CHERCHE CHAUFFEUR

FORD
TAURUS

F ace à l'impitoyable marché nord-américain, où la berline intermédiaire se vend encore bien, Ford a opportunément décidé de tout changer. Enfin, presque tout. Exit la Five-Hundred et (re) bonjour la Taurus, qui n'a encore rien cassé depuis sa remise en service. Pourtant, la Taurus affiche une mine bien plus hautaine que sa devancière, la Five-Hundred.

Cela s'explique. Par l'énorme calandre lamellée ? Ou par les ouïes taillées dans les ailes avant — la marotte de Peter Horbury, le chef styliste des marques nord-américaines de Ford ? À moins que ce soit la forme des feux ? Il se trouve que cette généreuse silhouette fait face aux Allure, Avalon et Azera de ce monde. Avec un gros atout, une habitabilité bien supérieure, surtout sur la banquette arrière, qui est aussi accueillante que confortable. Elle est aussi remarquablement agencée, offrant un accès aisé grâce aux assises hautes et une vue panoramique de premier choix peu importe l'endroit où vous êtes assis.

SÉCURITÉ ET CONFORT

Si le tableau de bord souligné d'une incrustation de faux bois un peu kitsch paraît classique, il est bien distribué et comporte, au centre, un rangement fort utile pour y déposer divers papiers. Au chapitre des rangements toujours, mentionnons qu'ils sont à la fois pratiques et nombreux, y compris à l'arrière. Et que dire du coffre ! Un gouffre ! Avec 600 litres de volume, c'est près de 200 litres de plus que la 300 de Chrysler. On reprochera seulement à la Taurus l'absence de tirettes dans le coffre, lesquelles auraient permis de rabattre en tout ou en partie le dossier de la banquette. Mentionnons en outre qu'on peut plier le dossier du baquet avant droit afin de transporter des objets de trois mètres de long.

Ayant obtenu les cinq étoiles de la National Highway Traffic Safety Administration (NHTSA), la norme la plus sévère en matière de tests de collision, Ford dissimule à peine qu'il a avant tout fait une voiture de sécurité, bardée de coussins gonflables, du contrôle dynamique de la trajectoire, du système de surveillance des pneus et de l'assistance au freinage d'urgence. Avec, bien sûr, les freins antiblocage (ABS), cette Taurus semble invulnérable.

Dans cette Ford, on se sent un peu posé comme dans une voiture de maître, plutôt haut donc et dominant la route et ses pièges. Une sensation agréable qui nous fait seulement regretter le grain trop lisse du cuir et le contour trop plat des sièges au moment de négocier une courbe.

DES ASSISES SOLIDES

La Taurus ménage ses passagers. Elle le fait grâce à un châssis rigide servi à merveille par des suspensions profondément révisées. Elles sont capables de contrer physiquement les réactions parasites souvent très sensibles sur une lourde traction comme cette Ford. Puisqu'à l'impossible nul n'est tenu, la Taurus ne parvient qu'à offrir une précision de conduite satisfaisante, sans plus. On ne peut s'empêcher de rêver à une direction plus éveillée et à un diamètre de braquage plus court, histoire de nous faire oublier son gabarit extraordinaire. Surtout que le radar de recul n'est pas gratuit, sur le modèle d'entrée SEL à tout le moins.

Même si on hésite à bousculer cette Taurus, l'expérience vaut la peine tant la voiture s'en tire avec aisance. En souplesse malgré son poids, la Ford avale les difficultés avec l'air de ne pas y toucher, même si la suspension arrière nous paraît encore un peu trop sonore sur certains pavés. Outre un aspect plus viril, les roues de 18 pouces de la version Limited procurent au conducteur des sensations plus directes ; cependant, elles ne nuisent pas énormément au confort, qui est remarquable sur la SEL équipée de 17 pouces de série 60.

Sous le capot de la Taurus se trouve un tandem qui l'est tout autant. En effet, au lieu du lymphatique 3 litres, on bénéficie d'un V6 de 3,5 litres et 263 chevaux. Un moteur qui s'accorde à une transmission automatique à six rapports traditionnelle. Ce duo ne parviendra jamais à mettre une fusée en orbite, mais permettra toutefois à cette opulente berline de faire meilleure figure au chapitre des accélérations et des reprises. Mieux encore, cette combinaison moteur-boîte consomme l'essence avec modération. Une performance qui mérite d'être soulignée, tout comme l'absence totale de vibrations.

Excepté quelques réserves, la Taurus distille étonnamment un charme certain et propose une façon de voyager qui, ma foi, n'est pas déprimante pour deux sous. Elle n'a sans doute pas le moelleux d'une Avalon ni une liste de caractéristiques de série aussi longue que celle de l'Azera, mais la Taurus mérite néanmoins considération, surtout qu'elle est l'une des rares à proposer un rouage intégral. Toujours précieux. ▌▌▌ **ÉRIC LEFRANÇOIS**

DIMENSIONS ET VOLUMES

Empattement (mm)	2868
Longueur (mm)	5126
Largeur (mm)	1892
Hauteur (mm)	1562
Volume intérieur (L)	3055
Volume du coffre (min./max.) (L)	600
Capacité du réservoir de carburant (L)	78
Fourchette de poids (kg)	1653 - 1730

CHÂSSIS

Mode	traction, intégral
Suspension av. - arr.	indépendante
Freins av. - arr.	disques
Capacité de remorquage min. - max. (kg)	454
Direction - diamètre de braquage (m)	crémaillère - 12,04
Pneus	215/60R17, 225/55R18 (Limited)

PERFORMANCES

Modèle à l'essai	Taurus SEL (2rm)
Moteur	V6 DACT 3,5 litres
Puissance (ch. à tr/min)	263 - 6250
Couple (lb-pi à tr/min)	249 - 4500
Transmission	automatique 6 rapports
Autres transmissions	aucune
Accélération 0-100 km/h (sec.)	7,92
Reprises 80-115 km/h (sec.)	5,68
Distance de freinage 100-0 km/h (m)	40,3
Niveau sonore à 100 km/h	✖ ✖ ✖
Vitesse maximale (km/h)	200
Consommation réalisée au cours de l'essai (L/100 km)	10,7
Gaz à effet de serre	
Autres moteurs	aucun

CE QU'IL FAUT SAVOIR

Fourchette de prix ($)	**30 499 - 39 199**
Marge de profit du concessionnaire (%)	9,76 à 10,26
Transport et préparation ($)	1300
Consommation ville - route (L/100 km)	**13 - 8,5 (2rm) 13,9 - 9,8 (4rm)**
Essence recommandée	ordinaire
Versions offertes	SEL, Limited
Carrosserie	berline 4 portes
Lieu d'assemblage	États-Unis
Valeur résiduelle	✶ ✶
Garanties : de base - motopropulseur (an/km)	3/60 000 - 5/100 000
Fiabilité présumée	✶ ✶ ✶ ✶ ✶
Cycle de remplacement	2010
Ventes 2007 ↘ 69 %	Québec : 328
Protection collision frontale conducteur/passager latérale avant/arrière retournement 2rm/4rm	✶ ✶ ✶ ✶ / ✶ ✶ ✶ ✶ ✶ ✶ ✶ ✶ ✶ ✶ / ✶ ✶ ✶ ✶ ✶ ✶ ✶ ✶ ✶ ✶ / ✶ ✶ ✶ ✶

À RETENIR

Nouveautés 2009	**aucun changement majeur**
Principales concurrentes	**Buick Allure, Chevrolet Impala, Chrysler 300, Hyundai Azera, Kia Amanti, Toyota Avalon**

- Fabrication et insonorisation soignées
- Le confort de l'habitacle (et du coffre !)
- La sécurité passive

- Le diamètre de braquage
- La suspension arrière, toujours bruyante
- La direction engourdie

TON NOM DÉJÀ ?

FORD
TAURUS X

Au cours des dernières années, Ford n'a pas toujours été inspiré dans le choix du nom de ses véhicules. On pense alors à la Lincoln Zephyr, rebaptisée depuis MKZ, et l'actuelle Taurus. En effet, après avoir fait un séjour au purgatoire, de 2005 à 2007, sous le nom d'emprunt de Five Hundred (ou 500 si vous préférez), sans doute pour se faire oublier (!), la Taurus a de nouveau fait surface en 2008.

Le multisegment Taurus X, quant à lui, a vécu des faits similaires à la berline Taurus en remplaçant le Freestyle en 2008, duquel il a conservé son architecture. Mais pourquoi l'avoir appelé Taurus X ? Tout simplement, parce qu'il partage la même plateforme que la récente Taurus. Par rapport à l'ancien Freestyle, il faut avouer que les deux véhicules se ressemblent beaucoup ; cependant, Ford a revu la partie avant pour la rendre conforme à sa nouvelle image de marque : la calandre à trois barres chromées. Les ingénieurs ont également révisé la suspension pour en faire un véhicule plus convivial, plus silencieux et plus confortable que le défunt Freestyle. Cette année, le géant américain du camion introduit le Flex. S'agit-il du remplaçant du Taurus X ou tout simplement d'un autre multisegment qui évoluera dans le même marché ? L'avenir nous le dira, mais selon des documents obtenus par la presse américaine, le Taurus X en est à sa dernière présence sur le marché.

UN VÉHICULE FAMILIAL BIEN ÉQUIPÉ

Si le Taurus X n'a rien de changé en matière de configuration, sa finition a été améliorée, quoiqu'elle demeure encore perfectible. En effet, l'habitacle est encore parsemé de certains plastiques de qualité douteuse. En ce qui a trait aux commandes du tableau de bord, passablement nombreuses, il est à noter qu'elles sont, dans certains cas, un peu petites. De même, la commande des essuie-glaces, intégrée au levier des clignotants, ne constitue pas la trouvaille du siècle.

On a bardé le véhicule d'une liste d'équipements de série et d'options, sinon exhaustive, à tout le moins très généreuse. On y trouve une chaîne audio de très bonne qualité avec commandes au volant, le climatiseur, le télédéverrouillage et d'autres accessoires, comme le pédalier électrique réglable ainsi que le système Sync — une interface à reconnaissance vocale entre le téléphone cellulaire et le système de divertissement. Par ailleurs, les sièges avant sont chauffants, tandis que les fauteuils de la rangée médiane se rabattent à l'aide d'articulations à commande électrique.

LE MEILLEUR DES DEUX MONDES

La position de conduite dans le Taurus X est bonne. Si elle est peut-être quelque peu élevée, elle a au moins l'avantage de procurer un bon champ de vision. Cependant, les sièges avant pourraient offrir un maintien latéral plus ferme ; ils sont si glissants qu'ils nous empêchent de pousser le véhicule dans les virages. C'est vraiment dommage, car le Taurus X a une bonne tenue de route et montre moins de roulis que son prédécesseur. En cette matière, il se compare avantageusement aux meilleures fourgonnettes sur le marché ; on peut même comparer son comportement à celui d'une grande berline. De plus, comme le Freestyle, le Taurus X propose un habitacle très vaste et offre beaucoup d'espace pour les jambes, même à l'arrière. Il offre l'habitabilité d'une fourgonnette et le comportement routier d'une berline : le meilleur des deux mondes, quoi !

Dans le Taurus X, la douceur de roulement est au rendez-vous. Au freinage, il propose des arrêts courts et rectilignes, et ce, malgré une pédale relativement dure. Au chapitre de la sécurité, le véhicule a passé haut la main tous les tests de collisions frontale et latérale. Ce qui en fait l'un des véhicules à sept passagers les plus sûrs sur le marché, même s'il ne compte pas de rideaux de sécurité gonflables en équipement de série. Sans doute que les résultats à ces tests sont dus à sa plateforme empruntée au réputé Volvo XC90 !

Mais là où le Taurus X s'est le plus amélioré, c'est sans doute sur le plan de son groupe motopropulseur. En effet, Ford a troqué le rugueux et anémique V6 de 3 litres et 203 chevaux du Freestyle pour un 3,5 litres Duratec de 263 chevaux beaucoup plus moderne. Et ce n'est pas tout, la désagréable boîte de vitesses à variation continue (CVT) a fait place à une boîte automatique à six rapports, une amélioration certes, question de puissance et de couple ; cependant, il ne faudra pas s'attendre à une consommation de carburant sous les 13 litres aux 100 km.

Finalement, on peut dire que le Taurus X est un bon véhicule familial. Il connaîtra du succès si Ford réussit à se défaire de cette perception négative qu'ont plusieurs consommateurs envers certains de ses produits. ▌▌▌ **STÉPHANE QUESNEL**

Pourquoi l'avoir appelé Taurus X? Tout simplement parce qu'il partage sa plateforme avec la récente berline Taurus

DIMENSIONS ET VOLUMES

Empattement (mm)	2868
Longueur (mm)	5088
Largeur (mm)	1902
Hauteur (mm)	1717
Volume intérieur (L)	4034
Volume du coffre (min./max.) (L)	447 / 2419
Capacité du réservoir de carburant (L)	72
Fourchette de poids (kg)	1796 - 1865

CHÂSSIS

Mode	traction, intégral
Suspension av. - arr.	indépendante
Freins av. - arr.	disques
Capacité de remorquage min. - max. (kg)	907
Direction – diamètre de braquage (m)	crémaillère – 12,20
Pneus	215/65R17 (SEL), 225/60R18 (Limited)

PERFORMANCES

Modèle à l'essai	Taurus X Limited
Moteur	V6 DACT 3,5 litres
Puissance (ch. à tr/min)	263 - 6250
Couple (lb-pi à tr/min)	249 - 4500
Transmission	automatique 6 rapports
Autres transmissions	aucune
Accélération 0-100 km/h (sec.)	8,37
Reprises 80-115 km/h (sec.)	non chronométrées
Distance de freinage 100-0 km/h (m)	46,2
Niveau sonore à 100 km/h	✖ ✖ ✖
Vitesse maximale (km/h)	210
Consommation réalisée au cours de l'essai (L/100 km)	13
Gaz à effet de serre	
Autres moteurs	aucun

CE QU'IL FAUT SAVOIR

Fourchette de prix ($)	**34 999 – 42 499**
Marge de profit du concessionnaire (%)	9,91 – 10,33
Transport et préparation ($)	1300
Consommation ville – route (L/100 km)	**14,5 – 10,4 (2rm)** **15,7 – 10,7 (4rm)**
Essence recommandée	ordinaire
Versions offertes	SEL, Limited, SEL TI, Limited TI
Carrosserie	multisegment 5 portes
Lieu d'assemblage	États-Unis
Valeur résiduelle	★ ★
Garanties : de base – motopropulseur (an/km)	3/60 000 - 5/100 000
Fiabilité présumée	★ ★ ★
Cycle de remplacement	2010
Ventes 2007 ↘ 28 %	Québec : 638
Protection collision frontale conducteur/passager latérale avant/arrière retournement 2rm/4rm	★ ★ ★ ★ / ★ ★ ★ ★ ★ ★ ★ ★ ★ ★ / ★ ★ ★ ★ ★ ★ ★ ★ ★ / ★ ★ ★ ★

À RETENIR

Nouveautés 2009	aucun changement majeur
Principales concurrentes	**Chevrolet Traverse, GMC Acadia, Honda Pilot, Mazda CX-9, Subaru Tribeca, Toyota Highlander**

- Son équipement de série complet
- Son champ de vision
- Son groupe motopropulseur

- L'absence de maintien latéral des sièges
- Sa consommation de carburant
- La commande des essuie-glaces intégrée au levier des clignotants

UN FUTUR CHAMPION ?

GMC
ACADIA

L'appellation utilisée par GMC vous rappelle trop la (très peu) regrettée Acadian que Pontiac commercialisait à la fin des années 1970 ? Et alors, l'Acadia n'en demeure pas moins le multisegment grand format le plus prisé chez GM. Et pour ajouter au bonheur de la marque, si la tendance se maintient, l'Acadia pourrait très bien coiffer le Highlander de Toyota au fil d'arrivée et être couronné champion des ventes de sa catégorie à la fin de l'année. Voilà une petite mais ô combien douce revanche pour le constructeur américain.

En 95 ans d'histoire, la Grabowsky Motor Company (GMC) n'a jamais produit de véhicule à châssis monocoque. Que des châssis à échelle. Il fallait bien qu'elle cède un jour. Narguée sur ses terres mêmes par les Range Rover, Mercedes, Lexus et Infiniti, GMC se devait de ranger ses principes au vestiaire et plonger à son tour dans cette macédoine automobile que sont les véhicules multisegments.

Jusqu'à tout récemment aux États-Unis, le mélange des genres n'était guère l'usage. Mais inévitablement, il allait le devenir. General Motors, pour un, y frotte son emblème avec l'Acadia bien sûr, mais aussi les Chevrolet Traverse (nouveauté 2009), Buick Enclave et Saturn Outlook.

Pour séduire une clientèle que GMC estime largement féminine, l'Acadia cherche à arrondir les angles et s'affranchit de l'image « gros dur » véhiculée jusqu'ici par cette filiale du géant américain. Seul le dessin de la calandre préserve un lien de parenté avec les Yukon, Canyon et autres membres de la famille. Nonobstant une garde au sol appréciable, cette Américaine affiche des dessous chics qui ne dépareraient pas sur une automobile. La plateforme Lambda, puisque c'est d'elle qu'il s'agit, a encore toute sa fraîcheur. Une architecture à roues avant motrices sur laquelle la General Motors pourrait très bien faire reposer une fourgonnette si elle décidait de revenir sur sa décision d'abandonner ce créneau.

PUISSANCE LÉGÈREMENT ACCRUE

Imposant et lourd, l'Acadia retient les services d'une seule mécanique : un V6 3,6 litres. Doté cette année de l'injection directe qui lui procure 5 % plus de puissance (c'est toujours cela de pris) ce moteur promet toujours de mouvoir de sa position statique une charge de 2000 kg. Et des passagers aussi ? La puissance paraît un peu juste. Déjà qu'avec seule-

ment deux personnes à bord, l'Acadia est loin d'être un foudre de guerre. La boîte semi-automatique à six rapports, la seule proposée, fait de son mieux pour préserver le rythme, mais sa gestion nous apparaît toujours aussi confuse.

Le cœur de l'Acadia bat fort donc, mais GMC se garde bien aujourd'hui de rappeler qu'il existe une solution de rechange et qu'elle se trouve toujours dans ses cartons. Celle-ci, a-t-on appris, pourrait prendre la forme d'un moteur V8 qui, selon les ingénieurs rencontrés, n'aurait aucun mal à se frayer une place sous le capot. Mais la hausse dramatique du coût des carburants fait douter que cette solution soit jamais appliquée. Un diésel ou un hybride alors ?

Considérant sa taille, l'Acadia manque d'air dans les espaces restreints et sa conduite apparaît alors bien ennuyante. Ce n'est qu'une fois sa vitesse de croisière atteinte sur une route libre et dégagée qu'elle se révèle sous son meilleur jour. La direction est apparue précise et les mouvements de caisse bien maîtrisés. Son comportement est certainement moins sportif que celui d'une Honda Pilot, mais l'Acadia n'en a cure, elle soigne davantage le confort de ses occupants. En fait, il n'y a qu'à faible vitesse, sur une route bosselée, que les amortisseurs arrière apparaissent trop souples en détente.

Moyennant quelques options bien choisies, l'Acadia démontre un sens de la famille aussi poussé que celui d'une fourgonnette. On relève une surface vitrée double au pavillon, un lecteur de DVD aux places arrière et une troisième rangée de sièges qui se déploie et se range en un tournemain. La finition est très soignée et la qualité des matériaux témoigne d'un réel souci du détail. Les principales commandes sont aisément accessibles et faciles à identifier. La colonne de direction (inclinable et télescopique) facilite la recherche d'une position de conduite agréable. Les espaces de rangement sont nombreux et pratiques. Toutefois, considérant la taille de ce véhicule, nous nous attendions à plus d'imagination : GMC aurait pu repiquer certaines idées d'autres filiales de GM, comme la console centrale à deux étages de la Buick RendezVous. La troisième banquette est hélas trop exiguë pour des adultes et elle limite en outre le volume du coffre. On rencontre le même problème sur ses rivaux, à la différence que le GMC innove en facilitant grandement l'accès à la troisième banquette en permettant simplement aux baquets de la seconde de coulisser. Comme c'est simple. Et efficace en plus. C'est « Smart Slide », dit-on, chez GM. ▮▮▮ **ÉRIC LEFRANÇOIS**

L'Acadia s'affranchit de l'image « gros dur » véhiculée jusqu'ici par cette filiale du géant américain

DIMENSIONS ET VOLUMES

Empattement (mm)	3021
Longueur (mm)	5108
Largeur (mm)	2004
Hauteur (mm)	1846
Volume intérieur (L)	4361
Volume du coffre (min./max.) (L)	558 / 3313
Capacité du réservoir de carburant (L)	83,3
Fourchette de poids (kg)	2141 / 2234

CHÂSSIS

Mode	traction, intégral
Suspension av. - arr.	indépendante
Freins av. - arr.	disques
Capacité de remorquage min. - max. (kg)	2041
Direction – diamètre de braquage (m)	crémaillère - 12,3
Pneus	255/65R18, 255/60R19 (option)

PERFORMANCES

Modèle à l'essai	Acadia SLT TI
Moteur	V6 DACT 3,6 litres
Puissance (ch. à tr/min)	288 - 6300
Couple (lb-pi à tr/min)	270 - 3400
Transmission	automatique 6 rapports
Autres transmissions	aucune
Accélération 0-100 km/h (sec.)	8,57
Reprises 80-115 km/h (sec.)	5,94
Distance de freinage 100-0 km/h (m)	42,6
Niveau sonore à 100 km/h	✗ ✗ ✗ ✎
Vitesse maximale (km/h)	210
Consommation réalisée au cours de l'essai (L/100 km)	13,4
Gaz à effet de serre	🏭🏭🏭
Autres moteurs	aucun

CE QU'IL FAUT SAVOIR

Fourchette de prix ($)	**36 695 - 45 995**
Marge de profit du concessionnaire (%)	10,68
Transport et préparation ($)	1250
Consommation ville - route (L/100 km)	**13,6 - 9,5 (2rm)** **15,2 - 11,3 (4rm)**
Essence recommandée	ordinaire
Versions offertes	SLE, SLT
Carrosserie	multisegment 5 portes
Lieu d'assemblage	États-Unis
Valeur résiduelle	✴ ✴ ✴
Garanties : de base - motopropulseur (an/km)	3/60 000 - 5/160 000
Fiabilité présumée	✴ ✴ ✴ ✴
Cycle de remplacement	inconnu
Ventes 2007 n.a.	Québec : 887
Protection collision frontale conducteur/passager latérale avant/arrière retournement 2rm/4rm	✴ ✴ ✴ ✴ / ✴ ✴ ✴ ✴ ✴ ✴ ✴ ✴ ✴ / ✴ ✴ ✴ ✴ ✴ ✴ ✴ ✴ ✴ / ✴ ✴ ✴ ✴

À RETENIR

Nouveautés 2009	moteur plus puissant (+13 ch.), Bluetooth, caméra de recul, sièges climatisés
Principales concurrentes	Ford Taurus X, Honda Pilot, Hyundai Veracruz, Mazda CX-9, Toyota Highlander

- Présentation soignée
- Coffre volumineux
- Choix de modèles et d'accessoires

- Transmission confuse par moments
- Moteur un peu juste
- Dimensions inadaptées pour la ville

POUR UNE DERNIÈRE FOIS...

...**A**vant de m'en aller. Le GMC Envoy et sa contrepartie le Chevrolet Traiblazer sont en fin de carrière. Ils l'étaient déjà l'an dernier. Mais comme de bons vieux soldats qui ont fait les beaux jours de la brigade des VUS de GM, on a décidé de les garder au catalogue pour un autre millésime. En espérant que des acheteurs se manifesteront pour se procurer ces utilitaires qui conservent les qualités de leurs défauts.

Car tout ce qu'on pourrait dire contre l'Envoy était, il n'y a pas si longtemps, un atout qui lui attirait la sympathie des consommateurs. Le temps a fait son œuvre, certes, et les multisegments ont joué du coude pour se faire une place au soleil. Puis, le coût de l'essence est venu enfoncer le dernier clou. Alors, passons en revue ce qui a fait les beaux jours de l'Envoy : si ces aptitudes font toujours votre bonheur, vous aurez trouvé chaussure à votre pied. Sinon, vous passerez à autre chose.

UN VRAI CAMION À LA BASE

N'oublions pas que l'Envoy a remplacé le Jimmy, un vrai utilitaire spartiate, il y a onze ans, pour ajouter du prestige et du brio dans ce créneau. Avec un châssis en échelle, deux moteurs de camionnette et une robuste boîte automatique à quatre rapports, il est doté de la traction intégrale permanente, avec gamme haute et basse, et d'une capacité de traction d'environ trois tonnes. En long et en large, un vrai 4x4 d'autrefois capable de travailler sans se fatiguer et de donner son plein rendement pendant une bonne décennie.

Les deux motorisations sont de qualité : un six cylindres en ligne — on a oublié les vertus de ces bons vieux six au couple généreux — de 4,2 litres et 285 chevaux. Dans des camions de livraison, on en tire un demi-million de kilomètres ! L'autre est plus récent, soit le 5,3 litres de 300 chevaux et 321 livres de couple, 45 de plus que le premier. De plus, il offre la désactivation des cylindres, un avantage économique à la pompe. La boîte automatique 4L60 est un autre organe identifié camion et porte-avions ; sa principale qualité, hormis sa longévité, est son rapport

final de 0,60. On est en présence d'une propulsion avec essieu arrière rigide, le système StabiliTrak est de série et quatre freins à disques ralentiront la bête. Bref, pour le gros ouvrage, si vous n'avez pas besoin de plus volumineux, voici le percheron intermédiaire qui vous donnera satisfaction. Chapitre économie, attendez-vous à un investissement de 13 à 16 litres au cent, puisque le véhicule atteint les 2200 kg.

INTÉRIEUR CLASSIQUE

Que vous optiez pour le Denali avec cuir ou pas, l'intérieur est spacieux, la banquette arrière se rabat à plat pour augmenter l'espace bagages à 2268 litres, sinon il reste encore 1127 litres derrière la seconde. Non, pas de troisième ici ! L'espace est généreux pour les cinq passagers, mais on sentira plus de fatigue sur de longs parcours à cause de la suspension arrière rigide. Le tableau de bord est complet et l'ergonomie au rendez-vous avec des commandes au volant.

Il y aura des nostalgiques pour dire qu'on n'en fait plus d'aussi bons, mais il y aura aussi une horde de détracteurs pour dire que l'Envoy devrait déjà être à la retraite. Son poids est imposant et entraîne une consommation importante à l'effort. Son châssis n'est pas aussi rigide et le confort est plus près de la camionnette que du multisegment. Son look, même s'il confirme des gènes avec les gros porteurs comme le Yukon ou le Cadillac, n'a rien du GMC Acadia ou du Buick Enclave, qui ont vraiment la cote maintenant. Si on désire acheter un Envoy, mieux vaut que ce soit pour longtemps, parce que sa valeur sera dépréciée rapidement dès qu'il sera retiré du catalogue. Par contre, en 2018, s'il a été le moindrement entretenu, il sera encore aussi valeureux. Mais à combien le litre ?

Il n'y a plus vraiment de mauvais véhicules sur le marché, mais il y a des acheteurs qui font de mauvais choix. Si les qualités de l'Envoy surpassent ses défauts, vous aurez fait un bon choix. Sinon, passez votre tour. En dernier lieu, c'est peut-être le prix qui parlera : à 41 000 $ pour le modèle de base et 52 000 $ pour le Denali tout équipé, c'est beaucoup demandé pour un VUS intermédiaire dont les préarrangements sont déjà conclus. ▌▌▌ **MICHEL POIRIER-DEFOY**

Il y aura des nostalgiques pour dire qu'on n'en fait plus d'aussi bons, mais il y aura aussi des détracteurs pour dire que l'Envoy devrait être à la retraite

DIMENSIONS ET VOLUMES

Empattement (mm)	2870
Longueur (mm)	4866
Largeur (mm)	1897
Hauteur (mm)	1826
Volume intérieur (L)	n.d.
Volume du coffre (min./max.) (L)	1127 / 2268
Capacité du réservoir de carburant (L)	83,3 (L6) - 96,1 (V8)
Fourchette de poids (kg)	1998 - 2173

CHÂSSIS

Mode	intégral
Suspension av. - arr.	indépendante - essieu rigide
Freins av. - arr.	disques
Capacité de remorquage min. - max. (kg)	2631 - 2949
Direction - diamètre de braquage (m)	crémaillère - 11,1
Pneus	245/65R17 (SLE, SLT), 245/60R18 (Denali) 245/60R20 (option)

PERFORMANCES

Modèle à l'essai	Envoy SLE
Moteur	L6 DACT 4,2 litres
Puissance (ch. à tr/min)	285 - 6000
Couple (lb-pi à tr/min)	276 - 4600
Transmission	automatique 4 rapports
Autres transmissions	aucune
Accélération 0-100 km/h (sec.)	8,68
Reprises 80-115 km/h (sec.)	non chronométrées
Distance de freinage 100-0 km/h (m)	42,7
Niveau sonore à 100 km/h	✖ ✖
Vitesse maximale (km/h)	175
Consommation réalisée au cours de l'essai (L/100 km)	14,5
Gaz à effet de serre	
Autres moteurs	V8 5,3 litres (300 ch.)

CE QU'IL FAUT SAVOIR

Fourchette de prix ($)	**40 695 – 51 950**
Marge de profit du concessionnaire (%)	10,46 à 10,68
Transport et préparation ($)	1250
Consommation ville - route (L/100 km)	**16,8 - 11,8 (4,2 l) 19,6 - 14,7 (6 l)**
Essence recommandée	ordinaire
Versions offertes	SLE, SLT, Denali
Carrosserie	utilitaire 5 portes
Lieu d'assemblage	États-Unis
Valeur résiduelle	✳
Garanties : de base - motopropulseur (an/km)	3/60 000 - 5/160 000
Fiabilité présumée	✳ ✳ ✳
Cycle de remplacement	2010
Ventes 2007 ↘ 43 %	Québec : 259

Protection collision
frontale conducteur/passager ✳ ✳ ✳ / ✳ ✳ ✳ ✳
latérale avant/arrière ✳ ✳ ✳ ✳ ✳ / ✳ ✳ ✳ ✳ ✳
retournement 2rm/4rm ✳ ✳ ✳ / ✳ ✳ ✳ ✳

À RETENIR

Nouveautés 2009	**nouvelles couleurs, Bluetooth, OnStar version 8.0**
Principales concurrentes	**Chevrolet Trailblazer, Dodge Durango, Ford Explorer, Jeep Grand Cherokee, Kia Sorento, Nissan Pathfinder, Toyota 4Runner**

- Groupes propulseurs de qualité
- Fiabilité du véhicule
- Capacité de travail et de remorquage

- Consommation inévitable
- Confort moyen
- Valeur de revente

PLAISIR OU TRAVAIL

En cette période où on ne parle que du coût du carburant, malgré des moments d'accalmie occasionnels, tout ce qui consomme trop est remis en question. Les ventes de véhicules sport utilitaires, dont les vocations commerciales sont moins évidentes, sont au ralenti, peu importe que le constructeur soit américain ou pas. En ce qui a trait aux camionnettes, elles sont pourtant incontournables selon la vocation qu'on leur donne.

L'Amérique ne peut tourner sans camionnette, puisque notre infrastructure routière est ainsi établie, que ce soit au niveau du transport terrestre, du travail de la terre ou des besoins récréatifs. Le ferroviaire a été supplanté par le camion et il faut des milliers de petits porteurs pour acheminer les produits. La moitié de l'Amérique est cultivée et la camionnette est un must. Reste ceux qui veulent joindre l'utile à l'agréable et qui se rendent au travail sur semaine et en camping les week-ends. Il y a plus de 8,5 millions de VR au nord du Rio Grande.

Pour répondre à tous ces besoins, le GMC Sierra propose une panoplie de solutions. Il s'est toujours targué — au même titre que le Silverado — d'être le plus convivial du créneau : assez musclé pour s'acquitter des tâches les plus ingrates et assez confortable pour donner l'impression d'une berline pleine grandeur. Son habitacle, si on fait exception du modèle 1500 WT de base, est accueillant et mieux élaboré que celui du Silverado. Sa gueule semble plus musclée et sa grille à la Ford donne l'impression d'un camion plus volumineux. On peut opter pour deux sièges baquets et une immense console ou une banquette pleine à l'avant ; le tableau de bord est agréable à consulter. L'insonorisation dans l'habitacle n'est interrompue que par les aspérités de la route qui font sautiller l'essieu arrière rigide, puisque les différentes motorisations offertes, sept en tout, sont des plus silencieuses.

TELLEMENT DE COMBINAISONS

Qu'il s'agisse d'une camionnette d'une demie à une tonne, le catalogue des options et des arrangements est exhaustif : on dénote plus de 150 combinaisons de moteurs, de boîtes de vitesses, de cabines, de caisses, de niveau de luxe, en plus d'une foule d'équipements qu'on peut choisir selon ses besoins (voir l'essai du Silverado).

MÊME UN HYBRIDE EN 2009

S'inscrivant dans la veine des véhicules verts et partant du principe que plus le véhicule est imposant, plus l'économie sera marquée, GM propose le seul hybride bimode dans le créneau. Il s'agit d'une cabine double à caisse courte ; sous le capot, on trouve un ronflant V8 de 6 litres produisant 332 chevaux : rien de très vert, direz-vous, mais on y jumelle la désactivation des cylindres quand la puissance n'est pas sollicitée et on gorge d'électricité des batteries qui activent un système de 300 volts, ce qui permet à l'énergie propre de faire avancer la grosse camionnette à plus de 40 km/h. On récupère aussi l'énergie lors des freinages. Le moulin du Sierra s'éteint à l'arrêt et se remet en route seulement si la puissance exigée excède celle des batteries. Quelle douce sensation de voir un aussi volumineux véhicule se déplacer sans consommer une goutte de carburant. Ce ne sont jamais de longues périodes, mais l'économie peut se chiffrer à plus de 25 %. L'autonomie du Sierra atteint pratiquement les 800 km. On est loin de cet hybride prototype qui carburait aux 42 volts il y a quelques années et dont le moteur s'arrêtait sur immobilisation. Dans ce nouveau bimode, seule la direction électrique a conservé ce type de courant.

Autre point d'importance : la capacité de traction est la plus haute de l'industrie pour un hybride, soit environ 2700 kg. Et le système hybride est garanti pendant huit ans ou 160 000 km ; le reste pendant cinq ans. Devons-nous rappeler ici que des taxis hybrides bimodes à Vancouver ont fait plus de cinq fois le tour du cadran sans aucun ennui. Reste à savoir si le prix qu'on vous demandera vaudra le coup d'investir tout de suite afin d'épargner pendant la vie du véhicule. Au prix où le litre pourrait grimper, c'est un pensez-y-bien !

LONGÉVITÉ ASSURÉE

Avec ses groupes propulseurs et son châssis très robuste, sa présentation soignée et sa douceur de roulement, le Sierra est en mesure de livrer plus d'une décennie de bons et loyaux services. Il faudra surveiller les prix, puisque GM annonce déjà des rabais substantiels qui reflètent la hausse du dollar canadien. Si vous avez besoin d'une camionnette, l'offre pourrait être la plus alléchante depuis bien des années. Mais, en avez-vous vraiment besoin ? III

MICHEL POIRIER-DEFOY

Avec l'hybride, quelle douce sensation de voir un aussi volumineux véhicule se déplacer sans consommer une goutte de carburant

DIMENSIONS ET VOLUMES

Empattement (mm)	3023 - 3645
Longueur (mm)	5222 - 5844
Largeur (mm)	2031
Hauteur (mm)	1868 - 1880
Volume intérieur (L)	n.d.
Volume du coffre (min./max.) (L)	n.a.
Capacité du réservoir de carburant (L)	98, 128
Fourchette de poids (kg)	2068 - 2496

CHÂSSIS

Mode	propulsion, 4 roues motrices
Suspension av. - arr.	indépendante - essieu rigide
Freins av. - arr.	disques - tambours, disques
Capacité de remorquage min. - max. (kg)	2676 - 4853
Direction - diamètre de braquage (m)	crémaillère - 12,1 à 16,8
Pneus	245/70R17, 265/70R17, 265/65R18, 275/55R20

PERFORMANCES

Modèle à l'essai	Sierra Hybride
Moteur	V8 ACC 6 litres + moteur électrique (batterie 300 volts)
Puissance (ch. à tr/min)	332 - 5100
Couple (lb-pi à tr/min)	367 - 4100
Transmission	bimode à rapport continu et 4 engrenages fixes
Autres transmissions	automatique 6 rapports automatique 4 rapports
Accélération 0-100 km/h (sec.)	9 (estimé)
Reprises 80-115 km/h (sec.)	7 (estimé)
Distance de freinage 100-0 km/h (m)	48 (estimé)
Niveau sonore à 100 km/h	n.d.
Vitesse maximale (km/h)	190
Consommation réalisée au cours de l'essai (L/100 km)	n.d.
Gaz à effet de serre	n.d.
Autres moteurs	V6 4,3 litres (195 ch.) V8 4,8 litres (295 ch.), V8 5,3 litres (315 ch.) V8 6 litres (367 ch.), V8 6,2 litres (403 ch.)

CE QU'IL FAUT SAVOIR

Fourchette de prix ($)	**22 660 - 53 190**
Marge de profit du concessionnaire (%)	13,18
Transport et préparation ($)	1300
Consommation ville - route (L/100 km)	**16,8 - 13,1 (4rm, 4,3 l)** **16,8 - 13 (4rm, 4,8 l)** **16,8 - 12,5 (4rm, 5,3 l)** **18 - 13,9 (4rm, 6 l)** **19,6 - 13,4 (4rm, 6,2 l)** **12 - 12 (Hyb)**
Essence recommandée	ordinaire
Versions offertes	WT, SLE, SLT, Denali (cabine simple, allongée ou double)
Carrosserie	camionnette 2 ou 4 portes
Lieu d'assemblage	États-Unis, Canada, Mexique
Valeur résiduelle	✶ ✶ ✶ ✶
Garanties : de base - motopropulseur (an/km)	3/60 000 - 5/100 000
Fiabilité présumée	✶ ✶ ✶ ✶
Cycle de remplacement	inconnu
Ventes 2007 ⬈ 22 %	Québec : 5090
Protection collision frontale conducteur/passager latérale avant/arrière retournement 2rm/4rm	✶ ✶ ✶ ✶ ✶ / ✶ ✶ ✶ ✶ ✶ ✶ ✶ ✶ ✶ / ✶ ✶ ✶ ✶ ✶ ✶ ✶ ✶ ✶ / ✶ ✶ ✶ ✶ ✶

À RETENIR

Nouveautés 2009	motorisation hybride, boîte automatique 6 rapports, meilleure insonorisation, nouvelles jantes de 18 po, Bluetooth
Principales concurrentes	Chevrolet Silverado, Dodge Ram, Ford F-150, Nissan Titan, Toyota Tundra

- Nombreux choix de motorisations
- Belle présentation en général
- Le seul hybride du créneau

- Version de base dépouillée
- Facture de carburant
- Versions Denali dispendieuses
- Pneus de 20 pouces

LA THÉORIE DE MONSIEUR LUTZ

Même si les Yukon et Yukon XL ont suivi une diète il y a deux ans, les deux géants souffrent toujours de boulimie. Comme traitement mécanique, on aurait pensé que les motoristes de GM leur boulonneraient une motorisation turbodiésel. Toutefois, quand on sait que l'un des grands manitous de GM, Bob Lutz, a dit qu'il croyait peu en l'avenir du diésel à cause de ses coûts trop élevés, on comprend que les ingénieurs de GM se sont appliqués à sauver leur job en développant une technologie hybride basée sur des moteurs à essence.

GMC
YUKON/
YUKON XL

Néanmoins, à moins d'y voir un complot pour faire grimper le prix du carburant diésel, la déclaration de monsieur Lutz semble lui donner raison, puisque le prix du litre de diésel est plus élevé que celui de l'essence.

Trop gros et dispendieux pour être boulonné dans le Yukon, le moteur Duramax turbodiésel de 6,6 litres de la camionnette Sierra HD serait un mauvais compromis. Quant au futur Duramax de 4,5 litres, il n'est pas encore à point et sa distribution est censée se limiter au Sierra 1500. À ce propos, il faut avouer que les Américains n'ont jamais eu le béguin pour des VUS fonctionnant au diésel. La dernière fois que le Yukon pouvait être équipé d'un moteur turbo-

diésel remonte à 1998 alors que le V8 de 6,5 litres était offert. La demande fut tellement faible que sa production fut abandonnée dès l'année suivante. Somme toute, GM croit que l'avenir passe par la motorisation hybride essence-électrique plutôt que celle du diésel.

VERT ET MÛR

Frôlant les 70 000 $, il faut être un déiste de l'environnement pour croire que le Yukon Hybride va établir des records de vente. Outre son prix élevé, il est probable que la plupart des intéressés vont attendre que la technologie bimode de GM ait fait ses preuves. Sans compter que la capacité de remorquage plafonne à 2712 kilos. Compte tenu de la vocation du véhicule, cela paraît peu élevé par rapport au V8 de 5,3 litres, qui est capable de remorquer 3720 kilos.

Pour diminuer sa consommation, le V8 de 6 litres fonctionne en parallèle avec un moteur électrique alimenté par un bloc de batterie de 300 volts. Ce système hybride de

GM a été développé en partenariat avec BMW, Daimler et Chrysler. On décrit le dispositif comme étant bimode, car il peut fonctionner de deux façons (comme celui de Toyota). Propulsé sur le premier mode, soit à vitesse lente ou avec une charge légère à transporter, le véhicule peut se déplacer de trois façons : uniquement grâce au pouvoir des batteries, sur la seule force du moteur V8, ou selon la combinaison des deux à la fois. Le deuxième mode fonctionnera à vitesse élevée sur les autoroutes pour doubler un autre véhicule, tracter une remorque ou pour grimper une côte. Outre la motorisation électrique auxiliaire, le deuxième mode utilise au besoin toute la puissance des huit cylindres du moteur, alors qu'un système de gestion active du carburant, un déphaseur de cames et un dispositif de fermeture à retardement des soupapes d'admission diminueront la consommation. Selon les conditions de la conduite, un système de contrôle déterminera lequel des deux modes doit être activé.

Quant à la transmission à variation continue EVT, elle n'utilise pas de courroie ou de bande mécanique. Efficace et douce à tous les régimes, il faut mentionner que la transmission a fait quelques soubresauts inquiétants en marche arrière lors de départs à froid. Quant au freinage, les freins ont été conçus pour récupérer l'énergie et recharger les batteries. D'où leur manque de progressivité. Après une séance de remorquage intensive, il sera intéressant de surveiller le comportement et l'usure des freins à moyen ou long terme.

L'AÉRODYNAMIQUE EN RENFORT

Toujours dans le but de réduire la consommation, le dessin de la jupe, du capot, du hayon, des phares, des feux et des jantes est plus fluide que celui des autres Yukon. Par ailleurs, l'agrément de conduite n'égale pas celui d'un Yukon ordinaire à cause des hésitations du transfert de couple ressenties entre les différentes motorisations et l'adhérence des pneus à faible friction sous la pluie.

La liste d'équipements est presque aussi étoffée que celle du Denali. Il ne manque que le système de divertissement DVD, le toit ouvrant et le porte-bagages de toit. De série, on retrouve une troisième banquette, une caméra de recul, un système de navigation et des pédales à réglage électrique. Somme toute, on ne se procure pas un VUS hybride pleine grandeur pour son côté princier, mais plutôt pour sa polyvalence et son économie de carburant. ▮▮▮
JEAN-FRANÇOIS GUAY

La solution serait le diésel, mais l'ami Bob
a choisi plus compliqué : l'hybride

GMC YUKON/YUKON XL

DIMENSIONS ET VOLUMES

Empattement (mm)	2942, 3302 (XL)
Longueur (mm)	5131, 5649 (XL)
Largeur (mm)	2007, 2009 (XL)
Hauteur (mm)	1951 - 1958
Volume intérieur (L)	n.d.
Volume du coffre (min./max.) (L)	479 / 3084, 1297 / 3891 (XL)
Capacité du réservoir de carburant (L)	98 / 92,7 (Hyb) 117 / 148 (XL)
Fourchette de poids (kg)	2390 - 2939

CHÂSSIS

Mode	propulsion, 4 roues motrices, intégral
Suspension av. - arr.	indépendante – essieu rigide
Freins av. - arr.	disques
Capacité de remorquage min. - max. (kg)	2721 - 4355
Direction – diamètre de braquage (m)	crémaillère - 11,9 / 13,1 - 13,8 (XL)
Pneus	245/75R16, 265/70R17, 265/65R18, 275/55R20

PERFORMANCES

Modèle à l'essai	Yukon Hybride
Moteur	V8 ACC 6 litres – batteries 300 volts
Puissance (ch. à tr/min)	332 - 5100
Couple (lb-pi à tr/min)	367 - 4100
Transmission	bimode à rapport continu et 4 engrenages fixes
Autres transmissions	automatique 6 rapports automatique 4 rapports
Accélération 0-100 km/h (sec.)	8,55
Reprises 80-115 km/h (sec.)	6,78
Distance de freinage 100-0 km/h (m)	48,6
Niveau sonore à 100 km/h	✕ ✕ ✕ ✕
Vitesse maximale (km/h)	185
Consommation réalisée au cours de l'essai (L/100 km)	11,6
Gaz à effet de serre	

Autres moteurs   V8 4,8 litres (295 ch.), V8 5,3 litres (310 ch.), V8 6 litres (366 ch.), V8 6,2 litres (403 ch.)

CE QU'IL FAUT SAVOIR

Fourchette de prix ($)	**46 575 - 72 740**
Marge de profit du concessionnaire (%)	12,17 à 13,18
Transport et préparation ($)	1300
Consommation ville - route (L/100 km)	**16,7 - 11,7 (5,3 l) 19,7 - 12,5 (6,2 l) 12,9 - 10,3 (Hyb)**
Essence recommandée	ordinaire
Versions offertes	SLE, SLT, Denali, Hybride, XL 1500/2500
Carrosserie	utilitaire 5 portes
Lieu d'assemblage	États-Unis
Valeur résiduelle	✱ ✱ ✱
Garanties : de base - motopropulseur (an/km)	3/60 000 – 5/160 000
Fiabilité présumée	✱ ✱ ✱ ✱
Cycle de remplacement	2012
Ventes 2007 ↗ 2%	Québec : 205
Protection collision frontale conducteur/passager latérale avant/arrière retournement 2rm/4rm	✱✱✱✱✱ / ✱✱✱✱✱ ✱✱✱✱✱ / ✱✱✱✱✱ n.a. / ✱✱✱

À RETENIR

Nouveautés 2009	système hybride Bimode, boîte automatique 6 rapports (5,3 l/6 l), caméra de recul, volant électrique
Principales concurrentes	Chevrolet Tahoe, Ford Expedition, Mercedes GL, Nissan Armada, Toyota Sequoia

+
- Motorisation hybride
- Capacité de remorquage
- Habitacle polyvalent

–
- Consommation élevée
- Véhicule encombrant
- Faible valeur de revente

APOLOGIE DU COUPÉ

Je me suis toujours demandé pourquoi les automobilistes achètent surtout des berlines quatre portes plutôt que la version coupé deux portes du même modèle, ô combien plus belle. Plus pratique, selon vous ? Pourtant, l'autre jour, coincé dans un embouteillage, j'ai observé les voitures autour de moi : pas une seule n'était occupée par plus d'une personne, le conducteur. Personnellement, quand j'ai vendu ma dernière auto, personne n'était jamais monté à l'arrière, et la même tendance se poursuit avec ma plus récente acquisition.

La Honda Accord est un bon exemple du fameux dilemme « raison-passion ». Elle existe en version quatre portes, plutôt anonyme, et aussi sous la forme d'un coupé fort séduisant n'ayant rien à envier au très acclamé Audi A5 vendu quasi au double du prix. Qui plus est, la banquette arrière peut très bien accueillir deux adultes consentants.

Cela dit, aucune autre voiture ne me donne autant de fil à retordre que la Honda Accord quand vient le moment d'en faire l'évaluation. Ce modèle est si soigneusement étudié pour monsieur Tout-le-monde qu'il se garde bien d'offenser qui que ce soit. Quand quelqu'un me demande une opinion sur la voiture, j'aurais souvent envie de répondre que « ça va bien ». Pour remplir deux pages de 750 mots, avouez que c'est un peu court.

SPORTIFS, PASSEZ VOTRE TOUR

Consultons mes notes. Si vous avez l'oreille fine comme moi, vous noterez que Honda n'a pas encore réglé le problème des bruits de route qui envahissent l'habitacle. Pour le reste, c'est une litanie de bonnes notes, à partir du moteur V6 3,5 litres qui répartit ses 271 chevaux à des roues avant motrices sans trop d'effet de couple en passant par une transmission automatique (une boîte manuelle est aussi offerte) qui ne souffre d'aucun temps de réponse. Le freinage est à la fois puissant et rectiligne, tandis que la direction bénéficie de la juste dose d'assistance. Un système de maintien de la stabilité appelé VSA permet d'éliminer le sous-virage massif qu'on expérimente si on annule cette assistance à la conduite. Cette tentative de trouver un brin de sportivité dans la Honda Accord ne sert à rien et il faut simplement

chercher ailleurs si on veut s'amuser au volant. La structure est néanmoins d'une rigidité rassurante et la suspension assez sèche est à l'origine d'un confort à l'européenne.

Comme toujours, les chiffres ne mentent pas et l'Accord V6, avec son « économiseur » d'essence (arrêt momentané de deux ou trois cylindres), permet de garder la consommation à moins de 11 litres aux 100 ou de bénéficier d'accélérations franches comme des 0-100 km/h en moins de 8 secondes et quelque 4,9 secondes pour passer de 80 à 115 km/h.

À l'intérieur, l'essayeur fait face à la même pénurie de fautes majeures. Les sièges semblent avoir été conçus par des orthopédistes plutôt que par des designers, les angles morts sont inexistants, les rangements de portières nombreux et les places arrière plus vastes que celles de bien des voitures plus volumineuses. La banquette toutefois ne possédait pas de dossier rabattable sur ma voiture d'essai alors qu'on avait prévu un passage pour les skis.

VOIR LA CONCURRENCE

Équipée au « bouchon » comme dirait mon ami Jacques Bienvenue, ma Honda Accord était munie d'un GPS facile à programmer, mais ignorant de l'existence de bien des rues, ne serait-ce qu'à Saint-Bruno, en banlieue de Montréal. En plus, la souris repose sur le tableau de bord au lieu de la console, ce qui peut à la longue devenir fatigant d'avoir le bras suspendu. Malgré la présence de pas moins de 40 boutons sur la fameuse console (un fouillis), j'ai été incapable de changer la langue du GPS pour le français.

Vendue entre 25 000 $ et 38 000 $, l'Accord se place dans une fourchette de prix qui paraît plus avantageuse au bas de la gamme. À moins de 30 000 $, j'achète, mais au-dessus de 35 000 $, j'examine l'offre de la concurrence à des prix similaires, c'est-à-dire la Lexus IS, la Mercedes C230 et, pourquoi pas, l'Acura TSX. Par contre, si un coupé fait votre affaire, le Honda Accord deux portes est franchement irrésistible. Quant à la berline, on ne trouve pas grand plaisir à la conduire, mais on peut être assuré d'une fiabilité sans reproche et d'une valeur de revente au-dessus de la moyenne. **||| JACQUES DUVAL**

Ce modèle est si soigneusement étudié pour monsieur
Tout-le-monde qu'il se garde bien d'offenser qui que ce soit

DIMENSIONS ET VOLUMES

Empattement (mm)	2800
Longueur (mm)	4930 - 4935 (berline), 4849 (coupé)
Largeur (mm)	1846 (berline), 1848 (coupé)
Hauteur (mm)	1476 (berline), 1432 (coupé)
Volume intérieur (L)	2860 (berline), 2877 (coupé)
Volume du coffre (min./max.) (L)	338 (coupé) / 397 (berline)
Capacité du réservoir de carburant (L)	70
Fourchette de poids (kg)	1468 - 1637

CHÂSSIS

Mode	traction
Suspension av. - arr.	indépendante
Freins av. - arr.	disques
Capacité de remorquage min. - max. (kg)	454
Direction - diamètre de braquage (m)	crémaillère - 11,49
Pneus	215/60R16 (LX), 225/50R17, 235/45R18 (coupé V6)

PERFORMANCES

Modèle à l'essai	Accord EX V6
Moteur	V6 DACT 3,5 litres
Puissance (ch. à tr/min)	271 - 6200
Couple (lb-pi à tr/min)	254 - 5000
Transmission	automatique 5 rapports
Autres transmissions	manuelle 5 rapports / 6 rapports (coupé EX-L V6)
Accélération 0-100 km/h (sec.)	7,72
Reprises 80-115 km/h (sec.)	4,86
Distance de freinage 100-0 km/h (m)	41,9
Niveau sonore à 100 km/h	✕ ✕ ✕
Vitesse maximale (km/h)	225, 200 (L4)
Consommation réalisée au cours de l'essai (L/100 km)	10,8
Gaz à effet de serre	
Autres moteurs	L4 2,4 litres (170 ch. / 190 ch.)

CE QU'IL FAUT SAVOIR

Fourchette de prix ($)	**25 090 - 38 290**
Marge de profit du concessionnaire (%)	8,11
Transport et préparation ($)	1390
Consommation ville - route (L/100 km)	10,7 - 7,9 (man. 2,4 l) 11,5 - 8,1 (aut. 2,4 l) 12,9 - 8,7 (aut. 3,5 l) 14 - 9,9 (man. 3,5 l)
Essence recommandée	ordinaire
Versions offertes	LX, EX, EX-L, EX V6, EX-L V6
Carrosserie	berline 4 portes, coupé 2 portes
Lieu d'assemblage	États-Unis
Valeur résiduelle	★ ★ ★ ★
Garanties : de base - motopropulseur (an/km)	3/60 000 - 5/100 000
Fiabilité présumée	★ ★ ★
Cycle de remplacement	2012
Ventes 2007 ↘ 0,5 %	Québec : 5066
Protection collision frontale conducteur/passager latérale avant/arrière retournement 2rm/4rm	★ ★ ★ ★ ★ / ★ ★ ★ ★ ★ ★ ★ ★ ★ ★ / ★ ★ ★ ★ ★ ★ ★ ★ ★ ★ ★ / n.a.

À RETENIR

Nouveautés 2009	moteur V6 plus puissant, un moteur turbodiésel est prévu d'ici 2010
Principales concurrentes	**Acura TSX, Chevrolet Malibu, Chrysler Sebring, Mazda 6, Nissan Altima, Pontiac G6, Toyota Camry, VW Passat**

- Mécanique irréprochable
- Vastes places arrière (berline)
- Finition soignée

- La voiture de monsieur Tout-le-Monde
- Insonorisation perfectible
- Ergonomie déficiente

PROGRESSION CONSTANTE

HONDA
CIVIC

Dans trois ans, la Honda Civic fêtera ses 40 ans. Eh oui, la petite voiture du fabricant japonais a vu le jour en 1972. Avec la refonte de 2006, elle en est à sa huitième génération. Et comme les deux dernières générations ont fait cinq années chacune, il y a tout lieu de croire que la Civic sera remodelée quelque part entre 2010 et 2012. Qui sait, pour son 40e anniversaire, Honda nous concoctera peut-être une version tout électrique ?

Pour l'instant, Honda a décidé de tabler sur du solide et faire le moins de changements possible. Le modèle actuel représente un grand pas dans l'évolution de la Civic, qui nous donnait auparavant de l'avancement par petits pas. Pour 2009, pas de changements importants donc, si ce n'est à la partie avant : un nouveau pare-chocs comportant trois prises d'air, une calandre plus angulaire ainsi que des phares redessinés. De même, à l'arrière, on a fait quelques modifications aux feux de freinage. On retrouve toujours la berline à motorisation à essence ou hybride ainsi que le coupé. Et la berline et le coupé se déclinent en versions DX, DX-G, LX, EX-L et Si. Qu'une seule exception à la gamme : en 2009, pas question de mettre sur le marché un coupé hybride. En 2008, au moment où le carburant a commencé à connaître des sommets inégalés, Honda a ajouté une version Si à sa berline plutôt que d'y aller avec une version hybride de son coupé... Une question de marché, me direz-vous ! Et que fait le consommateur vert qui préfère le coupé ?

UNE PREMIÈRE DE CLASSE

J'avance mes couleurs. Dans la catégorie des compactes, la Civic constitue mon premier choix. Et, de toute évidence, je ne suis pas le seul, puisqu'elle se retrouve en tête des ventes du palmarès canadien depuis bientôt onze ans. En matière de prix, la compacte de Honda n'a jamais été la moins chère, c'est vrai ; mais la qualité et la tranquillité d'esprit, ça se paie.

Pour ce qui est des performances de la Honda Civic en accélération, disons que le quatre cylindres de 2 litres de base, avec ses 140 chevaux, permet à la voiture de ne se placer que dans la bonne moyenne. Cependant, sur la route,

elle se débrouille très bien. C'est sur le plan de consommation que le bât blesse. Comme il s'agit de la plus grosse Civic jamais construite par Honda, la consommation moyenne a été mesurée à 9 litres aux 100 km pour la berline EX à boîte de vitesses automatique. On peut s'attendre à faire mieux avec la Si à boîte manuelle à six rapports, et ce, malgré sa puissance. Pendant qu'on y est, cette boîte à six rapports est très performante et d'une précision chirurgicale. La version hybride, dont la motorisation est jumelée à une boîte CVT, est toutefois capable d'une consommation remarquable de 6 litres aux 100 km.

La Civic a presque le format d'une intermédiaire et une suspension à l'avenant, surtout du côté de la berline. Elle est relativement stable aux vitesses d'autoroute. Pour ce qui est de la Si, la suspension est plus ferme et la voiture colle un peu mieux au bitume. La tenue de route de la Civic correspond à ce qu'on trouve ailleurs dans l'industrie. Cependant, le modèle hybride, qui roule sur des pneus à faible résistance pour améliorer la consommation, plonge passablement de l'avant dans les virages serrés. La direction répond bien à la moindre sollicitation ; on doit souligner, cependant, un petit effet de couple important du côté de la Si.

Quand on monte dans une Civic, on entre vraiment dans le XXIe siècle. Le tableau de bord, très futuriste, figure parmi les plus intéressants du segment. Le compteur de vitesse numérique est à la hauteur des yeux, tout en haut du panneau. Le compte-tours loge immédiatement en dessous. Tous les autres instruments et commandes sont très bien placés, et l'ergonomie est présente. Somme toute, le tableau de bord est du plus bel effet. On appréciera également le volant réglable et télescopique de même que les sièges réglables manuellement, procurant un bon maintien, surtout dans la Si. Un confort dans la bonne moyenne.

La berline Civic offre de la place pour quatre personnes. À l'arrière, l'espace pour les genoux est limité, mais on aura suffisamment de place pour les pieds. Le coffre est vaste et propose même une grande ouverture ainsi qu'un seuil passablement bas. Cependant, les deux montants qui retiennent le couvercle du coffre empiètent dans l'espace de chargement. Autrement, la capacité de chargement de la Civic est bonne.

La Honda Civic a toujours la cote auprès des Québécois. Mais attention ! La nouvelle Mazda3 redessinée se montrera le bout du nez en 2009 avec sa robe 2010 ! Un beau duel en perspective. ▌▌▌ **STÉPHANE QUESNEL**

La compacte de Honda n'a jamais été la moins chère, c'est vrai ; mais la qualité et la tranquillité d'esprit, ça se paie

DIMENSIONS ET VOLUMES

Empattement (mm)	2650 (coupé), 2700 (berline)
Longueur (mm)	4440 (coupé), 4449 (berline)
Largeur (mm)	1751 (coupé), 1752 (berline)
Hauteur (mm)	1358 (coupé), 1430 (Hyb), 1435 (berline)
Volume intérieur (L)	2350 (coupé), 2502 (berline)
Volume du coffre (min./max.) (L)	294 (Hyb) / 327 (coupé) / 340 (berline)
Capacité du réservoir de carburant (L)	46,6 (Hyb) / 50
Fourchette de poids (kg)	1193 - 1340

CHÂSSIS

Mode	traction
Suspension av. - arr.	indépendante
Freins av. - arr.	disques – tambours, disques (EX-L, Si)
Capacité de remorquage min. - max. (kg)	non recommandé
Direction – diamètre de braquage (m)	crémaillère – 10,6 / 10,86 (EX-L, Si)
Pneus	195/65R15 (DX, DX-G, Hyb) 205/55R16 (LX, EX-L), 215/45R17 (Si)

PERFORMANCES

Modèle à l'essai	Civic EX-L
Moteur	L4 DACT 1,8 litre
Puissance (ch. à tr/min)	140 - 6300
Couple (lb-pi à tr/min)	128 - 4300
Transmission	automatique 5 rapports
Autres transmissions	manuelle 5 rapports / 6 rapports (Si), à variation continue (Hyb)
Accélération 0-100 km/h (sec.)	9,26
Reprises 80-115 km/h (sec.)	5,45
Distance de freinage 100-0 km/h (m)	40,9
Niveau sonore à 100 km/h	✵ ✵ ✵
Vitesse maximale (km/h)	195
Consommation réalisée au cours de l'essai (L/100 km)	9
Gaz à effet de serre	
Autres moteurs	L4 2 litres (197 ch.), L4 1,3 litre + moteur électrique (110 ch.)

CE QU'IL FAUT SAVOIR

Fourchette de prix ($)	**16 990 – 26 680 (2008)**
Marge de profit du concessionnaire (%)	6,38 – 7,53
Transport et préparation ($)	1295
Consommation ville - route (L/100 km)	9 – 7 (man. 1,8 l) 9,5 – 6,5 (aut., 1,8 l) 11,4 – 8,4 (man. 2 l) 5,9 – 5,3 (Hyb)
Essence recommandée	ordinaire, super (2 l)
Versions offertes	DX, DX-G, LX, EX-L, Si, Hybride
Carrosserie	berline 4 portes, coupé 2 portes
Lieu d'assemblage	Canada, États-Unis
Valeur résiduelle	★ ★ ★ ★ ★
Garanties : de base – motopropulseur (an/km)	3/60 000 - 5/100 000
Fiabilité présumée	★ ★ ★ ★
Cycle de remplacement	2011
Ventes 2007 ↗ 1 %	Québec : 23 055
Protection collision frontale conducteur/passager latérale avant/arrière retournement 2rm/4rm	★★★★★ / ★★★★★ ★★★★ / ★★★★★ ★★★★ / n.a.

À RETENIR

Nouveautés 2009	**retouches esthétiques à la calandre, prise USB/Ipod, volant sport, sièges optionnels en cuir (Hyb), Bluetooth**
Principales concurrentes	**Acura CSX, Chevrolet Cobalt, Ford Focus, Hyundai Elantra, Mazda3, Mitsubishi Lancer, Nissan Sentra, Pontiac G5, Toyota Corolla**

- Son tableau de bord
- Les performances de la Si
- Sa boîte à six rapports

- Pas de motorisation hybride sur le coupé
- La consommation de la berline automatique
- Le tandem pneus-suspension de l'hybride

L'ASSURANCE D'UN CHAMPION

HONDA
CRV

Depuis longtemps, Honda nous a habitués à une lente évolution de ses modèles, parfois sur plusieurs années. L'avantage économique d'une telle philosophie est double. D'abord, Honda contrôle ses coûts, en rentabilisant ses investissements sur la durée ; ensuite, il assure à l'acheteur éventuel une valeur de revente au-dessus de la moyenne, le modèle n'étant pas démodé d'une année à l'autre. Pas bête comme concept, d'autant plus que la bataille des prix, dans cette catégorie de véhicules utilitaires sport intermédiaires, est féroce.

Pour 2009, le CRV de Honda ne subit donc que peu de changements. Les lignes de la carrosserie demeurent modernes et fluides. Il apparaît beaucoup plus gros qu'il l'est en réalité, et ce, grâce aux angles des glaces de côté plus profilées et à un arrière moins carré qu'à ses débuts. Il a une classe certaine, qui l'a fait passer d'une apparence de jouet pour adulte à un véhicule qui intéresse une clientèle plus âgée et plus sophistiquée. Trois versions sont offertes encore cette année, soit le LX de base proposé en traction avant ou à quatre roues motrices à votre choix et les versions EX et EX-L, offrant uniquement le système Real Time 4WD.

Le fidèle quatre cylindres de 2,4 litres développe toujours 166 chevaux avec un couple maximum de 161 livres-pieds qui arrive aux environs de 4200 tours. Ça peut sembler élevé par rapport au régime moteur, mais c'est typique du moteur Honda et ça n'affecte en rien sa fiabilité légendaire. Il carbure à l'essence ordinaire, bonne nouvelle, le tout en passant par sa boîte de vitesses automatique à cinq rapports, de série sur toutes les versions. Étonnamment, c'est l'utilisation de cette boîte de vitesses automatique qui semble être la meilleure façon d'obtenir une consommation très raisonnable pour la catégorie, qui tourne autour de 9 à 12 litres aux 100 km selon les conditions et les habitudes de conduite. Ne vous fiez cependant pas à ses capacités de remorquage, elles sont limitées à 680 kg. Le châssis monocoque et la puissance limitée du moteur sont directement responsables de cette limite.

CONCEPTION INTELLIGENTE

À l'intérieur, tout est en place pour votre confort et votre agrément de conduite, les sièges baquets, le volant inclinable et télescopique, le tableau de bord classique de Honda et la position du levier de vitesses. Autant elle peut surprendre au premier abord, autant son maniement devient rapidement naturel. D'autant plus que l'espace ainsi libéré au pied de la console donne l'impression d'un cockpit encore plus vaste. Théoriquement, trois personnes peuvent s'asseoir à l'arrière. La réalité et le bon sens suggèrent cependant de sacrifier la place du centre pour profiter au maximum du confort des deux baquets, surtout si la miniconsole du centre est rabaissée. Mis à part le confort du véhicule, ce qui caractérise l'intérieur, c'est la polyvalence des aménagements possibles des sièges. L'espace cargo passe ainsi d'un peu plus de 1000 litres de volume avec les sièges en position, à 2064 litres une fois qu'ils sont rabattus. Pour y arriver, la manipulation de sièges est simple et ne requiert pas d'effort extraordinaire ou de connaissances en ingénierie. C'est bien pour les gens comme moi qui vieillissent inexorablement. On pourrait donc dire que l'on parle ici de rangement intelligent et pas seulement tape-à-l'œil.

Sur la route, on apprécie sa stabilité et son roulement généralement silencieux, à moins que le petit quatre cylindres soit sollicité pour un dépassement ou une bonne côte à monter avec quatre personnes à bord. La ville ne lui fait pas peur, bien au contraire, il est agile, et la rigidité de son châssis vous procurera une bonne dose de plaisir dans vos déplacements de tous les jours.

En conclusion, tout en prenant bien soin de construire le CRV avec tout ce qu'il faut pour assurer la sécurité des passagers, que ce soit les rideaux de sacs gonflables ou les habituelles assistances électroniques à la conduite, Honda réussit encore une fois le pari de nous offrir un véhicule qui représente une valeur sûre à court et à long terme. Que certains considèrent qu'il est un peu plus cher que la concurrence, c'est normal, la vraie question n'est-elle pas plutôt de savoir si j'en ai pour mon argent ? Dans le cas du CRV, le positif de la réponse est fondé essentiellement sur sa fiabilité, sa finition et sur le fait qu'il vieillit bien en s'adaptant à une clientèle qui en voulait plus en matière de raffinement et de modernité. Mission accomplie !
||| JEAN CHARTRAND

*Mis à part le confort du véhicule, ce qui caractérise l'intérieur,
c'est la polyvalence des aménagements possible des sièges*

DIMENSIONS ET VOLUMES

Empattement (mm)	2620
Longueur (mm)	4518
Largeur (mm)	1820
Hauteur (mm)	1680
Volume intérieur (L)	2939 (LX), 2854 (EX, EX-L)
Volume du coffre (min./max.) (L)	1011 / 2064
Capacité du réservoir de carburant (L)	58
Fourchette de poids (kg)	1544 - 1612

CHÂSSIS

Mode	traction, intégral
Suspension av. – arr.	indépendante
Freins av. – arr.	disques
Capacité de remorquage min. - max. (kg)	680
Direction – diamètre de braquage (m)	crémaillère - 11,52
Pneus	225/65R17

PERFORMANCES

Modèle à l'essai	CR-V EX
Moteur	L4 DACT 2,4 litres
Puissance (ch. à tr/min)	166 - 5800
Couple (lb-pi à tr/min)	161 - 4200
Transmission	automatique 5 rapports
Autres transmissions	aucune
Accélération 0-100 km/h (sec.)	10,31
Reprises 80-110 km/h (sec.)	6,18
Distance de freinage 100-0 km/h (m)	180
Niveau sonore à 100 km/h	✹ ✹ ✎
Vitesse maximale (km/h)	180
Consommation réalisée au cours de l'essai (L/100 km)	10,5
Gaz à effet de serre	
Autres moteurs	aucun

CE QU'IL FAUT SAVOIR

Fourchette de prix ($)	**27 790 – 35 190 (2008)**
Marge de profit du concessionnaire (%)	8,11
Transport et préparation ($)	1540
Consommation ville – route (L/100 km)	**11,9 - 8,8 (2rm)**
	12 - 8,9 (4rm)
Essence recommandée	ordinaire
Versions offertes	LX, EX, EX-L
Carrosserie	multisegment 5 portes
Lieu d'assemblage	États-Unis
Valeur résiduelle	✶ ✶ ✶ ✶ ✶
Garanties : de base - motopropulseur (an/km)	3/60 000 - 5/100 000
Fiabilité présumée	✶ ✶ ✶ ✶
Cycle de remplacement	2012
Ventes 2007 ↗ 9 %	Québec : 4343
Protection collision	
frontale conducteur/passager	✶ ✶ ✶ ✶ ✶ / ✶ ✶ ✶ ✶ ✶
latérale avant/arrière	✶ ✶ ✶ ✶ ✶ / ✶ ✶ ✶ ✶ ✶
retournement 2rm/4rm	✶ ✶ ✶ ✶ / ✶ ✶ ✶ ✶

À RETENIR

Nouveautés 2009	**aucun changement majeur**
Principales concurrentes	**Mitsubishi Outlander, Nissan Rogue, Toyota RAV4, Volkswagen Tiguan**

- Fiabilité éprouvée
- Aménagement intérieur fonctionnel
- Agilité urbaine

- Régimes de rotation élevés du moteur
- Suspension sèche
- Prix qui mérite d'être réajusté à la valeur du huard

L'ORIGINALITÉ A UN PRIX

HONDA
ELEMENT

N'ayons pas peur des mots : on le trouve laid, du moins dérangeant. En tout cas, sa bouille sympathique (on dirait un jouet) attire toujours les regards. Surtout maintenant que sa carrosserie n'est plus placardée, comme au début, avec ces affreuses bandes de plastique moulées. On regrette tout juste que la palette de couleurs proposée par Honda ne soit pas aussi « pop » que tout le reste.

Cette carrosserie insolite trouve sa justification dans l'habitabilité et la modularité exceptionnelles qu'elle permet. D'ailleurs, dans ce domaine, l'Element apparaît comme la championne toutes catégories, puisque son habitacle peut être configuré de 64 manières différentes. On peut retirer les baquets arrière (15 kg chacun), les arrimer aux parois latérales (attention, cela gêne la visibilité !), les escamoter ou les incliner. Bref, on peut presque tout faire, y compris transformer l'habitacle en chambre d'hôtel.

Cela dit, ce n'est pas la seule originalité de l'Element : ses portières s'ouvrent comme celles d'une armoire pour faciliter l'accès à l'habitacle. Mieux encore, pour faciliter le chargement d'objets lourds et encombrants (un fauteuil roulant, par exemple), l'Element est non seulement dépourvu des traditionnels piliers B (la structure a été renforcée en conséquence, d'où une importante prise de poids), mais son plancher est plat et habillé, dans cette version SC, d'une moquette et non du revêtement en uréthane des autres livrées. C'est plus salissant et moins pratique, mais regardons le bon côté : l'habitacle — toujours aussi difficile à aérer — ne dégage plus cette forte odeur de caoutchouc.

À l'avant comme à l'arrière, les baquets sont confortables, sans plus. Le conducteur n'aura aucune peine à trouver une position de conduite adéquate mais regrettera tout de même l'absence d'un appuie-bras, alors que les passagers arrière apprécieront que leurs sièges soient légèrement surélevés. Contrairement à l'extérieur, le tableau de bord est de facture assez classique, avec un pupitre central qui intègre la chaîne stéréo, les commandes de ventilation et le levier de vitesses, comme sur les bolides de rallye. Plusieurs espaces de rangement ont été prévus, mais on se désole toutefois que l'espace entre les baquets avant n'ait pas été plus sérieusement aménagé.

ÉPUISÉ PAR LE VENT

La carrosserie originale de l'Element enveloppe une architecture connue. En effet, il s'agit de la plateforme compacte globale qu'utilisait Honda dans la fabrication de ses anciennes Civic et CR-V. Dans sa version SC, l'Element jouit d'une barre stabilisatrice plus grosse à l'arrière, d'éléments suspenseurs plus fermes, d'une direction plus rapide et d'une monte pneumatique plus généreuse. On voit bien que la garde au sol a été abaissée.

SC ou pas, les deux véritables défauts de ce genre de carrosserie résident dans son poids et son SCX (produit de la surface opposée à l'air et du coefficient de pénétration dans l'air), non divulgué mais assurément médiocre. Ces deux facteurs ont une incidence sur le comportement routier du véhicule, surtout en courbes, où l'Element manque d'agilité. La direction est précise, mais le châssis est paresseux en raison des multiples transformations dont il a fait l'objet et du poids qu'il doit supporter. En revanche, la présence d'un correcteur de stabilité électronique et de pneus plus performants permet de mieux contenir le sous-virage qui se manifeste dès que la route devient le moindrement sinueuse. Ce sont les seuls reproches qu'on pourra faire à son comportement, car, pour le reste, le tangage et le roulis sont bien maîtrisés.

Taillé pour la ville, l'Element se faufile aisément dans la circulation, mais cette version se gare moins facilement que les autres en raison d'un rayon de braquage plus long. Mais le pire est à venir. En fait, ça se gâte sur la route. Profilé comme un congélateur, l'Element se laisse chatouiller un peu trop vivement par le vent et il faut corriger souvent avec le volant pour maintenir le cap. Épuisant. Toutefois, malgré des suspensions et des sièges fermes, il garde un certain confort.

Côté moteur, ce n'est pas la joie. Le quatre cylindres de 2,4 litres fait ce qu'il peut, mais les accélérations et les reprises demeurent décevantes, d'où la nécessité d'être prévoyant avant une côte ou un dépassement. Considérant le rapport poids-puissance de ce véhicule, êtes-vous surpris ? L'Element met plus de 9 secondes (avec boîte manuelle) pour atteindre les 100 km/h. Pis encore, la consommation enregistrée au cours de cet essai a été catastrophique. À raison de 10,9 L/100 km en moyenne, « notre » Element exige, malgré son réservoir de 60 litres, un ravitaillement tous les 400 km.

Véhicule astucieux, bourré de séduction, l'Element ne manque pas d'intérêt pour qui veut rouler différemment. Mais il y a un prix à payer. Privilégiez les versions d'entrée plus économiques et à certains égards plus pratiques que l'onéreuse SC.
▌▌▌ ÉRIC LEFRANÇOIS

Au Japon, l'Element et ses semblables sont appelés Love Cars par les amoureux en mal d'intimité

HONDA ELEMENT

DIMENSIONS ET VOLUMES

Empattement (mm)	2575
Longueur (mm)	4298 - 4326
Largeur (mm)	1815
Hauteur (mm)	1762 - 1788
Volume intérieur (L)	2985
Volume du coffre (min./max.) (L)	710 / 2112
Capacité du réservoir de carburant (L)	60
Fourchette de poids (kg)	1558 - 1659

CHÂSSIS

Mode	traction, intégral
Suspension av. – arr.	indépendante
Freins av. – arr.	disques
Capacité de remorquage min. - max. (kg)	680
Direction – diamètre de braquage (m)	crémaillère - 10,64
Pneus	215/70R16, 225/55R18 (SC)

PERFORMANCES

Modèle à l'essai	Element SC
Moteur	L4 DACT 2,4 litres
Puissance (ch. à tr/min)	166 - 5800
Couple (lb-pi à tr/min)	161 - 4500
Transmission	manuelle 5 rapports
Autres transmissions	automatique 5 rapports
Accélération 0-100 km/h (sec.)	9,91
Reprises 80-115 km/h (sec.)	7,74
Distance de freinage 100-0 km/h (m)	42,4
Niveau sonore à 100 km/h	✂ ✂
Vitesse maximale (km/h)	175
Consommation réalisée au cours de l'essai (L/100 km)	10,9
Gaz à effet de serre	
Autres moteurs	aucun

CE QU'IL FAUT SAVOIR

Fourchette de prix ($)	**25 290 – 31 190**
Marge de profit du concessionnaire (%)	8,11
Transport et préparation ($)	1540
Consommation ville - route (L/100 km)	**11,7 – 9,1 (aut., 2rm)** **12,6 – 9,3 (man., 2rm),** **13,2 – 10,3 (man. 4rm)**
Essence recommandée	ordinaire
Versions offertes	LX, EX 4RM, SC
Carrosserie	multisegment 5 portes
Lieu d'assemblage	États-Unis
Valeur résiduelle	★ ★ ★ ★
Garanties : de base - motopropulseur (an/km)	3/60 000 – 5/100 000
Fiabilité présumée	★ ★ ★ ⯪
Cycle de remplacement	2010
Ventes 2007 ↘ 56 %	Québec : 334
Protection collision frontale conducteur/passager latérale avant/arrière retournement 2rm/4rm	★ ★ ★ ★ ★ / ★ ★ ★ ★ ★ ★ ★ ★ ★ / ★ ★ ★ ★ ★ ★ ★ / ★ ★ ★

À RETENIR

Nouveautés 2009	console avec appui-bras, régulateur de vitesse monté sur le volant, mécanisme des essuie-glaces amélioré
Principales concurrentes	Jeep Compass/Patriot

 • L'originalité du concept
• La modularité de l'habitacle
• La fiabilité éprouvée

 • Le prix de plus en plus difficile à justifier
• La faible autonomie
• La sensibilité par grands vents

273

LA COPIE AU PROPRE

Déjà extrêmement très populaire dans sa version antérieure, la Honda Fit se donne de nouveaux atouts pour 2009 grâce à un renouvellement significatif de ce modèle. Les changements sont subtils, mais j'imagine déjà la tête des vendeurs de modèles concurrents qui auront à défendre les avantages de leur produit. Leur discours risque de manquer d'arguments.

HONDA
FIT

Le succès de la Fit n'est pas une coïncidence si on considère le savoir-faire de Honda en matière de petites voitures. Les ingrédients qui ont fait le succès des Civic d'antan sont de retour sur la Fit. C'est ainsi qu'elle est à la fois agile, économique et agréable à conduire, ce qui n'est malheureusement pas toujours le cas dans cette catégorie de véhicules. La Fit remplit en quelque sorte le vide laissé par la Civic lorsqu'elle s'est mise à s'embourgeoiser et à faire de l'embonpoint. La voiture qui nous intéresse dans le cas présent, la Fit, se présente sous une seule configuration, soit à cinq portières, tout comme la première génération. De cette dernière, elle reprend également les grandes lignes et, bien que la carrosserie soit entièrement nouvelle, la filiation visuelle est évidente.

La première chose qu'on note en s'installant au volant, c'est l'immensité du pare-brise, qui offre une visibilité telle qu'on se croirait face à un écran géant. Les petites glaces latérales près du pilier A sont de retour et permettent une excellente visibilité, un point de sécurité supplémentaire pour une voiture déjà fort bien nantie à ce chapitre, puisqu'elle est livrée d'office avec pas moins de six coussins gonflables ainsi que des freins munis de l'ABS et de l'EBD.

S'AMUSER À PEU DE FRAIS
Bien entendu, la Fit n'est pas une sportive, vu ses roues avant motrices et son centre de gravité élevé. Elle est cependant en mesure d'attaquer les virages avec beaucoup plus d'aplomb qu'une Yaris par exemple. Cela est dû à un châssis rigide ainsi qu'à des suspensions fermes sans pour autant inconfortables. Le roulis est donc bien maîtrisé, particulièrement sur le modèle Fit Sport, muni de jantes de 16 pouces plutôt que de 15 pouces, comme sur le modèle d'entrée de gamme. Sous le capot se trouve un petit moteur à quatre cylindres de 1,5 litre qui développe 117 chevaux et 106 livres-pieds de couple, ce qui est amplement suffisant compte tenu de la vocation de la voiture. Si la puissance a fait un bond en avant comparativement au modèle précédent, la consommation, elle, demeure sensiblement la même, puisque le constructeur annonce une réduction de 0,1 litre aux 100 km pour le modèle à boîte manuelle et de 0,7 litre aux 100 km pour celui à transmission automatique. Ces deux transmissions comptent chacune cinq rapports, ce qui est l'exception plutôt que la règle dans ce segment.

Pour accéder à une Fit sous la barre des 15 000 $, il faut toutefois opter pour la transmission manuelle, qui, de toute façon, est un charme à utiliser. Son levier de vitesses est d'une superbe précision et il est agréable de pouvoir ainsi tirer profit des 117 chevaux disponibles. Comme toute Honda qui se respecte, l'embrayage demande une certaine période d'adaptation, puisque la pédale ne semble être reliée à rien, ce qui rend le point de friction quelque peu

LE TABLEAU DE BORD DE LA FIT NOUVELLE CUVÉE SEMBLE TIRER SON INSPIRATION DU VAISSEAU SPATIAL *ROMANO FAFARD*. LA FINITION SE PRÊTE PEU À LA CRITIQUE, MAIS L'ALLURE TARABISCOTÉE DU TABLEAU DE BORD EST QUELQUE PEU DÉROUTANTE.

ardu à trouver. En revanche, il n'exige que très peu d'effort physique, un net avantage dans les embouteillages. Si les accélérations et les reprises sont passablement vives, on aurait tout de même souhaité que le dernier rapport soit un peu plus long ou surmultiplié afin de diminuer le régime moteur à vitesse de croisière et par conséquent le niveau sonore de l'habitacle.

LE *ROMANO FAFARD*

Les jeunes et les moins jeunes pour qui ce succès télévisuel québécois est familier remarqueront que le tableau de bord de la Fit nouvelle cuvée semble tiré son inspiration de ce vaisseau spatial hors du commun. Bien que la finition ne prête pas tellement flanc à la critique, l'allure tarabiscotée du tableau de bord est quelque peu déroutante. Les commandes tombent parfaitement sous la main, mais leurs formes variées ne se marient pas très bien visuellement. La nacelle des cadrans indicateurs qui abrite une pratique jauge de consommation en temps réel aurait également gagné à être un peu plus profondément encastrée, car les rayons du soleil nuisent parfois à la visibilité. Une bonne note doit être accordée aux sièges avant, qui sont étonnamment confortables et dotés d'un bon support latéral. À l'arrière, ce n'est pas mal non plus, quoique l'assise soit un peu ferme ; il s'agit là d'un moindre mal, puisque cette banquette creuse peut ainsi être relevée à la verticale contre le dossier et permettre le transport d'objets encombrants. Autre étalage de la polyvalence de cette sous-compacte, cette même banquette arrière peut être inclinée de façon à fournir un fond plat, et ce, sans enlever les appuie-têtes et peu importe la position des sièges avant. Comme petite voiture pour gens actifs, il est difficile de faire mieux.

GARE AUX OPTIONS

Si cette petite Honda se présente comme une aubaine en version de base, il en est tout autrement si on se laisse prendre au jeu des options sur des versions plus huppées, puisque la facture peut alors atteindre le prix de voitures compactes. La livrée la plus modique est, de toute façon, très convenablement équipée, puisqu'on y jouit notamment de l'air conditionné, d'une chaîne audio avec capacité MP3 et d'entrée auxiliaire ainsi que des miroirs, de glaces et de portières électriques. En optant pour le modèle Sport, on bénéficie non seulement de jantes de plus grandes dimensions, mais également d'un déflecteur arrière au sommet du hayon, d'un ensemble d'effet de sol, de phares antibrouillards, d'un système d'alarme et d'entrée sans clé, d'un régulateur de vitesse ainsi que d'une chaîne audio plus performante. En se rappelant que le groupe propulseur et les diverses composantes mécaniques demeurent inchangés, la version de base représente sans doute le meilleur rapport qualité-prix. Peu importe le niveau d'équipement, la Fit de seconde génération est une valeur sûre, non seulement en fonction de ses qualités intrinsèques, mais également grâce à la fiabilité et à la valeur de revente des produits Honda. Pour en savoir plus, nous vous suggérons, si ce n'est déjà fait, de consulter notre match l'opposant aux autres sous-compactes de sa catégorie dans le présent ouvrage. ▐▌▌
DANIEL CHARRETTE

DIMENSIONS ET VOLUMES

Empattement (mm)	2499
Longueur (mm)	4104
Largeur (mm)	1694
Hauteur (mm)	1524
Volume intérieur (L)	2569
Volume du coffre (min./max.) (L)	583 / 1621
Capacité du réservoir de carburant (L)	40,1
Fourchette de poids (kg)	1129 - 1186

CHÂSSIS

Mode	traction
Suspension av. – arr.	indépendante - semi-indépendante
Freins av. – arr.	disques - tambours
Capacité de remorquage min. - max. (kg)	non recommandé
Direction – diamètre de braquage (m)	crémaillère - 10,48
Pneus	175/65 R15, 185/55 R16 (Sport)

PERFORMANCES

Modèle à l'essai	Fit Sport
Moteur	L4 SACT 1,5 litre
Puissance (ch. à tr/min)	117 - 6600
Couple (lb-pi à tr/min)	106 - 4800
Transmission	manuelle 5 rapports
Autres transmissions	automatique 5 rapports
Accélération 0-100 km/h (sec.)	9,37
Reprises 80-115 km/h (sec.)	non chronométrées
Distance de freinage 100-0 km/h (m)	non mesurée
Niveau sonore à 100 km/h	✕ ✕ ✎
Vitesse maximale (km/h)	185
Consommation réalisée au cours de l'essai (L/100 km)	7,9 (estimé)
Gaz à effet de serre	
Autres moteurs	aucun

CE QU'IL FAUT SAVOIR

Fourchette de prix ($)	**14 980 - 20 480**
Marge de profit du concessionnaire (%)	5,82 à 6,38
Transport et préparation ($)	1295
Consommation ville - route (L/100 km)	**8,7 - 6,9 (man.)** **8,4 - 6,7 (aut.)**
Essence recommandée	ordinaire
Versions offertes	Base, Sport
Carrosserie	hayon 5 portes
Lieu d'assemblage	Japon
Valeur résiduelle	✱ ✱ ✱
Garanties : de base - motopropulseur (an/km)	3/60 000 - 5/100 000
Fiabilité présumée	✱ ✱ ✱ ✰
Cycle de remplacement	nouveau modèle 2009
Ventes 2007 ↗ 9 %	Québec : 4682
Protection collision frontale conducteur/passager	non évaluée
latérale avant/arrière	non évaluée
retournement 2rm/4rm	non évalué

À RETENIR

Nouveautés 2009	**nouvelle génération**
Principales concurrentes	**Chevrolet Aveo5, Hyundai Accent, Kia Rio, Nissan Versa, Pontiac G3, Suzuki Swift+, Toyota Yaris, VW Golf City**

- Économie et valeur de revente
- Grande polyvalence
- Comportement routier satisfaisant
- Visibilité panoramique

- Tableau de bord tarabiscoté
- Insonorisation encore déficiente
- Moteur bruyant à haut régime

TOUJOURS UNE BONNE SOLUTION

Bon, avouons-le tout de go, le créneau des minifourgonnettes est en baisse pour certains manufacturiers, en chute libre pour d'autres. N'empêche que ce type de véhicule, très prisé au tournant du millénaire comme la solution au moyen de transport de toutes les petites familles, était pragmatique à souhait et donnait un rendement plus que satisfaisant comme *people mover* ou pour tracter la caravane en camping.

Mais les fabricants ont écouté les grands penseurs du marketing et encouragé les acheteurs à jeter leur dévolu sur un nouveau type de véhicule, les multisegments. Ces derniers étaient généralement élaborés sur des plateformes de berlines intermédiaires et utilisaient des motorisations similaires. Pour enfoncer le clou un peu plus profondément dans le cercueil des fourgonnettes, on a même ajouté une troisième banquette dans plusieurs cas, laissant entendre que la solution convenait à plus d'acheteurs. Cependant, pour les gens conservateurs, moins influencés par la publicité et la tendance de l'heure, l'Odyssey demeure toujours la réponse à la petite famille. D'autant plus que la courbe de natalité est à la hausse. Avez-vous tenté d'obtenir une place dans un centre de la petite enfance ?

UNE BONNE BASE

S'il a connu des ratés lors de son lancement, le petit quatre cylindres dans une caisse plus étroite en 1995 était une erreur de mise en marché. L'Odyssey est parvenu à sa deuxième génération à toucher la cible et s'attirer les éloges de la presse. Le manufacturier a alors planché pour revenir avec un V6 de 3,5 litres plus musclé — 210 chevaux — fabriqué en Amérique du Nord. Puis, la génétique nippone a parlé, et le V6 est passé à 244 chevaux et la boîte automatique à cinq rapports. Dommage que l'Odyssey ne profite pas de la même mise à jour de son moteur que celle consentie au nouveau Pilot ; ce dernier voit en 2009 sa puissance majorée à 250 chevaux, avec la désactivation des cylindres en prime : avec un moulin qui perd deux ou trois cylindres de consommation quand il n'est pas sollicité, on admet que la consommation s'abaissera d'environ 8 %. Pour le moment, la gestion variable des cylindres n'est offerte que sur les versions EX-L et Touring. La fourgonnette devra taper du pied d'impatience pendant une autre année pour que la motorisation de base en soit aussi équipée.

Il est reconnu que Honda, un motoriste aguerri, table sur ses moteurs plutôt que ses transmissions pour harnacher le maximum d'énergie de chaque litre de carburant. Ce qui confirme que la boîte à cinq rapports est là pour rester. Ajoutez la conduite accrocheuse mais un peu plus lourde qu'une berline et l'Odyssey aura conquis une foule de parents.

DES ENSEMBLES BIEN DIFFÉRENTS

De nombreuses configurations de l'Odyssey sont offertes pour satisfaire tous les budgets. On peut accommoder jusqu'à huit passagers selon la sélection des sièges, obtenir la sellerie de cuir, les portières latérales motorisées, le système de DVD, la caméra de recul ou le système de navigation. La troisième banquette Magic Seat, divisée en proportion 60/40, s'escamote sous le plancher afin d'augmenter l'espace cargo et la même cavité sert tout autant de rangement lorsque celle-ci est relevée. La sécurité est un facteur important pour les utilisateurs de fourgonnettes, et l'Odyssey propose une foule de systèmes allant des nombreux coussins et rideaux gonflables, de captation de la pression des pneus et de la traction asservie, à défaut d'avoir la traction intégrale en option. Sa capacité de traction est toujours de 1588 kg lorsque doté de l'équipement requis.

Toutes ces combinaisons se traduiront par des ensembles qui font gonfler le prix de presque 20 000 $. On proposait le modèle de base tout juste au-dessus des 30 gros billets l'an dernier alors que l'édition Touring frisait les 50 ! Toutefois, Honda n'aura d'autres choix que d'offrir des rabais ou des programmes de financement plus alléchants pour écouler les unités qui dorment encore chez les concessionnaires et passer au nouveau millésime. D'ailleurs, ce constructeur est loin d'avoir harmonisé ses prix sur les contreparties américaines malgré la quasi-parité des devises.

De nos jours, l'acheteur est prudent et le marché le favorise : il peut attendre que viennent des rabais et sait qu'il pourra carrément négocier le meilleur prix possible. Quant à Honda, il offre toujours un bon produit, mais il reste tributaire d'une mode qui a cannibalisé les fourgonnettes et qui montre de plus en plus du doigt tout ce qui cache un moteur V6 sous son capot. ▌▌▌ **MICHEL POIRIER-DEFOY**

Un conseil : attendez les rabais

DIMENSIONS ET VOLUMES

Empattement (mm)	3000
Longueur (mm)	5105
Largeur (mm)	1960
Hauteur (mm)	1748 (DX), 1778
Volume intérieur (L)	4853
Volume du coffre (min./max.) (L)	1934 / 173
Capacité du réservoir de carburant (L)	80
Fourchette de poids (kg)	1992 - 2106

CHÂSSIS

Mode	traction
Suspension av. - arr.	indépendante
Freins av. - arr.	disques
Capacité de remorquage min. - max. (kg)	1588
Direction - diamètre de braquage (m)	crémaillère - 11,18
Pneus	P235/65R16, 235/65R17 (Touring)

PERFORMANCES

Modèle à l'essai	Odyssey EX-L
Moteur	V6 DACT 3,5 litres
	(à désactivation des cylindres « VCM »)
Puissance (ch. à tr/min)	244 - 5750
Couple (lb-pi à tr/min)	245 -5000
Transmission	automatique 5 rapports
Autres transmissions	aucune
Accélération 0-100 km/h (sec.)	10,68
Reprises 80-115 km/h (sec.)	6,64
Distance de freinage 100-0 km/h (m)	41,3
Niveau sonore à 100 km/h	✸ ✸ ✸
Vitesse maximale (km/h)	190
Consommation réalisée au cours de l'essai (L/100 km)	12,4
Gaz à effet de serre	
Autres moteurs	V6 3,5 litres (244 ch.)

CE QU'IL FAUT SAVOIR

Fourchette de prix ($)	**31 490 – 48 890 (2008)**
Marge de profit du concessionnaire (%)	9,29
Transport et préparation ($)	1540
Consommation ville - route (L/100 km)	**13,8 - 9,4 (3,5 l, VCM)**
	14,7 - 10,2 (3,5 l)
Essence recommandée	ordinaire
Versions offertes	DX, LX, EX, EX-L, Touring
Carrosserie	fourgonnette 5 portes
Lieu d'assemblage	Canada
Valeur résiduelle	✸ ✸ ✸ ✸
Garanties : de base - motopropulseur (an/km)	3/60 000 - 5/100 000
Fiabilité présumée	✸ ✸ ✸
Cycle de remplacement	2010
Ventes 2007 ↘13 %	Québec : 1778
Protection collision frontale conducteur/passager	✸ ✸ ✸ ✸ ✸ / ✸ ✸ ✸ ✸ ✸
latérale avant/arrière	✸ ✸ ✸ ✸ ✸ / ✸ ✸ ✸ ✸ ✸
retournement 2rm/4rm	✸ ✸ ✸ ✸ / n.a.

À RETENIR

Nouveautés 2009	**la version du moteur à désactivation des cylindres gagne quelques chevaux (+ 3 ch.)**
Principales concurrentes	**Dodge Grand Caravan, Hyundai Entourage, Kia Sedona, Nissan Quest, Pontiac SV6, Toyota Sienna**

- Nombreux modèles offerts
- Motorisation très fiable
- Désactivation des cylindres (EX-L, Touring)

- Fermeture des portes latérales motorisées
- Prix encore trop élevés
- Version de base plus bruyante

L'HABIT NE FAIT PAS LE MOINE

Avec le Pilot, Honda nous rappelle que rien ne se perd, rien ne se crée, mais que tout se transforme en ce bas monde. Prenez la dernière cuvée de l'Acura MDX, ensuite, dépouillez-la de certains de ses attributs de luxe (ou plutôt, offrez-les en option) pour en abaisser le prix. Le tour est joué. Enfin presque. Car même s'il est un proche parent du MDX, le Pilot a pris ses distances vis-à-vis de son cousin en proposant sa propre personnalité. Malgré tout, convergence oblige, les deux modèles partagent plusieurs de leurs composantes.

L'allure très carrée du capot du Pilot donne l'impression de rouler dans un véhicule plus gros qu'il l'est en réalité. À vrai dire, les formes du capot, vu de l'intérieur, et la faible hauteur de la fenestration ne sont pas sans rappeler celui d'un Hummer H2. J'exagère ? À peine. Mais, n'ayez crainte, le Pilot n'est pas un boit-sans-soif comme le H2. Au contraire, il ingurgite l'essence avec modération et il est un modèle pour les AA.

Comme le veut la tendance actuelle, le Pilot offre, sans frais supplémentaires, une troisième banquette qui permet d'asseoir jusqu'à huit personnes en tout. Si des adultes trouvent plaisir à prendre place sur la banquette médiane, c'est moins certain si vous les invitez à gagner la troisième rangée. On se répète, on le sait, mais cette dernière banquette (peu importe le modèle de multisegment) est destinée aux adultes de petite taille ou à des enfants. À vrai dire, à part les fourgonnettes et les VUS pleine grandeur, cette troisième rangée de sièges est plus symbolique qu'autre chose. Polyvalent, le Pilot permet de camoufler la troisième banquette sous le plancher et de rabattre, au besoin, l'un des dossiers de la banquette médiane pour accroître le coffre. Ce faisant, la soute révèle alors un volume de chargement supérieur à bon nombre de concurrents. Pour les skieurs, bonne nouvelle, la banquette médiane est divisée 40/20/40, et la troisième est divisée 60/40, ce qui permet en théorie de transporter, dans un confort relatif, de cinq à six personnes avec tout leur équipement.

Si vous aimez l'aménagement du MDX, celui du Pilot est encore plus fonctionnel, notamment en raison de son levier de vitesses planté dans le tableau de bord. Cette astuce permet de bénéficier de tout l'espace disponible entre les baquets. Ainsi, le Pilot est doté d'une console centrale permettant de déposer tous les objets essentiels à la vie moderne : le cellulaire (oups !), les verres fumés et l'agenda électronique. Il est capable également d'avaler une dizaine de disques compacts. Rien de moins. Et ce n'est pas tout, le Pilot offre aussi un coffre à gants géant et des vide-poches de bonnes dimensions.

ET LE DVD ?

Au catalogue, on compte quatre livrées : LX, EX, EX-L et Touring. Toutes les versions sont à rouage intégral, sauf la LX qui est également proposée à deux roues motrices. Petite observation : pourquoi ne pas avoir pensé à offrir en option un système divertissement DVD dans toutes les versions plutôt que dans les seules versions EX-L et Touring ? Il est dommage que les parents doivent débourser autant d'argent pour plaire aux enfants.

Malgré son allure militaire, le Pilot n'a pas la prétention de vouloir traverser le désert. À l'instar de ses rivaux, il est dépourvu d'une plage de rapports courts. Donc, si vous souhaitez vous procurer un véhicule pour plonger dans la boue et escalader les montagnes, mieux vaut acheter un utilitaire sport doté d'une boîte de transfert. Cela dit, le Pilot compte sur un dispositif à quatre roues motrices suffisamment efficace pour vous inciter à prendre la route des sentiers. D'ailleurs, au tableau de bord se trouve une touche qui permet de verrouiller le train arrière pour se dégager d'un banc de neige, par exemple. Sur une route pavée et sèche, le dispositif VTM-4 a la particularité de ne plus acheminer la puissance aux roues arrière et de concentrer ses efforts uniquement sur les roues avant. En d'autres termes, il s'agit d'une traction intégrale qui permet d'économiser de l'essence.

Sur la route, les amortisseurs sont moins fermes que ceux d'un MDX, ce qui permet à la suspension de lisser plus efficacement les irrégularités de la chaussée. Peu importe la livrée retenue, le Pilot s'anime d'un moteur V6 de 3,5 litres à désactivation des cylindres. Contrairement au 3,7 litres du MDX qui carbure au super, le moteur du Pilot consomme de l'essence ordinaire. Développant 250 chevaux, il est jumelé de série à une boîte automatique à cinq rapports.

Malgré son style classique, le Pilot est loin d'être une relique. En effet, se cachent sous ses lignes carrées une mécanique sophistiquée et de l'espace à revendre pour un véhicule de cette taille. ▌▌▌ **JEAN-FRANÇOIS GUAY**

L'astuce du levier de vitesses planté dans le tableau de bord permet de bénéficier de tout l'espace disponible entre les baquets

HONDA PILOT

DIMENSIONS ET VOLUMES

Empattement (mm)	2775
Longueur (mm)	4850
Largeur (mm)	1995
Hauteur (mm)	1846
Volume intérieur (L)	4352
Volume du coffre (min./max.) (L)	509 / 2652
Capacité du réservoir de carburant (L)	79,5
Fourchette de poids (kg)	1588 (2rm) - 2042 (4rm)

CHÂSSIS

Mode	traction, intégral
Suspension av. - arr.	indépendante
Freins av. - arr.	disques
Capacité de remorquage min. - max. (kg)	1590 - 2045
Direction – diamètre de braquage (m)	crémaillère - 11,76
Pneus	245/65R17

PERFORMANCES

Modèle à l'essai	Pilot EX-L
Moteur	V6 DACT 3,5 litres
Puissance (ch. à tr/min)	250 - 5700
Couple (lb-pi à tr/min)	253 - 4800
Transmission	automatique 5 rapports
Autres transmissions	aucune
Accélération 0-100 km/h (sec.)	9,94
Reprises 80-115 km/h (sec.)	non chronométrées
Distance de freinage 100-0 km/h (m)	42,8
Niveau sonore à 100 km/h	✖ ✖ ✖
Vitesse maximale (km/h)	180
Consommation réalisée au cours de l'essai (L/100 km)	12,9
Gaz à effet de serre	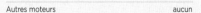
Autres moteurs	aucun

CE QU'IL FAUT SAVOIR

Fourchette de prix ($)	**36 820 – 49 920**
Marge de profit du concessionnaire (%)	8,11 – 9,29
Transport et préparation ($)	1540
Consommation ville - route (L/100 km)	**15 – 10,9**
Essence recommandée	ordinaire
Versions offertes	LX, EX, EX-L, Touring
Carrosserie	multisegment 5 portes
Lieu d'assemblage	Canada
Valeur résiduelle	✶ ✶ ✶
Garanties : de base - motopropulseur (an/km)	3/60 000 - 5/100 000
Fiabilité présumée	✶ ✶ ✶
Cycle de remplacement	nouveau modèle 2009
Ventes 2007 ↘ 19 %	Québec : 579

Protection collision	
frontale conducteur/passager	✶ ✶ ✶ ✶ ✶ / ✶ ✶ ✶ ✶ ✶
latérale avant/arrière	✶ ✶ ✶ ✶ ✶ / ✶ ✶ ✶ ✶ ✶
retournement 2rm/4rm	✶ ✶ ✶ ✶ / ✶ ✶ ✶ ✶

À RETENIR

Nouveautés 2009	**nouvelle génération plus spacieuse**
Principales concurrentes	**Chevrolet Traverse, Ford Flex/Taurus X, GMC Acadia, Hyundai Veracruz, Mazda CX-9, Satun Outlook, Suzuki XL-7, Toyota Highlander**

- La polyvalence de son habitacle
- La qualité de l'assemblage et des matériaux
- L'agrément de conduite au quotidien

- L'absence de certaines options (LX et EX)
- Le roulis en virage
- La direction un peu engourdie

L'AUTRE CAMIONNETTE

Qui l'aurait cru ? En 2005, Honda s'est lancé tête première dans le marché de la camionnette. Et pourtant… Quatre ans plus tard, deux opinions s'expriment face au Ridgeline : s'agit-il de la camionnette ultime ou plutôt de la formule idéale pour le gentleman-farmer ?

La conception du Ridgeline génère toutes sortes de commentaires qui en font, au même titre que les Chevrolet Avalanche et Ford Sport Trac, une camionnette non conformiste. Soyons clair, le Ridgeline ne se retrouvera jamais sur la liste d'un acheteur traditionnel de camionnette, comme un travailleur de la construction ou un agriculteur. Celui-ci, à moins d'approcher de l'âge ne la retraite (!), ne considérera jamais l'achat un tel véhicule. Les raisons sont nombreuses et souvent justifiées pour considérer cette camionnette japonaise comme une sorte d'imposture.

UNE VRAIE CAMIONNETTE

Que le Ridgeline soit en mesure de tracter une charge de 2268 kg ou que les dimensions de sa benne lui permettent d'en débattre avec la concurrence, il n'en reste pas moins que les critères d'un vrai amateur de camionnette sont : un châssis en échelle, un moteur V8 et un catalogue d'options aussi varié que les combinaisons d'un cube Rubik. Certes, les ventes du Ridgeline sont satisfaisantes par rapport au Toyota Tacoma et surpassent du triple au simple celles du Nissan Frontier. Mais, face aux camionnettes américaines, disons que sa part de marché est minime, voire minuscule.

Qu'on aime ou non le style de cette camionnette, on ne peut reprocher aux stylistes d'avoir fait preuve d'audace et de faire souffler sur cette catégorie un vent de fraîcheur. Cette année, le dessin de la calandre s'inspire du nouveau Pilot. À l'intérieur, la présentation et les nombreuses astuces suscitent encore des ho ! et des ha ! Plus surprenante encore est la cabine qui accueille sans problème cinq personnes. Il se peut cependant que les plus grands, à l'arrière, se cognent les coudes et se plaignent du manque d'espace en se frottant le menton sur les genoux !

L'originalité du Ridgeline repose sur son extraordinaire polyvalence. D'abord, le battant qui permet, en un tournemain, d'ouvrir la benne sur deux axes pour faciliter le chargement. Et que dire encore de son coffre verrouillable, dissimulé dans le plancher de la benne, qui s'avère suffisamment vaste pour y dissimuler deux sacs de golf ou la poussette du petit dernier.

Comparé à la concurrence, le Ridgeline n'est pas donné, mais une fois la liste des caractéristiques de série comptabilisée, cette camionnette apparaît, financièrement parlant, aussi compétitive que ses rivales de même taille. Tout comme l'Avalanche, la benne du Ridgeline forme un tout avec la cabine. Le principal avantage de cette conception est d'offrir un ensemble particulièrement rigide, qui se traduit par un comportement routier plus équilibré et plus sûr. Il est dommage cependant que les concepteurs n'aient pas retenu un système copié sur la cloison Midgate de l'Avalanche. Sans doute que les ingénieurs travaillent déjà à parfaire un tel mécanisme pour la prochaine génération, si jamais elle voit le jour.

Avec sa suspension indépendante aux quatre roues, le Ridgeline innove, puisque le train arrière des camionnettes traditionnelles repose sur un essieu rigide. Ainsi, le Ridgeline s'avère plus confortable et plus dynamique que la plupart de ses rivaux quand la benne est vide. Doté d'un rouage intégral électronique qui dirige intelligemment le couple vers la roue qui a le plus d'adhérence, le Ridgeline peut emprunter les chemins les moins fréquentés. Belle surprise du côté du freinage, l'antiblocage et deux paires de disques permettent au Ridgeline de s'immobiliser efficacement et rapidement.

PAS DE V8, MAIS BON

Sous le capot, pas de V8, mais plutôt un V6 de 3,5 litres qui offre 247 livres-pieds de couple. C'est bien, mais comme beaucoup d'autres moteurs Honda, la puissance arrive à un régime passablement élevé. Grâce à sa boîte de vitesses à cinq rapports, les relances sont bonnes et la consommation ne souffre pas trop. Dans ce domaine, un système de désactivation des cylindres comme celui de l'Odyssey aurait été apprécié. Réduire la consommation et les émanations polluantes demeure le sujet du jour. Allons plus loin : à quand un moteur diésel ?

Le Ridgeline est polyvalent et bourré d'astuces. Et même si son nom ne figurera jamais dans les meilleures ventes de sa catégorie, il aura le mérite de bousculer un groupe de véhicules qui tremble devant les fluctuations du prix de l'essence… Somme toute, la capacité de remorquage n'est plus la seule priorité ! L'innovation, la polyvalence et, surtout, la faible consommation de carburant sont devenus les principaux enjeux de ce segment en pleine crise. ▐▐▐ **JEAN CHARTRAND - JEAN-FRANÇOIS GUAY**

*Si le Ridgeline proposait une paroi rabattable,
ce serait alors la camionnette la plus évoluée de l'industrie*

DIMENSIONS ET VOLUMES

Empattement (mm)	3100
Longueur (mm)	5253
Largeur (mm)	1938
Hauteur (mm)	1786 - 1808
Volume intérieur (L)	3084 - 3174
Volume du coffre (min./max.) (L)	241 / 1413 (banquette rabattue)
Capacité du réservoir de carburant (L)	83,3
Fourchette de poids (kg)	2043 - 2059

CHÂSSIS

Mode	intégral
Suspension av. - arr.	indépendante
Freins av. - arr.	disques
Capacité de remorquage min. - max. (kg)	2268
Direction – diamètre de braquage (m)	crémaillère - 12,98
Pneus	245/65R17, 245/60R18 (EX-L)

PERFORMANCES

Modèle à l'essai	Ridgeline EX-L
Moteur	6 DACT 3,5 litres
Puissance (ch. à tr/min)	250 - 5700
Couple (lb-pi à tr/min)	247 - 4300
Transmission	automatique 5 rapports
Autres transmissions	aucune
Accélération 0-100 km/h (sec.)	9,47
Reprises 80-115 km/h (sec.)	6,28
Distance de freinage 100-0 km/h (m)	43,1
Niveau sonore à 100 km/h	✖ ✖ ✖
Vitesse maximale (km/h)	200
Consommation réalisée au cours de l'essai (L/100 km)	13,7
Gaz à effet de serre	
Autres moteurs	aucun

CE QU'IL FAUT SAVOIR

Fourchette de prix ($)	34 490 – 40 790
Marge de profit du concessionnaire (%)	9,29
Transport et préparation ($)	1540
Consommation ville - route (L/100 km)	15,6 - 11,9
Essence recommandée	ordinaire
Versions offertes	DX, VP, EX-L, EX-L Navi
Carrosserie	camionnette 4 portes
Lieu d'assemblage	Canada
Valeur résiduelle	★ ★ ★ ★
Garanties : de base - motopropulseur (an/km)	3/60 000 – 5/100 000
Fiabilité présumée	★ ★ ★ ✦
Cycle de remplacement	inconnu
Ventes 2007 ↘ 21 %	Québec : 641
Protection collision frontale conducteur/passager	★ ★ ★ ★ ★ / ★ ★ ★ ★ ★
latérale avant/arrière	★ ★ ★ ★ ★ / ★ ★ ★ ★ ★
retournement 2rm/4rm	n.d. / ★ ★ ★ ★

À RETENIR

Nouveautés 2009	nouvelles dénominations, moteur plus puissant, retouches esthétiques, groupe remorquage de série, caméra de recul (EX-L Navi)
Principales concurrentes	Chevrolet Avalanche, Dodge Dakota, Ford Sport Trac, Nissan Frontier, Toyota Tacoma

+
- Moteur V6 économique
- Mode traction (à la base)
- Tenue de route

–
- Camionnette androgyne
- Benne trop petite
- Champ de vision

SORTEZ LA CRÈME SOLAIRE

Malgré une diffusion infinitésimale, la direction canadienne de Honda croit toujours en la S2000 même si, cette année encore, elle ne lui apporte aucun changement digne de mention. Alors, reste plus qu'à la personnaliser en cochant une option ou deux et choisir parmi les six teintes extérieures offertes. C'est fait ? Maintenant, prenez votre crème solaire, on part faire un tour.

HONDA
S2000

On a trop de doigts pour faire le compte des transformations dont a fait l'objet ce délicieux roadster depuis sa mise en service au début du siècle. Mais la plus notable fut sans contredit l'augmentation de la cylindrée de son moteur à 2,2 litres. Pour le reste, ce ne sont que des détails. Véritable machine de plaisir, ce roadster plein de caractère n'a sans doute pas le blason de ses concurrentes (ni le prix d'ailleurs), mais qu'importe, le soleil brille pour tout le monde, non ?

On ne monte pas à bord de ce roadster. On y descend. Mieux vaut être souple et svelte (si possible), car l'habitacle a les mensurations d'un cockpit de F1. Mais cette ambiance course en réjouira plus d'un. Compteur et compte-tours à affichage numérique, rupteur à 9000 tours/minute et bouton de démarreur rouge à gauche du volant, la S2000 vous met d'entrée de jeu les poils des avant-bras au garde-à-vous. À cela, il convient d'ajouter le pédalier en aluminium ajouré, le petit levier surmonté d'un pommeau en titane. Autour duquel s'agglutine une série de commandes (un peu désordre, quand même) pas toujours facile à identifier dans le feu de l'action.

Pour respirer un peu, il faut retirer le toit et faire preuve de patience et de doigté pour fixer le couvre-capote en place. Le coffre est minimaliste et l'est encore davantage si vous avez coché l'option du changeur de disques compacts (désolé, pas de place dans l'habitacle).

LE PIED

Pour prendre son pied, il faut prendre rendez-vous avec la S2000. Dès les premiers mètres, la S2000 révèle son véritable tempérament. Fonctionnant comme un moteur (presque) classique jusqu'à 6400 tours/minute, son quatre cylindres change ensuite de registre et se rue sur le rupteur à 9000 tours/minute avec une violence (et un bruit) inouïe. Une furie mécanique renouvelée à chaque changement de rapport. Pas mal pour un quatre cylindres à aspiration normale. Seul bémol, les reprises manquent cruellement de tonus, surtout si son pilote paresse et néglige de jouer de la boîte de vitesses.

Les qualités routières de la S2000 sont à l'avenant. Précis et efficace, le châssis très rigide supporte joyeusement ce « trop-plein » d'énergie, bien aidé il est vrai par le différentiel à glissement limité. Dotée d'une direction à assistance électrique judicieusement calibrée et d'une commande de boîte d'une exceptionnelle qualité (rapidité et précision), la S2000 nous fait connaître l'ivresse sans le flacon, donne envie de trouver la « ligne de course », même sur l'autoroute Jean-Lesage… C'est tout dire. Les freins ne sont pas en reste. Faciles à doser, ils procurent des décélérations pratiquement équivalentes à celles d'une Z4, dont la réputation dans ce domaine n'est plus à faire.

Par contre, tout ce plaisir ne vient pas gratuitement. La S2000 est une automobile qui donne beaucoup, mais exige tout autant de son « pilote ». D'ailleurs, les éléments suspenseurs se chargent de vous rappeler à quel point nos routes manquent d'asphalte et son moteur demande qu'on le presse à mort pour en extraire toute sa saveur. Ce qui serait catalogué comme défaut pour une voiture plus ordinaire contribue à rendre la S2000 plus attachante. Plus épuisante aussi. À vrai dire, après une heure de conduite intense, les sens et les nerfs à vif à force de s'être concentré sans relâche pour la dominer, on se sent épuisé. Et s'il pleut, c'est pire. Sur une chaussée mouillée, la S2000 requiert une certaine expérience et une solide maîtrise du contre-braquage. Et compte tenu de la position de conduite très basse et du manque de dégagement entre la portière et le coude gauche, l'exercice peut se révéler délicat.

Même si en performances absolues, d'autres roadsters se révèlent plus faciles à vivre au quotidien, leur conduite ne procure pas autant de satisfactions et d'émotions que cette espiègle de S2000. À l'heure des choix, le « jouet » qu'est la S2000 privilégie les sensations extrêmes et permet de profiter des rayons du soleil sans devoir casser sa tirelire comme chez la concurrence. Cette dernière propose des créations plus abouties, plus faciles à vivre, mais le cœur des passionnés bat pour cette fabuleuse machine à rouler qu'est la S2000. **▮▮▮ ÉRIC LEFRANÇOIS**

Deux places, un moteur virevoltant à des régimes hallucinants et un comportement de kart : la S2000 est un « roadster » excité autant qu'excitant

DIMENSIONS ET VOLUMES

Empattement (mm)	2400
Longueur (mm)	4135
Largeur (mm)	1750
Hauteur (mm)	1268
Volume intérieur (L)	1276
Volume du coffre (min./max.) (L)	142
Capacité du réservoir de carburant (L)	50
Fourchette de poids (kg)	1 301

CHÂSSIS

Mode	propulsion
Suspension av. - arr.	indépendante
Freins av. - arr.	disques
Capacité de remorquage min. - max. (kg)	non recommandé
Direction – diamètre de braquage (m)	crémaillère – 10,79
Pneus	215/45R17 (av.) - 245/40R17 (arr.)

PERFORMANCES

Modèle à l'essai	S2000
Moteur	L4 DACT 2,2 litres
Puissance (ch. à tr/min)	237 - 7800
Couple (lb-pi à tr/min)	162 - 6800
Transmission	manuelle 6 rapports
Autres transmissions	aucune
Accélération 0-100 km/h (sec.)	6,35
Reprises 80-115 km/h (sec.)	3,36
Distance de freinage 100-0 km/h (m)	35,2
Niveau sonore à 100 km/h	✂
Vitesse maximale (km/h)	240
Consommation réalisée au cours de l'essai (L/100 km)	11,9
Gaz à effet de serre	
Autres moteurs	aucun

CE QU'IL FAUT SAVOIR

Fourchette de prix ($)	**50 600 (2008)**
Marge de profit du concessionnaire (%)	9,29
Transport et préparation ($)	1540
Consommation ville - route (L/100 km)	**13 – 9,5**
Essence recommandée	super
Versions offertes	Base
Carrosserie	cabriolet 2 portes
Lieu d'assemblage	Japon
Valeur résiduelle	★ ★ ★ ★
Garanties : de base - motopropulseur (an/km)	3/60 000 - 5/100 000
Fiabilité présumée	★ ★ ★ ✦
Cycle de remplacement	inconnu
Ventes 2007 n.d.	Québec : n.d.
Protection collision frontale conducteur/passager	★ ★ ★ ★ / ★ ★ ★ ★
latérale avant/arrière	★ ★ ★ ★ ★ / n.a.
retournement 2rm/4rm	★ ★ ★ ★ / n.a.

À RETENIR

Nouveautés 2009	aucun changement majeur
Principales concurrentes	BMW Z4, Mercedes SLK, Lotus Elise, Nissan 350Z, Porsche Boxster, Pontiac Solstice GXP, Saturn Sky Red Line

- Rendement du moteur
- Comportement incisif
- Ambiance course

- Habitacle étriqué
- Conduite épuisante
- Couple presque inexistant

285

UNE ESPÈCE EN VOIE DE DISPARITION

Les chiffres de la bête ne mentent pas : 5,2 mètres de long, 2,1 mètres de large, 1,9 mètre de haut, et un poids de 3017 kilogrammes. Aussi gros et gourmand qu'un hippopotame, le Hummer est aussi une espèce en voie de disparition.

Avant de prendre les clés, on m'avait prévenu : « Ça consomme comme un... Hummer ! » Avec son réservoir de 121 litres et son autonomie d'à peine 500 km, le H2 est, sans doute, mieux qu'une Ferrari pour draguer la gérante de votre station-service. Toutefois, il n'est pas dit, au train où le prix du carburant augmente, qu'il vous restera assez d'argent à la fin du mois pour l'inviter à un rendez-vous galant. Mais si vous aimez être reconnu, vous serez servi. Partout, on vous montrera du doigt (ou on vous fera un doigt d'honneur) et on vous questionnera, en bien ou en mal, sur les capacités de votre véhicule !

Sous ses airs paramilitaires, le H2 cache une structure beaucoup plus civilisée. En effet, la plateforme est similaire, mais non identique, à celle qu'on trouve sous les robes des autres gros utilitaires de General Motors (Yukon, Tahoe et Escalade). Plus court que le Tahoe, le H2 est cependant plus haut, plus large et plus lourd. Plus sophistiqué aussi, puisqu'il a droit à un rouage intégral doté d'une boîte automatique à six rapports, une boîte de transfert à deux vitesses Borg-Warner avec différentiel libre ou à blocage, et un système de traction asservie permettant de contrôler une seule roue. Bref, il peut franchir tous les obstacles (ou presque) susceptibles de se dresser sur votre route.

Pour atteindre son V8 de 6,2 litres, ne cherchez pas de tirette, le capot s'ouvre en détachant les courroies. Assoiffés, ses 393 chevaux n'ont pas la sobriété d'un chameau, mais plutôt l'appétit d'un hippopotame qui s'apprête à engloutir non pas ses 50 kilos de nourriture quotidienne, mais 20 litres d'essence aux 100 km. Et si vous les sollicitez trop, ils ne se gêneront pas pour en avaler 5 à 10 litres supplémentaires. Pour calmer les environnementalistes, ou les provoquer davantage, puisque la production d'éthanol demeure controversée, le moteur peut être alimenté au carburant E85.

Même si, de série, le H2 est privé de marchepieds, l'accès ne pose pas de problème. Une fois grimpé à bord, l'impression est des plus favorable. L'immense levier de vitesses et toutes les commandes ont de quoi impressionner. Surtout que le restylage de l'an dernier a fait place à un design plus approprié et des matériaux de meilleure qualité. Auparavant, le tableau de bord semblait emprunter au défunt Pontiac Aztek et les plastiques sonnaient creux et faux.

Tandis que ses cousins, les Yukon XL et Suburban, proposent des sièges pour huit personnes, le H2 peut accueillir jusqu'à sept passagers grâce à une troisième rangée optionnelle. Mais, une fois relevée, cette troisième banquette gruge énormément d'espace, puisque le volume du coffre à bagages s'en trouve réduit de trois quarts. Une fois installé au volant, tout est hors normes : sa masse, son encombrement, son inertie. On veut bien croire que le H2 peut rouler dans un mètre de neige, traverser un cours d'eau d'une profondeur de 50 cm, gravir un muret de 40 cm, ou monter une pente de 60 degrés, mais ce géant est-il aussi capable de prouesses sur la route ? Avec des pneus pour les excursions hors route et un essieu arrière rigide, il affiche tout de même un confort de roulement surprenant et gomme avec aisance les imperfections de la route. Mais la direction est lente et son poids incite à respecter les lois de la physique. Si les quatre disques sont surdimensionnés, ils sont juste capables de ralentir sa masse de 3 tonnes. Pour un freinage d'urgence, vaut mieux anticiper ! Dans la jungle urbaine, ce pachyderme se conduit pourtant sans effort. Le diamètre de braquage (13,2 m) paraît beaucoup plus court que celui inscrit à la fiche technique. Pour les stationnements en parallèle, il est heureux qu'une caméra de recul soit au catalogue des options pour éviter qu'il écrase tout sur son passage.

ET LA BENNE ?

Comme la version VUS (à hayon) dont il dérive, le CUS ne fait pas dans la dentelle. Il est énorme. La différence, la seule, c'est la benne. Celle-ci, pas plus grosse qu'il le faut (elle fait 881 mm de long sur 1201 mm de large entre les passages de roues), ne permet guère de jouer à Daktari. Il ne faut pas espérer non plus pouvoir transporter votre « quatre-roues ». Et ce, même si ce Hummer bénéficie du système Midgate (cloison rabattable) de son cousin Avalanche. ||| **JEAN-FRANÇOIS GUAY**

Haïssable, horrible, honteux, hostile… Les épithètes ne manquent pas chez les écologistes pour décrire le H2 !

DIMENSIONS ET VOLUMES

Empattement (mm)	3118
Longueur (mm)	5179
Largeur (mm)	2063
Hauteur (mm)	2012
Volume intérieur (L)	n.d.
Volume du coffre (min./max.) (L)	1132 / 2451 (VUS)
	623 / 1492 (CUS)
Capacité du réservoir de carburant (L)	121
Fourchette de poids (kg)	3017

CHÂSSIS

Mode	4 roues motrices
Suspension av. - arr.	indépendante – essieu rigide
Freins av. - arr.	disques
Capacité de remorquage min. - max. (kg)	3720
Direction – diamètre de braquage (m)	crémaillère – 13,2
Pneus	315/70R17 (tout-terrain), 305/60R20

PERFORMANCES

Modèle à l'essai	H2 SUV
Moteur	V8 ACC 6,2 litres
Puissance (ch. à tr/min)	393 - 5700
Couple (lb-pi à tr/min)	415 - 4300
Transmission	automatique 6 rapports
Autres transmissions	aucune
Accélération 0-100 km/h (sec.)	7,82
Reprises 80-115 km/h (sec.)	5,74
Distance de freinage 100-0 km/h (m)	48,3
Niveau sonore à 100 km/h	✖ ✖ ✖
Vitesse maximale (km/h)	n.d.
Consommation réalisée au cours de l'essai (L/100 km)	19,5
Gaz à effet de serre	
Autres moteurs	aucun

CE QU'IL FAUT SAVOIR

Fourchette de prix ($)	**70 395 - 72 295**
Marge de profit du concessionnaire (%)	12,13 - 13,96
Transport et préparation ($)	1300
Consommation ville - route (L/100 km)	**23 -16**
Essence recommandée	ordinaire
Versions offertes	VUS, CUS
Carrosserie	utilitaire 5 portes, camionnette 4 portes
Lieu d'assemblage	États-Unis
Valeur résiduelle	★ ★ ★
Garanties : de base – motopropulseur (an/km)	4/80 00 - 5/160 000
Fiabilité présumée	★ ★ ★ ⯪
Cycle de remplacement	2010
Ventes 2007 ↘ 5%	Québec : 19
Protection collision frontale conducteur/passager	non évaluée
latérale avant/arrière	non évaluée
retournement 2rm/4rm	non évaluée

À RETENIR

Nouveautés 2009	**sièges baquets à l'arrière (option), carburant E85, Bluetooth, volant électrique et chauffant, caméra de recul**
Principales concurrentes	**Cadillac Escalade, Land Rover Range Rover, Lincoln Navigator, Mercedes Classe G**

- Véhicule unique
- Capacité hors route exceptionnelle
- Finition intérieure améliorée

- Nombre limité de concessionnaires
- Consommation élevée
- Véhicule encombrant
- Coffre trop petit (avec 3ᵉ banquette)

INNOCENTE VICTIME

Il fut une époque, pas si lointaine, où, pour devenir populaire dans son quartier, il suffisait d'acheter un Hummer. Toutefois, les temps ont bien changé. Maintenant, il suffit d'acheter un Hummer pour devenir *persona non grata*, non seulement dans son quartier, mais dans son village, sa ville, sa région, ou même dans l'ensemble du pays…

Pourtant, si vous voulez lancer des tomates à la marque Hummer, le H3 est une innocente victime. Son moteur à cinq cylindres en ligne ne consomme pas beaucoup plus que les moteurs V6 de ses rivaux. Alors, pourquoi cet acharnement ? Certes, il paie pour la mauvaise réputation de son frère H2 qui, avouons-le, n'est pas un ange en la matière. Mais, en vérité, plusieurs critiquent le H3 par jalousie, et ce, au même titre que les « bédonneux » critiquent jalousement les biceps d'Arnold ! Avec un physique qui ridiculise pratiquement tout ce qui l'entoure, le H3 est doté en surplus d'une capacité de franchissement athlétique hors du commun. Bref, ces aptitudes ne le rendent pas nécessairement sympathique à monsieur et madame Tout-le-monde.

POUR QUOI FAIRE ?

On se procure un Hummer pour quoi au juste ? Pour l'image d'abord. Mais, aussi pour ses capacités hors route qui, pour 95 % des acheteurs, ne demeureront qu'un fantasme. Pour le reste, le H3 est un utilitaire comme les autres. Sur le plan de l'espace intérieur par exemple, il offre une meilleure hauteur que le Grand Cherokee et un meilleur dégagement que le Pathfinder (banquette arrière). Pour le reste, il doit s'avouer vaincu. Surtout au niveau des hanches et des épaules. À bord, on se sent à l'étroit. Pour ajouter à cet inconfort, les vitres latérales se confondent avec des meurtrières. Ce qui rend les déplacements en ville parfois périlleux. Heureusement, il existe au catalogue des accessoires une caméra de recul. N'hésitez pas un instant, cochez cette option ! Pour se déplacer dans la circulation urbaine, le H3 profite d'un diamètre de braquage extrêmement court. Considérant son gabarit, il doit cet attribut à ses capacités de véhicule tout-terrain.

UN TANK, MAIS À VITESSE RÉDUITE

L'impression de conduire un tank sur roues opère, mais seulement au ralenti. Dès qu'on enfonce lourdement l'accélérateur, le H3 perd un peu de ses moyens. Les 242 chevaux de son moteur de 3,7 litres ne tardent pas à s'essouffler. Il faut dire que son poids de 2132 kg ne rend pas la tâche facile. En d'autres mots, le H3 à moteur cinq cylindres apparaît comme sous-motorisé. Et la présence, de série, d'une transmission manuelle à cinq rapports ne permettra pas de tirer meilleur parti de sa cavalerie. Son seul avantage est de vous faire économiser des sous par rapport à la boîte automatique à quatre rapports.

Pour ne pas perdre la face (et afin de faire enrager encore davantage vos détracteurs), il est possible de lui boulonner un gros V8 de 5,3 litres. Offert depuis l'an dernier, ce moteur développe une puissance de 320 chevaux et un couple de 300 livres-pieds. Couplée uniquement à la boîte automatique à quatre rapports, sa consommation est légèrement supérieure au 3,7 litres (plus ou moins 10 %). Par contre, il permet une conduite hors route plus sécuritaire (en réduisant vos chances de vous embourber) et permet de remorquer une charge de 2721 kg comparativement à 2041 kg avec le cinq cylindres.

Le modèle d'essai était doté de l'ensemble « hors route ». Sa suspension et ses pneus ne lui ont pas rendu justice en ville et sur les autoroutes. La direction manquait de précision et incitait à bien calculer sa trajectoire. Bref, le H3 valsait sur les imperfections de la chaussée et mettait trop de temps à s'immobiliser. Il faut dire que ses énormes pneus de 33 pouces (285/75R16) ont plus de mordant en terre meuble que sur le bitume. En un mot, sa conduite ne vous met pas instantanément en confiance et il faut un certain temps pour s'habituer.

Hummer n'a pas réussi le pari de concevoir un 4x4 aussi efficace qu'un Nissan Xterra dans la boue et aussi confortable qu'un Grand Cherokee sur l'autoroute. Et ce n'est pas l'arrivée *in extremis* de la camionnette H3T qui va lui redonner des lettres de noblesse. À propos de cette dernière, sa longueur et son empattement sont plus longs que le modèle à hayon. Ce qui devrait améliorer le confort et la tenue de route. Par contre, pour lui greffer une benne d'une longueur de cinq pieds, les places arrière sont un peu plus étriquées. Reste à savoir si le H3T aura l'aval des travailleurs de la construction et des agriculteurs, ou si sa benne ne sera que décorative. ▌▌▌ **JEAN-FRANÇOIS GUAY**

DIMENSIONS ET VOLUMES

Empattement (mm)	2842 (H3), 3410 (H3T)
Longueur (mm)	4763 (H3), 5403 (H3T)
Largeur (mm)	1897
Hauteur (mm)	1860 (H3), 1831 (H3T)
Volume intérieur (L)	n.d.
Volume du coffre (min./max.) (L)	708 / 1780 (H3)
	950 (H3T)
Capacité du réservoir de carburant (L)	87 (H3), 102 (H3T)
Fourchette de poids (kg)	2131 – 2199 (H3)
	2238 – 2299 (H3T)

CHÂSSIS

Mode	4 roues motrices
Suspension av. - arr.	indépendante - essieu rigide
Freins av. - arr.	disques
Capacité de remorquage min. - max. (kg)	1996 - 2721
Direction – diamètre de braquage (m)	crémaillère - 11,3 (H3) / 13,3 (H3T)
Pneus	265/75R16, 285/75R16, 265/65R18

PERFORMANCES

Modèle à l'essai	H3 Alpha
Moteur	V8 DACT 5,3 litres
Puissance (ch. à tr/min)	300 - 5200
Couple (lb-pi à tr/min)	320 - 4000
Transmission	automatique 4 rapports
Autres transmissions	manuelle 5 rapports (3,7 l)
Accélération 0-100 km/h (sec.)	9,26
Reprises 80-115 km/h (sec.)	6,87
Distance de freinage 100-0 km/h (m)	43,2
Niveau sonore à 100 km/h	✗ ✗ ✎
Vitesse maximale (km/h)	180
Consommation réalisée au cours de l'essai (L/100 km)	16,1
Gaz à effet de serre	
Autres moteurs	L5 3,7 litres (239 ch.)

CE QU'IL FAUT SAVOIR

Fourchette de prix ($)	40 995 (H3)
Marge de profit du concessionnaire (%)	11,72
Transport et préparation ($)	1250
Consommation ville - route (L/100 km)	17 - 13 (3,7 l) / 18 - 14,8 (5,3 l)
Essence recommandée	ordinaire
Versions offertes	H3, H3 Alpha, H3T, H3T Alpha
Carrosserie	utilitaire 5 portes, camionnette 4 portes
Lieu d'assemblage	États-Unis
Valeur résiduelle	✱ ✱ ✱
Garanties : de base - motopropulseur (an/km)	4/80 000 - 5/160 000
Fiabilité présumée	✱ ✱ ✱
Cycle de remplacement	inconnu
Ventes 2007 ↘ 34 %	Québec : 154
Protection collision frontale conducteur/passager	✱✱✱✱✱ / ✱✱✱✱✱
latérale avant/arrière	✱✱✱✱✱ / ✱✱✱✱✱
retournement 2rm/4rm	n.a. / ✱✱✱

À RETENIR

Nouveautés 2009	camionnette H3T, Bluetooth, caméra de recul, système d'aide au départ en pente
Principales concurrentes	Dodge Dakota, Jeep Wrangler/Liberty, Land Rover LR2, Nissan Xterra/Frontier, Toyota FJ Cruiser/Tacoma

- Style unique
- Capacité hors route
- Format plus réaliste que le H2

- Moteur 3,7 litres anémique
- Champs de vision en ville
- Espaces de rangement déficients

289

L'ÂGE DE LA MATURITÉ

HYUNDAI
ACCENT

Quand on utilise au quotidien une Hyundai Accent et qu'on la compare à ses rivales japonaises, on convient d'emblée que cette sous-compacte sud-coréenne a besoin de se raffiner davantage pour se frotter aux Nissan Versa, Honda Fit et Toyota Yaris. Par contre, on doit admettre également que cette troisième génération, qui fête cette année ses 18 ans, a pris de la maturité et qu'il lui manque peu de choses pour être une sérieuse menace. Pour preuve : la petite Accent figure dans le top 10 des véhicules les plus vendus au pays.

Même si l'Accent est le véhicule d'entrée de gamme de Hyundai, il faut bien le dire : elle est plutôt mignonne. Et pour l'offrir à un prix aussi alléchant, sous la barre des 14 000 $, le constructeur sud-coréen a dû sabrer quelque part. Et où pensez-vous qu'il a coupé ? Comme c'est le cas de l'Elantra, l'Accent n'a pas été gâtée en matière d'équipement de sécurité. Si vous voulez des freins ABS, des coussins et des rideaux gonflables, vous devrez vous procurer le modèle haut de gamme : la berline GLS. Mais Hyundai vise le marché des jeunes conducteurs pour qui la sécurité dans une automobile a beaucoup moins d'importance que le prix, la consommation de carburant et une allure un peu cool.

BELLES QUALITÉS ET VILAINS DÉFAUTS

Comme c'est le cas dans la plupart des véhicules sud-coréens, la finition intérieure est mieux ficelée que jamais. Au cours des années, Hyundai a remplacé les plastiques au fini dur qui donnaient à la voiture une allure bon marché par des matériaux au toucher plus onctueux. Après avoir roulé dans des voitures dont la disposition et le nombre de commandes nous donnent l'impression parfois de piloter un 747, disons qu'il est rafraîchissant d'utiliser de bons vieux boutons ronds qu'on tourne, vers la gauche ou vers la droite, pour régler le chauffage ou la climatisation de l'Accent. Dans le même ordre d'idées, les tissus sont de bonne facture, et la qualité d'assemblage a fait des progrès importants.

L'habitacle de cette sous-compacte est étonnamment grand. Quatre adultes y prendront place en tout confort ; de plus, à l'arrière, on trouve suffisamment de place pour les pieds. Le siège du conducteur est réglable en six directions et com-porte un soutien lombaire ainsi qu'un accoudoir, des mécanismes qu'on retrouve même dans la version de base L. Pour ce qui est de la banquette arrière, le dossier divisé 60/40 du modèle à hayon se rabat pour permettre à la voiture de recevoir 450 litres de bagages. Quant au coffre de la berline, il peut engloutir 351 litres de sacs d'épicerie. Au chapitre de l'audio, c'est plutôt correct pour un véhicule de ce prix. La version GL offre même une connexion pour un iPod.

UN ESSIEU RIGIDE TAPAGEUR

Et la conduite, me direz-vous ? C'est au-delà des attentes pour la catégorie. Par contre, même si elle est directe et communique assez bien les sensations de la route, la direction manque de précision. En milieu urbain, grâce à un rayon de braquage de seulement 10 m, l'Accent est facile à manœuvrer. Par contre, la suspension arrière à essieu rigide a tendance à sautiller légèrement lorsque le pavé se dégrade. Peu sensible aux vents latéraux, une surprise compte tenu de son gabarit, l'Accent demeure stable sur l'autoroute. Elle est exempte de bruits éoliens et passablement silencieuse en vitesse de croisière. Les freins sont à l'image de la voiture ; ils passent le test, mais il ne faut pas trop les pousser.

L'Accent dissimule sous son capot un quatre cylindres de 1,6 litre à DACT qui développe une puissance de 110 chevaux et un couple de 106 livres-pieds. À 100 km/h, le moteur de la petite Hyundai tourne allègrement et silencieusement à 2500 tours/minute. Même si elle montre toujours un léger flou dans son étagement, la boîte de vitesses manuelle à cinq rapports exploite beaucoup mieux la puissance du moteur que la boîte automatique à quatre rapports, qui pourrait être mieux adaptée aux années 2000.

À QUAND L'HYBRIDE ?

La consommation moyenne de carburant, selon qu'on opte pour la manuelle ou l'automatique, varie entre 7 et 8 litres aux 100 km. À ce propos, Hyundai a présenté une Accent hybride dans plusieurs salons automobiles. Ce véhicule concept était mû par un tandem composé d'un quatre cylindres de 1,4 litre et d'un moteur électrique équivalent à 16 chevaux. Espérons que Hyundai l'introduise sur notre marché à court ou à moyen terme, puisqu'un modèle hybride roule déjà en Corée. ▌▌▌ **STÉPHANE QUESNEL**

*Il manque peu de choses à cette troisième génération
pour représenter une sérieuse menace pour les japonaises*

DIMENSIONS ET VOLUMES

Empattement (mm)	2500
Longueur (mm)	4280 (berline), 4045 (hayon),
Largeur (mm)	1695
Hauteur (mm)	1470
Volume intérieur (L)	2610
Volume du coffre (min./max.) (L)	351 (berline) / 450 (hayon)
Capacité du réservoir de carburant (L)	45
Fourchette de poids (kg)	1073 - 1149

CHÂSSIS

Mode	traction
Suspension av. – arr.	indépendante - essieu rigide
Freins av. – arr.	disques - tambours
Capacité de remorquage min. – max. (kg)	non recommandé
Direction – diamètre de braquage (m)	crémaillère - 10,08
Pneus	185/65R14 (L, GL), 195/55R15 (GLS) 205/45R16 (GL Sport)

PERFORMANCES

Modèle à l'essai	Accent GLS (berline)
Moteur	L4 DACT 1,6 litre
Puissance (ch. à tr/min)	110 - 6000
Couple (lb-pi à tr/min)	106 - 4500
Transmission	automatique 4 rapports
Autres transmissions	manuelle 5 rapports
Accélération 0-100 km/h (sec.)	11,89
Reprises 80-115 km/h (sec.)	7,77
Distance de freinage 100-0 km/h (m)	39,7
Niveau sonore à 100 km/h	✕ ✕ 🔊
Vitesse maximale (km/h)	180
Consommation réalisée au cours de l'essai (L/100 km)	7,6
Gaz à effet de serre	🏭🏭
Autres moteurs	aucun

CE QU'IL FAUT SAVOIR

Fourchette de prix ($)	**13 595 - 18 145**
Marge de profit du concessionnaire (%)	8,94 – 10,27
Transport et préparation ($)	1345
Consommation ville – route (L/100 km)	**9,9 – 7,5 (aut.)**
Essence recommandée	ordinaire
Versions offertes	L, GL, GLS, GL Sport
Carrosserie	berline 4 portes, hayon 3 portes
Lieu d'assemblage	Corée du Sud
Valeur résiduelle	✲
Garanties : de base – motopropulseur (an/km)	5/100 000 - 5/100 000
Fiabilité présumée	✲ ✲
Cycle de remplacement	2011
Ventes 2007 ↘ 9 %	Québec : 8602
Protection collision frontale conducteur/passager	✲✲✲✲ / ✲✲✲✲✲
latérale avant/arrière	✲✲✲✲ / ✲✲✲
retournement 2rm/4rm	✲✲✲✲ / n.a.

À RETENIR

Nouveautés 2009	régulateur de vitesse en option
Principales concurrentes	Chevrolet Aveo, Honda Fit, Kia Rio, Nissan Versa, Pontiac Wave, Suzuki Swift+, Toyota Yaris, VW Golf City

- • Sa maniabilité
- • Son confort pour une sous-compacte
- • Sa gamme de prix et sa faible consommation

- • Sa direction un peu floue
- • Sa boîte de vitesses automatique
- • L'absence d'ABS, de coussins et de rideaux latéraux (sauf GLS)

L'AZUR S'OBSCURCIT

Azera. Le nom évoque un coin de ciel bleu. Le couvercle de malle rappelle des formes aperçues à Munich, mais cette berline aux formes solennelles nous parvient de Corée. L'Azera avait des prétentions beaucoup plus grandes que la défunte XG, mais infiniment moindres que la Genesis dont nous présentons l'analyse dans les pages qui suivent et qui devient, du coup, le nouveau porte-étendard du constructeur sud-coréen.

L'Azera a bien tenté depuis son arrivée de démontrer que l'industrie automobile sud-coréenne n'est plus la championne du « copier-coller » en matière de style, ni une attardée sur le plan technique. La démonstration n'a pas totalement convaincu. Pourtant, l'Azera possède tous les attributs du luxe et n'a aucunement à rougir de la comparaison avec ses rivales. Et moins encore cette année, avec le repositionnement dont elle fait l'objet au sein de la gamme de son constructeur. Même si elle ne risque en aucun cas de cannibaliser les ventes de la Genesis, l'Azera se présente désormais en une seule livrée et à un « prix mieux étudié » (dixit Hyundai). C'est-à-dire, plus avantageux. Vous laisserez-vous tenter ? L'offre est alléchante, ses semblables chez la concurrence se détaillant plus cher, même beaucoup plus cher.

Cela dit, l'habitacle au mobilier moderne est égayé par une baguette de similibois et des appliques façon aluminium bouchonné. Ces inspirations juxtaposées ne se concilient pas sans mal et contribuent à rendre l'ensemble très baroque. Une affaire de goût.

Le tableau de bord regroupe une instrumentation complète et facile à consulter, mais cela est gâché par le stylisme et le rétroéclairage des cadrans. Les principales commandes se trouvent dans l'environnement immédiat du conducteur. Ce dernier profitera par ailleurs des multiples réglages pour se mitonner une position de conduite confortable. Les deux occupants des places arrière (le dégagement est plutôt compté au niveau des hanches, pour un troisième adulte, et l'accoudoir central replié fait saillie dans le dos) ne trouveront rien à redire et pourront étendre leurs jambes en tout confort. Et si les bagages pouvaient parler, ils formuleraient sans doute le même commentaire à l'égard

du coffre. Spacieuse, bien équipée, l'Azera affiche également une qualité de fabrication étonnante qui n'a pratiquement rien à envier à la concurrence.

INCOLORE ET SANS SAVEUR

Sur le plan technique, l'Azera en « beurre plus épais », mais pas trop. Pour entraîner ses roues avant motrices (doublées de précieux systèmes antipatinage et antidérapage), les motoristes de Hyundai ont, à l'aide de composantes existantes, réalisé un 3,8 litres de 263 chevaux. Doté de deux arbres à cames, d'un système d'admission variable, de bougies platinées (cycle de remplacement porté à 100 000 km), ce moteur s'arrime exclusivement à une transmission semi-automatique à cinq rapports.

À peine a-t-on mis le contact que la sonorité soyeuse du V6 se fait entendre. Silencieuse et maniable, cette grosse berline coréenne en impose. Utilisée en mode automatique, la boîte de vitesses fait preuve d'un peu trop de vivacité (ou d'empressement, c'est selon) sur les deux premiers rapports, mais cela sans nuire aux performances, qui s'inscrivent dans la très bonne moyenne. En fait, il n'y a que la consommation d'essence moyenne de ce 3,8 litres pour gâcher notre plaisir : 13 litres aux 100 km (par temps froid, faut-il le souligner). C'est beaucoup.

Pour l'Azera, l'important, c'est le confort. La voiture vire à plat et paraît très correctement suspendue (ce qui, pour une Coréenne, n'a rien de banal). La suspension avant pompe légèrement sur les ondulations de la route, la direction assistée manque sans doute de précision (au centre surtout), mais le comportement général ne présente pas de lacunes majeures. En fait, et contrairement à la défunte XG, l'Azera ne donne pas seulement satisfaction sur un long et monotone ruban d'asphalte, mais aussi sur un parcours plus tourmenté, où son châssis fait preuve d'une rigidité fort acceptable. Mieux encore, le freinage s'est avéré facile à moduler et étonnamment résistant à l'usage, autorisant des distances d'arrêt passablement courtes.

L'Azera a atteint le raffinement, l'agilité et le tempérament de certaines de ses rivales, mais son coût d'acquisition et ses dimensions intérieures ne lui permettent plus de s'en démarquer aussi avantageusement. Et il y a aussi que la marque sud-coréenne est toujours perçue comme un paria dans cet univers de noblesse. Mais rappelez-vous il y a une quinzaine d'années : beaucoup se moquèrent des grosses Lexus, ces « Mercedes japonaises » conçues par Toyota. On connaît la suite... Et Hyundai fait le même pari stratégique.
ııı ÉRIC LEFRANÇOIS

Silencieuse et maniable, cette berline en impose même si la marque sud-coréenne est perçue comme un paria dans cet univers de noblesse

HYUNDAI AZERA

DIMENSIONS ET VOLUMES

Empattement (mm)	2780
Longueur (mm)	4895
Largeur (mm)	1850
Hauteur (mm)	1490
Volume intérieur (L)	3028
Volume du coffre (min./max.) (L)	470
Capacité du réservoir de carburant (L)	75
Fourchette de poids (kg)	1648

CHÂSSIS

Mode	traction
Suspension av. - arr.	indépendante
Freins av. - arr.	disques
Capacité de remorquage min. - max. (kg)	454
Direction - diamètre de braquage (m)	crémaillère - 11,4
Pneus	225/60R16 (GLS), 235/55R17 (Limited)

PERFORMANCES

Modèle à l'essai	Azera Limited
Moteur	V6 DACT 3,8 litres
Puissance (ch. à tr/min)	263 - 6000
Couple (lb-pi à tr/min)	257 - 4500
Transmission	semi-automatique 5 rapports
Autres transmissions	aucune
Accélération 0-100 km/h (sec.)	7,89
Reprises 80-115 km/h (sec.)	4,11
Distance de freinage 100-0 km/h (m)	39,6
Niveau sonore à 100 km/h	✗ ✗ ✗ ✎
Vitesse maximale (km/h)	200
Consommation réalisée au cours de l'essai (L/100 km)	13
Gaz à effet de serre	
Autres moteurs	aucun

CE QU'IL FAUT SAVOIR

Fourchette de prix ($)	**39 195**
Marge de profit du concessionnaire (%)	11,06 à 11,42
Transport et préparation ($)	1415
Consommation ville - route (L/100 km)	**13,7 - 9,2**
Essence recommandée	ordinaire
Versions offertes	Limited
Carrosserie	berline 4 portes
Lieu d'assemblage	Corée du Sud
Valeur résiduelle	✱ ✱ ✱
Garanties : de base - motopropulseur (an/km)	5/100 000 - 5/100 000
Fiabilité présumée	✱ ✱ ✱
Cycle de remplacement	inconnu
Ventes 2007 ↘ 31 %	Québec : 36
Protection collision frontale conducteur/passager latérale avant/arrière retournement 2rm/4rm	✱ ✱ ✱ ✱ / ✱ ✱ ✱ ✱ ✱ ✱ ✱ ✱ ✱ / ✱ ✱ ✱ ✱ ✱ ✱ ✱ ✱ / n.a.

À RETENIR

Nouveautés 2009	retouches et ajout de chrome à la calandre, nouveau volant, prise iPod
Principales concurrentes	**Buick Lucerne, Chrysler 300, Ford Taurus, Kia Amanti, Nissan Maxima, Toyota Avalon, VW Passat**

- Confort de roulement
- Équipement plantureux
- Garantie généreuse

- Boîte de vitesses hésitante sur les premiers rapports
- Consommation élevée
- Modèle en sursis

LA SÉCURITÉ EN OPTION

Hyundai a introduit la première génération de son Elantra sur le marché en 1991. À cette époque, bien malin celui qui aurait pu prédire que, trois générations plus tard, le fabricant coréen aurait produit un véhicule aussi bien ficelé et connu une croissance aussi fulgurante, surtout au Québec.

Qui ne se souvient pas des frasques des Pony et Stellar ainsi que de la fermeture, en septembre 1993, de l'usine de Bromont et du miniscandale du calcul erroné de la puissance des mécaniques, en 2002, pour lequel les consommateurs de l'époque avait obtenu de Hyundai une prolongation de la garantie de base ? Mais les Québécois ont le pardon facile, et Hyundai a tout fait pour se faire pardonner, y compris couvrir ses véhicules d'une garantie de cinq ans ou 100 000 km. Quand même !

Quelque temps avant d'introduire la quatrième génération de son Elantra, Hyundai s'était fixé comme objectif de revoir sa gamme complète de véhicules à l'intérieur de deux ans. On n'a qu'à jeter un coup d'œil à l'Elantra et à tous les autres modèles de la gamme pour comprendre que le fabricant coréen était sérieux quand il clamait, en 2006-2007, vouloir devenir le cinquième constructeur mondial à l'horizon 2010. Comme il a atteint cet objectif deux ans plus tôt, grâce à la dissolution du groupe DaimlerChrysler, le groupe Hyundai-Kia, cinquième constructeur devant Nissan, vise encore plus grand : Volkswagen.

La dernière génération de l'Elantra date de 2007. Non seulement a-t-elle été complètement redessinée, mais elle affiche maintenant le style tout en rondeurs dont Hyundai fait ses choux gras. On aime ou on n'aime pas ! L'Elantra, offerte en quatre versions (L, GL, GLS et Limited), montre des dimensions qui n'ont plus rien à voir avec la catégorie des compactes. De fait, depuis son introduction en 1991, elle a gagné en empattement, en longueur, en largeur et en hauteur.

Pourtant, on ne peut pas en dire autant de la petite mécanique de deux litres qui fait son petit bonheur de chemin depuis 1996. En effet, en 2008, ce moteur à double arbre à cames en tête ne développe encore qu'une puissance de 138 chevaux et produit un couple de 136 livres-pieds. Avec une telle cava-

lerie, on ne peut s'attendre qu'à des performances correctes, surtout quand la mécanique est jumelée à la boîte de vitesses automatique à quatre rapports. Pour ce qui est de la consommation, la moyenne s'établit entre 8,2 et 8,5 litres aux 100 km, selon qu'on a opté pour la boîte manuelle ou l'automatique.

DES QUALITÉS INDÉNIABLES

L'Elantra a pris un peu d'embonpoint, c'est vrai, mais cela ne comporte pas que des inconvénients. Son habitacle figure parmi les plus vastes de la catégorie, comme son coffre d'ailleurs. Et contrairement à ce qu'on a connu au cours de la dernière décennie du XXe siècle, la qualité des matériaux utilisés à l'intérieur du véhicule a pris du galon. De plus, comme c'est la norme actuellement du côté des fabricants coréens, la qualité de l'assemblage est au rendez-vous ; d'ailleurs, certains fabricants européens haut de gamme auraient avantage à s'en inspirer fortement. Grâce à un équipement complet, à la rigidité de son châssis, à la précision de sa direction électrique et à la calibration de sa suspension, on peut affirmer que l'Elantra est agréable à conduire.

Si l'Elantra représente un rapport qualité-prix des plus intéressant, particulièrement la version L, il est évident que c'est dans les équipements de sécurité que le fabricant a sabré. Si le modèle GLS offre le télédéverrouillage, l'alarme de sécurité, deux coussins gonflables à l'avant, deux coussins latéraux, deux rideaux latéraux ainsi que des appuie-têtes actifs à l'avant, les modèles L et GL sont vraiment les parents pauvres du fabricant avec deux coussins gonflables à l'avant seulement. En outre, les deux modèles de base n'offrent pas non plus les freins ABS avec répartition électronique du freinage. Voilà qui me fait dire que la sécurité est offerte en option du côté de Hyundai.

Si les Américains ne sont pas très friands des modèles bicorps, les Québécois, eux, en raffolent. On n'y peut rien, c'est culturel ! Voilà pourquoi Hyundai a pris la décision de réintégrer la version à cinq portières de l'Elantra pour l'année modèle 2009 : l'Elantra Touring. Plus sportive dans son allure, celle-ci devrait débarquer chez les commerçants vers la fin de l'année. Il s'agira de la première compacte à cinq portières à offrir le système électronique de contrôle de la stabilité ainsi qu'une foule d'autres technologies liées à la sécurité.

Dans un autre ordre d'idées, mentionnons enfin que Hyundai compte mettre sur le marché un modèle hybride, et ce, dès 2009. Quel sera le modèle de prédilection choisi par le fabricant ? Je vous le donne en mille : l'Avante, la jumelle de l'Elantra en Corée du Sud. Offrira-t-on l'Elantra avec une motorisation hybride à la clientèle nord-américaine ?
STÉPHANE QUESNEL

La qualité de l'assemblage est au rendez-vous ; d'ailleurs, certains fabricants européens haut de gamme auraient avantage à s'en inspirer

DIMENSIONS ET VOLUMES

Empattement (mm)	2650 (berline), 2700 (familiale)
Longueur (mm)	4505 (berline), 4476 (familiale)
Largeur (mm)	1775 (berline), 1765 (familiale)
Hauteur (mm)	1480 (berline), 1519 (familiale)
Volume intérieur (L)	2772 (berline)
Volume du coffre (min./max.) (L)	402 (berline)
Capacité du réservoir de carburant (L)	53
Fourchette de poids (kg)	1235 - 1313 (berline)

CHÂSSIS

Mode	traction
Suspension av. - arr.	indépendante
Freins av. - arr.	disques - tambours (L. GL), disques
Capacité de remorquage min. - max. (kg)	340
Direction - diamètre de braquage (m)	crémaillère - 10,3 / 10,42 (familiale)
Pneus	195/65R15 (L, GL, GLS) 205/55R16 (GL Sport, Limited), 215/45R17 (Touring)

PERFORMANCES

Modèle à l'essai	Elantra GLS
Moteur	L4 DACT 2 litres
Puissance (ch. à tr/min)	138 - 6000
Couple (lb-pi à tr/min)	136 - 4600
Transmission	manuelle 5 rapports
Autres transmissions	automatique 4 rapports
Accélération 0-100 km/h (sec.)	9,55
Reprises 80-110 km/h (sec.)	5,29
Distance de freinage 100-0 km/h (m)	41,6
Niveau sonore à 100 km/h	✗ ✗
Vitesse maximale (km/h)	185
Consommation réalisée au cours de l'essai (L/100 km)	8,2
Gaz à effet de serre	
Autres moteurs	L4 2 litres (141 ch.)

CE QU'IL FAUT SAVOIR

Fourchette de prix ($)	**15 845 - 23 795**
Marge de profit du concessionnaire (%)	8,70 à 10,25
Transport et préparation ($)	1345
Consommation ville - route (L/100 km)	**9,8 - 7,3 (man., 2 l) 10,1 - 7,5 (aut., 2 l)**
Essence recommandée	ordinaire
Versions offertes	L, GL, GL Sport, GLS, Limited, Touring
Carrosserie	berline 4 portes, familiale 5 portes
Lieu d'assemblage	Corée du Sud
Valeur résiduelle	✱ ✱ ✱
Garanties : de base - motopropulseur (an/km)	5/100 000 - 5/100 000
Fiabilité présumée	✱ ✱ ✱
Cycle de remplacement	2012
Ventes 2007 ↗ 15 %	Québec : 6444
Protection collision frontale conducteur/passager latérale avant/arrière retournement 2rm/4rm	✱✱✱✱✱ / ✱✱✱✱✱ ✱✱✱✱ / ✱✱✱✱ ✱✱✱✱ / n.a.

À RETENIR

Nouveautés 2009	**nouveau modèle familial « Touring », moteur un peu plus puissant (141 ch.)**
Principales concurrentes	**Ford Focus, Kia Spectra, Mazda3, Mitsubishi Lancer, Pontiac G5/Vibe, Saturn Astra, Subaru Impreza, Toyota Corolla/Matrix, VW Rabbit/Jetta**

+
- Son habitacle et son coffre spacieux
- La qualité de l'assemblage et des matériaux
- Son équipement généreux

−
- L'absence de coussins et de rideaux de sécurité latéraux
- La timidité de sa mécanique
- Le style tout en rondeurs

Le duo coréen Hyundai-Kia est venu tardivement s'installer dans le créneau des fourgonnettes. En fait, au moment où les ventes déclinaient. Kia a osé une première incursion et sa pénétration dans le marché a d'abord été une affaire de bas prix. Chacune des gammes de Hyundai et Kia possédait ses exclusivités, l'une la Tiburon, l'autre la Sedona, et faisait son petit bonhomme de chemin.

Ancien rival de Hyundai, Kia avait connu des ennuis financiers majeurs et avait été récupéré par ce dernier en 1998. Cependant, l'harmonisation grandissante des deux marques a profité au numéro un coréen qui a intégré dans son catalogue la fourgonnette Sedona en tant qu'Entourage et la grosse berline Amanti soudainement devenue Azera. Une bonne opération qui a profité d'emblée aux concessionnaires Hyundai, plus nombreux et mieux nantis.

DES COPIES QUASI CONFORMES

Les économies émergentes se sont souvent établies en imitant ce que faisait la concurrence, en jugulant les coûts d'exploitation et en vendant à plus bas prix. C'est le coup qu'a fait l'industrie automobile japonaise dans les années 1960, et sa réédition par les manufacturiers coréens dans les années 1980. Il y a une dizaine d'années, Hyundai avait présenté un prototype de fourgonnette à la presse québécoise et tous ceux présents étaient convaincus que le Ford Windstar d'alors avait servi d'étalon. Quant à savoir ce que l'avenir nous réserve, vous l'aurez deviné, d'ici peu ce sera au tour des Chinois et des Indiens à faire rebelote.

Il suffit de placer côte à côte une Entourage, une Honda Odyssey et même une Toyota Sienna pour se rendre compte que les Coréens ont travaillé en regardant chez le voisin avec l'idée précise d'offrir un véhicule similaire. Le moteur choisi pour cette première génération de l'Entourage est un V6 de 3,8 litres de 250 chevaux jumelé à une boîte automatique à cinq rapports, un groupe propulseur qui répond bien, mais qui n'a rien d'économique à la consommation ; néanmoins, il fait bien meilleure figure que l'ancien 3,5 litres couplé à une boîte quatre rapports de la Sedona. Question de design extérieur, l'Entourage manque de personnalité et de cachet et donne l'impression de lourdeur.

Fort bien aménagé, l'habitacle est doté d'une console centrale où est logé un levier de vitesses à la rallye qu'on peut mouliner manuellement. Les sièges sont confortables et contribuent à garder l'intérieur feutré. L'espace est généreux pour les deux banquettes arrière et l'accès à la troisième est assez facile. Qui plus est, même les glaces arrière peuvent être abaissées. Il n'est pas possible de dissimuler les sièges du milieu dans le plancher comme on le fait chez certains concurrents, ce qui alloue quand même un volume cargo de 911 litres derrière la troisième rangée et de plus de 4000 lorsque celle-ci est retirée. Seule la dernière banquette des versions GLS et Limited peut se loger dans le plancher.

UNE CONDUITE LOURDE

Un des handicaps de l'Entourage est son poids de 2000 kg qui se fait sentir autant dans la tenue de route que dans la consommation d'essence. L'aménagement intérieur, les sièges et les banquettes d'une part, et le bloc-moteur et la transmission en fonte de l'autre, contribuent à ce poids. De plus, on constate que l'étagement de la boîte assure un départ musclé, presque agaçant, dès qu'on accélère, puis s'estompe quand on prend de la vitesse. Le freinage s'en ressent par la suite, puisqu'il faudra une bonne pression pour immobiliser cette masse. Même en caressant l'accélérateur, nous avons fait en moyenne presque 13 litres aux 100 km.

RABAIS ET GARANTIES

On a fait grand état des garanties consenties par Kia, qu'on disait les meilleures dans l'industrie et qui se sont répandues comme une traînée de poudre chez d'autres constructeurs en mal de conquérir une part de marché. Hyundai a suivi dans la même veine avec cinq ans de protection ou 100 000 km sur presque tout le véhicule. Seule l'assistance routière de Kia est supérieure de deux ans.

Dans le cas de la version de base, au demeurant assez dénudée, Hyundai demande environ 30 000 $, alors que la version la plus luxueuse exige un déboursé supplémentaire de 10 000 $. Hyundai devrait prendre les devants comme il l'a fait pour certains modèles bas de gamme en réduisant radicalement son offre de service. Quand on constate ce que Chrysler et GM ont orchestré avec la nouvelle Caravan ou la vieillissante Uplander, le numéro un coréen et sa contrepartie devront se montrer plus agressifs.
⫶ MICHEL POIRIER-DEFOY

L'ennemi de l'Entourage : son poids

DIMENSIONS ET VOLUMES

Empattement (mm)	3020
Longueur (mm)	5130
Largeur (mm)	1990
Hauteur (mm)	1830
Volume intérieur (L)	4879
Volume du coffre (min./max.) (L)	911 / 4007
Capacité du réservoir de carburant (L)	80
Fourchette de poids (kg)	1996

CHÂSSIS

Mode	traction
Suspension av. - arr.	indépendante
Freins av. - arr.	disques
Capacité de remorquage min. - max. (kg)	454 (sans freins) - 1588 (avec freins)
Direction - diamètre de braquage (m)	crémaillère - 12,07
Pneus	225/70R16 (L, GL), 235/60R17 (GLS, Limited)

PERFORMANCES

Modèle à l'essai	Entourage GLS
Moteur	V6 DACT 3,8 litres
Puissance (ch. à tr/min)	250 - 6000
Couple (lb-pi à tr/min)	253 - 3500
Transmission	semi-automatique 5 rapports
Autres transmissions	aucune
Accélération 0-100 km/h (sec.)	9,09
Reprises 80-115 km/h (sec.)	non chronométrées
Distance de freinage 100-0 km/h (m)	non mesurée
Niveau sonore à 100 km/h	✹ ✹ ✹
Vitesse maximale (km/h)	190
Consommation réalisée au cours de l'essai (L/100 km)	12,9
Gaz à effet de serre	
Autres moteurs	aucun

CE QU'IL FAUT SAVOIR

Fourchette de prix ($)	**30 995 – 39 495 (2008)**
Marge de profit du concessionnaire (%)	9,89 à 10,69
Transport et préparation ($)	1610
Consommation ville - route (L/100 km)	**14,9 - 10,4**
Essence recommandée	ordinaire
Versions offertes	L, GL, GLS, Limited
Carrosserie	fourgonnette 5 portes
Lieu d'assemblage	Corée du Sud
Valeur résiduelle	✳
Garanties : de base - motopropulseur (an/km)	5/100 000 - 5/100 000
Fiabilité présumée	✹ ✹ ✹
Cycle de remplacement	2012
Ventes 2007 ↗ 16 %	Québec : 456

Protection collision	
frontale conducteur/passager	✳ ✳ ✳ ✳ ✳ / ✳ ✳ ✳ ✳ ✳
latérale avant/arrière	✳ ✳ ✳ ✳ ✳ / ✳ ✳ ✳ ✳ ✳
retournement 2rm/4rm	✳ ✳ ✳ ✳ / n.a.

À RETENIR

Nouveautés 2009	calandre redessinée, système audio avec prise iPod
Principales concurrentes	Chevrolet Uplander, Dodge Grand Caravan, Honda Odyssey, Kia Sedona, Nissan Quest, Pontiac SV6, Toyota Sienna

- Espace généreux dans l'habitacle
- Bonnes garanties
- Fiabilité améliorée

- Design un peu anonyme
- Consommation à considérer
- Effet de lourdeur dans la conduite

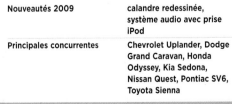

LA CHANCE SOURIT-ELLE TOUJOURS AUX AUDACIEUX ?

HYUNDAI
GENESIS

À l'heure où la flambée des prix du carburant persuade les consommateurs de se tourner vers des véhicules à motorisation frugale, Hyundai n'a pas froid aux yeux en lançant son premier véhicule avec moteur V8. On peut même ajouter que le constructeur a tout un front si on considère que pour sa première incursion dans le segment des grandes berlines de performance et de luxe, il cherche à rejoindre l'élite de l'industrie automobile avec son nouveau porte-étendard, la Genesis 2009.

« Bien que la Genesis vise les conducteurs attirés par des véhicules tels que la Lexus ES, la Chrysler 300C ou la Pontiac G8, nos objectifs en matière d'ingénierie ciblaient davantage les Mercedes de classe E, Infiniti M et Lexus GS », a déclaré le vice-président au développement et à la planification des produits pour Hyundai Motor America lors de la présentation de la voiture à Detroit. John Vernile, vice-président, ventes et marketing chez Hyundai Auto Canada a répété ces mêmes paroles lors de la présentation officielle aux médias canadiens.

DE GRANDES ATTENTES

Hyundai a donc de grosses attentes pour son vaisseau amiral, premier de la gamme à reposer sur une architecture à propulsion — cette configuration lui procure une répartition du poids presque parfaite de 53 avant/47 arrière — et à offrir en option un moteur V8 à la fois plus puissant et moins gourmand en carburant que les Infiniti M45, Lexus GS 460 et BMW 550i. Mais le constructeur n'a pas encore acquis ses lettres de noblesse. Et bien qu'il ait accompli des pas de géant pour rejoindre et même surpasser les autres fabricants longtemps établis au pays, il est peu probable que les acheteurs de BMW, Mercedes-Benz, Infiniti ou Lexus se précipitent chez les concessionnaires du fabricant sud-coréen pour s'en procurer une, même si c'était la meilleure, la plus belle, la plus performante et... la plus économique en carburant au monde. C'est sans doute pour cette raison que le logo du constructeur ne figure qu'à l'arrière, et ce, sans le nom de la marque Hyundai.

Cependant, sur le marché grand public, la Genesis n'aura pas de mal à se défendre devant la compétition et pourra même jusqu'à conquérir les acheteurs de berlines plein format à traction avant s'ils se laissent tenter par un essai routier. D'ailleurs, lors de la présentation médiatique, les responsables de la compagnie n'ont pas lésiné sur le temps de conduite. En outre, des exercices sur piste étaient aussi au menu, histoire de nous prouver qu'il n'est pas nécessaire de payer les yeux de la tête pour obtenir un véhicule luxueux, confortable et performant.

REVUE DE DÉTAILS

Mais avant de vous entretenir de son comportement routier, voici quelques informations qui vous aideront à vous faire une meilleure idée de cette nouvelle venue dans le segment. En matière de dimensions, la Genesis est plus longue que la Lexus ES et la Cadillac CTS, mais plus courte que la Pontiac G8 et la Chrysler 300. Cependant, la coréenne offre le même espace intérieur — 3098 litres — que la Mercedes de Classe S, qui mesure 231 mm de plus.

Côté motorisation, la Genesis de base est livrée avec un moteur V6 de 3,8 litres qui développe suffisamment de puissance et de couple pour les dépassements sur l'autoroute ou en montée de pente. En fait, même le conducteur qui apprécie une conduite plus enthousiaste sera amplement satisfait par ses prestations. Outre son système de distribution des soupapes à variation continue (DSVC) à l'admission et à l'échappement, le moteur profite d'un

nouveau système d'admission variable (VIS) qui lui donne un nouveau souffle tant à bas régime qu'à haut régime. Il a aussi l'avantage d'être relativement frugal en carburant. Sur l'autoroute, sa consommation est moindre que des intermédiaires à moteur V6 telles la Ford Fusion ou la Nissan Altima. Et il fonctionne avec beaucoup de discrétion, les multiples efforts déployés pour insonoriser l'habitacle contribuant également à étouffer son ronronnement.

SILENCE, ON ROULE

D'ailleurs si vous êtes du genre à opter pour un moteur V8 en raison de sa sonorité, vous serez déçu, car les matériaux isolants abondants ne laissent pénétrer aucun bruit de route ou de moteur ni de vibrations à l'intérieur de la Genesis. Cependant, du côté des performances, ce tout nouveau huit cylindres de 4,6 litres développe plus de chevaux par litre que tout autre V8 concurrent. Il peut se contenter d'essence ordinaire, mais vous gratifiera de quelques chevaux supplémentaires avec du supercarburant. Les deux moteurs sont couplés à des boîtes automatiques à six rapports. Cependant, les modèles à moteur V6 utilisent la version SHIFTRONIC Aisin avec convertisseur de couple à blocage, ce qui favorise une plus grande économie de carburant sur l'autoroute, tandis que la version V8 bénéficie d'une boîte ZF pour des performances supérieures. Les deux boîtes fonctionnent avec douceur.

Sur la route, la Genesis n'a rien d'un gros bateau. Sa suspension masque avec adresse les irrégularités de la route sans toutefois manquer de fermeté. L'acheteur qui désire des performances et une tenue de route équilibrée mais sans compromis sur le confort de roulement sera bien servi. Et les freins à disque se chargent d'immobiliser cette bête

de 1817 kg avec brio, même plutôt agressivement sur la version V8, qui dispose d'étriers à deux pistons (comparé à un pour le V6). Par ailleurs, l'habitacle soigné (on a peine à croire qu'il s'agit d'une coréenne) et spacieux se charge de dorloter les passagers, tant à l'avant qu'à l'arrière.

GÉNÉREUSE

L'équipement de série est plus que généreux. Il comprend les freins antiblocage (ABS) avec distribution électronique de la force de freinage (EBD), le contrôle électronique de la stabilité (ESC) et l'antidérapage à l'accélération (TCS). Et ceux qui aiment faire déraper le train arrière de la voiture pourront se faire plaisir en désactivant le système ESC. Mais si vous le laissez en place, le système maintient fermement la berline sur sa trajectoire.

Pour le prix demandé, la Genesis en offre beaucoup plus que ses rivales. On compte huit sacs gonflables dans l'habitacle ainsi que des appuie-têtes avant actifs. Bien entendu, le véhicule profite d'une panoplie de caractéristiques de luxe telles que la sellerie de cuir, la majorité des fonctions à commande électrique, la climatisation, les sièges chauffants. Une chaîne sonore ambiophonique Lexicon Discrete Surround avec 17 haut-parleurs — la même que la Rolls Royce Phantom — avec ports auxiliaires USB et iPod est offerte en option. L'équipement de la version V8 se distingue peu de la version de base. Ce modèle bénéficie entre autres d'un différentiel à glissement limité, de phares à haute densité autonivelants, d'un toit ouvrant et de garnitures chromées supplémentaires.

Hyundai a fait un excellent travail avec sa berline Genesis. Elle doit maintenant convaincre les consommateurs qu'elle peut jouer dans la cour des grands. ||| **SYLVIE RAINVILLE**

DIMENSIONS ET VOLUMES

Empattement (mm)	2937
Longueur (mm)	4976
Largeur (mm)	1890
Hauteur (mm)	1476 (3.8), 1481 (4.6)
Volume intérieur (L)	3098
Volume du coffre (min./max.) (L)	450
Capacité du réservoir de carburant (L)	77
Fourchette de poids (kg)	1701 –1820

CHÂSSIS

Mode	propulsion
Suspension av. - arr.	indépendante
Freins av. - arr.	disques
Capacité de remorquage min. - max. (kg)	non recommandé
Direction - diamètre de braquage (m)	crémaillère - 10,98
Pneus	225/55R17 (3.8), 235/50R18 (4.6)

PERFORMANCES

Modèle à l'essai	Genesis
Moteur	V8 DACT 4,6 litres
Puissance (ch. à tr/min)	375 - 6500
Couple (lb-pi à tr/min)	368 - 6500
Transmission	semi-automatique 6 rapports
Autres transmissions	aucune
Accélération 0-100 km/h (sec.)	6 (estimé)
Reprises 80-115 km/h (sec.)	3,5 (estimé)
Distance de freinage 100-0 km/h (m)	non mesurée
Niveau sonore à 100 km/h	✗ ✗ ✗ ✎
Vitesse maximale (km/h)	250 (V8), 235 (V6)
Consommation réalisée au cours de l'essai (L/100 km)	12 (estimé)
Gaz à effet de serre	
Autres moteurs	V6 3,8 litres (290 ch.)

CE QU'IL FAUT SAVOIR

Fourchette de prix ($)	**37 995 - 43 995**
Marge de profit du concessionnaire (%)	11,42 - 11.,73
Transport et préparation ($)	1610
Consommation ville - route (L/100 km)	**13,4 - 8,8 (3,8 l)** **14 - 9,5 (4,6 l)**
Essence recommandée	ordinaire, super (4,6 l)
Versions offertes	3.8, 4.6
Carrosserie	berline 4 portes
Lieu d'assemblage	Corée du Sud
Valeur résiduelle	non évaluée
Garanties : de base - motopropulseur (an/km)	5/100 000 - 5/100 000
Fiabilité présumée	non évaluée
Cycle de remplacement	nouveau modèle 2009
Ventes 2007 n.a.	Québec : n.a.
Protection collision frontale conducteur/passager latérale avant/arrière retournement 2rm/4rm	non évaluée non évaluée non évaluée

À RETENIR

Nouveautés 2009	**nouveau modèle**
Principales concurrentes	**BMW Série 5, Buick Lucerne, Cadillac STS, Chrysler 300, Infiniti M, Lexus GS, Lincoln MKS, Mercedes Classe E, Volvo S80**

- Équipement de série généreux, prix compétitif et assemblage soigné
- Qualité d'insonorisation exceptionnelle

- Manque d'affirmation pour le style
- Moteur V8 trop discret
- Équipement de la version V8 moins alléchant pour le prix

L'attrait de la nouveauté. Voilà essentiellement ce qui allume les amateurs en quête d'un coupé sport. Dans cette catégorie où le succès est éphémère, l'amateur finit fatalement par trouver qu'il y a plus à voir dans la cour des voisins... Et la Tiburon n'échappe pas à cette impitoyable règle du marché. Elle plie bagages cette année. Elle sera remplacée par un autre coupé, le Genesis, le printemps prochain. Ce modèle, dont l'architecture technique est diamétralement opposée à celle de la Tiburon, en fera un coupé sport, un vrai.

Présenté en grande pompe lors du dernier salon automobile de New York, le Genesis Coupe photocopie sans gêne les lignes de l'Infiniti G37... « Elles se ressemblent, reconnaît un responsable de la marque coréenne, mais la nôtre est mieux sous tous les rapports, vous verrez. » On demande à voir, en effet. Mais d'ici là, il faut s'en remettre à la documentation de presse qui nous apprend que l'architecture de ce coupé est plus légère qu'une G37 et plus rigide qu'une M3. Et équilibrée en plus, puisque la répartition de poids entre les essieux est presque équitable (55/45). Pour ce qui est des éléments suspenseurs, le Genesis Coupe reprend le bon vieux système McPherson à l'avant, mais multibras à l'arrière. Le diamètre des barres stabilisatrices varie selon la livrée retenue. Il en va de même des amortisseurs et des ressorts. La direction à crémaillère hydraulique est dotée d'une assistance variable selon la vitesse. Le freinage est quant à lui assuré par des disques dans lesquels mordent des étriers à quatre pistons conçus par Brembo à l'avant. Et la liste des caractéristiques se poursuit comme ça des pages durant.

Genesis Coupé

Côté moteur, la sud-coréenne soulèvera son capot à un moteur quatre cylindres suralimenté par turbocompresseur. D'une cylindrée de 2 litres, cette mécanique livrera, selon ses concepteurs, environ 212 chevaux. Un moteur V6 de 3,8 litres dont la puissance est estimée à 306 chevaux (310 en l'alimentant à l'essence Super) dérivé de la berline éponyme sera également offert à l'acheteur. Une boîte manuelle à six rapports accompagne de série ces deux mécaniques. Il sera possible de la remplacer par une automatique à cinq (L4) ou six (V6) rapports.

Trois livrées seront proposées : GS, GT et SE. Cette dernière, la plus sportive de la gamme, sera la seule à pouvoir bénéficier de l'une ou l'autre des mécaniques proposées par le constructeur sud-coréen. Elle sera également la mieux équipée du groupe (phares au Xénon, différentiel autobloquant, etc.). La plus chère aussi sans doute.

LA TIBURON EN ATTENDANT

Mais d'ici à ce que nous puissions juger des performances de cette nouvelle venue, Hyundai a encore des Tiburon à écouler. Beaucoup de Tiburon, même si aucune ne sera frappée du millésime 2009. L'offre ne manquera certes pas d'intérêt, mais la question demeure : est-ce que cela vaut la peine ? Même si elle a largement contribué à défaire l'image bon marché qui collait à la peau de Hyundai depuis qu'elle s'est établie en terre d'Amérique, la Tiburon n'a aujourd'hui de redoutable que son prix. Même si elle s'est taillé un joli palmarès sportif, elle n'est jusqu'ici pas parvenue à détourner les regards des amateurs qui, sans même avoir cherché à se faire une opinion fondée à son sujet, ont tranché : un coupé doté d'une technologie simplette. Il est vrai que le moteur quatre cylindres de 2 litres Alpha de 138 chevaux n'était et n'est toujours pas (il demeure boulonné sous les capots des livrées de base et SE) un modèle sophistiqué. Il y a toujours le V6 Delta de 2,7 litres, mais cette mécanique n'est pas très portée sur les performances non plus.

Bref, pour l'amateur qui recherche des sensations électrisantes, le tempérament de ce coupé sera considéré comme trop ennuyeux.

Alors, trop timide pour frayer avec ses concurrentes plus fougueuses, la Tiburon demande peut-être à être jugée en priorité sur l'efficacité de son comportement. Et, à cet égard, elle est loin de nous émouvoir. Le confort très ferme et les bruits de roulement élevés en font une voiture épuisante sur une route mal pavée. De plus, malgré la présence de pneumatiques aussi larges, la Tiburon ne parvient pas à farder sa nature très survireuse et son manque évident de motricité dans les virages serrés. Un brin lourde en appui, la direction se révèle suffisamment rapide et précise pour nous inciter à soigner nos trajectoires. Quant aux freins, ils résistent relativement bien à l'échauffement, mais leur efficacité demeure honnête, sans plus.

Bien qu'il soit joliment tourné, abordable et fort bien équipé, ce coupé sport n'est cependant pas une aussi fine lame que le prétend son constructeur. En sera-t-il de même pour le coupé Genesis ? Réponse dans un an. ▌▌▌ **ÉRIC LEFRANÇOIS**

Genesis Coupé

DIMENSIONS ET VOLUMES

Empattement (mm)	2530 (Tiburon) / 2819 (Genesis)
Longueur (mm)	4395 (Turbo) / 4630 (Genesis)
Largeur (mm)	1760 (Tiburon) / 1864 (Genesis)
Hauteur (mm)	1330 (Tiburon) / 1379 (Genesis)
Volume intérieur (L)	2319 (Tiburon) / n.d.
Volume du coffre (min./max.) (L)	419 (Tiburon) / n.d.
Capacité du réservoir de carburant (L)	55 (Tiburon) / n.d.
Fourchette de poids (kg)	1315 - 1366 (Tiburon)
	1564 -1610 (Genesis)

CHÂSSIS

Mode	propulsion
Suspension av. - arr.	indépendante
Freins av. - arr.	disques
Capacité de remorquage min. - max. (kg)	non recommandé
Direction - diamètre de braquage (m)	crémaillère - 10,91 / 10,66
Pneus	205/55R16 (GS), 215/45R17 (GT) /
	225/45R19 - 245/45R19 (Genesis)

PERFORMANCES

Modèle à l'essai	Tiburon GT / Genesis Coupé
Moteur	V6 DACT 2,7 litres / V6 DACT 3,8 litres
Puissance (ch. à tr/min)	172 - 6000 / 306 - 6000
Couple (lb-pi à tr/min)	181 - 3800 / 263 - 4700
Transmission	manuelle 6 rapports / manuelle 6 rapports
Autres transmissions	automatique 4 rapports
	automatique 5 - 6 rapports
Accélération 0-100 km/h (sec.)	7,90 / 5,99 (estimé)
Reprises 80-115 km/h (sec.)	4,85 / 3,49 (estimé)
Distance de freinage 100-0 km/h (m)	42,1 / n.d.
Niveau sonore à 100 km/h	✹ ✹ / n.d.
Vitesse maximale (km/h)	210 / 240
Consommation réalisée au cours de l'essai (L/100 km)	11,8 / n.d.
Gaz à effet de serre	
Autres moteurs	Tiburon - L4 2 litres (138 ch.)
	Genesis - L4 turbo 2 litres (212 ch.)

CE QU'IL FAUT SAVOIR

Fourchette de prix ($)	**18 955 - 29 095 (Tiburon)**
Marge de profit du concessionnaire (%)	11,05
Transport et préparation ($)	1415
Consommation ville - route (L/100 km)	**11,5 - 8,5 (2 l)**
	14 - 10 (2,7 l)
Essence recommandée	ordinaire
Versions offertes	GS, GS Sport, GT, GTP
Carrosserie	coupé 2 portes
Lieu d'assemblage	Corée du Sud
Valeur résiduelle	✶ ✶ ✶
Garanties : de base - motopropulseur (an/km)	5/100 000 - 5/100 000
Fiabilité présumée	✶ ✶ ✶
Cycle de remplacement	2010
Ventes 2007 ↗ 2 %	Québec : 251
Protection collision frontale conducteur/passager latérale avant/arrière retournement 2rm/4rm	✶ ✶ ✶ ✶ ✶ / ✶ ✶ ✶ ✶
	✶ ✶ ✶ ✶ / non évaluée
	✶ ✶ ✶ ✶ / n.a.

À RETENIR

Nouveautés 2009	**modèle 2008 vendu en 2009, il sera remplacé par le coupé Genesis 2010 en cours d'année**
Principales concurrentes	**Chevrolet Cobalt coupé, Ford Focus coupé, Honda Civic coupé, Pontiac G5 coupé, Mitsubishi Eclipse**

Tiburon

- Choix de modèles
- Prix attrayant
- Équipement complet

- Suspensions trop rigides
- Châssis peu sportif
- Modèle en fin de carrière

303

UNE ANNÉE QUI S'ANNONCE DIFFICILE

Le Santa Fe fait bien, même très bien sur le marché. Au cours des six premiers mois de 2008, ses ventes pointaient même à la hausse par rapport à la même période l'année précédente. Donc, la vie est belle pour cet utilitaire doux, mais l'absence d'une mécanique quatre cylindres pourrait rendre la suite de son existence pénible.

HYUNDAI
SANTA FE

La tendance ne faisait plus aucun doute: le 4x4 a quitté son treillis de baroudeur et endosse le veston du gentleman-farmer. Il doit passer là où une voiture traditionnelle s'arrête et s'acquitter des missions confiées à une berline normalement constituée. Et plus encore aujourd'hui avec la hausse du prix des carburants. Non seulement il est impératif qu'il se comporte comme une voiture, il doit également consommer aussi peu qu'elle, quitte à lui « couper » deux roues motrices.

Toujours plaisant à regarder, le nouveau Santa Fe s'intègre parfaitement dans le paysage urbain. Construite sur la plateforme (modifiée, il va sans dire) de la Sonata, cette deuxième génération se veut plus accueillante pour la famille, comme en fait foi la disponibilité d'une troisième banquette ; cet ajout figure parmi un groupe d'options sur certains modèles. Est-il besoin de préciser que les deux places complètement à l'arrière sont essentiellement destinées à des enfants en bas âge, et que l'espace réservé aux bagages est pratiquement inexistant, comme c'est le cas de ses principaux rivaux ? Sachez que, hormis le dégagement sous le pavillon, le Santa Fe offre à l'arrière un meilleur dégagement que le RAV4 qui, faut-il le rappeler, est moins massif que le sud-coréen. En fait, l'avantage du Hyundai est d'offrir aux deux « courageux » qui prendront place à l'arrière une plus grande sécurité grâce à une paire de rideaux gonflables offerts de série.

Contrairement à ce qui se passe dans d'autres utilitaires, les passagers qui prendront place à l'arrière du Santa Fe ne devront pas essuyer les puits de roues avec leurs jupes et leurs pantalons, ni retenir leur souffle pour se faufiler dans l'espace laissé par des portières trop étroites. Au contraire, les portières sont assez longues pour monter à bord sans problème.

À l'avant, toutes les commandes se regroupent immédiatement autour du conducteur et sont faciles à utiliser. En fait, seules les lilliputiennes commandes de la radio risquent de

vous faire jurer. Enlevez vos mitaines et mettez vos lunettes ! Quant aux espaces de rangement, ils sont nombreux, même s'ils ne sont pas tous aisément accessibles en conduisant. Si les plastiques ne sont pas tous de même qualité (certains se rayeront plus facilement que d'autres), la qualité de l'assemblage représente, encore une fois, une agréable surprise.

LE CONFORT AVANT TOUT

Le Santa FE se décline en quatre livrées. À n'en pas douter, le modèle d'entrée est celui qui se distingue le plus. Il est en effet le seul du groupe à accueillir le V6 de 2,7 litres (185 chevaux) et à l'arrimer à une boîte manuelle ou automatique à quatre rapports. Tous les autres ont droit au V6 de 3,3 litres (242 chevaux) et à une boîte semi-automatique à cinq rapports qui, compte tenu de la vocation et du poids du véhicule et de sa consommation équivalant au 2,7 litres, représente le choix tout indiqué. Reste maintenant à choisir le nombre de roues motrices. Vous en voulez deux ou quatre ?

Sans être un foudre de guerre, le 3,3 litres permet au Santa Fe de faire meilleure figure même si cela se traduit par une augmentation certaine, en ville surtout, de la consommation d'essence. À ce chapitre, on se serait attendu à mieux de ce moteur qui, autrement, prête peu flanc à la critique. Discret à vitesse stable, ce V6 offre un rendement sans histoire. Un détail agace toutefois : la course beaucoup trop longue de l'accélérateur et le manque de réactivité de la boîte semi-automatique. Même si la douceur de roulement demeure son principal atout, reste que cela n'empêche pas la suspension arrière de trépider parfois et de secouer ses occupants sur les routes abîmées. Mais ne soyons pas trop sévère. Un CR-V (Honda), voire un Rogue (Nissan), secoue beaucoup plus.

Hormis le confort, le Santa Fe a du mal à se faire justice face à ses concurrents directs. La direction, à pignon et crémaillère, trop démultipliée sans doute, se révèle plutôt molle. Le Santa Fe n'enthousiasmera pas les amateurs de conduite, mais globalement, force est de reconnaître que son comportement est sain et prévisible.

Pour freiner ses élans, cette Hyundai fait appel à deux paires de disques doublés, sans frais supplémentaires, d'un dispositif antiblocage (ABS) étonnamment discret, contrairement à ce qui s'est déjà fait. Il est assez facile à moduler, robuste à souhait et assez endurant, du moins dans les conditions essayées.

Puissant, facile à conduire, confortable et très équipé, le Santa Fe n'en aurait été que meilleur si Hyundai avait consacré la dernière année à lui trouver un moteur quatre cylindres plutôt que d'améliorer la qualité sonore de son système audio. ▌▌▌
ÉRIC LEFRANÇOIS

*Hyundai pourrait payer cher l'absence
d'une mécanique quatre cylindres à bord de ce véhicule*

DIMENSIONS ET VOLUMES

Empattement (mm)	2700
Longueur (mm)	4675
Largeur (mm)	1890
Hauteur (mm)	1795
Volume intérieur (L)	3066
Volume du coffre (min./max.) (L)	969 / 2213
Capacité du réservoir de carburant (L)	75
Fourchette de poids (kg)	1691 - 1869

CHÂSSIS

Mode	traction, intégral
Suspension av. - arr.	indépendante
Freins av. - arr.	disques
Capacité de remorquage min. - max. (kg)	748 (sans freins) - 1588 (avec freins)
Direction - diamètre de braquage (m)	crémaillère - 10,91
Pneus	235/70R16, 235/60R18 (Limited)

PERFORMANCES

Modèle à l'essai	Santa Fe Limited TI
Moteur	V6 DACT 3,3 litres
Puissance (ch. à tr/min)	242 - 6000
Couple (lb-pi à tr/min)	226 - 4500
Transmission	semi-automatique 5 rapports
Autres transmissions	manuelle 5 rapports
	automatique 4 rapports (2,7 l)
Accélération 0-100 km/h (sec.)	8,92
Reprises 80-115 km/h (sec.)	5,26
Distance de freinage 100-0 km/h (m)	45,4
Niveau sonore à 100 km/h	
Vitesse maximale (km/h)	195
Consommation réalisée au cours de l'essai (L/100 km)	12,5
Gaz à effet de serre	
Autres moteurs	V6 2,7 litres (185 ch.)

CE QU'IL FAUT SAVOIR

Fourchette de prix ($)	**25 995 – 36 945 (2008)**
Marge de profit du concessionnaire (%)	9,89 – 10,80
Transport et préparation ($)	1610
Consommation ville – route (L/100 km)	**13 – 10 (2,7 l)** **14 – 10,5 (3,3 l)**
Essence recommandée	ordinaire
Versions offertes	GL, GLS, Limited (5 à 7 passagers)
Carrosserie	multisegment 5 portes
Lieu d'assemblage	Corée du Sud
Valeur résiduelle	✱ ✱ ✱
Garanties : de base - motopropulseur (an/km)	5/100 000 - 5/100 000
Fiabilité présumée	✱ ✱ ✱
Cycle de remplacement	2011
Ventes 2007 ↗ 46 %	Québec : 4237
Protection collision frontale conducteur/passager latérale avant/arrière retournement 2rm/4rm	✱ ✱ ✱ ✱ / ✱ ✱ ✱ ✱ ✱ ✱ ✱ ✱ ✱ ✱ / ✱ ✱ ✱ ✱ ✱ ✱ ✱ ✱ ✱ ✱ / ✱ ✱ ✱ ✱

À RETENIR

Nouveautés 2009	**système audio amélioré, prise Ipod, groupe remorquage et support de toit de série (Limited)**
Principales concurrentes	**Chevrolet Equinox, Ford Edge, Kia Sorento, Mazda CX-7, Mitsubishi Endeavor, Nissan Murano**

- Le style plus abouti
- La fourchette de prix alléchante
- Le désir de nous en mettre plein la vue (accessoires)

- Le comportement placide et sans saveur
- La troisième banquette inutile
- La consommation qui grimpe

DU CONFORT, MAIS PEU D'AGRÉMENT

Quatrième modèle en importance au chapitre des ventes pour Hyundai au Québec l'an dernier, la Sonata résiste mal aux assauts répétés de la concurrence. Hyundai réagit et propose depuis peu une Sonata aux accents plus jeunes. Elle occupe le même espace sur la route que le modèle de l'année précédente, mais avec plus de style, comme en fait foi sa plastique partiellement remodelée. Les boucliers, les phares, la calandre (la recette habituelle, quoi) portent le sceau de la nouveauté.

HYUNDAI
SONATA

À l'intérieur, les transformations sont plus tangibles certes, mais loin d'être très originales. En effet, plusieurs éléments de style sont repris du multisegment Veracruz. C'est le cas notamment de la console et du bloc d'instrumentation qui, une fois la nuit venue, s'illumine d'un bleu apaisant. Les principales commandes sont correctement disposées dans l'environnement du conducteur, et celui-ci profite dorénavant d'une climatisation double zone pour plus de confort.

À l'arrière, c'est moins excitant. Les porte-verres se trouvent dissimulés au dos de l'accoudoir central et les contre-portes sont toujours dénuées de bacs de rangement. En revanche, les dossiers de baquets avant comportent chacun une pochette. Les places sont spacieuses pour quatre adultes normalement constitués. Il est toujours possible d'inviter un cinquième occupant, mais celui-ci trouvera à redire sur le confort de la partie centrale et — comme les autres occupants — sur la faible longueur de l'assise.

Pour séduire une clientèle qui sait compter, Hyundai a toujours été l'une des plus attrayantes. Plus maintenant. La version Limited V6 (la plus cossue de la gamme) n'a pas de leçons à donner à la concurrence. En fait, elle en a à recevoir. Ainsi, par rapport à une Accord EX, une Chevrolet Malibu LTZ ou encore une Toyota Camry SE, la sud-coréenne est loin d'offrir la plus longue liste d'accessoires de série ou en option. Même pas de système de navigation, pourtant offert chez nos voisins du Sud. C'est un peu chiche, vous ne trouvez pas ?

Si elle n'est plus la plus spacieuse de sa catégorie dans tous les domaines de comparaison, la Sonata demeure assurément l'une des intermédiaires offrant un espace utilitaire digne de ce nom. Plus que certaines de ses concurrentes, cette Hyundai permet d'envisager un voyage sans s'inquiéter de devoir laisser quelque chose sur le trottoir.

Après les stylistes, au tour des ingénieurs de bénéficier du plumeau. Sous le capot maintenu en position quasi verticale par un amortisseur (une rareté dans cette catégorie), la Sonata est prête à recevoir un moteur quatre cylindres ou six cylindres. Le quatre cylindres d'abord, une évolution du moteur de l'an dernier, adopte un calage variable des soupapes, un système d'admission plus performant et s'arrime désormais à une boîte semi-automatique à cinq rapports. Plus puissant et plus « coupleux », ce moteur se révèle aussi plus économique. Quant au V6 3,3 litres qui équipait notre véhicule d'essai, il bénéficie sensiblement des mêmes améliorations.

LONG RUBAN D'ASPHALTE RECHERCHÉ

Produisant 249 chevaux, ce 3,3 litres se trouve à la traîne par rapport à ses plus proches concurrentes qui bénéficient toutes, faut-il le rappeler, d'une plus forte cylindrée. Considérant le poids de l'auto et l'étagement de la boîte de vitesses, ce 3,3 litres doit donc baisser pavillon au chapitre des accélérations et des reprises. Qu'importe, considérant la nature « familiale » de ce segment. En revanche, cette Sonata V6 ne parvient pas à tirer profit de la situation au chapitre de la consommation, puisqu'elle fait, à quelques cuillerées d'or noir près, jeu égal avec ses concurrentes précitées.

Rien pour s'extasier jusqu'ici. Alors, peut-être demande-t-elle à être jugée en priorité sur la qualité de son comportement routier ? Or, là non plus, la Sonata ne fait pas d'étincelles. En fait, en toute franchise, on ne s'amuse guère au volant de cette Hyundai appelée à évoluer dans un créneau qui, sans renier sa vocation familiale, soigne de plus en plus ses qualités dynamiques. Faute d'un train avant incisif, la direction télégraphie avec mollesse les changements de trajectoires souhaités et se garde bien de nous révéler avec précision l'emplacement des roues motrices. On comprend vite que la Sonata préfère une conduite plus coulée.

Sur une note positive cette fois, mentionnons l'étonnante agilité de cette coréenne rendue possible grâce notamment à son faible rayon de braquage qui lui permet de virer très court. Même si cette refonte masque quelques rides, elle ne parvient pas à les effacer toutes, ce qui compliquera son retour à l'avant-scène. D'une part, ses concurrentes japonaises adoptent des prix plus serrés que jamais et sont pour la plupart de conception plus récente. D'autre part, GM (Malibu et Aura) et Ford (Fusion) ne font plus figure de faire-valoir dans cette catégorie. Enfin, par son prix et ses accessoires, la Sonata, dans sa version Limited V6, ne jouit plus d'un quelconque avantage. ▌▌▌ **ÉRIC LEFRANÇOIS**

Pour séduire une clientèle qui sait compter, Hyundai a toujours été l'une des plus attrayantes. Plus maintenant…

DIMENSIONS ET VOLUMES

Empattement (mm)	2730
Longueur (mm)	4800
Largeur (mm)	1832
Hauteur (mm)	1475
Volume intérieur (L)	2985
Volume du coffre (min./max.) (L)	462
Capacité du réservoir de carburant (L)	67
Fourchette de poids (kg)	1493 - 1585

CHÂSSIS

Mode	traction
Suspension av. - arr.	indépendante
Freins av. - arr.	disques
Capacité de remorquage min. - max. (kg)	454
Direction – diamètre de braquage (m)	crémaillère – 10,91
Pneus	215/60R16 (GL), 215/55R17 (Limited)

PERFORMANCES

Modèle à l'essai	Sonata GLS
Moteur	L4 DACT 2,4 litres
Puissance (ch. à tr/min)	175 - 6000
Couple (lb-pi à tr/min)	168 - 6000
Transmission	automatique 5 rapports
Autres transmissions	manuelle 5 rapports
Accélération 0-100 km/h (sec.)	9 (estimé)
Reprises 80-115 km/h (sec.)	5,5 (estimé)
Distance de freinage 100-0 km/h (m)	39,7
Niveau sonore à 100 km/h	❈ ❈ ❈
Vitesse maximale (km/h)	190 (L4), 225 (V6)
Consommation réalisée au cours de l'essai (L/100 km)	10 (estimé)
Gaz à effet de serre	
Autres moteurs	V6 3,3 litres (249 ch.)

CE QU'IL FAUT SAVOIR

Fourchette de prix ($)	**21 995 – 31 495**
Marge de profit du concessionnaire (%)	10,93 – 11,42
Transport et préparation ($)	1415
Consommation ville - route (L/100 km)	11,3 – 7,5 (man. 2,4 l) 10,8 – 7,5 (aut. 2,4 l) 12,6 – 8,3 (3,3 l)
Essence recommandée	ordinaire
Versions offertes	GL, GL Sport, Limited
Carrosserie berline	4 portes
Lieu d'assemblage	Corée du Sud
Valeur résiduelle	✴ ✴
Garanties : de base - motopropulseur (an/km)	5/100 000 - 5/100 000
Fiabilité présumée	✴ ✴ ✴
Cycle de remplacement	2011
Ventes 2007 ↘ 20 %	Québec : 3400
Protection collision frontale conducteur/passager latérale avant/arrière retournement 2rm/4rm	✴ ✴ ✴ ✴ ✴ / ✴ ✴ ✴ ✴ ✴ ✴ ✴ ✴ ✴ ✴ ✴ / ✴ ✴ ✴ ✴ ✴ ✴ ✴ ✴ ✴ ✴ / n.a.

À RETENIR

Nouveautés 2009	retouches de la carrosserie, tableau de bord et console redessinés, moteurs plus puissants, suspension plus sportive
Principales concurrentes	Chevrolet Malibu, Chrysler Sebring, Ford Fusion, Honda Accord, Mazda6, Mitsubishi Galant, Nissan Altima, Toyota Camry

- La finition soignée
- L'ergonomie des commandes
- La douceur de roulement

- Les mouvements de caisse
- Les performances décevantes du V6
- Le prix moins attrayant qu'autrefois

TROP PEU, TROP TARD

Une calandre toute neuve, de nouveaux accessoires et la promesse de consommer avec encore plus de modération amèneront-ils les acheteurs à réinscrire le Tucson de Hyundai sur leur liste d'achat ? On en doute. Le sympathique utilitaire de poche a du mal à se faire justice dans une catégorie où la nouveauté l'emporte sur l'expérience. La demande pour le Tucson s'essouffle à un rythme alarmant depuis le début 2008, et si cette tendance se maintient, les Jeep Compass et Patriot auront pris l'ascendant sur la sud-coréenne.

HYUNDAI
TUCSON

Le Tucson s'enveloppe d'une carrosserie somme toute assez classique. En somme, pour l'originalité, on repassera. Avec ses boucliers costauds, ses protections latérales qui le gardent des mauvais coups périphériques, ses pneus à grosses sculptures et, bien sûr, sa garde au sol surélevée, cet utilitaire vous donne l'impression de pouvoir grimper aux arbres. Juste une impression, car cette Hyundai est à la base une traction (roues avant motrices). Le rouage intégral (quatre roues motrices) n'est offert que sur les versions plus onéreuses.

Véritable paradoxe, le Tucson ne propose aucun rapport de boîte court ni même de plaques protectrices pour protéger ses organes vitaux et ne peut donc prétendre au statut de véritable tout-terrain. Les responsables de sa conception ne s'en formalisent pas, puisque la vocation de cet utilitaire de poche est avant tout de séduire une clientèle citadine qui, une fois le week-end venu, prend la route en direction de la campagne.

Une fois le mode sélectionné (traction ou quatre roues motrices), le Tucson ne nous laisse guère de choix côté mécanique. En fait, seuls les consommateurs intéressés par la « version tractée » auront le choix. De série, un moteur quatre cylindres de 2,0 litres dont les 140 chevaux paraissent bien maigres pour mouvoir correctement un véhicule de près de 1500 kg. Cela dit, ajoutons que ce moteur est le seul à s'arrimer, de série, à une transmission manuelle à cinq rapports. L'automatique est offerte contre supplément et s'offre une gestion électronique plus performante pour 2009 dans le but de réduire la consommation en hydrocarbures.

Plusieurs consommateurs n'auront d'autre choix que d'allonger quelques centaines de dollars supplémentaires pour retenir les services du V6 de 2,7 litres, une vieille connaissance. Avec 173 chevaux sous le capot, le Tucson est plus à même

de s'exprimer, même si cela se traduit par une augmentation certaine, en ville surtout, de la consommation d'essence. Ajoutons également que ce moteur V6 s'accouple exclusivement à une transmission semi-automatique à quatre rapports dont le rendement porte facilement flanc à la critique. Et pour cause, par moments, on la sent totalement égarée.

La suspension (indépendante à l'arrière) adopte des réglages plutôt souples mais aux réactions remarquablement amorties afin de ne pas tabasser les occupants dès que les roues ne rencontrent plus une surface lisse. Par contre, sur de petites routes tortueuses, le Tucson affiche vite ses limites. Son comportement très sous-vireur se manifeste plutôt rapidement, mais le système de correction de la trajectoire veille (bruyamment) au grain pour ramener cet utilitaire dans la trajectoire désirée.

Saine et prévisible, la conduite du Tucson n'enthousiasmera cependant pas les amateurs de conduite. Lourd et empesé, le véhicule préfère se tenir loin des routes qui exigent d'exhiber ses maigres qualités dynamiques. La direction se révèle lente, c'est-à-dire qu'elle réagit mollement aux changements de trajectoire. D'ailleurs, sur ce sujet toujours, le Tucson est sensible aux vents latéraux et il faut constamment corriger le cap dès que le vent souffle un peu. La bonne nouvelle, c'est que le rayon de braquage est suffisamment court pour permettre au Tucson de se faufiler avec aisance dans la jungle urbaine.

PRIME À LA JEUNESSE

Plus massif en apparence qu'un Patriot (Jeep), le Tucson est pourtant moins habitable que son rival américain. Ce dernier offre globalement plus d'espace à l'intérieur, mais un volume de coffre sensiblement moins accueillant. Sur le plan de la modularité, la banquette arrière de la Hyundai se replie un tiers-deux tiers en un tournemain pour former un plancher parfaitement plat. Il est également possible de rabattre le dossier du passager avant pour le transport d'objets longs. Sur le plan pratique toujours, mentionnons que la lunette arrière se soulève indépendamment du hayon.

Toutes les commandes se regroupent dans l'environnement immédiat du conducteur et sont faciles d'utilisation. En fait, seules les lilliputiennes commandes de la radio risquent de vous faire jurer. Enlevez vos mitaines et chaussez vos lunettes. Les espaces de rangement sont en nombre suffisant, même s'ils ne sont pas tous aisément accessibles en conduisant. Si les plastiques ne sont pas tous de même qualité (certains se rayeront plus facilement que d'autres), reste que la qualité de l'assemblage est bonne, sans plus. ||| **ÉRIC LEFRANÇOIS**

Plus massif en apparence qu'un Patriot (Jeep), le Tucson est pourtant moins habitable que son rival américain

DIMENSIONS ET VOLUMES

Empattement (mm)	2630
Longueur (mm)	4325
Largeur (mm)	1795 - 1830
Hauteur (mm)	1730
Volume intérieur (L)	2905
Volume du coffre (min./max.) (L)	644 - 1856
Capacité du réservoir de carburant (L)	58 (L4), 65 (V6)
Fourchette de poids (kg)	1470 - 1609

CHÂSSIS

Mode	traction, intégral
Suspension av. - arr.	indépendante
Freins av. - arr.	disques
Capacité de remorquage min. - max. (kg)	454 - 908
Direction – diamètre de braquage (m)	crémaillère - 10,79
Pneus	215/65R16, 235/60R16 (Limited)

PERFORMANCES

Modèle à l'essai	Tucson GLS
Moteur	V6 DACT 2,7 litres
Puissance (ch. à tr/min)	173 - 6000
Couple (lb-pi à tr/min)	178 -4000
Transmission	semi-automatique 4 rapports
Autres transmissions	manuelle 5 rapports (L4)
Accélération 0-100 km/h (sec.)	10,71
Reprises 80-115 km/h (sec.)	6,78
Distance de freinage 100-0 km/h (m)	40
Niveau sonore à 100 km/h	
Vitesse maximale (km/h)	180
Consommation réalisée au cours de l'essai (L/100 km)	12,2
Gaz à effet de serre	
Autres moteurs	L4 2 litres (140 ch.)

CE QU'IL FAUT SAVOIR

Fourchette de prix ($)	**21 195 - 30 995 (2008)**
Marge de profit du concessionnaire (%)	9,10 –10,50
Transport et préparation ($)	1610
Consommation ville - route (L/100 km)	**12 - 9 (2rm, 2 l)**
	13 - 10 (2rm, 2,7 l)
	12,5 - 10 (4rm, 2 l)
	13,5 - 10,5 (4rm, 2,7 l)
Essence recommandée	ordinaire
Versions offertes	L, GL, GLS, Limited,
Carrosserie	multisegment 5 portes
Lieu d'assemblage	Corée du Sud
Valeur résiduelle	✷ ✷
Garanties : de base – motopropulseur (an/km)	5/100 000 - 5/100 000
Fiabilité présumée	✷ ✷ ✷
Cycle de remplacement	2010
Ventes 2007 ↘ 30 %	Québec : 3057
Protection collision frontale conducteur/passager	✶ ✶ ✶ ✶ ✶ / ✶ ✶ ✶ ✶ ✶
latérale avant/arrière	✶ ✶ ✶ ✶ ✶ / ✶ ✶ ✶ ✶ ✶
retournement 2rm/4rm	✶ ✶ ✶ ✶ / ✶ ✶ ✶ ✶

À RETENIR

Nouveautés 2009	retouches esthétiques aux parties avant et arrière, V6 moins gourmand, boîte manuelle améliorée
Principales concurrentes	Ford Escape, Jeep Compass, Kia Sportage, Mazda Tribute, Suzuki Grand Vitara

- Qualité de l'assemblage
- Confort de roulement
- Fourchette de prix agressive

- Rapports entre le moteur et la boîte de vitesses
- Plastiques durs et brillants
- Agrément de conduite à peu près nul

OUBLIEZ LA MARQUE UN INSTANT

Même s'il n'est pas près d'inquiéter les ténors de la catégorie (Highlander, Pilot et Acadia), le Veracruz a néanmoins permis au constructeur sud-coréen de démontrer l'étendue de son savoir-faire, et surtout de s'affranchir — si besoin était — de l'image « bon marché » qui lui colle à la peau depuis ses débuts sur le marché canadien il y a plus de 20 ans déjà.

HYUNDAI
HYUNDAI VERACRUZ

Tatouée du sigle Limited, et une fois les taxes et autres frais acquittés, cette Hyundai coûte au bas mot 50 000 $. C'est une jolie somme, surtout si le produit est estampillé d'une marque qui, hier encore, rimait avec économie. La concurrence ne se gêne pas, elle, alors pourquoi Hyundai aurait à rougir ? Bien sûr, il est possible de s'en tirer à meilleur compte en optant pour la version GLS. Mais les multiples appâts de sa voisine, la Limited, se font tentants. Cette dernière s'enrichit en effet (accrochez-vous, la phrase est longue !) d'un pédalier ajustable, d'un système de divertissement DVD, d'un hayon à commande électrique, de rétroviseurs à atténuation automatique, d'une chaîne audio à 10 haut-parleurs (quatre de plus que la version de base) et même d'une prise 110 volts dans le coffre. Hélas, aucun de ces accessoires n'est offert « à la pièce » sur la GLS.

Peu importe la livrée, le Veracruz vous en met plein la vue. Le choix des matériaux et la précision des accostages concourent à valoriser l'idée un peu subjective de qualité perçue. Rien à redire ? Si ! On reprochera au Veracruz ses sièges à l'assise un peu courte et ses espaces de rangement pas très généreux pour un véhicule de ce format. En revanche, les portières s'ouvrent sur une rangée médiane accueillante. L'espace alloué est généreux, et la banquette a le mérite de coulisser pour moduler l'espace et faciliter l'accès aux deux places aménagées derrière. Celles-ci proposent suffisamment de dégagement, mais l'ancrage des sièges est si bas qu'on a l'impression d'avoir été mis « au trou ». Derrière cette troisième rangée, le coffre. À le regarder, on ne dirait pas. À moins d'utiliser la galerie de toit, impossible de voyager à sept avec armes et bagages. Cependant, en repliant les dossiers de la troisième banquette, c'est beaucoup mieux, et cela permet de mieux profiter du petit réceptacle aménagé tout près du seuil pour soustraire à la vue des passants quelques objets de valeur.

TERNE ET ENCORE

Ses concepteurs le reconnaissent : le Veracruz n'est pas né sur une feuille complètement blanche. De fait, il repose sur une version allongée et naturellement renforcée de la plateforme actuelle du Santa Fe. Voilà qui permet au constructeur sud-coréen de réaliser des économies et d'accélérer la phase de mise au point.

Au volant, quelques kilomètres suffisent pour comprendre que le confort et le silence de roulement figuraient au sommet du cahier des charges des concepteurs du Veracruz. Très bien insonorisé, ce véhicule soigne ses occupants. Seules les suspensions brisent un peu la quiétude de l'habitacle lorsque le Veracruz roule sur une chaussée déformée.

Le Veracruz se révèle facile à conduire, à condition de tenir compte de son poids. Plus près du pachyderme que de la ballerine, il préfère la conduite en souplesse. Même s'il fait preuve d'assurance sur route ouverte, le Veracruz nous rappelle en effet bien vite que l'agilité n'est pas son fort. Ici, la modération a bien meilleur goût. En cas d'excès de confiance, les aides à la conduite veillent à remettre le Veracruz sur sa trajectoire. Pour plus d'agrément, il faut se tourner vers le CX-9 (Mazda), voire le Pilot (Honda). Quant à son rouage à quatre roues motrices, rappelons si besoin est qu'il est similaire à celui du Santa Fe. C'est-à-dire ? En temps normal, le Veracruz est une traction (roues avant motrices) qui devient « intégrale » (avec répartition maximale de 50/50) si le train avant perd de l'adhérence.

Pour mouvoir cette sud-coréenne de plus de deux tonnes, Hyundai retient les services du V6 de 3,8 litres. Loin d'être un foudre de guerre, ce moteur a quand même assez de pédale pour doubler sereinement. Avec sept personnes à bord, il se retrouve à bout de souffle, comme ses concurrents. Discret au ralenti comme à vitesse stable, ce moteur est associé à une boîte semi-automatique à six rapports hélas peu réactive, à moins de la bousculer un peu en utilisant manuellement la commande. À ce petit désagrément s'en ajoute un autre, plus difficile à contrecarrer : la consommation. À ce chapitre, le Veracruz accuse, malgré l'usage des technologies des plus modernes, un certain retard sur ses concurrents asiatiques, voire américains.

Même si ce défaut rend l'atout prix-équipements du Veracruz moins percutant, l'offre de Hyundai mérite considération dans ce créneau, en raison de la très belle exécution de son habitacle, de l'ensemble de ses caractéristiques de série et de sa généreuse garantie. **III ÉRIC LEFRANÇOIS**

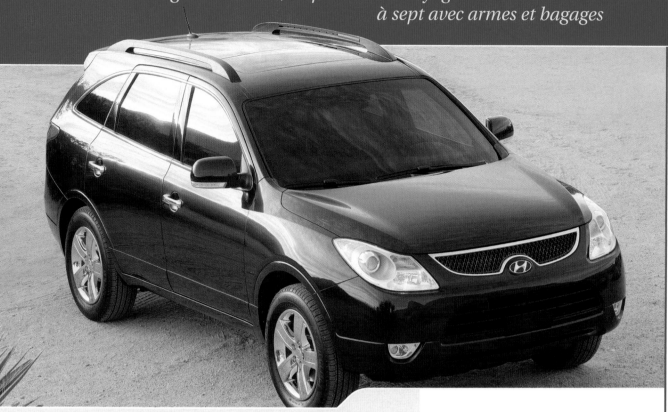

À moins d'utiliser la galerie de toit, impossible de voyager à sept avec armes et bagages

DIMENSIONS ET VOLUMES

Empattement (mm)	2805
Longueur (mm)	4840
Largeur (mm)	1945
Hauteur (mm)	1807
Volume intérieur (L)	4080
Volume du coffre (min./max.) (L)	379-2450
Capacité du réservoir de carburant (L)	78
Fourchette de poids (kg)	1935 - 2010

CHÂSSIS

Mode	traction, intégral
Suspension av. - arr.	indépendante
Freins av. - arr.	disques
Capacité de remorquage min. - max. (kg)	748 (sans freins)
	1588 (avec freins)
Direction – diamètre de braquage (m)	crémaillère - 11,2
Pneus	245/65R17, 245/60R18 (GLS, Limited)

PERFORMANCES

Modèle à l'essai	Veracruz Limited
Moteur	V8 DACT 3,8 litres
Puissance (ch. à tr/min)	260 - 6000
Couple (lb-pi à tr/min)	257 - 4500
Transmission	automatique 6 rapports
Autres transmissions	aucune
Accélération 0-100 km/h (sec.)	8,73
Reprises 80-115 km/h (sec.)	6,26
Distance de freinage 100-0 km/h (m)	43,6
Niveau sonore à 100 km/h	✗ ✗ ✗ ✎
Vitesse maximale (km/h)	190
Consommation réalisée au cours de l'essai (L/100 km)	13,8
Gaz à effet de serre	
Autres moteurs	aucun

CE QU'IL FAUT SAVOIR

Fourchette de prix ($)	**35 995 – 46 595 (2008)**
Marge de profit du concessionnaire (%)	11,23 – 11,55
Transport et préparation ($)	1610
Consommation ville - route (L/100 km)	**14,5 - 10,5 (2rm)**
	16 - 11 (4rm)
Essence recommandée	ordinaire
Versions offertes	GL, GL, Limited
Carrosserie	multisegment 5 portes
Lieu d'assemblage	Corée du Sud
Valeur résiduelle	✱ ✱ ✱
Garanties : de base – motopropulseur (an/km)	5/100 000 - 5/100 000
Fiabilité présumée	✱ ✱ ✱
Cycle de remplacement	2012
Ventes 2007 n.a.	Québec : 201
Protection collision	
frontale conducteur/passager	✱ ✱ ✱ ✱ ✱ / ✱ ✱ ✱ ✱ ✱
latérale avant/arrière	✱ ✱ ✱ ✱ ✱ / ✱ ✱ ✱ ✱ ✱
retournement 2rm/4rm	✱ ✱ ✱ ✱ / ✱ ✱ ✱ ✱

À RETENIR

Nouveautés 2009	**nouveaux groupes d'options, prise USB/iPod**
Principales concurrentes	**Chevrolet Traverse, Honda Pilot, Mazda CX-9, Saturn Outlook, Suzuki XL-7, Subaru Tribeca, Toyota Highlander**

- La quantité d'accessoires (Limited)
- La douceur de la boîte semi-automatique
- La qualité de la fabrication et le soin apporté aux détails

- Les suspensions sonores
- Le ridicule espace de chargement, une fois les sièges en place
- La consommation

L'ÉNIGME DE LA CINQUIÈME PORTIÈRE

Qu'est-ce que c'est au juste ? Un multisegment, d'accord ; mais combine-t-il réellement un ou des attributs propres à d'autres catégories (utilitaires, fourgonnettes, etc.) ? Hormis sa position de conduite surélevée et sa carrosserie, on a du mal à voir autre chose qu'une G35 affublée d'un hayon, lequel dévoile un espace de chargement plutôt minimaliste. Pour un multisegment s'entend.

Mais Infiniti reprend ici une formule éprouvée à Munich (oui, chez BMW), où la performance prend l'ascendant sur la fonctionnalité. Car ne nous méprenons pas, l'EX35 n'a rien d'une déménageuse. Bien au contraire. Infiniti, sans l'admettre ouvertement, se garde bien de révéler dans ses communications les mensurations de ce coffre qui, banquette arrière en place, offre tout juste l'équivalent de 145 litres de volume utilitaire de plus qu'une berline G35. C'est à peine mieux que le X3 de BMW, mais loin derrière un RDX si l'on tient à établir des comparaisons. D'accord, la capacité du coffre est décevante, mais sans doute pas autant que les places arrière. Elles ont beau être confortables, il reste qu'un adulte normalement constitué s'y sentira terriblement coincé. Sceptique ? Alors, sachez qu'une « modeste » Versa offre notamment plus d'espace aux jambes (242 mm) que cette Infiniti.

Où est l'intérêt de cet EX35 alors ? Dans le dessin de sa carrosserie ? Il est vrai que cela nous change de celui des berlines, mais il faut savoir aussi que celle-ci est moins efficace sur le plan aérodynamique (Cx 0,32 comparativement à 0,29 pour la G). Le prix alors ? De fait, l'EX35 coûte effectivement moins qu'une G35x.

Évidemment, le prix de détail suggéré est ici tout à fait relatif. Il faut considérer les prix des « packages », pour reprendre le jargon du métier, qui rapidement gonfle l'addition. Chose certaine, vous devrez acquitter 1650 $ pour les frais de transport et de préparation. Dire qu'il y a 10 ans, c'était gratuit !

Après tant de déceptions, on s'avachit avec plaisir aux commandes de cette sportive accoutrée en utilitaire. Rien à redire sur la position de conduite (dominante) ni sur les commandes et les instruments qui nous entourent. Beaucoup de boutons certes, mais quelques jours d'accoutu-

mance vous suffiront à apprivoiser ce véhicule. L'important à retenir est que la commande pour désactiver le témoin sonore de changement de voie se trouve ici, à gauche de la colonne de direction. Il faut s'en souvenir, car celui-ci se réactive chaque fois que vous glissez la clé dans le contact et mitraille vos oreilles de petits « bip-bip-bip » chaque fois que l'une des roues du véhicule traverse la ligne blanche (ou jaune) de la chaussée. Ennuyeux ! Toujours dans l'optique de veiller à votre sécurité, l'EX35 est le premier Infiniti à offrir une vue en plongée de votre véhicule pour faciliter les manœuvres. Pratique ? Pour ne pas abîmer une jante contre un trottoir, peut-être. Mais ce dispositif serait sans doute infiniment plus utile s'il s'affichait sur le pare-brise (affichage tête haute) ou sur le rétroviseur intérieur.

SOUS LE MANTEAU

C'est au volant — et nulle part ailleurs — que cette Infiniti entend faire oublier ses carences « utilitaires ». On ne le répétera sans doute jamais assez, l'EX35 emprunte à la G35x bon nombre de ses éléments techniques. On relève toutefois que le moteur fournit moins de chevaux et de couple que sur la berline. Hormis ce « détail », l'architecture technique est la même.

Moins puissant et aussi plus lourd que la berline G, l'EX35 signe néanmoins des performances presque aussi spectaculaires. Les accélérations sont franches et les reprises musclées, notamment grâce à une boîte semi-automatique rapide, bien étagée et dont les commandes se dupliquent par bonheur au volant. Déception en revanche sur le plan de la consommation d'essence.

Malgré son poids plus que respectable, ce multisegment est très agréable à conduire. La direction à la fois vive et précise permet de l'inscrire facilement sur la trajectoire voulue. Le plaisir à son volant, c'est de se retrouver sur une voie rapide. Un véritable régal de le mettre en appui, au cœur d'une grande courbe. Qualifier l'EX35 de stable est un euphémisme: une fois placé, et à moins que le profil de la route soit très déformé, il ne bougera pas de sa trajectoire. Les suspensions fermes font très bien leur travail et sauvegardent un minimum de confort, même si elles tapent encore trop sur les bosses prononcées.

Presque aussi sportif qu'une berline G, cet Infiniti a l'avantage d'être offert à un prix très raisonnable, considérant son niveau de performance et d'équipements. Mais pourquoi un EX35 plutôt qu'une G35 ? À vous de répondre, cette fois. ▌▌▌ **ÉRIC LEFRANÇOIS**

On s'avachit avec plaisir aux commandes
de cette sportive accoutrée en utilitaire

DIMENSIONS ET VOLUMES

Empattement (mm)	2800
Longueur (mm)	4631
Largeur (mm)	1803
Hauteur (mm)	1589
Volume intérieur (L)	2506
Volume du coffre (min./max.) (L)	538 / 1330
Capacité du réservoir de carburant (L)	76
Fourchette de poids (kg)	1776 - 1793

CHÂSSIS

Mode	intégral
Suspension av. - arr.	indépendante
Freins av. - arr.	disques
Capacité de remorquage min. - max. (kg)	non recommandé
Direction - diamètre de braquage (m)	crémaillère - 10,6
Pneus	225/60R17

PERFORMANCES

Modèle à l'essai	EX35
Moteur	V6 DACT 3,5 litres
Puissance (ch. à tr/min)	297 - 6800
Couple (lb-pi à tr/min)	253 - 4800
Transmission	semi-automatique 5 rapports
Autres transmission	aucune
Accélération 0-100 km/h (sec.)	6,61
Reprises 80-115 km/h (sec.)	4,30
Distance de freinage 100-0 km/h (m)	39,7
Niveau sonore à 100 km/h	✗ ✗ ✗ ✗
Vitesse maximale (km/h)	235
Consommation réalisée au cours de l'essai (L/100 km)	11,8
Gaz à effet de serre	
Autres moteurs	aucun

CE QU'IL FAUT SAVOIR

Fourchette de prix ($)	40 400
Marge de profit du concessionnaire (%)	9,34
Transport et préparation ($)	1650
Consommation ville - route (L/100 km)	13,5 - 9,3
Essence recommandée	super
Versions offertes	Base
Carrosserie	multisegment 5 portes
Lieu d'assemblage	Japon
Valeur résiduelle	★ ★ ★
Garanties : de base - motopropulseur (an/km)	4/100 000 - 6/110 000
Fiabilité présumée	★ ★ ★ ★
Cycle de remplacement	2012
Ventes 2007 n.a.	Québec : n.a.
Protection collision frontale conducteur/passager latérale avant/arrière retournement 2rm/4rm	non évaluée non évaluée non évaluée

À RETENIR

Nouveautés 2009	**nouvelles couleurs**
Principales concurrentes	**Acura RDX, Audi Q5, Mercedes GLK, Volvo XC60**

- Le tempérament sportif
- Le souffle du moteur
- Le soin apporté à la fabrication et à la finition

- Les places arrière étriquées
- Le volume du coffre
- Les technologies à gogo offertes

313

LA MÊME, MAIS EN MIEUX ?

INFINITI
FX

C'est toujours la même histoire. Sous prétexte de préserver une filiation avec la gamme et le modèle antérieur, les constructeurs dessinent souvent le même véhicule à des échelles différentes tout en le parant de nouvelles fioritures. La nouvelle génération de FX qui a fait ses débuts au cours de la saison estivale n'échappe pas à cette tendance lourde.

Au premier coup d'œil, personne ne confondra le nouveau FX et un autre véhicule. Pour l'essentiel, il a conservé la même physionomie que l'ancien, à savoir un très long capot, des porte-à-faux très courts, des hanches rebondies et des roues géantes.

Cette carrosserie repose sur un empattement allongé qui ne profite guère aux occupants et à leurs bagages. Les maigres gains en habitabilité ne sont guère plus séduisants que les contorsions qu'il faut faire pour atteindre la banquette et, surtout, pour s'en extraire ; tout ça en raison des puits de roue envahissants qui se font un devoir de salir vos vêtements. Par contre, deux personnes auront plaisir

à voyager à l'arrière grâce à des dossiers qui s'inclinent, même si le rangement est limité. On se désole aussi de la modularité somme toute assez classique du coffre. Bien sûr, il peut avaler plusieurs articles, une fois pliés les sièges arrière, mais son seuil est élevé et la lunette ne se soulève pas indépendamment du hayon.

Avec des blocs optiques plus effilés et un centre de gravité moins élevé, le FX50 obtient un coefficient de traînée aérodynamique de 0,36 par rapport à 0,37 pour l'ancien modèle. Meilleur aérodynamisme, mais le nouveau FX pèse tout de même dans les faits une cinquantaine de kilos de plus en raison de ses nouveaux accessoires.

DU MUSCLE, MAIS OÙ EST L'ÉCONOMIE ?

La mauvaise nouvelle se trouve sous le capot. Soulevez-le et dites bonjour à ce gros V8 de 5 litres. Une belle pièce d'ingénierie certes, mais totalement dépourvue hélas des dernières avancées technologiques (coupure de l'allumage au feu rouge, désactivation des cylindres, etc.). Résultat, on annonce une consommation de 14,6 L/100 km en ville

et 10,9 L/100 km sur route. Des chiffres un peu bidon qui seront extrêmement difficiles, voire impossibles à reproduire en usage réel. Avec un réservoir de 90 litres qui n'accepte que de l'essence super, la facture s'annonce salée.

Pour déménager, il déménage, ce 5 litres. Musclé, vif et rapide, il a une autre vertu : il chante bien. Pour l'accompagner, Infiniti a recours à une boîte semi-automatique à sept rapports d'une redoutable souplesse et qui accepte dorénavant d'être commandée par des palettes au volant. Par chance, pour nos économies et le bien-être de notre planète, la version animée du V6 3,5 litres (FX35) devrait, selon les prévisions du distributeur canadien, être la plus courue. Plus puissante (+35 chevaux), elle aussi, que la génération antérieure, cette mécanique est cependant condamnée à disparaître à brève échéance. En effet, il faut savoir que l'objectif du constructeur est de doter le FX d'une plus grosse cylindrée (3,7 litres). Les raisons qui poussent Infiniti à nous servir ici du réchauffé (le 3,5 litres) tiennent difficilement la route, d'autant plus que le FX37 a entrepris ces dernières semaines sa carrière en Europe...

C'est sur les routes à proximité de San Diego que nous avons pu nous faire une première opinion de ce multisegment qui prétend se comporter comme une voiture sport ou « un guépard doté de pouvoirs surnaturels » (selon Infiniti). Aussi bien le dire tout de suite, cette nouvelle mouture n'est guère plus sportive que la précédente, car elle manque vraiment de vivacité. Mais l'agrément du grand tourisme est là. Même si son centre de gravité est moins élevé, son poids, lui, frise toujours les deux tonnes. Le FX est neutre et étonnamment facile à placer dans les virages. Ferme de direction à allure soutenue, cet Infiniti ne dévie jamais de sa trajectoire et filtre désormais convenablement, mais sans plus, les raccords et les compressions rencontrés sur son passage. Mais les routes de la Californie sont franchement mieux entretenues que les nôtres et, de ce fait, les suspensions du FX risquent de vous paraître bien fermes. C'est le seul reproche de comportement qu'on pourra lui opposer, car, pour le reste, le tangage et le roulis sont bien maîtrisés et l'arsenal électronique veille sur tout débordement possible de motricité. En fait, tous participent à éliminer l'impression de vitesse qui transparaît seulement lorsque les virages se mettent à zigzaguer.

D'accord, le FX en met plein la vue, mais retenez-vous d'apposer votre signature au bas du contrat. Attendez plutôt que le FX37 fasse son apparition. **⦀ ÉRIC LEFRANÇOIS**

*Une nouvelle mouture guère plus sportive
que la précédente, car elle manque vraiment de vivacité*

DIMENSIONS ET VOLUMES

Empattement (mm)	2885
Longueur (mm)	4859
Largeur (mm)	1928
Hauteur (mm)	1680
Volume intérieur (L)	2903
Volume du coffre (min./max.) (L)	702 / 1756
Capacité du réservoir de carburant (L)	90
Fourchette de poids (kg)	1950 – 2075

CHÂSSIS

Mode	intégral
Suspension av. - arr.	indépendante
Freins av. - arr.	disques
Capacité de remorquage min. - max. (kg)	1588
Direction – diamètre de braquage (m)	crémaillère – 11,1
Pneus	265/60R18 (FX35), 265/45R21 (FX50)

PERFORMANCES

Modèle à l'essai	FX50
Moteur	V8 DACT 5 litres
Puissance (ch. à tr/min)	390 – 6500
Couple (lb-pi à tr/min)	369 – 4400
Transmission	semi-automatique 7 rapports
Aucune transmission	aucune
Accélération 0-100 km/h (sec.)	5,29
Reprises 80-115 km/h (sec.)	3,42
Distance de freinage 100-0 km/h (m)	non mesurée
Niveau sonore à 100 km/h	✗ ✗ ✗
Vitesse maximale (km/h)	250
Consommation réalisée au cours de l'essai (L/100 km)	17,1
Gaz à effet de serre	
Autres moteurs	V6 3,5 litres (303 ch.)

CE QU'IL FAUT SAVOIR

Fourchette de prix ($)	**50 700 – 58 900**
Marge de profit du concessionnaire (%)	9,71 – 10,32
Transport et préparation ($)	1775
Consommation ville – route (L/100 km)	**13,3 – 9,3 (3,5 l)** **14,6 – 10,1 (5 l)**
Essence recommandée	super
Versions offertes	FX35 - FX45
Carrosserie	multisegment 5 portes
Lieu d'assemblage	Japon
Valeur résiduelle	★ ★ ★ ⯪
Garanties : de base - motopropulseur (an/km)	4/100 000 – 6/110 000
Fiabilité présumée	★ ★ ★ ⯪
Cycle de remplacement	nouveau modèle 2009
Ventes 2007 ↘ 28 %	Québec : 222
Protection collision frontale conducteur/passager latérale avant/arrière retournement 2rm/4rm	non évaluée non évaluée non évaluée

À RETENIR

Nouveautés 2009	**nouvelle génération**
Principales concurrentes	BMW X6, Porsche Cayenne

- Ligne séduisante et musclée
- Tonus du 5 litres
- Qualité soignée

- Volume intérieur décevant
- Le 3,5 litres en voie d'être orphelin
- Aucun effort pour réduire la consommati...

UN MALHEUR QUI PERDURE

INFINITI
G37 BERLINE

C'est hors de tout doute la voiture qui a mis la marque Infiniti sur l'échiquier automobile. Dès son apparition sur le marché, il y a six ans, la G35 a fait un malheur, aidée par un vote de confiance comme celui que je lui avais accordé en la choisissant comme mon coup de cœur de l'année.

Comme je joins souvent la parole aux actes, j'en avais aussi acheté une qui m'a donné pleine et entière satisfaction... jusqu'à l'arrivée de l'hiver où sa propulsion devenait un sérieux handicap dès l'apparition du moindre chemin pentu. Comme pour toute marque japonaise, on a vite réalisé qu'il fallait un correctif, d'où l'apparition un an plus tard d'une G35X quatre roues motrices que je me suis empressé d'acheter.

En 2009, la G en est à la troisième année de ses retouches esthétiques et mécaniques et elle n'a pas perdu la cote, au contraire. Qu'est-ce qu'on aime chez elle et que peut-on lui reprocher ? D'abord, j'ai toujours détesté la soudaineté de l'accélérateur qui fonctionne tel un commutateur : il est à *on* ou à *off*. Cela devient agaçant à la longue, car on a constamment l'impression de conduire un pur-sang qui veut toujours bondir en avant. L'autre détail qui me déplaisait est la consommation élevée de son V6, qui n'ira pas en s'abaissant avec le nouveau moteur de 3,7 litres et 328 chevaux qui prend place sous le capot cette année. Par ailleurs, il est certain que l'adoption d'une nouvelle transmission automatique à sept rapports devrait diminuer la soif de ce V6, du moins sur autoroute.

Il faut savoir que la traction intégrale à elle seule fait croître la consommation d'au moins 15 %. Malgré son accélérateur chatouilleux et sa consommation un peu démesurée, j'ai passé un très bel hiver avec ma G35X. La traction intégrale fait toute la différence sur les routes glissantes, et c'est la version à acheter selon moi, eu égard à nos conditions climatiques.

UNE ERGONOMIE DISCUTABLE

Malgré un bon nombre de modifications, la dernière G ne s'éloigne pas tellement de l'originale, même s'il arrive qu'on la confonde avec une M 35. On a longuement critiqué la piètre ergonomie de ce modèle et Infiniti a tout effacé afin de partir d'une page blanche. Or je ne suis pas sûr que ce modèle méritera un prix en matière de disposition des commandes ou de facilité d'utilisation des commutateurs et des instruments. Les boutons servant à manœuvrer la chaîne audio et le régulateur de vitesse à partir du volant sont beaucoup trop petits, et que dire des deux poussoirs de chaque côté du module des cadrans indicateurs qui sont non seulement inaccessibles, mais tout à fait invisibles. Il n'est donc pas facile de tamiser l'éclairage du tableau de bord ou de modifier les données de l'ordinateur. Contrairement à la première G dont les commandes du siège conducteur étaient placées de telle façon qu'on était assis dessus, on peut désormais ajuster sa position de conduite avec des boutons de réglage posés du côté gauche. Le hic, c'est qu'il est impossible de les rejoindre en roulant tellement l'espace entre le siège et la portière est serré.

À LA FOIS CIVILE ET SPORTIVE

Sur la route, la direction m'est apparue plus gommée et moins fidèle aux sensations de conduite qu'auparavant. Il faut noter aussi que le volant se raffermit considérablement en virage sans que cela change un iota à un agrément de conduite assez relevé. Il est clair toutefois que la G 37 joue la carte de la civilité et entend rejoindre une plus vaste clientèle que le modèle original qui s'adressait aux acheteurs en quête d'une berline sport dans le ton d'une BMW de série 3. Le confort est en net progrès sans pour autant empiéter sur une tenue de route capable de satisfaire autant l'usager moyen que le conducteur un peu agressif.

Quant au moteur, il est plus percutant que jamais et maintient ce modèle en tête de sa catégorie face à ses rivales en ce qui a trait aux performances. Ainsi, ses chiffres d'accélération sont ceux qu'on accolait à des voitures dites exotiques il n'y a pas si longtemps. Pour marquer davantage sa vocation sportive, la G37 2009 propose en option des freins avec des étriers à quatre pistons et des disques de 14 pouces à l'avant.

Dans la petite et brève histoire d'Infiniti, une sous-marque de Nissan, la G37 doit être considérée comme la plus grande réussite de la division de voitures de luxe du constructeur japonais. **┃┃┃ JACQUES DUVAL**

*Son moteur, plus percutant que jamais, maintient ce modèle
en tête de sa catégorie en ce qui a trait aux performances*

DIMENSIONS ET VOLUMES

Empattement (mm)	2850
Longueur (mm)	4750
Largeur (mm)	1773
Hauteur (mm)	1453, 1468 (x)
Volume intérieur (L)	2803
Volume du coffre (min./max.) (L)	382
Capacité du réservoir de carburant (L)	76
Fourchette de poids (kg)	1586 - 1680

CHÂSSIS

Mode	propulsion, intégral
Suspension av. - arr.	indépendante
Freins av. - arr.	disque
Capacité de remorquage min. - max. (kg)	non recommandé
Direction – diamètre de braquage (m)	crémaillère – 10,7 / 11 (x)
Pneus	225/55R17, 225/50R18 (Sport)

PERFORMANCES

Modèle à l'essai	G37x Sport
Moteur	V6 DACT 3,7 litres
Puissance (ch. à tr/min)	330 - 7000
Couple (lb-pi à tr/min)	270 - 5200
Transmission de série	semi-automatique 7 rapports
Autres transmissions	manuelle 6 rapports
Accélération 0-100 km/h (sec.)	6,37
Reprises 80-115 km/h (sec.)	3,92
Distance de freinage 100-0 km/h (m)	37,3
Niveau sonore à 100 km/h	✕ ✕ ✕
Vitesse maximale (km/h)	250
Consommation réalisée au cours de l'essai (L/100 km)	12,1
Gaz à effet de serre	
Autres moteurs	aucun

CE QU'IL FAUT SAVOIR

Fourchette de prix ($)	**39 990 – 48 440**
Marge de profit du concessionnaire (%)	7,54 à 9,73
Transport et préparation ($)	1650
Consommation ville – route (L/100 km)	**13,8 – 9,3 (2rm)** **14 – 10,4 (4rm)**
Essence recommandée	super
Versions offertes	Base, 6M, Base x, x Sport
Carrosserie berline	4 portes
Lieu d'assemblage	Japon
Valeur résiduelle	★ ★ ★ ★ ★
Garanties : de base – motopropulseur (an/km)	4/100 000 – 6/110 000
Fiabilité présumée	★ ★ ★ ★ ☆
Cycle de remplacement	2011
Ventes 2007 ↗ 28 %	Québec : 910
Protection collision frontale conducteur/passager latérale avant/arrière retournement 2rm/4rm	★ ★ ★ ★ / ★ ★ ★ ★ ★ ★ ★ ★ ★ / ★ ★ ★ ★ ★ ★ ★ ★ ★ / ★ ★ ★ ★ ★

À RETENIR

Nouveautés 2009	**rebaptisée G37 à cause du V6 3,7 litres (330 ch.), boîte automatique 7 rapports**
Principales concurrentes	**Acura TL, Audi A4, BMW Série 3, Mercedes Classe C, Saab 9-3, Volvo S60**

- Les performances de la motorisation
- La précision de la direction
- La puissance du freinage

- La consommation
- Le dégagement à l'arrière
- Performances sur chaussée enneigée (sans la transmission intégrale)

317

LE POINT G

INFINITI
G37

Même si la grande majorité des ventes de G sont réalisées, chez nous, avec la G37x (transmission intégrale), les vrais amateurs de cette voiture vous diront qu'ils aimeraient bien pavoiser dans cette version rehaussée à deux portières.

En effet, si la berline G rassemble le raffinement, la solidité et les performances, le coupé va encore plus loin avec son caractère sportif et son moteur plus puissant de 3,7 litres produisant 330 chevaux-vapeur. La vague d'accélération est soutenue et caractérisée par une technologie qui module les soupapes. Mais la consommation n'est pas exemplaire. Qu'à cela ne tienne, Nissan (pardon, Infiniti) propose cette année une transmission à sept rapports automatiques (ou six rapports manuels) sur l'ensemble de la gamme G.

ON MET LE PAQUET POUR 2009

Malgré le fait que le coupé G37 ne représente qu'une fraction des ventes de la G, Infiniti a décidé de miser gros sur ce modèle pour l'année-modèle 2009. En effet, au moment d'écrire ces lignes, nous n'avions vu que des illustrations de la future G37 cabriolet qui devrait poindre dans les salles d'exposition au début de 2009. Ce sera assurément un coup de cœur pour les amateurs de la marque qui aiment rouler cheveux au vent durant la belle saison.

Mais (car il y a toujours un « mais ») quelques journées d'hiver enneigées pourraient faire déchanter ceux qui souhaitent conduire ce bolide durant la saison froide. En effet, mon premier essai de la G37, réalisé durant une semaine intempestive d'hiver, m'a prouvé qu'elle est plutôt adaptée pour rouler sur un pavé sec... Ses pneus d'hiver de dimension 225/50 VR18 ne m'ont pas aidé à me sortir de mon espace de stationnement glacé et légèrement enneigé. Imaginez maintenant le résultat avec les pneus arrière de la version sport (245/40R19). Toutefois, l'ensemble sport, qui comporte notamment le différentiel arrière à glissement limité et viscocoupleur, m'aurait sûrement sorti de cette fâcheuse position selon un représentant commercial du concessionnaire près de chez moi. Permettez-moi d'en douter !

À tout problème ses solutions ! Infiniti propose maintenant la G37x (transmission intégrale) pour 2009. Eh bien, voilà qui est franchement plus rassurant pour les consommateurs nordiques. La table est mise. Vous n'aurez maintenant qu'à faire votre choix parmi les ensembles d'équipement « privilège », « privilège plus » (pare-chocs avant, bavolets et aileron sport ; différentiel barré, Jantes 19 pouces, étriers et disques de freins de surdimensionnés, volant sport avec manettes spatulées en magnésium, sièges avant sport et pédales en aluminium) ou « sport BVM6 » qui ajoute l'équipement de haute technologie, dont le système de navigation, la reconnaissance vocale des différents systèmes, la prise pour lecteur MP3, le régulateur de vitesse intelligent, la caméra de marche arrière, l'éclairage adaptatif à l'avant et le système de précollision. À cela, vous pourrez ajouter l'ensemble de direction active aux quatre roues ! Décidément, Infiniti a mis le paquet pour élargir son bassin de clientèle.

UN COUPÉ EXEMPLAIRE

Sur la route, il est difficile de déceler des failles à la G37 de base. Sa puissance, son freinage, sa direction, son allure, son confort et son équipement sont dans la bonne moyenne de la catégorie. Mais en optant pour les équipements offerts sur les modèles sport, on surpasse cette moyenne, notamment avec des disques de freins de 14 pouces à l'avant et des étriers à quatre pistons opposés en aluminium léger. On arrive ainsi à maîtriser la bête avant une courbe prononcée. Sinon, ceux qui n'aiment pas décélérer avant la courbe iront jusqu'au bout des possibilités de la direction active aux quatre roues, qui ralentira efficacement le rapport de direction en changeant l'angle de direction avant et l'angle des roues arrière pour accroître la stabilité lors d'un braquage brusque.

À bord, ceux qui aiment la puissance, en général, apprécient habituellement une qualité sonore supérieure. Ceux qui opteront pour le son du moteur seront emballés par le ronronnement qu'émet le silencieux. Mais pour les audiophiles qui ont depuis longtemps troqué la radio AM pour l'iPod, ils seront aux anges avec le système Studio sur roues de Bose et ses 11 haut-parleurs de grande précision, dont ceux de 10 pouces situés dans les portières avant. On offre de plus la sonorisation Music Box, qui permet de sauvegarder jusqu'à 200 heures de mélodies sur le disque dur de 9,3 Go !

Les amateurs de technologie visionnaire aimeront également le système de navigation 3D avec son disque dur et son écran tactile offert dans certaines versions, qui fournit notamment des données sur la circulation en temps réel, utilisant codes de couleurs et icônes pour illustrer la fluidité, les accidents et les ralentissements. Un système idéal pour quiconque apprécie toujours la conduite automobile... quand la route nous permet de rouler ! ▮▮▮ **STÉPHANE QUESNEL**

Le printemps prochain, la G37 s'incarnera en cabriolet

DIMENSIONS ET VOLUMES

Empattement (mm)	2850
Longueur (mm)	4650
Largeur (mm)	1823
Hauteur (mm)	1395, 1393 (Sport)
Volume intérieur (L)	2342
Volume du coffre (min./max.) (L)	209
Capacité du réservoir de carburant (L)	76
Fourchette de poids (kg)	1641 - 1664

CHÂSSIS

Mode	propulsion, intégrale (à venir)
Suspension av. - arr.	indépendante
Freins av. - arr.	disques
Capacité de remorquage min. - max. (kg)	non recommandé
Direction – diamètre de braquage (m)	crémaillère – 11
Pneus	225/50R18 (Base)
	225/45R19 - 245/40R19 (Sport)

PERFORMANCES

Modèle à l'essai	G37 Sport
Moteur	V6 DACT 3,7 litres
Puissance (ch. à tr/min)	330 - 7000
Couple (lb-pi à tr/min)	270 - 5200
Transmission	semi-automatique 5 rapports
Autres transmissions	manuelle 6 rapports
Accélération 0-100 km/h (sec.)	6,16
Reprises 80-115 km/h (sec.)	3,88
Distance de freinage 100-0 km/h (m)	36,9
Niveau sonore à 100 km/h	✕ ✕ ✕
Vitesse maximale (km/h)	250
Consommation réalisée au cours de l'essai (L/100 km)	11,5
Gaz à effet de serre	
Autres moteurs	aucun

CE QU'IL FAUT SAVOIR

Fourchette de prix ($)	**47 350 – 49 950**
Marge de profit du concessionnaire (%)	9,77 à 9,91
Transport et préparation ($)	1650
Consommation ville - route (L/100 km)	**13,4 - 9,6**
Essence recommandée	super
Versions offertes	Base, Sport
Carrosserie	coupé 2 portes, cabriolet (à venir)
Lieu d'assemblage	Japon
Valeur résiduelle	✳ ✳ ✳ ✳ ✳
Garanties : de base – motopropulseur (an/km)	4/100 000 – 6/110 000
Fiabilité présumée	✳ ✳ ✳ ✳ ✳
Cycle de remplacement	2012
Ventes 2007　　　n.d.	Québec : n.d.
Protection collision frontale conducteur/passager	✳ ✳ ✳ ✳ ✳ / ✳ ✳ ✳ ✳ ✳
latérale avant/arrière	✳ ✳ ✳ ✳ ✳ / ✳ ✳ ✳ ✳ ✳
retournement 2rm/4rm	✳ ✳ ✳ ✳ / n.a.

À RETENIR

Nouveautés 2009	**traction intégrale (G37x), freins plus puissants, modèle cabriolet**
Principales concurrentes	**Audi A5/S5, BMW Série 3, Mercedes CLK**

+
- Moteur primé
- Excellent comportement routier
- Traction intégrale si désirée
- Fiabilité encourageante

−
- Ergonomie toujours perfectible
- Consommation importante
- Accélérateur brusque

UNE G37 BOUFFIE ET ENDIMANCHÉE

INFINITI
M

J'ai beaucoup aimé l'Infiniti G37 dans sa première interprétation. Lors d'un comparatif, elle avait même battu la reine des berlines de sport, la BMW Série 3, un exploit assez remarquable. Pendant qu'elle continue sur sa lancée, Infiniti a voulu recréer sa G37 avec deux modèles un peu plus cossus, un peu plus habitables et, évidemment un peu plus chers. Malheureusement, l'exercice est moins réussi et les deux modèles essayés de la série M ne m'ont pas conduit au septième ciel.

Sans compter que la marque de luxe de Nissan a dû se défendre en cour des allégations de BMW qui affirmait avoir l'usage exclusif de la lettre M dans la nomenclature d'automobiles. La démarche a été vaine et les gens de BM s'en sont retournés à Munich avec leur p'tit bonheur. Ceci dit, concentrons-nous sur les voitures au centre de ce litige.

La M35X est assurément la plus intéressante des deux avec son prix réaliste et sa traction intégrale, mais son comportement routier couci-couça associé à une motorisation peu convaincante fera réfléchir l'acheteur espérant trouver ici une version améliorée de la G37. D'ailleurs, Infiniti a reconnu partiellement ses fautes en dotant la M35 2009 du moteur VW35HR de Nissan, un V6 plus étoffé que son prédécesseur. Il n'en reste pas moins que la voiture rappelle une G37 qui aurait pris de l'embonpoint. Boursouflée dans son costume du dimanche, elle manque totalement de personnalité. Bref, c'est tout le contraire d'une G, plus habile et plus maniable. En revanche, si c'est surtout le luxe qui vous attire, vous êtes à la bonne adresse.

Pour un, la présentation intérieure brille par son originalité et vous renvoie une nette impression de qualité. Et que dire de l'ergonomie qui bénéficie enfin de l'ordre logique des choses. Dommage que la nuée de boutons (écran, radio, climatisation, etc.) vous oblige à y regarder à deux fois avant de les manipuler.

L'EXÉCRABLE NOUVEAUTÉ

Les voitures M d'Infiniti ont été les premières à offrir en option cet accessoire qu'on appelle « l'avertisseur de changement de voie ». J'espère qu'ils seront aussi les premiers à le rayer du catalogue tellement il est exécrable et plus dérangeant que sécuritaire. Le problème vient du fait qu'on change de voie

intentionnellement beaucoup plus souvent qu'on le croit et de façon parfaitement ordonnée. Or, chaque fois, le satané bip vient vous casser les oreilles, au point où vous finissez par le désactiver. Mais le système s'enclenche de nouveau de lui-même au prochain démarrage.

Avec son nouveau moteur, la M35X trouve, à demi, une vocation plus sportive qui permet d'abattre 0-100 km/h en moins de 7 secondes. Pour moi toutefois, ce qui m'a plu, c'est de constater que l'accélérateur est devenu plus progressif que dans mon ancienne G35x. Le roulis, le tangage et l'instabilité sur la route restent cependant des points sombres dans la fiche de la M35X. On pourra toujours s'en remettre en conduisant paisiblement cette belle voiture de luxe aux places arrière spacieuses où le confort et le silence permettent d'apprécier un bon film projeté sur l'écran DVD au plafond. En somme, ce n'est pas mon genre de voiture.

UN V8 AVEC ÇA

Passons à la M45, offerte également en version quatre roues motrices identifiables à la lettre X en suffixe. Tout comme sa soeur moins athlétique, elle reçoit un nouveau mode sport (DS) pour sa transmission automatique à cinq rapports ainsi qu'un protecteur antiégratignure sous la forme d'un plastique transparent qui enveloppe les parties les plus vulnérables de la carrosserie. Mais qu'est-ce qui peut bien justifier sur la M45S un écart de prix aussi considérable par rapport à la M35X ? Pour avoir investi un supplément de plus de 15 000 $, vous obtiendrez une M45 en tenue sport ou traction intégrale. La puissance accrue de son V8 vous fera gagner 1 seconde au sprint vers 100 km/h et vous serez inondé d'équipements de luxe, comme un DVD dont le chargeur est situé dans l'accoudoir central, une chaîne audio Surround et une interminable liste de ce que toute voiture de luxe doit offrir à son propriétaire. Là encore, on se retrouve avec un centre de « pitonnage », le cadeau empoisonné d'un indéchiffrable GPS avec sa centrale d'informations diverses. En plus, certaines commandes sont masquées, un autre accroc à l'ergonomie.

Ces deux versions de la classe M d'Infiniti sont belles à regarder et respectent les normes de qualité du groupe Nissan, mais elles empruntent sans grand succès une recette qui fut très profitable dans le cas de leur compagne, la G.
III JACQUES DUVAL

La voiture rappelle une G35 qui aurait pris de l'embonpoint : elle manque totalement de personnalité

DIMENSIONS ET VOLUMES

Empattement (mm)	2900
Longueur (mm)	4930
Largeur (mm)	1806
Hauteur (mm)	1511 (M45) – 1524
Volume intérieur (L)	3341
Volume du coffre (min./max.) (L)	422
Capacité du réservoir de carburant (L)	76
Fourchette de poids (kg)	1820 - 1875

CHÂSSIS

Mode	propulsion - intégral
Suspension av. - arr.	indépendante
Freins av. - arr.	disques
Capacité de remorquage min. - max. (kg)	non recommandé
Direction – diamètre de braquage (m)	crémaillère - 11,2 / 11,1 (x)
Pneus	245/45R18, 245/40R19 (M45 Sport)

PERFORMANCES

Modèle à l'essai	M45 Sport
Moteur	V8 DACT 4,5 litres
Puissance (ch. à tr/min)	325 - 6400
Couple (lb-pi à tr/min)	336 - 4800
Transmission	semi-automatique 5 rapports
Autres transmissions	semi-automatique 7 rapports (M35)
Accélération 0-100 km/h (sec.)	5,98
Reprises 80-115 km/h (sec.)	4,37
Distance de freinage 100-0 km/h (m)	39,6
Niveau sonore à 100 km/h	✗ ✗ ✗ ✗
Vitesse maximale (km/h)	235
Consommation réalisée au cours de l'essai (L/100 km)	13,2
Gaz à effet de serre	
Autres moteurs	V6 3,5 litres (310 ch.)

CE QU'IL FAUT SAVOIR

Fourchette de prix ($)	**52 900 – 67 150**
Marge de profit du concessionnaire (%)	8,91 à 10,24
Transport et préparation ($)	1715
Consommation ville - route (L/100 km)	**14,5 - 10,5 (3,5 l) 16,6 - 11,6 (4,5 l)**
Essence recommandée	super
Versions offertes	35, 35x, 45 Sport, 45x
Carrosserie	berline 4 portes
Lieu d'assemblage	Japon
Valeur résiduelle	✱ ✱ ✱
Garanties : de base - motopropulseur (an/km)	4/100 000 - 6/110 000
Fiabilité présumée	✱ ✱ ✱ ✱ ✰
Cycle de remplacement	2010
Ventes 2007 ↘ 38 %	Québec : 115
Protection collision frontale conducteur/passager latérale avant/arrière retournement 2rm/4rm	non évaluée non évaluée non évaluée

À RETENIR

Nouveautés 2009	V6 3,5 litres plus puissant (310 ch.), boîte automatique 7 rapports (M35), M45x introduite discrètement l'an dernier
Principales concurrentes	Audi A6, BMW Série 5, Jaguar XF, Lexus GS, Mercedes Classe E/CLS, Volvo S80

- Sièges confortables, bonne position de conduite
- Direction agréable
- Excellente visibilité

- Ergonomie toujours perfectible
- Alarme de changement de voie déplaisante
- Tenue de route discutable (M35x)

321

REVIENDRA, REVIENDRA PAS ?

INFINITI
QX56

Depuis son dévoilement en 2004, il n'y a pas une année où nous n'avons pas hésité à écrire sur le retour ou la fin du QX56. En 2007, seulement 24 unités ont trouvé preneur au Québec. À cause de la crise du pétrole, les ventes en 2008 ne devraient être guère plus reluisantes, et ce, malgré une importante baisse du prix, soit environ 10 000 $ par rapport à l'an dernier.

Néanmoins, après avoir lu ou entendu erronément l'annonce de son décès à maintes reprises, le QX56 semble garder le moral et continue de se maintenir en grande forme pour son âge. Il faut dire que le restylage de la calandre, l'an dernier, lui a permis de camoufler quelques rides. Qui plus est, même si sa plateforme commence à afficher des signes de fatigue, le QX56 demeure tout de même doté d'une force de remorquage hors du commun. En effet, le géant d'Infiniti est capable de tracter une charge plus élevée que celle de ses principaux rivaux : Cadillac Escalade, GMC Yukon Denali et Lincoln Navigator. Somme toute, avant d'annoncer prématurément la retraite du QX, il faudrait connaître le destin que réserve Nissan à son clone, l'Armada, dont des changements importants sont prévus en 2010.

Mais une chose est sûre, la venue du QX56 a coïncidé avec le redressement financier d'Infiniti, qui est passé de la précarité à la rentabilité au cours des cinq dernières années. Ce revirement a eu pour effet de consolider la présence du QX56 au sein d'Infiniti, dont l'objectif semble être de devenir la marque de luxe japonaise des véhicules à traction intégrale (le pendant japonais d'Audi !), avec ses EX35, G35x/G37x, M35x/M45x et FX35/45.

UN VASTE HABITACLE

Compte tenu de son format et ces trois rangées de sièges, au moins sept personnes peuvent s'installer confortablement dans l'habitacle. Si certains gros VUS peuvent loger jusqu'à neuf passagers, c'est qu'ils ne sont pas pourvus de deux sièges capitaines à la deuxième rangée comme le QX56. Une fois les sièges arrière rabattus, il est dommage que la console centrale de la deuxième rangée empiète sur l'espace de chargement. Qui plus est, dans le cas où la troisième banquette doit être relevée, il ne reste pas beaucoup d'espace

dans le coffre. Plus précisément, 566 litres dans le sens de la hauteur, soit à peine suffisamment de place pour déposer quelques sacs d'épicerie ! En contrepartie, il est heureux que les ingénieurs aient jugé bon de diviser le dossier de la troisième banquette dans l'ordre de 60/40. Ainsi, il existe plusieurs configurations possibles si votre famille dépasse cinq personnes ! Si vous avez des objets longs à transporter, le siège du passager avant se replie sur lui-même et peut également servir de table de travail.

UNE MÉCANIQUE SOPHISTIQUÉE

Comme son rang l'exige, le V8 de 5,6 litres est légèrement plus puissant que celui de Nissan. Développant 320 chevaux, soit trois petits chevaux de plus que l'Armada, le couple propose également quelques livres-pieds supplémentaires pour un total de 393. Jumelées à une boîte automatique à cinq rapports, la puissance du moteur et la traction aux quatre roues sont gérées par le système « Tout-Mode » qui fait varier la répartition du couple dans l'ordre de 50/50 entre les essieux avant et arrière. On trouve également un système de contrôle dynamique qui réduit la puissance du moteur et freine les roues de façon sélective en cas de dérapage. Toutefois, ce système est lent à réagir et pourrait être plus efficace.

Pour sortir votre bateau de l'eau ou grimper une route escarpée, fait rarissime dans l'industrie, le QX56 possède un rouage intégral comptant sur une boîte de transfert à deux régimes, dont une gamme de vitesse basse. Sur les routes inclinées, le mode remorquage empêche la transmission de chasser pour trouver le bon rapport. De même, presque 90 % du couple moteur est développé sous les 2500 tours/minute, soit la plage de régime la plus efficace pour le remorquage et la conduite hors route. Avec une capacité de 105 litres, le réservoir à carburant n'est pas le plus gros de la catégorie ! Bonne nouvelle, pensez-vous, puisqu'il doit consommer modérément ? Mais non, le QX56 consomme l'essence à la tasse et ne fera que resserrer vos liens avec votre pompiste.

Le QX56 est beaucoup plus à l'aise sur les grandes artères que dans les centres urbains. La rigidité du châssis permet d'afficher une bonne tenue de route. Toutefois, la suspension est sèche et les énormes pneus de 20 pouces à profil bas ont du mal à filtrer les imperfections de la chaussée. Quant au freinage, il est l'un des plus efficaces de sa catégorie.

L'EXCLUSIVITÉ A UN PRIX

Dans le contexte actuel, la valeur de revente de ce gros VUS japonais sera moins élevée que celle d'un Navigator ou d'un Escalade. Toutefois, si vous recherchez l'exclusivité, le QX56 est le VUS tout désigné. **JEAN-FRANÇOIS GUAY**

*Après avoir lu ou entendu l'annonce de son décès à maintes reprises,
le QX56 continue de se maintenir en grande forme pour son âge*

DIMENSIONS ET VOLUMES

Empattement (mm)	3130
Longueur (mm)	5275
Largeur (mm)	2019
Hauteur (mm)	1998
Volume intérieur (L)	5335
Volume du coffre (min./max.) (L)	566 / 2747
Capacité du réservoir de carburant (L)	105
Fourchette de poids (kg)	2678

CHÂSSIS

Mode	4 roues motrices
Suspension av. - arr.	indépendante
Freins av. - arr.	disques
Capacité de remorquage min. - max. (kg)	4037
Direction - diamètre de braquage (m)	crémaillère - 12,43
Pneus	275/60R20

PERFORMANCES

Modèle à l'essai	QX56
Moteur	V8 DACT 5,6 litres
Puissance (ch. à tr/min)	320 - 5200
Couple (lb-pi à tr/min)	393 - 3400
Transmission	automatique 5 rapports
Autres transmissions	aucune
Accélération 0-100 km/h (sec.)	8,23
Reprises 80-115 km/h (sec.)	5,42
Distance de freinage 100-0 km/h (m)	42,3
Niveau sonore à 100 km/h	✹ ✹ ✹
Vitesse maximale (km/h)	190
Consommation réalisée au cours de l'essai (L/100 km)	16,7
Gaz à effet de serre	
Autres moteurs	aucun

CE QU'IL FAUT SAVOIR

Fourchette de prix ($)	**69 700**
Marge de profit du concessionnaire (%)	10,08
Transport et préparation ($)	1820
Consommation ville - route (L/100 km)	**19,8 – 13,6**
Essence recommandée	super
Versions offertes	7 passagers, 8 passagers
Carrosserie	utilitaire 5 portes
Lieu d'assemblage	États-Unis
Valeur résiduelle	✷ ✷ ✷
Garanties : de base - motopropulseur (an/km)	4/100 000 – 6/110 000
Fiabilité présumée	✷ ✷ ✷
Cycle de remplacement	2011
Ventes 2007 ↘ 40 %	Québec : 24
Protection collision frontale conducteur/passager	✷ ✷ ✷ ✷ ✷ / ✷ ✷ ✷ ✷
latérale avant/arrière	non évalué
retournement 2rm/4rm	n.a. / ✷ ✷ ✷

À RETENIR

Nouveautés 2009	aucun changement majeur
Principales concurrentes	Cadillac Escalade, Chysler Aspen, GMC Yukon Denali, Lexus LX570, Lincoln Navigator, Mercedes GL

• Son luxe et son confort
• Sa baisse de prix
• Sa polyvalence

• Sa faible valeur de revente
• Son avenir incertain
• Son appétit en carburant

POUR LE CLUB DES OPTIMISTES

JAGUAR
XF

Il y a deux façons d'approcher la nouvelle Jaguar XF. Se laisser éblouir par ses astuces inédites ou émettre de sérieuses réserves sur la pertinence de solutions tenant davantage du gadget que de l'innovation technologique. Si on tient compte de la réputation de la marque anglaise en matière de fiabilité, on est en droit de s'interroger sur la présence de cette grosse molette qui s'éjecte de la console centrale lorsqu'on lance le moteur et qui tient lieu de levier de vitesse. Il faut un certain culot pour adopter ce genre de commande, même si, à l'usage, la sélection des rapports est à la fois facile et rapide.

Imaginez que ce gros bouton décide de prendre congé un beau matin par –25. Il ne reste qu'à appeler son aimable concessionnaire. Et les optimistes de chez Jaguar ne se sont pas arrêtés là. Les buses de ventilation font aussi leur petit spectacle au moment du démarrage en pivotant sur elles-mêmes. Vos passagers en seront bouche bée, sauf que si vous arrivez à lancer le moteur après une nuit très froide et que les bouches d'air ne fonctionnent pas, vous serez gelé comme un popsicle en vitupérant vos insultes à votre concessionnaire.

MOTEUR PEU POUSSÉ

Bon, soyons optimiste et souhaitons que les gens de chez Jaguar aient fait leur devoir maintenant que leur avenir repose entre les mains d'un conglomérat indien dont le nom de Tata pourrait se prêter à de mauvais jeux de mots si jamais la voiture ne répondait pas aux attentes. Que ce soit par sa silhouette ou ses attributs mécaniques, la nouvelle berline XF n'aura évidemment aucun mal à succéder à sa devancière, la S-Type, qui partageait son ennui avec l'obscure Lincoln LS. Ses lignes sont parmi les plus belles de la cuvée des modèles 2009. Sous le bonnet, on trouve un moteur V8 de 4,2 litres d'une puissance de seulement 300 chevaux, ce qui est peu pour une telle cylindrée. Le moteur Audi, aussi un 4,2 litres, aligne 100 chevaux de plus tandis que les V6 de 3,5 litres seulement de Nissan offrent aussi un meilleur rapport cylindrée-puissance. Plusieurs opteront sans doute pour la version suralimentée du même moteur. Le compresseur de la XF R permet d'accroître la puissance à 416 chevaux, soit 118 chevaux de plus que le modèle de base. Il faudra y mettre le prix (77 800 $), mais c'est là toute la différence entre une berline et une berline sport.

Et cette Jaguar à respirateur artificiel procure un plaisir de conduire qui n'est pas à dédaigner. L'ingrédient principal de cette métamorphose est évidemment ce V8 on ne peut plus en forme qui ronronne agréablement sous le capot. L'ac-célérateur est d'une telle sensibilité qu'il suffit de l'effleurer pour voir la version suralimentée s'élancer comme un fauve soudainement libéré de sa captivité. Même qu'il m'est apparu difficile de maîtriser les élans de puissance du moteur. La transmission automatique à six rapports qui se double d'un mode manuel avec palettes au volant est d'ailleurs en partie responsable de cette anomalie. Même quand on souhaiterait conduire relax, la transmission donne l'impression de « coller » en quatrième ou en cinquième avec un accélérateur à mi-course. D'autant plus que l'économie en souffre, comme en témoigne une moyenne de 14,9 litres aux 100 km.

UN FAUX COUPÉ

Cette Jag XF adopte les lignes tombantes d'un coupé quatre portes, imitant ainsi la Mercedes CLS et la nouvelle VW Passat CC, même si cette dernière est très timide à ce jeu. La visibilité de trois quarts arrière n'en sort évidemment pas gagnante. En version suralimentée, elle se campe sur des roues de 20 pouces et se pare de sièges climatisés (froids en été, chauds en hiver) en plus d'un détecteur d'angle mort sous la forme d'un signe jaune dans le rétroviseur de gauche.

Louons la belle rigidité du châssis qui profite d'un mélange d'aluminium et d'acier hyper résistant. Des petits bruits de mobilier arrivent à percer la quiétude de l'habitacle et, à des vitesses interdites, le vent vient à l'occasion troubler la conversation. En dépit d'un roulement à l'allemande, le confort propre à toute Jaguar réussit à faire surface et les occupants des places arrière ne vous en voudront pas d'avoir opté pour une berline de taille intermédiaire.

En virage, la XF adopte une attitude assez neutre marquée par un roulis très visible. Même en condamnant le contrôle de traction et le DSC (contrôle de la stabilité), ces aides au pilotage ne sont jamais complètement débranchées, sans doute parce que Jaguar tient à la bonne santé de ses clients. Finalement, la voiture pourrait bénéficier d'une monte pneumatique mieux adaptée ; les Pirelli P Zéro Rosso ont la fâcheuse tendance à suivre les anfractuosités du revêtement, guidant la voiture à gauche ou à droite sans même qu'on ait touché à la direction.

La marque britannique (ou est-ce indienne ?) réussira-t-elle à se remettre à flot avec l'aide financière de Tata et un rajeunissement de sa gamme inspirée des récents coupés/cabriolets XK et de cette désirable berline XF ? Tout dépendra de la fiabilité de cette commande de vitesse fantasque, des buses de ventilation et de ces diverses bricoles qui finissent par rendre la vie intenable... et à ruiner la confiance qu'on peut avoir envers une marque. Êtes-vous optimiste ou pessimiste ?
⊪ JACQUES DUVAL

L'accélérateur est d'une telle sensibilité qu'il suffit de l'effleurer pour voir la version suralimentée s'élancer comme un fauve

DIMENSIONS ET VOLUMES

Empattement (mm)	2909
Longueur (mm)	4961
Largeur (mm)	1819
Hauteur (mm)	1460
Volume intérieur (L)	2813
Volume du coffre (min./max.) (L)	500
Capacité du réservoir de carburant (L)	69,5
Fourchette de poids (kg)	1821 - 1901

CHÂSSIS

Mode	propulsion
Suspension av. - arr.	indépendante
Freins av. - arr.	disques
Capacité de remorquage min. - max. (kg)	non recommandé
Direction - diamètre de braquage (m)	crémaillère - 11,48
Pneus	245/45R18 (LX), 245/40R19 (LP), 255/35R20 - 285/30R20 (Suralimenté)

PERFORMANCES

Modèle à l'essai	XF Suralimenté
Moteur	V8 DACT 4,2 litres (avec compresseur)
Puissance (ch. à tr/min)	420 - 6250
Couple (lb-pi à tr/min)	413 - 4000
Transmission	semi-automatique 6 rapports
Autres transmissions	aucune
Accélération 0-100 km/h (sec.)	5,52
Reprises 80-115 km/h (sec.)	3,77
Distance de freinage 100-0 km/h (m)	36,7
Niveau sonore à 100 km/h	✗ ✗ ✗ ✎
Vitesse maximale (km/h)	250
Consommation réalisée au cours de l'essai (L/100 km)	14,9
Gaz à effet de serre	
Autres moteurs	V8 4,2 litres (300 ch.)

CE QU'IL FAUT SAVOIR

Fourchette de prix ($)	59 800 - 77 800
Marge de profit du concessionnaire (%)	11,11
Transport et préparation ($)	1195
Consommation ville – route (L/100 km)	14,9 - 9,6 (4,2 l) 16,9 - 11,5 (suralimenté 4,2 l)
Essence recommandée	super
Versions offertes	Luxe, Luxe Premium, Suralimenté
Carrosserie	berline 4 portes
Lieu d'assemblage	Angleterre
Valeur résiduelle	★ ★ ★
Garanties : de base - motopropulseur (an/km)	4/80 000 - 4/80 000
Fiabilité présumée	★ ★ ⸮
Cycle de remplacement	nouveau modèle 2009
Ventes 2007 ↘ 40 %	Québec : 19 (S-Type)
Protection collision frontale conducteur/passager	non évaluée
latérale avant/arrière	non évalué
retournement 2rm/4rm	non évalué

À RETENIR

Nouveautés 2009	la XF remplace la S-Type, version « R » de 500 ch en cours d'année
Principales concurrentes	Audi A6, BMW Série 5, Cadillac STS, Infiniti M, Lexus GS, Mercedes Classe E/CLS, Volvo S80

- Moteur éblouissant (R)
- Châssis prometteur
- Agrément de conduite

- Gadgets inutiles non éprouvés
- Dénomination des modèles déroutante
- Bruits aérodynamiques

Comme l'animal qu'elle est, la Jaguar XJ entend jouer le rôle de porte-étendard de la marque. Bien qu'elle ait fait l'objet d'améliorations à maintes reprises, son allure est restée globalement la même, et à l'exception de quelques irréductibles de la firme pour qui le classicisme britannique est sans égal, les marques de prestiges allemandes lui volent la vedette.

JAGUAR
XJ

Voilà maintenant qu'entre les murs de chez Jaguar même, une concurrente vient de naître. Effectivement, la toute nouvelle XF fait tourner les têtes, ce que la XJ ne fait presque plus, et elle a le culot de le faire pour plusieurs dizaines de milliers de dollars en moins par-dessus le marché. Le félin en serait-il à sa neuvième et dernière vie ?

Ayant quitté depuis peu le portefeuille de marques de Ford, le destin de Jaguar et de ses modèles dépend désormais de Tata Motors, le géant indien de l'automobile. Il est donc difficile de prédire ce qu'il adviendra de la XJ, et bien qu'elle ait la vie dure, elle mérite en réalité un meilleur sort. L'amateur de voitures allemandes ou japonaises risque d'être quelque peu déconcerté tant par la silhouette extérieure que par l'ambiance régnant à l'intérieur, mais sous cet habillage particulier se cachent des composantes modernes lui permettant d'avoir un rendement qui l'est tout autant. Qui en effet oserait croire que le châssis et la carrosserie sont entièrement faits d'aluminium? Les apparences sont trompeuses.

V8 OU V8 ?

Cette grosse Jaguar ne propose évidemment pas de plus petit moteur qu'un V8, et plutôt que d'offrir un optionnel V12 comme ce fut le cas par le passé, le sommet de la gamme est tenu par une version à compresseur du même moteur. La cylindrée est la même dans les deux cas, soit 4,2 litres, mais la puissance va de 300 chevaux pour la version à aspiration naturelle à 400 chevaux pour les XJ8R et Super V8, cette dernière étant élaborée à partir du modèle allongé. Avec un sprint 0-100 km/h bouclé en moins de 7 secondes, des suspensions plus fermes et des pneus sport plus imposants, les versions profitant des 400 chevaux sont à la fois performantes et confortables,

ne sacrifiant que très peu de la douceur de roulement des versions ordinaires. Puisque dans tous les cas le V8 est jumelé à une transmission automatique ZF à six rapports, les modèles se contentant de 300 chevaux offrent tout le prestige qu'on attend de la firme anglaise ainsi qu'un comportement qui n'est tout de même pas vilain sans qu'on puisse parler de sportivité. Pour ceux qui préfèrent de loin la conduite au pilotage, vous serez heureux d'apprendre que la XJ roule vite et bien sans être pernicieuse malgré ses roues arrière motrices, gracieuseté des systèmes d'anti-patinage et de contrôle de la stabilité.

QUEL GASPILLAGE

En ouvrant la porte pour s'installer dans une XJ, et ce, aussi bien à l'avant qu'à l'arrière, deux choses sont frappantes ; le design date de l'époque où l'ergonomie n'était pas une préoccupation, tandis que la richesse des matériaux n'a d'égale que celle du propriétaire de la voiture. Les cuirs dégagent une agréable odeur et ne semblent pas provenir de volailles comme c'est parfois le cas à bord de voitures bon marché qui tentent avec maladresse d'en mettre plein la vue. Les boiseries sont aussi très jolies, mais elles ne parviennent malheureusement pas à faire oublier que le tableau de bord est vieillot et que le levier de vitesses en forme de J aurait dû disparaître depuis longtemps. Les sièges, qui sont chauffants, et même climatisés moyennant supplément, soutiennent la comparaison avec bien des mobiliers de salon pour ce qui est du confort et permettent ainsi d'avaler les kilomètres à bord de cette voiture sans que rien y paraisse. Pour ce qui est des bagages, le coffre ne devrait pas poser problème, puisqu'il est vaste à souhait, mais si toutefois cela ne suffisait pas, il est impossible de rabattre, que ce soit en partie ou en totalité, le dossier des sièges arrière et il n'y a pas même l'ombre d'une trappe à skis.

TROP PEU TROP TARD ?

Malgré les quelques modifications esthétiques qu'elle a subies l'an dernier, l'imposante XJ ne fait pas le poids contre des concurrentes comme les Classe S, Série 7 ou A8. Qui plus est, sa petite sœur XF d'allure résolument moderne en offre plus pour moins. Visant une clientèle fortunée et conservatrice, il est possible toutefois que son allure intemporelle lui permette de prolonger sa carrière encore quelques années. ▌▌▌ **JACQUES DUVAL - DANIEL CHARRETTE**

La XF d'allure résolument plus moderne en offre plus pour moins

JAGUAR XJ

DIMENSIONS ET VOLUMES

Empattement (mm)	3033 - 3160
Longueur (mm)	5090 - 5215
Largeur (mm)	1859
Hauteur (mm)	1448 - 1455
Volume intérieur (L)	n.d.
Volume du coffre (min./max.) (L)	464
Capacité du réservoir de carburant (L)	84 / 85
Fourchette de poids (kg)	1690 -1815

CHÂSSIS

Mode	propulsion
Suspension av. – arr.	indépendante
Freins av. – arr.	disques
Capacité de remorquage min. - max. (kg)	non recommandé
Direction – diamètre de braquage (m)	crémaillère - 11,6 / 12
Pneus	235/50R18 (XJ8), 255/40R19 (VP) 255/35R20 (XJR, Super V8)

PERFORMANCES

Modèle à l'essai	XJR
Moteur	V8 DACT 4,2 litres avec compresseur
Puissance (ch. à tr/min)	400 - 6100
Couple (lb-pi à tr/min)	413 - 3500
Transmission	automatique 6 rapports
Autres transmissions	aucune
Accélération 0-100 km/h (sec.)	6,67
Reprises 80-115 km/h (sec.)	4,10
Distance de freinage 100-0 km/h (m)	40,6
Niveau sonore à 100 km/h	✗ ✗ ✗ ✗
Vitesse maximale (km/h)	249
Consommation réalisée au cours de l'essai (L/100 km)	13,7
Gaz à effet de serre	
Autres moteurs	V8 4,2 litres (300 ch.)

CE QU'IL FAUT SAVOIR

Fourchette de prix ($)	80 500 - 110 000
Marge de profit du concessionnaire (%)	11,11
Transport et préparation ($)	1195
Consommation ville – route (L/100 km)	14,9 – 9,6 (4,2 l) 15,9 – 10,7 (4,2 l suralimenté)
Essence recommandée	super
Versions offertes	XJ8, Vanden Plas, XJR, Super V8
Carrosserie	berline 4 portes
Lieu d'assemblage	Angleterre
Valeur résiduelle	★ ★
Garanties : de base – motopropulseur (an/km)	4/80 000 – 4/80 000
Fiabilité présumée	★ ★ ★
Cycle de remplacement	2010
Ventes 2007 ↘ 20 %	Québec : 23
Protection collision frontale conducteur/passager	non évaluée
latérale avant/arrière	non évaluée
retournement 2rm/4rm	non évaluée

À RETENIR

Nouveautés 2009	retouches mineures, équipement de série plus complet
Principales concurrentes	Audi A8, BMW Série 7, Lexus LS, Mercedes Classe S

- Boiseries et cuirs fins
- Groupes propulseurs modernes
- Utilisation intensive d'aluminium

- Forte dépréciation
- Design de l'habitacle dépassé
- Rapport qualité-prix douteux

327

« J'AIME, J'AIME... »

L'air de la campagne glisse sur cette Jaguar. Les aiguilles des instruments oscillent, doucement, dans leur écrin de bois précieux (un peu pâle tout de même), et sur la chaîne stéréo on entend *Sensualité*, d'Axelle Red. L'odeur du cuir éveille un autre sens. Le volant mi-bois mi-cuir place les roues sur la trajectoire recherchée, sans qu'il soit nécessaire, comme autrefois, de s'écorcher les phalanges sur le tableau de bord.

JAGUAR
XK

À n'en pas douter, cette Jaguar vous transporte dans un autre monde. Celui de l'argent soit, mais aussi du raffinement, du confort et de l'originalité. Un certain art de vivre, quoi ! Assez pour réveiller l'épicurien qui sommeille en vous...

En échange, elle réclame l'intimité avec son conducteur, qui devra prouver son savoir-faire après avoir trouvé ses marques. Car, grâce à une assise plus profonde, il est désormais possible d'adopter une position de conduite décente dans la plus sportive des « Jag..ou..ar » comme on dit dans son pays d'origine. Mais l'habitabilité reste mesurée, malgré un net allongement de l'empattement par rapport au modèle précédent. Les baquets à l'arrière sont là pour être contemplés, pas occupés. Quant au coffre, une fois le toit replié, il ne peut plus recevoir votre sac de golf. Votre cadet a-t-il une voiture ?

ANGLAISE MÊME DANS SES TRAVERS

Jaguar demeure fidèle à ce qu'a été la voiture anglaise de prestige, et c'est aisément reconnaissable aux légers agacements qu'elle suscite. J'en veux pour preuve ce panneau qui, sur notre véhicule d'essai, tombait de la partie basse du tableau de bord à la moindre secousse. Si nous avions acheté la voiture cependant, ce détail aurait sans doute été prestement corrigé.

Étonnamment, la version cabriolet n'a aucun renfort spécifique par rapport au coupé. Une similitude de structures qui permet à Jaguar de simplifier l'assemblage des deux types de carrosserie. Et pour cause, la distinction entre les deux modèles se fait assez tard sur la chaîne de montage. Mis à part le toit et la partie arrière qui recevra la capote, les pièces de carrosserie sont identiques.

Laissons de côté ces considérations économiques et rappelons qu'au final, l'usage intensif d'aluminium a permis une réduction appréciable du poids tout en offrant un gain important en rigidité. Par exemple, la caisse du cabriolet a été allégée de près de 20 % par rapport à l'ancienne et la rigidité a progressé d'environ 50 %. On comprend mieux pourquoi la XK enfile les courbes avec autant d'aisance, même à des vitesses inavouables.

Cette Jaguar se révèle facile à conduire. Elle peut se piloter ; mais si on se contente simplement de la conduire, on arrivera aisément au seuil d'inconfort en courbe. La capacité de la voiture à digérer les virages dépasse de loin la tolérance des occupants qui apprécieront, à l'arrière surtout, d'être maintenus au fond de leur siège. La performance est d'autant plus aisée que cette anglaise est placée sous haute surveillance : un contrôle dynamique de trajectoire veille au grain.

Pourtant, gare aux routes dégradées et usées, comme celles que nous affrontons quotidiennement au Québec. Ce félin réclame un minimum de vigilance de la part du conducteur, sa puissance s'exprimant de façon musclée et spectaculaire (même si elle n'en a pas l'air sur papier). En effet, compte tenu de sa cylindrée, 300 chevaux (version atmo), c'est bien peu. Surtout que côté poids, la belle est bien portante.

CHARME ET MAGIE

Mais la magie opère quand même, et il y a assez de chevaux pour éprouver quelques belles sensations. La Jaguar conserve un charme incomparable, c'est la grâce sur roues. Son V8 est docile. Il est certes limité en régime (6000 tours/minute, pas plus), et il engloutit ses 19 litres aux 100 km en conduite soutenue, mais totalement dans l'esprit de puissance maîtrisée que revendique la marque britannique. Et la boîte semi-automatique à six rapports se charge de relayer la puissance aux roues arrière.

Le châssis transmet timidement les ondulations du revêtement et retrouve, le moment venu, toute sa raideur pour négocier efficacement les courbes. Le secret de cette tenue de route caméléon réside dans l'évolution des suspensions pilotées (CATS) du bolide, qui s'agrippe au sol avec ses énormes roues. L'équilibre naturellement neutre permet de jouer de l'accélérateur pour faire dériver l'arrière, à la condition de débrancher au préalable le contrôle de stabilité électronique.

Plus agréable à vivre, plus fiable (elle reprend des solutions techniques éprouvées) et assurément plus sportive que ses devancières, la XK sait nous faire apprécier les beautés du paysage. Que la lumière est belle, à l'aube, lorsqu'elle se réfléchit sur le long capot d'une XK ! ▌▌▌ **ÉRIC LEFRANÇOIS**

Que la lumière est belle, à l'aube,
lorsqu'elle se réfléchit sur le long capot d'une XK

DIMENSIONS ET VOLUMES

Empattement (mm)	2751
Longueur (mm)	4790
Largeur (mm)	1892
Hauteur (mm)	1322 (coupé), 1635 (cabriolet) 1321 (Portfolio)
Volume intérieur (L)	2093 (coupé)
Volume du coffre (min./max.) (L)	200 (cabriolet) / 300 (coupé)
Capacité du réservoir de carburant (L)	70,6
Fourchette de poids (kg)	1595 - 1731

CHÂSSIS

Mode	propulsion
Suspension av. - arr.	indépendante
Freins av. - arr.	disques
Capacité de remorquage min. - max. (kg)	non recommandé
Direction - diamètre de braquage (m)	crémaillère - 10,15
Pneus	245/45R18 - 255/45R18 (XK) 245/40R19 - 275/35R19 (XKR) 255/35R20 - 285/30R20 (Portfolio)

PERFORMANCES

Modèle à l'essai	XK (Cabriolet)
Moteur	V8 DACT 4,2 litres
Puissance (ch. à tr/min)	300 - 6000
Couple (lb-pi à tr/min)	310 - 4100
Transmission	semi-automatique 6 rapports
Autres transmissions	aucune
Accélération 0-100 km/h (sec.)	6,61
Reprises 80-115 km/h (sec.)	4,05
Distance de freinage 100-0 km/h (m)	39,4
Niveau sonore à 100 km/h	✂ ✂ ✎
Vitesse maximale (km/h)	250
Consommation réalisée au cours de l'essai (L/100 km)	13,1
Gaz à effet de serre	
Autres moteurs	V8 suralimenté 4,2 litres (420 ch.)

CE QU'IL FAUT SAVOIR

Fourchette de prix ($)	**92 300 – 124 500**
Marge de profit du concessionnaire (%)	11,11
Transport et préparation ($)	1195 (préparation en sus)
Consommation ville – route (L/100 km)	**15 – 10 (XK) 16 – 10,5 (XKR)**
Essence recommandée	super
Versions offertes	Coupé, Cabriolet, Portfolio
Carrosserie	coupé 2 portes, cabriolet 2 portes
Lieu d'assemblage	Angleterre
Valeur résiduelle	✱ ✱ ✱
Garanties : de base - motopropulseur (an/km)	4/80 000 – 4/80 000
Fiabilité présumée	✱ ✱ ✲
Cycle de remplacement	inconnu
Ventes 2007 → 0 %	Québec : 35
Protection collision frontale conducteur/passager latérale avant/arrière retournement 2rm/4rm	non évaluée non évaluée non évaluée

À RETENIR

Nouveautés 2009	Édition spéciale Portfolio avec jantes de 20 po, calandre redessinée garnie d'alu et système audio Bowers & Wilkins
Principales concurrentes	Aston Martin Vantage V8, Cadillac XLR, Lexus SC, Maserati Granturismo, Mercedes CL/SL 550/ 63 AMG, Porsche 911

- Le plaisir de la conduire et de la regarder
- Le feulement des échappements dans les tunnels
- Le poids contenu

- La puissance en regard de la cylindrée (sauf la R)
- Le volume du coffre
- L'exiguïté des places arrière

L'INUTILITAIRE ?

JEEP
COMMANDER

Vous pouvez maudire les véhicules utilitaires jusqu'à demain matin. Mais vous devez aussi reconnaître que pour certains consommateurs (ceux qui doivent tracter de lourdes charges, par exemple), cette catégorie de véhicules est là pour de bon.

Ceux qui avaient célébré d'avance la disparition du Commander seront déçus d'apprendre que le gros Jeep est de retour en 2009. Mais, sans vouloir défendre l'existence du Commander, il faut savoir que son gabarit n'est pas aussi imposant qu'il paraît. Plus long, plus haut, plus large et aussi plus lourd que son frère Grand Cherokee duquel il dérive, le Commander est cependant plus gracile et moins glouton que certains de ses concurrents.

Au premier coup d'œil, on reconnaît immédiatement ses origines Jeep à cause de sa célèbre calandre à sept fentes. Plus anguleux que le Grand Cherokee, le style du Commander est également plus costaud grâce à ses phares imbriqués dans la partie avant et ses passages de roue plus massifs.

Malgré son physique imposant, le Commander n'est pas l'Everest. On grimpe à bord sans problème. Par contre, il faudra allonger les bras pour déneiger le toit ou arrimer ses vélos, skis et planches à neige au porte-bagages. Grâce à ses trois rangées de sièges, le Commander peut transporter jusqu'à sept personnes. Si des éléments chauffants ont la tâche de réchauffer l'assise des baquets avant, il est dommage que les banquettes ne puissent offrir le même confort à ses occupants. À l'image de son physique militaire, le tableau de bord est un peu intimidant par sa carrure, mais pratiquement irréprochable sur le plan de l'ergonomie. Le bloc d'instrumentation est facile à consulter et la plupart des commandes se trouvent à portée de main. Quant à la position de conduite, elle est sans reproche et profite d'un siège à réglage électrique, d'une colonne de direction inclinable et d'un pédalier électrique.

À l'arrière, les passagers (les tout-petits surtout) qui voyageront sur la banquette médiane apprécieront l'aménagement style « théâtre » (la banquette est surélevée) qui leur permet de mieux voir ce qui se passe devant. Complètement à l'arrière, c'est une autre histoire. L'accès n'est pas aisé et le dégagement pour les jambes est compté. En revanche, l'espace pour les hanches et les épaules est acceptable.

Lorsque la troisième rangée de sièges est relevée, l'espace du coffre (170 litres) est comparable à celui d'un cabriolet. Donc, à moins de boulonner un coffre de toit sur le pavillon, vous devrez vous résigner à condamner la troisième banquette pour obtenir un espace de chargement décent. Le seuil, à la hauteur du pare-chocs, est accessible ; et pas besoin d'avoir la taille d'un Yéti pour manipuler le hayon, surtout qu'une commande motorisée est offerte en option.

Malgré ses dimensions, le Commander ne se comporte pas en ville comme un géant au pays des sept nains. Bien au contraire. Ce Jeep est d'une déconcertante maniabilité. Certes, la direction est un peu lente, ce qui nuit légèrement à la précision de conduite, mais les changements de trajectoire se font avec assurance. Et contrairement à bien des utilitaires, le Commander ne se met pas à dandiner dès que ses roues traversent des trous et des bosses. Stable, bien campé sur ses roues, le seul reproche concerne la paresse de son système de freinage, et ce, malgré ses quatre disques et son dispositif antiblocage.

Même si le Commander bénéficie d'un rouage à quatre roues motrices qui répartit avec efficacité la puissance sur la ou les roues offrant la meilleure adhérence, son physique et son poids conviennent mieux aux grands espaces qu'aux sentiers étroits. Surtout que ses pneumatiques d'origine n'ont pas toujours le mordant voulu.

UN V8 HEMI PLUS SOBRE

Un moteur V6 de 3,7 litres jumelé à une boîte automatique à cinq rapports équipe la version Sport (de base) du Commander. Malgré le prix de l'essence, nous vous encourageons à dépenser pour le V8 de 4,7 litres. Ce moteur, offert de série sur la Limited, est mieux adapté à la personnalité du Commander et ne consommera pas davantage que le V6 tant que vous ne roulez pas en ville. Le même conseil s'applique au nouveau V8 Hemi de 5,7 litres. Offert de série dans la Overland et en option dans la Limited, ce moteur profite en 2009 de diverses modifications (nouveau collecteur d'admission, système de désactivation des cylindres (MDS), et un système de distribution variable des soupapes (VVT), visant à diminuer sa consommation. Toutefois, ne vous laissez pas berner par tous ces dispositifs. Pour diminuer votre consommation, un seul conseil : levez le pied ! ▌▌▌ **JEAN-FRANÇOIS GUAY**

L'ajout d'un moteur diésel pourrait relancer sa carrière

DIMENSIONS ET VOLUMES

Empattement (mm)	2781
Longueur (mm)	4788
Largeur (mm)	1900
Hauteur (mm)	1831
Volume intérieur (L)	3194
Volume du coffre (min./max.) (L)	170 / 1940
Capacité du réservoir de carburant (L)	79,9
Fourchette de poids (kg)	2136 - 2406

CHÂSSIS

Mode	4 roues motrices
Suspension av. – arr.	indépendante - essieu rigide
Freins av. – arr.	disques
Capacité de remorquage min. - max. (kg)	1588 - 3266
Direction – diamètre de braquage (m)	crémaillère - 11,8
Pneus	245/65R17 (Sport, Limited)
	245/60R18 (Overland)

PERFORMANCES

Modèle à l'essai	Commander Limited
Moteur	V8 SACT 4,7 litres
Puissance (ch. à tr/min)	305 - 5650
Couple (lb-pi à tr/min)	334 - 3950
Transmission	semi-automatique 5 rapports
Autres transmissions	aucune
Accélération 0-100 km/h (sec.)	9,63
Reprises 80-115 km/h (sec.)	5,47
Distance de freinage 100-0 km/h (m)	46,2
Niveau sonore à 100 km/h	✖ ✖ ✖ ✖
Vitesse maximale (km/h)	185
Consommation réalisée au cours de l'essai (L/100 km)	15,8
Gaz à effet de serre	
Autres moteurs	V6 3,7 litres (210 ch.)
	V8 5,7 litres (357 ch.)

CE QU'IL FAUT SAVOIR

Fourchette de prix ($)	**42 395 – 53 895**
Marge de profit du concessionnaire (%)	9,92 à 10,43
Transport et préparation ($)	1350
Consommation ville - route (L/100 km)	**16,7 - 12,3 (3,7 l)**
	18 - 13 (4,7 l)
	18,5 - 13,9 (5,7)
Essence recommandée	ordinaire
Versions offertes	Sport, Limited, Overland
Carrosserie	utilitaire 5 portes
Lieu d'assemblage	États-Unis
Valeur résiduelle	✶ ✶
Garanties : de base - motopropulseur (an/km)	3/60 000 – 5/100 000
Fiabilité présumée	✶ ✶
Cycle de remplacement	inconnu
Ventes 2007 ↘ 61 %	Québec : 254
Protection collision frontale conducteur/passager	✶ ✶ ✶ ✶ ✶ / ✶ ✶ ✶ ✶ ✶
latérale avant/arrière	non évaluée
retournement 2rm/4rm	✶ ✶ ✶ / ✶ ✶ ✶

À RETENIR

Nouveautés 2009	**V8 HEMI 5,7 litres amélioré, moniteur pression des pneus, essuie-glaces avec capteur de pluie, phares haute intensité**
Principales concurrentes	**Dodge Durango, Ford Explorer, GMC Envoy, Land Rover LR3**

+
- Véhicule confortable et luxueux
- Capacité de remorquage
- Prix facilement négociable

–
- Absence d'un moteur diésel
- Consommation élevée V8
- Troisième rangée symbolique

L'AVENTURE EN TALONS HAUTS

Jeep

JEEP
COMPASS

Après avoir longtemps compté sur une gamme de seulement trois véhicules, Jeep a finalement cédé à la mode des utilitaires de ville. Les grands stratèges de Jeep avaient-ils eu leur possession une boule cristal qui annonçait la crise pétrolière que nous vivons ? Chose certaine, ils ont vu juste, puisque ce segment connaît une croissance importante et celle-ci n'est visiblement pas sur le point de s'essouffler.

D'accord, les inconditionnels de la marque Jeep peuvent à certains égards mépriser le Compass. Mais les citadins, eux, lui ont réservé un accueil plutôt chaleureux, comme en fait foi la progression des ventes depuis son introduction en 2007. Une clientèle, surtout composée de femmes, qui, jusqu'ici, avait toujours repoussé les avances de Jeep...

UNE GUEULE DE JEEP
Avec ses phares ronds, sa calandre à sept encoches et ses ailes avant pliées à l'équerre, aucun doute possible : il s'agit bien d'un Jeep. Toutefois, la ressemblance s'arrête là. À partir du pare-brise, la ligne devient plus douce et n'a rien en commun avec la silhouette massive de ses frères Wrangler, Liberty et Grand Cherokee. Et encore moins sous la carrosserie ! puisque s'y trouve l'architecture à roues avant motrices de la Dodge Caliber. Du coup, le mythe Jeep en prend pour son rhume, mais il faut reconnaître que le Compass s'inscrit parfaitement dans la logique du moment et calque la stratégie de la concurrence où certains utilitaires n'en ont maintenant que le nom. En effet, les Ford Escape, Honda CR-V, Hyundai Tucson et Saturn Vue (pour ne nommer que ceux-là) ne se gênent pas pour offrir des modèles à deux roues motrices, au lieu de quatre, afin de diminuer le prix, les coûts d'entretien et la consommation de carburant.

Depuis son lancement, la principale critique adressée au Compass concernait la piètre qualité des matériaux de son habitacle. Mais, comprenons-nous bien : l'assemblage était assez soigné. En tout cas, plus que dans la Caliber. Conscient de cette lacune, Jeep a revu en 2009 le dessin et les matériaux du tableau de bord. Le résultat est satisfaisant et les formes s'inspirent des rondeurs de celui qui garnissait l'ancienne génération du Liberty. En ce qui concerne la visibilité, les piliers sont massifs et gênent le champ de vision lors de manœuvres. Consolation toutefois : la posi-

tion de conduite est bonne, grâce au siège et au volant réglables en hauteur. À cela, soulignons que l'ergonomie est simple et permet de trouver aisément ses repères. Sur le plan de la sécurité passive, les occupants sont protégés par des renforts dans les portières et jusqu'à six coussins gonflables.

Côté astuces, le Compass innove avec sa lampe de poche encastrée dans la partie arrière du pavillon et ses haut-parleurs rivés au hayon qui peuvent être orientés vers l'extérieur. Quant au coffre, le plancher est assez haut pour vous éviter un tour de reins, mais le volume est compté. Toutefois, il est toujours possible de gagner du terrain en rabattant la banquette divisée 60/40.

UN UTILITAIRE URBAIN
Comparativement à la Caliber, qui propose trois motorisations, le Compass offre le choix entre deux moteurs : un 2,4 litres de 172 chevaux et un 2 litres de 158 chevaux. Ce dernier est offert seulement dans les versions à roues avant motrices et il peut être couplé à une boîte manuelle à cinq rapports ou une transmission à variation continue (CVT). Les versions à quatre roues motrices disposent uniquement du 2,4 litres et d'une boîte CVT. On retrouve également un dispositif de blocage central du différentiel, susceptible de vous aider à sortir de certaines embûches.

Le dispositif à quatre roues motrices est de type réactif, c'est-à-dire que dans des conditions normales, seules les roues avant sont motrices. Lorsque ces dernières perdent de l'adhérence, une partie du couple est dirigé vers les roues arrière. Mais, grâce à des capteurs plus sophistiqués, le dispositif du Compass est censé faire cet enchaînement plus rapidement que ceux proposés par la concurrence.

Sur la route, le moteur quatre cylindres de 2,4 litres assure des performances honnêtes et une consommation raisonnable. Sa direction est légèrement imprécise et demande une courte adaptation avant d'attaquer les virages avec aplomb. Cela n'empêche pas, au fil des kilomètres, d'avoir du plaisir et d'être réconforté par son comportement routier neutre et prévisible. Surtout que ses suspensions filtrent beaucoup mieux les imperfections de la chaussée que celles de la Caliber.

Globalement, pour une première expérience dans ce segment qu'elle n'avait jusqu'ici jamais visité (celui des 4x4 urbains), la société Jeep s'en tire assez bien. Le Compass représente une option intéressante aux produits sud-coréens. Et mieux encore, à meilleur prix ! **JEAN-FRANÇOIS GUAY**

Incapable d'escalader un arbre,
mais idéale pour grimper un trottoir

JEEP COMPASS

DIMENSIONS ET VOLUMES

Empattement (mm)	2635
Longueur (mm)	4404
Largeur (mm)	1760
Hauteur (mm)	1631
Volume intérieur (L)	3497
Volume du coffre (min./max.) (L)	643 / 1519
Capacité du réservoir de carburant (L)	51,5 (2rm), 51,1 (4rm)
Fourchette de poids (kg)	1404 - 1520

CHÂSSIS

Mode	traction - intégral
Suspension av. – arr.	indépendante
Freins av. – arr.	disques-tambours (2rm), disques (4 rm)
Capacité de remorquage min. - max. (kg)	454 - 909
Direction - diamètre de braquage (m)	crémaillère - 10,8 / 11,3 (Ltd)
Pneus	215/60R17 (Sport, North), 215/55R18 (Ltd)

PERFORMANCES

Modèle à l'essai	Compass Limited (2rm)
Moteur	L4 DACT 2,4 litres
Puissance (ch. à tr/min)	172 - 6000
Couple (lb-pi à tr/min)	165 - 4400
Transmission	automatique à variation continue (CVT)
Autres transmissions	manuelle 5 rapports
Accélération 0-100 km/h (sec.)	10,27
Reprises 80-115 km/h (sec.)	7,53
Distance de freinage 100-0 km/h (m)	43,3
Niveau sonore à 100 km/h	✗ ✗ ✗
Vitesse maximale (km/h)	180
Consommation réalisée au cours de l'essai (L/100 km)	10,6
Gaz à effet de serre	
Autres moteurs	L4 2 litres (158 ch.)

CE QU'IL FAUT SAVOIR

Fourchette de prix ($)	**17 995 – 25 195**
Marge de profit du concessionnaire (%)	7,43 à 9,15
Transport et préparation ($)	1250
Consommation ville - route (L/100 km)	**10,3 – 8,8 (2 l)** 10,1 – 8,3 (man. 2,4 l) 11,4 – 9,3 (CVT, 2,4 l)
Essence recommandée	ordinaire
Versions offertes	Sport, North, Limited
Carrosserie	multisegment 5 portes
Lieu d'assemblage	États-Unis
Valeur résiduelle	★ ★ ★
Garanties : de base - motopropulseur (an/km)	3/60 000 – 5/100 000
Fiabilité présumée	★ ★ ✯
Cycle de remplacement	2011
Ventes 2007 ↗ 410 %	Québec : 2746
Protection collision frontale conducteur/passager latérale avant/arrière retournement 2rm/4rm	★ ★ ★ ★ / ★ ★ ★ ★ ★ ★ ★ ★ ★ / ★ ★ ★ ★ ★ ★ ★ ★ ★ / ★ ★ ★ ★

À RETENIR

Nouveautés 2009	tableau de bord et console redessinés, suspension plus confortable, technologie PZEV
Principales concurrentes	Honda CR-V, Hyundai Tucson, Kia Sportage

- Le confort des suspensions
- Sa polyvalence
- Sa gamme de prix attrayant

- Les piliers qui nuisent à la visibilité
- Sa modularité réduite
- Le rendement quelconque de la boîte CVT

333

L'HÉRITIER

Dévoilé en 1963, le Jeep Wagoneer est considéré comme étant le premier VUS de l'histoire avec ses quatre portières, son toit rigide, et bien entendu, ses quatre roues motrices. Presque un demi-siècle plus tard, le Grand Cherokee, son principal héritier, demeure l'une des principales références de la catégorie.

JEEP
GRAND
CHEROKEE

Mais peu importe la génération, la ligne du Grand Cherokee demeure familière. Il vieillit bien et demeure un véritable classique. L'an dernier, les stylistes ont redessiné légèrement la carrosserie et apporté quelques retouches à l'intérieur. Si le design extérieur est toujours empreint de conservatisme, les créateurs ont été plus imagés à l'intérieur. Non pas que le tableau de bord soit novateur, mais on retrouve des matériaux de meilleure qualité et une disposition plus aérée des commandes. Malgré des baquets plus ergonomiques, l'espace à l'avant demeure aussi étriqué à cause de la transmission dont l'omniprésence gruge de précieux centimètres dans l'habitacle. Comparativement à ses rivaux, les Ford Explorer et Nissan Pathfinder, qui ouvrent leurs portes à sept passagers, le Grand Cherokee limite ses places à cinq passagers. Pour acheter un Jeep avec trois rangées de sièges, les intéressés devront se tourner vers son frère Commander.

Fidèle à sa tradition de luxe, le Grand Cherokee propose en option un système de divertissement MyGIG comprenant un disque dur de 20 Go et un lecteur de DVD avec écran de neuf pouces. De plus, toutes les versions sont dotées de série d'un système de surveillance de la pression des pneus.

LA MÉCANIQUE

Au bas de l'échelle, le Laredo ouvre son capot à un V6 de 3,7 litres et 210 chevaux. Malgré la hausse des prix du carburant, le moteur V8 de 4,7 litres et 305 chevaux devrait demeurer la motorisation la plus populaire. Certes, on pourrait penser que le V6 turbodiésel de 3 litres représente un meilleur choix à cause de sa consommation moindre. Toutefois, il est plus coûteux à l'achat. Sans oublier que le prix du carburant diésel est actuellement beaucoup plus cher. Bref, avant d'arrêter votre choix, quelques calculs s'imposent en fonction de votre kilométrage annuel et du coût des carburants (au moment où vous lirez ces lignes). Quant au V8 Hemi de 5,7 litres, il profite en 2009 de plusieurs améliorations visant à réduire sa consommation et à augmenter sa puissance. Toutefois, sa cavalerie de 357 chevaux risque d'effrayer plusieurs acheteurs. Pour courtiser ceux qui seraient tentés par les performances d'un Cayenne Turbo ou d'un Range Rover SS, la bouillante version SRT8 à moteur V8 de 6,1 litres et 420 chevaux demeure au catalogue. Capable de bondir de 0 à 100 km/h en 5 secondes et des poussières, l'appétit en carburant de ce gros moteur Hemi va à contre-courant de la présente ère écolo coco. En contrepartie, son prix le rend plus accessible que ces rivaux.

Peu importe la motorisation, le châssis ultrarigide procure une bonne tenue de route. Le réglage des suspensions assure également un meilleur comportement routier que la génération précédente. Ainsi, l'effet de balancier (gauche-droite) qui caractérisait l'ancien modèle à haute vitesse est maintenant chose du passé. De même, la direction à crémaillère est plus précise et procure une meilleure sensation que la défunte direction à billes.

De série, la Laredo est pourvue de la boîte de transfert en prise maintenue Quadra-Trac I qui répartit continuellement le couple dans une proportion de 48/52 entre les essieux avant et arrière. Plus sophistiquée, la boîte de transfert sur demande Quadra-Trac II est offerte de série sur la Limited, et en option sur la Laredo. Efficace lorsque la chaussée est glissante, cette boîte à gestion électronique gère la répartition du couple vers chacune des roues pour maintenir une motricité optimale. Ainsi, lorsque le système détecte le patinage d'une roue, celui-ci module la pression du frein correspondant pour redistribuer le couple aux roues qui possèdent le plus d'adhérence. Offert en option dans la Limited, et de série dans la Overland, le système Quadra-Drive II est encore plus poussé grâce à sa boîte de transfert en prise maintenue et ses différentiels autobloquants électroniques. Ce système est conçu pour détecter instantanément le glissement des roues et modifier la répartition du couple afin de favoriser les roues ayant le plus de traction. Comme nous avons pu le constater, il en résulte une motricité inégalée. De série, toutes les versions sont équipées d'une boîte automatique à cinq rapports. De même, les boîtes de transfert Quadra-Trac II et Quadra-Drive II comportent un point mort permettant le remorquage derrière un motorisé. ||| **JEAN-FRANÇOIS GUAY**

*Miser sur la sobriété des 357 chevaux
du nouveau V8 Hemi est un pari risqué*

DIMENSIONS ET VOLUMES

Empattement (mm)	2781
Longueur (mm)	4776
Largeur (mm)	2138
Hauteur (mm)	1751
Volume intérieur (L)	3083
Volume du coffre (min./max.) (L)	1140 / 2000
Capacité du réservoir de carburant (L)	79,9
Fourchette de poids (kg)	2028 - 2219

CHÂSSIS

Mode	4 roues motrices, intégral (SRT8)
Suspension av. - arr.	indépendante - essieu rigide
Freins av. - arr.	disques
Capacité de remorquage min. - max. (kg)	1588 - 3266
Direction - diamètre de braquage (m)	crémaillère - 11,3
Pneus	245/65R17, 245/60R18 (Overland) 225/45R20 - 285/40R20 (SRT8)

PERFORMANCES

Modèle à l'essai	Grand Cherokee Limited CRD
Moteur	V6 turbodiésel 3 litres
Puissance (ch. à tr/min)	215 - 3400
Couple (lb-pi à tr/min)	375 - 1600
Transmission	semi-automatique 5 rapports
Autres transmissions	aucune
Accélération 0-100 km/h (sec.)	8,93
Reprises 80-115 km/h (sec.)	6,26
Distance de freinage 100-0 km/h (m)	42
Niveau sonore à 100 km/h	✗ ✗ ✗
Vitesse maximale (km/h)	185
Consommation réalisée au cours de l'essai (L/100 km)	11,9
Gaz à effet de serre	

Autres moteurs V6 3,7 litres (210 ch.), V8 4,7 litres (305 ch.) V8 5,7 litres (357 ch.), V8 6,1 litres (420 ch.)

CE QU'IL FAUT SAVOIR

Fourchette de prix ($)	**40 995 - 56 995**
Marge de profit du concessionnaire (%)	9,91 à 10,58
Transport et préparation ($)	1300
Consommation ville - route (L/100 km)	13,7 - 10,6 (3 l) 15,7 - 12,4 (3,7 l) 16,8 - 12,4 (4,7) 18,1 - 13,1 (5,7 l) 21,4 - 16,8 (6,1 l)
Essence recommandée	ordinaire, diésel (3 l)
Versions offertes	Laredo, Limited, Overland, SRT8
Carrosserie	utilitaire 5 portes
Lieu d'assemblage	États-Unis
Valeur résiduelle	★ ★
Garanties : de base - motopropulseur (an/km)	3/60 000 - 5/100 000
Fiabilité présumée	★ ★ ⋆
Cycle de remplacement	2010
Ventes 2007 ↗ 12 %	Québec : 1499
Protection collision frontale conducteur/passager latérale avant/arrière retournement 2rm/4rm	★★★★/★★★★★ ★★★★/★★★★★ n.a. /★★★★

À RETENIR

Nouveautés 2009	V8 Hemi 5,7 litres amélioré, moniteur de pression des pneus, écran DVD de 9 po
Principales concurrentes	Chevrolet Trailblazer, Ford Explorer, Nissan Pathfinder, Toyota 4Runner

+
• Moteur turbodiésel
• Capacité exceptionnelle en tout-terrain
• Construction solide

−
• Consommation des moteurs V8
• Espace aux jambes limité à l'avant
• Silhouette intemporelle mais désuète

335

ÉTAIT-IL VRAIMENT NÉCESSAIRE ?

Le Liberty ne mêle pas les branches de son arbre généalogique à celles des Patriot et Compass, et c'est très bien ainsi, diront les apôtres de la marque américaine. Mais ce qui devait être un grand bonheur n'en sera qu'un petit... Avouons-le d'emblée : la deuxième génération de Liberty ne nous a pas entièrement convaincu. C'est à cause d'une personnalité un peu trouble et de charmes plus intéressants ailleurs...

Jeep
JEEP LIBERTY

Il y a six ans, la gamme Jeep comptait trois modèles : le Grand Cherokee, le TJ et le Liberty. Ce dernier entreprenait alors sa carrière dans un segment visiblement déchiré par la fable du rat des villes et du rat des champs. Aujourd'hui, les positions sont plus tranchées : il y a les durs et les mous. Mais où nom de Dieu se positionne la deuxième génération de Liberty sur ce nouvel échiquier ? On se le demande. Surtout que le Wrangler s'est allongé depuis, tout en proposant une version quatre portes des plus fonctionnelle.

À partir de ce constat, où est l'intérêt de cette nouvelle mouture qui, à peu de choses près, reprend les contours du Dodge Nitro, c'est-à-dire une plateforme aux dimensions extérieures accrues ? Par chance, elles profitent à l'habitacle et vous n'aurez aucun mal à convaincre vos ados de prendre la route des vacances en votre compagnie, puisque le dégagement (aux genoux et aux jambes notamment) est supérieur à celui de l'ancien modèle. De plus, ils pourront prendre un bain de soleil avec le Sky Slider, un énorme toit ouvrant recouvert d'une toile qui n'est pas sans rappeler celle qui habillait autrefois le pavillon des Renault 5. Voilà qui aidera à faire oublier l'angle d'ouverture particulièrement étroit des portières avant, qui complique l'accès à la banquette.

Et les places avant ? Elles apparaissent plus étriquées qu'à l'arrière en raison de la forme biscornue du plancher. Pour ajouter à l'inconfort, la position de conduite, un brin décentrée, est délicate à trouver en raison du manque de relief du baquet et de l'absence de colonne de direction télescopique. Les principales commandes tombent (au sens figuré) sous la main ; cependant, le faux nickel qui en enrobe certaines ne parvient pas à masquer la pauvreté des plastiques utilisés ni la finition légère par endroits du modèle essayé.

PROFONDÉMENT JEEP

Comme en fait foi la pastille « Trail Rated » épinglée sur ses flancs, le Liberty assure ou rassure (c'est selon) ses disciples qu'ils pourront prendre la clé de champs sans même se soucier, comme certains propriétaires de produits concurrents, de savoir « si ça passe ou pas ». Ça passe.

Outre son côté « chouette la bouette », cet utilitaire a également pour objectif de rendre la conduite plus stable et surtout plus confortable sur chaussée asphaltée. Ce n'était pas tout à fait le cas l'an dernier, mais les modifications apportées cette année aux éléments suspenseurs et à la direction rendent le Liberty presque aussi routier que ses concepteurs le prétendent. D'accord, la direction transmet avec acuité le travail des roues directrices, mais le Liberty se révèle tout de même réticent en courbe, surtout si la chaussée est bosselée. La présence d'un correcteur de stabilité électronique ajoute à la confiance, mais encore. En fait, le Liberty paraît au mieux lorsque la chaussée est lisse. Il apparaît alors d'une stabilité rassurante et s'avère fort plaisant à conduire... pour un camion. Les bruits de roulement sont nombreux et les formes équarries de la carrosserie affrontent le vent, tandis que la toile du toit se met à siffler. À cela s'ajoute une suspension qui tente un compromis pas toujours facile entre confort et tenue de route.

Bien que plus long que le modèle qu'il remplace, le Liberty est étonnamment plus agile. En milieu urbain surtout, où son rayon de braquage réduit de plus d'un mètre facilite les manœuvres dans les espaces restreints.

Robuste, le V6 de 3,7 litres qui l'anime est plus sollicité que jamais et cela se traduit par une consommation importante. Pour pallier ce problème, on l'arrime à une boîte manuelle à six rapports (de série) pour le faire (un peu) mieux paraître. L'ennui est que cette boîte n'est pas des plus agréable à manier ; son levier semble attaché à un immense ressort. On lui préfère l'automatique, mais celle-ci nous pénalise sur le plan de la consommation et ne compte que quatre rapports. Et comme si cela ne suffisait pas, le réservoir à été réduit de quatre litres au moment de la refonte, ce qui a pour effet de rendre l'autonomie moins intéressante encore.

Tout compte fait, il y a tout lieu de se demander s'il n'aurait pas mieux valu que Jeep laisse le Liberty sans descendance et concocte un petit frère au Grand Cherokee (avec moteur diésel à la clé). Chose certaine, nous lui préférons, et de loin, le Wrangler. ▐▐▐ **ÉRIC LEFRANÇOIS**

> *Le Liberty peut prendre la clés de champs sans même se soucier de savoir « si ça passe ou pas ». Ça passe*

DIMENSIONS ET VOLUMES

Empattement (mm)	2695
Longueur (mm)	4493
Largeur (mm)	1838
Hauteur (mm)	1795
Volume intérieur (L)	n.d.
Volume du coffre (min./max.) (L)	883 / 1828
Capacité du réservoir de carburant (L)	73,8
Fourchette de poids (kg)	1827 -1915

CHÂSSIS

Mode	4 roues motrices
Suspension av. - arr.	indépendante - essieu rigide
Freins av. - arr.	disques
Capacité de remorquage min. - max. (kg)	907 - 2268
Direction - diamètre de braquage (m)	crémaillère - 10,83
Pneus	225/75R16, 235/70R16, 235/65R17, 235/60R18

PERFORMANCES

Modèle à l'essai	Liberty Limited
Moteur	V6 SACT 3,7 litres
Puissance (ch. à tr/min)	210 - 5200
Couple (lb-pi à tr/min)	235 - 4000
Transmission	automatique 4 rapports
Autres transmissions	manuelle 6 rapports
Accélération 0-100 km/h (sec.)	9,92
Reprises 80-115 km/h (sec.)	6,88
Distance de freinage 100-0 km/h (m)	40,3
Niveau sonore à 100 km/h	✳ ✳ ✎
Vitesse maximale (km/h)	180
Consommation réalisée au cours de l'essai (L/100 km)	13,5
Gaz à effet de serre	
Autres moteurs	aucun

CE QU'IL FAUT SAVOIR

Fourchette de prix ($)	22 945 – 28 045 (2008)
Marge de profit du concessionnaire (%)	8,58 à 8,88
Transport et préparation ($)	1350
Consommation ville - route (L/100 km)	14,5 – 10,5 (man.) 15,5 – 11,5 (aut.)
Essence recommandée	ordinaire
Versions offertes	Sport, North, Limited
Carrosserie	utilitaire 5 portes
Lieu d'assemblage	États-Unis
Valeur résiduelle	✳ ✳ ✳
Garanties : de base - motopropulseur (an/km)	3/60 000 – 5/100 000
Fiabilité présumée	✳ ✳ ✳
Cycle de remplacement	inconnu
Ventes 2007 ↘ 22 %	Québec : 1616
Protection collision frontale conducteur/passager latérale avant/arrière retournement 2rm/4rm	✳ ✳ ✳ ✳ / ✳ ✳ ✳ ✳ ✳ ✳ ✳ ✳ / ✳ ✳ ✳ ✳ n.a. / ✳ ✳ ✳

À RETENIR

Nouveautés 2009	suspension et pédale de freins plus fermes, groupe remorquage avec système antilouvoiement
Principales concurrentes	Dodge Nitro, Hummer H3, Nissan Xterra, Toyota FJ Cruiser, Suzuki Grand Vitara

- Ses aptitudes hors route
- Son coffre plus gourmand
- Sa sécurité active et passive

- Sa boîte manuelle et son moteur poussif
- Son dégagement intérieur
- Son manque d'agrément sur la route

337

L'AIR MAIS PAS LA CHANSON

Les utilitaires urbains sont à la mode. Ce qui était un carré de sable, il y a une dizaine d'années, s'est transformé en une sablière très animée. Presque tous les constructeurs généralistes ont accouché d'un projet. Et Jeep a dû, à son tour, s'y mettre.

Jeep

JEEP
PATRIOT

Pour s'octroyer une part de ce marché très lucratif, Jeep a donné naissance à non pas un, mais à deux utilitaires de poche : le Compass et le Patriot. Comme les dirigeants de Jeep ne pouvaient se résoudre à couper la poire en deux, ils ont finalement opté pour le fruit en son entier. Et si on se fie aux ventes des années 2007 et 2008, on peut dire qu'ils ont visé juste.

Le Patriot intègre un grand nombre d'éléments esthétiques propres aux Jeep. La calandre rectangulaire à sept branches, le pare-brise rétréci et les phares circulaires, tout y est pour lui donner une allure de baroudeur et nous rappeler le défunt Cherokee. Et pourtant, malgré cette caractéristique propre à la marque, le Patriot n'est pas un vrai Jeep, puisqu'il a été élaboré, comme le Compass, sur la plateforme de la Dodge Caliber.

TABLEAU DE BORD RÉVISÉ

Par souci d'économie, mais aussi parce qu'un Jeep est avant tout synonyme de simplicité volontaire, l'habitacle du Patriot ne fait pas dans le fla-fla en matière de finition et de présentation. Pour y remédier, les stylistes ont concocté en 2009 un tableau de bord mieux tourné avec des plastiques de meilleure qualité. À cela, il convient d'ajouter que l'ergonomie est simple et que les commandes sont à la portée de la main. Par ailleurs, le champ de vision pose encore un problème. Les piliers qui soutiennent le toit sont massifs. Combinés à la faible hauteur du pare-brise et des fenêtres latérales ; les piliers A, B et C gênent à la visibilité lors de manœuvres serrées et par mauvais temps. En ce qui concerne la sécurité passive, le Patriot est blindé avec ses portières renforcées et ses six coussins gonflables (en option).

Comme le Compass (et la Caliber), le Patriot adopte un châssis monocoque et des suspensions indépendantes. En temps normal, le Patriot se comportera comme une trac-

tion, ses roues arrière ne seront mises à contribution qu'en cas de perte d'adhérence du train avant. Comparativement au Compass, le Patriot ne craindra pas de s'aventurer en terrain accidenté. Toutefois, l'acheteur devra cocher l'option Freedom Drive II s'il veut essayer de suivre les traces d'un Wrangler ou d'un Liberty. Baptisé « Trail Rated », cet ensemble tout-terrain comporte notamment un limiteur de vitesse en descente, des différentiels autobloquants, un refroidisseur d'huile, des plaques de protection pour le réservoir, des crochets de remorquage et un alternateur de plus grand ampérage.

CHOUETTE LA BOUETTE ?

Côté mécanique, le Patriot peut être équipé, au choix, d'une cylindrée de 2,4 litres ou de 2 litres, ce dernier étant réservé uniquement aux versions Sport et North à deux roues motrices. Toutes les autres adoptent le 2,4 litres de 172 chevaux. Peu importe la version et le mode de traction, à deux ou quatre roues motrices, il est possible de commander une boîte manuelle à cinq rapports ou une boîte à variation continue. Sur le plan de la sécurité active, la liste des dispositifs prévus laisse présager le meilleur. Citons l'ABS avec assistance au freinage d'urgence, le correcteur de stabilité électronique et le moniteur de pression des pneus.

Sur la route, le Patriot se révèle étonnamment civilisé et discret. Son moteur à quatre cylindres de 2,4 litres n'a rien d'une bombe, mais il lui assure des performances très correctes et une consommation fort raisonnable. Sa direction paraît un peu imprécise; elle demande une courte adaptation avant d'attaquer les virages et son châssis réagit un peu mollement aux changements de trajectoire. Cela n'empêche pas, au fil des kilomètres, d'avoir du plaisir et d'être réconforté par son comportement neutre et prévisible. Qui plus est, le long débattement de ses suspensions filtre beaucoup mieux les imperfections du bitume que celles de la Caliber.

Certes, le Patriot n'est pas un Jeep authentique. Le puriste y verra sans doute matière à s'en offusquer, mais la célèbre marque américaine avait-elle vraiment le choix ? L'engouement actuel des consommateurs pour les 4x4 compacts au tempérament citadin menaçait les parts de marché du constructeur américain. Malgré tout, le Patriot n'en est pas moins attachant, et sa gamme de prix alléchante représente une solution de rechange aux Hyundai Tucson et Kia Sportage, pourtant réputés abordables. De plus, Jeep propose des équipements qu'on ne peut acquérir sur les modèles d'entrée de gamme sud-coréens. ▮▮▮ **JEAN-FRANÇOIS GUAY**

Trail Rated ? L'appellation n'est pas usurpée

DIMENSIONS ET VOLUMES

Empattement (mm)	2635
Longueur (mm)	4410
Largeur (mm)	1755
Hauteur (mm)	1668
Volume intérieur (L)	2880
Volume du coffre (min./max.) (L)	652 / 1535
Capacité du réservoir de carburant (L)	51,5 (2rm), 51,1 (4rm)
Fourchette de poids (kg) 1	410 - 1509

CHÂSSIS

Mode	traction - intégral
Suspension av. – arr.	indépendante
Freins av. – arr.	disques-tambours (2rm) disques (4rm, Ltd 2rm)
Capacité de remorquage min. - max. (kg)	454 - 909
Direction - diamètre de braquage (m)	crémaillère - 10,8
Pneus	205/70R16 (Sport, North), 215/65R17 (Ltd)

PERFORMANCES

Modèle à l'essai	Patriot Limited (4 rm)
Moteur	L4 DACT 2,4 litres
Puissance (ch. à tr/min)	172 - 6000
Couple (lb-pi à tr/min)	165 - 4400
Transmission	automatique à variation continue (CVT)
Autres transmissions	manuelle 5 rapports
Accélération 0-100 km/h (sec.)	10.96
Reprises 80-115 km/h (sec.)	7,77
Distance de freinage 100-0 km/h (m)	42,6
Niveau sonore à 100 km/h	✹ ✹ ✹
Vitesse maximale (km/h)	175
Consommation réalisée au cours de l'essai (L/100 km)	11,3
Gaz à effet de serre	
Autres moteurs	L4 2 litres (158 ch.)

CE QU'IL FAUT SAVOIR

Fourchette de prix ($)	**16 995 – 24 795**
Marge de profit du concessionnaire (%)	7,56 à 9,28
Transport et préparation ($)	1250
Consommation ville - route (L/100 km)	**10,6 – 8,8 (2 l) 10,5 – 8,5 (man. 2,4 l) 11,6 – 9,5 (CVT, 2,4 l)**
Essence recommandée	ordinaire
Versions offertes	Sport, North, Limited
Carrosserie	multisegment 5 portes
Lieu d'assemblage	États-Unis
Valeur résiduelle	✭ ✭ ✭
Garanties : de base - motopropulseur (an/km)	3/60 000 – 5/100 000
Fiabilité présumée	✭ ✭ ✩
Cycle de remplacement	2011
Ventes 2007 n.a.	Québec : 2466
Protection collision frontale conducteur/passager latérale avant/arrière retournement 2rm/4rm	✭ ✭ ✭ ✭ / ✭ ✭ ✭ ✭ ✭ ✭ ✭ ✭ ✭ ✭ / ✭ ✭ ✭ ✭ ✭ ✭ ✭ ✭ ✭ / ✭ ✭ ✭ ✭

À RETENIR

Nouveautés 2009	tableau de bord et console retouchés, nouveaux groupes d'options, système MyGIG
Principales concurrentes	Ford Escape, Subaru Forester, Suzuki Grand Vitara

- Son originalité
- Son agilité en ville
- Son comportement similaire à une voiture

- La qualité discutable de certains matériaux
- La petitesse de son coffre
- Son champ de vision

UNIQUE ET SANS RIVAL

S'il existe un véhicule qui n'a pas d'âge, c'est bien le Wrangler. Ce descendant du célèbre Willis MB, qui a vu le jour lors de la Seconde Grande Guerre, a inventé un style de 4x4 qui force le respect, compte tenu de ses exploits sur tous les continents. Malgré sa soixantaine avancée et la popularité des utilitaires urbains concurrents, ce sexagénaire poursuit une carrière que rien ne semble vouloir arrêter. Nul doute que l'introduction du modèle Unlimited à quatre portes y est pour quelque chose.

Il y a deux ans, Jeep a dévoilé une nouvelle génération qui, contrairement aux apparences, a évolué plus qu'il y paraît. Certes, on comprendra que les stylistes n'ont pas voulu prendre le risque de choquer une clientèle plutôt conservatrice. Et cette volonté de rester fidèle à des principes éprouvés se retrouve jusque dans les suspensions du Wrangler, qui est aujourd'hui l'un des rares 4x4 à employer deux essieux rigides. Même si cela relève du folklore, au même titre que son châssis en échelle, sa direction à billes, son gros V6 de 3,8 litres et sa boîte de transfert à deux modes (Lo et Hi) ; il faut avouer que cette vieille technologie sied parfaitement à l'utilisation pour laquelle le Wrangler a été conçu : barouder dans les champs et escalader les montagnes.

L'idée d'offrir un modèle à quatre portes a permis au Wrangler de conquérir une nouvelle clientèle. Ceux qui pensent que la hausse du prix de l'essence a fait mal aux ventes du Hummer H3 ont oublié de considérer que ce déclin coïncide également avec l'arrivée du modèle Unlimited.

PLUS AGRÉABLE AU QUOTIDIEN

Peu importe le nombre de portes, deux ou quatre, le Wrangler repose sur un solide châssis. Qui plus est, la rigidité de la structure a été améliorée, ce qui se traduit par un confort accru et une meilleure tenue de route. À ce titre, le modèle Unlimited, avec son empattement allongé, est nettement plus agréable à utiliser au quotidien que le modèle à deux portes. De même, lors d'un freinage d'urgence ou lorsque la chaussée est glacée, la longue portée du Unlimited permet des arrêts plus rectilignes et une meilleure maîtrise du train arrière lors d'une glissade. Quoique le contrôle de stabilité électronique (de série) corrige avec efficacité les dérapages. Par ailleurs, l'inertie et le flou ressentis dans la vétuste direction à billes expliquent la relative paresse du train avant à répondre instantanément au coup de volant.

Pour la pratique du 4x4, il n'y a rien à lui reprocher. La version Rubicon est une véritable chèvre de montagne avec ses différentiels Tru-Lok à verrouillage électronique, ses essieux ultrarobustes Dana 44, son rapport de pont de 4,10 (comparativement à 3,73 pour les autres Wrangler), sa boîte de transfert Rock-Trac, et ses pneus BF Goodrich Mud Terrain. Bref, les gentils 4x4 urbains destinés à vous conduire à votre chalet déclareront forfait là où le Wrangler n'aura qu'une légère hésitation. Toutefois, pour rouler jusqu'à votre résidence secondaire, ce Jeep aura peine à suivre le flot de la circulation et vous devrez faire quelques sacrifices sur le plan du confort.

Partir avec un couple d'amis pour une journée de glisse (ou de camping) exige de voyager léger. En effet, une fois les bagages et l'équipement à bord d'un Unlimited, deux adultes ne peuvent prendre place sur la banquette divisée 60/40. La partie « 40 » étant rabattue pour loger les skis, l'espace restant sur la partie « 60 » de la banquette se résume à une largeur de 75 cm, à peine pour asseoir deux enfants. Qui plus est, même si la conception de la banquette a fait des progrès par rapport à la génération précédente, elle pèche par sa fermeté et son dossier à angle trop droit. De même, l'arceau de sécurité où sont encastrés les haut-parleurs empiète sur l'espace vital des passagers. Mieux vaut installer un coffre de toit pour les voyages en famille.

UN SEUL MOTEUR

Le seul moteur offert est un V6 de 3,8 litres livrant 205 chevaux. La transmission manuelle à six rapports est facile à manier, mais la pédale d'embrayage est placée trop loin du conducteur. De même, le port de la grosse « botterlo » en hiver est à proscrire à cause de la petitesse du pédalier. Heureusement, une boîte automatique est offerte en option. Bref, le Wrangler reste un authentique 4x4 dont les limites du confort et des performances sont vite atteintes sur la route, et ce, malgré les bienfaits de la dernière refonte. ▮▮▮
JEAN-FRANÇOIS GUAY

Jusqu'à tout récemment, c'était l'un des véhicules les plus en demande chez Chrysler

JEEP WRANGLER

DIMENSIONS ET VOLUMES

Empattement (mm)	2424, 2946 (Unlimited)
Longueur (mm)	3881, 4404 (Unlimited)
Largeur (mm)	1873
Hauteur (mm)	1800
Volume intérieur (L)	n.d.
Volume du coffre (min./max.) (L)	190 / 1600, 1310 / 2460 (Unlimited)
Capacité du réservoir de carburant (L)	72
Fourchette de poids (kg)	1403 - 1541 1848 - 1969 (Unlimited)

CHÂSSIS

Mode	4 roues motrices
Suspension av. - arr.	indépendante - essieu rigide
Freins av. - arr.	disques
Capacité de remorquage min. - max. (kg)	454 - 909
Direction - diamètre de braquage (m)	billes 10,62 / 12,56
Pneus	225/75R16 (X), 255/70R18 (Sahara), 255/75R17 (Rubicon)

PERFORMANCES

Modèle à l'essai	Wrangler Unlimited Sahara
Moteur	V6 ACC 3,8 litres
Puissance (ch. à tr/min)	205 - 5200
Couple (lb-pi à tr/min)	240 - 4000
Transmission	manuelle 6 rapports
Autres transmissions	automatique 4 rapports
Accélération 0-100 km/h (sec.)	9,97
Reprises 80-115 km/h (sec.)	7,94
Distance de freinage 100-0 km/h (m)	48,2
Niveau sonore à 100 km/h	✗ ✗
Vitesse maximale (km/h)	165
Consommation réalisée au cours de l'essai (L/100 km)	14,6
Gaz à effet de serre	⚒⚒⚒
Autres moteurs	aucun

CE QU'IL FAUT SAVOIR

Fourchette de prix ($)	**19 995 - 31 995**
Marge de profit du concessionnaire (%)	8,02 à 11,59
Transport et préparation ($)	1300
Consommation ville - route (L/100 km)	**15,7 - 12,4**
Essence recommandée	ordinaire
Versions offertes	X, Sahara, Rubicon
Carrosserie	utilitaire 3 portes / 5 portes (Unlimited)
Lieu d'assemblage	États-Unis
Valeur résiduelle	★ ★ ★ ★ ★
Garanties : de base - motopropulseur (an/km)	3/60 000 - 5/100 000
Fiabilité présumée	★ ★
Cycle de remplacement	inconnu
Ventes 2007 ↗ 102 %	Québec : 2095
Protection collision frontale conducteur/passager latérale avant/arrière retournement 2rm/4rm	★★★★★ / ★★★★★ ★★★★★ / ★★★★★ n.a. / ★★★

À RETENIR

Nouveautés 2009	**espaces de rangement additionnels, système anti-louvoiement pour remorque, système d'aide au départ en pente « HSA »**
Principales concurrentes	**Hummer H3, Nissan Xterra, Toyota FJ Cruiser**

- Son comportement routier amélioré
- La polyvalence de la version Unlimited
- Ses aptitudes hors route

- L'usage au quotidien de la boîte manuelle
- L'inconfort de sa banquette arrière
- Sa réaction lors d'un freinage appuyé

PRIORITÉ AUX PASSAGERS

KIA
AMANTI

La berline porte-étendard de la famille Kia n'est peut-être pas la voiture la plus excitante à conduire. Mais elle est la parfaite compagne des voyageurs. Certains l'ont déjà surnommée affectueusement « Buick Amanti ». C'est en fait sa mission : courtiser les acheteurs de grosses berlines américaines. Comme elle a subi un remaniement l'an dernier et une hausse de puissance l'année précédente, les seuls changements dont elle profite en 2009 sont une nouvelle version de la boîte automatique à cinq rapports et l'ajout d'un nouveau modèle de base.

Ah ! J'oubliais. La chaîne audio AM/FM/MP3/CD avec huit haut-parleurs bénéficie de l'addition d'un port USB et d'une prise audio auxiliaire ainsi que de la radio par satellite Sirius avec abonnement prépayé de trois mois, signe que ces gadgets modernes sont maintenant essentiels à toutes les générations. Étrangement, l'horloge analogique a toujours sa place à bord.

PLEIN LA VUE

En lançant son vaisseau amiral il y a quelques années, la stratégie du constructeur était basée sur la « pensée intelligente » (Intelligent Thinking). Pensez-y seulement une minute, l'Amanti propose un équipement similaire à une voiture de luxe, des caractéristiques de sécurité de première classe, performances, confort et commodités, technologies, et cela, à un prix très compétitif. En fait, cette berline plein format est offerte au coût d'une intermédiaire. Par ailleurs, en ce qui concerne son équipement de base et de sécurité, l'Amanti surpasse certaines voitures de cette échelle de prix, soit les Chrysler 300, Cadillac CTS, Buick Lucerne et Toyota Avalon.

L'habitacle, initialement d'apparence vieillotte, a bénéficié au fil des ans d'améliorations notables : le similibois a été remplacé par des garnitures laquées noires et métalliques, et le centre des instruments avec jauges électroluminescentes SuperVision (sur le modèle supérieur) lui confère une allure beaucoup plus moderne. L'Amanti peut aussi se vanter d'offrir un vaste intérieur, un dégagement généreux pour les jambes et la tête — il y a suffisamment d'espace pour porter un chapeau de cow-boy ! En outre, la malle arrière est gigantesque, assez pour transporter tous les bagages de la famille, les provisions et les souvenirs au retour.

Grâce au moteur V6 de 3,8 litres introduit en 2007, l'Amanti peut maintenant effectuer les dépassements sur l'autoroute sans s'essouffler. Cette motorisation couplée à une nouvelle version de la boîte automatique à cinq rapports a aussi l'avantage d'être moins gourmande. La voiture avale 13,9 litres de carburant au 100 km en ville, tandis que sur l'autoroute, sa consommation est de 9,9 litres au 100 km.

COMPORTEMENT DE CHALOUPE

L'Amanti n'est pas le type de voiture avec laquelle on entreprend des virages avec trop d'enthousiasme. À l'arrivée d'une courbe, préparez-vous à un effet de roulis si la vitesse du véhicule est élevée. En général, la suspension offre une balade confortable, mais laisse entendre quelques bruits sur les imperfections de la route. Par ailleurs, une sensation plus ferme de la direction serait souhaitée. En ce qui a trait au système de freinage, rien à redire ! Les freins hydrauliques et assistés à disque ventilé à l'avant et à disque à l'arrière avec antiblocage de série (ABS) immobilisent la voiture de 1710 kg sans effort — 1790 kg pour le modèle supérieur.

Pour ce qui est de l'équipement de sécurité, l'Amanti n'a rien à envier à ses rivales. Elle dispose de huit coussins gonflables, dont deux à l'avant, quatre latéraux avant-arrière et deux rideaux pleine longueur ainsi que des appuie-têtes avant actifs pour prévenir le coup de fouet cervical. Par ailleurs, la voiture profite du freinage antiblocage (ABS), de l'antipatinage et du système de contrôle électronique de la stabilité en équipement de série.

L'Amanti se décline en deux modèles généreusement garnis. Le modèle de base chaussé de roues en alliage de 16 pouces comporte un large éventail de caractéristiques et de commodités. Bref, tout ce qu'on peut attendre d'une voiture de luxe. Le modèle supérieur gagne des roues de 17 pouces, des phares haute densité, un toit ouvrant électrique, des sièges arrière chauffants — non, on n'a pas oublié le postérieur des passagers arrière —, les jauges SuperVision, un rétroviseur intérieur électrochromique, le système Homelink pour l'ouverture de la porte du garage et le siège du conducteur à double mémorisation. Il ne manque qu'un système de divertissement DVD pour agrémenter les longs trajets, mais un système de navigation GPS est offert en option à un prix très intéressant.

Il ne vous reste plus qu'à prendre place à bord — préférablement en tant que passager — et de vous laisser dorloter. ▌▌▌ **SYLVIE RAINVILLE**

L'Amanti n'est pas le type de voiture avec laquelle on entreprend des virages avec trop d'enthousiasme

DIMENSIONS ET VOLUMES

Empattement (mm)	2800
Longueur (mm)	5000
Largeur (mm)	1850
Hauteur (mm)	1485
Volume intérieur (L)	3002
Volume du coffre (min./max.) (L)	450
Capacité du réservoir de carburant (L)	70
Fourchette de poids (kg)	1710 - 1790

CHÂSSIS

Mode	traction
Suspension av. - arr.	indépendante
Freins av. - arr.	disques
Capacité de remorquage min. - max. (kg)	non recommandé
Direction – diamètre de braquage (m)	crémaillère – 11,65
Pneus	225/60 R16, 235/55 R17 (Luxe)

PERFORMANCES

Modèle à l'essai	Amanti Luxe
Moteur	V6 DACT 3,8 litres
Puissance (ch. à tr/min)	264 - 6000
Couple (lb-pi à tr/min)	260 - 4500
Transmission	semi-automatique 5 rapports
Autres transmissions	aucune
Accélération 0-100 km/h (sec.)	7,46
Reprises 80-115 km/h (sec.)	4,44
Distance de freinage 100-0 km/h (m)	41,2
Niveau sonore à 100 km/h	✖ ✖ ✖ ✖
Vitesse maximale (km/h)	225
Consommation réalisée au cours de l'essai (L/100 km)	12,1
Gaz à effet de serre	🏭🏭🏭
Autres moteurs	aucun

CE QU'IL FAUT SAVOIR

Fourchette de prix ($)	**29 995 – 37 195**
Marge de profit du concessionnaire (%)	8,11 - 10,50
Transport et préparation ($)	1455
Consommation ville - route (L/100 km)	**13,9 – 9,9**
Essence recommandée	ordinaire
Versions offertes	Base, Luxe
Carrosserie	berline 4 portes
Lieu d'assemblage	Corée du Sud
Valeur résiduelle	✱
Garanties : de base – motopropulseur (an/km)	5/100 000 - 5/100 000
Fiabilité présumée	✱ ✱ ✱ ✱
Cycle de remplacement	inconnu
Ventes 2007 ↘ 86 %	Québec : 23
Protection collision frontale conducteur/passager	non évaluée
latérale avant/arrière	non évaluée
retournement 2rm/4rm	non évaluée

À RETENIR

Nouveautés 2009	système audio avec MP3 et radio satellite
Principales concurrentes	Buick Allure, Chrysler 300, Ford Taurus, Hyundai Azera, Mercury Grand Marquis, Toyota Avalon

- Équipement de sécurité de 1ʳᵉ classe
- Caractéristiques de confort et de luxe abondantes
- Prix accessible

- Manque d'adresse en virage
- Effet de roulis
- Système de divertissement DVD non offert

343

IL Y A UNE RAISON À TOUT

Mais que se passe-t-il donc avec les constructeurs coréens ? Alors que les autres cessent ou ralentissent la production de véhicules aux formes généreuses et à l'appétit vorace, Kia et Hyundai semblent nager à contre-courant. Les deux fabricants ont choisi d'introduire cette année leur premier moteur V8, et ce, dans des segments de moins en moins populaires.

Hyundai y va d'une grande berline de performance et de luxe. Et Kia, aussi audacieuse, lance un gros utilitaire sport dont les proportions et les capacités lui permettent de rivaliser tant dans la catégorie intermédiaire que plein format : le Borrego. Bien que le marché des VUS devient de plus en plus civilisé (la tendance est aux monocoques sur plateforme d'automobiles), le Kia Borrego est un vrai camion. Il repose, comme le Sorento, sur un robuste châssis traditionnel en échelle. En fait, il n'est pas beaucoup plus long que son frère cadet.

KIA EST TOMBÉ SUR LA TÊTE ?

Comme certains journalistes automobiles lors de la présentation médiatique, vous vous demandez peut-être pourquoi le constructeur lance un véhicule qui ne se démarque pas beaucoup du Sorento. « Ça n'a pas de sens ! ont-ils affirmé. Ces deux véhicules font partie de la même catégorie ! Pourquoi ne l'ont-ils pas nommé Sorento allongé ? » Mais ce qu'ils ne savaient pas, c'est que le Sorento aura bientôt une vocation beaucoup plus urbaine. Il adoptera une structure monocoque comme son cousin, le Hyundai Santa Fe.

Cependant, ses prestations sur route sont étonnantes. Son comportement est beaucoup plus équilibré et stable que le Sorento et, malgré son châssis traditionnel, son roulement est plus doux que plusieurs monocoques, le Honda Pilot par exemple, s'il faut en nommer un. Les ingénieurs ont réussi en partie ce tour de force en plaçant des supports de caoutchouc entre le châssis et la cabine, ce qui contribue à un meilleur confort de roulement et à un habitacle silencieux. Les éléments suspenseurs font également un bon travail en absorbant les impacts de la route. Le

châssis du Borrego, conçu par procédé d'hydroformage, donc plus résistant en raison de l'absence de soudures, emploie une suspension avant à double triangulé et une suspension arrière à bras multiples avec ressorts hélicoïdaux à l'avant et à l'arrière.

Outre son comportement routier digne d'un VUS urbain, le nouveau Borrego a d'autres atouts. Tout d'abord, ce véhicule capable de convier sept occupants en raison de sa troisième rangée de sièges rabattable et divisée, est offert avec un choix de deux motorisations : V6 avec boîte automatique à cinq rapports et V8 avec boîte automatique à six rapports. Ce dernier, nommé TAU, est le même qui anime la berline et le coupé Hyundai Genesis. Et ce qui est le plus surprenant, c'est que, quel que soit le moteur choisi, il est plus puissant et plus économique que la concurrence. Par exemple, sa consommation de carburant combinée est quasi similaire au Honda Pilot, mais il développe plus de puissance que ce dernier.

Le moteur V6 suffit amplement à la tâche, tant pour la conduite sur route que hors route, et c'est probablement vers celui-ci que la majorité des consommateurs se tourneront. Il peut tracter une remorque de 2268 kg (5000 lb), ce qui répond aux besoins des propriétaires de caravanes ou de bateaux. Le V8, doux et silencieux, mais très prompt, attirera probablement les consommateurs dont les exigences sont plus élevées en matière de remorquage. La capacité de tractage du modèle V8 est de 3402 kg (7500 lb).

REVUE DES FORCES EN PRÉSENCE

L'habitacle est bien aménagé et les commandes, logiquement disposées. L'équipement de série est des plus abondant : climatisation, glaces et verrouillage électriques, rétroviseurs chauffants et à commande électrique, régulateur de vitesse, système d'aide au recul avec capteurs, trois prises auxiliaires dont une dans le compartiment de chargement, sièges avant chauffants, chaîne sonore AM/FM, CD, MP3 et, en prime, la radio par satellite Sirius avec abonnement prépayé de trois mois. Au modèle de luxe EX s'ajoutent le régulateur automatique de la température à deux zones, le volant télescopique inclinable gainé de cuir, le toit ouvrant, la sellerie de cuir, les phares antibrouillard et les roues de 18 pouces en alliage.

Kia n'a certainement pas froid aux yeux en lançant son Borrego dans cette période de disette. Mais il y aura toujours des consommateurs qui auront besoin d'un vrai camion. Et, à y bien penser, est-ce pire de tracter une caravane pour visiter les belles régions du Québec que se rendre à Cuba en avion ? ||| SYLVIE RAINVILLE

La version V8 est plus frugale en carburant que les Pathfinder V6 et GMC Envoy V6, et elle est plus puissante que les 8 cylindres de Ford, Nissan, GMC et Toyota

DIMENSIONS ET VOLUMES

Empattement (mm)	2895
Longueur (mm)	4880
Largeur (mm)	1915
Hauteur (mm)	1810
Volume intérieur (L)	4090
Volume du coffre (min./max.) (L)	350 / 2765
Capacité du réservoir de carburant (L)	78
Fourchette de poids (kg)	2023 - 2226

CHÂSSIS

Mode	intégral
Suspension av. - arr.	indépendante
Freins av. - arr.	disques
Capacité de remorquage min. - max. (kg)	2268 (V6) 3402 (V8)
Direction - diamètre de braquage (m)	crémaillère - 11,11
Pneus	245/70 R17 (LX), 265/65 R18 (EX)

PERFORMANCES

Modèle à l'essai	Borrego 4.6 LX
Moteur	V8 DACT 4,6 litres
Puissance (ch. à tr/min)	337 - 6000
Couple (lb-pi à tr/min)	323 - 3500
Transmission	semi-automatique 6 rapports
Autres transmissions	semi-automatique 5 rapports (3,6 l)
Accélération 0-100 km/h (sec.)	7,5 (estimé)
Reprises 80-115 km/h (sec.)	4,5 (estimé)
Distance de freinage 100-0 km/h (m)	non mesurée
Niveau sonore à 100 km/h	✖ ✖ ✎
Vitesse maximale (km/h)	190
Consommation réalisée au cours de l'essai (L/100 km)	14 (estimé)
Gaz à effet de serre	
Autres moteurs	V6 3,8 litres (276 ch.)

CE QU'IL FAUT SAVOIR

Fourchette de prix ($)	**36 995 – 43 395**
Marge de profit du concessionnaire (%)	8,70 – 9,29
Transport et préparation ($)	1650
Consommation ville – route (L/100 km)	**15 – 11,3 (3,8 l)** 15,9 – 12 (4,6 l)
Essence recommandée	ordinaire
Versions offertes	3.8 LX, 3.8 EX, 4.6 LX, 4.6 LX
Carrosserie	utilitaire 5 portes
Lieu d'assemblage	Corée du Sud
Valeur résiduelle	✦ ✦ ✦
Garanties : de base – motopropulseur (an/km)	5/100 000 - 5/100 000
Fiabilité présumée	inconnue
Cycle de remplacement	nouveau modèle 2009
Ventes 2007 n.a.	Québec : n.a.
Protection collision frontale conducteur/passager latérale avant/arrière retournement 2rm/4rm	non évaluée non évaluée non évaluée

À RETENIR

Nouveautés 2009	tout nouveau modèle
Principales concurrentes	**Chevrolet Trailblazer, Dodge Durango, Ford Explorer, Jeep Grand Cherokee, Nissan Pathfinder, Toyota 4Runner**

- Capacité de remorquage
- Comportement routier digne d'un monocoque
- Consommation de carburant du V8 similaire à un V6

- Volant télescopique et inclinable sur la version de luxe seulement
- Design intérieur terne
- Accès à la troisième rangée difficile

UNE CURE DE BEAUTÉ DISCRÈTE

Complètement remaniée en 2007, la Magentis s'est refait une beauté pour l'année-modèle 2009. Une nouvelle calandre à l'allure plus affirmée et des pare-chocs remodelés ajoutent un peu de piquant à son design encore trop discret. L'habitacle a reçu également quelques améliorations, mais c'est sous le capot que se trouvent les principales améliorations : un nouveau moteur à quatre cylindres et un V6 révisé qui augmentent les performances du véhicule sans compromis sur la consommation en carburant.

KIA
MAGENTIS

Depuis son entrée sur le marché, la Magentis est toujours restée dans l'ombre. Chose surprenante, puisqu'elle est presque la sœur jumelle de la Hyundai Sonata, une voiture qui a reçu des éloges du public et des critiques automobiles. Les deux voitures partagent les mêmes bases ainsi que de nombreuses composantes mécaniques. Cependant, l'intermédiaire de Hyundai a volé la vedette, sans doute par son style plus dynamique et son moteur V6 plus puissant, mais dont la consommation combinée est similaire. Pourtant, la Kia, que ce soit en version quatre cylindres (le même que la Sonata 2009) ou en V6, affiche un prix inférieur de quelques milliers de dollars.

IMPECCABLE

Et pour avoir eu l'occasion d'essayer la Magentis pendant une année, je peux rassurer tous ceux qui hésitent encore à se procurer un produit Kia. La voiture n'a connu aucun ennui mécanique et n'a subi aucune réparation, ni fait l'effet d'un rappel technique pendant toute cette période. Et malgré les kilomètres accumulés et l'hiver passé, l'habitacle de la Magentis est demeuré impeccable. Les matériaux, tapis et garnitures ne semblaient pas avoir subi les effets du temps.

Au volant de la Magentis, ne vous attendez pas à attirer les regards des automobilistes et passants. La voiture présente plutôt une allure sobre et conservatrice, des lignes nettes. Bref, rien d'extravagant. Il en est de même pour la conduite. La direction manque de précision et n'offre pas une sensation optimale de la route. Et dans les virages, mieux vaut y aller en douceur, elle a tendance à sous-virer. Cependant, le système de suspension travaille efficacement à masquer les irrégularités de la chaussée, bien que l'arrière ait tendance à sautiller.

Du côté des performances, le nouveau quatre cylindres, une évolution du moteur de l'an dernier, gagne en chevaux et en couple. Ceci grâce au système de calage variable des soupapes et d'un système d'admission plus efficace. Ses performances sont amplement suffisantes pour la conduite quotidienne et il a l'avantage d'être moins gourmand. C'est d'ailleurs sur ce modèle que je porterais mon choix. La version à six cylindres, malgré les révisions apportées au moteur, n'égale pas les performances des rivaux de cette catégorie, mais sa consommation en carburant est presque identique. Quoi qu'il en soit, ce dernier est doux et silencieux.

La boîte manuelle permet de tirer davantage profit du moteur à quatre cylindres, bien que la dureté de l'embrayage nécessite une certaine période de familiarisation. La boîte automatique avec mode manuel exécute un bon travail, en passant les rapports avec souplesse.

CARACTÉRISTIQUES ÉTONNANTES

C'est au chapitre de l'équipement que la Magentis se démarque de la concurrence. Le LX, avec le quatre cylindres jumelé à une boîte manuelle à cinq rapports (la boîte automatique cinq vitesses est offerte en option), dispose de caractéristiques étonnantes pour un modèle de base. Climatisation, baquets avant en tissu chauffants, glaces, verrouillage et rétroviseurs chauffants électriques, régulateur de vitesse, six coussins gonflables, appuie-têtes avant actifs et freinage antiblocage (ABS), on trouve même les commandes audio logées au volant. L'habitacle fonctionnel et pratique offre un dégagement généreux aux passagers, à l'arrière comme à l'avant. Le tableau de bord expose un nouveau bloc central avec des commandes logiquement disposées. Et que dire de la malle arrière dont la capacité de 420 litres peut contenir quatre sacs de golf !

La version à quatre cylindres est aussi offerte avec les Groupes Premium et Cuir. Les deux ensembles sont équipés, de série, de la boîte automatique. En optant pour le Premium, l'équipement est bonifié par des roues en alliage, le contrôle de la stabilité, un ordinateur de voyage, le volant télescopique et j'en passe. Le Groupe Cuir, comme son nom le suggère, ajoute la sellerie de cuir. Les modèles V6 se déclinent en deux types de garnissage (LX-V6 et LX-Luxe) dotés de série de la boîte automatique, de phares antibrouillard, du volant télescopique et de roues en alliage. La version la plus cossue profite d'un équipement opulent. Tout y est. Enfin presque ! **▮▮▮ SYLVIE RAINVILLE**

Depuis son entrée sur le marché, la Magentis est toujours restée dans l'ombre de son alter ego, la Sonata de Hyundai

DIMENSIONS ET VOLUMES

Empattement (mm)	2720
Longueur (mm)	4735
Largeur (mm)	1805
Hauteur (mm)	1480
Volume intérieur (L)	2950
Volume du coffre (min./max.) (L)	420
Capacité du réservoir de carburant (L)	62
Fourchette de poids (kg)	1425 - 1491

CHÂSSIS

Mode	traction
Suspension av. - arr.	indépendante
Freins av. - arr.	disques
Capacité de remorquage min. - max. (kg)	454
Direction - diamètre de braquage (m)	crémaillère - 10,8
Pneus	205/60 R16, 215/50 R17 (LX-V6 Luxe)

PERFORMANCES

Modèle à l'essai	Magentis LX
Moteur	L4 DACT 2,4 litres
Puissance (ch. à tr/min)	175 - 6000
Couple (lb-pi à tr/min)	168 - 6000
Transmission	manuelle 5 rapports
Autres transmissions	semi-automatique 5 rapports
Accélération 0-100 km/h (sec.)	8,5 (estimé)
Reprises 80-115 km/h (sec.)	5,2 (estimé)
Distance de freinage 100-0 km/h (m)	39,1
Niveau sonore à 100 km/h	✗ ✗ ✗
Vitesse maximale (km/h)	190 (L4), 225 (V6)
Consommation réalisée au cours de l'essai (L/100 km)	10,3
Gaz à effet de serre	
Autres moteurs	V6 2,7 litres (192 ch.)

CE QU'IL FAUT SAVOIR

Fourchette de prix ($)	**17 795 – 26 395 (2008)**
Marge de profit du concessionnaire (%)	10,50
Transport et préparation ($)	1455
Consommation ville - route (L/100 km)	11,2 - 7,3 (man. 2,4 l) 10,7 - 7,4 (aut., 2,4 l) 11,9 - 8 (2,7 l)
Essence recommandée	ordinaire
Versions offertes	LX, LX Premium, LX-V6, LX-V6 Luxe
Carrosserie	berline 4 portes
Lieu d'assemblage	Corée du Sud
Valeur résiduelle	★ ★
Garanties : de base - motopropulseur (an/km)	5/100 000 - 5/100 000
Fiabilité présumée	★ ★ ⊀
Cycle de remplacement	2011
Ventes 2007 ↘ 15 %	Québec : 469
Protection collision frontale conducteur/passager latérale avant/arrière retournement 2rm/4rm	★★★★★/★★★★★ ★★★★★/★★★★★ ★★★★/n.a.

À RETENIR

Nouveautés 2009	**parties avant et arrière redessinées, instrumentation et console centrale réaménagées, moteurs plus puissants, suspension recalibrée**
Principales concurrentes	**Dodge Avenger, Ford Fusion, Mazda6, Mitsubishi Galant, Pontiac G6, VW Jetta**

+ • Malle arrière généreuse
+ • Moteur quatre cylindres vigoureux
+ • Finition et assemblage impeccables

− • V6 moins performant que la compétition
− • Direction molle
− • Manque d'adresse dans les virages

ELLE MÉRITE CONSIDÉRATION ?

La sous-compacte de Kia n'a pas beaucoup évolué depuis le lancement de sa deuxième génération en 2006. D'ailleurs, aucun changement n'est au menu pour 2009. Cependant dans cette catégorie, elle est loin de tirer la patte derrière ses rivales. Bien au contraire, elle peut se mesurer sans problème à des modèles de prix beaucoup plus élevés dans ce segment, et ce, tant en matière de puissance, de consommation en carburant, de polyvalence ou de comportement routier.

KIA
RIO

Lorsque je me suis rendue chez un concessionnaire de la région, la petite Rio m'attendait près de l'entrée. Et en examinant la voiture, le modèle à hayon cinq portes, ma première pensée a été : pourquoi n'en voit-on pas plus que ça ? Elle est jolie, ses lignes sont modernes et dynamiques. Son intérieur est basique — normal pour le prix — mais fonctionnel et bien aménagé. L'allure de la berline est peut-être moins bien réussie, mais la version à hayon, la Rio5, est très plaisante à l'œil. Et considérant le nombre incroyable de Hyundai Accent *hatchback* sur nos routes, il est surprenant que cette voiture qui repose sur la même plate-forme ne fasse pas plus partie de notre paysage automobile familier. Surtout que l'Accent à hayon ne dispose pas de deux portières supplémentaires, une caractéristique appréciée des passagers et recherchée par les familles avec de jeunes enfants — rien de plus déplaisant que d'installer un banc de bébé dans une voiture qui n'a pas de portes arrière !

Hyundai, plus longtemps établie au pays, a probablement acquis plus d'expérience dans les stratégies de marketing et de prévisions de ventes pour suffire à la demande. Son réseau de concessionnaires est aussi plus solidement ancré.

UNE PROPOSITION HONNÊTE
Côté moteur, la petite sud-coréenne emprunte également celui de sa cousine Accent, soit un quatre cylindres 1,6 litre de 110 chevaux. Cette motorisation profite de la technologie de distribution à programme variable des soupapes (CVVT). Cette motorisation est couplée, de série, à une boîte manuelle à cinq rapports ou, en option, à une automatique à quatre rapports. J'ai préféré cette dernière. Malgré une accélération plus lente à partir de l'arrêt et une certaine paresse durant les dépassements, la boîte automatique offre une conduite plus silencieuse. Car il faut avouer que le petit moteur se fait entendre lorsqu'il est sollicité, avec la boîte automatique ou manuelle, mais ses plaintes s'éteignent lorsqu'il a atteint sa vitesse de croisière. Mais attendez-vous à ce qu'il gémisse de nouveau si vous lui demandez de travailler plus fort pour effectuer un dépassement ou monter une pente abrupte.

Sur la route, la Kia Rio se classe dans la bonne moyenne. Sa suspension est un peu plus confortable que la Honda Fit, mais la japonaise la surpasse en agilité. La direction de la Rio manque un peu de précision. Les freins sont à disques à l'avant et à tambour à l'arrière, une configuration qu'adopte aussi la nipponne. Malheureusement, le système anti-blocage n'est offert que sur la version Sport cinq portes — une caractéristique de série pour la Honda.

Dans l'habitacle, la présentation est honnête et de bonne finition. Les commandes sont faciles d'accès et la chaîne audio AM/FM/CD/MP3/WMA comporte une prise pour les appareils de type iPod et un port USB. Les sièges sont un peu fermes et la banquette arrière se divise 60/40. Cependant, en ce qui a trait à la polyvalence pour le chargement, le modèle à hayon l'emporte sur la berline. Avec la berline, il faut user de force et de patience pour rabattre les sièges arrière et d'autant d'efforts pour les replacer. Les passagers arrière bénéficient d'un meilleur dégagement aux jambes que dans la Fit. Mentionnons que l'espace intérieur de la Rio est supérieur à celui de la Fit et de la Toyota Yaris. Et que la version cinq portes, sièges rabattus, possède une plus grande capacité de chargement.

L'équipement de série est des plus basique. Pour avoir droit à la climatisation, aux glaces-verrouillage-rétroviseurs électriques et sièges chauffants à l'avant, il faut opter pour le groupe EX Commodité offert sur la Rio berline et la Rio5. Le modèle présente des coussins gonflables supplémentaires (!), mais, à part des ajouts cosmétiques, tels des roues en alliage, un aileron arrière, des phares antibrouillard, un toit ouvrant et quelques garnitures supplémentaires, rien ne rehausse les performances de cette version exclusive à la Rio5. Ils lui donnent cependant encore meilleure allure.

Sur les bases de la Rio, un nouveau modèle se joindra dans la gamme au cours de 2009, soit le Soul, un utilitaire sport urbain qui se positionnera sous le Sportage. Animé du même moteur, ce petit VUS offrira l'économie de carburant dans un emballage des plus séduisant. ▌▌▌ **SYLVIE RAINVILLE**

L'espace intérieur de la Rio est supérieur à celui de la Fit et de la Toyota Yaris

KIA RIO

DIMENSIONS ET VOLUMES

Empattement (mm)	2500
Longueur (mm)	3990 (hayon), 4240 (berline)
Largeur (mm)	1695
Hauteur (mm)	1470
Volume intérieur (L)	3059 (hayon), 2948 (berline)
Volume du coffre (min./max.) (L)	447 / 1405 (hayon)
	337 (berline)
Capacité du réservoir de carburant (L)	45
Fourchette de poids (kg)	1105 - 1115

CHÂSSIS

Mode	traction
Suspension av. - arr.	indépendante - semi-indépendante
Freins av. - arr.	disques - tambour
Capacité de remorquage min. - max. (kg)	non recommandé
Direction – diamètre de braquage (m)	crémaillère - 10,1
Pneus	175/70 R14, 95/55 R15 (EX Sport)

PERFORMANCES

Modèle à l'essai	Rio EX Commodité (hayon)
Moteur	L4 1,6 litre
Puissance (ch. à tr/min)	110 - 6000
Couple (lb-pi à tr/min)	107 - 4500
Transmission	manuelle 5 rapports
Autres transmissions	automatique 4 rapports
Accélération 0-100 km/h (sec.)	10,74
Reprises 80-115 km/h (sec.)	9,13
Distance de freinage 100-0 km/h (m)	40,5
Niveau sonore à 100 km/h	✖ ✖
Vitesse maximale (km/h)	175
Consommation réalisée au cours de l'essai (L/100 km)	7,9
Gaz à effet de serre	
Autres moteurs	aucun

CE QU'IL FAUT SAVOIR

Fourchette de prix ($)	**9 995 – 18 295 (2008)**
Marge de profit du concessionnaire (%)	8,91 à 9,12
Transport et préparation ($)	1455
Consommation ville - route (L/100 km)	8,6 – 7,3 (man. 1,6 l)
	9,5 – 7,8 (aut., 1,6 l)
Essence recommandée	ordinaire
Versions offertes	EX , EX Commodité, EX Sport
Carrosserie	hayon 5 portes berline 4 portes
Lieu d'assemblage	Corée du Sud
Valeur résiduelle	✱
Garanties : de base – motopropulseur (an/km)	5/100 000 - 5/100 000
Fiabilité présumée	✱ ✱ ✱
Cycle de remplacement	2011
Ventes 2007 ↘ 7 %	Québec : 2941
Protection collision	
frontale conducteur/passager	✱ ✱ ✱ ✱ / ✱ ✱ ✱ ✱ ✱
latérale avant/arrière	✱ ✱ ✱ ✱ / ✱ ✱ ✱
retournement 2rm/4rm	✱ ✱ ✱ ✱ /n.a.

À RETENIR

Nouveautés 2009	**nouveaux groupes d'options, commandes audio sur le volant**
Principales concurrentes	**Chevrolet Aveo, Honda Fit, Hyundai Accent, Nissan Versa, Pontiac Wave, Suzuki Swift+, Toyota Yaris**

+ • Belle finition
• Prestations honnêtes
• Espace de chargement (Rio5)

– • Moteur bruyant en accélération
• Freins ABS sur la version Sport 5 portes seulement
• Banquette arrière difficile à opérer

349

UNE FORMULE GAGNANTE

À la fin de l'année 2006, Kia faisait une incursion dans le merveilleux monde des multisegments. Et pour sa première tentative dans ce créneau des plus disparate, le constructeur y allait avec la Rondo, une nouvelle solution de rechange à la fourgonnette traditionnelle. Les consommateurs qui devaient auparavant se résigner à opter pour des véhicules plus imposants, plus gourmands en carburant et aussi plus coûteux avaient enfin été entendus.

Si la Mazda5 est sa principale rivale, les deux véhicules ne se ressemblent pas du tout. La Rondo est plus haute et plus large. Son allure rappelle celle d'un utilitaire sport, tandis que la Mazda pourrait facilement passer pour une familiale ou même pour une fourgonnette miniature, considérant ses portes latérales coulissantes.

Quant à l'échelle de prix, la longue liste d'équipement de série incluant les glaces, le verrouillage et les rétroviseurs, tous à commande électrique, les nombreuses caractéristiques de sécurité, la position de conduite élevée, sans oublier le vaste intérieur, la capacité de chargement et la possibilité de convier jusqu'à sept passagers, la Rondo a plusieurs arguments pour plaire. Ce multisegment, au contraire de la Mazda5 dont la configuration est à six passagers (2+2+2), est offert en versions cinq et sept passagers. Sa capacité de chargement est de 185 litres (version sept passagers) et de 898 litres (version cinq passagers). Mais en repliant la deuxième banquette 60/40 à plat (et la troisième banquette 50/50 pour le sept passagers), on obtient un bel espace de 2083 litres.

SÉCURITÉ ET ÉQUIPEMENTS

Par ailleurs, la Rondo est la seule à proposer de série les freins à disques avec antiblocage (ABS), la distribution électronique de la force de freinage, les systèmes de contrôle électronique de la traction et de la stabilité, les appuie-têtes avant actifs ainsi que six coussins gonflables (avant, latéraux et en rideaux). Et, comme c'est le cas pour la Mazda5, le rouage intégral n'est pas offert. Mais à comparer à la compétition, la Rondo a l'avantage de proposer deux moteurs, dont un V6.

Pour l'année 2009, Kia ne change pas cette formule gagnante, elle la peaufine. Mis à part quelques menus changements à la palette de couleurs, incluant le nouveau brun java et l'ajout

de la radio par satellite Sirius avec abonnement prépayé de trois mois sur le modèle de luxe, l'allure intérieure et extérieure de la Rondo demeure inchangée.

C'est sous le capot que se situent les améliorations importantes. Le quatre cylindres est remplacé par une nouvelle génération du moteur Theta, tandis que le V6 a été remanié. Le nouveau moteur à quatre cylindres de 2,4 litres couplé à une boîte automatique à quatre rapports dispose de 13 chevaux supplémentaires et génère un couple supérieur. Cependant, sa consommation est identique à celle du modèle précédent. Encore mieux, le V6 révisé, jumelé quant à lui à une boîte automatique à cinq vitesses, compte maintenant 10 chevaux de plus à sa cavalerie et génère 2 livres-pieds de couple de plus, mais il consomme moins que la version antérieure.

QUATRE OU SIX CYLINDRES ?

La consommation de carburant de la Rondo est similaire à celle d'une voiture de taille intermédiaire. Comme la différence de consommation est négligeable, vous vous interrogez sans doute sur la version qui répondra le mieux à vos habitudes de conduite quotidienne. Le quatre cylindres, beaucoup moins bruyant et plus puissant que la première génération, suffit amplement à la tâche. Néanmoins, si vous tractez une remorque fréquemment ou que votre véhicule est rempli de passagers ou de chargement la majorité du temps, le six cylindres sera plus adapté à la situation.

La Rondo peut remorquer jusqu'à 1500 kg (avec freins remorque) en version quatre cylindres et jusqu'à 2000 kg (avec freins remorque) en version V6, un autre atout sur la Mazda5. Mazda ne recommande pas le tractage d'une remorque. Sur la route, cette compacte Kia vous étonnera par sa douceur de roulement, même sur des surfaces inégales. La Rondo privilégie le confort plutôt que les performances. Et son format compact la rend aussi facile à manœuvrer et à garer.

La version 5 passagers compte trois modèles animés du moteur à quatre cylindres : LX de base, LX Climatisation et EX, et un modèle à six cylindres : EX V6. La version sept places dispose d'un équipement plus généreux. La gamme se décline donc en deux modèles à quatre cylindres : EX et EX Premium et deux à six cylindres : EX V6 et EX V6 Luxe. La seule option proposée : un système de divertissement DVD avec écran de 10 pouces sur les versions sans toit ouvrant.

En alliant les éléments appréciés de différents segments, Kia nous a concocté une recette gagnante. À vous d'y goûter maintenant ! ▌▌▌ **SYLVIE RAINVILLE**

Le quatre cylindres, beaucoup moins bruyant et plus puissant que la première génération, suffit amplement à la tâche

KIA RONDO

DIMENSIONS ET VOLUMES

Empattement (mm)	2700
Longueur (mm)	4545
Largeur (mm)	1820
Hauteur (mm)	1650
Volume intérieur (L)	3052 (5 pass.) – 4413 (7 pass.)
Volume du coffre (min./max.) (L)	185 / 2083
Capacité du réservoir de carburant (L)	60
Fourchette de poids (kg)	1511 - 1592

CHÂSSIS

Mode	traction
Suspension av. - arr.	indépendante
Freins av. - arr.	disques
Capacité de remorquage min. - max. (kg)	454 - 2000
Direction – diamètre de braquage (m)	crémaillère - 10,8
Pneus	205/60 R16, 225/50 R17 (Premium, Luxe)

PERFORMANCES

Modèle à l'essai	Rondo EX Premium
Moteur	L4 DACT 2,4 litres
Puissance (ch. à tr/min)	175 - 6000
Couple (lb-pi à tr/min)	168 - 6000
Transmission	manuelle 5 rapports
Autres transmissions	semi-automatique 5 rapports
Accélération 0-100 km/h (sec.)	10 (estimé)
Reprises 80-115 km/h (sec.)	7 (estimé)
Distance de freinage 100-0 km/h (m)	41,8
Niveau sonore à 100 km/h	✲ ✲ ✲
Vitesse maximale (km/h)	185
Consommation réalisée au cours de l'essai (L/100 km)	10,8
Gaz à effet de serre	
Autres moteurs	V6 2,7 litres (192 ch.)

CE QU'IL FAUT SAVOIR

Fourchette de prix ($)	**19 995 – 26 095**
Marge de profit du concessionnaire (%)	8,70 à 9,29
Transport et préparation ($)	1650
Consommation ville – route (L/100 km)	12 – 9 (2,4 l) 13,2 – 9,3 (2,7 l)
Essence recommandée	ordinaire
Versions offertes	LX, EX, EX Premium, EX-V6, EX-V6 Luxe
Carrosserie	multisegment 5 portes (5 à 7 passagers)
Lieu d'assemblage	Corée du Sud
Valeur résiduelle	✱ ✱
Garanties : de base – motopropulseur (an/km)	5/100 000 - 5/100 000
Fiabilité présumée	✱ ✱ ✰
Cycle de remplacement	2012
Ventes 2007 ↗ 1125 %	Québec : 2610

Protection collision
frontale conducteur/passager ✱ ✱ ✱ ✱ ✱ / ✱ ✱ ✱ ✱ ✱
latérale avant/arrière ✱ ✱ ✱ ✱ ✱ / ✱ ✱ ✱ ✱
retournement 2rm/4rm ✱ ✱ ✱ ✱ / n.a.

À RETENIR

Nouveautés 2009	moteur L4 plus puissant (+ 13 ch.), moteur V6 plus puissant (+ 10 ch.)
Principales concurrentes	Dodge Journey, Mazda5, Mercedes Classe B

 • Douceur de roulement
• Style dynamique
• Polyvalence

 • Modèle d'entrée sans climatisation
• Troisième rangée destinée aux enfants
• Volant télescopique non offert

351

SURVIVRA-T-ELLE AUX MULTISEGMENTS ?

Trois ans déjà depuis l'arrivée de la deuxième génération de la Kia Sedona, et mis à part de menus changements et des chevaux supplémentaires au fil du temps, le véhicule est pratiquement identique au modèle 2006. Depuis son arrivée, ses arguments les plus convaincants étaient un équipement généreux pour un prix abordable, une excellente garantie et une sécurité cinq étoiles. Mais depuis l'apparition des multisegments, la fourgonnette doit se mesurer à de nouveaux concurrents. Et ceux-ci sont très féroces. La Sedona survivra-t-elle à cette nouvelle tendance du marché ?

KIA
SEDONA

La vogue des multisegments a découragé certains constructeurs à continuer d'offrir une fourgonnette. Ils ont plutôt choisi de prendre part à la danse. Résultat, une nouvelle catégorie de véhicules est née, tous offrant les avantages de la fourgonnette : place pour sept ou huit occupants, nombreux compartiments de rangement pratiques, espace pour les passagers et le chargement et, bien évidemment la polyvalence. Et ceci, sans l'allure traditionnelle des fourgonnettes. En outre, ces véhicules sont proposés avec des options intéressantes pour les consommateurs, telles que le rouage intégral, le choix entre un moteur à quatre cylindres et à six cylindres et de nouvelles commodités originales et ingénieuses.

Avec son look désuet, sa silhouette un peu balourde et sa cavalerie dont les chevaux, bien que fringants, sont aussi très gourmands, la Sedona peut-elle rivaliser avec des véhicules de la trempe de la Dodge Journey, par exemple ? Considérant que la Dodge est offerte à un prix de départ d'environ 20 000 $, avec un choix de motorisations, l'option de l'intégrale, des solutions de rangements pratiques et abondants, incluant un coffre réfrigéré, la Kia devra être proposée avec de forts incitatifs pour conquérir les consommateurs. Et si on la compare avec ses concurrentes directes, encore là, la Kia ne se démarque pas du lot. La Dodge Grand Caravan, par exemple, a subi un remaniement majeur et présente une foule d'idées novatrices, telles que le Stow n'Go, les sièges pivotants, la table de pique-nique... et à un prix de départ inférieur. La nouvelle Ford Flex, également, avec son design futuriste et son véritable réfrigérateur intégré. À mon avis, il est temps que Kia repense complètement la Sedona ou qu'il la remplace par un multisegment. Et pourquoi pas un grand frère à la Rondo ?

PAS AUSSI ASTUCIEUSE

Un autre atout des multisegments : donner au conducteur la sensation de conduire une berline ou un utilitaire sport. Quant au comportement routier de la Sedona, il est tout à fait caractéristique à ce segment en perte de vitesse. Sur la route, elle semble flotter sur les irrégularités avec sa suspension molle — un effet qui tend à s'améliorer quand le véhicule est chargé de passagers et de matériel. Le manque de précision dans la direction est marquant. Et il faut éviter d'avoir le pied pesant avec le moteur V6 de 3,8 litres, car la consommation peut dépasser facilement, en ville, la cote estimée par le constructeur. Cependant, il permet au véhicule de tracter une remorque de 1588 kg (avec freins-remorque).

Dans l'habitacle, tout est bien aménagé pour répondre à sa vocation familiale. Mais l'allure est sobre et conservatrice. Le conducteur profite d'une excellente visibilité — avant-latérale-arrière. Les commandes sont d'accès facile. La configuration des sièges 2+2+3 comporte des sièges de type capitaine aux deux premières rangées (basculants et repliables) et une banquette divisée 60/40 à l'arrière. Cette dernière se replie aisément pour libérer un espace généreux pour le chargement, et si les besoins sont plus importants, les sièges de deuxième rangée peuvent être rabattus, pour une capacité maximale de 4007 litres.

Pour l'année-modèle 2009, Kia change un peu la gamme. Le modèle LX de base se voit légèrement dégarni — régulateur de vitesse, glaces de custodes électriques, téléverrouillage, alarme de recul et longerons de toit — pour rendre son prix plus attrayant, mais un Groupe LX optionnel permet de les regagner. Ensuite, on passe à l'intermédiaire EX, qui reçoit, en autres, les systèmes de contrôle de la stabilité et de la traction, des roues en alliage, un siège à ajustement électrique pour le conducteur et des phares antibrouillard. Un groupe électrique, qui comprend les deux portes coulissantes électriques, le hayon télécommandé, les pédales à réglage électrique et les essuie-glaces automatiques, est offert sur ce modèle. Et au sommet de la gamme, la EX Luxe, avec sa sellerie de cuir, son système de divertissement DVD (en option sur les autres modèles) et son toit ouvrant, hérite cette année de la radio par satellite avec abonnement prépayé de trois mois.

Cependant, en ce qui a trait à la sécurité, tous les modèles profitent de six sacs gonflables (avant, latéraux et en rideaux), des appuie-têtes actifs et le freinage antiblocage. D'ailleurs, la Sedona a été couronnée de cinq étoiles lors des tests d'impacts frontaux et latéraux de l'*Insurance Institute for Highway Safety* (IIHS) et a remporté le prix de Meilleur choix sécurité en 2007 par *Top Safety Pick*. Sans oublier l'excellente garantie offerte par Kia. ▌▌▌ **SYLVIE RAINVILLE**

Sur la route, elle semble flotter sur les irrégularités
avec sa suspension molle

DIMENSIONS ET VOLUMES

Empattement (mm)	3020
Longueur (mm)	5130
Largeur (mm)	1985
Hauteur (mm)	1760 (LX), 1830 (EX)
Volume intérieur (L)	4879
Volume du coffre (min./max.) (L)	912 - 4007
Capacité du réservoir de carburant (L)	80
Fourchette de poids (kg)	1990 - 2108

CHÂSSIS

Mode	traction
Suspension av. - arr.	indépendante
Freins av. - arr.	disques
Capacité de remorquage min. - max. (kg)	454 (sans freins) - 1588 (avec freins)
Direction - diamètre de braquage (m)	crémaillère - 12,07
Pneus	225/70 R16 (LX), 235/60 R17 (EX)

PERFORMANCES

Modèle à l'essai	Sedona EX Luxe
Moteur	V6 DACT 3,8 litres
Puissance (ch. à tr/min)	250 - 6000
Couple (lb-pi à tr/min)	253 - 3500
Transmission	semi-automatique 5 rapports
Autres transmissions	aucune
Accélération 0-100 km/h (sec.)	9,14
Reprises 80-115 km/h (sec.)	6,55
Distance de freinage 100-0 km/h (m)	45,1
Niveau sonore à 100 km/h	✗ ✗ ✗
Vitesse maximale (km/h)	190
Consommation réalisée au cours de l'essai (L/100 km)	12,6
Gaz à effet de serre	
Autres moteurs	Aucun

CE QU'IL FAUT SAVOIR

Fourchette de prix ($)	**29 745 - 38 195**
Marge de profit du concessionnaire (%)	9,89 à 10,22
Transport et préparation ($)	1650
Consommation ville - route (L/100 km)	**14,9 - 10,4**
Essence recommandée	ordinaire
Versions offertes	LX, EX, EX Groupe Électrique, EX Luxe
Carrosserie	fourgonnette 5 portes
Lieu d'assemblage	Corée du Sud
Valeur résiduelle	✶ ✶
Garanties : de base - motopropulseur (an/km)	5/100 000 - 5/100 000
Fiabilité présumée	✶ ✶ ✶
Cycle de remplacement	2012
Ventes 2007 ↘ 37 %	Québec : 642
Protection collision frontale conducteur/passager	✶ ✶ ✶ ✶ ✶ / ✶ ✶ ✶ ✶ ✶
latérale avant/arrière	✶ ✶ ✶ ✶ ✶ / ✶ ✶ ✶ ✶ ✶
retournement 2rm/4rm	✶ ✶ ✶ ✶ / n.a.

À RETENIR

Nouveautés 2009	retouches esthétiques, prise USB/iPod
Principales concurrentes	Chevrolet Uplander, Dodge Grand Caravan, Honda Odyssey, Hyundai Entourage, Nissan Quest, Pontiac SV6, Toyota Sienna

+
- Rangements abondants
- Bonne visibilité avant-arrière-latérale
- Habitacle fonctionnel

−
- Suspension flottante
- Consommation de carburant
- Bruits de vent, pas de rouage intégral, design désuet

RÉORIENTATION DE CARRIÈRE À L'HORIZON

Depuis son arrivée sur le marché en 2002, le Sorento a reçu les éloges de la presse automobile et d'excellents commentaires des consommateurs. Mais il changera sa vocation l'an prochain, en adoptant la nouvelle tendance du marché, soit une structure monocoque. Il partagera sa plateforme avec ses cousins, les Hyundai Santa Fe et VeraCruz. C'est pour cette raison que le modèle 2009, mis à part une nouvelle calandre et quelques menus détails, demeure inchangé.

KIA
SORENTO

Le Sorento est toujours offert avec un choix de deux moteurs V6 dont la consommation est presque identique, mais qui diffèrent considérablement au chapitre de la puissance.

COUPLE OU CONSOMMATION ?

Le premier est un V6 de 3,3 litres qui développe une puissance de 242 chevaux et de 228 livres-pieds tandis que le deuxième, d'une cylindrée de 3,8 litres, produit 262 chevaux et 260 livres-pieds de couple — une différence de 20 chevaux qu'on peut facilement ressentir, surtout quand le véhicule est chargé !

À consommation presque identique, ne choisiriez-vous pas le plus puissant ? Le hic, c'est que pour avoir droit au vigoureux V6 de 3,8 litres qui augmente la capacité de remorquage à 2268 kg, il vous faudra opter pour la version grand luxe LX et débourser plusieurs milliers de dollars de plus que le prix du modèle de base.

Dommage, parce que le modèle d'entrée dispose d'un équipement de série plus que suffisant, mis à part son moteur de 3,3 litres plutôt anémique et sa capacité de remorquage de 1588 kg. Celui-ci inclut un système à quatre roues motrices à prise temporaire, climatisation, chaîne sonore AM/FM /CD/MP3/WMA, système de freinage avec antiblocage (ABS), systèmes de contrôle de la stabilité (ESC) et de la traction (TCS) et banquette arrière de configuration 60/40. De plus, il est équipé de roues de 16 pouces comparativement à 17 pouces pour la version grand luxe, ce qui rend la conduite beaucoup plus confortable, considérant la robustesse du cadre en acier et la suspension qui sautille toujours.

Et du côté de la consommation en carburant, l'écart est minime. Le moteur de 3,3 litres consomme 15,8 L/100 km de carburant — régulier — en ville et 10,8 L/100 sur l'autoroute, tandis que le V6 de 3,8 litres de la version LX Luxe avale 16 L/100 km en ville et 12 L/100 km sur la grande route. Et comme la cylindrée de ces deux moteurs est inférieure à 3,95 litres, vous n'aurez pas à payer de droits d'immatriculation additionnels.

TIRÉ À QUATRE ÉPINGLES

Outre sa motorisation plus puissante, le modèle haut de gamme est équipé de caractéristiques telles que sièges en cuir, système à quatre roues motrices permanent, commandes audio au volant et ajustement électrique pour le conducteur et le passager. (En avez-vous réellement besoin ?) Par ailleurs, comme cette version roule sur des roues de 17 pouces, vous devrez prévoir des frais supplémentaires à l'arrivée de l'hiver. N'oubliez pas que ceux-ci sont obligatoires maintenant. Vous aurez deux options : acheter des pneus d'hiver de 17 pouces ou des roues en acier et des pneus de 16 pouces.

Toutes les versions (L, LX, LX Luxe et LX Luxe avec 3,8 L) profitent de plusieurs éléments qui leur permettent de s'aventurer hors des sentiers battus, à commencer par le robuste châssis en échelle, les systèmes à quatre roues motrices, la boîte de transfert avec gammes haute et basse, les plaques de protection et la garde au sol généreuse. Cependant, le Sorento n'est pas doté d'un système de verrouillage du différentiel, caractéristique estimée par les véritables mordus de la conduite tout-terrain. Mais moins de 5 % des propriétaires de VUS utilisent leur véhicule hors route.

Vous avez besoin d'un vrai VUS ? Le Sorento saura répondre à vos attentes. Mais si vous recherchez un véhicule capable de remorquer une charge d'au moins 2268 kg lb sans le « flafla », le nouveau Borrego, son grand frère, est sans doute plus approprié. Cependant, comme le Sorento termine sa carrière de dur de dur cette année, il est fort à parier que le prix affiché sera très alléchant. ▌▌▌ **SYLVIE RAINVILLE**

Si vous recherchez un véhicule capable de remorquer une charge d'au moins 2500 kg sans le « flafla », le Borrego est sans doute plus approprié

KIA SORENTO

DIMENSIONS ET VOLUMES

Empattement (mm)	2710
Longueur (mm)	4590
Largeur (mm)	1884 (Luxe), 1863 (LX)
Hauteur (mm)	1810
Volume intérieur (L)	3016
Volume du coffre (min./max.) (L)	878 / 2243
Capacité du réservoir de carburant (L)	80
Fourchette de poids (kg)	1939 - 2024

CHÂSSIS

Mode	intégral (Luxe), 4 roues motrices (LX)
Suspension av. - arr.	indépendante - essieu rigide
Freins av. - arr.	disques
Capacité de remorquage min. - max. (kg)	1590 (LX) - 2268 (Luxe)
Direction - diamètre de braquage (m)	crémaillère - 11,08
Pneus	245/65 R16 (LX), 245/65 R17 (Luxe)

PERFORMANCES

Modèle à l'essai	Sorento Luxe
Moteur	V6 DACT 3,8 litres
Puissance (ch. à tr/min)	262 - 6000
Couple (lb-pi à tr/min)	260 - 4500
Transmission	semi-automatique 5 rapports
Autres transmissions	aucune
Accélération 0-100 km/h (sec.)	9,18
Reprises 80-110 km/h (sec.)	5,89
Distance de freinage 100-0 km/h (m)	42,9
Niveau sonore à 100 km/h	✹ ✹ ✎
Vitesse maximale (km/h)	185
Consommation réalisée au cours de l'essai (L/100 km)	14,4
Gaz à effet de serre	
Autres moteurs	V6 3,3 litres (242 ch.)

CE QU'IL FAUT SAVOIR

Fourchette de prix ($)	**32 645 - 38 995 (2008)**
Marge de profit du concessionnaire (%)	9,29 à 10,26
Transport et préparation ($)	1650
Consommation ville - route (L/100 km)	**15,8 - 10,8 (3,3 l)** **16 - 12 (3,8 l)**
Essence recommandée	ordinaire
Versions offertes	LX 4X4, Luxe 4X4
Carrosserie	utilitaire 5 portes
Lieu d'assemblage	Corée du Sud
Valeur résiduelle	✶ ✶ ✶
Garanties : de base - motopropulseur (an/km) :	5/100 000 - 5/100 000
Fiabilité présumée	✶ ✶
Cycle de remplacement	inconnu
Ventes 2007 ↘ 41 %	Québec : 428
Protection collision frontale conducteur/passager latérale avant/arrière retournement 2rm/4rm	✶ ✶ ✶ ✶ ✶ / ✶ ✶ ✶ ✶ ✶ ✶ ✶ ✶ ✶ ✶ / ✶ ✶ ✶ ✶ ✶ ✶ ✶ ✶ / ✶ ✶ ✶ ✶

À RETENIR

Nouveautés 2009	calandre redessinée
Principales concurrentes	**Dodge Nitro, Jeep Liberty, Hummer H3, Land Rover LR2, Nissan Xterra, Toyota FJ Cruiser**

- Bon rapport qualité-prix
- Rangement abondant
- Excellente visibilité

- Moteur de 3,8 L offert sur la version grand luxe seulement
- Effet de tangage

355

Ne vous attendez pas à de gros changements pour ces deux modèles du millésime 2009, ils sont mineurs. La production de la version cinq portes est déjà terminée, tandis que celle de la berline se poursuivra, mais jusqu'à la fin de l'année.

Introduite pour l'année-modèle 2005, la compacte pouvait alors se mesurer nez à nez avec ses rivales américaines et japonaises. Mais ces dernières ont subi depuis des remaniements majeurs et la Spectra n'est plus de taille devant la concurrence. Le constructeur coréen lui a donc concocté un successeur. Déjà lancée sous le nom de Forte en Asie, cette nouvelle venue, offerte en version berline seulement, a été conçue par Peter Schreyer, le créateur des Audi TT et Volkswagen New Beetle.

La Sephia, première voiture compacte offerte par le constructeur coréen en 1999, avait emprunté le nom de Spectra lors de son remaniement en 2002, mais il y avait encore à faire pour qu'elle soit en mesure de se démarquer dans ce créneau où les Honda Civic, Mazda3 et Toyota Corolla/Matrix dominent toujours. Même si, en 2005, la compacte de Kia a fait un bond impressionnant en matière de comportement routier, de style, de puissance, d'équipement et de garantie, aujourd'hui, à comparer aux autres joueurs de la catégorie, elle manque de raffinement.

De plus, son moteur quatre cylindres — avec boîte manuelle cinq rapports ou automatique quatre rapports avec surmultipliée — quoique légèrement plus puissant que la frugale Toyota Corolla de base, consomme plus que la Mazda3 d'entrée, dont la cavalerie dispose de 10 chevaux supplémentaires. Il se fait également entendre lorsqu'il atteint les 3500 tours/minute, à l'accélération et dans les manœuvres de dépassement, mais il se calme à vitesse de croisière sur l'autoroute. Dans l'ensemble, on apprécie sa vigueur en accélération grâce à son couple développant

136 livres-pieds à 4500 tours/minute. La boîte manuelle, offerte de série, exécute un bon travail, bien que le levier de vitesses manque un peu de précision.

COMPORTEMENT BANAL

En ce qui a trait au comportement routier, les deux versions sont presque identiques. En fait, la suspension du modèle le plus cossu de la Spectra 5 est réglée plus sportivement et profite d'une barre de soutien de jambe de force, ce qui se traduit par une sensation plus ferme sur la route, sans compromis sur le confort. En fait, grâce à leur système de suspensions indépendantes, les Spectra et Spectra 5 assurent une balade confortable aux occupants. La voiture se comporte assez bien sur la route et se débrouille dans les virages, encore mieux avec la cinq portes. Sa conduite est stable et satisfaisante, sans être enivrante.

Les freins à disques et à tambour sur les modèles de base et intermédiaire ne disposent pas du système antiblocage (ABS) et ça se sent. Les modèles haut de gamme (SX Premium pour la berline et LX pour la Spectra 5) profitent de freins à disques efficaces aux quatre roues et de l'antiblocage, mais il faut en payer le prix. D'ailleurs, le modèle de base porte bien son nom. Son équipement n'inclut pas la climatisation, les glaces électriques, la télécommande d'entrée, les rétroviseurs chauffants et le régulateur de vitesse. Il faut passer au modèle intermédiaire pour y avoir droit.

L'habitacle présente une finition minutieuse, mais à ce prix, il faut s'attendre à quelques plastiques bon marché. Le tableau de bord arbore des commandes et instruments logiquement disposés et faciles d'accès. Le volant est inclinable, les sièges sont confortables même après plusieurs heures de route et la visibilité avant et arrière est excellente. La chaîne sonore s'est modernisée au fil du temps ; elle offre maintenant les fonctions AM/FM/CD/MP3/WMA et comporte un port USB et une prise auxiliaire.

En ce qui a trait au compartiment à bagages, la capacité du coffre de la berline est un peu limitée, mais ce problème est résolu rapidement en repliant la banquette arrière de configuration 60/40. Cependant, la capacité maximale est de 345 litres, ce qui est un peu moins que la Chevrolet Cobalt. C'est la Spectra 5 qui brille dans ce domaine avec sa capacité de chargement maximale de 1494 litres (518 litres avec sièges arrière relevés). C'est toujours cela de pris. ▮▮▮ **SYLVIE RAINVILLE**

*L'habitacle présente une finition minutieuse, mais à ce prix,
il faut s'attendre à quelques plastiques bon marché*

DIMENSIONS ET VOLUMES

Empattement (mm)	2610
Longueur (mm)	4350 (hayon), 4500 (berline)
Largeur (mm)	1735
Hauteur (mm)	1470
Volume intérieur (L)	2778 (hayon), 2747 (berline)
Volume du coffre (min./max.) (L)	518 / 1494 (hayon)
	345 (berline)
Capacité du réservoir de carburant (L)	53
Fourchette de poids (kg)	1255 - 1348

CHÂSSIS

Mode	traction
Suspension av. - arr.	indépendante
Freins av. - arr.	disques - tambours
	disques (Premium, SX)
Capacité de remorquage min. - max. (kg)	340
Direction - diamètre de braquage (m)	crémaillère - 10,1
Pneus	195/60 R15

PERFORMANCES

Modèle à l'essai	Spectra5 SX
Moteur	L4 DACT 2 litres
Puissance (ch. à tr/min)	138 - 6000
Couple (lb-pi à tr/min)	136 - 4500
Transmission	manuelle 5 rapports
Autres transmissions	automatique 4 rapports
Accélération 0-100 km/h (sec.)	10,2
Reprises 80-115 km/h (sec.)	non chronométrées
Distance de freinage 100-0 km/h (m)	42,8
Niveau sonore à 100 km/h	✖ ✖ ✎
Vitesse maximale (km/h)	185
Consommation réalisée au cours de l'essai (L/100 km)	9,3
Gaz à effet de serre	))))
Autres moteurs	aucun

CE QU'IL FAUT SAVOIR

Fourchette de prix ($)	**15 995 - 21 175**
Marge de profit du concessionnaire (%)	9,13 à 9,33
Transport et préparation ($)	1455
Consommation ville - route (L/100 km)	**10,2 - 8 (man.)**
	10 - 7,5 (aut.)
Essence recommandée	ordinaire
Versions offertes	LX, LX Commodité, LX Premium, SX
Carrosserie	hayon 5 portes berline 4 portes
Lieu d'assemblage	Corée du Sud
Valeur résiduelle	✳
Garanties : de base - motopropulseur (an/km)	5/100 000 - 5/100 000
Fiabilité présumée	✳ ✳ ✳
Cycle de remplacement	2010
Ventes 2007	↘ 10 %	Québec : 1773

Protection collision
frontale conducteur/passager ✳ ✳ ✳ ✳ ✳ / ✳ ✳ ✳ ✳ ✳
latérale avant/arrière ✳ ✳ ✳ ✳ / ✳ ✳ ✳ ✳
retournement 2rm/4rm ✳ ✳ ✳ ✳ / n.a.

À RETENIR

Nouveautés 2009	**aucun changement majeur**
Principales concurrentes	**Chevrolet Cobalt, Ford Focus, Honda Civic, Hyundai Elantra, Mazda3, Mitsubishi Lancer, Nissan Sentra, Saturn Astra, Toyota Corolla, VW Rabbit/Jetta City**

- Capacité de chargement de la version cinq portes
- Confort de roulement
- Prix attrayants

- Freins à disques et ABS sur haut de gamme seulement
- Moteur bruyant
- Design et technologies désuets

LE JUMEAU DE L'AUTRE

Il y a trois ans, la réintroduction du Sportage a permis à Kia de renforcer sa présence dans le segment des utilitaires compacts. On se rappellera que le constructeur de la Corée du Sud avait délaissé cette catégorie en 2002 en abandonnant l'ancienne génération du Sportage jugée alors moribonde. De prime abord, Kia semble avoir bien joué ses cartes dans ce segment où la demande ne semble pas, pour l'instant, s'essouffler.

KIA
SPORTAGE

Élaboré sur la plateforme modifiée de sa sœur Spectra, le Sportage est le jumeau presque identique du Hyundai Tucson. Comme son cousin, le coup de crayon de son créateur n'est pas aussi inspiré que celui de ses rivaux américains et japonais, mais rien non plus pour choquer les sens.

Avec ses boucliers costauds, ses protections latérales et sa garde au sol généreuse, le Sportage donne l'impression de pouvoir gravir tous les sommets. Mais, il s'agit juste d'une impression, car cet utilitaire n'a que le nom, puisqu'il est à la base une traction. Le rouage intégral n'est offert que sur les versions plus chères. Dans sa configuration à quatre roues motrices, le Sportage peut affronter plus facilement les routes enneigées et la gadoue que la majorité des berlines, mais il n'a pas les aptitudes pour suivre les traces des Jeep Patriot et Compass.

Comme il n'offre pas de boîte de transfert à rapport court ou de plaques protectrices sous la mécanique, il ne peut prétendre au statut de véritable tout-terrain. La vocation de cet utilitaire de poche est avant tout de séduire une clientèle urbaine qui, une fois la fin de semaine venue, prendra l'autoroute en direction de la campagne.

UN QUATRE CYLINDRES PARESSEUX

Pour ce qui est de la motorisation, une fois le mode de traction choisi, peu d'options s'offrent à l'acheteur. De série, le modèle à traction doit se contenter d'un quatre cylindres de 2 litres dont les 140 chevaux paraissent bien maigres pour déplacer un véhicule de 1500 kg. À sa défense, il est possible de lui adjoindre une boîte manuelle à cinq vitesses, la boîte automatique étant offerte en option. Bref, il n'y a pas de quoi dépeigner un chauve, et le conducteur aura l'impression que ça n'avance pas vite !

Pour trimbaler toute la quincaillerie d'une famille composée de deux adultes et deux enfants, le V6 de 2,7 litres représente un meilleur choix. Avec ses 173 chevaux sous le capot, le Sportage se rend mieux justice, même si cela se traduit par une augmentation de la consommation en conduite urbaine. Ajoutons également que ce V6 s'accouple exclusivement à une transmission semi-automatique à quatre rapports dont le rendement est mi-figue mi-raisin. Même si elle n'a que quatre petits rapports à gérer, ses mauvais réglages influencent directement les temps d'accélération qui, avouons-le, devraient être bien meilleurs.

Malgré sa garde au sol généreuse, le Sportage offre un comportement routier satisfaisant. La suspension indépendante à l'arrière est souple et filtre bien les imperfections de la chaussée. En contrepartie, le Sportage affiche très rapidement un comportement sous-vireur. Heureusement, le système antidérapage de série veille au grain pour ramener le véhicule dans la direction voulue. La conduite est loin d'être réjouissante. Lourdaud et perché haut sur roues, le Sportage préfère se tenir loin des routes sinueuses où ses qualités dynamiques pourraient être mises à rude épreuve. La direction, sans doute trop démultipliée, se révèle empesée. Elle réagit mollement aux changements de trajectoire. Comme le Sportage est sensible aux vents latéraux, il faut constamment corriger le cap. La bonne nouvelle, c'est que le rayon de braquage est suffisamment court pour lui permettre de se faufiler aisément dans les stationnements serrés. Quant au freinage, il est efficace avec ses deux paires de disques et son dispositif ABS de série.

UN HABITACLE VASTE

Sur le plan de la modularité, la banquette arrière se replie en un tournemain pour former un plancher parfaitement plat. Côté pratique toujours, mentionnons que la lunette arrière se soulève indépendamment du hayon.

Toutes les commandes se regroupent dans l'environnement immédiat du conducteur et sont faciles d'utilisation. Même s'ils ne sont pas tous aisément accessibles, les espaces de rangement sont en nombre suffisant. Pour ce qui est des places arrière, les passagers n'auront pas à souffrir de l'étroitesse des portières pour accéder à la banquette. Bref, l'habitacle est accueillant et seule la qualité (et l'odeur persistante) des plastiques gâche le voyage.

Appuyé par une garantie généreuse et vendu à un prix concurrentiel, le Sportage n'aura aucune misère à se retrouver sur la liste des acheteurs d'utilitaires compacts, et ce, malgré des prestations dynamiques plutôt ordinaires.
▌▌▌ JEAN CHARTRAND

Après une entrée remarquée en 2005, il est dommage que le Sportage soit tombé au point mort, car c'est un véhicule qui gagne à être connu

KIA SPORTAGE

DIMENSIONS ET VOLUMES

Empattement (mm)	2630
Longueur (mm)	4350
Largeur (mm)	1800
Hauteur (mm)	1695
Volume intérieur (L)	2943
Volume du coffre (min./max.) (L)	667 / 1886
Capacité du réservoir de carburant (L)	58 (L4) / 65 (V6)
Fourchette de poids (kg)	1465 - 1600

CHÂSSIS

Mode	traction, intégral
Suspension av. – arr.	indépendante
Freins av. – arr.	disques
Capacité de remorquage min. – max. (kg)	454 (L4) – 908 (V6)
Direction – diamètre de braquage (m)	crémaillère – 10,8
Pneus	215/65 R16

PERFORMANCES

Modèle à l'essai	Sportage LX Commodité (2rm)
Moteur	L2 DACT 2 litres
Puissance (ch. à tr/min)	140 - 6000
Couple (lb-pi à tr/min)	136 - 4500
Transmission	manuelle 5 rapports
Autres transmissions	automatique 4 rapports
Accélération 0-100 km/h (sec.)	12,5 (chrono manuel)
Reprises 80-115 km/h (sec.)	non chronométrées
Distance de freinage 100-0 km/h (m)	39,6
Niveau sonore à 100 km/h	✹ ✹
Vitesse maximale (km/h)	170
Consommation réalisée au cours de l'essai (L/100 km)	10,9
Gaz à effet de serre	

Autres moteurs	V6 2,7 litres (173 ch.)

CE QU'IL FAUT SAVOIR

Fourchette de prix ($)	**21 695 – 30 935**
Marge de profit du concessionnaire (%)	8,70 à 8,81
Transport et préparation ($)	1650
Consommation ville – route (L/100 km)	**12 – 9 (2rm, 2 l)** **13 – 10 (2rm, 2,7 l)** **12,5 – 10 (4rm, 2 l)** **13,5 – 10,5 (4rm, 2,7 l)**
Essence recommandée	ordinaire
Versions offertes	LX, LX Commodité, LX-V6, LX-V6 Luxe
Carrosserie	multisegment 5 portes
Lieu d'assemblage	Corée du Sud
Valeur résiduelle	✶ ✶ ✶
Garanties : de base – motopropulseur (an/km)	5/100 000 - 5/100 000
Fiabilité présumée	✶ ✶ ✶
Cycle de remplacement	2010
Ventes 2007 ↘ 1 %	Québec : 1578
Protection collision frontale conducteur/passager latérale avant/arrière retournement 2rm/4rm	✶ ✶ ✶ ✶ ✶ / ✶ ✶ ✶ ✶ ✶ ✶ ✶ ✶ ✶ ✶ / ✶ ✶ ✶ ✶ ✶ ✶ ✶ ✶ / ✶ ✶ ✶ ✶

À RETENIR

Nouveautés 2009	calandre redessinée, nouvelles jantes et garnitures intérieures, consommation à la baisse (V6), boîte manuelle plus précise
Principales concurrentes	Ford Escape, Hyundai Tucson, Jeep Compass/Patriot, Mazda Tribute, Suzuki Grand Vitara

- Gamme de prix intéressante
- Finition en progrès
- Choix de modèles

- Matériaux douteux (plastique, tissus)
- Moteur quatre cylindres anémique
- Consommation du V6

AUDI AU SECOURS

LAMBORGHINI
GALLARDO

Sous la tutelle d'Audi, Lamborghini connaît les plus beaux jours de son histoire. Au bord du précipice avant l'intervention de la marque allemande, la firme de Sant'a Agata connaît maintenant une période fructueuse. Avec deux modèles seulement, additionnés de variantes issues d'un marketing habile, Lamborghini est passé de quelques centaines de créations par année à quelques milliers. La Gallardo est le modèle d'entrée de gamme, si on peut utiliser cette expression pour une automobile dont le prix dépasse le quart de million de dollars.

La Gallardo existe en version coupé, coupé allégé (Superleggera) et spyder, le modèle auquel je me suis attardé principalement. Par rapport au coupé, la rigidité du Spyder Gallardo a fait l'objet d'une attention particulière afin d'éviter tous ces bruits et craquements qui ternissent souvent le plaisir de conduire une décapotable. Des éléments de renfort ont été incorporés aux piliers A ainsi qu'aux seuils de portes, tandis que le capot moteur en fibre de carbone abrite non seulement le toit souple lorsqu'il est ouvert, mais contribue aussi dans une certaine mesure à solidifier la voiture, la rendant mieux résistante à la flexion et à la torsion. C'est ce que dit Lamborghini, sauf que la réalité est autre. Après quelques milliers de kilomètres, cette robustesse s'effrite et la carrosserie émet divers bruits qui sont inacceptables dans une voiture de ce prix.

À l'exception de la Superleggera qui affiche 70 kg de moins, toutes les Gallardo sont propulsées par un moteur V10 en position centrale. Bref, quand on appuie sur la pédale de droite, pas besoin de rétrograder trois fois pour se débarrasser d'un flâneur. L'acheteur a le choix entre la boîte classique à six rapports ou la transmission robotisée E gear, réputé fragile, qui se retrouvait sur ma voiture d'essai.

UNE VRAIE DROGUE

Ce que la fiche technique ne vous dit pas et que j'ai découvert en me faisant siffler avec ma Gallardo Baby Blue, c'est que cette voiture arrive à créer chez vous une véritable dépendance. Une dépendance à sa beauté sauvage, à ses accélérations en flèche, à son freinage rigoureux et, surtout, au son délectable qui s'échappe des entrailles de son moteur V10. On dirait la section des trompettes d'un orchestre riche

en cuivres au cœur de la belle époque des *big bands*. Et le plaisir ou la dépendance (c'est selon) croît aussi avec l'usage.

Cela signifie que les faiblesses (et il y en a quelques-unes) du Spyder Gallardo sont vite occultées par les *high* que distribuent le moteur et le comportement routier. Ils font oublier par exemple l'immense diamètre de braquage et ce volant en caoutchouc-mousse aussi hideux que désagréable au toucher. À l'exception de la console centrale repiquée à Audi, on sent assez peu l'influence du constructeur allemand derrière ce banal tableau de bord. Si les sièges méritent un prix de l'Association des orthopédistes pour leur appui en virage, la position de conduite est par ailleurs horrible en raison d'une assise trop basse et d'un repose-pied trop haut. Finalement, la petite fenêtre triangulaire latérale compense un peu l'effet massif du pilier A qui pourrait s'avérer gênant pour la visibilité.

Les diverses versions de la Gallardo sont des voitures étonnamment faciles à conduire, et cela, autant sur nos routes que sur piste. En augmentant le rythme en virage, on sent bien la présence de la traction intégrale dans le volant qui affiche un effet de rappel ou d'autocentrage important. Et n'allez pas relâcher l'accélérateur en milieu de virage, au risque de provoquer un survirage aussi subit que peu commode à maîtriser.

Le moteur, quant à lui, ne cesse de ravir, aussi bien lorsqu'il vous emporte de 0 à 100 km/h en 4,38 secondes que lors de ses montées en régime. On aime ou on n'aime pas, mais la boîte E gear permet de passer les rapports à la vitesse de l'éclair et de rétrograder comme un champion. En revanche, on se sent un peu victime d'une forme d'automatisation.

FERRARI OU LAMBORGHINI ?

Prix pour prix (ou presque), qu'est-ce qu'on achète quand on a le rare privilège de choisir entre une Ferrari F430 et une Lamborghini Gallardo ? Il est certain que la représentante de Maranello est plus véloce et qu'elle vous cale dans son siège baquet avec plus de vigueur que sa rivale. La tenue de route aussi donne l'avantage à la Ferrari, mais il faut se louer une piste de course pour pouvoir départager les deux voitures. Même si la 430 paraît défraîchie et mûre pour un lifting, sa valeur de revente ne peut être ignorée tout comme sa qualité de construction, qui me semble plus attentive. ▌▌▌ **JACQUES DUVAL**

LAMBORGHINI GALLARDO

DIMENSIONS ET VOLUMES

Empattement (mm)	2560
Longueur (mm)	4345 (Coupé), 4300 (Spyder)
Largeur (mm)	1900
Hauteur (mm)	1165 (Coupé), 1184 (Spyder)
Volume intérieur (L)	n.d.
Volume du coffre (min./max.) (L)	249
Capacité du réservoir de carburant (L)	90
Fourchette de poids (kg)	1500 (Coupé) - 1570 (Spyder)

CHÂSSIS

Mode	intégral
Suspension av. – arr.	indépendante
Freins av. – arr.	disques
Capacité de remorquage min. - max. (kg)	non recommandé
Direction – diamètre de braquage (m)	crémaillère - 11,5
Pneus	235/35R19 (av.) - 295/30R19 (arr.)

PERFORMANCES

Modèle à l'essai	Spyder
Moteur	V10 DACT 5 litres
Puissance (ch. à tr/min)	512 - 8000
Couple (lb-pi à tr/min)	376 - 4250
Transmission	séquentielle 6 rapports
Autres transmissions	manuelle 6 rapports
Accélération 0-100 km/h (sec.)	4,38
Reprises 80-115 km/h (sec.)	1,92
Distance de freinage 100-0 km/h (m)	35,3
Niveau sonore à 100 km/h	✕ ⌇
Vitesse maximale (km/h)	325 (coupé)
	307 / 314 (Spyder, toit ouvert / fermé)
Consommation réalisée au cours de l'essai (L/100 km)	19,8
Gaz à effet de serre	⌇⌇⌇⌇⌇ 5
Autres moteurs	V10 DACT 5,2 litres (552 ch.)

CE QU'IL FAUT SAVOIR

Fourchette de prix ($)	**190 600 - 228 040**
Marge de profit du concessionnaire (%)	n.d.
Transport et préparation ($)	n.d.
Consommation ville - route (L/100 km)	**23,5 - 14 (man., Coupé)**
	21,5 - 14 (séq., Coupé)
	23,5 - 15 (séq., Spyder)
	23,5 - 16 (man. Spyder)
Essence recommandée	super
Versions offertes	LP560-4 (Coupé), Spyder, Superleggera
Carrosserie	coupé 2 portes cabriolet 2 portes
Lieu d'assemblage	Italie
Valeur résiduelle :	non évaluée
Garanties de base - motopropulseur (an/km)	3/illimité - 3/illimité
Fiabilité présumée	non évaluée
Cycle de remplacement :	2011 (cabriolet)
Ventes 2007 n.d.	Québec : n.d.

À RETENIR

Nouveautés 2009	**nouvelle désignation du coupé pour « LP560-4 », retouches esthétiques (coupé), moteur plus puissant et augmentation de la cylindrée (coupé)**
Principales concurrentes	**Audi R8, Aston Martin Vantage V8, Chevrolet Corvette, Dodge Viper, Ferrari F430, Mercedes SL, Porsche 911**

- Silhouette fracassante
- Moteur vif et sonore
- Choix de transmissions
- Traction intégrale

- Qualité de construction discutable
- Finition inégale
- Rayon de braquage démesuré
- Carrosserie sujette aux bruits

L'EXTRATERRESTRE

Qu'il s'agisse de la Countach, de la Diablo ou de la Murciélago, la marque Lamborghini fabrique, hors de tout doute, les voitures les plus hallucinantes sur le marché. Plus encore que Ferrari, la marque de Sant'a Agata cultive l'inédit, le sensationnalisme et l'audace sans jamais sombrer dans le mauvais goût. S'il est une voiture qui étale votre grande et bonne fortune, c'est bien la dernière en lice, la Murciélago. Tout chez elle frise la démesure et captive l'attention.

LAMBORGHINI
MURCIÉLAGO
LP 640

Ainsi, la documentation atteste que la Lamborghini Murciélago LP 640 s'acquitte de l'ultime référence d'une voiture sport, le 0-100 km/h, en 3,4 secondes. Vous en doutez ? Moi aussi je m'interrogeais sur une performance aussi prodigieuse. Pour en avoir le cœur net, ma seule option était d'essayer de dupliquer les chiffres de l'usine. Me voilà donc sur la ligne droite de la piste d'ICAR à essayer de trouver le régime moteur idéal pour réaliser un tel exploit. Comme le couple ne se fait vraiment sentir qu'à environ 5000 tours/minute, je décide d'y ajouter 500 tours afin d'éliminer tout bafouillage du moteur. Je débranche le TCS, j'appuie sur l'accélérateur et je relâche l'embrayage. En dépit de la traction intégrale permanente (un cadeau d'Audi), la LP 640 bondit et décolle tel un jet (et même plus vite sur les premiers 100 m) et, du coin de l'œil, j'aperçois une abondante fumée dans le compartiment moteur derrière moi. Au même moment, deux immenses volets latéraux s'ouvrent et, telles des cheminées, crachent ladite fumée vers l'extérieur.

Le module spécial mis au point par RACE DV et placé dans le coffre de la voiture à l'avant afin de capter le temps au tour, la vitesse et autres données peut aussi chronométrer l'accélération ; le verdict s'affiche à 3,6 secondes, sans doute attribuable à la maladresse de votre serviteur qui n'a jamais eu l'âme d'un coureur de drags. La Murciélago a donc relevé son propre défi tout en mettant en valeur le fonctionnement de ces deux immenses extracteurs d'air convertibles placés derrière les portières. Si une température trop élevée est détectée sous le capot, ces deux volets s'ouvrent afin d'extirper la chaleur causée non seulement pas les efforts du moteur, mais aussi par le cirage des pneus sur le bitume lors d'une accélération fougueuse. Une autre chose est acquise : si elle peut accélérer comme le promet le constructeur, elle doit être en mesure d'atteindre la vitesse de pointe annonce de 340 km/h.

BESOIN D'ESPACE

Lors de mon dernier essai de la Murciélago sur les routes étroites qui serpentent autour de Bologne, en Italie, il m'avait été impossible d'exploiter véritablement ses performances phénoménales. Je me disais que ce serait plus facile de lui délier les jambes sur un circuit de vitesse, mais c'était sans compter sur les rapports de boîte extrêmement longs de la LP 640, qui, en seconde à 8000 tours/minute, frôle les 155 km/h tandis que le troisième rapport vous emmène jusqu'à 210 km/h. Les relances, après une épingle, deviennent moins véloces, sans compter que la largeur de cette Lamborghini constitue un léger handicap dans les virages en S. Comme la majorité des voitures à quatre roues motrices, elle reste toujours très neutre en virage, avec un soupçon de sous-virage. Le couple, qui se situe à 487 livres-pieds, est réparti aux roues motrices dans un schéma de 70/30, ce qui se manifeste par une résistance au dérapage assez impressionnante. Même sous la pluie et avec le contrôle de la traction débranchée, la Lamborghni est moins sensible au tête-à-queue que peut l'être une Ferrari F 430.

DES FREINS EXCEPTIONNELS

Dans sa dernière évolution, le V12 de 6,5 litres de la LP 640 possède la puissance de son nom, soit 631 chevaux tous au travail à 8000 tours/minute. Paolo Catania, qui a eu la gentillesse de nous prêter sa voiture pour cet essai, a préféré la boîte manuelle à six rapports à la transmission robotisée e-gear. L'immense levier chromé trône au milieu de la console centrale dans une grille métallique avec laquelle il n'est pas toujours facile de composer. S'il fallait ne citer qu'une seule qualité de la voiture, ce serait certes son freinage que j'épinglerais au tableau d'honneur. Impossible de se tromper quant à la présence du mélange carbone-céramique des immenses disques de la LP 640. Ils sont d'une telle efficacité qu'il faut une bonne habitude avant de profiter pleinement de leur puissance inexpugnable.

Sur la route, la Murciélago n'est pas aussi inconfortable qu'on pourrait le croire et elle tolère les horreurs de notre réseau routier assez facilement. Le problème majeur est celui de la visibilité arrière, qui est parfaitement nulle. Quant aux portes en élytre, elles sont là pour le spectacle et sûrement pas pour leur aspect pratique, puisqu'elles compliquent l'accès et la sortie du véhicule. Pour toutes ces raisons, ce n'est pas une voiture d'usage quotidien, mais un beau jouet pour l'amusement de ceux qui ont les moyens de consacrer près d'un demi-million de dollars à leur divertissement. ▌▌ **JACQUES DUVAL**

*S'il fallait ne citer qu'une seule qualité de la voiture,
ce serait son freinage que j'épinglerais au tableau d'honneur*

DIMENSIONS ET VOLUMES

Empattement (mm)	2665
Longueur (mm)	4610
Largeur (mm)	2058
Hauteur (mm)	1135
Volume intérieur (L)	n.d.
Volume du coffre (min./max.) (L)	n.d.
Capacité du réservoir de carburant (L)	100
Fourchette de poids (kg)	1665 (Coupé) – 1690 (Roadster)

CHÂSSIS

Mode	intégral
Suspension av. – arr.	indépendante
Freins av. – arr.	disques
Capacité de remorquage min. – max. (kg)	non recommandé
Direction – diamètre de braquage (m)	crémaillère – 12,55
Pneus	245/35R18 (av.) – 335/39R18 (arr.)

PERFORMANCES

Modèle à l'essai	LP 640 Coupé
Moteur	V12 DACT 6,5 litres
Puissance (ch. à tr/min)	631 – 8000
Couple (lb-pi à tr/min)	487 – 6000
Transmission	séquentielle 6 rapports
Autres transmissions	manuelle 6 rapports
Accélération 0-100 km/h (sec.)	3,60
Reprises 80-115 km/h (sec.)	1,43
Distance de freinage 100-0 km/h (m)	33,9
Niveau sonore à 100 km/h	✕
Vitesse maximale (km/h)	340 (Coupé), 330 (Roadster)
Consommation réalisée au cours de l'essai (L/100 km)	24
Gaz à effet de serre	
Autres moteurs	aucun

Pour un essai son et images de cette voiture, procurez-vous le DVD
Prenez le volant de 12 voitures d'exception avec Jacques Duval.

CE QU'IL FAUT SAVOIR

Fourchette de prix ($)	**339 400 – 372 200**
Marge de profit du concessionnaire (%)	n.d.
Transport et préparation ($)	n.d.
Consommation ville – route (L/100 km)	**26 – 17 (aut) 30 – 19 (man.)**
Essence recommandée	super
Versions offertes	LP640 Coupe, LP640 Roadster
Carrosserie	coupé 2 portes, cabriolet 2 portes
Lieu d'assemblage	Italie
Valeur résiduelle	✶ ✶ ✶ ✶ ✶
Garanties : de base – motopropulseur (an/km)	3/illimité – 3/illimité
Fiabilité présumée	non évaluée
Cycle de remplacement	inconnu
Ventes 2007 n.d.	Québec : n.d.
Protection collision frontale conducteur/passager	non évaluée
latérale avant/arrière	non évaluée
retournement 2rm/4rm	non évaluée

À RETENIR

Nouveautés 2009	**version Sport Veloce allégée (propulsion) de 680 chevaux**
Principales concurrentes	**Aston Martin DBS, Chevrolet Corvette ZR1, Dodge Viper SRT10, Ferrari 599 Fiorano, Mercedes McLaren SLR**

- Fiabilité en net progrès
- Performances époustouflantes
- Traction intégrale
- Confort étonnant

- Visibilité arrière atroce
- Dimensions importantes
- Usage limité

363

UNE IMAGE À REFAIRE

LAND ROVER
LR2

Étonnamment, ce sont les Européens qui ont été déstabilisés en apercevant le LR2. Et pour cause : il n'a rien repris du Freelander auquel il a succédé il y a un an. Rien, pas même la philosophie. En effet, autant l'original respirait l'aventure, autant le nouveau a une image plus policée, plus conforme à celle des autres membres de la famille.

À ce chapitre, le LR2 a récupéré les principaux codes esthétiques de la marque : capot plat, calandre légèrement bombée, profil taillé à la serpe et ailes avant ornées d'ouïes de ventilation. C'est bon pour l'image, surtout que le LR2 en a besoin pour se démarquer de ses nombreux concurrents. Aujourd'hui, le dernier-né de Land Rover doit en découdre avec le X3 de BMW et le RDX d'Acura. Demain, ce sera au tour du Q5 d'Audi et du MLK de Mercedes.

Aussi solide soit-il, le LR2 a du mal à se défendre des assauts de la concurrence et à aguicher les consommateurs. Pourtant, sur le plan mécanique et technique, il n'y a pas lieu de s'inquiéter : le LR2 reprend des composantes éprouvées. C'est plutôt dans les détails — souvent des peccadilles, mais qui nécessitent de fréquentes visites chez le concessionnaire — que Land Rover s'expose toujours le plus à la critique.

Ce véhicule vise des acheteurs habitués à des automobiles et qui, par conséquent, ne veulent renoncer à aucun luxe ; la firme britannique devait donc apporter un soin particulier à l'aménagement de l'habitacle. Ce qu'elle a fait, mais non sans oublier certains détails, comme les glaces qui ne remontent pas automatiquement (elles descendent toutes d'un trait, cependant) ; on n'a pas mis de mousse non plus dans la partie inférieure du tableau de bord et on a bâclé la finition par endroits. Ah, les détails ! Que dire également de certaines commandes peu intuitives (celles de la radio par exemple) ou de la présentation des instruments, si sobre qu'elle en est triste.

DE LA TERRE À LA ROUTE

Au volant, la première impression est que les ingénieurs anglais ont visé dans le mille. Les mouvements de caisse sont parfaitement maîtrisés et les grands débattements des suspensions offrent un excellent confort vertical et latéral, malgré la présence de barres antiroulis assez fermes. À ce chapitre, le LR2 s'annonce le plus confortable de sa catégorie. En revanche, malgré la belle stabilité de sa direction, il ne peut rivaliser sur le plan du dynamisme au X3 de BMW qui demeure, à ce jour, la référence dans ce domaine.

Son rouage à quatre roues motrices aidant, le LR2 ne souffre jamais d'un manque de motricité, et les aides à la conduite sont très peu sollicitées, même sur une chaussée à faible coefficient d'adhérence. Il faut pousser fort ou encore négocier un virage très serré pour sentir le train avant glisser de sa trajectoire. Pas de panique : le correcteur de stabilité électronique veille au grain et se charge de remettre le LR2 sur la bonne voie.

Fidèle à la tradition de la maison, le LR2 ne craint pas les bains de boue. Sa garde au sol ainsi que ses angles d'attaque et de sortie lui permettent de sortir des sentiers battus, et le Terrain Response veille à vous faire bien paraître. Ce dispositif inauguré sur le LR3 permet de configurer toutes les aides à la conduite (antipatinage, antidérapage, contrôle de descente, antiblocage, blocage de différentiel, etc.) pour s'adapter au terrain. En dehors de la position « route », on retrouve trois autres modes : herbe-neige-gravillon, boue-ornières et sable. Hélas, l'équipement pneumatique demeure le même et ne permet pas d'exploiter pleinement l'efficacité de ce dispositif. Et le diamètre de braquage est un tantinet trop grand, ce qui pénalise la manœuvrabilité du LR2 non seulement dans les sentiers étroits, mais aussi en ville.

Profondément calé sous le capot en position transversale, se trouve le six cylindres en ligne de 3,2 litres d'origine Volvo. Fournissant 230 chevaux et 234 livres-pieds de couple, ce moteur se révèle discret, mais un peu juste pour emmener les quelque 1900 kilos de cet utilitaire endimanché. Les accélérations s'en ressentent, la consommation aussi. Surtout en ville, avec des pointes de 16,4 L/100 km. C'est trop. Quant à la boîte semi-automatique à six rapports, elle fait preuve d'une étonnante douceur. Regrettons seulement qu'il soit impossible de passer manuellement les rapports à l'aide de touches ou de palettes au volant.

Au final, le LR2 a des arguments (son confort, ses aptitudes tout-terrain), mais il aura du mal à dominer ses concurrents dans plusieurs autres domaines. Les concessionnaires de la marque anglaise demeurent encore rares, les conditions de financement ne sont pas toujours très compétitives et le LR2 est cher, considérant le nombre d'accessoires. Mais c'est un Land Rover, et juste pour cela, plusieurs le voudront dans leur entrée de garage… ▐▐▐ **ÉRIC LEFRANÇOIS**

*C'est dans les détails – souvent des peccadilles –
que Land Rover s'expose toujours le plus à la critique*

DIMENSIONS ET VOLUMES

Empattement (mm)	2660
Longueur (mm)	4500
Largeur (mm)	1910
Hauteur (mm)	1740
Volume intérieur (L)	n.d.
Volume du coffre (min./max.) (L)	755 - 1670
Capacité du réservoir de carburant (L)	70
Fourchette de poids (kg)	1930

CHÂSSIS

Mode	4 roues motrices
Suspension av. - arr.	indépendante
Freins av. - arr.	disques
Capacité de remorquage min. - max. (kg)	1588
Direction - diamètre de braquage (m)	crémaillère - 11,3
Pneus	235/55R19, 235/60R18 (option)

PERFORMANCES

Modèle à l'essai	LR2 SE
Moteur	L6 DACT 3,2 litres
Puissance (ch. à tr/min)	230 - 6300
Couple (lb-pi à tr/min)	234 - 3200
Transmission	semi-automatique 6 rapports
Autres transmissions	aucune
Accélération 0-100 km/h (sec.)	8,83
Reprises 80-115 km/h (sec.)	6,11
Distance de freinage 100-0 km/h (m)	39,8
Niveau sonore à 100 km/h	✻ ✻ ✻
Vitesse maximale (km/h)	200
Consommation réalisée au cours de l'essai (L/100 km)	13,2
Gaz à effet de serre	
Autres moteurs	aucun

CE QU'IL FAUT SAVOIR

Fourchette de prix ($)	**44 900**
Marge de profit du concessionnaire (%)	11,11
Transport et préparation ($)	1195 (préparation en sus)
Consommation ville - route (L/100 km)	**15,8 - 10,6**
Essence recommandée	super
Versions offertes	HSE
Carrosserie	utilitaire 5 portes
Lieu d'assemblage	Angleterre
Valeur résiduelle	✻ ✻ ✻ ✻ ✻
Garanties : de base - motopropulseur (an/km)	4/80 000 - 4/80 000
Fiabilité présumée	✻ ✻
Cycle de remplacement	inconnu
Ventes 2007 n.a.	Québec : n.a.
Protection collision	
frontale conducteur/passager	non évaluée
latérale avant/arrière	non évaluée
retournement 2rm/4rm	non évaluée

À RETENIR

Nouveautés 2009	aucun changement majeur
Principales concurrentes	Acura RDX, BMW X3, Lincoln MKX, Mercedes GLK, Volvo XC60

- La qualité de l'amortissement
- Les aptitudes en tout-terrain
- La présentation flatteuse

- Les lacunes au chapitre des accessoires
- Le poids élevé
- L'image peu flatteuse de la marque au chapitre de la fiabilité

JIM LA JUNGLE

LAND ROVER
LR3

Malgré l'éclosion des multisegments, les utilitaires ne sont pas encore une espèce en voie de disparition. En effet, il y aura toujours des acheteurs intéressés à se procurer un véhicule doté d'un robuste châssis en échelle et d'un rouage intégral équipé d'une boîte de transfert à deux gammes de vitesse. Qui plus est, cette espèce a sérieusement évolué ces dernières années et ce type de véhicule ne craint plus la route comme autrefois.

Grand défenseur « des utilitaires à l'ancienne », la marque Land Rover a dû déroger à ses principes au cours des dernières années en dévoilant des modèles moins rustiques et plus modernes afin de contrer la percée des Porsche Cayenne, Mercedes ML et BMW X5. Le réveil de Land Rover a débuté en 2005 avec le dévoilement du LR3. Véritable invitation à l'aventure, l'habitacle tout en lumière du LR3 avec son immense fenestration et ses trois rangées de sièges en gradin ravissent et participent à créer une atmosphère sans pareil. Mieux encore, le LR3 n'oublie pas d'être pratique. Des espaces de rangement, en voulez-vous, en v'là ! Si la fonctionnalité de ce Land Rover séduit, reste que la qualité des matériaux et de l'assemblage nous rappelle que rien n'est parfait. L'arrivée du constructeur indien Tata va-t-elle y changer quelque chose? On en doute, puisqu'il y a beaucoup de travail à faire au sein de Land Rover. Et ce, en commençant par la fiabilité si on se base sur les récents sondages de J.D. Power. Même si les matériaux sont de meilleure facture qu'autrefois, certains plastiques sonnent toujours faux à bord d'un véhicule de ce prix. Certaines commandes nous semblent bien fragiles pour résister à l'épreuve du temps. De plus, l'assemblage n'est pas aussi rigoureux que dans les produits rivaux d'origine allemande.

Si on peut chigner sur la qualité ou la finition des matériaux, le confort des sièges et l'espace alloué aux occupants sont sans reproche. Le LR3 fait profiter, grâce à sa grande surface vitrée et sa ceinture de caisse basse, d'une visibilité idéale pour s'adonner à une séance de safari-photo. À l'arrière, ses larges portières facilitent l'entrée et la sortie des passagers. L'habitacle est non seulement spacieux, mais son coffre est aussi volumineux. Cependant, pour y accéder, on a déjà vu mieux. Le hayon séparé en deux parties oblige à jouer au contorsionniste. Qui plus est,

rabattre la banquette arrière divisée en trois sections indépendantes (35/30/35) est loin d'être une sinécure, quoiqu'elle permette à une famille de quatre skieurs, ou deux couples d'amis de voyager en tout confort avec les skis et les planches à neige à l'intérieur. Fini le coffre sur le pavillon qui augmente la consommation d'essence !

SUR LA ROUTE

À trop vouloir bien faire en conduite tout-terrain, le LR3 semble oublier les bonnes manières sur les routes asphaltées. Mais, comprenons-nous bien, le LR3 est nettement plus agréable à conduire au quotidien que son ancêtre Discovery. Cependant, le LR3 a le comportement routier d'un poids lourd. Carré, massif, il terrorise comme un Hummer tout ce qui l'entoure. Animé par un moteur V8, le LR3 s'arrache du bitume en se balançant légèrement sur ses suspensions. La moindre pression sur l'accélérateur catapulte le LR3 en avant, mais il y a toujours un léger temps de réponse avant l'arrivée des 300 chevaux. Ce qui explique en partie le manque d'entrain du LR3 dans le cadre de nos essais chiffrés. Sur la route, le LR3 a beau être doté d'une jante de volant bien grasse, sa direction n'en est pas moins imprécise et très démultipliée. Son comportement l'apparente davantage à un gros et lourd paquebot. Mais quel confort par rapport aux suspensions trop fermes des VUS allemands ! Quant au freinage, le long débattement des suspensions nous rappelle que la modération a bien meilleur goût.

Si le LR3 a du mal à suivre la cadence de ses rivaux allemands sur les routes en lacet ou sur les autoroutes, il n'en va pas de même dans les champs. Ce véritable baroudeur est doté d'un dispositif sophistiqué baptisé Terrain Response. Ce système adapte la fermeté des suspensions, la gestion des quatre roues motrices et l'antidérapage selon le type de sol rencontré. Bref, le LR3 ne craint ni les sentiers marécageux ni les chemins enneigés.

LA FACTURE

Gros, chic et techniquement sophistiqué, le LR3 n'est pas forcément un modèle de fiabilité. Qui plus est, sa consommation demeure importante, et ce n'est pas le V6 qui change quoi que ce soit, puisque cette vieille cylindrée ingurgite autant d'essence que le V8. Certes, la facture d'achat dépassera les 60 000 $, toutefois le LR3 offre un rapport prix-équipements acceptable pour un véhicule de son statut. Les options sont moins chères et moins nombreuses que celles des Mercedes, BMW ou Porsche. Mais compte tenu de la clientèle visée par Land Rover, est-ce bien important ? ▌▌
JEAN-FRANÇOIS GUAY

Le LR3 fait profiter, grâce à sa grande surface vitrée et sa ceinture de caisse basse, d'une visibilité idéale pour une séance de safari-photo

DIMENSIONS ET VOLUMES

Empattement (mm)	2885
Longueur (mm)	4848
Largeur (mm)	1915
Hauteur (mm)	1891
Volume intérieur (L)	n.d.
Volume du coffre (min./max.) (L)	280 - 2560
Capacité du réservoir de carburant (L)	86
Fourchette de poids (kg)	2629

CHÂSSIS

Mode	intégral
Suspension av. - arr.	indépendante
Freins av. - arr.	disques
Capacité de remorquage min. - max. (kg)	750 (sans freins) - 3500 (avec freins)
Direction - diamètre de braquage (m)	crémaillère - 11,45
Pneus	255/60R18 (SE), 255/55R19 (HSE)

PERFORMANCES

Modèle à l'essai	LR3 SE
Moteur	V8 DACT 4,4 litres
Puissance (ch. à tr/min)	300 - 5500
Couple (lb-pi à tr/min)	315 - 4000
Transmission	automatique 6 rapports
Autres transmissions	aucune
Accélération 0-100 km/h (sec.)	9,35
Reprises 80-115 km/h (sec.)	6,17
Distance de freinage 100-0 km/h (m)	39,1
Niveau sonore à 100 km/h	✖ ✖ ✖ ✎
Vitesse maximale (km/h)	200
Consommation réalisée au cours de l'essai (L/100 km)	16,1
Gaz à effet de serre	
Autres moteurs	aucun

CE QU'IL FAUT SAVOIR

Fourchette de prix ($)	**53 900 - 64 200**
Marge de profit du concessionnaire (%)	11,11
Transport et préparation ($)	1195 (préparation en sus)
Consommation ville - route (L/100 km)	**19,5 - 13,7**
Essence recommandée	super
Versions offertes	SE, HSE
Carrosserie	utilitaire 5 portes
Lieu d'assemblage	Angleterre
Valeur résiduelle	✶ ✶ ✶
Garanties : de base - motopropulseur (an/km)	4/80 000 - 4/80 000
Fiabilité présumée	✶ ✶
Cycle de remplacement	inconnu
Ventes 2007 ⬂ 45 %	Québec : 156
Protection collision	
frontale conducteur/passager	non évaluée
latérale avant/arrière	non évaluée
retournement 2rm/4rm	non évaluée

À RETENIR

Nouveautés 2009	retouches esthétiques
Principales concurrentes	Audi Q7, Jeep Commander, Lexus GX, Mercedes ML/GL, Saab 9-7X, VW Touareg

- Le roi des 4x4 grâce au Terrain Response
- Son habitacle éclairé et ses sièges en gradin
- Suspension et sièges confortables

- Sa fiabilité problématique
- La texture de certains matériaux
- L'absence d'un moteur turbodiésel

LE ROI DES 4X4

S i les véhicules utilitaires fréquentent aujourd'hui les beaux quartiers, ils le doivent au Range Rover ! C'est lui, il y a 40 ans, qui a ouvert la voie aux 4x4 de luxe comme les BMW X5, Cadillac Escalade et Porsche Cayenne.

LAND ROVER
RANGE ROVER/
RANGE ROVER
SPORT

Hormis ses lentilles et ses branchies taillées dans les ailes avant, les carrosseries du Range Rover et du Range Rover Sport (son petit jumeau) ont conservé un air de famille avec le modèle original. Comparativement à son ancêtre, ce coffre-fort sur roues a renoncé depuis longtemps à son châssis en échelle au profit d'une structure monocoque à la fois plus rigide et plus moderne. De même, ses essieux rigides ont été remplacés par des suspensions indépendantes plus évoluées qui procurent un confort de roulement digne d'une berline de luxe, tout en permettant de faire varier la garde au sol pour faciliter l'accès à bord ou prendre la clé des champs.

POUR LES QUARTIERS CHICS

Conscient que le prix demandé frôle celui d'un condo de banlieue, le Range Rover veille à faire sentir, à son propriétaire et ses invités, qu'il les reçoit dans son propre salon. L'odeur et le confort des fauteuils en cuir souple s'agencent parfaitement au bois précieux (en cerisier, noyer ou zebrano) et des appliques en brunel métallisé garnissant l'habitacle. Cette ambiance plutôt princière pour un vrai 4x4 (il est doté d'une boîte de transfert à deux gammes de vitesses) permet d'oublier un peu la débauche de boutons et de manettes à saveur électronique tapissant le tableau de bord et la console. À ce chapitre, le modèle RR Sport propose une présentation plus aérée.

Contrairement à un représentant de BMW ou Mercedes, celui de Land Rover ne vous importunera pas avec la liste des options. Les modèles vendus chez nous sont équipés de série du groupe Climat froid incluant un volant chauffant, des sièges avant et arrière chauffants et un sac à skis. On trouve aussi de série un système audio à 14 haut-parleurs, un toit ouvrant, un système GPS et une foule d'autres accessoires. En option, un lecteur DVD avec deux écrans (logés dans les appuie-têtes) pourra divertir les passagers. Peu importe l'empattement du Range (le RR Sport est 135 mm plus court), quatre personnes y trouveront leurs aises. Toutefois, le cinquième passager sera un peu moins bien installé à cause du tunnel de transmission passant au centre du plancher de la banquette arrière.

AS-TU DU CŒUR ?

Accusant chacun un poids approchant les trois tonnes, les deux Range souffrent d'embonpoint, mais compensent par un cœur en bonne santé. Dans les versions HSE, ils sont propulsés par le V8 de 4,4 litres qu'on retrouvait, il n'y a pas si longtemps, dans certains produits BMW. Apprêté à la sauce anglaise, ce V8 d'origine bavaroise s'acquitte bien de sa tâche. Et même s'il ne donne pas le sentiment de chevaucher un obus, il transforme le Range en un tank somptueux capable de grimper les pentes ou barouder les champs. Pour rivaliser avec les VUS allemands, les versions « Supercharged » sont propulsées par un V8 de 4,2 litres équipé d'un compresseur à suralimentation. Développant 390 chevaux, il transforme le RR Sport en un pur-sang anglais capable de galoper aussi vite qu'un Porsche Cayenne S. Quant à se demander s'il a assez de souffle pour suivre les traces d'un Cayenne Turbo, il ne faudrait pas exagérer, même si la rigidité du châssis lui permettrait d'accepter un surplus d'anabolisants !

À la condition de ne pas enfoncer l'accélérateur à fond, la consommation d'un Range est, toutes proportions gardées, raisonnable avec une moyenne de 18 litres aux 100 km. Par contre, si vous sollicitez la mécanique plus férocement ou si vous roulez en hiver, la consommation peut atteindre les 23 litres aux 100 km.

Dotés d'une transmission intégrale permanente, les deux Range ne craignent pas de se salir. Ils sont capables de franchir avec une grande aisance la plupart des difficultés grâce, notamment, à leurs nombreux dispositifs électroniques, comme le Terrain Response. Toutefois, le manque d'adhérence des pneus d'origine (surtout ceux du RR Sport) peut limiter leur progression en terrain accidenté. Sur la route, quelques kilomètres suffisent pour que leurs dimensions cessent de nous intimider. Disques de freins surdimensionnés, direction précise au diamètre de braquage court, système antipatinage et antidérapage font en sorte que le roi des 4x4, malgré son gabarit, se laisse aisément guider.

Discret malgré son prix et sa renommée, et comme seuls savent le faire les vrais riches, le Range Rover préfère se fondre dans le paysage que de tenter d'épater la galerie, comme les Cadillac Escalade et Porsche Cayenne.
JEAN-FRANÇOIS GUAY

Si le prix de l'essence et les coûts d'entretien sont les moindres de vos soucis

DIMENSIONS ET VOLUMES

Empattement (mm)	2880 (RR), 4788 (Sport)
Longueur (mm)	4972 (RR), 2745 (Sport)
Largeur (mm)	1956 (RR), 1928 (Sport)
Hauteur (mm)	1903 (RR), 1817 (Sport)
Volume intérieur (L)	n.d.
Volume du coffre (min./max.) (L)	2100 (RR), 2010 (Sport)
Capacité du réservoir de carburant (L)	104,5 (RR)
	88,1 (Sport)
Fourchette de poids (kg)	2480 - 2657

CHÂSSIS

Mode	intégral
Suspension av. - arr.	indépendante
Freins av. - arr.	disques
Capacité de remorquage min. - max. (kg)	750 (sans freins) - 3500 (avec freins)
Direction - diamètre de braquage (m)	crémaillère - 11,6 (RR) / 11,5 (Sport)
Pneus	255/55R19 (RR), 255/50R20 (RR Suralimenté)
	255/50R19 (Sport), 275/40R20 (Sport Suralimenté)

PERFORMANCES

Modèle à l'essai	Range Rover Sport Suralimenté
Moteur	V8 DACT 4,2 litres
Puissance (ch. à tr/min)	390 - 5750
Couple (lb-pi à tr/min)	410 - 3500
Transmission	semi-automatique 6 rapports
Autres transmissions	aucune
Accélération 0-100 km/h (sec.)	7,31
Reprises 80-115 km/h (sec.)	non chronométrées
Distance de freinage 100-0 km/h (m)	39,8
Niveau sonore à 100 km/h	✖ ✖ ✖
Vitesse maximale (km/h)	225, 209 (4,4 l)
Consommation réalisée au cours de l'essai (L/100 km)	17,4
Gaz à effet de serre	
Autres moteurs	V8 4,4 litres (300 ch.)

CE QU'IL FAUT SAVOIR

Fourchette de prix ($)	**71 600 – 110 900**
Marge de profit du concessionnaire (%)	11,11
Transport et préparation ($)	1195 (préparation en sus)
Consommation ville - route (L/100 km)	**21 – 14**
Essence recommandée	super
Versions offertes	HSE, Suralimenté
Carrosserie	utilitaire 5 portes
Lieu d'assemblage	Angleterre
Valeur résiduelle	✦ ✦ ✦ ✦
Garanties : de base - motopropulseur (an/km)	4/80 000 - 4/80 000
Fiabilité présumée	✦ ✰
Cycle de remplacement	inconnu
Ventes 2007 ↘ 25 %	Québec : 56 (RR), 152 (Sport)
Protection collision frontale conducteur/passager	non évaluée
latérale avant/arrière	non évaluée
retournement 2rm/4rm	non évaluée

À RETENIR

Nouveautés 2009	**aucun changement majeur**
Principales concurrentes	**Cadillac Escalade, Infiniti QX, Lexus LX, Lincoln Navigator, Mercedes GL/G, Porsche Cayenne**

 • Équipement complet
• Confort de roulement
• Qualité des matériaux

 • Prix et consommation astronomiques
• Aptitudes en tout-terrain inutiles
• Fiabilité problématique

LAND ROVER RANGE ROVER / RANGE ROVER SPORT

369

COMME DANS VOTRE SALON

En prenant place dans une ES 350, il est facile d'oublier qu'on est à bord d'une voiture. Comme si la berline avait été conçue spécifiquement pour reproduire votre salon. Avec sa suspension calibrée pour le confort, la route prend vite l'effet d'un tapis moelleux.

LEXUS
ES

Les sièges en cuir fin bien galbés vous dorlotent autant que des divans de grand luxe, et si, par hasard, un incident se produit, une multitude de coussins gonflables assistés d'une panoplie de systèmes électroniques assurent la sécurité de tous. Et si ce n'est pas suffisant, une chaîne audio haut de gamme Mark Levinson avec ses 14 haut-parleurs vous transportera « en pensée » dans une salle de concert.

La mission de la ES n'est pas de satisfaire les envies sportives du conducteur, mais de veiller au bien-être et à la sécurité de tous les occupants. L'éclairage d'accueil et ambiant à DEL, les buses d'aération réparties savamment dans l'habitacle pour que chaque personne profite de la climatisation ou du chauffage de façon optimale, les sièges avant chauffants et ventilés avec ajustement électrique, l'insonorisation exceptionnelle, chaque menu détail a été pensé en vue d'anticiper les besoins des passagers, le principe même de la philosophie de design L-Finesse de Lexus. Petite note négative : comme c'est le cas de la plupart des voitures de Lexus, le dégagement à la tête est plutôt limité pour les personnes de grande taille (6 pieds et plus), surtout avec le toit ouvrant.

Bien calé dans son siège et face à un volant télescopique et inclinable, le tout à réglage électrique, le conducteur n'a plus qu'à appuyer sur le bouton poussoir pour faire démarrer cette berline à traction, la seule de la gamme à offrir ce type d'entraînement. Le moteur V6 de 3,5 litres s'actionne alors immédiatement, mais dans la plus grande douceur et en silence. Si vous êtes au volant, n'oubliez pas de vérifier régulièrement le compteur de vitesse (on ne la sent pas), car vous risquez, à votre plus grande surprise, de dépasser les limites permises. Jumelé à une boîte automatique à six rapports à commande électrique, le six cylindres semble exécuter le travail sans effort, passant d'un rapport à l'autre sans jamais émettre un petit ronronnement, même pas de satisfaction. Il a aussi l'avantage d'être économe en carburant.

ENTENDEZ-VOUS LE SILENCE ?

La direction à assistance progressive offre tout de même une bonne sensation de la route, mais ce sont les éléments suspenseurs qui la font oublier. La suspension est tellement coussinée que l'état désastreux de nos routes québécoises passera inaperçu. Et les roues en alliage de 17 pouces ne compromettent en rien le confort. Certains prennent plaisir à dire que la ES est une Camry de luxe en raison des composantes communes entre les deux voitures. À ceux-là, je réponds : regardez attentivement les détails extérieurs, le raffinement à l'intérieur, puis faites tourner le moteur et fermez vos yeux. Le silence qui règne à bord de la Lexus, vous l'entendez ? Et la douceur de roulement, vous la ressentez ? Sans oublier les sièges, si vous ne remarquez pas la différence avec ceux de la Toyota, faites un voyage Montréal-Québec pour vous rafraîchir la mémoire.

Outre ses nombreuses commodités et ses caractéristiques de luxe abondantes, la berline ES profite d'une foule de dispositifs électroniques qui servent à assister — un peu trop dans certains cas — le conducteur et à maintenir le véhicule sur la trajectoire souhaitée. L'équipement comprend les systèmes de contrôle de la stabilité et de la traction, les freins à disques avec antiblocage (ABS), répartition électronique de force de freinage et assistance au freinage en situation d'urgence. Des groupes optionnels — Navigation, Premium avec Navigation, Premium Ultra avec Navigation — ajoutent bien entendu un système de navigation à DVD avec caméra de recul, mais également des technologies intéressantes, tels les phares à haute densité et le système d'éclairage adaptatif à double pivotement qui améliorent considérablement la visibilité en conduite nocturne ainsi que la sécurité. L'ensemble Premium Ultra avec Navigation, ou « la crème de la crème », englobe une vingtaine de caractéristiques, dont le fameux système audio Mark Levinson et le toit panoramique en verre.

À cela, ajoutez une bonne dose d'éléments de sécurité passive, à commencer par des sacs gonflables en quantité industrielle : avant conducteur et passager, latéraux montés aux sièges avant, aux genoux côté conducteur et en rideaux avant et arrière. De plus, les sièges avant sont équipés d'appuie-têtes actifs qui aident à réduire le risque de blessure à la nuque en cas de collision arrière, en supportant la tête et le haut du corps. Chacune des cinq places est équipée d'une ceinture de sécurité à trois points et on trouve des points d'ancrage pour les sièges d'enfants à l'arrière.

Prêt à faire l'expérience maintenant ? Vous ne serez pas déçu si vous priorisez le confort. Et, à ce prix, vous en aurez pour votre argent. ▌▌▌ **SYLVIE RAINVILLE**

DIMENSIONS ET VOLUMES

Empattement (mm)	2775
Longueur (mm)	4855
Largeur (mm)	1820
Hauteur (mm)	1450
Volume intérieur (L)	2701
Volume du coffre (min./max.) (L)	416
Capacité du réservoir de carburant (L)	70
Fourchette de poids (kg)	1624

CHÂSSIS

Mode	traction
Suspension av. – arr.	indépendante
Freins av. – arr.	disques
Capacité de remorquage min. – max. (kg)	non recommandé
Direction – diamètre de braquage (m)	crémaillère – 11,8
Pneus	215/55R17

PERFORMANCES

Modèle à l'essai	ES 350 Premium
Moteur	V6 DACT 3,5 litres
Puissance (ch. à tr/min)	272 - 6200
Couple (lb-pi à tr/min)	254 - 4700
Transmission	automatique 6 rapports
Autres transmissions	aucune
Accélération 0-100 km/h (sec.)	7,48
Reprises 80-115 km/h (sec.)	4,84
Distance de freinage 100-0 km/h (m)	40,2
Niveau sonore à 100 km/h	✖ ✖ ✖ ✖
Vitesse maximale (km/h)	210
Consommation réalisée au cours de l'essai (L/100 km)	10,7
Gaz à effet de serre	
Autres moteurs	aucun

CE QU'IL FAUT SAVOIR

Fourchette de prix ($)	**39 900**
Marge de profit du concessionnaire (%)	8,60
Transport et préparation ($)	1780
Consommation ville – route (L/100 km)	**12,5 - 8,9**
Essence recommandée	super
Versions offertes	Base, Premium, Ultra Premium
Carrosserie	berline 4 portes
Lieu d'assemblage	Japon
Valeur résiduelle	★ ★ ★
Garanties : de base – motopropulseur (an/km)	4/80 000 - 6/110 000
Fiabilité présumée	★ ★ ★ ★ ✦
Cycle de remplacement	2012
Ventes 2007 ↗ 17 %	Québec : 658
Protection collision frontale conducteur/passager	★ ★ ★ ★ ★ / ★ ★ ★ ★ ★
latérale avant/arrière	★ ★ ★ ★ / ★ ★ ★ ★
retournement 2rm/4rm	★ ★ ★ ★ / n.a.

À RETENIR

Nouveautés 2009	**nouvelles couleurs**
Principales concurrentes	**Acura TL, Buick Lucerne, Hyundai Azera, Lincoln MKZ, Nissan Maxima, VW Passat**

- Consommation de carburant
- La priorité sur le confort
- Insonorisation et assemblage minutieux

- Suspension trop moelleuse
- Conduite aseptisée
- Manque de dégagement pour la tête
- Systèmes électroniques intrusifs

BONJOUR LA FIABILITÉ, ADIEU LE PLAISIR

Je ne sais plus trop bien si je dois donner le Grand Prix de l'ennui de conduite à la LS ou à la GS, ces deux berlines de luxe commercialisées par Toyota sous la prestigieuse appellation Lexus. Encore une fois, semblable distinction ne doit pas être interprétée comme une désapprobation de la qualité de ces voitures japonaises qui, bon an mal an, trônent au sommet des sondages sur la fiabilité.

Au volant d'une Lexus GS, vous allez rouler sans l'ombre d'un problème pendant de nombreuses années, mais ciel que vous allez vous ennuyer. À moins bien sûr que l'agrément de conduite vous passe cent pieds par-dessus la tête.

Cela semble le cas de nombreux automobilistes qui, en quête d'un véhicule sans soucis, optent pour un produit Lexus. La GS se pose en rivale des Mercedes-Benz de Classe E, des BMW série 5, des Infiniti M (35 et 45) et, jusqu'à un certain point, de quelques américaines de format équivalent, comme la nouvelle Lincoln MKS. Au fil des ans, j'ai conduit les divers modèles de la gamme GS, mais celui qui a fait déborder le vase comme summum de l'ennui est le GS 450h, qui, tout hybride qu'il soit, ne mérite pas une grosse accolade. Sur la grande route, la consommation n'est pas meilleure que celle d'une GS 350 avec V6 à essence ; en fait, elle est même moins bonne, ce qui est un peu humiliant. L'explication est simple et elle tient aux quelque 200 kg de poids supplémentaire que la GS 450h doit transporter. Des piles, c'est lourd à la fin et encombrant aussi, ce qui réduit considérablement la capacité du coffre à bagages qui n'est que de 229 litres. Par contre, à la ville, la 450h se fout des embouteillages et se satisfait de 8,7 litres aux 100, ce qui est appréciable.

QUELLE ERGONOMIE ?

L'offre de Lexus comprend en outre une 350 TI, soit à traction intégrale, et une GS 460 dotée d'un V8 de 4,6 litres de 342 chevaux. La première reçoit une transmission automatique à six rapports tandis que la seconde hérite de la même transmission automatique à huit rapports qu'on trouve dans les LS haut de gamme. Quant à la 450h, c'est une transmission de type CVT (à rapports infiniment varia-bles) qui exploite ses 339 chevaux répartis entre les 267 du moteur à essence et les 72 chevaux du groupe électrogène.

En prenant le volant de la GS, si personne ne vous a prévenu, vous risquez de fouiller un bon moment avant de trouver le bouton de réglage des rétroviseurs latéraux. Après dix minutes, j'ai eu recours au manuel d'instructions qui m'a aidé à trouver un petit compartiment caché par un couvercle basculant à gauche du tableau de bord tout en bas. L'exemple parfait d'une mauvaise ergonomie. En plus, l'écran tactile va rejoindre les pires créations du genre en provenance d'Allemagne. Le choix d'options est vraiment trop nombreux pour que la facilité d'utilisation soit au rendez-vous.

CONFORT MITIGÉ

Pour moi, le modèle le plus intéressant est la GS 350 TI qui en plus d'une abondance de luxe vous permet d'affronter l'hiver sans avoir à consulter la météo chaque jour grâce à sa traction intégrale. Il ne faut pas décompter le V6, dont les 303 chevaux sont amplement suffisants malgré le poids de cette berline. D'ailleurs, le V8 n'a que 39 chevaux de plus, ce qui n'est pas suffisant pour transformer la GS 460 en une dévoreuse de bitume.

Dans la version hybride, j'ai ressenti une petite réaction dans le roulement de la voiture lorsque la puissance est transférée d'une motorisation à l'autre ou que les freins régénérateurs entrent en fonction. Ce n'est pas dramatique, mais on ne peut certes pas affirmer que l'hybridation est tout à fait imperceptible. Ce n'est pas là toutefois la pire déception ressentie en conduisant une GS. Le confort est rudement mis à l'épreuve par une suspension qui encaisse très mal les trous ou les bosses. Ces derniers sont même ressentis dans le volant, tandis que les pneus pourraient être moins bruyants.

À la lumière de ce qui précède, il est certain qu'un match comparatif destiné à couronner les meilleurs achats de cette catégorie tiendrait compte de la fiabilité de ces modèles Lexus tout en les écartant d'un podium où se retrouvaient les animatrices germaniques du marché des voitures de luxe de format intermédiaire. ||| **JACQUES DUVAL**

En prenant le volant de la GS, vous risquez de fouiller un bon moment avant de trouver le bouton de réglage des rétroviseurs latéraux

DIMENSIONS ET VOLUMES

Empattement (mm)	2850
Longueur (mm)	4825
Largeur (mm)	1820
Hauteur (mm)	1425
Volume intérieur (L)	3129
Volume du coffre (min./max.) (L)	360, 229 (450h)
Capacité du réservoir de carburant (L)	71, 65 (450h)
Fourchette de poids (kg)	1755 - 1875

CHÂSSIS

Mode	propulsion, intégral
Suspension av. - arr.	indépendante
Freins av. - arr.	disques
Capacité de remorquage min. - max. (kg)	non recommandé
Direction - diamètre de braquage (m)	crémaillère - 11,2 / 11,4 (350 TI)
Pneus	225/50R17, 245/40R18 (450h, 460)

PERFORMANCES

Modèle à l'essai	GS 350 TI
Moteur	V6 DACT 3,5 litres
Puissance (ch. à tr/min)	303 - 6200
Couple (lb-pi à tr/min)	274 - 4800
Transmission	automatique 6 vitesses
Autres transmissions	automatique 8 rapports (460), à variation continue (450h)
Accélération 0-100 km/h (sec.)	7,14
Reprises 80-115 km/h (sec.)	5,21
Distance de freinage 100-0 km/h (m)	38,9
Niveau sonore à 100 km/h	✗ ✗ ✗ ✗ ✎
Vitesse maximale (km/h)	230
Consommation réalisée au cours de l'essai (L/100 km)	11,3
Gaz à effet de serre	
Autres moteurs	V6 hybride 3,5 litres (339 ch.) V8 4,6 litres (342 ch.)

CE QU'IL FAUT SAVOIR

Fourchette de prix ($)	**59 100 - 71 100**
Marge de profit du concessionnaire (%)	9,53 à 11,25
Transport et préparation ($)	1780
Consommation ville - route (L/100 km)	**12,5 - 8,8 (2rm, 3,5 l)** **13 - 9,5 (4rm, 3,5 l),** **13,8 - 9,8 (4,6 l),** **8,7 - 9,1 (Hyb)**
Essence recommandée	super
Versions offertes	350, 350 TI, 460, 450h
Carrosserie	berline 4 portes
Lieu d'assemblage	Japon
Valeur résiduelle	✶ ✶ ✶
Garanties : de base - motopropulseur (an/km)	4/80 000 - 6/110 000
Fiabilité présumée	✶ ✶ ✶ ✶ ✎
Cycle de remplacement	2011
Ventes 2007 ↘ 5 %	Québec : 109
Protection collision frontale conducteur/passager	non évaluée
latérale avant/arrière	non évaluée
retournement 2rm/4rm	non évaluée

À RETENIR

Nouveautés 2009	habitacle mieux insonorisé
Principales concurrentes	Acura RL, Audi A6, BMW Série 5, Cadillac STS, Infiniti M, Mercedes Classe E, Volvo S80

- Fiabilité légendaire
- Choix de moteurs
- Traction intégrale au programme

- Hybride pour la parure
- Confort mitigé
- Ergonomie bafouée

HISTOIRE DE CULTURISTES

LEXUS
GX 470

Vous avez déjà assisté à une compétition de culturistes, ces démonstrations de muscles surdéveloppés qu'exhibent fièrement hommes et femmes. Lors d'une finale, avant le verdict des juges, le prétendant au titre vient toujours se pavaner devant le champion défendant afin de prouver qu'il est la nouvelle référence. Lexus, qui célèbre en 2009 son 20ᵉ anniversaire de présence en Amérique comme gamme de luxe, est ce genre de prétendant à la couronne qui cherche toujours à se démarquer afin d'enlever le championnat.

Les efforts de Lexus ont été constants, ses réalisations indéniables et ses produits souvent innovateurs, mais force est d'admettre que le champion incontesté, Mercedes-Benz, conserve souvent un léger avantage sur son concurrent. Depuis deux décennies, la division Lexus a démontré qu'elle pouvait élaborer de superbes véhicules — berlines, utilitaires sport ou coupés. Force est d'admettre que dans le créneau des hybrides, Lexus a pris les devants avec ses modèles bimodes parce que Toyota profite de son avancée technologique dans le domaine. Toutefois, dans le cas du GX 470, il s'agit d'un utilitaire endimanché de fort belle facture, mais quand on regarde de plus près ce que le voisin fait, on est animé d'un petit doute.

ROBUSTE À SOUHAIT

Le GX, au catalogue depuis six ans, est un vrai VUS. Sur une plateforme de 4Runner ou FJ Cruiser, il pourra se débrouiller aisément en sentier à cause de son essieu arrière rigide — dont le pont est verrouillable — si on a le courage de le frotter aux roches et aux branches avec sa garde au sol limitée à 210 mm. D'ailleurs, les ressemblances sous certains angles avec le 4Runner donnent trop l'illusion que le GX est un jumeau qui a du sang bleu. Utile en certaines circonstances hivernales ou en randonnée en forêt, on a même laissé le dispositif de contrôle en pente, normalement apprécié en sentier sur des pentes abruptes. Bref, il faudra une fichue situation pour que le GX reste coincé.

Une suspension pneumatique vient assouplir la tenue de route et la rendre au-dessus de toute critique en conduite normale. Sous le capot se trouve un V8 de 4,7 litres de 263 chevaux, une mécanique classique et fiable à souhait,

mais déjà d'une autre époque, puisqu'on atteint la même puissance avec des V6. Qui plus est, sa lourde consommation est celle d'un camion. La boîte automatique bien étagée propose cinq rapports, mais on aurait souhaité une évolution en cours de génération afin d'alléger le compte-tours et la facture de carburant.

UNE GÉNÉRATION VIEILLISSANTE

Autres preuves que le GX commence à accuser son âge : il est monté avec des pneus de 17 pouces. Bien suffisant dans la majeure partie des cas, surtout s'il faut emprunter la route du parc pour aller à la chasse. Sauf que la concurrence propose des enveloppes de 18 à 20 pouces. Avec ses attributs, le remorquage du GX atteint les 3000 kg sans broncher. On a évidemment ajouté une troisième banquette à l'époque, question de laisser croire qu'il s'agissait d'une fourgonnette. Mais n'en croyez rien, ce troisième banc est presque symbolique : seuls les enfants ou les personnes de petite taille oseront s'y aventurer et leur confort n'est guère assuré sur de longs parcours.

Malgré ses propensions à prendre la clef des champs, le GX s'avère un transport urbain qu'on peut garer à la porte d'un grand hôtel sans honte et qui peut déplacer huit passagers, malgré l'espace réduit à l'arrière. Vaut mieux qu'ils n'aient pas beaucoup de bagages. L'intérieur est sans reproche, une oasis de sérénité, et l'équipement complet. Les sièges avant avec un accoudoir sont cintrés de cuir, des appliques de bois garnissent le tableau de bord et la console, les rangements sont nombreux. La banquette du milieu est modulable à 65/35, laissant le choix entre un ou deux passagers et l'espace cargo. Le système de navigation incorpore la caméra de recul. Attendez-vous à terminer l'écoute de votre symphonie préférée dans l'entrée de la maison tellement le système audio Mark Levinson est exceptionnel.

Quand on s'apprête à débourser plus de 60 gros billets pour un utilitaire au demeurant en manque d'être rajeuni, on tente d'obtenir le prix le plus convaincant. Or il existe encore une différence de 10 000 $ entre les concessionnaires des deux côtés de la frontière. On a beau faire le coup des garanties, le consommateur est déjà au courant de la fiabilité proverbiale des composantes Toyota et Lexus et se dit qu'il n'a pas à débourser autant pour obtenir ce genre de protection. ▐▐▐ **MICHEL POIRIER-DEFOY**

Preuve que le GX commence à accuser son âge :
il est monté avec des pneus de 17 pouces

LEXUS GX 470

DIMENSIONS ET VOLUMES

Empattement (mm)	2790
Longueur (mm)	4780
Largeur (mm)	1585
Hauteur (mm)	1895
Volume intérieur (L)	4163
Volume du coffre (min./max.) (L)	1238 / 2513
Capacité du réservoir de carburant (L)	87
Fourchette de poids (kg)	2150

CHÂSSIS

Mode	intégral
Suspension av. - arr.	indépendante - essieu rigide
Freins av. - arr.	disques
Capacité de remorquage min. - max. (kg)	2948
Direction – diamètre de braquage (m)	crémaillère - 11,7
Pneus	265/65R17

PERFORMANCES

Modèle à l'essai	GX 470
Moteur	V8 DACT 4,7 litres
Puissance (ch. à tr/min)	263 - 5400
Couple (lb-pi à tr/min)	323 - 3400
Transmission	automatique 5 rapports
Autres transmissions	aucune
Accélération 0-100 km/h (sec.)	8,82
Reprises 80-115 km/h (sec.)	6,27
Distance de freinage 100-0 km/h (m)	42,9
Niveau sonore à 100 km/h	✖ ✖ ✖
Vitesse maximale (km/h)	190
Consommation réalisée au cours de l'essai (L/100 km)	14,8
Gaz à effet de serre	
Autres moteurs	aucun

CE QU'IL FAUT SAVOIR

Fourchette de prix ($)	**65 800 (2008)**
Marge de profit du concessionnaire (%)	11,14
Transport et préparation ($)	1780
Consommation ville - route (L/100 km)	**16,5 - 13**
Essence recommandée	super
Versions offertes	470
Carrosserie	utilitaire 5 portes
Lieu d'assemblage	Japon
Valeur résiduelle	✱ ✱ ✱ ✱
Garanties : de base – motopropulseur (an/km)	4/80 000 - 6/110 000
Fiabilité présumée :	✱ ✱ ✱ ✱ ✱
Cycle de remplacement	2010
Ventes 2007 ↘ 27 %	Québec : 26
Protection collision frontale conducteur/passager	non évaluée
latérale avant/arrière	non évaluée
retournement 2rm/4rm	non évaluée

À RETENIR

Nouveautés 2009	aucun changement majeur
Principales concurrentes	Chrysler Aspen, Jeep Commander, Land Rover LR3, Mercedes ML, Saab 9-7X, VW Touareg

- Capacités d'intégrale indéniables
- Confort et suspension
- Système audio Levinson
- Très bon équipement

- Consommation de camion
- Modèle en fin de génération
- 3ᵉ banquette plus symbolique
- Discrimination avec les prix US

QUAND LEXUS SE FÂCHE

LEXUS
IS

Le nom de Lexus évoque une fiabilité hors du commun et une qualité de construction inégalée. La marque de prestige de Toyota n'a cependant pas une grande notoriété quand il est question de sportivité ou d'agrément de conduite. Plusieurs vous diront que Lexus fabrique certes de bonnes voitures, mais qu'elles sont ennuyeuses à conduire, voire un tantinet pépères. La firme nippone avait tenté de montrer ses griffes avec la IS, une berline dite sportive qui ne fut jamais en mesure de gagner son pari face à la concurrence germanique.

Las de passer pour des rabat-joie, les ingénieurs nippons se sont fâchés et dévoilent cette année celle qui doit pouvoir se coller aux fesses des Audi RS4, BMW M3 ou de la récente C63 de Mercedes. J'ignore si le F de son appellation cache le mot « fast », mais c'est la lettre qui fait toute la différence pour cette IS F. Avant de la décortiquer, il est bon de savoir qu'il existe des modèles beaucoup plus sereins parmi cette gamme, tels la IS 250 offerte avec deux ou quatre roues motrices ainsi que la 350, qui joue la note sportive en se limitant à la propulsion.

Rationnée à seulement 206 chevaux et dotée d'une transmission automatique à six rapports, la plus modeste des IS se défend honorablement. Par exemple, il lui suffit de 6 secondes pour accroître sa vitesse de 80 à 120 km/h tout en se contentant d'une moyenne de 8,5 litres aux 100 km. Ayant conduit préalablement la 350 beaucoup plus chère et un peu plus rapide, je crois que sa benjamine est un meilleur investissement. Mimant une boîte manuelle, la transmission automatique à six rapports bénéficie de palettes bien à portée de main dont la seule lacune est d'être fixées au volant, ce qui est peu commode en virage.

Un châssis solide contribue à la bonne tenue du comportement routier et le confort me paraît supérieur à celui d'une concurrente comme l'Audi A4. Quant au freinage, il n'est rien de moins que spectaculaire grâce à une assistance bien dosée et à une progressivité qui empêchera vos passagers non avertis d'être brutalement ficelés par les ceintures de sécurité lors d'un arrêt d'urgence. Mais, comme tout n'est hélas pas parfait en ce monde, la direction est plutôt moche par son effet caoutchouté donnant peu d'impressions de contact avec la route.

Guère plus grosse qu'une Jetta, la IS manque d'espace et les places arrière sont un peu trop conviviales au goût de plusieurs. Et, à mon goût, le tableau de bord n'est pas très réussi. Avec un coffre chiche en hauteur, c'est d'ailleurs à peu près le seul défaut que j'ai trouvé à la fabuleuse IS-F évaluée sur route et sur piste avec un égal bonheur.

LE ROCKET DE LA FAMILLE

L'amateur de berlines sport pourra difficilement trouver mieux que la nouvelle IS-F de Lexus, dont le V8 5 litres de 416 chevaux a la puissance et la tonalité qu'il faut pour exciter le plus blasé des automobilistes. Il suffit de passer la barre des 4000 tours pour entendre le moteur adopter un accent rauque pendant que les huit rapports de la boîte Direct Sport Shift, la seule du genre au monde, s'égrènent au fur et à mesure que l'aiguille du compte-tours rejoint les 7200 tours, le tout précédé d'un petit bip avertisseur tellement ça va vite.

On tire la palette de droite et zap, en un dixième de seconde, le plaisir monte d'un cran. Et il faut entendre la petite montée en régime qui accompagne la sélection d'un rapport inférieur rappelant le double débrayage comme on en faisait à une lointaine époque. Le freinage, assuré par des Brembo avec étriers à six pistons, est époustouflant : ce fut l'une des rares voitures à ralentir de 195 à 50 km/h tour après tour au bout de la ligne droite du circuit ICAR à Mirabel sans que les disques s'enflamment. Comme dans la IS, la direction pourrait être plus communicative et il vaut mieux choisir le mode sport de la suspension pour contrer le sous-virage. Le comportement routier est aussi rehaussé par des roues de 19 pouces et un châssis abaissé de 2,5 cm. Le confort n'est évidemment pas celui d'une LS, mais en remettant la suspension à « confort », les amortisseurs s'attendrissent quelque peu.

Le plus bel attribut de cette Lexus est sa double personnalité ; calme quand on a le goût de rouler mollo et déchaînée quand on lui demande de s'extérioriser. Quant au look, les fioritures de la IS F accentuent l'étroitesse de la voiture, et même avec un double échappement superposé, il est difficile d'avoir le coup de foudre pour un design qui me paraît surchargé. L'important toutefois, c'est que le prix n'ait pas emprunté la même tangente, et à 65 000 $, c'est une aubaine. **▌▌▌ JACQUES DUVAL**

Une double personnalité intéressante ; calme quand on veut rouler mollo et déchaînée quand on lui demande de s'extérioriser

DIMENSIONS ET VOLUMES

Empattement (mm)	2730
Longueur (mm)	4575, 4660 (F)
Largeur (mm)	1800, 1825 (F)
Hauteur (mm)	1425, 1440 (TI), 1415 (F)
Volume intérieur (L)	2500, 2427 (F)
Volume du coffre (min./max.) (L)	378, 311 (F)
Capacité du réservoir de carburant (L)	64
Fourchette de poids (kg)	1567 - 1715

CHÂSSIS

Mode	propulsion, intégral
Suspension av. - arr.	indépendante
Freins av. - arr.	disques
Capacité de remorquage min. - max. (kg)	non recommandé
Direction – diamètre de braquage (m)	crémaillère – 10,2
Pneus	205/55R16, 225/45R17 (250TI, 350)
	225/40R19 - 255/35R19 (F)

PERFORMANCES

Modèle à l'essai	IS F
Moteur	V8 DACT 5 litres
Puissance (ch. à tr/min)	416 - 6600
Couple (lb-pi à tr/min)	371 - 5200
Transmission	semi-automatique 8 rapports
Autres transmissions	manuelle /
	semi-automatique 6 rapports (250, TI, 350)
Accélération 0-100 km/h (sec.)	4,86
Reprises 80-115 km/h (sec.)	2,22
Distance de freinage 100-0 km/h (m)	37,4
Niveau sonore à 100 km/h	✗ ✗ ✗
Vitesse maximale (km/h)	275
Consommation réalisée au cours de l'essai (L/100 km)	14,8
Gaz à effet de serre	
Autres moteurs	V6 2,5 litres (204 ch.)
	V6 3,5 litres (306 ch.)

Pour un essai son et images de cette voiture, procurez-vous le DVD
Prenez le volant de 12 voitures d'exception avec Jacques Duval.

CE QU'IL FAUT SAVOIR

Fourchette de prix ($)	**31 900 - 64 400**
Marge de profit du concessionnaire (%)	9,20 à 9,92
Transport et préparation ($)	1780
Consommation ville – route (L/100 km)	11,4 - 8,3 (2,5 l)
	11,9 - 9,2 (2,5 l / TI)
	13,2 - 9,3 (3,5 l)
	15,7 - 10,5 (5 l)
Essence recommandée	super
Versions offertes	250, 250 TI, 350, F
Carrosserie	berline 4 portes
Lieu d'assemblage	Japon
Valeur résiduelle	✱ ✱ ✱ ✱
Garanties : de base – motopropulseur (an/km)	4/80 000 - 6/110 000
Fiabilité présumée	✱ ✱ ✱ ✱ (250, TI, 350)
Cycle de remplacement	2011
Ventes 2007 ↗ 15 %	Québec : 571
Protection collision frontale conducteur/passager latérale avant/arrière retournement 2rm/4rm	✱ ✱ ✱ ✱ / ✱ ✱ ✱ ✱ ✱ ✱ ✱ ✱ ✱ / ✱ ✱ ✱ ✱ ✱ ✱ ✱ ✱ ✱ ✱ / ✱ ✱ ✱ ✱ ✱

À RETENIR

Nouveautés 2009	**IS F à moteur V8 5 litres de 416 chevaux**
Principales concurrentes	**Audi A4/S4/RS4, BMW Série 3/M3, Cadillac CTS/V, Mercedes Classe C/63 AMG**

+
- Prix raisonnables
- Performances explosives (F)
- Freinage résistant
- Transmission DSS délectable

−
- Direction déconnectée
- Habitabilité arrière restreinte
- Sous-virage (propulsions)
- Qualité et fiabilité Lexus

« ET BÂILLER ET DORMIR » *Chanson française populaire*

LEXUS
LS

« En raison de son confort souverain, de sa douceur magistrale et de son insonorisation hors pair, toute personne qui conduit ce véhicule s'expose à un accès de somnolence. » Cet avertissement devrait être apposé sur chaque Lexus LS tellement cette berline de grand luxe est une voiture soporifique. Loin de moi l'idée d'utiliser une telle boutade pour maltraiter l'une des perles de l'industrie automobile japonaise. C'est plutôt une façon inusitée de reconnaître son caractère de limousine qui vous isole du monde extérieur et ne procure absolument aucune sensation de conduite.

Que ce soit la LS 460 L ou la 600h, toutes deux essayées dans le cadre de ce compte rendu, ces voitures n'ont qu'un but en tête : celui de vous offrir des déplacements sans histoire. Mais...

STATIONNEMENT INTERDIT

J'ai bien écrit « déplacements » et non pas « stationnement », car le fameux gadget voulant que la LS puisse se garer en parallèle toute seule est un truc bidon. À moins d'avoir lu le manuel d'instructions assez copieux et d'avoir derrière soi des conducteurs aussi patients que l'archange Gabriel, ne comptez pas impressionner vos passagers avec ce bidule. Parlons plutôt de l'équipement pléthorique de

la Lexus LS 460 L (version allongée de 12 cm) et de chiffres voisins de la démesure : transmission automatique programmable à huit rapports, 20 haut-parleurs, banquette arrière à système de massage, GPS, suspension réglable, tablette de travail à l'arrière, coussin repose-pieds, persiennes d'intimité, caméra de recul et, cela va de soi, un manuel d'instructions de 650 pages, dont 125 consacrées uniquement à la chaîne audio Mark Levinson. « Qu'ossa donne ? » dirait sans doute Yvon Deschamps.

Dans la 460 équipée d'un V8 4,6 litres de 380 chevaux, la transmission automatique est hésitante et met une bonne seconde avant de rétrograder lorsqu'on sollicite le moteur. En conduite normale, notons que l'enchaînement des huit rapports est quasi indétectable. Le gros avantage de cette multiplication des rapports s'apprécie surtout à la pompe grâce à une consommation de 8,7 litres aux 100 km à une vitesse constante de 120 km/h et de 7,8 litres à 100 km/h seulement. Dans l'ensemble toutefois, la moyenne se situe à 13 litres aux 100 km, ce qui est appréciable pour une

voiture de ce format qui signe le 0-100 km/h en 7 secondes pile. La suspension nécessite à mon avis une plus grande finesse des réglages. En mode confort, elle essuie toutes les bavures de notre réseau routier, mais le mode sport lui réussit moins bien en raison d'une réaction aux imperfections assez sèche. On a voulu copier la recette allemande, sans trop y parvenir. Par contre, la tenue de route en sort gagnante avec une absence de roulis dans les bretelles d'autoroute négociées à une allure peu présidentielle. Aucune fausse note non plus du côté des freins.

CHÈRE, MAIS ÉCONOMIQUE

La Lexus LS 460 partage avec la 600h (hybride) une finition impeccable, mais aussi quelques zones grises, comme un pilier B si massif qu'il gêne la visibilité latérale arrière et un coffre assez mince dans la 460 et aux dimensions encore plus réduites dans la 600 h dont l'énorme bloc de batteries est entassé entre l'habitacle et le compartiment à bagages. En plus, on peut fermer le coffre arrière au simple toucher d'un bouton, sauf que l'opération est d'une lenteur désespérante. La banquette arrière réglable, combinée à la possibilité d'avancer énormément le siège avant, vous permet presque d'adopter une position couchée dans ce qui ressemble à un véritable living-room ou à une salle de concert si vous décidez de profiter de la chaîne audio. Pour clore ce tour du proprio, il est recommandé de consulter le manuel d'instructions si on ne veut pas se casser la tête à déchiffrer les quelque 100 boutons qui prennent place dans l'environnement du conducteur.

Quant à la 600 h proprement dite, sa motorisation (V8 5 litres de 438 chevaux combiné au Hybrid Drive) est décrite comme l'équivalent d'un moteur V12 avec la consommation d'un V6. Mes propres chiffres peuvent d'ailleurs l'attester, indiquant une moyenne de 10,7 litres aux 100 au cours d'un essai d'un mois et de 2500 km. C'est sur l'autoroute au moment des reprises que la puissance et le couple (385 livres-pieds) sont les plus impressionnants. Je ne connais pas beaucoup de voitures capables de bondir de 80 à 115 km/h en 4,1 secondes. C'est une performance électrisante... si vous me permettez l'expression.

Pour ceux et celles qui ont la conscience verte, cette Lexus est une voiture antipollution à un double point de vue. Par ses émissions réduites de gaz à effet de serre et par un silence de roulement qui combat la pollution par le bruit. En prime, elle vous offre la tranquillité d'esprit de la traction intégrale pour l'hiver. Tout ce qui manque finalement à ces Lexus haut de gamme, c'est un système qui combat la somnolence au volant. **JACQUES DUVAL**

C'est une performance électrisante...
si vous me permettez l'expression

DIMENSIONS ET VOLUMES

Empattement (mm)	2969 (460) – 3090 (460 L, 600h)
Longueur (mm)	5030 (460) – 5150 (460 L, 600h)
Largeur (mm)	1875
Hauteur (mm)	1 475 (460) – 1480 (460 L, 600h)
Volume intérieur (L)	n.d.
Volume du coffre (min./max.) (L)	330 (600h) / 510
Capacité du réservoir de carburant (L)	84
Fourchette de poids (kg)	1960 - 2290

CHÂSSIS

Mode	propulsion, intégrale
Suspension av. - arr.	indépendante
Freins av. - arr. disques	
Capacité de remorquage min. - max. (kg)	non recommandé
Direction – diamètre de braquage (m) crémaillère – 10,8 (460) / 11 (460 L, 600h)	
Pneus	235/50R18, 245/45R19 (600h)

PERFORMANCES

Modèle à l'essai	LS 600h
Moteur	V8 DACT 5 litres (+ moteur électrique)
Puissance (ch. à tr/min)	438 - 6400
Couple (lb-pi à tr/min)	385 - 4000
Transmission	automatique à variation continue (CVT)
Autres transmissions	automatique à 8 rapports (460, 460 L)
Accélération 0-100 km/h (sec.)	7,04
Reprises 80-115 km/h (sec.)	4,13
Distance de freinage 100-0 km/h (m)	39,6
Niveau sonore à 100 km/h	✕ ✕ ✕ ✕ ✕
Vitesse maximale (km/h)	210
Consommation réalisée au cours de l'essai (L/100 km)	10,7
Gaz à effet de serre	
Autres moteurs	V8 4,6 litres (380 ch.)

CE QU'IL FAUT SAVOIR

Fourchette de prix ($)	**80 100 - 119 400**
Marge de profit du concessionnaire (%)	9,80 à 10,55
Transport et préparation ($)	1780
Consommation ville - route (L/100 km)	**15 – 10 (4,6 l)** **11,3 – 10,1 (Hyb)**
Essence recommandée	super
Versions offertes	460, 460 L, 600h L
Carrosserie	berline 4 portes
Lieu d'assemblage	Japon
Valeur résiduelle	★ ★ ★
Garanties : de base – motopropulseur (an/km)	4/80 000 - 6/110 000
Fiabilité présumée	★ ★ ★ ★ ✩
Cycle de remplacement	2013
Ventes 2007 ↗ 175 %	Québec : 88
Protection collision	
frontale conducteur/passager	non évaluée
latérale avant/arrière	non évaluée
retournement 2rm/4rm	non évaluée

À RETENIR

Nouveautés 2009	modèle LS460 disponible avec la traction intégrale, siège passager avant à mémoire
Principales concurrentes	Audi A8, BMW Série 7, Jaguar XJ, Mercedes Classe S

+
- Confort 5 étoiles
- Consommation raisonnable
- Performances étonnantes (600 h)

−
- Surabondance de gadgets
- Transmission hésitante (LS 460)
- Suspension brutale (sport)

QUE LA FORCE SOIT AVEC VOUS !

Si vous aimez rouler à bord d'un véhicule qui ne court pas les rues, vous retrouverez cette rareté avec l'imposant LX 570 de Lexus. Il offre de plus un confort et une sécurité bien ressentie à bord.

LEXUS
LX 570

Si vous ne l'avez pas encore vu sur la route, le LX redessiné pour 2008 existe bel et bien. Je peux en témoigner pour l'avoir mis à l'essai. D'ailleurs, au moment d'écrire ces lignes, un important concessionnaire de la marque me disait avoir écoulé tout son inventaire de LX 570 2008 ! Wow ! Je lui demande toutefois combien d'unités il détenait pour l'année. Euh, trois me répond-il ! Voilà qui remet les choses en perspective. « La dernière cliente intéressée par le LX le lorgnait pour le sentiment de sécurité qu'elle éprouverait à bord », ajoute-t-il. Et elle avait raison à plusieurs égards. Évidemment, la très bonne visibilité constitue une caractéristique intéressante, mais son cadet GX et même le petit RX offrent aussi une sécurité très intéressante pour les passagers, et ce, à une fraction du prix et de la consommation de carburant (notamment dans le cas du RX400h, hybride). OK. Je dois l'avouer. Il y a bien le système précollision, les appuie-têtes actifs, le système intégral de coussins gonflables, le système d'éclairage avant adaptatif, le régulateur de vitesse dynamique à radar, les trois caméras (avant, côté passager et recul), qui soient rassurants, mais est-ce vraiment nécessaire ?

Certains acheteurs choisiront toutefois le LX pour les bonnes raisons : sa capacité de remorquage et son espace intérieur, par exemple. Cette bête de somme met à la disposition de votre pied droit une impressionnante capacité de remorquage de 3856 kg et un couple de 403 livres-pieds à très bas régime. Quant à l'adhérence, le LX est muni de quatre roues motrices permanentes avec un différentiel central à glissement limité. Pour bien imager ce que ça représente, disons simplement que cette force brute bien assise permettra au conducteur de sortir un énorme bateau de l'eau, sur une pente abrupte, avec assurance et constance devant l'assistance.

LE SCEAU DU CONFORT

Par ailleurs, cet imposant véhicule à huit places offre beaucoup d'espace, mais pour les occupants qui prendront place dans la troisième rangée, ces places demeurent moins confortables et moins accessibles malgré qu'on ait allongé l'empattement d'une dizaine de centimètres sur le modèle 2008 et que l'on ait ajouté les commandes électriques pour rabattre le tout.

Qu'à cela ne tienne, il n'y a pas à redire au chapitre du confort. Les sièges en cuir, les boiseries, l'équipement très sophistiqué, dont le climatiseur à quatre zones et le système audio à 19 haut-parleurs, sont là pour nous rappeler que nous sommes à bord d'un véhicule qui se détaille dans les six chiffres et qui rivalise avec les prestigieux Mercedes-Benz Classe G, Lincoln Navigator, Infiniti QX 56, Cadillac Escalade et Land Rover Range Rover, sans avoir à rougir devant ces derniers.

Toujours au chapitre du confort, ajoutons que la suspension pneumatique s'abaisse de cinq centimètres lorsque vient le temps de monter et descendre du VUS. Bien sûr, ce n'est pas la première raison pour laquelle on a ajouté cette suspension adaptative. Ceux qui se procureront cet utilitaire sport de grand format pour ses capacités hors route apprécieront cette commande de hauteur active qui pourra les sortir de fâcheuses positions hors des sentiers battus et les aider à se mesurer au Range Rover, la référence du créneau des 4x4 de luxe.

Puis, de retour sur le bitume ferme, ce salon sur roues accélère aisément malgré son poids de 2660 kg grâce au moteur V8 de 5,7 litres qui réagit promptement. En courbe prononcée, le véhicule est stable et la direction à assistance progressive, en fonction du régime moteur, rend ce lourdaud docile et maniable. Mais si vous craignez de « l'échapper » durant l'hiver, ne vous en faites pas, le dispositif de contrôle de la stabilité surveille vos écarts de conduite à l'aide de capteurs de vitesse angulaire de lacet, d'accélération latérale de vitesse du véhicule et d'angle de direction... En cas d'écart enregistré par l'ordinateur, le système module la puissance du moteur et applique une pression individuelle sur les freins. Voilà ce qui devrait rassurer, au-delà de tout, la « petite madame » qui a fait de la sécurité son critère de sélection numéro un. ▌▌▌ **STÉPHANE QUESNEL**

Pour justifier son prix dans les six chiffres, cette Lexus fait le plein d'accessoires

DIMENSIONS ET VOLUMES

Empattement (mm)	2850
Longueur (mm)	4990
Largeur (mm)	1970
Hauteur (mm)	1920
Volume intérieur (L)	4500
Volume du coffre (min./max.) (L)	438 - 2555
Capacité du réservoir de carburant (L)	93
Fourchette de poids (kg)	2660

CHÂSSIS

Mode	intégral
Suspension av. - arr.	indépendante – semi-indépendante
Freins av. - arr.	disques
Capacité de remorquage min. – max. (kg)	3856
Direction – diamètre de braquage (m)	crémaillère – 12,8
Pneus	285/50R20

PERFORMANCES

Modèle à l'essai	LX 570
Moteur	V8 DACT 5,7 litres
Puissance (ch. à tr/min)	383 - 5600
Couple (lb-pi à tr/min)	403 - 3600
Transmission	automatique 6 rapports
Autres transmissions	aucune
Accélération 0-100 km/h (sec.)	7,67
Reprises 80-115 km/h (sec.)	5,13
Distance de freinage 100-0 km/h (m)	45,1
Niveau sonore à 100 km/h	✹ ✹ ✹ ✎
Vitesse maximale (km/h)	200
Consommation réalisée au cours de l'essai (L/100 km)	13,9
Gaz à effet de serre	
Autres moteurs	aucun

CE QU'IL FAUT SAVOIR

Fourchette de prix ($)	**84 600**
Marge de profit du concessionnaire (%)	9,90
Transport et préparation ($)	1780
Consommation ville – route (L/100 km)	**17 - 11**
Essence recommandée	super
Versions offertes	570
Carrosserie	utilitaire 5 portes
Lieu d'assemblage	Japon
Valeur résiduelle	★ ★
Garanties : de base – motopropulseur (an/km)	4/80 000 - 6/110 000
Fiabilité présumée	inconnue
Cycle de remplacement	inconnu
Ventes 2007 ↘ 50 %	Québec : 1
Protection collision frontale conducteur/passager	non évaluée
latérale avant/arrière	non évaluée
retournement 2rm/4rm	non évaluée

À RETENIR

Nouveautés 2009	aucun changement majeur
Principales concurrentes	Cadillac Escalade, Infiniti QX56, Land Rover RR, Lincoln Navigator, Mercedes GL

- Le confort au sens large
- Les technologies de sécurité
- La capacité de remorquage

- Le représentation aux yeux des écolos
- La personnalité anonyme
- La surdimension en stationnement urbain

AVANT DE NOUS DIRE ADIEU

Le compte à rebours est amorcé. Avant de célébrer l'arrivée du Nouvel An, la direction de Lexus aura levé le voile sur une nouvelle génération de RX dont on ignore encore tout au moment d'écrire ces lignes. En revanche, l'actuel RX n'a plus de secret et pourrait très bien se révéler une bonne affaire pour les chasseurs d'aubaine.

Pour ce dernier regard sur ce populaire utilitaire, nous avons jeté notre dévolu sur la version 400h qui, à nos yeux, est la plus intéressante même si sous ses dehors, il a tout pour énerver. Avant de lui lancer la pierre, ayez au moins l'obligeance de regarder l'inscription tatouée sur son hayon (h) ou encore sur ses baguettes protectrices (hybrid) ; il vous apparaîtra soudainement plus sympathique. D'autant plus que ce 4x4 de près de deux tonnes consomme moins de 10 litres aux 100 km, soit l'équivalent d'une compacte... Une consommation fort raisonnable qui naturellement a une répercussion positive sur les émissions de gaz à effet de serre et qui n'a rien à envier à une automobile deux fois moins puissante.

Ajoutez à cela une conduite « dominante » sur le trafic, un environnement d'un luxe inouï (cuir splendide, caméra de recul, installation audio digne d'une salle de spectacle...), de la place pour cinq et les accélérations d'une bombinette. On grimpe dans ce salon cuir et acier sans véritablement se préoccuper des différences avec l'autre RX, la 350, offerte au catalogue. Et pour cause, elles sont peu nombreuses. À bord de la RX400h, le compte-tours cède son orbite à une jauge permettant de visualiser l'apport des moteurs électriques aux performances du 3,3 litres essence qui loge sous le capot ; l'écran central du tableau de bord intègre une fonction supplémentaire, laquelle permet d'afficher les échanges d'énergies. Pour le reste, c'est pratiquement pareil si ce n'est que la 400h est mieux nantie au chapitre des accessoires.

DISCRÉTION TOTALE

La clé de contact en position Start ne produit aucun son. Pas un cliquetis, pas un ronronnement, pas un nuage de fumée. Juste le bruit de votre respiration. Normal. Seuls les moteurs électriques sont alors activés. La seule indication qui signale que cette Lexus est en vie est ce message « Ready » allumé sous le compteur. À l'intérieur, on entendrait une araignée tisser sa toile jusqu'à 50 km/h ; vitesse à laquelle la RX400h est seulement mue par ses blocs électriques. Seule une accélération franche réveillera le moteur à explosion, mais tendez bien l'oreille ; l'habitacle est aussi discret qu'un couvent des sœurs carmélites.

Le 4x4 Lexus est équipé d'un moteur classique, un V6 3,3 litres essence, et de deux moteurs électriques, un par essieu, sans oublier un générateur et une grosse batterie qui montent la puissance à 272 chevaux. Un ordinateur gère le système et permet de se taper une heure d'embouteillage avec la satisfaction de n'avoir rejeté ni CO_2 ni polluant : à vitesse réduite (moins de 50 km/h), ce tout-terrain de luxe fonctionne au tout-électrique. Au-delà, il carbure aussi au super sans plomb, c'est vrai, mais s'il atteint cette allure, c'est que l'embouteillage est fini, pas vrai ?

FORCE ÉLECTRIQUE

La montée en régime se fait sans aucun à-coup, comme sur une motoneige. Une motoneige de deux tonnes qui passerait de 0 à 100 en 7,89 secondes. Lors des décélérations, les deux blocs se transforment aussitôt en générateurs, utilisant l'énergie cinétique afin de recharger la batterie. Placée sous la banquette arrière, celle-ci ne grève pas les capacités de chargement du véhicule, modestes pour cette catégorie, mais inchangées par rapport à son alter ego à essence. En revanche, le frein moteur, qui sert alors de générateur pour recharger la batterie, ne suffit pas dans les descentes rapides. Une position courte du sélecteur permet de pallier cet inconvénient et d'obtenir plus de retenue.

Sur route sinueuse, mieux vaut oublier vos gants et votre casque à la maison. La RX400h n'a rien d'une ML (Mercedes), d'une Cayenne (Porsche) ou encore d'un X5 (BMW) sur le plan dynamique. Le train avant manque d'assurance pour plonger dans les courbes et les mouvements de caisse gagneraient à mieux être contrôlés à allure soutenue. Son conducteur aurait également plus d'assurance s'il pouvait composer avec une direction qui se garde bien de révéler l'emplacement exact des roues directrices. À ces « irritants », il convient d'ajouter le manque de progressivité du freinage. Celui-ci, très prompt, est difficile à moduler et donne régulièrement l'impression que nous nous jetons sur les freins.

À la réflexion, le RX400h représente à ce jour le choix le plus écologique de sa catégorie et pourrait très bien réconcilier à terme les environnementalistes avec les utilitaires. ▍▍▍ **ÉRIC LEFRANÇOIS**

*C'est cher, trop cher, mais vous voulez améliorer
la condition de la planète, non ?*

LEXUS RX

DIMENSIONS ET VOLUMES

Empattement (mm)	2715
Longueur (mm)	4730 (350) – 4755 (400h)
Largeur (mm)	1845
Hauteur (mm)	1735 (350), 1740 (400h)
Volume intérieur (L)	2902
Volume du coffre (min./max.) (L)	1080 / 2400 (350)
	900 / 2050 (400h)
Capacité du réservoir de carburant (L)	72,5 (350), 65 (400h)
Fourchette de poids (kg)	1855 – 2505

CHÂSSIS

Mode	rouage intégral
Suspension av. - arr.	indépendante
Freins av. - arr.	disques
Capacité de remorquage min. - max. (kg)	1587
Direction - diamètre de braquage (m)	crémaillère – 11,4
Pneus	225/65R17 (350), 235/55R18 (400h)

PERFORMANCES

Modèle à l'essai	RX 400h
Moteur	V6 DACT 3,3 litres avec moteur électrique
Puissance (ch. à tr/min)	268 - 5600
Couple (lb-pi à tr/min)	212 - 440
Transmission	automatique à variation continue (CVT)
Autres transmissions	automatique 5 rapports (350)
Accélération 0-100 km/h (sec.)	7,89
Reprises 80-115 km/h (sec.)	4,99
Distance de freinage 100-0 km/h (m)	40,7
Niveau sonore à 100 km/h	✗ ✗ ✗ ✎
Vitesse maximale (km/h)	200
Consommation réalisée au cours de l'essai (L/100 km)	9,5
Gaz à effet de serre	
Autres moteurs :	V6 3,5 litres (270 ch.)

CE QU'IL FAUT SAVOIR

Fourchette de prix ($)	**42 950 - 53 650**
Marge de profit du concessionnaire (%)	9,18
Transport et préparation ($)	1780
Consommation ville – route (L/100 km)	**13,9 – 10,6 (3,5 l)**
	8,8 – 10,2 (Hyb)
Essence recommandée	super
Versions offertes	350, 400h
Carrosserie	multisegment 5 portes
Lieu d'assemblage	Japon
Valeur résiduelle	✱ ✱ ✱ ✱
Garanties : de base – motopropulseur (an/km)	4/80 000 – 6/110 000
Fiabilité présumée	✱ ✱ ✱ ✱ ✰
Cycle de remplacement	2010
Ventes 2007 ↘ 1 %	Québec : 626
Protection collision frontale conducteur/passager latérale avant/arrière retournement 2rm/4rm	✱✱✱✱/✱✱✱✱✱ ✱✱✱✱✱/✱✱✱✱✱ n.a. /✱✱✱✱

À RETENIR

Nouveautés 2009	modèle 2010 introduit en cours d'année
Principales concurrentes	Acura MDX, Infiniti FX, Mercedes ML, VW Touareg, Volvo XC90

  • La qualité et le sérieux de la fabrication
• Le confort de roulement
• Les performances du système hybride

  • La difficulté à moduler le freinage
• Le coût des options
• La complexité mécanique au moment des réparations

IL EN FAUT PLUS POUR S'EXCITER

LEXUS

SC

Les créations de Lexus ont presque toujours eu pour ambition de jouer les plus-que-parfaites (service après-vente, fiabilité, etc.) ; de nous offrir des gâteries auxquelles nous n'avions peut-être même pas songé et de se négocier, faute d'une image forte, à des prix parfois plus avantageux que leurs rivales. C'est leur signature, et elle en agace plus d'un. Mais dans un segment où l'émotion et l'image de marque font foi de tout, la SC430 a beau retirer le haut, cela ne nous excite pas du tout.

Même si elle possède un remarquable coefficient de traînée aérodynamique (Cx 0,30), même si elle ne passe pas inaperçue (c'est bien le moins, compte tenu de la rareté de l'auto), esthétiquement parlant, la SC 430 ne me chavire point l'eau du ventre. Ses étranges proportions, son disgracieux béquet posé sur le couvercle du coffre et ses jantes qui ressemblent aux couvercles de mes casseroles sont autant d'éléments qui me font tiquer. Et vous ?

Une seule version, type 2+2, nous est proposée, c'est donc dire que les passagers arrière ont tout intérêt à laisser leurs jambes au vestiaire. Enchâssé entre les appuie-têtes de la banquette se trouve un pare-vent qui vous dispense de vous recoiffer au terme de chaque balade à ciel ouvert. Après s'être tordu les vertèbres à vouloir empoigner cette foutue ceinture de sécurité, on peut finalement apprécier les baquets avant, à réglages électriques, vêtus de cuir Baden d'Allemagne (vous ne connaissez pas, ah bon !), lesquels se révèlent particulièrement confortables, peu importe la distance à parcourir. Ils s'insèrent de part et d'autre entre un écrin de bois d'érable (du noyer, plus sombre, est également offert sans frais) sur lequel est déposée la grille en escalier de la transmission automatique, une paire de porte-tasses et des espaces de rangement. En mimant, de votre main droite, l'ascension d'un monte-pente, vous croiserez la chaîne stéréo Mark Levinson (celle-ci se dissimule, à votre demande, derrière un panneau, à l'abri des regards indiscrets), puis le panneau de climatisation électronique et l'ordinateur de bord (consommation moyenne, autonomie, etc.).

L'instrumentation se veut sobre, l'indicateur de vitesse et le compte-tours occupant chacun un cylindre, laissant au troisième le soin de réunir les jauges d'essence et de température. Le joli volant à trois branches, dont la colonne est à la fois inclinable et télescopique, offre une prise pleine, tandis que la vue au-dessus du court capot ne pose aucun problème pour guider le train avant dans les espaces restreints.

On ne peut pas payer pour une automobile l'équivalent du produit intérieur brut d'un village du tiers-monde sans s'attendre à y trouver un confort à peine descriptible. Outre le cuir, qui rend les places éthérées, la cabine incorpore le summum des gâteries : aucune option au programme à l'exception du chauffe-moteur. Comme il en est fait mention plus haut, un seul bouton suffit pour obtenir de la capote métallique de cette Lexus qu'elle se replie d'elle-même dans une soute aménagée à l'arrière, réduisant ainsi (une chance qu'il n'y a pas de roue de secours) l'estomac du coffre à 266 litres de volume utile. Juste assez pour y loger un sac de golf.

ON LÈVE L'ANCRE

Et vogue la galère. La puissance de la SC430 s'exprime à travers un huit cylindres en V. Il s'agit d'un 4,3 litres à 32 soupapes, capable de produire 288 chevaux-vapeur. Ces derniers ne sont pas de trop, puisque cette Lexus n'est pas, à proprement parler, un modèle de légèreté (1740 kg). Quoi qu'il en soit, son couple vigoureux et sa grande flexibilité assurent une conduite coussinée et agréable en ville tout en permettant, au besoin, de bonnes accélérations.

Quant aux pneus à profil bas, ils s'accrochent à une suspension indépendante, à l'avant comme à l'arrière, et procurent une tenue de route rassurante, à la fois ferme et souple. Même dépourvu de toit, le châssis de la SC 430 se révèle suffisamment rigide pour vous épargner de devoir regarder, au passage de chaque trou, dans des rétroviseurs qui dribblent (rassurez-vous, ceux de la SC 430 sont parfaitement stables), pour vous assurer qu'une partie du véhicule ne se soit détachée.

Comprenons-nous bien, la SC 430 n'est pas une sportive, mais plutôt une grand tourisme qui saura plaire aux amateurs de bronzette. Sa prise en main est d'une remarquable facilité et elle procure, en tous lieux, l'effet que tout est parfaitement maîtrisé. Le contraire aurait été étonnant, considérant la ribambelle d'artifices électroniques qui la protègent. La SC 430 vous convie donc à une expérience de conduite sécurisante, un brin tristounette pour celui ou celle qui aime conduire. Poussez-la vers la limite et la SC 430 daignera vous faire voir (et entendre grâce aux lamentations de ses pneumatiques) sa nature survireuse.

Exclusive (par son prix et la quantité produite), raffinée, magnifiquement assemblée, la SC 430, comme bien des Lexus, oublie que le cœur a parfois ses raisons que la raison ignore. Et à ce chapitre, il lui manque encore et toujours cette âme, cette perfectibilité qui rend certaines automobiles si attachantes. ▌▌▌ **ÉRIC LEFRANÇOIS**

La SC430 n'est pas une sportive, mais plutôt une Grand Tourisme qui saura plaire aux amateurs de bronzette

DIMENSIONS ET VOLUMES

Empattement (mm)	2620
Longueur (mm)	4534
Largeur (mm)	1825
Hauteur (mm)	1350
Volume intérieur (L)	2124
Volume du coffre (min./max.) (L)	266
Capacité du réservoir de carburant (L)	75
Fourchette de poids (kg)	1742

CHÂSSIS

Mode	propulsion
Suspension av. - arr.	indépendante
Freins av. - arr.	disques
Capacité de remorquage min. - max. (kg)	non recommandé
Direction – diamètre de braquage (m)	crémaillère - 10,8
Pneus	245/40ZR18

PERFORMANCES

Modèle à l'essai	SC 430
Moteur	V8 DACT 4,3 litres
Puissance (ch. à tr/min)	288 - 5600
Couple (lb-pi à tr/min)	317 - 3400
Transmission	semi-automatique 6 rapports
Autres transmissions	aucune
Accélération 0-100 km/h (sec.)	7,17
Reprises 80-115 km/h (sec.)	4,85
Distance de freinage 100-0 km/h (m)	41,2
Niveau sonore à 100 km/h	✹ ✹ ✹ ✎
Vitesse maximale (km/h)	240
Consommation réalisée au cours de l'essai (L/100 km)	12,3
Gaz à effet de serre	
Autres moteurs	aucun

CE QU'IL FAUT SAVOIR

Fourchette de prix ($)	**78 200**
Marge de profit du concessionnaire (%)	9,93
Transport et préparation ($)	1780
Consommation ville – route (L/100 km)	**14,5 - 10**
Essence recommandée	super
Versions offertes	430
Carrosserie	cabriolet 2 portes
Lieu d'assemblage	Japon
Valeur résiduelle	✭ ✭ ✭ ✭
Garanties : de base – motopropulseur (an/km)	4/80 000 - 6/110 000
Fiabilité présumée	✭ ✭ ✭ ✭
Cycle de remplacement	inconnu
Ventes 2007 ↘ 5 %	Québec : 17
Protection collision	
frontale conducteur/passager	non évaluée
latérale avant/arrière	non évaluée
retournement 2rm/4rm	non évaluée

À RETENIR

Nouveautés 2009	**nouvelles couleurs**
Principales concurrentes	**BMW Série 6, Cadillac XLR, Maserati Spyder, Mercedes Classe SL**

- La qualité des matériaux et l'exécution
- La souplesse et la discrétion du moteur
- La fiabilité et la qualité du service après-vente

- Les places arrière inaccessibles
- Le faible volume du coffre
- L'absence de caractère

LES DISCIPLES D'ACCORD, MAIS LES AUTRES ?

Longtemps brouillée, la vision des dirigeants de Lincoln, la filiale de luxe de Ford, semble enfin claire. Les récentes MKZ et MKX ont été bien accueillies et Lincoln poursuit sa lancée avec cette fois la MKS, son nouveau porte-étendard.

D'accord, la MKS fera rêver les irréductibles du haut de gamme à l'américaine. Mais cette Lincoln parviendra-t-elle aussi à séduire ceux qui rêvent plutôt de BMW, de Lexus, voire d'Acura ? Chose certaine, la MKS a le mérite de demeurer à la place assignée à un haut de gamme américain, c'est-à-dire dans le bas de la fourchette de prix allemande (Audi A6, BMW Série 5, Mercedes Classe E), voire anglaise (Jaguar XF) ou japonaise (Acura RL, Infiniti M et Lexus GS).

Au-delà du prix attrayant, l'important à ce stade est de déterminer les caractéristiques particulières de cette voiture américaine. À ce chapitre, le nouveau porte-étendard de Lincoln ne manque de rien. Il propose évidemment le dispositif Sync, conçu en collaboration avec Microsoft, mais aussi un système audio très performant (THXII). Et parmi les accessoires, mentionnons un régulateur de vitesse intelligent qui se charge de maintenir une distance sécuritaire avec le véhicule qui vous précède, une caméra de recul pour faciliter les manœuvres et un immense toit ouvrant. Rien pour écrire à sa mère, mais la MKS possède néanmoins le nécessaire pour voisiner le beau linge de la catégorie. Et la qualité en prime. En effet, au même titre que pour le Flex, la qualité des matériaux et de l'assemblage nous a passablement étonné et n'a cette fois rien à envier aux meilleures créations venues des autres continents.

La présentation intérieure est sobre, aérée et intelligemment aménagée. Ici, rien de compliqué. C'est clair, net et précis. Inutile de potasser des heures le manuel du propriétaire, toutes les commandes sont faciles d'accès et clairement identifiées. Seuls les rayons du soleil nuisent à la consultation du système GPS dont l'écran niche au sommet de la partie centrale du tableau de bord. On trouvera également à redire sur le manque de rangements pour les accessoires utiles à la vie moderne.

Contrairement à ses rivales nippones ou germaniques, la MKS traite aux petits oignons les occupants qui prendront place à l'arrière. Et les bagages, s'ils pouvaient parler, formuleraient le même commentaire à l'égard du coffre. Bien qu'il ne soit pas aussi géant que celui d'une Taurus, le coffre de cette Lincoln est cependant désavantagé par une ouverture somme toute assez étroite, mais le style ici a eu préséance sur la fonction.

MERCI VOLVO

Déposée sur une architecture développée à l'origine par Volvo et actuellement utilisée par les Taurus, Taurus X et Flex, la MKS s'anime d'un V6 de 3,7 litres et 273 chevaux. Une version alimentée par un système d'injection directe et gavée de deux turbocompresseurs (puissance estimée à 340 chevaux) figurera au rayon des accessoires optionnels dès l'an prochain. Nous l'attendons de pied de ferme. En effet, les 273 chevaux ne parviennent pas à déplacer avec élégance (ben quoi, c'est une Lincoln !) cette berline. La boîte de vitesses a beau faire de son mieux pour sélectionner le rapport adéquat, le moteur, lui, se trouve toujours à la peine, surtout sous de fortes accélérations ou encore des reprises. Peut-être est-ce pour mieux contenir l'effet de couple susceptible de se produire lorsque seules ses roues avant sont motrices ? Impossible de le confirmer, notre véhicule d'essai avait droit au rouage intégral qui ajoute environ 70 kg au poids du véhicule et veille à lui procurer un équilibre rassurant sur chaussée à faible coefficient d'adhérence.

Sur un long ruban d'asphalte, la MKS assure un confort de roulement onctueux et sans surprise, exactement ce qu'on attend d'une berline de ce gabarit : abattre les kilomètres sans fatiguer ses occupants. Ça se corse un peu lorsque la route se met à attacher ses lacets. Toujours sûre, mais moins efficace, elle n'apprécie guère être brusquée. Dès lors, la plus cossue des Lincoln perd un peu de sa superbe et les aides à la conduite interviennent très tôt pour masquer ses limites. La direction apparaît alors un peu trop ferme pour ce genre d'exercice. Si la caisse prend un peu de roulis, reste que les éléments suspenseurs ont du mal à filtrer les irrégularités de la chaussée, les saignées surtout. En revanche, les ingénieurs de Lincoln sont parvenus à faire mieux que leurs homologues de chez Volvo avec la S80, dont les suspensions demeurent encore aujourd'hui plus sonores.

Puisqu'il faut conclure, rappelons que cette MKS témoigne bien de la volonté de Lincoln de retrouver sa place au sommet, mais mieux vaut attendre la sortie du moteur suralimenté au cours de l'année 2009 et faire attention de ne pas se laisser emporter par les groupes d'options très coûteux. ∥∥ **ÉRIC LEFRANÇOIS**

*La MKS assure un confort de roulement onctueux et sans surprise,
exactement ce qu'on attend d'une berline de ce gabarit*

LINCOLN MKS

DIMENSIONS ET VOLUMES

Empattement (mm)	2868
Longueur (mm)	5184
Largeur (mm)	1928
Hauteur (mm)	1565
Volume intérieur (L)	2990
Volume du coffre (min./max.) (L)	521
Capacité du réservoir de carburant (L)	66,2
Fourchette de poids (kg)	1872 - 1940

CHÂSSIS

Mode	traction, intégral
Suspension av. - arr.	indépendante
Freins av. - arr.	disques
Capacité de remorquage min. - max. (kg)	454
Direction - diamètre de braquage (m)	crémaillère - 12,1
Pneus	235/55R18, 255/45R19, 245/45R20

PERFORMANCES

Modèle à l'essai	MKS
Moteur	V6 DACT 3,7 litres
Puissance (ch. à tr/min)	273 - 6250
Couple (lb-pi à tr/min)	270 - 4250
Transmission	automatique 6 rapports
Autres transmissions	aucune
Accélération 0-100 km/h (sec.)	8,35
Reprises 80-115 km/h (sec.)	6,11
Distance de freinage 100-0 km/h (m)	39,9
Niveau sonore à 100 km/h	✖ ✖ ✖ ✖
Vitesse maximale (km/h)	190
Consommation réalisée au cours de l'essai (L/100 km)	12,9
Gaz à effet de serre	
Autres moteurs	aucun

CE QU'IL FAUT SAVOIR

Fourchette de prix ($)	**45 599 - 47 799**
Marge de profit du concessionnaire (%)	8,30 à 8,42
Transport et préparation ($)	1300
Consommation ville - route (L/100 km)	**14 - 10 (Base)** **15 - 11 (TI)**
Essence recommandée	ordinaire
Versions offertes	Base, TI
Carrosserie	berline 4 portes
Lieu d'assemblage	États-Unis
Valeur résiduelle	✱ ✱ ✱
Garanties : de base - motopropulseur (an/km)	4/80 000 - 6/110 000
Fiabilité présumée	✱ ✱ ✱ ✱
Cycle de remplacement	nouveau modèle 2009
Ventes 2007 n.a.	Québec : n.a.
Protection collision	
frontale conducteur/passager	non évaluée
latérale avant/arrière	non évaluée
retournement 2rm/4rm	✱ ✱ ✱ ✱ / ✱ ✱ ✱ ✱

À RETENIR

Nouveautés 2009	**nouveau modèle, V6 turbo de 340 chevaux en cours d'année**
Principales concurrentes	**Acura RL, Cadillac STS, Lexus GS, Volvo S80**

+
- Finition de grande qualité
- Places confortables
- Équipement complet

−
- Écran de navigation illisible sous le soleil
- Moteur 3,7 un peu juste
- Aides à la conduite chatouilleux

387

SNOBINARD

S i la marque de prestige de Ford n'a pas encore sombré, elle le doit à une clientèle d'irréductibles qui, vaille que vaille, ont continué à acheter quelques Town Car et Navigator mais aussi — et surtout — des MKX. D'accord, le MKX est un Edge mieux habillé. En fait, il serait plus juste d'écrire habillé différemment puisque, mis à part l'apparence tant extérieure qu'intérieure et quelques babioles qui ne changeront rien au quotidien de son propriétaire, ces deux véhicules sont rigoureusement identiques. Et puis après ?

Hélas pour Lincoln, l'Edge a très peu à envier au MKX. Trop peu, pensons-nous pour justifier la prime exigée par le concessionnaire. Exception faite de quelques accessoires, comme les baquets avant réfrigérés, le hayon à commande électrique et la fonction « remontée rapide » ajoutée à la commande de glace côté conducteur, le MKX peine à se démarquer de l'Edge. Bien sûr, il y a bien la garantie, plus généreuse chez Lincoln, et la promesse aussi d'une valeur résiduelle supérieure, mais est-ce suffisant ?

PANTOUFLARD

Pour justifier son étiquette et son prix, le MKX baigne son habitacle dans la fioriture avec un soupçon de rétro, comme en fait foi la carrure des indicateurs et des jauges. La disposition des principales commandes ne prête pas flanc à la critique, pas plus que le confort des sièges. On apprécie également les places arrière, dégagées et accueillantes, et le volume plus qu'appréciable du coffre, même si on regrette que la lunette demeure fixe en tout temps. En revanche, le système de navigation (une option) est inutilement compliqué et difficile à consulter ; le conducteur ne bénéficie pas d'un repose-pied digne de ce nom, tandis que les autres occupants chercheront des poignées de maintien. Elles ont toutes disparu.

Avec le MKX, il serait si aisé de lui préférer ses concurrents après seulement quelques kilomètres derrière le volant. En fait, ce Lincoln a-t-il vraiment un concurrent ? Pas assez sportif pour suivre le rythme d'un X3 de BMW sur une route sinueuse ou assez aventurier pour prendre la clef des champs en compagnie du LR2 de Land Rover. Et en accélération comme en reprises, ce MKZ n'a pas non plus assez de souffle pour passer devant un RDX d'Acura.

DE LA OUATE

Que lui reste-t-il pour s'illustrer ? Essentiellement, son confort de roulement. Considérant le piètre état de nos routes, voilà une qualité susceptible d'en ravir plus d'un. Cela pourrait inciter un amateur de conduite à lui pardonner sa démarche chancelante, son antipatinage chatouilleux, son sous-virage prononcé, sa direction quelque peu attardée ou l'absence d'une sélection manuelle des rapports de sa boîte automatique.

Mais à quoi bon valoriser les qualités dynamiques d'un véhicule si celui-ci est appelé à se morfondre dans les embouteillages ou se faire « tirer le portrait » par des cinémomètres photo? On sera toutefois un peu moins conciliant au chapitre du freinage, qui souffre d'une pédale cotonneuse et difficile à moduler, mais aussi d'une faible résistance à l'échauffement.

Sur le plan des performances pures, le MKX est pénalisé par son poids (très) élevé. On s'en doute déjà, Ford a développé une réponse toute faite à ce sujet : la sécurité. Il est vrai que le MKX s'est distingué lors des essais menés par la NHTSA (National for Highway Traffic Safety). Mais il est tout aussi vrai que le RDX d'Acura, plus léger de quelque 300 kg, a obtenu des résultats supérieurs à ceux du MKX.

La prise de poids du MKX (il pèse déjà près de 200 kg de plus que l'Edge) pénalise non seulement ses performances et son agilité, mais aussi sa consommation (et ses émissions). Et sur cet aspect, le MKX déçoit franchement, même si contrairement à tous les modèles concurrents cités dans cet article, il possède un mince avantage : celui de carburer à l'essence ordinaire. Pour réaliser des économies à la pompe (et à l'achat) et soulager quelque peu le V6 3,5 litres de sa tâche, mieux vaut jeter son dévolu sur la version tractée (roues avant motrices), plus légère d'une centaine de kilos.

Si le MKX devait être jugé sur sa polyvalence, son habitabilité et son confort de roulement, sans doute serait-il l'un des chouchous de sa catégorie. On lui pardonnerait alors le manque d'agrément que procure sa conduite, ses performances générales plutôt fades, mais plus difficilement sa consommation et son poids élevés.

Dans ce contexte, et considérant la différence peu marquée entre les deux modèles tant sur le plan technique que des accessoires offerts, nous lui préférons l'Edge. Presque aussi chic dans sa livrée SEL, la version proposée par Ford est en outre plus légère et conséquemment plus économique à la pompe. Et à l'achat. ||| **ÉRIC LEFRANÇOIS**

Un Edge mieux habillé ? Faut pas en faire tout un plat

DIMENSIONS ET VOLUMES

Empattement (mm)	2844
Longueur (mm)	4737
Largeur (mm)	1925
Hauteur (mm)	1709
Volume intérieur (L)	3070
Volume du coffre (min./max.) (L)	914 / 1941
Capacité du réservoir de carburant (L)	76
Fourchette de poids (kg)	1910 -1996

CHÂSSIS

Mode	traction, intégral
Suspension av. – arr.	indépendante
Freins av. – arr.	disques
Capacité de remorquage min. – max. (kg)	1588
Direction – diamètre de braquage (m)	crémaillère – 11,8
Pneus	245/60R18, 245/50R20 (option)

PERFORMANCES

Modèle à l'essai	MKX (4rm)
Moteur	V6 DACT 3,5 litres
Puissance (ch. à tr/min)	265 - 6250
Couple (lb-pi à tr/min)	250 - 4500
Transmission	automatique 6 rapports
Autres transmissions	aucune
Accélération 0-100 km/h (sec.)	8,94
Reprises 80-115 km/h (sec.)	5,76
Distance de freinage 100-0 km/h (m)	45
Niveau sonore à 100 km/h	⌘ ⌘ ⌘
Vitesse maximale (km/h)	185
Consommation réalisée au cours de l'essai (L/100 km)	13,2
Gaz à effet de serre	
Autres moteurs	aucun

CE QU'IL FAUT SAVOIR

Fourchette de prix ($)	**40 200 - 42 200**
Marge de profit du concessionnaire (%)	9,45
Transport et préparation ($)	1300
Consommation ville – route (L/100 km)	**14,7 - 9,9 (2rm)** **14,9 - 10,3 (4rm)**
Essence recommandée	ordinaire
Versions offertes	unique (2rm, 4rm)
Carrosserie	multisegment 5 portes
Lieu d'assemblage	Canada
Valeur résiduelle	✱ ✱ ✱
Garanties : de base – motopropulseur (an/km)	4/48 000 - 6/110 000
Fiabilité présumée	✱ ✱ ✱ ⋆
Cycle de remplacement	2011
Ventes 2007 ↗ 256 %	Québec : 257
Protection collision frontale conducteur/passager latérale avant/arrière retournement 2rm/4rm	✱✱✱✱✱/✱✱✱✱ ✱✱✱✱✱/✱✱✱✱✱ ✱✱✱✱ /✱✱✱✱

À RETENIR

Nouveautés 2009	système de navigation plus sophistiqué, hayon à commande électrique, espaces de rangement plus nombreux
Principales concurrentes	Acura RDX, BMW X3, Buick Enclave, Land Rover LR2, Mercedes GLK, Nissan Murano, Volvo XC60

+ • Le confort des suspensions
+ • La richesse des accessoires
+ • Le comportement sûr et prévisible

− • L'écart de prix face au Ford Edge
− • La qualité d'assemblage
− • Le poids qui pèse sur les performances et la consommation

L'ILLUSIONNISTE

La filiale de luxe de Ford se cherche un peu. Beaucoup. Désespérément. Au fil des ans, elle a perdu ses repères. Une partie de sa clientèle aussi. Les orientations dictées tantôt par ses dirigeants, tantôt par ses stylistes, ont toujours été suivies sans conviction. On tâtonne ; on se lance dans une direction, puis dans une autre ; en gros, plus que partout ailleurs, chez Lincoln, on respire l'air du temps.

Épuisée sans doute de jouer ainsi les girouettes (on le serait à moins), la haute direction a un plan. Et cette fois, elle semble le respecter. La marque de prestige de Ford ne rêve plus de conquérir le monde, mais plutôt de se positionner comme l'unique représentante des valeurs traditionnelles américaines en matière de luxe et de raffinement, et la MKZ en est un bon exemple.

ALORS, CETTE MKZ VAUT LE DÉTOUR ?

Disons poliment qu'elle mérite considération. Surtout qu'elle peut compter sur un rouage intégral, un argument de poids face à ses principales concurrentes. Certains ergoteront que la somme exigée est assez relevée pour une Fusion enveloppée de fioritures. Mais en toute honnêteté, regardez un peu ce qui se fait ailleurs : ce n'est plus tellement le contenu, mais le contenant qui importe. Et reconnaissons dans ce contexte que les origines prolétaires de ce véhicule ont été admirablement bien masquées par les stylistes.

Dès qu'on ouvre les portières, on s'étonne (certains s'émerveilleront) que chaque détail veille à transmettre de façon subtile le soin apporté à la finition. Pensons aux matériaux authentiques utilisés, tels le bois d'érable et les surfaces en aluminium. Le volant garni de bois et de cuir, les poignées de porte chromées et le levier sélecteur en aluminium gainé de cuir comprennent tous des éléments enduits de nickel, dans les zones que touche le conducteur. Certes, une belle exécution, mais sur la voiture essayée (12 000 km au compteur) certaines garnitures révélaient déjà des signes de fatigue. Par chance, une seule visite chez le concessionnaire suffira pour tout arranger. Ce dernier ne pourra toutefois pas corriger les fautes commises sur le plan de l'ergonomie. Comme cette commande des phares plaquée

dans la partie basse du tableau de bord ou encore la commande d'essuie-glaces perchée sur le levier de droite, trop loin de la jante du volant. La position de conduite est agréable, mais un peu plus de support au niveau des cuisses et des épaules n'aurait pas fait de mal. À l'arrière, les deux passagers (trois, c'est un peu limite) trouveront également peu à redire sur l'espace qui leur est réservé ou sur le moelleux de la banquette. Quant au coffre, il propose un volume utilitaire de 447 litres, ce qui permet de faire une grosse épicerie sans s'inquiéter.

LE DYNAMISME SELON LINCOLN

Pendant des années, Lincoln a commercialisé des automobiles dont le comportement ressemblait davantage à celui d'un paquebot qu'à celui d'une auto. La clientèle manifestait aussi plus d'intérêt pour l'épaisseur d'une moquette que pour les qualités dynamiques d'une auto. Des efforts ? Il y en a eu, mais Lincoln n'a jamais véritablement donné l'impression de vouloir se débarrasser de cette image profondément ancrée dans nos souvenirs.

Construite autour de l'architecture CD3, née chez Mazda, la MKZ nous invite pourtant à laisser certains de nos préjugés au vestiaire. Pas tous. En fait, en bonne Lincoln, la MKZ s'accommode des irrégularités de la chaussée avec beaucoup d'assurance. Sur le plan dynamique, elle se révèle plus efficace. Les mouvements de caisse sont mieux contrôlés et l'assistance de la direction paraît mieux calibrée, ce qui se traduit par un « toucher de la route » plus précis ; plus lourd aussi, ce qui a pour effet d'exposer le tempérament plutôt pataud de cette Lincoln dans les enchaînements à faible ou moyenne vitesse. Et disons que le diamètre de braquage est abominable pour une automobile de ce gabarit.

Plus lourde qu'une Fusion, la MKZ revendique, à mécanique égale, un poids-puissance moins avantageux. Même si la boîte automatique à six rapports fait, avec douceur, ce qu'elle peut pour lui venir en aide, le V6 de 3,5 litres n'a rien d'une fusée. D'accord, on ne l'entend guère se plaindre (bon point pour l'insonorisation de l'habitacle), mais les accélérations et les reprises gagneraient à être plus solides. Pour ajouter à cette apparente paresse, la MKZ est affublée d'une pédale d'accélérateur dont la course nous est apparue étonnamment longue et, de surcroît, difficile à moduler.

Globalement, la MKZ a des arguments à faire valoir face à des concurrentes plus coûteuses à l'achat et à l'entretien (les frais de révision sont assumés par Lincoln pour la durée de la garantie générale) et dépourvues parfois de la traction intégrale, si précieuse ici. **ⅼⅼⅼ ÉRIC LEFRANÇOIS**

Certains ergoteront que la somme exigée est assez relevée
pour une Fusion enveloppée de fioritures

LINCOLN MKZ

DIMENSIONS ET VOLUMES

Empattement (mm)	2728
Longueur (mm)	4859
Largeur (mm)	1834
Hauteur (mm)	1450
Volume intérieur (L)	2832
Volume du coffre (min./max.) (L)	447
Capacité du réservoir de carburant (L)	66,2
Fourchette de poids (kg)	1574 - 1666

CHÂSSIS

Mode	traction, intégral
Suspension av. - arr.	indépendante
Freins av. - arr.	disques
Capacité de remorquage min. - max. (kg)	non recommandé
Direction – diamètre de braquage (m)	crémaillère – 12,19
Pneus	225/50R17

PERFORMANCES

Modèle à l'essai	MKZ TI
Moteur	V6 DACT 3,5 litres
Puissance (ch. à tr/min)	263 - 6250
Couple (lb-pi à tr/min)	249 - 4500
Transmission	automatique 6 rapports
Autres transmissions	aucune
Accélération 0-100 km/h (sec.)	7,92
Reprises 80-115 km/h (sec.)	5,51
Distance de freinage 100-0 km/h (m)	39,2
Niveau sonore à 100 km/h	✹ ✹ ✹ ✎
Vitesse maximale (km/h)	195
Consommation réalisée au cours de l'essai (L/100 km)	12,3
Gaz à effet de serre	
Autres moteurs	aucun

CE QU'IL FAUT SAVOIR

Fourchette de prix ($)	**36 499 – 40 299**
Marge de profit du concessionnaire (%)	8,27 à 8,53
Transport et préparation ($)	1300
Consommation ville - route (L/100 km)	**13 – 8,5 (Base)** **14 – 10 (TI)**
Essence recommandée	ordinaire
Versions offertes	Base, TI
Carrosserie	berline 4 portes
Lieu d'assemblage	Mexique
Valeur résiduelle	✷ ✷ ✷
Garanties : de base – motopropulseur (an/km)	4/80 000 – 6/110 000
Fiabilité présumée	✷ ✷ ✷ ✹
Cycle de remplacement	2010
Ventes 2007 ↘ 19 %	Québec : 231 (Zephyr/MKZ)
Protection collision frontale conducteur/passager latérale avant/arrière retournement 2rm/4rm	✷ ✷ ✷ ✷ ✷ / ✷ ✷ ✷ ✷ ✷ ✷ ✷ ✷ ✷ ✷ / ✷ ✷ ✷ ✷ ✷ ✷ ✷ ✷ / ✷ ✷ ✷ ✷ ✷

À RETENIR

Nouveautés 2009	**en attendant le modèle 2010, aucun changement majeur**
Principales concurrentes	**Acura TL, Cadillac CTS, Infiniti G35, Volvo S60**

- Rouage intégral
- Entretien compris
- Habitacle valorisant

- Moteur à la peine
- Finition à resserrer
- Ergonomie de certaines commandes à revoir

391

DANS L'AILE DES CONDAMNÉS...

Reste-t-il encore un marché pour ces méga VUS en Amérique du Nord ? Le créneau est assorti d'une demi-douzaine de ces paquebots que recherchent tous ceux pour qui le coût du carburant n'est pas une préoccupation et pour qui l'environnement est une association de bienfaisance à laquelle on apporte une contribution annuelle. On disait, voici quelques années, qu'on pouvait assumer le prix de l'essence quand on pouvait s'offrir un véhicule aussi dispendieux. Et c'est probablement encore le cas.

LINCOLN

LINCOLN
NAVIGATOR

La cause est bien servie quand on voit l'estafette de sécurité du président américain se déplacer dans de tels véhicules, blindés en plus. Une entreprise, une famille bien nantie, une vedette rock y trouveront donc leur compte... quand il leur faudra déplacer plusieurs personnes, jusqu'à huit, dans un environnement faste et être en mesure de traverser certains obstacles, comme une lourde bordée de neige ou un débordement de rivière. La question se pose cependant : y aura-t-il une demande assez soutenue chez Ford pour garder au catalogue ces deux produits, le Navigator, et son beau-frère moins riche, l'Expedition ?

ORDINAIRE ET ALLONGÉ

Ces dernières années, les constructeurs américains ont joué les voisins gonflables avec leurs gros modèles. Ainsi, Chrysler a endimanché le Durango et concocté l'Aspen. Pour sa part, GM a élaboré une réponse dans chacune des divisions. Et Ford a fait évoluer l'Expedition et le Navigator en étirant leur empattement de plus de 38 centimètres ! En effet, lors de la présentation de la troisième génération, il y a trois ans, les ingénieurs ont donné la nouvelle plateforme T1 au Navigator. Ce qui a permis d'élaborer une version L à empattement allongé mesurant 38 cm de plus que le modèle ordinaire. Tout ça pour faire jeu égal avec le Cadillac ESV. Mon VUS est plus gros que ton VUS !

SUR LA ROUTE

Rien n'a été oublié dans le Navigator pour permettre à ses utilisateurs de jouir d'un grand confort. Les marchepieds escamotables électriques, la climatisation automatique, la caméra de recul et combien d'autres petites attentions sont de série et procurent un environnement digne d'un palace. Parmi les autres petites astuces, il y a un bouchon d'essence

intégré, des essuie-glace automatiques, un système antivol sophistiqué et le système SYNC. Même la dernière rangée de sièges peut se dissimuler dans le plancher à l'aide d'une commande électrique. Bref, on a tout fait pour que le conducteur et les passagers se croient dans un hôtel cinq étoiles.

Sous le capot, le 5,4 litres Triton, jumelé à une boîte à six rapports, sera fortement sollicité et ses 310 chevaux seront sans cesse au travail pour déplacer les trois tonnes de ce pachyderme. La capacité de remorquage est toutefois au rendez-vous, et c'est quatre tonnes de plus que le Navigator pourra tirer au timon. Par contre, inutile de dire que la consommation sera multipliée par deux.

La dernière génération de la suspension indépendante aux quatre coins a pour effet de niveler la route et donne l'impression d'une promenade sur un tapis magique tellement le roulement est feutré. L'habitacle est bien aménagé et l'insonorisation est digne de la réputation de Lincoln. Pour contrôler l'équilibre des masses en virage, les ingénieurs ont ajouté quelques aides à la conduite pour améliorer la tenue de route, comme le système antidérapage Advance Trac. Ce dernier assure efficacement le contrôle de la stabilité et gère les déplacements du véhicule.

UNE BAISSE DE PRIX RADICALE

Deux phénomènes économiques ont contribué à des réductions importantes de prix du Navigator. Le dollar canadien est presque au pair avec celui de l'Oncle Sam, et les prix de l'essence ont forcé le constructeur à offrir des rabais substantiels. Chez Ford, au lieu d'ajuster directement les prix à la baisse, on parle maintenant de prix familial, d'allocation de rabais ou d'allègement du forfait de transport et de préparation ; mais il n'en demeure pas moins que dans le cas du Navigator, il s'agit d'une réduction d'environ 15 000 $, pour une facture qui oscille dorénavant autour des 64 000 $. Même si on n'a pas encore rejoint le prix qu'on en demande au sud du 49ᵉ parallèle, c'est déjà un effort intéressant qui attirera son lot de curieux.

Mais rien n'assure pour l'instant la survie de ces méga sport utilitaires. Quand une tendance s'installe dans le marché de l'automobile, il n'en faut pas beaucoup pour influencer les acheteurs. Les perspectives de récession et l'appétit glouton des pétrolières ne contribuent guère à revigorer le marché dans cette niche. Le fait que Ford ait tardé à inscrire ses lourds utilitaires parmi les candidats susceptibles de recevoir des mesures hybrides, la désactivation des cylindres et, au demeurant, une motorisation diésel, n'a rien pour aider leur cause. ▌▌ **MICHEL POIRIER-DEFOY**

Ford a peut-être trop tardé à inscrire ses gros VUS parmi les candidats susceptibles de recevoir des mesures hybrides ou une motorisation diésel

DIMENSIONS ET VOLUMES

Empattement (mm)	3023, 3328 (L)
Longueur (mm)	5293, 5672 (L)
Largeur (mm)	2002
Hauteur (mm)	1989, 1984 (L)
Volume intérieur (L)	4465
Volume du coffre min./max. (L)	512 / 3686, 1205 / 3627 (L)
Capacité du réservoir de carburant (L)	106, 127 (L)
Fourchette de poids (kg)	2740 - 2848

CHÂSSIS

Mode	intégral
Suspension av. - arr.	indépendante
Freins av. - arr.	disques
Capacité de remorquage min. - max. (kg)	3856 - 3946
Direction - diamètre de braquage (m)	crémaillère - 12,44 / 13,38 (L)
Pneus	255/70R18, 275/55R20 (option)

PERFORMANCES

Modèle à l'essai	Navigator Ultimate
Moteur	V8 SACT 5,4 litres
Puissance (ch. à tr/min)	310 - 5000
Couple (lb-pi à tr/min)	365 - 3600
Transmission	automatique 6 rapports
Autres transmissions	aucune
Accélération 0-100 km/h (sec.)	9,67
Reprises 80-115 km/h (sec.)	5,23
Distance de freinage 100-0 km/h (m)	42
Niveau sonore à 100 km/h	✖ ✖ ✖ ✎
Vitesse maximale (km/h)	200
Consommation réalisée au cours de l'essai (L/100 km)	17,8
Gaz à effet de serre	
Autres moteurs	aucun

CE QU'IL FAUT SAVOIR

Fourchette de prix ($)	**64 300**
Marge de profit du concessionnaire (%)	9,67
Transport et préparation ($)	1300
Consommation ville - route (L/100 km)	**20,5 - 14,8**
Essence recommandée	ordinaire
Versions offertes	Ultimate, Ultimate L
Carrosserie	utilitaire 5 portes
Lieu d'assemblage	États-Unis
Valeur résiduelle	✦ ✦ ✦
Garanties : de base - motopropulseur (an/km)	4/80 000 - 6/110 000
Fiabilité présumée	✦ ✦ ✦ ✦ ✦
Cycle de remplacement	2012
Ventes 2007 ↗ 1 %	Québec : 113
Protection collision frontale conducteur/passager	✦ ✦ ✦ ✦ ✦ / ✦ ✦ ✦ ✦ ✦
latérale avant/arrière	✦ ✦ ✦ ✦ ✦ / ✦ ✦ ✦ ✦ ✦
retournement 2rm/4rm	n.a./ ✦ ✦ ✦ ✦

À RETENIR

Nouveautés 2009	moteur plus puissant (+ 10 ch.), caméra de recul et sièges arrière chauffants de série, système de navigation activé par la voix, système Lincoln SYNC, essuie-glaces avec détecteur de pluie
Principales concurrentes	Cadillac Escalade/ESV, Infiniti QX56, GMC Yukon/XL Denali, Land Rover RR, Lexus GX/LX, Mercedes ML/GL, Toyota Sequoia

- Luxe indéniable
- Prix révisés à la baisse
- Tenue de route feutrée
- Capacité de remorquage

- Version allongée lourde et encombrante
- Consommation gargantuesque
- Valeur de rachat à la baisse

PETITES NATURES, S'ABSTENIR !

Si BMW a prétendument inventé l'agrément de conduite, personne ne songera à enlever le mérite à la marque anglaise Lotus d'avoir inventé la tenue de route. D'ailleurs, je ne suis pas près d'oublier la façon effrontée dont les anciennes Lotus Seven ou Élan me doublaient en piste lorsque je courais sur Porsche. Et la marque allemande n'est pas tout à fait une apprentie quand vient le temps de cramponner une voiture de sport au sol. Imaginez les autres !

LOTUS
ELISE/EXIGE S

Tout cela pour dire que la postérité se souviendra que Colin Chapman, fondateur de Lotus et de l'écurie éponyme de F1, a laissé derrière lui une manière de fignoler les châssis et de combattre les kilos qui fait école encore aujourd'hui. Même s'il n'est plus de ce monde, ses successeurs exécutent toujours des voitures à son image et ce n'est que plus vrai pour les récentes Lotus Élise et Exige, des machines à plaisir vendues piles incluses.

UN POIDS PLUME

La carrosserie est en matériaux composites, tandis que la structure utilise de l'aluminium, un gage de rigidité et de légèreté, la surcharge pondérale ayant toujours été l'ennemi numéro un de Colin Chapman. Avec ses 875 kg, l'Exige est un vrai poids-plume qui, sur la balance, fait match nul avec la lilliputienne Smart. Comme l'Élise, qui est plus ou moins la version découverte de l'Exige, cette Lotus affiche un air menaçant avec ses phares de poisson-chat, son imposant aileron arrière et sa généreuse sortie d'échappement au milieu de l'extracteur d'air arrière.

La meilleure preuve que la Lotus n'est pas pour les petites natures se trouve dans l'absence de ces béquilles électroniques que sont les contrôles de la traction ou les systèmes de stabilité. Même la direction n'est pas assistée, bien que l'on ait prévu l'ABS pour le freinage.

Côté motorisation, Lotus a opté pour la robustesse des moteurs Toyota en retenant les services de leur quatre cylindres de 1,8 litre à compresseur développant plus de 100 chevaux au litre, soit 220 en tout à 8000 tours/minute. Cette puissance trottine vers le pont arrière par l'intermédiaire d'une boîte de vitesses manuelle à six rapports.

En 2009, la déclinaison S240 ajoute 20 chevaux au menu, ce qui est plus ou moins une façon de vendre plus cher un modèle très légèrement plus rapide.

Est-il nécessaire d'ajouter que nous sommes en présence d'un oiseau rare, une voiture minimaliste, une sportive pure et dure qui ne se gêne pas pour sacrifier le confort au bénéfice de la tenue de route.

JOUET OU INSTRUMENT DE TORTURE ?

Premier test à réaliser lors de l'essai chez le concessionnaire : s'assurer de pouvoir prendre place au volant de la chose. Vous risquez de vous offrir en spectacle si vous n'êtes pas jeune, mince et athlétique. Pour preuve, à cause des caissons latéraux de son châssis et de l'immuabilité de sa colonne de direction, il faut toute une allonge pour en prendre les commandes. Aussi épais que deux billets de la Place des Arts, les sièges de cette Anglaise se révèlent peu confortables. On y conduit couché, le levier de vitesse trop près du corps, les pieds cherchant leur chemin vers un pédalier auquel conviendraient des chaussons de ballerine. Maintenant que vous avez rejoint le poste de pilotage, vous remarquerez que la finition est plutôt sommaire, et si vous jetez un coup d'œil derrière, vous n'y verrez rien tellement la visibilité est médiocre. Mais, dans une Lotus, doit-on avoir à se soucier de ce qui se passe à l'arrière ? Bref, celle-ci concède très peu au confort et rien au luxe, à moins de vous laisser séduire par les nombreuses (et coûteuses) options qui se trouvent inscrites au catalogue.

J'ai été agréablement surpris de la souplesse du moteur, même si la suralimentation n'entre en scène qu'aux environs de 4000 tours au compteur. La prise en mains est compliquée par la faible course du levier de vitesses qui vous fait enclencher le mauvais rapport à certains moments. Si la puissance impressionne sur la route, elle est moins électrisante sur une piste de course en raison du manque de couple du moteur à la sortie des épingles. Les pneus sont de vraies ventouses, mais aussi bien le freinage que la tenue de route ne tolèrent rien d'autre qu'un bitume en parfait état.

L'Exige répond parfaitement à la définition d'une voiture-jouet faite pour s'amuser quelques heures par beau temps. C'est indiscutablement une voiture de course maquillée en voiture de route, ce qui plaira à plusieurs tout en faisant fuir à grands pas monsieur Tout-le-monde. ▐▐ **JACQUES DUVAL**

Première épreuve : s'assurer de pouvoir prendre place au volant de la chose. Vous risquez de vous offrir en spectacle

LOTUS ELISE/EXIGE S

DIMENSIONS ET VOLUMES

Empattement (mm)	2300
Longueur (mm)	3785
Largeur (mm)	1719
Hauteur (mm)	1143 1117 (Elise), 1158 (Exige S)
Volume intérieur (L)	n.d.
Volume du coffre (min./max.) (L)	112
Capacité du réservoir de carburant (L)	40
Fourchette de poids (kg)	875 - 943

CHÂSSIS

Mode	propulsion
Suspension av. - arr.	indépendante
Freins av. - arr.	disques
Capacité de remorquage min. - max. (kg)	non recommandé
Direction - diamètre de braquage (m)	crémaillère – 10
Pneus	175/50R16 - 225/45R17 (Elise) 195/50R16 - 225/45R17 (Exige S)

Pour un essai son et images de cette voiture, procurez-vous le DVD Prenez le volant de 12 voitures d'exception avec Jacques Duval.

PERFORMANCES

Modèle à l'essai	Exige S
Moteur	L4 DACT 1,8 litre
Puissance (ch. à tr/min)	220 - 8000
Couple (lb-pi à tr/min)	165 - 5500
Transmission	manuelle 6 rapports
Autres transmissions	aucune
Accélération 0-100 km/h (sec.)	5,2
Reprises 80-115 km/h (sec.)	3,9
Distance de freinage 100-0 km/h (m)	36,6
Niveau sonore à 100 km/h	
Vitesse maximale (km/h)	250 (Exige), 240 (Elise)
Consommation réalisée au cours de l'essai (L/100 km)	10,8
Gaz à effet de serre	
Autres moteurs	L4 1,8 litre (190 ch.) L4 1,8 litre (240 ch.)

CE QU'IL FAUT SAVOIR

Fourchette de prix ($)	**54 500 – 73 995 (2008)**
Marge de profit du concessionnaire (%)	n.d.
Transport et préparation ($)	n.d.
Consommation ville - route (L/100 km)	**11,2 - 8,7 (Elise) 11,8 - 9 (Exige S)**
Essence recommandée	super
Versions offertes	Base, SC, Type 72D (Elise), S, S240 (Exige)
Carrosserie	cabriolet 2 portes coupé 2 portes
Lieu d'assemblage	Angleterre
Valeur résiduelle	non évaluée
Garanties : de base - motopropulseur (an/km)	3/50 000 – 3/50 000
Fiabilité présumée	non évaluée
Cycle de remplacement	inconnu
Ventes 2007 n.d.	Québec : n.d.
Protection collision frontale conducteur/passager latérale avant/arrière retournement 2rm/4rm	non évaluée non évaluée non évaluée

À RETENIR

Nouveautés 2009	moteur de 240 chevaux (Exige S 240), nouvelles couleurs
Principales concurrentes	BMW Z4, Honda S2000, Mazda MX-5, Pontiac Solstice GXP, Saturn Sky Red Line, Porsche Boxster

- Agilité animale
- Tenue de route imbattable
- Voiture de course déguisée

- Accès pénible
- Habitacle dépouillé
- Utilisation restreinte
- Pour voyageur sans bagage

À L'OMBRE DE FERRARI

Les premières Maserati des années 2000 n'étaient sûrement pas à la hauteur d'une griffe aussi élitaire. On eût dit que la sous-marque de Ferrari n'avait pas droit au meilleur et qu'elle devait se contenter d'éléments un peu dénaturés. Bref, elle était condamnée à rester en retrait pour ne pas faire ombrage à sa prestigieuse voisine de Maranello. Depuis l'entrée en scène d'une nouvelle génération de modèles l'an dernier, on assiste à la vraie renaissance de ce nom légendaire de l'industrie automobile italienne de haute volée.

MASERATI
GRAN TURISMO

La berline Quattroporte s'est donné une transmission plus vivable tandis que la Gran Turismo peut être considérée comme une digne héritière des spectaculaires Ghibli, Mistral, 3500 GT ou Bora des années 1950 et 60. Sans avoir la fougue à laquelle on s'attend d'une voiture de sport, cette GT fait honneur à son nom grâce à un comportement axé sur le confort et le luxe. Elle a aussi hérité de lignes beaucoup plus flatteuses que sa devancière et il suffit d'examiner la présentation intérieure pour se rendre compte que le bricolage n'a pas sa place à bord.

LENTE ET LOURDE

Cette Gran Turismo ne s'adresse pas à ceux ou celles qui rêvent de se promener dans une Ferrari sans y mettre le prix. Son moteur a les mêmes origines, mais doit se satisfaire de 405 chevaux, contre 490 dans une F-430. Vous risquez donc d'arriver deuxième si vous vous entêtez à vouloir suivre une Ferrari. En effet, le V8 de 4,2 litres qui émet sa musique endiablée sous le capot de la Gran Turismo a de la difficulté à faire bouger cette masse de plus de deux tonnes. En d'autres termes, le son est délicieux à l'écoute, mais les accélérations languissent un peu, surtout que la transmission automatique à six rapports ne fait aucun effort pour donner un coup de fouet à un moteur assez linéaire dans l'expression de sa puissance.

Par sa masse et son poids, cette Maserati est privée de toute forme de maniabilité et la belle calandre avant paraît vulnérable dans les stationnements serrés. Même le volant paraît lourd à tourner lors de telles manœuvres. Les palettes sous le volant sont bien impressionnantes, mais n'ont rien

à voir avec celles d'une Ferrari ou même d'une Nissan GT-R en matière de rapidité d'exécution.

Une autre contrariété dans les versions à transmission automatique (les plus vendues) est le trop grand rapprochement des pédales d'accélérateur et de freins. Étant toutes les deux en plus à la même hauteur, il est très facile d'appuyer sur les deux à la fois ou, pire encore, sur l'accélérateur au lieu du frein ou vice-versa. Les futurs acheteurs auraient intérêt à dénicher une paire de souliers de conduite minces qu'ils pourront enfiler en montant dans leur Gran Turismo. Cela peut sembler un peu affecté dans une voiture comme cette Maserati, mais, dans le cas présent, c'est la sécurité qui l'exige.

DANS L'ATTENTE DE LA S

Comme toute voiture GT qui fait honneur à sa vocation, la Gran Turismo peut accueillir un passager volontaire à l'arrière pour de brèves périodes ou des enfants en bas âge. Ils devront évidemment voyager sans valise au vu des dimensions réduites de la soute à bagages. Même si on a voulu donner préséance au confort, les sièges ne sont pas tout à fait au rendez-vous et il vaut mieux éviter le mode « sport » de la suspension, difficile à supporter.

Si cette Maserati éclipse facilement le précédent modèle, elle en laissera plusieurs sur leur appétit. La firme italienne le sait d'ailleurs trop bien, ce qui a donné lieu en milieu d'année 2008 (plus précisément au Salon de Genève en mars) au dévoilement d'une version S qui coïncide d'ailleurs avec la présentation de la Quattroporte S, laquelle reçoit plus ou moins le même traitement. Puisque les cinq marques italiennes d'importance, Ferrari, Maserati, Alfa Roméo, Lancia et Fiat couchent plus ou moins dans le même lit, la nouvelle motorisation de la Gran Turismo S provient de l'Alfa 8C, un fort joli coupé très demandé en Europe et qui devrait débarquer sur nos rives dans une année ou deux. Il s'agit encore une fois d'un V8, cette fois un 4,7 litres qui se pare de 433 chevaux. Cette motorisation se joint à une vraie boîte robotisée et aux incontournables freins Brembo pour offrir à la Gran Turismo les performances et la sportivité qui lui font défaut dans sa version de base. Il serait sage toutefois de placer votre nom sur la liste d'attente si vous désirez une Maserati Gran Turismo, tant il est vrai que les voitures sont livrées au compte-gouttes par le concessionnaire québécois de la marque Ferrari Québec. ▐▐▐ **JACQUES DUVAL**

Sous le capot, le V8 de 4,2 litres chevaux, malgré sa musique endiablée, a de la difficulté à faire bouger cette masse de plus de deux tonnes

DIMENSIONS ET VOLUMES

Empattement (mm)	2942
Longueur (mm)	4881
Largeur (mm)	1847
Hauteur (mm)	1353
Volume intérieur (L)	n.d.
Volume du coffre (min./max.) (L)	260
Capacité du réservoir de carburant (L)	86
Fourchette de poids (kg) :	1880

CHÂSSIS

Mode	propulsion
Suspension av. - arr.	indépendante
Freins av. - arr.	disques
Capacité de remorquage min. - max. (kg)	non recommandé
Direction - diamètre de braquage (m)	crémaillère - 10,7
Pneus	245/40R19 - 285/35R19
	245/35R20 - 285/35R20 (S)

PERFORMANCES

Modèle à l'essai	Gran Turismo
Moteur	V8 DACT 4,2 litres
Puissance (ch. à tr/min)	405 - 7100
Couple (lb-pi à tr/min)	340 -4750
Transmission	semi-automatique 6 rapports
Autres transmissions	aucune
Accélération 0-100 km/h (sec.)	5,2
Reprises 80-115 km/h (sec.)	3,3
Distance de freinage 100-0 km/h (m)	non mesurée
Niveau sonore à 100 km/h	✗ ✗ ✗
Vitesse maximale (km/h)	285
Consommation réalisée au cours de l'essai (L/100 km)	15,6
Gaz à effet de serre	

Autres moteurs	V8 4,7 litres (433 ch.)

CE QU'IL FAUT SAVOIR

Fourchette de prix ($)	**115 500 – 125 900**
Marge de profit du concessionnaire (%)	n.d.
Transport et préparation ($)	n.d.
Consommation ville - route (L/100 km)	**18 – 12,5**
Essence recommandée	super
Versions offertes	Base, S
Carrosserie	coupé 2 portes
Lieu d'assemblage	Italie
Valeur résiduelle	non évaluée
Garanties : de base - motopropulseur (an/km)	4/80 000 – 4/80 000
Fiabilité présumée	non évaluée
Cycle de remplacement	inconnu
Ventes 2007 n.a.	Québec : n.a.
Protection collision frontale conducteur/passager latérale avant/arrière retournement 2rm/4rm	non évaluée non évaluée non évaluée

À RETENIR

Nouveautés 2009	**nouveau moteur de 4,7 litres (version S), modèle cabriolet en préparation**
Principales concurrentes	**Aston Martin DB9, Bentley Continental GT, BMW Série 6, Jaguar XK, Mercedes CL, Porsche 911**

+
- Prix réaliste
- Finition plus rigoureuse
- Bonne habitabilité
- Ligne accrocheuse

−
- Freinage très moyen
- Poids élevé
- Moteur surtaxé
- Direction lourde

ENFIN DIGNE DE SON BLASON

MASERATI
QUATTROPORTE

L e nom à lui seul fait chic et résonne agréablement à l'oreille des Latins que nous sommes. La voiture, en revanche, traîne avec elle une réputation surfaite qui remonte à la première cuvée de ce modèle née sous la mauvaise étoile de Maserati. Il y a 20 ans à l'occasion d'un rallye en Italie, j'ai eu pour la première fois l'occasion d'essayer la Quattroporte. J'étais exalté à l'idée de suivre les concurrents dans une automobile aussi estimée. Or j'avais plutôt découvert une grosse voiture lourde, pataude et peu intéressante à conduire.

Tout cela, c'est de l'histoire ancienne, et après une longue absence, cette berline quatre portes a repris du service en 2003 et enfin retrouvé un semblant de dignité sous la houlette de Ferrari. Je dis un « semblant », car les premières versions se sont révélées très décevantes en raison d'une transmission atroce qui en a fait jurer plusieurs. Cette boîte robotisée, comme beaucoup de ses semblables à l'époque, était rendue détestable par les saccades qu'elle provoquait à chaque changement de rapport. Beaucoup de Maserati Quattroporte se sont vite retrouvées sur le marché de l'occasion à cause de cette malfaçon.

Depuis l'an dernier, cette berline sportive de luxe peut enfin rendre justice à son exclusivité, à son moteur Ferrari V8 4,2 litres de 400 chevaux et surtout à son prestigieux blason. Que ce soit en mode manuel ou complètement automatique, la nouvelle transmission ZF est presque complètement exempte des à-coups susmentionnés. Une version plus poussée la S, enrichie d'un moteur de 4,7 litres et 425 chevaux s'ajoute au catalogue en 2009. On a aussi profité de l'occasion pour procéder à une petite chirurgie de la partie avant qui prend un air de famille en empruntant le museau de la Gran Turismo.

LE POIDS DE DEUX YARIS

Je n'avais pas roulé 500 mètres que déjà j'avais été impressionné par une sensation de maniabilité qui arrive à nous faire croire qu'on conduit un coupé deux portes. Pourtant, il y a bel et bien une vaste banquette arrière accueillante avec réglage électrique pour chacun des deux passagers, un coffre digne de ce nom et tout ce qu'il faut pour transporter quatre personnes rapidement et en tout confort. Le rugissement harmonieux du moteur contribue lui aussi à imprimer à la Quattroporte ce caractère trompeur, tant par sa fougue que par sa résonance « ferraresque ». Toutefois,

avec un poids qui est l'équivalent de celui de deux Toyota Yaris, les chevaux sont très sollicités et les performances davantage à la hauteur d'une Porsche Boxster que d'une Ferrari F430. L'important, c'est que la sportivité soit bien présente, et elle l'est. Il suffit de déplacer le levier de vitesses de la transmission bimode vers la gauche pour effacer le gros D dans la fenêtre du tableau de bord et lui substituer chacun des six rapports de la boîte automanuelle. Les palettes sous le volant sont parmi les plus faciles à utiliser et leur asservissement aux commandes s'accélère dès qu'on sélectionne le mode sport de la suspension. Sur nos routes honteusement ravagées, cela n'a pas tellement d'incidence sur le confort, mais force est de constater que cette Maserati gagnerait à être mieux isolée des bruits engendrés par le passage des dégradations du revêtement. Même la direction, par ailleurs très précise, est agressée par des sautillements audibles dans les mêmes circonstances.

DES PNEUS PIRELLI DÉRANGEANTS

J'en profiterai pour ajouter que le nouveau talon d'Achille de la Quattroporte est son équipement pneumatique aussi dérangeant que dangereux. Les Pirelli P Zéro Rosso ont cette vilaine habitude de « lire la route » en zigzaguant entre les anfractuosités du pavé, nuisant considérablement à la stabilité de la voiture. Contrairement aux anciennes transmissions de cette Maserati quatre portes (d'où le nom), on peut cette fois se consoler en sachant que les pneus peuvent être remplacés facilement.

Outre son moteur, c'est son comportement en virage qui permet à la Quattroporte de sortir de la catégorie des grandes berlines de luxe traditionnelles. Toute assistance débranchée, quelle joie de se lancer dans une bretelle d'autoroute à bonne vitesse et de voir la voiture en suivre le profil avec un léger survirage amusant à contrôler.

L'intérieur reçoit un traitement de grand luxe, déparé seulement par la confusion qui règne parmi tous ses boutons disséminés un peu partout et pas nécessairement dans un ordre ergonomique. Et le pilier A du toit est si massif qu'il gêne la visibilité latérale du conducteur. J'opterais pour une autre couleur de finition intérieure tellement ce pilier drapé de noir donne un ton funèbre à l'ensemble.

Que dire de plus, sinon que la Quattroporte d'aujourd'hui n'a rien de comparable, à part son nom, au modèle antérieur. Elle plaira à ceux qui voudraient retrouver la voiture de sport de leur jeunesse, mais dont les besoins familiaux nécessitent quatre portières et autant de places. Quant aux autres, en quête d'une grande voiture de luxe, mieux vaudrait s'abstenir. ▌▌▌ **JACQUES DUVAL**

DIMENSIONS ET VOLUMES

Empattement (mm)	3064
Longueur (mm)	5052
Largeur (mm)	1895
Hauteur (mm)	1438
Volume intérieur (L)	n.d.
Volume du coffre (min./max.) (L)	450
Capacité du réservoir de carburant (L)	90
Fourchette de poids (kg)	1880

CHÂSSIS

Mode	propulsion
Suspension av. - arr.	indépendante
Freins av. - arr.	disques
Capacité de remorquage min. - max. (kg)	non recommandé
Direction - diamètre de braquage (m)	crémaillère - 12,3
Pneus	245/45R18 - 285/40R18 (Base)
	245/35R20 - 295/30R120 (S)

PERFORMANCES

Modèle à l'essai	Quattroporte GT
Moteur	V8 DACT 4,2 litres
Puissance (ch. à tr/min)	400 - 7000
Couple (lb-pi à tr/min)	339 - 4250
Transmission	semi-automatique 6 rapports
Autres transmissions	aucune
Accélération 0-100 km/h (sec.)	5,6
Reprises 80-115 km/h (sec.)	3,5
Distance de freinage 100-0 km/h (m)	37,1
Niveau sonore à 100 km/h	✹ ✹ ✹
Vitesse maximale (km/h)	270, 280 (S)
Consommation réalisée au cours de l'essai (L/100 km)	15
Gaz à effet de serre	
Autres moteurs	V8 4,7 litres (425 ch.)

CE QU'IL FAUT SAVOIR

Fourchette de prix ($)	**120 435 – 134 418**
Marge de profit du concessionnaire (%)	n.d.
Transport et préparation ($)	n.d.
Consommation ville - route (L/100 km)	**19,5 – 13,3**
Essence recommandée	super
Versions offertes	Base, S
Carrosserie	berline 4 portes
Lieu d'assemblage	Italie
Valeur résiduelle	non évaluée
Garanties : de base - motopropulseur (an/km)	4/80 000 - 4/80 000
Fiabilité présumée	non évaluée
Cycle de remplacement	inconnue
Ventes 2007 n.d.	Québec : n.d.
Protection collision frontale conducteur/passager latérale avant/arrière retournement 2rm/4rm	non évaluée non évaluée non évaluée

À RETENIR

Nouveautés 2009	**V8 de 4,7 litres et 425 chevaux (version S), retouches esthétiques**
Principales concurrentes	**Audi A8, BMW Série 7, Jaguar XJ, Lexus LS, Mercedes Classe S/CLS**

- Moteur mélodieux
- Maniabilité étonnante
- Tenue de route sportive

- Insonorisation perfectible
- Pneus décevants
- Ergonomie discutable

LA VOITURE DE CÉLINE

MAYBACH

MAYBACH
57/57S/62S

Nul besoin d'avoir l'œil très ouvert pour constater que notre grande star internationale de la chanson, Céline Dion, se promène la plupart du temps, entre deux spectacles, dans une limousine Maybach. Elle aurait certes pu opter pour une Rolls-Royce ou une Bentley, mais la marque allemande lui assure, vu sa rareté, une certaine exclusivité.

Maybach Manufaktur, voilà la signification du double M sur l'emblème de ce domicile sur quatre roues. Connue au début du siècle pour ses moteurs de dirigeables, la compagnie s'est recyclée dans les voitures de luxe pour finalement fabriquer des moteurs de chars d'assaut durant la Seconde Guerre mondiale, qui marqua d'ailleurs son chant du cygne. BMW s'étant porté acquéreur de Rolls-Royce et Bentley appartenant au groupe Volkswagen-Audi, la quête d'une marque d'ultime prestige pour Mercedes-Benz s'est soldée en 2002 par la sortie des boules à mites du nom Maybach. Ce moment d'histoire étant franchi, peut-être que la marque évoquera dorénavant quelque chose pour vous si jamais vous en apercevez une quelque part, car l'allure de ce salon roulant ne fait pas tourner les têtes outre mesure et c'est probablement ce que certains recherchent : voyager incognito en première classe.

UN TOIT SOUPLE À UN MILLION

Depuis le début, il n'y a en réalité qu'un modèle dont les différentes configurations servent à identifier les diverses versions. C'est ainsi que les modèles 57 et 62 sont nommées en raison de leurs longueurs hors tout, respectivement de 5,7 et 6,2 m. Le demi-mètre supplémentaire de la seconde sert les passagers arrière afin qu'ils puissent encore mieux prendre leur aise ; une indication comme quoi ce ne sont pas tellement des voitures à conduire et que vous devrez songer à vous engager un chauffeur. Depuis 2006, des versions 57S et 62S sont également offertes, et se veulent plus sportives, toute proportion gardée. La nouveauté pour 2009 est le modèle Landaulet, élaboré à partir de la 62S et qui propose sur la moitié de son toit une toile rétractable, exposant ainsi au grand air exclusivement les occupants des places arrière. Cette version Landaulet, des plus exclusives, coûte la bagatelle de 1 350 000 $, soit environ un million de plus que la 62S dont elle est dérivée, ce qui est cher payé pour se faire décoiffer.

HÂTEZ-VOUS, CHAUFFEUR

À la façon d'un jet, les Maybach se déplacent allègrement sans que rien y paraisse. Malgré un poids qui dépasse les deux tonnes, les accélérations, pourtant feutrées par le confort de l'habitacle, sont impressionnantes, puisqu'une 57S peut boucler le sprint 0-100 km/h en tout juste 5,2 secondes. La vitesse de pointe, inutile, car personne ici n'excède 100 km/h, est limitée électroniquement à 250 km/h. Ces performances sont dues au moteur V12 biturbo qui développe 543 chevaux et 664 livres-pieds de couple. Ces derniers chiffres correspondent aux versions dites régulières, les 57Si 62S et Landaulet bénéficiant pour leur part de 604 chevaux et 738 livres-pieds de couple. Évidemment, la consommation est tout à fait monstrueuse, mais l'autonomie est tout de même raisonnable grâce au réservoir à carburant d'une contenance de 110 litres, exclusivement d'essence super. De toutes les versions, seule la 57S bénéficie d'une suspension un peu plus ferme visant à améliorer la tenue de route. Celle-ci n'est pas vilaine étant donné les dimensions de la voiture, pour autant qu'on garde en tête quelques notions de physique.

LA PREMIÈRE CLASSE

Si chez Mercedes-Benz le sommet de la gamme est occupé par la Classe S, passer chez Maybach équivaut à se procurer un billet en première classe. Même dans les versions « courtes », le dégagement à l'arrière est suffisant pour qu'un joueur de basketball y prenne ses aises. Une fois les sièges de la version allongée inclinés, il est possible de faire la sieste, pourvu que le chauffeur ne conduise pas avec trop d'ardeur. Si vous doutez du tempérament de ce dernier, sachez qu'un indicateur de vitesse est monté à l'arrière, vous permettant selon l'humeur du moment de le ramener à l'ordre ou de l'encourager. Il est également possible d'écouter un film sur les écrans encastrés dans les dossiers des sièges avant ou encore de boire du champagne fraîchement sorti du miniréfrigérateur. Afin de coordonner l'habitacle à vos goûts et à votre portefeuille, plusieurs essences de bois exotiques et différents cuirs sont offerts, le tout pouvant faire varier le montant total de quelques dizaines de milliers de dollars.

AVENIR INCERTAIN

Les ventes de voitures Maybach n'ont jamais atteint le volume de celles de Bentley ou de Rolls-Royce, des marques probablement mieux établies qui proposent des modèles affichant leur statut de façon plus évidente. C'est pourquoi, à moins d'une refonte du modèle existant ou de l'ajout de nouveaux véhicules à la gamme, les ventes continueront probablement de dégringoler. Si toutefois, comme Céline Dion, vous désirez passer aussi inaperçu que dans une Avalon sans la fiabilité des produits Toyota, la Maybach est une luxueuse solution de rechange. ▌▌▌ **JACQUES DUVAL - DANIEL CHARRETTE**

Passer chez Maybach équivaut à se procurer
un billet en première classe

MAYBACH *57/57S/62S*

DIMENSIONS ET VOLUMES

Empattement (mm)	3390 (57), 3827 (62)
Longueur (mm)	5728 (57), 6165 (62)
Largeur (mm)	1980
Hauteur (mm)	1575
Volume intérieur (L)	n.d.
Volume du coffre (min./max.) (L)	605
Capacité du réservoir de carburant (L)	110
Fourchette de poids (kg)	2744 - 2875

CHÂSSIS

Mode	propulsion
Suspension av. - arr.	indépendante
Freins av. - arr.	disques
Capacité de remorquage min. - max. (kg)	non recommandé
Direction - diamètre de braquage (m)	billes - 13,4 (57) / 14,8 (62)
Pneus	275/50R19, 275/45R20 (S)

PERFORMANCES

Modèle à l'essai	57
Moteur	V12 biturbo DACT 5,5 litres
Puissance (ch. à tr/min)	543 - 5250
Couple (lb-pi à tr/min)	664 - 2200
Transmission	automatique 5 rapports
Autres transmissions	aucune
Accélération 0-100 km/h (sec.)	5,2
Reprises 80-115 km/h (sec.)	2,5 (estimé)
Distance de freinage 100-0 km/h (m)	non mesurée
Niveau sonore à 100 km/h	✗ ✗ ✗ ✗ ✗
Vitesse maximale (km/h)	250, 277 (S)
Consommation réalisée au cours de l'essai (L/100 km)	20
Gaz à effet de serre	
Autres moteurs	V12 biturbo 6 litres (604 ch.)

CE QU'IL FAUT SAVOIR

Fourchette de prix ($)	**335 000 – 1 350 000**
Marge de profit du concessionnaire (%)	n.d.
Transport et préparation ($)	n.d.
Consommation ville - route (L/100 km)	**24 – 15**
Essence recommandée	super
Versions offertes	57, 57 S, 62, 62 S, Landaulet
Carrosserie	berline 4 portes
Lieu d'assemblage	Allemagne
Valeur résiduelle	n.d.
Garanties : de base - motopropulseur (an/km)	4/illimité – 4/illimité
Fiabilité présumée	non évaluée
Cycle de remplacement	inconnu
Ventes 2007 n.d.	Québec : n.d.
Protection collision frontale conducteur/passager	non évaluée
latérale avant/arrière	non évaluée
retournement 2rm/4rm	non évaluée

À RETENIR

Nouveautés 2009	**version Landaulet**
Principales concurrentes	**Bentley Arnage, Rolls-Royce Phantom**

- Confort royal
- Moteurs puissants
- Personnalisable à souhait

- Prix dissuasif
- Format hors normes
- Silhouette quelconque

DERNIER DROIT

Il semble bien que le modèle 2009 de la Mazda3 sera le dernier de la génération actuelle, qui date déjà de 2003. Un peu comme c'était le cas de la Honda Civic, quand venait le temps de redessiner leur populaire compacte, les ingénieurs de Mazda se trouvaient toujours face à un défi de taille : faire suffisamment de changements pour gagner une clientèle nouvelle et conserver les acquis qui ont toujours fait son succès.

Actuellement victime de son âge, la Mazda3 connaît un ralentissement de sa popularité au profit de la Honda Civic, plus avancée technologiquement, plus moderne en matière de design et plus intéressante, il va sans dire. Mais Mazda devra faire vite pour éviter que sa principale concurrente ne prenne une avance insurmontable. L'année modèle 2010 sera une année charnière importante pour la 3, puisqu'elle pourrait montrer des traits de caractère du modèle Ryuga concept, comme tous les autres membres de la famille Mazda d'ailleurs. En attendant de voir, concentrons-nous sur le modèle 2009, ni plus ni moins un « remake » du modèle actuel.

TOUJOURS UNE EXCELLENTE VALEUR

Est-il préférable d'acheter un modèle 2009 réduit de 2000 $ ou attendre la nouvelle génération 2010 ? Si vous êtes un maniaque d'automobile comme moi, vous attendrez la 2010 avec son large sourire et ses lignes plus acérées. Mais si vous êtes du genre plutôt rationnel qui ne se formalise pas du fait que le voisin possède un véhicule plus *hot* que le vôtre, allez-y avec la 2009. Même si la Civic lui a damé le pion au cours des derniers mois, la Mazda3 2009 est toujours un véhicule de qualité et agréable à conduire dont le contenu figure parmi les plus étoffés de la catégorie. Dans les deux cas, à mon avis, vous ferez une bonne affaire.

La Mazda3 est offerte en deux modèles, la berline et le modèle à hayon qu'on appelle la Mazda3 sport, et trois versions, la GS, la GX et la GT. Pour ce qui est de la MAZDASPEED3, le fabricant l'offre dans les deux modèles. Côté mécanique, Mazda propose deux cylindrées : le 2 litres de 148 chevaux et le 2,3 litres de 156 chevaux. Comme vous

pouvez le constater, il n'y a que huit chevaux qui séparent les deux mécaniques. Dans les faits, si vous vous procurez une 3 mue par le 2 litres jumelé à une boîte de vitesses manuelle à cinq rapports, vous éprouverez un certain plaisir à conduire. Il s'agit d'une petite mécanique performante et plus économique que le 2,3 litres. De plus, la boîte manuelle fonctionne en douceur et avec précision. Si vous en voulez plus, la MAZDASPEED3 vous en offrira pour votre argent avec ses 263 chevaux.

Toutes les trois affichent une certaine fermeté du côté des suspensions, pas suffisante toutefois pour altérer le confort des occupants, si ce n'est, peut-être, du côté de la MAZDASPEED. En général, le roulement, la tenue de route et la direction font un bon travail. C'est dans la bonne moyenne. Pour ce qui est du freinage, la stabilité est au rendez-vous, mais vous avez avantage à vous assurer que le véhicule que vous convoitez est équipé des freins ABS. La Mazda3 est également un véhicule silencieux, sauf quand on sollicite le moteur fortement.

Dans l'habitacle, on profite de commandes dont l'utilisation est conviviale, et tous les cadrans sont faciles à consulter. La qualité des matériaux utilisés est perfectible ; on trouve encore certains plastiques de qualité douteuse. Espérons que la prochaine génération sera l'occasion de revoir cette approche bon marché. Si elle veut que sa 3 joue dans la cour des grandes, Mazda devra revoir certains processus de fabrication.

En matière de confort, la Mazda3 offre beaucoup d'espace pour les jambes du conducteur et de son passager. À l'arrière, c'est dans la norme, sauf quand le conducteur pousse son siège à la position la plus éloignée. Si l'espace pour la tête est suffisant dans la berline, il l'est encore plus dans le modèle à hayon. À 323 litres, le coffre de la berline est approprié à la vocation familiale de la voiture. Il va de soi que la version sport en offre encore plus, surtout quand le dossier des sièges arrière est rabattu. Dans le même ordre d'idées, ajoutons en terminant que la boîte à gants est caverneuse, ce qui est un bel avantage dans cette catégorie.

Même si elle est à la croisée des chemins, la Mazda3 représente encore une excellente valeur sur le marché des voitures compactes. Elle est plaisante à conduire, très solide et abordable de surcroît. ▋▐ **STÉPHANE QUESNEL**

Même si elle ne flageole pas sur ses vieux os,
la 3 a du mal à rivaliser avec la Civic

DIMENSIONS ET VOLUMES

Empattement (mm)	2640
Longueur (mm)	4490 (hayon), 4505 – 4510 (berline)
Largeur (mm)	1755, 1765 (Speed3)
Hauteur (mm)	1465
Volume intérieur (L)	2670 (berline), 2699 (hayon)
Volume du coffre (min./max.) (L)	325 (berline)
	484 / 1240 (hayon), 467 / 1228 (Speed3)
Capacité du réservoir de carburant (L)	55
Fourchette de poids (kg)	1248 – 1352

CHÂSSIS

Mode	traction
Suspension av. – arr.	indépendante
Freins av. – arr.	disques
Capacité de remorquage min. – max. (kg)	non recommandé
Direction – diamètre de braquage (m)	crémaillère – 10,4 / 11
Pneus	195/65R15 (GX), 205/55R16(GS), 205/50R17(GT), 215/45R18 (Speed3)

PERFORMANCES

Modèle à l'essai	Mazda Sport GS
Moteur	L4 DACT 2 litres
Puissance (ch. à tr/min)	156 – 6500
Couple (lb-pi à tr/min)	150 – 4000
Transmission	manuelle 5 rapports
Autres transmissions	semi-automatique 4 rapports
Accélération 0-100 km/h (sec.)	9,33
Reprises 80 -115 km/h (sec.)	6,56
Distance de freinage 100-0 km/h (m)	38,2
Niveau sonore à 100 km/h	✗ ✗
Vitesse maximale (km/h)	190
Consommation réalisée au cours de l'essai (L/100 km)	9,8
Gaz à effet de serre	
Autres moteurs	L4 2,3 litres (156 ch.) L4 turbo 2,3 litres (263 ch.)

CE QU'IL FAUT SAVOIR

Fourchette de prix ($)	**15 895 – 31 095**
Marge de profit du concessionnaire (%)	7,15
Transport et préparation ($)	1395
Consommation ville – route (L/100 km)	**9,8 – 7,4 (man. 2 l)**
	10,2 – 7,6 (aut. 2 l)
	10,9 – 8,3 (2,3 l)
	13 – 9,2 (turbo, 2,3 l)
Essence recommandée	ordinaire, super (turbo)
Versions offertes	GX, GS, GT, Speed3
Carrosserie	berline 4 portes, hayon 5 portes (Sport)
Lieu d'assemblage	Japon
Valeur résiduelle	✱ ✱ ✱ ✱
Garanties : de base – motopropulseur (an/km)	3/80 000 – 5/100 000
Fiabilité présumée	✱ ✱ ✱ ✱
Cycle de remplacement	2010
Ventes 2007 ↘ 3 %	Québec : 19 827
Protection collision	
frontale conducteur/passager	✱ ✱ ✱ ✱ / ✱ ✱ ✱ ✱
latérale avant/arrière	✱ ✱ ✱ / ✱ ✱ ✱
retournement 2rm/4rm	✱ ✱ ✱ ✱ / n.a.

À RETENIR

Nouveautés 2009	équipement de série plus complet, habitacle rafraîchi, retouches à la calandre (Sport)
Principales concurrentes	Dodge Caliber, Hyundai Elantra, Honda Civic, Mitsubishi Lancer, Nissan Sentra, Pontiac G5/Vibe, Suzuki SX4, Toyota Corolla/Matrix, VW Rabbit/GTi/Jetta

➕ • Performances (MAZDASPEED3)
• Rapport qualité-prix
• Boîte manuelle à cinq rapports

➖ • Consommation de carburant
• Qualité de certains plastiques
• Espace pour les jambes derrière le conducteur

LE MEILLEUR DES DEUX MONDES

Apparue en 2005 à titre de modèle 2006 au Canada, la Mazda5 n'a pas mis beaucoup de temps à devenir la référence dans le segment des... minifourgonnettes. Pourquoi ? Primo, la Mazda5 actuelle fait son petit bonheur de chemin ailleurs dans le monde depuis 1999. En effet, avec l'année modèle 2006, nous avions droit à la troisième génération de ce petit véhicule familial. Secundo, la Mazda5 répond au besoin des familles qui recherchent un véhicule se comportant comme une berline, mais offrant l'espace d'une fourgonnette.

MAZDA
5

Non seulement la Mazda5 est-elle pratique, mais elle est de surcroît très agréable à conduire. De plus, avec l'incertitude qu'engendre la fluctuation du prix du brut, son moteur à quatre cylindres de 2,3 litres affiche un net avantage sur les V6 que proposent, dans la plupart des cas, les autres constructeurs. En effet, il ne faut pas oublier que le Rondo, de Kia, plutôt considéré comme un multisegment, offre également un quatre cylindres à la clientèle visée. Alors, en matière de consommation de carburant, de l'ordinaire, soit dit en passant, on peut facilement parler de 9 à 9,5 litres aux 100 km, un avantage de 3 litres aux 100 km pour la Mazda5. Ce qui est énorme, lorsque vous faites beaucoup de kilométrage. Il va de soi qu'il serait plus agréable d'avoir un peu plus de puissance sous le pied droit. Mais que voulez-vous, c'est le prix à payer pour avoir un bon véhicule familial économique.

MÊME COMBINAISON GAGNANTE

Pour 2009, offerte en versions GX, GS et GT, la 5 se voit reconduite avec très peu de changements. Elle repose toujours sur la plateforme C1 de Ford, comme c'est le cas de la Focus, de la Mazda3 et de la Volvo C30, mondialisation et économies d'échelle obligent. Comme une « vraie » fourgonnette, la Mazda5 profite de deux portes coulissantes à la hauteur des sièges de la rangée médiane. Voilà qui est pratique quand vous avez deux enfants turbulents qui veulent y monter dans un stationnement bondé ; aucun risque d'endommager la peinture du véhicule voisin.

L'équipement de série de la Mazda5 des modèles GS et GT est plus complet depuis l'année modèle 2008 et demi. On y trouve, notamment, des roues en alliage de 16 pouces,

des freins ABS, l'assistance au freinage d'urgence, des coussins de sécurité gonflables frontaux et latéraux, un volant inclinable et télescopique, les commandes audio au volant, le télédéverrouillage, la prise audio auxiliaire et j'en passe. On n'a donc plus besoin de payer pour tout l'équipement de la GT pour obtenir le régulateur de vitesse, par exemple.

Côté comportement, disons que la Mazda5 n'est pas un véhicule à entraîner sur une piste d'accélération. C'est dans la moyenne de la catégorie, sans plus. Cependant, il faut mentionner le fait que les deux boîtes de vitesses à cinq rapports, la manuelle et l'automatique, répondent très bien à la moindre sollicitation de la part du conducteur. Pour ce qui est du confort de roulement, le véhicule est plaisant à utiliser, se comporte très bien sur chaussée inégale et donne très peu de prise aux vents latéraux. Mais là où le caractère sportif de la 5 se manifeste de façon plus évidente, c'est au chapitre de la direction. Doublée d'une bonne prise du volant, elle est précise et permet de négocier les virages avec facilité. De plus, le rayon de braquage court facilite les manœuvres de stationnement.

Dans l'habitacle de la Mazda5, tout est simple et d'utilisation conviviale. La qualité est au rendez-vous, même si on remarque encore certains plastiques durs. En ce qui concerne la position assise, même si c'est un peu plus haut que dans une berline standard, on est encore loin de la position surélevée d'une fourgonnette comme la Grand Caravan. Les sièges sont confortables et offrent un excellent maintien latéral. Quant à l'espace pour la tête, les jambes et les pieds, rien à redire, surtout que les fauteuils de la rangée médiane s'avancent et se reculent. S'asseoir et voyager dans les sièges de la troisième rangée relève du défi pour des adultes ; disons que de jeunes enfants y seront plus à l'aise. Du côté de l'espace de chargement, le hayon est large, et l'espace offert est plus que suffisant, surtout si vous abaissez le dossier des sièges de la troisième rangée.

Donc, si vous recherchez un véhicule pratique et économique, n'hésitez pas à considérer la Mazda5 : c'est vraiment le meilleur des deux mondes. ▐▐▐ **STÉPHANE QUESNEL**

Dans l'habitacle de la Mazda5, tout est simple et d'utilisation conviviale

DIMENSIONS ET VOLUMES

Empattement (mm)	2750
Longueur (mm)	4620
Largeur (mm)	1755
Hauteur (mm)	1630
Volume intérieur (L)	4024
Volume du coffre (min./max.) (L)	112 / 857
Capacité du réservoir de carburant (L)	60
Fourchette de poids (kg)	1545 - 1582

CHÂSSIS

Mode	traction
Suspension av. - arr.	indépendante
Freins av. - arr.	disques
Capacité de remorquage min. - max. (kg)	non recommandé
Direction - diamètre de braquage (m)	crémaillère – 10,6
Pneus	205/55R16, 205/50R17 (GT)

PERFORMANCES

Modèle à l'essai	Mazda5
Moteur	L4 DACT 2,3 litres
Puissance (ch. à tr/min)	153 - 6500
Couple (lb-pi à tr/min)	148 - 4500
Transmission	automatique 4 rapports
Autres transmissions	manuelle 5 rapports
Accélération 0-100 km/h (sec.)	10,42
Reprises 80-115 km/h (sec.)	6,71
Distance de freinage 100-0 km/h (m)	39,9
Niveau sonore à 100 km/h	✖ ✖
Vitesse maximale (km/h)	185
Consommation réalisée au cours de l'essai (L/100 km)	10,6
Gaz à effet de serre	
Autres moteurs	aucun

CE QU'IL FAUT SAVOIR

Fourchette de prix ($)	19 995 – 23 295
Marge de profit du concessionnaire (%)	7,15
Transport et préparation ($)	1535
Consommation ville – route (L/100 km)	11 – 8,5 (man.) 11,8 – 9 (aut.)
Essence recommandée	ordinaire
Versions offertes	GS, GT
Carrosserie	mini-fourgonnette 5 portes
Lieu d'assemblage	Japon
Valeur résiduelle	✱ ✱ ✱
Garanties : de base - motopropulseur (an/km)	3/80 000 - 5/100 000
Fiabilité présumée	✱ ✱ ✱
Cycle de remplacement	2011
Ventes 2007 ↗ 50 %	Québec : 5723
Protection collision frontale conducteur/passager latérale avant/arrière retournement 2rm/4rm	✱✱✱✱✱/✱✱✱✱✱ ✱✱✱✱✱/✱✱✱✱ ✱✱✱✱ / n.a.

À RETENIR

Nouveautés 2009	aucun changement majeur
Principales concurrentes	Dodge Journey, Kia Rondo, Mercedes Classe B

 • Son équipement
• L'espace de chargement
• Ses boîtes de vitesses

 • Puissance de la mécanique un peu juste
• L'espace disponible à la troisième rangée de sièges
• Lacunes d'équipement (GX)

405

LE BON NUMÉRO, SAUF QUE...

On croyait la berline classique noyée au milieu des utilitaires doux et autres *crossover*, à cheval sur plusieurs segments. Certes, elle est un peu boudée par les automobilistes, qui se toquent désormais d'autres carrosseries. Mais elle fait encore les choux gras des constructeurs généralistes, comme en fait foi sa présence dans le top 3 des créneaux les plus vendus au pays. Alors, Mazda a mis les petits plats dans les grands et entend faire du 6 son nouveau numéro gagnant.

MAZDA
6

Exit la voiture mondiale. Désormais, la 6 s'adaptera aux exigences du marché où elle entend faire carrière. Conséquemment, la 6 qui pose dans la salle d'exposition du concessionnaire Mazda au coin de la rue n'a désormais plus rien à voir avec celle qui se produit de l'autre côté de la grande mare. Cette fois, la 6 vendue en Amérique du Nord est censée mieux correspondre aux attentes des consommateurs d'ici qui, si on se fie aux succès des Camry et Accord, recherchent confort, habitabilité et puissance.

Si la nouvelle occupe plus d'espace sur la route, se montre plus accueillante et plus puissante aussi, elle n'en a pas moins préservé la touche de Zoom-Zoom (ou Vroom-Vroom, c'est selon) qui a jusqu'ici fait son succès et facilité sa communication face à ses concurrentes de plus en plus conservatrices.

Et cela se voit. Sur le plan du style, par exemple, la 6 adopte les lignes de la berline fuselée et abaissée comme un *low rider*. Une illusion, puisqu'elle est plus haute que le modèle précédent et il s'en est fallu de peu (6 mm) pour qu'elle s'élève au rang d'une Accord. Mais contrairement à cette dernière, Mazda remet plus habilement en cause le style passe-partout des berlines classiques, même si le tracé du pavillon oblige à rallonger la voiture afin de loger convenablement cinq passagers. Le galbe des ailes avant, très travaillé, évoque l'univers de la RX-8. Dommage que

ce parti pris sportif se relâche à l'arrière, nettement moins démonstratif, qui n'offrira qu'une ouverture classique avec la disparition des carrosseries à hayon lesquelles — confirment les chiffres — récoltaient très peu d'appui auprès de la clientèle. La familiale surtout.

À l'intérieur, le changement sera là aussi, signalé par un tableau de bord serti de fausses appliques de chrome et de laque noire, sans oublier le bouton-poussoir pour démarrer l'auto sans la clé. On retient surtout la qualité des matériaux, supérieure à celle observée dans les dernières créations de la marque, et le rapport prix-équipements, des plus concurrentiel. De fait, la 6 a fait le plein d'accessoires et laisse peu de place aux options. Elle se décline en deux livrées : GS et GT, et les deux débarquent les mains passablement pleines et accordent à la 6 le droit de s'autoproclamer l'une des meilleures affaires de l'heure dans la catégorie.

Déposé sur un empattement plus long, l'habitacle s'avère désormais l'un des plus spacieux de la classe, tout comme le coffre d'ailleurs. Les grands détesteront sans doute se faire lisser le cuir chevelu une fois assis à l'arrière, mais c'est le prix à payer pour obtenir une ligne de pavillon ballante et sans doute l'obtention d'un aussi bon Cx (coefficient de traînée aérodynamique).

DÉPOSÉ SUR UN
EMPATTEMENT PLUS
LONG, L'HABITACLE
S'AVÈRE L'UN DES
PLUS SPACIEUX DE LA
CLASSE, TOUT COMME
LE COFFRE
D'AILLEURS, MÊME SI
LES GRANDS
DÉTESTERONT SANS
DOUTE SE FAIRE
LISSER LE CUIR
CHEVELU UNE FOIS
ASSIS À L'ARRIÈRE

DE LA PUISSANCE, MAIS ENCORE

Sur le plan technique, comme toute nouvelle génération de voitures, la 6 promet un châssis plus rigide et des éléments suspenseurs redéfinis.

Du côté des groupes propulseurs, les motoristes ont conservé le bloc du 2,3 litres pour le transformer en 2,5 litres. Du coup, la puissance nette passe de 156 à 170 chevaux et le couple de 154 à 167 livres-pieds. Le V6 a droit au même traitement et voit sa cylindrée grimper de 3 à 3,7 litres, ce qui se traduit par un gain de 60 chevaux et 72 livres-pieds de couple. Cette mécanique n'a droit qu'à une transmission semi-automatique à six rapports, alors que la quatre cylindres propose également une boîte manuelle à six rapports. Cette dernière, vive et précise, participe grâce à son étagement court sur les premiers rapports au bon résultat qui fait que la 6 est plus entraînante que vigoureuse. Elle ne s'abstient pas de faire entendre ses origines, mais ses vibrations sont bien maîtrisées.

Quant au V6, à la fois plus feutré et plus souple, ses performances sont évidement plus convaincantes, mais au prix d'une consommation décevante. En effet, selon les données officielles, la 6 consomme plus d'un litre aux 100 km de plus que l'Accord V6. C'est énorme dans le contexte actuel, et, hélas, l'explication ne tient pas au poids ni à son aérodynamisme. Et le quatre cylindres ? Il ne fait guère mieux par rapport à ses concurrents et consomme, là encore, près d'un litre de plus en moyenne. Voilà qui pourrait plomber à terme les ambitions du constructeur japonais de hisser la 6 au rang des meilleures. Cela est d'autant plus regrettable que sur le plan dy-

namique, l'intermédiaire de Mazda figure parmi les meilleures. Désormais plus agile en raison d'un diamètre plus court, plus dynamique que le modèle antérieur, la direction permet d'inscrire aisément l'auto dans les virages, mais elle apparaît un peu pâteuse en ville. Si le freinage se révèle désormais plus facile à moduler, la qualité de l'amortissement, elle, varie en fonction des pneumatiques (17 ou 18 pouces). La question est de savoir si vous privilégiez le confort (17 pouces) ou la performance (18). À vous de choisir, mais considérant l'état de notre réseau routier (il s'améliore certes, mais on est encore loin d'une surface aussi plane qu'une table de billard), il vaut mieux porter son choix sur les 17 pouces, et ce, même si le toucher de la route n'est pas aussi pur.

Au final, la 6 a suffisamment d'arguments pour détourner le regard du chaland dans sa direction en raison de la spécificité de son profil, de son comportement routier et de son volume intérieur. En revanche, sa consommation représente une déception et Mazda a tout intérêt à apporter promptement des correctifs pour la diminuer, sans quoi elle devra réviser ses objectifs de conquête à la baisse et faire une croix sur ses intentions de tourmenter Honda et Toyota. ▌▌ ÉRIC LEFRANÇOIS

CE QU'IL FAUT SAVOIR

Fourchette de prix ($)	**22 495 – 33 095**
Marge de profit du concessionnaire (%)	7,14 à 8,33
Transport et préparation ($)	1395
Consommation ville – route (L/100 km)	**11,2 - 7,8 (aut. 2,5 l) 11,8 - 8 ,1 (man. 2,5 l) 13,8 - 9,4 (3,7 l)**
Essence recommandée	ordinaire
Versions offertes	GS, GT
Carrosserie	berline 4 portes
Lieu d'assemblage	États-Unis
Valeur résiduelle	★ ★ ★
Garanties : de base - motopropulseur (an/km)	3/80 000 - 5/100 000
Fiabilité présumée	inconnue
Cycle de remplacement	nouveau modèle 2009
Ventes 2007 ↘ 18 %	Québec : 3303
Protection collision frontale conducteur/passager latérale avant/arrière retournement 2rm/4rm	non évaluée non évaluée non évaluée

À RETENIR

Nouveautés 2009	**nouvelle génération plus spacieuse, moteurs plus performants, boîte automatique 6 rapports**
Principales concurrentes	**Chevrolet Malibu, Dodge Avenger, Honda Accord, Mitsubishi Galant, Nissan Altima, Pontiac G6, Subaru Legacy, Totota Camry**

DIMENSIONS ET VOLUMES

Empattement (mm)	2789
Longueur (mm)	4920
Largeur (mm)	1839
Hauteur (mm)	1470
Volume intérieur (L)	2885
Volume du coffre (min./max.) (L)	469
Capacité du réservoir de carburant (L)	70
Fourchette de poids (kg)	1479 - 1609

CHÂSSIS

Mode	traction
Suspension av. – arr.	indépendante
Freins av. – arr.	disques
Capacité de remorquage min. - max. (kg)	non recommandé
Direction – diamètre de braquage (m)	crémaillère – 10,79
Pneus	205/65R16, 215/55R17, 235/45R18

PERFORMANCES

Modèle à l'essai	Mazda6 GT
Moteur	V6 DACT 3,7 litres
Puissance (ch. à tr/min)	272 - 6250
Couple (lb-pi à tr/min)	269 - 4250
Transmission	semi-automatique 6 rapports
Autres transmissions	manuelle 6 rapports automatique 5 rapports (L4)
Accélération 0-100 km/h (sec.)	6,5 (chrono manuel)
Reprises 80-115 km/h (sec.)	4,4 (chrono manuel)
Distance de freinage 100-0 km/h (m)	non mesurée
Niveau sonore à 100 km/h	✘ ✘ ✘
Vitesse maximale (km/h)	230
Consommation réalisée au cours de l'essai (L/100 km)	11,5
Gaz à effet de serre	
Autres moteurs	L4 2,5 litres (170 ch.)

- Ligne à la fois séduisante et aérodynamique
- Coffre gourmand
- Qualité de la présentation en progrès

- Dégagement pour la tête à l'arrière
- Consommation décevante
- Roulement ferme (18 pouces)

UN VRAI MULTISEGMENT SPORT

MAZDA
CX-7

Prendre contact avec le Mazda CX-7 est assez troublant. Au premier coup d'œil, il est difficile de ne pas faire de rapprochement avec le Lexus RX tellement ses ailes proéminentes, son pavillon élancé et son hayon profilé semblent calqués sur le célèbre modèle de la marque de prestige japonaise.

Et pourtant, à regarder de plus près, on perçoit plutôt dans ses lignes des similarités évidentes avec ses sœurs RX-8, MX-5 et Mazda3. Bref, il faut conclure que les stylistes de Mazda ont acquis depuis longtemps un savant coup de crayon et que le CX-7 est finalement un pur produit Mazda.

À l'instar de ses rivaux, notamment le Nissan Murano et le Volkswagen Tiguan, il est difficile de déterminer dans quelle catégorie le CX-7 se situe. Est-ce un utilitaire sport ou un multisegment ? Doté d'un châssis monocoque, d'une garde au sol élevée et de la possibilité de choisir entre un mode traction ou intégral, il faut comprendre qu'il s'intègre parfaitement à la catégorie des multisegments.

UN HABITACLE POUR LE CONDUCTEUR

Une fois à l'intérieur, il est aisé de trouver une position de conduite confortable et détendue. L'instrumentation est bien disposée et facile à consulter. Le dessin du tableau de bord est moderne et de bon goût. Bref, on se sent immédiatement en confiance, d'autant plus que la position des sièges avant, tout en hauteur, procure une bonne vision de la route. Sauf, peut-être, en direction de la lunette arrière, qui souffre de sa taille un peu restreinte, design oblige. Quand on passe aux places arrière, ça se gâte un peu en raison d'une assise ferme et basse et de dossiers à angle droit, peu enveloppants et offrant peu de support latéral.

L'ALCHIMIE DU TURBO

Offert en versions GS et GT, le CX-7 est animé par un quatre cylindres turbo de 2,3 litres développant une puissance de 244 chevaux et un couple de 258 livres-pieds. On comprendra que les motoristes ont conçu une mécanique au couple

disponible à bas régime afin de répondre aux impératifs d'un multisegment dont le cahier des charges est de transporter des passagers et leurs bagages. Accouplé à la boîte de vitesses semi-automatique à six rapports, ce moteur est vif et permet au CX-7 de donner un sens à la définition de ce que représente un vrai multisegment sport. En dosant bien la poussée de l'accélérateur, il est possible de consommer raisonnablement. Le seul hic est qu'il faut faire le plein avec de l'essence super. Grâce à la savante alchimie du turbocompresseur, les accélérations et les dépassements se feront en toute sécurité, et ce, sans aucun délai de réponse du turbo.

L'autre point fort du CX-7 est sa tenue de route. Sa suspension indépendante aux quatre roues et ses pneumatiques de 18 pouces contribuent à le faire coller au bitume tout en éliminant presque tout effet de roulis et de tangage. Quant à la direction, sa précision s'assimile à une berline sport. Pour s'immobiliser, les freins à disques, à l'avant comme à l'arrière, sont progressifs ou mordants selon les circonstances et les besoins.

Le CX-7 étant à la base une traction, vous devrez regarder du côté des options pour l'équiper d'un système de traction intégrale avec répartition active du couple. Efficace sur les surfaces glacées, il ne faut pas croire que le CX-7 est un coureur des bois. À ce chapitre, la mécanique, les suspensions et le système d'échappement sont plutôt vulnérables aux souches et ornières et les excès peuvent se traduire par des factures de réparations assez salées.

40/20/40

Avec autant de qualités routières sous un même toit, certains seront peut-être tentés d'entreprendre de longs voyages en traînant une roulotte pour le camping ! Mais, attention ! Une des principales caractéristiques d'un multisegment est d'être assemblé sur un châssis monocoque jugé moins robuste que les châssis en échelle des utilitaires sport. Résultat, combiné à son moteur turbo à quatre cylindres, le remorquage n'est vraiment pas sa tasse de thé, et ce, même si sa capacité est de 900 kg. Autre petit inconvénient : la banquette divisée 40/60. Ainsi, si vous devez abaisser une partie des dossiers pour transporter des skis par exemple, vous aurez de la place pour une seule personne (ou deux jeunes enfants). À quand la division de la banquette arrière dans des proportions 40/20/40, comme le Honda CR-V ? Ce type de configuration permettrait à deux passagers de faire bon ménage à l'arrière, avec quatre paires de skis ou planches à neige. ▌▌ **JEAN CHARTRAND**

Vu sa motorisation, ses dimensions et son prix, le CX-7 est-il un multisegment compact ou intermédiaire ? Après réflexion, il est fin seul dans sa catégorie

DIMENSIONS ET VOLUMES

Empattement (mm)	2750
Longueur (mm)	4675
Largeur (mm)	1872
Hauteur (mm)	1645
Volume intérieur (L)	2881
Volume du coffre (min./max.) (L)	848 / 1658
Capacité du réservoir de carburant (L)	69
Fourchette de poids (kg)	1683 - 1782

CHÂSSIS

Mode	traction, intégral
Suspension av. - arr.	indépendante
Freins av. - arr.	disques
Capacité de remorquage min. - max. (kg)	907
Direction - diamètre de braquage (m)	crémaillère – 11,6
Pneus	235/60R18

PERFORMANCES

Modèle à l'essai	CX-7 GT
Moteur	L4 turbo DACT 2,3 litres
Puissance (ch. à tr/min)	244 - 5000
Couple (lb-pi à tr/min)	258 - 2500
Transmission	semi- automatique 5 rapports
Autres transmissions	aucune
Accélération 0-100 km/h (sec.)	7,92
Reprises 80-115 km/h (sec.)	4,82
Distance de freinage 100-0 km/h (m)	39,2
Niveau sonore à 100 km/h	✖ ✖ ✖
Vitesse maximale (km/h)	200
Consommation réalisée au cours de l'essai (L/100 km)	11,4
Gaz à effet de serre	
Autres moteurs	aucun

CE QU'IL FAUT SAVOIR

Fourchette de prix ($)	**29 995 – 36 695**
Marge de profit du concessionnaire (%)	9,01
Transport et préparation ($)	1535
Consommation ville - route (L/100 km)	**13,8 - 10,2 (2rm)** **14,7 - 10,7 (4rm)**
Essence recommandée	super
Versions offertes	GS, GT
Carrosserie	multisegment 5 portes
Lieu d'assemblage	Japon
Valeur résiduelle	✱ ✱ ✱ ✱
Garanties : de base - motopropulseur (an/km)	3/80 000 - 5/100 000
Fiabilité présumée	✱ ✱ ✱ ✱
Cycle de remplacement	inconnu
Ventes 2007 ↗ 61 %	Québec : 2118
Protection collision frontale conducteur/passager latérale avant/arrière retournement 2rm/4rm	✱ ✱ ✱ ✱ ✱ / ✱ ✱ ✱ ✱ ✱ ✱ ✱ ✱ ✱ / ✱ ✱ ✱ ✱ ✱ ✱ ✱ ✱ ✱ / ✱ ✱ ✱ ✱

À RETENIR

Nouveautés 2009	rétroviseurs extérieurs avec clignotants
Principales concurrentes	Ford Edge, Hyundai Santa Fe, Nissan Murano, Toyota RAV4 V6, Volkswagen Tiguan

 • Sa tenue de route
• La vivacité de son moteur turbo
• Un choix intéressant de configurations

 • Son champ de vision vers les 3/4 arrière
• La sécheresse de sa suspension
• L'inconfort de sa banquette arrière

411

VOISIN GONFLABLE

MAZDA
CX-9

Mazda a eu le don de se trouver de belles petites niches au cours des 20 dernières années. La Miata MX-5 en est un exemple, la RX8 un autre. Jusqu'à ce jour, la Mazda 5 a fait école avec ses portières latérales, un gabarit idéal pour une famille en zone urbaine. La camionnette de série B a poursuivi bon an mal an une carrière inespérée, tout comme la Tribute, à qui on n'a pas consenti la vocation hybride.

Pendant que les 3 et les 6 attiraient la clientèle, le créneau des VUS accusait des vides au catalogue, ce qui a donné l'occasion d'élaborer des multisegments en lieu et place des béhémoths de la concurrence. Est donc arrivé le CX-9, grand frère du CX-7, mais élaboré sur la plateforme CD3 de Ford, qui demeure titulaire chez ce constructeur.

Le CX-9 est le plus volumineux et le plus luxueux véhicule jamais offert par ce fabricant que le client associe encore au Japon, là où est d'ailleurs assemblé ce multisegment pleine grandeur. Lancé l'an dernier, malgré un marché morose à cause du coût de l'énergie, il a fait mouche, la preuve que Mazda a bien vieilli avec son public.

UNE PRÉSENTATION NOBLE

Mazda n'a pas fait dans la dentelle pour concocter le CX-9. La plateforme venue de Ford est plus longue de 36 cm, pouvant accommoder trois banquettes cette fois et sept passagers dans un environnement feutré, bien insonorisé et confortable. L'espace pour les bagages derrière le troisième siège est acceptable. La liste d'équipements de série est exhaustive et la version GT pourra ajouter caméra de recul, sièges de cuir, hayon télécommandé et système de navigation. En fait, le CX-9 soutient la comparaison avec bien des VUS classiques de pleine grandeur, à la différence que sa motorisation est un V6 et que sa capacité de traction est limitée à 1588 kg. Si les besoins de l'utilisateur cadrent dans ces données, le CX-9 sera un meilleur choix que le méga V8 qu'on tente d'éviter maintenant.

UN V6 PLUS PUISSANT EN 2009

Avec un poids bien au dessus des deux tonnes, le V6 de 3,5 litres manquait de souffle pour animer la grosse caisse, et le coût de l'énergie était à la hausse. C'est donc un 3,7 litres maintenant qui campe sous le capot : avec 273 chevaux et un couple passé à 270 livres, le roulement est moins rugueux et la consommation sera réduite légèrement. Comme pour les Edge et MKX de la même famille, ce moulin est jumelé à une boîte à six rapports, mais celle-ci est d'origine nipponne plutôt qu'américaine : il en résulte des passages plus souples.

Reste à savoir si l'acheteur optera pour la traction ou l'intégrale ; l'une supposera des pneus de 18 pouces et l'autre, de 20 pouces. Les manufacturiers ont cette tendance assez fâcheuse de gonfler démesurément les dimensions des pneumatiques depuis une décennie. Il est vrai que la tenue de route en est améliorée par rapport à ce à quoi l'industrie nous avait habitués, mais l'exagération de pousser l'enveloppe au dessus des 18 pouces est d'abord cosmétique et entraîne un coût élevé lors de la monte de pneus neufs ou de pneus d'hiver. D'ailleurs, les revendeurs ne cessent d'installer des pneus à neige de dimensions réduites.

UNE GUEULE D'ENFER

Hormis la comparaison inévitable avec le CX-7, le 9 possède des lignes fluides, joliment harmonisées des phares aux feux, laissant assez de surface de fenêtres pour que les passagers ne se sentent pas claustrophobes. De larges puits d'ailes aux extrémités logent des immenses roues d'alliage. L'ensemble confère un design sportif et racé.

Sur la route, le CX-9 offre une bonne tenue considérant son poids, un freinage soutenu et une direction qui manque de vie. Des amortisseurs plus nerveux auraient pour effet de raffermir les prises de virages, mais les passagers sentiraient davantage les aspérités de la route. On a donc opté pour un compromis qui favorise les passagers au détriment du plaisir de la conduite. Le CX-9 a donc un look sportif, mais ne le transmet pas quand on veut attaquer la route. En zone urbaine et en périphérie, on ne verra aucune différence quand il faudra déplacer l'équipe de hockey ou de gros objets. Pour ce qui est de la consommation, il faudra comprendre que le volume et le poids auront une influence certaine sur la dépense énergétique. Le prochain défi des manufacturiers consiste à offrir autant de luxe et de confort, tout en diminuant le nombre de kilos. ▮▮▮ **MICHEL POIRIER-DEFOY**

Le CX-9 a donc un look sportif, mais ne le transmet pas quand on veut attaquer la route

DIMENSIONS ET VOLUMES

Empattement (mm)	2875
Longueur (mm)	5074
Largeur (mm)	1936
Hauteur (mm)	1728 (GS), 1735 (GT)
Volume intérieur (L)	3941
Volume du coffre (min./max.) (L)	487 / 2851
Capacité du réservoir de carburant (L)	76
Fourchette de poids (kg)	1956 - 2062

CHÂSSIS

Mode	traction, intégral
Suspension av. - arr.	indépendante
Freins av. - arr.	disques
Capacité de remorquage min. - max. (kg)	1588
Direction – diamètre de braquage (m)	crémaillère – 11,4
Pneus	245/60R18 (GS), 245/50R20 (GT)

PERFORMANCES

Modèle à l'essai	CX-9 GT
Moteur	V6 DACT 3,7 litres
Puissance (ch. à tr/min)	273 - 6250
Couple (lb-pi à tr/min)	270 - 4250
Transmission	automatique 6 rapports
Autres transmissions	aucune
Accélération 0-100 km/h (sec.)	8,15
Reprises 80-115 km/h (sec.)	5,79
Distance de freinage 100-0 km/h (m)	38,3
Niveau sonore à 100 km/h	✻ ✻ ✻ ◗
Vitesse maximale (km/h)	210
Consommation réalisée au cours de l'essai (L/100 km)	13,6
Gaz à effet de serre	
Autres moteurs	aucun

CE QU'IL FAUT SAVOIR

Fourchette de prix ($)	**38 795 – 44 395**
Marge de profit du concessionnaire (%)	9,01
Transport et préparation ($)	1390
Consommation ville – route (L/100 km)	**14,5 – 10,5 (2rm)** **15,6 – 11,3 (4rm)**
Essence recommandée	ordinaire
Versions offertes	GS, GT
Carrosserie	multisegment 5 portes
Lieu d'assemblage	Japon
Valeur résiduelle	✱ ✱ ✱
Garanties : de base - motopropulseur (an/km)	3/80 000 – 5/100 000
Fiabilité présumée	✱ ✱ ✱ ✱
Cycle de remplacement	2012
Ventes 2007 n.a.	Québec : 749
Protection collision frontale conducteur/passager latérale avant/arrière retournement 2rm/4rm	✱✱✱✱✱ / ✱✱✱✱✱ ✱✱✱✱✱ / ✱✱✱✱✱ ✱✱✱✱ / ✱✱✱✱

À RETENIR

Nouveautés 2009	ordinateur de voyage, groupe remorquage offert avec modèle à rouage intégral
Principales concurrentes	Ford Taurus X, Hyundai Veracruz, Saturn Outlook, Subaru Tribeca, Toyota Highlander

- Un design unique et de bon goût
- Aménagement et équipement
- Confort assuré pour 5 passagers
- 3e banquette intéressante pour 2 autres

- Lourdeur entraîne consommation
- Moins à l'aise sur route sinueuse
- Capacité de remorquage de 1588 kg

EN PERTE D'IDENTITÉ

Mazda a eu une idée géniale en 1989, celle de faire revivre la belle époque des roadsters anglais et d'offrir à un prix très souriant une jolie petite voiture de sport nommée Miata. Non seulement lui a-t-on enlevé depuis quelques années sa sympathique appellation en l'appelant la MX-5, mais on en a aussi fait une voiture banalisée ayant perdu son cachet original. En somme, plus elle gagne d'un côté, plus elle perd de l'autre.

MAZDA
MX-5

Il suffit de conduire la version haut de gamme de cette MX-5 avec son toit rigide escamotable semblable à celui de du coupé cabriolet SLK de Mercedes pour se convaincre que la simplicité du début a fichu le camp.

Malgré une profusion de gâteries et un intérieur de cette couleur chaleureuse appelée tantôt cognac, tantôt brique, tantôt tabac, l'ex-Miata ne m'a pas séduit au même titre que lorsqu'elle était arrivée sur le marché dans ses plus simples atours. Au fil des ans, son constructeur s'est appliqué à la rendre plus confortable, mieux équipée et plus performante, faisant gonfler le prix et le poids. Je n'irai pas jusqu'à dire que les récentes MX-5 n'ont plus aucun attrait, mais il reste que ceux qui possèdent d'anciennes Miata ne veulent absolument pas s'en départir pour en acheter une nouvelle.

Bref, la voiture est amusante à conduire, mais pas nécessairement agréable. Ainsi, pour le puriste, une capote est pratiquement indissociable de ce genre de roadster. Je ne suis donc pas sûr que la version à toit rigide soit nécessaire. Cette option propulse le prix au-delà des 35 000 $ tout en contribuant peu à l'abaissement du niveau sonore, même si ce couvre-chef est bien hermétique. En admettant que vous vous contentiez du modèle de base le moins truffé d'accessoires, vos aurez néanmoins affaire à un pédalier dont l'étroitesse a bien failli me causer un accident. À moins d'avoir des pieds de ballerine, il est très facile d'appuyer sur la pédale de frein quand on veut tout simplement enfoncer l'embrayage. Grosses bottes s'abstenir !

UN MOTEUR GROGNON
Le moteur, un quatre cylindres de 2 litres livrant 166 chevaux, est bien dans l'esprit des roadsters anglais, ce qui revient à dire qu'il grogne et émet une sonorité pas particu-

lièrement distrayante pour l'oreille. Pour lui donner du nerf, on a opté pour des rapports courts pour la boîte de vitesses manuelle. Ainsi, le moulin tourne à près de 4000 tours/minute à 100 km/h en sixième vitesse. Malgré cela, les accélérations ne sont pas foudroyantes, loin de là, puisque le 0-100 km/h est signé en 7 secondes et des poussières.

Il ne faut toutefois pas se méprendre, et si le moteur n'a pas cette douceur propre aux groupes quatre cylindres de conception plus moderne, il est tout de même plusieurs coches au-dessus de ce bougonneux qui se terre sous le capot des Pontiac Solstice ou Saturn Sky. Il suffit par exemple de décapoter (faudrait inventer un nouveau terme pour les toits durs) pour occulter le bruit et jouir pleinement de ce petit roadster. D'autant plus que le mécanisme est sans reproche et d'une parfaite exécution. À ciel ouvert, la Mazda MX 5 déguste avec un plaisir évident les routes en lacets et s'avère d'un commerce fort agréable. Ce plaisir est en grande partie attribuable à une direction vive et à une précision chirurgicale. Cela, c'est le plus beau côté de la médaille, car la MX 5 perd vite sa belle assurance lorsqu'elle se voit confrontée à des virages au revêtement bosselé (la norme au Québec). Elle tressaute et abandonne trop rapidement son adhérence. Ce débit au chapitre de la suspension est aussi un peu assombri par un confort tout juste convenable.

Le levier de vitesses de la boîte à six rapports est très court, ce qui le rend agréable à utiliser la plupart du temps. Ce n'est qu'au moment d'enclencher la marche arrière qu'on désespère un peu, étant donné qu'on doit pousser sur le levier pour le diriger dans l'emplacement prévu. Bien sûr, cette Miata n'a pas le confort d'une limousine et c'est très bien ainsi, mais un acheteur averti en vaut deux.

UNE PROMISCUITÉ GÊNANTE
J'ajouterai que l'accès à bord risque d'éloigner les courbatus, puisqu'il faut avoir un minimum de souplesse pour descendre dans l'habitacle et s'en extirper. Qui plus est, sachez que la MX-5 oblige ses occupants à vivre dans une promiscuité garantie tellement l'espace est confiné. La finition est par ailleurs étonnante pour une voiture de ce prix dans laquelle on dénote une certaine attention aux détails. Un bon exemple se trouve dans les contre-portes où logent des porte-verres adroitement placés.

En fin de compte, l'achat d'une Mazda MX-5 est davantage une histoire de coeur que de raison. Et je ne serai pas celui qui vous dira de ne pas écouter votre coeur. Je n'ai jamais vu de plus beau spectacle qu'un homme aux tempes grises se promener avec son fils au volant d'une Miata sous un vibrant ciel bleu d'été. À vous de jouer. **▌▌▌ JACQUES DUVAL**

Je n'ai jamais vu de plus beau spectacle qu'un homme aux tempes grises se promener avec son fils au volant d'une Miata sous un vibrant ciel bleu

DIMENSIONS ET VOLUMES

Empattement (mm)	2330
Longueur (mm)	3990
Largeur (mm)	1720
Hauteur (mm)	1245
Volume intérieur (L)	n.d.
Volume du coffre (min./max.) (L)	150
Capacité du réservoir de carburant (L)	48
Fourchette de poids (kg)	1113 - 1138

CHÂSSIS

Mode	propulsion
Suspension av. – arr.	indépendante
Freins av. – arr.	disques
Capacité de remorquage min. – max. (kg)	non recommandé
Direction – diamètre de braquage (m)	crémaillère – 9,4
Pneus	205/50R16 (GX), 205/45R17 (GS, GT)

PERFORMANCES

Modèle à l'essai	MX-5 GT
Moteur	L4 DACT 2 litres
Puissance (ch. à tr/min)	166 – 6700
Couple (lb-pi à tr/min)	140 -5000
Transmission manuelle	6 rapports
Autres transmissions	manuelle 5 rapports (GX) automatique 6 rapports (163 ch.)
Accélération 0-100 km/h (sec.)	7,28
Reprises 80-115 km/h (sec.)	5,44
Distance de freinage 100-0 km/h (m)	36,9
Niveau sonore à 100 km/h	✻ ✻
Vitesse maximale (km/h)	190
Consommation réalisée au cours de l'essai (L/100 km)	10
Gaz à effet de serre	
Autres moteurs	aucun

CE QU'IL FAUT SAVOIR

Fourchette de prix ($)	**28 195 - 34 500**
Marge de profit du concessionnaire (%)	10,78
Transport et préparation ($)	1275
Consommation ville – route (L/100 km)	**10,7 - 8,6 (man. 5) 11,4 - 8.2 (man. 6) 11,9 - 9 (aut. 6)**
Essence recommandée	super
Versions offertes	GX, GS, GT
Carrosserie	cabriolet 2 portes
Lieu d'assemblage	Japon
Valeur résiduelle	✻ ✻ ✻ ✻
Garanties : de base - motopropulseur (an/km)	4/80 000 – 5/100 000
Fiabilité présumée	✻ ✻ ✻ ✻
Cycle de remplacement	2010
Ventes 2007 ↗ 28 %	Québec : 786
Protection collision frontale conducteur/passager latérale avant/arrière retournement 2rm/4rm	non évaluée non évaluée non évaluée

À RETENIR

Nouveautés 2009	**nouveau design**
Principales concurrentes	**Mini Cooper, Pontiac Solstice, Saturn Sky, VW New Beetle**

- Amusante à conduire
- Boîte manuelle agréable
- Exécution soignée

- Vers l'embourgeoisement
- Moteur grognon
- Pédalier étroit

L'INCLASSABLE

Tendez l'oreille et ouvrez grand les yeux : le moteur à piston rotatif vit peut-être ses dernières heures. Sa consommation exacerbée et son manque de tonus à bas régime assombrissent les qualités intrinsèques de ce véhicule en cette période de pétrole cher et de répression accrue.

MAZDA
RX-8

C'est donc sans faire de bruit que la RX-8 s'est immiscée dans les salles d'exposition des concessionnaires Mazda dans le chaud de l'été. Et pour marquer l'arrivée de la nouvelle année-modèle, ce coupé se décline désormais en une nouvelle livrée : la R3. Cette version se reconnaît notamment à son faciès spécifique, des phares au xénon, des jantes stylisées, des sièges Recaro et un dispositif de démarrage sans clé.

L'architecture de la voiture demeure la même, mais les ingénieurs ont veillé à améliorer la rigidité du châssis et de l'arbre de transmission. En outre, ils ont modifié la géométrie de la suspension arrière et modifié le rapport final de la transmission manuelle. La R3 reçoit en prime des amortisseurs plus performants, et on a enduit d'uréthane les entretoises de sa suspension avant dans le but de réduire les bruits de roulement. La puissance du moteur rotatif demeure cependant la même et les performances sensiblement à l'avenant.

FONCTIONNELLE MALGRÉ TOUT

Contrairement à nombre de voitures sport, la RX-8 n'est pas égoïste et ne néglige nullement les aspects pratiques sur l'autel du style. Ainsi, on retrouve des rangements dans les portières avant, dans la console centrale et derrière les dossiers des baquets. Quant au coffre, auquel on accède par un couvercle à l'ouverture assez étroite, il est suffisamment gourmand pour avaler deux sacs de golf et une poignée de balles... À noter aussi qu'une ouverture a été pratiquée entre les baquets arrière pour permettre le transport de longs objets, des skis par exemple.

Le tableau de bord est assez classique pour une sportive (mais est-ce une sportive ?), si ce n'est que l'indicateur de vitesse (difficile à consulter) est encastré à l'intérieur du compte-tours et que, contrairement aux autres jauges, il est gradué sous une forme numérique. Les matériaux respirent la qualité et leur assemblage est soigné.

Assez compacte, la RX-8 est, contre toute attente, en mesure d'accueillir quatre personnes sous son toit. Cependant, il est tout aussi difficile d'y accéder que de s'en extraire, et ce, malgré l'absence de pied milieu (de piliers B, si vous préférez) et des portières arrière qui s'ouvrent en opposition. À qui la faute ? Aux ingénieurs qui ont sans doute oublié que nous n'avions pas tous des talents de contorsionniste ou encore moins le physique d'un enfant.

DOIT FAIRE MIEUX ENCORE

Il y a plusieurs années, le resserrement des normes anti-pollution avait eu raison, croyait-on, du moteur rotatif. C'était mal connaître les sorciers d'Hiroshima (siège social de l'entreprise) qui, à l'époque, planchaient sur une nouvelle génération de moteur à piston rotatif, baptisée du nom de Renesis (contraction de Rotary Engine et Genesis) et qui anime l'actuelle RX-8.

Même si le moteur Renesis se révèle beaucoup plus sobre (20 % de moins) que le rotatif dont Mazda faisait usage autrefois, sa soif en hydrocarbures demeure toujours aussi grande et sa « production » de gaz à effet de serre toujours très élevée pour un véhicule de cette catégorie.

Compact et léger, ce moteur piston rotatif adore monter dans les tours. D'ailleurs, gardez un œil sur l'aiguille du compte-tours, puisque celle-ci atteint la zone rouge en un rien de temps et qu'une fois atteinte, le rupteur se charge de couper les « vivres » au moteur pour éviter tout surrégime. Si la RX-8 monte en régime avec entrain, on ne peut en dire autant des reprises tellement elles sont mollassonnes, obligeant constamment à descendre un ou deux rapports de la boîte de vitesses pour donner « un coup de fouet ». Par chance, la commande de boîte est agréable à utiliser, même si certains lui reprocheront une grille assez serrée et un sixième rapport placé un peu en retrait, de sorte que l'on confond parfois quatrième et sixième.

À défaut d'être très alerte sur le plan des reprises, le moteur rotatif peut, en raison de son faible encombrement, s'asseoir en position centrale pour une répartition des masses pratiquement parfaite. Ça paraît. La RX-8 se laisse conduire (ou piloter, c'est selon) avec beaucoup d'aisance. La direction à assistance électrique est d'une précision étonnante, et, en dépit de quelques points durs ressentis lors de manœuvres rapides, c'est tout bon.

Difficile de classer la RX-8 selon les standards actuels de l'industrie, mais à quoi bon, n'est-ce pas là son atout le plus précieux ? Être différente. Tout simplement.

||| ÉRIC LEFRANÇOIS

La soif en hydrocarbures de ce moteur rotatif demeure toujours aussi grande et sa « production » de gaz à effet de serre toujours aussi élevée

DIMENSIONS ET VOLUMES

Empattement (mm)	2700
Longueur (mm)	4424
Largeur (mm)	1770
Hauteur (mm)	1340
Volume intérieur (L)	3017
Volume du coffre (min./max.) (L)	290
Capacité du réservoir de carburant (L)	60
Fourchette de poids (kg)	1389 - 1404

CHÂSSIS

Mode	propulsion
Suspension av. - arr.	indépendante
Freins av. - arr.	disques
Capacité de remorquage min. - max. (kg)	non recommandé
Direction - diamètre de braquage (m)	crémaillère - 10,6
Pneus	225/45R18, 225/40R19 (R3)

PERFORMANCES

Modèle à l'essai	RX-8 GT
Moteur	Birotor 1,3 litres
Puissance (ch. à tr/min)	232 - 8500
Couple (lb-pi à tr/min)	159 - 5500
Transmission	manuelle 6 rapports
Autres transmissions	semi-automatique 6 rapports
Accélération 0-100 km/h (sec.)	6,36
Reprises 80-115 km/h (sec.)	non chronométrées
Distance de freinage 100-0 km/h (m)	35,5
Niveau sonore à 100 km/h	✗ ✗
Vitesse maximale (km/h)	230 (manuelle)
	210 (automatique)
Consommation réalisée au cours de l'essai (L/100 km)	13,9
Gaz à effet de serre	
Autres moteurs	Birotor 1,3 litres (212 ch. / boîte automatique)

CE QU'IL FAUT SAVOIR

Fourchette de prix ($)	**37 295 – 42 395**
Marge de profit du concessionnaire (%)	8,40
Transport et préparation ($)	1395
Consommation ville - route (L/100 km)	**15,2 – 10,7**
Essence recommandée	super
Versions offertes	GS, R3, GT
Carrosserie	coupé 2 portes
Lieu d'assemblage	Japon
Valeur résiduelle	✱ ✱ ✱
Garanties : de base – motopropulseur (an/km)	3/80 000 - 5/100 000
Fiabilité présumée	✱ ✱ ✱
Cycle de remplacement	2013
Ventes 2007 ↘ 42 %	Québec : 166
Protection collision frontale conducteur/passager latérale avant/arrière retournement 2rm/4rm	✱✱✱✱ / ✱✱✱✱✱ ✱✱✱✱ / ✱✱✱✱ ✱✱✱✱ / n.a.

À RETENIR

Nouveautés 2009	retouches aux parties avant et arrière, sorties d'échappement de plus grand diamètre, version R3 au tempérament plus sportif
Principales concurrentes	Audi TT coupé, BMW Série 3 coupé, Ford Mustang, Mitsubishi Eclipse, Nissan 350Z, Volkswagen GTi

+ • Sonorité et souplesse du rotatif
• Style original et audacieux
• Qualité de la fabrication

– • Consommation
• Manque cruel de couple
• Accessibilité des places arrière

DÉSUÈTE, CETTE CAMIONNETTE ! ET ALORS ?

I est facile de critiquer le Série B, de même que son clone le Ford Ranger, en disant que le design extérieur est archaïque, que la mécanique relève d'une autre époque et que les systèmes d'assistance à la conduite manquent outrageusement à lui assurer une bonne tenue de route.

MAZDA
SÉRIE B

Il est vrai qu'au cours des dernières années, il n'y a pas eu grand-chose de nouveau sous le soleil. Mais justement, qui s'en soucie ? Il s'agit d'une petite camionnette économique capable de faire son boulot du point A au point B sans se ruiner. Qui plus est, le Série B est l'un des véhicules les fiables sur le marché.

LE TROIS LITRES À LA RETRAITE

Deux moteurs sont proposés en 2009, en commençant par le quatre cylindres de 2,3 litres qui produit 143 chevaux et un couple de 154 livres-pieds. Couplé à la boîte manuelle à cinq rapports, il s'agit de la combinaison la plus économique de la catégorie. Il est dommage que Mazda (et Ford) ait abandonné cette année le V6 de 3 litres. Développant 148 chevaux et proposant un couple de 180 livres-pieds, il était évidemment jugé comme la meilleure motorisation pour les menus travaux à cause de son couple abondant et sa faible consommation. Il reste finalement le robuste V6 de 4 litres qui livre 207 chevaux et un couple de 238 livres-pieds. De loin le plus puissant moteur du Série B, et ce, tant sur le plan des performances pures que du remorquage. Il est cependant, on s'en doute, le plus gourmand.

Si on revient aux capacités de remorquage, il faut avouer qu'elles sont surprenantes, considérant la taille de cette camionnette. Selon la transmission et le rapport de pont, le quatre cylindres peut tracter un poids allant jusqu'à 1016 kg. Avec le V6, la charge peut atteindre 2722 kg. Pas mal pour un véhicule qu'on dit démodé. On comprend alors mieux les acheteurs de premier pick-up de le trouver à leur goût.

UNE CABINE ÉTROITE

En prenant place dans la cabine, pas de surprise, et pas de grands apparats non plus. Tout est bien disposé et facile à manipuler. La position de conduite convient à la plupart des gabarits, sauf que les grands six pieds trouveront la cabine régulière un peu étriquée, surtout pour les jambes. Par ailleurs, la dureté des sièges se fera sentir sur de longues distances. Quant aux places arrière en strapontin de la cabine allongée, on comprendra qu'elles sont de toute évidence réservées à de petits gabarits et servent uniquement de dépannage, ou pour ranger du matériel qu'on souhaite garder en sécurité dans la cabine.

Une fois sur la route, l'essieu arrière rigide fait sentir sa présence à la moindre imperfection de la chaussée. Probablement qu'un minimum de charge dans la benne (un truc du bon vieux temps…) diminuerait les soubresauts du train arrière. Par ailleurs, il faut comprendre qu'adopter une conduite sportive est hors de question si vous ne voulez pas que votre passager vous réprimande. Et c'est probablement en partie pour ces raisons que Mazda songe à retirer le Série B de sa gamme dans un avenir rapproché. En effet, il semble qu'il ne soit pas assez « vroum vroum » pour la marque !

En conclusion, la vraie question est la suivante: le Série B a-t-il encore sa raison d'être sur le marché des camionnettes en 2009 ? Considérant son prix, son économie à rouler, sa fiabilité et sa simplicité d'entretien de même que sa taille, la réponse est oui. Pourquoi faut-il à tout prix que tout soit « big » ? Si je veux aller à la pêche et tirer une chaloupe de 16 pieds, pourquoi aurais-je besoin d'une camionnette à moteur V8 ? Pour charroyer son bois de foyer ou transporter ses vélos de montagne ou ses équipements de loisirs, le Série B est capable de remplir parfaitement son mandat. Toutefois, on en convient, il faudra faire quelques sacrifices sur le plan du confort et de l'agrément de conduite. Il n'en demeure pas moins que l'une des plus grandes qualités du Série B, c'est de ne pas avoir succombé, comme beaucoup d'autres véhicules de notre époque, à l'ère des aides électroniques où ce sont ces dernières qui décident du comportement du véhicule et non l'expérience et le bon sens du conducteur. Ce qui manque au Mazda Série B ? Un petit moteur diésel bourré de couple qui s'approcherait de la puissance de charge et de traction du V6 de 4 litres, et ce, tout en offrant les économies à la pompe du quatre cylindres de 2,3 litres. ▌▌▌ **JEAN CHARTRAND**

C'est dans les petites tâches de tous les jours que le Mazda Série B trouve tout son sens et contente son propriétaire

DIMENSIONS ET VOLUMES

Empattement (mm)	2832 - 3197
Longueur (mm)	4762 - 5154
Largeur (mm)	1763 - 1786
Hauteur (mm)	1632 -1699
Volume intérieur (L)	n.d.
Volume du coffre (min./max.) (L)	513 / 629 (cabine allongée)
Capacité du réservoir de carburant (L)	64 / 74
Fourchette de poids (kg)	1361 - 1656

CHÂSSIS

Mode	propulsion, 4 roues motrices
Suspension av. - arr.	indépendante - essieu rigide
Freins av. - arr.	disques - tambours
Capacité de remorquage min. - max. (kg)	717 - 2613
Direction – diamètre de braquage (m)	crémaillère – 11,49 /13,1
Pneus	225/70R15, 235/75R15, 255/70R16(SE)

PERFORMANCES

Modèle à l'essai	Série-B SE 4X4
Moteur	V6 DACT 4 litres
Puissance (ch. à tr/min)	207 - 5250
Couple (lb-pi à tr/min)	238 - 3000
Transmission	automatique 5 rapports
Autres transmissions	manuelle 5 rapports
Accélération 0-100 km/h (sec.)	9,83
Reprises 80-115 km/h (sec.)	non chronométrées
Distance de freinage 100-0 km/h (m)	45,4
Niveau sonore à 100 km/h	✗ ✔
Vitesse maximale (km/h)	170
Consommation réalisée au cours de l'essai (L/100 km)	14,9
Gaz à effet de serre	
Autres moteurs	L4 2,3 litres (143 ch.)

CE QU'IL FAUT SAVOIR

Fourchette de prix ($)	**14 995 – 23 445**
Marge de profit du concessionnaire (%)	6,80 à 12,69
Transport et préparation ($)	1535
Consommation ville – route (L/100 km)	**11,7 – 9 (man. 2,3 l) 12,7 – 10 (aut. 2,3 l), 17 – 14 (aut. 4 l)**
Essence recommandée	ordinaire
Versions offertes	SX, DS, SE
Carrosserie	camionnette 2 ou 4 portes (cabine simple ou allongée)
Lieu d'assemblage	États-Unis
Valeur résiduelle	✶
Garanties : de base – motopropulseur (an/km)	3/80 000 - 5/100 000
Fiabilité présumée	✶ ✶ ✶ ✶
Cycle de remplacement	2012
Ventes 2007 ↗ 20 %	Québec : 1489
Protection collision frontale conducteur/passager latérale avant/arrière retournement 2rm/4rm	✶ ✶ ✶ ✶ ✶ / ✶ ✶ ✶ ✶ ✶ ✶ ✶ ✶ / n.a. ✶ ✶ ✶ / ✶ ✶ ✶

À RETENIR

Nouveautés 2009	**moteur V6 de 3 litres discontinué**
Principales concurrentes	**Chevrolet Colorado, Ford Ranger, GMC Canyon**

- Sa gamme de prix abordable
- Modèles et configurations variés
- Sa capacité de charge et de remorquage

- L'abandon du V6 de 3 litres
- Les sautillements de la suspension
- L'étroitesse de la cabine standard

OH ! QUE C'EST PLAISANT !

MAZDA
TRICUTE

À première vue, on pourrait croire que le Tribute n'a plus sa place dans la gamme Mazda. On y retrouve désormais le CX-7, avec beaucoup d'espace intérieur pour sa taille, ou le CX-9, plus luxueux et plus puissant. La fourgonnette MPV n'est plus au catalogue. Mais en y regardant de plus près, on saisit vite que le Tribute est le seul modèle qualifiable d'utilitaire sport au sens propre du terme. Complètement redessiné en 2008, il s'affirme encore en 2009 par un design extérieur agressif et robuste et un intérieur plus confortable.

Proposé en trois versions, le GX, le GS et le GT, le Tribute nous arrive avec un choix de deux moteurs. D'abord, le nouveau quatre cylindres de 2,5 litres qui développe 171 chevaux avec un couple de 171 livres-pieds, un gain appréciable de 20 chevaux sur son prédécesseur. Cette puissance accrue devrait plaire aux clients en quête d'un peu plus d'ardeur dans les reprises et les accélérations. Un peu plus de puissance avec une cylindrée supérieure représente un argument de plus pour une meilleure consommation, le moteur étant moins sollicité. Puis, le V6 de 3 litres gagne lui aussi en puissance et en couple : 240 chevaux et 223 livres-pieds, soit un gain de 40 chevaux sur l'ancienne mouture. Voilà qui devrait suffire à satisfaire ceux qui désirent remorquer roulotte ou bateau sans faire souffrir la mécanique. Autre nouveauté pour 2009, le V6 est associé à une boîte automatique à six rapports, permettant un meilleur étalement de la puissance et une consommation raisonnable en conduite de tous les jours.

À LA HAUTEUR DES STANDARDS MAZDA

Les autres nouveautés pour 2009 sont des accessoires comme, entre autres, les contrôles audio sur le volant pour les modèles GS et le GT, des sièges avant et arrière redessinés et des phares avant à fermeture automatique. Ce qui m'a charmé dès que je me suis installé dans le Tribute, c'est l'agréable sensation d'être à ma place, à l'aise, le volant bien en main et la position de conduite me permettant tout de suite de me sentir maître de la situation. L'habitacle est spacieux, autant à l'avant qu'à l'arrière. En général, le confort est au rendez-vous et ne fait pas craindre les longues randonnées. Les commandes du tableau de bord et de la console centrale respectent les standards des autres véhicules Mazda : fonctionnels et faciles d'accès.

Sur la route, l'empattement long, la voie large et la suspension indépendante s'allient pour faire de la conduite du Tribute un plaisir que certains associeront à celui que procure une conduite camion, en notant qu'on puisse imaginer tel type de conduite avec un véhicule de cette catégorie. Oui, la direction est vive, le moteur répond bien et rapidement, une caractéristique des véhicules Mazda, mais il ne faut pas perdre de vue que c'est un VUS et que sa tenue de route est aussi liée à son contrôle dynamique de la stabilité (DSC), au système antipatinage (TCS) et au non moins important contrôle stabilisateur anticapotage (RSC). Tous ces systèmes actifs et sophistiqués n'altéreront d'aucune façon le plaisir de conduire que procure le Tribute, vif, puissant à souhait et sécuritaire.

UNE IDÉE DERRIÈRE LA TÊTE

Revenons maintenant à l'aspect pratique du véhicule. On présume que l'éventuel propriétaire d'un Tribute a derrière la tête l'intention d'y transporter quelques effets. Il sera comblé. L'espace de chargement à l'arrière est généreux pour la catégorie et la taille du véhicule. Bravo à Mazda d'avoir résisté à la tentation d'y installer une ridicule troisième banquette. L'accès extérieur à cet espace cargo est également bien pensé. Le hayon et la lunette arrière s'ouvrent indépendamment, permettant ainsi d'y déposer de plus petits objets sans avoir à tout ouvrir complètement. Seuls bémols, l'accès au plancher arrière est plutôt élevé et les sièges arrière se divisent 60/40, éliminant ainsi une place passager qui pourrait s'avérer pratique pour une famille de deux adultes et deux ados, en ne les obligeant pas par exemple à installer une boîte de transport sur le toit pour les skis. Question de consommation, il nous semble.

En conclusion, sous des allures athlétiques, mais sans paraître gonflé aux stéroïdes, le Mazda Tribute 2009 s'intègre bien à la famille Mazda et c'est un choix intéressant pour les acheteurs en quête d'un VUS traditionnel, aux allures robustes, mais pratique et agréable à conduire à tous les jours. ▐▐▐ **JEAN CHARTRAND**

Dans le Tribute, on a l'agréable sensation d'être à sa place, le volant bien en main : une position de conduite permettant de se sentir maître de la situation

MAZDA TRIBUTE

DIMENSIONS ET VOLUMES

Empattement (mm)	2619
Longueur (mm)	4443
Largeur (mm)	2065
Hauteur (mm)	1720
Volume intérieur (L)	2816
Volume du coffre (min./max.) (L)	826 / 1874
Capacité du réservoir de carburant (L)	62
Fourchette de poids (kg)	1466 - 1589

CHÂSSIS

Mode	traction, intégrale
Suspension av. - arr.	indépendante
Freins av. - arr.	disques - tambours
Capacité de remorquage min. - max. (kg)	680 - 1588
Direction - diamètre de braquage (m)	crémaillère - 11,2
Pneus	235/70R16

PERFORMANCES

Modèle à l'essai	Tribute GT (4rm)
Moteur	V6 DACT 3 litres
Puissance (ch. à tr/min)	240 - 6550
Couple (lb-pi à tr/min)	223 - 4300
Transmission	automatique 6 rapports
Autres transmissions	manuelle 5 rapports (L4)
Accélération 0-100 km/h (sec.)	7,9 (chrono manuel)
Reprises 80-115 km/h (sec.)	non chronométrées
Distance de freinage 100-0 km/h (m)	non mesurée
Niveau sonore à 100 km/h	✳ ✳ ✳
Vitesse maximale (km/h)	190
Consommation réalisée au cours de l'essai (L/100 km)	11,4
Gaz à effet de serre	
Autres moteurs	L4 2,5 litres (170 ch.)

CE QU'IL FAUT SAVOIR

Fourchette de prix ($)	**22 550 – 32 150**
Marge de profit du concessionnaire (%)	10,16
Transport et préparation ($)	1535
Consommation ville - route (L/100 km)	**10,9 - 8,5 (2,5 l)** **13,2 - 9,1 (3 l)**
Essence recommandée	ordinaire
Versions offertes	GX, GS, GT
Carrosserie	utilitaire 5 portes
Lieu d'assemblage	États-Unis
Valeur résiduelle	✳ ✳ ✳
Garanties : de base - motopropulseur (an/km)	3/80 000 - 5/100 000
Fiabilité présumée	✳ ✳ ✳ ✳
Cycle de remplacement	2012
Ventes 2007 ↗ 53 %	Québec : 2187

Protection collision
frontale conducteur/passager non évaluée
latérale avant/arrière ✳ ✳ ✳ ✳ ✳ / ✳ ✳ ✳ ✳ ✳
retournement 2rm/4rm ✳ ✳ ✳ / ✳ ✳ ✳

À RETENIR

Nouveautés 2009	**nouveaux moteurs L4 et V6 plus puissants, boîte automatique 6 rapports**
Principales concurrentes	**Chevrolet Equinox, Hyundai Tucson, Jeep Compass, Pontiac Torrent, Suzuki Grand Vitara**

- Moteurs plus expressifs
- Fiabilité éprouvée
- Robustesse

- Accès au coffre
- Conception qui prend de l'âge
- Consommation à la traîne de certains concurrents

421

OUI, OUI, UNE MERCEDES !

Mercedes-Benz

MERCEDES-BENZ
CLASSE B

Commercialisée depuis 2006, la Classe B de Mercedes-Benz est pourtant étrangère à plusieurs. À maintes reprises durant mon essai, j'ai garé la voiture de profil et les gens avaient peine à croire qu'il s'agissait bien d'une Mercedes et non pas d'une sous-compacte japonaise. Il suffit toutefois de jeter un coup d'œil à la partie avant, légèrement revue cette année, pour découvrir un visage qui coïncide avec les autres modèles de la marque à l'étoile.

Avec une garde au sol élevée, des porte-à-faux réduits au minimum et un hayon à l'arrière, la mission de cette minimaliste Mercedes n'est pas d'épater la galerie, mais plutôt d'offrir un luxe normalement absent dans cette catégorie de voitures.

DES CHEVAUX PARESSEUX

Même si les performances sont peu ou pas importantes pour certains, le moteur de base, avec ses 134 maigres chevaux, a de quoi faire sacrer une religieuse par son manque d'entrain, particulièrement s'il est accouplé à l'optionnelle transmission CVT qui le rend excessivement bruyant en accélération. Seul à bord avec aucun bagage, je n'ai pu réa-

liser un meilleur chrono que de 11,21 secondes lors de l'exercice 0-100 km/h avec une version ainsi équipée. Évidemment, un modèle à moteur turbocompressé de 193 chevaux avec boîte manuelle à six rapports est beaucoup plus intéressant, mais le déboursé additionnel amène alors la Classe B à un prix où on retrouve beaucoup de voitures plus attrayantes que cette dernière. Malgré ses prétentions de grande routière sportive, pour reprendre les mots des gens de Mercedes-Benz, la B200 se fait également damner le pion par tout un lot de voitures plus abordables au chapitre de l'agrément de conduite. Son centre de gravité élevé et la mollesse de ses suspensions sont responsables d'un roulis considérable qui rappelle que ce véhicule est plus utilitaire que sportif. Si la monte pneumatique optionnelle de 17 pouces corrige quelque peu la situation, celle qui arrive d'office sur les modèles moins bien nantis se lamente au moindre virage abordé avec un peu trop d'enthousiasme, ce qui entache du coup la quiétude de l'habitacle et vous vaut des regards gênants de la part des autres usagers de la route.

LE SYNDROME DU FUTON

À la manière d'un futon qui remplit plus d'une fonction à la fois, la B200 joue la carte de la polyvalence, ce qui a toutefois comme revers un manque de spécialisation. Tout comme le type qui se débrouille dans tout sans être vraiment bon dans rien, la B200 peut se sortir d'à peu près toutes les situations et est appréciée des gens qui désirent un véhicule à la fois petit, spacieux, pratique, confortable et élégant : la B200 est un peu tout cela.

Étant donné les faibles dimensions extérieures, le dégagement pour les occupants est de loin supérieur à toute attente. Rappelant celle d'une fourgonnette, la position de conduite offre une bonne visibilité tout en étant confortable. Même à l'arrière, l'espace est généreux pour les passagers, tandis que le coffre est également spacieux. Si on décide de troquer le nombre de places assises pour plus d'espace de chargement, il est alors possible d'abaisser le dossier des sièges arrière, mais pas celui du passager avant, une caractéristique que l'on retrouve sur des véhicules moins onéreux et qui rend possible le chargement d'objets longs. Toujours au chapitre des sièges, ces derniers sont recouverts de tissu et non de cuir, à moins de sélectionner l'ensemble sport, offert uniquement sur la version turbocompressée, ce qui fait rapidement grimper la facture au-delà du prix de départ d'une berline de Classe C. À 34 400 $ pour une B200 à moteur atmosphérique bien équipée, on bénéficie à tout le moins de sièges avant chauffants, d'un toit ouvrant à lamelles de verre de très grande dimension, d'un changeur à six disques, de la technologie Bluetooth, des phares et essuie-glaces automatiques ainsi que de quelques boiseries ici et là disposées sur un tableau de bord fort bien conçu dont les commandes sont faciles d'utilisation. Le clavier de téléphone indépendant mérite également une bonne note, puisqu'il permet de signaler aisément un numéro, et ce, même lorsque le véhicule est en mouvement ; une caractéristique souvent absente des dispositifs à écran tactile qui demandent d'être à l'arrêt avant de pouvoir composer.

LA QUALITÉ EST SAUVE

Si vous désirez tout de même faire l'acquisition d'un véhicule polyvalent, de dimensions raisonnables avec une bonne dose de luxe germanique, la Classe B n'est pas dénuée d'intérêt. Il vous faudra cependant composer avec des performances en retrait, à moins de débourser quelques milliers de dollars supplémentaires pour une B200 Turbo. Dans un cas comme dans l'autre, la qualité est à l'image de la marque, la finition exemplaire tandis que la fiabilité ne devrait poser aucun problème. ▌▌▌ **DANIEL CHARRETTE**

Son centre de gravité élevé et la mollesse de ses suspensions sont responsables d'un roulis considérable

DIMENSIONS ET VOLUMES

Empattement (mm)	2778
Longueur (mm)	4273
Largeur (mm)	1777
Hauteur (mm)	1604
Volume intérieur (L)	n.d.
Volume du coffre (min./max.) (L)	544 / 1530
Capacité du réservoir de carburant (L)	54
Fourchette de poids (kg)	1355 - 1395

CHÂSSIS

Mode	traction
Suspension av. - arr.	indépendante - semi-indépendante
Freins av. - arr.	disques
Capacité de remorquage min. - max. (kg)	non recommandé
Direction - diamètre de braquage (m)	crémaillère – 11,96
Pneus	205/55R16, 215/45R17 (Turbo)

PERFORMANCES

Modèle à l'essai	B200 (Base)
Moteur	L4 DACT 2 litres
Puissance (ch. à tr/min)	134 - 5750
Couple (lb-pi à tr/min)	136 - 3500
Transmission	automatique à variation continue (CVT)
Autres transmissions	manuelle 5 ou 6 rapports
Accélération 0-100 km/h (sec.)	11,21
Reprises 80-115 km/h (sec.)	non chronométrées
Distance de freinage 100-0 km/h (m)	non mesurée
Niveau sonore à 100 km/h	
Vitesse maximale (km/h)	195, 210 (turbo)
Consommation réalisée au cours de l'essai (L/100 km)	9,3
Gaz à effet de serre	
Autres moteurs	L4 turbo 2 litres (193 ch.)

CE QU'IL FAUT SAVOIR

Fourchette de prix ($) :	**29 900 – 34 400**
Marge de profit du concessionnaire (%)	n.d.
Transport et préparation ($)	650 (préparation en sus)
Consommation ville - route (L/100 km)	10,2 – 7,7 (man. 2 l)
	10,2 – 8,2 (aut. 2 l)
	11,2 – 7,9 (man. turbo)
	10,5 – 8,4 (aut. turbo)
Essence recommandée	super
Versions offertes	B200, B200T
Carrosserie	hayon 5 portes
Lieu d'assemblage	Allemagne
Valeur résiduelle	✳ ✳ ✳
Garanties : de base - motopropulseur (an/km)	4/80 000 - 4/80 000
Fiabilité présumée	non évaluée
Cycle de remplacement	2011
Ventes 2007 ↗ 22%	Québec : 678
Protection collision	
frontale conducteur/passager	non évaluée
latérale avant/arrière	non évaluée
retournement 2rm/4rm	non évaluée

À RETENIR

Nouveautés 2009	retouches esthétiques
Principales concurrentes	Audi A3, Dodge Journey, Kia Rondo, Mazda5, Volvo V50

- Polyvalence
- Bonne ergonomie
- Faible consommation

- Prix élevé
- Moteur bruyant
- Performances décevantes

UNE VOITURE MÉSESTIMÉE

Propriétaire d'une Mercedes-Benz C350 4 Matic, j'ai lu beaucoup de choses à son sujet. La plupart du temps toutefois, c'était inexact. On devine que son caractère un peu pépère des années passées colle à ses tôles. C'est sans doute ce qui explique qu'on soit si peu friand de sa nouvelle personnalité. Quand Mercedes parle de l'agilité de la Classe C, ce n'est pas de la frime. Ce n'est sans doute pas une berline sport au sens pur du terme, mais elle ne démérite pas du tout contre ses rivales, l'Audi A4 et la BMW série 3.

Je peux vous dire tout de suite que si c'était à recommencer, j'opterais pour une 300 au lieu d'une 350. Non seulement j'épargnerais des sous, mais je perdrais très peu en puissance tout en pouvant bénéficier de l'indispensable option des quatre roues motrices. Mon expérience avec la C350 avait pourtant très mal commencé à la suite d'une panne aussi inacceptable que rageante. Sur la route 116, la voiture s'est soudain mise à décélérer pour finalement s'arrêter comme si elle était en panne d'essence. Quelques minutes plus tard, la voiture démarrait à nouveau et j'en profitai pour la ramener à la maison à quelques kilomètres de là tout en appelant le service routier Mercedes. Le problème, ai-je appris plus tard, émanait d'une pompe à essence dont le branchement à la jauge avait été mal fait à l'usine. La déconnexion des deux éléments s'est traduite par une surchauffe et une panne d'alimentation en essence. On ne s'imagine pas cependant que cela peut arriver chez Mercedes, mais il paraît que l'erreur est humaine.

Une fois réparée (sous garantie évidemment), la voiture a repris la route, non sans me laisser un sentiment d'inquiétude. Et si cela se reproduisait, cette fois, dans un tunnel franchi à vitesse relativement élevée avec aucune aire de dégagement. Vous avez bien lu : le résultat pourrait être catastrophique. Je me rassure en sachant que j'ai été victime d'un problème isolé qui risque peu de se reproduire.

DE 201 À 451 CHEVAUX

Cet incident mit de côté, la Classe C a fait des progrès considérables et son agrément de conduite est indéniable, une qualité dont personne n'aurait parlé à propos des anciennes versions de ce modèle.

Trois motorisations avec des puissances allant de 201 à 268 chevaux sont au catalogue, exception faite du V8 de 451 chevaux qui trône sous le capot de la C63 AMG. Et quel engin, cette C 63, qui, à 63 000 $, soutire à la Corvette son titre de voiture offrant le meilleur rapport prix-performance sur le marché. Et on ne parle même pas de la célèbrissime M3 de BMW que la C63 avale pour le petit-déjeuner (voir notre match pour plus de détails.) Revenons sur la planète pour souligner que les C230 reçoivent un V6 de 2,5 litres, les C300 héritent d'un 3 litres tandis que la C350 avec laquelle j'ai accumulé une dizaine de milliers de kilomètres bénéficie d'un autre V6, celui-là de 3,5 litres et 268 chevaux, ce qui semble peu comparativement à d'autres moteurs de cylindrée identique.

Seules les C230 et C300 peuvent abandonner la transmission automatique à sept rapports et son fonctionnement sans faille pour une boîte manuelle à six rapports qui nous montre que Mercedes ne maîtrise pas encore totalement ce type d'équipement.

Ayant fait l'expérience à long terme des tractions intégrales d'Audi, d'Infiniti et de Mercedes, je peux vous dire que toutes trois font bondir la consommation d'au moins 15 à 20 %. La C350 4Matic affiche un score de 10 à 11 litres aux 100 km à la pompe selon le temps passé en milieu urbain et en n'excédant pas 120 km/h sur autoroute. Dans la neige, je dirais que le système de Mercedes devance d'un brin celui de l'Audi alors que la G35 se débrouille plutôt bien dans la plupart des conditions. Le seul bémol au sujet de la C350 est son moteur qui devient un peu rugueux à haut régime. Autrement, la tenue en virage, la vivacité de la transmission, la direction bien dosée, des freins puissants et un confort très apprécié s'inscrivent dans la colonne des bonnes notes.

LANGAGE DE SOURD

Dans l'habitacle, on pourrait bénéficier de places arrière plus généreuses, ne serait-ce que pour s'accorder avec un coffre au volume gargantuesque. Il ne faudrait pas non plus passer sous silence l'abominable système Linguatronic, ce dispositif de commandes vocales qui doit vous permettre de faire fonctionner votre téléphone, le système de navigation ou l'appareil de radio. En premier lieu, ce produit de la haute technologie ne répond pas aux commandes en français, du moins pas celui qui équipe ma propre Mercedes C350 4Matic, et son utilisation est tellement complexe qu'il vaut mieux ignorer cette option parfaitement inutile. Comment se fait-il que la haute technologie de la firme allemande ne soit pas venue à bout de ce problème alors que les Japonais ont mis au point des systèmes identiques fonctionnant à merveille ? La parole est à Mercedes. ▐▐▐ **JACQUES DUVAL**

On ne s'imagine pas cependant que cela peut arriver
chez Mercedes, mais il paraît que l'erreur est humaine

MERCEDES-BENZ CLASSE C

DIMENSIONS ET VOLUMES

Empattement (mm)	2760
Longueur (mm)	4625
Largeur (mm)	1770
Hauteur (mm)	1444 - 1449
Volume intérieur (L)	2498
Volume du coffre (min./max.) (L)	354
Capacité du réservoir de carburant (L)	66
Fourchette de poids (kg)	1590 - 1720

CHÂSSIS

Mode	propulsion, intégral
Suspension av. - arr.	indépendante
Freins av. - arr.	disques
Capacité de remorquage min. - max. (kg)	non recommandé
Direction - diamètre de braquage (m)	crémaillère - 10,84 / 10,99 (4Matic)
Pneus	205/55R16(230), 225/45R17 (300)
	225/45R17 - 245/40R17 (350)
	235/40R18 - 255/35R18 (63 AMG)

PERFORMANCES

Modèle à l'essai	C350 4Matic
Moteur	V6 DACT 3,5 litres
Puissance (ch. à tr/min)	268 - 6000
Couple (lb-pi à tr/min)	258 - 2400
Transmission	automatique 7 rapports
Autres transmissions	manuelle 6 rapports (230/300)
Accélération 0-100 km/h (sec.)	6,36
Reprises 80-115 km/h (sec.)	4,16
Distance de freinage 100-0 km/h (m)	38,3
Niveau sonore à 100 km/h	✹ ✹ ✹ ✹
Vitesse maximale (km/h)	210, 250 (63 AMG)
Consommation réalisée au cours de l'essai (L/100 km)	10,9
Gaz à effet de serre	))))))

Autres moteurs	L4 2,5 litres (201 ch.)
	V6 3 litres (228 ch.), V8 6,2 litres (451 ch.)

Pour un essai son et images de cette voiture, procurez-vous le DVD
Prenez le volant de 12 voitures d'exception avec Jacques Duval.

CE QU'IL FAUT SAVOIR

Fourchette de prix ($)	**35 800 - 63 500**
Marge de profit du concessionnaire (%)	n.d.
Transport et préparation ($)	650 (préparation en sus)
Consommation ville - route (L/100 km)	**13 - 9 (3 l)**
	13,7 - 9,2 (3,5)
	19,5 - 12,5 (6,2 l)
Essence recommandée	super
Versions offertes	230, 300, 350, 63 AMG
Carrosserie	berline 4 portes
Lieu d'assemblage	Allemagne
Valeur résiduelle	✱ ✱ ✱
Garanties : de base - motopropulseur (an/km)	4/80 000 - 4/80 000
Fiabilité présumée	✱ ✱ ✱ ✱ ✱
Cycle de remplacement	2013
Ventes 2007 ↗ 14 %	Québec : 1113
Protection collision	
frontale conducteur/passager	✱ ✱ ✱ ✱ / ✱ ✱ ✱ ✱
latérale avant/arrière	✱ ✱ ✱ ✱ ✱ / ✱ ✱ ✱ ✱ ✱
retournement 2rm/4rm	✱ ✱ ✱ ✱ / ✱ ✱ ✱ ✱

À RETENIR

Nouveautés 2009	**système de navigation plus sophistiqué, nouveaux coussins gonflables latéraux, siège conducteur et volant à mémoire**
Principales concurrentes	**Audi A4, BMW Série 3, Cadillac CTS, Infiniti G35, Lexus IS, Lincoln MKZ**

+
- Comportement routier en progrès
- Finition soignée et confort notable
- Équipement complet (C350) et prix abordable (C 63 AMG)

–
- Moteur rugueux à haut régime
- Places arrière serrées
- Option Linguatronic complexe

425

Perché au sommet de la gamme Mercedes-Benz, le coupé CL n'en demeure pas moins une valeur négligeable, un modèle impopulaire et peu répandu souffrant alors d'une valeur de revente décevante. Afin d'élargir la clientèle, la firme de Stuttgart a décidé de lui donner un nouvel attrait au moyen d'un système à quatre roues motrices commercialisé sous le label 4Matic. Il permet à la CL d'affronter les climats plus rigoureux douze mois par année. Mais il y a un prix à payer pour ce privilège, un prix qui n'a rien à voir avec l'argent.

Pendant six mois, j'ai conduit la toute dernière version du coupé emblématique de la marque allemande. Bien que j'aie apprécié un certain nombre de choses, la caractéristique qui m'avait véritablement séduit était son système ABC (*active body control*), une aide à la conduite qui réduit quasi à néant le roulis dans les virages. Malgré un gabarit imposant et un poids significatif, cette Classe S déguisée en coupé deux portes restait impeccablement droite, bien plantée sur ses quatre roues, dans une épingle attaquée un peu trop hardiment. Assez impressionnant, je vous le confie. Or, à moins de dénicher un modèle 2007, oubliez ce que je considérais comme le meilleur atout du coupé CL.

En lieu et place par contre, vous aurez droit à un rectificatif de ce qui était la pire lacune de ce modèle dans sa première année d'existence, soit l'absence de traction intégrale. « Pourquoi ne pas avoir conservé le système ABC quand on sait qu'il fait bon ménage avec le 4Matic dans une Classe S mécaniquement identique ?» ai-je demandé à un ingénieur de chez Mercedes lors du lancement. Un peu gêné, ce dernier m'a expliqué que le coupé étant un tantinet plus court que la berline, il n'y avait pas suffisamment d'espace pour loger l'ABC, ou « le contrôle actif du châssis » dans le jargon de Mercedes. Je vous laisse le soin de tirer les conclusions que vos besoins vous dicteront.

LA MOTRICITÉ AUX DÉPENS DE L'AGILITÉ

Personnellement, je trouve que le coupé CL perd un équipement qui masquait son manque d'agilité et lui permettait de jouer à la perfection le rôle imputé à une voiture grand tourisme. Comme l'a mentionné le même ingénieur, ce modèle adopte désormais la vocation d'un « cruiser », un mot qui n'est pas le mien. C'est dommage, bien que plu-

sieurs préféreront bénéficier des avantages associés aux quatre roues motrices avec une répartition du couple variant entre 45 % sur le train avant et 55 % à l'arrière. Le hic toutefois est que la présence du système 4Matic ajoute 70 kg au poids déjà imposant du CL.

Cela dit, le coupé CL 550 joue parfaitement son rôle de voiture douillette offrant un confort sans pareil, un silence impérial et une douceur de roulement peu commune. Tous ces attributs sont rehaussés par l'ambiance de salon particulier que dégage l'aménagement intérieur farci d'accessoires dont une voiture d'un tel prix ne peut se passer. En optant pour une sellerie en cuir brun cognac, les regards admiratifs se multiplient.

UN MASSAGE AVEC ÇA ?

Tout n'est pas parfait cependant ; le petit crochet destiné à recueillir des cintres à l'arrière est incapable d'en recevoir un seul tellement il est mal adapté à son rôle. Il y a aussi les minuscules boutons de réglage des rétroviseurs qui ne peuvent être repérés qu'en quittant momentanément la route du regard. Quant au COMAND Control, le système de commandes à tout faire placé sur la console, il n'est guère plus réussi que le satanique I Drive de BMW. Parmi les options présentes sur ma voiture, je me serais facilement passé des sièges multicontours dont la fonction de massage se limite au va-et-vient de rouleaux qui vous taraudent le dos et de coussins latéraux qui se gonflent au moindre virage pour assurer un meilleur maintien. En revanche, les phares pivotants sont très appréciés en conduite nocturne. Le coupé CL peut être considéré comme un quatre places doté d'un coffre à la hauteur de la situation.

Les 382 chevaux du V8 de série et l'excellente transmission automatique à sept rapports travaillent en parfaite harmonie, offrant de solides accélérations et une consommation (12,5 litres aux 100 km) tempérée pour une voiture aussi volumineuse. Le coupé Mercedes CL est également proposé nanti d'un copieux moteur V12 double turbo offrant une puissance de 518 chevaux. Impressionnant sans doute, mais vu les dimensions peu sportives de la voiture, ce surplus de puissance n'apparaît pas justifié. **||| JACQUES DUVAL**

Une voiture douillette offrant un confort sans pareil, un silence impérial et une douceur de roulement peu commune

MERCEDES-BENZ CL

DIMENSIONS ET VOLUMES

Empattement (mm)	2955
Longueur (mm)	5065, 5084 (AMG)
Largeur (mm)	1871
Hauteur (mm)	1418, 1419 (AMG)
Volume intérieur (L)	2951
Volume du coffre (min./max.) (L)	490
Capacité du réservoir de carburant (L)	90
Fourchette de poids (kg)	2035 - 2275

CHÂSSIS

Mode	propulsion, intégral
Suspension av. - arr.	indépendante
Freins av. - arr.	disques
Capacité de remorquage min. - max. (kg)	non recommandé
Direction – diamètre de braquage (m)	crémaillère – 11,6
Pneus	255/40R19 - 275/40R19 (550 / 600)
	255/35R20 - 275/35R20 (63 / 65 AMG)

PERFORMANCES

Modèle à l'essai	CL600
Moteur	V12 biturbo SACT 5,5 litres
Puissance (ch. à tr/min)	510 - 5000
Couple (lb-pi à tr/min)	612 - 1800
Transmission	automatique 5 rapports
Autres transmissions	automatique 7 rapports (V8)
Accélération 0-100 km/h (sec.)	4,91
Reprises 80-115 km/h (sec.)	2,87
Distance de freinage 100-0 km/h (m)	37,3
Niveau sonore à 100 km/h	✗ ✗ ✗ ✗ ✎
Vitesse maximale (km/h)	250
Consommation réalisée au cours de l'essai (L/100 km)	17,5
Gaz à effet de serre	
Autres moteurs	V8 5,5 litre (382 ch. / 518 ch.)
	V12 biturbo 5,5 litres (603 ch.)

CE QU'IL FAUT SAVOIR

Fourchette de prix ($)	**131 900 - 236 500**
Marge de profit du concessionnaire (%)	n.d.
Transport et préparation ($)	650 (préparation en sus)
Consommation ville – route (L/100 km)	**17 – 12 (500)**
	21 – 14 (600)
	22 – 15 (63/65 AMG)
Essence recommandée	super
Versions offertes	550, 600, 63 AMG, 65 AMG
Carrosserie	coupé 2 portes
Lieu d'assemblage	Allemagne
Valeur résiduelle	★ ★
Garanties : de base – motopropulseur (an/km)	4/80 000 – 4/80 000
Fiabilité présumée	non évaluée
Cycle de remplacement	inconnue
Ventes 2007 n.d.	Québec : n.d. (confidentiel !)
Protection collision	
frontale conducteur/passager	non évaluée
latérale avant/arrière	non évaluée
retournement 2rm/4rm	non évaluée

À RETENIR

Nouveautés 2009	système 4Matic (CL550), système d'aide au stationnement (CL550), palettes de changement de vitesses au volant
Principales concurrentes	Aston Martin DB9, Bentley Continental GT, BMW Série 6, Ferrari 612 Scaglietti, Jaguar XK, Maserati Granturismo

+
- Traction intégrale
- Finition somptueuse
- Quatre vraies places, espace bagages inclus

–
- Léger déclin de la tenue de route
- Poids à la hausse
- Certains accessoires superflus

UN SURSIS D'UNE ANNÉE

Pour le millésime 2009, la CLK est reconduite sans grands changements par rapport à l'année précédente, signe qu'elle est à l'aube d'une refonte majeure. Comme la berline de Classe E, elle est la dernière à arborer l'ancien visage de Mercedes-Benz avec non seulement des phares, mais également des flancs et un postérieur tout en rondeurs.

MERCEDES-BENZ
CLK350

Des images circulant sur le Web laissent présager que la future CLK paraîtra beaucoup plus musclée, tout en reprenant les grandes lignes de l'actuelle Classe C. Pour l'heure, la CLK, coupé ou cabriolet, demeure une voiture attrayante à plusieurs points de vue sans toutefois pouvoir lutter à armes égales contre une concurrence plus moderne. Puisque la plateforme actuelle date déjà de plusieurs années, la rigidité n'est pas à la hauteur de ses rivales, surtout en configuration cabriolet. Rien de désastreux ici, compte tenu de la légendaire qualité des voitures de la firme allemande ; seulement, si vous désirez conduire votre future CLK avec un brin d'enthousiasme plutôt que simplement faire du tourisme, il vaudrait sans doute mieux attendre la venue de la prochaine génération qui, en plus de gagner en résistance à la torsion et à la flexion, bénéficiera possiblement d'un toit rigide rétractable, comme le veut la tendance en cours.

DU SPORT DÉCONTRACTÉ

Sans être une véritable athlète, la CLK tire assez bien son épingle du jeu pour ce qui est de la tenue de route, malgré une direction peu communicative. Ses suspensions offrent un bon compromis entre confort et tenue de route, ce qui plaît à une grande majorité d'acheteurs tout en expliquant sa popularité. Le moteur de base qui équipe les modèles CLK 350 Coupé et Cabriolet est le V6 de 3,5 litres qui développe 268 chevaux et qui est jumelé à une transmission automatique à sept rapports, la seule offerte peu importe le modèle. Si ce moteur suffit amplement dans la plupart des conditions, certains désirent tout de même un peu plus de mordant et pourront opter pour la CLK 550. En plus d'un moteur V8 de 5,5 litres et 382 chevaux, cette version bénéficie de freins de plus grande dimension, tandis que le

diamètre des jantes passe de 17 à 18 pouces afin d'accueillir des pneus à profil plus bas. Si cette version ne répond toujours pas à vos attentes en matière de performance, vous pouvez vous rabattre sur le modèle CLK63.

Toutefois, contrairement aux autres variantes, celle-ci est proposée exclusivement en cabriolet, ce qui est quelque peu étrange lorsque l'on considère qu'elle est la sportive de toutes les CLK vendues chez nous. Malgré tout, à près de 120 000 $, elle se présente avec son V8 de 475 chevaux qui est toujours jumelé à la transmission automatique à sept rapports, mais revue et corrigée par la division AMG. Elle est ainsi en mesure de tenir tête à bien des sportives, sans sacrifier le confort de style grand tourisme, propre à toute la gamme.

PREMIÈRE CLASSE

À défaut d'être réellement sportive malgré la puissance disponible (abstraction faite de la variante AMG), la CLK se prête habilement aux longues randonnées, du moins pour les passagers avant. Le confort de l'habitacle est de haut niveau et l'insonorisation très soignée. Même les versions décapotables, une fois le toit en place, sont extrêmement étanches et se prêtent sans problème à une utilisation quatre saisons. Si le tableau de bord est quelque peu vieillot, il se fait apprécier par la disposition des commandes. L'ergonomie sans faille permet de se sentir à l'aise derrière le volant dès le premier contact, ce qui n'est pas l'apanage de toutes les voitures de luxe, puisqu'elles pèchent parfois par une inutile complexité d'utilisation. Les sièges avant, réglables électriquement en dix positions et d'un grand confort, méritent également une bonne note. À l'arrière toutefois, c'est l'espace disponible qui fait quelque peu défaut, sans compter que l'accès n'est pas de tous repos, sauf pour de jeunes enfants.

UNE BONNE OCCASION

Si la CLK actuelle répond à vos besoins, nul doute qu'il s'agit d'un bon choix et plus particulièrement d'une bonne affaire s'il reste quelques exemplaires invendus à la sortie du nouveau modèle. Jouissant d'une rassurante fiabilité et d'une excellente valeur de revente advenant le cas où vous devriez vous en départir, cette Mercedes-Benz est un heureux mélange de luxe et de performance qui en fait une voiture agréable à utiliser dans toutes circonstances. ▮▮
DANIEL CHARRETTE

Pour l'heure, la CLK demeure une voiture attrayante sans toutefois pouvoir lutter à armes égales contre une concurrence plus moderne

DIMENSIONS ET VOLUMES

Empattement (mm)	2715
Longueur (mm)	4652
Largeur (mm)	1740
Hauteur (mm)	1400 - 1446
Volume intérieur (L)	2308 (coupé), 2412 (cabriolet)
Volume du coffre (min./max.) (L)	294 (coupé)
	152 / 244 (cabriolet)
Capacité du réservoir de carburant (L)	62
Fourchette de poids (kg)	1615 - 1850

CHÂSSIS

Mode	propulsion
Suspension av. - arr.	indépendante
Freins av. - arr.	disques
Capacité de remorquage min. - max. (kg)	non recommandé
Direction - diamètre de braquage (m)	crémaillère - 10,76
Pneus	225/45R17 - 245/40R17 (350)
	225/40R18 - 255/35R18 (550, 63 AMG)

PERFORMANCES

Modèle à l'essai	CLK63 AMG (cabriolet)
Moteur	V8 DACT 6,2 litres
Puissance (ch. à tr/min)	475 - 6800
Couple (lb-pi à tr/min)	465 - 5000
Transmission	semi-automatique 7 rapports
Autres transmissions	aucune
Accélération 0-100 km/h (sec.)	4,79
Reprises 80-115 km/h (sec.)	2,32
Distance de freinage 100-0 km/h (m)	36
Niveau sonore à 100 km/h	✖ ✖ ✖
Vitesse maximale (km/h)	250 (AMG), 210 (350, 550)
Consommation réalisée au cours de l'essai (L/100 km)	16,1
Gaz à effet de serre	
Autres moteurs	V6 3,5 litres (268 ch.)
	V8 5,5 litres (382 ch.)

CE QU'IL FAUT SAVOIR

Fourchette de prix ($)	**69 500 – 117 900**
Marge de profit du concessionnaire (%)	n.d.
Transport et préparation ($)	650 (préparation en sus)
Consommation ville - route (L/100 km)	13,8 - 9,4 (350)
	15,8 - 10,7 (550)
	19,7 - 12,6 (63 AMG)
Essence recommandée	super
Versions offertes	350, 550, 63 AMG
Carrosserie	coupé / cabriolet 2 portes
Lieu d'assemblage	Allemagne
Valeur résiduelle	★ ★ ★
Garanties : de base - motopropulseur (an/km)	4/80 000 - 4/80 000
Fiabilité présumée	★ ★ ★ ★ ⍭
Cycle de remplacement	inconnu
Ventes 2007 n.d.	Québec : n.d. (confidentiel !)
Protection collision frontale conducteur/passager	non évaluée
latérale avant/arrière	non évaluée
retournement 2rm/4rm	non évaluée

À RETENIR

Nouveautés 2009	**Édition spéciale de la CLK350 (carrosserie AMG, jantes de 18 pouces, etc)**
Principales concurrentes	**Audi A4/A5, BMW Série 3, Infiniti G37, Saab 9-3, Volvo C70**

- Choix de moteurs
- Confort assuré
- Qualité de construction
- Cabriolet quatre saisons

- Nouveau modèle à l'horizon
- Prix de la version AMG
- Conduite aseptisée (sauf AMG)

UN COUP DE PINCEAU

Reconnu pour le classicisme, sinon pour la sévérité du design de ses créations, Mercedes-Benz a surpris et séduit la communauté automobile en 2005 avec une berline quatre portières, la CLS, ressemblant à s'y méprendre à un coupé. Pour 2009, celle-ci s'est refait une beauté. Non pas qu'elle en avait besoin, car s'agit de l'une des plus belles voitures à avoir franchi le portail des ateliers du constructeur de Stuttgart.

On s'est donc bien gardé de procéder à des remaniements trop marquants qui auraient pu démanteler le style très réussi de la première CLS. Le déridage est résolument discret et il faudra prêter attention pour noter les changements assez subtils apportés au faciès et au postérieur. À l'avant, la grille de calandre comporte désormais deux barres horizontales encadrant l'étoile Mercedes au lieu de quatre tandis que la prise d'air sous le pare-chocs possède une échancrure qui donne une impression de largeur accrue. Les rétroviseurs sont non seulement plus grands, mais les feux clignotants en forme de flèche captent davantage l'attention. À l'arrière, un nouveau bouclier, des feux redessinés et un double échappement de forme trapézoïdale complètent la nouvelle physionomie du coupé sedan CLS. Ces changements mineurs et difficilement perceptibles n'ont pour seul but que de souligner que la voiture en est à la moitié de son cycle et qu'une version fortement retouchée n'arrivera que dans quatre ans environ. Les révisions intérieures sont plus notables : nouveau volant à trois branches et une instrumentation différente avec des cadrans blancs.

Que ce soit sous le capot ou du côté des trains roulants, c'est le statu quo. Le seul moteur appelé à propulser la CLS est le V8 de 5,5 litres de 382 chevaux jumelé à une transmission automatique à sept rapports au fonctionnement irréprochable. Pour impressionner la galerie, on peut se tourner vers la version AMG 63, qui exploite un énorme moteur V8 de 6,2 litres dont la puissance se hisse à 504 chevaux. Cette dernière est impressionnante sur papier, mais elle m'est apparue plus gauche que la CLS 550 dans

les virages en épingle d'une route montagneuse dans la région de Vienne, en Autriche. Le poids légèrement supérieur reposant sur le train avant de la 6,3 rend la voiture sous-vireuse. Bref, sur le même parcours, j'ai éprouvé plus de plaisir à brasser la 550 que la 6,3. En revanche, la puissance procure des émotions fortes quand on enfonce l'accélérateur et que les 504 chevaux se mettent à ruer dans les brancards. Le temps de reprise entre 80 et 115 km/h est d'ailleurs très éloquent à 2,9 secondes. Le son de l'échappement ne démérite pas non plus.

CONFORT SUPRÊME ET SOLIDE

Quant à la transmission automatique, la CLS 63 AMG étrenne le nouveau système Speedshift de Mercedes qu'on manipule par des palettes sous le volant. À la différence de la CLS ordinaire, la boîte monte automatiquement le régime moteur lorsqu'on rétrograde, comme il se doit. L'autre exclusivité intéressante est la présence de roues de 19 pouces en équipement de série. Prenez soin de vérifier cependant s'il existe des pneus d'hiver de la dimension requise. Contrairement à plusieurs voitures affublées de roues aux dimensions disproportionnées, la 63 AMG n'est pas du tout ce qu'on appelle un tape-cul. Elle est même très docile en ville contrairement à certaines GT plus capricieuses.

Les deux modèles partagent un certain nombre de caractéristiques, comme un accès qui peut faire mal si on oublie que, en raison de sa ligne fuyante de coupé, cette voiture exige qu'on lui fasse la révérence avant d'y prendre place. Autrement, vous pourriez vous retrouver dans les pommes après une rencontre avec le toit très courbé. Et cela, aussi bien à l'avant qu'à l'arrière où l'espace pour la tête est toujours un peu mesuré. Ce qui m'agace le plus toutefois, ce sont les boutons de verrouillage des portières, si bon marché qu'ils semblent provenir d'une Plymouth Volare des années 1970. Louons par contre la belle présentation intérieure, le faible niveau sonore et un coffre à bagages dont le volume dépasse aisément celui d'authentiques coupés.

Sur la route, l'expérience de conduite est rassurante, sinon excitante ; on roule dans un confort suprême au volant d'une voiture solide et sans histoire. Et exclusive, pourrait-on ajouter, puisqu'il s'agit du premier coupé quatre portes du monde. Qu'il affiche, en plus, une ligne irrésistible est un boni à ne pas dédaigner. ▐▐▐ **JACQUES DUVAL**

Les boutons de verrouillage des portières, si bon marché,
semblent provenir d'une Plymouth Volare des années 1970

DIMENSIONS ET VOLUMES

Empattement (mm)	2854
Longueur (mm)	4910 (550), 4915 (63 AMG)
Largeur (mm)	1873
Hauteur (mm)	1414 (550), 1389 (63 AMG)
Volume intérieur (L)	2954
Volume du coffre (min./max.) (L)	495
Capacité du réservoir de carburant (L)	80
Fourchette de poids (kg)	1825 -1910

CHÂSSIS

Mode	propulsion
Suspension av. – arr.	indépendante
Freins av. – arr.	disques
Capacité de remorquage min. – max. (kg)	non recommandé
Direction – diamètre de braquage (m)	crémaillère – 11,2 (550) / 11,5 (63 AMG)
Pneus	245/40R18 - 275/35R18 (550) 255/35R19 - 285/30R19 (63 AMG)

PERFORMANCES

Modèle à l'essai	CLS 63 AMG
Moteur	V8 DACT 6,2 litres
Puissance (ch. à tr/min)	504 - 6800
Couple (lb-pi à tr/min)	465 - 5200
Transmission	semi-automatique 7 rapports
Autres transmissions	aucune
Accélération 0-100 km/h (sec.)	4,9 (chrono manuel)
Reprises 80-115 km/h (sec.)	2,9 (chrono manuel)
Distance de freinage 100-0 km/h (m)	non mesurée
Niveau sonore à 100 km/h	✕ ✕ ✕
Vitesse maximale (km/h)	250
Consommation réalisée au cours de l'essai (L/100 km)	16,5 (estimé)
Gaz à effet de serre	
Autres moteurs	V8 5,5 litres (382 ch.)

CE QU'IL FAUT SAVOIR

Fourchette de prix ($)	**93 500 - 128 300**
Marge de profit du concessionnaire (%)	n.d.
Transport et préparation ($)	650 (préparation en sus)
Consommation ville - route (L/100 km)	**16,8 - 11 (5,5 l)** **19,5 - 13,2 (6,2 l)**
Essence recommandée	super
Versions offertes	550, 63 AMG
Carrosserie	berline 4 portes
Lieu d'assemblage	Allemagne
Valeur résiduelle	✴ ✴ ✴
Garanties : de base – motopropulseur (an/km)	4/80 000 - 4/80 000
Fiabilité présumée	✴ ✴ ✴ ✴
Cycle de remplacement	inconnu
Ventes 2007 n.d.	Québec : n.d.
Protection collision frontale conducteur/passager latérale avant/arrière retournement 2rm/4rm	non évaluée non évaluée non évaluée

À RETENIR

Nouveautés 2009	**retouches aux parties avant et arrière, système multimédia, volant sport à trois branches**
Principales concurrentes	**Audi A6, BMW Série 5, Infiniti M, Jaguar XF, Lexus GS, Mercedes Classe E, Volvo S80**

- Comportement routier irréprochable
- Habitabilité satisfaisante
- Transmission remarquable

- Avoir à se pencher à l'accès
- Certains accessoires bon marché
- Rangements restreints

431

OFFERTE DANS TOUTES LES POINTURES

Déjà que Mercedes-Benz propose une imposante gamme de véhicules, comme en témoigne le nombre de pages consacrées à la marque dans le présent ouvrage, la Classe E à elle seule est offerte en suffisamment de variantes pour plaire à tout le monde. C'est ainsi qu'elle peut tantôt jouer la sage berline économique en carburant, tantôt la très polyvalente familiale à traction intégrale ou encore la sportive à tous crins.

C'est bien entendu une question de goût, mais également de budget, puisque la facture passe du simple au double selon qu'on arrête son choix sur un modèle dit « d'entrée de gamme », qui a tout de même de quoi faire pâlir d'envie bien des voitures en versions « tout équipées », ou sur la sportive AMG, qui fait quelque peu dans la démesure, à la plus grande joie de ses propriétaires.

Non seulement joue-t-elle plusieurs rôles dans ses différentes configurations, mais elle le fait avec une grande discrétion. La Classe E est la Mercedes passe-partout, puisqu'on la remarque très peu. Malgré quelques retouches esthétiques apportées il y a deux ans, son design semble quelque peu en retrait comparativement aux modèles ayant profité depuis d'une refonte. Cela n'enlève rien aux qualités intrinsèques de la voiture et il s'en trouve d'ailleurs pour apprécier ce classicisme qui vieillira vraisemblablement très bien. En accédant à la plus abordable des Classe E, on bénéficie d'emblée de la traction intégrale 4Matic, qui est d'ailleurs présente sur tous les modèles à essence, exception faite de la variante AMG. Pour un peu plus de 65 000 $ donc, vous aurez droit à une E300 4Matic avec un moteur V6 de 228 chevaux qui, comme toujours avec la traction intégrale, est jumelé à une transmission automatique à cinq rapports. À défaut d'être vraiment performante, cette version arrive convenablement équipée, avec notamment une sellerie de cuir, des sièges avant chauffants réglables en 10 positions, des garnitures en ronce de noyer, un système de sonorisation signé Harman/ Kardan ainsi qu'une panoplie de dispositifs visant à assurer la sécurité des occupants. Pour un petit peu plus d'entrain, et environ 10 000 $ additionnels, il est possible de remplacer le petit V6 de 3 litres par un autre de 3,5 litres, de cylindrée

cette fois, d'où l'appellation dans ce cas-ci de E350 4Matic. L'augmentation de puissance est de l'ordre de 40 chevaux, tandis que l'équipement de série est bonifié, ce qui en fait une version populaire sans compter que c'est la seule offerte en configuration familiale. Les gens désirant un moteur V8 pourront arrêter leur choix sur la E550 4matic, qui, sans être aussi brutale que la E63 AMG, tire tout de même son épingle du jeu en matière de prestations, puisque ses 382 chevaux sont amenés au bitume par l'entremise non seulement de la traction intégrale, mais également de jantes de 18 pouces avec pneus à profil bas qui plaquent efficacement cette grosse voiture au sol, toutes proportions gardées.

1000 KILOMÈTRES AVEC UN PLEIN

Puisque l'heure est à l'environnement, c'est la E320 BlueTEC qui, après avoir remporté plusieurs prix, joue la vedette au sein de la gamme. Sous son capot réside un V6 turbodiésel à injection affichant une puissance correcte de 210 chevaux, mais un impressionnant couple de 400 livres-pieds. Il en résulte de bonnes accélérations et de très solides reprises, tandis que les inconvénients associés autrefois aux motorisations diésel ont été occultés. La suie noire qui s'échappait jadis du tuyau d'échappement est retenue par des filtres à particules et éliminée chimiquement grâce à l'injection d'une solution à base d'urée nommée AdBlue. La consommation de sept à huit litres aux 100 km de la E320 BlueTEC sur l'autoroute se compare à celle d'une voiture compacte ; elle est en partie due au fait que cette voiture est une propulsion et non pas une intégrale, ce qui a d'ailleurs permis d'utiliser une boîte automatique à sept rapports. Dommage toutefois qu'avec ses attributs de faible consommation, de robustesse et de couple, les gens de Mercedes n'aient pas cru bon d'offrir cette motorisation dans la version familiale, qui aurait pu sans effort emmener un peu partout famille et bagages.

LE MOUTON NOIR

La E63 AMG est l'ultime « sleeper », pour reprendre une expression de nos voisins du sud de la frontière, qui désigne une voiture à la fois puissante et discrète. À ce jeu, la E63 AMG est une championne. Avec un style ressemblant de très près aux versions plus sages de la Classe E, bien peu de gens se doutent de la présence d'un moteur de plus de 500 chevaux capable de catapulter ce bolide loin devant plusieurs voitures s'affichant pourtant comme sportives. Toutes les variantes de la Classe E ont en commun un haut niveau de luxe, un bon comportement routier et une qualité de construction hors pair. Reste à chacun de déterminer si l'accent doit être mis sur l'économie de carburant, la polyvalence ou les performances. ||| **DANIEL CHARRETTE**

Il en résulte de bonnes accélérations et de solides reprises, tandis que les inconvénients associés autrefois aux motorisations diésel ont été occultés

DIMENSIONS ET VOLUMES

Empattement (mm)	2854
Longueur (mm)	4852 - 4905
Largeur (mm)	1822
Hauteur (mm)	1465 - 1511
Volume intérieur (L)	2752 (berline), 2723 (familiale)
Volume du coffre (min./max.) (L)	540 (berline)
	690 / 1950 (familiale)
Capacité du réservoir de carburant (L)	80
Fourchette de poids (kg)	1770 - 1925

CHÂSSIS

Mode	propulsion, intégral
Suspension av. - arr.	indépendante
Freins av. - arr.	disques
Capacité de remorquage min. - max. (kg)	non recommandé
Direction - diamètre de braquage (m)	crémaillère - 11,43 (320) / 11,46
Pneus	225/55R16 (320), 245/40R18 (300, 350, 550),
	245/40R18 - 265/35R18 (AMG)

PERFORMANCES

Modèle à l'essai	E320 Bluetec
Moteur	V6 DACT 3 litres (turbodiésel)
Puissance (ch. à tr/min)	210 -3400
Couple (lb-pi à tr/min)	388 - 1600
Transmission	automatique 7 rapports
Autres transmissions	automatique 5 rapports
Accélération 0-100 km/h (sec.)	7,22
Reprises 80-115 km/h (sec.)	4,13
Distance de freinage 100-0 km/h (m)	41,6
Niveau sonore à 100 km/h	❋ ❋ ❋ ❋ ◐
Vitesse maximale (km/h)	210, 250 (AMG)
Consommation réalisée au cours de l'essai (L/100 km)	8,6
Gaz à effet de serre	🏭🏭🏭
Autres moteurs	V6 3 litres (228 ch.)
	V6 3,5 litres (268 ch.)
	V8 5,5 litres (382 ch.)
	V8 6,2 litres (507 ch.)

CE QU'IL FAUT SAVOIR

Fourchette de prix ($)	**65 800 - 121 100**
Marge de profit du concessionnaire (%)	n.d.
Transport et préparation ($)	650 (préparation en sus)
Consommation ville - route (L/100 km)	13,3 - 9,5 (3 l)
	14,5 - 10,5 (3,5 l)
	18 - 12,5 (5,5 l)
	19,9 - 12,6 (6,2 l)
	10 - 7,2 (Bluetec, 3 l)
Essence recommandée	super, diésel (320 Bluetec)
Versions offertes	300 4Matic, 320 Bluetec, 350 4Matic, 550 4Matic, 63 AMG
Carrosserie berline	4 portes, familiale 5 portes
Lieu d'assemblage	Allemagne
Valeur résiduelle	❋ ❋ ❋ ❋
Garanties : de base - motopropulseur (an/km)	4/80 000 - 4/80 000
Fiabilité présumée	❋ ❋ ❋ ❋ ◐
Cycle de remplacement	2010
Ventes 2007 ↗ 16 %	Québec : 434
Protection collision frontale conducteur/passager	❋ ❋ ❋ ❋ / ❋ ❋ ❋ ❋
latérale avant/arrière	❋ ❋ ❋ ❋ ❋ / ❋ ❋ ❋ ❋ ❋
retournement 2rm/4rm	❋ ❋ ❋ ❋ ❋ / ❋ ❋ ❋ ❋ ❋

À RETENIR

Nouveautés 2009	**retouches esthétiques mineures, modèles E350 et E550 offerts avec groupe apparence AMG**
Principales concurrentes	**Audi A6, BMW Série 5, Cadillac STS, Infiniti M, Jaguar XF, Lexus GS, Volvo S80**

➕
- Moteur diésel moderne et écologique à l'entretien
- Version familiale
- Qualité de fabrication

➖
- Coût
- Silhouette anonyme
- Modèle en fin de carrière

433

IL NE FAIT PAS DANS LA DENTELLE

Influencé par Hummer, Mercedes-Benz s'est décidé au début des années 2000 d'exporter chez nous son légendaire Gelaendewagen (« tout-terrain » en allemand) rebaptisé Classe G pour l'Amérique du Nord. S'il semble complètement dépassé en 2009, il faut savoir que le Classe G roule sa bosse depuis 1972 et qu'il a su traverser les décennies avec panache.

Il serait donc invraisemblable que la crise pétrolière lui soit fatale. D'autant plus qu'en Europe, ce gros utilitaire est une légende vivante acclamée par les armées allemande et française pour sa fiabilité et ses prouesses en terrain accidenté. De plus, il sert aux troupes canadiennes qui possèdent plusieurs centaines d'unités de ce « tank » sur quatre roues. Même s'il est plus petit que le Hummer H2, la version civile du classe G peut être considérée comme son pendant européen.

500 CHEVAUX

Comme la silhouette a peu changé au cours des 37 dernières années, l'évolution du Classe G est essentiellement d'ordre mécanique. Les ingénieurs ont beau se creuser les méninges, ils ne trouvent rien de mieux, année après année, que d'augmenter la puissance des moteurs. Certes, ils pourraient s'efforcer d'en améliorer le confort. Toutefois, il est difficile d'apprendre les bonnes manières à un homme de Cro-Magnon ! Quant au rouage intégral, il est l'un des plus sophistiqués de l'industrie. D'où l'entêtement des motoristes à développer des motorisations de plus en plus musclées. Ainsi, le Classe G adopte en 2009 une nouvelle cylindrée de 5,5 litres pour devenir le G550. Fort de 382 chevaux, comparativement aux 296 chevaux de l'ancien moteur de 5 litres, il est devenu aussi rapide qu'un joueur de football. Quant au G55 AMG, sa cavalerie passe de 493 à 500 chevaux. À vrai dire, ce n'est pas sept chevaux de plus ou de moins qui va changer quoi que se soit à la consommation, les 500 chevaux étant plus symboliques qu'autre chose.

Loin des bonnes manières, sa silhouette et son comportement routier ne font pas dans la dentelle. Comme le H2, le pare-brise est presque plat alors que le hayon, le toit et les portes épousent un profil robuste aux lignes carrées inspirées du monde de G.I. Joe. Avec ses énormes pneus, ses grosses pentures de porte (style coffre-fort) et son immense logo à hélice situé en plein centre de la calandre, le G550 est assez intimidant. La poigne de fer qu'il faut pour ouvrir et fermer les lourdes portes en acier ne laisse planer aucun doute sur ses origines militaires. Poids total de ce mastodonte : 2500 kg.

Décuplant une puissance de 382 chevaux, le V8 de 5,5 litres s'apparente à ceux qui logent sous le capot des autres produits Mercedes. Pour transmettre le couple du moteur aux quatre roues motrices à prise constante, le Classe G profite d'une boîte automatique à sept rapports et d'un boîtier de transfert à deux rapports (Lo ou Hi). Il est aussi l'un des rares utilitaires à être équipé de trois différentiels verrouillables (avant, central et arrière). Une fois embrayés, ces derniers lui permettent de se sortir de n'importe quelle impasse. Il est juste dommage que le V6 turbodiésel de 3 litres ne soit pas encore offert.

SUR LA ROUTE

Si le style militaire de la carrosserie laisse supposer que l'habitacle est austère, détrompez-vous. Pour rappeler à son usager et à ses convives qu'ils occupent un véhicule signé Mercedes-Benz, les concepteurs n'ont rien ménagé. À son bord, on retrouve des seuils de porte illuminés, des garnitures et des sièges ajustables en cuir, et un volant et des appliques en bois véritable.

Il faut un certain temps avant de pouvoir évaluer sa tenue de route. Haut juché sur pattes, le Classe G donne l'impression qu'il est maladroit. Ce qui est une demi-vérité. C'est en ville et sur les longues lignes droites (à condition de respecter les limites de vitesse) qu'il se fait le plus apprécier. Sur les routes en lacet, il est loin d'avoir la souplesse d'une ballerine. À basse vitesse, la direction est lourde et il faut de gros biceps pour braquer le volant. Sur l'autoroute, la tenue de cap est loin d'être parfaite et il faut constamment surveiller la trajectoire du véhicule (ça tire à gauche !). Quant au freinage, prudence ! Il faut tenir compte de son poids élevé. Mais n'ayez crainte, les quatre freins à disques font honneur à la bonne réputation de la marque s'ils sont correctement dosés.

Le Classe G s'adresse aux biens nantis de ce monde qui désirent impressionner leurs amis et clients d'affaires. À plus de 110 000 $ l'unité, il faut être un peu crédule pour croire qu'un propriétaire de G550 dépense autant d'argent pour draguer. À moins qu'il veuille tout simplement se balader en forêt dans l'espoir de rencontrer la Belle au bois dormant ! ▌▌▌ **JEAN-FRANÇOIS GUAY**

Le Classe G est une légende vivante dans les armées allemande et française. Et les troupes canadiennes en possèdent également plusieurs centaines d'exemplaires

DIMENSIONS ET VOLUMES

Empattement (mm)	2850
Longueur (mm)	4662
Largeur (mm)	1760
Hauteur (mm)	1931
Volume intérieur (L)	2506
Volume du coffre (min./max.) (L)	480 / 2251
Capacité du réservoir de carburant (L)	96
Fourchette de poids (kg)	2500 - 2555

CHÂSSIS

Mode	intégral
Suspension av. - arr.	semi- indépendante - essieu rigide
Freins av. - arr.	disques
Capacité de remorquage min. - max. (kg)	3175
Direction - diamètre de braquage (m)	crémaillère - 13,26
Pneus	265/60R18 (G550), 275/55R19 (G55 AMG)

PERFORMANCES

Modèle à l'essai	G550
Moteur	V8 DACT 5,5 litres
Puissance (ch. à tr/min)	382 - 6000
Couple (lb-pi à tr/min)	391 - 2800
Transmission	automatique 7 rapports
Autres transmissions	aucune
Accélération 0-100 km/h (sec.)	7,5 (estimé)
Reprises 80-115 km/h (sec.)	non chronométrées
Distance de freinage 100-0 km/h (m)	42,7 (G500)
Niveau sonore à 100 km/h	
Vitesse maximale (km/h)	190, 210 (AMG)
Consommation réalisée au cours de l'essai (L/100 km)	18
Gaz à effet de serre	
Autres moteurs	V8 suralimenté 5,5 litres (500 ch.)

CE QU'IL FAUT SAVOIR

Fourchette de prix ($)	**111 900 - 152 450**
Marge de profit du concessionnaire (%)	n.d.
Transport et préparation ($)	650 (préparation en sus)
Consommation ville - route (L/100 km)	**20,4 – 16,2 (5 l)** **21,9 – 18,4 (5,5 l)**
Essence recommandée	super
Versions offertes	G550, G55 AMG
Carrosserie	utilitaire 5 portes
Lieu d'assemblage	Autriche
Valeur résiduelle	✱ ✱ ✱ ✱
Garanties : de base - motopropulseur (an/km)	4/80 000 - 4/80 000
Fiabilité présumée	✱ ✱
Cycle de remplacement	inconnue
Ventes 2007 ↗ 98 %	Québec : 105
Protection collision frontale conducteur/passager	non évaluée
latérale avant/arrière	non évaluée
retournement 2rm/4rm	non évaluée

À RETENIR

Nouveautés 2009	le G500 abandonne le V8 de 5 litres et devient le G550 avec le V8 de 5 ,5 litres, le G55 AMG gagne quelques chevaux (+ 7 ch.)
Principales concurrentes	Hummer H2, Land Rover Range Rover, Lexus LX 570

+ • Modèle unique en son genre
  • Ses capacités hors route
  • La solidité de sa caisse

− • L'absence d'un moteur turbodiésel
  • Sa direction engourdie et sa mauvaise tenue de cap
  • Consommation et prix déraisonnables

435

UNE ÉTOILE ? NON, UNE GALAXIE

Mercedes-Benz

MERCEDES-BENZ
GL

Produit en Alabama, le Mercedes GL visait avant tout à satisfaire le public américain qui, il y a peu de temps encore, considérait que « tout ce qui est gros est beau ». La demande existe et le constructeur allemand y voit une bonne affaire. Peut-on le blâmer ? D'autant plus que le risque est faible, considérant que cet utilitaire partage sensiblement la même architecture que les ML et la Classe R.

Présenter le GL comme un ML allongé est-il un mauvais raccourci ? En effet, sa carrosserie au format texan est totalement inédite. Et son pavillon, contrairement à celui du ML, ne se voûte ni ne s'écrase à l'approche du hayon — il se brise tout simplement. Un trait de crayon qui manque d'élégance sans doute, mais qui favorise grandement l'espace de chargement.

De fait, avec le GL, il n'y a pas que le bahut de la belle-mère que vous pouvez transporter : c'est son mobilier au grand complet, à la condition bien sûr d'escamoter les deuxième et troisième rangées de sièges.

Revenons un instant aux deux sièges de la troisième rangée. Ceux-ci conviennent à des adultes, mais ils sont naturellement plus accessibles à des enfants. Il faut en effet faire preuve d'une agilité certaine pour les atteindre ou s'en extraire. En configuration cinq places, le problème ne se pose naturellement pas. Inutile de s'offrir des marchepieds pour grimper à bord : ils seront seulement utiles pour atteindre, le cas échéant, la galerie de toit. Les places sont confortables, le dégagement souverain. À l'avant, la large console empiète volontairement sur l'espace utile pour donner à ce mastodonte une dimension plus humaine. Trop humaine, me disais-je en jetant un coup d'œil aux rétroviseurs extérieurs. Minuscules, ils jurent avec l'ensemble du véhicule. Regardons devant. On reconnaît instantanément la palette moussée et arquée du bloc d'instrumentation avec ses deux compteurs atteints de strabisme. À droite, grimpé sur la colonne de direction, le sélecteur inutilement compliqué de la boîte automatique. À gauche, le sempiternel levier du régulateur de vitesse, que l'on confond régulièrement avec celui des clignotants. Mercedes s'entête...

NOMBREUSES OPTIONS

Cuir pleine fleur et moquette capitonnée, cet utilitaire est, ne l'oublions pas, un produit Mercedes. Hélas, cela sous-entend aussi un catalogue d'options aussi copieux que celui de certaines grandes bijouteries. La liste est à la fois longue et proche d'une encyclopédie, tout comme le manuel du propriétaire, dont les termes nécessitent parfois une certaine adaptation : 4Matic, 7G-Tronic, Speedtronic, Airmatic, Thermatic, etc.

Au Canada, le GL retient de facto les services d'un moteur V8 essence de 4,7 litres. Pas superflu, vous en conviendrez, vu le poids à vide de l'engin. Mais nous lui préférons le V6 turbodiésel, plus économique à la pompe. Si cela est le cadet de vos soucis, la firme allemande propose également un V8 de 5,5 litres, mais est-ce bien nécessaire ?

Gorgé de couple, le six cylindres turbodiésel s'est révélé au cours de notre essai étonnamment frugal à la pompe. Il a aussi démontré qu'il avait suffisamment de pédale pour ne pas traîner au coin d'une rue. Mais très vite, le gabarit et le poids du GL se rappelleront à votre bon souvenir, même s'il faut reconnaître qu'il n'est pas aussi ardu qu'on croit de se frayer un chemin au milieu des autres usagers de la route. La direction douce et précise nous fait pleinement profiter d'un diamètre étonnamment court. Sur autoroute et sur route, ce GL vous apporte un étonnant sentiment d'aisance. Les reprises sont musclées et la boîte automatique à sept rapports (7G-Tronic), bien étagée, autorise avec sa commande manuelle une conduite fort bien programmée. La suspension procure encore des sensations, mais elle peut s'avérer trop souple, au freinage notamment. Les suspensions pneumatiques s'écrasent une fraction de seconde avant que le système Airmatic réagisse pour rétablir l'assiette du véhicule.

Performant, mais pas aussi endurant que souhaité, le freinage se double d'un ABS qui peut disposer d'une double voie de contrôle si vous optez pour le groupe Offroad. Ce système, proposé aux authentiques amateurs de 4x4, inclut une forte réduction de transmission et des blocages de différentiels électroniques. Ainsi doté, le GL ne craint plus personne en tout-terrain.

La vie à bord de cet utilitaire Mercedes est un pur délice. Il permet de survoler la circulation (et les ornières) avec une assise relevée et une sensation de sécurité sans pareille. Hélas, pour tirer pleinement profit de ses qualités, il faut garnir le GL de nombreux équipements. À vous de voir (avec votre banquier ?) s'il vaut cette dépense... ▌▌▌ **ÉRIC LEFRANÇOIS**

Un mastodonte dont la carrosserie au format texan est totalement inédite

DIMENSIONS ET VOLUMES

Empattement (mm)	3075
Longueur (mm)	5088
Largeur (mm)	1920
Hauteur (mm)	1840
Volume intérieur (L)	4049
Volume du coffre (min./max.) (L)	200 / 2300
Capacité du réservoir de carburant (L)	100
Fourchette de poids (kg)	2395 - 2515

CHÂSSIS

Mode	intégral
Suspension av. - arr.	indépendante
Freins av. - arr.	disques
Capacité de remorquage min. - max. (kg)	3402
Direction - diamètre de braquage (m)	crémaillère - 12,1
Pneus	275/50R20 (450, 320), 295/45R21 (550)

PERFORMANCES

Modèle à l'essai	GL320 Bluetec
Moteur	V6 DACT 3 litres
Puissance (ch. à tr/min)	210 - 3400
Couple (lb-pi à tr/min)	400 - 1600
Transmission	automatique 7 rapports
Autres transmissions	aucune
Accélération 0-100 km/h (sec.)	9,67
Reprises 80-115 km/h (sec.)	5,43
Distance de freinage 100-0 km/h (m)	42,2
Niveau sonore à 100 km/h	✗ ✗ ✗
Vitesse maximale (km/h)	210
Consommation réalisée au cours de l'essai (L/100 km)	11,2
Gaz à effet de serre	
Autres moteurs	V8 4,7 litres (335 ch.) V8 5,5 litres (382 ch.)

CE QU'IL FAUT SAVOIR

Fourchette de prix ($)	**71 500 - 91 500**
Marge de profit du concessionnaire (%)	n.d.
Transport et préparation ($)	650 (préparation en sus)
Consommation ville - route (L/100 km)	18 - 13,3 (4,7 l) 18,5 - 13,9 (5,5 l) 13,1 - 9,8 (3 l)
Essence recommandée	super (450 / 550) diesel (320)
Versions offertes	450, 550, 320 Bluetec
Carrosserie	utilitaire 5 portes
Lieu d'assemblage	États-Unis
Valeur résiduelle	★ ★ ★ ★
Garanties : de base - motopropulseur (an/km)	4/80 000 - 4/80 000 km
Fiabilité présumée	★ ★ ⊁
Cycle de remplacement	2012
Ventes 2007 n.a.	Québec : n.a.
Protection collision frontale conducteur/passager latérale avant/arrière retournement 2rm/4rm	non évaluée non évaluée non évaluée

À RETENIR

Nouveautés 2009	**turbodiésel Bluetec, retouches à l'extérieur et l'intérieur**
Principales concurrentes	**Audi Q7, GMC Yukon, Land Rover RR, Lincoln Navigator**

- Le confort des suspensions et des sièges
- La possibilité de bénéficier d'une mécanique diésel
- Le comportement hyper civilisé

- Les options nombreuses et coûteuses
- L'ergonomie de certaines commandes
- Le freinage qui manque de dents

UN COUP DE FOUDRE

Un coup de foudre pour le GLK ? Oui, mais le grand amour ne s'est pas déclaré au premier regard. C'est en prenant le volant du nouvel utilitaire d'entrée du constructeur de Stuttgart que mon cœur a commencé à s'enflammer. Ses aptitudes routières sont remarquables, dignes de la nouvelle Classe C. Son allure non conformiste — et qui ne se fond pas dans le paysage automobile — tire son inspiration du design de la Classe G, histoire de vous rappeler que malgré sa vocation urbaine et « civilisée », le petit nouveau de la famille n'a pas peur de s'aventurer hors des sentiers battus.

Mercedes-Benz

MERCEDES-BENZ
GLK

Manque plus qu'un moteur turbodiésel. L'Europe en a un.
Et nous, et nous ?

Mercedes-Benz a décidé d'élargir sa gamme d'utilitaires sport vers le bas pour répondre plus adéquatement aux besoins. Les consommateurs s'éloignent des véhicules aux proportions généreuses. Ils les veulent compacts et moins gourmands en carburant, mais qui se distinguent de la masse.

Et à première vue, le GLK ne laisse pas indifférent. On aime ou on déteste. Mais il ne passera jamais inaperçu. Sur la route, il vous surprendra. Confort de roulement, maniabilité et tenue de route sans pareil, direction précise, rien à voir avec un camion. Pour atteindre cet objectif, les ingénieurs ont utilisé de nombreux éléments de la Classe C, à commencer par sa plateforme rigide. En outre, le cadet de la gamme profite de la suspension Agility Control, qui s'ajuste automatiquement en fonction des conditions routières et de la vitesse du véhicule. Ceci assure une balade en tout confort, même sur les irrégularités de la chaussée.

OÙ EST LE TURBODIÉSEL ?

Côté motorisation, le GLK hérite également du V6 de 3,5 litres qui, couplé à la boîte automatique à sept rapports 7G-Tronic, devrait tourner en moyenne dans les 10,6 litres au 100 km selon le fabricant. Mais pendant notre période d'essai, nous avons dépassé cette donnée de près de deux litres. Au moins, à comparer à ses rivaux germaniques — Audi Q5 et BMW X3 —, il ne fait pas piètre figure. Ce six cylindres répond sans délai aux demandes du conducteur et sans trop d'effort — accélération 0-100 km/h

en 6,7 secondes. Certains ont noté une sonorité plus rauque que dans la Classe C, peut-être est-ce dû à une insonorisation supérieure dans l'habitacle de la berline. Et pourquoi pas un diésel ? Il existe, mais seulement sur le marché européen. Malheureusement, le constructeur ne prévoit pas pour l'instant l'offrir au Canada. Mais qui sait, avec les bouleversements actuels dans l'industrie automobile et les nouvelles tendances d'achat des consommateurs, il est possible que la compagnie change son fusil d'épaule.

Pendant l'essai routier constitué de longues distances sur l'autoroute, mais aussi de généreuses portions sur des routes sinueuses et étroites de campagne et en pleine ville, avec une circulation dense, le GLK était tout à fait à l'aise. Son court rayon de braquage lui permet de se faufiler dans la cohue sans problème, mais facilite également la tâche lors de manœuvres de stationnement, tandis que sa direction à assistance variable en fonction de la vitesse offre une bonne sensation de la route à vitesse d'autoroute. Il faut aussi souligner sa stabilité sur route et son équilibre dans les virages.

En fait, ce VUS ne se comporte pas du tout comme un camion. Sauf quand vous le souhaitez vraiment. Mercedes-Benz nous a offert les preuves des capacités hors route du GLK en réservant une portion de cet essai sur un sentier parsemé des obstacles courants de la conduite tout-terrain. Moins de 5 % des propriétaires utilisent leur

DANS L'HABITACLE SOBRE, LES LIGNES SONT TRANCHANTES, UN STYLE QUI REPREND LE THÈME EXTÉRIEUR. LE VOLANT EST INCLINABLE ET TÉLESCOPIQUE, CE QUI FAVORISE UNE POSITION DE CONDUITE OPTIMALE.

VUS dans ces conditions, c'est pourquoi je ne m'éterniserai pas sur le sujet. Mais grâce à son rouage intégral permanent 4Matic de série, sa garde au sol de 201 mm, ses plaques de protection — en fibre de verre — et ses systèmes électroniques, il peut se hasarder sur des surfaces rocailleuses et escarpées, dans la boue, et même traverser à gué un cours d'eau. Avec des limites tout de même. Car le véhicule prêté par Mercedes-Benz pendant ce segment était doté d'un groupe hors route optionnel non proposé en Amérique du Nord. Par ailleurs, les plaques de protection avaient été remplacées par d'autres en acier, ce qui a l'avantage d'être plus robuste, mais aussi le désavantage d'ajouter au poids du véhicule.

Parlant de robustesse, le GLK peut tracter une charge de 2000 kg avec freins-remorque.

LA SOBRIÉTÉ GERMANIQUE

Dans l'habitacle sobre, on retrouve également des airs familiers de la Classe C. Mais les lignes sont beaucoup plus tranchantes, un style qui reprend le thème extérieur. Les sièges en cuir, avec ajustement électrique pour le passager et le conducteur, sont bien soutenants et assez confortables pour entreprendre de longs trajets. Le volant est inclinable et télescopique, ce qui favorise une position de conduite optimale. Grâce à la ligne de toit élevée, les passagers arrière profitent d'un dégagement généreux à la tête. Et derrière la banquette divisée et repliable, on trouve assez d'espace pour ranger les provisions d'une famille de quatre ou leurs bagages (450 litres). De plus, comme le design du GLK élimine les montants du milieu, entre les glaces latérales, la visibilité est excellente de tous côtés.

Encore une fois, la plupart des caractéristiques de luxe et les commodités offertes sur la berline le sont aussi sur l'utilitaire sport. La liste est longue et comprend, comme on s'y attend sur un modèle de luxe, la sellerie de cuir complète, avec ajustement à commande électrique en 10 voies pour le conducteur et le passager avant, glaces et verrouillages à commande électrique, toit panoramique, contrôle automatique de la température, compatibilité Bluetooth, clé intelligente et roues de 19 pouces en alliage (20 pouces en option).

La sécurité est aussi au rendez-vous avec sept coussins gonflables, dont un coussin pour les genoux du conducteur, des appuie-têtes actifs et une panoplie de dispositifs électroniques d'aide au conducteur, incluant le système de protection des occupants Pre-Safe, l'antiblocage (ABS), l'assistance au freinage (BAS), le système d'aide à la montée (Hill Start Assist), les contrôles électroniques de la stabilité (ESP) et de la traction (4ETS) et les freins adaptatifs en situation d'urgence. En bref, le GLK a tout pour plaire dans un créneau qui s'adapte mieux aux tendances actuelles. Son arrivée au pays est prévue en janvier.
III **SYLVIE RAINVILLE**

DIMENSIONS ET VOLUMES

Empattement (mm)	2755
Longueur (mm)	4528
Largeur (mm)	1840
Hauteur (mm)	1689
Volume intérieur (L)	n.d.
Volume du coffre (min./max.) (L)	450
Capacité du réservoir de carburant (L)	66
Fourchette de poids (kg)	1830

CHÂSSIS

Mode	intégral
Suspension av. - arr.	indépendante
Freins av. - arr.	disques
Capacité de remorquage min. - max. (kg)	2000
Direction - diamètre de braquage (m)	crémaillère - 11,5
Pneus	235/60R17 - 255/55R17 (groupe Tout-Terrain)
	235/50R19 - 255/45R19 (groupe Sport)

PERFORMANCES

Modèle à l'essai	GLK 350 4Matic
Moteur	V6 DACT 3,5 litres
Puissance (ch. à tr/min)	272 - 6000
Couple (lb-pi à tr/min)	350 - 2400
Transmission	automatique 7 rapports
Autres transmissions	aucune
Accélération 0-100 km/h (sec.)	6,7 (estimé)
Reprises 80-115 km/h (sec.)	4 (estimé)
Distance de freinage 100-0 km/h (m)	non mesurée
Niveau sonore à 100 km/h	✗ ✗ ✗
Vitesse maximale (km/h)	230
Consommation réalisée au cours de l'essai (L/100 km)	12,5
Gaz à effet de serre	
Autres moteurs	aucun

CE QU'IL FAUT SAVOIR

Fourchette de prix ($)	**n.d.**
Marge de profit du concessionnaire (%)	n.d.
Transport et préparation ($)	650 (préparation en sus)
Consommation ville - route (L/100 km)	**14,5 - 8,4** (selon le constructeur)
Essence recommandée	super
Versions offertes	350 4Matic (groupe Tout-Terrain, groupe Sport)
Carrosserie	multisegment 5 portes
Lieu d'assemblage	Allemagne
Valeur résiduelle	non évaluée
Garanties : de base - motopropulseur (an/km)	4/80 000 - 4/80 000
Fiabilité présumée	n.d.
Cycle de remplacement	nouveau modèle 2009
Ventes 2007 n.a.	Québec : n.a.
Protection collision frontale conducteur/passager	non évaluée
latérale avant/arrière	non évaluée
retournement 2rm/4rm	non évaluée

À RETENIR

Nouveautés 2009	**nouveau modèle**
Principales concurrentes	**Acura RDX, Audi Q5, BMW X5, Land Rover LR2, Lincoln MKX, Volvo XC60**

- Allure non conformiste qui frappe
- Comportement routier général
- Simplicité d'utilisation des systèmes électroniques

- Confusion entre le levier du régulateur de vitesse et celui des indicateurs
- Un seul moteur et pas de diésel
- Consommation de carburant

BLEU OU VERT

MERCEDES-BENZ
CLASSE ML

Un moteur turbodiésel plus propre, des caractéristiques de série plus nombreuses et, en prime, une peau plus jeune, voilà qui devrait aider le ML à garder la forme d'ici l'arrivée d'une motorisation hybride en 2010. Mais d'ici là, Mercedes entend bien concentrer sa communication sur la fiabilité éprouvée de son moteur turbodiésel pour maintenir son avance sur la concurrence.

Mercedes a en effet tiré la première en glissant sous le capot du ML sa plus récente réalisation : le V6 3 litres turbodiésel. Ce faisant, la firme allemande a déboulonné certains mythes associés à cette motorisation qui, depuis belle lurette, fait le p'tit bonheur des automobilistes européens.

Un bloc tout aluminium, multisoupapes avec turbocompresseur à géométrie variable, rampe commune, arbre d'équilibrage, et maintenant technologie Bluetec, exclusive jusqu'ici à la Classe E, qui permet de transformer les émissions d'oxyde de carbone en hydrogène et en eau à l'aide d'une injection d'AdBlue (une solution aqueuse injectée dans les gaz d'échappement chauffés à 170 °C) qui se transforme en ammoniac à l'intérieur du catalyseur. C'est compliqué, mais ça fonctionne.

AdBlue ou pas, on glisse simplement la clé dans le contact. Pas de procédure particulière pour le démarrage comme autrefois. On tourne, et voilà le six cylindres qui s'éveille. Nos appréhensions à l'égard du moteur diésel tombent les unes après les autres. Qui plus est, grâce à la magie de la suralimentation par turbocompresseur, ce 3 litres se montre performant. Tant mieux, puisque le ML fait plus de deux tonnes à vide.

La boîte semi-automatique se révèle d'une grande douceur, mais seulement si on ne la bouscule pas trop. Dans le cas contraire, sa gestion électronique semble prise de panique et hache férocement ses premiers rapports. Autre complainte, le manque de frein moteur observé en descente ou en décélération.

Sur le plan du comportement routier, le ML320 n'a rien vraiment à envier à ses vis-à-vis à essence. La direction est toujours aussi collante (manque de rappel) à basse vitesse. On la souhaiterait également plus incisive au moment de l'inscrire dans la trajectoire désirée. Globalement, le châssis est sûr, efficace et facile à appréhender. Notre préjugé devient encore plus favorable lorsque le ML est équipé (une option, ne l'oubliez pas) de la suspension Airmatic. Cette dernière gère avec beaucoup de justesse la variation de l'amortissement, le contrôle du roulis et l'assiette du véhicule. La suspension traditionnelle (ou standard, si vous préférez) n'est pas vilaine non plus. Moins sophistiquée, elle se révélera à l'usage et à l'usure moins coûteuse à entretenir et à réparer, sans véritablement pénaliser l'expérience de conduite. Mis à part quelques trépidations sur chaussée déformée, le ML garde le cap et les quatre roues motrices permanentes (50/50) veillent à préserver une excellente motricité. Tout n'est pas parfait. On pourra aisément lui reprocher un freinage moins étincelant que le reste de ses prestations. En effet, malgré leur puissance, les freins supportent mal les ralentissements répétés.

AMBIANCE, AMBIANCE

Excepté les articulations un peu toc des coffrets de rangement et certains accostages imprécis, c'est la grande classe. Tableau de bord vêtu de matériaux légèrement moussés, élégant volant en cuir multifonction, boiserie en érable sur la console centrale, compteurs fuselés inspirés de l'étude de style Vision R, gros aérateurs ronds à l'italienne, poignée de maintien en arche de part et d'autre du tunnel de transmission : tout respire la qualité, le raffinement à bord du ML. Autre motif de satisfaction, le ML320 ne joue pas les pingres en matière d'équipements. Bien sûr, pour améliorer l'ordinaire, Mercedes vous invite à consulter son gros catalogue d'options.

On se sent d'autant mieux à son bord qu'il se montre vaste. L'habitacle réserve à ses hôtes un accueil délicat. Celui (ou celle) qui prendra place au poste de commande goûtera au même bonheur. Enfin presque. Si la position de conduite ne porte flanc à aucune critique, on ne peut en dire autant de ce sélecteur de vitesse monté sur la colonne de direction. La commande, par impulsion, est un peu lente et nécessite une certaine période d'adaptation. Et que dire de l'emplacement de la commande du régulateur de vitesse que l'on confond trop aisément avec celle qui actionne les clignotants ? Mercedes a la tête bien dure. À ces récriminations s'ajoutent un système de navigation inutilement complexe (et incomplet) et l'absence d'une ouverture indépendante de custode pour le hayon. Ce dernier, par ailleurs, se referme électriquement (une autre option) sur un coffre vaste et aisément modulable.

Au final, le ML320 nous charme encore davantage. Surtout que son prix est à peine supérieur à celui d'un ML 350. Le plus beau? Cet écart s'amenuise à chaque plein.
||| JEAN-FRANÇOIS GUAY

Au volant du ML320 CDi, nos appréhensions à l'égard du turbodiésel
tombent les unes après les autres

DIMENSIONS ET VOLUMES

Empattement (mm)	2915
Longueur (mm)	4780, 4812 (AMG)
Largeur (mm)	1911
Hauteur (mm)	1815 (320, 350), 1840 (550), 1899 (AMG)
Volume intérieur (L)	3758
Volume du coffre (min./max.) (L)	833 / 2050
Capacité du réservoir de carburant (L)	95
Fourchette de poids (kg)	2145 - 2370

CHÂSSIS

Mode	intégral
Suspension av. - arr.	indépendante
Freins av. - arr.	disques
Capacité de remorquage min. - max. (kg)	3266
Direction – diamètre de braquage (m)	crémaillère – 11,6
Pneus	255/50R19 (320, 350)
	265/45R20 (550), 295/35R21 (AMG)

PERFORMANCES

Modèle à l'essai	ML320 Bluetec
Moteur	V6 DACT 3 litres (turbodiésel)
Puissance (ch. à tr/min)	210 - 3400
Couple (lb-pi à tr/min)	400 - 1600
Transmission	automatique 7 rapports
Autres transmissions	automatique 7 rapports SpeedShift (AMG)
Accélération 0-100 km/h (sec.)	7,9 (chrono manuel)
Reprises 80-115 km/h (sec.)	4,5 (chrono manuel)
Distance de freinage 100-0 km/h (m)	39,6
Niveau sonore à 100 km/h	✗ ✗ ✗ ✎
Vitesse maximale (km/h)	210 , 250 (AMG)
Consommation réalisée au cours de l'essai (L/100 km)	11 (estimé)
Gaz à effet de serre	
Autres moteurs	V6 3,5 litres (268 ch.)
	V8 5,5 litres (382 ch.) V8 6,2 litres (503 ch.)

CE QU'IL FAUT SAVOIR

Fourchette de prix ($)	**61 400 – 97 500**
Marge de profit du concessionnaire (%)	n.d.
Transport et préparation ($)	650 (préparation en sus)
Consommation ville – route (L/100 km)	**13 – 9,5 (Bluetec, 3 l)**
	16 – 12 (3,5 l)
	18 – 13,5 (5,5 l)
	21,2 – 16,9 (6,2 l)
Essence recommandée	super, diésel (Bluetec)
Versions offertes	320 Bluetec, 350, 550, 63 AMG
Carrosserie	utilitaire 5 portes
Lieu d'assemblage	États-Unis
Valeur résiduelle	✷ ✷ ✷
Garanties : de base – motopropulseur (an/km)	4/80 000 - 4/80 000
Fiabilité présumée	✷ ✷ ✷ ✷
Cycle de remplacement	2013
Ventes 2007 ↗ 7 %	Québec : 442
Protection collision frontale conducteur/passager latérale avant/arrière retournement 2rm/4rm	✷ ✷ ✷ ✷ ✷ / ✷ ✷ ✷ ✷ ✷ ✷ ✷ ✷ ✷ / ✷ ✷ ✷ ✷ ✷ n.a. / ✷ ✷ ✷ ✷

À RETENIR

Nouveautés 2009	**moteur turbodiésel à technologie Bluetec, parties avant et arrière redessinées, retouches dans l'habitacle, nouveaux sièges et volant**
Principales concurrentes	**Audi Q7, BMW X5, Jeep Grand Cherokee, Land Rover LR3, Porsche Cayenne, Saab 9-7X, VW Touareg**

- Le couple du moteur
- L'insonorisation de l'habitacle
- L'économie à la pompe

- L'ergonomie de certaines commandes
- Le poids élevé
- La rudesse de la boîte automatique

FRANKENSTEIN, VOTRE VOITURE EST PRÊTE

Mercedes-Benz

Si la Classe R explore le thème du véhicule multiusages comme nul autre véhicule avant elle, on peut se demander si Mercedes-Benz a voulu trop bien faire, et du coup s'est égaré un peu avec ce modèle ?

MERCEDES-BENZ
CLASSE R

Les ventes sont discrètes, et Mercedes-Benz espère que l'avènement du moteur diésel à technologie Bluetec en 2009 relancera la carrière de son excentrique véhicule. Pourtant, la solution ne passait pas nécessairement par la diésélisation. En effet, si les stylistes avaient osé lui greffer dès ses débuts, en 2006, deux portes coulissantes à l'arrière, la Classe R aurait sûrement passé à l'histoire. Il ne fait aucun doute qu'elle serait devenue l'« Autobeaucoup » des gens riches et célèbres, pour aller reconduire les enfants à l'aréna, au terrain de soccer ou à l'école privée.

RETOUCHES EXTÉRIEURES

Avec sa calandre redessinée, ses nouveaux optiques ovoïdes et son petit pli qui remonte sur les flancs, sa tête d'enterrement a fait place à une bouille plus souriante et plus sympathique à regarder. Derrière ses immenses portières (attention aux espaces restreints, notamment dans les stationnements) nous attendent des baquets individuels. Confortables mais un peu trop fermes pour les longs trajets, les sièges de la deuxième et de la troisième rangée peuvent s'escamoter en un tournemain pour augmenter le volume de chargement à 2366 litres, soit le plus grand espace de chargement de tous les véhicules de promenade Mercedes-Benz. Cependant, lorsque tous les baquets sont occupés, la soute à bagages ne peut contenir que 295 litres, soit l'équivalent d'une sous-compacte...

Vos bagages seront peut-être à l'étroit, mais rassurez-vous, vos passagers, eux, voyageront comme s'ils étaient à bord d'une limousine. Sauf ceux qui se trouveront complètement derrière, où l'accès est problématique et où le dégagement est compté. Pour les yeux et le toucher, le nouvel habitacle est un régal : tableau de bord revêtu de matériaux légèrement moussés, volant en cuir multifonction, boiseries en

peuplier, compteurs fuselés, etc. Bref, tout respire la qualité et le raffinement. On se sent d'autant mieux à l'intérieur quand le véhicule est équipé du grand toit ouvrant panoramique, une option de 1200 $. Oui, encore une fois, avec cette Mercedes, les options sont nombreuses et coûteuses et, hélas pour votre portefeuille, parfois indispensables. Compte tenu du gabarit de la R, la caméra de recul (900 $) est indispensable pour éviter de plisser ses tôles. Qui plus est, il est difficile de dire non à la climatisation arrière (1800 $) pour le bien-être de vos passagers, aux phares bi-xénon (1675 $) pour votre sécurité et au système de divertissement DVD (2800 $) pour votre marmaille.

ORIGINES CONNUES

Même si elle partage ses composantes mécaniques avec les utilitaires de la gamme Mercedes, les ML et GL, la R n'a aucune prétention hors route. La Classe R joue plutôt la carte de l'agrément sur route et pour de longues distances. Côté motorisation, le V6 de 3,5 litres est de retour, alors que le V8 de 5,5 litres prend le chemin des douches. Quant à l'obscure et rarissime version AMG à moteur V8 de 6,2 litres et 503 chevaux, sa carrière n'aura duré qu'un printemps (en 2007). Hormis le V6 de 3,5 litres, l'autre motorisation est le V6 turbodiésel de 3 litres. En 2009, il profite de la technologie Bluetec, qui, grâce à l'injection d'urée, permet de neutraliser les émissions polluantes via un catalyseur d'oxydation combiné à un filtre à particules.

Même s'il n'est pas dénué de volonté, le silencieux et doux V6 de 3,5 litres éprouve un peu de difficulté à faire décoller la R de sa position statique lorsque tous les sièges sont occupés. Pour déplacer son poids dépassant les deux tonnes, le moteur turbodiésel est le meilleur des compromis, puisqu'il consomme moins, alors que son énorme couple ne pose aucun problème lorsque le véhicule est chargé à pleine capacité. Dans tous les cas, la transmission automatique à sept rapports est irréprochable. Sans hésitation, et tout en douceur, cette boîte s'adapte au style de conduite du conducteur. Le seul reproche est la manipulation malaisée et incertaine de son levier de vitesses, monté sur la colonne de direction, aux positions « D », « R » ou « P ».

Lourde et incapable de braquer court, la Classe R déteste aller en ville. Par contre, dès que l'horizon se dégage, cette Mercedes adore rouler. Toujours efficace avec ses quatre roues motrices permanentes et ses suspensions pneumatiques (oui, une autre option de 2500 $), la Classe R maîtrise admirablement bien ses mouvements de caisse et reste toujours en contrôle. Harmonieuse de ligne et dynamique de comportement, la Classe R a créé une catégorie où aucun constructeur n'a encore osé s'aventurer. ▌▌▌ **JEAN-FRANÇOIS GUAY**

Elle aurait pu devenir l'« Autobeaucoup »
des gens riches et célèbres

MERCEDES-BENZ CLASSE R

DIMENSIONS ET VOLUMES

Empattement (mm)	3215
Longueur (mm)	5157
Largeur (mm)	1922
Hauteur (mm)	1661, 1666 (AMG)
Volume intérieur (L)	4188
Volume du coffre (min./max.) (L)	295 / 2366
Capacité du réservoir de carburant (L)	80
Fourchette de poids (kg)	2285 - 2355

CHÂSSIS

Mode	intégral
Suspension av. - arr.	indépendante
Freins av. - arr.	disques
Capacité de remorquage min. - max. (kg)	non disponible
Direction - diamètre de braquage (m)	crémaillère - 12,4
Pneus	255/55R18 (350, 320), 255/50R19 (550)

PERFORMANCES

Modèle à l'essai	R350
Moteur	V6 DACT 3,5 litres
Puissance (ch. à tr/min)	268 - 6000
Couple (lb-pi à tr/min)	258 - 2400
Transmission	automatique 7 rapports
Autres transmissions	aucune
Accélération 0-100 km/h (sec.)	8,79
Reprises 80-115 km/h (sec.)	6,34
Distance de freinage 100-0 km/h (m)	40,7
Niveau sonore à 100 km/h	✹ ✹ ✹ ✹
Vitesse maximale (km/h)	210
Consommation réalisée au cours de l'essai (L/100 km)	13,9
Gaz à effet de serre	🏭🏭🏭
Autres moteurs	V8 5,5 litres (382 ch.)
	V6 turbodiesel 3 litres (210 ch.)

CE QU'IL FAUT SAVOIR

Fourchette de prix ($)	**63 500 - 78 200**
Marge de profit du concessionnaire (%)	n.d.
Transport et préparation ($)	650 (préparation en sus)
Consommation ville - route (L/100 km)	15,9 - 12,5 (3,5 l)
	19 - 13,5 (4,7 l)
	13 - 10 (3 l)
Essence recommandée	super, diesel (Bluetec)
Versions offertes	350, 550, 320 Bluetec
Carrosserie	multisegment 5 portes
Lieu d'assemblage	Allemagne
Valeur résiduelle	✳ ✳ ✳
Garanties : de base - motopropulseur (an/km)	4/80 000 - 4/80 000
Fiabilité présumée	✳ ✳ ✳ ✳
Cycle de remplacement	inconnu
Ventes 2007 ↘ 51 %	Québec : 105
Protection collision	
frontale conducteur/passager	non évaluée
latérale avant/arrière	non évaluée
retournement 2rm/4rm	non évaluée

À RETENIR

Nouveautés 2009	**moteur turbodiesel Bluetec**
Principales concurrentes	**aucune**

- Familiale de prestige
- Moteur Bluetec et boîte à sept rapports
- Habitacle modulable

- Options nombreuses et dispendieuses
- Format encombrant
- Absence de portes coulissantes arrière

445

Mercedes-Benz

MERCEDES-BENZ
CLASSE S

Le nom de Mercedes-Benz recèle un côté magique indéniable. Quand j'ai énuméré les marques de prestige (BMW, Audi, Lexus, etc.) dont je pouvais emprunter une voiture à l'occasion du mariage de ma petite fille, celle-ci a tout de suite opté pour la Mercedes-Benz de classe S afin de vivre dans un luxe hors du commun le « plus beau jour de [sa] vie ».

La marque à l'étoile à trois pointes, malgré ses pérégrinations dans le bas de gamme et ses fréquents bogues électroniques d'il y a quelques années, exerce donc toujours la même fascination, autant chez les jeunes que les gens plus âgés. Prenez donc une S 550 blanche avec un intérieur couleur tabac et vous avez la limousine parfaite pour que tout le monde entonne « vive la mariée ».

Cet épisode mis à part, le porte-étendard et les diverses figurantes de la Classe S sont-elles autre chose que de belles voitures officielles ou l'exemple d'un confort, d'un luxe, de performances et d'une sécurité cinq étoiles ? Elles font double emploi, selon moi. En revanche, en notre époque qui n'a rien de faste pour beaucoup de gens, rouler en Mercedes peut sembler un brin insolent.

Pourtant, il m'est arrivé à maintes reprises de rouler sur l'autoroute à des vitesses raisonnables dans une Classe S et d'être récompensé par des moyennes de consommation dont plusieurs voitures de taille intermédiaire s'accommoderaient parfaitement. Ainsi, une S 550 respectant les 100 km/h se contentera facilement de ses 9 litres aux 100 km. Mais, je m'égare sur un sentier que ne suivront sans doute pas ceux qui aspirent à faire l'achat d'une des limousines de Stuttgart.

Ajoutons simplement que la gamme comporte cinq modèles distincts, dont trois affichent sans vergogne plus de 500 chevaux, la S600 à moteur V12 biturbo de 5,5 litres (510 chevaux), la S63 AMG qui s'en remet à un V8 atmosphérique de 6,2 litres et 518 chevaux, tandis que le porte-étendard de cette classe, la S65 AMG, voit son V12 biturbo poussé à 603 chevaux. C'est quatre fois plus que le moteur

de série d'une Toyota Camry. Sachez par ailleurs qu'il faut 85 chevaux pour gagner deux petits dixièmes de seconde au sprint 0-100 km/h entre une S63 et une S65. Futilité, dites-vous ?

Pour 2009, toutes les Classe S, sauf la 450, héritent de pneus de 19 pouces quatre saisons et les petits boutons de changements de vitesse de part et d'autre du volant sont remplacés par des palettes de plus en plus à la mode.

AU VOLANT

Voyons comment la plus populaire de ces grandes berlines à contenu élevé de technologie, la S 550, se comporte, avec ou sans nouveaux mariés. À part une légère sensibilité au vent latéral et un léger déhanchement du train arrière dans les virages bosselés, la voiture échappe à la critique. Que ce soit en virage ou au freinage, jamais on ne se douterait que cette S550 est aussi lourde et imposante. Le moteur aussi affiche une verve surprenante (moins de 6 secondes au 0-100m km/h) et n'attend plus une éternité comme avant pour répondre aux appels de l'accélérateur. La transmission automatique à sept rapports est d'un fonctionnement limpide et contribue certainement à abaisser la consommation aux 12,4 litres aux 100 relevés pendant l'essai. La direction est rapide, mais on la dirait enrobée de caoutchouc-mousse tellement elle ne télégraphie aucune sensation de la route.

Mes passagers, surtout la mariée avec sa longue traîne, ont pu prendre leurs aises sur l'immense banquette arrière tout en savourant la possibilité de régler la climatisation arrière et de se refaire une beauté dans le miroir dissimulé dans le pavillon. Le toit vitré arrière leur a aussi permis de partager leur bonheur au vu et au su de leurs invités.

Même si c'est devenu un cliché, force est d'admettre que cette voiture est un véritable salon roulant qui, en plus, est à l'avant-garde de la technologie en matière de sécurité. Qu'il suffise de mentionner des accessoires comme le détecteur d'angle mort, le système de vision nocturne, le régulateur de vitesse contrôlé par radar et toutes les assistances possibles au pilote. Bref, mes invités d'un jour ont été ravis.

Quant à moi, le chauffeur, j'ai un peu rouspété devant la petitesse des commandes de glace électrique, mais j'ai fini par conclure que la Classe S de Mercedes demeure une première de classe. ▌▌▌ **JACQUES DUVAL**

*Un véritable salon roulant qui, en plus, est
à l'avant-garde de la technologie en matière de sécurité*

MERCEDES-BENZ CLASSE S

DIMENSIONS ET VOLUMES

Empattement (mm)	3165, 3035 (450)
Longueur (mm)	5210, 5076 (450)
Largeur (mm)	1872
Hauteur (mm)	1473 - 1483 (450)
Volume intérieur (L)	3098
Volume du coffre (min./max.) (L)	435 (450) / 560
Capacité du réservoir de carburant (L)	90
Fourchette de poids (kg)	2010 - 2285

CHÂSSIS

Mode	propulsion, intégral
Suspension av. - arr.	indépendante
Freins av. - arr.	disques
Capacité de remorquage min. - max. (kg)	non recommandé
Direction – diamètre de braquage (m)	crémaillère - 12,2 / 11,8 (450)
Pneus	255/45R18 (450), 255/40R19 (550)
	255/40R19 - 275/40R19 (600)
	255/35R20 - 275/35R20 (63/65 AMG)

PERFORMANCES

Modèle à l'essai	S 550 4Matic
Moteur	V8 DACT 5,5 litres
Puissance (ch. à tr/min)	382 - 6000
Couple (lb-pi à tr/min)	391 - 2800
Transmission	semi-automatique 7 rapports
Autres transmissions	semi-automatique 5 rapports (V12)
Accélération 0-100 km/h (sec.)	5,55
Reprises 80-115 km/h (sec.)	3,37
Distance de freinage 100-0 km/h (m)	37,6
Niveau sonore à 100 km/h	✕ ✕ ✕ ✕
Vitesse maximale (km/h)	210, 250 (AMG)
Consommation réalisée au cours de l'essai (L/100 km)	12,4
Gaz à effet de serre	
Autres moteurs	V8 4,7 litres (335 ch.)
	V12 biturbo 5,5 litres (510 ch.)
	V8 6,2 litres (518 ch.), V12 6 litres (603 ch.)

CE QU'IL FAUT SAVOIR

Fourchette de prix ($)	**108 000 - 229 500**
Marge de profit du concessionnaire (%)	n.d.
Transport et préparation ($)	650 (préparation en sus)
Consommation ville - route (L/100 km)	**16,5 - 11,5 (5,5 l), 21,5 -14 (biturbo, 5,5 l) 22 - 15 (6,2 l / 6 l)**
Essence recommandée	super
Versions offertes	450 4Matic, 550 4Matic, 600, 63 AMG, 65 AMG
Carrosserie	berline 4 portes
Lieu d'assemblage	Allemagne
Valeur résiduelle	★ ★
Garanties : de base - motopropulseur (an/km)	4/80 000 - 4/80 000
Fiabilité présumée	★ ★ ★ ★ ⯪
Cycle de remplacement	2012
Ventes 2007 ↘ 6 %	Québec : 264
Protection collision frontale conducteur/passager latérale avant/arrière retournement 2rm/4rm	non évaluée non évaluée non évaluée

À RETENIR

Nouveautés 2009	**palettes de la transmission « Direct Select » montées au volant, commandes pour glaces électriques plus ergonomiques**
Principales concurrentes	**Audi A8, BMW Série 7, Jaguar XJ, Lexus LS, Maserati Quattroporte**

+
- Sécurité absolue
- Luxe et confort indéniables
- Limousine ou « muscle car »
- Comportement routier soigné

−
- Direction floue et complexité électronique
- Quelques commandes déroutantes
- Certaines options superflues (sièges vibrants)

UN CABRIOLET NOMMÉ DÉSIR

Je me répète, diront mes lecteurs de longue date. En effet, j'avais coiffé de ce titre un précédent compte rendu d'un essai routier du cabriolet Mercedes-Benz SL. L'explication est simple : malgré des tentatives, d'abord de Toyota et ensuite de Cadillac, de s'inscrire dans le créneau du cabriolet de grand luxe, personne n'a encore réussi à saper les ventes de ce grand classique de l'industrie automobile. Qui n'a pas rêvé un jour de se payer cette voiture hautement désirable ? Un rêve qui n'est pas à la portée de toutes les bourses.

Pour l'année 2009, la SL a discrètement rafraîchi sa toilette, puisqu'il s'agit de ce qu'on appelle dans le jargon automobile un « mid cycle change ». Cela signifie que dans trois ou quatre ans, on verra apparaître une SL entièrement remaniée. Pour l'instant, le contenant a fait l'objet d'un déridage, principalement à l'avant et à l'arrière (trouvez l'erreur), mais ce sont surtout les prises d'air latérales et le double bombage du capot qui distinguent la nouvelle SL de l'ancienne. Soulignons aussi que l'ensemble aérodynamique AMG est désormais offert comme équipement de série. On peut joindre l'utile à l'agréable en lui annexant le Sport Package, qui comprend le volant sport, les jantes de 19 pouces, des freins surpuissants et des palettes de changement de vitesse sous le volant.

L'HÉRITAGE DE LA SLK

La petite sœur de la SL, la SLK continue d'approvisionner son aînée, et après lui avoir cédé son toit rigide escamotable, elle lui lègue le fameux *air scarf*, cette ouverture pratiquée au niveau du cou dans le dossier des sièges et diffusant de l'air chaud afin de prolonger la saison des promenades à ciel ouvert. Parmi les quatre versions proposées, c'est la plus répandue et la plus populaire, la SL 550, que j'ai essayée. Même si son moteur de 382 chevaux n'en concède pas moins de 221 à la SL 65 AMG de 238 500 $, il affiche une belle ardeur au travail, comme en témoigne son sprint 0-100 km/h de 6,2 secondes, et surtout un temps de reprise comme on en voit rarement.

Cette Mercedes a été élevée à un tel niveau de mise au point qu'il est difficile de la prendre en défaut. Elle n'est sans doute pas aussi excitante qu'une Porsche 911, puisqu'elle s'adresse à une tout autre clientèle. Sa rivale principale est sans doute la Jaguar XK qui, malheureusement, n'a pas encore atteint le statut de la SL ni sa valeur de revente. Bien que les performances et le comportement routier soient à peine critiquables, ce coupé cabriolet joue la carte du confort en adoptant le caractère plus soyeux d'une voiture GT destinée à des voyages au long cours. Il est dommage cependant que le bruit dans l'habitacle n'ait pas été mieux atténué, et même à 110 km/h, il faut hausser le volume de la radio pour couvrir le tumulte de la route et du vent. Le toit n'en est pas moins d'une parfaite étanchéité et il faut saluer son numéro de gymnastique parfaitement synchronisée chaque fois qu'on décide de l'abaisser ou de le remonter. Il faudra cependant limiter le volume des bagages qui auront de la difficulté à trouver refuge dans le coffre lorsque le toit vient s'y loger.

ET LES AMG ?

Si jamais le goût d'une petite randonnée à vive allure sur une route sinueuse vous démange, il suffit de faire appel au mode sport de la suspension. Les bosses seront plus durement ressenties, mais la voiture y gagne en agilité. Par ailleurs, ne comptez pas sur les palettes sous le volant pour vous donner l'impression de conduire une McLaren. Elles sont factices ou presque et il faudrait investir dans les SL AMG pour se prévaloir de la nouvelle boîte de vitesses Speedshift à quatre embrayages et sans convertisseur de couple. Tout y est, depuis la montée de régime automatique en rétrogradant jusqu'au Launch Control permettant des décollages en flèche. Vos temps d'accélération vont certes baisser, mais les chiffres de consommation emprunteront une courbe inverse. Pourtant, une SL 550 conduite à une vitesse légale sur autoroute fait aisément mentir ceux qui ne cessent de pourfendre les gros V8 assoiffés. Dans de telles conditions, les 9 litres aux 100 km sont facilement envisageables.

Bien installé devant un magnifique volant mi-cuir, mi-bois, le conducteur fait face à un bloc d'instruments sur fond blanc d'une impeccable lisibilité. Les multiples boutons et commutateurs sont moins réjouissants, et ceux montés sur le bas de la console centrale sèment la confusion et exigent trop d'attention du conducteur. Et ne parlons pas de l'écran central, qui restera totalement inutile si vous n'êtes pas du genre à vous farcir un manuel d'instructions de 235 pages pour en assimiler le fonctionnement. Vous vous consolerez en activant la fonction massage de votre siège avant de vous rendre compte que l'effet est le même que si on vous passait un rouleau à pâte dans le dos.

Visiblement, Mercedes n'est pas le roi du gadget et c'est tant mieux, puisque tout ce qui compte dans une voiture comme la SL c'est la sensation de bien-être qu'on ressent à la conduire. Bonne retraite. ▐▌▌ **JACQUES DUVAL**

Cette Mercedes a été élevée à un tel niveau de mise au point qu'il est difficile de la prendre en défaut

DIMENSIONS ET VOLUMES

Empattement (mm)	2560
Longueur (mm)	4562, 4605 (AMG)
Largeur (mm)	1820
Hauteur (mm)	1295
Volume intérieur (L)	1637
Volume du coffre (min./max.) (L)	188 / 235
Capacité du réservoir de carburant (L)	80
Fourchette de poids (kg)	1910 / 2120

CHÂSSIS

Mode	propulsion
Suspension av. - arr.	indépendante
Freins av. - arr.	disques
Capacité de remorquage min. - max. (kg)	non recommandé
Direction – diamètre de braquage (m)	crémaillère – 11
Pneus	255/40R18 - 285/35R18 (550/600)
	255/35ZR19 - 285/30R19 (63/65 AMG)

PERFORMANCES

Modèle à l'essai	SL550
Moteur	V8 DACT 5,5 litres
Puissance (ch. à tr/min)	382 - 6000
Couple (lb-pi à tr/min)	391 - 2800
Transmission	semi-automatique 7 rapports
Autres transmissions	semi-automatique 5 rapports (V12)
Accélération 0-100 km/h (sec.)	6,20
Reprises 80-115 km/h (sec.)	3,87
Distance de freinage 100-0 km/h (m)	37,6
Niveau sonore à 100 km/h	✗ ✗ ✗
Vitesse maximale (km/h)	210, 250 (AMG)
Consommation réalisée au cours de l'essai (L/100 km)	14,7
Gaz à effet de serre	
Autres moteurs	V8 6,2 litres (518 ch.)
	V12 biturbo 6 litres (510 ch. / 603 ch.)

CE QU'IL FAUT SAVOIR

Fourchette de prix ($)	**125 000 - 238 500**
Marge de profit du concessionnaire (%)	n.d.
Transport et préparation ($)	650 (préparation en sus)
Consommation ville - route (L/100 km)	18,2 - 11,4 (550)
	21,5 - 13,5 (600)
	19,5 - 12,5 (63 AMG)
	21,7 - 13, 7 (65 AMG)
Essence recommandée	super
Versions offertes	550, 600, 63 AMG, 65 AMG
Carrosserie	cabriolet 2 portes
Lieu d'assemblage	Allemagne
Valeur résiduelle	★ ★
Garanties : de base – motopropulseur (an/km)	4/80 000 – 4/80 000
Fiabilité présumée	inconnue
Cycle de remplacement	nouveau modèle 2009
Ventes 2007 ↘ 28 %	Québec : 53
Protection collision	
frontale conducteur/passager	non évaluée
latérale avant/arrière	non évaluée
retournement 2rm/4rm	non évaluée

À RETENIR

Nouveautés 2009	nouvelle génération, la 63 AMG remplace la 55 AMG, version « Black Séries » de 670 chevaux introduite en cours d'année
Principales concurrentes	Aston Martin DB9, Bentley Continental GTC, BMW Série 6, Cadillac XLR, Ferrari F430, Lamborghini Gallardo, Porsche 911

- Finition impeccable
- V8 économe et performant
- Bon compromis confort-tenue de route
- Modèle sans concurrence... ou presque

- Insonorisation perfectible
- Révision modeste
- Pas de boîte séquentielle

DU PAREIL AU MÊME ?

Si vous songez à remplacer votre coupé cabriolet Mercedes-Benz SLK pour un modèle récent paré de courbes rajeunies, n'en faites rien : la version 2009 est pratiquement un fac-similé de l'ancienne. À moins d'être un spécialiste des « sept erreurs », vous aurez même de la difficulté à différencier le nouveau modèle du précédent, et ce, même si pas moins de 650 pièces ont été modifiées. En revanche, si vous trouvez que votre SLK manque de mordant et de sportivité, prenez tout de suite rendez-vous avec votre concessionnaire.

MERCEDES-BENZ
SLK

C'est sur le plan des performances que le roadster de troisième génération mérite une belle salve d'applaudissements. J'irais même jusqu'à dire que la firme de Stuttgart a réussi l'un des plus beaux amalgames des dernières années en conjuguant les meilleurs attributs d'un coupé GT et ceux d'un biplace de sport.

Si les stylistes ont pris congé, les ingénieurs, eux, n'ont pas chômé. Ce petit coupé-cabrio dont l'avant fait penser à une SLR format réduit peut désormais lutter à armes égales avec ses concurrents que sont l'Audi TT, le BMW Z4 ou le Porsche Boxster. Je parle surtout ici de la version à moteur de 3,5 litres, un V6 qui, tout en développant 300 chevaux à 6000 tours/minute, peut également s'offrir un régime aussi élevé que 7200 tours accompagné d'une sonorité d'échappement qu'il serait insultant d'appeler du bruit. Si jamais ces 300 chevaux n'arrivaient pas à vous satisfaire, vous pourrez vous tourner vers les 355 chevaux de la SLK 55 AMG.

Néanmoins, même le modèle équipé du V6 de 3 litres et 228 chevaux se débrouille habilement en stoppant le chrono autour de 6 secondes au sprint 0-100 km/h, soit environ une seconde de plus qu'avec le 3,5 litres, et cela, aussi bien avec la transmission automatique à sept rapports qu'avec la boîte manuelle à six rapports. Je ne suis pas encore prêt à recommander ce dernier choix, car même si on a fait des progrès immenses chez Mercedes, les boîtes de vitesses manuelles ne méritent pas encore cinq étoiles. Le guidage du levier, notamment, pourrait être d'une plus grande souplesse. L'automatique est par contre un modèle du genre avec des reprises foudroyantes et des passages de vitesse

quasi imperceptibles. Par contre, si on choisit d'utiliser les palettes sous le volant, la boîte rétrograde instantanément, mais met plus de temps à grimper sur un rapport supérieur.

LES PLAISIRS D'HIER

Quoi qu'il en soit, l'économie d'essence est devenue un précepte sacré, même chez Mercedes-Benz, et la 350 se rassasie désormais de 10,8 litres aux 100 km en moyenne. Puis-je préciser qu'à la façon dont nous avons mis la voiture à l'essai dans les cols de Braus et de Brouis dans les hauteurs de Nice, l'économie ne faisait pas partie de nos priorités. Mais quel plaisir d'enfiler les épingles les unes après les autres à tous les 100 mètres et de constater l'incroyable stabilité du nouveau roadster de Mercedes. J'ai eu vraiment toute la misère du monde à faire bouger le train arrière en plongeant dans les virages à des allures insensées. Dans ce décor de montagnes aux pics enneigés, la SLK a passé le test du freinage, des performances, de la tenue de route et de la direction sans le moindre commentaire défavorable de son conducteur ou de son passager.

À propos de la direction, il convient de souligner la présence d'une nouvelle option appelée Direct Steer, un système d'assistance variable ultraperfectionné. L'amélioration vient de l'élimination des capteurs et des actuateurs pour s'en remettre à un fonctionnement purement mécanique et conséquemment plus fiable. En plus des bénéfices usuels (direction plus légère à l'arrêt à une vitesse stabilisée), le rapport de la direction change selon l'angle du volant. En chiffres, cela se traduit par une réduction de 25 % du nombre de tours de volant d'une butée à l'autre. À haute vitesse, la direction y gagne par ses réactions très vives, tandis que l'on bénéficie d'une meilleure maniabilité en ville.

La suspension vous fait rarement payer la déprédation des revêtements, et c'est ce qui permet à cette SLK d'adopter un comportement à la fois très civil et très sportif. Les sièges sont accueillants et bénéficient toujours de l'*air scarf*, qui vous souffle de l'air chaud dans le cou afin d'allonger d'un bon mois la saison de la conduite à ciel ouvert. Quant au toit rigide escamotable, on apprécie son étanchéité, mais, dès qu'on l'abaisse, il a la mauvaise habitude de rapetisser énormément le coffre à bagages.

Mine de rien, le petit roadster SLK s'est taillé une tout autre réputation qu'à ses débuts. Désormais, ce qui n'était qu'un sympathique coupé-cabriolet d'une nature plutôt amorphe dont la clientèle était en majorité féminine est devenu une voiture de sport aguerrie sans pour autant perdre sa vocation grand tourisme. ▌▌▌ **JACQUES DUVAL**

*L'économie d'essence est devenue un précepte sacré,
en moyenne la 350 se rassasie désormais de 10,8 litres aux 100 km*

MERCEDES-BENZ SLK

DIMENSIONS ET VOLUMES

Empattement (mm)	2430
Longueur (mm)	4103, 4099 (AMG)
Largeur (mm)	1788
Hauteur (mm)	1298, 1287 (AMG)
Volume intérieur (L)	1382
Volume du coffre (min./max.) (L)	190 / 277
Capacité du réservoir de carburant (L)	70
Fourchette de poids (kg)	1470 - 1570

CHÂSSIS

Mode	propulsion
Suspension av. - arr.	indépendante
Freins av. - arr.	disques
Capacité de remorquage min. - max. (kg)	non recommandé
Direction - diamètre de braquage (m)	crémaillère - 10,51
Pneus	205/55R16 - 225/50R16 (300), 225/45R17 - 245/40R17 (350) 225/40R18 - 245/35R18 (55 AMG)

PERFORMANCES

Modèle à l'essai	SLK350
Moteur	V6 DACT 3,5 litres
Puissance (ch. à tr/min)	300 - 6000
Couple (lb-pi à tr/min)	266 - 2400
Transmission	semi-automatique 7 rapports
Autres transmissions	manuelle 6 rapports
Accélération 0-100 km/h (sec.)	5,40
Reprises 80-115 km/h (sec.)	3,86
Distance de freinage 100-0 km/h (m)	non mesurée
Niveau sonore à 100 km/h	✂ ✂ ✂
Vitesse maximale (km/h)	210
Consommation réalisée au cours de l'essai (L/100 km)	10,8
Gaz à effet de serre	
Autres moteurs	V6 3 litres (228 ch.) V8 5,4 litres (355 ch.)

CE QU'IL FAUT SAVOIR

Fourchette de prix ($)	**57 500 - 84 800**
Marge de profit du concessionnaire (%)	n.d.
Transport et préparation ($)	650 (préparation en sus)
Consommation ville - route (L/100 km)	12,2 - 8,8 (3 l) 12,9 - 8,8 (3,5 l) 16,5 - 11,9 (5,5 l)
Essence recommandée	super
Versions offertes	300, 350, 55 AMG
Carrosserie	cabriolet 2 portes
Lieu d'assemblage	Allemagne
Valeur résiduelle	★ ★ ★ ★
Garanties : de base - motopropulseur (an/km)	4/80 000 - 4/80 000
Fiabilité présumée	★ ★ ★ ★
Cycle de remplacement	2011
Ventes 2007 n.d.	Québec : n.d.
Protection collision frontale conducteur/passager	non évaluée
latérale avant/arrière	non évaluée
retournement 2rm/4rm	non évaluée

À RETENIR

Nouveautés 2009	retouches carrosserie et habitacle, V6 de 3 litres remplace le 2,8 litres
Principales concurrentes	Audi TT, BMW Z4, Honda S2000, Nissan 350Z, Porsche Boxster

+
- Sportivité plus affirmée
- Excellente transmission automatique
- Tenue de route remarquable

−
- Fac-similé de l'ancien modèle
- Coffre court week-end
- Boîte manuelle perfectible

LA VIPER DE STUTTGART

Dévoilée en grandes pompes en 2004, la Mercedes-Benz McLaren SLR s'inscrivait dans la nouvelle vague de voitures exotiques qui sévissait en ces années fastes. Comme la Porsche GT, elle a d'abord connu un succès mitigé en raison d'un repositionnement du marché ou, plus manifestement, d'un ralentissement économique.

MERCEDES-BENZ
SLR MCLAREN

Je me suis même fait offrir une Porsche GT à 100 000 $ de rabais par un concessionnaire de la Floride qui en avait deux en stock et qui voulait se débarrasser du financement assez lourd que cela représentait. Puis, la cote de ces modèles d'exception a finalement repris sa courbe ascendante et c'est sans doute ce qui a contribué à garder en vie le projet SLR chez Mercedes.

N'empêche qu'on a eu besoin d'une édition spéciale (la 722 légèrement plus puissante) en 2007 et d'une version découverte plus récemment pour raviver les ventes. Depuis l'an dernier, on a même abandonné la production du coupé pour n'offrir que le roadster dont le prix dépasse le demi-million de dollars (503 800 $). Réalisez-vous que cela représente environ 65 000 $ de taxes, soit le prix d'une Mercedes de Classe E ? Une telle facture n'a pourtant pas empêché le riche propriétaire d'une concession automobile d'en acheter trois dans l'espoir de les revendre au gros prix à des collectionneurs dans quelques années. Pourtant, à mes yeux, la SLR, avec son gros V8 à la sonorité américaine, m'a fait penser à une Viper très raffinée plutôt qu'à une Ferrari lorsque j'en ai fait l'essai. Même l'allure de ce modèle n'est pas à tout casser. Enfin, on verra plus tard si notre ami a fait un bon investissement.

Construite en collaboration avec McLaren, le partenaire de Mercedes en F1, la SLR est évidemment le joyau de la marque et affiche des performances quasi supersoniques. Son moteur V8 de 5,4 litres à compresseur annonce 617 chevaux qui, malgré un poids excédant deux tonnes, propulsent la voiture à 100 km/h en 3,8 minisecondes. Ou, si vous avez accès à une piste de décollage, elle ne mettra que 28 secondes à s'envoler de 0 à 300 km/h, une per-

formance assez époustouflante. Toute cette cavalerie passe par une boîte de vitesses automatique Speedshift à cinq rapports commandée par de larges palettes sous le volant.

Originalement, on avait annoncé que la production de ce bolide s'arrêterait à 3500 exemplaires en 2009, mais elle est toujours au catalogue au moment où ces lignes sont écrites.

DÉLICE OU CAUCHEMAR ?
Cette Mercedes peut s'avérer ou bien un délice à piloter ou bien un cauchemar. Elle possède en effet les défauts de ses qualités. Ainsi, la légèreté et la sécurité acquises par l'utilisation d'une carrosserie en fibre de carbone deviennent un handicap quand on constate que ce matériau ultraléger est un moins bon isolant des bruits de la route. En plus, la suspension est dure, très dure, ce qui est le prix à payer pour un comportement routier qui ressemble drôlement à celui d'une voiture de course. Le confort, est-il besoin de le préciser, est, au mieux, approximatif. Et cela, même si l'on vous propose un choix de cinq sièges différents adaptés aussi bien aux maigrichons qu'aux ventripotents.

Évidemment, elle ne saurait freiner qu'avec l'aide de disques en céramique, plus puissants et plus endurants que des freins traditionnels. On dit qu'ils sont pratiquement garantis pour la vie, ce qui est rassurant, puisqu'il vous en coûtera facilement autour de 15 000 $ pour les faire remplacer.

SPECTACULAIRE À SOUHAIT
Conduite sur le circuit de Kyalami, en Afrique du Sud, la SLR m'a fait penser à une F1 à laquelle on aurait greffé des ailes, un coffre arrière et tous les accessoires d'une grande routière. Une direction d'une précision chirurgicale, un couple (575 livres-pieds) qui vous enfonce dans votre baquet sur mesure, une adhérence qui ne veut pas lâcher prise et des freins qui vous brassent l'intérieur sont parmi les inscriptions de mon carnet de notes. Au contraire de la monoplace de Lewis Hamilton, il va de soi qu'au prix demandé, ce roadster est doté de tous les accessoires et équipements imaginables en plus de ces fameuses portières en élytre qui sont sa signature visuelle. Il n'y a pas mieux pour faire tourner les têtes. ▌▌▌ **JACQUES DUVAL**

Cette Mercedes peut s'avérer un délice à piloter ou bien un cauchemar. Elle possède en effet les défauts de ses qualités

DIMENSIONS ET VOLUMES

Empattement (mm)	2700
Longueur (mm)	4656
Largeur (mm)	1908
Hauteur (mm)	1261
Volume intérieur (L)	n.d.
Volume du coffre (min./max.) (L)	272
Capacité du réservoir de carburant (L)	107
Fourchette de poids (kg)	1768

CHÂSSIS

Mode	propulsion
Suspension av. - arr.	indépendante
Freins av. - arr.	disques
Capacité de remorquage min. - max. (kg)	non recommandé
Direction - diamètre de braquage (m)	crémaillère - 12,2
Pneus	255/35R19 (av.) - 295/30R19 (arr.)

PERFORMANCES

Modèle à l'essai	SLR Roadster
Moteur	V8 suralimenté DACT 5,4 litres
Puissance (ch. à tr/min)	617 - 6500
Couple (lb-pi à tr/min)	575 - 3250
Transmission	séquentielle 5 rapports
Autres transmissions	aucune
Accélération 0-100 km/h (sec.)	3,8
Reprises 80-115 km/h (sec.)	1,5
Distance de freinage 100-0 km/h (m)	33
Niveau sonore à 100 km/h	※
Vitesse maximale (km/h)	334
Consommation réalisée au cours de l'essai (L/100 km)	17,4
Gaz à effet de serre	
Autres moteurs	aucun

CE QU'IL FAUT SAVOIR

Fourchette de prix ($)	**503 800**
Marge de profit du concessionnaire (%)	n.d.
Transport et préparation ($)	n.d.
Consommation ville - route (L/100 km)	**19,8 – 14,9**
Essence recommandée	super
Versions offertes	Roadster
Carrosserie	cabriolet 2 portes
Lieu d'assemblage	Angleterre
Valeur résiduelle	★ ★ ★ ★ ★
Garanties : de base - motopropulseur (an/km)	4/80 000 – 4/80 000
Fiabilité présumée	n.d.
Cycle de remplacement	inconnu
Ventes 2007 n.d.	Québec : n.d.
Protection collision frontale conducteur/passager	non évaluée
latérale avant/arrière	non évaluée
retournement 2rm/4rm	non évaluée

À RETENIR

Nouveautés 2009	suite à la disparition du coupé, le cabriolet est maintenant seul en piste
Principales concurrentes	Aston Martin DBS, Lamborghini Murciélago LP640, Ferrari 599 Fiorano

- Un authentique supercar
- Moteur déchaîné
- Coquetel luxe et performances

- Suspension archi sèche
- Prix faramineux
- Ligne décevante

UNE VÉRITABLE ATHLÈTE

Soucieuse de surfer encore (et encore) sur la vague du succès, la marque bavaroise procède avec prudence à la mise à jour de ce modèle qui accueille cette année un nouveau cabriolet (sortie tardive), lequel profitera à son tour des transformations apportées au coupé. Aussi, l'ajout d'un nouveau kit John Cooper Works, histoire de faire exploser les temps et la tirelire de BMW à laquelle les amateurs souscrivent jusqu'ici les yeux fermés.

MINI
COOPER

La Cooper, c'est bien. Mais la Cooper S, c'est mieux. C'est plus cher aussi, me direz-vous. Mais la somme supplémentaire exigée vaut, croyez-moi, que vous suppliiez votre banquier de vous les avancer.

Héritière d'une lignée mythique produite dans les années 1960, la S est, de loin, celle qui suscite le plus la convoitise. Pour la distinguer de l'autre Mini, la Cooper tout court, la S taille une brèche dans son capot pour mieux faire respirer ce qui se trouve en dessous, enduit de nickel le bouchon de son réservoir d'essence et les ouïes qui strient ses ailes avant et ajoute un tuyau d'échappement (ça en fait donc deux). Elle grimpe aussi, mais en option, sur des pneus qu'on jurerait trop grands pour elle et prolonge la ligne de son toit à l'aide d'un discret aileron.

Tous ces apprêts ne servent heureusement pas à maquiller un vulgaire exercice de style. Bien au contraire. Sous le survêtement sportif se dissimule une véritable athlète. Monté en position transversale, le moteur adopte des composantes spécifiques pour encaisser la puissance supplémentaire que lui procure le turbocompresseur auquel il est boulonné. À l'accélération, les 172 chevaux de ce moteur d'origine française enlèvent la Cooper S avec une fantastique vivacité. Généreux en couple, le moteur de la Cooper S est bien servi par une transmission manuelle mieux étagée et toujours aussi rapide.

Dans les courbes et les contre-courbes ondoyantes empruntées au cours de cet essai, la Mini Cooper S se prête à tous les excès. Il n'est pas exagéré de qualifier son adresse de diabolique. La Cooper S combine l'agilité d'un acrobate et la puissance d'un haltérophile. Et, bonne nouvelle, le revêtement de bitume parfois aléatoire du réseau routier local aura également permis de mettre en valeur l'excellente rigidité du châssis et la fermeté des éléments suspenseurs, qui la font parfois bondir sur les bosses. Rien de véritablement inquiétant tellement elle vous fait sentir que vous la tenez bien en main, mais tout de même lassant à la longue ; surtout qu'il y a déjà les bruits de roulement à endurer. C'est pourquoi nous vous suggérons de faire l'impasse sur cette option Sport Package dans laquelle figure cette suspension de bois. Celle-ci n'apporte rien de bon, si ce n'est des sautillements permanents de la caisse, des pertes de motricité — que le coefficient d'adhérence soit élevé ou non — et une tenue de cap aléatoire si la chaussée n'est pas parfaitement lisse comme un galet. Soyez aussi attentif : avant de lâcher prise, elle vous avertira gentiment en élargissant sa trajectoire en courbe.

La direction permet de ciseler les virages, de soigner ses trajectoires, de chatouiller le point de corde de chaque courbe. Neutre et extrêmement prévisible, cette Cooper S ne demande qu'à se plier à vos désirs. En ville, elle est tout aussi diabolique. Son court rayon de braquage, combiné à son faible encombrement, en fait la compagne idéale pour déjouer les pièges de nos cités.

TOUJOURS AUSSI MINI

À bord, sur la question de la fonctionnalité, il y a encore beaucoup à redire. À commencer par les tirettes chargées d'incliner les dossiers : trop nerveuses et souvent coincées. On trouve également à redire sur les espaces de rangement, toujours aussi peu nombreux, sur les deux barrettes (l'une au pied de la console, l'autre grimpée au pavillon) composées d'une multitude d'interrupteurs pas toujours faciles à identifier, surtout quand il fait nuit noire, et sur le faible dégagement proposé aux braves qui prendront place à l'arrière. En dépit de sa faible hauteur, une personne comme moi, qui ne fait pas 1,85 m, peut se promener sous le hayon sans risquer de se faire polir le cuir chevelu. Cela dit, à moins de sacrifier les places arrière en rabattant les dossiers de la banquette, la Mini n'incite guère à faire des emplettes. Avec ses 150 litres de volume, le coffre avale à peine trois sacs d'épicerie. Cuisine minceur recommandée ! Celui ou celle qui se glissera aux commandes aura d'autres préoccupations, par exemple trouver une position de conduite confortable, loin d'être une sinécure. La commande de réglage met du temps à se laisser apprivoiser et le dossier, trop plat, n'offre guère de maintien latéral.

À quoi bon s'offrir une coûteuse sportive ? La Mini Cooper S est suffisamment musclée, sportive et mignonne pour vous faire vivre de grands frissons. La qualité n'est pas toujours au rendez-vous. Pour trouver mieux, il faut se tourner du côté de la Série 1 (la qualité n'y est pas toujours là non plus), mais elle vous en coûtera plus et elle s'avérera plutôt délicate à conduire certains jours de tempête. ▌▌▌ **ÉRIC LEFRANÇOIS**

Son court rayon de braquage et son faible encombrement en font la compagne idéale pour déjouer les pièges de nos cités

DIMENSIONS ET VOLUMES

Empattement (mm)	2467
Longueur (mm)	3699, 3714 (S, JCW)
Largeur (mm)	1683
Hauteur (mm)	1407
Volume intérieur (L)	n.d.
Volume du coffre (min./max.) (L)	160 / 680, 120 / 605 (cabriolet)
Capacité du réservoir de carburant (L)	50
Fourchette de poids (kg)	1155 - 1290

CHÂSSIS

Mode	traction
Suspension av. – arr.	indépendante
Freins av. – arr.	disques
Capacité de remorquage min. – max. (kg)	non recommandé
Direction – diamètre de braquage (m)	crémaillère – 10,6
Pneus	175/65R15, 195/65R16, 205/45R17

PERFORMANCES

Modèle à l'essai	Cooper S (hayon)
Moteur	L4 turbo DACT 1,6 litre
Puissance (ch. à tr/min)	172 - 5500
Couple (lb-pi à tr/min)	177 - 1600
Transmission	manuelle 6 rapports
Autres transmissions	séquentielle 6 rapports
Accélération 0-100 km/h (sec.)	7,56
Reprises 80-115 km/h (sec.)	4,86
Distance de freinage 100-0 km/h (m)	37,2
Niveau sonore à 100 km/h	✹ ✹
Vitesse maximale (km/h)	215 (S), 236 (JCW) 203 (Classique)
Consommation réalisée au cours de l'essai (L/100 km)	8,1
Gaz à effet de serre	
Autres moteurs	L4 1,6 litre (118 ch.), L4 turbo 1,6 litre (208 ch.)

CE QU'IL FAUT SAVOIR

Fourchette de prix ($)	**22 800 - 39 990 (2008)**
Marge de profit du concessionnaire (%)	9,89 à 11,62
Transport et préparation ($)	700 (préparation en sus)
Consommation ville - route (L/100 km)	**8,4 - 6,4 (man.) 9,1 - 6,9 (aut.) 9,2 - 7 (man., S)**
Essence recommandée	super
Versions offertes	Cooper Classique, Cooper, Cooper S, John Cooper Works
Carrosserie	hayon 3 portes, cabriolet 2 portes
Lieu d'assemblage	Angleterre
Valeur résiduelle	✳ ✳ ✳ ✳ ✳
Garanties : de base – motopropulseur (an/km)	4/80 000 – 4/80 000
Fiabilité présumée	✳ ✳ ✳
Cycle de remplacement	modèle cabriolet 2009
Ventes 2007 ↗ 12 %	Québec : 843
Protection collision frontale conducteur/passager latérale avant/arrière retournement 2rm/4rm	✳ ✳ ✳ ✳ / ✳ ✳ ✳ ✳ ✳ ✳ ✳ ✳ ✳ / ✳ ✳ ✳ ✳ ✳ ✳ ✳ ✳ / n.a.

À RETENIR

Nouveautés 2009	**nouvelle génération du cabriolet dévoilé en début d'année, version « usine » de la John Cooper Works**
Principales concurrentes	**Mazda MX-5, Pontiac Solstice, Saturn Sky, Volvo C30, VW New Beetle/GTi**

- La qualité d'assemblage plus soignée
- Le comportement routier toujours aussi amusant
- Le couple livré par le moteur suralimenté

- Les rebondissements de la suspension sport
- Les tarifs pratiqués
- Le manque d'endurance du freinage

CHARLES AURAIT AIMÉ

« Y a d'la joie, bonjour, bonjour les hirondelles ; y a d'la joie, dans le ciel par-dessus les toits… » Ces paroles, Charles Trenet les a composées en 1937 et il aurait très bien pu les écrire un demi-siècle plus tard après une balade en Mini Clubman. Et cette fois, il ne s'agirait pas d'un rêve, mais bien de la réalité : la Clubman vous fait réellement retrouver les joues rouges de l'enfance, même si elle est animée par une mécanique aux performances bien modestes.

Dans sa version définitive, la Clubman a une porte de plus que son ancêtre. Cette porte, minuscule, s'ouvre à contresens et vise à faciliter l'accès aux places arrière rendues plus spacieuses à l'occasion d'un empattement allongé de 80 mm. Cette petite porte, si brillante soit-elle, ne manque pas de faire jaser les Anglais, les Japonais et les Australiens. En effet, BMW n'a pas jugé utile de créer une carrosserie spéciale pour les voitures avec volant à droite, si bien que les automobilistes qui conduisent « du mauvais côté » devront faire monter ou descendre les petits amis dans la rue… Sir Alec Issigonis, le père de la Mini en 1959, a dû en ravaler son titre en voyant cette économie de bout de chandelle des Allemands. Par chance, nous sommes du bon côté !

Au Canada, deux versions sont proposées : la Clubman et la Clubman S. Ne vous fiez cependant pas au prix affiché par ces deux versions, car celui-ci ne tient pas compte des options aussi nombreuses que coûteuses.

TROP « CUTE »

Comment ne pas sourire devant la palette de couleurs de la Clubman, qui rivalise d'audace avec celle des Smarties ? Qui plus est, on ne déchante pas en ouvrant les portières, derrière lesquelles nous attend un habitacle pour le moins branché.

Comme sur la Cooper, l'indicateur de vitesse de la Clubman campe au beau milieu du tableau de bord à l'intérieur d'un monocle parsemé de voyants lumineux. On y retrouve éga-lement, dans la partie inférieure, les jauges à essence et à température. Aussi bien dans la partie inférieure de la console centrale qu'au plafond, loge une barrette composée d'inter-rupteurs à bascule (type aviation) pas toujours faciles à atteindre ni à identifier.

Plus longue que la Cooper, la Clubman est-elle vraiment plus pratique ? À l'avant, le dégagement est le même. À l'arrière, c'est un peu mieux (8 cm aux jambes, 29 aux épaules et 3 au toit), mais rien pour écrire à sa mère. En fait, on se réjouit surtout de la présence de cette troisième porte latérale qui permet un meilleur accès et une meilleure sortie. Même si elle est un brin plus accueillante, la banquette a surtout le mérite de s'escamoter pour accroître le volume du coffre, qui peut atteindre 930 litres.

EN POSITION TRANSVERSALE

Sous le court capot prend place un moteur quatre cylindres de 1,6 litre créé par le groupe PSA (Peugeot-Citroën). Pas tellement plus puissante, cette mécanique fait galoper 118 chevaux qui font ce qu'ils peuvent pour remuer les quel-que 1235 kg de la Clubman. Une mécanique un peu trop sage en regard des qualités dynamiques du châssis, sans doute, mais tellement plus expressive que l'ancien moteur !

Ce moteur est d'une étonnante vivacité. De plus, la boîte manuelle à six rapports qui l'accompagne de série permet d'en extirper le maximum. Agréable et correctement étagée, cette boîte compte également sur un embrayage progressif. Bien entendu, il y a mieux : la Clubman S avec sa mécanique suralimentée, mais c'est plus cher.

À défaut d'affoler le chronomètre, la Clubman entend nous séduire par ses qualités routières, domaine où les ingénieurs de BMW excellent. La direction à assistance électrique se révèle toujours aussi agréable. Elle permet de ciseler les virages ; de soigner ses trajectoires ; de chatouiller le point de corde de chaque courbe.

Neutre et extrêmement prévisible, la Clubman ne demande qu'à se plier à vos désirs. Si le revêtement souvent impré-visible de notre réseau routier met en valeur l'excellente rigidité du châssis, il nous fait prendre conscience également de la fermeté des éléments suspenseurs. Ceux-ci font parfois bondir la Clubman sur les bosses. Rien de véritablement inquiétant tellement elle vous fait sentir que vous la tenez bien en main, mais tout de même lassant à la longue ; surtout qu'il y a déjà les bruits de roulement à endurer. En ville, la Clubman ferait preuve de la même agilité que la Cooper n'eût été de sa piètre visibilité vers l'arrière.

À peine plus chère que la Cooper, mais tellement plus exclusive (ou plus snob, c'est selon), la Clubman n'est pas aussi fonctionnelle que sa ligne le suppose. Une Chevrolet HHR est certes plus commode et plus polyvalente, mais loin d'être aussi sexy. ▌▌▌ **ÉRIC LEFRANÇOIS**

À peine plus chère que la Cooper, mais tellement plus exclusive ou plus snob, c'est selon

MINI CLUBMAN

DIMENSIONS ET VOLUMES	
Empattement (mm)	2547
Longueur (mm)	3937, 3958 (S)
Largeur (mm)	1683
Hauteur (mm)	1426, 1432 (S)
Volume intérieur (L)	n.d.
Volume du coffre (min./max.) (L)	260 / 930
Capacité du réservoir de carburant (L)	50
Fourchette de poids (kg)	1235 - 1315

CHÂSSIS	
Mode	traction
Suspension av. - arr.	indépendante
Freins av. - arr.	disques
Capacité de remorquage min. - max. (kg)	non recommandé
Direction - diamètre de braquage (m)	crémaillère - 11
Pneus	195/55R16, 205/45R17 (option)

PERFORMANCES	
Modèle à l'essai	Clubman (Base)
Moteur	L4 DACT 1,6 litre
Puissance (ch. à tr/min)	118 - 6000
Couple (lb-pi à tr/min)	114 - 4250
Transmission	manuelle 6 rapports
Autres transmissions	semi-automatique 6 rapports
Accélération 0-100 km/h (sec.)	9,93
Reprises 80-115 km/h (sec.)	6,95
Distance de freinage 100-0 km/h (m)	37,5
Niveau sonore à 100 km/h	
Vitesse maximale (km/h)	202, 223 (S)
Consommation réalisée au cours de l'essai (L/100 km)	7,4
Gaz à effet de serre	
Autres moteurs	L4 turbo 1,6 litre (172 ch.)

CE QU'IL FAUT SAVOIR

Fourchette de prix ($)	**26 400 - 31 500**
Marge de profit du concessionnaire (%)	9,89
Transport et préparation ($)	1390
Consommation ville - route (L/100 km)	**8,5 - 6,5 (1,6 l) 9,2 - 7,1 (turbo, 1,6l)**
Essence recommandée	super
Versions offertes	Cooper, Cooper S, John Cooper Works
Carrosserie	familiale 5 portes
Lieu d'assemblage	Angleterre
Valeur résiduelle	* * * * *
Garanties : de base - motopropulseur (an/km)	4/80 000 - 4/80 000
Fiabilité présumée	* * *
Cycle de remplacement	inconnu
Ventes 2007 n.a.	Québec : n.a.
Protection collision	
frontale conducteur/passager	non évaluée
latérale avant/arrière	non évaluée
retournement 2rm/4rm	non évaluée

À RETENIR

Nouveautés 2009	**version John Cooper Works (208 ch.), jantes de 17 po, freins Brembo**
Principales concurrentes	**Chevrolet HHR, Chrysler PT Cruiser**

\+

- Se faire plaisir à son volant
- Se faire voir
- Se faire oublier des pompistes

−

- Se faire secouer de la sorte
- Se casser la tête pour trouver la commande des glaces
- Se résigner à oublier quelques valises

LE TEMPS EST UN SALAUD

Le destin d'une sportive « bon marché » est souvent éphémère. Elle fait courir les foules en direction des salons et des salles d'exposition puis, dans la rue, dévisse bien des cous sur son passage. Mais après un an ou deux tout plus, elle est comme un papier-mouchoir : jetable. C'est le cas de la Mitsubishi Eclipse qui, pour se rappeler au bon souvenir de tous, retouche cette année son maquillage. Oh, rien de très sérieux, mais juste assez pour nous inciter à la regarder deux fois plutôt qu'une, juste pour être certains que c'est bien elle.

Toujours enveloppée d'une carrosserie aux formes cursives et ondoyantes, l'Eclipse paraît étonnamment plus compacte qu'elle l'est en réalité. Elle est d'ailleurs difficile à garer. La version cabriolet surtout. La visibilité arrière est presque nulle (aucun radar de stationnement n'est offert, et c'est dommage) et son rayon de braquage est aussi grand que celui d'un camion de dix tonnes. Sa « nouvelle » beauté excusera-t-elle tout ?

SOUS LE FARD

Attirante à l'extérieur, cette auto l'est un peu moins à l'intérieur avec tout ce plastique. D'accord, les baquets se révèlent suffisamment galbés pour donner du soutien dans les virages négociés rapidement, mais la recherche d'une position de conduite agréable représente un défi. La colonne de direction ne se déplace qu'en hauteur. Si vous avez de longs bras et de courtes jambes, ça va ; sinon, vous devrez glisser votre siège vers l'avant jusqu'à ce que vos genoux frôlent la paroi inférieure de la planche de bord. Prêt à essayer ?

Une fois assis confortablement (on vous le souhaite), vous aurez tout le loisir de contempler les formes épurées du tableau de bord et le combiné à quatre cadrans noirs (ils auraient été plus visibles en blanc, mais bon !). Deux des cadrans sont entourés de métal chromé ; ils sont parfaitement visibles à travers le volant à trois branches. À votre droite, la console centrale abrite un ordinateur de bord dont les informations sont à peine lisibles en plein jour. Plus bas, se trouvent les commandes de l'excellente chaîne audio (accessibles, mais pas présentes sur le volant), puis celles qui permettent de régler manuellement la température à bord. Les espaces de rangement ? Il y en a, mais il faut chercher un peu. Réservez le vôtre.

DEUX CHEVAUX

Déposée sur un châssis trop lourd (nom de code: Project America), l'Eclipse a impérativement besoin d'une mécanique dégourdie pour rendre justice à sa ligne. Cette année, les motoristes ont, de nouveau, haussé la puissance du V6 maison de 3,8 litres : il est passé de 263 à 265 chevaux. Le couple a progressé tout aussi modestement. Pourtant, à l'entendre rugir (les échappements ont été réétudiés pour émettre une sonorité encore plus rauque), on a franchement l'impression que les gains sont plus substantiels.

On enclenche — aisément — la première, et c'est parti. La boîte est bien étagée et le verrouillage des rapports (talon d'Achille de la marque) est apparu convaincant. Pour rouler doucement, sans se presser, la boîte semi-automatique à cinq rapports se révèle également un bon choix, même si on regrette de devoir retirer une main du volant pour passer manuellement les rapports...

Les performances de l'Eclipse ne devraient cependant pas nous faire perdre de vue certains points irritants. À commencer par son fort appétit en essence super. Décevant. Ensuite, cette quatrième génération demeure fidèle à la traction (roues avant motrices). Malgré la présence d'un dispositif antipatinage et d'une monte pneumatique adhérente, le train avant a peine à contenir toute la puissance. Tant que cette béquille électronique est active, l'effet de couple dans le volant est relativement bien maîtrisé. Une fois désactivée, c'est une autre histoire. Les pneumatiques avant cirent le bitume et le volant tire de tous les côtés. Si, par temps sec, la motricité demeure satisfaisante, il en va autrement sous la pluie. Dotée d'une suspension rigide, l'Eclipse inflige des trépidations pénibles à ses occupants et son comportement plus pointu, quoique lisible, pourrait causer quelques émotions aux conducteurs moins avertis.

Toutefois, sur un parcours lisse, ce cabriolet s'avère beaucoup plus redoutable. Sur des routes sinueuses ou à plus vive allure, dans les virages ouverts des autoroutes, les ondes ressenties dans la direction ne trompent pas: la caisse gagnerait à être plus rigide encore. Cependant, la direction précise et correctement assistée permet de soigner les trajectoires.

Au final, cette Eclipse ne parvient pas à prendre un net ascendant sur ses rivales dans les domaines du dynamisme et de la fonctionnalité. De plus, son prix la place directement en concurrence avec une rivale plus sophistiquée, le coupé Accord, et une autre bien plus rapide, la Mustang. Ces arguments devraient, à eux seuls, suffire à lui résister. ▌▌▌

ÉRIC LEFRANÇOIS

*Tant que l'antipatinage est actif, l'effet de couple dans le volant
est relativement bien maîtrisé. Désactivé, c'est une autre histoire*

DIMENSIONS ET VOLUMES

Empattement (mm)	2575
Longueur (mm)	4583
Largeur (mm)	1835
Hauteur (mm)	1358, 1366 (GT)
Volume intérieur (L)	2271 - 2311
Volume du coffre (min./max.) (L)	445
Capacité du réservoir de carburant (L)	67
Fourchette de poids (kg)	1485 -1608

CHÂSSIS

Mode	traction
Suspension av. - arr.	indépendante
Freins av. - arr.	disques
Capacité de remorquage min. - max. (kg)	non recommandé
Direction - diamètre de braquage (m)	crémaillère - 12,2
Pneus	225/50R17 (GS), 235/45R18 (GT)

PERFORMANCES

Modèle à l'essai	Eclipse GT
Moteur	V6 SACT 3,8 litres
Puissance (ch. à tr/min)	265 - 5750
Couple (lb-pi à tr/min)	262 - 4500
Transmission	manuelle 6 rapports
Autres transmissions	automatique 5 rapports, BM 5 rapports / BA 4 rapports (GS)
Accélération 0-100 km/h (sec.)	6,67
Reprises 80-115 km/h (sec.)	4,12
Distance de freinage 100-0 km/h (m)	41,4
Niveau sonore à 100 km/h	✕ ✕
Vitesse maximale (km/h)	225
Consommation réalisée au cours de l'essai (L/100 km)	12,2
Gaz à effet de serre	
Autres moteurs	L4 2,4 litres (162 ch.)

CE QU'IL FAUT SAVOIR

Fourchette de prix ($)	**25 998 - 34 298**
Marge de profit du concessionnaire (%)	7,19 à 8,18
Transport et préparation ($)	1245
Consommation ville - route (L/100 km)	**12,1 - 8,5 (2,4 l)** **14,8 - 9,5 (3,8 l)**
Essence recommandée	ordinaire (L4), super (V6)
Versions offertes	GS, GT
Carrosserie	coupé / cabriolet 2 portes
Lieu d'assemblage	Japon
Valeur résiduelle	✱ ✱ ✱
Garanties : de base - motopropulseur (an/km)	5/100 000 - 10/160 000
Fiabilité présumée	✱ ✱ ⊁
Cycle de remplacement	2011
Ventes 2007 ↗ 1 %	Québec : 514
Protection collision frontale conducteur/passager latérale avant/arrière retournement 2rm/4rm	non évaluée non évaluée non évaluée

À RETENIR

Nouveautés 2009	retouches esthétiques aux parties avant et arrière, antidérapage de série (GT), immense aileron arrière (GT), V6 plus puissant (+2 ch.)
Principales concurrentes	Ford Mustang, Mazda RX-8, Pontiac G6

+ • Généreuse garantie
• Le souffle et la sonorité de la GT
• Rigidité rassurante du châssis

− • Diamètre de braquage important
• Train avant qui manque de mordant
• Visibilité

« HOUSTON, ON A UN PROBLÈME »

MITSUBISHI
MITSUBISHI
ENDEAVOR

En mission depuis un peu plus de cinq ans au Canada, l'Endeavor n'a toujours rien cassé. Aux États-Unis non plus. Preuve que, contrairement à ce que chante notre Céline nationale, les derniers ne sont pas toujours les premiers. À qui la faute ? À l'Endeavor ? Sans doute pas, comme vous le constaterez. À son constructeur alors ? Disons que ce dernier a fait preuve d'un laxisme certain en ne débloquant pas les fonds nécessaires pour le faire évoluer. Et cette année ne fait pas exception.

L'Endeavor était, pensait-on chez Mitsubishi, une valeur sûre. Dessiné et développé en territoire américain (une première pour ce constructeur), l'Endeavor arbore un profil inhabituel par rapport aux autres véhicules de sa catégorie. Inhabituel peut-être, mais pas pour autant inédit dans la mesure où quelques-uns de ces traits ont été aperçus ces dernières années sur les prototypes de la marque.

Au chapitre de la présentation intérieure, l'Endeavor cherche, là aussi, à se démarquer. La partie centrale de son large tableau de bord est inusitée et ressemble à un de ces « morceaux de robot » que le capitaine Cosmos, alias Claude Stében, remettait aux enfants qui répondaient correctement à la question posée. Qu'on aime ou pas demeure une question de goût. L'important est que les principales commandes sont correctement alignées et compréhensibles.

Le gabarit de l'Endeavor en impose et donne à penser que son intérieur est tout aussi géant. Il n'en est rien. Dans ce domaine, certaines concurrentes font mieux et proposent des places aussi accueillantes sans avoir à nous faire subir quotidiennement les désagréments liés à la conduite d'un véhicule au gabarit aussi impressionnant (espace de stationnement, rues étroites, etc.). De plus, pas la peine de soulever les moquettes ou d'éplucher le catalogue des options, l'Endeavor n'offre que cinq places. Deux à l'avant, trois à l'arrière. Pas de troisième banquette comme plusieurs de ses concurrentes. Pas même une paire de strapontins. Est-ce vraiment nécessaire d'accroître le nombre de places, considérant le dégagement habituellement réservé aux occupants d'une troisième rangée de sièges à bord des utilitaires concurrents ? Non, bien sûr, mais les spécialistes de la mise en marché trouveront bien, à défaut de vous orienter vers une fourgonnette, le moyen de vous

convaincre du contraire. L'absence d'une troisième rangée de sièges réjouira pour sûr les occupants de la banquette arrière qui profiteront de suffisamment d'espace pour se prélasser. À l'avant, on ne trouvera rien à redire non plus. Les baquets, un peu plats quand même, se révèlent confortables.

UNE BERLINE HAUT PERCHÉE

Sur la route, l'Endeavor fait preuve d'un comportement surprenant, même si le poids et le centre de gravité élevé de ce véhicule nuisent à son agilité. La direction s'avère d'une précision tout à fait correcte et permet des changements de cap rapides et sûrs. Par bonheur, les mouvements de caisse sont habilement contrôlés. Même s'il chahute parfois ses passagers sur mauvaise route, l'Endeavor n'a rien à envier à ses rivaux et réalise un très bon compromis confort-tenue de route. C'est toujours cela de pris, puisque hors route, ce Mitsubishi s'embourbe facilement. Sa monte pneumatique d'origine le pénalise et son rouage à quatre roues motrices atteint rapidement ses limites, la force de couple pouvant être transmise aux roues arrière est limitée à 50 %.

Solide sous le capot d'une Galant, le V6 de 3,8 litres, la seule mécanique proposée, apparaît ici partiellement muselé. Si, sur papier, son rapport poids-puissance laisse présumer le pire, l'Endeavor n'a pourtant rien d'une tortue. Les 255 livres-pieds de couple produits par son moteur n'y sont pas étrangers. Un peu plus de huit secondes sont nécessaires pour atteindre les 100 km/h après un départ arrêté. Ce temps d'accélération vous paraîtra sans doute encore plus court en raison de la réponse vive de l'accélérateur qui permet à l'Endeavor de faire illusion d'une plus grande vélocité encore. À vitesse stabilisée, ce moteur donne pleine satisfaction, mais dès que le rythme tranquille de l'autoroute est brisé, son manque de souplesse apparaît évident. Il ne faut alors pas hésiter à solliciter la mécanique pour obtenir de bonnes relances. Ce faisant, le niveau sonore grimpe de quelques décibels, et la sonorité du moteur n'a rien de symphonique. Costaud, réputé fiable (ce moteur vient du 3 litres que Mitsubishi fabrique depuis la nuit des temps), ce moteur ne remportera jamais le Nobel de la sophistication ni un championnat de l'économie de carburant. D'ailleurs, la quantité d'émanations polluantes qu'il rejette dans l'atmosphère est équivalente à bien des VUS purs et durs.

Original et décalé par rapport à ses concurrents, l'Endeavor n'a malheureusement pas eu ce petit quelque chose qui lui permet de se détacher avantageusement du peloton. Et aujourd'hui, c'est trop tard. ▌▌▌ **ÉRIC LEFRANÇOIS**

Le gabarit de l'Endeavor en impose et donne à penser que son intérieur est tout aussi géant. Il n'en est rien

DIMENSIONS ET VOLUMES

Empattement (mm)	2750
Longueur (mm)	4830
Largeur (mm)	1870
Hauteur (mm)	1769
Volume intérieur (L)	3021
Volume du coffre (min./max.) (L)	1152 / 2153
Capacité du réservoir de carburant (L)	81
Fourchette de poids (kg)	1770 - 1890

CHÂSSIS

Mode	traction, intégral
Suspension av. – arr.	indépendante
Freins av. – arr.	disques
Capacité de remorquage min. – max. (kg)	907 -1588
Direction – diamètre de braquage (m)	crémaillère – 11,7
Pneus	235/65R17

PERFORMANCES

Modèle à l'essai	Endeavor Limited TI
Moteur	V6 SACT 3,8 litres
Puissance (ch. à tr/min)	225 - 5000
Couple (lb-pi à tr/min)	255 - 3750
Transmission	automatique 4 rapports
Autres transmissions	aucune
Accélération 0-100 km/h (sec.)	8,93
Reprises 80-115 km/h (sec.)	6,18
Distance de freinage 100-0 km/h (m)	43,4
Niveau sonore à 100 km/h	✖ ✖ ✖
Vitesse maximale (km/h)	190
Consommation réalisée au cours de l'essai (L/100 km)	14,1
Gaz à effet de serre	
Autres moteurs	aucun

CE QU'IL FAUT SAVOIR

Fourchette de prix ($)	**35 998 – 43 298 (2008)**
Marge de profit du concessionnaire (%)	8,07 à 8,62
Transport et préparation ($)	1345
Consommation ville - route (L/100 km)	**15,5 - 10,9 (2rm)** **15,9 - 12,5 (4rm)**
Essence recommandée	super
Versions offertes	SE, SE TI, Limited TI
Carrosserie	multisegment 5 portes
Lieu d'assemblage	Japon
Valeur résiduelle	✳
Garanties : de base – motopropulseur (an/km)	5/100 000 - 10/160 0000
Fiabilité présumée	✳ ✳ ✱
Cycle de remplacement	2011 - 2012
Ventes 2007 ↗ 27 %	Québec : 205
Protection collision frontale conducteur/passager latérale avant/arrière retournement 2rm/4rm	✳✳✳✳✳/✳✳✳✳✳ ✳✳✳✳✳/✳✳✳✳✳ non évaluée

À RETENIR

Nouveautés 2009	mise à jour esthétique
Principales concurrentes	**Ford Edge, Honda Pilot, Mazda CX-9, Nissan Murano, Toyota Highland**

+
- Apparence distincte
- Garantie alléchante
- Châssis rigide

–
- Dimensions intérieures
- Poids élevé
- Rouage intégral peu efficace

461

BAS LES MASQUES

MITSUBISHI
GALANT

Certaines berlines sportives aiment s'afficher avec ce qu'il faut d'ostentation pour combler une clientèle facile à épater à coups de labels. Type-S, GTi, Si ou SS ont fleuri. Pas plus folle que les autres, Mitsubishi s'est lancée dans la mêlée et déguise sa Galant en Raliart. Le but? Attirer l'attention bien sûr, mais aussi tenter de faire oublier le comportement assez fade de cette intermédiaire.

À l'extérieur, sa calandre grillagée, ses feux et ses jantes au dessin spécifique la distinguent de la sage berline familiale dont elle dérive. À cela s'ajoutent les incontournables écussons, histoire de rappeler à son propriétaire et aux autres automobilistes que ce véhicule appartient à une caste, une « noblesse sur roues », en quelque sorte, où n'entre pas qui veut.

L'important, c'est de créer l'émotion. Et c'est réussi. Les corrections apportées à quelques traits de cette carrosserie massive suggèrent plus de dynamisme et de robustesse. Toutefois, costumée ou non, le point fort de cette Galant est sans contredit son volume intérieur. L'habitabilité profite en effet de l'accroissement des côtés de la carrosserie. D'une longueur de 4,83 m, la Galant propose davantage d'espace, à l'arrière surtout. En revanche, le coffre n'est pas des plus vaste. Soucieux de créer un châssis très rigide, les concepteurs ont opté pour un dossier de banquette arrière non rabattable. On a plutôt droit à une trappe pour ses skis. Et si on ne fait pas de ski ? Tant pis ! À l'avant, les baquets spécifiques de cette livrée offrent un bien meilleur confort, et surtout, un meilleur support. Par chance, le seuil de chargement est peu élevé et sa forme très cubique permet de profiter pleinement de l'espace disponible.

Le dessin épuré de la planche de bord s'avère plus original que celui de la carrosserie. On apprécie l'instrumentation qui, la nuit venue, s'illumine d'un bleu apaisant. En revanche, lorsque le soleil brille, on peste contre l'emplacement de l'écran du système de navigation, qui rend sa consultation difficile, voire impossible. Et que dire des fonctionnalités additionnelles de ce système qui permettent par exemple d'assourdir la tonalité des clignotants ou encore d'inscrire — manuellement — la date préconisée pour exécuter la permutation des pneus ? Que de gadgets inutiles ! Pourquoi ne pas avoir plutôt pensé à offrir une colonne de direction télescopique ? Ou mieux encore, des plastiques de meilleure qualité et un assemblage plus rigoureux ?

UN TEMPÉRAMENT MUSCLÉ ?

Dieu merci, l'opération n'est pas seulement esthétique. La Galant Ralliart bénéficie aussi de réglages affûtés : suspension raffermie, semelles adhérentes et moteur musclé. Le « coup de pied aux fesses » attendu est inscrit sur la fiche technique. Avec 258 chevaux sous le pied, la Ralliart déménage plus ou, serions-nous tentés d'écrire, mieux que ses semblables, limitées à 230 chevaux. A priori, la puissance paraît modeste compte tenu du poids de l'auto, mais ce jugement hâtif s'effondre dès que le pied droit enfonce fermement l'accélérateur. Le couple se met de la partie et la Galant Ralliart ne tarde pas à s'arracher de sa position statique sans dévier de sa trajectoire initiale, et cela sans même l'assistance du dispositif antipatinage de série. On devine alors, avec un frisson dans le dos, le moteur engloutissant des litres de super...

La motricité de la voiture n'a jamais été prise en défaut durant cet essai. L'efficacité et la facilité (le train arrière est soudé au bitume) sont au rendez-vous. Une certaine forme de plaisir aussi, grâce à une direction précise qui permet de découper les virages avec acuité. On apprécie tout autant sa stabilité et sa neutralité en grande courbe et son roulis bien maîtrisé. Le conducteur reste cependant sur sa faim. La boîte semi-automatique à cinq rapports, la seule proposée, exécute bien son travail, même si les amateurs de conduite lui reprocheront de ne pas dupliquer le sélecteur de boîte au volant. De plus, elle a beau repousser les limites d'adhérence et se révéler plus sûre dans ses réactions que les versions standards, cette Galant manque d'agilité pour offrir un réel agrément de conduite.

Dès les premiers tours de roue, cette berline japonaise met en évidence le manque de progressivité de sa suspension à basse vitesse. Les grosses roues causent des bruits de roulement élevés, et le manque de douceur des suspensions est fatigant sur route dégradée. À cela s'ajoute un rayon de braquage complètement insensé, qui rend l'exécution de certaines manœuvres particulièrement irritantes.

Avec la Ralliart, Mitsubishi cible ces convertis de « tuning » qui assurent spontanément la promotion d'un modèle. Une activité extrêmement lucrative et qui, au mieux, parvient à améliorer son ordinaire d'automobiliste. Sans plus. Et les autres livrées inscrites au catalogue ? Je passe mon tour...

III ÉRIC LEFRANÇOIS

*La Galant se flatte d'afficher un coefficient de traînée
aérodynamique très bas pour une berline de ce gabarit*

MITSUBISHI GALANT

DIMENSIONS ET VOLUMES

Empattement (mm)	2750
Longueur (mm)	4853
Largeur (mm)	1840
Hauteur (mm)	1471 - 1477
Volume intérieur (L)	2863
Volume du coffre (min./max.) (L)	377
Capacité du réservoir de carburant (L)	67
Fourchette de poids (kg)	1540 - 1690

CHÂSSIS

Mode	traction
Suspension av. - arr.	indépendante
Freins av. - arr.	disques
Capacité de remorquage min. - max. (kg)	non recommandé
Direction - diamètre de braquage (m)	crémaillère - 11,6 / 12,4 / 12,6
Pneus	215/60R16 (ES), 215/55R17 (Sport) 235/45R18 (Ralliart)

PERFORMANCES

Modèle à l'essai	Galant Raliart
Moteur	V6 DACT 3,8 litres
Puissance (ch. à tr/min)	258 - 5750
Couple (lb-pi à tr/min)	258 - 4500
Transmission	semi-automatique 5 rapports
Autres transmissions	automatique 4 rapports (L4)
Accélération 0-100 km/h (sec.)	7,34
Reprises 80-115 km/h (sec.)	5,10
Distance de freinage 100-0 km/h (m)	41,2
Niveau sonore à 100 km/h	✖ ✖ ✖ ✎
Vitesse maximale (km/h)	215
Consommation réalisée au cours de l'essai (L/100 km)	11,9
Gaz à effet de serre	
Autres moteurs	L4 2,4 litres (160 ch.)

CE QU'IL FAUT SAVOIR

Fourchette de prix ($)	**23 998 - 32 998**
Marge de profit du concessionnaire (%)	8,70 à 9,76
Transport et préparation ($)	1245
Consommation ville - route (L/100 km)	**11,8 - 8,8 (2,4 l)** **13,9 - 9,5 (3,8 l)**
Essence recommandée	ordinaire (2,4 l), super (3,8 l)
Versions offertes	ES, Sport, Sport V6, Raliart
Carrosserie	berline 4 portes
Lieu d'assemblage	États-Unis
Valeur résiduelle	✱ ✱
Garanties : de base - motopropulseur (an/km)	5/100 000 - 10/160 000
Fiabilité présumée	✱ ✱ ✱
Cycle de remplacement	2011 - 2012
Ventes 2007 ↘ 21 %	Québec : 126
Protection collision frontale conducteur/passager latérale avant/arrière retournement 2rm/4rm	✱✱✱✱✱ / ✱✱✱✱✱✱ ✱✱✱✱✱ / ✱✱✱✱✱✱ ✱✱✱✱ / n.a.

À RETENIR

Nouveautés 2009	**retouches aux parties avant et arrière de la carrosserie**
Principales concurrentes	**Dodge Avenger, Ford Fusion, Honda Accord, Mazda6, Nissan Altima, Pontiac G6, Saturn Aura**

 • Écouter le ronron de son moteur
• Le dégagement aux places arrière
• Profiter d'un châssis finement réglé

• S'y reprendre à deux fois pour se garer
• Faire le plein régulièrement, et de super
• Entendre ces bruits parasites dans l'habitacle

C'EST ENCORE LOIN LE SOMMET ?

Il y a une bonne et une mauvaise nouvelle au sujet de la Lancer. Commençons par la bonne : elle a mis peu de temps à faire oublier sa devancière. La mauvaise ? Elle se trouve toujours à des kilomètres des ténors de la catégorie au chapitre des immatriculations. À qui la faute ?

MITSUBISHI
LANCER

Au moment de dévoiler cette nouvelle mouture l'année dernière, Mitsubishi s'alarmait de ne pas être suffisamment présent dans cette catégorie qui représente près de la moitié des immatriculations automobiles au Canada. Un peu plus d'une année s'est écoulée et la Lancer se trouve toujours en queue de peloton. Sceptique ? Tenez par exemple l'année dernière au Québec : pour chaque Lancer vendue, Honda écoule 10 Civic.

DES BOULONS À RESSERRER

Il est où le problème ? Certainement pas dans la conception même de la voiture. Celle-ci aborde en effet le segment à bras le corps avec juste assez d'agressivité dans la forme pour qualifier de frileux le style de la concurrence. En revanche, on se désole toujours, en contemplant cette carrosserie, de l'assemblage peu précis de certaines pièces, comme des interstices inégaux à la hauteur du capot ou encore du couvercle du coffre.

À l'intérieur se déploie le « nouvel » univers Mitsubishi, plus sobre, moins « Tokyo by night » que certaines autres créations (Endeavor et Galant par exemple) de ce constructeur. Deux cadrans regroupés derrière le volant (réglable seulement en hauteur), des boutons alignés comme à la parade, la Lancer ne ménage pas ses effets, même de nuit. La qualité des matériaux est correcte, sans plus, mais c'est — encore — la finition inégale qui a retenu notre attention.

Sur une note plus positive, retenons le volume habitable, l'un des meilleurs de la catégorie. La place n'est pas comptée, ni à l'avant ni à l'arrière, et le volume du coffre est tout aussi avenant, avec un seuil de chargement peu élevé et une bonne ouverture. On regrette seulement que les concepteurs aient oublié les tirettes qui nous auraient permis, de l'intérieur du coffre, de rabattre en tout ou en partie le dossier de la banquette arrière.

ÉTIQUETTE SPORTIVE USURPÉE ?

Hormis bien entendu l'Evo, la GTS est, de toutes les livrées actuellement offertes (il y a aussi la DE, la SE et la GT), celle qui colle le mieux à l'image de son constructeur. Et cette année plus que la précédente, puisque l'acronyme GTS est désormais synonyme de — meilleures — performances avec la mise sous capot du moteur quatre cylindres de 2,4 litres. Sans être un foudre de guerre, cette mécanique tire un meilleur profit de la boîte à variation continue (CVT) qui l'accompagne en option.

Mais la plus énergique des Lancer sera sans doute aussi la moins diffusée du groupe. L'acheteur lui préférera plutôt la DE ou la SE (la GT n'est qu'une SE avec un toit ouvrant), plus économiques. Chose certaine, peu importe la livrée retenue, l'architecture technique demeure la même pour tout le monde. C'est donc dire que sous le capot de ces trois-là siège un moteur 2 litres. Plein d'allant en reprise, ce moteur convient bien à l'esprit de la Lancer, qui veut demeurer dynamique, voire sportif. On ne peut cependant en dire autant de la boîte CVT. Même si celle-ci se révèle globalement efficace, elle nous est apparue collante, comme si sa courroie tenait constamment le moteur en laisse. Nous pensons également que c'est à cause d'elle que le moteur s'égosille plus qu'il le faut, ce qui explique peut-être pourquoi la chaîne stéréo fait 650 watts. Cela dit, cette transmission permet par ailleurs une sélection manuelle de ses six rapports programmés au moyen du levier à impulsion, orienté dans le mauvais sens : la rétrogradation devrait s'effectuer vers l'avant et non l'arrière, accompagnant ainsi le mouvement naturel du corps au freinage. Il y a bien les deux palettes au volant, mais elles sont hélas fixées sur la colonne de direction ! Conséquemment, nous préférons la boîte manuelle à cinq rapports.

À défaut de nous séduire par son groupe motopropulseur, la Lancer se rachète sur la route. Saine, équilibrée, cette Lancer a les qualités dynamiques voulues pour faire jeu égal, sinon de l'ombre à quelques-unes de ses concurrentes. Tenue de route solide, comportement prévisible, cette Lancer s'inscrit avec précision dans les virages. Le châssis figure assurément parmi les plus rigides de cette catégorie. Hélas, il n'y a pas que le châssis qui soit ferme. La suspension l'est aussi. Le confort en souffre parfois, avec quelques réactions sèches sur mauvaise route et une filtration perfectible.

Malgré des qualités dynamiques bien senties, peine à nous mettre autant de paillettes dans les yeux. Mais le véritable frein à sa diffusion demeure son distributeur dont les ressources limitées l'empêchent de mener une campagne de promotion et de financement à la hauteur de ses concurrents.

III ÉRIC LEFRANÇOIS

Avec la CVT, le moteur s'égosille : ce qui explique peut-être pourquoi la chaîne stéréo délivre 650 watts

DIMENSIONS ET VOLUMES

Empattement (mm)	2635, 2650 (Evo)
Longueur (mm)	4570, 4545 (Evo)
Largeur (mm)	1760, 1810 (Evo)
Hauteur (mm)	1490, 1480 (Evo)
Volume intérieur (L)	2642 - 2684
Volume du coffre (min./max.) (L)	195 (Evo) / 317 / 328
Capacité du réservoir de carburant (L)	59, 55 (Evo)
Fourchette de poids (kg)	1325 - 1630

CHÂSSIS

Mode	traction, intégral
Suspension av. - arr.	indépendante
Freins av. - arr.	disques
Capacité de remorquage min. - max. (kg)	non recommandé
Direction - diamètre de braquage (m)	crémaillère - 10 / 11,8 (Evo)
Pneus	205/60R16, 215/45R18 (GTS), 245/40R18 (Evo)

PERFORMANCES

Modèle à l'essai	Lancer ES
Moteur	L4 DACT 2 litres
Puissance (ch. à tr/min)	152 - 6000
Couple (lb-pi à tr/min)	146 - 4250
Transmission	manuelle 5 rapports
Autres transmissions	automatique à variation continue (CVT), automatique à double embrayage (MR)
Accélération 0-100 km/h (sec.)	9,15
Reprises 80-115 km/h (sec.)	5,72
Distance de freinage 100-0 km/h (m)	41,7
Niveau sonore à 100 km/h	✗ ✗ ✎
Vitesse maximale (km/h)	180
Consommation réalisée au cours de l'essai (L/100 km)	9,3
Gaz à effet de serre	
Autres moteurs	L4 2,4 litres (168 ch.) L4 turbo 2 litres (291 ch.)

CE QU'IL FAUT SAVOIR

Fourchette de prix ($)	**16 598 - 47 498**
Marge de profit du concessionnaire (%)	9,29 à 10,24
Transport et préparation ($)	1245
Consommation ville - route (L/100 km)	**10,8 –7,9 (2 l)** **11,5 - 8,5 (2,4 l)** **14 - 9,9 (turbo 2 l)**
Essence recommandée	ordinaire, super (Evo)
Versions offertes	DE, SE, GT, GTS, GSR, MR
Carrosserie	berline 4 portes
Lieu d'assemblage	Japon
Valeur résiduelle	★ ★ ★ ★
Garanties : de base - motopropulseur (an/km)	5/100 000 - 10/160 000
Fiabilité présumée	★ ★
Cycle de remplacement	2012
Ventes 2007 ↗ 79 %	Québec : 2220
Protection collision frontale conducteur/passager latérale avant/arrière retournement 2rm/4rm	★ ★ ★ ★ ★ / ★ ★ ★ ★ ★ ★ ★ ★ ★ / ★ ★ ★ ★ ★ ★ ★ / ★ ★ ★ ★

À RETENIR

Nouveautés 2009	**moteur 2,4 litres de 168 ch. (GTS), boîte manuelle plus précise**
Principales concurrentes	**Chevrolet Cobalt, Honda Civic, Hyundai Elantra, Ford Focus, Subaru Impreza/STi, Toyota Corolla**

- Son comportement dynamique
- La générosité de sa garantie
- La quantité d'accessoires installés sans frais

- La qualité d'assemblage perfectible
- Le niveau sonore élevé (avec CVT)
- Suspension sèche

C'EST ENCORE LOIN LE SOMMET ?

L' Outlander ne nous avait pas promis la lune, c'est vrai, mais avait tout de même fait le serment de briller, à l'image des trois diamants qui figurent en emblème sur sa calandre. Jusqu'ici, il n'a fait que de toutes petites étincelles dans l'ombre des ténors de la catégorie, qui demeurent solidement ancrés sur leurs positions. Mais le meilleur est peut-être encore à venir si la direction de Mitsubishi donne suite à son intention de lui greffer la mécanique turbodiésel qui l'anime si brillamment en Europe.

On se doutait bien, à la présentation de cette seconde mouture il y a près de deux ans maintenant, que le plus dur pour l'Outlander serait de trouver sa place dans un marché fortement encombré. Pour y parvenir et du coup nous impressionner, cet utilitaire comptait notamment sur ses accessoires high-tech : disque dur de 30 Go, système de divertissement à l'arrière et navigation par GPS, etc. Que des gadgets. Enfin, presque.

Par chance, les aspects pratiques étaient aussi nombreux et ne coûtent pas un cent de plus. Et dans ce domaine, l'Outlander n'a toujours rien à envier à ses concurrents, comme en fait foi sa prestation dans le cadre de notre match publié dans ces pages. Par exemple, sa banquette arrière modulable permet non seulement d'incliner les dossiers, mais aussi de faire coulisser sur huit centimètres les assises.

Bien enrobé, l'Outlander propose désormais une troisième rangée de sièges. Offerte uniquement sur la version XLS (lire la plus chère), celle-ci s'efface complètement dans le plancher, appuie-têtes compris. À ce sujet, Mitsubishi a l'honnêteté de dire que son Outlander est un 5+2 et non un vrai sept places. Merci de nous prévenir, car le confort de cette banquette est franchement déplorable. Seuls des enfants en bas âge ne trouveront rien à redire.

Pour se démarquer de ses rivaux, le hayon de l'Outlander s'ouvre en deux parties, et la partie basse est capable de supporter un poids de 200 kg. De quoi faciliter le chargement d'objets lourds ou faire fureur à Daytona Beach comme au camping de Sainte-Madeleine lors du prochain « tailgate party ». Surtout si vous optez pour la chaîne audio *Rockford*, offerte moyennant supplément. Elle aussi.

Le design intérieur masque les défaillances au premier coup d'œil, pas au second. La qualité des plastiques et les ébarbages approximatifs choquent. Tout comme de réaliser que la colonne de direction, par mesure d'économie, n'est réglable qu'en hauteur. Par contre, les baquets avant sont enveloppants, confortables et jolis à regarder, surtout lorsqu'ils s'enveloppent d'une sellerie de cuir piqué. Les rangements sont nombreux et pratiques.

DYNAMIQUE SAUF SOUS LE CAPOT

Campé sur des roues de 18 pouces (XLS), l'Outlander invite à exploiter les 220 chevaux de son moteur six cylindres de 3 litres. Associé en exclusivité à une boîte semi-automatique à six rapports dont la gestion nous est apparue parfois confuse sur un faux plat, ce moteur est largement suffisant pour entraîner les 1665 kg de l'Outlander. En revanche, vous lui préférez le quatre cylindres qui, jumelé à une boîte à variation continue (CVT), parvient à siroter plus lentement l'essence qui baigne dans son réservoir. En revanche, tenant compte du poids du véhicule, aucun miracle n'est à attendre du côté des accélérations et des reprises. Ce pourrait sans doute être pire si la boîte de vitesse « n'étranglait » pas le moteur, dont les lamentations finissent par nous irriter les tympans.

Dès les premiers tours de roue, il est clair que l'Outlander est fait pour affronter les routes en lacets et non pour survoler les nids-de-poule. Il y a sans doute une clientèle pour cela, mais reste que des ressorts plus souples auraient été appréciés. Autre récrimination : la direction. Entièrement hydraulique, cette dernière est apparue un peu « collante » au moment de l'inscrire dans la trajectoire désirée, ce qui nuit à son agilité.

Mentionnons en terminant que le rouage intégral de l'Outlander comporte trois modes. Suffit de sélectionner, à l'aide d'une molette située au pied de la console, entre : deux roues motrices (avant), intégral à prise temporaire (une partie du couple est relayée aux roues arrière en cas de pertes d'adhérence des roues avant) et intégral à prise constante. Du trois en un, mais songerez-vous à l'utiliser ?

Au final, l'Outlander ne manque pas de talents pour nous séduire. La durée de sa garantie a de quoi rassurer et ses qualités dynamiques sont de loin supérieures à certains acteurs de la catégorie (le Santa Fe ou encore l'Escape pour ne pas les nommer), mais les conditions de financement pratiquées par Mitsubishi ne sont pas toujours avantageuses et son réseau de concessionnaires est encore bien jeune. ▐▐▐ **ÉRIC LEFRANÇOIS**

Le hayon de l'Outlander se fera apprécier au prochain « tailgate party » du camping de Sainte-Madeleine

DIMENSIONS ET VOLUMES

Empattement (mm)	2670
Longueur (mm)	4640
Largeur (mm)	1800
Hauteur (mm)	1680
Volume intérieur (L)	2843
Volume du coffre (min./max.) (L)	1014 / 2056
Capacité du réservoir de carburant (L)	60 (4rm) , 63 (2rm)
Fourchette de poids (kg)	1540 - 1715

CHÂSSIS

Mode	traction, intégral
Suspension av. - arr.	indépendante
Freins av. - arr.	disques
Capacité de remorquage min. - max. (kg)	907 - 1588
Direction - diamètre de braquage (m)	crémaillère - 10,6
Pneus	215/70R16, 225/55R18 (XLS)

PERFORMANCES

Modèle à l'essai	Outlander LS TI
Moteur	V6 SACT 3 litres
Puissance (ch. à tr/min)	220 - 6250
Couple (lb-pi à tr/min)	204 - 4000
Transmission	automatique 6 rapports
Autres transmissions	CVT (L4)
Accélération 0-100 km/h (sec.)	8,85
Reprises 80-110 km/h (sec.)	6,42
Distance de freinage 100-0 km/h (m)	41,1
Niveau sonore à 100 km/h	✗ ✗ ✗
Vitesse maximale (km/h)	185
Consommation réalisée au cours de l'essai (L/100 km)	11,9
Gaz à effet de serre	
Autres moteurs	L4 2,4 litres (168 ch.)

CE QU'IL FAUT SAVOIR

Fourchette de prix ($)	**24 998 – 33 698 (2008)**
Marge de profit du concessionnaire (%)	7,90 à 8,78
Transport et préparation ($)	1345
Consommation ville - route (L/100 km)	**12 – 9,5 (2,4 l)** **14 – 9,9 (3 l)**
Essence recommandée	ordinaire
Versions offertes	ES, SE, LS, XLS
Carrosserie	multisegment 5 portes
Lieu d'assemblage	Japon
Valeur résiduelle	✶ ✶
Garanties : de base - motopropulseur (an/km)	5/100 000 - 10/160 000
Fiabilité présumée	✶ ✶ ✶
Cycle de remplacement	inconnu
Ventes 2007 ↗ 117 %	Québec : 1934
Protection collision frontale conducteur/passager latérale avant/arrière retournement 2rm/4rm	✶ ✶ ✶ ✶ ✶ / ✶ ✶ ✶ ✶ ✶ ✶ ✶ ✶ ✶ / ✶ ✶ ✶ ✶ ✶ ✶ ✶ ✶ / ✶ ✶ ✶ ✶

À RETENIR

Nouveautés 2009	moteur 4 cylindres de 2,4 litres introduit tard en 2008
Principales concurrentes	Chevrolet Equinox, Honda CR-V, Hyundai Santa Fe, Nissan Rogue, Subaru Forester, Toyota RAV4

+ • Hayon ingénieux et pratique
• Mécaniques éprouvées
• Comportement dynamique

− • Niveau sonore élevé (L4-CVT)
• Qualité d'assemblage inégale
• Consommation (V6)

467

ON L'A ASSEZ VU, NON ?

NISSAN
350Z

On l'attendait avec la même impatience que nous espérons aujourd'hui sa remplaçante. La génération actuelle fait rêver certains lecteurs, mais c'est bien connu, les rêveurs se font rarement acheteurs. Et les acheteurs, eux, se lassent rapidement, car toujours à l'affût de la dernière nouveauté. Et la nouvelle envie pour l'amateur de la Z est de voir la nouvelle mouture dont la première sortie publique est programmée pour le salon de Los Angeles 2008, soit un an avant qu'elle pose ses roues dans la rue.

Alors, ne jetez pas la version actuelle trop vite, il y en a encore quelques-unes à vendre. N'empêche que la 350Z fait toujours rêver. Nissan coulera sans doute quelques informations additionnelles sur la Z dans les semaines précédant son lancement, mais il est d'ores et déjà acquis que cette huitième génération changera de matricule et se prénommera 370Z (ça sonne drôle, non ?). Un changement qui s'explique naturellement par la présence du V6 3,7 litres sous le capot. Cette mécanique livrera le même nombre de chevaux que le coupé G37 d'Infiniti, mais la nouvelle structure — plus légère — de la Z lui pourvoira d'un rapport poids-puissance plus favorable. En outre, la Z bénéficiera, si l'on prête toujours foi à la rumeur, de la boîte à double embrayage de la GT-R.

Plus légère, la future Z sera également plus courte et aussi plus large que la 350. Elle reposera cette fois sur une architecture (nom de code E) issue d'un métissage entre la plateforme FM actuelle et la FR-L, que Nissan exploite sur d'autres marchés. Ce châssis est actuellement utilisé par l'ensemble de la gamme Infiniti à l'exception bien entendu du QX.

D'ici à ce que nous soyons fixés, le cabriolet 350Z, lui, poursuit tranquillement sa carrière dans sa forme actuelle. Bardé de renforts spéciaux et d'un toit qui s'efface avec grâce derrière ses deux baquets, cette Z n'a pas la hargne du coupé, plus léger, mais à quoi bon, il nous donne meilleur teint.

BIEN, MAIS SANS PLUS

Imposant et lourd, ce cabriolet est agréable au quotidien, mais peu enclin à chausser des espadrilles. Les 287 chevaux de son moteur V6 masquent avec efficacité sa prise de poids rendue nécessaire pour solidifier le châssis qui, au demeurant, n'apparaît pas aussi rigide que sur la BMW Z4 ou

encore la Honda S2000. Pour gâter la sauce, sa boîte de vitesses accrocheuse gêne quand vient le moment de jouer les lévriers et les distances de freinage enregistrées la classent loin derrière ses concurrentes. Bref, plus un cabriolet qu'un roadster pur jus. Dans cette optique, il n'y a pas de mal à préférer la boîte semi-automatique à la manuelle.

Par contre, au fil des kilomètres, on finit par succomber aux charmes de cette Z à aire ouverte. Silencieuse, elle permet d'engager la conversation sans trop hausser le ton et de tirer pleinement profit de l'excellente chaîne audio. Et même si son V6 de 3,5 litres n'économise pas l'essence, il peut compter sur un réservoir d'essence suffisamment grand pour lui assurer une bonne autonomie. Un qualificatif qu'on ne saurait adresser à certaines de ses concurrentes.

Au plan sportif, la Z se révèle efficace à défaut d'être enthousiasmante. Sa direction, précise et correctement dosée, permet de jeter la Z dans les virages sans nous faire sentir tout le poids de ses renforts.

OH, C'EST HAUT !

On ne monte pas à bord de ce roadster. On y descend. Mieux vaut être souple et svelte (si possible), car les dimensions de l'habitacle sont plutôt étriquées. Et pour ajouter à l'inconfort, il y a la ceinture de caisse très haute, et la visibilité, pratiquement nulle vers l'arrière, nous fait presque regretter l'absence d'un périscope.

Les baquets sont généreusement galbés et offrent un maintien latéral irréprochable. L'ambiance à bord ne manque pas d'attraits : les petits clins d'œil ici et là, comme les trois compteurs ronds au sommet de la partie centrale du tableau de bord ou le volant à trois branches, la modernité de l'habitacle. Le bloc d'instrumentation principal (indicateurs de vitesse, compte-tours, voyants lumineux et autres jauges) est d'une lecture toujours aisée quelle que soit la position choisie. En revanche, on se désole devant cette avalanche de plastique et l'absence de rangements pratiques et de verrouillage, nécessaire pour éloigner les cambrioleurs.

La 350 Z roadster ne manque pas de charisme et de personnalité, mais son exécution paraît encore aujourd'hui moins aboutie que la concurrence et l'amateur risque de rester sur son appétit. La prochaine fera mieux, n'est-ce pas ? ▌▌▌ **ÉRIC LEFRANÇOIS**

NISSAN 350Z

DIMENSIONS ET VOLUMES

Empattement (mm)	2650
Longueur (mm)	4314
Largeur (mm)	1815
Hauteur (mm)	1333 (cabriolet)
Volume intérieur (L)	1583 (cabriolet)
Volume du coffre (min./max.) (L)	116 (cabriolet)
Capacité du réservoir de carburant (L)	76
Fourchette de poids (kg)	1545 - 1634

CHÂSSIS

Mode	propulsion
Suspension av. - arr.	indépendante
Freins av. - arr.	disques
Capacité de remorquage min. - max. (kg)	non recommandé
Direction - diamètre de braquage (m)	crémaillère - 10,8
Pneus	225/45R18 - 245/45R18 (cabriolet)

PERFORMANCES

Modèle à l'essai	350Z Grand Tourisme Roadster
Moteur	V6 DACT 3,5 litres
Puissance (ch. à tr/min)	306 - 6400
Couple (lb-pi à tr/min)	268 - 4800
Transmission	manuelle 6 rapports
Autres transmissions	semi-automatique 5 rapports
Accélération 0-100 km/h (sec.)	5,91
Reprises 80-115 km/h (sec.)	3,82
Distance de freinage 100-0 km/h (m)	36,7
Niveau sonore à 100 km/h	✖ ✖
Vitesse maximale (km/h)	250
Consommation réalisée au cours de l'essai (L/100 km)	11,9
Gaz à effet de serre	
Autres moteurs	V6 3,7 litres (340 ch.)

CE QU'IL FAUT SAVOIR

Fourchette de prix ($)	**49 947 - 56 498**
Marge de profit du concessionnaire (%)	10,46
Transport et préparation ($)	1375
Consommation ville - route (L/100 km)	**13,9 - 9,9 (man.)** **14 - 10,5 (aut.)**
Essence recommandée	super
Versions offertes	Grand Tourisme
Carrosserie	cabriolet 2 portes, coupé 2 portes
Lieu d'assemblage	Japon
Valeur résiduelle	★ ★ ★
Garanties : de base - motopropulseur (an/km)	3/60 000 - 5/100 000
Fiabilité présumée	★ ★ ★
Cycle de remplacement	2010
Ventes 2007 ↘ 24 %	Québec : 106
Protection collision frontale conducteur/passager latérale avant/arrière retournement 2rm/4rm	★ ★ ★ ★ ★ / ★ ★ ★ ★ ★ ★ ★ ★ / n.d. ★ ★ ★ ★ / n.a

À RETENIR

Nouveautés 2009	coupé 370Z à moteur V6 de 3,7 litres (340 ch.) sera dévoilé en cours d'année
Principales concurrentes	Audi TT, Honda S2000, Mazda RX-8, Pontiac Solstice GXP, Saturn Sky Red Line, Porsche Boxster/Cayman

+
- Habitacle bien insonorisé
- Modèle éprouvé
- Moteur costaud

−
- Modèle en fin de carrière
- Qualité des matériaux intérieurs
- Poids important

UNE QUESTION DE STYLE

S'il s'agissait seulement de faire de la grande série et de gros profits, les constructeurs automobiles ne lanceraient jamais de coupés. Mais, heureusement pour nous, tous en arrivent à la même conclusion lorsqu'ils veulent réveiller ou rajeunir leur image : ils font un coupé. Chez Nissan, c'est à l'Altima qu'on a confié cette mission.

NISSAN
ALTIMA

Étant donné le déficit d'image de la marque dans ce segment où Honda et Pontiac, pour ne nommer que ces deux-là, sont présents, Nissan a décidé de frapper un grand coup en créant un coupé « populaire » sur base d'Altima.

COCOONING

Contrairement à la berline, il y a à bord de ce coupé une ambiance « cocon ». Le galbe généreux de ses baquets avant exclusifs accentue cette impression de faire corps avec l'auto. Il faut dire aussi que la faible surface vitrée (sur les côtés et à l'arrière) et le fort calibre des piliers centraux ajoutent à ce sentiment de confinement. Par chance, pour faciliter les manœuvres, « votre très sympathique concessionnaire Nissan » a une caméra de recul à vous offrir. Nous y reviendrons.

Bien calé dans son baquet, il ne reste qu'à tirer, pousser, lever ou abaisser la colonne de direction pour empoigner le pourtour d'une jante bouffie comme on les aime. Sur le tableau de bord s'étale une série de jauges et de commandes qui fleurent hélas trop la « grande série ».

La critique peut paraître injuste, mais, considérant les efforts déployés pour affirmer le caractère de cette auto, on se serait attendu à un aménagement intérieur un peu plus flamboyant. Un peu plus de spécificité aussi, même si le frein d'urgence s'actionne avec la main droite et non à l'aide d'une pédale, comme c'est le cas dans la berline. Il y a tout de même peu à reprocher à cet habitacle, à part des places arrière difficiles d'accès et dont il est aussi difficile de s'extraire.

Quant au coffre, sa faible profondeur en contrariera plus d'un. Par chance, il est possible d'escamoter en tout ou en partie les dossiers des places arrière pour faciliter le transport d'objets qui ne craignent pas d'être comprimés.

DÉLICATES ATTENTIONS

Avant de prendre la route, abordons la question des accessoires. Nissan nous fait payer le prix fort pour les délicates (et multiples) attentions dispensées dans ce coupé. Au prix de détail suggéré de notre véhicule d'essai, il fallait ajouter près de 8 000 $ pour bénéficier notamment du groupe Privilège et du système de navigation. Dès lors, la facture franchit allègrement la barre des 40 000 $ avec les taxes et les autres frais. C'est beaucoup d'argent pour un coupé dont les origines, ne l'oublions pas, sont fort modestes.

Il n'y a pas que le capot qui soit commun à la berline et au coupé. Ce qui se trouve dessous l'est aussi. Soulevez-le et dites bonjour au V6 3,5 litres de 270 chevaux. Une cavalerie impressionnante, mais qui ne donne sa pleine mesure qu'avec une essence à fort indice d'octane ; sinon, il vous sera impossible de reproduire le temps d'accélération enregistré par nos soins (6,34 secondes) à l'aide d'un accéléromètre électronique.

À l'aide de super toutefois, l'Altima Coupe fait tomber les temps et la concurrence. Ce n'est pas tant la hargne de ce V6 qui enchante, mais plutôt son élasticité et sa rondeur. Sa musicalité aussi. En prime, la gestion du moteur s'accorde harmonieusement à celle de la boîte à variation continue offerte en option. Cette dernière fait oublier le débattement parfois exagéré de la commande de boîte manuelle (de série) et n'entache en rien le plaisir de conduire.

Un empattement plus court que la normale et des éléments suspenseurs plus sportifs (plus rigides), et voilà qu'on se « tape la pomme, tape la poire » à la moindre imperfection de la chaussée. Profitant de réglages spécifiques, la suspension arrière de l'Altima Coupe colle cependant très bien à la chaussée et se révèle très neutre. Elle vire plat, sous-vire très peu, et la direction permet de l'inscrire aisément dans les virages. En revanche, pour atténuer le terrible effet de couple qui affecte ce châssis depuis sa naissance, les ingénieurs n'ont eu d'autre choix que d'alléger la direction. Conséquence : elle manque d'acuité dans ses réactions, notamment sur une chaussée à faible coefficient d'adhérence.

Hélas, le pouvoir de séduction de ce coupé n'opère plus au moment de passer à la caisse. Considérant le prix demandé (avec les options), la notoriété de la marque et les aptitudes sportives de ce modèle, nous préférons vous orienter vers la version d'entrée de gamme qui parvient, malgré les performances plus modestes de sa mécanique (un quatre cylindres de 2,5 litres), à attirer autant les regards ou, mieux, vous suggérer de prendre les clés du coupé Accord de Honda, plus homogène et plus racé. ▌▌▌ **ÉRIC LEFRANÇOIS**

Hélas, le pouvoir de séduction de ce coupé n'opère plus au moment de passer à la caisse

DIMENSIONS ET VOLUMES

Empattement (mm)	2776, 2675 (coupé)
Longueur (mm)	4821, 4636 (coupé)
Largeur (mm)	1796
Hauteur (mm)	1471, 1476 (Hyb), 1405 (coupé)
Volume intérieur (L)	2852, 2540 (coupé)
Volume du coffre (min./max.) (L)	371, 286 (Hyb)
	210 (coupé)
Capacité du réservoir de carburant (L)	76
Fourchette de poids (kg)	1386 - 1591

CHÂSSIS

Mode	traction
Suspension av. - arr.	indépendante
Freins av. - arr.	disques
Capacité de remorquage min. - max. (kg)	454
Direction - diamètre de braquage (m)	crémaillère - 10,6 (coupé S) / 11 / 11,4 (SE)
Pneus	215/60R16, 215/55R17 (SE)

PERFORMANCES

Modèle à l'essai	Altima 3.5 S
Moteur	V6 DACT 3,5 litres
Puissance (ch. à tr/min)	270 - 6000
Couple (lb-pi à tr/min)	258 - 4400
Transmission	automatique à variation continue (CVT)
Autres transmissions	manuelle 6 rapports (V6)
	manuelle 5 rapports (L4)
Accélération 0-100 km/h (sec.)	6,34
Reprises 80-115 km/h (sec.)	3,90
Distance de freinage 100-0 km/h (m)	41,2
Niveau sonore à 100 km/h	✗ ✗ ✗
Vitesse maximale (km/h)	215 (V6), 190 (L4)
Consommation réalisée au cours de l'essai (L/100 km)	10,7
Gaz à effet de serre	
Autres moteurs	L4 2,5 litres (175 ch.)
	L4 hybride 2,5 litres (198 ch.)

CE QU'IL FAUT SAVOIR

Fourchette de prix ($)	**24 498 - 33 398**
Marge de profit du concessionnaire (%)	9,84
Transport et préparation ($)	1300
Consommation ville - route (L/100 km)	10,4 - 7,7 (2,4 l)
	12,5 - 8,9 (3,5 l)
	6,9 - 7,1 (Hyb)
Essence recommandée	ordinaire (2,5 l), super (3,5 l)
Versions offertes	2.5, 2.5 S, 3.5 SE, 3.5 SL, Hybride
Carrosserie	berline 4 portes, coupé 2 portes
Lieu d'assemblage	États-Unis
Valeur résiduelle	★ ★ ★ ★ ★
Garanties : de base - motopropulseur (an/km)	3/60 000 - 5/100 000
Fiabilité présumée	★ ★ ★ ★
Cycle de remplacement	2011
Ventes 2007 ↗ 6 %	Québec : 4259
Protection collision frontale conducteur/passager	★ ★ ★ ★ / ★ ★ ★ ★
latérale avant/arrière	★ ★ ★ ★ ★ / ★ ★ ★ ★ ★
retournement 2rm/4rm	★ ★ ★ ★ ★ / n.a.

À RETENIR

Nouveautés 2009	équipement de série plus complet (2.5) avec système de déverrouillage, antidérapage et phares xénon (3.5 SE)
Principales concurrentes	Chevrolet Malibu, Honda Accord, Hyundai Sonata, Mazda6, Mitsubishi Galant/Eclipse, Saturn Aura, Toyota Camry

- La silhouette musclée
- Les baquets enveloppants
- La fluidité de la boîte CVT

- La facture, une fois les options choisies
- La visibilité réduite
- Le manque de profondeur du coffre

471

ERREUR À L'AMÉRICAINE

NISSAN
ARMADA

Les constructeurs japonais ont toujours considéré le marché américain comme une tarte qu'ils avaient le droit de découper pour se faire un dessert. Déjà bien installés dans le créneau des voitures et des VUS, sur le point de faire de même chez les multisegments en nette progression, ils ont osé concocter de ces méga porte-avions en pensant que la partie serait gagnée sur leur seule réputation.

C'est ainsi qu'on a vu débarquer des Titan et Armada, des Sequoia et Tundra et autres Q56. Mais la partie a été rude et inégale : les Trois Grands sont bien en selle dans ces segments et on ne grignote pas des parts de marché impunément. Comment demander à des concessionnaires qui ont conspué ces béhémoths depuis des lustres, de se tourner vers leurs clients et avouer qu'ils en ont dorénavant dans leurs salles d'exposition ? D'autant plus qu'ils n'ont pas réinventé la roue avec ces véhicules et que la vague pétrolière les a pour le moins inondés.

DES STANDARDS DE MÉGA VUS

Le Nissan Armada est en quelque sorte la réponse au bon vieux Suburban. Une configuration classique avec un châssis en échelle, un gros V8 gourmand, un intérieur assez vaste pour accommoder jusqu'à sept personnes et un niveau de luxe impressionnant. La recette a été la même : le département de conception est allé repêcher la plateforme du Titan qui devait être lancé la même année et son ronflant V8 de 5,6 litres multisoupape de 317 chevaux dont le couple atteint un joyeux 385 livres de couple jumelé à une robuste boîte à cinq rapports.

À cet enivrant cocktail de départ, on a suppléé le pont arrière rigide par un essieu indépendant : avec le premier, il fallait replacer ses vêtements au bout de 50 kilomètres et avec le second, on en sortait frais comme une rose. La capacité de remorquage demeure toutefois au-dessus des quatre tonnes ! Il reste de ces gens qui tirent des véhicules récréatifs d'une trentaine de pieds. Toute la quincaillerie d'aides à la conduite est proposée : traction intégrale et asservie, antipatinage et antiblocage, dispositif de répartition du freinage, contrôle dynamique du véhicule et deux

gammes de mode de traction en 4RM. Si on ne fait pas de hors route avec un Armada — surtout avec ses pneus de 20 pouces, on peut affronter les éléments sans avoir à s'inquiéter. Il y a même une plaque de protection sous le carter du moteur.

UN INTÉRIEUR DE LIMOUSINE

Il restait à aménager une volumineuse caisse avec l'équipement haut de gamme, l'électronique tous azimuts et le confort inconditionnel pour les deux premières rangées de sièges, la troisième banquette en étant une d'appoint.

Le cuir est de faction, les sièges comme le volant sont chauffants, les miroirs extérieurs sont repliables et servent d'éclairage d'appoint, le pédalier est réglable, le hayon électrique est télécommandé et la caméra de recul est de série. On peut moduler les banquettes selon le besoin d'espace cargo et la dernière rangée 60/40 est rabattable par commande électrique. Tout ce qu'il y a d'indiqué comme limousine aéroportuaire ou pour des vedettes rock, sinon pour un consommateur bien nanti.

Si certains recherchent encore plus de raffinement, il faudra passer chez Infiniti où on a haussé la barre du luxe. Difficile de s'imaginer qu'on peut ajouter plus de 10 000 $ sur la facture de plus de 53 000 $ de l'Armada ! À ce chapitre, il reste un sérieux rattrapage à faire pour harmoniser les prix avec ceux exigés aux États-Unis.

UNE CONSOMMATION DÉMESURÉE

Quand un constructeur avoue une consommation au dessus des 18 litres en zone urbaine, c'est que vous êtes en présence d'un vrai glouton. Même un régime d'environ 11 litres sur grande route est signe d'une demande excessive de carburant. En fait, on ne vous ménagera pas en affirmant que votre facture d'énergie sera élevée : quand vous en êtes rendu à débourser plus de 25 cents d'essence au kilomètre, mieux vaut avoir gagné une loterie ou détourné la facture vers une entreprise.

Nissan, qui bouillonne pourtant d'activités à l'échelle planétaire et dont les groupes propulseurs sont souvent des références, s'aventure trop lentement dans le domaine de l'hybride et n'offre pas encore de désactivation des cylindres pour son seul V8. La mise en garde est claire : l'Armada est un excellent choix s'il convient à vos besoins. Il faudra négocier serré quant au prix final qu'on en demandera et vous rappeler que les fins de mois seront plus onéreuses quand arrivera le relevé de carte de crédit. ▐▐▐ **MICHEL POIRIER-DEFOY**

NISSAN ARMADA

Quand un constructeur avoue une consommation au-dessus des 18 litres en zone urbaine, c'est que vous êtes en présence d'un vrai glouton

DIMENSIONS ET VOLUMES

Empattement (mm)	3129
Longueur (mm)	5275
Largeur (mm)	2014
Hauteur (mm)	1981
Volume intérieur (L)	5335
Volume du coffre (min./max.) (L)	566 / 2747
Capacité du réservoir de carburant (L)	105
Fourchette de poids (kg)	2649

CHÂSSIS

Mode	4 roues motrices
Suspension av. – arr.	indépendante
Freins av. – arr.	disques
Capacité de remorquage min. – max. (kg)	4082
Direction – diamètre de braquage (m)	crémaillère – 12,43
Pneus	275/60R18

PERFORMANCES

Modèle à l'essai	Armada LE
Moteur	V8 DACT 5,6 litres
Puissance (ch. à tr/min)	317 – 5200
Couple (lb-pi à tr/min)	385 – 3400
Transmission	automatique 5 rapports
Autres transmissions	aucune
Accélération 0-100 km/h (sec.)	8,24
Reprises 80-115 km/h (sec.)	5,55
Distance de freinage 100-0 km/h (m)	40,4
Niveau sonore à 100 km/h	✖ ✖ ✖
Vitesse maximale (km/h)	190
Consommation réalisée au cours de l'essai (L/100 km)	16,5
Gaz à effet de serre	
Autres moteurs	aucun

CE QU'IL FAUT SAVOIR

Fourchette de prix ($)	**53 298**
Marge de profit du concessionnaire (%)	10,54
Transport et préparation ($)	1500
Consommation ville - route (L/100 km)	**19,6 – 13,4**
Essence recommandée	ordinaire
Versions offertes	LE
Carrosserie	utilitaire 5 portes
Lieu d'assemblage	États-Unis •
Valeur résiduelle	✳ ✳ ✳
Garanties : de base – motopropulseur (an/km)	3/60 000 – 5/100 000
Fiabilité présumée	✳ ✳ ✳
Cycle de remplacement	2010
Ventes 2007 ↘ 40 %	Québec : 18
Protection collision frontale conducteur/passager latérale avant/arrière retournement 2rm/4rm	✳ ✳ ✳ ✳ ✳ / ✳ ✳ ✳ ✳ non évaluée n.a. / ✳ ✳ ✳

À RETENIR

Nouveautés 2009	importante baisse de prix par rapport à 2008
Principales concurrentes	Chevrolet Tahoe, Dodge Durango, Ford Expedition, GMC Yukon, Toyota Sequoia

- Très belle finition
- Équipement exhaustif
- Confort de l'habitacle pour 7 passagers
- Capacité de remorquage

- Consommation non négociable
- Prix à négocier
- Garde au sol un peu élevée

AUSSI GROSSE QUE LE BŒUF

Pour retracer les origines du Frontier, il faut remonter au début des années 1960 alors que le modèle appelé « 2000 », au grand bonheur des jardiniers japonais, fit son apparition sur la côte ouest des États-Unis. Depuis, la minicamionnette de Nissan a bien changé. Autrefois frêle et maigrichon, le Frontier est maintenant plus costaud et se confond aisément, vu de loin (!), avec son grand frère Titan.

NISSAN
FRONTIER

Confronté à une concurrence de plus en plus féroce, et probablement pour de simplifier sa production, Nissan nous propose deux configurations : cabine allongée (King Cab) et cabine multiplace (Crew Cab). Évidemment, selon la version, la longueur de la benne peut être amputée de quelques centimètres (35 cm) tout en conservant la même profondeur et la même largeur. Ce qui fait cependant la polyvalence de la benne du Frontier, c'est le système Utili-Track dont les rails et les courroies permettent de retenir toutes sortes d'objets. Pour l'adepte de plein air, le petit entrepreneur ou celui qui a de nombreux amis qui déménagent le 1er juillet chaque année, c'est une autre façon de se faire aimer !

LES MOTORISATIONS

Deux moteurs sont au catalogue : un quatre cylindres de 2,5 litres et un V6 de 4 litres. Du côté des transmissions, on retrouve une boîte manuelle à cinq vitesses avec le quatre cylindres et une boîte à six vitesses avec le V6. Quant à la boîte automatique à cinq rapports, elle est optionnelle sur les deux motorisations. Peu importe le moteur ou la transmission, les King Cab et Crew Cab sont offerts à deux ou quatre roues motrices. Boulonnés à une robuste plateforme en H, la capacité de remorquage n'a rien à envier au V8 de 4,7 litres du Dodge Dakota, puisque le poids tractable d'un Frontier à moteur V6 peut atteindre 2949 kg.

UN HABITACLE MODULABLE

Une fois à l'intérieur, la recherche d'une bonne position de conduite est facilitée par les nombreux réglages du baquet. Sur le plan ergonomique, les principales commandes sont placées dans l'environnement immédiat du conducteur et les espaces de rangement sont abondants, incluant un vaste réceptacle dans les contre-portes et sous le siège de la banquette arrière. De même, il est possible d'agrandir le volume de l'habitacle en rabattant le siège du conducteur et les dossiers divisés 60/40 de la banquette arrière. Le seul bémol concernant la présentation intérieure est la couleur terne des plastiques et leur texture quelconque. Heureusement, les stylistes ont égayé le tableau de bord en le garnissant d'acier brossé et en redessinant les commandes de la ventilation.

Pour ce qui est du confort sur les longues distances, les sièges s'avèrent un peu trop fermes (on a déjà vu mieux chez Nissan). Même remarque pour les places arrière. Dans la version King Cab, les strapontins arrière sont strictement décoratifs. Vos compagnons de pêche, mesurant six pieds et plus, seront tellement en beau fusil à leur arrivée à la pourvoirie qu'ils voudront se servir de vous comme d'une ancre à bateau ! Pour ce qui est de la version Crew Cab, la banquette arrière est modulable pour plus d'espace de chargement. Ses dossiers sont malheureusement dressés trop à la verticale pour assurer tout le confort voulu.

UN ESSIEU RIGIDE STABLE

La bonne surprise, c'est assurément le comportement routier du Frontier. Peu importe le revêtement, la caisse est rigide, prend peu de roulis et donne confiance à celui ou à celle qui se trouve au volant. Toutes les livrées (ou presque) sont dotées, de série, d'un dispositif antipatinage. Toutefois, le contrôle dynamique, l'assistance en côte et le contrôle d'adhérence en descente sont réservés à certaines versions. Par ailleurs, l'assistance au départ arrêté en côte est pratique et vous évite de jouer avec la pédale d'embrayage en même temps que les freins. Conçu pour la conduite en tout-terrain, ce dispositif est également apprécié pour sortir un bateau de l'eau dans une descente à pic. Sur la route, le Frontier procure des sensations saines. La direction est précise, directe et correctement assistée. Stable, la camionnette n'exige plus comme autrefois de nombreuses corrections du volant si la chaussée est bosselée ou cahoteuse. Le système de freinage est un classique du genre doublé d'un dispositif antiblocage aux quatre roues.

UNE CAMIONNETTE HORS ROUTE

Pour 2009, la nouvelle version PRO-4X s'adresse aux vrais amateurs de conduite hors route. On retrouve des amortisseurs Bilstein, des plaques de protection sous la mécanique, des différentiels à verrouillage électronique et des pneus BF Goodrich 265/75R16 Rugged Trail. De même, toutes les versions du Frontier arborent une nouvelle calandre et de nouvelles roues. **III JEAN CHARTRAND - JEAN-FRANÇOIS GUAY**

DIMENSIONS ET VOLUMES

Empattement (mm)	3354 (double), 3200 (allongée)
Longueur (mm)	5574 (double), 5220 (allongée)
Largeur (mm)	1850
Hauteur (mm)	1745 - 1879
Volume intérieur (L)	2863 (double), 2483 (allongée)
Volume du coffre (min./max.) (L)	n.d.
Capacité du réservoir de carburant (L)	80
Fourchette de poids (kg)	1665 - 2067

CHÂSSIS

Mode	propulsion, 4 roues motrices
Suspension av. - arr.	indépendante - essieu rigide
Freins av. - arr.	disques
Capacité de remorquage min. - max. (kg)	1588 - 2949
Direction - diamètre de braquage (m)	crémaillère - 13,2
Pneus	235/75R15 (XE), 265/70R16 (SE)
	265/75R16 (PRO-4X), 265/60R18 (LE)

PERFORMANCES

Modèle à l'essai	Frontier SE 4x4 (Crew Cab)
Moteur	V6 DACT 4 litres
Puissance (ch. à tr/min)	261 - 5600
Couple (lb-pi à tr/min)	281 - 4000
Transmission	automatique 5 rapports
Autres transmissions	manuelle 6 rapports (V6) /
	manuelle 5 rapports (L4)
Accélération 0-100 km/h (sec.)	8,85
Reprises 80-110 km/h (sec.)	6,36
Distance de freinage 100-0 km/h (m)	43,5
Niveau sonore à 100 km/h	✖ ✖
Vitesse maximale (km/h)	185
Consommation réalisée au cours de l'essai (L/100 km)	14,3
Gaz à effet de serre	
Autres moteurs	L4 2,5 litres (152 ch.)

CE QU'IL FAUT SAVOIR

Fourchette de prix ($)	**24 448 - 40 448**
Marge de profit du concessionnaire (%)	8,62
Transport et préparation ($)	1350
Consommation ville - route (L/100 km)	**12,5 - 10,5 (2rm, 2,5 l)**
	14,8 - 11,9 (2rm, 4 l)
	16 - 12,7 (4rm, 4 l)
Essence recommandée	ordinaire
Versions offertes	XE, SE, LE, PRO-4X (King Cab / Crew Cab)
Carrosserie	camionnette 4 portes (cabine allongée / double)
Lieu d'assemblage	États-Unis
Valeur résiduelle	★ ★ ★
Garanties : de base - motopropulseur (an/km)	3/60 000 - 5/100 000
Fiabilité présumée	★ ★ ★
Cycle de remplacement	inconnu
Ventes 2007 ↘ 13 %	Québec : 350
Protection collision	
frontale conducteur/passager	★ ★ ★ ★ / ★ ★ ★ ★
latérale avant/arrière	★ ★ ★ ★ ★ / ★ ★ ★ ★ ★
retournement 2rm/4rm	★ ★ ★ / ★ ★ ★ ★

À RETENIR

Nouveautés 2009	nouvelle calandre, nouvelles jantes, retouches à l'intérieur
Principales concurrentes	Dodge Dakota, Honda Ridgeline, Suzuki Equator, Toyota Tacoma

- Sa benne et son habitacle modulables
- Son comportement routier
- Ses groupes motopropulseurs

- Son long rayon de braquage
- Elle vise une clientèle trop ciblée
- À quand un volant téléscopique ?

LA FUSÉE QUI PERTURBE L'ORDRE ÉTABLI

NISSAN
GT-R

La voiture la plus attendue, la plus célébrée et la plus magnifiée de 2009 est sans contredit la Nissan GT-R, un coupé sport qui ne craint pas d'affronter les Ferrari les plus affûtées ou les Porsche les plus pointues. Comment une marque à l'image aussi conformiste peut-elle figurer parmi l'élite de la voiture haute performance ? C'est tout un défi que la GT-R relève la tête haute.

La seule erreur commise par Nissan est de ne pas avoir confié le design de cette GT-R à un grand studio italien qui lui aurait donné meilleure mine

Si ce modèle nous arrive déjà couvert de gloire, c'est qu'il est devenu auprès des jeunes la vedette numéro un des jeux vidéo consacrés à la course automobile ou aux poursuites. Dans la vraie vie, la GT-R reste fidèle à sa réputation grâce à une fiche technique qui ne manque pas de superlatifs. C'est par exemple la première voiture au monde à offrir une boîte-pont indépendante (*transaxle*, si vous aimez mieux) combinée à la traction intégrale ATTESA E-TS. Ce que cela veut dire, c'est que la transmission et le boîtier de transfert sont placés à l'arrière pour une meilleure répartition du poids.

DEUX EMBRAYAGES

Le moteur quant à lui est logé derrière l'essieu avant en position dite « centrale avant », et on a affaire à un V6 de 3,6 litres à double turbo IHI développant 480 chevaux et pas moins de 430 livres-pieds de couple. Ce dernier, soit dit en passant, est fabriqué à la main par un seul et même ouvrier dans un environnement plus propre que propre. Un carter sec lui assure un graissage optimum lors de sollicitations intensives. La puissance est transmise au sol au moyen d'une transmission robotisée à double embrayage avec palettes de contrôle sous le volant. Que ce soit lors des accélérations ou des décélérations, l'un des embrayages sert aux vitesses impaires (1, 3, 5) tandis que l'autre est consacré aux vitesses paires (2, 4, 6), ce qui permet de présélectionner la prochaine vitesse pour des changements instantanés. Détail intéressant, la traction intégrale transmet le couple aux quatre roues motrices

dans une proportion de 0-100 ou 50-50. On aura compris que la GT-R se transforme en propulsion lorsque la motricité n'est pas en cause. Pour la suspension, le système d'amortissement Bilstein Damptronic, réglable par le conducteur, offre trois modes : normal, confort et sport (R). Le freinage signé Brembo n'est pas en reste avec ses étriers monoblocs à six pistons à l'arrière et quatre à l'avant, tandis que la voiture chausse des Bridgestone conçus pour elle sur mesure.

Quant à la carrosserie, elle est faite d'un mélange d'acier, de fonte d'aluminium et de fibre de carbone dans une recherche de rigidité et de légèreté. À l'intérieur, la principale attraction est un écran dans le style des jeux vidéo sur lequel on peut calculer les temps d'accélération, la pression appliquée au freinage, les forces g, l'angle de braquage et un tas d'autres paramètres.

La seule erreur commise par Nissan avec cette GT-R est de ne pas en avoir confié le design à un grand studio italien qui aurait pu lui donner meilleure mine. Imaginons seulement la même voiture dans une robe similaire à celle de l'Audi R8. La réussite eût été complète. Mais, revenons à des choses moins subjectives.

DE BEAUX MENTEURS

Aussitôt calé dans un siège sport relativement confortable, je décode, par l'instrumentation, à quel genre de voiture j'ai affaire : compte-tours gradué jusqu'à 8000 tours/

TOUT EST
PARFAITEMENT
ORCHESTRÉ POUR
LA HAUTE
PERFORMANCE ;
TENUE DE ROUTE,
FREINAGE,
PUISSANCE...
LA VOITURE EST SI
DOUÉE QU'UN PILOTE
PEU EXPÉRIMENTÉ
PEUT LA MAÎTRISER
SANS GRAND MÉRITE.

minute et indicateur de vitesse affichant 340 km/h. La limite est légèrement en dessous dans les deux cas, mais qu'importe. Le volant ne fait pas que diriger la voiture ; il regroupe aussi pas moins de huit commandes, dont celle du « départ arrêt » actionnant le chrono mesurant les temps d'accélération. Les immenses palettes de la boîte robotisée sont fixées à la colonne de direction, un aménagement qui s'avère plus efficace en conduite sur piste que lorsqu'elles font corps avec le volant. Quant au bouton rouge magique « start-stop », on le retrouve sur la console centrale. On l'enfonce pour mettre en marche la pièce maîtresse de la GT-R, un moteur dont la sonorité n'est pas particulièrement excitante. En revanche, je me joins à ceux qui traitent les gens de chez Nissan de menteurs quand ces derniers affirment que le moteur ne dépasse pas les 480 chevaux. Autant ces accélérations explosives que les temps chronométrés sur un circuit permettent d'en douter (voir notre match comparatif en première partie). Selon Nissan par exemple, la GT-R aurait réalisé un temps de 7,29 autour du circuit du Nurburgring, en Allemagne, ce qui en fait la voiture de série la plus rapide à avoir bouclé les 22,8 km de cette piste légendaire. Voilà qui dégage une forte odeur d'humiliation pour la colonie des voitures sport italiennes. La riposte ne devrait pas tarder.

C'est en poussant la GT-R à son maximum qu'on réalise le potentiel extraordinaire de ce coupé sport. Tout est parfaitement orchestré pour la haute performance ; la tenue de route, le freinage, la puissance et tout le reste. Pire encore, la voiture est si douée qu'un pilote peu expérimenté peut la maîtriser sans grand mérite. Elle est solidement plantée sur ses quatre gros pneus Yokohama et il faut absolument débrancher le DSC (Dynamic Stability Control)

pour découvrir une pointe de survirage. Et il faut la provoquer brutalement pour la lancer dans un tête-à-queue. Comme ceux de la Lotus Exige S (de même marque), les pneus sont allergiques aux drains transversaux de plusieurs de nos routes.

PRÊT POUR LA F1

La boîte de vitesses est d'une rapidité qui ferait passer Lewis Hamilton pour un amateur, et son seul désagrément en conduite sur piste est de s'obstiner à rester sur le troisième rapport, alors que l'on souhaiterait rétrograder en seconde. En conduite normale, le levier est souvent récalcitrant à se déverrouiller et la direction semble un peu lourde à basse vitesse. La seule zone grise de cette Nissan est la rudesse de sa suspension, qui se traduit par un confort assez quelconque. On pourrait ajouter que l'intérieur s'identifie beaucoup trop à la grande série, avec une finition immanquablement japonaise. Encore là, un carrossier italien aurait sans doute fait des merveilles avec cette voiture.

Précisons que la GT-R mise à notre disposition avait sans doute subi de nombreux affronts, ce qui expliquerait le concert de bruits en provenance du train arrière. À certains moments, je me suis demandé si quelqu'un n'avait pas oublié des barres de fer dans le coffre, qui est tout de même assez logeable avec son compartiment pour deux paires de skis. Les places arrière par contre ne sont pas de dimensions très humaines et serviront pour entasser des bagages supplémentaires.

Nissan vient de démontrer que son savoir-faire en matière de haute performance est époustouflant. Peut-être devrait-elle remplacer Honda et Toyota sous le grand chapiteau de la Formule 1. ▌▌▌ **JACQUES DUVAL**

DIMENSIONS ET VOLUMES

Empattement (mm)	2779
Longueur (mm)	4651
Largeur (mm)	1895
Hauteur (mm)	1372
Volume intérieur (L)	2248
Volume du coffre (min./max.) (L)	249
Capacité du réservoir de carburant (L)	71
Fourchette de poids (kg)	1750

CHÂSSIS

Mode	intégral
Suspension av. - arr.	indépendante
Freins av. - arr.	disques
Capacité de remorquage min. - max. (kg)	non recommandé
Direction – diamètre de braquage (m)	crémaillère - n.d.
Pneus	255/40R20 (av.) - 285/35R20 (arr.)

PERFORMANCES

Modèle à l'essai	GT-R
Moteur	V6 biturbo DACT 3,8 litres
Puissance (ch. à tr/min)	480 - 6400
Couple (lb-pi à tr/min)	430 - 3200
Transmission	séquentielle 6 rapports
Autres transmissions	aucune
Accélération 0-100 km/h (sec.)	3,78
Reprises 80-110 km/h (sec.)	2,07
Distance de freinage 100-0 km/h (m)	35,1
Niveau sonore à 100 km/h	✕ ✕ ✎
Vitesse maximale (km/h)	311
Consommation réalisée au cours de l'essai (L/100 km)	13,3
Gaz à effet de serre	🏭🏭🏭
Autres moteurs	aucun

Pour un essai son et images de cette voiture, procurez-vous le DVD
Prenez le volant de 12 voitures d'exception avec Jacques Duval.

CE QU'IL FAUT SAVOIR

Fourchette de prix ($)	**81 900**
Marge de profit du concessionnaire (%)	n.d.
Transport et préparation ($)	2150
Consommation ville - route (L/100 km)	**15,1 – 11,5**
Essence recommandée	super
Versions offertes	Base
Carrosserie	coupé 2 portes
Lieu d'assemblage	Japon
Valeur résiduelle	★ ★ ★ ★ ★
Garanties : de base – motopropulseur (an/km)	3/60 000 – 5/100 000
Fiabilité présumée	inconnue
Cycle de remplacement	nouveau modèle 2009
Ventes 2007 n.a.	Québec : n.a.
Protection collision frontale conducteur/passager	non évaluée
latérale avant/arrière	non évaluée
retournement 2rm/4rm	non évaluée

À RETENIR

Nouveautés 2009	une première présence en Amérique du Nord
Principales concurrentes	Chevrolet Corvette, Dodge Viper, Porsche 911

- Performances phénoménales
- Construction sophistiquée
- Comportement routier remarquable
- Prix raisonnable

- Confort quelconque
- Surenchère des prix
- Bruits suspects du train arrière
- Sonorité moteur banale

RETOUR AU SOMMET. PAS SI SÛR

NISSAN
MAXIMA

Les six générations de Maxima ont chacune connu des fortunes diverses. Certaines ont monté très haut, alors que d'autres ont descendu bien bas — les plus récentes surtout. La septième du nom (c'est chanceux, ça ?), que Nissan commercialisera bientôt, marquera-t-elle le retour de cette berline, qui devait à l'origine représenter ce que Nissan sait faire de mieux ? Rien n'est moins sûr au terme de cette première prise en main.

Habillée d'une carrosserie singulière, à tout le moins dans sa partie avant, cette Maxima s'enorgueillit d'accessoires hors du commun (un volant chauffant, par exemple), d'une mécanique de feu (290 chevaux) et du comportement dynamique le plus sportif pour une traction (roues avant motrices), « le meilleur », affirme-t-on chez Nissan. La barre est haute face à une concurrence qui bénéficie non seulement d'une architecture (roues arrière motrices) mieux équilibrée, mais qui offre, moyennant supplément, un rouage intégral plus efficace encore sur une chaussée à faible coefficient d'adhérence.

Prestidigitateur de talent, Nissan a de nouveau cuisiné cette septième génération à partir d'ingrédients connus et éprouvés. Si la plateforme retenue est toujours partagée avec l'Altima, celle de la Maxima est plus courte et bénéficie d'une meilleure rigidité, de voies plus larges, d'une direction plus rapide et d'éléments suspenseurs dont certaines composantes proviennent directement d'Infiniti, la marque de luxe du groupe. Ces transformations, combinées à de nouveaux accessoires, alourdissent la voiture d'une centaine de kilogrammes, mais le rapport poids-puissance favorable est préservé par une augmentation de la puissance. Le V6 de 3,5 litres voit ainsi sa cavalerie passer de 255 à 290 chevaux et son couple augmenter de (seulement) 9 livres-pieds de couple. Le tout s'abreuve de super.

Ces chiffres impressionnent sur papier, mais, au volant, ils ne se traduisent pas pour autant par des accélérations qui vous plaquent au dossier de votre siège. Les temps d'accélération obtenus à l'aide d'un chronomètre manuel ressemblent à peu de chose près à ceux de la mouture précédente — à revérifier dans le cadre d'un essai sur nos bases habituelles. Au verdict du chronomètre, il convient d'ajouter

la gestion plutôt particulière de la boîte automatique à variation continue (CVT) lorsque celle-ci est pilotée manuellement. Dans cette situation, elle engage le rapport (artificiel) bien avant l'atteinte de la zone rouge du compte-tours. Par conséquent, pour obtenir des départs sur les chapeaux de roues, l'idéal est de planter le sélecteur à la position D et d'appuyer à fond. Ainsi, vous n'avez pas à serrer le volant de toutes vos forces. L'effet de couple est étonnamment bien maîtrisé, du moins en ligne droite et sur une surface sèche. En fait, il n'y a qu'à bon rythme, dans les courbes serrées, que le train avant cherche à déborder de la trajectoire. Il suffit alors de lever le pied, et les énormes pneumatiques de 19 pouces se chargent de vous ramener dans le droit chemin.

Côté confort, la suspension absorbe avec fermeté les (nombreuses) déformations de la route, mais ne sautille plus de l'arrière à des vitesses inférieures à 80 km/h, comme c'était le cas de la génération précédente. Équilibrée et stable, la Maxima vire plat, mais ne parvient pas à communiquer toutes les sensations de conduite, ni le même équilibre qu'une propulsion en conduite sportive. Faciles à doser et endurant le freinage, les pneus larges ont tendance à suivre le profil de la route.

AU DIABLE LA FAMILLE

À l'intérieur, la Maxima n'est plus la plus spacieuse des Nissan, mais c'est le prix à payer pour une différenciation accrue d'avec l'Altima. La présentation ne nous a guère enchanté. Est-ce la console centrale massive ? Le grain de certains plastiques ? Les appliques de faux bois ? On ne saurait trop dire, si ce n'est que les différents modules (instrumentation, volant, console, tableau de bord) ressemblent à un patchwork peu harmonieux. À cela, il convient d'ajouter une position de conduite difficile à trouver, malgré les multiples réglages du siège et de la colonne de direction. En revanche, les sièges sont confortables et assurent un bon maintien. Quant à l'ergonomie, soulignons que les principales commandes se trouvent dans l'environnement immédiat du conducteur et que seules quelques commandes (les rétroviseurs notamment) requièrent un certain tâtonnement. Ajoutons aussi le frein d'urgence au pied, ce qui fait sourire sur une automobile prétendument sportive.

Au final, cette septième génération nous laisse un peu perplexe. Compte tenu de l'architecture utilisée, les ingénieurs ont réalisé du très bon boulot, mais le prix demandé paraît un peu élevé considérant la garantie de généraliste qui accompagne ce véhicule et le positionnement de ses concurrentes. ▌▌▌ **ÉRIC LEFRANÇOIS**

Prestidigitateur de talent, Nissan a de nouveau cuisiné cette septième génération à partir d'ingrédients connus et éprouvés

DIMENSIONS ET VOLUMES

Empattement (mm)	2777
Longueur (mm)	4841
Largeur (mm)	1859
Hauteur (mm)	1468
Volume intérieur (L)	2724
Volume du coffre (min./max.) (L)	402
Capacité du réservoir de carburant (L)	76
Fourchette de poids (kg)	1613 - 1623

CHÂSSIS

Mode	traction
Suspension av. – arr.	indépendante
Freins av. – arr.	disques
Capacité de remorquage min. – max. (kg)	454
Direction – diamètre de braquage (m)	crémaillère – 10,4
Pneus	245/45R18, 245/40R19 (option)

PERFORMANCES

Modèle à l'essai	Maxima
Moteur	V6 DACT 3,5 litres
Puissance (ch. à tr/min)	290 - 6400
Couple (lb-pi à tr/min)	261 - 4400
Transmission	automatique à variation continue (CVT)
Autres transmissions	aucune
Accélération 0-100 km/h (sec.)	6,65
Reprises 80-115 km/h (sec.)	4,06
Distance de freinage 100-0 km/h (m)	40,7
Niveau sonore à 100 km/h	✖ ✖ ✖
Vitesse maximale (km/h)	235
Consommation réalisée au cours de l'essai (L/100 km)	11
Gaz à effet de serre	
Autres moteurs	aucun

CE QU'IL FAUT SAVOIR

Fourchette de prix ($)	**37 900**
Marge de profit du concessionnaire (%)	9,30
Transport et préparation ($)	1375
Consommation ville - route (L/100 km)	**12,8 – 9,2**
Essence recommandée	super
Versions offertes	3.5 S, 3.5 SV
Carrosserie	berline 4 portes
Lieu d'assemblage	États-Unis
Valeur résiduelle	★ ★ ★ ★
Garanties : de base - motopropulseur (an/km)	3/60 000 – 5/100 000
Fiabilité présumée	inconnue
Cycle de remplacement	nouveau modèle 2009
Ventes 2007 ↘ 51 %	Québec : 344

Protection collision
frontale conducteur/passager ★ ★ ★ ★ ★ / ★ ★ ★ ★ ★
latérale avant/arrière ★ ★ ★ ★ ★ / ★ ★ ★ ★ ★
retournement 2rm/4rm ★ ★ ★ ★ ★ / n.a.

À RETENIR

Nouveautés 2009	nouvelle génération
Principales concurrentes	Acura TL, Dodge Charger, Hyundai Azera, Lincoln MKZ, Pontiac G8, VW Passat

• Dynamisme de son comportement
• Silhouette inspirée
• Muscle de son moteur

• Certaines fautes d'ergonomie
• Tristesse de la présentation
• Absence d'un rouage intégral

D'EXTRAORDINAIRE À ORDINAIRE

NISSAN
MURANO

Lorsque Nissan a décidé d'offrir une cure de rajeunissement à son Murano, la tâche s'est révélée bien plus ardue que les ingénieurs l'avaient initialement prévu. En effet, la première version a connu un succès commercial aussi large qu'imprévu ; aussi, avant de retoucher le Murano, les responsables de la firme nipponne ont jugé prudent de consulter la clientèle. La réponse est très vite arrivée, sans la moindre nuance et se résume à peu près à ceci : « Allez-y mollo. »

Dès lors, il n'y avait qu'à conserver les « pour » et à corriger les « contre » avant de livrer un Murano seconde génération se démarquant le moins possible de l'ancienne version. Le Murano est aujourd'hui plus massif que son prédécesseur. Plus aérodynamique aussi, comme en fait foi son coefficient de traînée aérodynamique (Cx) de 0,37, un gain de 0,02.

Héritant de la plateforme D (Altima, Maxima), le Murano bénéficie d'un empattement à peine plus important (+1 mm), mais de 23 mm de plus en longueur, inflation qui ne bénéficie ni au confort des passagers ni à leurs bagages. À qui alors ? À la sécurité passive, comme le montre le résultat décroché par Nissan lors des essais réalisés par la National Highway for Traffic Safety Agency (NHTSA), qui lui a décerné un grand nombre d'étoiles.

Pourtant, à plusieurs égards, le Murano 2009 est un tout nouveau modèle. Et il suffit d'en prendre le volant pour en être tout à fait convaincu. Si on peut se montrer déçu par l'habitabilité, il y a tout lieu de se réjouir de la nouvelle ambiance intérieure — hormis les appliques de faux bois toujours un peu kitsch.

Malgré les assertions du constructeur, le Murano n'est pas très astucieux sur le plan des rangements. Ils sont nombreux, certes, mais plusieurs se révèlent peu pratiques à l'usage. À l'arrière, notamment, où les vide-poches ont la taille d'un timbre-poste. À l'avant, c'est mieux, mais considérant la taille du véhicule, on se serait attendu à plus d'ingéniosité.

Le coffre désappointe un peu par sa contenance ordinaire, mais celle-ci se double pratiquement avec l'abattement automatique des dossiers par deux poignées très accessibles, situées latéralement dans le coffre. La banquette arrière laisse une place appréciable aux jambes, autorise une inclinaison des dossiers, mais malmène un peu plus le cinquième passager un peu trop « posé » au centre. Une troisième banquette ? Non.

DES GAINS SUBTILS

Issu d'une plateforme commune avec des berlines à moteur et traction avant (Altima et Maxima), il s'inspire de leurs traits dominants en les adaptant simplement. Si 91 % du couple est appliqué sur les roues antérieures, des capteurs d'adhérence peuvent reporter la puissance en excès sur les roues arrière jusqu'à atteindre, à la limite, la valeur équitable de 50/50. Comme sur le modèle antérieur. Voilà ce qu'est un *crossover* de loisirs, un véhicule de route capable à l'occasion de se mesurer à un col enneigé ou à un mauvais chemin. Pas plus, car, en descente tout-terrain où nous l'avons éprouvé, l'absence de frein moteur constitue vite un handicap. Et si les angles d'approche et de fuite permettent d'aborder sereinement des ruptures de pente assez marquées, reste que le soubassement est trop peu protégé.

En revanche, il affrontera sans rechigner des conditions météo difficiles, comptant sur sa gestion électronique de couple pour répartir au mieux la puissance du moteur. Celle-là est toujours fournie par l'excellent V6 3,5 litres. Mais le gain de puissance (+25 chevaux) apporté par ce dernier et le gain obtenu en consommation ne sautent pas aux yeux.

Disponible, doux et silencieux, les qualités de ce moteur sont amplifiées par la boîte CVT à variation continue qui, accouplée à ce V6 corpulent, abandonne le côté désagréable souvent observé sur les petites cylindrées.

Campé sur d'énormes pneus de 20 pouces (LE), le Murano apprécie moyennement une conduite incisive par des phases de sous-virage et une certaine inertie dans les changements d'appui. Il tient bien la route cependant, mais livre des sensations édulcorées avec une direction qui filtre trop les sensations et une pédale de frein peu instructive. La suspension gagne un peu de douceur, mais pour pleinement apprécier son moelleux, il faut oublier la monte pneumatique de 20 pouces qui, en toute franchise, ne dynamise pas le comportement outre mesure.

Le Murano, au look très proche de l'ancienne version, passe plutôt inaperçu et n'apporte rien de fondamentalement neuf. On regrette aussi que Nissan n'ait pas profité de l'accroissement important de la longueur du véhicule pour en décliner une variante à sept places. Dommage ! **||| ÉRIC LEFRANÇOIS**

Le Murano n'est pas très astucieux sur le plan des rangements : nombreux mais peu pratiques à l'usage

DIMENSIONS ET VOLUMES

Empattement (mm)	2825
Longueur (mm)	4788
Largeur (mm)	1882
Hauteur (mm)	1730
Volume intérieur (L)	3081
Volume du coffre (min./max.) (L)	895 / 1812
Capacité du réservoir de carburant (L)	82
Fourchette de poids (kg)	1824 - 1875

CHÂSSIS

Mode	intégral
Suspension av. - arr.	indépendante
Freins av. - arr.	disques
Capacité de remorquage min. - max. (kg)	1588
Direction - diamètre de braquage (m)	crémaillère - 12
Pneus	235/65R18, 235/55R20 (LE)

PERFORMANCES

Modèle à l'essai	Murano LE
Moteur	V6 DACT 3,5 litres
Puissance (ch. à tr/min)	265 - 6000
Couple (lb-pi à tr/min)	248 - 4000
Transmission	automatique à variation continue (CVT)
Autres transmission	aucune
Accélération 0-100 km/h (sec.)	7,54
Reprises 80-115 km/h (sec.)	4,67
Distance de freinage 100-0 km/h (m)	41,5
Niveau sonore à 100 km/h	✕ ✕ ✕ ✎
Vitesse maximale (km/h)	220 km/h
Consommation réalisée au cours de l'essai (L/100 km)	11,8
Gaz à effet de serre	
Autres moteurs	aucun

CE QU'IL FAUT SAVOIR

Fourchette de prix ($)	**37 648 - 47 498**
Marge de profit du concessionnaire (%)	9,84 à 10,46
Transport et préparation ($)	1400
Consommation ville - route (L/100 km)	**11,8 - 8,7**
Essence recommandée	super
Versions offertes	S, SL, LE
Carrosserie	multisegment 5 portes
Lieu d'assemblage	Japon
Valeur résiduelle	✶ ✶ ✶
Garanties : de base - motopropulseur (an/km)	3/60 000 - 5/100 000
Fiabilité présumée	✶ ✶ ✶ ✶
Cycle de remplacement	nouveau modèle 2009
Ventes 2007 ↘ 13 %	Québec : 971
Protection collision frontale conducteur/passager latérale avant/arrière retournement 2rm/4rm	✶✶✶✶ / ✶✶✶✶ ✶✶✶✶✶/✶✶✶✶✶ ✶✶✶✶ / ✶✶✶✶

À RETENIR

Nouveautés 2009	nouvelle génération
Concurrentes	Ford Edge, Mazda CX-7, Hyundai Veracruz, Subaru Tribeca

- Le tandem moteur-boîte
- Les caractéristiques offertes
- L'homogénéité de son comportement

- Le manque de rangement
- La subtilité de cette évolution
- Le comportement édulcoré

483

AH, PUISSANCE, QUAND TU NOUS OBSÈDES !

L e Pathfinder se situe entre ses frères Xterra et Armada, avec lesquels il partage son châssis en échelle et ses groupes motopropulseurs. Concrètement, le Pathfinder est un véritable utilitaire sport. Tout respire la solidité et la puissance : calandre agressive, puits de roues imposants avec pneus surdimensionnés, hayon carré, boîte de transfert à deux gammes de vitesses, et troisième banquette sont au rendez-vous.

NISSAN
PATHFINDER

La motorisation la plus populaire est un V6 de 4 litres qui développe une puissance de 266 chevaux et un couple de 288 livres-pieds. Depuis l'an dernier, on compte également sur un V8 de 5,6 litres doté d'une horde de 310 chevaux et d'un couple ravageur de 388 livres-pieds. Je vous rappelle ici que nous parlons du Pathfinder, et non pas de l'Armada ! Sur le terrain, ça se concrétise par des capacités de remorquage qui s'échelonnent de 2722 kg avec le V6 à 3176 kg pour le V8. Ce qui est amplement suffisant pour tracter un bateau ou une roulotte. Mais attention à la consommation d'essence. Au combiné vous ne ferez guère mieux que 14 ou même 17 litres aux 100 km (V8).

Peu importe la motorisation, elle sera couplée à une boîte de vitesses automatique à cinq rapports et un mode d'entraînement permanent à quatre roues motrices « tout-mode » avec boîte de transfert à deux régimes (Lo et Hi). L'avantage de ce système, c'est qu'il ajustera automatiquement la puissance acheminée vers chaque roue en réaction aux conditions climatiques rencontrées (pluie, neige, glace, boue, gravier, ou sable). L'engagement de la fonction tout-mode se fait en douceur, sans que le conducteur ou les passagers s'en rendent compte. Si vous voulez vous impliquer et faire vos propres choix de motricité, qu'à cela ne tienne, la manette de contrôle est bien placée sur la console centrale, à gauche du levier de vitesses, pour engager le mode désiré.

Pour maîtriser toute la puissance du V6 ou du V8, le Pathfinder est équipé d'une kyrielle d'aides à la conduite. Ainsi, sur une chaussée glissante ou dans un chemin de campagne sinueux, où l'on exige de vous des habiletés particulières, le contrôle dynamique du véhicule (CDV), qui gère à la fois la puissance du moteur, le dispositif anti-patinage des quatre roues, les freins ABS et finalement la répartition électronique de la force de freinage seront d'un précieux secours. Que ferions-nous sans toute cette technologie ? Probablement qu'on aurait un moteur moins puissant, mais bon, quand puissance rime avec contrôle, il n'y a pas de problème.

TOUJOURS PLUS GRAND

Vous vous rappelez du premier Pathfinder en 1987? Petit et rustaud, le Pathfinder s'est agrandi depuis. Au point de pouvoir, tenez-vous bien, accueillir sept personnes grâce à une troisième banquette de série. Difficile d'accès, cette dernière n'est pas nécessairement des plus confortable pour les longs trajets. Il suffit de rabattre cette troisième rangée à plat pour retrouver un espace plus que généreux pour les bagages. Si vous faites de même avec la deuxième rangée et le dossier du siège du passager, alors là, vous aurez l'espace nécessaire pour transporter, à l'abri des intempéries et des regards, un ou des objets d'une longueur de huit pieds.

Plus les versions sont raffinées et dispendieuses, plus on vous proposera des groupes d'options avec des gadgets aussi utiles que futiles. Comme un système audio à 10 haut-parleurs avec satellite (sans doute pour atténuer les cris des passagers de la troisième banquette !), un système de divertissement avec DVD, un système de navigation, un volant chauffant, des garnitures en similibois, un système de mémorisation des réglages du siège conducteur pour ne nommer que ceux-là. Bref, avec tout le tralala, il est possible de faire grimper la facture à plus de 50 000 $. Ce qui paraît bien cher payé pour un utilitaire de taille intermédiaire.

Sur la route, la suspension est ferme et il arrive que les aspérités de la chaussée soient durement ressenties. Toutefois, soulignons que l'assemblage a fait d'immenses progrès depuis l'introduction de cette génération en 2005 et que l'habitacle n'est plus envahi par des bruits de caisse hétéroclites.

UNE MOTORISATION ALTERNATIVE

Le Pathfinder devrait connaître encore du succès dans sa catégorie, sauf qu'il pourrait être une des prochaines victimes de la flambée du prix de l'essence. Encore une fois, à quand un moteur diésel ? Nos cousins français ont droit à un Pathfinder propulsé par un moteur turbodiésel de 2,5 litres développant une puissance de 171 chevaux et un couple de 298 livres-pieds. Il est capable de remorquer un poids de trois tonnes ! Qui dit mieux ? **JEAN CHARTRAND - JEAN-FRANÇOIS GUAY**

Avant que le Pathfinder devienne une autre victime des prix de l'essence, pourquoi Nissan n'importe-t-il pas sa technologie diésel européenne ?

DIMENSIONS ET VOLUMES

Empattement (mm)	2850
Longueur (mm)	4884
Largeur (mm)	1850
Hauteur (mm)	1843, 1846 (LE)
Volume intérieur (L)	n.d.
Volume du coffre (min./max.) (L)	467 / 2243
Capacité du réservoir de carburant (L)	80
Fourchette de poids (kg)	2122 - 2313

CHÂSSIS

Mode	intégral
Suspension av. - arr.	indépendante
Freins av. - arr.	disques
Capacité de remorquage min. - max. (kg)	2722 - 3176
Direction - diamètre de braquage (m)	crémaillère - 11,96
Pneus	245/75R16 (S), 265/65R17 (SE), 265/60R18 (LE)

PERFORMANCES

Modèle à l'essai	Pathfinder SE V6
Moteur	V6 DACT 4 litres
Puissance (ch. à tr/min)	266 - 5600
Couple (lb-pi à tr/min)	288 - 4000
Transmission	automatique 5 rapports
Autres transmissions	aucune
Accélération 0-100 km/h (sec.)	8,39
Reprises 80-115 km/h (sec.)	6,08
Distance de freinage 100-0 km/h (m)	42,6
Niveau sonore à 100 km/h	✗ ✗ ✗
Vitesse maximale (km/h)	190
Consommation réalisée au cours de l'essai (L/100 km)	14,6
Gaz à effet de serre	
Autres moteurs	V8 5,6 litres (310 ch.)

CE QU'IL FAUT SAVOIR

Fourchette de prix ($)	**36 298 - 46 098**
Marge de profit du concessionnaire (%)	9,30 - 9,92
Transport et préparation ($)	1500
Consommation ville - route (L/100 km)	**17,2 - 12,1 (4 l)** **19,8 - 13,5 (5,6 l)**
Essence recommandée	super
Versions offertes	S V6, SE V6, LE V8
Carrosserie	utilitaire 5 portes
Lieu d'assemblage	États-Unis
Valeur résiduelle	✱ ✱ ✱
Garanties : de base - motopropulseur (an/km)	3/60 000 - 5/100 000
Fiabilité présumée	✱ ✱ ✱
Cycle de remplacement	2012
Ventes 2007 ↘ 36 %	Québec : 360

Protection collision
frontale conducteur/passager	✱ ✱ ✱ ✱	/ ✱ ✱ ✱ ✱
latérale avant/arrière	✱ ✱ ✱ ✱ ✱	/ ✱ ✱ ✱ ✱ ✱
retournement 2rm/4rm	n.a.	/ ✱ ✱ ✱

À RETENIR

Nouveautés 2009	aucun changement majeur
Principales concurrentes	**Dodge Durango, Ford Explorer, GMC Envoy, Jeep Grand Cherokee, Kia Borrego, Toyota 4Runner**

+ • C'est un véritable VUS
  • Sa capacité de remorquage
  • Sa grande polyvalence

− • L'absence d'une motorisation alternative
  • Sa consommation
  • Le manque de confort des deux banquettes arrière

485

POUR ÊTRE DIFFÉRENT DES AUTRES

NISSAN
QUEST

La première référence qui nous vient en tête dans la catégorie des fourgonnettes est incontestablement la Dodge Grand Caravan, trop souvent copiée par la concurrence. Certains constructeurs, comme Nissan, ont choisi d'emprunter une autre voie en proposant un style de carrosserie et des aménagements intérieurs différents. C'est le cas de la Quest, sans oublier ses lointains ancêtres qu'étaient les défuntes Axxess et Multi, elles aussi à contre-courant.

Revue en profondeur en 2007, la Quest n'a toutefois pas généré les ventes espérées par Nissan. À peine 260 unités vendues au Québec en 2007, contre 1591 pour la Sienna de Toyota et 1178 pour la Honda Odyssey. À ce compte, on peut se demander s'il y aura une prochaine génération.

LE MOTEUR D'UNE LÉGENDE

Et pourtant, avec un moteur dérivé de celui qui anime le coupé 350Z, c'est-à-dire le V6 de 3,5 litres, on pourrait croire que ceux et celles qui trouvent les fourgonnettes trop pépères seraient ravis de profiter d'une telle mécanique. Ce moteur développe hardiment 235 chevaux avec un couple tout à fait respectable de 240 livres-pieds. La puis-

sance est transmise aux roues avant motrices via une boîte de vitesses automatique à cinq rapports. Concrètement, cette combinaison mécanique donne des reprises sécuritaires et une capacité de remorquage de 1588 kg. Ce qui est amplement suffisant pour tirer une tente-roulotte, une motoneige ou un bateau de plaisance. Le seul bémol ? C'est que la consommation est légèrement plus élevée que ses rivales japonaises et américaines. Toutefois, il faut savoir que la Quest est la plus grosse fourgonnette sur le marché. Ce qui explique en partie son appétit plus vorace. Somme toute, il y a un prix à payer pour le volume de chargement !

UN LEVIER DE VITESSES EXEMPLAIRE

Ce qui surprend en montant à bord, c'est la configuration du tableau de bord. Aéré et futuriste, l'instrumentation est bien disposée et l'emplacement du sélecteur de vitesses, en haut à gauche de la console centrale, est original et bien étudié. On se rappellera qu'en 2004, lors de l'introduction de la Quest, la position du levier de vitesses avait fait jaser. Pourtant, cinq ans plus tard, la plupart des constructeurs ont emprunté cette configuration qui permet, notamment,

de dégager et de libérer l'espace entre les sièges avant. D'ailleurs, ce concept a été repris par la récente cuvée de la Dodge Grand Caravan. Si les commandes de la radio et du système de climatisation ne sont pas nécessairement à la portée de la main, il faut avouer que c'est beaucoup mieux qu'avant la refonte de 2007. En effet, la dernière mouture de la Quest proposait un tableau de bord passablement tarabiscoté qui était loin d'être aussi élégant et efficace que maintenant. Par ailleurs, la position de conduite s'ajuste facilement et le volant se prend bien en main. Pour un gabarit dans la bonne moyenne, le confort est acceptable même sur de longues distances.

COMME AU CINÉMA

Le Nissan Quest peut accueillir sept passagers au total. L'originalité de la deuxième rangée de sièges réside dans les deux baquets disposant chacun de deux appuie-bras. Pour ce qui est de la troisième rangée, vous l'aurez deviné, c'est une banquette qui peut asseoir les trois autres passagers (mais gros gabarit s'abstenir !). On y accède facilement en faisant glisser les baquets de la deuxième rangée. Un des avantages de cette configuration, c'est qu'on peut plus facilement séparer les enfants turbulents et chamailleurs... Parlez-en aux parents qui doivent jouer les arbitres de la banquette arrière ! Pour calmer la marmaille, le centre de divertissement, de série sur la version SE, comprenant un lecteur DVD et deux écrans de huit pouces pour la deuxième et la troisième rangée, est le remède absolu. Pour ajouter à l'originalité de sa silhouette, la Quest est aussi proposée avec des glaces de toit placées de chaque côté du plafonnier.

Outre le confort et le design, c'est la capacité de chargement du Quest qui impressionne. Une fois tous les sièges arrière rabattus, la surface offerte est pratiquement plate, et ce, du hayon jusqu'au dossier de la première rangée de sièges. Considérant le volume disponible, la Quest repousse les limites de la catégorie et prend avantage à ce chapitre sur la plupart de ces rivales.

Somme toute, avant d'acheter un produit concurrent, vous auriez peut-être intérêt à passer voir la Nissan Quest. Certes, elle coûte un peu plus cher, mais vous ferez partie des privilégiés qui souhaitent justement se distinguer des boîtes à savon de la catégorie. ▌▌▌ **JEAN CHARTRAND**

La Quest coûte un peu plus cher, mais vous ferez partie des privilégiés qui souhaitent se distinguer des boîtes à savon de la catégorie

NISSAN QUEST

DIMENSIONS ET VOLUMES

Empattement (mm)	3150
Longueur (mm)	5185
Largeur (mm)	1971
Hauteur (mm)	1826
Volume intérieur (L)	5983
Volume du coffre (min./max.) (L)	915 / 4122
Capacité du réservoir de carburant (L)	76
Fourchette de poids (kg)	1954 - 2036

CHÂSSIS

Mode	traction
Suspension av. - arr.	indépendante
Freins av. - arr.	disques
Capacité de remorquage min. - max. (kg)	1588
Direction - diamètre de braquage (m)	crémaillère - 12,2
Pneus	225/65R16 (S/SL), 225/60R17 (SE)

PERFORMANCES

Modèle à l'essai	Quest SL
Moteur	V6 DACT 3,5 litres
Puissance (ch. à tr/min)	235 - 5800
Couple (lb-pi à tr/min)	240 - 4400
Transmission	automatique 5 rapports
Autres transmissions	aucune
Accélération 0-100 km/h (sec.)	9,67
Reprises 80-110 km/h (sec.)	6,68
Distance de freinage 100-0 km/h (m)	41,6
Niveau sonore à 100 km/h	✖ ✖ ✖
Vitesse maximale (km/h)	185
Consommation réalisée au cours de l'essai (L/100 km)	12,4
Gaz à effet de serre	
Autres moteurs	aucun

CE QU'IL FAUT SAVOIR

Fourchette de prix ($)	**32 598 – 46 998**
Marge de profit du concessionnaire (%)	8,62
Transport et préparation ($)	1450
Consommation ville - route (L/100 km)	**14,8 - 10**
Essence recommandée	super
Versions offertes	3.5 S, 3.5 SL, 3.5 SE
Carrosserie	fourgonnette 5 portes
Lieu d'assemblage	États-Unis
Valeur résiduelle	✱ ✱
Garanties : de base - motopropulseur (an/km)	3/60 000 - 5/100 000
Fiabilité présumée	✱ ✱ ✱ ✱
Cycle de remplacement	2010
Ventes 2007 ↘ 5 %	Québec : 260
Protection collision frontale conducteur/passager	✱ ✱ ✱ ✱ ✱ / ✱ ✱ ✱ ✱ ✱
latérale avant/arrière	✱ ✱ ✱ ✱ ✱ / ✱ ✱ ✱ ✱ ✱
retournement 2rm/4rm	✱ ✱ ✱ ✱ / n.a.

À RETENIR

Nouveautés 2009	**aucun changement majeur**
Principales concurrentes	**Dodge Grand Caravan, Honda Odyssey, Hyundai Entourage, Pontiac SV6, Toyota Sienna**

• Une fourgonnette qui se distingue de la concurrence
• Un véhicule amélioré au fil des ans
• Confort et espace pour tous les passagers

• Le prix du modèle d'entrée de gamme
• Sa valeur de revente
• Sa consommation

L'ARROGANCE, C'EST POUR LES AUTRES

Un air de déjà-vu ? Absolument. À commencer par ses formes, qui lui donnent l'allure d'un Murano miniature avec ses ailes renflées et sa troisième glace latérale arquée. Pas de doute, un Murano devait se trouver tout près au moment de la création du Rogue dans les studios de Nissan, à San Diego. Mais au-delà des formes, il y a le fond. À ce chapitre, ce véhicule repose sur une architecture similaire à celle étrennée par la Sentra.

NISSAN
ROGUE

Donc, en gros, le Rogue est une compacte habillée comme un utilitaire. Ce faisant, ce nouveau véhicule permet non seulement à son constructeur de rentabiliser ses investissements, mais aussi d'engranger plus de bénéfices en commercialisant une compacte qui, à l'image d'un PT Cruiser ou d'une Matrix, s'affranchit délibérément des codes un peu stricts imposés depuis des lustres au sein de l'industrie.

DEUX OU QUATRE ROUES ?

Le Rogue se décline en deux livrées, S et SL. Toutes deux font appel au quatre cylindres de 2,5 litres. Ce moteur de 170 chevaux et 175 livres-pieds de couple est associé exclusivement à une transmission à variation continue (CVT). L'acheteur aura seulement à choisir le groupe motopropulseur : deux ou quatre roues motrices. Tout un dilemme ? Pour y voir plus clair, sachez que le système à quatre roues motrices entraîne un déboursé additionnel de plus de 2000 $. C'est beaucoup d'argent compte tenu du fait que les versions à traction avant bénéficient, sans frais, des mêmes aides à la conduite (correcteur de stabilité électronique, antipatinage) et que le dispositif à quatre roues motrices offert est du type « vraie fausse intégrale » ; cela signifie que dans des conditions normales, sur route sèche, seules les roues avant sont sollicitées.

D'ici là, ouvrons les portières. La présentation intérieure ne dépaysera personne. La première impression est bonne malgré l'abondance de plastiques. Rien à redire si ce n'est que les rangements sont peu nombreux et peu pratiques. À l'arrière, la banquette accueille sans problème deux adultes, mais le dégagement est moindre qu'à bord du CR-V et du RAV4, voire du Vue de Saturn. En revanche, le volume du coffre de la Japonaise (818 L) surpasse celui de l'Américaine (750 litres), sans pour autant inquiéter les ténors de la catégorie, dont la capacité de chargement excède les 1000 litres d'espace utile.

AMUSANTE ET SANS SURPRISE

Bien qu'ils aient la même architecture, le Rogue se révèle sur le plan dynamique beaucoup plus convaincant que la Sentra. L'explication tient sans doute à la suspension arrière à bras multiples qui assure au Rogue un comportement routier plus vif, plus agile. Voilà de quoi nous faire oublier l'ennui ressenti au volant de la Sentra, dont le compte rendu a été publié dans nos pages il y a quelques mois.

Malgré sa hauteur, le Rogue maîtrise correctement le roulis de sa caisse dans les virages et se montre imperturbable même lorsque le vent souffle ou que le coefficient d'adhérence de la chaussée est faible. À ces qualités s'ajoute un confort de roulement digne de mention. Le Rogue se révèle à ce sujet plus confortable que le CR-V mais ne parvient pas à rivaliser avec la douceur d'un Santa Fe, par exemple.

Court et doté d'une direction précise, le Rogue se montre également à son aise dans la circulation urbaine. On aurait seulement souhaité une meilleure visibilité vers l'arrière (les montants arrière gênent et la lunette manque de hauteur) et un diamètre de braquage un brin plus court. Pour animer le Rogue, Nissan glisse sous son capot le quatre cylindres de 2,5 litres. Robuste et volontaire, ce moteur manque hélas de caractère et de souplesse. Certes, les temps d'accélération et de reprise sont probants, mais son mariage obligé avec la transmission à variation continue (CVT) ne nous est pas apparu des plus heureux. Excessivement bruyant à l'accélération, ce duo ne s'assagit qu'une fois la vitesse de croisière atteinte. Jusqu'à preuve du contraire, ce type de transmission donne de bien meilleurs résultats avec un six cylindres. Pour justifier leur choix, les concepteurs du Rogue soutiennent que ce mariage permet des économies d'essence. Sans doute, mais nous avons l'impression que la boîte CVT sert plutôt à masquer le rendement plutôt moyen du 2,5 litres.

Au final, le Rogue est parvenu à semer la pagaille dans ce créneau très encombré grâce à ses prix très compétitifs, à sa présentation dynamique et à son agrément de conduite. En revanche, la boîte CVT pourrait lui nuire plus que l'aider, et sa faible capacité de remorquage (454 kg) par rapport à ses concurrents pourrait inciter la clientèle à reconsidérer l'offre de Nissan, qui, à bien des égards doit-on reconnaître, innove peu. Qu'importe, il plaît. ▌▌▌ **ÉRIC LEFRANÇOIS**

C'est fait, le Rogue est parvenu à semer la pagaille dans le créneau des utilitaires de poche

DIMENSIONS ET VOLUMES

Empattement (mm)	2690
Longueur (mm)	4645
Largeur (mm)	1800
Hauteur (mm)	1684, 1650 (TI)
Volume intérieur (L)	2761
Volume du coffre (min./max.) (L)	818 / 1639
Capacité du réservoir de carburant (L)	60
Fourchette de poids (kg)	1506 - 1572

CHÂSSIS

Mode	traction, intégral
Suspension av. - arr.	indépendante
Freins av. - arr.	disques
Capacité de remorquage min. - max. (kg)	454
Direction - diamètre de braquage (m)	crémaillère - 11,3
Pneus	215/70R16 (S), 225/60R17 (SL)

PERFORMANCES

Modèle à l'essai	Rogue SL TI
Moteur	L4 DACT 2,5 litres
Puissance (ch. à tr/min)	170 - 6000
Couple (lb-pi à tr/min)	175 - 4400
Transmission	automatique à variation continue (CVT)
Autres transmissions	aucune
Accélération 0-100 km/h (sec.)	8,88
Reprises 80-115 km/h (sec.)	6,24
Distance de freinage 100-0 km/h (m)	40,5
Niveau sonore à 100 km/h	✗ ✗ ✎
Vitesse maximale (km/h)	190
Consommation réalisée au cours de l'essai (L/100 km)	10,8
Gaz à effet de serre	
Autres moteurs	aucun

CE QU'IL FAUT SAVOIR

Fourchette de prix ($)	**24 998 - 29 598**
Marge de profit du concessionnaire (%)	8,62%
Transport et préparation ($)	1400
Consommation ville - route (L/100 km)	**11 - 8,7 (2rm)** **12,5 - 9,2 (4rm)**
Essence recommandée	ordinaire
Versions offertes	S, SL, S TI, SL TI
Carrosserie	multisegment 5 portes
Lieu d'assemblage	Japon
Valeur résiduelle	★ ★ ★ ★ ★
Garanties : de base - motopropulseur (an/km)	3/60 000 - 5/100 000
Fiabilité présumée	★ ★ ★
Cycle de remplacement	2012
Ventes 2007 ↘ 40 %	Québec : 1564 (Xtrail)

Protection collision
frontale conducteur/passager ★ ★ ★ ★ ★ / ★ ★ ★ ★
latérale avant/arrière ★ ★ ★ ★ ★ / ★ ★ ★ ★ ★
retournement 2rm/4rm ★ ★ ★ ★ / ★ ★ ★ ★

À RETENIR

Nouveautés 2009	**aucun changement majeur**
Principales concurrentes	**Honda CR-V, Mitsubishi Outlander, Saturn Vue, Toyota RAV4**

+ • Les prix compétitifs
• Le dynamisme de sa conduite
• Le résultat de cette mutation de berline à multisegment

− • Les places arrière et le volume du coffre
• Privilégier le paraître plutôt que l'être
• Le mariage d'une petite cylindrée à la boîte à variation continue

DOMMAGES COLLATÉRAUX

La direction de Nissan a du mal à le reconnaître publiquement, mais la Versa a fait mal, très mal, à la Sentra. Pour la petite histoire, rappelons que la Sentra devait être lancée quelques mois avant la Versa. Mais ce plan initial a été bouleversé après la réaction « mitigée » (on n'en saura guère plus de la part des responsables) des consommateurs invités à participer aux essais. Ordre fut donné de suspendre le calendrier de production et aux stylistes de revoir leur copie. On connaît la suite : la version définitive alors que la Versamania battait son plein.

NISSAN
SENTRA

La Sentra s'est épaissie sous tous les angles. Toutes les dimensions, sans exception, ont été revues à la hausse. D'accord, mais elle est aussi plus lourde et moins aéro-dynamique que sa devancière.

Pour justifier son manque de diligence, la direction de Nissan rappellera que les dimensions extérieures accrues de la Sentra améliorent sa sécurité passive. Oui, mais bénéficient-elles aussi aux passagers ? Par rapport à l'ancienne, très certainement. Mais par rapport à la Versa, l'affaire est moins sûre. En fait, hormis le dégagement aux hanches et aux épaules, la Sentra a, face à sa « petite » sœur la Versa, de quoi rougir. C'est plus gênant encore quand vient le temps d'embarquer armes et bagages. Bien entendu, par rapport à l'ancienne Sentra, le gain en volume est fort appréciable, et force est de reconnaître que l'échancrure du coffre permet un chargement aisé. On apprécie modérément toutefois le panneau de plastique vissé au beau milieu du coffre et qui permet de diviser l'espace utile en deux. L'idée d'une pareille cachette est intéressante ; mais, au moment de charger de lourds objets, on bute sur la quincaillerie et on regrette tout autant que ce panneau ne puisse être verrouillé. Ajoutons qu'il est impossible de rabattre de l'intérieur du coffre les dossiers de la banquette arrière (60/40).

Le conducteur appréciera en revanche le confort de son baquet. Facile à régler, il permet de se tailler une position de conduite à la fois agréable et confortable. Le conducteur aimera également la disposition des principales commandes, qui se trouvent toutes dans son environnement immédiat. En revanche, déplorons la fragilité de la tirette du capot, l'inaccessibilité de la prise auxiliaire (un autocollant apposé

sur la console centrale vous rappelle sa position), et la petitesse des espaces de rangement. Accordons toutefois de bonnes notes à la qualité de fabrication et des matériaux.

COMPORTEMENT EMPESÉ

En consultant la fiche technique de la Sentra, le doute s'installe. N'est-ce pas à peu de choses près la même que celle de la Versa ? Certes, la cylindrée n'est pas la même, mais les gains sont tout de même modestes, considérant le poids plus élevé de la Sentra. Jugez-en : 18 chevaux et 20 livres-pieds de couple. La boîte manuelle à six rapports, offerte de série sur le modèle de base et la S, est étagée sensiblement de la même manière que sur la Versa (les rapports 3-5-6 diffèrent), alors que la boîte CVT (de série sur la SL) est plus sophistiquée et comporte une gamme de rapports présélectionnés plus étendue. Cela lui permet principalement d'obtenir des cotes de consommation similaires à celles de la Versa. Sont-ce les réglages spécifiques de la boîte CVT ? Toujours est-il que le rapport (sans jeu de mots) qu'elle entretient avec le moteur quatre cylindres manque d'harmonie. Surtout en phase d'accélération.

Une fois lancée, la Sentra étonne par la qualité de son confort. Les suspensions absorbent avec efficacité les irrégularités de la chaussée, et les mouvements de caisse sont généralement bien maîtrisés. Évidemment, si on pousse un peu, le sous-virage (phénomène qui pousse le train avant à l'extérieur du virage) se manifeste très rapidement, et la monte pneumatique met également peu de temps à afficher ses limites. Rien de dangereux ou de franchement désagréable, une Corolla ne fait pas mieux.

Confortable et silencieuse (à vitesse de croisière), la Sentra n'est hélas pas très dynamique. Son comportement s'inscrit dans la lignée des Corolla, Elantra et autres Cobalt. Pour plus de vigueur, c'est du côté de la Civic, de la Mazda3 ou encore de la Lancer qu'il faut regarder. Par rapport à ces dernières, la Sentra est trop aseptisée. Hormis le confort, la Versa nous est apparue plus enjouée, plus espiègle. En un mot, plus amusante que la Sentra, qui, malheureusement, joue les compactes « collets montés » et ne parvient pas à se détacher du peloton composé de compactes sans saveur. Reste sa fiabilité sans tache qui satisfera (ou consolera, c'est selon) les ménages à la recherche d'une compacte sûre, honnête et sans histoire. Mais avant de signer le contrat, avez-vous jeté un coup d'œil à la Versa ? Juste pour voir !

III ÉRIC LEFRANÇOIS

*Hormis le dégagement aux hanches et aux épaules,
la Sentra a, face à sa « petite » sœur la Versa, de quoi rougir*

NISSAN SENTRA

DIMENSIONS ET VOLUMES

Empattement (mm)	2685
Longueur (mm)	4567, 4575 (SE-R, Spec V)
Largeur (mm)	1790
Hauteur (mm)	1512, 1505 (Spec V)
Volume intérieur (L)	2758
Volume du coffre (min./max.) (L)	371, 340 (Spec V)
Capacité du réservoir de carburant (L)	55
Fourchette de poids (kg)	1296 - 1394

CHÂSSIS

Mode	traction
Suspension av. - arr.	indépendante
Freins av. - arr.	disques - tambours
	disques (SE-R, Spec V)
Capacité de remorquage min. - max. (kg)	454
Direction - diamètre de braquage (m)	crémaillère - 10,8
Pneus	205/60R15, 205/55R16 (S, SL)
	225/45R17 (SE-R, Spec V)

PERFORMANCES

Modèle à l'essai	Sentra 2.0 S
Moteur	L4 DACT 2 litres
Puissance (ch. à tr/min)	140 - 5100
Couple (lb-pi à tr/min)	147 - 4800
Transmission	automatique à variation continue (CVT)
Autres transmissions	manuelle 6 rapports
Accélération 0-100 km/h (sec.)	9,64
Reprises 80-115 km/h (sec.)	6,63
Distance de freinage 100-0 km/h (m)	43,2
Niveau sonore à 100 km/h	✗ ✗ ✗
Vitesse maximale (km/h)	185, 215 (SE-R), 225 (Spec V)
Consommation réalisée au cours de l'essai (L/100 km)	8,3
Gaz à effet de serre	
Autres moteurs	L4 2,5 litres (177 ch.)
	L4 2,5 litres (200 ch.)

CE QU'IL FAUT SAVOIR

Fourchette de prix ($)	**16 798 - 24 298 (2008)**
Marge de profit du concessionnaire (%)	6,30 - 7,47
Transport et préparation ($)	1225
Consommation ville - route (L/100 km)	**9,3 - 7,3 (man., 2 l)**
	9,9 - 7,7 (CVT, 2 l)
	11,5 - 8,8 (man., 2,5 l)
Essence recommandée	ordinaire (2 l), super (2,5 l)
Versions offertes	2.0, 2.0 S, 2.0 SL, 2.5 SE-R, 2.5 SE-R Spec V
Carrosserie	berline 4 portes
Lieu d'assemblage	Mexique
Valeur résiduelle	✶ ✶ ✶ ✶
Garanties : de base - motopropulseur (an/km)	3/60 000 - 5/100 000
Fiabilité présumée	✶ ✶ ✶ ✶
Cycle de remplacement	2011
Ventes 2007 ↘ 26 %	Québec : 3428
Protection collision frontale conducteur/passager latérale avant/arrière retournement 2rm/4rm	✶✶✶✶✶ / ✶✶✶✶✶ ✶✶✶✶✶ / ✶✶✶✶ ✶✶✶✶ / n.a.

À RETENIR

Nouveautés 2009	retouches mineures, système de déverrouillage de série
Principales concurrentes	Chevrolet Cobalt, Ford Focus, Honda Civic, Hyundai Elantra, Mitsubishi Lancer, Toyota Corolla, VW Rabbit/GTi

- Les baquets avant
- La qualité de fabrication
- Le confort de roulement

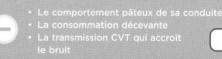
- Le comportement pâteux de sa conduite
- La consommation décevante
- La transmission CVT qui accroît le bruit

491

CHASSE GARDÉE DES AMÉRICAINS

On aurait beau multiplier les éloges à l'endroit du Titan, rien n'y ferait. Les ventes ne démarrent tout simplement pas. Les inventaires sont au ralenti et on peut se demander quel avenir attend le Titan. Il est vrai que Nissan discute avec Chrysler concernant une alliance stratégique pour la production d'une nouvelle camionnette en 2011. Mais d'ici là, beaucoup de choses peuvent se passer dans le petit monde de l'automobile.

NISSAN
TITAN

Dévoilé en 2004, le Titan entame sa cinquième année. Si les constructeurs américains ont senti la soupe chaude, ils ont finalement compris que le Titan était moins menaçant qu'il le paraissait. Pourtant, ses débuts étaient extrêmement prometteurs et laissaient présager le pire pour Ford, GM et Dodge : un V8 de 5,6 litres, une boîte automatique à cinq rapports, six coussins gonflables et une longue liste d'équipements de série. Parmi les astuces, on retrouvait, pour la première fois dans une camionnette, une prise 12 volts placée à l'intérieur de la benne, un coffre à outils logé dans l'aile arrière droite, un plancher de chargement parfaitement plat lorsque la banquette est relevée et une doublure de benne vaporisée en usine. Qui plus est, le système de

navigation (en option) permettait enfin à un vacancier de tracter une roulotte sans risque de s'égarer. Sans oublier la capacité de remorquage et ses accélérations canon, qui étaient à l'époque inégalées pour une camionnette d'une demi-tonne. Mais bon, beaucoup d'eau a passé sous les ponts, et les trois grands ont réagi promptement en renouvelant (ou en actualisant) leurs modèles.

QUELS SONT LES ARGUMENTS ?

Malgré ses beaux atouts, la plus grande erreur du Titan a, peut-être, été de sous-estimer ses chances de convaincre les acheteurs traditionnels de camionnettes. En effet, peu importe qu'il s'agisse de Nissan (ou de Toyota), la partie n'est pas gagnée d'avance pour les Japonais, considérant que les propriétaires de camionnettes, pour la plupart, ont le drapeau américain tatoué sur le cœur. Bref, il est évident que le Titan et le récent Toyota Tundra n'ont pas encore les biceps nécessaires pour mettre Détroit à genoux.

Même s'il est robuste et spacieux, le manque de configuration du Titan lui a fait perdre plusieurs ventes. Conscient qu'il manquait quelques modèles à sa gamme, Nissan a concocté l'an dernier un modèle à cabine multiplace doté d'une longue benne de 8 pieds et 3 pouces pouvant transporter une charge d'une tonne. Cette camionnette sera particulièrement appréciée par les entrepreneurs en construction et les adeptes du caravaning. Quant au reste de la gamme, on trouve différentes versions (XE, SE, LE et PRO-4X) à cabine allongée (King Cab) ou multiplace (Crew Cab) greffées d'une benne de 79,1 ou 98,8 pouces. Du côté de la motorisation, la puissance du V8 de 5,6 litres fait 317 chevaux alors que le couple atteint 385 livres-pieds. Jumelé à une boîte automatique à cinq rapports de série, la seule proposée, ce tandem peut tracter une charge de 4309 kg. Il est dommage que Nissan (à l'instar de Toyota), n'offre pas de V6 dans sa grosse camionnette. À ce chapitre, Nissan marquerait des points en lui greffant le moteur de 4 litres à DACT et 24 soupapes de son petit frère le Frontier. En effet, la banque de motorisations des grandes camionnettes américaines est particulièrement pauvre en ce domaine, ou tout simplement nulle, ce qui porte à croire qu'un Titan doté d'un V6 moderne à prix abordable ferait un tabac en ces temps de récession.

SAUTE-MOUTON

Sur la route, quand la benne est vide, on constate que le train arrière est plutôt sautillant. Par rapport aux constructeurs américains, Nissan ne semble pas encore connaître tous les rudiments associés à la construction d'une camionnette. Pour maîtriser les bonds de la suspension et améliorer sa tenue de route, le Titan profite cependant de nombreux systèmes d'aide à la conduite, notamment un dispositif de contrôle dynamique et un antipatinage aux quatre roues. Mais quand le bitume est lisse, le comportement routier et le confort sont irréprochables.

Si le tableau de bord est moderne et les instruments bien disposés, le Titan perd des plumes sur le plan de la finition intérieure où certains matériaux font bon marché. Par ailleurs, il serait hasardeux de se prononcer sur la valeur de revente du Titan. Les camionnettes américaines sont reconnues pour conserver leur prix, mais il est difficile de savoir combien vaudra ce géant japonais dans trois ou quatre ans. Surtout que la frivolité du baril de pétrole rend les prévisions encore plus aléatoires, et ce, peu importe que votre pick-up porte un écusson de Dodge, de Ford, de GM ou de Nissan ! **||| JEAN-FRANÇOIS GUAY**

*Je ne parierai pas un sou noir sur ses chances
de déclasser, un jour, les camionnettes américaines*

DIMENSIONS ET VOLUMES

Empattement (mm)	3550, 4050 (allongé)
Longueur (mm)	5704, 6204 (allongé)
Largeur (mm)	2019
Hauteur (mm)	1905 (2rm), 1946 (4rm)
Volume du coffre (min./max.) (L)	n.a.
Capacité du réservoir de carburant (L)	106, 140 (allongé)
Fourchette de poids (kg)	2399 - 2639

CHÂSSIS

Mode	propulsion, 4 roues motrices
Suspension av. - arr.	indépendante - essieu rigide
Freins av. - arr.	disques
Capacité de remorquage min. - max. (kg)	2948 - 4309
Direction - diamètre de braquage (m)	crémaillère - 13,9
Pneus	265/70R18, 275/70R18 (PRO-4X)
	275/60R20 (LE)

PERFORMANCES

Modèle à l'essai	Titan
Moteur	V8 DACT 5,6 litres
Puissance (ch. à tr/min)	317 - 5200
Couple (lb-pi à tr/min)	385 - 3400
Transmission	automatique 5 rapports
Autres transmissions	aucune
Accélération 0-100 km/h (sec.)	8,25
Reprises 80-115 km/h (sec.)	5,52
Distance de freinage 100-0 km/h (m)	43,6
Niveau sonore à 100 km/h	✗ ✗
Vitesse maximale (km/h)	190
Consommation réalisée au cours de l'essai (L/100 km)	16,8
Gaz à effet de serre	
Autres moteurs	aucun

CE QU'IL FAUT SAVOIR

Fourchette de prix ($)	**31 498 - 49 998**
Marge de profit du concessionnaire (%)	9,30
Transport et préparation ($)	1400
Consommation ville - route (L/100 km)	**18,2 - 13 (2rm)**
	19,8 - 13,9 (4rm)
Essence recommandée	ordinaire
Versions offertes	XE, SE, PRO-4X, LE
Carrosserie	camionnette 4 portes (King Cab, Crew Cab)
Lieu d'assemblage	États-Unis
Valeur résiduelle	★ ★
Garanties : de base - motopropulseur (an/km)	3/60 000 - 5/100 000
Fiabilité présumée	★ ★ ✗
Cycle de remplacement	2011
Ventes 2007 ↘ 23 %	Québec : 155
Protection collision frontale conducteur/passager	★ ★ ★ ★ ★ / ★ ★ ★ ★ ★
latérale avant/arrière	non évaluée
retournement 2rm/4rm	★ ★ ★ ★ / ★ ★ ★

À RETENIR

Nouveautés 2009	retouches esthétiques, nouveaux groupes d'options
Principales concurrentes	Chevrolet Silverado, Dodge Ram, Ford F-150, GMC Sierra, Toyota Tundra

- Benne de 8 pi et 3 po
- Équipement complet
- Moteur V8 performant

- Absence de moteur V6
- Pas de modèle « HD »
- Consommation élevée

LA « P'TITE GROSSE » DE NISSAN

Quand, en 2007, Nissan a lancé sa Versa, elle a frappé un grand coup dans le segment des compactes... pardon, des sous-compactes. De fait, malgré les apparences, la Nissan Versa est ni plus ni moins une compacte déguisée en sous-compacte. Pourtant, le constructeur japonais la vend bien au prix d'une sous-compacte. Grosso modo, l'objectif était de permettre aux consommateurs de profiter du meilleur des deux mondes : un véhicule offrant beaucoup d'espace intérieur et la consommation de carburant d'une petite voiture.

NISSAN
VERSA

Assemblée au Mexique, la Versa est toujours offerte en deux configurations: la berline et le modèle à hayon. Personnellement, c'est le modèle à hayon que je préfère, pour l'espace qu'il offre aux occupants et pour sa capacité de charge. D'ailleurs, à 504 litres sièges relevés, le coffre de cette sous-compacte est plus vaste que celui d'une Chrysler 300. Quand même, il faut le faire ! Et si on abaisse le dossier des sièges, on dispose de pas moins de 1426 litres d'espace de chargement. Qui sait ce qu'on pourra y transporter ?

ENSEMBLES D'OPTIONS... À REVOIR !
La berline Versa de même que le modèle bicorps (modèle à hayon) sont offertes en deux versions : la 1.8 S et la 1.8 SL. Je dois dire que, quand on opte pour la version 1.8 S, l'équipement de série n'est pas très impressionnant. Outre le quatre cylindres de 1,8 litre à double arbre à cames en tête, notons un accélérateur électrique, la boîte de vitesses manuelle à six rapports, la direction à assistance électrique, les rétroviseurs extérieurs dégivrants, des jantes en acier de 15 pouces, un volant réglable, une prise de 12 volts, une chaîne audio avec lecteur de CD et quatre haut-parleurs. Pour ce qui est du reste, disons que c'est la norme dans la catégorie.

En revanche, on peut se procurer trois ensembles d'options : l'ensemble Boîte automatique, l'ensemble ABS (freins ABS, répartition électronique de la force de freinage et assistance au freinage) ainsi que l'ensemble Option Plus (climatisation avec microfiltre, télédéverrouillage, lève-glaces électriques, etc.). Là où j'ai un petit peu de difficulté avec les ensembles d'options du fabricant, c'est quand on doit se procurer l'ensemble Option Plus si on a besoin de l'ensemble ABS. Je ne veux pas être méchant, mais ça ressemble étrangement

à une taxe qui s'applique sur une taxe, si vous voyez ce que je veux dire. J'ai noté une autre incongruité au chapitre des options, et je voudrais bien qu'on m'explique. En option sur la 1.8 S, on peut se procurer une boîte automatique à quatre rapports relativement bien adaptée à la mécanique de la Versa. Pourtant, sur la 1.8 SL, la version la plus chère, c'est la boîte de vitesses à variation continue qu'on propose en option. Pourquoi deux boîtes différentes ? Surtout que la CVT fait parfois monter le niveau sonore de la petite mécanique et la rend très agressante. Et pour terminer sur mes points négatifs, j'ajoute que les deux versions de la Versa reçoivent, de série, des freins à tambour à l'arrière. Je crois sincèrement que, même si on avait opté pour des disques aux quatre roues, le prix de la Versa aurait quand même été concurrentiel, et la voiture, plus intéressante et plus sûre.

CONFORTABLE, LA PETITE
Malgré des défauts avec lesquels on peut vivre au quotidien, la petite Nissan Versa affiche de très belles qualités. L'habitacle reçoit des matériaux de qualité supérieure, ce à quoi le fabricant ne nous avait pas habitués. De même, il y a lieu de souligner l'ergonomie du tableau de bord. De plus, avec tout l'espace qu'elle offre, la Versa demeure une voiture dont l'aspect pratique ne ment pas et qui offre un confort remarquable par comparaison avec les autres acteurs de la catégorie. Le seul bémol irait au confort de la banquette arrière : si elle a été conçue pour asseoir trois personnes, la suspension, elle, ne peut en recevoir que deux, pourvu qu'elles ne soient pas trop grosses.

En matière de sécurité, si la Versa nous propose des tambours à l'arrière et des freins ABS en option, elle compte toutefois sur six coussins gonflables, et ce, dans toutes les versions. Pour ce qui est de son comportement sur la route, disons que la Versa affiche de belles qualités en stabilité. Sa direction à assistance électrique lui confère précision et fermeté à haute vitesse tout en facilitant les manœuvres en zone urbaine.

Somme toute, la « p'tite grosse » de Nissan n'est pas un mauvais choix pour qui pense espace et économie.
STÉPHANE QUESNEL

Malgré les apparences, la Nissan Versa est ni plus ni moins une compacte déguisée en sous-compacte

DIMENSIONS ET VOLUMES

Empattement (mm)	2600
Longueur (mm)	4295 (hayon), 4470 (berline)
Largeur (mm)	1695
Hauteur (mm)	1535
Volume intérieur (L)	2679 (hayon), 2668 (berline)
Volume du coffre (min./max.) (L)	504 / 1426 (hayon)
	391 (berline)
Capacité du réservoir de carburant (L)	50
Fourchette de poids (kg)	1212 - 1252

CHÂSSIS

Mode	traction
Suspension av. - arr.	indépendante - semi-indépendante
Freins av. - arr.	disques - tambour
Capacité de remorquage min. - max. (kg)	non recommandé
Direction - diamètre de braquage (m)	crémaillère - 10,42
Pneus	185/65R15

PERFORMANCES

Modèle à l'essai	Versa 1.8 SL (hayon)
Moteur	L4 DACT 1,8 litre
Puissance (ch. à tr/min)	122 - 5200
Couple (lb-pi à tr/min)	127 - 4800
Transmission	automatique à variation continue (CVT)
Autres transmissions	manuelle 6 rapports
	automatique 4 rapports
Accélération 0-100 km/h (sec.)	10,32
Reprises 80-110 km/h (sec.)	7,43
Distance de freinage 100-0 km/h (m)	42,8
Niveau sonore à 100 km/h	✖ ✖
Vitesse maximale (km/h)	185
Consommation réalisée au cours de l'essai (L/100 km)	7,9
Gaz à effet de serre	
Autres moteurs	aucun

CE QU'IL FAUT SAVOIR

Fourchette de prix ($)	**13 598 - 16 498**
Marge de profit du concessionnaire (%)	6,89 - 7,47
Transport et préparation ($)	1175
Consommation ville - route (L/100 km)	**8,7 - 7,1 (CVT)**
	9,1 - 7,7 (man.)
	10 - 7,5 (aut.)
Essence recommandée	ordinaire
Versions offertes	1.8 S, 1.8 SL
Carrosserie	hayon 5 portes, berline 4 portes
Lieu d'assemblage	Mexique
Valeur résiduelle	★ ★ ★
Garanties : de base - motopropulseur (an/km)	3/60 000 - 5/100 000
Fiabilité présumée	★ ★ ★
Cycle de remplacement	2011
Ventes 2007 ↗ 185 %	Québec : 9602
Protection collision frontale conducteur/passager	★ ★ ★ ★ / ★ ★ ★ ★ ★
latérale avant/arrière	★ ★ ★ ★ / ★ ★ ★ ★ ★
retournement 2rm/4rm	★ ★ ★ ★ / n.a.

À RETENIR

Nouveautés 2009	**son prix est à la baisse !**
Principales concurrentes	**Chevrolet Aveo, Honda Fit, Hyundai Accent, Suzuki Swift+, Toyota Yaris, VW Golf City**

+
- Son espace de chargement
- Son confort
- Son tandem moteur et boîte à quatre rapports

−
- Le niveau sonore de la boîte de vitesses CVT
- Les freins à tambour à l'arrière
- Le jeu des options

495

LE PATH' D'INDIANA JONES

I fut un temps où le S dans VUS signifiait sport et non somptueux. Dans le temps, le Pathfinder de Nissan et le 4Runner de Toyota étaient plus spartiates et chacun se défendait fort bien dans un sentier. Ils avaient même un quatre cylindres de base! Mais les temps ont changé et ces deux intermédiaires sont devenus urbains, lourds et luxueux. Plus rien à voir avec la vocation de départ.

NISSAN
XTERRA

Dans le cas du 4Runner, aucun véhicule n'a repris le mandat de conquérir les sentiers alors que chez Nissan, on est revenu au tournant du millénaire avec l'Xterra, un vrai VU sportif capable de se défendre en milieu urbain, mais avec la gueule et l'héritage du Pathfinder, passé au tuxedo !

La première génération de l'Xterra — qui tire son nom d'un triathlon hors route — ressemblait à une ancienne du Pathfinder avec la motorisation 3,3 litres, le châssis de la camionnette Frontier et un prix à l'époque très alléchant. Mais un réalignement de la gamme en 2005 et la venue du majestueux Titan ont permis d'harmoniser les plateformes chez Nissan et donner un nouveau souffle à l'Xterra.

UNE PATH EN PLUS JEUNE

L'Xterra actuel a donc été élaboré à partir du robuste châssis en échelle du Titan, auquel on a marié le V6 de quatre litres de 261 chevaux et 281 livres de couple. Une base très solide, la même que les Pathfinder, Titan et Frontier, et capable de remorquer jusqu'à 2268 kg. Donc, aucun ennui pour le bateau, la caravane, ou deux VTT. Le consommateur sera amené à déterminer ses besoins avant de choisir le produit Nissan qui lui conviendra : l'Xterra possède toujours son look d'aventurier avec son pavillon à deux étages et son rangement de toit intégré maintenant verrouillable ; il ne propose pas de troisième banquette, ses prétentions en sentier sont indéniables avec les systèmes Nismo sont intégrés. On peut même le nettoyer au boyau comme un Honda Element. Le Pathfinder est devenu urbain, pantouflard et on l'imagine stationné davantage à la porte d'un

grand hôtel que d'une cabane en bois rond. Le Frontier propose un quatre cylindres de base et une caisse pour transporter le matériel. Le Titan porte bien son nom et son principal hic (!) est une consommation démesurée.

URBI ET ORBI

Nissan a été un des premiers constructeurs à offrir le système de retenue en montée et en descente. En enclenchant le mécanisme, le véhicule s'immobilise dans les montées lors des moments d'inertie et le retient avant de reprendre sa route. C'est dans l'autre sens qu'il est encore plus utile : dans une descente, le freinage est appliqué poliment pour moduler la vitesse et empêcher une dérobade. Une commodité dont les puristes se passent pour avoir le mérite d'avoir franchi seuls des obstacles en sentier, mais qui devient combien salvatrice quand le doute s'installe pour le conducteur. Cette avancée technologique, proposée seulement avec l'automatique, tout comme un pont électronique, n'est pas destinée que pour le hors-route, mais dans notre climat nordique peut devenir rassurant lors d'une tempête. Autre choix intéressant pour l'Xterra : une boîte manuelle à six rapports ou une automatique cinq, ce que n'offre pas le plus gros Pathfinder. Qui plus est, comme tout quatre roues qui se respecte, on retrouve une gamme basse : ses vertus hors route sont reconnues, mais il y a d'autres occasions où le passage à des rapports plus lents s'avère judicieux. La tenue de route est intéressante et le volant demeure vivant malgré le poids à manœuvrer et l'essieu arrière qui peut sautiller quand on sollicite trop la puissance.

En lui octroyant le 4 litres comme motorisation, au lieu d'un ancien 3 litres redessiné ou le 3,5 litres VQ déjà bien implanté dans la gamme, Nissan lui a donné un V6 gourmand, carrément indestructible, mais friand de pétrole, principalement à cause de son châssis qui hausse son poids à deux tonnes métriques ! Le prochain défi des constructeurs ne sera-t-il pas de diminuer la masse de leurs véhicules ?

En 2009, l'Xterra voit sa calandre révisée, des BF Goodrich musclés pour la version Sport et la sellerie de cuir pour le SE. Question de prix, l'échelle passe de 35 à 37 000 $, environ 10 % de moins que le Pathfinder. Cependant, comme les ventes ont chuté de façon importante dans ce créneau, on peut s'attendre à une offre beaucoup plus alléchante. III
MICHEL POIRIER-DEFOY

L'Xterra n'a pas que des bons côtés : son moteur est friand de pétrole

DIMENSIONS ET VOLUMES

Empattement (mm)	2700
Longueur (mm)	4540
Largeur (mm)	1850
Hauteur (mm)	1902
Volume intérieur (L)	2832
Volume du coffre (min./max.) (L)	991 / 1869
Capacité du réservoir de carburant (L)	80
Fourchette de poids (kg)	1 970 - 1996

CHÂSSIS

Mode	4 roues motrices
Suspension av. - arr.	indépendante - essieu rigide
Freins av. - arr.	disques
Capacité de remorquage min. - max. (kg)	2268
Direction - diamètre de braquage (m)	crémaillère - 10,36
Pneus	265/70R16 (S), 265/75R16 (Tout-Terrain) 265/65R17 (SE)

PERFORMANCES

Modèle à l'essai	SE
Moteur	V6 DACT 4 litres
Puissance (ch. à tr/min)	261 - 5600
Couple (lb-pi à tr/min)	281 - 4000
Transmission	manuelle 6 rapports
Autres transmissions	automatique 5 rapports
Accélération 0-100 km/h (sec.)	8,33
Reprises 80-115 km/h (sec.)	6,16
Distance de freinage 100-0 km/h (m)	41,2
Niveau sonore à 100 km/h	✹ ✹
Vitesse maximale (km/h)	190
Consommation réalisée au cours de l'essai (L/100 km)	13,5
Gaz à effet de serre	
Autres moteurs	aucun

CE QU'IL FAUT SAVOIR

Fourchette de prix ($)	**32 598 – 36 398**
Marge de profit du concessionnaire (%)	8,09 - 8,69
Transport et préparation ($)	1500
Consommation ville – route (L/100 km)	**15 – 12 (man.)** **17 – 12,8 (aut.)**
Essence recommandée	ordinaire
Versions offertes	S, Tout-Terrain, SE
Carrosserie	utilitaire 5 portes
Lieu d'assemblage	États-Unis
Valeur résiduelle	✳ ✳ ✳
Garanties : de base - motopropulseur (an/km)	3/60 000 – 5/100 000
Fiabilité présumée	✳ ✳ ✳ ✳
Cycle de remplacement	2012
Ventes 2007 ↘40%	Québec : 226
Protection collision frontale conducteur/passager latérale avant/arrière retournement 2rm/4rm	✳ ✳ ✳ ✳ / ✳ ✳ ✳ ✳ ✳ ✳ ✳ ✳ / ✳ ✳ ✳ ✳ ✳ n.a. / ✳ ✳ ✳

À RETENIR

Nouveautés 2009	nouvelle calandre, nouvelles jantes, retouches à l'intérieur, support avec phares de brousse (Tout-Terrain), coussins latéraux de série
Principales concurrentes	Dodge Nitro, Hummer H3, Jeep Liberty, Suzuki Grand Vitara, Toyota FJ Cruiser

- Design unique
- Capacités en conditions difficiles
- Motorisation robuste et fiable

- Facture d'essence
- Essieu arrière sautillant
- Garde au sol plus élevée

BRANCHEZ-VOUS !

L e parcours de GM avec ses sous-compactes au cours des ans est pour le moins tortueux et difficile à comprendre. Pas besoin de remonter très loin pour se rappeler l'ère post-Chevette — qui était une Opel toute teutonne ! — et l'éphémère marque GEO, les Sprint, Firefly, Impulse et Metro, les associations avec Isuzu, Suzuki et plus récemment Daewoo et Opel.

PONTIAC
G3 WAVE

Facile de se rendre compte qu'on ne se préoccupait pas de séduire le consommateur lors de son arrivée sur le marché automobile pour le faire passer plus tard à des véhicules plus chers faits maison. On a l'impression qu'il s'agissait de boucher un trou dans une gamme avec des produits importés, pas très payants de surcroît. Si bien que tous les cinq ans, les noms avaient changé, la présentation avait évolué et le client ne s'y retrouvait plus. Pire, celui qu'on avait convaincu et qui perdait en valeur de revente à cause de la soudaine vétusté de son véhicule, jurait qu'on ne l'y reprendrait plus. En fait, la seule association qui a vraiment perduré depuis 25 ans est celle avec Toyota — lire Matrix et Vibe. La confusion n'est pas finie : le Cruze est en route !

Cherchant à combler son besoin d'un modèle d'entrée de gamme en 2004, GM s'est tourné vers Daewoo, le troisième constructeur coréen qui avait connu des ennuis financiers majeurs au tournant du millénaire. Les produits vendus en Amérique du Nord étaient intéressants, mais le réseau naissant n'a pas tenu le coup. GM s'est procuré les modèles qui faisaient son bonheur et a concocté les Chevrolet Aveo et Pontiac Wave, et même des Suzuki Swift + pour son partenaire. Depuis, afin d'harmoniser la gamme Pontiac, la Wave a été rebaptisée G3 pour faire suite au G5, 6 et 8. Elle n'est toujours pas au catalogue américain chez Pontiac, mais seulement chez Chevrolet. GM pour une fois a fait le bon choix : elle est même actionnaire majoritaire dans GMDAT (Daewoo).

ÊTES-VOUS HAYON OU BERLINE ?

Deux modèles du G3 sont offerts : une berline quatre portes et une cinq portes. Et deux versions : de base et SE, de luxe. À votre choix, vous opterez pour le hayon, plus sportif,

qui permet d'abattre la banquette arrière et utiliser un espace cargo intéressant ou un coffre fermé de bonne taille qui donne une ligne plus noble à la berline. Même si on laisse entendre que le prix de départ est le plus bas du marché, soyez avisés qu'il vous en coûtera pour le transport, la climatisation, la boîte automatique ou un toit ouvrant électrique un millier de dollars minimum pour chaque article, ce qui pourrait faire grimper la facture rapidement. Il faudra donc attendre les offres de rabais et les promotions avant de faire votre choix. Sinon, le prix que vous aurez à débourser mettra à portée de votre bourse bien d'autres véhicules. Le G3 est le type de voiture qu'on choisit pour le prix, ce qui ne lui enlève en rien ses qualités.

UNE MÉCANIQUE ALERTE

Ceux qui avaient choisi une Daewoo dans le temps vous diront que le produit était assez agréable. En fait, on appréciait cette marque autant que les Hyundai d'alors et plus que les Kia. GM n'a donc pas fait un mauvais choix. Le 1,6 litre Ecotec multisoupapes de 106 chevaux et 106 livres-pieds de couple est alerte, mais demande de passer le rapport suivant pour obtenir toute la puissance. Sa boîte manuelle à cinq rapports bien étagée fait le boulot et procure une économie sous les 7 litres aux 100 km si on n'abuse pas du compte-tours. Une automatique à quatre rapports est aussi offerte : efficace et robuste, elle étouffera la puissance, influencera la consommation et se débrouillera mieux en zone urbaine. La tenue de route est sobre et il faut se rappeler qu'il n'y a aucun artifice de contrôle de la traction.

UN INTÉRIEUR SPARTIATE

Les sièges sont réduits à leur plus simple expression, avec une assise courte et un support latéral réduit. La banquette arrière, rabattable à hauteur de 50/50 est du même acabit, pouvant accueillir deux personnes facilement et trois en se tassant un peu. L'accès est facilité par l'ouverture des portières et on pourra y loger les sièges d'enfant ou des bagages. On apprécie le tableau de bord bien disposé, mais il manque de rangement pour les menus articles — bourse, cellulaire, monnaie, etc.

On se procure une G3 Wave pour répondre à des besoins de base, et il vaut mieux s'en tenir au minimum si on veut l'apprécier. Plus le prix est bas, plus le rapport qualité-prix est élevé. ||| **MICHEL POIRIER-DEFOY**

*Le G3 est le type de véhicule qu'on choisit pour le prix,
ce qui ne lui enlève en rien ses qualités*

DIMENSIONS ET VOLUMES

Empattement (mm)	2480
Longueur (mm)	4310 (berline), 3938 (hayon)
Largeur (mm)	1710
Hauteur (mm)	1505
Volume intérieur (L)	2554 (berline), 2574 (hayon)
Volume du coffre (min./max.) (L)	351 (berline)
	201 / 1189 (hayon)
Capacité du réservoir de carburant (L)	45
Fourchette de poids (kg)	1065 - 1153

CHÂSSIS

Mode	traction
Suspension av. - arr.	indépendante – semi-indépendant
Freins av. - arr.	disques - tambours
Capacité de remorquage min. - max. (kg)	non recommandé
Direction – diamètre de braquage (m)	crémaillère – 10,06
Pneus	185/60R14 (Base), 185/55R15 (SE)

PERFORMANCES

Modèle à l'essai	G3 Wave SE (berline)
Moteur	L4 DACT 1,6 litres
Puissance (ch. à tr/min)	106 - 6400
Couple (lb-pi à tr/min)	106 -3800
Transmission	manuelle 5 rapports
Autres transmissions	automatique 4 rapports
Accélération 0-100 km/h (sec.)	10,79
Reprises 80-115 km/h (sec.)	non chronométrées
Distance de freinage 100-0 km/h (m)	48,3
Niveau sonore à 100 km/h	
Vitesse maximale (km/h)	170
Consommation réalisée au cours de l'essai (L/100 km)	7,7
Gaz à effet de serre	
Autres moteurs	aucun

CE QU'IL FAUT SAVOIR

Fourchette de prix ($)	**13 270 – 15 770**
Marge de profit du concessionnaire (%)	9,46 à 9,47
Transport et préparation ($)	1125
Consommation ville - route (L/100 km)	**8,7 - 6,9 (man.)**
	9,4 - 6,9 (aut.)
Essence recommandée	ordinaire
Versions offertes	Base, SE
Carrosserie	hayon 5 portes
	berline 4 portes
Lieu d'assemblage	Corée du Sud
Valeur résiduelle	*
Garanties : de base - motopropulseur (an/km)	3/60 000 - 5/100 000
Fiabilité présumée	* *
Cycle de remplacement	2011
Ventes 2007 ↘ 7 %	Québec : 3146
Protection collision	
frontale conducteur/passager	* * * * * / * * * * * *
latérale avant/arrière	* * * * * / * * * *
retournement 2rm/4rm	* * * * / * * * *

À RETENIR

Nouveautés 2009	**partie avant et arrière redessinées (modèle à hayon), Ecotec 1,6 litre amélioré, XM radio, OnStar, essuie-glaces intermittent**
Principales concurrentes	**Honda Fit, Hyundai Accent, Kia Rio, Nissan Versa, Toyota Yaris, VW Golf City**

+
- Moyen de transport simple et pratique
- Polyvalence du 5 portes
- Poids léger favorise la consommation
- Idéal pour la ville et la banlieue

−
- Valeur de revente
- Insonorisation perfectible
- Boîte automatique anémique

MERCI POUR LES BELLES ANNÉES

La stratégie de mise en marché des constructeurs est difficile à saisir. Les Japonais changent peu souvent les noms de leurs véhicules : Civic et Corolla font partie de notre environnement automobile depuis plus de trente ans. Sous-compactes devenues des compactes, elles ont changé de cylindrée régulièrement et de versions fréquemment. Parallèlement, chez GM, les modèles équivalents ont changé de nom régulièrement — Sunbird, J 2000, Sunfire, Pursuit —, mais en conservant une mécanique presque identique depuis une décennie. Allez comprendre !

PONTIAC
G5

Sans être seule à tenir le fort parmi les compactes pendant des années puisqu'il y avait aussi la Vibe, la Pontiac G5 a su charmer le consommateur par ses prix alléchants et des rabais à répétition, ce qui permettait aux usines de tourner, mais pas nécessairement à la maison mère d'afficher des profits. 2009 est une année charnière où une génération est sur le point de s'éteindre et une ère pourrait débuter avec de nouveaux modèles et des motorisations toutes fraîches. C'est normalement ce qui se passe lorsqu'un véhicule tombe en mode récession : cette année, il y aura un seul modèle, le coupé, et il sera offert avec une seule motorisation, le 2,2 litres Ecotec, dans trois versions, de base, SE et GT.

DES PARAMÈTRES CONNUS

Si on vous annonce que le groupe propulseur sera identique en 2009, n'en croyez rien. En fait, le nouveau credo des publicités est la réduction de la consommation : cette fois, GM y est parvenu en ajoutant le calage variable des soupapes sur son moulin 2,2 litres Ecotec. Enfin, diront certains, quand on sait que la concurrence l'offre depuis plus d'une décennie. Celui-ci a gagné en puissance, à 155 chevaux et 150 livres de couple, grâce au jumelage avec la culasse du 2,4 litres. Il est toujours en fonte et sera aussi fiable que les anciennes générations. C'est ce qui explique la mise en veilleuse du 2,4 Ecotec de l'an dernier. On laisse miroiter une économie de carburant sous les sept litres au 100 km ; imaginez un instant si on avait une boîte à cinq rapports, un moteur en aluminium...

Les deux boîtes sont aussi de bonne réputation : la Getrag manuelle à cinq rapports n'a pas la fluidité des nippones, mais elle ne casse pas. Ses deux derniers rapports sont surmultipliés. Même constatation pour l'automatique 4T45, qui procure un rapport final identique. Tant qu'à voir une Fit ou une Echo tourner à 3000 tours/minute à 100 km/h, pourquoi ne pas opter pour un moulin qui dort sous les 2000 tours/minute à la même vitesse ? D'autant plus qu'on peut s'attendre à ce que GM débarque avec sa liste de bonnes intentions pour vous faire faire signer en bas du grand formulaire.

Principale différence mécanique pour le modèle GT, le rapport final du pont est de 3,91 et concédera un peu plus de trémolo dans les accélérations. Malgré des barres anti-roulis plus grosses, quatre disques, le contrôle de la stabilité, des amortisseurs et des roues sport, ne comptez pas faire tourner des têtes lors d'une soirée de *drift* !

À ce chapitre, si vous cherchez le modèle compressé de 260 chevaux ou encore une version berline, il faudra encore vous rendre chez Chevrolet, où en retour on avouera ne pas avoir d'équivalent au Vibe.

OUBLIEZ LES ENFANTS

Avec un seul coupé au catalogue, on peut s'imaginer que les enfants trouveront difficilement place à l'arrière. Déjà qu'il faut se contorsionner pour s'y rendre et que l'espace disponible pour les jambes est au minimum, imaginons un parent qui doive tenir à bout de bras son bambin avant d'aller le boucler dans son siège. Quant aux poupons qui doivent faire face à l'arrière, il faudra un diplôme du Cirque du Soleil pour arriver à leurs fins. La banquette arrière prévoit trois occupants, mais espérons que celui du milieu n'aura pas à faire de longue distance. À cause de la ligne de caisse surélevée à l'arrière, le coffre est assez généreux, mais son ouverture est limitée par la longue glace du coupé : on emmagasinera les sacs d'emplettes ou de golf, mais pas les télés conventionnelles !

Somme toute, on a des signes avant-coureurs que le G5 est en fin de carrière et qu'il sera révisé sinon remplacé à court terme. Ce qui n'empêche pas que le rapport qualité-prix soit intéressant pour le produit qu'on nous offre. À ceux qui diront que la valeur de revente diminuera si le nom disparaît, suffit de leur rappeler que le modèle n'existe que depuis 2005. ❚❚❚ **MICHEL POIRIER-DEFOY**

Avec un seul coupé au catalogue, on peut s'imaginer que les enfants trouveront difficilement place à l'arrière

PONTIAC G5

DIMENSIONS ET VOLUMES

Empattement (mm)	2629
Longueur (mm)	4567
Largeur (mm)	1714
Hauteur (mm)	1412
Volume intérieur (L)	2350
Volume du coffre (min./max.) (L)	393
Capacité du réservoir de carburant (L)	49,2
Fourchette de poids (kg)	1248 - 1286

CHÂSSIS

Mode	traction
Suspension av. - arr.	indépendante
Freins av. - arr.	disques - tambours (Base)
	disques (GT)
Capacité de remorquage min. - max. (kg)	non recommandé
Direction - diamètre de braquage (m)	crémaillère - 10,2
Pneus	195/65R15, 205/55R16 (option), 205/50R17 (GT)

PERFORMANCES

Modèle à l'essai	G5 GT
Moteur	L4 DACT 2,2 litres
Puissance (ch. à tr/min)	155 - 6100
Couple (lb-pi à tr/min)	150 - 4900
Transmission	manuelle 5 rapports
Autres transmissions	automatique 4 rapports
Accélération 0-100 km/h (sec.)	9,16
Reprises 80-115 km/h (sec.)	7,38
Distance de freinage 100-0 km/h (m)	39,8
Niveau sonore à 100 km/h	✹ ✹
Vitesse maximale (km/h)	185
Consommation réalisée au cours de l'essai (L/100 km)	8,9
Gaz à effet de serre	
Autres moteurs	aucun

CE QU'IL FAUT SAVOIR

Fourchette de prix ($)	**15 645 - 22 385**
Marge de profit du concessionnaire (%)	9,47
Transport et préparation ($)	1125
Consommation ville - route (L/100 km)	9,4 - 6,9 (man. 2,2 l)
	9,9 - 7,2 (aut. 2,2 l)
Essence recommandée	ordinaire
Versions offertes	Base, SE, GT
Carrosserie	coupé 2 portes
Lieu d'assemblage	États-Unis
Valeur résiduelle	✹ ✹
Garanties : de base - motopropulseur (an/km)	3/60 000 - 5/160 000
Fiabilité présumée	✹ ✹ ✹ ✹
Cycle de remplacement	2010
Ventes 2007 ↘ 1 %	Québec : 6634
Protection collision frontale conducteur/passager	✹ ✹ ✹ ✹ / ✹ ✹ ✹ ✹ ✹
latérale avant/arrière	✹ ✹ ✹ ✹ / ✹ ✹ ✹ ✹
retournement 2rm/4rm	✹ ✹ ✹ ✹ / n.a.

À RETENIR

Nouveautés 2009	moteur Ecotec 2,2 litres et boîte manuelle améliorés, pneus de 15 po à faible résistance, Bluetooth, prise USB, berline discontinuée
Principales concurrentes	**Chevrolet Cobalt, Ford Focus, Honda Civic, Saturn Astra, Volkswagen Rabbit**

- Moteur avec calage des soupapes
- Facile à entretenir
- Bonne routière
- Gamme de prix souvent à rabais

- Seul le coupé reste au catalogue
- Accès et espace arrière
- Intérieur sans éclat, console mal aménagée

501

LA FORCE DU NOMBRE ?

L a G6 n'a peut-être pas beaucoup de talent pour se frotter aux meilleures calandres de sa catégorie, mais elle se débrouille plutôt bien au chapitre des ventes. Les mauvaises langues diront que son succès s'explique par l'impressionnante machine commerciale dont dispose GM et qui, bon an mal an, permettait de boucler des ventes à grands coups de promotions. Mais la décision du groupe d'abandonner la location à long terme pourrait avoir raison de la popularité de cette intermédiaire à plus ou moins brève échéance.

PONTIAC
G6

La GXP n'est sans doute pas la plus prisée des consommateurs, mais elle est assurément la plus représentative (du moins, elle est censée l'être) du potentiel de cette Pontiac. Un potentiel qui, faut-il le reconnaître, s'exprime bien timidement. Par rapport à la G6 de monsieur et madame Tout-le-monde, la GXP a droit à des éléments suspenseurs plus sportifs (lire plus fermes) grâce notamment à l'ajout de barres antiroulis plus grasses et de pneumatiques aux semelles plus adhérentes, et à une direction hydraulique qui offre un meilleur toucher de la route que celle, à assistance électrique, offerte sur les autres G6. Même le freinage a été musclé. Le moteur aussi, puisque la GXP retient les services du V6 3,6 litres.

Pour s'acheter une conduite plus économique et plus sage, mieux vaut se tourner vers le quatre cylindres 2,4 litres qui bénéficie cette année d'une boîte automatique à six rapports en option. Elle vaut le coût, même si sa gestion souffre parfois d'étourderie.

La G6 profite de la rigidité démontrée par la plateforme Epsilon. La suspension, quoique rigide, encaisse sans trop broncher les inégalités du revêtement et assure aux passagers un confort tout à fait satisfaisant.

UN HABITACLE QUI VIEILLIT VITE
Première constatation : l'angle d'ouverture important des portières avant. Si important qu'elles sont difficiles à refermer une fois assis. À l'arrière, c'est correct, mais attention, à la sortie surtout, de ne pas laisser votre scalp contre le montant du toit ou contre le porte-cintre qui se trouve scotché sur le pourtour du pavillon. Le dégagement, à l'avant comme à l'arrière, se compare aux voitures concurrentes. Comme la majorité des berlines de cette catégorie, la G6 peut accueillir un cinquième occupant à la condition qu'il ait des talents de contorsionniste et ne s'offusque pas de l'absence d'appuie-tête.

À l'avant, les baquets procurent un confort tout à fait acceptable. Le conducteur ou la conductrice, cela va de soi, appréciera la possibilité d'élever l'assise du coussin, de régler la distance du pédalier ou encore de modifier l'inclinaison et la profondeur de la colonne de direction. Le bloc d'instrumentation est complet et les principales commandes se trouvent à portée de la main. La finition ne s'attire pas de vilaines critiques, pas plus que la qualité des matériaux qui se situe dans la bonne moyenne. On regrettera seulement la pauvreté des espaces de rangement. Quant au coffre, son seuil est légèrement élevé et il manque un peu de profondeur.

ET LE CABRIOLET ALORS ?
Le coupé cabriolet propose une isolation et surtout une insonorisation dignes des G6 classiques. Le confort y gagne énormément par rapport à un cabriolet traditionnel sans que le charme de la voiture découverte en pâtisse. Cette solution technique profite à la pureté des lignes, mais pas aux bagages, qu'il faudra bien caser ailleurs. Sur la petite banquette arrière dont la conformation et l'espace ne pourront occasionnellement accueillir que deux individus de petite taille, par exemple.

Ce n'est qu'une fois décapsulée qu'on prend alors conscience de la très forte inclinaison du pare-brise de cette G6 plein air. Ce trait caractéristique présente plusieurs avantages : esthétique, bien sûr, mais aussi technique et aérodynamique. Le dynamisme suggéré par le style de la berline s'en trouve renforcé. La taille du pavillon, réduite d'autant, permet de le loger plus facilement dans le coffre. Enfin, ce paravent qui vient presque à l'aplomb des passagers les préserve efficacement des remous. Il faut simplement composer avec des montants épais qui perturbent la visibilité et prendre garde, lorsqu'on monte à bord, de ne pas se cogner la tête dans cette grande baie vitrée.

La rigidité de la coque de la G6 est naturellement moins élevée en position ouverte et sa direction est agitée de tremblements sur mauvais revêtement, mais elle demeure suffisante pour garantir une tenue de route agréable, sans plus. On constate par ailleurs que l'assouplissement des éléments suspenseurs diminue légèrement la sensibilité de la direction. Bref, nous vous suggérons d'aller vous faire décoiffer ailleurs. ▌▌▌ ÉRIC LEFRANÇOIS

*Le succès de la G6 ne repose-t-il pas essentiellement
sur la machine commerciale dont dispose GM ?*

DIMENSIONS ET VOLUMES

Empattement (mm)	2852
Longueur (mm)	4801 (berline), 4803
Largeur (mm)	1793, 1788 (coupé)
Hauteur (mm)	1450 (berline), 1433 (coupé)
	1440 (cabriolet)
Volume intérieur (L)	3117, 2529 (cabriolet)
Volume du coffre (min./max.) (L)	396 (berline)
	340 (coupé), 164/357 (cabriolet)
Capacité du réservoir de carburant (L)	64
Fourchette de poids (kg)	1499 - 1749

CHÂSSIS

Mode	traction
Suspension av. - arr.	indépendante
Freins av. - arr.	disques
Capacité de remorquage min. - max. (kg)	n.r. (cabriolet)
	- 454
Direction - diamètre	crémaillère - 11, 6 (berline)
de braquage (m)	12 (coupé), 12,3 (cabriolet)
Pneus	215/55R17, 225/50R17 (GT), 225/50R18 (GXP)

PERFORMANCES

Modèle à l'essai	G6 GT (berline)
Moteur	V6 ACC 3,5 litres
Puissance (ch. à tr/min)	221 - 5800
Couple (lb-pi à tr/min)	221 - 4000
Transmission	automatique 4 rapports
Autres transmissions	automatique 6 rapports
	(2,4 l / 3,6 l)
Accélération 0-100 km/h (sec.)	7,97
Reprises 80-115 km/h (sec.)	5,89
Distance de freinage 100-0 km/h (m)	42,2
Niveau sonore à 100 km/h	✗ ✗ ✗
Vitesse maximale (km/h)	195 (GT), 215 (GXP)
Consommation réalisée au cours de l'essai (L/100 km)	10,8
Gaz à effet de serre	
Autres moteurs	L4 2,4 litres (164 ch.)
	V6 3,6 litres (252 ch.)
	V6 3,9 litres (222 ch.)

CE QU'IL FAUT SAVOIR

Fourchette de prix ($)	**23 995 - 35 995**
Marge de profit du concessionnaire (%)	10,68
Transport et préparation ($)	1300
Consommation ville - route (L/100 km)	10,6 - 7,1 (2,4 l)
	13,3 - 8.2 (3,5 l)
	14 - 9 (3,6 l)
	15,5 - 10,5 (3,9 l)
Essence recommandée	ordinaire
Versions offertes	Base, GT, GXP,
Carrosserie	berline 4 portes, coupé 2 portes, cabriolet 2 portes
Lieu d'assemblage	États-Unis
Valeur résiduelle	★ ★ ★ ★
Garanties : de base - motopropulseur (an/km)	3/60 000 - 5/160 000
Fiabilité présumée	★ ★ ★ ★
Cycle de remplacement	2011
Ventes 2007 ↘ 28 %	Québec : 2357
Protection collision frontale conducteur/passager	★ ★ ★ ★ ★ / ★ ★ ★ ★
latérale avant/arrière	★ ★ ★ ★ ★ / ★ ★ ★ ★ ★
retournement 2rm/4rm	★ ★ ★ ★ / n.a.

À RETENIR

Nouveautés 2009	**boîte automatique 6 rapports avec moteur 2,4 l (option), démarreur à distance**
Principales concurrentes	**Dodge Avenger, Honda Accord, Mazda6, Nissan Altima, Toyota Camry/Solara**

- Les multiples choix (carrosseries, moteurs, transmissions)
- Le comportement sans histoire
- La fiabilité maintenant éprouvée

- Le coussin de la banquette arrière trop plat
- La direction engourdie par le courant électrique
- La rigidité du cabriolet à ciel ouvert

À CONTRE-COURANT

PONTIAC.

PONTIAC
G8

Pontiac fut l'une des premières marques américaines à miser sur la haute performance, créant dans un même temps le premier d'une longue suite de « muscle cars ». Les nostalgiques se souviendront de la fameuse GTO de 1964 qui usurpait le nom d'une Ferrari non moins célèbre tout en faisant saliver les amateurs avec son gros V8 de 6,5 litres développant un modeste 325 chevaux, ce qui était beaucoup à l'époque. Pontiac a longtemps joué la carte du plaisir de conduire, et cela, de nombreuses années après qu'elle eut pratiquement abandonné la production de voitures méritant une telle appellation.

Même si la marque continue de construire des voitures fort prétentieuses, avec la G8 il fait bon vivre sous la bannière Pontiac

La passion de conduire est timidement revenue chez Pontiac avec l'apparition de la Solstice et d'une Pontiac GTO fabriquée en Australie exclusivement pour le marché américain. Cette dernière a été accueillie assez froidement pour finalement disparaître du catalogue GM. Même si la marque continue de construire de ces voitures fort préten-tieuses, il y a désormais des produits avec lesquels il fait bon vivre sous la bannière Pontiac. La G8 est de cette nouvelle vague, et elle risque d'envoyer aux oubliettes la défunte Grand Prix. En fait, il serait péjoratif de la considérer comme sa remplaçante tellement elle a mieux à offrir.

ÇA NE TIRE PLUS, ÇA POUSSE

Puisque la G8 se devait d'adopter un comportement plus inspirant, les grands manitous de GM ont eu la brillante idée d'aller fouiller dans leur filiale australienne Holden. C'est plus précisément sur la Commodore que leur choix s'est arrêté, et 98 % des composantes de la G8 proviennent de cette dernière. Ce qui différencie d'abord la G8 de la Grand Prix, c'est son architecture, puisqu'on a affaire à une propulsion et non une traction avant. Avec le Solstice, on vient de multiplier par deux le nombre des voitures amusantes à conduire chez Pontiac.

Par son format et sa configuration, elle a comme cible avouée le Dodge Charger. Comme celle-ci, la Pontiac est offerte avec, au choix, un moteur V6 ou V8 tandis qu'une version haute performance GXP dotée d'une transmission

manuelle et d'un V8 de Corvette qui fera environ 400 chevaux est en préparation. Pour l'instant, la trans-mission est toujours automatique, mais le nombre de rap-ports peut varier, puisque le modèle de base en compte cinq, mais il est possible, moyennant supplément, de l'équiper de la version à six vitesses qui vient d'office sur le modèle GT. Cette même GT est le pendant américain de la Commodore SS et profite ainsi d'un moteur V8 d'une cylindrée de 6 litres qui développe quelque 361 chevaux et 385 livres-pieds de couple. Les accélérations et les reprises sont énergiques, puisque l'exercice 0-100 km/h est l'affaire de 6,2 secondes, tandis que les dépassements se font avec une telle facilité qu'on se surprend presque à avoir envie de tomber plus souvent sur des retardataires afin de profiter de la poussée engendrée par l'accélérateur. Ce gros V8 qui est ironiquement un « small block », se montre très docile et n'émet jamais de vrombissements démesurés.

Le moteur V6, par contre, est aux prises avec ce problème. Il est un choix logique, puisqu'il se montre souple et rela-tivement sobre, mais dès qu'il est fortement sollicité, il s'en échappe un son métallique et rugueux qui fait parfois douter qu'il y ait suffisamment d'huile dans le moteur. Avec 256 chevaux et presque autant de couple, il n'est pas avare de performances, en plus d'être proposé à un prix allé-chant, mais pour plusieurs, un V8 est la seule option possible dans une berline à propulsion d'origine américaine, mais rappelez-vous, celle-ci est australienne...

SON HABITACLE
POURRAIT NOUS
PLONGER DANS UNE
PROFONDE DÉPRIME :
OUBLIEZ LA
COULEUR, TOUT EST
SOMBRE.
HEUREUSEMENT QUE
L'INSIGNE PONTIAC
TRÔNE AU MILIEU DU
VOLANT POUR NOUS
RAPPELER À QUELLE
VOITURE ON A
AFFAIRE.

DOCILE ET SÛRE

Plusieurs se rappellent les voitures à roues arrière motrices de l'époque où elles étaient la règle plutôt que l'exception et sont ainsi un peu réticents à se procurer un véhicule proposant cette caractéristique. Or les temps ont bien changé, et à moins de courir délibérément à sa perte, il est plutôt improbable que le train arrière décroche inopinément. Avec le système de contrôle de la stabilité enclenché, n'importe qui peut utiliser une G8 au quotidien, et ce, quelle que soit la saison. Si l'envie vous vient de vous amuser un brin, sachez que les toutes deux s'accrochent assez bien au bitume, mais que la version GT fait évidemment un peu mieux à ce chapitre malgré le surplus de poids engendré par son V8. Il est également possible de désactiver les béquilles électroniques à la simple pression d'un bouton, à la grande joie de ceux qui désirent faire patiner les roues. Du côté de la direction par contre, on aurait préféré qu'elle soit un peu plus communicative, ce qui aurait encore haussé d'un cran l'agrément de conduite.

FONCTIONNEL, MAIS IMPERSONNEL

En prenant place dans la G8, on n'éprouve pas tout à fait les mêmes sensations qu'en la regardant de l'extérieur. Heureusement que l'insigne Pontiac au centre du volant est là pour nous rappeler à quelle voiture nous avons affaire, sans quoi nous risquerions de sombrer dans une profonde déprime. Tout d'abord, oubliez la couleur ; il n'y en a pas. Tout est sombre, mais heureusement, mieux assemblé que par le passé. Certaines commandes demandent un certain temps d'adaptation, car elles sont peu intuitives. Le système de sonorisation signé Blaupunkt est de ce nombre, et même les notes riches qui en émanent

ne parviennent pas tout à fait à faire oublier combien sa panoplie de boutons tous plus petits les uns que les autres le rend difficile à utiliser. Il n'en demeure pas moins que tous les gabarits pourront aisément trouver une bonne position de conduite et que les sièges se font apprécier au fur et à mesure qu'on avale les kilomètres. Le coffre est également de bonnes dimensions et il est facile d'y engloutir des objets encombrants.

SUR LA BONNE VOIE

Si la G8 est une honnête berline qui profite en plus d'un tempérament juste assez sportif pour ne pas s'ennuyer à son bord, son sort est tout de même incertain. Ses qualités intrinsèques ne sont pas en cause, c'est plutôt le marché qui n'est pas particulièrement favorable aux véhicules de ce gabarit. Si toutefois vous faites fi du prix des hydrocarbures, cette Pontiac a beaucoup à offrir.
❚❚❚ **DANIEL CHARRETTE**

DIMENSIONS ET VOLUMES

Empattement (mm)	2915
Longueur (mm)	4982
Largeur (mm)	1899
Hauteur (mm)	1465
Volume intérieur (L)	3528
Volume du coffre (min./max.) (L)	496
Capacité du réservoir de carburant (L)	72,6
Fourchette de poids (kg)	1762 - 1837

CHÂSSIS

Mode	propulsion
Suspension av. - arr.	indépendante
Freins av. - arr.	disques
Capacité de remorquage min. - max. (kg)	454 (GXP) - 907
Direction - diamètre de braquage (m)	crémaillère - 11,4
Pneus	245/45R18, 245/40R19 (GXP)

PERFORMANCES

Modèle à l'essai	G8 GT
Moteur	V8 ACC 6 litres
Puissance (ch. à tr/min)	361 - 5300
Couple (lb-pi à tr/min)	385 - 4400
Transmission	automatique 6 rapports
Autres transmissions	automatique 5 rapports (V6)
Accélération 0-100 km/h (sec.)	5,92
Reprises 80-115 km/h (sec.)	3,48
Distance de freinage 100-0 km/h (m)	37,4
Niveau sonore à 100 km/h	✕ ✕ ✕ ✎
Vitesse maximale (km/h)	225
Consommation réalisée au cours de l'essai (L/100 km)	13
Gaz à effet de serre	
Autres moteurs	V6 3,6 litres (256 ch.) V8 6,2 litres (402 ch.)

CE QU'IL FAUT SAVOIR

Fourchette de prix ($)	**31 995 - 36 996**
Marge de profit du concessionnaire (%)	10,68
Transport et préparation ($)	1300
Consommation ville - route (L/100 km)	**13,7 - 9,3 (3,6 l) 15,9 - 9,9 (6 l)**
Essence recommandée	ordinaire, super (6,2 l)
Versions offertes	Base, GT, GXP
Carrosserie	berline 4 portes
Lieu d'assemblage	Australie
Valeur résiduelle	✳ ✳ ✳
Garanties : de base - motopropulseur (an/km)	3/60 000 - 5/160 000
Fiabilité présumée	inconnue
Cycle de remplacement	nouveau modèle 2009
Ventes 2007 n.a.	Québec : n.a.
Protection collision frontale conducteur/passager latérale avant/arrière retournement 2rm/4rm	non évaluée non évaluée non évaluée

À RETENIR

Nouveautés 2009	**la G8 remplace la Grand Prix**
Principales concurrentes	**Dodge Charger, Chevrolet Impala, Nissan Maxima**

- Conception moderne
- Silhouette équilibrée
- Agrément de conduite

- Habitacle terne
- Sonorité du moteur V6
- Direction inerte
- Modèle à contre-courant

507

AVEC OU SANS TOI...

L es plaisirs les plus simples sont parfois les meilleurs. Telle est la devise de la Solstice qui, tout comme la MX-5, embrasse l'esprit roadster des années 1960. Deux places, une capote en toile, une petite cylindrée, des roues arrière motrices, le tout contenu dans une fourchette de poids raisonnable. Hélas, dans le cas de la Pontiac, l'envie d'enfiler gants, casquette et écharpe ramollit après chaque ballade. Avec ou sans toit.

PONTIAC
SOLSTICE

Encore aujourd'hui, partout où nous passons, les têtes se tournent, les index nous visent et parfois même un sourire gagne les plus blasés. Voilà qui risque de conforter, en partie, Bob Lutz dans ses illuminations, car à l'usage sinon à l'usure, la Solstice agace plus qu'elle séduit. En fait, le charme arrête d'opérer, là, au pied des portières. Dire que l'accès à bord est un exercice contraignant est un euphémisme. Pour s'installer, il faut glisser dans un baquet au ras du sol, tout en passant les jambes sous le volant dont la colonne est heureusement inclinable. Passe encore quand la capote est enlevée, mais quand le toit de la Solstice est en place, il faut se faufiler avec l'agilité d'une couleuvre. Une fois assis, inutile de chercher des réglages compliqués : l'assise des baquets avance et recule sur de courtes glissières. Bien sûr, les dossiers s'inclinent un peu, mais encore faut-il atteindre la commande rotative coincée entre le siège et la portière.

L'impression de confinement ressenti à bord de la Solstice n'est pas une vue de l'esprit. On s'y sent vraiment à l'étroit. Et même s'ils ne sont pas déterminants dans le choix d'un roadster, les aspects pratiques demeurent essentiels, une fois le coup de foudre estompé, pour apprécier la conduite au quotidien. Ce n'est pas le dépouillement total, mais difficile tout de même d'imaginer faire de cette Solstice une voiture de tous les jours. Dans cet environnement spartiate, on trouve trois porte-gobelets (mais un seul vraiment accessible), une prise auxiliaire et quelques rangements (pas très accessibles eux non plus) disséminés ici et là. Pas de miroir de courtoisie et le sillon creusé sous le seuil de chaque portière peut à peine contenir un stylo.

La capote, dotée d'un seul point d'ancrage, se replie à la main en un instant vers l'arrière. Simple, et pourtant le plus dur reste à faire. Il faut ensuite descendre, ou plus exacte-

ment s'extraire du siège bas et enveloppant pour soulever le coffre (celui-ci s'ouvre de l'avant à l'arrière) sous lequel le toit se replie intégralement sous la carrosserie. Avant de refermer le couvercle, prenez une seconde pour visualiser l'espace réservé aux bagages ou plutôt à votre bagage... L'élimination de la roue de secours (remplacée ici par une bombe anticrevaison) n'y change rien, on dispose en tout et pour tout de 153 litres. C'est très peu et cela se révèle un sérieux handicap, même dans une telle voiture.

JOLIE, MAIS ENCORE

Sous le capot, qui s'ouvre de l'arrière vers l'avant comme sur la Corvette, niche une mécanique « de grande série », en l'occurrence le même quatre cylindres de 2,4 litres qui se charge d'animer plusieurs produits de la General Motors. Malgré sa cylindrée généreuse, ce moteur n'a pas la fougue nécessaire pour alarmer un patrouilleur de la Sureté du Québec. Et comme un malheur (pour une voiture aux prétentions sportives, s'entend) ne vient jamais seul, la Solstice est gênée (comme le mot est faible), en reprises par le piètre étagement de sa boîte de vitesses qui oblige à constamment jouer du levier. La solution passe donc par la livrée GXP et son moteur suralimenté par turbocompresseur. La solution ? Sur papier oui, mais dans les faits, on se demande bien dans quelle direction galopent les 260 chevaux de cette mécanique qui s'accorde mieux à la boîte automatique qu'à la manuelle.

De série, la Solstice adopte des jantes de 18 pouces chaussées de pneus dont l'adhérence n'a d'égale que la surface qu'ils impriment sur la chaussée. Dès la première courbe négociée rapidement, la Solstice vous met en confiance : son train avant mord l'asphalte à pleine gomme, et l'arrière suit fidèlement en assurant la propulsion avec aisance. En cas d'optimisme exagéré, cette Pontiac se révèle prévenante et tolérante, de sorte que, même sans notions pointues de pilotage, il est possible de se faire plaisir à rythme sportif sur route sinueuse. Ce comportement sûr se double d'un freinage efficace, mais d'un dispositif antiblocage ABS un peu trop sensible sur les bosses.

Jolie à regarder, la Solstice est hélas une étude conceptuelle peu aboutie auquel il aurait fallu apporter plusieurs raffinements avant de lui faire goûter les joies de la production en série. L'ajout d'une version à toit rigide cette année n'y changera rien. On ne rallume pas un pétard mouillé... ▌▌▌
ÉRIC LEFRANÇOIS

*L'impression de confinement ressenti à bord
de la Solstice n'est pas une vue de l'esprit*

DIMENSIONS ET VOLUMES

Empattement (mm)	2415
Longueur (mm)	3992
Largeur (mm)	1810
Hauteur (mm)	1273 (cabriolet), 1292 (coupé)
Volume intérieur (L)	1529 (cabriolet), 1438 (coupé)
Volume du coffre (min./max.) (L)	60/153 (cabriolet) 159 (coupé)
Capacité du réservoir de carburant (L)	51
Fourchette de poids (kg)	1319 - 1369

CHÂSSIS

Mode	propulsion
Suspension av. - arr.	indépendante
Freins av. - arr.	disques
Capacité de remorquage min. - max. (kg)	non recommandé
Direction - diamètre de braquage (m)	crémaillère - 10,6
Pneus	P245/45R18

PERFORMANCES

Modèle à l'essai	Solstice GXP (cabriolet)
Moteur	L4 turbo DACT 2 litres
Puissance (ch. à tr/min)	260 - 5300
Couple (lb-pi à tr/min)	260 - 2500
Transmission	manuelle 5 rapports
Autres transmissions	automatique 5 rapports
Accélération 0-100 km/h (sec.)	5,95
Reprises 80-115 km/h (sec.)	4,10
Distance de freinage 100-0 km/h (m)	38,2
Niveau sonore à 100 km/h	✕
Vitesse maximale (km/h)	230
Consommation réalisée au cours de l'essai (L/100 km)	10,2
Gaz à effet de serre	
Autres moteurs	L4 2,4 litres (173 ch.)

CE QU'IL FAUT SAVOIR

Fourchette de prix ($)	**28 365 – 35 995**
Marge de profit du concessionnaire (%)	9,47
Transport et préparation ($)	1125
Consommation ville - route (L/100 km)	**12,3 – 8,3 (turbo, 2 l) 12,5 – 9,5 (2,4 l)**
Essence recommandée	ordinaire
Versions offertes	Base, GXP
Carrosserie	cabriolet 2 portes coupé 2 portes
Lieu d'assemblage	États-Unis
Valeur résiduelle	✳ ✳ ✳ ✳
Garanties : de base - motopropulseur (an/km)	3/60 000 - 5/160 000
Fiabilité présumée	✳ ✳ ✳
Cycle de remplacement	2011
Ventes 2007 ↘ 6 %	Québec : 477

Protection collision		
frontale conducteur/passager	✳ ✳ ✳ ✳	/ ✳ ✳ ✳ ✳
latérale avant/arrière	✳ ✳ ✳ ✳	/ n.a.
retournement 2rm/4rm	✳ ✳ ✳ ✳ ✳	/ n.a.

À RETENIR

Nouveautés 2009	**modèle format coupé, freins ABS et antidérapage de série, Bluetooth**
Principales concurrentes	**Honda S2000, Mazda MX-5, Nissan 350Z, Saturn Sky**

- Joli minois
- Comportement sûr
- Moteur turbo plus expressif

- Moteur épuisé par la charge (atmosphérique)
- Boîte manuelle mal étagée
- Habitacle étriqué

D'ACCORD, UNE DERNIÈRE FOIS

PONTIAC
SV6

Avec le SV6, la direction de Pontiac estimait avoir ce qu'il fallait pour détourner les familles canadiennes et québécoises des fourgonnettes concurrentes. Elle avait raison quant au prix demandé, mais pour le reste, cette fourgonnette resucée ne fait pas le poids. Par chance, elle le sait : elle se retire — définitivement — à la fin de la prochaine année. Enfin.

Soyons honnête. En dépit de ces nombreuses lacunes sur le plan dynamique et de sa conception âgée, le SV6 n'en est pas moins une fourgonnette très fréquentable en raison de ses rangements « mur à mur ». Oui, le SV6 est malin. Des rails grimpés au plafond permettent de suspendre des compartiments supplémentaires, de loger aussi l'écran (indispensable les longs voyages avec des enfants) qui permettra aux occupants des sièges du deuxième et du troisième rang de visionner un film ou encore de s'amuser avec une console de jeu. En revanche, le volume du coffre déçoit. La faute est en partie attribuable aux pratiques coffrets (suffisamment profonds pour accueillir un réservoir de lave-glace) scotchés au plancher. Ce boîtier, offert moyennant supplément, s'escamote pour accroître l'espace sous le plafond. Pour gagner plus d'espace encore, il est possible de rabattre les sièges de la troisième (des contorsions sont nécessaires pour les remettre en place à partir du coffre) et de la deuxième rangées pour former un plancher parfaitement plat.

La position de conduite ne s'attire aucune vilaine critique. Peut-être aurait-elle été plus soignée si la colonne de direction avait été télescopique, pas juste inclinable. Contrairement à ce que ses dimensions extérieures suggèrent, les dimensions intérieures du SV6 n'ont rien d'exceptionnel. Le dégagement pour les occupants de la troisième banquette est inférieur à ses concurrentes directes. Idem pour ceux qui occuperont les places médianes.

ENNUYANTE COMME LA PLUIE

Même si cette Pontiac ressemble à toutes les autres fourgonnettes, elle n'en est pas moins trop lourde. Consultez le tableau qui accompagne cette analyse et comparez-le à ses concurrents : elle appartient à la catégorie « toutoune ».

Avec une telle masse à entraîner, on devine bien que le moteur de 3,5 litres du SV6 ne fait pas preuve du même dynamisme que ses concurrentes directes. Les accélérations sont timides, les reprises le sont tout autant. Pas très brillant sur le plan technique, ce 3,5 litres manque sans doute de souplesse et de vélocité par rapport aux mécaniques de ses concurrentes japonaises, mais il se révèle toutefois volontaire et assez doux tant qu'on ne l'entraîne pas dans les tours. De plus, il s'entend comme larron en foire — par chance, puisqu'il n'y a pas d'autre choix — avec la boîte automatique à quatre rapports. Le poids influe également sur la consommation, qui atteint aisément, en période hivernale, 13,6 litres aux 100 km dans le cadre d'un parcours mi-ville, mi-route. Heureusement, l'immense réservoir de 94 litres assure à cette fourgonnette une autonomie fort appréciable.

Sur la route, le SV6 se conduit comme une fourgonnette... C'est donc dire que pour l'agrément de conduite, on repassera. Lourde, elle fait preuve d'une certaine paresse à s'inscrire en virages. Sa direction vive est combinée à un train avant peu incisif. Bien sûr, le poids de la « bête » limite son agilité. Dans une courbe à long rayon correctement pavée, le véhicule s'avère stable et sa tenue de cap satisfaisante, sans plus. Les dépassements de camions laissent paraître une certaine sensibilité au volant, mais ne nécessitent pas de corrections. Il en va autrement sous de forts vents latéraux.

En ville, la conduite n'est guère plus enthousiasmante. Par chance, le diamètre de braquage assez court lui permet de se faufiler aisément dans des espaces restreints. Le freinage, lui, s'avère facile à moduler. Il faut dire que cette fourgonnette adopte des disques et des étriers plus musclés qu'autrefois. Les distances d'arrêt sont dans la bonne moyenne.

Côté confort, le résultat convainc, même si les roues, pourtant à profil assez haut (Série 60), n'arrivent pas à filtrer toutes les trépidations sur les petites irrégularités. Donc, bilan mitigé pour cette fourgonnette dont la conception est, devons-nous le rappeler, assez lointaine. Et ça paraît, sur le plan technique et dynamique surtout.

Même si on doit reconnaître les efforts déployés ces dernières années pour « maquiller » la vétusté de cette architecture vieille de vingt-cinq ans (minimum), reste que cette fourgonnette est hors-concours. À moins de vous la faire offrir en cadeau, le prix demandé sera toujours trop élevé par rapport à la concurrence, qui offre non seulement plus d'agrément, une meilleure qualité d'ensemble, de meilleures performances, mais aussi une valeur de revente plus élevée. Tout compte fait, si vous désirez absolument un SV6 dans votre entrée de garage, procurez-vous-le d'occasion. ▌▌▌ **ÉRIC LEFRANÇOIS**

DIMENSIONS ET VOLUMES

Empattement (mm)	2870 - 3077
Longueur (mm)	4949 - 5222
Largeur (mm)	1830
Hauteur (mm)	1790 - 1830
Volume intérieur (L)	n.d.
Volume du coffre (min./max.) (L)	501 /3401 (régulière)
	762 / 3866 (allongée)
Capacité du réservoir de carburant (L)	75 (régulière), 94 (allongée)
Fourchette de poids (kg)	1908 - 1954

CHÂSSIS

Mode	traction
Suspension av. - arr.	indépendante - semi-indépendante
Freins av. - arr.	disques
Capacité de remorquage min. - max. (kg)	907 - 1587
Direction - diamètre de braquage (m)	crémaillère - 12 / 12,5 (allongée)
Pneus	225/60R17

PERFORMANCES

Modèle à l'essai	SV6 (allongée)
Moteur	V6 ACC 3,9 litres
Puissance (ch. à tr/min)	240 - 6000
Couple (lb-pi à tr/min)	240 - 4800
Transmission	automatique 4 rapports
Autres transmissions	aucune
Accélération 0-100 km/h (sec.)	10,43
Reprises 80-115 km/h (sec.)	7,96
Distance de freinage 100-0 km/h (m)	44,4
Niveau sonore à 100 km/h	✱ ✱ ✱
Vitesse maximale (km/h)	180
Consommation réalisée au cours de l'essai (L/100 km)	13,6
Gaz à effet de serre	
Autres moteurs	aucun

CE QU'IL FAUT SAVOIR

Fourchette de prix ($)	**25 060 - 32 465**
Marge de profit du concessionnaire (%)	10,68
Transport et préparation ($)	1350
Consommation ville - route (L/100 km)	**14,5 - 10**
Essence recommandée	ordinaire
Versions offertes	1SA, 1SB, 1SC (régulière / allongée)
Carrosserie	fourgonnette 5 portes
Lieu d'assemblage	États-Unis
Valeur résiduelle	✱
Garanties : de base - motopropulseur (an/km)	3/60 000 - 5/160 000
Fiabilité présumée	✱ ✱
Cycle de remplacement	2010
Ventes 2007 ↘ 2 %	Québec : 4142
Protection collision	
frontale conducteur/passager	✱ ✱ ✱ ✱ ✱ / ✱ ✱ ✱ ✱ ✱
latérale avant/arrière	✱ ✱ ✱ ✱ / ✱ ✱ ✱ ✱ ✱
retournement 2rm/4rm	✱ ✱ ✱ / n.a.

À RETENIR

Nouveautés 2009	aucun changement majeur
Principales concurrentes	**Dodge Grand Caravan, Honda Odyssey, Hyundai Entourage, Nissan Quest, Toyota Sienna**

- La dernière année de sa mise en service
- La fiabilité éprouvée
- Les rangements astucieux

- La timidité des accélérations
- Le manque d'agilité
- La valeur de revente

UNE SEULE PHOTOCOPIE ?

Même s'il fait appel à des composantes existantes, le Torrent tente de nous faire croire qu'il n'origine pas d'une photocopieuse. Peine perdue. Inutile de gratter très longtemps la peinture pour déceler les origines de ce modèle, qui émane de la plateforme Theta également en service sur les Chevrolet Equinox et Suzuki XL-7.

Concrètement, la seule différence entre cette Pontiac et les autres précitées se trouve aux quatre extrémités du véhicule. En effet, les ingénieurs ont essentiellement bricolé les liaisons au sol. Mais tout comme l'Equinox, le Torrent retient les services d'un moteur six cylindres de 3,4 litres pour animer ses livrées « régulières », mais les plus déjantées ont droit à un V6 3,6 litres.

Le Torrent, comme certains de ses concurrents, propose une version à quatre roues motrices. Il faut savoir que la « traction aux quatre roues » redirige une partie du couple (33 % pour être précis) aux roues arrière seulement lorsqu'il y a perte d'adhérence des roues avant. Sur une chaussée parfaitement sèche, seules les roues avant entraînent le véhicule. Peu coûteux à produire et à entretenir, ce dispositif a l'avantage d'être léger (une quarantaine de kilos) et d'avoir une incidence minime sur la consommation de carburant.

UNE VOLONTÉ DE BIEN FAIRE

À l'intérieur, on sent une réelle volonté de bien faire. Profitant de l'expérience accumulée par Saturn et Chevrolet, les concepteurs du Torrent ont poussé le raffinement un peu plus loin, quoique certains irritants subsistent, comme l'absence de poignées de maintien. Par contre, les espaces de rangement sont assez nombreux pour vider tout le contenu de vos poches.

Inutile de sortir l'escabeau pour monter à bord du Torrent. L'accès y est facile. L'angle d'ouverture est suffisamment grand et les puits de roue assez discrets pour ne pas avoir à se placer la main sous les fesses pour protéger son beau linge. Autre particularité intéressante : la banquette arrière coulissante permet d'augmenter le dégagement pour les jambes ou le volume de chargement. La banquette se rabat en tout ou en partie, mais elle s'incline aussi pour faciliter

la sieste de vos passagers. Mentionnons de plus que le dossier du baquet côté passager s'escamote lui aussi pour permettre le chargement d'objets longs.

Autre surprise agréable : le coffre. Il comporte, comme le CR-V de Honda, une tablette qui peut servir de table à pique-nique. Et si les tourelles de la suspension arrière empiètent sur le volume du coffre, elles sont néanmoins coiffées de deux réceptacles permettant de ranger de petits objets. Seul bémol : la lunette ne se soulève pas indépendamment du hayon.

HONNÊTE, SANS PLUS

Sur le plan du comportement routier, cette Pontiac ne fait pas beaucoup d'étincelles. Rien de vraiment négatif, mais rien non plus pour s'enflammer, y compris aux commandes de la livrée GXP. À commencer par la direction à assistance électrique qui, malgré un toucher de route assez convaincant à basse vitesse, nous prive toujours de bien sentir la chaussée à haute vitesse.

On peste également contre le diamètre de braquage un peu fort pour se faufiler avec aisance dans les espaces restreints et les bruits de vent qui font siffler les piliers qui enchâssent le pare-brise. Mais le moteur V6 est discret, même avec l'accélérateur collé au plancher. Ce 3,4 litres a suffisamment de « pédale » pour se glisser dans la circulation sans souci et les reprises sont tout aussi convaincantes. Et il s'accorde bien avec la transmission automatique. Une chance, c'est la seule offerte. Même si sa consommation est modérée, ce V6 doit tout de même composer avec un réservoir un peu juste pour assurer une autonomie intéressante. Le 3,6 litres ? Plus nerveux certes, mais le châssis ne lui fait pas honneur, malgré que les boulons aient été resserrés.

Maintenant, quel mode choisir : traction ou intégrale ? Ce dernier n'a pas été conçu, comme nous le disions plus haut, pour jouer les Jim-la-Jungle, mais plutôt pour assurer une conduite plus sûre sur une chaussée glissante. Sur le sec, la traction intégrale est de peu d'intérêt. On observe une tendance moins survireuse qu'au volant de la version à deux roues motrices. Le Torrent vire relativement à plat et possède un comportement routier prévisible, mais un brin sportif, surtout si vous optez pour la GXP.

Le Torrent a du mal à se faire valoir dans un marché aussi encombré. Ce n'est qu'un utilitaire parmi tant d'autres. Il n'apporte rien de plus, rien de moins. En outre, il ne colle plus à l'image que Pontiac cherche à se donner. C'est pourquoi il sera laissé sans descendance et renaîtra sous de nouveaux traits pour défendre les couleurs de GMC le jour venu de son renouvellement. ▌▌▌ **ÉRIC LEFRANÇOIS**

DIMENSIONS ET VOLUMES

Empattement (mm)	2858
Longueur (mm)	4796
Largeur (mm)	1814
Hauteur (mm)	1760
Volume intérieur (L)	3013
Volume du coffre (min./max.) (L)	997 / 1943
Capacité du réservoir de carburant (L)	62,8 (2rm), 77,6 (4rm)
Fourchette de poids (kg)	1660 - 1842

CHÂSSIS

Mode	traction, intégral
Suspension av. - arr.	indépendante
Freins av. - arr.	disques
Capacité de remorquage min. - max. (kg)	1588
Direction - diamètre de braquage (m)	crémaillère - 12,75
Pneus	235/65R16 (Base), 235/60R17 (option) 235/50R18 (GXP)

PERFORMANCES

Modèle à l'essai	Torrent GXP
Moteur	V6 DACT 3,6 litres
Puissance (ch. à tr/min)	264 - 6500
Couple (lb-pi à tr/min)	250 - 2300
Transmission	semi-automatique 6 rapports
Autres transmissions	automatique 4 rapports (3,4 L)
Accélération 0-100 km/h (sec.)	7,74
Reprises 80-115 km/h (sec.)	4,73
Distance de freinage 100-0 km/h (m)	41,9
Niveau sonore à 100 km/h	⅜ ⅜
Vitesse maximale (km/h)	190
Consommation réalisée au cours de l'essai (L/100 km)	12,5
Gaz à effet de serre	
Autres moteurs	V6 3,4 litres (185 ch.)

CE QU'IL FAUT SAVOIR

Fourchette de prix ($)	**30 295 – 36 375**
Marge de profit du concessionnaire (%)	9,47
Transport et préparation ($)	1200
Consommation ville - route (L/100 km)	**13,8 - 9,8 (3,4 l) 14,7 - 9,8 (3,6 l)**
Essence recommandée	ordinaire
Versions offertes	Base, GXP
Carrosserie	multisegement 5 portes
Lieu d'assemblage	Canada
Valeur résiduelle	✹ ✹
Garanties : de base - motopropulseur (an/km)	3/60 000 - 5/160 000
Fiabilité présumée	✹ ✹
Cycle de remplacement	inconnu
Ventes 2007 ↘ 19%	Québec : 2264
Protection collision frontale conducteur/passager latérale avant/arrière retournement 2rm/4rm	✶ ✶ ✶ ✶ ✶ / ✶ ✶ ✶ ✶ ✶ non évaluée ✶ ✶ ✶ ✶ / ✶ ✶ ✶ ✶

À RETENIR

Nouveautés 2009	**rideaux gonflables latéraux de série, radio XM, Bluetooth**
Principales concurrentes	**Hyundai Tucson/Santa Fe, Mitsubishi Outlander, Saturn Vue, Toyota RAV4**

- L'espace à l'arrière
- La modularité du coffre
- Le raffinement apporté à cette plateforme au fil des ans

- Le diamètre de braquage
- Le rouage intégral lent à réagir
- Modèle en fin de carrière et qui sera laissé sans descendance

ÉCONOMIQUE ET BONNE À TOUT FAIRE

Avec l'essence à la hausse, trouvez-vous que votre fourgonnette ou votre utilitaire est devenu trop gros pour vos besoins ? Pouvez-vous vivre sans lui, même pendant les vacances ? Si vous êtes en manque d'espace et de force de remorquage, pourquoi ne louez-vous pas un plus gros véhicule durant cette période afin de tirer votre caravane ? L'économie en vaut le coût. Sinon, question de trouver un moyen terme, peut-être que la Pontiac Vibe pourrait servir vos besoins.

On le sait. Les multisegments ont la cote. Malgré tout, à force de mélanger les genres (fourgonnette, berline et utilitaire), on doit faire des compromis. La Vibe 2009, arrivée tôt en 2008 avec une nouvelle gueule, est un bon exemple. Pas assez grosse pour être une familiale à 100 %, encore moins un utilitaire, elle offre la traction intégrale et l'espace cargo d'un multisegment compact. Son appétit pour l'or noir est raisonnable et on la voit autant à la ville qu'à la campagne, avec monsieur ou madame Tout-le-monde à son volant. Les ventes au pays ont été très bonnes depuis son lancement en 2003 et la compétition (Jetta, Caliber, Impreza, Elantra, Mazda3, etc.) voudrait bien sa part du gâteau.

UN COUP D'ŒIL EN DEDANS

Il y a plus grand comme habitacle, mais la Vibe s'en tire bien avec son volume de chargement de 1399 litres, 500 de moins que la championne la Jetta Wagon. On ne partira pas en vacances, mais en balade de fin de semaine ! Cependant, la Pontiac Vibe a d'autres atouts. D'abord, le dossier du passager qui se rabat à plat permet le transport de longs objets (les fameux 2x4 de 8 pieds) ou encore il est possible d'optimiser le plancher de chargement en abaissant les dossiers de la banquette arrière. Mauvaise note pour le cache-bagages qui recouvre l'aire cargo et le dossier du passager en plastique : ils sont propres et lavables, mais trop sensibles aux égratignures.

L'habitacle de la Vibe est en général dans la même veine, moins séduisant à cause de ces panneaux en plastique bon marché. Par contre, on apprécie la position de conduite de cette seconde génération, supérieure à l'ancienne. Le baquet du conducteur est muni de plusieurs réglages et d'une colonne de direction ajustable. L'instrumentation est moderne et bien disposée, mais une partie de l'information

et des témoins est cachée par le volant à trois branches. L'empattement de la Vibe est généreux (2601 mm), ce qui se traduit par un bon dégagement au niveau des jambes et des épaules des passagers. Bref, cette Pontiac est l'une des plus spacieuses de sa catégorie, par contre elle n'est pas nécessairement la plus confortable à cause de la sécheresse de ses suspensions. Bien équipée de série, elle affiche un prix de départ des plus attirant.

SUR LA ROUTE

La Vibe n'est pas un foudre de guerre en ce qui a trait à la tenue de route. Plusieurs concurrents font mieux qu'elle, comme la Mazda3 et la Dodge Caliber. Elle procure un roulement assez ferme et un comportement sous-vireur (le train avant a tendance à ne pas tourner dans une courbe) dû en partie à des pneus de série bas de gamme. Qui plus est, sa direction assistée est un brin trop légère. Ses dimensions compactes la rendent plutôt agile et permettent de la garer facilement dans un espace de stationnement étroit. Cependant, la vision de trois quart arrière procure un angle mort assez embêtant à cause des piliers arrière B et C.

Coté motorisation, la Vibe propose deux choix : le classique 1,8 litre de 132 chevaux qu'elle partage avec les Toyota Corolla/Matrix et qu'on peut jumeler à une boîte manuelle à cinq vitesses ou une automatique à quatre rapports. L'aspect positif de ce moteur est sa longévité proverbiale ; toutefois, il peine à la tâche tellement la Vibe est lourde à déplacer. L'autre motorisation, plus musclée, est le 2,4 litres 2AZ-FE de 158 chevaux. La traction est de série, mais le rouage intégral à prise temporaire (l'arrière s'engage quand une roue avant patine) s'avère efficace. Mais ô surprise ! La consommation de ce dernier ne s'améliore en rien, surtout quand on ajoute la quincaillerie de la traction intégrale. On est souvent trop conservateur chez NUMMI, la division GM/Toyota qui assemble des véhicules pour les deux constructeurs depuis environ 25 ans. En effet, une boîte manuelle à six vitesses ou une automatique à cinq rapports aurait été gagnante avec cette version rafraîchie. Question surtout de réduire la gourmandise de la Vibe en carburant.

En conclusion, si le prix de départ est attirant, sachez qu'il grimpe rapidement pour atteindre les 25 000 $ dans le cas de la GT. À vrai dire, cette version n'a de sportif que le nom et ne justifie pas un tel investissement. Les versions d'entrée de gamme sont plus intéressantes. Sans oublier l'intégrale, dont les fonctions peuvent remplacer un VUS compact. ▐▐▐
MICHEL POIRIER-DEFOY

On apprécie la position de conduite de cette seconde génération de la Vibe, nettement supérieure à l'ancienne

DIMENSIONS ET VOLUMES

Empattement (mm)	2600
Longueur (mm)	4336, 4371 (GT)
Largeur (mm)	1765
Hauteur (mm)	1549 (Base), 1595 (TI), 1560 (GT)
Volume intérieur (L)	3157
Volume du coffre (min./max.) (L)	569 / 1399
Capacité du réservoir de carburant (L)	50
Fourchette de poids (kg)	1295 - 1490

CHÂSSIS

Mode	traction, intégral
Suspension av. - arr.	indépendante - semi-indépendante
Freins av. - arr.	disques
Capacité de remorquage min. - max. (kg)	680
Direction – diamètre de braquage (m)	crémaillère - 10,9 / 11,6 (GT)
Pneus	205/55R16, 215/45R18 (GT)

PERFORMANCES

Modèle à l'essai	Vibe TI
Moteur	L4 DACT 1,8 litre
Puissance (ch. à tr/min)	132 - 6000
Couple (lb-pi à tr/min)	128 - 4400
Transmission	automatique 4 rapports
Autres transmissions	BM 5 rapports, BA 5 rapports (GT)
Accélération 0-100 km/h (sec.)	10,48
Reprises 80-115 km/h (sec.)	8,36
Distance de freinage 100-0 km/h (m)	39,1
Niveau sonore à 100 km/h	✘ ✘
Vitesse maximale (km/h)	185
Consommation réalisée au cours de l'essai (L/100 km)	8,5
Gaz à effet de serre	
Autres moteurs	L4 2,4 litres (158 ch.)

CE QU'IL FAUT SAVOIR

Fourchette de prix ($)	**15 995 - 24 995**
Marge de profit du concessionnaire (%)	8,28
Transport et préparation ($)	1160
Consommation ville - route (L/100 km)	**9 - 7,4 (1,8 l)** **11,2 - 8,1 (2,4 l)**
Essence recommandée	ordinaire
Versions offertes	Base, TI, GT
Carrosserie	hayon 5 portes
Lieu d'assemblage	États-Unis
Valeur résiduelle	★ ★ ★
Garanties : de base - motopropulseur (an/km)	3/60 000 - 5/160 000
Fiabilité présumée	★ ★ ★
Cycle de remplacement	nouveau modèle 2009
Ventes 2007 ↗ 20 %	Québec : 4186

Protection collision	
frontale conducteur/passager	★ ★ ★ ★ ★ / ★ ★ ★ ★ ★
latérale avant/arrière	★ ★ ★ ★ ★ / ★ ★ ★ ★
retournement 2rm/4rm	★ ★ ★ ★ / ★ ★ ★ ★

À RETENIR

Nouveautés 2009	nouvelle génération, retour de la traction intégrale (TI), moteur 2,4 litres
Principales concurrentes	Chevrolet HHR, Chrysler PT Cruiser, Dodge Caliber, Mazda3 Sport, Subaru Impreza, Toyota Matrix

 • Son habitacle polyvalent et spacieux
• Son prix de départ attirant
• La disponibilité de la traction intégrale

 • Ses boîtes de vitesses trop conservatrices
• Son intérieur bas de gamme
• Sa consommation trompeuse

QUAND L'EXCELLENCE A DES RATÉS

Si Porsche est une marque applaudie et révérée dans la grande communauté automobile, cela ne signifie pas nécessairement qu'on doive se prosterner chaque fois qu'on pose les fesses dans une des voitures de la marque allemande. Autant j'ai de l'admiration pour certaines créations de cette entreprise mythique, autant certains modèles me donnent envie de remettre les clefs dans l'armoire après quelques heures au volant. C'est le cas notamment de la Porsche 911 Turbo dans son abominable et disgracieuse version cabriolet.

PORSCHE
911

Quel dommage qu'une voiture aussi stimulante et d'une sécurité d'utilisation hallucinante soit pratiquement interdite de séjour au Québec !

Les sources de mécontentement portent d'abord sur cette suspension en béton qui met vos plombages à rude épreuve chaque fois qu'il y a un brin d'herbe sur la chaussée. Ensuite, après seulement 15 000 km, ma voiture d'essai émettait un véritable concert de bruits suspects, ces fameux *rattles* que nos cousins de France appellent des « bruits de mobilier ». Moi qui ai toujours aimé les Porsche pour leur solidité de chambres fortes de banque, cela constitue une déception majeure. Et je ne parle pas ici du bouton des glaces électriques qui m'est resté dans les mains ou encore des à-coups sourds du rouage d'entraînement au départ. Bref, à moins d'appartenir à une secte où le masochisme est une règle d'or, oubliez la 911 Turbo cabriolet.

QUEL DOMMAGE

Curieusement, le coupé 911 Turbo n'affichait pas tous les vices du cabriolet, loin de là. Autant j'ai déchanté avec la version découvrable, autant je me suis transporté au septième ciel avec un toit sur la tête. Quel dommage qu'une voiture aussi stimulante, rapide comme l'éclair, vive comme le discours de Louis-José Houde et d'une sécurité d'utilisation hallucinante soit pratiquement interdite de séjour sur les routes et chemins du Québec !

Bref, acheter la dernière itération de la Porsche 911 Turbo est l'équivalent de s'engager dans un mariage platonique. Tout ce qui procure du plaisir dans cette voiture est là à portée de main, mais vous n'avez pas le droit d'y toucher. Car conduire une 911 Turbo à 100 ou 110 km/h est une

hérésie qui va tout à fait à l'encontre de ce pour quoi cette voiture est faite. Comme le veut le cliché, c'est un bolide au volant duquel tous vos fantasmes deviennent réalité si vous avez pris soin de louer un circuit routier où vous pourrez sans ambages découvrir la vraie signification du terme « haute performance ». Tiens, montez donc avec moi afin que je vous explique de quoi il retourne.

Nous sommes au nouveau circuit de Calabogie, à environ une heure de route d'Ottawa, qui sera aujourd'hui le centre d'essai de notre 911 Turbo, provocante comme pas une dans sa robe d'un jaune lumineux. Je n'ose pas dire que le modèle essayé était muni de la transmission qui a donné son nom à toutes ses semblables, la Tiptronic. Que d'injures j'ai proférées et écrites moi-même à l'endroit de cette fausse boîte de vitesses manuelle. En 2009, la marque de Stuttgart se met à l'heure de la robotisation avec une boîte séquentielle digne de ce nom. Le hic, c'est qu'elle n'est pas encore offerte sur la 911 Turbo. Elle est réservée aux 911 plus sages (?) que sont les Carrera, Carrera S, Carrera 4, 4S, Targa 4 et Targa 4S. On devra trouver consolation dans le fait que le système Tiptronic a gagné en rapidité dans la dernière évolution des 911 suralimentées.

Ce n'est pas encore une DSG, mais disons que les changements de rapports sont moins languissants que dans le passé. Je prends soin d'appuyer sur le bouton « sport » afin d'optimiser tous les paramètres de la voiture en fonction d'une conduite sportive sur circuit. Et me voilà

C'EST UN BOLIDE AU VOLANT DUQUEL TOUS VOS FANTASMES DEVIENNENT RÉALITÉ SI VOUS AVEZ PRIS SOIN DE LOUER UN CIRCUIT ROUTIER OÙ VOUS POURREZ DÉCOUVRIR LA VRAIE SIGNIFICATION DU TERME « HAUTE PERFORMANCE ».

parti ! La 911 Turbo bondit comme si elle venait d'être poussée par une catapulte. L'accélération n'est rien de moins qu'électrisante. Au bout de la première ligne droite, je suis à 209 km/h et le virage qui m'attend est assez serré, m'obligeant à plonger sur les freins. Désastre... J'ai freiné beaucoup trop tôt en faisant appel à mes réflexes d'avant. Avec les freins en céramique, la voiture ralentit à une cadence incroyable. C'est, je pense, ce qui est le plus long à assimiler ; soit cette distance de freinage très réduite. Avec un peu d'habitude, j'ai le temps d'apercevoir 220 km/h sur le compteur numérique de la 911 Turbo. La tenue de route « supporte » adéquatement les prouesses du groupe mécanique et on gagne l'impression que rien au monde ne pourrait doubler une telle voiture.

IMBATTABLE GT2

C'était jusqu'à ce que j'aie le bonheur d'étrenner la seule Porsche GT2 en liberté au Québec, celle d'un admirateur et fanatique de la marque, Robert Bois. Celui-ci cherchait le jouet ultime pour arpenter les rares pistes de course du Québec, dont celle d'ICAR aménagée à même les terrains de l'aéroport Mirabel. C'est d'ailleurs à cet endroit que je me suis défoncé dans cet écrin de toutes les connaissances accumulées par Porsche depuis des décennies dans la construction de voitures de sport. Prenez la 911 Turbo précitée, enlevez-lui ses quatre roues motrices pour l'alléger et ajoutez-lui 50 chevaux piqués ici et là. Un soupçon plus délicate à conduire que la Turbo (mais combien plus savoureuse), la GT2 tire toute son éloquence des chronos qu'elle est en mesure d'aligner sur une piste. Même sur un petit circuit comme celui d'ICAR, elle coiffe la Ferrari F430 de trois secondes au fil d'arrivée. Pas surprenant que ses 530 chevaux coûtent 234 400 $.

L'ANNÉE DOPPELKUPPLUNG

Terminons ce tour d'horizon par un regard sur la nouvelle gamme des 911 pour 2009. Juste au moment où l'on croit que Porsche a épuisé toutes ses ressources, voilà qu'on fait un autre pas vers la perfection. Tout en conservant les mêmes cylindrées (3,6 et 3,8 litres), ses six cylindres à plat gagnent respectivement 20 et 30 chevaux grâce à l'injection directe et à de menus changements dans l'alésage et la course. Ces moteurs se sont également allégés et leur consommation a chuté de 13 %. Quant à la transmission ZF « Doppelkupplung » (double embrayage), elle s'inspire des boîtes DSG utilisées chez Audi. Elle effectue des changements de rapports en 0,2 seconde plus rapidement qu'une boîte manuelle ordinaire. Elle est surtout plus docile que les transmissions similaires utilisées par d'autres constructeurs. Visuellement, les feux arrière ont changé de forme (pour le pire), alors que l'avant épouse celui de l'actuelle 911 Turbo avec des projecteurs à diodes blanches et des prises d'air plus volumineuses.

L'agrément de conduite n'a jamais eu si belle mine, à la condition de s'en tenir aux coupés et cabriolets de la gamme 911. Les Targa, avec leur immense toit vitré, continuent d'être le talon d'Achille de Porsche. Il est même incompréhensible qu'une firme aussi sérieuse et compétente ait été incapable, au cours des 10 dernières années, d'éliminer les bruits, grincements et autres ferraillements d'un modèle que même les mécanos n'arrivent pas à débarrasser de cette horrible prédisposition à l'auto-destruction. **||| JACQUES DUVAL**

DIMENSIONS ET VOLUMES

Empattement (mm)	2350, 2362 (GT3), 2360 (GT3 RS)
Longueur (mm)	4461, 4477 (Turbo), 4494 (GT2)
	4470 (GT3), 4493 (GT3 RS)
Largeur (mm)	1808, 1852 (Targa, GT2, GT3 RS), 1803 (GT3)
Hauteur (mm)	1310, 1283 (GT2), 1270 (GT3), 1280 (GT3 RS)
Volume du coffre (min./max.) (L)	94 / 105 / 135
Capacité du réservoir de carburant (L)	64 / 67
Fourchette de poids (kg)	1395 - 1620

CHÂSSIS

Mode	propulsion, intégral
Suspension av. - arr.	indépendante
Freins av. - arr.	disques
Capacité de remorquage min. - max. (kg)	non recommandé
Direction – diamètre de braquage (m)	crémaillère - 10,60
Pneus (av.-arr.)	235/40R18 - 265/40R18 (Carrera)
	235/40R18 - 295/35R18 (Targa 4)
	235/35R19 - 295/30R19 (Carrera S)
	235/35R19 - 305/30R19 (Carrera 4S, Targa 4S
	Turbo, GT3, GT2, GT3 RS)

Pour un essai son et images de cette voiture, procurez-vous le DVD
Prenez le volant de 12 voitures d'exception avec Jacques Duval.

PERFORMANCES

Modèle à l'essai	911 GT2
Moteur	H6 DACT 3,6 litres
Puissance (ch. à tr/min)	530 - 6500
Couple (lb-pi à tr/min)	505 - 2200
Transmission	manuelle 6 rapports
Autres transmissions	semi-automatique 5 rapports
Accélération 0-100 km/h (sec.)	3,83
Reprises 80-115 km/h (sec.)	1,74
Distance de freinage 100-0 km/h (m)	29,8
Niveau sonore à 100 km/h	✂ ✍
Vitesse maximale (km/h)	329 (GT2)
	311 (Turbo, GT3, GT3 RS) / 293 (Carrera S)
	288 (Carrera 4S, Targa 4S) / 285 (Carrera)
	280 (Carrera 4, Targa 4)
Consommation réalisée au cours de l'essai (L/100 km)	20
Gaz à effet de serre	🏭🏭🏭
Autres moteurs	H6 3,6 l. (345 ch. / 415 ch.)
	H6 3,8 l. (385 ch.), H6 turbo 3,6 l. (480 ch.)

CE QU'IL FAUT SAVOIR

Fourchette de prix ($)	**94 800 - 234 400**
Transport et préparation ($)	1085 (préparation en sus)
Consommation ville – route (L/100 km)	13,1 – 9 (Carrera, Targa) 13,8 – 9,6 (Carrera S), 14,7 – 9,8 (Carrera 4S, Targa 4S) 14,9 – 10,4 (Turbo, GT2), 15,7 – 10,7 (GT3, GT3 RS)
Essence recommandée	super
Versions offertes	Carrera, Carrera S/4/4S, Targa 4/4S, Turbo, GT2, GT3/3RS
Carrosserie	coupé 2 portes, cabriolet 2 portes
Lieu d'assemblage	Allemagne
Valeur résiduelle	✦ ✦ ✦ ✦
Garanties : de base – motopropulseur (an/km)	4/80 000 - 4/80 000
Fiabilité présumée	✦ ✦ ✦ ✦ ✦
Cycle de remplacement	inconnu
Ventes 2007 ↗ 2 %	Québec : 150

À RETENIR

Nouveautés 2009	injection directe, moteurs d'entrée de gamme plus puissants, retouches esthétiques, boîte séquentielle, rouage intégral (Turbo)
Principales concurrentes	Aston Martin Vantage V8/DB9, Audi R8, Chevrolet Corvette, Ferrari F430, Lamborghini Gallardo, Nissan GT-R

+
- Performances spectaculaires
- Consommation à la baisse
- Comportement routier incomparable
- Transmission robotisée

–
- Targa/Turbo cabriolet à éviter
- Suspensions fermes
- Prix plus élevés qu'aux É.-U.

LA VOITURE À NE JAMAIS ESSAYER

Lancée il y a déjà dix ans, la Boxster n'est pas en reste, même s'il s'agit du modèle d'entrée de gamme (le moins cher) de la famille Porsche. Elle jouit d'ailleurs d'une belle popularité et les changements apportés cette année lui permettront sans doute de maintenir la cadence. Les modifications sont visibles du côté des phares et des feux arrière désormais munis de projecteurs à diodes. L'adoption de l'injection directe pour l'ensemble des moteurs Porsche se traduit par un gain en puissance et une économie en carburant de l'ordre de 15 %.

PORSCHE
BOXSTER

Bien conçue à l'origine, la Boxster a toujours beaucoup à offrir ; la plateforme affiche une rigidité exemplaire, peu importe le type de conduite ou de revêtement. À ce sujet, la version RS60 à tirage limité pour marquer le 60e anniversaire de la création de la marque Stuttgartoise affichait une puissance de 303 chevaux, soit la même que qu'on trouve sur la seconde édition de ce modèle, appelée « Porsche Design Édition 2 » en 2009. Bien sûr, le châssis en aurait supporté davantage. Personne ne peut rester de glace après avoir essayé une voiture aussi ludique qui, de surcroît, se laisse conduire très facilement au quotidien. Vous avez beau être des plus rationnel, le cœur a ses raisons que la raison ne connaît pas, et on s'attache très rapidement à la Boxster.

DE SI BELLES COURBES

Le design est avant tout une question de goût, mais force est d'admettre que peu de gens restent indifférents à la silhouette d'une Porsche. Le plus gros reproche qu'on pouvait faire à cette voiture n'est plus, depuis 2005, alors que les phares ont repris une forme ovoïde, traditionnelle aux voitures de la firme de Stuttgart. Si le postérieur de la Boxster ne manque pas d'attrait, ce qui vaut aussi pour sa sœur la Cayman, le profil rappelle certains modèles de la marque des décennies 1950 et 60. C'est d'ailleurs pourquoi la voiture se prête si bien à l'exercice d'une version commémorative, telle la RS60 qui est élaborée à partir de la Boxster S et qui souligne le passé glorieux de la voiture de compétition Type 718 RS60 Spyder de 1960. Outre sa puissance légèrement à la hausse, elle se démarque visuellement par sa couleur extérieure argentée provenant de la Carrera GT ainsi que par sa capote et son intérieur rouge,

le tout, du plus bel effet. Le portrait est complété par des plaques disposées ici et là, arborant la mention RS60 Spyder, pour vous rappeler que vous avez déboursé plusieurs milliers de dollars de plus qu'une Boxster S régulière.

MOTEUR CENTRAL

Si plusieurs facteurs sont responsables de la tenue de route d'une voiture, la répartition des masses est probablement celui qui arrive en tête. Dans ce cas-ci, le moteur monté en position centrale arrière donne à ces petites Porsche une longueur d'avance sur leurs rivales germaniques. Avec une telle architecture, la voiture est nécessairement moins survireuse à la limite qu'une 911 et se laisse conduire très facilement. Pour autant que le système de contrôle de stabilité demeure engagé, les dérapages intempestifs sont chose du passé, et quiconque possédant quelques notions de conduite sportive sera en mesure de tirer profit de l'adhérence disponible. À ce chapitre, il est possible de hausser d'un cran le comportement de n'importe laquelle des versions en cochant l'option de suspension adaptative, qui est de série sur les éditions spéciales de la Boxster S. Cette suspension permet de bénéficier d'une douceur de roulement remarquable en conduite normale, tandis que les amortisseurs se raidissent au besoin si l'on aborde un virage avec enthousiasme. Ainsi équipée, la Boxster est aussi redoutable en conduite sportive que confortable durant de longues randonnées de plusieurs centaines de kilomètres. C'est pour ainsi dire le meilleur des deux mondes.

JUSTE CE QU'IL FAUT

À l'intérieur, la qualité d'assemblage ne laisse pas de place à la critique. Les matériaux sont riches et font rapidement oublier les plastiques discutables de la version antérieure. Puisque l'habitacle a été conçu pour la conduite avant tout, quelques particularités détonnent un peu, compte tenu du prix demandé. À titre d'exemple, le volant, qui est de taille idéale et agréable à manipuler, ne dispose d'aucune commande en son centre. Le régulateur de vitesse est donc contrôlé par un petit levier placé sur la colonne de direction, tandis que les contrôles audio sont tout simplement absents ailleurs qu'à même l'appareil de sonorisation. Si ce dernier offre une belle sonorité, on aurait tout de même souhaité qu'il propose une entrée auxiliaire pour un appareil de musique portatif. Qu'à cela ne tienne, on lui pardonne vite ces petits irritants une fois le moteur en marche. Dotée d'un bel équilibre général, il n'est pas surprenant que la Boxster compte autant d'adeptes. Ne faites surtout pas l'erreur de l'essayer si vous n'avez pas les moyens de vous l'offrir. ▐▐▐ **JACQUES DUVAL - DANIEL CHARRETTE**

Vous avez beau être des plus rationnel, le cœur a ses raisons que la raison ne connaît pas, et on s'attache très rapidement à la Boxster

PORSCHE BOXSTER

DIMENSIONS ET VOLUMES

Empattement (mm)	2415
Longueur (mm)	4359
Largeur (mm)	1800
Hauteur (mm)	1292
Volume intérieur (L)	n.d.
Volume du coffre (min./max.) (L)	150 (avant), 130 (arrière)
Capacité du réservoir de carburant (L)	64
Fourchette de poids (kg)	1305 - 1395

CHÂSSIS

Mode	propulsion
Suspension av. - arr.	indépendante
Freins av. - arr.	disques
Capacité de remorquage min. - max. (kg)	non recommandé
Direction - diamètre de braquage (m)	crémaillère - 11
Pneus (av.- arr.)	205/55R17 - 235/50R17 (Base)
	235/40R18 - 265/40R18 (S)
	235/35R19 - 265/35R19 (Design)

PERFORMANCES

Modèle à l'essai	Boxster S
Moteur	H6 DACT 3,4 litres
Puissance (ch. à tr/min)	295 - 6250
Couple (lb-pi à tr/min)	251 - 4400
Transmission	manuelle 6 rapports
Autres transmissions	semi-automatique 5 rapports
Accélération 0-100 km/h (sec.)	5,23
Reprises 80-115 km/h (sec.)	2,12
Distance de freinage 100-0 km/h (m)	34,4
Niveau sonore à 100 km/h	✖ ✖
Vitesse maximale (km/h)	272 (S), 258 (Base)
Consommation réalisée au cours de l'essai (L/100 km)	12
Gaz à effet de serre	
Autres moteurs	H6 2,7 litres (245 ch.)
	H6 3,4 litres (303 ch.)

CE QU'IL FAUT SAVOIR

Fourchette de prix ($)	**58 100 – 73 900**
Marge de profit du concessionnaire (%)	n.d.
Transport et préparation ($)	860 (préparation en sus)
Consommation ville - route (L/100 km)	**12 - 8,5 (man., 2,7 l)**
	13,4 - 9,5 (3,4 l)
Essence recommandée	super
Versions offertes	Base, S, Design
Carrosserie	cabriolet 2 portes
Lieu d'assemblage	Allemagne
Valeur résiduelle	✲ ✲ ✲
Garanties : de base - motopropulseur (an/km)	4/80 000 - 4/80 000
Fiabilité présumée	✲ ✲ ✲ ✲ ✲
Cycle de remplacement	inconnu
Ventes 2007 → 0 %	Québec : 92
Protection collision frontale conducteur/passager latérale avant/arrière retournement 2rm/4rm	non évaluée non évaluée non évaluée

À RETENIR

Nouveautés 2009	injection directe, moteurs plus puissants mi-2009, boîte séquentielle, version Porsche Design Edition
Principales concurrentes	Audi TT, BMW Z4, Honda S2000, Lotus Elise, Mercedes SLK, Nissan 350Z

➕
- Allure intemporelle
- Finition exemplaire
- Comportement routier remarquable

➖
- Voiture trois saisons
- Options coûteuses

LA MACHINE À SOUS

PORSCHE
CAYENNE

Malgré un léger recul de ses ventes au terme des six premiers mois de l'année 2008, le Cayenne demeure la plus courue des Porsche. De fait, depuis sa sortie initiale en 2002, plus de 160 000 Cayenne ont été écoulés. Un succès qui explique aujourd'hui l'envie de Porsche d'étoffer encore la gamme de ce modèle en y ajoutant la GTS et, bientôt en Europe (et l'Amérique elle ?), une version turbodiésel. Décidément, la Cayenne ne recule devant rien pour faire tinter encore et encore le tiroir-caisse de son constructeur.

On connaît par cœur les prouesses des versions les plus explosives du Cayenne. Mais qu'en est-il du modèle d'entrée, animé, lui, d'un « modeste » six cylindres et qui émoustille par son prix l'appétence de bon nombre de consommateurs ? Au départ l'offre est alléchante, d'autant plus que la valeur résiduelle est passablement élevée. Mais attention, il y a les options. Beaucoup d'options. Sortez immédiatement votre calculette. Par exemple, sur le modèle mû par le V6, les éléments chauffants se glissent sous les baquets moyennant supplément. Il en va de même pour le changeur de disques compacts ou la caméra de recul. Et la liste est encore longue. Trop longue.

Pendant que vous calculez (encore) combien il vous en coûtera approximativement pour rouler à bord de la Cayenne de vos rêves, poursuivons le tour du propriétaire en mentionnant que la qualité de l'assemblage s'est améliorée. Les accostages entre les pièces sont plus précis et les matériaux de meilleure qualité, même si à cette échelle de prix, on a déjà vu mieux. Cela dit, inutile d'avoir des talents d'alpiniste pour monter à bord du Cayenne. À l'avant comme à l'arrière, on se glisse sans effort sur les sièges tapissés de cuir (de série !). Quatre personnes et leurs bagages y trouveront confort.

Sur la cime de la console qui divise les baquets avant, on remarque aussi la présence de deux sélecteurs rotatifs, qui sont réservés à la pratique du tout-terrain. L'un commande l'accès à une gamme de rapports courts ainsi qu'au verrouillage des différentiels, tandis que l'autre permet de faire varier la garde au sol. Entre les deux, un barillet autorise trois réglages de fermeté pour la suspension pneumatique, qui entraînera encore un déboursé.

UNE VRAIE PORSCHE ?

Que les aficionados de la marque se rassurent, le Cayenne V6 ressemble à une vraie Porsche. Surtout depuis que la cylindrée du V6 a été augmentée et que l'injection d'essence directe est de la partie. Ce coup de fouet technologique ne transforme pas pour autant ce Cayenne en un foudre de guerre. Loin de là. Les accélérations sont plus brillantes, mais jamais ne vous souderont totalement à votre baquet.

La boîte semi-automatique égrène rapidement et avec douceur ses six rapports. Passons sur le mode manuel (Tiptronic), à la fois précis et rapide, mais sans grand intérêt, puisqu'il n'ajoute rien de plus aux performances. À noter que le modèle équipé d'un V6 est offert, de série, avec une boîte manuelle à six rapports.

En fait, c'est sur la route que le Cayenne impressionne le plus. Sa direction rapide fait en partie oublier le poids du véhicule. Parfaitement maintenu grâce à des suspensions trépidantes et inconfortables (mode sport), mais dont la fermeté lui garantit un bon équilibre, le Cayenne négocie les virages avec une étonnante stabilité pour un véhicule de cet encombrement. Bref, on se pince de voir ce monstre haut sur pattes pesant plus de deux tonnes plonger à la corde des virages sur ses disques ventilés surdimensionnés et s'en extraire avec force.

Cela dit, en raison de son poids, cette Porsche se montre un brin pataude dans les enchaînements et nécessite des mains du pilote la précision d'un chirurgien pour ciseler les courbes proprement et sans chahuter ses passagers. Ce 4x4 est capable de tout sauf peut être de s'aventurer dans les sentiers. La qualité de son rouage intégral n'a pas à être mise en cause, mais plutôt le choix des pneumatiques. Ceux-ci annihilent complètement les ambitions en tout-terrain. En fait, malgré sa carrure de « je peux passer partout », le Cayenne s'apparente davantage à une 911 qu'à un Range Rover Sport, qui demeure sans doute à ce jour le seul utilitaire à chausser des espadrilles à crampons. Les sensations ressenties au volant du Cayenne sont comparables à celles que procure une sportive très affûtée, mais vécues non plus les fesses au ras du sol, mais à plusieurs centimètres au-dessus de la position moyenne du conducteur d'une 911.

Tout l'intérêt du Cayenne, même équipé du V6, réside dans sa démesure et son prestige. Objectivement, la concurrence offre des produits susceptibles de soutenir la comparaison (sauf sans doute vis-à-vis la Turbo), mais aucune n'a, il est vrai, l'aura de cette marque. ▐ **ÉRIC LEFRANÇOIS**

Pour vivre le grand frisson et le coup de pied au c...,
il faut oublier le modèle V6. Optez donc pour la Turbo

PORSCHE CAYENNE

DIMENSIONS ET VOLUMES

Empattement (mm)	2855
Longueur (mm)	4798
Largeur (mm)	1928
Hauteur (mm)	1699
Volume intérieur (L)	n.d.
Volume du coffre (min./max.) (L)	538 / 1783
Capacité du réservoir de carburant (L)	100
Fourchette de poids (kg)	2160 - 2355

CHÂSSIS

Mode	intégral
Suspension av. - arr.	indépendante
Freins av. - arr.	disques
Capacité de remorquage min. - max. (kg)	3500 (V8)
Direction - diamètre de braquage (m)	crémaillère - 11,7
Pneus	235/65R17 (Base)
	255/55R18 (S, GTS), 275/45R19 (Turbo)

PERFORMANCES

Modèle à l'essai	Cayenne (Base)
Moteur	V6 DACT 3,6 litres
Puissance (ch. à tr/min)	290 - 6200
Couple (lb-pi à tr/min)	273 - 3000
Transmission	semi-automatique 6 rapports
Autres transmissions	manuelle 6 rapports
Accélération 0-100 km/h (sec.)	8,28
Reprises 80-115 km/h (sec.)	4,74
Distance de freinage 100-0 km/h (m)	39,1
Niveau sonore à 100 km/h	✖ ✖ ✖ 🔧
Vitesse maximale (km/h)	227 (Base), 250 (S, GTS)
	276 (Turbo)
Consommation réalisée au cours de l'essai (L/100 km)	14,2
Gaz à effet de serre	
Autres moteurs	V8 4,8 litres (385 ch. / 405 ch.)
	V8 turbo 4,8 litres (500 ch.)

CE QU'IL FAUT SAVOIR

Fourchette de prix ($)	**55 200 - 115 300**
Marge de profit du concessionnaire (%)	n.d.
Transport et préparation ($)	1115 (préparation en sus)
Consommation ville - route (L/100 km)	17 – 12 (3,6 l)
	18 – 13 (4,8 l)
	20 – 13 (4,8 l, turbo)
Essence recommandée	super
Versions offertes	Base, S, GTS, Turbo
Carrosserie	multisegment 5 portes
Lieu d'assemblage	Allemagne
Valeur résiduelle	✳ ✳ ✳
Garanties : de base - motopropulseur (an/km)	4/80 000 - 4/80 000
Fiabilité présumée	✳ ✳ ✳ ✳
Cycle de remplacement	inconnu
Ventes 2007 ↗ 28 %	Québec : 147
Protection collision frontale conducteur/passager latérale avant/arrière retournement 2rm/4rm	non évaluée non évaluée non évaluée

À RETENIR

Nouveautés 2009	**version GTS, version turbo (550 ch.) et turbodiésel en préparation, freins en céramique (option), sièges en Alcantara**
Principales concurrentes	**Acura MDX, Audi Q7, BMW X5, Cadillac SRX, Infiniti FX, Jeep Grand Cherokee SRT8, Land Rover RR Sport, Mercedes ML**

+ • La tenue de route impressionnante
• Le freinage solide
• La valeur de revente élevée

− • Le nombre et le coût des options
• Les performances du V6 dignes d'une Porsche ?
• La consommation

LA VOIX DE SON MAÎTRE

PORSCHE
CAYMAN

Les plus âgés (comme moi) se souviendront sans doute de ce qui était il y a fort longtemps le slogan de la compagnie de disques RCA Victor : « La voix son maître ». Si je me permets de l'emprunter ici, c'est tout bonnement parce que je voudrais vous parler de la Porsche Cayman, non pas du simple point de vue d'un essayeur, mais de celui d'un utilisateur. Heureux propriétaire ? Voyons cela.

Si on fait exception d'un prix qui excède toujours de 25 % celui du marché américain, de nombreux accessoires communs qui s'inscrivent uniquement sur l'indigeste liste des options, d'une dépréciation indigne de la marque et de quelques petites bricoles, la Porsche Cayman, tout comme la S dont il sera question ci-dessous, n'alimente pas plus qu'il le faut la colonne des « contre ». On doit savoir néanmoins qu'une Cayman S payée 86 000 $ en 2006 ne valait plus que 50 000 $ deux ans plus tard. À ce tarif, je dois régler manuellement les deux sièges et me contenter d'un luxe spartiate.

Pour le reste, je ne taris plus d'éloges pour cette petite Cayman, agile comme un écureuil et vive comme le discours de Louis-José Houde. C'est, selon moi, la meilleure et la plus sportive des Porsche jamais construites. Et j'en connais un bout là-dessus. Pour avoir piloté toute une palette de voitures de course aux armoiries de la ville de Stuttgart et conduit tous les modèles de série fabriqués depuis 1960, je pense connaître suffisamment les sportives de Stuttgart pour en faire une évaluation équitable. J'oublie ici le Cayenne, tant il est vrai que je n'ai aucun atome crochu avec ce type d'engin.

À mon humble avis et en respectant le rapport qualité-prix, la Cayman S devance la vénérable 911 et sur un tracé sinueux elle est plus à l'aise que sa grande sœur. Présentez-lui une petite route tortueuse à souhait et cette Boxster S à chapeau dur vous fera connaître la véritable signification du mot maniabilité. Son toit permanent lui donne une rigidité exemplaire qui a de belles retombées tant sur le confort que le comportement routier. Et avec 295 chevaux (310 pour 2010), il y a de quoi s'amuser. La remise à jour de cette année verra les Cayman légèrement remaquillées et hériter d'un nouveau système d'injection directe.

DES COMPARAISONS RÉVÉLATRICES

Malgré notre réseau routier tout rapiécé, le confort de la voiture s'exprime parfaitement lorsqu'on compare une 911 S et une Cayman. En effet, j'ai fait l'essai des deux modèles successivement et il est clair que la Cayman est plus confortable et surtout beaucoup moins bruyante que la 911. Une autre révélation de mon essai de la Cayman S de presse fut l'extrême solidité de la caisse en dépit de ses 25 000 km au compteur.

Une des grandes jouissances de la conduite d'une Cayman est la sonorité de son échappement d'où s'extirpe un feulement qu'il serait sacrilège d'appeler du bruit tellement nos oreilles s'en régalent. Ce même moteur ne vous donne pas une poussée dans le dos au même titre qu'une 911 S, mais la puissance, largement suffisante, n'est pas ce qui rend ce joli petit coupé aussi attachant. Le bonheur de conduire vient en bonne partie de la boîte de vitesses manuelle à six rapports dont le levier se déplace du bout des doigts et avec une rare précision. Jamais le moindre à-coup ou de frein moteur intempestif. Bref, le moteur et la boîte forment un couple parfait.

Avez-vous déjà entendu parler d'une Porsche dont le freinage était déficient ? Non, sans doute, et la Cayman S ne fera pas exception à la règle, puisqu'elle sait profiter de la parfaite répartition du poids de son moteur central pour stopper pile.

LE REVERS DE LA MÉDAILLE

Dans l'habitacle, tout va pour le mieux dans le meilleur des mondes. On n'y souffre pas de claustrophobie et ceux qui voudront rouler en hiver (une option très légitime) seront à l'aise avec leur attirail de grand froid. En fouillant bien, j'ai trouvé deux petites choses qui m'énervent énormément dans la Cayman. Il y a d'abord cette clochette insupportable qui vous rappelle que votre ceinture n'est pas bouclée et une clé de contact si mal conçue qu'on actionne souvent sans le vouloir l'ouverture des capots avant ou arrière. À ce propos, rares sont les voitures de sport possédant un volume de rangement aussi exceptionnel découlant de la présence de deux coffres à bagages hérité de la présence d'un moteur central.

Il est difficile de demander plus d'une voiture de sport. Contrairement à l'ancienne 924, la Porsche Cayman est loin d'être l'enfant pauvre de la gamme Porsche. Je dirais même qu'au rayon de l'agrément de conduite, rien n'arrive à sa hauteur. ‖‖ **JACQUES DUVAL**

En respectant le rapport qualité-prix, la Cayman S devance la vénérable 911 et, sur un tracé sinueux, elle est plus à l'aise que sa grande sœur

DIMENSIONS ET VOLUMES

Empattement (mm)	2416
Longueur (mm)	4372
Largeur (mm)	1801
Hauteur (mm)	1306
Volume intérieur (L)	1359
Volume du coffre (min./max.) (L)	150 (av.) / 261 (arr.)
Capacité du réservoir de carburant (L)	64
Fourchette de poids (kg)	1300 - 1380

CHÂSSIS

Mode	propulsion
Suspension av. - arr.	indépendante
Freins av. - arr.	disques
Capacité de remorquage min. - max. (kg)	non recommandé
Direction – diamètre de braquage (m)	crémaillère – 11,09
Pneus	205/55R17 - 235/50R17 (Base)
	235/40R18 - 265/40R18 (S)

PERFORMANCES

Modèle à l'essai	Cayman S
Moteur	H6 DACT 3,4 litres
Puissance (ch. à tr/min)	295 - 6250
Couple (lb-pi à tr/min)	241 - 4400
Transmission	manuelle 6 rapports
Autres transmissions	manuelle 5 rapports / semi-automatique 5 rapports
Accélération 0-100 km/h (sec.)	5,13
Reprises 80-115 km/h (sec.)	3,02
Distance de freinage 100-0 km/h (m)	34,3
Niveau sonore à 100 km/h	✖ ✖
Vitesse maximale (km/h)	275 (S), 258 (Base)
Consommation réalisée au cours de l'essai (L/100 km)	11,3
Gaz à effet de serre	
Autres moteurs	H6 2,7 litres (245 ch.)

CE QU'IL FAUT SAVOIR

Fourchette de prix ($)	**63 500 – 75 300**
Marge de profit du concessionnaire (%)	n.d.
Transport et préparation ($)	1085 (préparation en sus)
Consommation ville - route (L/100 km)	**12,5 - 8,4 (2,7 l) 13,3 - 9,2 (3,4 l)**
Essence recommandée	super
Versions offertes	Base, S, RS
Carrosserie	coupé 2 portes
Lieu d'assemblage	Allemagne
Valeur résiduelle	★ ★ ★
Garanties : de base – motopropulseur (an/km)	4/80 000 - 4/80 000
Fiabilité présumée	★ ★ ★ ★ ⯪
Cycle de remplacement	inconnu
Ventes 2007	↘31 % Québec : 39
Protection collision frontale conducteur/passager latérale avant/arrière retournement 2rm/4rm	non évaluée non évaluée non évaluée

À RETENIR

Nouveautés 2009	injection directe, boîte séquentielle à double embrayage, version RS poids-plume, changeur 6 DC dans le tableau de bord (option)
Principales concurrentes	Audi TT, Mercedes SLK, Mazda RX-8, Nissan 350Z, Pontiac Solstice GXP Coupé

➕ • Savoureuse à s'en lécher les doigts
• L'équilibre du moteur central
• Bienvenue aux bagages

➖ • Options et prix indécents
• Certains accessoires à réétudier
• Entretien normal : 1300 $

LE FESTIVAL DE LA DÉMESURE

Ne le cherchez pas dans le calendrier des événements de votre région, ce festival n'existe probablement pas. Toutefois, on serait porté à croire que les voitures Rolls-Royce ont été conçues expressément pour cette occasion. Un seul coup d'œil à la fiche technique suffit pour constater que bien des chiffres sont supérieurs à ceux de certains VUS, qui pourtant ont davantage de raisons de pécher par excès.

Toute la gamme Rolls-Royce repose en ce moment sur la Phantom, puisque le Coupé et le Drophead Coupé en sont dérivés. Dès l'an prochain cependant, un nouveau modèle devrait voir le jour et aura pour mission d'élargir la gamme vers le bas. Il ne sera pas question de petite voiture, mais bien d'un modèle aux dimensions un peu plus modestes et d'un prix un brin plus modique, si on peut user d'une telle expression tout en parlant de 200 000 $. En attendant la venue de cette dernière qui a pour seul nom présentement celui de son numéro de code de voiture concept, soit RR4, les grosses Royce ont encore beaucoup, même trop, à offrir.

QUOI, LE PRIX DE L'ESSENCE ?

Si ce n'était des pressions qui fusent de toutes parts afin de pousser chacun à poser des gestes pour l'environnement, la consommation d'essence d'une Phantom ne gênerait aucunement ses propriétaires. Non pas que ladite consommation soit raisonnable, mais lorsqu'on a déboursé un demi-million pour une voiture et qu'on a ajouté 25 000 $ d'options, il est improbable que cet acheteur s'offusque d'une consommation urbaine largement supérieure à 20 litres aux 100 km. Pour le peu qu'on voit de ces voitures sur nos routes de toute façon, force est d'admettre que les gens sont plus ébahis qu'outrés en apercevant un de ces mastodontes. D'ailleurs, en se retrouvant aux côtés d'une Rolls-Royce, les perspectives changent et des détails qui passent inaperçus en images ont alors droit à une attention particulière. Ce n'est pas surprenant, étant donné qu'un modèle Drophead Coupé requiert plus de 350 heures de travail de la part des artisans qui en font minutieusement l'assemblage. C'est ainsi que lorsque cette même décapotable exhibe son riche habitacle aux yeux de tous, son toit se remise sous un couvercle réalisé en bois de Teck à la

façon d'un luxueux yacht. Certains détails du tableau de bord, dont le volant, semblent également avoir été fortement influencés par le nautisme, ce qui expliquerait que certaines mauvaises langues traitent ces voitures de « gros bateaux ». Toutefois, avec le confort qui règne à bord, ce n'est pas très loin de la réalité alors que la voiture semble littéralement flotter au-dessus des trous et bosses sans jamais ébranler ses occupants.

BOULEVARDIÈRE TOUT AU PLUS

Pour parader tranquillement sur les artères huppées en hochant la main comme Sa Majesté, la Phantom ne donne pas sa place. Par contre, en utilisation quotidienne, son format XXXXL et sa faible autonomie la rendent peu conviviale. À ce chapitre, le réservoir de carburant contenant 100 litres tombe rapidement à sec. Et ce sera encore plus expéditif dans le Drophead Coupé dont le réservoir est limité à 80 litres. Par contre, les performances ne sont pas piquées des vers, gracieuseté des 453 chevaux et 531 livres-pieds de couple du monstrueux moteur V12 émanant de chez BMW, propriétaire de la marque. Il est ainsi possible de boucler le 0-100 km/h en un peu moins de 6 secondes et d'atteindre une vitesse de pointe limitée électroniquement à 240 km/h (210 sur la berline). La consommation est bien sûr à l'avenant et il est préférable d'avoir un camion-citerne qui vous escorte si vous désirez exploiter pleinement le potentiel de votre Rolls-Royce, ce qui avouons-le, n'est pas chose commune. Si toutefois sur une route sinueuse l'envie vous prenait, sachez que, compte tenu de son gabarit, elle se débrouille assez bien pour prendre de grandes courbes à des vitesses passablement élevées.

POLISSEZ LA ROYCE, MON BRAVE

Ce type de voiture qui tient davantage d'un palace sur roues que de l'automobile est généralement d'un état immaculé après plusieurs années, conséquence d'un entretien rigoureux, et non pas d'une durabilité exceptionnelle des composantes. Si les matériaux sont de grande qualité et l'assemblage cousu main, il n'en demeure pas moins que certains accessoires, tels l'insigne de la Flying Lady rétractable au sommet de la calandre ou les deux « R » autonivelants au centre des roues, s'ajoutent au nombre de pièces déjà susceptibles de causer des ennuis éventuellement. Personnalisables à souhait et véritables pièces de collection dès leur sortie de l'usine, les Phantom ne se démodent guère et sont toujours très prisées par une clientèle qui fait fi de leur démesure tous azimuts. ▮▮

JACQUES DUVAL - DANIEL CHARRETTE

*La consommation est bien sûr à l'avenant et il est préférable
d'avoir un camion-citerne qui vous escorte*

DIMENSIONS ET VOLUMES

Empattement (mm)	3750 - 4000 (berline)
	3320 (cabrio/coupé)
Longueur (mm)	5834 - 6084 (berline)
	5609 (cabrio/coupé)
Largeur (mm)	1990 (berline), 1987 (cabrio/coupé)
Hauteur (mm)	1632 (berline), 1581 (cabrio/coupé)
Volume intérieur (L)	n.d.
Volume du coffre (min./max.) (L)	315 (cabrio/coupé)
	460 (berline)
Capacité du réservoir de carburant (L)	100 (berline)
	80 (cabrio/coupé)
Fourchette de poids (kg)	2485 - 2635

CHÂSSIS

Mode	propulsion
Suspension av. - arr.	indépendante
Freins av. - arr.	disques
Capacité de remorquage min. - max. (kg)	non recommandé
Direction - diamètre de braquage (m)	crémaillère - 13,8 (berline)
	13,1 (cabrio/coupé)
Pneus	255/50R21 (av.) - 285/45R21 (arr.)

PERFORMANCES

Modèle à l'essai	Phantom (berline)
Moteur	V12 DACT 6,8 litres
Puissance (ch. à tr/min)	453 - 5350
Couple (lb-pi à tr/min)	531 - 3500
Transmission	automatique 6 rapports
Autres transmissions	aucune
Accélération 0-100 km/h (sec.)	5,9 (estimé)
Reprises 80-115 km/h (sec.)	non chronométrées
Distance de freinage 100-0 km/h (m)	non mesurée
Niveau sonore à 100 km/h	✗ ✗ ✗ ✗ ✗
Vitesse maximale (km/h)	210 (berline)
	240 (cabrio/coupé)
Consommation réalisée au cours de l'essai (L/100 km)	20,2
Gaz à effet de serre	
Autres moteurs	aucun

CE QU'IL FAUT SAVOIR

Fourchette de prix ($)	**340 000 - 407 000**
Marge de profit du concessionnaire (%)	n.d.
Transport et préparation ($)	2000 (préparation en sus)
Consommation ville - route (L/100 km)	**21,5 - 13,5**
Essence recommandée	super
Versions offertes	Base, Coupé, Drophead
Carrosserie	berline 4 portes (régulière ou allongée), coupé 4 portes, cabriolet 4 portes
Lieu d'assemblage	Angleterre
Valeur résiduelle	non évaluée
Garanties : de base - motopropulseur (an/km)	4/illimité-4/illimité
Fiabilité présumée	non évaluée
Cycle de remplacement	inconnu
Ventes 2007 n.d.	Québec : n.d.
Protection collision frontale conducteur/passager	non évaluée
latérale avant/arrière	non évaluée
retournement 2rm/4rm	non évaluée

À RETENIR

Nouveautés 2009	le coupé
Principales concurrentes	Bentley Arnage/GTC, Maybach 57/62

- Carrosse de star
- Noblesse oblige
- Moteur performant

- Format et prix XXXXL
- Lunettes fumées non fournies
- Faible valeur de revente

TROP PEU ET TOUJOURS TROP TARD

SAAB
9-3

Encore aujourd'hui, le nom Saab évoque la démocratisation de la suralimentation par turbocompresseur avec la 99 Turbo, lancée en 1977. Son style atypique, son hayon et son aménagement intérieur truffé de clins d'œil au passé aéronautique de la marque ont contribué à donner naissance à des voitures différentes, un atout aujourd'hui pour qui veut se distinguer de la masse.

Ces images ont un peu jauni. GM et son obsession de rentabilité sont passées par là. Le géant américain éprouve encore du mal à saisir la personnalité du petit constructeur suédois, mais ce dernier y trouve son compte en ayant accès à l'un des plus imposants dépôts de pièces de la planète. Surtout que cela n'empêche nullement la 9-3 d'afficher une réelle personnalité et de conserver certaines particularités, comme le contact planté entre les sièges avant, ou la fonction Night Panel, qui permet d'illuminer seulement les fonctions dites essentielles. Si la réalisation d'ensemble est agréable, cette Saab dépayse plus qu'elle laisse une sensation de luxe véritable. La finition n'a jamais été aussi soignée, preuve du sérieux de l'assemblage, et l'ajustement des revêtements ne soulève aucune critique ; cependant, le design tarabiscoté de certains éléments manque par endroits d'élégance et de raffinement.

On regrette sans doute encore que le pare-brise cintré des anciennes 900, qui soulignait l'aspect « cockpit d'avion » de l'habitacle, n'ait pas été repris à bord de l'actuelle 9-3. En revanche, le tableau de bord vertical, la clé de contact à la base du levier de vitesses (ce qui bloque la boîte de vitesses lorsque le véhicule est arrêté), et la disposition judicieuse et logique des instruments relèvent bien de l'ergonomie de l'aéronautique. La vitesse est indiquée en gros chiffres jusqu'à 140 km/h, alors qu'ils sont beaucoup plus petits et serrés ensuite, comme si Saab voulait reprocher à ses clients d'exploiter des moteurs de 210 à 280 chevaux.

UN COFFRE FACILE D'ACCÈS

Tout comme ses principales rivales, la Combi Sport offre une capacité de chargement limitée. Avec le couvre-bagages et la banquette en place, le volume utilitaire de cette familiale est inférieur à celui de la berline. À défaut d'offrir un volume record, cette cinquième porte s'ouvre sur un coffre facile d'accès grâce à un seuil bas et à une ouverture large. D'un seul bloc, l'assise amovible permet de disposer d'un plancher parfaitement plat en basculant le dossier. De plus, on apprécie ses petites attentions, comme les réceptacles dissimulés sous le plancher ou la banquette arrière qui se rabat d'une seule main, et ce, sans coincer les ceintures de sécurité. En outre, les rangements ne sont pas nombreux et seule la boîte à gants (contrairement aux bacs des portes) est adéquate.

Comme à l'accoutumée, la version Aero accueille exclusivement le 2,8 litres suralimenté par turbocompresseur. Ce moteur, construit à partir d'un bloc V6 Opel largement modifié, livre cette année 280 chevaux et 295 livres-pieds de couple (exception faite du cabriolet). À l'usage, le déploiement onctueux et charpenté du V6 le rapproche d'un petit V8, alors que la puissance absolue n'a rien d'impressionnant pour sa cylindrée. Mais quelle sensation de réserve de puissance et de sécurité ! Deux boîtes se chargent de relayer puissance et couple aux roues motrices. La boîte semi-automatique à six rapports est, à notre humble avis, la plus recommandable. Sa gestion électronique permet de mieux exploiter la courbe de puissance du moteur que la manuelle, dont l'imprécision du levier n'a d'égale que la longueur encore exagérée de sa course. Les versions « plus économiques » misent, pour leur part, toujours sur le quatre cylindres 2 litres (210 chevaux) dont les performances sont amplement suffisantes dans le cadre d'une utilisation normale.

PRÉCISION DE CONDUITE

Qu'on se le dise, cette familiale n'est pas taillée pour le sport. La suspension raffermie et les pneus à taille basse secouent un peu les passagers lorsque l'allure se fait vive, mais on a déjà vu bien pire. La suédoise ne cherche qu'à offrir une option crédible aux familiales allemandes. La disponibilité d'une version à quatre roues motrices vient (enfin !) clore ce chapitre sur la motricité défaillante des Saab sur chaussée à faible coefficient d'adhérence. Extrêmement sophistiqué, ce dispositif mis au point par Haldex, avec différentiel arrière limité (hélas seulement sur les versions plus chères), met fin aux errances du train avant, talon d'Achille des Saab jusqu'ici.

Dynamisée par son dispositif X-Drive (intégral), la familiale suédoise paraît surtout silencieuse et confortable, filtre les secousses avec un certain succès et procure une solidité rassurante proche des meilleures allemandes. Cet ajout, si précieux soit-il, ne parvient pas à nous faire oublier la faible valeur de revente de ce véhicule, ni le coût élevé des entretiens et des pièces de remplacement. **ÉRIC LEFRANÇOIS**

Le X AWD met fin aux errances du train avant, talon d'Achille des Saab jusqu'ici

DIMENSIONS ET VOLUMES

Empattement (mm)	2675
Longueur (mm)	4635 / 4633 /4653
Largeur (mm)	1753 / 1760 /1763
Hauteur (mm)	1433 / 1433 / 1443
Volume intérieur (L)	2548 / 2322 / 2645
Volume du coffre (min./max.) (L)	425 / 351 / 841-2047
Capacité du réservoir de carburant (L)	61
Fourchette de poids (kg)	1460-1595

CHÂSSIS

Mode	traction, intégral
Suspension av. - arr.	indépendante
Freins av. - arr.	disques
Capacité de remorquage min. - max. (kg)	non disponible
Direction - diamètre de braquage (m)	crémaillère - 11.9
Pneus	215/55R16, 225/50R17 (2.0T X)
	235/45R18 (Aero X)

PERFORMANCES

Modèle à l'essai	9-3 Aero X
Moteur	V6 turbo DACT 2,8 litres
Puissance (ch. à tr/min)	280 - 5500
Couple (lb-pi à tr/min)	295 - 2000
Transmission	semi-automatique 6 rapports
Autres transmissions	manuelle 6 rapports
	semi-automatique 5 rapports
Accélération 0-100 km/h (sec.)	6,25
Reprises 80-115 km/h (sec.)	3,98
Distance de freinage 100-0 km/h (m)	40,2
Niveau sonore à 100 km/h	✗ ✗ ✗ ✗
Vitesse maximale (km/h)	235
Consommation réalisée au cours de l'essai (L/100 km)	12,8
Gaz à effet de serre	
Autres moteurs	L4 turbo 2 litres (210 ch.)

CE QU'IL FAUT SAVOIR

Fourchette de prix ($)	**35 950 – 58 990 (2008)**
Marge de profit du concessionnaire (%)	10,34
Transport et préparation ($)	1400
Consommation ville - route (L/100 km)	**12,2 - 8,3 (2 l)**
	15 - 9 (2,8 l)
	15,2 - 10,2 (X 2,8 l)
Essence recommandée	ordinaire
Versions offertes	2.0T, 2.0T X, Aero, Aero X
Carrosserie	berline 4 portes, cabriolet 2 portes, familiale 5 portes (SportCombi)
Lieu d'assemblage	Suède
Valeur résiduelle	✱ ✱ ✱
Garanties : de base - motopropulseur (an/km)	4/80 000 - 5/160 000
Fiabilité présumée	✱ ✱ ✱
Cycle de remplacement	inconnu
Ventes 2007 ↗ 6 %	Québec : 646
Protection collision frontale conducteur/passager latérale avant/arrière retournement 2rm/4rm	✱ ✱ ✱ ✱ / ✱ ✱ ✱ ✱ ✱ ✱ ✱ ✱ ✱ / ✱ ✱ ✱ ✱ ✱ ✱ ✱ ✱ / ✱ ✱ ✱ ✱

À RETENIR

Nouveautés 2009	**traction intégrale (X), V6 turbo plus puissant (280 ch.), nouveaux groupes d'options**
Principales concurrentes	**Audi A4, BMW Série 3, Mercedes Classe C/CLK, Volvo S40/V50**

+
- La solidité et la vélocité du V6
- La boîte semi-automatique bien adaptée à la courbe de puissance
- Le dispositif XAWD

−
- L'image diffuse de la marque
- La valeur de revente et le prix des pièces de remplacement
- La boîte manuelle

UNE ROUE DANS LA TOMBE

Dans sa forme actuelle, la 9-5 a une roue dans la tombe. Elle ne sera pas laissée sans descendance pour autant, puisqu'au moment où vous lirez ces lignes, l'héritière se trouvera sous les projecteurs des salons avant de prendre la pose dans les salles d'exposition l'an prochain. D'ici, l'histoire se souviendra vraisemblablement de la 9-5 comme de la dernière Saab jamais produite, la dernière conçue du temps où la petite fabrique de Trollhättan gouvernait seule sa destinée.

SAAB
9-5

Née en 1997, c'est-à-dire avant que General Motors ne se mette à déplumer la marque au griffon couronné, la 9-5 avait déjà atteint un âge respectable. Le divorce entre GM et Fiat aurait semble-t-il compromis la mise en chantier de sa descendance pour encore quelques années. Alors, la 9-5 a rempilé, non sans avoir fait l'objet d'une cure de rajeunissement. C'est à ce moment que sont apparus les étranges phares soulignés de chrome qui donnaient l'impression que la 9-5 s'était échappée d'un film de science-fiction.

DES LUBIES ATTACHANTES

Au cours de cette période, l'habitacle a évolué — lui aussi — par petites touches. Les formes du tableau de bord sont demeurées les mêmes, mais la console a fait l'objet d'une réorganisation presque complète. Petit détail, qui a fait verser une larme aux aficionados de la marque : l'indicateur de vitesse abandonnait alors la graduation variable, large jusqu'à 140 km/h et étroite après, au profit d'un compteur traditionnel. Par chance, le barillet de la clé de contact, lui, est demeuré solidement ancré entre les deux fauteuils avant, fauteuils dans lesquels on se loverait des heures durant. Et que dire de la fonction Night Panel, ma préférée, qui permet une fois la nuit venue d'éteindre tous les instruments de bord à l'exception de l'indicateur de vitesse pour mieux nous concentrer sur la conduite. Toutes ces « bizarreries » (il y en a d'autres) contribuent assurément à rendre les automobiles produites par ce constructeur suédois si attachantes.

Cette Saab impressionne aussi dans les détails. On pense immédiatement à ce porte-tasse discret monté à l'horizontale sur la console, et qui, au seul toucher du doigt, exécute une vrille avant d'accomplir sa fonction. On songe par ailleurs

aux baquets de cuir réfrigérés qui, à l'aide de — bruyants — petits ventilateurs, chassent la canicule et aspirent toutes traces de transpiration. Et que dire des rails de sécurité dans le coffre de la familiale pour ancrer solidement les objets qu'on y dépose.

Bref, la 9-5 nous jette des paillettes aux yeux et entretient des rapports chaleureux avec ses passagers, ce qui nous change des habitacles souvent glaçants des constructeurs allemands. Les deux occupants de la banquette arrière pourront sans mal allonger leurs jambes, voire sautiller sur leur siège pour mieux apprécier la générosité du dégagement à la tête. Et le coffre? Facile d'accès, impeccablement fini, mais son volume s'inscrit dans la bonne moyenne, sans plus.

Hélas, cette refonte était beaucoup trop superficielle pour permettre à la 9-5 de faire le plein de clients. Et ce n'est pas le dispositif de remontée automatique des glaces adopté cette année qui incitera des gens comme vous et moi à nous bousculer aux portes des concessionnaires.

Sous la tôle, rien à voir. Le châssis est certes plus affûté qu'autrefois — surtout sur les versions Aero sur chaussée dégradée — la 9-5 filtre toujours difficilement les bruits de roulement et les trépidations de ses suspensions.

Au volant, on met peu de temps à réaliser que cette Saab a l'âge de ses artères. Elle est plus incisive qu'à ses débuts, il est vrai, mais pour goûter à ce petit plaisir il faut toutefois faire abstraction du louvoiement assez prononcé qui l'affecte en forte accélération et ne pas s'inquiéter du manque de sensibilité de la direction à communiquer le travail des roues directrices. Côté moteur, la 9-5 brille de tous ses feux à condition de franchir le cap des 1500 tours/minute. En deçà, il sonne comme un diésel. À froid surtout. Par la suite, tout rentre dans l'ordre : ce 2,3 litres offre alors le meilleur de lui-même. Fort en couple, il tourne bien rond (merci aux deux arbres d'équilibrage) et livre sa puissance avec progressivité. Pour cela, il faut privilégier la boîte automatique, mieux adaptée à cette mécanique, que la manuelle, dont la commande est aussi lente que caoutchouteuse.

Si le dossier de fiabilité de la 9-5 rassure, il faut tout de même vous mettre en garde. Sa valeur résiduelle est pratiquement nulle, le coût des entretiens est particulièrement salé et les pièces de remplacement sont chères. Toujours intéressé ? Alors, optez pour la familiale, plus polyvalente. ▌▌▌ **ÉRIC LEFRANÇOIS**

*La 9-5 nous jette des paillettes aux yeux
et entretient des rapports chaleureux avec ses passagers*

SAAB 9-5

DIMENSIONS ET VOLUMES

Empattement (mm)	2703
Longueur (mm)	4336, 4841 (SportCombi)
Largeur (mm)	1792
Hauteur (mm)	1454, 1465 (SportCombi)
Volume intérieur (L)	2724, 2798 (SportCombi)
Volume du coffre (min./max.) (L)	450, 1048 /2067 (SportCombi)
Capacité du réservoir de carburant (L)	70
Fourchette de poids (kg)	1295 - 1318 (berline)
	1351 - 1392 (SportCombi)

CHÂSSIS

Mode	traction
Suspension av. - arr.	indépendante
Freins av. - arr.	disques
Capacité de remorquage min. - max. (kg)	non recommandé
Direction - diamètre de braquage (m)	crémaillère - 11.3
Pneus	235/45R17

PERFORMANCES

Modèle à l'essai	9-5 Aero (berline)
Moteur	L4 turbo DACT 2,3 litres
Puissance (ch. à tr/min)	260 - 5300
Couple (lb-pi à tr/min)	258 - 1900
Transmission	semi-automatique 5 rapports
Autres transmissions	manuelle 5 rapports
Accélération 0-100 km/h (sec.)	8,37
Reprises 80-115 km/h (sec.)	4,44
Distance de freinage 100-0 km/h (m)	39,2
Niveau sonore à 100 km/h	✖ ✖ ✖
Vitesse maximale (km/h)	230
Consommation réalisée au cours de l'essai (L/100 km)	11,5
Gaz à effet de serre	
Autres moteurs	aucun

CE QU'IL FAUT SAVOIR

Fourchette de prix ($)	**43 900 - 46 400**
Marge de profit du concessionnaire (%)	10,34
Transport et préparation ($)	1495
Consommation ville - route (L/100 km)	**12,9 - 8,2 (man.)**
	13,7 - 9,1 (aut.)
Essence recommandée	ordinaire
Versions offertes	Base, Aero
Carrosserie	berline 4 portes, familiale 5 portes (SportCombi)
Lieu d'assemblage	Suède
Valeur résiduelle	★ ★ ★
Garanties : de base - motopropulseur (an/km)	4/80 000 - 5/160 000
Fiabilité présumée	★ ★
Cycle de remplacement	2010
Ventes 2007 ↘ 28 %	Québec : 117
Protection collision frontale conducteur/passager	★ ★ ★ ★ ★ / ★ ★ ★ ★ ★ ★
latérale avant/arrière	★ ★ ★ ★ ★ / ★ ★ ★ ★
retournement 2rm/4rm	★ ★ ★ ★ / n.a.

À RETENIR

Nouveautés 2009	**garnitures intérieures (Aero), commandes des glaces électriques repositionnées**
Principales concurrentes	**Acura TL, Infiniti M, Lexus GS, Lincoln MKZ, Volvo S60/V70**

- Le confort de ses sièges
- L'originalité de l'habitacle
- La fiabilité éprouvée

- L'idée qu'elle sera sous peu une orpheline
- Le prix des pièces et des entretiens
- Le comportement vieillot

531

BOU, JE T'AI RECONNU

SAAB
9-7X

L'Halloween, Saab connaît. En fait, depuis son acquisition par General Motors, le constructeur scandinave endosse les déguisements les plus bizarres. Après la 9-2x, qui n'était qu'une Subaru Impreza vivant sous un nom d'emprunt, le constructeur suédois a été invité (forcé, disons-le) à nous offrir ce 9-7x, qui, cette fois, reprend la plateforme GMT360 (Chevrolet TrailBlazer et GMC Envoy) pour enrichir sa gamme d'un utilitaire. Qu'est-ce qu'on ne ferait pas pour obtenir des bonbons...

La majorité des automobilistes n'en veulent pas à Saab de compter un utilitaire dans sa gamme. Mais les amoureux de la marque ayant pour emblème un griffon à tête couronnée n'en reviennent toujours pas et ne reconnaissent pas la légitimité de ce 9-7x né dans une usine à Moraine, dans l'Ohio. On a bien tenté chez GM de les calmer en tatouant à ce 9-7x une calandre « aéronautique » ou en logeant la clé de contact entre les baquets. Mais au-delà de ces effets de style, cette Saab a franchement tourné le dos à son passé et à sa clientèle anticonformiste. Industriellement, l'idée se défend : il fallait élargir la clientèle dans le but d'augmenter la rentabilité. On achète, mais à quel prix ?

Cela dit, le 9-7x joue volontiers les aristocrates avec sa calandre chromée et ses jantes trop scintillantes pour qu'on ose leur faire prendre un bain de boue. Pour justifier son prix, cette Suédoise s'empare à pleines mains de tous les accessoires offerts dans le catalogue de GM. En faisant l'inventaire, on note également que la colonne de direction télescopique manque à l'appel, tout comme la fonction « remontée rapide » des glaces.

Une fois les taxes, les frais de transport et de préparation acquittés, on se retrouve en présence d'un véhicule de plus de 50 000 $, ce qui, à première vue, semble représenter une aubaine devant les BMW X5 et Mercedes ML. Seulement, voilà, en dépit de l'image qu'elle veut projeter, Saab ne positionne pas ouvertement son 9-7x devant la crème de la catégorie.

Moins haut perché que ses « cousins américains », le 9-7x n'a nul besoin d'un marchepied (d'ailleurs, il ne figure pas sur la liste optionnelle, pas plus que les moulures protec-

trices) pour nous faciliter l'accès à bord. La présentation est intéressante, la finition relativement soignée, mais (sommes-nous d'accord ?) ce n'est toujours pas une Saab pur sirop !

LA TOUCHE SUÉDOISE

À première vue, la fiche technique du 9-7x n'est guère différente de celles du TrailBlazer ou du Envoy. Regardez de plus près ! Si l'influence de GM est bien là, les ingénieurs suédois ont tout de même veillé à peaufiner le châssis, histoire de le rendre plus sportif. Ainsi, le centre de gravité a été ramené plus près du sol, les éléments suspenseurs bénéficient de nouveaux réglages, tout comme la direction, beaucoup moins démultipliée que les produits similaires de Chevrolet ou de GMC. De plus, le 9-7x bénéficie d'une monte pneumatique spécifique, spécialement adaptée pour mordre la chaussée, et d'un système de freinage plus efficace.

Conséquence de tout ce travail ? Un utilitaire au comportement routier civilisé, presque sportif certes, mais nous vous invitons à modérer vos transports : le 9-7x a les gènes d'un vrai camion et ne parviendra jamais à suivre le rythme d'un X5, voire d'un ML, sur des routes sinueuses.

Maintenant, soulevez le capot et dites bonjour, selon la livrée retenue, au moteur six cylindres en ligne de 4,2 litres ou au V8 de 5,3 litres. Ce dernier, au fonctionnement très lissé, est doté d'un système de désactivation des cylindres sur lequel il ne faut guère compter pour ménager votre consommation d'essence. Cette mécanique s'arrime à une transmission à quatre rapports, la seule offerte, un peu vétuste sur le plan technique, mais qui a le mérite d'aller avec le moteur.

À défaut de l'avoir doté d'un répartiteur électronique de freinage, les ingénieurs de Saab se sont assuré de corriger le talon d'Achille de cette plateforme : le freinage. À ce chapitre, le dispositif ABS du 9-7x est moins chatouilleux (c'est-à-dire qu'il ne se déclenche pas inopinément à la moindre bosse) et nous permet également de compter sur une pédale plus facile à moduler.

Pour se faire une place au soleil, le 9-7x peut toujours compter sur ses prix intéressants (par rapport aux marques spécialisées), sa garantie étoffée (par rapport à la plupart des marques généralistes) et la qualité de son service après-vente. C'est beaucoup et bien peu à la fois pour une marque qui jadis cultivait l'individualisme et le particularisme automobile. Par chance, ses jours sont comptés. ▐▐
ÉRIC LEFRANÇOIS

*Cette Saab a franchement tourné le dos à son passé
et à sa clientèle anticonformiste*

SAAB 9-7X

DIMENSIONS ET VOLUMES

Empattement (mm)	2870
Longueur (mm)	4907
Largeur (mm)	1915
Hauteur (mm)	1740
Volume intérieur (L)	n.d.
Volume du coffre (min./max.) (L)	1127 / 2268
Capacité du réservoir de carburant (L)	83,3
Fourchette de poids (kg)	2142 - 2169

CHÂSSIS

Mode	intégral
Suspension av. - arr.	indépendante
Freins av. - arr.	disques
Capacité de remorquage min. - max. (kg)	2495 - 2948
Direction - diamètre de braquage (m)	crémaillère - 11,22 (4.2i, 5.3i)
Pneus	225/55R18 (4.2i, 5.3i), 225/50R20 (Aero)

PERFORMANCES

Modèle à l'essai	9-7X 5.3i
Moteur	V8 ACC 5,3 litres
Puissance (ch. à tr/min)	300 - 5300
Couple (lb-pi à tr/min)	321 - 4000
Transmission	automatique 4 rapports
Autres transmissions	aucune
Accélération 0-100 km/h (sec.)	8,52
Reprises 80-115 km/h (sec.)	5,23
Distance de freinage 100-0 km/h (m)	43,7
Niveau sonore à 100 km/h	✹ ✹ ✹
Vitesse maximale (km/h)	180
Consommation réalisée au cours de l'essai (L/100 km)	15,1
Gaz à effet de serre	
Autres moteurs	L6 4,2 litres (285 ch.) V8 6 litres (390 ch.)

CE QU'IL FAUT SAVOIR

Fourchette de prix ($)	**49 295 – 54 590**
Marge de profit du concessionnaire (%)	8,94 à 9,13
Transport et préparation ($)	1350
Consommation ville - route (L/100 km)	16,8 - 11,8 (4,2 l) 18,1 - 12,4 (5,3 l) 19,6 - 14,7 (6 l)
Essence recommandée	ordinaire
Versions offertes	4.2i, 5.3i, Aero
Carrosserie	utilitaire 5 portes
Lieu d'assemblage	États-Unis
Valeur résiduelle	✦ ✦
Garanties : de base - motopropulseur (an/km)	4/80 000 - 5/160 000
Fiabilité présumée	✦ ✦ ⚹
Cycle de remplacement	2010
Ventes 2007 ↘ 19 %	Québec : 65
Protection collision frontale conducteur/passager	✦ ✦ ✦ / ✦ ✦ ✦ ✦
latérale avant/arrière	✦ ✦ ✦ ✦ ✦ / ✦ ✦ ✦ ✦ ✦
retournement 2rm/4rm	n.a. / ✦ ✦ ✦ ✦

À RETENIR

Nouveautés 2009	**Édition spéciale Altitude, Bluetooth, nouvelles couleurs**
Principales concurrentes	**Acura MDX, Audi Q7, VW Touareg, Volvo XC90**

- Les raffinements apportés au châssis
- L'effort déployé pour tenter de nous faire croire qu'il s'agit d'un Saab
- La garantie et la qualité du service

- La consommation et les gaz à effet de serre
- La présentation banale
- L'idée que le 9-7x ne puisse se frotter à l'élite

533

UNE CARRIÈRE QUI S'ANNONCE BRÈVE

SATURN
ASTRA

En Europe, l'Astra défend les couleurs d'Opel, filiale allemande de General Motors, où elle livre une chaude lutte à la Volkswagen Golf pour le titre de « meilleur vendeur » de la catégorie. L'Astra existe depuis le printemps 2004, c'est-à-dire bientôt quatre ans. Une éternité si on considère le cycle de remplacement de l'industrie. Et en Europe, elle est sur le point de tirer sa révérence... C'est donc dire que l'Astra qui nous est proposée est appelée à connaître une carrière plutôt brève dans sa forme actuelle.

Au pays, Saturn habille l'Astra d'une carrosserie à trois ou cinq portes, et la décline en deux livrées (XE et XR), alors que la Saturn, plus sportive, n'en a qu'une seule (XR). L'équipement est complet, mais le groupement de certaines options fait sans doute la joie du constructeur et de ses concessionnaires, pas celle des consommateurs, qui doivent parfois débourser des sommes importantes pour bénéficier de petites douceurs (des baquets chauffants, par exemple).

PAS PRATIQUE

L'habitacle est moderne, bien présenté, mais une impression de confinement s'en dégage. Un peu triste aussi avec sa sellerie en tissu gris souris, malgré la présence d'une plaque vitrée qui coulisse sur pratiquement toute la longueur du toit. Quelques plastiques sentent le bas de gamme, mais dans l'ensemble, l'Astra fait sérieuse et robuste. La position de conduite est facile à trouver, mais l'inclinaison du dossier demeure une opération pénible avec cette petite roulette qui vous glisse entre les doigts.

Plusieurs détails agacent, tels les bacs de portes, petits et trop minces, et les rangements immédiats, quasi inexistants. Le coffre à gants est le seul vrai rangement à bord de l'Astra. Les commandes de climatisation sont placées trop bas (un embêtement avec la boîte manuelle) au pied de la console. Surtout que les fonctions sont mal représentées. Nous ne sommes jamais trop certain en manipulant les molettes que la température souhaitée jaillira des buses de ventilation.

Et puis, il y a ces satanées commandes d'essuie-glaces et de changement de direction à impulsion. Voilà un exemple de la fausse bonne idée. Une autre critique ? Pourquoi un seul porte-gobelet ? Il y en a deux, c'est vrai, mais le second (dans le rabat du coffre à gants) ne compte pas. Côté coffre, le hayon se déverrouille sur une simple pression des doigts grâce à une commande électrique. Son ouverture est étroite et le seuil de chargement, élevé. En revanche, les dossiers arrière basculent pour augmenter le volume de charge.

ET PEU CONVAINCANTE

Contrairement à la version européenne qui propose pas moins de neuf motorisations, l'Astra nord-américaine ne soulève son capot qu'à une seule mécanique : un quatre cylindres 1,8 litre à double arbre à cames en tête et calage variable des soupapes. Moderne, il va sans dire, ce groupe propulseur met cependant la pédale douce, côté puissance. Avec 138 chevaux et 125 livres-pieds, ce 1,8 litre n'a visiblement pas le physique pour impressionner la concurrence qui, à cylindrée égale, soit livre un meilleur rendement soit traîne un poids inférieur.

La boîte manuelle (de série) permet de tirer un meilleur parti de cette mécanique que la boîte automatique, qui ne compte que quatre rapports, alors que la concurrence, elle, en offre généralement un de plus.

En certaines occasions, l'Astra paraît, avec sa boîte automatique, sous-motorisée. Les temps d'accélération et de reprises se trouvent sous la moyenne de la catégorie, mais la consommation de ce groupe propulseur se trouve en plein dans le mille. Pas mieux, mais pas pire non plus que ses rivales.

Son châssis parfaitement étudié lui permet de se jouer des virages avec belle assurance, mais sans doute que son équilibre aurait été encore meilleur si ses voies (à l'avant surtout) avaient été plus larges et sa monte pneumatique mieux adaptée aux conditions hivernales. Néanmoins, elle demeure agile, rigoureuse, bien amortie.

De plus, dotée d'une direction incisive, la Saturn taille ses trajectoires avec légèreté et précision, offrant un vrai plaisir de conduite. Toujours équilibrée et surveillée (en option) par un correcteur de stabilité électronique aussi discret qu'efficace dans ses interventions, elle est sécurisante. Et confortable, avec ses suspensions ni trop souples ni trop fermes, sauf sur les saignées transversales, où quelques percussions sont ressenties dans la direction. À vrai dire, le comportement de l'Astra s'apparente beaucoup à celui de la Golf (pardon, la Rabbit), sa cible avouée.

Considérant ses lacunes en insonorisation, en ergonomie et son coffre aux dimensions un peu justes pour une famille, l'Astra a bien du mal à offrir une prestation convaincante. La prochaine sera sans doute mieux. Patience. ▪▪▪
ÉRIC LEFRANÇOIS

Sa mécanique n'a visiblement pas le physique pour impressionner la concurrence à cylindrée égale

DIMENSIONS ET VOLUMES

Empattement (mm)	2614
Longueur (mm)	4331
Largeur (mm)	1753
Hauteur (mm)	1418 (3 portes), 1458 (5 portes)
Volume intérieur (L)	2520 (3 portes), 2616 (5 portes)
Volume du coffre (min./max.) (L)	340 / 1070 (3 p)
	345 / 946 (5 p)
Capacité du réservoir de carburant (L)	46
Fourchette de poids (kg)	1273 - 1300

CHÂSSIS

Mode	traction
Suspension av. - arr.	indépendante
Freins av. - arr.	disques
Capacité de remorquage min. - max. (kg)	630
Direction - diamètre de braquage (m)	crémaillère – 10,5
Pneus	205/55R16 (XE), 225/45R17 (XR)
	225/40R18 (option)

PERFORMANCES

Modèle à l'essai	Astra XR
Moteur	L4 DACT 1,8 litre
Puissance (ch. à tr/min)	138 - 6300
Couple (lb-pi à tr/min)	125 - 3800
Transmission	automatique 4 rapports
Autres transmissions	manuelle 5 rapports
Accélération 0-100 km/h (sec.)	10,12
Reprises 80-115 km/h (sec.)	7,31
Distance de freinage 100-0 km/h (m)	42,9
Niveau sonore à 100 km/h	✕✕
Vitesse maximale (km/h)	175
Consommation réalisée au cours de l'essai (L/100 km)	8,3
Gaz à effet de serre	
Autres moteurs	aucun

CE QU'IL FAUT SAVOIR

Fourchette de prix ($)	**17 910 - 21 250**
Marge de profit du concessionnaire (%)	8,42
Transport et préparation ($)	1350
Consommation ville - route (L/100 km)	**9,8 - 7,4**
Essence recommandée	ordinaire
Versions offertes	XE, XR
Carrosserie	hayon 3 portes / 5 portes
Lieu d'assemblage	Belgique
Valeur résiduelle	★ ★ ★
Garanties : de base - motopropulseur (an/km)	3/60 000 – 5/160 000
Fiabilité présumée	★ ★ ★
Cycle de remplacement	2010
Ventes 2007 n.a.	Québec : n.a.
Protection collision frontale conducteur/passager	non évaluée
latérale avant/arrière	non évaluée
retournement 2rm/4rm	non évaluée

À RETENIR

Nouveautés 2009	nouvelles roues (XE), chauffe-moteur de série
Principales concurrentes	Kia Spectra, Mazda3 Sport, Subaru Impreza, VW Golf City / Rabbit

+
- Fiabilité éprouvée
- Construction solide
- Comportement rassurant

–
- Impression de confinement à l'intérieur
- Plusieurs fautes d'ergonomie
- Moteur lymphatique

DU VIEUX ET DU NOUVEAU MONDE

Cela pourrait ressembler à une recette de cuisine : prenez une base technique Epsilon (Malibu, G6), étirez son empattement de quelques millimètres, couvrez avec une carrosserie aux contours très européens et laissez mijoter le client à petit feu. Pendant qu'il hésitera entre les diverses formes de berlines proposées par le groupe, le consommateur songera moins à aller voir ce qui se passe chez ses concurrents.

Et Saturn applique à la lettre, comme toutes les autres marques de l'empire GM, cette recette éprouvée depuis plus d'un demi-siècle. Des économies d'échelle sont obtenues ainsi sur les moteurs, les boîtes de vitesses, les accessoires et les structures de sièges. On retrouve donc beaucoup de caractéristiques de l'Opel Vectra dans cette Saturn, même si elle repose sur un empattement identique à celui de la très américaine G6 de Pontiac (2852 mm).

Trois livrées se disputent vos faveurs. La plus sophistiquée (XR V6) est assurément la plus intéressante, mais la somme qu'elle commande par rapport au modèle d'entrée (XE) risque de refroidir votre enthousiasme et elle n'est pas aussi écologique que la troisième, la version hybride. Ne soyez pas triste, il y a une livrée XR qui soulève son capot au quatre cylindres et celle-ci représente sans doute la meilleure affaire, à condition toutefois que vous réfréniez vos achats d'accessoires. En effet, plusieurs équipements sont regroupés dans des ensembles coûteux. Votre choix de livrée se fera peut-être de lui-même lorsque vous ouvrirez les portières de la XE ou de l'hybride, dont le tableau de bord est tapissé d'appliques de plastique imitation bois. Ouache. Mais les Américains, rappelle-t-on dans l'industrie, adorent ça. Et il est impossible de remplacer cette ornementation plutôt quelconque par le fini aluminium brossé qui tapisse l'habitacle de la XR.

Rien à redire toutefois de la position de conduite (facile à trouver grâce aux nombreux ajustements), ni de la disposition des principales commandes. On s'étonne seulement, à bord de la XR, de l'absence d'une climatisation bizone (conducteur et passager) ou de poignées de maintien à bord (XE, XR et Hybrid). La qualité des plastiques ne fait pas non plus haut de gamme et, à ce chapitre, on attendait un peu plus d'attentions de la part de Saturn. De nombreux impairs, tous faciles à corriger, mais que GM ne corrigera vraisemblablement jamais.

Grâce à de larges portières, l'accès aux places arrière se révèle aisé ; mais attention tout de même de ne pas vous cogner la tête (à l'entrée comme à la sortie) contre le pavillon. Pour tenter de pallier cet inconvénient et la garde au toit qui s'en trouve forcément réduite, l'assise de la banquette est fâcheusement plantée trop près du plancher. Quant au dégagement intérieur, et malgré ses généreuses dimensions extérieures, l'Aura fait moins bien qu'une Camry ou une Sonata. C'est le cas aussi du coffre, qui manque de hauteur. Ajoutons que rien n'a été prévu dans le coffre pour baisser les dossiers des sièges arrière.

PARFUM D'EUROPE

L'architecture technique de l'Aura n'a plus de secret. Elle est partagée depuis quelques années par plusieurs filiales de GM (Saab, Opel, Chevrolet et Pontiac), ce qui est un gage de fiabilité. Le comportement du châssis ne pose aucun problème et conséquemment celui de l'Aura est au diapason, offrant tout à la fois la précision de conduite et l'équilibre attendus sans roulis très marqué. La direction est consistante quand il le faut, et la boîte à six vitesses (y compris avec le quatre cylindres essence) est plus serviable que l'automatique à quatre vitesses (Hybrid), assez indolente, mais sa gestion paraît encore un peu hésitante. De cette façon, le comportement est vraiment agréable, surtout que la voiture bénéficie de veilles électroniques aidant à la motricité, au freinage (d'ailleurs excellent) et à la précision de la trajectoire (sur la XR seulement). Le 3,6 litres (XR) se révèle naturellement discret et velouté, mais aussi beaucoup plus performant que le quatre cylindres qui se trouve ici à la peine en raison du poids important de cette berline. Quant à l'hybride, nous vous invitons à consulter notre match (oui, c'est la Malibu, mais c'est presque pareil) au début de cet ouvrage.

Cela dit, tout pourrait être mieux encore si l'Aura braquait aussi bien que ses concurrentes et ne réagissait pas aussi sèchement à l'état de la chaussée. Même en dehors de la « Belle Province », où les bons revêtements abondent, l'absence de filtration de sa suspension rappelle l'affection des constructeurs allemands pour les ressorts durs couplés à des amortisseurs souples.

Au final, l'Aura est une berline sympathique qui a l'immense qualité de ne pas être aussi aseptisée que nombre de ses concurrentes. Pour cette raison seulement, elle mérite considération. ▌▌▌ **ÉRIC LEFRANÇOIS**

*Une berline sympathique qui a l'immense qualité de ne
pas être aussi aseptisée que nombre de ses concurrentes*

DIMENSIONS ET VOLUMES

Empattement (mm)	2852
Longueur (mm)	4851
Largeur (mm)	1786
Hauteur (mm)	1464
Volume intérieur (L)	n.d.
Volume du coffre (min./max.) (L)	371 (Hyb) / 422
Capacité du réservoir de carburant (L)	61
Fourchette de poids (kg)	1562 - 1639

CHÂSSIS

Mode	traction
Suspension av. – arr.	indépendante
Freins av. – arr.	disques
Capacité de remorquage min. – max. (kg)	non recommandé (Hyb) - 454
Direction – diamètre de braquage (m)	crémaillère - 12,3
Pneus	225/50R17, 225/50R18 (XR)

PERFORMANCES

Modèle à l'essai	Aura XR
Moteur	V6 DACT 3,6 litres
Puissance (ch. à tr/min)	252 - 6300
Couple (lb-pi à tr/min)	251 - 3200
Transmission	automatique 6 rapports
Autres transmissions	automatique 4 rapports (Hyb)
Accélération 0-100 km/h (sec.)	6,82
Reprises 80-115 km/h (sec.)	4,26
Distance de freinage 100-0 km/h (m)	39,6
Niveau sonore à 100 km/h	✖ ✖ ✖
Vitesse maximale (km/h)	220 (3,6 l)
	200 (3,5 l), 190 (2,4 l)
Consommation réalisée au cours de l'essai (L/100 km)	11,7
Gaz à effet de serre	
Autres moteurs	L4 2,4 litres (169 ch.)
	L4 hybride 2,4 litres (164 ch.)

CE QU'IL FAUT SAVOIR

Fourchette de prix ($)	**24 710 - 31 965**
Marge de profit du concessionnaire (%)	7,37
Transport et préparation ($)	1300
Consommation ville – route (L/100 km)	**10,9 - 7,9 (2,4 l)**
	13,2 - 8,4 (3,5 l),
	14 - 9,4 (3,6 l), 10 - 7,8 (Hyb)
Essence recommandée	ordinaire
Versions offertes	XE, XR, Green Line
Carrosserie	berline 4 portes
Lieu d'assemblage	États-Unis
Valeur résiduelle	★ ★ ★
Garanties : de base - motopropulseur (an/km)	3/60 000 – 5/160 000
Fiabilité présumée	★ ★ ★
Cycle de remplacement	2010
Ventes 2007 ↗ 367 %	Québec : 312
Protection collision frontale conducteur/passager	★ ★ ★ ★ ★ / ★ ★ ★ ★ ★
latérale avant/arrière	★ ★ ★ ★ ★ / ★ ★ ★ ★ ★
retournement 2rm/4rm	★ ★ ★ ★ / n.a.

À RETENIR

Nouveautés 2009	version XR offerte avec L4 de 2,4 l, V6 de 3,5 l abandonné, boîte automatique 6 rapports de série (sauf Hybride), antidérapage de série, appellation Green Line abandonnée
Principales concurrentes	Chevrolet Malibu, Chrysler Sebring, Ford Fusion, Honda Accord, Hyundai Sonata, Mazda6, Nissan Altima, Toyota Camry

+ • Rigidité du châssis
  • Insonorisation de l'habitacle
  • Train avant incisif

– • Gestion chancelante de la boîte 6 rapports
  • Manque de hauteur du coffre
  • Chute du pavillon qui rend l'accès et la sortie difficiles

L'ESPRIT DE SYNTHÈSE

Fruit des amours ou de la complémentarité, c'est selon, entre une fourgonnette et un 4x4, l'Outlook de Saturn symbolise une ère nouvelle, et permet à l'industrie de l'automobile de quitter les créneaux traditionnels pour migrer vers de nouveaux territoires.

SATURN
OUTLOOK

L'Outlook est volontairement imposant ; les stylistes y sont parvenus en augmentant la garde au sol (de 189 mm, bien inutilement par ailleurs), tout en réduisant sa hauteur totale par rapport à celle d'un « vrai » VUS. Une fois à bord, en revanche, le sentiment de dominer les autres est bien réel. Haut perché peut-être, mais facile d'accès (inutile d'avoir recours à des marchepieds), l'Outlook peut accueillir sept ou huit passagers selon la configuration retenue.

L'acheteur devra au préalable choisir une des deux livrées (XE et XR) inscrites au catalogue. La première représente manifestement le choix le plus éclairé sur le plan financier. Hélas, il lui manque plusieurs accessoires pour être aussi pratique qu'une fourgonnette. Bien sûr, on ne s'offusquera pas de l'absence d'un hayon électrique sur cette version d'entrée de gamme, mais pourquoi nous priver du système de divertissement vidéo, d'une prise auxiliaire dans le coffre et, considérant l'apparente fragilité du pare-chocs arrière et la piètre visibilité, de précieux capteurs de stationnement en option ? Et pourquoi aussi nous imposer un volant d'une texture si désagréable, alors que le reste de l'habitacle témoigne d'un réel souci du détail ?

Car à ce chapitre, on trouve peu à redire. Les espaces de rangement sont nombreux et pratiques, mais considérant la taille de ce véhicule cependant, nous nous attendions à un peu plus : Saturn, croyons-nous, aurait pu repiquer certaines idées d'autres filiales de GM, comme les pochettes « kangourou » intégrées aux coussins des baquets avant des Saab.

La deuxième rangée peut être modelée de deux manières : baquets ou banquette. À vous de choisir. Peu importe la configuration, le dispositif *Smart Slide* imaginé par GM pour faciliter l'accès à la troisième rangée est offert de série. Celui-ci n'est pas aussi simple à opérer que ses concepteurs le prétendent, mais, avec un peu d'entraînement, on finit par s'y habituer. La troisième rangée, juchée sur un petit promontoire, offre un dégagement comparable à celui d'une fourgonnette. Dommage, cependant, que les glaces de custode ne puissent être ouvertes. L'imposant hayon s'ouvre sur un espace utilitaire facile à charger, suffisamment vaste si on utilise la troisième rangée de sièges et davantage si on l'escamote complètement.

BALEINE AGILE

Plus imposant qu'il en a l'air, l'Outlook se conduit pourtant comme une berline. En effet, même si les dimensions extérieures l'apparentent à un gros utilitaire (genre Tahoe ou Yukon), il n'en est pas moins beaucoup plus agile. Il vire beaucoup plus court (meilleur diamètre de braquage), se gare plus aisément et offre un roulement plus souple qu'un utilitaire traditionnel.

Pour mouvoir son véhicule métis, GM retient les services d'un moteur V6 de 3,6 litres des plus moderne. Entièrement en aluminium, ce moteur était jusqu'ici le talon d'Achille de ce véhicule, surtout lorsque toutes les places à bord sont occupées. Pour 2009, il gagne « un peu de pédale » en adoptant l'injection directe d'essence. Pas de V8 5,3 litres, comme le réclame une certaine presse, mais une rumeur persistante quant à l'arrivée d'une motorisation hybride (mi-essence, mi-électrique) au cours de la prochaine année. Cela dit, le souffle « nouveau » du 3,6 ne peut faire oublier l'étourderie de la boîte semi-automatique qui s'empêtre parfois dans ses rapports, même sur un faux plat.

Quoi qu'il en soit, dans le cadre d'une utilisation normale, ce V6 est adéquat et sa consommation est tout à fait raisonnable considérant les dimensions, le poids et l'usage auquel ce véhicule est destiné. Une fois la vitesse de croisière atteinte, le moteur cesse de gronder, retrouve son calme. Le niveau sonore dans l'habitacle redevient paisible.

Sur la route, la version tractée (roues avant motrices) fait preuve de plus d'agilité encore que la version intégrale. Les mouvements de caisse sont bien contenus et le contrôle de stabilité électronique (de série sur tous les modèles) n'a rien d'intrusif. La direction de la XE, même si elle n'est pas assistée en fonction de la vitesse, comme sur la XR, se révèle correctement dosée ; elle permet d'inscrire l'Outlook avec sérénité dans les courbes, à condition de ne pas chercher à transgresser les lois de la physique. Moins sportive qu'une CX-9 de Mazda, l'Outlook se révèle cependant plus confortable, même sur une mauvaise chaussée. Et le système d'amortissement de la version à traction nous est apparu plus conciliant que celui de la version à traction intégrale. ▌▌▌ **ÉRIC LEFRANÇOIS**

Haut perché peut-être, mais facile d'accès, l'Outlook peut accueillir jusqu'à sept ou huit passagers

SATURN OUTLOOK

DIMENSIONS ET VOLUMES

Empattement (mm)	3021
Longueur (mm)	5107
Largeur (mm)	2003
Hauteur (mm)	1846
Volume intérieur (L)	4361
Volume du coffre (min./max.) (L)	558 / 3313
Capacité du réservoir de carburant (L)	83,3
Fourchette de poids (kg)	2132 / 2225

CHÂSSIS

Mode	traction, intégral
Suspension av. - arr.	indépendante
Freins av. - arr.	disques
Capacité de remorquage min. - max. (kg)	2358
Direction – diamètre de braquage (m)	crémaillère – 12,3
Pneus	255/65R18, 255/55R20 (option)

PERFORMANCES

Modèle à l'essai	Outlook XR TI
Moteur	V6 DACT 3,6 litres
Puissance (ch. à tr/min)	288 - 6300
Couple (lb-pi à tr/min)	270 - 3400
Transmission	automatique 6 rapports
Autres transmissions	aucune
Accélération 0-100 km/h (sec.)	8,81
Reprises 80-115 km/h (sec.)	6,26
Distance de freinage 100-0 km/h (m)	41,2
Niveau sonore à 100 km/h	✹ ✹ ✹ ✎
Vitesse maximale (km/h)	210
Consommation réalisée au cours de l'essai (L/100 km)	12,9
Gaz à effet de serre	
Autres moteurs	V6 3,6 litres (281 ch.)

CE QU'IL FAUT SAVOIR

Fourchette de prix ($)	**35 010 - 42 140**
Marge de profit du concessionnaire (%)	7,38
Transport et préparation ($)	1250
Consommation ville - route (L/100 km)	**13,4 - 9,2 (2rm)** **15,1 - 11,2 (4rm)**
Essence recommandée	ordinaire
Versions offertes	XE, XR
Carrosserie	multisegment 5 portes
Lieu d'assemblage	États-Unis
Valeur résiduelle	✶ ✶ ✶
Garanties : de base - motopropulseur (an/km)	3/60 000 – 5/160 000
Fiabilité présumée	✶ ✶ ✶
Cycle de remplacement	inconnu
Ventes 2007 n.a.	Québec : 547
Protection collision	
frontale conducteur/passager	✶ ✶ ✶ ✶ ✶ / ✶ ✶ ✶ ✶ ✶
latérale avant/arrière	✶ ✶ ✶ ✶ ✶ / ✶ ✶ ✶ ✶ ✶
retournement 2rm/4rm	✶ ✶ ✶ ✶ / ✶ ✶ ✶ ✶

À RETENIR

Nouveautés 2009	**moteur plus puissant, Bluetooth, caméra de recul, jantes de 20 po**
Principales concurrentes	**Honda Pilot, Hyundai Veracruz, Mazda CX-9, Subaru Tribeca, Toyota Highlander**

 • L'habitacle spacieux
• La tenue de route stable et rassurante
• Le confort de roulement

 • L'accès à la troisième banquette
• La transmission semi-automatique engourdie
• Le manque de tonus de la mécanique

LE CIEL ET L'ENFER

« La voir, c'est l'adorer, la conduire, c'est la détester. » Voilà en quelques mots bien sentis, ce que j'avais écrit lors du lancement de la Pontiac Solstice, cet aguichant petit roadster autour duquel General Motors avait su créer un véritable supplice de Tantale et qui représentait plutôt la synthèse de tout ce qui ne tourne pas rond chez l'ancien numéro un mondial de l'automobile.

Et pour que la cour soit pleine, j'avais ajouté ceci : « C'est bien beau de nous mettre l'eau à la bouche avec une jolie frimousse, mais encore faut-il que cette eau ne soit pas contaminée. » Force est d'admettre que la Solstice accusait de sérieuses failles, tant dans sa conception que sa construction.

BEAU ET PAS CHER ?

Peut-on formuler un verdict aussi cinglant à l'endroit de la Saturn Sky, puisqu'il s'agit à peu de choses près du même véhicule ? Une carrosserie à faire rêver et une mécanique à mille lieues de rendre justice à un si bel emballage. Autant le résultat final est regrettable, autant on le comprend : GM s'était donné comme but d'offrir un petit roadster deux places à un prix qui serait accessible à beaucoup de gens en quête d'un moyen de transport estival amusant. Il est certain que dans un exercice similaire, Mazda passe beaucoup mieux l'examen avec sa Miata. Cela dit, grattons un peu la peinture pour voir ce qu'il y a en dessous.

L'habitacle est étriqué, les espaces de rangement sont clairsemés, voire inexistants, le coffre à bagages est une bonne blague par son inutilité tandis que conducteur et passager sont soumis à un confinement qu'il vaut mieux partager entre amis. Mais, ce n'est pas là le vrai handicap de cette Saturn affligée d'un groupe motopropulseur qui porte ombrage à son look affriolant et à ses prétentions sportives. Le pauvre quatre cylindres 2,4 litres qui tente de propulser ce joli minois serait mieux adapté à un petit camion qu'à un roadster. Ce moteur, malgré ses 173 chevaux, est non seulement asthmatique, mais il sonne creux et tourne avec toute la douceur d'un malaxeur à ciment.

Petite consolation, le levier de la boîte de vitesses à cinq rapports est bien guidé et conséquemment facile à déplacer. On ne lui pardonne pas cependant son sifflement et les vibrations émanant du rouage d'entraînement. L'étagement de la boîte de vitesses a, de toute évidence, été étudié pour occulter les carences du moteur. Les deux premiers rapports ultra-courts sont destinés à donner une impression de nervosité à basse vitesse alors que les trois rapports suivants sont anormalement longs.

FEU VERT À LA RED LINE

Pour mieux illustrer le piètre rendement du tandem moteur-transmission, il suffit de consulter le peu reluisant tableau des performances. Le 0-100 km/h en 11 secondes s'apparente aux chronos d'une Toyota Tercel 1990 tandis que le temps de reprise sur le quatrième rapport entre 80 et 120 km/h vous laisse clairement savoir que les dépassements sont interdits au volant d'une Saturn Sky. En serez-vous récompensé par une faible consommation ? À vous de décider en sachant que j'ai obtenu une moyenne de 10,4 litres aux 100 km pendant mon essai. En s'éloignant du principe initial du roadster à prix modique, on peut toujours opter pour la version Red Line dont le moteur affiche 260 chevaux et la facture, près de 40 000 $. En ayant fait l'essai, mon collègue Jean-François Guay rapporte que la Sky a un urgent besoin du moteur turbo de 2 litres qui lui permet d'en découdre avec une Honda S2000. C'est, selon lui, la seule façon d'apprécier la Sky. Jean-François trouve toutefois dommage que les espaces de rangement soient aussi nuls. C'est comme si les verres fumés, le cellulaire ou la bouteille d'eau dataient d'une autre époque ! Ou serait-ce plutôt la Sky ?

Là où ce petit roadster se défend plus honorablement, c'est en matière de comportement routier. Passons sur la direction avec son diamètre de braquage équivalent à celui d'un minibus pour vanter une tenue de route prévisible, et cela, même sur pavé mouillé. La voiture s'accroche au bitume sans succomber à un roulis excessif et ne craint pas d'enfiler les virages avec aplomb. Le freinage obtient aussi la note de passage. Rendons aussi à la Sky ce qu'elle mérite, soit un confort parfaitement décent pour un petit engin du genre.

À l'intérieur, on est confronté à un tableau de bord plutôt sympathique et d'une modernité engageante. Cela dit, les matériaux utilisés apparaissent incapables de vieillir sans prendre de sérieuses rides. Ainsi, dans le modèle essayé, le cuir des sièges était irrémédiablement plissé même si la voiture n'avait que 5000 km au compteur. Si jamais le beau temps vous donne envie d'escamoter la capote, sachez que le cran de verrouillage de celle-ci se montre quelquefois récalcitrant à libérer le panneau dissimulant le toit dans une partie du coffre. Que conclure après une telle avalanche de critiques ? Relisez la première phrase de ce texte.

JACQUES DUVAL

Le moteur atmosphérique est non seulement asthmatique, mais il sonne creux et tourne avec toute la douceur d'un malaxeur à ciment

DIMENSIONS ET VOLUMES

Empattement (mm)	2415
Longueur (mm)	4091
Largeur (mm)	1813
Hauteur (mm)	1273
Volume intérieur (L)	1529
Volume du coffre (min./max.) (L)	56,6 / 153
Capacité du réservoir de carburant (L)	51,5
Fourchette de poids (kg)	1344 - 1381

CHÂSSIS

Mode	propulsion
Suspension av. - arr.	indépendante
Freins av. - arr.	disques
Capacité de remorquage min. - max. (kg)	non recommandé
Direction – diamètre de braquage (m)	crémaillère - 10,6
Pneus	245/45R18

PERFORMANCES

Modèle à l'essai	Sky (Base)
Moteur	L4 DACT 2,4 litres
Puissance (ch. à tr/min)	173 - 5800
Couple (lb-pi à tr/min)	167 - 4500
Transmission	manuelle 5 rapports
Autres transmissions	automatique 5 rapports
Accélération 0-100 km/h (sec.)	9,46
Reprises 80-115 km/h (sec.)	6,98
Distance de freinage 100-0 km/h (m)	38,4
Niveau sonore à 100 km/h	
Vitesse maximale (km/h)	200
Consommation réalisée au cours de l'essai (L/100 km)	10,4
Gaz à effet de serre	
Autres moteurs	L4 turbo 2 litres (260 ch.)

CE QU'IL FAUT SAVOIR

Fourchette de prix ($)	**33 210 - 39 660**
Marge de profit du concessionnaire (%)	9,13
Transport et préparation ($)	1125
Consommation ville - route (L/100 km)	**12,3 - 8,3 (turbo, 2 l)** **12,5 - 8,4 (2,4 l)**
Essence recommandée	ordinaire
Versions offertes	Base, Redline
Carrosserie	cabriolet 2 portes
Lieu d'assemblage	États-Unis
Valeur résiduelle	★ ★ ★
Garanties : de base - motopropulseur (an/km)	3/60 000 - 5/160 000
Fiabilité présumée	★ ★ ⊁
Cycle de remplacement	2011
Ventes 2007 ↗ 65 %	Québec : 184
Protection collision frontale conducteur/passager latérale avant/arrière retournement 2rm/4rm	★★★★ / ★★★★ ★★★★ / n.a. ★★★★★ / n.a.

À RETENIR

Nouveautés 2009	nouvelle jantes, Bluetooth, Édition spéciale (Ruby Red et Hydro Blue)
Principales concurrentes	Honda S2000, Mazda MX-5, Mini Cooper, Nissan 350Z, Pontiac Solstice

+ • Joli minois
  • Comportement routier amusant
  • Confort satisfaisant

− • On oublie les bagages
  • Moteur anémique, bruyant
  • Bruits de caisse
  • Voiture estivale

MIEUX, VRAIMENT ?

Le nouveau Vue n'a donc plus rien à voir avec son prédécesseur, et c'est tant mieux. Son architecture (nom de code Theta) adopte plus ou moins les mêmes réglages que les Captiva (Chevrolet) et Antara (Opel) vendues en Europe, et non plus ceux des Equinox et Torrent vendues de ce côté-ci de l'Atlantique.

Sur le plan du style, ce VUS compact reprend sensiblement les formes de l'étude Antara (appellation ensuite attribuée au modèle de série) présentée il y a quelques années dans les salons internationaux. Hormis quelques menus détails, le Vue est en tout point identique à son vis-à-vis Opel. Même les « barrettes » imprimées sur les ailes avant sont du voyage. C'est bien joli, mais quelque chose cloche dans les proportions, vous ne trouvez pas ? Aurait-il été plus large ? Ou moins haut ? Toujours est-il que le nouveau Vue est plus large (32 mm) et plus haut (16 mm) que son prédécesseur. Il est aussi plus court (30 mm). Mais son empattement, lui, a gagné 1 mm. Au final, il faut retenir que le dégagement à bord est supérieur à celui du modèle antérieur. Pas partout, mais là où ça compte. Quatre personnes prendront place à bord confortablement. Et une cinquième? Il vaudrait mieux savoir avant combien elle mesure...

LE COFFRE. QUEL COFFRE ?

Et si le dégagement intérieur se compare à la moyenne des autres véhicules inscrits dans ce segment, c'est loin d'être le cas au moment de soulever le hayon. C'est ici qu'on regrettera le plus les millimètres perdus en longueur. Pas très profond, ni très large, ce coffre représente la grande déception du nouveau Vue. Par chance, il y a les barres de toit. Ou la remorque.

Au chapitre de la présentation intérieure, le Vue prend, là aussi, ses distances avec son prédécesseur. Hormis l'apparence et la texture du volant, il y a peu à redire sur le dessin. C'est simple. Rien de compliqué. Toutes les commandes sont à portée et le bloc d'instruments est facile à consulter. On trouvera seulement à redire sur le manque

de profondeur des assises des baquets avant et le manque de générosité des rangements. Il y en a un peu partout, c'est vrai, mais ils ne sont pas immenses, surtout à l'arrière.

Le Vue se décline actuellement en quatre livrées, XE, XR, Red Line et Hybrid. Ce dernier est plus évolué et surtout plus performant maintenant qu'il embrassera la technologie bimode d'ici la fin de la présente année.

MANQUE DE SEL

Convenons tout de go que, volant en main, cette mouture est nettement supérieure à l'ancienne. Le châssis affiche une rigidité des plus rassurante sur chaussée sèche. Sur un revêtement mouillé, c'est moins probant. Sur la version à traction s'entend, puisque nous n'avons pas eu la chance de conduire celle à quatre roues motrices. Cela dit, sur une surface mouillée, le train avant tend à chasser un peu tôt vers l'extérieur du virage. Rien de grave, il y a le correcteur de stabilité électronique (livré de série). Mais attention : il dort un peu sur la « switch », si vous me passez l'expression. Cela serait sans doute juste drôle si la direction faisait preuve d'un peu plus de sensibilité et nous permettait de mieux sentir les limites d'adhérence. À défaut de livrer ses sensations, cette direction a le mérite d'être précise.

Sur la route, le Vue est silencieux et agréable. Il préfère les grandes courbes aux petites et, considérant son poids, on comprend un peu mieux pourquoi il n'est pas des plus agile. Ni des plus performant. Sur le modèle essayé, le moteur V6 de 3,6 litres a beau avoir du cœur et sa boîte semi-automatique compter six rapports, ce tandem ne peut masquer l'importante prise de poids du modèle. Forcément, cela a des répercussions néfastes sur la consommation, comme en font foi nos mesures combinées. Par chance, l'autonomie est sauve grâce à un réservoir conséquent; mais qu'en sera-t-il sur les modèles dotés du rouage intégral, dont le réservoir est amputé de 10 litres?

Le confort général maintenant. Il est bon, mais l'amortissement manque de progressivité et filtre moyennement les irrégularités. Et en ville, on est (désagréablement) surpris par le diamètre de braquage.

Pour conclure, rappelons que le nouveau Vue est franchement supérieur. Plus rigide, mieux fini, plus sûr et mieux équipé. Mais cela suffira-t-il à en faire l'élu de votre garage ? Pas si sûr. Le prix demandé est un brin élevé, le coffre minimaliste et les qualités dynamiques se situent, au mieux, au niveau de celles de la concurrence. Conclusion : on peut faire mieux. ▌▌▌ **ÉRIC LEFRANÇOIS**

DIMENSIONS ET VOLUMES

Empattement (mm)	2707
Longueur (mm)	4576
Largeur (mm)	1850
Hauteur (mm)	1704, 1681 (Hyb)
Volume intérieur (L)	2769
Volume du coffre (min./max.) (L)	827 / 1598
Capacité du réservoir de carburant (L)	73 (2rm), 63 (4rm), 69 (Hyb)
Fourchette de poids (kg)	1673 - 1852

CHÂSSIS

Mode	traction - intégral
Suspension av. - arr.	indépendante
Freins av. - arr.	disques
Capacité de remorquage min. - max. (kg)	680 (Hyb) - 1588 (V6)
Direction - diamètre de braquage (m)	crémaillère - 12,2
Pneus	235/65R16, 235/60R17 (XR), 225/60R17 (Hyb) 235/55R18 (R-Line)

PERFORMANCES

Modèle à l'essai	Vue Hybride
Moteur	L4 DACT 2,4 litres
Puissance (ch. à tr/min)	172 - 6500
Couple (lb-pi à tr/min)	167 - 4500
Transmission	automatique 4 rapports
Autres transmissions	automatique 6 rapports (V6), à rapport continu et 4 engrenages fixes (Bimode)
Accélération 0-100 km/h (sec.)	11,11
Reprises 80-115 km/h (sec.)	8,9
Distance de freinage 100-0 km/h (m)	42,6
Niveau sonore à 100 km/h	✖ ✖ ✖
Vitesse maximale (km/h)	170
Consommation réalisée au cours de l'essai (L/100 km)	9,2
Gaz à effet de serre	
Autres moteurs	L4 2,4 litres (169 ch.) V6 3,6 litres (222 ch.) V6 3,6 litres bimode (255 ch.)

CE QU'IL FAUT SAVOIR

Fourchette de prix ($)	**26 990 - 38 670**
Marge de profit du concessionnaire (%)	8,42
Transport et préparation ($)	1250
Consommation ville - route (L/100 km)	**12,5 - 9,1 (2,4 l) 14 - 10 (3,6 l) 9,6 - 7,6 (Hyb)**
Essence recommandée	ordinaire
Versions offertes	XE, XR, Red Line, Hybride, Bimode
Carrosserie	multisegment 5 portes
Lieu d'assemblage	Mexique
Valeur résiduelle	★ ★ ★
Garanties : de base - motopropulseur (an/km)	3/60 000 - 5/160 000
Fiabilité présumée	★ ★ ★
Cycle de remplacement	2012
Ventes 2007 ↗ 15 %	Québec : 4898
Protection collision frontale conducteur/passager latérale avant/arrière retournement 2rm/4rm	★★★★★ / ★★★★★ ★★★★★ / ★★★★★ ★★★★ / ★★★★

À RETENIR

Nouveautés 2009	nouveau système hybride bimode (3,6 l), appellation « Green Line » abandonnée, Bluetooth, sièges chauffants (XE)
Principales concurrentes	Chevrolet Equinox, Ford Escape, Hyundai Santa Fe, Mitsubishi Outlander, Toyota RAV4

- La solidité du châssis
- La qualité de la présentation
- La technologie hybride

- Les dimensions étriquées du coffre et de l'habitacle
- Le poids de la refonte
- La consommation décevante

LES PÉTROLIÈRES SAUVENT LA MISE

La Smart devait redéfinir le concept de la mobilité urbaine. La première version ne l'a pas fait. Son bailleur de fonds, Mercedes, a néanmoins cru en sa bonne étoile et cette deuxième génération que plusieurs observateurs considéraient comme celle de la dernière chance a tenu ses promesses, en partie grâce aux Américains qui lui ont réservé — à l'aide du coup de pouce des pétrolières — un accueil étonnamment chaleureux.

smart

SMART
FORTWO

La Smart, deuxième du nom, devait convaincre, pas juste faire sourire. Et à la lumière de cet essai, force est de constater qu'elle n'y est pas parvenue, même si cette seconde génération montre des progrès sous tous les rapports. Enfin presque : à cause des normes antipollution américaines, la Smart ne carbure en effet plus au gazole mais bien à l'essence super... Ce faisant, sa consommation moyenne passe de 4,6 L/100 km à 5,9 L/100 km en ville et de 3,8 L/100 km à 4,8 L/100 km sur route. Un écart somme toute important, même si la puce s'affiche (sauf le cabriolet) à des prix plus compétitifs.

COUP DE PLUMEAU

À bord, le coup de plumeau est plus évident. La présentation a gagné en fonctionnalité et en ergonomie. En sérieux aussi, avec ce tableau de bord pratiquement dessiné à l'équerre. Moins esthétique peut-être, mais plus pratique, car cette forme a permis d'intégrer un bac de rangement et un vrai coffre à gants, avec couvercle fermant à clé. La finition est correcte, même si les plastiques durs abondent.

Si l'habitabilité ne progresse à peu près pas, la capacité de chargement, elle, profite de l'allongement du porte-à-faux arrière. L'espace demeure compté, mais le volume a tout de même augmenté de 70 litres à la condition de charger jusqu'au toit. Mentionnons que le capot avant se retire, non sans difficulté, à l'aide de tirettes fragiles ; mais vous n'y trouverez aucun espace de rangement, seulement l'embouchure du réservoir de lave-glace et quelques organes mécaniques. Pour amorcer cette deuxième vie, la Smart se décline en coupé et en cabriolet.

Même si elle s'est allongée de près de 200 mm, même si la visibilité de trois quarts arrière demeure problématique, la ForTwo demeure la compagne idéale pour se garer dans un trou de souris ou se faufiler dans les rues les plus étroites. Point final.

UNE CITADINE PLUS ROUTIÈRE

Une fois hors de la ville, cependant, qu'en est-il ? La nouvelle Smart se révèle une routière plus convaincante que sa devancière. Plus rassurante, aussi, grâce à sa direction plus incisive et ses pneus plus larges. Désormais, on ne s'inquiète plus de dévier de notre trajectoire aussitôt que quelqu'un se met à éternuer au bord de la route. Les suspensions profitent d'un meilleur débattement, mais demeurent raides sur les grosses déformations ou sur les ralentisseurs, sans toutefois affecter autant le confort. À ce chapitre, soulignons également le rembourrage plus généreux des baquets et la meilleure insonorisation de la cabine. Il manque juste un régulateur de vitesse — toujours absent — pour rendre les longs trajets plus agréables.

Au chapitre de la tenue de route, la ForTwo affiche aussi des progrès, mais demeure encore à la remorque des sous-compactes, ses cibles inavouées. Le correcteur de stabilité électronique de série n'est effectivement pas un luxe pour vaincre le sous-virage (tendance à tirer tout droit) de la Smart. À cela s'ajoute un freinage difficile à doser en toutes circonstances. Par chance, les distances d'arrêt sont raisonnables.

D'origine Mitsubishi, le moteur trois cylindres d'un litre — toujours installé à l'arrière et aussi difficile d'accès — paraît, avec ses 70 chevaux, plus convaincant que le turbodiésel de 800 cc de la génération précédente. En apparence seulement, puisque la force de couple du turbodiésel était non seulement plus élevée (+ 6 livres-pieds), mais également présente à un régime plus bas (1800 tours/minute par rapport à 4500 tours/minute).

Autre gêne pour la nouvelle version : elle pèse 100 kg de plus que son aïeule. Rien pour aider aux performances. Pourtant, la présence d'une boîte robotisée à cinq rapports plus rapide sauve la mise. Cette dernière n'impose pratiquement plus entre chaque passage de vitesse l'insupportable temps mort qui donnait aux occupants l'impression d'être assis sur une chaise berçante.

La ForTwo s'est beaucoup améliorée, mais pas au point d'en faire un choix raisonnable face à une sous-compacte qui fait à peu près les mêmes choses en ville. Cette dernière, avec ses quatre portes, ses quatre places et un vrai coffre, coûte moins cher le centimètre que la ForTwo, et ne consomme parfois qu'une cuillerée à soupe d'essence de plus.

⫶ ÉRIC LEFRANÇOIS

Cette ForTwo doit une fière chandelle aux pétrolières.
Sans elles, la marque se retrouverait aujourd'hui au musée

DIMENSIONS ET VOLUMES

Empattement (mm)	1867
Longueur (mm)	2695
Largeur (mm)	1559
Hauteur (mm)	1542
Volume intérieur (L)	1285
Volume du coffre (min./max.) (L)	220 / 340
Capacité du réservoir de carburant (L)	33
Fourchette de poids (kg)	820

CHÂSSIS

Mode	propulsion
Suspension av. - arr.	indépendante
Freins av. - arr.	disques - tambours
Capacité de remorquage min. - max. (kg)	non recommandé
Direction - diamètre de braquage (m)	crémaillère - 8,75
Pneus	155/60R16 (av.) - 175/55R15 (arr.)

PERFORMANCES

Modèle à l'essai	Fortwo Passion (cabriolet)
Moteur	L3 SACT 1 litre
Puissance (ch. à tr/min)	70 - 5800
Couple (lb-pi à tr/min)	68 - 4500
Transmission	semi-automatique 5 rapports
Autres transmissions	aucune
Accélération 0-100 km/h (sec.)	14,64
Reprises 80-115 km/h (sec.)	non chronométrées
Distance de freinage 100-0 km/h (m)	54
Niveau sonore à 100 km/h	
Vitesse maximale (km/h)	149
Consommation réalisée au cours de l'essai (L/100 km)	5,3
Gaz à effet de serre	
Autres moteurs	aucun

CE QU'IL FAUT SAVOIR

Fourchette de prix ($)	**14 990 – 21 250**
Marge de profit du concessionnaire (%)	n.d.
Transport et préparation ($)	550 (préparation en sus)
Consommation ville - route (L/100 km)	**5,9 – 4,8**
Essence recommandée	super
Versions offertes	Pure, Passion
Carrosserie	hayon 3 portes, cabriolet 3 portes
Lieu d'assemblage	France
Valeur résiduelle	✱ ✱ ✱
Garanties : de base - motopropulseur (an/km)	4/80 000 - 4/80 000
Fiabilité présumée	inconnue
Cycle de remplacement	inconnu
Ventes 2007 ↘ 29 %	Québec : 428
Protection collision frontale conducteur/passager	✱✱✱✱ / ✱✱✱
latérale avant/arrière	✱✱✱✱✱ / n.a.
retournement 2rm/4rm	✱✱✱ / n.a.

À RETENIR

Nouveautés 2009	**aucun changement majeur**
Principales concurrentes	**aucune rivale**

➕
- L'agilité en milieu urbain
- Le resserrement des prix
- Le meilleur appétit du coffre

➖
- L'arrivée d'un moteur à essence
- La lenteur de la transmission
- La présentation moins amusante

LE ROADSTER NÉERLANDAIS

Même si j'ai fait l'essai de pas moins de 2500 voitures au cours de ma carrière, jamais encore je n'avais pris le volant d'une automobile aussi hétéroclite que la Spyker C8, un roadster néerlandais. Rien à voir avec les Ferrari ou Lamborghini de ce monde qui, malgré leur unicité, s'inscrivent dans une catégorie bien particulière. La Spyker est différente dans la mesure où elle fait résonner une note de modernité dans un univers qui évoque l'originalité et la recherche de perfection des modèles d'antan. Mais qu'est-ce qui distingue cette voiture des autres et, surtout, d'où sort-elle exactement?

SPYKER
C8

*L'individualité de ce modèle s'exprime surtout dans son design,
qui ne ressemble à absolument rien de connu*

Si on met de côté le rôle plus ou moins obscur de l'écurie Spyker sur les circuits de Formule 1 en 2007, il faut remonter de nombreuses années en arrière pour retrouver les origines de la marque et à quelques années pour situer sa renaissance. Ce nom date d'abord de la fin des années 1800 et du début du siècle dernier alors qu'il apparaissait sur des automobiles d'exception carrossées exclusivement pour de riches clients. Elles établirent aussi de nombreux records de vitesse avant de tomber dans l'ombre.

Un peu avant la Première Guerre mondiale, la marque néerlandaise a refait surface, dans le ciel cette fois, puisque Spyker a construit à l'époque plus d'une centaine d'avions de combat. C'est d'ailleurs de cette double vocation qu'est né l'emblème actuel de la compagnie, une hélice d'avion jumelée à une roue à rayons.

ANTICONFORMISTE

Il faudra ensuite attendre au début des années 2000 pour voir réapparaître Spyker dans le monde de la voiture dite exotique. Sous des noms curieusement français, tels Laviolette, on a vu surgir une série de coupés et de roadsters au design rétro moderne, bardés de chromes étincelants. Aujourd'hui, cette firme des Pays-Bas fabrique quelques centaines de voitures par année destinées à ceux et celles cherchant à affirmer leur anticonformisme. Et croyez-moi, on ne passe pas inaperçu au volant d'une

Spyker, comme le roadster C8 que j'ai eu l'occasion de conduire brièvement lors d'un séjour en Floride.
L'essayeur qui venait de terminer ses quelques heures au volant a sans doute décrit parfaitement la voiture en disant que la conduire lui avait donné l'impression de porter une montre aussi coûteuse que sophistiquée. À bien y penser toutefois, la mécanique est tout ce qu'il y a de plus ordinaire, avec un moteur V8 Audi de 4,2 litres développant 400 chevaux et une boîte de vitesses manuelle à six rapports. Ce groupe est toutefois implanté à l'arrière de l'habitacle, ce qui permet au roadster C8 de revendiquer la description de voiture à moteur central. Il faut bien comprendre que ce n'est qu'en faisant appel à des composantes venues d'ailleurs que de petits constructeurs comme Spyker peuvent exister.

L'individualité de ce modèle s'exprime surtout dans son design, qui ne ressemble à absolument rien de connu. On est parti d'une page blanche, point. Cela donne des résultats étonnants qui, on le devine, ne plairont pas à tout le monde. Une chose est sûre, c'est qu'il faut aimer les chromes pour tomber en amour avec un tel modèle.

REGARDEZ-MOI

Le tableau de bord, doté d'une armure de chrome en aluminium martelé et d'une multiplicité de cadrans et de boutons inspirés de l'aviation, est pour le moins

CETTE FIRME
DES PAYS-BAS
FABRIQUE
QUELQUES
CENTAINES
DE VOITURES PAR
ANNÉE DESTINÉES À
CEUX ET CELLES
CHERCHANT À
AFFIRMER LEUR
ANTICONFORMISME.

éblouissant. Le levier de vitesses vif-argent s'étire dans une tringlerie apparente au plancher comme dans les voitures de course. Et que dire du pédalier, en métal lui aussi, et dont on appréciera le concept. Pour se faire voir, rien de mieux non plus que les portes-papillon qu'on commence à voir apparaître dans les magasins d'accessoires. Entre vous et moi, c'est plus « regarde-moi » que pratique.

Une fois vaincu l'accès à la C8, il faut enfoncer un basculeur puis le bouton Start pour entendre ronronner le V8 derrière vous. Les performances sont certes au rendez-vous, mais la voiture n'arrache pas le bitume pour autant. Au volant, la boîte à six rapports se laisse guider aisément, mais les moindres bosses nous rappellent qu'il s'agit d'une voiture un peu artisanale, une sorte de kit car de luxe. Le châssis manque de rigidité et le bruit du moteur n'arrive

pas à dissimuler les bruits de caisse. Dans les virages rapides, la direction se durcit, un effet naturel de l'angle de chasse des roues avant. Mon essai très court ne m'a évidemment pas permis de décortiquer la voiture, mais j'aurais tendance à croire qu'elle serait plus à l'aise comme objet d'art dans un musée que comme rivale des Ferrari et Lamborghini dans un match comparatif ou une course en circuit fermé. ||| **JACQUES DUVAL**

DIMENSIONS ET VOLUMES

Empattement (mm)	2575 - 2677
Longueur (mm)	4185 - 4584
Largeur (mm)	1880 - 1910
Hauteur (mm)	1080 - 1255
Volume intérieur (L)	n.d.
Volume du coffre (min./max.) (L)	n.d.
Capacité du réservoir de carburant (L)	70
Fourchette de poids (kg)	1275 - 1425

CHÂSSIS

Mode	propulsion
Suspension av. - arr.	indépendante
Freins av. - arr.	disques
Capacité de remorquage min. - max. (kg)	non recommandé
Direction - diamètre de braquage (m)	crémaillère - n.d.
Pneus	225/40R18 (av.) - 225/35R18 (arr.)

PERFORMANCES

Modèle à l'essai	Spyder C8
Moteur	V8 DACT 4,2 litres
Puissance (ch. à tr/min)	400 - 7500
Couple (lb-pi à tr/min)	354 - 3750
Transmission	manuelle 6 rapports
Autres transmissions	aucune
Accélération 0-100 km/h (sec.)	4,9
Reprises 80-115 km/h (sec.)	2,1 (estimé)
Distance de freinage 100-0 km/h (m)	38,5
Niveau sonore à 100 km/h	
Vitesse maximale (km/h)	300
Consommation réalisée au cours de l'essai (L/100 km)	n.d.
Gaz à effet de serre	n.d.
Autres moteurs	aucun

CE QU'IL FAUT SAVOIR

Fourchette de prix ($)	350 000 US
Marge de profit du concessionnaire (%)	n.d.
Transport et préparation ($)	n.d.
Consommation ville - route (L/100 km)	non évaluée
Essence recommandée	super
Versions offertes	Aileron, Spyder SWB, Laviolette LWB / SWB
Carrosserie	coupé 2 portes
Lieu d'assemblage	Pays-Bas
Valeur résiduelle	inconnue
Garanties : de base - motopropulseur (an/km)	2/illimité - 2/illimité
Fiabilité présumée	inconnue
Cycle de remplacement	inconnu
Ventes 2007 n.a.	Québec : n.a.
Protection collision	
frontale conducteur/passager	non évaluée
latérale avant/arrière	non évaluée
retournement 2rm/4rm	non évaluée

À RETENIR

Nouveautés 2009	n.d.
Principales concurrentes	Aston Martin Vantage V8, Ferrari F430, Lamborghini Gallardo, Mercedes SL 63 AMG, Porsche 911

- Exclusivité
- Mécanique éprouvée
- Travail d'artisan

- Manque de rigidité
- Finition
- Bruits de caisse

Conventionnel à souhait, le Forester devrait, par ses aspects pratiques, son rouage intégral et son moteur à plat, rallier quelques amateurs d'exotisme. Toujours les mêmes. Et toujours aussi peu nombreux ?

Ne boudons pas d'entrée de jeu le plaisir de faire connaissance avec ce nouveau Forester, dont le lien de parenté avec son prédécesseur est pour le moins évident, doté d'une carrosserie plus ample et d'une plateforme également toute neuve, en l'occurrence celle de la nouvelle Impreza. Même si son coefficient de traînée aérodynamique demeure le même (0,36), toutes ses dimensions extérieures et intérieures ont été sensiblement accrues.

Plus long, plus large, plus haut et plus lourd, donc, le Forester assure un meilleur dégagement à ses occupants. Surtout à l'arrière, où l'espace pour les jambes a été considérablement augmenté (+109 mm). Cela rend ainsi le Forester très concurrentiel.

Pour ajouter au bonheur, le confort de la banquette ne s'apparente plus à celui d'un banc de parc, à moins d'être assis au centre d'une version équipée de la tablette centrale arrière où on peut déposer nos boissons et le contenu de nos poches.

Cela dit, le passager à l'avant trouvera à redire sur l'absence d'une commande d'élévation de l'assise de son siège, trop bas. Mais on ne descend ni ne monte à bord d'un Forester : on s'y glisse. Sa garde au sol limite sans doute les excursions hors route (attention aux roches, il n'y a pas de plaques de protection de série), mais elle permet d'arrimer kayak, vélos et autres articles de sport encombrants au porte-bagages sans jouer à la ballerine. La modularité du coffre demeure somme toute assez classique, et on regrette que Subaru n'ait pas profité de cette refonte pour permettre de rabattre le dossier avant droit à l'horizontale afin de former un plan de travail ou transporter des objets longs.

En revanche, les espaces de rangement ne manquent pas. On en trouve partout, au plafond, dans les portières et sous l'accoudoir central. L'équipe chargée de la conception de la Forester s'est également souciée de l'ergonomie. Par exemple, la radio campe au-dessus du bloc de climatisation, de sorte que nous n'avons plus à quitter la route des yeux pour syntoniser une nouvelle chaîne.

CARACTÈRE SPORTIF ATTÉNUÉ

Hélas, au fil des refontes, le Forester a perdu une partie de son caractère sportif, évoluant vers davantage de confort et de souplesse. Au volant, on se sent plus isolé de la route. Le train avant demeure très précis, mais il ne transmet pas toutes ces informations qui permettent de bien sentir l'adhérence en virage. Il y a comme une sorte de filtre entre le véhicule et son conducteur. De même, les éléments suspenseurs semblent plus souples qu'ils l'étaient, notamment en détente. Les réglages différents des suspensions et la rigidité accrue du châssis ont pour conséquence que les pneus travaillent moins pour contenir la nature tantôt survireuse, tantôt sous-vireuse du véhicule. Même si ces transformations ont fait perdre au Forester un peu de son tempérament, il a gagné en efficacité, en confort et en silence de roulement. Sa conduite est plus facile et son équilibre, presque imperturbable.

Sous le capot, rien de bien nouveau. Il abrite toujours le même quatre cylindres à plat de 2,5 litres. Rien n'y paraît, mais la puissance est légèrement inférieure (170 par rapport à 173 chevaux) ; le couple, lui, a gagné 4 livres-pieds. Le régime nécessaire pour en tirer la quintessence demeure le même. La consommation d'essence est encore importante pour un moteur d'une telle cylindrée, et les performances n'ont toujours rien pour vous clouer à votre siège. Pas très volontaire pour monter les tours, un brin rigide, ce moteur manque de souplesse et d'allant. Par chance, Subaru propose un turbocompresseur en option, mais plusieurs hésiteront à en payer le prix, tant à l'achat qu'à la pompe (l'usage du super est recommandé).

On ne soulignera jamais assez la plus grande précision du levier de sa boîte manuelle à cinq rapports, mais celui-ci ne procure toujours pas l'agrément vu chez la concurrence. Même si la boîte manuelle du Forester est un choix économique, nous lui préférons l'automatique, plus agréable et sans tracas, même si elle ne compte que quatre rapports alors que celles de ses rivaux en ont cinq, parfois six, ce qui a un effet bénéfique sur la consommation.

Cette mouture cherche davantage à rassurer et à soigner le confort qu'à donner des sensations de conduite. Dommage, car c'était l'un des traits de caractère qui différenciaient justement ce Subaru des autres utilitaires de sa catégorie. ▐▐▐ **ÉRIC LEFRANÇOIS**

*Rassurante pour les initiés, cette refonte
aura du mal à conquérir de nouveaux acheteurs*

SUBARU FORESTER

DIMENSIONS ET VOLUMES

Empattement (mm)	2615
Longueur (mm)	4560
Largeur (mm)	1780
Hauteur (mm)	1700
Volume intérieur (L)	2891 - 3047
Volume du coffre (min./max.) (L)	872 / 1934
Capacité du réservoir de carburant (L)	64
Fourchette de poids (kg)	1480 - 1570

CHÂSSIS

Mode	intégral
Suspension av. - arr.	indépendante
Freins av. - arr.	disques
Capacité de remorquage min. - max. (kg)	1087
Direction - diamètre de braquage (m)	crémaillère - 10,5
Pneus	215/65R16, 225/55R17

PERFORMANCES

Modèle à l'essai	2.5X Limited
Moteur	L4 SACT 2,5 litres
Puissance (ch. à tr/min)	170 - 6000
Couple (lb-pi à tr/min)	170 - 4400
Transmission	semi-automatique 4 rapports
Autres transmissions	manuelle 5 rapports
Accélération 0-100 km/h (sec.)	9,49
Reprises 80-115 km/h (sec.)	7,33
Distance de freinage 100-0 km/h (m)	40,3
Niveau sonore à 100 km/h	
Vitesse maximale (km/h)	185
Consommation réalisée au cours de l'essai (L/100 km)	11
Gaz à effet de serre	
Autres moteurs	L4 turbo 2,5 litres (224 ch.)

CE QU'IL FAUT SAVOIR

Fourchette de prix ($)	**25 795 - 34 895$**
Marge de profit du concessionnaire (%)	8,04 à 10,10
Transport et préparation ($)	1495
Consommation ville - route (L/100 km)	**11,7 - 8,9 (2,5 l)** **13 - 9,9 (turbo 2,5 l)**
Essence recommandée	ordinaire, super (XT)
Versions offertes	2.5X, 2.5X Premium, 2.5X Limited, 2.5XT, 2.5XT Limited
Carrosserie	multisegement 5 portes
Lieu d'assemblage	Japon
Valeur résiduelle	★ ★ ★ ★
Garanties : de base - motopropulseur (an/km)	3/60 000 - 5/100 000
Fiabilité présumée	★ ★ ★ ★
Cycle de remplacement	nouveau modèle 2009
Ventes 2007 ↘ 1 %	Québec : 776
Protection collision frontale conducteur/passager latérale avant/arrière retournement 2rm/4rm	★ ★ ★ ★ ★ / ★ ★ ★ ★ ★ ★ ★ ★ ★ ★ / ★ ★ ★ ★ ★ n.a. / ★ ★ ★ ★

À RETENIR

Nouveautés 2009	**nouvelle génération**
Principales concurrentes	Honda CR-V, Mitsubishi Outlander, Nissan Rogue, Toyota RAV4, VW Tiguan

- • Le dégagement accru aux places arrière
- • La sécurité accrue du modèle d'entrée
- • Le confort amélioré

- • La timidité de l'évolution
- • Le manque de ressources du moteur atmosphérique
- • La perte d'agrément de conduite

551

La dernière génération de l'Impreza avait été lancée début 2001 en tant que modèle 2002 : cette refonte de 2008 était donc fort attendue par les concessionnaires de la marque. Dans le marché hyper compétitif des compactes, les refontes se font plutôt aux quatre ans. Mais voilà, Subaru n'est pas Honda ou Mazda : elle n'a pas les mêmes moyens financiers. Donc, cette dernière mouture reprend en grande partie la plateforme de la génération précédente. Seule la suspension arrière a été redessinée et le style actualisé sur les canons d'aujourd'hui.

La version de base de la berline Subaru Impreza débarque avec un équipement correct (climatisation, glaces électriques, antiblocage, six coussins gonflables) en plus du rouage intégral, ce qui la distingue de ses rivales moins chères. L'habitacle redessiné propose un nouvel intérieur, mais malheureusement, tout, absolument tout dans l'habitacle est en plastique dur. Le tableau de bord au complet, les contre-portes, l'appuie-bras central, la console, les leviers d'ouverture des portes, la tablette arrière, les pare-soleils, même les montants du pare-brise sont faits de ce désagréable matériau. Par contre, la présentation est plaisante et la visibilité est excellente.

MANQUE D'ESPACE

Par ailleurs, les sièges sont larges et confortables et celui du conducteur est ajustable en hauteur. La position de conduite est agréable, les commandes sont douces et intuitives, mais le passager avant en a long à redire. S'il est grand, il jugera que l'espace dévolu à ses jambes est un peu juste. S'il est petit, il pestera contre l'absence d'une commande pouvant rehausser l'assise.

Si l'espace à l'arrière est correct pour des enfants, la soute à bagages est de taille réduite, puisque le rouage intégral, le réservoir d'essence ainsi que l'encombrant système d'échappement à deux silencieux hypothèquent tout l'espace disponible pour les bagages. Le dossier de la banquette arrière est maintenant rabattable, mais l'ouverture ainsi créée est de taille restreinte.

C'est en mouvement que l'Impreza impressionne vraiment. Le châssis est bien conçu, la coque est rigide, la suspension absorbe les cahots avec aplomb, la direction est précise et la mécanique est volontaire. Côté moteur, les 170 CV sont suffisants, et ce n'est que lors des dépassements sur route que le 2,5 litres manque de souffle. Le quatre cylindres à plat est toujours aussi inégal au ralenti, c'est un de ses traits de caractère, mais la sonorité est agréable. Par contre, la boîte de vitesses doit être manipulée avec soin lorsque froide, car les synchros sont réticents et il est facile de manquer un rapport. Sur le plan du freinage, la voiture s'arrête rapidement et en ligne droite, sans piquer du nez.

Et qu'en est-il du rouage intégral ? Eh bien, il est invisible la plupart du temps. Même si la marque fait sa communication sur cet aspect de ses voitures, dans la vie courante, un rouage intégral est inutile sauf en cas d'adhérence précaire. Tout le reste du temps, c'est du poids mort à traîner, c'est de l'espace en moins à bord (surtout dans une voiture compacte), et c'est un surcoût qu'il faut justifier. Cela favorise toutefois l'équilibre des masses, et donc, la neutralité en virage. Par contre, quand le sol se recouvre de son blanc manteau, alors là, tous ces inconvénients disparaissent et le rouage intégral devient évidemment un allié tout en étant une menace par le faux sentiment de confiance qu'il crée.

Durant l'essai, les consommations de carburant ont varié de 12,5 L/100 km en ville à près de 9 L/100 km sur la route. À titre de comparaison, une Mazda3 avec un moteur à cylindrée similaire de 2,3 litres obtient des cotes de 9,2-6,7. On peut donc estimer le surcoût du rouage intégral à 1,4 litre en ville et à 0,6 litre sur la route, selon les fédéraux. Cela se traduit, en situation réaliste, par une dizaine de dollars de plus par semaine pour bénéficier de cette technologie, à raison de 20 000 km par année et 75 % de conduite urbaine.

Alors, que conclure ? Malheureusement, l'évolution est bien timide, la consommation est importante et la finition intérieure est pauvre. Par contre, sur le plan du comportement routier, alors là, chapeau. Vive, stable, solide, même confortable, l'Impreza distille un agrément de conduite rare à ce niveau de prix et ses qualités en hiver en feront une alliée dans la neige. En somme, c'est une voiture pour les cérébraux, pour ceux qui privilégient la fonction à la forme. Et la Sti, dites-vous ? Dans les premières pages du bouquin, vous trouverez un comparatif l'opposant à une rivale naturelle et à une autre surnaturelle... **LOUIS-ALAIN RICHARD**

Qu'il soit grand ou petit, le passager avant trouvera à redire sur cette Impreza

DIMENSIONS ET VOLUMES

Empattement (mm)	2620
Longueur (mm)	4415
Largeur (mm)	1740
Hauteur (mm)	1475
Volume intérieur (L)	2673
Volume du coffre (min./max.) (L)	538/1257
Capacité du réservoir de carburant (L)	64
Fourchette de poids (kg)	1385 - 1425

CHÂSSIS

Mode	intégral
Suspension av. - arr.	indépendante
Freins av. - arr.	disques
Capacité de remorquage min. - max. (kg)	n.r. (STi) - 906
Direction - diamètre de braquage (m)	crémaillère - 10,6 / 10,8 / 11
Pneus	205/55R16, 205/50R17 (Outback, 2.5GT) 225/45R17 (WRX), 245/40R18 (STi)

PERFORMANCES

Modèle à l'essai	Impreza 2.5i
Moteur	L4 SACT 2,5 litres
Puissance (ch. à tr/min)	170 - 6000
Couple (lb-pi à tr/min)	170 - 4400
Transmission	manuelle 5 rapports
Autres transmissions	manuelle 6 rapports (STi) automatique 4 rapports
Accélération 0-100 km/h (sec.)	8,93
Reprises 80-115 km/h (sec.)	7,45
Distance de freinage 100-0 km/h (m)	42,9
Niveau sonore à 100 km/h	✖ ✖ ✖
Vitesse maximale (km/h)	190
Consommation réalisée au cours de l'essai (L/100 km)	10,3
Gaz à effet de serre	
Autres moteurs	L4 turbo 2,5 litres (224 ch. / 265 ch. / 305 ch.)

CE QU'IL FAUT SAVOIR

Fourchette de prix ($)	21 595 - 44 995 (2008)
Marge de profit du concessionnaire (%)	7,48 à 10,50
Transport et préparation ($)	1495
Consommation ville - route (L/100 km)	11,8 - 8,8 (2.5i) 12,5 - 9,5 (2.5GT) 15 - 11 (STi)
Essence recommandée	ordinaire, super (turbo)
Versions offertes	2.5i, Outback Sport, 2.5GT, WRX, STi
Carrosserie	hayon 5 portes, berline 4 portes
Lieu d'assemblage	Japon
Valeur résiduelle	★ ★ ★ ★ ★
Garanties : de base - motopropulseur (an/km)	3/60 000 - 5/100 000
Fiabilité présumée	★ ★ ★
Cycle de remplacement	2012
Ventes 2007 ↗ 19 %	Québec : 2541
Protection collision frontale conducteur/passager latérale avant/arrière retournement 2rm/4rm	★ ★ ★ ★ ★ / ★ ★ ★ ★ ★ ★ ★ ★ ★ ★ / ★ ★ ★ ★ n.a. / ★ ★ ★ ★

À RETENIR

Nouveautés 2009	retour de la Outback, WRX de 265 chevaux
Principales concurrentes	Acura CSX/Type-S, Mazda3/Speed3, Mitsubishi Lancer/Evo, Toyota Corolla/Matrix, VW Rabbit/GTi

- La traction intégrale
- Le comportement rassurant
- La boîte automatique bien adaptée

- Moteur à plat poussif (sauf WRX et STi)
- L'absence d'une assise réglable et d'espace pour le passager avant
- La pauvreté des plastiques intérieurs

JE SUIS FIDÈLE

La Legacy est une descendante de la défunte Subaru Loyale. Comme son ancêtre, elle offre sécurité et fiabilité. Sans exagérer, elle donne le sentiment que rien ne peut l'arrêter, particulièrement en hiver. Certes, on peut critiquer la gamme de prix des différentes versions. Toutefois, il faut comprendre que les Legacy sont des petits bijoux de technologie et qu'elles sont pratiquement seules dans le créneau des « vraies » voitures à traction intégrale dites abordables. Qui plus est, la Legacy est l'une des rares familiales, sinon la seule, de sa catégorie. Une berline est également au catalogue.

Pour 2009, la Legacy 2.5i de base à moteur quatre cylindres de 2,5 litres et 170 chevaux est livrée en plusieurs versions. Même chose pour les différentes versions de la 2.5GT dont les 243 chevaux de son moteur turbo de 2,5 litres la transforme en voiture ultrasportive. Quant au moteur à six cylindres de 3 litres animant la 3.0R, il lui permet d'adopter une conduite plus douce sans pour autant renoncer aux performances. Par ailleurs, il ne faudrait pas oublier le légendaire Outback, qui dispose de la même gamme de motorisations qui, avouons-le, est l'une des plus variées de la catégorie. Mais la grande nouveauté en 2009 est la PZEV (Partial Zero Emission Vehicle). Cette dernière a été élaborée pour conquérir des automobilistes qui sont conscients qu'il faut agir pour l'environnement, mais qui ne sont pas encore convaincus par les systèmes hybrides ou les moteurs utilisant des carburants alternatifs, comme l'éthanol.

QU'EST-CE QUE LA PZEV ?

Dans un premier temps, la PZEV est construite suivant un procédé qui ne produit aucun rebut destiné à l'enfouissement. Dès le départ, elle représente donc un bon pas pour l'environnement. Dans un deuxième temps, le moteur brûle si bien et si efficacement le carburant qu'il n'émet aucune vapeur d'essence qui, rappelons-le, est l'une des principales sources de smog. Mais comment ça marche ? Tout d'abord, il faut savoir que les vapeurs d'essence d'une voiture traditionnelle s'échappent par l'admission d'air lorsque le moteur est éteint. Pour empêcher ce phénomène, le système d'admission d'air de la PZEV est équipé d'un réservoir à charbon actif qui absorbe toutes émissions d'hydrocarbures. De même, les ingénieurs ont vu à ce que les injecteurs se ferment plus hermétiquement que les injecteurs classiques afin de prévenir toute émission de

vapeur. Qui plus est, on sait que les émissions sont plus nocives lors des démarrages à froid. Pour se faire, la programmation du module de commande du moteur a été modifiée pour rendre les gaz d'échappement plus chauds en favorisant un réchauffement plus rapide du convertisseur catalytique. En dernier lieu, le convertisseur catalytique est de plus grande dimension et le tamis d'alvéoles est plus fin et recouvert d'une fine couche de métaux catalyseurs. Ce qui contribue à réduire les émissions en modifiant la structure moléculaire des émissions nocives. Voilà, pour le cours de chimie automobile 101 !

Vous craignez que les performances et l'agrément de conduite en souffrent ? Pas du tout, puisque la puissance du moteur à quatre cylindres de 2,5 litres de la PZEV demeure la même : 170 chevaux. Techniquement, le couple est dirigé aux quatre roues motrices via une boîte automatique à quatre rapports (comme les autres 2.5i). Par ailleurs, une boîte automatique à cinq rapports dessert les versions 2.5GT et 3.0R. De même, il est possible de choisir une boîte manuelle à cinq vitesses sur les 2.5GT et 2.5XT. Comparée à la puissance disponible sur ses sœurs à moteur turbo ou six cylindres, la PZEV ne fera gagner de rallye à personne. Toutefois, on ressent le même sentiment de sécurité qu'au volant de toutes les Legacy. Que la chaussée soit sèche ou glissante, le système symétrique à traction intégrale de Subaru procure toujours la même impression : on roule sur des rails !

UNE BANQUETTE QUI FAIT JASER

À l'intérieur, pas d'extase. Le confort est au rendez-vous, et la présentation est sobre et de bon goût. Si les baquets sont toujours aussi invitants, il manque quelques centimètres pour accommoder les jambes des passagers de la banquette arrière. Espérons que la prochaine génération soit plus accueillante pour les grands adolescents de six pieds ! Les commandes du tableau de bord sont faciles d'accès et tombent bien sous la main. Sauf peut-être celles du système audio, qui sont lilliputiennes, surtout en hiver avec des gants ! Si la Legacy veut qu'on la considère comme la voiture hivernale par excellence, elle devra faire quelques ajustements sur ce plan. Côté cargo, la grandeur du coffre est adéquate malgré une hauteur relativement faible. Compte tenu de la généreuse fenestration de la familiale, le cache-bagage est essentiel pour contrer le vol. Il est dommage que les dossiers de la banquette soient divisés 60/40. Une configuration 40/20/40 serait plus appropriée aux sports de glisse. ▌▌▌ **JEAN CHARTRAND**

*Si vous recherchez une compagne de route fidèle et fiable,
la Legacy représente une sérieuse candidate*

DIMENSIONS ET VOLUMES

Empattement (mm)	2670
Longueur (mm)	4700 (berline), 4785 (familiale)
	4800 (Outback)
Largeur (mm)	1730 (berline, familiale), 1770 (Outback)
Hauteur (mm)	1425 (berline), 1475 (familiale)
	1565 (Outback)
Volume intérieur (L)	2573 (berline), 2622 (familiale)
Volume du coffre (min./max.) (L)	323 (berline)
	847 / 1854 (familiale)
Capacité du réservoir de carburant (L)	64
Fourchette de poids (kg)	1471 - 1649

CHÂSSIS

Mode	intégral
Suspension av. - arr.	indépendante
Freins av. - arr.	disques
Capacité de remorquage min. - max. (kg)	1224
Direction - diamètre de braquage (m)	crémaillère - 10,2
Pneus	205/55R16 (PZEV, 2.5i), 215/45R17 (3.0R)
	215/45R18 (2.5GT), 225/60R16 (Outback)

PERFORMANCES

Modèle à l'essai	Legacy PZEV (familiale)
Moteur	H4 SACT 2,5 litres
Puissance (ch. à tr/min)	170 - 6000
Couple (lb-pi à tr/min)	170 - 4400
Transmission	automatique 4 rapports
Autres transmissions	automatique 5 rapports
	manuelle 5 rapports
Accélération 0-100 km/h (sec.)	10,17
Reprises 80-115 km/h (sec.)	7,69
Distance de freinage 100-0 km/h (m)	42,4
Niveau sonore à 100 km/h	✗ ✗ ✗
Vitesse maximale (km/h)	190, 210 (H4 turbo, H6)
Consommation réalisée au cours de l'essai (L/100 km)	10,7
Gaz à effet de serre	2
Autres moteurs	H4 turbo 2,5 litres (243 ch.)
	H6 3 litres (245 ch.)

CE QU'IL FAUT SAVOIR

Fourchette de prix ($)	**26 995 - 43 595**
Marge de profit du concessionnaire (%)	9,50 à 10,50
Transport et préparation ($)	1495
Consommation ville - route (L/100 km)	**11,9 - 9,1 (man. 2,5i)**
	13,2 - 9,5 (man. 2.5 XT)
	14 -10 (aut. 3.0R)
Essence recommandée	ordinaire, super (2.5 XT, 3.0R)
Versions offertes	PZEV, 2.5i Touring, PZEV Plus, 3.0R Limited, 3.0R Premier, 2.5GT spec. B
Carrosserie	berline 4 portes familiale 5 portes
Lieu d'assemblage	États-Unis
Valeur résiduelle	★ ★ ★ ★
Garanties : de base - motopropulseur (an/km)	3/60 000 - 5/100 000
Fiabilité présumée	★ ★ ★
Cycle de remplacement	2010
Ventes 2007 ↘ 5 %	Québec : 1730
Protection collision frontale conducteur/passager	★ ★ ★ ★ ★ / ★ ★ ★ ★ ★
latérale avant/arrière	★ ★ ★ ★ ★ / ★ ★ ★ ★ ★
retournement 2rm/4rm	n.a. / ★ ★ ★ ★

À RETENIR

Nouveautés 2009	**version PZEV à faibles émissions**
Principales concurrentes	**Audi A3/A4, Ford Fusion, Saab 9-3, Pontiac Vibe, Toyota Matrix, Volkswagen Jetta/Passat, Volvo S40/V50**

- Ses qualités hivernales
- Ses nombreux modèles et versions
- L'une des rares familiales

- Sa banquette arrière étriquée, mal divisée
- Son manque d'insonorisation
- À quand une boîte automatique à quatre rapports (2.5i) ?

VALEUR AJOUTÉE

Deux ans seulement après sa commercialisation, Subaru a dû apporter des modifications majeures à la Tribeca, à commencer par le nom. La particule B9, qui ajoutait à la confusion, a été abandonnée. D'ailleurs, des changements s'imposaient. Le véhicule n'a pas connu le succès escompté par le constructeur. Et ses clients n'ont pas hésité à partager leurs commentaires et leurs critiques.

Les ingénieurs se sont donc mis au boulot pour concocter une version améliorée. Résultat : un moteur et une transmission plus adéquats, une nouvelle allure extérieure et des raffinements d'ordre mécanique. Et pour 2009 ? Subaru y va avec des prix compétitifs et un équipement plus généreux.

La Tribeca se positionne à cheval entre les segments des utilitaires sport intermédiaires et des VUS de luxe, en matière de prix et d'équipement. Elle se distingue des autres modèles de la famille par sa capacité à accueillir jusqu'à sept passagers, par son espace de chargement supérieur (2106 litres) ainsi que par ses dimensions qui en font le véhicule le plus imposant chez Subaru.

Bien que confortable et agréable à conduire sur les longs trajets, la Tribeca offrait des performances qui laissaient à désirer lors de son entrée, surtout pour un véhicule qui porte les lettres de noblesse de Subaru. Ses chevaux devenaient vite essoufflés en raison de leur faible nombre et du poids énorme du véhicule.

Mais avec l'arrivée du nouveau moteur de 3,6 litres l'an dernier, appuyé par une transmission revue et corrigée permettant des changements de rapports plus rapides et la réduction les temps morts, ce problème a été vite résolu. Outre sa puissance, son couple a aussi été accru, ce qui se traduit dans la conduite quotidienne par des accélérations plus rapides. Par ailleurs, ce moteur a l'avantage de consommer de l'essence ordinaire. La première version n'acceptait que du super. Cependant, quand le véhicule est chargé de passagers et de matériel ou tracte une remorque, quelques chevaux supplémentaires seraient fort appréciés.

SUR LA BONNE TRAJECTOIRE

Comme tous les autres véhicules de la gamme, il est armé du système de la traction intégrale symétrique à prise constante de Subaru. À cette technologie s'ajoutent, en équipement de série, un système de distribution variable du couple (VTD), un dispositif de contrôle de la dynamique du véhicule (VDC) et un système de contrôle de la traction (TCS) aux quatre roues. Ces dispositifs travaillent efficacement à maintenir le véhicule sur la trajectoire souhaitée, mais ne sont pas trop intrusifs pendant la conduite.

Grâce aux ajustements à la suspension arrière apportés en 2008 et de nouveaux coussinets, la Tribeca se caractérise par une douceur de roulement étonnante sur la route. De plus, le VUS se démarque par un bon équilibre sur la route et en virage, sans roulis. Et malgré son gabarit imposant, son faible diamètre de braquage lui permet de se faufiler aisément en ville. On souhaiterait toutefois une meilleure réponse de la direction. Au chapitre du freinage, la pédale a un effet spongieux déplaisant.

Rien de changé à l'intérieur de la Tribeca. Mais il faut mentionner la deuxième rangée de sièges de configuration 40/20/40 avec dossiers inclinables individuellement. Celle-ci a aussi un gros atout, elle coulisse sur 200 mm afin d'accroître le dégagement aux jambes pour les passagers. La banquette de troisième rangée offerte maintenant de série sur les modèles intermédiaire et haut de gamme peut accueillir deux passagers. À l'avant, il est surprenant de ne pas trouver d'ajustement télescopique pour le volant, même pas sur la version la plus luxueuse ; il est tout de même inclinable.

La Tribeca se décline en trois modèles : base cinq passagers, Groupe Limited (sept passagers) et Groupe Optimum (sept passagers). Pour l'année-modèle 2009, Subaru a choisi d'abaisser le prix des modèles de base et haut de gamme. Cependant, ces deux versions conservent le même équipement. Le prix de l'intermédiaire Limited ne change pas, mais il reçoit plusieurs caractéristiques additionnelles, incluant une troisième banquette de série, un système de divertissement DVD arrière et un système de surveillance avec caméra de recul.

La Tribeca a aussi mérité cinq étoiles aux essais d'impact frontal et latéral, tant pour les positions du conducteur que des passagers. Ces résultats s'ajoutent à la cote quatre étoiles des tests du NHTSA pour la résistance au capotage et à la désignation «Premier choix sécurité» de l'Insurance Institute for Highway Safety (IIHS). Outre sa structure renforcée et ses systèmes électroniques évolués, elle bénéficie de coussins gonflables avant, latéraux et d'un système capable de détecter le capotage imminent du véhicule et d'agir en déployant les rideaux gonflables latéraux standards. ▮▮▮ **SYLVIE RAINVILLE**

DIMENSIONS ET VOLUMES

Empattement (mm)	2749
Longueur (mm)	4865
Largeur (mm)	1878
Hauteur (mm)	1720
Volume intérieur (L)	3780
Volume du coffre (min./max.) (L)	235 / 2106
Capacité du réservoir de carburant (L)	64
Fourchette de poids (kg)	1885 - 1935

CHÂSSIS

Mode	intégral
Suspension av. – arr.	indépendante
Freins av. – arr.	disques
Capacité de remorquage min. – max. (kg)	453 - 1587
Direction – diamètre de braquage (m)	crémaillère - 11,4
Pneus	255/55 R18

PERFORMANCES

Modèle à l'essai	Tribeca Limited
Moteur	H6 DACT 3,6 litres
Puissance (ch. à tr/min)	256 - 6000
Couple (lb-pi à tr/min)	247 - 4400
Transmission	automatique 5 rapports
Autres transmissions	aucune
Accélération 0-100 km/h (sec.)	8,45
Reprises 80-110 km/h (sec.)	5,33
Distance de freinage 100-0 km/h (m)	41,7
Niveau sonore à 100 km/h	✗ ✗ ✎
Vitesse maximale (km/h)	210
Consommation réalisée au cours de l'essai (L/100 km)	13,2
Gaz à effet de serre	
Autres moteurs	aucun

CE QU'IL FAUT SAVOIR

Fourchette de prix ($)	**39 995 - 48 195**
Marge de profit du concessionnaire (%)	9,50 - 10,50
Transport et préparation ($)	1495
Consommation ville – route (L/100 km)	**14,8 - 11,5**
Essence recommandée	ordinaire
Versions offertes	Base, Premier, Limited
Carrosserie	multisegment 5 portes
Lieu d'assemblage	États-Unis
Valeur résiduelle	★ ★ ★ ★
Garanties : de base – motopropulseur (an/km)	3/60 000 - 5/100 000
Fiabilité présumée	★ ★ ⊁
Cycle de remplacement	2012
Ventes 2007 ↘ 19 %	Québec : 223
Protection collision frontale conducteur/passager	★ ★ ★ ★ ★ / ★ ★ ★ ★ ★
latérale avant/arrière	★ ★ ★ ★ ★ / ★ ★ ★ ★ ★
retournement 2rm/4rm	n.a. / ★ ★ ★ ★

À RETENIR

Nouveautés 2009	**aucun changement majeur**
Principales concurrentes	**Ford Taurus X, Honda Pilot, Hyundai Veracruz, Mazda CX-9, Saturn Outlook, Toyota Highlander**

➕
- Efficacité du rouage intégral
- Confort de la banquette arrière
- Diamètre de braquage

➖
- Visibilité arrière restreinte
- Direction peu communicative
- Pas de volant télescopique

POUR BIEN SE FAIRE REMARQUER

Suzuki aurait-il vendu son âme à Nissan ? On peut se poser la question en constatant que la nouvelle camionnette intermédiaire de Suzuki, l'Equator, lancée au Salon de l'auto de Chicago, est le résultat d'une très étroite collaboration entre Nissan (Frontier) et Suzuki. Ce dernier ressentait un besoin pressant d'ajouter un tel modèle à sa gamme de véhicules, déjà considérée comme plutôt dynamique. Serions-nous donc en train d'assister à un autre mariage de raison, comme celui entre Mazda et Ford, avec comme conséquence un clonage du type Série B - Ranger ?

SUZUKI
EQUATOR

Apparemment non. Chez Suzuki, on est très clair sur l'authenticité de la personnalité toute Suzuki de l'Equator, au-delà des partages mécaniques et techniques. La démarche du constructeur est motivée par une double intention. Dans un premier temps, prendre sa place sur le marché de la camionnette intermédiaire dédiée aux loisirs et deuxièmement créer un lien direct avec les autres produits loisirs de la marque, motos, VTT et moteurs hors-bord. Concrètement, Suzuki nous propose, en ce sens, trois habillages de l'Equator. Aux fervents de motocross, on propose la cabine multiplace avec la dénomination RMZ-4, parée de couleurs vibrantes et d'une allure tout ce qu'il y a de plus hors route. Friands d'escapades, attendez-vous à vous faire remarquer avant d'arriver à destination. Pour ceux qui désirent transporter leur VTT, le fabricant recourt à la même cabine, mais avec un costume plus militaire, couleur oblige, et baptisée Quad pour faire référence au Quad Runner. Enfin, Suzuki propose la Quay, à cabine allongée, avec des capacités de remorquage qui combleront les amateurs de sports nautiques. C'est la version la plus classique des trois. L'image associée à l'Equator est jeune et évoque l'aventure. De toute évidence, cette camionnette courtise des gens actifs n'ayant pas peur de sortir des sentiers battus.

Les moteurs offerts en 2009 sont d'abord le quatre cylindres de 2,5 litres pour le modèle à propulsion. Il développe 152 chevaux avec un couple de 171 livres-pieds. Pour plus de puissance, le modèle à propulsion, comme le quatre roues motrices, a accès au V6 de 4 litres qui libère 261 chevaux et un couple de 281 livres-pieds. Les deux moteurs s'accompagnent d'une boîte automatique à cinq rapports contrôlée électroniquement. La boîte manuelle à cinq rapports n'est proposée qu'avec le quatre cylindres. Le mode intégral fait appel à une boîte de transfert à deux

vitesses, le tout contrôlé électroniquement. Suzuki ne s'est pas privé non plus pour adopter les systèmes dynamiques de contrôle (VDC) et d'assistance en descente ou en démarrage en pente de Nissan. Pourquoi pas, ça marche !

L'AVENTURE AVANT LE CONFORT

Côté châssis et suspension, pas de surprises. Tous les éléments semblent avoir été empruntés au Frontier, l'essieu rigide, la suspension arrière et avant, tout comme les amortisseurs à long débattement. Sur la route, gardez en mémoire que le pont arrière rigide ne peut pas faire de miracle et que Suzuki semble avoir mis l'accent sur l'aspect hors route et la capacité de remorquage, près de 3000 kg, plutôt que sur le confort.

Poursuivant sa logique conceptuelle, chaque version propose un intérieur coordonné, jouant sur des agencements de couleurs conformes au thème de chaque modèle, du plus agressif pour le RMZ-4, au plus classique pour le Quay. Original sûrement, mais très jouet dans certains cas. Au-delà de l'aspect cosmétique qui relève plus des goûts de chacun que de l'efficacité finale, tout l'intérieur — beaucoup de plastiques et un assemblage correct — est fonctionnel. Les sièges avant sont confortables, sans se comparer à ceux du Suzuki XL-7. Mais là où le bât blesse, c'est à l'arrière, avec les strapontins de la version cabine allongée. Tournés vers l'avant, ils ne servent qu'à dépanner. Par contre, l'espace supplémentaire de chargement est fort avantageux. Enfin, la version multiplace est plus recommandable en raison des sièges qui se rabattent vers l'avant, appuie-têtes compris. Pour terminer, une petite note originale et pratique : des coffrets de rangement dans le plancher arrière.

Avec l'Equator, Suzuki propose une camionnette adaptée à un style de vie. À première vue, l'idée peut sembler attrayante auprès d'une clientèle active, jeune et en quête d'aventure. Mais elle pourrait aussi être perçue comme une « bébelle » de plus sur le marché. Il faut dire cependant que l'alliance avec Nissan est loin d'être mauvaise, car qualité, fiabilité et technologies de pointe sont au rendez-vous. Reste à savoir si les acheteurs le seront. ▌▌▌ JEAN CHARTRAND

L'Equator est une camionnette adaptée à un certain style de vie, mais qui pourrait aussi être perçue comme une « bébelle » de plus sur le marché

DIMENSIONS ET VOLUMES

Empattement (mm)	3354 (double), 3200 (allongée)
Longueur (mm)	5574 (double), 5220 (allongée)
Largeur (mm)	1850
Hauteur (mm)	1745 - 1879
Volume intérieur (L)	2863 (double), 2483 (allongée)
Volume du coffre (min./max.) (L)	n.d.
Capacité du réservoir de carburant (L)	80
Fourchette de poids (kg)	1665 - 2067

CHÂSSIS

Mode	propulsion, 4 roues motrices
Suspension av. - arr.	indépendante - essieu rigide
Freins av. - arr.	disques
Capacité de remorquage min. - max. (kg)	1588 - 2949
Direction - diamètre de braquage (m)	crémaillère - 13,2
Pneus	265/75R16, 265/65R17

PERFORMANCES

Modèle à l'essai	Equator 4X4
Moteur	V6 DACT 4 litres
Puissance (ch. à tr/min)	261 - 5600
Couple (lb-pi à tr/min)	281 - 4000
Transmission	automatique 5 rapports
Autres transmissions	manuelle 5 rapports (L4)
	6 rapports (V6)
Accélération 0-100 km/h (sec.)	8,5 (estimé)
Reprises 80-115 km/h (sec.)	6 (estimé)
Distance de freinage 100-0 km/h (m)	n.d.
Niveau sonore à 100 km/h	✹ ✹
Vitesse maximale (km/h)	190
Consommation réalisée au cours de l'essai (L/100 km)	14 (estimé)
Gaz à effet de serre	
Autres moteurs	L4 2,5 litres (152 ch.)

CE QU'IL FAUT SAVOIR

Fourchette de prix ($)	**25 000 - 40 000**
Marge de profit du concessionnaire (%)	n.d.
Transport et préparation ($)	1395
Consommation ville - route (L/100 km)	**12,5 - 10,5 (2rm, 2,5 l)**
	14,8 - 11,9 (2rm, 4 l)
	16 - 12,7 (4rm, 4 l)
Essence recommandée	ordinaire
Versions offertes	RMZ-4, Quay, Quad
Carrosserie	camionnette 4 portes (cabine allongée ou double)
Lieu d'assemblage	États-Unis
Valeur résiduelle	non évaluée
Garanties : de base - motopropulseur (an/km)	3/60 000 - 5/100 000
Fiabilité présumée	non évaluée
Cycle de remplacement	nouveau modèle 2009
Ventes 2007　n.a.	Québec : n.a.
Protection collision	
frontale conducteur/passager	✹✹✹✹ / ✹✹✹✹
latérale avant/arrière	✹✹✹✹✹ / ✹✹✹✹✹
retournement 2rm/4rm	✹✹✹ / ✹✹✹✹

À RETENIR

Nouveautés 2009	**nouveau modèle**
Principales concurrentes	**Dodge Dakota, Ford Sport Trac, Honda Ridgeline, Hummer H3T, Nissan Frontier, Toyota Tacoma**

 · Données insuffisantes

 · Données insuffisantes

559

SECRET BIEN GARDÉ

Dans un segment de marché où la concurrence est si féroce, celui des véhicules sport utilitaires, on se demande bien comment le Grand Vitara de Suzuki peut tirer son épingle du jeu. Regardez les adversaires : Tucson, RAV4, CR-V, Liberty et j'en passe, des véhicules avec des qualités fort appréciées des acheteurs potentiels. Mais certains vous diront que le Grand Vitara demeure le secret le mieux gardé en ville et qu'il vaut la peine d'être considéré. Ils n'ont pas tort, vous allez à tout le moins être surpris, sinon conquis.

SUZUKI
GRAND VITARA

Depuis la dernière évolution de ses lignes extérieures, où le Vitara est passé de rondouillet à élancé, peu de changements sont apparus sur le plan de la carrosserie. Pour 2009, seulement quelques modifications cosmétiques de la partie avant du véhicule sont apparentes. Il est toujours proposé en trois versions, de la JA de base au JLX avec tous les accessoires de luxe, dont l'intérieur en cuir, en passant par la très populaire JX. Pas de véritables surprises là. Dans tous les cas, l'apparence générale est plus chic et moins bébelle.

FINI LE MOTEUR UNIQUE

La grande nouveauté pour 2009 en ce qui concerne le Grand Vitara se situe plutôt sur le plan de la motorisation. Fini le moteur unique, soit le V6 de 2,7 litres de 185 chevaux avec un couple de 184 livres-pieds. Place maintenant à deux nouveaux moteurs, dont un quatre cylindres de 2,4 litres qui développe 166 chevaux et un V6 de 3,2 litres et 230 chevaux. La bonne nouvelle dans tout cela, c'est que vous aurez le choix entre l'économie de carburant avec le quatre cylindres, sans trop perdre de puissance pour les reprises et les accélérations, et toute la puissance nécessaire pour remorquer des objets plus lourds avec le nouveau V6, ce qui n'était pas possible auparavant. Les capacités de remorquage demeurent pratiquement inchangées, à 1360 kg. Encore là, si le moteur est moins sollicité, ça peut se traduire par des économies d'essence importantes par rapport à l'ancien V6.

On a droit aux deux mêmes boîtes de vitesses qu'auparavant, une manuelle ou une automatique, les deux à cinq rapports. Dans les deux cas, le comportement est sain, sauf peut-être pour la boîte automatique si elle est très sollicitée en terrain accidenté. Ne perdons pas de vue que ce qui

distingue fondamentalement le Vitara de la majorité de ses compétiteurs, c'est le fait qu'il s'agisse d'un véritable 4x4, bâti sur un châssis en échelle, et non monocoque, comme certains des autres pseudo-VUS construits à partir de tractions avant auxquelles on a adapté des systèmes à quatre roues motrices. Le résultat fait en sorte que les sentiers de gravier ou même les chemins forestiers deviennent accessibles en toute sécurité pour la mécanique.

Sur la route de tous les jours, vous serez également surpris. Le confort des sièges avant de même que leur soutien permettent d'envisager avec une grande confiance lombaire les grandes distances sur l'autoroute. Le freinage est à point avec quatre freins à disques et l'ABS de série. Sur le tableau de bord, tout est facile d'accès. L'assemblage est de qualité et vous n'avez pas l'impression d'être assis au volant d'un camion. Seul bémol pour les places avant, la largeur de l'espace aux genoux pourrait vous sembler étroite. C'est vrai, mais pas si gênant en soi. Pour les places arrière, ne pensez pas y asseoir un membre de l'équipe de basket de votre fils, vous aurez à le déplier pour le sortir de là. Quant à l'espace cargo : 700 litres ou presque avec les sièges arrière relevés et les appréciables 1900 litres avec les sièges rabattus. Vous devrez cependant vous habituer à la porte arrière qui s'ouvre face au trottoir en conduite à droite. Bien petit inconvénient quand on considère que l'espace de chargement est pratiquement sur la pleine largeur et pas trop haut, au seuil du pare-chocs.

En conclusion, vous devriez considérer le Suzuki Grand Vitara si vous êtes en quête d'un véritable et authentique sport utilitaire. Un essai routier devrait également être au programme de votre visite chez le concessionnaire. Sans faire beaucoup de bruit, le Vitara semble avoir pris de l'avance sur sa concurrence directe. J'ai retiré du plaisir à le conduire et à me laisser conduire. Enfin, à ma grande surprise, c'est avec la boîte automatique que l'agrément a été à son mieux ; je dois vieillir... ▌▌▌ **JEAN CHARTRAND**

Ce qui distingue le Grand Vitara de la majorité de ses concurrents, c'est le fait qu'il s'agisse d'un véritable 4x4, bâti sur un châssis en échelle

SUZUKI GRAND VITARA

DIMENSIONS ET VOLUMES

Empattement (mm)	2640
Longueur (mm)	4470
Largeur (mm)	1810
Hauteur (mm)	1695
Volume intérieur (L)	3480 / 3550
Volume du coffre (min./max.) (L)	680 / 1951
Capacité du réservoir de carburant (L)	66
Fourchette de poids (kg)	n.d.

CHÂSSIS

Mode	4 roues motrices
Suspension av. - arr.	indépendante
Freins av. - arr.	disques - tambours
Capacité de remorquage min. - max. (kg)	1360
Direction - diamètre de braquage (m)	crémaillère - 11,2
Pneus :	225/70R16 (BM, L4), 225/65R17 (BA, L4) 225/60R18 (V6)

PERFORMANCES

Modèle à l'essai	Grand Vitara JX
Moteur	L4 DACT 2,4 litres
Puissance (ch. à tr/min)	166 - 6000
Couple (lb-pi à tr/min)	162 - 4000
Transmission	automatique 4 rapports
Autres transmissions :	BM 5 rapports (L4) BA 5 rapports (V6)
Accélération 0-100 km/h (sec.)	10 (estimé)
Reprises 80-115 km/h (sec.)	n.d.
Distance de freinage 100-0 km/h (m)	40
Niveau sonore à 100 km/h	✗
Vitesse maximale (km/h)	170 (L4), 185 (V6)
Consommation réalisée au cours de l'essai (L/100 km)	n.d.
Gaz à effet de serre	n.d.
Autres moteurs	V6 3,2 litres (230 ch.)

CE QU'IL FAUT SAVOIR

Fourchette de prix ($)	**25 595 - 30 745 (2008)**
Marge de profit du concessionnaire (%)	7,16 - 8,37
Transport et préparation ($)	1395
Consommation ville - route (L/100 km)	**n.d.**
Essence recommandée	ordinaire
Versions offertes	JX, JLX, JLX-cuir
Carrosserie	utilitaire 5 portes
Lieu d'assemblage	Japon
Valeur résiduelle	★ ★
Garanties : de base - motopropulseur (an/km)	3/60 000 - 5/100 000
Fiabilité présumée	★ ★
Cycle de remplacement	inconnu
Ventes 2007 ↘ 9 %	Québec : 1460
Protection collision frontale conducteur/passager latérale avant/arrière retournement 2rm/4rm	★ ★ ★ ★ / ★ ★ ★ ★ ★ ★ ★ ★ ★ / ★ ★ ★ ★ ★ n.a. / ★ ★ ★ ★

À RETENIR

Nouveautés 2009	retouches esthétiques, nouveau moteur 4 cylindres et jantes de 17 po, nouveau moteur V6 et jantes de 18 po, freins à disque aux 4 roues de série, modèle Hybride prévu en 2010
Principales concurrentes	Ford Escape, Jeep Patriot/ Liberty, Mazda Tribute, Mitsubishi Outlander, Subaru Forester, Toyota RAV4/FJ Cruiser

+
- Apparence générale plus chic
- Véritable 4x4
- Disponibilité d'un moteur quatre cylindres

−
- Boîte automatique hors route
- Ouverture latérale du hayon
- Espace compté à l'arrière

561

POUR ALLER DU POINT A AU POINT B

Si la Suzuki Swift + tient à se démarquer de la concurrence dans le segment des voitures sous-compactes, elle n'est pas sortie du bois. Rien de trop marquant au chapitre du design, et quoique des retouches mineures aient été faites à l'extérieur et à l'intérieur pour 2009, ne vous attendez tout de même pas à une refonte des lignes et de l'aménagement de l'habitacle. Bref, bien que pas si désagréable à regarder, elle ne fait pas tourner les têtes.

Il faut savoir aussi que la Swift + n'est vendue qu'au Canada et que les marchands Suzuki n'ont que le modèle à hayon cinq portes à nous offrir. Trois versions de ce modèle unique sont proposées en 2009 : le modèle de base avec boîte manuelle, avec boîte automatique ou la version S avec boîte automatique seulement. De toute évidence, le prix du modèle de base est attrayant, mais si vous voulez une voiture un peu plus vêtue, vous devrez opter pour la S. De série, elle est équipée entre autres choses de vitres électriques, de miroirs électriques chauffants, de phares antibrouillard, d'un aileron arrière, du régulateur de vitesse et de six haut-parleurs avec la chaîne stéréo ; tout ce qu'il faut pour se sentir dans une voiture, disons, plus adaptée aux temps modernes.

POUR LA PRÉCISION, ON REPASSERA

Côté motorisation, on a légèrement accru la puissance du quatre cylindres Ecotec de 1,6 litre pour l'amener à 106 chevaux avec un couple de 106 livres-pieds. Pas de quoi dépasser la concurrence, mais avec la boîte manuelle à cinq rapports, les économies d'essence sont respectables, de l'ordre de 7 à 7,5 litres aux 100 kilomètres en moyenne. L'autre boîte, l'automatique à quatre rapports, est optionnellement offerte sur le modèle de base, mais elle est de série sur la version S. D'ailleurs, en ce qui concerne la S, ne vous attendez pas à la finesse des changements de rapport d'une Toyota ou d'une Accent. Tout fonctionne adéquatement, mais pour la précision, on repassera. Une remarque qui s'applique aussi aux freins qui sont à disques à l'avant et à tambour à l'arrière, sur les deux versions. Toujours pas de système ABS, dommage.

À l'intérieur, les places avant offrent suffisamment d'espace pour les jambes et les réglages en hauteur du siège du conducteur satisferont la majorité des gens. Malgré l'omniprésence des plastiques du tableau de bord et des portières, l'aménagement est agréable, surtout dans la version S. Les commandes sont simples, mais les espaces de rangement sont au minimum. La position de conduite est correcte, reste à voir quel serait l'état de fatigue du conducteur après un long trajet. Les sièges arrière peuvent accueillir deux adultes qui n'auront pas trop de problème avec l'espace pour la tête, mais qui devront glisser les pieds sous la banquette avant s'ils mesurent plus de 1,5 m. Comme chez la plupart des sous-compactes, les sièges arrière sont rabattables 60/40. Les sièges à leur position normale, l'espace cargo est de 201 litres, mais passe à 1189 litres lorsque les sièges sont rabattus.

ALLEZ DONC VOIR L'AVEO

La tenue de route de ce véhicule ne vous fera sûrement pas bondir de joie ; après tout, ce n'est pas sa vocation. La direction peut paraître lourde à basse vitesse, mais grâce à un rayon de braquage assez court, les manœuvres de stationnement sont faciles. La suspension à jambes de force à l'avant, avec barre stabilisatrice et à poutrelle de torsion à l'arrière, ne permet pas d'éliminer sensiblement la sensation de roulis en virage. D'autant plus que les pneus de série ne sont pas conçus pour la performance. Vous auriez donc avantage à les remplacer le plus tôt possible. Comme plusieurs de ses concurrentes dans la catégorie, ce n'est pas l'insonorisation qui prévaut. Le petit quatre cylindres fait vraiment sentir sa présence en accélération et lors des reprises. À vitesse constante, vous pourrez apprécier la musique de votre choix sans trop monter le volume.

En conclusion, la Suzuki Swift demeure un outil de transport de base et relativement bien adapté au milieu urbain. Facile à garer, économique si vous êtes raisonnable, elle reste une option valable pour ceux et celles pour qui une auto comble un besoin plutôt qu'un plaisir. Deux réflexions pour terminer : allez d'abord voir la version Chevrolet de la Swift, l'Aveo ; elle est plus distinctive et est proposée en version berline, puis, malgré une garantie de cinq ans ou 100 000 km sur le groupe moto propulseur, retenez que la fiabilité semble s'être dégradée chez Suzuki selon les récentes enquêtes de J.D. Powers. ▌▌▌**JEAN CHARTRAND**

*Facile à garer, économique, la Swift + reste une option valable pour
ceux et celles dont l' auto comble un besoin plutôt qu'un plaisir*

SUZUKI SWIFT +

DIMENSIONS ET VOLUMES

Empattement (mm)	2480
Longueur (mm)	3938
Largeur (mm)	1710
Hauteur (mm)	1505
Volume intérieur (L)	2574
Volume du coffre (min./max.) (L)	201 / 1189
Capacité du réservoir de carburant (L)	45
Fourchette de poids (kg)	1105 - 1110

CHÂSSIS

Mode	traction
Suspension av. - arr.	indépendante - semi-indépendante
Freins av. - arr.	disques - tambours
Capacité de remorquage min. - max. (kg)	non recommandé
Direction - diamètre de braquage (m)	crémaillère - 10,06
Pneus	185/60R14

PERFORMANCES

Modèle à l'essai	Swift+ (Base)
Moteur	L4 DACT 1,6 litre
Puissance (ch. à tr/min)	106 - 6400
Couple (lb-pi à tr/min)	106 - 3800
Transmission de série	manuelle 5 rapports
Autres transmissions	automatique 4 rapports
Accélération 0-100 km/h (sec.)	10,85
Reprises 80-115 km/h (sec.)	non chronométrées
Distance de freinage 100-0 km/h (m)	47,2
Niveau sonore à 100 km/h	✖ ✖ ✖
Vitesse maximale (km/h)	170
Consommation réalisée au cours de l'essai (L/100 km)	7,3
Gaz à effet de serre	
Autres moteurs	aucun

CE QU'IL FAUT SAVOIR

Fourchette de prix ($)	**13 995 – 17 395 (2008)**
Marge de profit du concessionnaire (%)	9,46
Transport et préparation ($)	1095
Consommation ville - route (L/100 km)	8,7 – 6,9 (man.)
	9,4 – 6,9 (aut.)
Essence recommandée	ordinaire
Versions offertes	Base, S
Carrosserie	berline 4 portes
	hayon 5 portes
Lieu d'assemblage	Corée du Sud
Valeur résiduelle	✲
Garanties : de base - motopropulseur (an/km)	3/60 000 – 5/160 000
Fiabilité présumée	✲ ✲
Cycle de remplacement	2011
Ventes 2007 ↘ 29 %	Québec : 967
Protection collision	
frontale conducteur/passager	★ ★ ★ ★ ★ / ★ ★ ★ ★ ★
latérale avant/arrière	★ ★ ★ ★ ★ / ★ ★ ★ ★
retournement 2rm/4rm	★ ★ ★ ★ / ★ ★ ★ ★

À RETENIR

Nouveautés 2009	retouches esthétiques aux parties avant et arrière
Principales concurrentes	Chevrolet Aveo5, Honda Fit, Hyundai Accent, Nissan Versa, Toyota Yaris, VW Golf City

- Assemblage correct
- Prix des pièces de remplacement plus avantageux que chez GM
- Prix concurrentiel

- Manque d'intérêt des concessionnaires
- Petitesse du coffre
- Technologie surannée

LA BONNE PETITE SERVANTE

Pour en avoir fait un essai prolongé, je connais la Suzuki SX4 comme le fond de ma poche. Que ce soit le modèle à hayon ou la berline du même nom qui est venue élargir la gamme l'an dernier, ces voitures ont parcouru sous notre vigie des dizaines de milliers de kilomètres afin que nous puissions évaluer leur fiabilité et leur rendement dans le cadre d'une utilisation quotidienne à travers les quatre saisons québécoises. Quel en est le bilan ?

Arrêtons-nous d'abord au volet le plus important, soit la fiabilité. Après plus de 40 000 km accumulés dans les deux voitures, aucun pépin d'ordre mécanique ne nous a obligé à retourner chez un concessionnaire Suzuki. En plus, ce qui étonne chez cette SX4, c'est la correction de sa finition et l'aspect de neuf qui se dégage de sa présentation intérieure après 18 mois d'utilisation, dont six mois d'hiver.

UN BRIN GOURMANDE

Chaque fois que je m'installe au volant, je suis toujours renversé par cette visibilité panoramique que procure le vaste pare-brise et sa petite glace latérale triangulaire. On souhaiterait seulement que le pilier A soit moins volumineux, ce qui aiderait la visibilité latérale.

Mon expérience des deux versions de la SX4 me permet de réaliser que la berline est surtout plus silencieuse que le modèle à hayon, et ceci, pour plusieurs raisons. On a soigné l'insonorisation du moteur, on a reprogrammé la boîte de vitesses afin de réduire le nombre de tours à une vitesse donnée et une berline sera toujours mieux isolée des bruits de la route qu'un modèle à arrière ouvrant. C'est l'architecture tri-corps (compartiment moteur, habitacle et coffre séparé) qui veut cela. En réduisant le régime du moteur, Suzuki a du même coup atténué le problème de consommation élevée observée sur les premières SX4 à hayon. Ainsi, en conduite paisible, on devrait pouvoir obtenir moins de 8 litres aux 100, que ce soit avec la boîte manuelle à cinq rapports ou l'automatique. Cette dernière, précisons-le, est d'un commerce plus facile que la transmission manuelle, dont le levier est parfois récalcitrant. Pour revenir à la consommation, notre première SX4 à hayon a été vendue à des voisins qui ont noté une consommation moyenne d'environ 10 litres aux 100 km et de 7,5 litres sur

autoroute. La pénalité vient tout naturellement de la présence de la traction intégrale que ces acheteurs apprécient au plus haut point pour son efficacité. Ils soulignent également l'agrément de conduite et le confort. En revanche, comme voiture pour une jeune famille, il y a tout de même quelques failles à relever. Ainsi, une poussette de bébé ne se loge pas dans le coffre sans rabattre un siège arrière. En plus, la présence d'un siège de bébé à l'arrière oblige à avancer les sièges avant à un point qui devient inconfortable pour le conducteur ou son passager.

Par ailleurs, la firme japonaise pourrait faire appel à un orthopédiste ou à un spécialiste en physiatrie pour corriger la forme et le rembourrage de ses sièges. Bien que ce problème ne soit pas ressenti par tout le monde, certains usagers se sont plaints de maux de dos après une randonnée dans la SX4.

UNE LACUNE ?

Plusieurs trouvaient dommage que la banquette arrière ne soit pas rabattable dans la berline. Personnellement, ce détail m'enchantait puisqu'il m'assurait de la présence d'une paroi métallique entre le coffre et le compartiment arrière. Imaginez que j'y aie placé le siège pour bébés de ma petite-fille et qu'un imbécile ou un distrait vienne m'emboutir par l'arrière. La pauvre petite n'aurait que bien peu de protection dans une telle éventualité, alors que le treillis métallique qu'on trouve derrière le siège, si mince soit-il, était une protection supplémentaire que j'appréciais davantage que quelques litres d'espace supplémentaire. D'autant plus que le coffre a déjà une capacité remarquable de 439 litres. Si vous voulez plus de place, achetez-vous un autobus, bon sang ! Pour 2009, Suzuki s'est finalement plié aux exigences de sa clientèle en offrant une banquette escamotable.

Suzuki a fait du bon travail dans les réglages de suspension. Malgré l'absence de toute aide à la conduite, la voiture empoigne les virages avec aplomb et la précision de la direction fait partie des bonnes notes de la SX4. La caisse aussi paraît solide et les *rattles* tarderont certainement à se manifester. Quant aux performances, on ne peut clamer qu'elles sont foudroyantes, et cela, malgré un moteur dont on dit qu'il est plus puissant (143 chevaux) que celui de la Civic ou de la Nissan Versa.

Plus qu'une sous-compacte, le SX 4 est, jusqu'à preuve du contraire, le plus petit utilitaire sport sur le marché. Idéal pour un jeune couple sans enfant amateur de sports d'hiver ou pour toute personne à la recherche d'un mini VUS. Il suffit de se rappeler que l'espace arrière est un peu confiné et que les quatre roues motrices haussent la consommation d'environ 15 %. **JACQUES DUVAL**

La firme japonaise pourrait faire appel à un orthopédiste ou à un spécialiste en physiatrie pour corriger la forme et le rembourrage de ses sièges

SUZUKI SX4

DIMENSIONS ET VOLUMES

Empattement (mm)	2500
Longueur (mm)	4115 (hayon), 4490 (berline)
Largeur (mm)	1730
Hauteur (mm)	1575 (hayon), 1545 (berline)
Volume intérieur (L)	2940 (hayon), 2790 (berline)
Volume du coffre (min./max.) (L)	232 / 1812 (hayon)
	439 (berline)
Capacité du réservoir de carburant (L)	45 (hayon)
	50 (berline)
Fourchette de poids (kg)	1210 - 1330

CHÂSSIS

Mode	traction, intégral
Suspension av. - arr.	indépendante - semi-indépendante
Freins av. - arr.	disques - tambours,
	disques (JX, JLX, Sport)
Capacité de remorquage min. - max. (kg)	non recommandé
Direction - diamètre de braquage (m)	crémaillère - 10,6
Pneus	195/65R15 (berline base)
	205/60R16 (JX, JLX), 205/50R17 (Sport)

PERFORMANCES

Modèle à l'essai	SX4 Sport (berline)
Moteur	L4 DACT 2 litres
Puissance (ch. à tr/min)	143 - 5800
Couple (lb-pi à tr/min)	136 - 3500
Transmission	automatique 4 rapports
Autres transmissions	manuelle 5 rapports
Accélération 0-100 km/h (sec.)	11,43
Reprises 80-115 km/h (sec.)	7,45
Distance de freinage 100-0 km/h (m)	42,7
Niveau sonore à 100 km/h	✖ ✖
Vitesse maximale (km/h)	175
Consommation réalisée au cours de l'essai (L/100 km)	8,4 (parcours de 11 200 km)
Gaz à effet de serre	
Autres moteurs	aucun

CE QU'IL FAUT SAVOIR

Fourchette de prix ($)	**17 195 – 22 695 (2008)**
Marge de profit du concessionnaire (%)	7,14 – 7,17
Transport et préparation ($)	1250
Consommation ville - route (L/100 km)	**10,7 - 7,4 (2rm, 2 l)**
	11,5 - 7,7 (4rm, 2 l)
Essence recommandée	ordinaire
Versions offertes	Base, JX, JLX, Sport,
Carrosserie	hayon 5 portes
	berline 4 portes
Lieu d'assemblage	Hongrie
Valeur résiduelle	★ ★ ★
Garanties : de base - motopropulseur (an/km)	3/60 000 – 5/100 000
Fiabilité présumée	★ ★ ⯪
Cycle de remplacement	inconnu
Ventes 2007 ↗ 182%	Québec : 2115

Protection collision		
frontale conducteur/passager	★ ★ ★ ★	/ ★ ★ ★ ★
latérale avant/arrière	★ ★ ★ ★ ★	/ ★ ★ ★ ★
retournement 2rm/4rm	★ ★ ★ ★	/ non évaluée

À RETENIR

Nouveautés 2009	**banquette arrière divisée 60/40 (berline), siège passager avant repliable (berline), sièges chauffants (JLX), retouches esthétiques**
Principales concurrentes	**Chevrolet HHR, Chrysler PT Cruiser, Dodge Caliber, Hyundai Elantra/Touring, Mazda3/Sport, Pontiac Vibe, Subaru Impreza, Toyota Matrix, VW Rabbit**

- Quatre roues motrices (hayon)
- Comportement routier sain
- Fiabilité prouvée
- Confort correct

- Consommation au-dessus de la moyenne
- Niveau sonore élevé
- Espace intérieur limité
- Sièges inconfortables

565

VARIATION SUR UN THÈME CONNU

SUZUKI
XL-7

Ne vous y trompez pas. Derrière les phares finement taillés, la calandre sertie de lames galvanisées et son porte-à-faux allongé se cache une vieille connaissance, l'architecture Theta. Celle-là même qui sert de fondement aux Chevrolet Equinox et Pontiac Torrent. D'ailleurs, ces deux dernières partagent la même chaîne d'assemblage (canadienne) que la XL-7 de Suzuki. Voyez comme rien ne se perd, rien ne se crée et que tout se transforme en ce bas monde.

La XL-7 se défend bien d'être l'œuvre d'une photocopieuse. Par chance, elle cherche à s'éloigner du procédé « copier-maquiller » auquel a (trop) souvent recours l'industrie automobile pour réduire ses coûts de développement et de fabrication. Pour ce faire, Suzuki allonge la structure de quelques précieux centimètres, boulonne une troisième rangée de sièges et pêche dans l'immense réservoir de pièces de la GM un groupe motopropulseur (moteur et transmission) qui ne se retrouve que sur les Equinox et les Torrent les plus décalées (les moins diffusées aussi). Pour compléter l'illusion « elle n'est pas pareille que les autres », les ingénieurs ont potassé certains réglages tandis que les stylistes ont imbriqué certaines garnitures au décor déjà existant. L'illusion est presque parfaite à la condition de ne pas y regarder de trop près.

PAREILLE OU PAS ?

Pour le reste, la présentation est de bon goût et la XL-7 reprend intégralement les aménagements de ses cousines de GM. C'est-à-dire une ergonomie parfois déroutante (l'emplacement des commandes des glaces) et des espaces de rangement peu pratiques.

La plus bourgeoise des Suzuki mise sur la polyvalence que lui procurent ses sept places pour nous séduire. Une proposition que nous jugions intéressante au lancement de ce modèle il y sept ans, mais aujourd'hui ? Les Santa FE, RAV4 et Outlander pour ne nommer qu'eux, avancent des arguments semblables, même si la Suzuki prétend s'adresser à la classe « supérieure » (Honda Pilot, Toyota Highlander).

Réglons sans tarder le cas des sixième et septième places de la Suzuki. L'accès et la sortie exigent à la fois des talents de contorsionniste et d'équilibriste, et à peine installé, on réalise que l'assise est trop basse et l'espace pour les jambes (et les pieds) est compté. Elles peuvent toujours dépanner,

mais seulement sur de courtes distances. Qui plus est, en place, cette troisième rangée de sièges réduit considérablement l'espace du coffre. Ce n'est qu'une fois cette banquette de fortune basculée et ses appuie-têtes rangés que l'aire de chargement devient généreuse. Et elle l'est encore davantage une fois la deuxième rangée de sièges calée à son tour. Seuls les puits de roues gênent un peu en largeur utile. Qu'à cela ne tienne, le baquet avant accepte, lui aussi, de faire une courbette pour permettre le transport de longs objets, des madriers par exemple. La modularité de l'habitacle est somme toute assez classique même si Suzuki affirme que 175 configurations sont possibles. Non, nous ne les avons pas toutes essayées.

DE CURIEUX RÉGLAGES

Mettons-nous d'accord tout de suite : le rouage intégral de cette Suzuki n'a pas été conçu en fonction d'expéditions hors route, mais plutôt pour assurer une conduite plus sûre sur une chaussée à faible coefficient d'adhérence.

Cette Suzuki vire relativement à plat et possède un comportement routier prévisible à défaut d'être enthousiasmant. La faute en incombe grandement à la direction à assistance électrique qui isole à l'excès le travail des roues directrices. Rien pour nous mettre en confiance, surtout lorsque le coefficient d'adhérence de la chaussée est faible. En plus d'être engourdie, la direction compose avec un diamètre de braquage assez grand, ce qui pénalise grandement les manœuvres de stationnement. Dans ce domaine, l'ancienne faisait beaucoup mieux. En revanche, au chapitre du confort, cette mouture a beaucoup progressé et filtre plus efficacement les petites aspérités de la chaussée. Mais ce gain est hélas obtenu au détriment de l'agilité et du dynamisme de la conduite.

Si le comportement routier de cette Suzuki nous laisse dubitatif, on ne peut critiquer aussi sévèrement le groupe motopropulseur dont les 252 chevaux suffisent pour accélérer et doubler sereinement. Surtout que le couple se manifeste à un régime de rotation peu élevé. Sans être un foudre de guerre, cette mécanique se fait apprécier pour sa souplesse, sa rondeur et son rendement sans histoire. On peut tout juste lui reprocher une consommation somme toute importante, trait caractéristique des mécaniques dotées du calage variable des soupapes chez GM. Quant à la boîte semi-automatique à six rapports qui l'accompagne, celle-ci se révèle agréable, mais parfois confuse dans sa gestion.

Contrairement à sa devancière, cette seconde mouture de XL-7 ne parvient pas à se détacher de la concurrence, encore moins d'avancer des arguments convaincants, surtout dans ses livrées haut de gamme. ▌▌▌ **ÉRIC LEFRANÇOIS**

Derrière la XL-7 se cache une vieille connaissance, l'architecture Theta.
Celle-là même qui sert de fondement aux Chevrolet Equinox et Pontiac Torrent

DIMENSIONS ET VOLUMES

Empattement (mm)	2857
Longueur (mm)	5008
Largeur (mm)	1836
Hauteur (mm)	1726
Volume intérieur (L)	n.d.
Volume du coffre (min./max.) (L)	396 / 2696
Capacité du réservoir de carburant (L)	70
Fourchette de poids (kg)	1773 - 1837

CHÂSSIS

Mode	intégral
Suspension av. - arr.	indépendante
Freins av. - arr.	disques
Capacité de remorquage min. - max. (kg)	1588
Direction - diamètre de braquage (m)	crémaillère - 12
Pneus	235/65R16 (JX), 235/60R17 (JLX)

PERFORMANCES

Modèle à l'essai	XL-7 JLX
Moteur	V6 DACT 3,6 litres
Puissance (ch. à tr/min)	252 - 6400
Couple (lb-pi à tr/min)	243 - 2300
Transmission	automatique 6 rapports
Autres transmissions	aucune
Accélération 0-100 km/h (sec.)	8,57
Reprises 80-115 km/h (sec.)	5,28
Distance de freinage 100-0 km/h (m)	44,9
Niveau sonore à 100 km/h	✹ ✹
Vitesse maximale (km/h)	190
Consommation réalisée au cours de l'essai (L/100 km)	12,9
Gaz à effet de serre	
Autres moteurs	aucun

CE QU'IL FAUT SAVOIR

Fourchette de prix ($)	**30 995**
Marge de profit du concessionnaire (%)	8,31 à 8,35
Transport et préparation ($)	1395
Consommation ville - route (L/100 km)	**14,8 - 10,7**
Essence recommandée	ordinaire
Versions offertes	JX, JLX
Carrosserie	multisegment 5 portes
Lieu d'assemblage	Canada
Valeur résiduelle	★ ★ ★ ★
Garanties : de base - motopropulseur (an/km)	3/60 000 - 5/100 000
Fiabilité présumée	★ ★ ★
Cycle de remplacement	2010
Ventes 2007 ↗ 45 %	Québec : 359
Protection collision frontale conducteur/passager latérale avant/arrière retournement 2rm/4rm	★ ★ ★ ★ ★ / ★ ★ ★ ★ ★ ★ ★ ★ ★ ★ / ★ ★ ★ ★ ★ ★ ★ ★ ★ / ★ ★ ★ ★

À RETENIR

Nouveautés 2009	**boîte automatique 6 rapports, miroirs chauffants, modèle à traction discontinué**
Principales concurrentes	**Chevrolet Equinox/Traverse, Ford Taurus X, Hyundai Veracruz, Honda Pilot, Mazda CX-9, Saturn Outlook, Toyota Highlander**

- La rondeur du V6 à bas régime
- Le confort général des suspensions
- Le comportement plus routier que la génération antérieure

- Les fausses promesses de la troisième rangée de sièges
- La direction empotée
- Les mouvements de caisse

UNE GAMME CONTINGENTÉE

TOYOTA
4RUNNER

Un peu comme un joueur de deuxième trio, le 4Runner a toujours évolué dans l'ombre des exploits des Jeep Grand Cherokee, Ford Explorer et Nissan Pathfinder. Pourtant, si les acheteurs étaient attirés par le style flamboyant de ses rivaux, il n'en demeure pas moins qu'il est depuis longtemps le véhicule le plus fiable de sa catégorie. Une donnée non négligeable quand il faut mettre à rude épreuve le châssis, les suspensions et la mécanique d'un 4x4.

Aussi surprenant que cela puisse paraître, le début de carrière de la présente génération remonte à 2003. Certes, on pourrait reprocher à Toyota un certain laisser-aller, puisque le 4Runner se fait vieux par rapport à la concurrence. Toutefois, il faut comprendre que Toyota a récemment rénové l'ensemble de sa flotte de camions et que l'arrivée du FJ Cruiser, combinée au remodelage du Highlander, a compliqué les choses. En effet, avant de revoir le 4Runner, Toyota doit redéfinir l'orientation de sa gamme de camions, qui, avouons-le, est passablement contingentée. Cette pause devrait permettre à la prochaine génération du 4Runner de mieux cibler sa clientèle.

PLUS BOURGEOIS

Au fil des dernières refontes, et à l'instar de son compatriote et rival de toujours, le Nissan Pathfinder, le 4Runner n'a cessé de s'embourgeoiser. Il est vrai que les générations précédentes étaient plus vivantes, plus amusantes et, surtout, plus accessibles. Mais il faut s'y faire, les consommateurs veulent des véhicules luxueux, spacieux et pantouflards. Et c'est que le 4Runner est devenu bien malgré lui.

Par rapport à ses frères d'armes (Highlander, FJ Cruiser et RAV4), le 4Runner a le mérite de ne pas avoir vieilli prématurément. Si la ligne extérieure demeure jeune, c'est à l'intérieur qu'on voit apparaître les premières rides. À bord, la première impression est qu'il y a peu d'espace entre le plancher et le pavillon. Et vous en aurez la conviction une fois que vous vous serez cogné la tête. Ouch ! Cette configuration typique du 4Runner depuis des lustres oblige le conducteur à conduire les jambes allongées, ce qui rend les bas de pantalon particulièrement vulnérables en hiver... Devant soi, une série de commandes logiquement disposées rend l'instrumentation du tableau de bord facile à consulter.

À l'exception du design et des matériaux qui commencent à dater, on ne trouvera également rien à redire sur les espaces de rangement ni sur la qualité de l'assemblage.

À l'arrière, c'est moins réjouissant. En plus de trouver la marche trop haute pour accéder à l'habitacle, les occupants maugréeront contre le confort de la banquette, ancrée beaucoup trop bas. Les grandes personnes seront condamnées à voyager les genoux repliés sur le menton. Quant au dossier, il se fractionne 60-40 pour augmenter le volume du coffre qui se situe à mi-chemin entre le Highlander et le FJ Cruiser.

PRÊT POUR L'AVENTURE ?

Même si le 4Runner s'est embourgeoisé au fil des générations, il ne craint pas l'aventure. D'ailleurs, le sélecteur de gamme courte, qui prend ici l'allure d'une mollette, et le bouton de blocage du différentiel se chargent de rappeler que ce Toyota ne déteste pas sortir des sentiers battus. Et même si sa taille ne lui permet plus, comme autrefois, d'emprunter des chemins aussi étroits, il ne décevra pas son conducteur. Sans rien enlever aux qualités traditionnelles de ce 4x4, Toyota lui a greffé des aides électroniques (assistance à la descente et au démarrage en côte, contrôle de la traction et de la stabilité) pour inciter les conducteurs moins expérimentés à prendre la clé des champs et à rendre la conduite plus sécuritaire sur l'asphalte.

Bien qu'il propose un comportement routier plus civilisé, le 4Runner garde les stigmates des 4x4 traditionnels : comportement pataud et direction engourdie. Par contre, le confort des suspensions et le réglage des amortisseurs rendent la conduite proche d'une automobile. Malgré tout, à rythme élevé et en virage, le centre de gravité important et surtout le poids pénalisent son agilité. En ville, son rayon de braquage est court pour un véhicule de cette taille et rend les manœuvres aisées.

Le plat de résistance du 4Runner est incontestablement son V6 de 4 litres. Souple et discret, son empressement à répondre aux sollicitations de l'accélérateur en fait un choix plus sensé que le V8 de 4,7 litres plus gourmand à la pompe. Qui plus est, la capacité de remorquage est la même dans les deux cas. Vendu à prix compétitif et raisonnablement bien équipé, le 4Runner rivalise et déclasse la plupart des « faux tout-terrains » qui pullulent sur le marché. Le seul hic est sa consommation qui tend à être plus élevée ! ▪▪▪

JEAN-FRANÇOIS GUAY

DIMENSIONS ET VOLUMES

Empattement (mm)	2790
Longueur (mm)	4805
Largeur (mm)	1910
Hauteur (mm)	1800, 1805 (Limited)
Volume intérieur (L)	2920
Volume du coffre (min./max.) (L)	1193 / 2145
Capacité du réservoir de carburant (L)	87
Fourchette de poids (kg)	1950 - 2066

CHÂSSIS

Mode	4 roues motrices, intégral
Suspension av. - arr.	indépendante - essieu rigide
Freins av. - arr.	disques
Capacité de remorquage min. - max. (kg)	2268
Direction - diamètre de braquage (m)	crémaillère - 11,7
Pneus	265/70R16, 265/65R17 (option) 265/60R18 (Limited)

PERFORMANCES

Modèle à l'essai	4Runner Limited V6
Moteur	V6 DACT 4 litres
Puissance (ch. à tr/min)	236 - 4000
Couple (lb-pi à tr/min)	266 - 4000
Transmission	automatique 5 rapports
Autres transmissions	aucune
Accélération 0-100 km/h (sec.)	9,17
Reprises 80-115 km/h (sec.)	7,07
Distance de freinage 100-0 km/h (m)	43,5
Niveau sonore à 100 km/h	✖ ✖ ✖
Vitesse maximale (km/h)	180 (V6), 190 (V8)
Consommation réalisée au cours de l'essai (L/100 km)	13,3
Gaz à effet de serre	
Autres moteurs	V8 4,7 litres (260 ch.)

CE QU'IL FAUT SAVOIR

Fourchette de prix ($)	**38 560 – 50 565 (2008)**
Marge de profit du concessionnaire (%)	10,55 à 10,66
Transport et préparation ($)	1390
Consommation ville - route (L/100 km)	**14,8 - 11,7 (4 l) 16,9 - 13,9 (4,7 l)**
Essence recommandée	ordinaire
Versions offertes	SR5 V6, Limited V6, Limited V8
Carrosserie	utilitaire 5 portes
Lieu d'assemblage	Japon
Valeur résiduelle	★ ★ ★ ★
Garanties : de base - motopropulseur (an/km)	3/60 000 - 5/100 000
Fiabilité présumée	★ ★ ★ ★
Cycle de remplacement	2010
Ventes 2007 ↘ 26 %	Québec : 192

Protection collision		
frontale conducteur/passager	★ ★ ★ ★	/ ★ ★ ★ ★
latérale avant/arrière	★ ★ ★ ★ ★	/ ★ ★ ★ ★ ★
retournement 2rm/4rm	★ ★ ★	/ ★ ★ ★

À RETENIR

Nouveautés 2009	version « Trail » avec différentiel arrière barré, amortisseurs Bilstein, marchepieds et GPS portatif
Principales concurrentes	Ford Explorer, GMC Envoy, Jeep Grand Cherokee, Kia Sorento, Nissan Pathfinder

- Moteur V6 convaincant
- Volume du coffre
- Aptitudes hors route

- Accès à bord difficile
- Direction engourdie
- Véhicule démodé

Qualité de fabrication exemplaire, habitabilité presque digne d'une limousine, équipement complet ; l'Avalon a de nombreuses qualités, mais est-elle accessible pour autant et, surtout, a-t-elle de quoi pavoiser face à ses concurrentes ? Pas du tout. D'ailleurs, le client n'est pas dupe, comme en fait foi la faible diffusion de ce modèle chez nous.

L'Avalon fait un peu plus de 5 m de long, ce qui la place dans la même catégorie que les Buick Allure, Chrysler 300 et Ford Taurus, pour ne nommer que ces trois-là. Mais il n'y a pas que la longueur hors tout, il y a le volume intérieur, et dans ce domaine, l'Avalon affiche des cotes d'habitabilité fort généreuses, mais obtenues il faut bien le dire au détriment du volume du coffre, inférieur à ses concurrentes précitées.

PLEIN LA VUE

Côté portefeuille, le prix d'entrée de l'Avalon est beaucoup plus corsé que celui de ses rivales. A priori, c'est plus cher, mais il faut reconnaître en toute justice que la plus majestueuse des Toyota ne débarque pas dans votre entrée de garage les mains vides. La liste des caractéristiques de série est assez longue pour donner le tournis, et une fois les américaines équipées de la sorte, l'écart de prix se resserre drôlement. Cela dit, il faut retenir que la seule livrée inscrite au catalogue — XLS — propose en contrepartie un rétroviseur intérieur à coloration électrochimique et deux groupes d'options qui comportent un système de navigation, des essuie-glaces avec capteurs de pluie, changeur de disques au tableau de bord et... un aileron arrière.

La qualité de fabrication est évidente, et ce, dès la fermeture de la portière qui s'accompagne d'un son sourd, à la manière des berlines allemandes. Dans l'habitacle, rien à redire. Les matériaux sont aussi agréables à l'œil qu'au toucher, les assemblages aussi soignés que ceux d'une Lexus. Et du reste, la surface de la console centrale, finement dessinée, est du plus bel effet. En outre, l'Avalon a le souci du détail. En témoignent la convivialité et la beauté des touches accompagnant son système de climatisation automatique, la possibilité d'incliner le dossier de la banquette arrière ou encore l'adop-

tion, de série, d'un coussin de sécurité gonflable pour les genoux du conducteur et situé sous la colonne de direction.

PAISIBLE ET MONOTONE

L'Avalon respire le sérieux, même en marche. Pas très hop la vie, la conduite de cette opulente berline rassure plus qu'elle enthousiasme. Les suspensions pompent légèrement en appui et l'Avalon peine à maîtriser les mouvements de sa caisse (roulis, changements de cap rapides, etc.). La direction paraît aussi légère sur une voie rapide que dans les méandres de la cité, et un meilleur toucher de la route aurait été apprécié. À plusieurs égards, cette Toyota se défend plutôt bien, à la condition de ne pas être trop pressé.

Mais l'important n'est-il pas de se laisser bercer ? À ce chapitre, son confort est convaincant grâce à ses suspensions à la fois peu sonores et assez filtrantes sur mauvais revêtement. Le confort doit également beaucoup à l'insonorisation, tant aérodynamique que moteur. À ce sujet, soulignons que cette opulente berline cache sous son capot un V6 3,5 litres. Cette mécanique dérive étroitement du 4 litres de la camionnette Tacoma. Cylindrée moindre, mais puissance supérieure pour ce 3,5 litres, qui bénéficie de toutes les trouvailles technologiques mises au point au cours des dernières années par le numéro un japonais.

Concrètement, cela passe par un moteur qui se fait autant apprécier par son silence de fonctionnement que par son agrément mécanique. À ce chapitre, l'Avalon ne manque pas de « pédale », avec une puissance de 268 chevaux. Mais ceux-ci ne racontent qu'une partie de l'histoire. La force de couple est un élément tout aussi important et, à ce chapitre, celui de l'Avalon est tout à fait adéquat, même s'il ne se fait valoir pleinement qu'à un régime de rotation élevé (4700 tours/minute). Malheureusement, toute cette puissance n'est possible qu'avec de l'essence super et s'exprime via les roues avant. Ce n'est pas un mal en soi, direz-vous, d'autres constructeurs sont jusqu'ici parvenus à faire transiter jusqu'à 300 chevaux par les roues avant, mais ce n'est pas l'idéal non plus.

En résumé, l'Avalon réalise une synthèse réussie des qualités attendues d'une berline familiale. Cependant, son prix d'entrée la positionne à l'ombre de ses concurrentes. De plus, la curieuse nomenclature de sa grille d'options n'aide pas sa cause. Refuser le droit à cette Toyota tirée à quatre épingles la possibilité d'éclairer la route à l'aide de phares au xénon ou encore de bénéficier d'un rouage intégral relève d'une drôle de stratégie qui, souhaitons-le, sera révisée au moment de la refonte de ce véhicule. Si refonte il y a, bien sûr. ▐▐▐
ÉRIC LEFRANÇOIS

DIMENSIONS ET VOLUMES

Empattement (mm)	2820
Longueur (mm)	5020
Largeur (mm)	1850
Hauteur (mm)	1470
Volume intérieur (L)	3027
Volume du coffre (min./max.) (L)	408
Capacité du réservoir de carburant (L)	70
Fourchette de poids (kg)	1618

CHÂSSIS

Mode	traction
Suspension av. - arr.	indépendante
Freins av. - arr.	disques
Capacité de remorquage min. - max. (kg)	454
Direction – diamètre de braquage (m)	crémaillère – 11,2
Pneus	215/55R17

PERFORMANCES

Modèle à l'essai	Avalon XLS
Moteur	V6 DACT 3,5 litres
Puissance (ch. à tr/min)	268 - 6200
Couple (lb-pi à tr/min)	248 - 4700
Transmission	automatique 6 rapports
Autres transmissions	aucune
Accélération 0-100 km/h (sec.)	7,34
Reprises 80-115 km/h (sec.)	4,85
Distance de freinage 100-0 km/h (m)	non mesurée
Niveau sonore à 100 km/h	✕ ✕ ✕ ✕
Vitesse maximale (km/h)	210
Consommation réalisée au cours de l'essai (L/100 km)	11
Gaz à effet de serre	
Autres moteurs	aucun

CE QU'IL FAUT SAVOIR

Fourchette de prix ($)	**39 840 - 46 635**
Marge de profit du concessionnaire (%)	9,43
Transport et préparation ($)	1240
Consommation ville - route (L/100 km)	**12,5 - 8,6**
Essence recommandée	ordinaire
Versions offertes	XLS
Carrosserie	berline 4 portes
Lieu d'assemblage	États-Unis
Valeur résiduelle	✶ ✶ ✶
Garanties : de base - motopropulseur (an/km)	3/60 000 - 5/100 000
Fiabilité présumée	✶ ✶ ✶ ✶
Cycle de remplacement	2011
Ventes 2007 ↘ 38 %	Québec : 144
Protection collision frontale conducteur/passager	✶ ✶ ✶ ✶ ✶ / ✶ ✶ ✶ ✶ ✶
latérale avant/arrière	✶ ✶ ✶ ✶ ✶ / ✶ ✶ ✶ ✶ ✶
retournement 2rm/4rm	✶ ✶ ✶ ✶ / n.a.

À RETENIR

Nouveautés 2009	**système antidérapage de série, nouvelles couleurs**
Principales concurrentes	**Buick Lucerne, Chevrolet Impala, Chrysler 300, Ford Taurus, Hyundai Azera, Kia Amanti, Mercury Grand Marquis**

+
- La qualité de la fabrication et de l'insonorisation
- Le dégagement aux places arrière
- Le confort du roulement

−
- La légèreté de la direction avec la vitesse
- Le prix et les options
- Le volume du coffre pour une automobile de cette taille

LA SOBRIÉTÉ A PARFOIS MEILLEUR GOÛT

TOYOTA

TOYOTA CAMRY

Enfermée dans un classicisme revendiqué par une clientèle aux aspirations prévisibles, la berline intermédiaire doit jouer les bonnes à tout faire tout en ménageant les apparences d'un standing bien dosé. Standing, voilà le critère des constructeurs pour donner à leurs berlines trop moyennes en tout ce cachet indéfinissable. Voilà exactement ce que cette Camry parvient à accomplir.

Aujourd'hui la Camry demeure, à plusieurs égards, aussi conformiste que l'étaient ses devancières. Son plus grand mérite aura sans doute été de dépoussiérer un style passe-partout en captant quelques tendances esthétiques qui, selon les angles où on la considère, ont un air de déjà-vu. Reconnaissons toutefois que derrière cette calandre qu'on dirait enrhumée, la Camry profite d'une aérodynamique soignée (0,28). Le résultat ne manque pas d'intérêt, mais l'amateur s'en moque un peu.

La gaieté ne déferle pas sur la physionomie de l'habitacle tout de gris vêtu (ou beige, c'est selon). À cela s'ajoute une qualité de finition qui n'est pas irréprochable, un qualificatif si souvent employé pour décrire la minutie d'assemblage des créations du constructeur nippon. À ce sujet, les trois exemplaires essayés portaient, au tableau de bord et au pied de la console centrale, la marque de garnitures récalcitrantes à s'imbriquer entre elles. Les motifs de satisfaction se trouvent ailleurs : dans la position de conduite qui est excellente (siège et volant réglables dans les deux sens), le combiné d'instruments constamment éclairé et les repères si vite pris qu'elle fera une excellente voiture de location ou de parc d'entreprise.

De dimensions généreuses dont on retrouvera le bénéfice à l'intérieur et dans le coffre, la Camry se décline en cinq livrées. On pourra compter sur un équipement plus complet pour 2009, mais il y a toujours ces satanés groupes d'options. Coûteux, ils facilitent sans doute la tâche de l'usine, mais ruinent le consommateur.

UNE FORCE TRANQUILLE

Volant en main, elle demeure une berline au comportement parfaitement prévisible et plus encore s'il est géré par un garde-fou : le correcteur de stabilité électronique. C'est sans doute l'efficacité du châssis et de la filtration qui éloignent un peu plus les sensations du conducteur, malgré une direction franche et à l'assistance bien dosée.

Réglée moins mollement que bon nombre de ses ancêtres, la Camry s'équilibre mieux en courbe et accepte de survirer progressivement au lever de pied sur l'accélérateur. La filtration et l'acoustique étant très bonnes, on en conclura que les kilos de matériaux insonorisants ont été savamment utilisés. Le chapitre châssis ne serait pas clos sans évoquer le freinage. Doté de l'ABS à répartition d'effort, le freinage est soutenu par un amplificateur de pression qui optimise l'arrêt d'urgence d'un conducteur qui ne saurait pas l'exécuter hardiment. Magnifique pour sa progressivité et la qualité de sa commande, le freinage a souffert durant notre essai en endurance. Est-ce les garnitures qui étaient trop tendres ou les étriers qui manquaient de dents ?

Question moteur, il y a un 2,4 litres de 158 chevaux et aussi un V6 3,5 litres de 268 chevaux. Nous avons préféré le quatre cylindres. D'ailleurs, il tient la vedette chez nous avec plus de 70 % des ventes. Que ce moteur fasse moins bien dans la course à la puissance que ses rivaux importe peu. Pourvu que la fiabilité soit là, n'est-ce pas ? Et dans ce domaine, la marque nippone lorgne toujours la plus haute marche du podium. Mais ce moteur n'a pas que la réputation d'être fiable. Ce 2,4 litres tourne rondement, avec progressivité et, dans un silence de cathédrale, consomme modérément l'essence qui baigne dans son réservoir. On voudra bien dire une messe pour ce moteur-là, à moins que vous préfériez réserver vos offrandes à sa version hybride qui divise pratiquement la facture énergétique par deux (voir notre comparatif dans la section « Match »). La transmission automatique à cinq rapports (elle en compte 6 avec le V6) file à ce point le parfait bonheur avec cette mécanique qu'on se demande, en dehors de l'image, pourquoi Toyota propose une boîte manuelle sur la SE. Non seulement représente-t-elle un frein à la revente, mais son guidage et l'étagement de ses rapports ne permettent pas d'exploiter plus judicieusement les ressources du moteur. Et les gains en consommation réalisés par cette Camry à trois pédales ? Ils sont faibles.

La Camry se révèle une compagne sécurisante, fiable et attrayante, à la condition de savoir freiner son enthousiasme au moment de cocher les coûteux groupes d'options offerts ou de l'amener sur des routes en lacets. Dans ces deux domaines, la Toyota nourrit encore certains complexes face à une Honda Accord ou une Mazda6. ▌▌▌ **ÉRIC LEFRANÇOIS**

TOYOTA CAMRY

HYBRIDE

DIMENSIONS ET VOLUMES

Empattement (mm)	2775
Longueur (mm)	4805
Largeur (mm)	1820
Hauteur (mm)	1455
Volume intérieur (L)	2823
Volume du coffre (min./max.) (L)	425, 300 (Hyb)
Capacité du réservoir de carburant (L)	70
Fourchette de poids (kg)	1500 - 1650

CHÂSSIS

Mode	traction
Suspension av. - arr.	indépendante
Freins av. - arr.	disques
Capacité de remorquage min. - max. (kg)	n.r. (Hyb) - 454
Direction – diamètre de braquage (m)	crémaillère - 11
Pneus	215/60R16 (L4, Hyb), 215/55R17 (V6)

PERFORMANCES

Modèle à l'essai	Camry SE
Moteur	L4 DACT 2,4 litres
Puissance (ch. à tr/min)	158 - 6000
Couple (lb-pi à tr/min)	161 - 4000
Transmission	automatique 5 rapports
Autres transmissions	BM 5 rapports (L4)
	BA 6 rapports (V6), CVT (Hyb)
Accélération 0-100 km/h (sec.)	9,54
Reprises 80-115 km/h (sec.)	5,85
Distance de freinage 100-0 km/h (m)	42,7
Niveau sonore à 100 km/h	✺ ✺ ✺ ◔
Vitesse maximale (km/h)	190, 215 (V6)
Consommation réalisée au cours de l'essai (L/100 km)	9,9
Gaz à effet de serre	
Autres moteurs	V6 3,5 litres (268 ch.)
	L4 hybride 2,4 litres (187 ch.)

CE QU'IL FAUT SAVOIR

Fourchette de prix ($)	**23 400 - 35 020**
Marge de profit du concessionnaire (%)	9,85 à 11,03
Transport et préparation ($)	1240
Consommation ville - route (L/100 km)	11,3 - 7,7 (2,4 l)
	12,6 - 8,5 (3,5 l)
	7,2 - 6,8 (Hyb)
Essence recommandée	ordinaire
Versions offertes	
Carrosserie	berline 4 portes
Lieu d'assemblage	États-Unis
Valeur résiduelle	★ ★ ★ ★ ★
Garanties : de base - motopropulseur (an/km)	3/60 000 - 5/100 000
Fiabilité présumée	★ ★ ★ ★
Cycle de remplacement	2012
Ventes 2007 ↗ 1 %	Québec : 6218
Protection collision frontale conducteur/passager	★ ★ ★ ★ ★ / ★ ★ ★ ★ ★
latérale avant/arrière	★ ★ ★ ★ ★ / ★ ★ ★ ★ ★
retournement 2rm/4rm	★ ★ ★ ★ / n.a.

À RETENIR

Nouveautés 2009	**modèle Solara discontinué au pays**
Principales concurrentes	**Chevrolet Malibu, Chrysler Sebring, Ford Fusion, Honda Accord, Hyundai Sonata, Mazda6, Mitsubishi Galant, Nissan Altima, Saturn Aura**

+
- Le raffinement apporté à la gamme
- Le dégagement intérieur
- La valeur de revente élevée

−
- L'agrément de conduite se fait attendre
- Les groupes d'options très coûteux
- La qualité d'assemblage qui prête parfois flanc à la critique

UN CHOIX (TROP) RATIONNEL

Profondément restructurée, la Toyota Corolla a réussi, sous des dehors sobres, à se faire accepter sur tous les continents, au point de détenir sur plusieurs marchés une première place au palmarès des ventes dans sa catégorie. Une performance que la nouvelle Corolla — dixième du nom — entend perpétuer grâce à son homogénéité, à sa réputation de fiabilité et à son prix très attrayant.

TOYOTA
COROLLA

Depuis toujours, ce passe-partout fait une carrière aussi discrète qu'efficace. Et elle le fait avec des arguments qui ont l'air de rien mais qui font tout. Comme la recette a plutôt bien réussi au constructeur nippon, il n'était pas question d'en changer les ingrédients, mais peut-être d'y ajouter un peu de piment afin de permettre à la Corolla de résister aux Civic, 3 et Lancer, qui constituent l'essentiel de la concurrence.

Le renouvellement de ce modèle phare est tout sauf facile. Plaire à la fois aux Finlandais, aux Québécois et aux Texans relève de la haute voltige, car il faut présenter un produit reconnaissable sans qu'il soit trop original. Les Corolla ont longtemps été couleur de muraille, mais on peut dire que cela change doucement depuis la neuvième génération. Le style est plus affirmé mais ne verse dans aucun excès. Autant le dire tout de suite : cette Corolla ne fera pas sensation dans la rue tellement elle dégage une impression de déjà-vu.

Sa carrosserie plus longue et surtout plus large que la précédente profite essentiellement aux occupants de la banquette arrière. Ces derniers bénéficient de plus d'espace pour leurs jambes, leurs épaules et leurs hanches. Ces gains importants ne placent pas la Corolla devant ses rivales pour autant. Seulement à égalité. Seul le coffre perd un peu de volume.

Présentation et finition ne procurent plus de quoi s'émerveiller. L'assemblage est correct, mais l'impression d'en avoir « un tout petit peu plus que les autres » a disparu. On se rattrape avec l'équipement bien choisi selon quatre livrées, CE, LE, S et XRS. Aux fins de cet essai, nous avons étrenné la version CE, dont le prix de départ est à vrai dire un bluff, à moins d'avoir envie de simplicité volontaire. Au menu : enjoliveurs de plastique, glaces à manivelle et verrouillage manuel. Aux yeux de certains, cette Corolla est une petite misère. Mais le catalogue des options est là, grand ouvert.

La position de conduite est non seulement facile à trouver, mais aussi confortable grâce à un baquet mieux dessiné. Les principales commandes tombent sous la main et sont faciles à reconnaître. La visibilité ne pose aucun problème.

PRÉVISIBLE MAIS DÉGOURDIE

Sur le plan technique, les retouches sont nombreuses, à commencer par le moteur de 1,8 litre qui fournit dorénavant plus de chevaux et plus de couple. Vif, ce moteur se fait surtout apprécier pour sa douceur, et non par son économie : malgré un allongement du rapport final, la Corolla consomme légèrement plus que le modèle antérieur. La boîte manuelle à cinq rapports qui l'accompagne de série est d'une extrême douceur et l'embrayage d'une grande progressivité, ce qui comblera les débutants. Mais ce tandem ne fait aucune étincelle au chapitre des performances.

Les habitués de la Corolla se réjouiront sans doute d'apprendre que sa tenue de route demeure toujours aussi prévisible. Toutefois, contrairement aux générations précédentes, cette Corolla ne mérite plus de se faire traiter de « molle » ou « d'engourdie ». Elle n'est certes pas aussi amusante à piloter qu'une Civic ou qu'une 3, mais là n'est pas son objectif. D'ailleurs, sa direction à assistance électrique gomme toute sensation, et c'est bien dommage. Cette légèreté plaira en ville, mais, sur l'autoroute, on risque de regretter de ne pas être en mesure de connaître avec précision l'emplacement des roues directrices.

Malgré ses performances dynamiques, que certaines jugeront fades et peu conformes à l'image qu'elle souhaite véhiculer notamment auprès des jeunes, la Corolla ne manque pas d'arguments pour plaire. À commencer par une suspension étonnamment confortable pour un véhicule de ce gabarit. Les trous, les bosses et autres saignées transversales qui ornent notre asphalte sont correctement lissés par les éléments suspenseurs de la Corolla. Une qualité tellement rare dans cette catégorie qu'il faut le souligner. Côté freinage, la CE ne s'attire aucune critique particulière si ce n'est que les distances d'arrêt sont longues.

La Corolla, on le voit, ne révolutionne rien, mais sa réputation, sa valeur résiduelle et son rapport prix-équipements, parmi les meilleurs du marché, répondront parfaitement aux besoins de ses clients fidèles et nombreux. La Corolla demeure donc une voiture parfaitement rassurante, sans qualité ni défaut vraiment évident. De quoi réconforter l'acheteur prudent. **||| ÉRIC LEFRANÇOIS**

Les trous et les bosses de notre asphalte sont correctement lissés par les éléments suspenseurs de la Corolla

DIMENSIONS ET VOLUMES

Empattement (mm)	2600
Longueur (mm)	4540
Largeur (mm)	1760
Hauteur (mm)	1465
Volume intérieur (L)	2605, 2568 (XRS)
Volume du coffre (min./max.) (L)	348
Capacité du réservoir de carburant (L)	50
Fourchette de poids (kg)	1235 - 1345

CHÂSSIS

Mode	traction
Suspension av. - arr.	indépendante
Freins av. - arr.	disques
Capacité de remorquage min. - max. (kg)	680
Direction - diamètre de braquage (m)	crémaillère - 11,3
Pneus	195/65R15 (CE), 205/55R16 (LE, S) 215/45R17 (XRS)

PERFORMANCES

Modèle à l'essai	
Moteur	L4 DACT 1,8 litre
Puissance (ch. à tr/min)	132 - 6000
Couple (lb-pi à tr/min)	128 - 4400
Transmission	manuelle 5 rapports
Autres transmissions	automatique 4 rapports (1,8 l) / 5 rapports (2,4 l)
Accélération 0-100 km/h (sec.)	9,46
Reprises 80-115 km/h (sec.)	5,94
Distance de freinage 100-0 km/h (m)	40,3
Niveau sonore à 100 km/h	✕ ✕ ✕
Vitesse maximale (km/h)	185
Consommation réalisée au cours de l'essai (L/100 km)	7,7
Gaz à effet de serre	
Autres moteurs	L4 2,4 litres (158 ch.)

CE QU'IL FAUT SAVOIR

Fourchette de prix ($)	**14 565 – 21 655**
Marge de profit du concessionnaire (%)	6,74 à 8,25
Transport et préparation ($)	1140
Consommation ville - route (L/100 km)	8,7 - 6,7 (1,8 l) 10,8 - 7,7 (2,4 l)
Essence recommandée	ordinaire
Versions offertes	CE, S, LE, XRS
Carrosserie	berline 4 portes
Lieu d'assemblage	Canada
Valeur résiduelle	★ ★ ★ ★
Garanties : de base - motopropulseur (an/km)	3/60 000 - 5/100 000
Fiabilité présumée	★ ★ ★ ⯪
Cycle de remplacement	nouveau modèle 2009
Ventes 2007 ↘ 6 %	Québec : 12 997
Protection collision frontale conducteur/passager latérale avant/arrière retournement 2rm/4rm	★★★★ / ★★★★ ★★★★★ / ★★★★ ★★★★ / n.a.

À RETENIR

Nouveautés 2009	**nouvelle génération**
Principales concurrentes	**Chevrolet Cobalt, Ford Focus, Honda Civic, Hyundai Elantra, Mazda3, Mitsubishi Lancer, Nissan Sentra, Suzuki SX4, VW Rabbit/Jetta City**

- Le prix attrayant
- Le confort de roulement
- La réputation du constructeur

- La qualité des matériaux
- La légèreté de la direction
- L'absence d'agrément de conduite

LE LAND CRUISER DES TEMPS MODERNES

TOYOTA

TOYOTA
FJ CRUISER

Il y a plusieurs dizaines d'années, les amateurs de véhicule tout-terrain avaient une admiration sans bornes pour le légendaire Toyota Land Cruiser FJ 40. Aujourd'hui, ces derniers seraient aussi émerveillés par la solidité et la motricité à toute épreuve de son héritier : le FJ Cruiser.

Mais, en cette époque où le prix de l'essence bat des records, la question qui se pose est : a-t-on vraiment besoin d'un tel véhicule ? En soi, non. Mais, pour l'explorateur qui sommeille en nous, et avec quelques notions de conduite hors route, c'est le véhicule idéal pour affronter l'hiver et accéder à des endroits reculés. Certes, la concurrence est féroce dans ce créneau avec les Jeep Liberty et Wrangler, sans oublier le Hummer H3. Dans le cas de ce dernier, le faible couple de son moteur cinq cylindres fait hésiter à s'aventurer en région trop éloignée. Quant à son V8, le couple est abondant, mais inutile de dire que sa consommation d'essence fait titiller. Du côté des Jeep, il est vrai que le Wrangler est sans égal dans la boue et les escarpements, sauf que le confort est plutôt spartiate. Le Liberty représente aussi une sérieuse solution de rechange. Toutefois, l'agrément de conduite, pour ceux et celles qui aiment se sentir au volant d'un vrai camion, c'est essentiellement derrière la roue du FJ Cruiser que ça se passe.

UNE SILHOUETTE ROBUSTE

Au premier abord, c'est la robustesse qui prévaut dans toutes les versions : de base, groupes B et C et particulièrement l'édition spéciale Trail Teams.

La garde au sol de 9,6 pouces et les gros pneus de 32 pouces ne laissent planer aucun doute sur ses ambitions. Comme propriétaire, attendez-vous à être montré du doigt ! Mais pas toujours pour les bonnes raisons. Certains diront WOW ! D'autres vous maudiront pour la consommation d'essence et la pollution qu'on y associe. Justement, parlons-en de la consommation. Vous devrez faire le plein au super, une prise, et vous devrez vous attendre, selon la saison et votre type de conduite, à consommer entre 12 et 17 litres aux 100 km,

deuxième prise. Avec un prix d'achat qui varie entre 30 000 $ et 40 000 $, il faut continuer la visite pour se convaincre des bienfaits d'un tel véhicule.

Quelle que soit la version, le FJ est animé par un V6 de 4 litres qui développe une puissance de 239 chevaux et un couple de 278 livres-pieds. Le tout est couplé à une boîte manuelle à six vitesses, ou à une boîte automatique à cinq rapports. Dans le cas de la transmission manuelle, le système à quatre roues motrices est à prise constante, avec une répartition du couple de 40 % à l'avant et 60 % à l'arrière. En optant pour la boîte automatique, le conducteur doit engager, à la volée, les quatre roues motrices. Comme les quatre roues sont engagées temporairement, fait assez rarissime, il est possible de faire des économies de carburant avec la boîte automatique !

La puissance disponible est amplement suffisante pour remorquer jusqu'à 2268 kg. Bien dosé, le couple généreux du moteur vous permettra de gravir tous les obstacles, d'autant plus que le FJ dispose d'un différentiel arrière verrouillable et d'un boîtier de transfert à deux rapports, combinés au dispositif de contrôle de la stabilité (VSC), au régulateur de traction (TRAC) et au régulateur de traction actif (ATRAC) de la version hors route et groupe C. Si on ajoute à cela les plaques protectrices sous le véhicule, il n'y a plus de gêne pour passer en mode découvreur.

SENS PRATIQUE

La première impression en y accédant, c'est que les quatre portières, dont les deux arrière sont de type suicide, vous donnent facilement accès aux aires de rangement. Une fois installé face au tableau de bord, c'est un pare-brise presque à la verticale qui vous attend, et les trois essuie-glaces ont de quoi étonner. Le siège du conducteur peut s'ajuster de huit façons, il est donc aisé de trouver une position de conduite confortable. Les commandes sont accessibles, et oubliez le fla-fla des VUS de luxe, ici tout respire le pratico-pratique.

Les dossiers de la banquette sont droits et fermes. Une fois rabattus, ils sont parfaits pour glisser les bagages. En contrepartie, avouons que ce n'est pas la banquette la plus confortable en ville. Les adeptes de vélo de montagne qui aiment s'amuser dans la boue seront choyés par les matériaux des sièges et des planchers qui sont conçus pour être facilement nettoyés.

Le FJ Cruiser rend véritablement hommage à son ancêtre le FJ 40. Bref, il ne s'adresse pas aux banlieusards des autoroutes, et encore moins aux environnementalistes. ▪

JEAN CHARTRAND - JEAN-FRANÇOIS GUAY

*Le FJ Cruiser peut donner des leçons de tout-terrain
aux ténors de la catégorie*

DIMENSIONS ET VOLUMES

Empattement (mm)	2690
Longueur (mm)	4670
Largeur (mm)	1905
Hauteur (mm)	1830
Volume intérieur (L)	n.d.
Volume du coffre (min./max.) (L)	790 / 1892
Capacité du réservoir de carburant (L)	72
Fourchette de poids (kg)	1946 - 1948

CHÂSSIS

Mode	intégral (man.), 4 roues motrices (aut.)
Suspension av. - arr.	indépendante - essieu rigide
Freins av. - arr.	disques
Capacité de remorquage min. - max. (kg)	2268
Direction - diamètre de braquage (m)	crémaillère - 12,7
Pneus	265/70R16, 265/70R17

PERFORMANCES

Modèle à l'essai	FJ Cruiser
Moteur	V6 DACT 4 litres
Puissance (ch. à tr/min)	239 - 5200
Couple (lb-pi à tr/min)	278 - 3800
Transmission	manuelle 6 rapports
Autres transmissions	automatique 5 rapports
Accélération 0-100 km/h (sec.)	8,45
Reprises 80-115 km/h (sec.)	6,23
Distance de freinage 100-0 km/h (m)	41,4
Niveau sonore à 100 km/h	✗ ✗ ✗ ✎
Vitesse maximale (km/h)	185
Consommation réalisée au cours de l'essai (L/100 km)	14,3
Gaz à effet de serre	
Autres moteurs	aucun

CE QU'IL FAUT SAVOIR

Fourchette de prix ($)	**29 725 – 38 900 (2008)**
Marge de profit du concessionnaire (%)	8,09
Transport et préparation ($)	1390
Consommation ville - route (L/100 km)	**14,5 - 11,5 (aut.)** **15,5 - 13 (man.)**
Essence recommandée	super
Versions offertes	Base, Hors route, Aventure
Carrosserie	utilitaire 5 portes
Lieu d'assemblage	États-Unis
Valeur résiduelle	★ ★ ★
Garanties : de base - motopropulseur (an/km)	3/60 000 - 5/100 000
Fiabilité présumée	★ ★ ★ ✫
Cycle de remplacement	inconnu
Ventes 2007 ↗ 44 %	Québec : 1075
Protection collision frontale conducteur/passager	★ ★ ★ ★ ★ / ★ ★ ★ ★
latérale avant/arrière	★ ★ ★ ★ ★ / ★ ★ ★ ★ ★
retournement 2rm/4rm	★ ★ ★ / ★ ★ ★

À RETENIR

Nouveautés 2009	**aucun changement majeur**
Principales concurrentes	**Hummer H3, Jeep Liberty, Jeep Wrangler, Land Rover LR2, Nissan Xterra, Suzuki Grand Vitara**

- Capacité hors route
- Habitacle facilement lavable
- Conduite camion (pour les adeptes)

- Consommation élevée
- Visibilité trois-quart arrière
- Portes arrière de type suicide

PAR CHANCE, IL Y A L'HYBRIDE

TOYOTA

TOYOTA
HIGHLANDER

Le Highlander plaît parce qu'il porte le nom de Toyota, disent plusieurs. Ils n'ont pas tout à fait tort. Ce multisegment sans âme trouvera sans doute difficile la cohabitation avec la future Venza — un multisegment aussi — promise tard à l'automne. Alors où est l'intérêt du Highlander ? Dans sa version hybride, pardi !

Au premier coup d'œil, à part quelques détails, le Highlander Hybrid diffère très peu du modèle « ordinaire », et il vous sera difficile d'afficher votre souci de l'environnement. En fait, le commun des mortels ne saura pas faire la distinction avec le Highlander à essence. C'est bien dommage, compte tenu de la différence de prix.

UNE LISTE D'OPTIONS UN PEU COURTE

Plus coûteuses, ces versions hybrides, mais guère mieux équipées que les Highlander « ordinaires », qui se déclinent en quatre livrées (V6, V6 Sport, SR5 et Limited) et qui sont donc plus faciles à personnaliser. Par contre, Toyota a retenu la leçon et permet à l'acheteur de la version hybride de fu-

reter au rayon des options. La visite sera cependant de courte durée : un seul groupe, le C, est offert, moyennant un supplément de près de 5000 $. Et on n'y propose du cuir que sur le volant et le pommeau du levier de vitesses (les sièges sont recouverts de tissu) ; de plus, il est dépourvu de capteur de proximité, toujours utile dans les manœuvres de stationnement. Pour bénéficier de toutes ces petites gâteries, il vous faut opter pour la version Limited.

Sitôt à bord, on se retrouve en territoire connu. La position de conduite se veut haute et la visibilité, impeccable. L'accès, le confort et le maintien des baquets avant sont très bons. Même chose pour la banquette, dont le dégagement aurait été suffisant pour trois personnes, n'eût été la présence d'un accoudoir passablement rigide dans la partie centrale du dossier. La troisième banquette ? N'en parlons pas, elle est juste bonne pour de jeunes enfants. Sous le grand hayon (dont la lunette se soulève indépendamment pour faciliter le dépôt de petits objets), la soute révèle un volume de chargement légèrement inférieur à celui du modèle à essence, mais seulement lorsque les deux rangées de sièges sont rabattues (-40 litres). L'explication tient au positionnement

des batteries sous la banquette médiane. Le seuil de chargement élevé vous fera un peu suer au moment de charger des objets lourds ou de faire monter votre gros toutou.

ET LE SILENCE FUT...

Comme toujours, le premier tour de clé égratigne les habitudes. Le silence à bord est si étonnant qu'on a peine à croire que le Highlander s'est animé. À dire vrai, il ne se passe rien. Seuls l'éclairage des instruments de bord (encore faut-il qu'il fasse nuit) ou la mise en marche de l'ordinateur de bord vous évitent de recommencer la mise en marche. Avant d'aller plus loin, rappelons que le Highlander Hybrid compte sur l'apport de deux moteurs électriques. Le premier fonctionne sur le même principe que ceux de la Prius et de la Civic Hybrid, assurant le démarrage et le complément de puissance chaque fois que le V6 est fortement sollicité. Le second a pour mandat d'entraîner les roues arrière et de pallier la perte de motricité du train avant tout en faisant l'économie de l'arbre de transmission grâce à l'électronique. N'allez pas croire qu'avec un moteur (électrique) branché sur les roues arrière, le Highlander Hybrid est du genre « Chouette, de la bouette ! » Vous risquez d'être désagréablement surpris. Le moteur arrière est non seulement d'une puissance modeste, mais il entre en service seulement en cas de perte d'adhérence.

UNE HYBRIDE PUISSANTE

Dans les faits, cette Toyota peut disposer de 270 chevaux au total, lorsque les trois moteurs sont mis à contribution. Et si un surcroît de puissance apparaît nécessaire, la batterie haute tension y met également du sien. Bilan, cet hybride accélère plus fort que son homologue à essence. Le couple constamment disponible et la réponse immédiate de l'accélérateur étonnent à tout moment.

Encore plus lourd que son prédécesseur, le Highlander Hybrid est doté d'une direction un peu trop aseptisée (il est difficile de se rendre compte de la position précise des roues directrices) et des réglages de suspension un peu moins souples. Le train avant cherche à s'accrocher, mais les mouvements de caisse demeurent mal contrôlés à allure soutenue ou lorsque la route fait des boucles. À ces récriminations, il convient d'ajouter un freinage qui demeure peu progressif, même si on doit reconnaître une certaine amélioration par rapport à l'ancien modèle, et un rayon de braquage important.

Ce Highlander se révèle facile, confortable, économique (à la pompe s'entend) et écologique. En bref, il est agréable à vivre, mais il ne suscite aucune passion. Mais il est bon pour l'environnement. ▌▐ **ÉRIC LEFRANÇOIS**

N'allez pas croire qu'avec un moteur (électrique) branché sur les roues arrière, le Highlander Hybrid est du genre « Chouette, de la bouette ! »

TOYOTA HIGHLANDER

DIMENSIONS ET VOLUMES

Empattement (mm)	2790
Longueur (mm)	4785
Largeur (mm)	1910
Hauteur (mm)	1760
Volume intérieur (L)	4126
Volume du coffre (min./max.) (L)	290 / 2700, 2660 (Hyb)
Capacité du réservoir de carburant (L)	72,5
Fourchette de poids (kg)	1 895 - 2105

CHÂSSIS

Mode	4 roues motrices (Hyb), intégral
Suspension av. - arr.	indépendante
Freins av. - arr.	disques
Capacité de remorquage min. - max. (kg)	1587 (Hyb) / 2268
Direction - diamètre de braquage (m)	crémaillère - 11,8 /11,9 (Hyb)
Pneus	245/65R17, 245/55R19 (Sport, Limited)

PERFORMANCES

Modèle à l'essai	Highlander Hybride
Moteur	V6 DACT 3,3 litres (+ moteur électrique)
Puissance (ch. à tr/min)	270 - 6200
Couple (lb-pi à tr/min)	212 - 4400
Transmission	automatique à variation continue (CVT)
Autres transmissions	automatique 5 rapports (3,5 l)
Accélération 0-100 km/h (sec.)	6,96
Reprises 80-115 km/h (sec.)	5,02
Distance de freinage 100-0 km/h (m)	44,4
Niveau sonore à 100 km/h	✖ ✖ ✖
Vitesse maximale (km/h)	185
Consommation réalisée au cours de l'essai (L/100 km)	10,1
Gaz à effet de serre	

Autres moteurs	V6 3,5 litres (270 ch.)

CE QU'IL FAUT SAVOIR

Fourchette de prix ($)	**34 900 – 54 220 (2008)**
Marge de profit du concessionnaire (%)	10,02 à 10,17
Transport et préparation ($)	1390
Consommation ville - route (L/100 km)	**14,3 – 11,2 (3,5 l)** 9,8 – 10,3 (Hyb)
Essence recommandée	ordinaire
Versions offertes	SR5, Sport, Limited, Hybride, Hybride Limited
Carrosserie	multisegment 5 portes
Lieu d'assemblage	États-Unis
Valeur résiduelle	✲ ✲ ✲
Garanties : de base - motopropulseur (an/km)	3/60 000 - 5/100 000
Fiabilité présumée	✲ ✲ ✲ ✲
Cycle de remplacement	2013
Ventes 2007 ↗ 51%	Québec : 620
Protection collision frontale conducteur/passager latérale avant/arrière retournement 2rm/4rm	✲ ✲ ✲ ✲ ✲ / ✲ ✲ ✲ ✲ ✲ ✲ ✲ ✲ ✲ / ✲ ✲ ✲ ✲ ✲ ✲ ✲ ✲ ✲ / ✲ ✲ ✲ ✲

À RETENIR

Nouveautés 2009	**équipements de série plus complet (hayon et siège conducteur électriques, changeur 6 DC), radio satellite**
Principales concurrentes	**Ford Taurus X, GMC Acadia, Honda Pilot, Hyundai Veracruz, Saturn Outlook, Subaru Tribeca**

- • Le silence de roulement
- • Le souci du détail
- • La configuration de l'habitacle

- • Les lacunes au chapitre de l'équipement
- • Le manque de compétitivité de la version Limited (prix)
- • La légèreté de la direction

579

LE SOUFFLÉ EST RETOMBÉ

TOYOTA
MATRIX

Tous les jeunes s'entendent pratiquement pour dire que les produits Toyota, y compris la Matrix, sont robustes, fiables, soigneusement assemblés... et ennuyeux. La direction de Toyota n'est pas sans le savoir et a veillé à ce que la nouvelle génération de la Matrix aligne des versions plus musclées et une apparence plus dynamique, comme en font foi les contours plus prononcés (plus masculins, diront certains) de sa carrosserie cinq portes.

En fait, contrairement à la génération précédente, qui ressemblait à un soufflé, la Matrix n'a nul besoin de recourir à des appendices aérodynamiques pour afficher un physique plus conquérant. Dans certaines circonstances seulement, aimerions-nous ajouter, car à la sortie d'un portique de lavage automatique avec notre véhicule d'essai, un jet d'eau a mis à mal (sans doute avec l'aide de la glace agglutinée dans le joint) deux des nombreuses agrafes chargées de maintenir en place le carénage inférieur arrière. Un incident fortuit qui, souhaitons-le, ne se généralisera pas. Voilà pour l'anecdote.

XRS, UNE VERSION COÛTEUSE

Toujours produite à Cambridge, en Ontario, sur la même chaîne d'assemblage que la nouvelle génération de Corolla, la Matrix est proposée en quatre versions : Base, AWD, XR et XRS. Cette dernière sera sans doute celle qui suscitera le plus la convoitise en raison de son plumage plus agressif, mais elle sera vraisemblablement aussi la moins diffusée en raison de son prix.

Cette Matrix 2009 a sensiblement les mêmes dimensions que sa devancière, mais a gagné de 100 à 240 kg selon les accessoires retenus. Cela ne profite pas directement aux occupants, mais à leurs bagages. L'endos de la banquette est tapissé d'une membrane de plastique analogue à celle qui recouvre l'aire de chargement. C'est propre, lavable, mais hélas sensible aux rayures. Alors, ne jetez pas votre vieille moquette aux ordures.

Refermons le hayon et dirigeons-nous vers les places avant, où nous attendent des baquets non seulement plus confortables, mais aussi mieux ancrés au plancher. Ce faisant, Toyota résout un grand problème (le mien en tout cas) à bord de la Matrix : la sensation d'être assis sur une chaise haute. Ce n'est plus du tout le cas, même si la position face à la route demeure ici plus dominante qu'à bord de la Corolla. Le conducteur dispose d'un baquet équipé d'une multitude de réglages et d'une colonne de direction inclinable et télescopique. Mais peu importe les réglages adoptés, une partie du bloc d'instrumentation demeurera toujours partiellement masqué par la jante du volant à trois branches. Dommage !

AH, LA XRS

De toutes les versions, la XRS est de loin la plus performante. Elle n'est cependant pas aussi véloce que la XRS d'autrefois. L'explication réside dans le poids (environ 200 kg de plus), le nombre de rapports (cinq au lieu de six) et la quantité de chevaux (158 par rapport à 180).

En revanche, le bloc de 2,4 litres a un avantage: son couple. Plus généreux et surtout plus linéaire que le 1,8 litre, ce 2,4 litres permet, selon nos mesures, de réaliser de meilleures reprises et surtout de se révéler plus agréable au quotidien. En effet, nul besoin de le faire hurler jusqu'à la zone rouge du compte-tours. Quant à la boîte à cinq rapports, elle est agréable à défaut d'être très rapide.

Bien campée sur d'énormes roues de 18 pouces (attention, les pneus d'hiver vont vous coûter la peau des fesses !), la Matrix vire relativement plat et possède un comportement routier très prévisible, ou, si vous préférez, sans surprise. Moins sous-vireuse (quand le train avant a tendance à tirer tout droit dans une courbe) que sa devancière et surtout plus tenace, la Matrix permet de s'amuser au volant, mais gare aux nids-de-poule.

Asséchée par sa monte pneumatique, la suspension trépide (et cogne parfois) sur des revêtements abîmés. Les distances de freinage obtenues avec le modèle essayé étaient remarquablement courtes. Par ailleurs, cette Toyota compte sur l'assistance d'une direction encore un brin trop légère pour une conduite sportive, mais reconnaissons tout de même qu'elle est correctement dosée et précise.

Ses dimensions compactes la prédisposent à une certaine agilité, mais sa généreuse monte pneumatique handicape son rayon de braquage et nous prive du bonheur de la glisser aisément dans un espace de stationnement restreint.

Trait d'union entre la Corolla et la RAV4, la Matrix sert très bien les intérêts d'une clientèle qui en a assez des utilitaires, mais qui ne veut pas non plus reprendre le volant d'une berline traditionnelle. Attention cependant aux groupes d'options très coûteux et aux portiques de lave-auto... **■ ÉRIC LEFRANÇOIS**

*Avec ses baquets confortables et mieux ancrés au plancher,
la Matrix supprime la sensation d'être assis sur une chaise haute*

DIMENSIONS ET VOLUMES

Empattement (mm)	2600
Longueur (mm)	4365
Largeur (mm)	1765
Hauteur (mm)	1560
Volume intérieur (L)	3228, 3143 (XRS)
Volume du coffre (min./max.) (L)	561 / 1398
Capacité du réservoir de carburant (L)	50
Fourchette de poids (kg)	1290 - 1485

CHÂSSIS

Mode	traction - intégral
Suspension av. - arr.	indépendante - semi-indépendante
Freins av. - arr.	disques
Capacité de remorquage min. - max. (kg)	680
Direction - diamètre de braquage (m)	crémaillère - 10,9 / 11,6 (XRS)
Pneus	205/55R16, 215/45R18 (XRS)

PERFORMANCES

Modèle à l'essai	Matrix XRS
Moteur	L4 DACT 2,4 litres
Puissance (ch. à tr/min)	158 - 6000
Couple (lb-pi à tr/min)	162 - 4000
Transmission	manuelle 5 rapports
Autres transmissions	automatique 5 rapports
Accélération 0-100 km/h (sec.)	8,41
Reprises 80-115 km/h (sec.)	5,78
Distance de freinage 100-0 km/h (m)	41,8
Niveau sonore à 100 km/h	✗ ✗
Vitesse maximale (km/h)	220 km/h
Consommation réalisée au cours de l'essai (L/100 km)	10
Gaz à effet de serre	
Autres moteurs	L4 1,8 litre (132 ch.)

CE QU'IL FAUT SAVOIR

Fourchette de prix ($)	**15 705 - 25 220**
Marge de profit du concessionnaire (%)	6 à 8,27
Transport et préparation ($)	1140
Consommation ville - route (L/100 km)	9 - 7,4 (1,8 l) 11,2 - 8,1 (2,4 l)
Essence recommandée	ordinaire
Versions offertes	Base, XR, XRS, TI
Carrosserie	multisegment 5 portes
Lieu d'assemblage	Canada
Valeur résiduelle	✱ ✱ ✱ ✱
Garanties : de base - motopropulseur (an/km)	3/60 000 - 5/100 000
Fiabilité présumée	✱ ✱ ✱ ✱
Cycle de remplacement	inconnu
Ventes 2007 ↘ 11 %	Québec : 6545
Protection collision frontale conducteur/passager latérale avant/arrière retournement 2rm/4rm	✱ ✱ ✱ ✱ ✱ / ✱ ✱ ✱ ✱ ✱ ✱ ✱ ✱ ✱ ✱ / ✱ ✱ ✱ ✱ ✱ ✱ ✱ ✱ / ✱ ✱ ✱ ✱

À RETENIR

Nouveautés 2009	**nouveau modèle**
Concurrentes	**Dodge Caliber, Jeep Compass, Pontiac Vibe, Suzuki SX4, VW Jetta familiale**

- La position de conduite
- La polyvalence de la carrosserie
- Le comportement plus dynamique

- La faible résistance des plastiques
- La légèreté de la direction et le diamètre de braquage (XRS)
- L'absence d'une boîte à six rapports

UNE HYBRIDE À MATURITÉ

I l y a dix ans, qui aurait parié que plus d'un million d'unités de la Prius, berline hybride alliant énergies thermique et électrique, sillonneraient les routes de la planète en 2008 ? Pis encore, que l'offre actuelle ne suffirait toujours pas à la demande. Tenez, en Californie par exemple, il s'est vendu en 2007 plus de Prius que de Chevrolet, Pontiac et Buick réunis.

TOYOTA
PRIUS

Sans promettre une Prius pour tous, Toyota entend faire le nécessaire pour réduire le temps d'attente avec, le printemps prochain, la présentation de la troisième génération, qui pourra désormais compter sur une usine d'assemblage aux États-Unis.

À bord, on apprécie l'habitabilité, la clarté, le silence, le confort général et sa plus grande polyvalence. Dans ce domaine, la Prius a fait un prodigieux bond en avant. Le hayon s'ouvre sur une aire de chargement facile d'accès et modulable, contrairement à la mouture précédente, où le dossier de la banquette refusait de s'effacer.

L'écran tactile posé au centre du tableau de bord demeure fidèle au poste et permet non seulement de surveiller le sens de la circulation des énergies, mais aussi, entre autres, de syntoniser une nouvelle chaîne radio, de régler la soufflerie du ventilateur ou de pouvoir lire les informations dans la langue de son choix (étonnamment, toutes les interfaces n'ont pas été traduites). C'est moderne, d'accord, mais pas plus ergonomique qu'il faut, dans la mesure où l'écran couleur est parfois difficile à consulter quand Galarneau brille et que cette disposition n'est pas courante, hormis pour les propriétaires d'une BMW de Série 7.

SILENCE, ON ROULE

Même la procédure de départ a été revue. Le geste devient machinal, mais provoque toujours le même étonnement chez les passagers d'un jour. On insère la clef (ou plutôt une forme de télécommande) dans une fente, on appuie sur le frein et on pousse le bouton *Power*. L'écran de bord s'allume. Pas un bruit, pas une vibration. Le pied sur le frein toujours, on manipule l'élégant petit *joystick* à droite du volant pour sélectionner le rapport désiré. Grâce à son

moteur électrique, la Prius démarre en silence, en douceur et sans pollution. Quelques dizaines de mètres plus loin, autour de 30 km/h, le moteur thermique de 1,5 litre prend le relais et la Prius s'apparente alors davantage à une automobile traditionnelle.

La souplesse de la suspension rend la Prius confortable, mais son châssis demeure toujours perfectible. La prise de roulis reste toujours relativement importante. La direction est assez précise (et son court rayon de braquage permet de la garer facilement), mais elle est encore beaucoup trop directe, ce qui nuit à la stabilité. La tenue de cap est toujours aussi aléatoire et le vent qui souffle sur ses flancs oblige le conducteur à multiplier les corrections du volant. Pas toujours de tout repos. La légèreté du train avant pose aussi un problème et peine à communiquer les informations nécessaires pour permettre au conducteur de ressentir les limites de son véhicule et les rapports qu'il entretient avec la chaussée. La Prius accepte un rythme relativement soutenu (sa vitesse de pointe est limitée à 175 km/h) avant de glisser du nez ou de balancer un peu trop les fesses. Somme toute, le comportement routier s'avère honnête, sans plus. Entendez par là qu'on peut vivre aisément avec lui. On est loin encore des meilleures berlines intermédiaires, mais le comportement est acceptable.

Le principal attrait de la Prius réside dans la faible consommation annoncée. À ce sujet, nos mesures sont à la fois décevantes et trompeuses. En effet, la gourmandise de cette Toyota varie selon la charge des batteries. Ainsi, Toyota a pour principe de maintenir les batteries au moins à 50 % de leur potentiel. Conséquence : le moteur à essence doit parfois tourner alors qu'il pourrait se reposer. À l'inverse, quand les batteries sont chargées, le quatre cylindres se tait à l'arrêt de la voiture et le moteur électrique fonctionne seul dans certaines situations (descente, démarrage au feu de circulation). Plus encore, quand une vague de froid balaie le Québec, comme cela a été le cas l'hiver dernier, le moteur à essence intervient en permanence.

Si vous êtes sur le point d'en acheter une, il faut savoir compter : combien de mois seront-ils nécessaires pour rentabiliser votre achat ? Une petite règle de trois vous permettra de faire un choix plus éclairé. Et si la question de l'empreinte écologique du véhicule vous préoccupe, ne soyez pas trop dupe : plusieurs lobbys américains travaillent d'arrache-pied pour ralentir le constructeur nippon. ▪

BRUNO LABRIE

Le principal attrait de la Prius réside dans la faible consommation annoncée, mais sa gourmandise varie selon la charge des batteries

DIMENSIONS ET VOLUMES

Empattement (mm)	2700
Longueur (mm)	4445
Largeur (mm)	1725
Hauteur (mm)	1475
Volume intérieur (L)	2724
Volume du coffre (min./max.) (L)	456
Capacité du réservoir de carburant (L)	45
Fourchette de poids (kg)	1335

CHÂSSIS

Mode	traction
Suspension av. – arr.	indépendante
Freins av. – arr.	disques
Capacité de remorquage min. – max. (kg)	non recommandé
Direction – diamètre de braquage (m)	crémaillère – 10,4
Pneus	185/65R15

PERFORMANCES

Modèle à l'essai	Prius Premium
Moteur	L4 DACT 1,5 litre (+ moteur électrique)
Puissance (ch. à tr/min)	76 – 5000 (essence)
	67 – 1250 (électrique)
Couple (lb-pi à tr/min)	82 – 4200
Transmission	automatique à variation continue (CVT)
Autres transmissions	aucune
Accélération 0-100 km/h (sec.)	11,36
Reprises 80-115 km/h (sec.)	7,92
Distance de freinage 100-0 km/h (m)	43,5
Niveau sonore à 100 km/h	✗ ✗ ✗
Vitesse maximale (km/h)	175
Consommation réalisée au cours de l'essai (L/100 km)	5,2
Gaz à effet de serre	
Autres moteurs	

CE QU'IL FAUT SAVOIR

Fourchette de prix ($)	**27 600 (2008)**
Marge de profit du concessionnaire (%)	6,48
Transport et préparation ($)	1240
Consommation ville - route (L/100 km)	**5 – 5,5**
Essence recommandée	ordinaire
Versions offertes	Base, Premium, Navigation
Carrosserie	hayon 5 portes
Lieu d'assemblage	Japon
Valeur résiduelle	✱ ✱ ✱ ✱ ✱
Garanties : de base - motopropulseur (an/km)	3/60 000 - 5/100 000
Fiabilité présumée	✱ ✱ ✱ ✱ ⅃
Cycle de remplacement	2010
Ventes 2007 ↘ 10 %	Québec : 341
Protection collision	
frontale conducteur/passager	✱ ✱ ✱ ✱ / ✱ ✱ ✱ ✱
latérale avant/arrière	✱ ✱ ✱ ✱ ✱ / ✱ ✱ ✱ ✱
retournement 2rm/4rm	✱ ✱ ✱ ✱ / n.a.

À RETENIR

Nouveautés 2009	**aucun changement majeur**
Principales concurrentes	**Honda Civic Hybride, Camry Hybride, Nissan Altima Hybride, Volkswagen Jetta BlueMotion**

- Bon rendement énergétique
- Qualité de la finition intérieure et extérieure
- Insonorisation

- Direction moins précise lors des rafales (vents latéraux)
- Liste d'attente
- Prix élevé

Malgré les contre-indications, les plasticiens de Toyota ont fait quelques injections de botox au RAV4 2009. Résultat, la calandre, les pare-chocs, les phares et les feux arrière ont été rajeunis et le RAV4 est plus fringant que jamais.

TOYOTA
RAV4

Par contre, comme la plupart des multisegments compacts, la dernière mouture n'a pas échappé à la nouvelle tendance de prendre du poids. À l'instar des Honda CRV et Mitsubishi Outlander, le RAV4 a grossi. Ce qui est encore plus surprenant, c'est que le RAV4 n'a pas singé ses rivaux en épousant des dimensions accrues, puisque c'est lui-même, en 2006, qui a donné le ton en proposant une troisième rangée de sièges. Il n'en reste pas moins que cette tendance est généralisée chez les constructeurs et que tout le monde sera perdant en fin de compte. En effet, qui dit plus gros dit automatiquement plus de puissance et augmentation de la consommation pour faire le même travail, sans oublier la hausse des coûts de fabrication qui se répercutent directement sur la facture au consommateur. D'un multisegment compact, le RAV4 est devenu sans trop qu'on sache pourquoi un multisegment de taille presque intermédiaire. Était-ce vraiment nécessaire ? L'avenir nous le dira, surtout que la concurrence a dévoilé des véhicules plus légers et moins énergivores, le Nissan Rogue par exemple.

UN NOUVEAU QUATRE CYLINDRES
Cette année, le vaillant moteur à quatre cylindres de 2,4 litres quitte les entrailles du RAV4 pour être remplacé par une nouvelle cylindrée de 2,5 litres. Ce nouveau quatre cylindres développe une puissance de 179 chevaux et un couple de 172 livres-pieds. Ce qui représente une augmentation de 13 chevaux. Qui plus est, l'augmentation du couple devrait permettre au RAV4 de mieux tirer son épingle du jeu en terrain accidenté. Par ailleurs, il est étonnant de constater que même si la transmission a été remodelée et modernisée, elle conserve néanmoins ses quatre rapports. Un nombre archaïque en 2009, surtout que son principal rival, le Honda CR-V, propose une boîte automatique à cinq rapports. Dans les faits, Toyota réserve sa boîte automatique à cinq rapports au RAV4 à moteur V6. Une décision fort discutable compte tenu de la guerre à la consommation que se livrent les constructeurs.

Si vous recherchez le multisegment compact le plus puissant de la catégorie, vous êtes à la bonne enseigne. Le RAV4 V6 (on pourrait l'appeler le RAV6 !) est capable de boucler le 0 à 100 km/h en 7 secondes et des poussières. Tout un exploit, alors que le seul véhicule capable de le suivre est le Chevrolet Equinox SS. Quoique le VW Tiguan et le Mazda CX-7 ne sont pas piqués des vers non plus. Développant 269 chevaux et un couple de 246 livres-pieds, la capacité de remorquage du RAV4 V6 est de 1587 kg.

UNE PANOPLIE D'AIDES À LA CONDUITE
Comme le dicte la tendance actuelle, le RAV4 n'échappe pas à l'ajout de technologies d'aide à la conduite. Commençons par le système à traction intégrale avec le contrôle actif du couple où un dispositif, selon les conditions de la route, répartit la puissance entre les différentiels avant et arrière. Pour obtenir des freinages plus efficaces, et une meilleure maîtrise du véhicule, Toyota a intégré sur toutes les versions, les freins ABS, le contrôle de stabilité et le régulateur de traction. De plus, les modèles V6 bénéficient d'un dispositif d'assistance au démarrage en pente et d'assistance à la descente. À des vitesses entre 5 et 25 km/h, il suffit d'activer les mécanismes pour qu'une série de capteurs surveillent la vitesse des roues et fassent les ajustements nécessaires.

À l'intérieur, la présentation est moderne autant dans la disposition de l'instrumentation que dans les matériaux utilisés. Chez Toyota, le confort est une norme à laquelle le RAV4 n'échappe pas. Un seul bémol, l'option de la troisième rangée de sièges. Une fois que vous aurez essayé d'y accéder (si vous y arrivez !), votre première question sera de savoir qui voudra éventuellement s'y asseoir. En tout cas sûrement pas un adulte, peut-être un enfant ? Étant donné que cette troisième banquette peut se ranger dans le plancher et ainsi occuper de l'espace de chargement utile, on peut se questionner sur les motivations de Toyota. Sans la troisième banquette, l'espace cargo est tout à fait approprié à la catégorie.

En conclusion, la qualité est toujours au rendez-vous. Il reste juste à espérer que le nouveau quatre cylindres de 2,5 litres sera aussi fiable que le défunt moteur de 2,4 litres. **JEAN CHARTRAND**

*Au choix : l'économie relative d'un quatre cylindres
ou le plaisir de conduire un multisegment compact V6 ?*

DIMENSIONS ET VOLUMES

Empattement (mm)	2660
Longueur (mm)	4600
Largeur (mm)	1815 (L4) - 1855 (V6)
Hauteur (mm)	1745
Volume intérieur (L)	3064
Volume du coffre (min./max.) (L)	1015 / 2074
Capacité du réservoir de carburant (L)	60
Fourchette de poids (kg)	1562 - 1668

CHÂSSIS

Mode	intégral
Suspension av. - arr.	indépendante
Freins av. - arr.	disques
Capacité de remorquage min. - max. (kg)	680 (L4) - 1587 (V6)
Direction - diamètre de braquage (m)	crémaillère - 11,4 (L4) / 12 (V6)
Pneus	225/65R17, 235/55R18 (Sport)

PERFORMANCES

Modèle à l'essai	RAV4 Sport
Moteur	V6 DACT 3,5 litres
Puissance (ch. à tr/min)	269 - 6200
Couple (lb-pi à tr/min)	246 - 4700
Transmission	automatique 5 rapports
Autres transmissions	automatique 4 rapports (L4)
Accélération 0-100 km/h (sec.)	6,83
Reprises 80-115 km/h (sec.)	4,32
Distance de freinage 100-0 km/h (m)	41,6
Niveau sonore à 100 km/h	✖ ✖ ✖
Vitesse maximale (km/h)	200 (V6), 180 (L4)
Consommation réalisée au cours de l'essai (L/100 km)	10,8
Gaz à effet de serre	
Autres moteurs	L4 2,5 litres (179 ch.)

CE QU'IL FAUT SAVOIR

Fourchette de prix ($)	**26 050 – 32 400 (2008)**
Marge de profit du concessionnaire (%)	8,09 – 8,20
Transport et préparation ($)	1390
Consommation ville - route (L/100 km)	**11 – 8,8 (2,4 l)** **12,5 – 9,2 (3,5 l)**
Essence recommandée	ordinaire
Versions offertes	Base, Sport, Limited
Carrosserie	multisegment 5 portes
Lieu d'assemblage	Canada
Valeur résiduelle	✭ ✭ ✭ ✭ ✭
Garanties : de base - motopropulseur (an/km)	3/60 000 - 5/100 0000
Fiabilité présumée	✭ ✭ ✭ ✭
Cycle de remplacement	2012
Ventes 2007 ↗ 1 %	Québec : 2523
Protection collision frontale conducteur/passager latérale avant/arrière retournement 2rm/4rm	 ✭ ✭ ✭ ✭ / ✭ ✭ ✭ ✭ ✭ ✭ ✭ ✭ / ✭ ✭ ✭ ✭ ✭ ✭ ✭ ✭ / ✭ ✭ ✭ ✭

À RETENIR

Nouveautés 2009	retouches aux parties avant et arrière, moteur 2,5 litres remplace 2,4 litres, groupe Sport offert avec modèle V6
Principales concurrentes	Honda CR-V, Mazda CX-7, Mitsubishi Outlander, Nissan Rogue, Saturn Vue, Subaru Forester, VW Tiguan

- Silhouette réussie
- Véhicule économique à la pompe (L4)
- Nombreux systèmes d'aide à la conduite de série

- La futilité de la 3ᵉ banquette
- La consommation du V6
- L'absence d'une boîte manuelle

À LA CONQUÊTE DES AMÉRICAINS

Avec la crise pétrolière qui ne fait que commencer, il sera intéressant de suivre au cours des prochains mois la réaction des consommateurs et celle des constructeurs américains de camionnettes et de VUS pleine grandeur. Sans vouloir répandre la mauvaise nouvelle, il faut comprendre que certaines usines de GM, Ford et Chrysler vivent dans l'incertitude qu'amène la flambée des prix du carburant. Qui plus est, la percée, quoique minime, des constructeurs japonais dans ces segments est plutôt inquiétante pour les travailleurs du *Big Three*.

TOYOTA

TOYOTA
SEQUOIA

Même si la catégorie des VUS pleine grandeur n'est pas aussi lucrative que celle des grosses camionnettes, elle demeure l'un des derniers terrains de chasse des constructeurs américains. Si les ventes de Toyota Sequoia (et Nissan Armada) représentent à peine 3 % du marché, il est encore trop tôt pour sonner le clairon. L'an dernier, Toyota a pris le taureau par les cornes en concoctant un tout nouveau VUS pleine grandeur. Élaboré à partir de la plateforme de la camionnette Tundra, le Sequoia s'éloigne de la génération précédente en adoptant une tenue de combat qui lui permettra de lutter à armes égales avec les GMC Yukon et Ford Expedition. Mieux achevé que le Nissan Armada, le surplus de poids et de puissance du Sequoia, combiné à une excellente finition, fera taire ses dénigreurs qui lui reprochaient de ne pas être à la hauteur des « tracteurs » américains. En faisant grimper la balance à plus de 2685 kg, le Sequoia devient le plus lourd VUS de sa catégorie.

LE CŒUR DE LA BÊTE

Si on fait exception de son gabarit d'hibagon japonais, le V8 de 5,7 litres est le plat de résistance de cette bête à quatre roues. Fort d'une puissance de 381 chevaux et d'un couple de 401 livres-pieds, cette motorisation est capable de remorquer une charge de 4125 kg. Ce qui dépasse la force brute des Dodge Durango (3969 kg), GMC Yukon (3765 kg), Ford Expedition (4082 kg) et Nissan Armada (4082 kg) à quatre roues motrices. Quant au V8 de 4,7 litres, la capacité de tirer des 276 chevaux est de 3400 kg. Moins impressionnant, dites-vous ? Mais, le V8 de 4,7 litres équipant la version SR5 permet d'économiser à l'achat 10 000 $ par rapport à une version Limited équipée du gros V8 de 5,7 litres. Par contre, il est vrai que le

moteur de 4,7 litres consommera un peu plus d'essence. Toutefois, avant de dépenser 10 000 $ de plus en carburant, au prix d'aujourd'hui, vous devrez rouler plus de 750 000 km. Alors, toujours aussi déçu ?

Parmi les autres améliorations mécaniques, mentionnons que le V8 de 5,7 litres est couplé à une boîte automatique à six rapports équipée d'un refroidisseur d'huile. Comme les modèles américains, et la camionnette Tundra, la transmission est équipée d'un mode remorquage qui étire les changements de rapport afin d'améliorer le couple et les accélérations au départ et dans les montées. Quant au V8 de 4,7 litres, il est jumelé à une boîte à cinq rapports pourvue également d'un refroidisseur de transmission.

LES BRAS D'UN ORANG-OUTAN

Dans la même lignée que le Tundra, le tableau de bord du Sequoia est bien aménagé. Rien ne louche, sauf certaines commandes, dont celles de l'audio et du système GPS. Ainsi, à moins d'avoir le physique d'un Michael Phelps ou de se faire greffer les bras d'un orang-outan, il faudra étirer le bout des doigts pour espérer atteindre les boutons de la radio ! Pour y remédier, les commandes intégrées au volant sont essentielles, quoiqu'elles soient absentes de la version SR5. Malgré le manque de boiserie dans l'habitacle, la finition et la texture des matériaux sont dignes d'un palais japonais. Par ailleurs, il est possible de contrôler séparément la température aux trois rangées de sièges. Parmi les astuces, mentionnons que la deuxième rangée est coulissante et permet d'augmenter l'espace pour les jambes des passagers de la troisième.

La position de conduite est irréprochable, ce qui contraste avec certains véhicules signés Toyota. Par ailleurs, le confort des suspensions et la douceur de roulement sont exceptionnels pour un véhicule dont les réglages sont axés en fonction du remorquage. Par contre, le véhicule souffre de roulis, alors que la direction est floue et manque de précision. Néanmoins, le Sequoia est plus agréable à conduire que la camionnette Tundra et son court diamètre de braquage le rend plus facile à manœuvrer en ville.

Aussi impressionnant soit-il, le Sequoia arrive à un mauvais moment et il devra faire preuve de persévérance pour espérer convaincre la clientèle des VUS américains. Quant à son avenir, Toyota croit que l'acheteur de Sequoia se préoccupe peu du prix de l'essence, puisqu'il s'agit d'un consommateur qui a des besoins spécifiques à combler. ▊
JEAN-FRANÇOIS GUAY

Le Sequoia arrive à un mauvais moment et il devra faire preuve de persévérance pour espérer convaincre la clientèle des VUS américains

DIMENSIONS ET VOLUMES

Empattement (mm)	3099
Longueur (mm)	5210
Largeur (mm)	2030
Hauteur (mm)	1920
Volume intérieur (L)	n.d.
Volume du coffre (min./max.) (L)	535 / 3418
Capacité du réservoir de carburant (L)	100
Fourchette de poids (kg)	2685 - 2721

CHÂSSIS

Mode	intégrale
Suspension av. - arr.	indépendante
Freins av. - arr.	disques
Capacité de remorquage min. - max. (kg)	3400 - 4125
Direction - diamètre de braquage (m)	crémaillère - 12,5
Pneus	275/65R18, 275/55R20

PERFORMANCES

Modèle à l'essai	Sequoia Limited
Moteur	V8 DACT 5,7 litres
Puissance (ch. à tr/min)	381 - 5600
Couple (lb-pi à tr/min)	401 - 3600
Transmission	automatique 6 rapports
Autres transmissions	automatique 5 rapports (4,7 l)
Accélération 0-100 km/h (sec.)	7,54
Reprises 80-115 km/h (sec.)	4,98
Distance de freinage 100-0 km/h (m)	43,8
Niveau sonore à 100 km/h	✖ ✖ ✖ ✎
Vitesse maximale (km/h)	190
Consommation réalisée au cours de l'essai (L/100 km)	16
Gaz à effet de serre	
Autres moteurs	V8 4,7 litres (276 ch.)

CE QU'IL FAUT SAVOIR

Fourchette de prix ($)	**44 675 - 59 900 (2008)**
Marge de profit du concessionnaire (%)	11,23 à 11,72
Transport et préparation ($)	1390
Consommation ville - route (L/100 km)	**18,2 - 14,7 (4,7 l)** **18,5 - 13,2 (5,7 l)**
Essence recommandée	ordinaire
Versions offertes	SR5, Limited, Platinum
Carrosserie	utilitaire 5 portes
Lieu d'assemblage	États-Unis
Valeur résiduelle	✱ ✱ ✱
Garanties : de base - motopropulseur (an/km)	3/60 000 - 5/100 000
Fiabilité présumée	✱ ✱ ✱ ✱ ✰
Cycle de remplacement	inconnu
Ventes 2007 ↘ 63 %	Québec : 8
Protection collision frontale conducteur/passager latérale avant/arrière retournement 2rm/4rm	✱ ✱ ✱ ✱ ✱ / ✱ ✱ ✱ ✱ non évaluée n.a. / ✱ ✱ ✱ ✱

À RETENIR

Nouveautés 2009	version « Rock Warrior »
Principales concurrentes	Chevrolet Tahoe, Ford Expedition, GMC Yukon, Nissan Armada

- Son confort et son silence de roulement à la Lexus
- Sa force de remorquage
- Son espace de chargement

- Sa consommation gargantuesque
- Son format encombrant en ville
- La différence de prix entre le 4,7 et le 5,7 litres

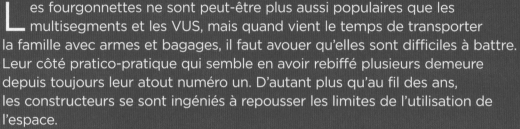

POUR LE BIEN-ÊTRE DE LA FAMILLE

Les fourgonnettes ne sont peut-être plus aussi populaires que les multisegments et les VUS, mais quand vient le temps de transporter la famille avec armes et bagages, il faut avouer qu'elles sont difficiles à battre. Leur côté pratico-pratique qui semble en avoir rebiffé plusieurs demeure depuis toujours leur atout numéro un. D'autant plus qu'au fil des ans, les constructeurs se sont ingéniés à repousser les limites de l'utilisation de l'espace.

À la défense de leurs détracteurs, c'est certain que les lignes extérieures de ces véhicules ne sont pas des plus séduisantes. C'est le cas de la Sienna, dont Toyota a peu changé l'apparence extérieure depuis sa dernière refonte en 2004. Mais passons outre ces considérations qui au fond n'ont plus aucune importance quand on se retrouve confortablement assis à l'intérieur avec sa petite famille.

FOURGONNETTE À ROUAGE INTÉGRAL

Pour 2009, la Sienna est offerte en trois versions : la CE de base, la LE un peu mieux équipée, et la Limited, qui possède à peu près tout le catalogue d'options en équipement de série. Fait à souligner, la Sienna est la seule fourgonnette sur le marché à offrir un rouage intégral (optionnel) sur tous les modèles. Autre fait important à noter, toutes les versions sont proposées avec des configurations à sept ou huit passagers.

Comme l'an dernier, c'est le V6 de 3,5 litres que l'on retrouve sous le capot. Développant une puissance de 266 chevaux et un couple de 245 livres-pieds, il donne beaucoup de pep à cette fourgonnette dont l'apparence est plutôt paresseuse, voire un peu trop sage. La puissance est transmise aux roues motrices via une boîte automatique à cinq rapports. La cavalerie est toujours au rendez-vous pour les reprises d'accélération et les longues montées des routes de Charlevoix ou d'ailleurs, avec toute la marmaille et leurs bagages à bord.

Par ailleurs, le remorquage d'un bateau de pêche ou d'une tente-roulotte ne pose pas de problème, puisque sa capacité de tirer se situe à 1587 kg. En passant, la boîte de vitesses est munie en équipement de série d'un refroidisseur d'huile à transmission. Côté consommation, il est évident que celle des modèles à rouage intégral sera plus importante à cause du mécanisme et du poids supplémentaire. Toutefois, le facteur le plus important pour réduire la consommation demeure sans contredit vos habitudes et votre style de conduite. Sans oublier le poids que vous transporterez dans le véhicule.

HABITACLE SIMPLE MAIS CONFORTABLE

Une fois à l'intérieur, ce qui frappe en tout premier lieu, c'est la position du levier de vitesses dans la partie centrale du tableau de bord. En plus d'être esthétique, cette position inusitée est fonctionnelle et libère beaucoup d'espace au plancher entre le conducteur et le passager. Le siège du conducteur s'ajuste facilement et permet de disposer d'un confort tout à fait acceptable et d'une position de conduite agréable (ce qui contraste avec certains produits Toyota, comme l'ancienne génération de Matrix). Un autre élément à considérer dans la conduite de la Sienna est la visibilité vers l'extérieur. Cette dernière est rassurante pour manœuvrer un véhicule de cette taille. Raffinement oblige, vous aurez droit dans la version haut de gamme Limited à un régulateur de vitesse dynamique au laser, à un système intuitif d'aide au stationnement et aux rétroviseurs repliables à commande assistée reliée aux réglages mémorisés du siège avant. Terminées les chicanes de ménage quand vous reprenez le véhicule des mains de votre conjoint ou conjointe !

Il faut débarquer d'un multisegment et prendre place dans une fourgonnette pour constater que cette dernière offre de l'espace pour tout le monde et leurs bagages ! Les sièges arrière peuvent se rabattre, se replier, coulisser ou s'enlever complètement selon les besoins. Le hayon arrière de grande taille, il faut le dire, est muni d'une commande assistée avec une fonction de fermeture et de verrouillage automatique. Donc, pas besoin d'être aussi grand que le géant Beaupré pour manipuler le hayon !

Côté sécurité, tous les dispositifs modernes de contrôle de stabilité ou de régulateur de la traction sont montés de série dans tous les modèles, et ce, peu importe le mode de la traction. Le freinage n'est pas en reste, on retrouve des freins antiblocage avec assistance au freinage ainsi qu'un répartiteur de force de freinage assurant des distances de freinage dans la bonne moyenne de la catégorie. Ce système analyse la vitesse, l'adhérence des pneus, la charge du véhicule de même que la pression appliquée sur la pédale de frein par le conducteur. Pas mal sophistiquée pour une fourgonnette !

Si vous réussissez à oublier son apparence et l'ennui qu'on ressent derrière son volant, la Sienna représente un bon achat pour la famille. C'est aussi la plus silencieuse que nous ayons conduite dans la catégorie. Ce qui sera parfait pour le dodo des enfants durant les longs trajets... ▌▌▌ **JEAN CHARTRAND**

TOYOTA SIENNA

DIMENSIONS ET VOLUMES

Empattement (mm)	3030
Longueur (mm)	5105
Largeur (mm)	1965
Hauteur (mm)	1750
Volume intérieur (L)	5023
Volume du coffre (min./max.) (L)	1234 / 4213
Capacité du réservoir de carburant (L)	79
Fourchette de poids (kg)	1895 - 2030

CHÂSSIS

Mode	traction, intégral
Suspension av. - arr.	indépendante
Freins av. - arr.	disques
Capacité de remorquage min. - max. (kg)	1587
Direction - diamètre de braquage (m)	crémaillère - 11,2
Pneus	215/65R16, 225/60R17 (4rm)

PERFORMANCES

Modèle à l'essai	Sienna CE
Moteur	V6 DACT 3,5 litres
Puissance (ch. à tr/min)	266 - 6200
Couple (lb-pi à tr/min)	245 - 4700
Transmission	automatique 5 rapports
Autres transmissions	aucune
Accélération 0-100 km/h (sec.)	9,38
Reprises 80-115 km/h (sec.)	7,15
Distance de freinage 100-0 km/h (m)	43,8
Niveau sonore à 100 km/h	✖ ✖ ✖
Vitesse maximale (km/h)	180
Consommation réalisée au cours de l'essai (L/100 km)	12
Gaz à effet de serre	
Autres moteurs	aucun

CE QU'IL FAUT SAVOIR

Fourchette de prix ($)	**28 990 - 47 770**
Marge de profit du concessionnaire (%)	8,03 à 8,24
Transport et préparation ($)	1390
Consommation ville - route (L/100 km	14 - 10 (2rm) 15 - 11 (4rm)
Essence recommandée	ordinaire
Versions offertes	CE, LE, XLE, CE TI, LE TI, Limited TI (7 ou 8 passagers)
Carrosserie	fourgonnette 5 portes
Lieu d'assemblage	États-Unis
Valeur résiduelle	✲ ✲ ✲ ✲
Garanties : de base - motopropulseur (an/km)	3/60 000 - 5/100 000
Fiabilité présumée	✲ ✲ ✲ ✲
Cycle de remplacement	2010
Ventes 2007 ↘ 10 %	Québec : 1591
Protection collision frontale conducteur/passager latérale avant/arrière retournement 2rm/4rm	✲ ✲ ✲ ✲ / ✲ ✲ ✲ ✲ ✲ ✲ ✲ ✲ ✲ ✲ / ✲ ✲ ✲ ✲ ✲ ✲ ✲ ✲ ✲ / ✲ ✲ ✲ ✲

À RETENIR

Nouveautés 2009	aucun changement majeur
Principales concurrentes	**Chevrolet Uplander, Dodge Grand Caravan, Honda Odyssey, Hyundai Entourage, Nissan Quest**

- Sa position de conduite et sa visibilité
- Son rouage intégral
- Son silence de roulement

- Sa silhouette sans passion
- Les couleurs tristes de son habitacle
- La consommation des modèles à rouage intégral

589

Même si les ventes de camionnettes ont connu un ralentissement en 2008, le Tacoma revient en force en 2009 en proposant de nouvelles versions, un équipement de série plus complet et une réduction de prix.

TOYOTA
TACOMA

D'entrée de gamme, on retrouve la bonne vieille recette japonaise consistant à offrir un modèle à cabine allongée (Cabine Accès) à deux ou quatre roues motrices, dont le moteur à quatre cylindres peut être couplé à une boîte manuelle à cinq rapports. Quant à la boîte automatique à quatre rapports, elle est réservée au modèle à deux roues motrices. Pour expliquer la décision des ingénieurs, on comprendra qu'un Tacoma 4x4 (dont le poids frise les 1800 kg) qui serait propulsé par la combinaison « moteur quatre cylindres / transmission automatique » manquerait nécessairement de couple moteur en terrain accidenté.

Pour plus de pep sous le soulier, les Tacoma à cabine multiplace (Double Cab) et à cabine allongée (Cabine Accès), à deux ou quatre roues motrices, peuvent profiter d'un moteur V6 desservi par une boîte manuelle à six vitesses ou une boîte automatique à cinq rapports. Pour ce qui est de la version X-Runner, un modèle à deux roues motrices maquillé en 4x4 avec sa garde au sol élevée, il est de retour et son V6 ne peut être jumelé qu'à la boîte manuelle à six vitesses.

DES MOTEURS COSTAUDS

Les deux moteurs du Tacoma ont déjà fait leurs preuves. Qu'il s'agisse du quatre cylindres de 2,7 litres qui développe 159 chevaux et un couple de 180 livres-pieds, ou du robuste V6 de 4 litres avec ses 236 chevaux et son couple de 266 livres-pieds, ces motorisations sont fiables et capables de remorquer de lourdes charges. Certes, le V6 ne fait pas dans la dentelle, comme en fait foi sa capacité de remorquage de 2948 kg avec le groupe TRD qui comprend, notamment, un refroidisseur d'huile de transmission et un différentiel à glissement limité. Toutefois, il faut avouer que le quatre cylindres est encore plus impressionnant compte tenu de sa faible cylindrée en étant capable de tracter 1587 kg. Mais tout ça nous amène bien évidemment à nous demander si la consommation du quatre cylindres est beaucoup moindre que pour le V6 ? Pour déplacer la masse du Tacoma, il faut

comprendre que le 2,7 litres travaillera un peu plus fort que le 4 litres. Somme toute, nos tests concluent que le quatre cylindres consomme environ 1 litre de moins aux 100 km. Certes, la différence est minime ! Sauf que le prix de détail séparant les deux modèles, à équipement égal, frôle les 3000 $. D'où une économie appréciable si vous n'avez pas besoin de la puissance du V6.

UN ÉQUIPEMENT DE SÉRIE ÉTOFFÉ

À l'intérieur, le Tacoma reçoit des nouveaux accessoires de série tels que des coussins et des rideaux gonflables latéraux, des appuie-têtes actifs, des systèmes audio améliorés et modernisés avec lecteur MP3. Toujours dans le souci de la sécurité des occupants, on retrouve également de série un système de contrôle de stabilité du véhicule (VSC), un régulateur de traction (TRAC) sur les modèles 4x2, et un régulateur de traction actif sur les modèles 4x4. Étant à la base une propulsion, on comprendra que le Tacoma est par nature survireur et qu'il profitera pleinement de ces dispositifs, surtout en hiver ou lorsque la chaussée sera mouillée.

Les portières s'ouvrent sur un habitacle où tout est fonctionnel. La qualité des plastiques et des tissus fait honneur à Toyota. On n'a pas nécessairement l'impression qu'il s'agit d'une camionnette, mais plutôt d'un VUS de luxe tellement la finition est soignée. Car Toyota présente le Tacoma comme étant une camionnette pouvant accueillir confortablement quatre à cinq personnes. Disons que le modèle Accès Cabine est correct pour quatre : idéalement deux adultes et deux enfants. Quant à la configuration Double Cab, ce modèle est le choix tout désigné si vous voulez convertir votre camionnette en véhicule familial de tous les jours. Parmi les astuces, un truc intéressant est l'espace de rangement sous la banquette arrière.

À l'exception de la position de conduite qui est difficile à trouver, il est agréable de se retrouver au volant du Tacoma. Le champ de vision est sans reproche (sauf quand il s'agit de se stationner en parallèle) alors que le comportement routier s'apparente à celui du 4Runner. D'ailleurs, il est étonnant de constater que la tenue de cap est aussi stable avec un centre de gravité aussi élevé. Il faut dire que les nouvelles aides à la conduite y sont pour quelque chose. Par ailleurs, on vous déconseille fortement la version X-Runner qui n'est vraiment pas adaptée à nos conditions hivernales.

Le Tacoma pourrait devenir le choix privilégié des acheteurs qui veulent une camionnette pleine grandeur, mais qui craignent l'augmentation des coûts du carburant et qui n'ont peut-être pas besoin de tout l'espace et la capacité de remorquage d'une camionnette 3/4 de tonne.
JEAN CHARTRAND - JEAN-FRANÇOIS GUAY

L'avenir incertain des camionnettes pleine grandeur laisse présumer que les camionnettes intermédiaires, comme le Toyota Tacoma, sont là pour de bon

DIMENSIONS ET VOLUMES

Empattement (mm)	3246, 3570
Longueur (mm)	5286, 5621
Largeur (mm)	1835 (4X2), 1895 (4X4)
Hauteur (mm)	1670 (4x2), 1775 – 1781 (4X4)
Volume intérieur (L)	n.d.
Volume du coffre (min./max.) (L)	n.d.
Capacité du réservoir de carburant (L)	80
Fourchette de poids (kg)	2200 - 2472

CHÂSSIS

Mode	propulsion, 4 roues motrices
Suspension av. - arr.	indépendante – essieu rigide
Freins av. - arr.	disques
Capacité de remorquage min. - max. (kg)	1588 - 2948
Direction – diamètre de braquage (m)	crémaillère – 13,6 / 13,2 / 14,2
Pneus	215/70R15 (4X2), 245/75R16 (4X4)
	255/45R18 (X-Runner)

PERFORMANCES

Modèle à l'essai	Tacoma Cabine Accès (4X4)
Moteur	V6 DACT 4 litres
Puissance (ch. à tr/min)	236 - 5200
Couple (lb-pi à tr/min)	266 - 4000
Transmission	automatique 5 rapports
Autres transmissions	manuelle 5 rapports (L4)
	manuelle 6 rapports (V6)
Accélération 0-100 km/h (sec.)	9,92
Reprises 80-115 km/h (sec.)	non chronométrées
Distance de freinage 100-0 km/h (m)	40,1
Niveau sonore à 100 km/h	✕ ✕
Vitesse maximale (km/h)	175, 165 (L4)
Consommation réalisée au cours de l'essai (L/100 km)	13,7
Gaz à effet de serre	
Autres moteurs	L4 2,7 litres (159 ch.)

CE QU'IL FAUT SAVOIR

Fourchette de prix ($)	**20 215 – 31 470**
Marge de profit du concessionnaire (%)	8,07 à 9,05
Transport et préparation ($)	1390
Consommation ville - route (L/100 km)	12 – 9,5 (man. 2,7 l)
	12,7 – 9,6 (aut. 2,7 l)
	15,9 – 12,5 (man. 4 l)
	15 – 12 (aut. 4 l)
Essence recommandée	ordinaire
Versions offertes	Cabine Accès, X-Runner, Double Cab
Carrosserie	camionnette 4 portes
Lieu d'assemblage	États-Unis
Valeur résiduelle	✱ ✱ ✱ ✱ ✱
Garanties : de base - motopropulseur (an/km)	3/60 000 – 5/100 000
Fiabilité présumée	✱ ✱ ✱ ✱
Cycle de remplacement	2013
Ventes 2007 ↘ 6 %	Québec : 1278
Protection collision frontale conducteur/passager	✱ ✱ ✱ ✱ / ✱ ✱ ✱ ✱ ✱
latérale avant/arrière	non évaluée
retournement 2rm/4rm	✱ ✱ ✱ ✱ / ✱ ✱ ✱ ✱

À RETENIR

Nouveautés 2009	**banquette arrière redessinée (Cabine Accès), caméra de recul, rideaux gonflables de série**
Principales concurrentes	**Dodge Dakota, Honda Ridgeline, Nissan Frontier**

- Prix à la baisse
- Puissant moteur à 4 cylindres
- Fiabilité éprouvée

- Position de conduite difficile à trouver
- Banquette arrière du modèle Cabine Accès étriquée
- Consommation élevée

UNE SÉANCE DE GYM AVEC RÉSULTATS

TOYOTA

E n voyant débarquer la première camionnette grand format de Toyota en Amérique, il y a 16 ans, Ford, GM et Dodge ont mis peu de temps à comprendre que la nouvelle venue ne ferait pas fureur sur les chantiers de construction.

TOYOTA
TUNDRA

Battue, mais toujours aussi fière, la marque japonaise n'allait toutefois pas baisser les bras aussi facilement. L'an dernier, Toyota a proposé une nouvelle mouture dont le châssis, la benne et la motorisation débordent d'ambition. Ainsi, le nouveau Tundra accueillera sans broncher des blocs de béton, de la pierre en vrac, des madriers et des feuilles de gypse ou de contreplaqué. Dans le même esprit, les amateurs de sport, de chasse et de voyage pourront tirer profit de sa polyvalence, de sa robustesse et de son rouage à quatre roues motrices.

Avant de grimper à bord, il convient de rappeler les principes établis par le numéro un japonais. Premièrement, Toyota n'a manifestement pas l'intention de ratisser aussi large, au chapitre des modèles, que ses concurrents américains. Deuxièmement, Toyota dit toujours vouloir concentrer ses efforts dans le créneau des « demi-tonnes », quoique, si on se fie à ses capacités de charge et de remorquage, le Tundra pourrait être qualifié de « trois quarts de tonne ».

ON PASSE À LA CAISSE

L'achat d'un Tundra demeure toujours aussi simple. Les options sont groupées de façon claire. Ce qui représente un atout par rapport aux camionnettes américaines dont les multiples configurations de cabines, de rapports de pont, de choix de moteurs et de transmissions sont compliquées. Ainsi, le Tundra est offert en trois modèles de cabine (régulière, double et multiplace) avec bennes de 5,5, 6,5 ou 8,1 pieds. Selon la configuration retenue, le Tundra ouvre son capot à un moteur V8 de 4,7 litres ou de 5,7 litres. Par ailleurs, on s'explique mal que Toyota n'ait pas entamé cette année la distribution d'un Tundra à moteur V6. Proposée seulement aux États-Unis, cette cylindrée de 4 litres aurait permis d'abaisser le prix et la consommation.

Certes, la finition est soignée. Mais, la qualité des matériaux et de l'assemblage n'a rien d'exceptionnel. Les baquets sont convenablement sculptés et la position de conduite est facile à trouver grâce à une colonne de direction inclinable et télescopique. Quant au tableau de bord, son instrumentation est complète. Toutefois, les commandes de l'audio sont positionnées beaucoup trop loin. À moins d'avoir les bras d'un orang-outan, le conducteur devra se transformer en élastique pour les atteindre. On regrette également que la jante du volant masque plusieurs instruments, dont la jauge à essence. Mais peut-être est-ce voulu ?

La beauté (ou l'horreur, c'est selon) du merveilleux monde de la camionnette, c'est la possibilité d'en commander une sur mesure. Et c'est ce qui risque d'arriver, puisqu'avec la hausse des prix du carburant, il y a peu de chance que les concessionnaires en conservent une trâlée en stock. Cela dit, le Tundra de base fait appel à un V8 de 4,7 litres et 276 chevaux arrimé à une boîte semi-automatique à cinq rapports. Quant au V8 de 5,7 litres et 381 chevaux, il est couplé exclusivement à une transmission semi-automatique à six rapports. Cela dit, les V8 proposés par Toyota détonnent face aux mécaniques américaines. Aussi sophistiquée soit-elle, aucune ne propose un dispositif permettant la désactivation des cylindres pour minimiser la consommation de carburant. On s'étonne aussi, en ce début d'année 2009, de l'absence d'une mécanique turbodiésel ou d'une version hybride (mi-essence, mi-électrique). Un domaine où Toyota est pourtant devenu la référence mondiale des constructeurs.

ROBUSTE, MAIS ENCORE

Lorsque la chaussée de la route est déformée, la suspension se révèle sautillante et entraîne une perte de motricité quand la benne est vide. Par rapport à ses rivaux, Toyota ne maîtrise pas avec autant d'aplomb le comportement parfois capricieux d'une camionnette. À ce chapitre, la concurrence est parvenue à un bien meilleur compromis, et ce, sans altérer la qualité première d'une camionnette : sa capacité de remorquage. Pour calmer les ruades des trains roulants et en masquer les limites, une kyrielle d'aides à la conduite veille au grain, notamment un dispositif de stabilité électronique. En revanche, la tenue de cap est solide et la direction à pignon et crémaillère est précise et bien dosée sur le plan de l'assistance.

Compte tenu de son gabarit imposant, il faut admettre que l'utilisation du Tundra sur une base quotidienne peut se révéler parfois bien pénible. Son rayon de braquage s'apparente davantage à celui d'un rhinocéros qu'à celui d'une gazelle ! Malgré les progrès réalisés, il faut admettre que cette catégorie demeurera, pour un temps encore, la chasse gardée de Ford, GM et Dodge. **▌▌▌ JEAN-FRANÇOIS GUAY**

Ce n'est pas demain la veille que Toyota écoulera plus de Tundra que de Camry en Amérique du Nord

DIMENSIONS ET VOLUMES

Empattement (mm)	3700, 4180
Longueur (mm)	5810, 6290
Largeur (mm)	2030
Hauteur (mm)	1925 (2rm), 1935 -1940 (4rm)
Volume intérieur (L)	n.d.
Volume du coffre (min./max.) (L)	n.d.
Capacité du réservoir de carburant (L)	100
Fourchette de poids (kg)	3080 - 3265

CHÂSSIS

Mode	propulsion, 4 roues motrices
Suspension av. - arr.	indépendante – essieu rigide
Freins av. - arr.	disques
Capacité de remorquage min. - max. (kg)	3810 - 4895
Direction – diamètre de braquage (m)	crémaillère - 13,42
Pneus	255/70R16, 255/70R18, 275/65R18, 275/55R20

PERFORMANCES

Modèle à l'essai	Tundra Double Cab 4X4
Moteur	V8 DACT 5,7 litres
Puissance (ch. à tr/min)	381 - 5600
Couple (lb-pi à tr/min)	401 - 3600
Transmission	automatique 6 rapports
Autres transmissions	automatique 5 rapports (4,7 l)
Accélération 0-100 km/h (sec.)	6,84
Reprises 80-115 km/h (sec.)	3,92
Distance de freinage 100-0 km/h (m)	43
Niveau sonore à 100 km/h	✖ ✖ ✖
Vitesse maximale (km/h)	195 (5,7l), 180 (4,7 l)
Consommation réalisée au cours de l'essai (L/100 km)	16
Gaz à effet de serre	
Autres moteurs	V8 4,7 litres (276 ch.)

CE QU'IL FAUT SAVOIR

Fourchette de prix ($)	**23 825 - 53 395**
Marge de profit du concessionnaire (%)	9,10 à 9,14
Transport et préparation ($)	1390
Consommation ville - route (L/100 km)	15,7 - 12,5 (4 l) 17 -13 (2rm, 4,7 l) 18 - 14 (4rm - 5,7 l)
Essence recommandée	ordinaire
Versions offertes	Base, Double Cab, CrewMax (Groupe A, B, C, S)
Carrosserie	camionnette 2 ou 4 portes
Lieu d'assemblage	États-Unis
Valeur résiduelle	★ ★ ★
Garanties : de base – motopropulseur (an/km)	3/60 000 ∗ 5/100 000
Fiabilité présumée	★ ★ ★ ★
Cycle de remplacement	inconnu
Ventes 2007 ↗ 636%	Québec : 1426
Protection collision frontale conducteur/passager latérale avant/arrière retournement 2rm/4rm	★ ★ ★ ★ / ★ ★ ★ ★ n.d./n.d. ★ ★ ★ / ★ ★ ★ ★

À RETENIR

Nouveautés 2009	nouveaux groupes d'options
Principales concurrentes	Chevrolet Silverado, Dodge Ram, Ford F-150, GMC Sierra, Nissan Titan

- Capacités de charge et de remorquage
- Choix de cabines et de bennes
- Puissants moteurs V8

- Absence de turbodiésel
- Absence de moteur V6
- Détails ergonomiques à revoir

Cette petite frimousse sympathique, c'est celle de la Yaris, la sous-compacte la plus vendue au Québec. Avec l'augmentation du prix de l'essence, cette puce du pays du Soleil levant prouve à qui veut bien prendre son volant qu'elle peut aussi s'échapper de la ville.

Avec ses yeux à la Jean-Luc Mongrain, sa calandre grillagée (sur les carrosseries à hayon, puisque la berline adopte une nouvelle bouche cette année) qui me rappelle le sourire du petit voisin d'en face, sa nervure latérale qui souligne comme une ride les dimensions de son habitacle, et ses fesses rebondies comme je ne vous dirai pas qui, la Yaris à hayon ouvrant chasse les angles et arrache les sourires partout où elle passe. Et la berline, elle ? Pas aussi jojo.

ASTUCIEUSE ET VIVANTE
Entrons immédiatement dans le vif du sujet. La version trois portes se décline en trois finitions : CE LE et RS ; la cinq portes en modèle LE ou RS et la berline en... berline, voyez comme elle moins amusante. Évidemment, au prix proposé, il ne faut pas s'offusquer que la liste d'options soit presque aussi longue que celle d'une Porsche, ce qui n'est pas peu dire. Au total, une quarantaine d'options sont proposées. Il y a tant à choisir pour personnaliser (ou déguiser) votre Yaris. Gare à vous, car les montants s'additionnent vite.

Au rayon des astuces, la Yaris mérite bien des accolades. Les espaces de rangement sont légion : deux boîtes à gants superposées devant le passager, une autre derrière le volant, deux autres bien pratiques à la base de la console... L'énumération n'est pas exhaustive. La Yaris surprend aussi pour sa présentation dégagée qui donne une sensation d'espace bien réelle. Le report du bloc des compteurs au centre de l'habitacle, la console avec ses commandes alignées à la verticale et les coloris intérieurs, souvent plus gais que chez la concurrence, contribuent à cette perception. Et la qualité de l'assemblage est apparue correcte pour une voiture de ce prix. Le baquet de la Yaris n'a sans doute pas l'air très confortable. Pourtant, il l'est. En revanche,

il manque de contours pour nous maintenir correctement en place. Le même reproche écorche les autres places assises de ce véhicule.

Avec la Yaris, mieux vaut oublier l'idée de jouer les déménageurs. Son volume est restreint, et pour compliquer les choses, les dossiers de sa banquette ne se divisent pas pour moduler l'espace. Dans tous les cas, on regrette de ne pas trop savoir quoi faire de l'encombrante tablette de coffre, une fois les places arrière sacrifiées. Pourquoi ne pas avoir conçu un rideau coulissant dans le sens de la largeur ?

COMPAGNE DE VILLE
Un peu lente sans doute, mais souple, la commande de boîte permet d'engager aisément tous les rapports, y compris la marche arrière, et de tirer le meilleur de son frugal quatre cylindres. De plus, dans les encombrements, la Yaris se révèle, après la Smart, la sous-compacte la plus agile du marché. Son court diamètre de braquage lui permet de se faufiler avec aisance et son format poche permet aussi de la garer à peu près n'importe où. En revanche, son design n'a pas prévu les mauvais coups de la ville. L'absence de protection des boucliers et des flancs de la Yaris est un sérieux handicap qu'on peut heureusement combler en s'approvisionnant au rayon des accessoires du constructeur.

Comme la Smart, la Yaris est une citadine pur jus. Toutefois, contrairement à la puce allemande, la Yaris démontre de plus grandes aptitudes pour la grande route. En un mot, elle est supportable. Bruyante à l'accélération et à vitesse de croisière, la Yaris est aussi un peu vulnérable quand un vent fort souffle sur ses tôles. La Toyota garde le cap sans imposer de trop nombreux correctifs au volant. Ses éléments suspenseurs lui font sans doute prendre un peu plus de roulis dans les virages, mais une telle détente permet de mieux soigner le confort des occupants. À ce sujet, est-il besoin de rappeler qu'avec un empattement aussi court, difficile de faire des miracles. Si les suspensions réagissent sèchement sur les bosses, le plaisir est de courte durée sur une route sinueuse. Le sous-virage apparaît très tôt et les gommes peinent à s'accrocher pour conserver la trajectoire dictée par nos mains sur le volant.

La Yaris n'est pas une mauvaise voiture. Elle vaut largement une Kia Rio, et le duo sud-coréen de GM. Cette puce a ses chances : sa ligne est seyante et elle tire profit de l'aura de fiabilité de Toyota. Mais il ne faut pas voir non plus en elle une occasion à saisir à tout prix. Les Accent, Versa et Fit, plus polyvalentes encore, ont des arguments à faire valoir. ▌▌▌ **ÉRIC LEFRANÇOIS**

La sous-compacte la plus vendue au Québec
se trouve ici, sous vos yeux

TOYOTA YARIS

DIMENSIONS ET VOLUMES

Empattement (mm)	2460 (hayon) – 2550 (berline)
Longueur (mm)	3825 (hayon) – 4300 (berline)
Largeur (mm)	1695 (hayon) – 1690 (berline)
Hauteur (mm)	1525 (hayon) – 1440 (berline)
Volume intérieur (L)	2466 (berline)
Volume du coffre (min./max.) (L)	228 / 728 (hayon) 365 (berline)
Capacité du réservoir de carburant (L)	42
Fourchette de poids (kg)	1043 – 1059

CHÂSSIS

Mode	traction
Suspension av. – arr.	indépendante
Freins av. – arr.	disques – tambours
Capacité de remorquage min. – max. (kg)	318
Direction – diamètre de braquage (m)	crémaillère – 9,4 (hayon) / 10,4
Pneus	175/65R14 (CE, LE), 185/60R15 (RS, berline)

PERFORMANCES

Modèle à l'essai	Yaris LE 5 portes
Moteur	L4 DACT 1,5 litre
Puissance (ch. à tr/min)	106 – 6000
Couple (lb-pi à tr/min)	103 – 4200
Transmission	automatique 4 rapports
Autres transmissions	manuelle 5 rapports
Accélération 0-100 km/h (sec.)	10,96
Reprises 80-115 km/h (sec.)	8,21
Distance de freinage 100-0 km/h (m)	42
Niveau sonore à 100 km/h	✗ ✗
Vitesse maximale (km/h)	180
Consommation réalisée au cours de l'essai (L/100 km)	7,2
Gaz à effet de serre	
Autres moteurs	aucun

CE QU'IL FAUT SAVOIR

Fourchette de prix ($)	**13 165 – 18 335 (2008)**
Marge de profit du concessionnaire (%)	5,62 à 7,41
Transport et préparation ($)	1090
Consommation ville – route (L/100 km)	**7,9 – 6,2 (man.)** **8,2 – 6,6 (aut.)**
Essence recommandée	ordinaire
Versions offertes	CE, LE, RS (hayon) B, C, D (berline)
Carrosserie	hayon 3 / 5 portes berline 4 portes
Lieu d'assemblage	Japon
Valeur résiduelle	★ ★ ★
Garanties : de base – motopropulseur (an/km)	3/60 000 – 5/100 000
Fiabilité présumée	★ ★ ★
Cycle de remplacement	2011
Ventes 2007 ↘ 0,5 %	Québec : 16 828
Protection collision frontale conducteur/passager latérale avant/arrière retournement 2rm/4rm	★★★★ / ★★★★ ★★★ / ★★★ ★★★★ / n.a.

À RETENIR

Nouveautés 2009	**retouches mineures, ABS et coussins latéraux de série**
Principales concurrentes	**Chevrolet Aveo, Honda Fit, Hyundai Accent, Nissan Versa, Suzuki Swift+, VW Golf City**

+ • Brillante citadine
  • Prix attrayant et valeur résiduelle élevée (pour une petite voiture, s'entend)
  • Nombreux espaces de rangement

− • Gare à l'escalade des options
  • Volume de coffre très limité (banquette en fonction)
  • Qualités routières

NOUS VIEILLIRONS ENSEMBLE

À quoi bon changer de voiture si c'est pour se morfondre dans les embouteillages, être traqué par la police et acquitter toujours plus de taxes liées à l'achat et à l'usage d'un véhicule ? La voiture exerce moins d'attrait sur les automobilistes, à l'heure où ce poste budgétaire est le deuxième en importance pour nombre d'entre eux. Ceux qui disposent de revenus plus conséquents, et qui se tournent volontiers vers les marques de prestige, n'ont pas encore fait ce raisonnement, mais pour combien de temps ?

VOLKSWAGEN
CITY

Peut-on parler de phénomène City au Canada ? Pourquoi pas ! À elles seules, les Golf et Jetta comptent pour la moitié des immatriculations du constructeur allemand au pays. Une situation qui n'inquiète pas le moins du monde le distributeur canadien qui, la main sur le cœur, jure que les City « ne cannibalisent pas les autres produits ni ne torpillent l'image sérieuse de la marque ». Seul bémol pour le distributeur, elles génèrent peu de profits. Mais ce n'est pas notre problème tant que les prix demeurent attrayants. Et ils le sont à la condition de faire une croix sur quantité d'accessoires, sans quoi l'offre de VW est loin d'être la meilleure affaire en ville.

SIMPLICITÉ VOLONTAIRE

Dire que la City est minimale serait injuste. Elle ne l'est pas plus en tout cas qu'une Accent ou une Versa. On sent que les prix sont serrés comme le cuissard de Lance Armstrong, mais on sauve les apparences. On dirait une (ancienne) Passat. Le baquet du conducteur, tout comme la colonne de direction, se règle aussi bien en hauteur qu'en profondeur, ce qui facilite la recherche d'une position de conduite confortable. Les rangements sont nombreux à l'avant, mais totalement absents à l'arrière. La bascule des dossiers surmontés de trois appuie-têtes augmente au besoin le volume de chargement. La finition reste simple mais pas minimaliste, et les assemblages sont très corrects. Le tableau de bord est rehaussé de plaques métallisées, toutes fausses évidemment, à l'exception de celle qui enlace le levier de la boîte automatique.

Alors, où est l'intérêt de se procurer une City ? Sa taille ? Il est vrai que l'allemande repose sur un empattement plus long que celui d'une Accent, mais là est sans doute son seul « avantage », car dans tous les autres domaines sauf le dégagement accordé aux épaules, la Volkswagen doit battre en retraite face à ses rivales plus modernes. Même le coffre, autrefois considéré géant, est éclipsé par celui d'une berline Versa.

CONDUITE À « L'ANCIENNE »

Sur les petites routes vallonnées de la région de l'Estrie où nous l'avons essayé, la City se sent à l'aise. La suspension, campée sur des pneus de taille relativement haute, est confortable, même sur les routes « déformées » que nous avons parcourues. Au passage d'un dos d'âne par exemple, la caisse semble prendre une courte autonomie planante par rapport aux roues, rivées au sol. Pas désagréable finalement, et plutôt efficace sur le réseau secondaire.

La City peut même se révéler une excellente auto d'apprentissage de la conduite, sur le plan du ressenti : un virage mal négocié entraîne un sous-virage, qui lui-même se traduit par une lourdeur dans le volant. Instructif.

Compte tenu de sa cylindrée, la puissance de son moteur quatre cylindres paraît fort modeste (115 chevaux). Des performances « suffisantes », selon le terme qu'affectionnait autrefois Rolls-Royce. Bref, cette City fait face à toutes les situations, pourvu qu'elle ne soit pas trop chargée. Cela dit, il faut reconnaître à ce moteur sa robustesse et sa fiabilité. En revanche, sa soif est difficile à étancher. Sur un parcours urbain, la Jetta City consomme près de 2 L/100 km de plus que la Nissan Versa (122 chevaux), qui déjà n'est pas reconnue comme la plus économe de sa catégorie. La transmission manuelle de série prête également flanc à la critique. Le levier, un peu trop ferme, manque de précision en usage soutenu, et accroche légèrement au passage de vitesses. L'agréable surprise : la transmission semi-automatique à six rapports offerte en option se révèle, à notre humble avis, celle avec qui il faut prendre rendez-vous. Souple, intelligente, elle parvient à masquer partiellement la vétusté de la mécanique, mais sans pour autant améliorer la consommation.

Reste maintenant l'épineuse question de la fiabilité. Plus que jamais. Les contrôles de qualité ont été resserrés et la communication entre l'usine, le bureau des ingénieurs et les concessionnaires est aujourd'hui beaucoup plus fluide que par le passé, ce qui améliore de beaucoup la prise en charge des problèmes potentiels. Et, même si 5600 km ne font pas foi de tout, nous n'avons éprouvé aucun problème. Ah, si ! Le pare-brise a été fendu par une pierre et la compagnie d'assurances s'en est chargée. Alors, nous vieillirons ensemble ? ▌▌▌ **ÉRIC LEFRANÇOIS**

L'offre de VW est loin d'être la meilleure affaire en ville aussitôt que vous cochez des accessoires optionnels

DIMENSIONS ET VOLUMES

Empattement (mm)	2511 (Golf), 2513 (Jetta)
Longueur (mm)	4189 (Golf), 4376 (Jetta)
Largeur (mm)	1735
Hauteur (mm)	1444 (Golf), 1446 (Jetta)
Volume intérieur (L)	2492 (Golf), 2484 (Jetta)
Volume du coffre (min./max.) (L)	331 / 1184 (Golf), 368 (Jetta),
Capacité du réservoir de carburant (L)	55
Fourchette de poids (kg)	1246 - 1336

CHÂSSIS

Mode	traction
Suspension av. - arr.	indépendante - semi-indépendante
Freins av. - arr.	disques
Capacité de remorquage min. - max. (kg)	non recommandé
Direction - diamètre de braquage (m)	crémaillère - 10,9 (Golf) / 11 (Jetta)
Pneus	195/65 R15 (Golf), 205/55R16 (Jetta)

PERFORMANCES

Modèle à l'essai	Golf City
Moteur	L4 DACT 2 litres
Puissance (ch. à tr/min)	115 - 5200
Couple (lb-pi à tr/min)	122 - 4200
Transmission	manuelle 5 rapports
Autres transmissions	automatique 4 rapports
Accélération 0-100 km/h (sec.)	10,52
Reprises 80-115 km/h (sec.)	6,87
Distance de freinage 100-0 km/h (m)	40,4
Niveau sonore à 100 km/h	⌘ ⌘
Vitesse maximale (km/h)	190 (Golf), 195 (Jetta)
Consommation réalisée au cours de l'essai (L/100 km)	9,9
Gaz à effet de serre	
Autres moteurs	aucun

CE QU'IL FAUT SAVOIR

Fourchette de prix ($)	15 300 - 16 900
Marge de profit du concessionnaire (%)	6,22 - 6,34
Transport et préparation ($)	1335
Consommation ville - route (L/100 km)	11,2 - 8,1
Essence recommandée	ordinaire
Versions offertes	Golf, Jetta
Carrosserie	hayon 5 portes berline 4 portes
Lieu d'assemblage	Brésil
Valeur résiduelle	★ ★ ★
Garanties : de base - motopropulseur (an/km)	4/80 000 - 5/100 000
Fiabilité présumée	★ ★
Cycle de remplacement	inconnu
Ventes 2007 ↗ 76 %	Québec : 4763
Protection collision frontale conducteur/passager latérale avant/arrière retournement 2rm/4rm	★ ★ ★ ★ ★ / ★ ★ ★ ★ ★ ★ ★ ★ ★ / ★ ★ ★ ★ non évaluée

À RETENIR

Nouveautés 2009	nouveaux groupes d'options
Principales concurrentes	Chevrolet Aveo, Honda Fit, Hyundai Accent, Kia Rio, Nissan Versa, Pontiac G3, Suzuki Swift+, Toyota Yaris

- ● La solidité de sa construction
- ● La capacité de son coffre
- ● L'efficacité de sa boîte semi-automatique

- ● Les accessoires qui manquent à l'appel
- ● La sécurité passive négligée
- ● Le manque de souffle de sa mécanique

NON, CE N'EST PAS CELLE DE MA BLONDE

Trop fille, la New Beetle Cabriolet ? Par chance, il y a l'Eos, le coupé-cabriolet le plus osé jamais conçu de l'heure. En effet, jamais constructeur automobile n'avait jusqu'ici accompli une cinématique d'ouverture (et de fermeture) du toit aussi compliquée.

Pour se démarquer des autres, le système d'ouverture de cette Volkswagen divise le toit en cinq parties. Et plier en sandwich de grands morceaux de tôle et de verre dans le coffre à bagages représente une prouesse technique plus complexe qu'il n'y paraît et requiert une machinerie de moteurs électriques et de vérins qui, par chance, a su jusqu'ici résister à l'épreuve du temps.

Pourquoi cinq et non pas trois comme les autres ? Pour ne pas compromettre l'élégance de la ligne et offrir, en configuration coupé, un grand toit vitré. Un cas unique et assurément l'un des principaux atouts de cette allemande dans la mesure où on peut occulter la lumière au besoin par un vélum et aérer l'habitacle sans nécessairement rouler décapoté. Un atout, et ce n'est pas le seul : une fois découverte, la Volkswagen se distingue par son pare-brise plus court et moins arqué que sur les autres cabriolets à toit dur. L'accès à bord en est grandement facilité.

Le toit met trente secondes à se ranger automatiquement dans le coffre. Une manœuvre spectaculaire qui ne s'apprécie que par température clémente. En effet, dès que la température extérieure affiche -5 °C, un capteur refuse au toit le droit de se couvrir ou de se découvrir. En revanche, peu importe les conditions climatiques, le toit ouvrant, lui, fonctionne.

Un petit déflecteur intégré au sommet du pare-brise permet, toit ouvert, de limiter les remous d'air. Superbe. Mais cette architecture se paie dans l'habitacle : comme les arches viennent s'encastrer dans les flancs, juste derrière les portes avant, les places arrière sont pénalisées en largeur. En plus, les occupants de la symbolique banquette se trouvent décalés par rapport aux baquets avant : pas facile de glisser ses pieds. À l'avant, on dispose sensiblement du même espace vital qu'à bord de sa concurrente américaine. En revanche, à notre grand étonnement, le volume du coffre n'est nullement handicapé par les dimensions plutôt compactes de cette Volkswagen. La largeur est tout de même plutôt réduite à l'intérieur du coffre de l'allemande. Pas facile non plus d'y accéder, car, lorsque le couvre-chef occupe une partie de l'espace (lire : en configuration cabriolet), l'ouverture n'excède pas 200 mm de haut. Il est possible de transporter de longs objets (une paire ou deux de skis par exemple), mais il faut préalablement déposer une somme additionnelle pour qu'une ouverture soit pratiquée entre les deux baquets arrière.

L'Eos séduit davantage par le soin apporté à sa présentation, qui, hélas, est aussi fade qu'une pluie de novembre. Ce n'est pas la grande émotion, mais la sensation dominante est celle d'un grand sérieux. Comme ses concurrents, Volkswagen se contente de puiser dans le réservoir de pièces existantes. La finition rassure, l'ergonomie s'avère satisfaisante et les baquets avant, quoique fermes, soutiennent bien le corps et sont réglables en hauteur comme en appui lombaire.

À LA RECHERCHE DU SOLEIL

Dotée d'une direction douce et précise, d'un châssis sain et équilibré (train avant et empattement de Rabbit et essieu arrière de Passat), l'Eos fait preuve d'un comportement équilibré. Bien amorti, rassurant avant tout, relativement confortable en suspension. Sur mauvaise route, seules quelques remontées parasites viennent secouer la colonne de direction qui autrement permet de ciseler avec précision les trajectoires, mais sans plus. Efficace en virages et peu sujette au roulis, l'Eos paraît, en ville surtout, plus maniable que le laissent entendre certaines données du constructeur. Elle vire court et se gare aisément. Il n'y a que les manœuvres en marche arrière qui peuvent poser problème en raison de la protubérance de la partie arrière, mais VW a tout prévu. Une aide électronique au stationnement est proposée moyennant supplément.

Contrairement à nos voisins du Sud, qui peuvent bénéficier d'une mécanique six cylindres, l'Eos est vendue au Canada avec le seul quatre cylindres deux litres suralimenté par turbocompresseur. Robuste, extrêmement souple à bas régime, nerveux tout en étant progressif, ce moteur ne manque pas de cœur, mais de jambes pour se mettre en train. Par chance, l'excellente transmission semi-automatique à six rapports à double embrayage sauve la mise, surtout au chapitre des reprises, et donne à cette voiture un peu de tonus.

L'Eos a véritablement marqué le début d'un temps nouveau chez le constructeur allemand ! Et le magistral et inlassable ballet de son toit nous a fait (presque) oublier la fiabilité parfois douteuse des créations antérieures de Volkswagen. ▌▌▌ **ÉRIC LEFRANÇOIS**

Plier en sandwich les cinq grands morceaux de tôle et de verre dans le coffre représente une réelle prouesse technique

DIMENSIONS ET VOLUMES

Empattement (mm)	2578
Longueur (mm)	4410
Largeur (mm)	1791
Hauteur (mm)	1443
Volume intérieur (L)	2192
Volume du coffre (min./max.) (L)	190 / 297
Capacité du réservoir de carburant (L)	55
Fourchette de poids (kg)	1672

CHÂSSIS

Mode	traction
Suspension av. - arr.	indépendante
Freins av. - arr.	disques
Capacité de remorquage min. - max. (kg)	non recommandé
Direction - diamètre de braquage (m)	crémaillère - 10,9
Pneus	235/45R17

PERFORMANCES

Modèle à l'essai	Eos Comfortline
Moteur	L4 turbo DACT 2 litres
Puissance (ch. à tr/min)	200 - 5100
Couple (lb-pi à tr/min)	207 -1800
Transmission	semi-automatique 6 rapports
Autres transmissions	manuelle 6 rapports
Accélération 0-100 km/h (sec.)	7,77
Reprises 80-115 km/h (sec.)	4,78
Distance de freinage 100-0 km/h (m)	40,2
Niveau sonore à 100 km/h	✺ ✺
Vitesse maximale (km/h)	209
Consommation réalisée au cours de l'essai (L/100 km)	9,4
Gaz à effet de serre	
Autres moteurs	aucun

CE QU'IL FAUT SAVOIR

Fourchette de prix ($)	**35 975 – 40 375**
Marge de profit du concessionnaire (%)	11,32 à 11,43
Transport et préparation ($)	1335
Consommation ville - route (L/100 km)	**11,3 - 7,7 (man.)** 10,8 - 8 (aut.)
Essence recommandée	super
Versions offertes	Trendline, Comfortline
Carrosserie	cabriolet 2 portes
Lieu d'assemblage	Portugal
Valeur résiduelle	★ ★ ★ ★ ✶
Garanties : de base - motopropulseur (an/km)	4/80 000 - 4/80 000
Fiabilité présumée	★ ★ ✶
Cycle de remplacement	inconnu
Ventes 2007 ↗ 179 %	Québec : 338
Protection collision frontale conducteur/passager	non évaluée
latérale avant/arrière	non évaluée
retournement 2rm/4rm	non évaluée

À RETENIR

Nouveautés 2009	**nouveaux groupes d'options**
Principales concurrentes	**Chrysler Sebring, Mitsubishi Spyder, Pontiac G6, Volvo C70**

- L'agilité de sa conduite
- La souplesse de la boîte semi-automatique
- La rigidité du châssis

- La complexité du toit et sa peur du froid
- Le poids élevé de cette monture
- Son prix (avec les options)

LE PRIX À PAYER

Allez savoir pourquoi Volkswagen revisite une catégorie presque désertée, la familiale compacte. Le constructeur allemand serait-il opportuniste ou visionnaire ? Sans doute un peu des deux. Le retour de cette familiale ne pouvait mieux tomber pour les amateurs du genre qui, depuis le retrait de la Focus et de l'Optra, craignaient de devoir se contenter d'une fausse familiale (Impreza, 3 Sport) ou d'un pseudo-utilitaire (Caliber, Matrix, SX4). Et surtout, elle bénéficie du moteur turbodiésel. Une raison de plus pour succomber à ses charmes ?

VOLKSWAGEN
JETTA

Laissons tomber les calculs mesquins et rendons-nous à l'évidence : la Jetta familiale a conservé le sens pratique d'une familiale, alors que ses « rivales » précitées jouent à fond les cartes du style et de la distinction au détriment de l'espace. La Jetta familiale, elle, fait beaucoup mieux dans l'exploitation du volume. Son gabarit cubique mais harmonieusement dessiné donne un coffre immense, doté bien sûr de la modularité nécessaire. Seule l'Elantra Touring de Hyundai promet de faire presque aussi bien que l'allemande au chapitre du volume utilitaire. Cela dit, comprenons-nous bien : la dimension du coffre de l'allemande ne fleure pas le bleu de travail et la caisse à outils. Mais pour ravitailler la résidence secondaire ou pour pratiquer des activités extérieures, cette familiale se révèle une excellente compagne de voyage. Ce sera encore mieux si on a la bonne idée (plus d'un acheteur sur deux l'aura) de l'animer de la mécanique turbodiésel.

BAGAGES D'ABORD

Basée sur la cinquième génération de Jetta, cette familiale reprend naturellement toutes les caractéristiques de la berline. Même mobilier intérieur, même environnement flatteur avec des plastiques soignés et une qualité perçue comme valorisante. Les portières se referment toujours avec un bruit franc. À l'intérieur toujours, on redécouvre les compteurs cerclés d'aluminium, qui, la nuit venue, s'illuminent d'une apaisante lumière bleutée. Et pour ajouter au confort, volant et siège du conducteur se règlent dans tous les sens, facilitant la recherche d'une bonne position de conduite. L'espace utilitaire impressionne, mais le volume intérieur, lui, est loin d'en faire une référence dans la catégorie. Pour preuve, la « vieille » Mazda3, pour ne nommer qu'elle, soigne mieux ses occupants. Avec des commandes de radio et de climatisation bien situées, près du champ de vision du conducteur,

l'ergonomie est soignée. La liste des accessoires optionnels est bien garnie. Trois « ensembles » (Trendline, Comfortline et Highline) sont proposés. Attention, la facture grimpe vite !

Sur la route, cette Jetta permet de rouler décontracté. Stable, facile à conduire, la compacte allemande n'est pas sportive, car elle manque vraiment de vivacité ; mais l'agrément du grand tourisme est là. La direction à assistance électrique enlève un peu de sensations et ne procure pas assez d'information sur le degré d'adhérence. Néanmoins, la tenue de route demeure efficace et saine à condition de rester à l'intérieur des limites. En cas d'écart, l'antidérapage (offert en option) agit finement et rapidement pour rétablir la bonne trajectoire. Avec le système 4Motion (rouage intégral), ce serait encore mieux, pense la direction canadienne de Volkswagen, mais ce n'est pas demain la veille qu'elle sera en mesure de l'inscrire à son catalogue.

LE RETOUR DU TDI

Cette Jetta accueille un cinq cylindres de 2,5 litres. Monté transversalement, ce moteur fait désormais 170 chevaux qui nous permettent rapidement d'oublier que la précédente mouture n'en faisait que 115. Mais cette puissance accrue ne fait pas une bombe de la familiale allemande. Elle aurait pu le devenir si la direction canadienne du constructeur allemand donnait, comme son vis-à-vis américain, le feu vert à une version suralimentée par turbocompresseur du quatre cylindres de 2 litres. Un moteur qui se trouve pourtant boulonné à bord de certaines versions de la berline. Explication ? Mais le faible volume de ventes de ce modèle et le prix qu'elle commanderait font douter de la pertinence de la proposer. Dommage, puisque la consommation de cette mécanique suralimentée se révèle légèrement plus « verte ». Par chance, nous avons droit au diésel (140 chevaux et 235 livres-pieds de couple) qui, à lui seul, devrait représenter plus de 50 % des immatriculations de cette compacte.

Malgré la sensation caoutchouteuse de sa commande, la boîte manuelle semble la plus apte à tirer la quintessence de cette mécanique au timbre éraillé. Fausse impression. La semi-automatique, aidée il va sans dire par une gestion fort pointue, l'est davantage, surtout lors des relances. Et en cochant cette option, vous pourrez également bénéficier du dispositif antirecul (*hill start assist*) offert en 2009.

Talentueuse et multidisciplinaire, la Jetta se monnaye au prix fort. Sa garantie est certes plus généreuse que celle des généralistes et sa conception plus rigoureuse aussi, mais reste que la fiabilité de ce modèle demeure encore aujourd'hui l'objet d'échanges animés sur les forums de discussion. ◼◼◼ **ÉRIC LEFRANÇOIS**

Seule l'Elantra Touring de Hyundai promet de faire presque aussi bien que l'Allemande au chapitre du volume utilitaire

VOLKSWAGEN JETTA

DIMENSIONS ET VOLUMES

Empattement (mm)	2578
Longueur (mm)	4554 (berline), 4556 (familiale)
Largeur (mm)	1781
Hauteur (mm)	1459
Volume intérieur (L)	2575 (berline), 2600 (familiale)
Volume du coffre (min./max.) (L)	487 (berline)
	928 / 1893 (familiale)
Capacité du réservoir de carburant (L)	55
Fourchette de poids (kg)	1464 - 1490

CHÂSSIS

Mode	traction
Suspension av. - arr.	indépendante
Freins av. - arr.	disques
Capacité de remorquage min. - max. (kg)	907 (familiale)
Direction - diamètre de braquage (m)	crémaillère - 10,9
Pneus	205/55 R16, 225/45 R17 (2.0T)

PERFORMANCES

Modèle à l'essai	Jetta Sportwagon Trendline
Moteur	L5 DACT 2,5 litres
Puissance (ch. à tr/min)	170 - 5700
Couple (lb-pi à tr/min)	177 - 4250
Transmission	automatique 6 rapports
Autres transmissions	manuelle 5 rapports / 6 rapports (TDI, 2.0 TSI)
Accélération 0-100 km/h (sec.)	9,52
Reprises 80-115 km/h (sec.)	non chronométrées
Distance de freinage 100-0 km/h (m)	non mesurée
Niveau sonore à 100 km/h	✕ ✕ ◉
Vitesse maximale (km/h)	205
Consommation réalisée au cours de l'essai (L/100 km)	10,7
Gaz à effet de serre	
Autres moteurs	L4 TDI 2 litres (140 ch.)
	L4 turbo 2 litres (200 ch.)

CE QU'IL FAUT SAVOIR

Fourchette de prix ($)	**21 975 - 31 800**
Marge de profit du concessionnaire (%)	8,53 - 8,95
Transport et préparation ($)	1335
Consommation ville - route (L/100 km)	**7,8 - 5,7 (man, TDI)** 11,4- 7,8 (man. 2.0T) 11,5 - 8,2 (man. 2,5 l)
Essence recommandée	ordinaire, super (2.0T), diésel (TDI)
Versions offertes	Trendline, Comfortline, Highline (2.5L, 2.0 TSI, TDI)
Carrosserie	berline 4 portes familiale 5 portes
Lieu d'assemblage	Mexique
Valeur résiduelle	✳ ✳ ✳
Garanties : de base - motopropulseur (an/km)	4/80 000 - 5/100 000
Fiabilité présumée	✳ ✳ ✳
Cycle de remplacement	2012
Ventes 2007 ↘ 22 %	Québec : 4246
Protection collision frontale conducteur/passager latérale avant/arrière retournement 2rm/4rm	✳✳✳✳ /✳✳✳✳ ✳✳✳✳✳/✳✳✳✳✳✳ ✳✳✳✳ / n.a.

À RETENIR

Nouveautés 2009	**retour de la familiale et du moteur TDI**
Principales concurrentes	**Acura CSX/Type-S, Dodge Avenger/Caliber, Mitsubishi Galant, Pontiac G6/Vibe, Subaru Impreza/WRX, Toyota Camry/Matrix**

- Le sentiment de robustesse qu'elle dégage
- Le retour du TDi
- Le comportement routier sûr

- La direction peu « communicative »
- Le prix qui donne le tournis
- Les antécédents de ce modèle

601

HISTOIRE DE FILLES

L a direction de Volkswagen ne commentera jamais cette statistique publiquement, mais il n'en demeure pas moins vrai que la New Beetle, c'est avant tout une histoire de filles. Plus de 80 % des acheteurs sont en fait des acheteuses... Mais le charme s'estompe et on ne se bouscule plus depuis longtemps aux portes des concessionnaires pour s'offrir cette pâle imitation de la Cox originale. Et la marque allemande n'a visiblement pas l'intention de bouger le petit doigt pour la relancer, ni lui assurer une descendance.

Chronique d'une mort annoncée ? Sans doute, puisque des rumeurs circulent selon lesquelles la future Golf (ou Rabbit, si vous préférez) aura une déclinaison cabriolet dès 2010. Hormis ces rumeurs, la New Beetle soulève encore quelques passions. En essai routier, j'ai été surpris de voir qu'elle attire toujours autant les regards : certains l'aiment, d'autres la détestent. Bref, elle ne laisse personne indifférent. Mettons-nous d'accord : elle est sympathique avec sa palette de pastels et son allure arrondie. Cette forme ne lui confère guère une ergonomie pratico-pratique, et c'est peut-être son plus grand défaut. De l'espace, il y en a, mais pas toujours où on en a besoin : un pied au-dessus de la tête, mais rien dans le coffre (surtout dans la Cabrio). Quant à la banquette arrière, je me demande même si un contorsionniste du Cirque du Soleil accepterait d'y faire Québec-Montréal.

À l'intérieur, les baquets fermes, mais confortables proposent une multitude d'ajustements qui favorisent la recherche d'une position de conduite harmonieuse, aidés en cela par une colonne de direction à la fois télescopique et inclinable.

Trois indicateurs de bord se disputent la surface d'un monocle enguirlandé de voyants lumineux. L'indicateur de vitesse a bien entendu préséance sur le compte-tours et la jauge à essence, mais ces deux derniers, logés dans la partie inférieure, n'en sont pas moins lisibles. Ce qui l'est moins, c'est l'extrémité avant du véhicule, en raison de la stupéfiante profondeur du tableau de bord qui n'est pas sans rappeler celle des défuntes minifourgonnettes Trans Sport et Lumina Van de General Motors. Bien que cela puisse gêner l'exécution de certaines manœuvres, il serait toutefois malvenu d'accorder une importance démesurée

à ce défaut, puisqu'on finit malgré tout par trouver ses repères. Ouvrons ici une parenthèse sur le cabriolet dont les larges montants — une fois le toit en place — exigent du conducteur (ou de la conductrice) des dons extralucides lors des manœuvres de dépassement. Fermons la parenthèse. Par ailleurs, on pardonne difficilement au tableau de bord d'héberger sous sa coquille une famille de criquets prêts à entonner leur chant dès que la chaussée se dégrade. Quant à sa partie inférieure centrale, sa forme occasionne parfois des heurts aux phalanges et aux jointures de la main droite au moment d'enclencher les rapports 1 et 3 de la transmission manuelle.

EN ÉCOUTANT UN CD DES BEATLES

Désormais, la New Beetle est livrée uniquement avec le moteur cinq cylindres de 2,5 litres qui développe 150 chevaux. Celui-ci est couplé à une boîte manuelle à cinq rapports ou à la transmission Tiptronic automatique à six rapports. Comparativement au vétuste moteur 2 litres, ce moteur de nouvelle génération a fait ses preuves et offre des performances respectables, réagit adéquatement lorsqu'on presse l'accélérateur et répond amplement aux besoins de tous les jours. Sans être très expressif, ce moteur est parfaitement adapté à la personnalité de l'auto.

C'est cependant sur la route que la New Beetle se fait le plus apprécier. Sans être un modèle du genre, sa tenue de route rassure et les mouvements de caisse sont bien contenus. Bien campée sur d'énormes roues de 16 pouces, la New Beetle vire relativement à plat et possède un comportement routier très prévisible. De plus, son court rayon de braquage lui confère une belle agilité, accrue grâce à l'assistance d'une direction correctement dosée. Mais ne vous fiez pas aux apparences : la New Beetle manifeste une certaine réprobation à être traitée comme un jouet, et en témoigne par une paresse perceptible lors des changements de cap. La suspension se veut assez ferme, mais pas au point d'être inconfortable, quoiqu'on note quelques trépidations du train arrière sur revêtements abîmés.

SOUS LE SOLEIL

Jusqu'à tout récemment encore, la New Beetle était la seule option disponible pour les amateurs de la marque et du grand air. Cette version devient de plus en plus obsolète face aux nouvelles rivales à toit rétractable, comme l'Eos, qui mérite grandement d'être regardée, surtout avec le climat québécois. Les compromis sont importants : visibilité réduite, coffre quasi inutile (ce qui est le cas de toutes les décapotables) et rigidité du châssis passablement fragilisé. En somme, la New Beetle ne peut se prétendre tout à fait fonctionnelle. Mais avait-elle besoin de l'être ? ▐▐▐ **BRUNO LABRIE**

*De l'espace, il y en a, mais pas toujours où on en a besoin :
un pied au dessus de la tête, mais rien dans le coffre*

DIMENSIONS ET VOLUMES

Empattement (mm)	2509
Longueur (mm)	4091
Largeur (mm)	1724
Hauteur (mm)	1498 (hayon), 1502 (cabriolet)
Volume intérieur (L)	2300 (hayon), 2200 (cabriolet)
Volume du coffre (min./max.) (L)	340 / 767 (hayon)
	141 (cabriolet)
Capacité du réservoir de carburant (L)	55
Fourchette de poids (kg)	1308 - 1478

CHÂSSIS

Mode	traction
Suspension av. - arr.	indépendante - semi-indépendante
Freins av. - arr.	disques
Capacité de remorquage min. - max. (kg)	non recommandé
Direction - diamètre de braquage (m)	crémaillère - 10,9
Pneus	205/55 R16

PERFORMANCES

Modèle à l'essai	New Beetle (cabriolet)
Moteur	L5 2,5 litres
Puissance (ch. à tr/min)	150 - 5000
Couple (lb-pi à tr/min)	170 - 3750
Transmission	manuelle 5 rapports
Autres transmissions	automatique 6 rapports
Accélération 0-100 km/h (sec.)	9,16
Reprises 80-115 km/h (sec.)	6,06
Distance de freinage 100-0 km/h (m)	42
Niveau sonore à 100 km/h	✕ ✕ ⁹⁾
Vitesse maximale (km/h)	199 (cabriolet), 203 (hayon)
Consommation réalisée au cours de l'essai (L/100 km)	10,3
Gaz à effet de serre	
Autres moteurs	aucun

CE QU'IL FAUT SAVOIR

Fourchette de prix ($)	21 975 - 29 970
Marge de profit du concessionnaire (%)	6,23 - 6,57
Transport et préparation ($)	1335
Consommation ville - route (L/100 km)	11,7 - 8
Essence recommandée	ordinaire
Versions offertes	Trendline, Comfortline, Highline
Carrosserie	hayon 3 portes cabriolet 2 portes
Lieu d'assemblage	Mexique
Valeur résiduelle	★ ★ ★ ★ ★
Garanties : de base - motopropulseur (an/km)	4/80 000 - 5/100 000
Fiabilité présumée	★ ★ ★
Cycle de remplacement	inconnu
Ventes 2007 ↗ 16 %	Québec : 620
Protection collision frontale conducteur/passager latérale avant/arrière retournement 2rm/4rm	★ ★ ★ ★ / ★ ★ ★ ★ ★ ★ ★ ★ ★ / ★ ★ ★ ★ ★ ★ / n.a.

À RETENIR

Nouveautés 2009	aucun changement majeur
Principales concurrentes	Mini Cooper

- Tenue de route sûre
- Bien équipée pour le prix
- Fiabilité éprouvée

- Espace est aménagement à repenser
- Valeur de revente dérisoire
- Places arrière étroites

603

LA GRANDE SÉDUCTION

La Passat a toujours su séduire par son habitabilité, sa belle finition et son attitude bourgeoise. Hélas, lorsque vient le moment de prendre ses clés et d'acquitter la facture, bon nombre de consommateurs résistent aux appâts qu'elle nous tend, jugeant le prix demandé trop élevé ou invoquant une fiabilité douteuse. Mais en coiffant sa gamme d'un coupé-berline « à la Mercedes CLS » cette année, la firme de Wolfsburg a-t-elle trouvé là le moyen de chasser les préjugés les plus tenaces ? Rien n'est moins sûr.

VOLKSWAGEN
PASSAT

À première vue, on se demande pourquoi inscrire cette Passat CC au catalogue. Elle est jolie, très jolie même, mais elle ne compte que quatre places. Mais VW n'avait pas beaucoup le choix de tirer sa gamme vers le haut. La compléter de manière verticale lui faisait prendre le risque d'être à nouveau incompris du public et de courir vers un nouvel échec. Alors que l'étirer horizontalement, à partir de la Passat, ne présente quasiment que des avantages. En conservant le label Passat, la marque signifie en effet qu'elle reste dans son gabarit maximal et se dispense au passage des coûteux frais de lancement d'un nouveau nom. Jouer la transversalité permet de surcroît au groupe allemand de créer un nouveau produit « premium » sans le dire, ce qui lui évite de mettre les roues dans le parterre d'Audi. Et l'objectif a, semble-t-il, été atteint au dire de notre collègue Graham Fletcher, présent au lancement européen de ce modèle. Nous avons puisé quelques commentaires dans son carnet de notes. « L'intérieur, plutôt traité dans le registre intimiste (l'auto n'a que quatre places ne l'oublions pas), peut être illuminé par un toit ouvrant panoramique. La nuit, l'éclairage des instruments est tout simplement blanc, comme sur la défunte Phaeton. »

Et de poursuivre : « Sur la route, les nombreuses améliorations apportées à la structure de ce véhicule ainsi que le moelleux de son moteur V6 en font une routière étonnante. Reste à voir le prix qui, selon les premières indiscrétions, ne sera que de quelques milliers de dollars de plus que la plus coûteuse des Passat régulières. »

ET LA FAMILIALE ?

Bien que la Passat CC suscite bien des convoitises, il n'en demeure pas moins que la Passat familiale demeure à notre avis la plus fonctionnelle et la plus mésestimée de sa catégorie. La capacité de chargement record de son coffre fera le bonheur des apprentis déménageurs ou des antiquaires en herbe. La banquette arrière se module pour aménager l'habitacle à son gré, au prix, hélas, d'une manipulation malaisée de la lourde poutre transversale qui assure l'accostage des dossiers. Sous la trappe de plancher niche une roue de secours pleine grandeur. Une rareté de nos jours.

Côté pratique, chacun appréciera le hayon à ouverture électrique (de série sur tous les modèles), grâce à une simple pression sur un bouton. Un véritable atout pour cette familiale dont l'immense cinquième porte est lourde à manipuler.

La Passat a cédé, elle aussi, à la mode de la clé électronique qu'il suffit de pousser pour démarrer. Génial, mais sur notre voiture d'essai, celle-ci est demeurée coincée dans son écrin plus d'une fois. Si l'allemande vit avec son temps, on se demande toujours pourquoi la version de base est toujours démunie de jantes en alliage.

SEREINE ET TRANQUILLE

Dès les premiers tours de roue, cette familiale nous apparaît bien suspendue au-dessus de la route, mais ses éléments suspenseurs manquent toujours de progressivité et secouent un peu trop sur mauvaises routes et petites déformations. La direction à assistance électrique isole un peu trop de la route pour bien sentir la limite d'adhérence. À l'usage cependant, cette direction sait se faire oublier, ce qui est aussi une qualité. Le train avant, précis, est suivi comme son ombre par l'arrière, rivé au sol. Bref une VW typique, formidablement saine, jamais piégeuse. Pas vraiment amusante, mais toujours facile à conduire. Poussée dans ses derniers retranchements ou en cas de mauvaise appréciation d'un virage, elle manque d'efficacité lorsque seules ses roues avant sont motrices. Pour plus de sérénité au volant, la variante 4 Motion, proposée uniquement sur le modèle haut de gamme, apparaît la plus désirable des Passat. D'accord, mais le prix exigé a tout de même de quoi faire réfléchir.

Cela dit, toutes ces béquilles électroniques veillent à faire passer au sol la fougue de son V6 3,6 litres de 280 chevaux. Paraîtrait-il moins enflammé si la pédale d'accélérateur avait été plus progressive ? Sans doute pas, mais l'agrément moteur, lui, n'aurait été que meilleur. Surtout que la boîte semi-automatique nous est, une fois de plus, apparue mal à l'aise à gérer toute la puissance disponible et à sélectionner le rapport approprié. L'ennui, c'est qu'il faut faire avec, aucune autre boîte n'est offerte au catalogue. ▌▌▌ **ÉRIC LEFRANÇOIS**

Avec la Passat CC, Volkswagen vient de créer un nouveau produit « premium »

VOLKSWAGEN PASSAT

DIMENSIONS ET VOLUMES

Empattement (mm)	2709
Longueur (mm)	4780 (berline), 4774 (familiale)
Largeur (mm)	1820
Hauteur (mm)	1472 (berline), 1577 (familiale)
Volume intérieur (L)	2724
Volume du coffre (min./max.) (L)	402 (berline)
	1014 / 1751 (familiale)
Capacité du réservoir de carburant (L)	70
Fourchette de poids (kg)	1454 - 1793

CHÂSSIS

Mode	traction, intégral
Suspension av. - arr.	indépendante
Freins av. - arr.	disques
Capacité de remorquage min. - max. (kg)	non recommandé
Direction - diamètre de braquage (m)	crémaillère - 10,9
Pneus	215/55R16 (L4), 235/45R17 (V6)

PERFORMANCES

Modèle à l'essai	Passat CC Highline
Moteur	V6 DACT 3,6 litres
Puissance (ch. à tr/min)	280 - 6200
Couple (lb-pi à tr/min)	265 - 2750
Transmission	semi-automatique 6 rapports
Autres transmissions	manuelle 6 rapports (L4)
Accélération 0-100 km/h (sec.)	6,5 (estimé)
Reprises 80-115 km/h (sec.)	4 (estimé)
Distance de freinage 100-0 km/h (m)	non mesurée
Niveau sonore à 100 km/h	✕ ✕ ✕
Vitesse maximale (km/h)	210
Consommation réalisée au cours de l'essai (L/100 km)	12
Gaz à effet de serre	
Autres moteurs	L4 turbo 2 litres (200 ch.)

CE QU'IL FAUT SAVOIR

Fourchette de prix ($)	**27 475 - 47 675**
Marge de profit du concessionnaire (%)	10,40 - 11,33
Transport et préparation ($)	1335
Consommation ville - route (L/100 km)	11,5 - 7,8 (man., 2 l)
	12,7 - 8,5 (aut., 2 l)
	14,6 - 9,9 (3,6 l)
Essence recommandée	super
Versions offertes	Trendline, Comfortline, Sportline, Highline, Highline V6
Carrosserie	berline 4 portes
	familiale 5 portes
	coupé 4 portes
Lieu d'assemblage	Allemagne
Valeur résiduelle	✦ ✦ ✦
Garanties de base - motopropulseur (an/km)	4/80 000 - 5/100 000
Fiabilité présumée	✦ ✦ ✦ ✦
Cycle de remplacement	2012
Ventes 2007 ↘ 10 %	Québec : 1085

Protection collision
frontale conducteur/passager	✦ ✦ ✦ ✦ / ✦ ✦ ✦ ✦
latérale avant/arrière	✦ ✦ ✦ ✦ ✦ / ✦ ✦ ✦ ✦
retournement 2rm/4rm	✦ ✦ ✦ ✦ / ✦ ✦ ✦ ✦

À RETENIR

Nouveautés 2009	nouveau coupé 4 portes (CC)
Principales concurrentes	**Acura TSX, Chevrolet Malibu, Buick Allure, Hyundai Azera, Mazda6, Nissan Altima, Saturn Aura, Saab 9-3, Toyota Camry**

＋
- Le souci apporté aux détails
- Le volume du coffre
- Le comportement sûr et sans surprise

－
- Le prix demandé
- La sécheresse des suspensions
- L'étourderie de la boîte

605

LAPIN AGILE

La populaire compacte de Volkswagen est avec nous depuis 1975, mais sa popularité a subi de nombreux hauts et bas au fil des ans, les versions Rabbit (75-84) et Golf II (85-92) étant celles dont on se souvient avec bonheur. Après un passage à vide avec les versions Golf III (93-98) et IV (99-06), trop molles et peu performantes, VW semble avoir retrouvé le chemin du succès avec cette cinquième mouture. Cette dernière génération retient le comportement routier joueur des premières versions avec un niveau d'équipement élevé.

La Rabbit est donc fort bien équipée à la base avec la climatisation, les quatre glaces à descente et remontée rapide, le régulateur de vitesse ainsi que l'ordinateur de bord. Les seules options offertes sont le contrôle de stabilité, le toit ouvrant, les jantes en alliage, les rideaux gonflables, la radio Sirius et les sièges chauffants. À l'intérieur, la Rabbit est joliment présentée et ses matériaux sont de qualité, bien que le coup d'œil soit un peu sévère. Les sièges sont réglables en hauteur, l'ergonomie est sans faute et l'espace à bord est correct pour une petite famille. La soute à bagages est large et profonde et la banquette arrière est rabattable en sections en plus de proposer une trappe pour les longs objets. Bref, l'habitacle est imprégné de la rigueur et du classicisme qui ont fait le succès des quatre générations précédentes. C'est sobre et cela plaît. À défaut d'originalité, la présentation intérieure ne manque pas de sérieux. La qualité de fabrication ne soulève aucune critique.

UN GROS CŒUR

Au moment de mettre la mécanique en route, une bonne surprise attend le conducteur. La Rabbit est en effet motivée par un moteur à cinq cylindres, une exclusivité dans cette catégorie qu'elle partage avec la petite Volvo. Ce 2,5 litres offre 170 chevaux et 177 livres-pieds de couple, et il fonctionne à l'essence ordinaire. Ses performances sont correctes et sa riche sonorité le distingue nettement des quatre cylindres habituels. En usage quotidien, il se débrouille très bien, avec suffisamment de couple à bas régime et une bonne volonté dans les relances. En fait, sa plus grande qualité, sa linéarité, est aussi son plus grand défaut, vu que cette linéarité amenuise les sensations. Côté boîte de vitesses, la Rabbit propose une boîte manuelle à cinq rapports de série et une excellente boîte automatique à six rapports en option.

Le châssis fait appel à un train pseudo-McPherson à l'avant, comme toutes les Golf/Rabbit depuis 1975. À l'arrière toutefois, la Rabbit arbore une suspension indépendante multibras plus moderne que l'essieu semi-indépendant de ses aînées. En roulage, la Rabbit affiche beaucoup de retenue et de contrôle, et son comportement général est très agréable. La voiture pivote facilement, l'essieu arrière étant bien guidé, et le roulis est moindre que sur les versions précédentes, qui avaient la fâcheuse tendance à se coucher dès que le rythme augmentait. Sur le plan du freinage, la Rabbit fait toujours appel à des disques aux quatre roues surveillés par un système antiblocage ABS. La voiture freine fort et droit, mais la pédale est spongieuse, un trait de caractère typique des dernières productions de VW. La Rabbit propose une assistance de direction électrique, un mécanisme décrié par les sportifs parce que moins communicatif qu'une assistance hydraulique traditionnelle. C'est plus léger, plus simple, et probablement moins cher à produire. Par contre, ici, la calibration est bien étudiée et le résultat est qu'on n'a pas l'impression de conduire une voiture virtuelle tirée d'un jeu vidéo.

OÙ EST LE DIÉSEL ?

La consommation d'essence est l'un des points noirs de cette motorisation à cinq cylindres. En usage courant toutefois, cette voiture consommera réalistement autour des 13 L/100 km en ville si le conducteur ne sait réfréner ses ardeurs. La concurrence à motorisation quatre cylindres, la Mazda3 par exemple, fait mieux en ville. Comme toujours, la performance se paie à la pompe. Il est regrettable que la mécanique turbodiésel proposée par le constructeur allemand en 2009 soit à l'usage exclusif (pour toujours ?) de la Jetta.

En abandonnant le rôle d'entrée de gamme à la Golf City, la Rabbit peut maintenant occuper le créneau qu'elle a créé en 1975, celui de la voiture compacte qui en offre plus sur le plan de l'agrément de conduite, de la qualité de fabrication et de l'équipement de série. Reste un problème de taille : elle est trop grande (et trop chère) pour se mesurer à une sous-compacte traditionnelle, mais trop petite encore pour toiser les compactes actuelles. Est-ce à dire que le choix de cette Volkswagen en est avant tout un de cœur et non de raison ? ❚❚❚ **LOUIS-ALAIN RICHARD**

Après un passage à vide avec les versions Golf III et IV, VW semble avoir retrouvé le chemin du succès avec cette cinquième mouture

DIMENSIONS ET VOLUMES

Empattement (mm)	2578
Longueur (mm)	4210
Largeur (mm)	1759
Hauteur (mm)	1479, 1484 (GTi)
Volume intérieur (L)	2662
Volume du coffre (min./max.) (L)	425 / 1303
Capacité du réservoir de carburant (L)	55
Fourchette de poids (kg)	1349 - 1434

CHÂSSIS

Mode	traction
Suspension av. - arr.	indépendante
Freins av. - arr.	disques
Capacité de remorquage min. - max. (kg)	non recommandé
Direction - diamètre de braquage (m)	crémaillère - 10,92
Pneus	195/65 R15 (Rabbit), 205/55R16 (option) 225/45R17 (GTi)

PERFORMANCES

Modèle à l'essai	Rabbit Trendline (5 portes)
Moteur	L5 DACT 2,5 litres
Puissance (ch. à tr/min)	170 - 5000
Couple (lb-pi à tr/min)	177 - 3750
Transmission	semi-automatique 6 rapports
Autres transmissions	manuelle 5 rapports / 6 rapports (GTi)
Accélération 0-100 km/h (sec.)	9,05
Reprises 80-115 km/h (sec.)	non chronométrées
Distance de freinage 100-0 km/h (m)	40,8
Niveau sonore à 100 km/h	✗ ✗ ✗
Vitesse maximale (km/h)	195, 210 (GTi)
Consommation réalisée au cours de l'essai (L/100 km)	10,2
Gaz à effet de serre	
Autres moteurs	L4 turbo 2 litres (200 ch.)

CE QU'IL FAUT SAVOIR

Fourchette de prix ($)	**19 975 – 28 975**
Marge de profit du concessionnaire (%)	6,38 – 6,79
Transport et préparation ($)	1335
Consommation ville - route (L/100 km)	**11,3 – 8,2**
Essence recommandée	ordinaire
Versions offertes	Trendline, Comfortline, GTi
Carrosserie	hayon 3 ou 5 portes
Lieu d'assemblage	Allemagne
Valeur résiduelle	★ ★ ★ ★ ★
Garanties : de base - motopropulseur (an/km)	4/80 000 - 5/100 000
Fiabilité présumée	★ ★ ★
Cycle de remplacement	2010
Ventes 2007 n.a.	Québec : n.a.

Protection collision
frontale conducteur/passager ★ ★ ★ ★ / ★ ★ ★ ★
latérale avant/arrière ★ ★ ★ ★ ★ / ★ ★ ★ ★ ★
retournement 2rm/4rm ★ ★ ★ ★ / ★ ★ ★ ★

À RETENIR

Nouveautés 2009	nouveaux groupes d'options
Principales concurrentes	Honda Civic, Mazda3/Sport, Pontiac G5/Vibe, Subaru Impreza, Suzuki SX4, Toyota Corolla/Matrix

- Agrément de conduite
- Qualité de fabrication
- Mécanique linéaire

- Consommation décevante
- Modèle en fin de carrière (voir notre section « Dernière heure »)
- Habitacle étriqué selon les standards

MAUVAIS *TIMING*

En 2001, Chrysler, propriétaire de 49 % des parts de l'entreprise qui effectuait la conversion des véhicules du type fourgonnette pour Volkswagen, la Westfalia-Werke's Vans, s'est procuré les 51 % restants. Comme Chrysler et Volkswagen étaient deux entreprises concurrentes, cette transaction a signé l'arrêt de mort du partenariat entre VW et WeStfalia. Du coup, après 2002, Volkswagen ne produisait plus d'EuroVan ; elle n'avait désormais aucune fourgonnette à proposer aux Américains.

VOLKSWAGEN
ROUTAN

Pourtant, en 2009, Chrysler LLC construira pour Volkswagen une fourgonnette à sept places basée sur la plateforme de sa Town & Country, la Volkswagen Routan. Et ce sera la première fourgonnette signée VW à sillonner les routes depuis 2002 ; c'est à Windsor, en Ontario, que Chrysler l'assemblera. Deux questions se posent: primo, le fabricant américain se fera-t-il concurrence en Amérique avec son propre produit ? Secundo, à l'heure où le carburant connaît une hausse historique et où les consommateurs américains ont tendance à bouder les fourgonnettes et les VUS énergivores, Volkswagen se pointe-t-elle dans le marché avec sa Routan à un très mauvais moment ? Et dire qu'elle compte en vendre 40 000 exemplaires la première année.

UNE FOURGONNETTE RAFFINÉE

Au moment d'écrire ces quelques lignes, nous n'avions pas encore réalisé l'essai de la Routan. Par contre, nous avons eu l'occasion de la voir et d'apprécier ses qualités. Grosso modo, là où la Routan et la Town & Country présentent des différences marquées, c'est surtout à leurs parties avant et arrière. L'avant de la Routan donne l'impression d'être surbaissé et affiche une allure beaucoup plus européenne qu'américaine. On y trouve d'ailleurs certaines caractéristiques du Tiguan, les phares, plus précisément. Pour ce qui est de l'arrière, j'ai la vague impression qu'on s'est légèrement inspiré de la Toyota Sienna. Un peu baroque, me direz-vous, comme mélange des genres, mais, somme toute, même si je ne suis pas un amateur de fourgonnettes, je la trouve plutôt jolie, cette Routan.

Quatre versions de la Routan sont au menu : la Trendline, la Comfortline, la Highline et l'Execline, cette dernière étant le modèle haut de gamme de VW. On y retrouve un ensemble de divertissement, une chaîne audio de 500 watts,

des sièges à réglage électrique avec mémoire du côté conducteur, la navigation par satellite, notamment. La Routan proposera deux mécaniques V6 aux États-Unis, un 3,8 litres de 197 chevaux et un 4 litres de 251 chevaux, mais les consommateurs canadiens n'auront toutefois accès qu'au 4 litres. Cependant, il faut noter que cette mécanique, jumelée à une boîte de vitesses automatique à six rapports avec mode manuel, affiche une consommation de carburant plus basse. Alors, il n'y aurait donc aucun avantage à opter pour le 3,8 litres de toute façon.

Pour ce qui est de l'intérieur, la qualité est au rendez-vous. Le fabricant allemand a quand même la réputation de bien ficeler ses intérieurs, ce qui n'est pas toujours le cas de Chrysler. C'est riche, solide, bien fait, avec des matériaux différents de ce qu'on peut trouver dans la Town & Country. On y retrouve le même système de divertissement que dans la Chrysler, mais pas question de partager le Stow'n Go et le Swivel'n Go. Toutefois, l'espace occupé par le mécanisme de ces deux systèmes sera converti en rangement. C'était, semble-t-il, le souhait de VW. On préférait disposer de plus d'espace à l'intérieur pour assurer un meilleur confort aux occupants. D'ailleurs, quand on compare la VW et la Chrysler, on voit tout de suite une bonne différence du côté des sièges, plus gros et, sans doute, plus confortables dans la Routan. Pour ce qui est du tableau de bord, l'ensemble des commandes est conforme à ce qu'on peut trouver dans la Chrysler ; cependant, sa finition est beaucoup plus raffinée dans la Routan.

Quand on amènera la Routan sur la route, la différence entre les deux fourgonnettes cousines sera plus évidente. La Volkswagen profite d'éléments de suspension différents qui lui confèrent un meilleur contrôle, une grande capacité d'amortissement et un comportement fort dynamique.

La Routan est certes un véhicule intéressant pour la petite famille, mais en cette période de hausse du prix du carburant, la minifourgonnette du genre Mazda5 représente sans doute un choix plus judicieux. ▍▍▍ **STÉPHANE QUESNEL**

Optimiste, Volkswagen compte en écouler 40 000 unités dès la première année

DIMENSIONS ET VOLUMES

Empattement (mm)	3079
Longueur (mm)	5143
Largeur (mm)	1954
Hauteur (mm)	1750
Volume intérieur (L)	n.d.
Volume du coffre (min./max.) (L)	925 / 3972
Capacité du réservoir de carburant (L)	77,6
Fourchette de poids (kg)	1966 - 2096

CHÂSSIS

Mode	traction
Suspension av. - arr.	indépendante
Freins av. - arr.	disques
Capacité de remorquage min. - max. (kg)	907
Direction - diamètre de braquage (m)	crémaillère - 11,9
Pneus	225/65R16, 225/65R17 (option)

PERFORMANCES

Modèle à l'essai	Routan
Moteur	V6 SACT 4 litres
Puissance (ch. à tr/min)	251 - 6000
Couple (lb-pi à tr/min)	259 - 4100
Transmission	automatique 6 rapports
Autres transmissions	aucune
Accélération 0-100 km/h (sec.)	9,5 (estimé)
Reprises 80-115 km/h (sec.)	n.d.
Distance de freinage 100-0 km/h (m)	non mesurée
Niveau sonore à 100 km/h	non évaluée
Vitesse maximale (km/h)	190
Consommation réalisée au cours de l'essai (L/100 km)	n.d.
Gaz à effet de serre	n.d.
Autres moteurs	aucun

CE QU'IL FAUT SAVOIR

Fourchette de prix ($)	**27 975 - 49 975**
Marge de profit du concessionnaire (%)	n.d.
Transport et préparation ($)	1335
Consommation ville - route (L/100 km)	**n.d.**
Essence recommandée	ordinaire
Versions offertes	Trendline, Comfortline, Highline, Execline
Carrosserie	fourgonnette 5 portes
Lieu d'assemblage	Canada
Valeur résiduelle	n.d.
Garanties : de base - motopropulseur (an/km)	4/80 000 - 5/100 000
Fiabilité présumée	inconnue
Cycle de remplacement	nouveau modèle 2009
Ventes 2007 n.a.	Québec : n.a.
Protection collision frontale conducteur/passager	non évaluée
latérale avant/arrière	non évaluée
retournement 2rm/4rm	non évaluée

À RETENIR

Nouveautés 2009	**nouveau modèle**
Principales concurrentes	**Chrysler Town & Country, Honda Odyssey, Nissan Quest, Toyota Sienna**

- Sa finition
- Son équipement complet
- Son allure

- L'absence de Stow'n Go et de Swivel'n Go
- La consommation du 4-litres
- Le choix de VW de commercialiser une grosse fourgonnette

609

À LA RECHERCHE DU TEMPS PERDU

Volkswagen a mis beaucoup de temps avant de reconnaître que l'attrait des utilitaires compacts auprès des consommateurs n'est pas une simple mode. Le constructeur allemand entend rattraper le temps perdu avec le Tiguan qui, en Europe, peine à suffire à la demande. Parce qu'il est bon ? Non, parce que la capacité de production de l'usine chargée de la mettre au monde n'a pas encore atteint son rythme de croisière.

VOLKSWAGEN
TIGUAN

Le groupe allemand semble n'avoir rien négligé pour garantir le succès de son utilitaire compact. Plus que l'imposant Touareg, qu'il côtoie depuis quelques jours dans les salles d'exposition canadiennes, le petit Tiguan correspond davantage à l'esthétique des Volkswagen actuelles. Empreint de classicisme, le style ne bouleverse pas les canons actuels, mais donne une impression de qualité. Le Volkswagen Tiguan est un utilitaire qui n'en rajoute pas. Ses lignes sont soignées, avec ce qu'il faut de chrome pour faire chic et quelques coups de biseau pour donner du punch aux surfaces latérales.

Sa parente la plus proche est incontestablement la Rabbit. Le Tiguan en possède le groupe motopropulseur. Du moins à l'avant, car l'arrière a été emprunté à la Passat. Le Tiguan n'est cependant ni un simple collage de solutions techniques déjà anciennes ni une Rabbit grimpée sur des échasses.

Sans bouleverser les lois du genre, le Tiguan est proposé en trois livrées et deux modes d'entraînement (deux ou quatre roues motrices). Chez lui comme chez ses concurrents, la présence de quatre roues motrices répond à des impératifs de sécurité. Il ne s'agit pas de grimper aux arbres ni même de sortir des ornières (avec les pneus d'origine, ce serait peine perdue de toute façon), mais de se déplacer du point A au point B en toute circonstance et sans trop s'inquiéter. Sophistiquée, la transmission 4-Motion répartit automatiquement et électroniquement l'effort de traction selon le degré d'adhérence. En usage normal, 90 % du couple sont transmis aux roues avant ; si la chaussée devient glissante, la contribution de chacun des deux essieux est modifiée sans intervention du conducteur.

VIVE L'AUTOMATISME

Dérivé de la Rabbit, le Tiguan se conduit comme la compacte du groupe, ou presque. Il vire à plat, freine court, braque bien, et son gabarit le rend très facile à vivre en milieu urbain, même si les manœuvres en marche arrière posent quelques soucis au chapitre de la visibilité. Sur route aussi, pas grand-chose ne diffère de la conduite de la compacte de VW, hormis, bien sûr, la position surélevée des occupants. La tenue de route se révèle avisée et la maîtrise du roulis très réussie, au prix malheureusement d'un amortissement ferme qui nuit au confort.

Le moteur, un 2 litres suralimenté par turbocompresseur, hélas le seul proposé même si la direction canadienne de VW ne cache pas son désir d'offrir une mécanique diésel, affiche une belle vivacité, mais nous l'apprécions encore davantage avec la boîte semi-automatique à six rapports, qui permet notamment de meilleures cotes de consommation. Sa fluidité diminue la sensation de pesanteur ressentie avec la conduite d'une Tiguan à boîte manuelle (six rapports, elle aussi), dont la commande s'avère aussi imprécise et caoutchouteuse. Mentionnons cependant que cette dernière n'est proposée qu'aux acheteurs de la livrée Trendline.

IL Y A UN PRIX POUR ÊTRE BEAU

À bord, la présentation est assez terne et certains plastiques manquent de noblesse, surtout sur la version d'entrée de gamme (Trendline). La qualité est globalement très bonne, toutefois. On est surpris de constater l'exiguïté du pare-brise et la faible surface vitrée qui encourage le recours au toit ouvrant en verre panoramique. Un effort de clarté a été consenti avec un tableau de bord grège en partie basse et une sellerie assortie. Les sièges avant apportent le concours attendu, mais au prix d'un confort très germanique.

La banquette arrière coulisse sur 16 cm et son dossier peut s'incliner en plusieurs positions, mais elle ne peut accueillir et transporter confortablement trois personnes sur un long trajet, en raison d'une place centrale étriquée et dure. Le volume du coffre est correct pour la catégorie, mais la soute est mal aménagée : l'imposant rebord ne permet pas de glisser les objets dans le coffre, mais impose de les y déposer. Et il est impossible d'obtenir un plancher plat lorsque la banquette arrière est rabattue. La fonctionnalité est donc perfectible, malgré la possibilité de rabattre le siège avant droit pour le transport d'objets longs.

Belle entrée en matière pour Volkswagen, mais souhaitons seulement que la fiabilité sera au rendez-vous et que la panne électronique dont nous avons été victime lors de notre match comparatif (voir notre section Confrontations) était un incident isolé. ▐▐ **ÉRIC LEFRANÇOIS**

Le talon d'Achille de ce nouveau venu : la fiabilité ?

DIMENSIONS ET VOLUMES

Empattement (mm)	2604
Longueur (mm)	4427
Largeur (mm)	1809
Hauteur (mm)	1683
Volume intérieur (L)	2699
Volume du coffre (min./max.) (L)	674 / 1589
Capacité du réservoir de carburant (L)	63,5
Fourchette de poids (kg)	1541 - 1647

CHÂSSIS

Mode	traction (Trendline), intégral
Suspension av. - arr.	indépendante
Freins av. - arr.	disques
Capacité de remorquage min. - max. (kg)	998
Direction – diamètre de braquage (m)	crémaillère - 12
Pneus	215/65R16 (Trendline), 235/55R17 (Comfortline) 235/50R18 (Highline)

PERFORMANCES

Modèle à l'essai	Tiguan Highline
Moteur	L4 turbo DACT 2 litres
Puissance (ch. à tr/min)	200 - 5100
Couple (lb-pi à tr/min)	207 - 1700
Transmission	semi-automatique 6 rapports
Autres transmissions	manuelle 6 rapports (Trendline)
Accélération 0-100 km/h (sec.)	8,42
Reprises 80-115 km/h (sec.)	5,38
Distance de freinage 100-0 km/h (m)	39,8
Niveau sonore à 100 km/h	
Vitesse maximale (km/h)	207
Consommation réalisée au cours de l'essai (L/100 km)	11,2
Gaz à effet de serre	
Autres moteurs	aucun

CE QU'IL FAUT SAVOIR

Fourchette de prix ($)	**27 575 – 38 375**
Marge de profit du concessionnaire (%)	7,71 à 8,12
Transport et préparation ($)	1550
Consommation ville - route (L/100 km)	**12,4 - 9,2 (2rm)** **13,3 - 9,9 (4rm)**
Essence recommandée	super
Versions offertes	Trendline, Comfortline, Highline
Carrosserie	multisegment 5 portes
Lieu d'assemblage	Allemagne
Valeur résiduelle	★ ★ ★ ★
Garanties : de base - motopropulseur (an/km)	4/80 000 – 5/100 000
Fiabilité présumée	★ ★ ☆
Cycle de remplacement	inconnu
Ventes 2007 n.a.	Québec : n.a.
Protection collision frontale conducteur/passager	non évaluée
latérale avant/arrière	non évaluée
retournement 2rm/4rm	non évaluée

À RETENIR

Nouveautés 2009	**nouveau modèle**
Principales concurrentes	Honda CR-V, Mazda CX-7, Nissan Rogue, Toyota RAV4

- Boîte automatique
- Habitabilité
- Comportement rassurant

- Version Trendline
- Soute mal aménagée
- Fiabilité ?

NOMADE OU SÉDENTAIRE ?

Un nomade, le Touareg ? Disons plutôt un sédentaire, à en juger par la difficulté qu'il éprouve à trouver des acheteurs, surtout avec la montée vertigineuse des prix de l'essence. Pour 2009, cet utilitaire retourne, pour une deuxième année consécutive, sous les projecteurs à la faveur d'un moteur turbodiésel très attendu. Cela suffira-t-il pour que les concessionnaires réalisent leur rêve de l'écouler en masse? Pas sûr.

VOLKSWAGEN
TOUAREG

Ne boudons pas notre plaisir et profitons du temps qu'il reste (deux ou trois ans tout au plus) pour contempler ce Touareg partiellement retouché l'année dernière, comme en foi ses contours rendus plus scintillants grâce à sa calandre, bien sûr, mais aussi ces deux baguettes de chrome qui circonscrivent son empattement. À ces transformations extérieures se sont ajoutés des phares redessinés, des feux arrière fumés et un becquet grimpé sur la cime du hayon, lequel, hélas, ne change rien au coefficient de traînée aérodynamique plutôt banal (0,41) de ce Volkswagen par rapport aux autres véhicules de la catégorie.

À bord, les changements sont aussi très discrets. Ils touchent essentiellement les sièges qui profitent, tout comme certains matériaux de l'habitacle, d'un garnissage plus soigné. Partout ailleurs où ils poseront leurs yeux, les — rares — habitués de ce VW haut sur pattes n'auront aucun mal à retrouver leurs repères. Rien n'a véritablement changé. L'habitabilité demeure toujours aussi moyenne en regard des dimensions extérieures. Pour preuve, le dégagement pour les jambes à l'arrière est inférieur à celui d'une Nissan Versa... Et le coffre n'est guère plus accommodant pour nos bagages ou nos sacs de sport, considérant sa configuration cinq places. Même avec la banquette rabattue, la longueur de chargement demeure somme toute limitée. En revanche, la lunette s'ouvre indépendamment du hayon, ce qui se révèle très pratique à l'usage.

Peu impressionnant quant à son volume intérieur, le Touareg se rachète par une présentation très valorisante et en accord avec les prix demandés. Le traitement bicolore du tableau de bord, auquel se mêlent des appliques de bois et de métal, est du plus bel effet et dégage une impression de solidité.

La position de conduite idéale est facile à trouver, et l'usage de la plupart des commandes ne requiert pas de lire le manuel du propriétaire. On regrettera toutefois de retrouver le changeur de disques dans le coffre et que les espaces de rangement soient si peu nombreux.

UNE CHANCE QU'IL Y A LE DIÉSEL

Le cahier des charges du futur Touareg est déjà figé et on ne peut que souhaiter que ses responsables aient porté une attention toute particulière au poids, l'un des plus sérieux handicaps de la génération actuelle. Affichant près de 2,4 tonnes à la pesée, le Touareg pèse 172 kg de plus qu'un Cayenne, son alter ego, qui n'est pas un maigriot non plus. De plus, le Touareg ne bénéficie pas de mécaniques aussi véloces, donc le problème demeure entier : ce châssis est beaucoup trop lourd. L'explication tient sans doute à la volonté de ses concepteurs de le rendre extrêmement compétitif sur les chemins de clairière. Il l'est, mais était-ce bien nécessaire ? Combien de propriétaires mettront en péril le vernis de la carrosserie et le lustre des jantes ?

Même s'il brasse parfois ses passagers — ceux assis à l'arrière surtout — sur nos routes cahoteuses, le Touareg réalise tout de même un excellent compromis entre bitume et tout-terrain. Solide et efficace, il engrange les kilomètres sans se (nous) fatiguer. À cela s'ajoutent un freinage solide et un correcteur de stabilité électronique — avec fonction antiretournement — des plus efficace.

Cet amortissement de qualité profite également à la conduite, plutôt précise et proche de celle d'une grande berline de deux tonnes. Malgré tout, à rythme élevé, et en virage, le centre de gravité important et surtout le poids pénalisent l'agilité de ce véhicule. De la même manière, le V6 de 3,6 litres, brillant sous le capot d'une Passat, apparaît ici muselé. Et pour cause, ce pauvre V6 a 656 kg excédentaires à mouvoir. Sa souplesse, sa sonorité sympathique et la réponse vive de l'accélérateur lui permettent de faire illusion au premier contact. Aussi bien vous rabattre sur le turbodiésel de 3 litres. Musclée et gorgée de couple, cette mécanique est le choix tout indiqué.

Agréable à vivre, le Touareg masque difficilement ses rides en matière de volume intérieur, de poids et de consommation. Son salut passera assurément par la version turbodiésel, mais seulement si Volkswagen se garde une petite gêne au moment d'établir le montant de la facture. ▌▌▌
ÉRIC LEFRANÇOIS

Peu impressionnant quant à son volume intérieur, le Touareg se rachète par une présentation très valorisante

DIMENSIONS ET VOLUMES

Empattement (mm)	2855
Longueur (mm)	4754
Largeur (mm)	1928
Hauteur (mm)	1726
Volume intérieur (L)	2818
Volume du coffre (min./max.) (L)	878 / 2011
Capacité du réservoir de carburant (L)	100
Fourchette de poids (kg)	2332

CHÂSSIS

Mode	intégral
Suspension av. - arr.	indépendante
Freins av. - arr.	disques
Capacité de remorquage min. - max. (kg)	3500
Direction - diamètre de braquage (m)	crémaillère - 11,6
Pneus	255/60R17 (Comfortline)
	255/55R18 (Highline, Exceline) 275/45R19 (option)

PERFORMANCES

Modèle à l'essai	Touareg Highline
Moteur	V6 DACT 3,6 litres
Puissance (ch. à tr/min)	280 - 6200
Couple (lb-pi à tr/min)	265 - 3200
Transmission	semi-automatique 6 rapports
Autres transmissions	aucune
Accélération 0-100 km/h (sec.)	8,83
Reprises 80-115 km/h (sec.)	5,43
Distance de freinage 100-0 km/h (m)	42,5
Niveau sonore à 100 km/h	✖ ✖ ✖ ✖
Vitesse maximale (km/h)	195
Consommation réalisée au cours de l'essai (L/100 km)	14,2
Gaz à effet de serre	

Autres moteurs	V6 TDI 3 litres (221 ch.) à venir

CE QU'IL FAUT SAVOIR

Fourchette de prix ($)	**44 975 – 58 675**
Marge de profit du concessionnaire (%)	10,03 à 12,06
Transport et préparation ($)	1550
Consommation ville - route (L/100 km)	**16,3 – 11,8**
Essence recommandée	super, diésel
Versions offertes	Comfortline, Highline, Execline
Carrosserie	utilitaire 5 portes
Lieu d'assemblage	Slovaquie
Valeur résiduelle	✱ ✱
Garanties : de base - motopropulseur (an/km)	4/80 000 – 5/100 000
Fiabilité présumée	✱ ✱ ✱
Cycle de remplacement	2011
Ventes 2007 ↗ 6 %	Québec : 170
Protection collision frontale conducteur/passager latérale avant/arrière retournement 2rm/4rm	✱ ✱ ✱ ✱ ✱ / ✱ ✱ ✱ ✱ ✱ ✱ ✱ ✱ ✱ ✱ / ✱ ✱ ✱ ✱ ✱ n.a./ ✱ ✱ ✱ ✱

À RETENIR

Nouveautés 2009	moteur V8 abandonné, arrivée tardive du V6 3 l TDI, hayon à commande électrique
Principales concurrentes	Acura MDX, Land Rover LR3, Lexus RX, Mercedes ML, Volvo XC90

• Son prix devenu raisonnable (le V6 à tout le moins)
• Sa fabrication soignée
• Son 3 litres turbodiésel

• Son excès de poids. À quand la diète ?
• Sa consommation d'essence
• Sa personnalité peu définie

DISCUTABLE

Par son indigence, ses ressources limitées et la discrétion de ses ventes, le petit constructeur suédois Volvo avait-il les moyens de s'offrir une voiture comme la C30, un coupé trois portes à hayon qui s'adresse, disons-le, à un marché restreint ? La réponse est non, dans la mesure où la marque de Göteborg s'oblige à faire face à des géants comme Audi ou BMW qui, prix pour prix, offrent des voitures infiniment plus désirables que la C30.

Desservi en premier lieu par une ligne discutable, ce modèle ne fait pas l'unanimité. Certains l'aiment, d'autres pas, un syllogisme que Volvo n'a pas les moyens de se permettre. En plus, voyons les prix et ceux de la concurrence. Seriez-vous prêt à payer environ 35 000 $ pour une T5 (le modèle essayé) alors que pour un prix quasi identique, vous pourriez vous procurer la très attrayante Audi A3 ?

À des prix avoisinants, on trouve aussi la version de base de la série 1 de BMW. La Lexus IS 250 et quelques autres valeurs sûres. Ce sont là des comparaisons injustes, diront les partisans de la marque, puisque ce modèle se présente davantage comme un concurrent de la Mini Cooper. Le hic, c'est que cette dernière est porteuse d'une tradition qui justifie quelque peu un prix que j'ai toujours trouvé trop élevé. La C30 nous arrive avec pour seul incitatif une immense lunette arrière qui doit évoquer le fameux break P1800 d'une autre époque. Pour l'histoire, c'est peu. Cela dit, voyons un peu de ce qui cloche et ce qui réjouit dans cette fameuse C 30.

UN EFFET DE LOURDEUR

Ayant toujours eu une préférence marquée pour les voitures légères et compactes, j'ai d'abord été déçu par cette Volvo qui m'a donné l'impression de tenir le volant d'une auto au gabarit imposant. Cela est sans doute attribuable au pourtour du volant qui, par sa grosseur, crée un effet de lourdeur nettement désagréable. La direction est par ailleurs bien à l'abri de cet effet de couple qui menace toute voiture à traction avant dont le moteur recèle un tant soit peu de verve. Cela vaut en conduite tranquille, mais la puissance reprend son droit dès qu'on décide de chatouiller la ligne rouge du compte-tours. Ainsi, en plongeant dans

un virage à toute vitesse, les roues avant sont rudement secouées et un amortisseur de direction eût été un précieux ajout à la C30.

La tenue de route en elle-même est surprenante ; le système de contrôle de la stabilité joue fort bien son rôle en maintenant la voiture dans l'axe du virage pour un comportement très neutre. Le moteur d'origine, un cinq cylindres 2,5 litres de 227 chevaux n'est pas parmi les plus sophistiqués de sa catégorie, et cela, même s'il bénéficie de ce respirateur artificiel qu'est le turbocompresseur. Il n'y a pratiquement pas de temps de réponse, mais il faut néanmoins un peu plus de 7 secondes pour atteindre les 100 km/h après un départ arrêté, ce qui me paraît beaucoup pour une auto proposant un rapport poids-puissance très favorable. En revanche, le turbo joue bien son rôle au moment des reprises, et en cinquième, avec la boîte manuelle, il ne faut que 5,55 secondes pour passer de 80 à 115 km/h en voulant doubler un traînard. Je me dois aussi d'applaudir le levier de la boîte de vitesses à six rapports qui se laisse guider sans le moindre effort ainsi que le freinage impeccablement linéaire et puissant. Grâce à des sièges dont seul Volvo semble avoir le secret, la C30 T5 offre un confort très décent compte tenu de son format.

UN PEU GOURMANDE

En cette époque où les cotes de consommation d'essence sont devenues aussi importantes que les prévisions de la météo, la Volvo C30 déçoit avec une moyenne de 10,7 litres aux 100 km, un chiffre comparable à celui d'une voiture familiale de format moyen.

Détail notable, la grande vitre du hayon m'a semblé fragile, surtout en hiver. L'habitabilité est satisfaisante, quoique le grand six pieds de Claude Gauthier ne résistera pas long-temps à l'exiguïté des places arrière aménagées davantage pour des personnes de taille moyenne.

Le sommaire de cet essai est simple : la C 30 de base vendue 27 695 $ avec un plus grand nombre d'accessoires de série en 2009 est, à mon avis, plus intéressante pour les fanatiques de la marque. Lorsqu'elle se mêle de jouer les sportives, l'exercice est hautement discutable et vous amène à des déboursés insensés qui n'auront aucun effet sur la valeur de revente. **||| JACQUES DUVAL**

La C30 nous arrive avec pour seul incitatif une lunette entièrement vitrée. C'est peu !

VOLVO C30

DIMENSIONS ET VOLUMES

Empattement (mm)	2640
Longueur (mm)	4252
Largeur (mm)	954
Hauteur (mm)	470
Volume intérieur (L)	n.d.
Volume du coffre (min./max.) (L)	433 / n.d.
Capacité du réservoir de carburant (L)	60
Fourchette de poids (kg)	1425-1447

CHÂSSIS

Mode	traction
Suspension av. - arr.	indépendante
Freins av. - arr.	disques
Capacité de remorquage min. - max. (kg)	900
Direction - diamètre de braquage (m)	crémaillère - 10,6
Pneus	205/55R16 (de série), 205/50R17, 215/45R18

PERFORMANCES

Modèle à l'essai	C30 T5
Moteur	L5 turbo DACT 2,5 litres
Puissance (ch. à tr/min)	227 - 5000
Couple (lb-pi à tr/min)	236 - 1500
Transmission	manuelle 6 rapports
Autres transmissions	manuelle 5 rapports (2.4i), automatique 5 rapports
Accélération 0-100 km/h (sec.)	7,26
Reprises 80-115 km/h (sec.)	5,55
Distance de freinage 100-0 km/h (m)	39,5
Niveau sonore à 100 km/h	✕ ✕ ◥
Vitesse maximale (km/h)	240
Consommation réalisée au cours de l'essai (L/100 km)	10,7
Gaz à effet de serre	
Autres moteurs	L5 2,4 litres (168 ch.)

CE QU'IL FAUT SAVOIR

Fourchette de prix ($)	**27 695 - 32 195**
Marge de profit du concessionnaire (%)	7,51
Transport et préparation ($)	1095
Consommation ville - route (L/100 km)	**11,7 - 8,4 (2,4 l)** **12,6 - 8,6 (2,5 l)**
Essence recommandée	ordinaire, super (T5)
Versions offertes	2.4i, T5
Carrosserie	hayon 3 portes
Lieu d'assemblage	Belgique
Valeur résiduelle	★ ★ ★
Garanties : de base - motopropulseur (an/km)	4/80 000 - 4/80 000
Fiabilité présumée	★ ★ ★ ★
Cycle de remplacement	inconnu
Ventes 2007 n.a.	Québec : 373
Protection collision frontale conducteur/passager	non évaluée
latérale avant/arrière	non évaluée
retournement 2rm/4rm	non évaluée

À RETENIR

Nouveautés 2009	**groupe R-Design (jantes 18 po, phares Xénon, artifices de carrosserie, garnitures en alu, pédalier sport, sièges deux couleurs)**
Principales concurrentes	**Mazda3 Sport/Speed3, Mini Cooper, Volkswagen Rabbit/GTi**

- Tenue de route neutre et bon freinage
- Sièges exemplaires
- Boîte manuelle agréable

- Prix et silhouette discutables
- Lourdeur du train avant
- Moteur gourmand et peu performant (T5)

615

COMMENT RATER SON COUP

VOLVO

VOLVO
C70

Ma première évaluation du modèle de seconde génération du coupé cabriolet Volvo C70 s'est déroulée dans des circonstances assez singulières. C'était sur la route considérée comme la plus difficile en Amérique du Nord parce qu'elle est parsemée de quelque 600 virages sur un parcours de moins de 60 km. Elle est située sur l'île de Maüi à la hauteur du petit village hawaïen de Hana surnommé « le paradis sur terre», là où, entre autres beautés, il pleut des fleurs.

Sinueux, tournicotant, tortueux, l'étroit ruban d'asphalte défoncé qui recouvre ce sentier montagneux s'apparente beaucoup plus à mes yeux à une sorte de purgatoire pour automobilistes. Mes impressions initiales de la voiture ont été ensuite avalisées par un essai en bonne et due forme sur les routes du Québec. Dans les deux cas, le bilan est peu reluisant.

DOUBLE PERSONNALITÉ

La double personnalité de cette Volvo tient non seulement à son toit rigide escamotable en trois sections (le premier du genre) mais aussi à sa boîte de vitesses. Optez pour l'automatique et préparez-vous à une expérience décevante. Vous inscrirez dans votre carnet de notes que la voiture est sous-motorisée avec son cinq cylindres turbo 2,5 litres de 227 chevaux qui fait que la transmission ne sait jamais très bien sur quel pied danser. Conduisez la C70 avec la boîte manuelle à six rapports et celle-ci vous permettra de faire la connaissance d'une tout autre voiture, plus vivante et surtout moins ennuyeuse.

Toutefois, cette Volvo n'est pas une sportive, loin de là. Elle démontre un semblant de maniabilité dans les changements de cap rapides, mais il reste que cet hybride (côté carrosserie, s'entend) passablement lourd fait sentir davantage son couple que sa puissance aux roues avant motrices. J'ai déjà vu pire, mais on est tout de même informé qu'on a affaire à une traction avant par cet effet de couple agaçant qui se manifeste dans le volant au moment de fortes (?) accélérations. Au vu de ses performances, il est certain qu'un moteur cinq cylindres turbo n'a pas sa place dans un coupé-cabriolet dont l'addition grimpe facilement au-dessus de 60 000 $ au gré des options.

Si seulement cette C70 nous faisait mourir d'envie par sa ligne, passe encore, mais malgré une silhouette fidèle à l'image de la marque suédoise, on ne s'étouffe pas de plaisir en admirant ce modèle. La C70 et la S40 sont des jumelles dissemblables. Les deux voitures partagent le même châssis et s'échangent leurs structures frontales. On comprend déjà mieux la déroute du coupé-cabriolet qui, au prix exigé, ne saurait se permettre un tel rapprochement. Même le tableau de bord dont la banalité est affligeante nous ramène à une berline coûtant passablement moins cher. Son seul élément distrayant est cette console mince en forme de chute d'eau... provenant des S40/V50.

On se réjouit davantage toutefois en découvrant des sièges dont seul Volvo a le secret en matière de bon maintien et de normes orthopédiques. La sécurité aussi est au rendez-vous, tant en ce qui concerne l'aspect passif que l'aspect actif. En plus d'un excellent dispositif de stabilité (DSTC), la voiture bénéficie d'une protection latérale sous la forme d'un rideau gonflable protecteur, d'arceaux de sécurité antitonneaux et d'un système qui en cas de collision par l'arrière prévient le coup de lapin. On se plaindra sans doute comme nous de la grosseur des piliers A qui gênent la visibilité en angle, mais il faut savoir que ceux-ci sont faits d'acier à extrahaute résilience pour minimiser le risque d'affaissement en cas de retournement. En plus, un détecteur d'angle mort vous prévient de tout danger imminent.

SÉCURITÉ ET ESPACE

Mes deux essais du C70 m'ont permis de découvrir une voiture au comportement routier honnête, sinon transcendant, dont le confort a préséance sur l'agrément de conduite. Surtout que le moteur propose des performances relativement timides par rapport à la concurrence. Ainsi, à 100 km/h en sixième, ce cinq cylindres qui ronfle sous le capot nous indique qu'il sommeille profondément. Le seul fait qu'il soit marié à la traction est l'indice parfait que Volvo n'avait pas de grandes attentes pour ce modèle.

En revanche, les habitués de la marque sauront qu'ils peuvent désormais jouir du plaisir de rouler à ciel ouvert tout en bénéficiant d'un maximum de sécurité pour ce type de véhicule. Ce coupé-cabriolet C70 verra sans doute sa carrière cantonnée à la clientèle habituelle du constructeur suédois qui lui pardonnera une telle avanie. Bref, la concurrence peut dormir d'un sommeil de plomb.
III JACQUES DUVAL

Ainsi, à 100 km/h en sixième, ce cinq cylindres qui ronfle sous le capot nous indique qu'il sommeille profondément

DIMENSIONS ET VOLUMES

Empattement (mm)	2640
Longueur (mm)	4582
Largeur (mm)	1836
Hauteur (mm)	1400
Volume intérieur (L)	n.d.
Volume du coffre (min./max.) (L)	362
Capacité du réservoir de carburant (L)	60
Fourchette de poids (kg)	1736

CHÂSSIS

Mode	traction
Suspension av. - arr.	indépendante
Freins av. - arr.	disques
Capacité de remorquage min. - max. (kg)	900
Direction - diamètre de braquage (m)	crémaillère – 11,8
Pneus	235/45R17, 235/40R18 (option)

PERFORMANCES

Modèle à l'essai	C70 T5
Moteur	L5 turbo DACT 2,5 litres
Puissance (ch. à tr/min)	227 - 5000
Couple (lb-pi à tr/min)	236 - 1500
Transmission	automatique 6 rapports
Autres transmissions	manuelle 6 rapports
Accélération 0-100 km/h (sec.)	7,93
Reprises 80-115 km/h (sec.)	6,14
Distance de freinage 100-0 km/h (m)	37,9
Niveau sonore à 100 km/h	✖ ✖ ✎
Vitesse maximale (km/h)	240
Consommation réalisée au cours de l'essai (L/100 km)	11,5
Gaz à effet de serre	
Autres moteurs	aucun

CE QU'IL FAUT SAVOIR

Fourchette de prix ($)	**52 095**
Marge de profit du concessionnaire (%)	7,76
Transport et préparation ($)	1095
Consommation ville – route (L/100 km)	13,2 – 8,9 (man.) 13,4 – 9,2 (aut.)
Essence recommandée	super
Versions offertes	T5
Carrosserie	cabriolet 2 portes
Lieu d'assemblage	Suède
Valeur résiduelle	✱ ✱ ✱ ✱
Garanties : de base - motopropulseur (an/km)	4/80 000 – 4/80 000
Fiabilité présumée	✱ ✱ ✱ ✱
Cycle de remplacement	inconnu
Ventes 2007 ↗ 36 %	Québec : 114
Protection collision frontale conducteur/passager latérale avant/arrière retournement 2rm/4rm	non évaluée non évaluée non évaluée

À RETENIR

Nouveautés 2009	**garnitures en alu à l'intérieur, ouverture du toit simplifiée, Bluetooth**
Principales concurrentes	**Audi A4, BMW Série 3, Mercedes CLK, Saab 9-3, Volkswagen Eos**

+
- Confort soigné
- Quatre vraies places
- Sécurité optimisée

–
- Effet de couple
- Transmission automatique à déconseiller
- Performances timides

ELLE A TOUT BON, SAUF LE PRIX

VOLVO

VOLVO
S40/V50

La gamme de voitures compactes de Volvo a subi une refonte bienvenue en 2005, délaissant une plateforme partagée alors avec Mitsubishi pour adopter celle des compactes du groupe Ford. Du même coup, la gamme S40/V50 a aligné ses canons esthétiques sur ceux de ses grandes sœurs, pour un résultat du meilleur effet. La voiture essayée, la version V50 T5, arborait la finition Sport, incluant de magnifiques jantes de 17 pouces ainsi qu'un ensemble de bas de caisse. On est loin des boîtes carrées des années 1980.

La gamme S40/V50 est proposée en version traction ou intégrale, avec des boîtes manuelles à cinq ou six rapports ou automatique à cinq rapports. La motorisation retenue faisait appel au moteur à cinq cylindres turbo-compressé de 2,5 litres d'une puissance de 227 chevaux à 5000 tours/minute alors que le couple atteint 236 livres-pieds de 1500 à 5000 tours/minute. Ce moteur est particulièrement souple, pas surprenant avec un tel plateau sur 3500 tours/minute, et sa sonorité riche mais tout en subtilité est envoûtante et incite à la conduite. Ainsi motorisée, Volvo annonce un temps de 7 secondes pour le 0-100 km/h. La boîte de vitesse à six rapports est fort agréable avec des déplacements courts et précis et un étagement bien pensé, mais la pédale d'embrayage est difficile à moduler. Sur le plan de la consommation d'essence, Volvo annonce des consommations de 7 et 10,7 L/100 km (route et ville), mais durant l'essai, réalisé en hiver, c'est plus proche de 14 L/100 km sur un parcours urbain à 75 %. Désolant !

La direction à assistance électrohydraulique, un système qui fait appel à une pompe électrique pour pressuriser l'assistance hydraulique, est précise mais un brin trop assistée. C'est mieux que les systèmes purement électriques, mais l'effort pourrait être supérieur de façon à mieux percevoir ce que font les roues motrices. La tenue de route est saine malgré une touche de sous-virage quand on pousse un peu. L'antidérapage, appelé VSC chez Volvo, est toujours en veille, mais son seuil de déclenchement est assez haut pour permettre un peu de folie sur les chaussées à faible adhérence. Le roulis est minimal, et l'amortissement est souple tout en étant bien maîtrisé. Ce châssis est conçu pour bien contenir le couple du cinq cylindres, mais cette Volvo n'est pas une sportive typée circuit.

C'EST DU SOLIDE

À l'intérieur, l'ambiance est fort agréable bien que la combinaison noir et argent soit un peu triste. La version qui offre des appliques de bois clair est beaucoup plus gaie et rappelle le design scandinave typique. L'ergonomie est bonne, toutes les commandes tombent bien (au sens figuré bien sûr) sous la main, et il est facile de trouver une position de conduite agréable et confortable. Les matériaux de la cabine sont de bonne qualité et la voiture est solide comme le roc, à l'exception des portières dont la flexibilité des entourages de glaces n'est pas dans la tradition Volvo.

L'élégante console centrale, un mince panneau qui descend de la planche de bord, est bien conçue et les diverses commandes sont faciles à opérer. La voiture d'essai était pourvue de sièges chauffants et de la climatisation régulée à deux zones. Ces sièges fort confortables sont recouverts d'un tissu appelé T-Tec qui rappelle que le cuir n'est pas le seul matériau élégant dans une voiture. À l'arrière, le constructeur propose en option deux petits coussins rehausseurs intégrés à l'assise de la banquette et destinés aux enfants de trois ans et plus.

SÉCURITÉ AVANT TOUT

Volvo s'est taillé toute une réputation sur le plan de la sécurité, non sans raison, et donc la V50 suit la trace de ses grandes sœurs avec une pléiade d'aides à la conduite et d'équipements de sécurité passive. Le freinage, assuré par des disques de grandes dimensions, est complété par un antiblocage, la répartition électronique de la force de freinage, l'assistance au freinage d'urgence, l'antipatinage et le contrôle de stabilité. En plus, les sièges avant ont des appuie-têtes actifs, les ceintures profitent de prétensionneurs et il y a une bonne demi-douzaine de coussins gonflables.

Alors, pour résumer, cette petite Volvo a tout d'une grande, si ce n'est la taille. C'est une compacte bien équipée, avec une soute à bagages de bonnes dimensions. Confortable, silencieuse, performante, jolie, il n'y a que le montant demandé qui soit un frein à sa popularité. Pour contourner cela, la version de base 2,4i avec l'ensemble Premium offrira des prestations similaires pour un débours plus raisonnable.

|||| LOUIS-ALAIN RICHARD

Confortable, silencieuse, performante, jolie, il n'y a à vrai dire que le prix demandé qui soit un frein à sa popularité

DIMENSIONS ET VOLUMES

Empattement (mm)	2640
Longueur (mm)	4522 (V50), 4476 (S40)
Largeur (mm)	1770
Hauteur (mm)	1457 (V50), 1454 (S40)
Volume intérieur (L)	2625 (V50), 2619 (S40),
Volume du coffre (min./max.) (L)	918 - 2015 (V50), 357 (S40)
Capacité du réservoir de carburant (L)	57 (T5), 60
Fourchette de poids (kg)	1453 - 1599

CHÂSSIS

Mode	traction, intégral
Suspension av. - arr.	indépendante
Freins av. - arr.	disques
Capacité de remorquage min. - max. (kg)	900
Direction – diamètre de braquage (m)	crémaillère - 10,6
Pneus	205/55R16, 205/50R17 (option)

PERFORMANCES

Modèle à l'essai	V50 T5
Moteur	L5 turbo DACT 2,5 litres
Puissance (ch. à tr/min)	227 - 5000
Couple (lb-pi à tr/min)	236 - 1500
Transmission	manuelle 6 rapports
Autres transmissions	semi-automatique 5 rapports, manuelle 5 rapport (2,4 l)
Accélération 0-100 km/h (sec.)	7,84
Reprises 80-115 km/h (sec.)	4,97
Distance de freinage 100-0 km/h (m)	37,7
Niveau sonore à 100 km/h	✖ ✖ ✖
Vitesse maximale (km/h)	210
Consommation réalisée au cours de l'essai (L/100 km)	14
Gaz à effet de serre	
Autres moteurs	L5 2,4 litres (168 ch.)

CE QU'IL FAUT SAVOIR

Fourchette de prix ($)	**31 695 - 41 695**
Marge de profit du concessionnaire (%)	7,51 - 7,52
Transport et préparation ($)	1095 (préparation en sus)
Consommation ville - route (L/100 km)	11,7 - 8,2 (2rm, 2,4 l)
	12,7 - 8,8 (2rm, 2,5 l)
	13,6 - 9,3 (4rm, 2,5l)
Essence recommandée	super
Versions offertes	2.4i, T5, T5 AWD
Carrosserie	berline 4 portes, familiale 5 portes
Lieu d'assemblage	Suède
Valeur résiduelle	★ ★ ★
Garanties : de base - motopropulseur (an/km)	4/80 000 - 4/80 000
Fiabilité présumée	★ ★ ★
Cycle de remplacement	2011
Ventes 2007 ↘ 18 %	Québec : 584

Protection collision
frontale conducteur/passager ★ ★ ★ ★ / ★ ★ ★ ★ ★
latérale avant/arrière ★ ★ ★ ★ ★ / ★ ★ ★ ★ ★
retournement 2rm/4rm ★ ★ ★ ★ / ★ ★ ★ ★

À RETENIR

Nouveautés 2009	nouveaux groupes d'options (2.4i), version « R » de la T5 proposant des artifices de carrosserie
Principales concurrentes	Acura TSX, Audi A3/A4, BMW Série 3, Lexus IS, Mercedes Classe B/C, Saab 9-3

- Dimensions « humaines »
- Ergonomie étudiée
- Performances de la mécanique suralimentée

- Prix trop élevé
- Consommation
- Embrayage difficile à moduler

LÉGATAIRE D'UNE LOURDE HÉRÉDITÉ

VOLVO

VOLVO
S60/V70

Depuis des décennies, Volvo est synonyme de longue tradition : dans notre inconscient collectif, une Volvo, c'est encore l'image d'une 240 familiale, l'un des plus glorieux fleurons. Mais la V70 est un succès qui est dû d'abord à la réputation de sérieux de la marque et à son image de sécurité avant son volume intérieur réel.

La Volvo familiale est un classique du genre. Il y a 30 ans, c'était la 240 ; puis il y a eu les 740 et 760. Aujourd'hui, c'est la V70, née 850 quand Volvo est passé à la traction il y a dix ans. Sa ligne est sobre, arrondie, mais aussi pragmatique sans être trop démesurée. L'espace cargo est un beau volume carré et son plancher à plat comprend une ouverture qui recèle un rangement supplémentaire pour les objets précieux. La V70 a d'autres atouts si vous magasinez une familiale de plus de 40 000 $; elle est à mettre sur votre liste.

Certains groupes d'options exigent un déboursé assez substantiel et discutable : comme le groupe Titanium qui propose la sellerie de cuir de teinte graphite avec siège du passager à commandes électriques — celui du conducteur l'est de série —, un rétroviseur intérieur à gradation automatique, un siège pour enfant intégré, des roues en alliage de 17 pouces, une galerie de pavillon, des baguettes de caisse et des pare-chocs de même couleur.

La V70 possède de larges portières, et s'installer à son bord, c'est aussi apprécier le confort des sièges. Les commandes sont à portée de main, les ajustements faciles et la colonne de direction est inclinable et télescopique. L'intérieur est moins lourd que dans la version précédente, mais bien décoré d'appliques de bois ou d'aluminium. Le tableau de bord est simple mais complet et l'information facile à trouver. Nous critiquons cependant une réception radio hésitante, l'instrumentation réduite, une glace arrière qui n'aide en rien les opérations de recul. Les grandes personnes manqueront d'espace à l'arrière. Belle innovation, le dossier de la banquette 40/20/40 est mobile et facilite le roupillon du passager ou augmente l'espace bagages. La V70 est au même point que l'ancienne version au chapitre du volume cargo.

ROULER EN SÉCURITÉ AVEC PLAISIR

Son comportement sur la route est équilibré et rassurant. Le train avant communique mal avec le volant et la direction n'aide pas ; n'empêche qu'on peut inscrire la V70 en virage sans inquiétude. Il faudra composer avec son poids sur des chemins sinueux, mais la suspension arrière semble sur des rails. En zone urbaine, à cause de son volume important, elle est moins à l'aise, souffrant d'un généreux diamètre de braquage. La raison tient du moteur cinq cylindres monté en position transversale. Sur route en mauvais état, le confort des sièges amortit les effets d'une suspension plutôt sèche. Les occupants arrière se feront brasser davantage, puisque la banquette offre moins de support. Pour que le tout soit stable, il vaut mieux avoir plusieurs personnes et leurs bagages à bord.

La V70 est davantage une bonne routière et elle file vite sur l'autoroute. Il faudra faire attention sur une surface détrempée parce qu'elle peut perdre sa motricité. Mais l'antidérapage veille au grain et s'active pour garder la bonne trajectoire. Quand on s'y habitue, on se sent en mesure de défier l'hiver et ses aléas. Pour la traction totale, il faudra choisir le XC70 pour quatre gros billets de plus.

La V70 dispose d'un joyau sous le capot, véritable héritier du célèbre B23 : un six cylindres en ligne de 3,2 litres de 235 chevaux, plus doux et linéaire que le cinq cylindres turbo. Sa puissance s'applique graduellement et son couple de 236 livres se met en œuvre assez rapidement à travers une boîte Geartronic à six rapports qu'on peut mouliner manuellement pour le plaisir. Mais ne vous attendez plus à la consommation du quatre ou même du cinq cylindres.

En plus de la panoplie de coussins gonflables et toutes les mesures de sécurité dont Volvo est souvent un précurseur, le freinage de la V70 vous impressionnera : quatre disques puissants, mordants et endurants. Que dire de plus ?

Familiale fort populaire, la V70 est faite sur mesure pour les grands espaces. Son comportement est sain et sa mécanique sans faille. Et le sentiment de sécurité perdure. Volvo a laissé entendre que des rabais alléchants seraient offerts à la suite de l'harmonisation des devises. Outre-frontière, la différence atteint même 10 000 $ dans le cas de la V70. Votre sécurité nous préoccupe, mais votre portefeuille aussi ! Et la S60 ? Elle est toujours inscrite au catalogue et attend patiemment l'heure de la retraite.
MICHEL POIRIER-DEFOY

DIMENSIONS ET VOLUMES

Empattement (mm)	2816 (V70), 2715 (S60)
Longueur (mm)	4823 (V70), 4603 (S60)
Largeur (mm)	1861(V70), 1804 (S60)
Hauteur (mm)	1547(V70), 1428 (S60)
Volume intérieur (L)	2670 (S60)
Volume du coffre (min./max.) (L)	944 / 2042 (V70)
	394 (S60)
Capacité du réservoir de carburant (L)	70
Fourchette de poids (kg)	1567 - 1767

CHÂSSIS

Mode	traction, intégral
Suspension av. - arr.	indépendante
Freins av. - arr.	disques
Capacité de remorquage min. - max. (kg)	1500
Direction - diamètre de braquage (m)	crémaillère - 11,2 (V70) / 10,8 - 11,8 (S60)
Pneus	205/55R16, 225/55R16 (V70)

PERFORMANCES

Modèle à l'essai	V70 3.2
Moteur	L6 DACT 3,2 litres
Puissance (ch. à tr/min)	235 - 6200
Couple (lb-pi à tr/min)	236 - 3200
Transmission	semi-automatique 6 rapports
Autres transmissions	manuelle 5 rapports (2,5 l)
	automatique 5 rapports (2,5 l)
Accélération 0-100 km/h (sec.)	8,14
Reprises 80-115 km/h (sec.)	5,46
Distance de freinage 100-0 km/h (m)	40,7
Niveau sonore à 100 km/h	✗ ✗ ✗
Vitesse maximale (km/h)	235 (L6), 210 (L5)
Consommation réalisée au cours de l'essai (L/100 km)	12,5
Gaz à effet de serre	
Autres moteurs	L5 turbo 2,5 litres (208 ch.)

CE QU'IL FAUT SAVOIR

Fourchette de prix ($)	**36 395 – 42 495**
Marge de profit du concessionnaire (%)	7,75 – 7,76
Transport et préparation ($)	1095 (préparation en sus)
Consommation ville – route (L/100 km)	12,5 - 8,7 (2m, 2,5 l)
	13,9 - 9,3 (4rm, 2,5 l)
	14,9 - 9,8 (2rm, 3,2 l)
Essence recommandée	super
Versions offertes	2.5T, 2.5T AWD, 3.2 FWD
Carrosserie	berline 4 portes familiale 5 portes
Lieu d'assemblage	Suède
Valeur résiduelle	✴ ✴ ✴
Garanties : de base - motopropulseur (an/km)	4/80 000 - 4/80 000
Fiabilité présumée	✴ ✴ ✴
Cycle de remplacement	2010 (S60)
Ventes 2007 ↘ 39 %	Québec : 580
Protection collision frontale conducteur/passager	✴ ✴ ✴ ✴ / ✴ ✴ ✴ ✴
latérale avant/arrière	✴ ✴ ✴ ✴ ✴ / ✴ ✴ ✴ ✴ ✴
retournement 2rm/4rm	✴ ✴ ✴ ✴ ✴ / ✴ ✴ ✴ ✴ ✴

À RETENIR

Nouveautés 2009	**boîte automatique améliorée, nouveaux groupes d'options, antibrouillards et Bluetooth de série (V70)**
Principales concurrentes	**Audi A4, Cadillac CTS, Nissan Maxima, Lexus ES, Saab 9-5, Subaru Legacy, VW Passat**

- Solidité et sécurité de cette familiale
- Bonne tenue de route
- Design classique et distinctif

- Prix à vérifier
- Consommation anormale
- Confort des places arrière

621

UN ŒIL SUR LA VALEUR DE REVENTE

VOLVO

VOLVO
S80

Hormis leurs sièges qui font envie et une sécurité maintenant copiée par tout un chacun, les Volvo ne m'ont jamais fait dresser le poil sur les bras. Même la C70, avec son toit dur escamotable, offre trop peu pour trop cher, selon moi. La marque suédoise (toujours dans le giron de Ford) m'a toutefois fait très bonne impression avec son modèle haut de gamme qu'elle commercialise sous l'appellation alphanumérique de S80. Serait-ce une aubaine que peu d'automobilistes osent saisir ?

Le peu de succès de ce modèle tient probablement au fait que les acheteurs en font brièvement l'essai et reviennent déçus. C'est en effet une voiture qu'il faut éviter de juger sur une première impression de conduite. Dérouté de prime abord, on en vient à apprécier ses qualités et ses nombreuses petites astuces, tels son système BLIS qui vous prévient d'une situation d'angle mort, ses sièges suprêmement confortables, le son guttural de son moteur V8 et une présentation intérieure rafraîchissante qui n'a rien à envier à une Audi avant que la marque allemande s'affadisse à ce chapitre. Ce même intérieur est encore plus invitant si on choisit la nouvelle version Executive qui exploite la simplicité du design scandinave en y ajoutant des sièges avec vibromassage, une banquette arrière réglable et une liste d'accessoires absolument exhaustive.

SUSPENSION BRINQUEBALANTE

Ce qui occulte les qualités de la S80, c'est son châssis plutôt brinquebalant ainsi qu'une tenue de cap instable résultant de la constante recherche d'adhérence des quatre roues motrices. En virage, le roulis se manifeste plus que de raison, et même si la voiture colle au bitume comme si de rien n'était, il faut être capable de tolérer cette impression que le capotage est imminent. Mieux vaut profiter des trois réglages de suspension offerts en sélectionnant le mode « advanced ou sport » plutôt que confort.

Ce qui m'a finalement séduit dans cette Volvo, c'est le tandem moteur-transmission.

Le V8 de 4,4 litres atteint 311 chevaux et fait très bon ménage avec la transmission automatique à six rapports. Non seulement les performances sont très honnêtes avec

un temps de dépassement de seulement 4,15 secondes entre 80 et 115 km/h, mais le son qui s'échappe de ce moteur ravira tous ceux qui n'ont jamais pu oublier la tonalité des gros V8 américains. Après une semaine de va-et-vient, y compris un aller-retour à Québec, la Volvo S80 affichait 13,4 litres aux 100 km/h sur son ordinateur de bord. C'est en ligne avec la concurrence représentée par la série 5 de BMW, les A6 Audi, Lexus GS, Infiniti M35 ou même Cadillac CTS. Avec les prix ajustés à la baisse, la S80, qui valait 65 000 $ au moment de l'essai, devrait pouvoir s'acheter à des conditions beaucoup plus avantageuses qui risquent de la rendre très attrayante.

SÉCURITÉ OPTIMALE

Surtout que la décoration intérieure est très séductrice avec ses cuirs beige clair jumelés à un extérieur d'un gris couleur d'huître. La bête noire de Volvo est cependant bien présente dans l'habitacle envahi par des craquements qui laissent songeur sur la solidité à long terme de la caisse et de ses composantes.

En sus de sa traction intégrale et d'un système antidérapage, la Volvo S80 est à ce point bardée de garde-fous électroniques qu'on a l'impression d'être à l'abri des pires catastrophes et de prendre place dans un char d'assaut tellement le niveau de sécurité est élevé. La liste des équipements de série ou optionnels est longue : système anticoup de fouet cervical, système d'anticipation des collisions avec assistance au freinage, coussins gonflables à trois seuils de déploiement, régulateur de vitesse avec ralentissement automatique si nécessaire, détecteur de soulèvement, etc.

Si plusieurs voitures de luxe actuelles proposent une assistance au stationnement par bips, le système utilisé par Volvo est selon moi l'un des meilleurs tant par l'emplacement des témoins de rapprochement que par leur sonorité. Il en va de même du radar de régulateur de vitesse dont la programmation est d'une grande simplicité. De là toutefois à confier sa vie à un dispositif électronique, il y a une marge que je ne franchirai chez aucun manufacturier. Pour les non-initiés, l'utilisation du régulateur est liée à un radar qui ralentit la voiture d'elle-même à l'approche d'un véhicule plus lent. Cela fonctionne merveilleusement, mais mon pied n'est jamais loin du frein... juste au cas.

La Volvo S80, préférablement en version V8 plutôt que six-cylindres (suralimenté ou non), est une voiture à saisir à condition que le prix soit ajusté en conséquence de la valeur de revente qui sera irrémédiablement plus faible que celle de ses concurrentes que sont l'Audi A6, la BMW série 5 et quelques autres modèles similaires. **||| JACQUES DUVAL**

*Avec ses nombreux garde-fous électroniques, la Volvo S80
semble nous mettre à l'abri des pires catastrophes*

DIMENSIONS ET VOLUMES

Empattement (mm)	2835
Longueur (mm)	4851
Largeur (mm)	1861
Hauteur (mm)	1493
Volume intérieur (L)	2792
Volume du coffre (min./max.) (L)	422
Capacité du réservoir de carburant (L)	70
Fourchette de poids (kg)	1716 - 1889

CHÂSSIS

Mode	traction (3.2)- intégral (T6, V8)
Suspension av. - arr.	indépendante
Freins av. - arr.	disques
Capacité de remorquage min. - max. (kg)	1500
Direction - diamètre de braquage (m)	crémaillère - 11,2
Pneus	225/50R17, 245/40R18 (option)

PERFORMANCES

Modèle à l'essai	S80 V8
Moteur	V8 DACT 4,4 litres
Puissance (ch. à tr/min)	311 - 5950
Couple (lb-pi à tr/min)	325 - 3950
Transmission	semi-automatique 6 rapports
Autres transmissions	aucune
Accélération 0-100 km/h (sec.)	6,94
Reprises 80-115 km/h (sec.)	4,15
Distance de freinage 100-0 km/h (m)	38,8
Niveau sonore à 100 km/h	✗ ✗ ✗ ✗
Vitesse maximale (km/h)	245
Consommation réalisée au cours de l'essai (L/100 km)	13,4
Gaz à effet de serre	
Autres moteurs	L6 3,2 litres (235 ch.)
	L6 turbo 3 litres (281 ch.)

CE QU'IL FAUT SAVOIR

Fourchette de prix ($)	**49 995 - 64 995**
Marge de profit du concessionnaire (%)	7,75
Transport et préparation ($)	1095
Consommation ville - route (L/100 km)	**14,6 - 9,5 (3,2 l)**
	15,5 - 10,2 (3 l),
	15,9 - 10,8 (4,4 l)
Essence recommandée	super
Versions offertes	3.2, T6, V8, V8 Executive
Carrosserie	berline 4 portes
Lieu d'assemblage	Suède
Valeur résiduelle	★ ★ ★
Garanties : de base - motopropulseur (an/km)	4/80 000 - 4/80 000
Fiabilité présumée	★ ★ ★
Cycle de remplacement	inconnu
Ventes 2007 ↗ 79%	Québec : 163
Protection collision frontale conducteur/passager	non évaluée
latérale avant/arrière	non évaluée
retournement 2rm/4rm	non évaluée

À RETENIR

Nouveautés 2009	**moteur turbo 3 litres (T6), sièges climatisés et banquette chauffante avec vibro-masseur (V8 Executive)**
Principales concurrentes	**Acura RL, Audi A6, BMW Série 5, Infiniti M, Lexus GS, Mercedes Classe E**

- Un v8 en bonne forme
- Équipement pléthorique
- Sécurité rassurante

- Roulis en virage
- Bruits de caisse
- Valeur de revente médiocre

POUR QUOI FAIRE ?

D'ici à ce que la Volvo XC60 entre en scène et prenne ses marques dans un marché de plus en plus encombré, la XC70 a encore un peu de temps pour susciter l'intérêt de bien des familles. Il est cependant peu probable qu'elle fasse des conquêtes auprès de nouveaux clients.

VOLVO
VOLVO
XC70

Cette ultime (???) mouture de la XC70 est plus longue, plus large et plus haute que son ancêtre. Avec un empattement allongé de 52 mm, l'habitacle permet dorénavant à ses occupants de voyager plus confortablement. Le coffre profite de ces dimensions plus généreuses et Volvo revendique un gain de 60 litres par rapport à la génération précédente. Le hayon toujours aussi vertical s'ouvre donc sur un coffre aux formes rectilignes plus nettes. Toujours aussi modulable grâce à de multiples compartiments (certains plus secrets que d'autres), ses points d'attache et ses crochets mobiles, le volume de ce coffre peut augmenter en sacrifiant en tout ou en partie la banquette arrière. Cette dernière s'escamote en trois sections (40/20/40), ce qui est très pratique, et peut recevoir — une première — un coussin qui permet d'asseoir les enfants plus haut. C'est très bien, mais il vous en coûtera quelques centaines de dollars.

À bord, Volvo s'est accordé quelques économies (et nous, et nous ?) en reprenant intégralement l'habillage de la S80. Ne boudons pas notre plaisir et apprécions plutôt cet univers cossu que les (nombreuses) options viendront parfaire.

QUI EST SOUS LE CAPOT ?

Plus rigide, le châssis de cette suédoise peut bénéficier, comme celui de la S80 dont il dérive, de l'amortissement piloté, mieux connu sous l'étiquette Four-C. Ce système, inauguré sur les défuntes versions R, se révèle trop peu convaincant pour nous inciter à vous le recommander en raison de l'état toujours lamentable de notre réseau routier. En conséquence, non seulement vous économiserez quelques milliers de dollars à l'achat, mais vous éviterez aussi une facture tout aussi salée le jour où un technicien sera appelé à le réparer.

Sous le capot, la XC70 étrenne le six cylindres de 3,2 litres qui se charge d'animer aussi les S80 et Land Rover LR2.

Assurément robuste, cette mécanique a un peu de mal à nous faire oublier le cinq cylindres qui l'a précédé. Ses 235 chevaux manquent manifestement de tonus face au poids de l'auto. Volvo propose toutefois une solution de rechange : une mécanique suralimentée par turbocompresseur franchement étonnante. L'ennui est la somme exigée pour l'obtenir (environ 8000 $ au moment d'écrire ces lignes), qui dépasse l'entendement. Volvo laisse par ailleurs entendre qu'elle pourrait glisser sous son capot son excellent diésel d'ici deux ou trois ans. Ce serait chouette, considérant le couple phénoménal de cette mécanique, mais attendons voir si cette promesse lancée au moment de sa présentation sera respectée.

D'ici là, à moins de balancer quelques billets de mille sur le bureau du représentant de Volvo, on devra faire avec ce 3,2 litres plus lymphatique que de coutume et qui, pour compliquer sa tâche, épouse une boîte automatique à la gestion confuse, notamment en reprises. Par chance, il est possible de recourir à la commande séquentielle, beaucoup plus prompte à réagir, mais vous finirez sans doute par vous lasser de baratter ce levier.

Sur la route, avec le DSTC qui gère le patinage à l'accélération ou au freinage, un rouage à quatre roues motrices et des voies plus larges, on obtient vite une belle confiance au volant. Imperturbable, peu importe le coefficient d'adhérence de la chaussée. La XC70 file vite et bien. En revanche, elle distille les sensations de conduite et, du coup, fausse la perception de la route. Un peu pataude dans ses réactions, et dirigée par un pignon qui peine à mordre solidement sa crémaillère, la XC70 procure un agrément de conduite bien moyen.

En toute honnêteté, il faut ajouter que ses dimensions imposantes participent aussi à ce décalage, tout comme son confort et son insonorisation. Mais la XC70 a d'autres qualités. Elle peut également prendre la direction des champs, des rivières et des pentes escarpées, même si son rouage intégral est dénué d'une boîte courte. En revanche, la XC70 se retrouve à la peine dans la cité. Son diamètre de braquage nous fait soupirer (et transpirer aussi) lorsque le moment est venu de la garer et la consommation de son moteur nous apparaît aussi élevée.

À la lumière de cet essai, ce concept de familiale surélevée a, croyons-nous, atteint un stade de développement difficile à surpasser. Mais est-ce que cela suffira à maintenir la XC70 au sommet du palmarès des ventes du constructeur suédois encore longtemps ? Nous en doutons ! ▌▌▌ **ÉRIC LEFRANÇOIS**

*Un 3,2 litres plus lymphatique que de coutume
et qui épouse une boîte automatique à la gestion confuse*

VOLVO XC70

DIMENSIONS ET VOLUMES

Empattement (mm)	2815
Longueur (mm)	4838
Largeur (mm)	2119
Hauteur (mm)	1604
Volume intérieur (L)	2764
Volume du coffre (min./max.) (L)	944 / 2042
Capacité du réservoir de carburant (L)	70
Fourchette de poids (kg)	1887 - 1932

CHÂSSIS

Mode	intégral
Suspension av. - arr.	indépendante
Freins av. - arr.	disques
Capacité de remorquage min. - max. (kg)	1500
Direction - diamètre de braquage (m)	crémaillère - 11,5
Pneus	215/65R16 (3.2), 235/55R17 (T6)
	235/50R18 (option)

PERFORMANCES

Modèle à l'essai	XC70
Moteur	L6 DACT 3,2 litres
Puissance (ch. à tr/min)	235 - 6200
Couple (lb-pi à tr/min)	236 - 3200
Transmission	semi-automatique 6 rapports
Autres transmissions	aucune
Accélération 0-100 km/h (sec.)	9,32
Reprises 80-115 km/h (sec.)	6,48
Distance de freinage 100-0 km/h (m)	40,5
Niveau sonore à 100 km/h	✖ ✖ ✖
Vitesse maximale (km/h)	230
Consommation réalisée au cours de l'essai (L/100 km)	13
Gaz à effet de serre	

Autres moteurs	L6 turbo 3 litres (281 ch.)

CE QU'IL FAUT SAVOIR

Fourchette de prix ($)	**44 095 - 51 595**
Marge de profit du concessionnaire (%)	7,75
Transport et préparation ($)	1095
Consommation ville - route (L/100 km)	15,5 - 10,4 (3,2 l) 16 - 10,9 (3 l)
Essence recommandée	super
Versions offertes	3.2, T6
Carrosserie	familiale « tout-terrain » 5 portes
Lieu d'assemblage	Suède
Valeur résiduelle	★ ★
Garanties : de base - motopropulseur (an/km)	4/80 000 - 4/80 000
Fiabilité présumée	★ ★ ★
Cycle de remplacement	inconnu
Ventes 2007 ↘ 38 %	Québec : 439
Protection collision frontale conducteur/passager	non évaluée
latérale avant/arrière	non évaluée
retournement 2rm/4rm	non évaluée

À RETENIR

Nouveautés 2009	**moteur turbo 3 litres (T6)**
Principales concurrentes	**Audi A6 Avant, Subaru Legacy Outback, VW Passat familiale 4Motion**

- Le moteur suralimenté
- L'aménagement intérieur
- Les aptitudes bien réelles pour sortir des sentiers battus

- Le manque de dynamisme du moteur
- Le manque de discrétion de la suspension arrière
- Le coût et les nombreuses options

625

ON AURAIT SOUHAITÉ UN DIÉSEL

Un autre utilitaire, disait-on, lors du dévoilement du XC90. Pourtant, le constructeur suédois n'avait pas le choix de ses ambitions à l'époque, puisque Subaru marquait des points avec ses Outback. Afin de séduire un nouveau marché et faire de nouveaux adeptes, Volvo avait décidé de hausser la garde au sol de ses familiales XC70 et de développer un pseudo utilitaire, le XC90.

Somme toute, le XC90 a été conçu pour satisfaire le marché nord-américain, car Volvo, propriété à part entière de Ford, n'aurait pas tenté l'aventure en Europe seulement. Trois XC90 sur quatre débarquent de ce coté-ci de l'Atlantique. En développant le XC90, le constructeur suédois a apporté un nouveau vent de sécurité. Un argument primordial dans le créneau, même si le XC90 n'y était pas tenu. Ainsi, pour éviter le capotage, ce Volvo est doté d'un dispositif antiretournement, baptisé RSC (Roll Stability Control), basé sur un capteur gyroscopique. Évidemment, l'inévitable peut se produire et c'est alors que la sécurité passive s'active. Cet utilitaire protège également tous ses occupants par des rideaux gonflables. De plus, en cas de capotage, sachez que le toit ne vous tombera pas sur la tête, puisque sa structure est faite en acier Bore, un métal cinq fois plus résistant que l'acier conventionnel. Rassuré ?

UNE TROISIÈME BANQUETTE FUTILE

Nos voisins du Sud trouveront peut-être le moyen d'ajouter au XC90 une paire de marchepieds, mais ils seront tout à fait inutiles : la garde au sol n'exige aucun effort particulier sinon pour rejoindre les deux sièges de la troisième rangée. Au cours des dernières années, la majorité des constructeurs sont tombés dans le panneau de cet artifice qui accepte sept passagers dans un confort relatif, selon que vous êtes un enfant ou un adulte. Encore faut-il en ressortir ! Si vous n'êtes que cinq personnes, il suffit de faire coulisser les coussins de la dernière rangée sous le plancher du coffre, de rabattre les dossiers et voilà, le tour est joué. Le coffre devient alors plus volumineux, et il ne faudra pas oublier de replacer le couvre-bagages qui était rangé dans le garage ! La deuxième rangée permet à la section centrale de la banquette de s'avancer, ce qui permet d'installer un siège d'enfant et de le glisser plus près du conducteur. Avis donc aux enfants turbulents ! Le tableau de bord offre des formes assez classiques où les

accessoires abondent. La qualité d'assemblage est au-dessus de tout reproche et les matériaux sont de bonne qualité. Les commandes sont également bien disposées.

POUR LES GRANDS ESPACES

Volvo a pigé dans ses cartons pour trouver cette plateforme. Elle est alignée sur les actuelles S80, V70 et S60. On a beau être assis plus haut et profiter d'une garde au sol supérieure, cet utilitaire n'est pas du genre à visiter les sentiers ou grimper les rochers. Son dispositif à traction intégrale lui procure par contre une excellente motricité sur les routes secondaires et en hiver. Ce système n'est pas aussi perfectionné — c'est celui de la V70 — et aussi performant que ceux de la concurrence. Il distribue via l'électronique la puissance aux roues « nécessiteuses ». En fait, il s'agit surtout d'une traction qui redirige la puissance aux roues arrière. Le transfert est imperceptible. De plus, contrairement aux vrais utilitaires, il est dépourvu d'une gamme basse (Lo), appréciée pour se tirer des bourbiers.

Le XC90 recèle de belles aptitudes routières qui s'expriment quand on prend la grande route. Car la première impression en zone urbaine n'est pas très concluante. Le grand diamètre de braquage ne facilite guère les manoeuvres au volant de ce gros gabarit. Heureusement, le radar de stationnement est là pour veiller au grain, mais cela suppose une option de 500 $. C'est acceptable, puisque cette option comprend également des essuie-glaces qui détectent la moindre goutte de pluie et des rétroviseurs rétractables.

Somme toute, le XC90 est plus à l'aise dans les grands espaces. Sa direction transmet avec précision l'angle des roues directrices et fait oublier son poids. Deux moteurs sont au catalogue. Le premier est un six cylindres en ligne de 235 chevaux, comme dans les séries 70 et 80. Certes, il s'agit d'un moteur un peu gourmand malgré qu'il soit à la fine pointe de la technologie, mais ce XC fait plus de deux tonnes et le moulin doit travailler continuellement. Pour plaire au marché américain, Volvo — lire Ford — n'a pu résister à mettre un V8 sous le capot. C'est donc à Yamaha au Japon que Volvo a envoyé ses pièces et ses spécifications pour assembler un 4,4 litres de 311 chevaux. Ça vous donne du pep dans le mollet, mais la consommation en prend pour son rhume. Si Volvo avoue que ses moteurs peuvent ingurgiter de 15 à 16 litres aux 100 km, il faudra reconnaître qu'en hiver, en pleine accélération, c'est tout près de 20 litres aux 100 km qu'ils consomment. De l'essence super en plus. On aurait souhaité un turbo-diésel. La boîte automatique à six rapports Geartronic cherche constamment le meilleur ratio et le freinage est sans reproche. Solidement construit, spacieux, sûr et ingénieusement aménagé, le XC90 séduit à maints égards par son architecture différente. **||| MICHEL POIRIER-DEFOY**

On a beau être assis plus haut et profiter d'une garde au sol supérieure, cet utilitaire n'est pas du genre à visiter les sentiers ou grimper les rochers

DIMENSIONS ET VOLUMES

Empattement (mm)	2857
Longueur (mm)	4807
Largeur (mm)	1898
Hauteur (mm)	1784
Volume intérieur (L)	2857
Volume du coffre (min./max.) (L)	249 / 2410
Capacité du réservoir de carburant (L)	80
Fourchette de poids (kg)	2107 - 2154

CHÂSSIS

Mode	intégral
Suspension av. - arr.	indépendante
Freins av. - arr.	disques
Capacité de remorquage min. - max. (kg)	2250
Direction – diamètre de braquage (m)	crémaillère - 12,5 (L6) / 13,1 (V8)
Pneus	235/65R17 (3.2), 235/60R18 (V8) 255/50R19 (R 3.2), 255/45R20 (R V8)

PERFORMANCES

Modèle à l'essai	XC90 3.2
Moteur	L6 DACT 3,2 litres
Puissance (ch. à tr/min)	235 - 6200
Couple (lb-pi à tr/min)	236 - 3200
Transmission	semi-automatique 6 rapports
Autres transmissions	aucune
Accélération 0-100 km/h (sec.)	9,11
Reprises 80-115 km/h (sec.)	6,03
Distance de freinage 100-0 km/h (m)	40,8
Niveau sonore à 100 km/h	✖ ✖ ✖ ✖
Vitesse maximale (km/h)	205
Consommation réalisée au cours de l'essai (L/100 km)	13,9
Gaz à effet de serre	
Autres moteurs	V8 4,4 litres (311 ch.)

CE QU'IL FAUT SAVOIR

Fourchette de prix ($)	**48 595 – 68 295**
Marge de profit du concessionnaire (%)	7,75
Transport et préparation ($)	1095 (préparation en sus)
Consommation ville - route (L/100 km)	**16,7 – 11,8 (3,2 l)** **17,9 – 12,6 (4,4 l)**
Essence recommandée	super
Versions offertes	3.2, R 3.2, V8, R V8
Carrosserie	multisegment 5 portes
Lieu d'assemblage	Suède
Valeur résiduelle	✱ ✱ ✱
Garanties : de base - motopropulseur (an/km)	4/80 000 - 4/80 000
Fiabilité présumée	✱ ✱ ✰
Cycle de remplacement	2010
Ventes 2007 ↘ 24 %	Québec : 517
Protection collision frontale conducteur/passager latérale avant/arrière retournement 2rm/4rm	★★★★★ / ★★★★★ ★★★★★ / ★★★★★ n.a. / ★★★★

À RETENIR

Nouveautés 2009	**la version R-Design remplace la version Sport**
Principales concurrentes	**Acura MDX, Audi Q7, BMW X5, Cadillac SRX, Infiniti FX, Lexus RX, Saab 9-7X**

- Sa traction intégrale et sa tenue de route
- Son niveau de sécurité
- Sa ligne distinctive

- Sa gamme de prix trop élevée
- Sa consommation (V8)
- L'inutilité de la 3ᵉ banquette

627

DERNIÈRE HEURE

On ne chôme pas chez Cadillac, qui prépare pas moins de trois dévoilements au cours des 12 prochains mois. D'abord, il y aura la CTS Sport Wagon qui fera son entrée sur le marché nord-américain à l'été 2009. Cette CTS familiale conservera sensiblement les mêmes dimensions extérieures que la berline éponyme (seule la longueur hors tout est inférieure de 7 mm), mais offrira, derrière sa banquette, 720 litres d'espace utilitaire, de quoi inquiéter les Audi A4 Avant et BMW Série 3 Touring, ses cibles avouées.

Quant à la seconde mouture de la SRX, elle sera visible dans les concessions à compter du printemps 2009. Elle reprendra à son compte plusieurs codes esthétiques de l'étude Provoq présentée en avant-première au dernier salon automobile de Detroit. Plus de détails seront communiqués sur ce nouveau modèle dans quelques semaines. Seule certitude, il ne sera plus possible de retenir les services d'une troisième banquette.

Mentionnons que, parallèlement à ces deux modèles, Cadillac se prépare également à lancer une version coupé de la CTS, dont la version concept fut accueillie comme une bouffée d'air frais lors du salon automobile de Detroit 2008, et une berline compacte à roues arrière motrices animée par un moteur quatre cylindres suralimenté par turbocompresseur. Ce nouveau modèle d'entrée de gamme pour Cadillac occupera sa fonction au cours de l'année-modèle 2011.

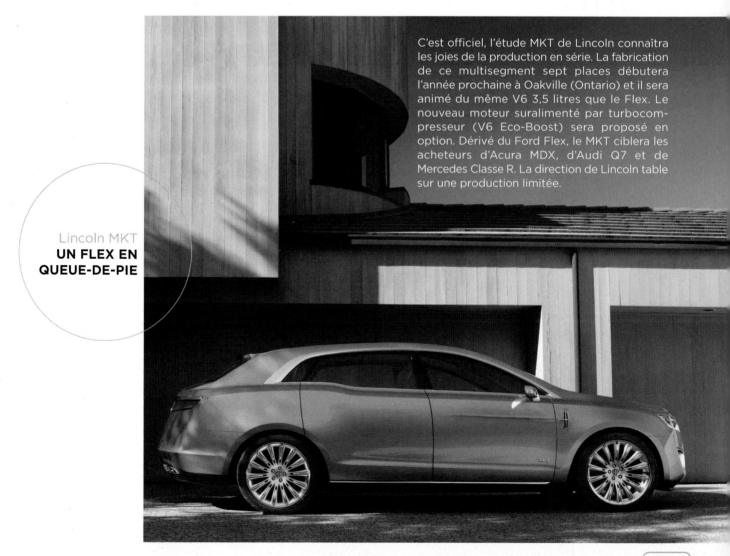

C'est officiel, l'étude MKT de Lincoln connaîtra les joies de la production en série. La fabrication de ce multisegment sept places débutera l'année prochaine à Oakville (Ontario) et il sera animé du même V6 3,5 litres que le Flex. Le nouveau moteur suralimenté par turbocompresseur (V6 Eco-Boost) sera proposé en option. Dérivé du Ford Flex, le MKT ciblera les acheteurs d'Acura MDX, d'Audi Q7 et de Mercedes Classe R. La direction de Lincoln table sur une production limitée.

Lincoln MKT
**UN FLEX EN
QUEUE-DE-PIE**

Infiniti G37 Cabriolet
ELLE ENLÈVE LE HAUT

C'est promis, le printemps prochain, le G37 retirera le haut. La direction d'Infiniti profitera en effet du prochain salon de l'automobile de Los Angeles pour dévoiler la version « plein air » de ce modèle. Selon ce qu'il a été permis d'apprendre, le G37 adoptera un toit métallique rétractable pour ne pas atrophier la ligne de pavillon. La commercialisation de ce nouveau modèle débutera au mois de juin 2009.

Lotus Evora
DRÔLE DE NOM, MAIS BELLE VOITURE

Evora. Il y a le fromage, la ville (une commune du Portugal) et, depuis peu, la voiture... En effet, c'est le nom de baptême de la dernière création de Lotus.

Mise au point sous le nom de code Eagle, cette Lotus sera animée par un moteur V6 de 3,5 litres d'origine Toyota de 280 chevaux implanté en position centrale. Selon les données de son constructeur, l'Evora atteindra une vitesse de pointe de 260 km/h et montera de 0 à 100 km/h en moins de cinq secondes. Le poids du véhicule n'a pas été communiqué, mais le constructeur anglais estime qu'il ne devrait pas dépasser les 1400 kg.

Les formes très ramassées de l'Evora et l'implantation de sa mécanique ne laissent pas deviner sa capacité à recevoir de « petits » passagers à l'arrière. En plus d'une configuration 2+2, cette Lotus sera aussi offerte en pur deux places, l'espace arrière étant alors dévolu aux bagages. D'autres variantes sont à venir, notamment un cabriolet et une version à très hautes performances.

Les premières livraisons de cette 2+2 à moteur central commenceront au printemps 2009.

Pontiac G8 ST
UNE G8 PEUT EN CACHER UNE AUTRE

Du rétro pour attendrir, une benne plus ou moins pratique et un coeur « grand comme ça ». Voilà la formule retenue par Pontiac pour ce G8 un peu particulier présenté au dernier salon automobile de New York. Ne restait plus qu'à lui trouver un nom. C'est chose faite.

Après consultation d'un large panel de clients (plus de 18 000 participants selon la marque), cette pseudo-camionnette se nommera tout simplement G8 ST (Sport Truck).

Cette nouvelle déclinaison du G8 entreprendra une carrière commerciale en 2010 et reprendra essentiellement les mêmes caractéristiques que la berline dont un compte rendu complet est publié dans nos pages.

Réminiscence du Chevrolet EL Camino, le G8 ST repose sur une architecture élaborée par Holden, filiale australienne du groupe General Motors.

Il faudra attendre encore quelques mois pour voir la Venza prendre la pose chez les concessionnaires Toyota. Ce véhicule multisegment étroitement dérivé de la Camry promet à son tour d'offrir une « combinaison exclusive du raffinement d'une berline et de la fonctionnalité d'un véhicule utilitaire sport (VUS) ». On veut voir !

Sous le capot, l'acheteur éventuel aura le choix entre un moteur quatre cylindres ou un six cylindres. Les deux moteurs seront associés à une transmission semi-automatique à six rapports, la seule proposée. La Venza sera également offerte en configurations : traction (roues avant motrices) ou intégrale (quatre roues motrices).

Volvo XC60
PLACE À LA JEUNESSE

On se demande bien ce qu'il adviendra de la XC70 lorsque la XC60 posera ses roues dans les salles d'exposition l'hiver prochain ? On le saura bien assez vite. D'ici là, sachez que ce nouveau modèle sera plus court que le XC70, mais plus haut perché cependant. Il sera animé du moteur six cylindres suralimenté (T6) de 281 chevaux.

Kia Soul
L'ÂME DE KIA

« Cars from Seoul have soul. » Les automobiles de Séoul ont une âme. Voici, résumé dans toute sa splendeur, le jeu de mots maladroit qui semble servir de prétexte à Kia pour nous livrer sa énième vision du Crossover Utility Vehicle ou CUV.

La silhouette du Soul est le fruit du travail conjoint des stylistes coréens et américains de Kia. « Nous souhaitions insuffler de la vie, le souffle de la vie dans le design de cette auto », explique Tom Kearns, en charge du style chez Kia Motors America. « Nous voulions lui donner une âme [*soul* en anglais]. Or ce mot anglais est l'homonyme du nom de la ville berceau de Kia, Séoul. »

Au-delà du pur jeu sémantique, il faut voir en cette étude conceptuelle qui connaîtra la joie de la grande série cet automne la voie que s'apprête à suivre le constructeur coréen en Amérique du Nord. À savoir, celle du véhicule de loisirs empruntant davantage aux familiales et aux fourgonnettes qu'aux tout-terrains purs et durs. Un multisegment, quoi !

Cependant, le Soul de série entraînera ses seules roues avant au moyen d'un moteur quatre cylindres 2 litres, couplé à une boîte semi-automatique à cinq rapports. À ces informations techniques, le constructeur sud-coréen précise aujourd'hui les dimensions que son véhicule occupera dans la rue. Il sera haut de 1610 mm et long de 4110 mm. À titre de comparaison, le Cube de Nissan sera plus court (3730 mm de long), mais plus haut (1640 mm).

Volkswagen Golf
DÉJÀ LA SIXIÈME

La nouvelle aurait dû rester confidentielle jusqu'à son dévoilement au Mondial de Paris, mais Internet en a décidé autrement. Alors, sans plus de présentation, voici la sixième génération de cette compacte allemande dont la commercialisation débutera cet automne en Europe. À en juger par cette illustration, les demandes de Martin Winterkorn, président et chef de la direction du groupe allemand, ont été respectées. En effet, le numéro un de VW souhaitait un retour au classicisme pour l'icône de Wolfsburg.

Selon ce qu'il a été permis d'apprendre, la Golf VI conservera la même architecture que la génération précédente. Elle sera cependant un peu plus longue et campera sur des voies plus larges. Une version GTi est en cours de préparation, mais celle-ci sera vraisemblablement dévoilée au salon de Genève au printemps 2009. Mentionnons que la marque allemande élabore aussi une version cabriolet, ce qui laisse croire que les jours de la New Beetle sont comptés.

Pressée de nous la faire découvrir avant l'heure, la direction de Chevrolet diffuse aujourd'hui les premières photos de sa future compacte : la Cruze. Cette dernière fera toutefois sa première apparition publique dans le cadre du Mondial de l'automobile, qui se déroulera à Paris cet automne.

Cette compacte, appelée à relayer la Cobalt au cours de l'hiver 2010, reprend à son compte plusieurs éléments visuels de la Malibu et promet d'être « la plus spacieuse de sa catégorie ».

Appelée à connaître une carrière internationale, la Cruze sera offerte sur le marché européen à compter du printemps prochain. Élaborée sur une architecture européenne, la Cruze ouvrira son capot à un moteur quatre cylindres essence (1,6 litre de 112 chevaux ou 1,8 litre de 140 chevaux) ainsi qu'à une mécanique turbodiésel de 2 litres (150 chevaux). Une boîte manuelle à cinq rapports se chargera de transmettre la puissance aux roues avant motrices. Une transmission automatique à six rapports sera proposée moyennant supplément.

Chevrolet Cruze
SÉDUIRE AVANT L'HEURE

Chevrolet Volt
ON BRANCHE

La direction de Chevrolet retire lentement le camouflage qui enveloppe toujours la version définitive de la Volt. La marque au nœud papillon a, au moment de mettre sous presse, révélé une partie de la section avant (notre photo) et du couvercle du coffre. Et demain ? On n'en sait trop rien, mais chose certaine, elle sera mise à nu bien avant sa première sortie publique prévue au Mondial de l'auto de Paris le 2 octobre prochain.

Voici les premières photos officielles du concept Insight que la firme Honda dévoilera à l'occasion du Mondial de l'automobile de Paris. Au premier coup d'œil, la ressemblance avec la Prius est frappante dans la mesure où l'Insight s'habille, elle aussi, d'une carrosserie cinq portes !

Outre ce nouveau modèle, rappelons que le constructeur japonais compte également commercialiser deux autres véhicules « verts ». Il y aura le CR-Z, qui est l'interprétation moderne du petit coupé sportif CR-X.

Honda Insight
L'ANTI-PRIUS

Nissan Cube
BOÎTE À ROULETTES

C'est décidé, le Cube de Nissan sortira de l'Archipel. La troisième génération de ce modèle qui sera lancé sous peu est en effet promise à une carrière internationale. La version nord-américaine sera officiellement présentée au salon automobile de Los Angeles au mois de novembre prochain.

Reposant sur la plateforme B de Nissan (Micra, Versa, Note), le Cube vendu en Amérique du Nord sera vraisemblablement animé par le même quatre cylindres 1,8 litre de la Versa, et non par le 1,5 litre (107 chevaux) qui se charge actuellement de le mouvoir sur les routes japonaises. Outre le moteur, il reprendra vraisemblablement la même transmission CVT, mais celle-ci fera transiter la puissance à des roues de 15 pouces et non de 14, comme c'est le cas actuellement.

Le Cube sera vendu un peu plus cher que l'actuel Versa, mais Nissan se refuse d'en dire plus à ce sujet. Pour référence, sachez qu'au Japon le prix du modèle d'entrée de gramme est fixé à 13 742 $ et que le modèle le plus coûteux (17 351 $) est offert avec le système de navigation, la transmission automatique et le rouage intégral.

Chevrolet Camaro

DANS MA CAMARO, JE T'EMMÈNERAI...

La présentation de la version définitive de la Camaro l'été dernier aura permis d'apprendre que les Camaro seront animées de mécaniques sobres. Les LT et RS retiendront les services d'un moteur V6 de 3,6 litres à injection directe, alors que la SS soulèvera son capot uniquement au moteur V8 de 6,2 litres.

Assemblée à Oshawa (Ontario) sur une toute nouvelle architecture conçue par la filiale australienne (Holden) du groupe américain. la Camaro sera visible chez les concessionnaires à compter de février prochain. Une version cabriolet sera proposée un an plus tard.

LES MÉDAILLÉS DE L'AUTO
2009

BERLINES GRAND
FORMAT
OR **Ford Taurus**
ARGENT **Hyundai Genesis**
BRONZE **Dodge Charger**

COMPACTES
OR **Honda Civic**
ARGENT **Toyota Corolla**
BRONZE **Mitsubishi Lancer**

BERLINES DE LUXE
OR **Mercedes Classe E Bluetec**
ARGENT **Jaguar XF**
BRONZE **Lincoln MKS**

BERLINES DE GRAND LUXE
OR **Mercedes Classe S**
ARGENT **Lexus LS**
BRONZE **Audi A8**

BERLINES HAUTES PERFORMANCES
OR **Mercedes C63 AMG**
ARGENT **Lexus IS-F**
BRONZE **BMW M3**

BERLINES SPORT LUXE
OR **Infiniti G37x**
ARGENT **Mercedes Classe C 4Matic**
BRONZE **Cadillac CTS 4**

COUPÉS ET CABRIOLETS
(MOINS DE 45 000 $)
OR **Honda Accord Coupé**
ARGENT **BMW Série 1**
BRONZE **Mazda MX-5**

COUPÉS ET CABRIOLETS
(ENTRE 45 000 $ ET 100 000 $)
OR **Nissan GT-R**
ARGENT **Porsche Cayman**
BRONZE **Infiniti G37 Coupé**

FOURGONNETTES
OR **Dodge Grand Caravan et Chrysler Town & Country**
ARGENT **Volkswagen Routan**
BRONZE **Toyota Sienna**

**MULTISEGMENTS
INTERMÉDIAIRES**
OR **Nissan Murano**
ARGENT **Ford Edge**
BRONZE **Mazda CX-7**

**MULTISEGMENTS
COMPACTS DE LUXE**
OR **Mercedes GLK**
ARGENT **Audi Q5**
BRONZE **Infiniti EX35**

**MULTISEGMENTS
INTERMÉDIAIRES DE LUXE**
OR **Acura MDX**
ARGENT **Audi Q7 TDi**
BRONZE **BMW X5**

UTILITAIRES
(MOINS DE 35 000 $)
OR **Nissan Xterra**
ARGENT **Jeep Wrangler
Unlimited**
BRONZE **Toyota
FJ Cruiser**

UTILITAIRES
(PLUS DE 35 000 $)
OR **Mercedes ML
Bluetec**
ARGENT **Nissan Pathfinder**
BRONZE **Jeep Commander**

UTILITAIRES
GRAND FORMAT
OR **Mercedes GL
Bluetec**
ARGENT **GMC Yukon
Hybride**
BRONZE
Toyota Sequoia

TECHNOLOGIE
DE L'ANNÉE
**Moteur diésel
Bluetec
de Mercedes-
Benz**

VOITURE
DE L'ANNÉE
Mazda 6

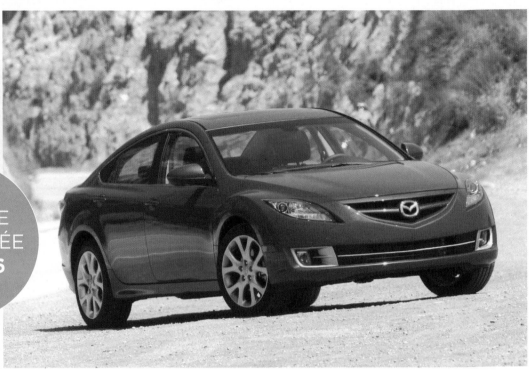

EXOTIQUES
OR **Aston Martin DBS**
ARGENT **Porsche 911**
BRONZE **Audi R8**

CAMION
DE L'ANNÉE
**Ford
Flex**

MULTISEGMENTS
GRAND FORMAT
OR **Ford Flex**
ARGENT **Honda Pilot**
BRONZE **Mazda CX-9**